J.B. METZLER

Carola Hilmes / Ilse Nagelschmidt (Hg.)

Christa Wolf-Handbuch
Leben – Werk – Wirkung

Sonderausgabe

J. B. Metzler Verlag

Die Herausgeberinnen
Carola Hilmes, Professorin für neuere deutsche Literatur an der Goethe-Universität Frankfurt am Main und Gastprofessorin am German Department der University of Malta.
Ilse Nagelschmidt, Professorin für Neuere und Neueste deutsche Literatur an der Universität Leipzig und Direktorin des Zentrums für Frauen- und Geschlechterforschung der Universität Leipzig, Ehrenpräsidentin des Freien Deutschen Autorenverbands.

ISBN 978-3-662-61938-4

Die Deutsche Nationalbibliothek verzeichnet diese Publikation in der Deutschen Nationalbibliografie; detaillierte bibliografische Daten sind im Internet über http://dnb.d-nb.de abrufbar.

J. B. Metzler
© Springer-Verlag GmbH Deutschland, ein Teil von Springer Nature, 2020

Das Werk einschließlich aller seiner Teile ist urheberrechtlich geschützt. Jede Verwertung, die nicht ausdrücklich vom Urheberrechtsgesetz zugelassen ist, bedarf der vorherigen Zustimmung des Verlags. Das gilt insbesondere für Vervielfältigungen, Bearbeitungen, Übersetzungen, Mikroverfilmungen und die Einspeicherung und Verarbeitung in elektronischen Systemen.

Die Wiedergabe von allgemein beschreibenden Bezeichnungen, Marken, Unternehmensnamen etc. in diesem Werk bedeutet nicht, dass diese frei durch jedermann benutzt werden dürfen. Die Berechtigung zur Benutzung unterliegt, auch ohne gesonderten Hinweis hierzu, den Regeln des Markenrechts. Die Rechte des jeweiligen Zeicheninhabers sind zu beachten.

Der Verlag, die Autoren und die Herausgeber gehen davon aus, dass die Angaben und Informationen in diesem Werk zum Zeitpunkt der Veröffentlichung vollständig und korrekt sind. Weder der Verlag, noch die Autoren oder die Herausgeber übernehmen, ausdrücklich oder implizit, Gewähr für den Inhalt des Werkes, etwaige Fehler oder Äußerungen. Der Verlag bleibt im Hinblick auf geografische Zuordnungen und Gebietsbezeichnungen in veröffentlichten Karten und Institutionsadressen neutral.

Einbandgestaltung: Finken & Bumiller, Stuttgart
(Foto: picture alliance / dpa-Zentralbild)

J.B. Metzler ist ein Imprint der eingetragenen Gesellschaft Springer-Verlag GmbH, DE und ist ein Teil von Springer Nature
Die Anschrift der Gesellschaft ist: Heidelberger Platz 3, 14197 Berlin, Germany

Inhalt

Vorwort IX

I Von der Zeitgenossenschaft zur Zeitzeugenschaft: Christa Wolf in Zeit- und Generationszusammenhängen Ilse Nagelschmidt

1 Generationsmuster – Voraussetzungen oder Näherungen an ›Generationseinheiten‹ 2
2 Zwischen dem Willen zum Glauben und dem Wissen. Die 1950er Jahre 8
3 Zwischen Überprüfungen und Bekenntnissen. Die 1960er Jahre 14
4 Zwischen scheinbarer Liberalisierung und der Biermann-Ausbürgerung. Vom Ende der 1960er Jahre bis 1976 23
5 Bleiben oder gehen? 1976–1989. Das Leben in Grenzsituationen 31
6 Zwischen Ent- und Verortungen. Leben und Schreiben im vereinten Deutschland 45
7 Epilog: »Wir haben dieses Land geliebt« 57

II Werke und Kontexte

A Zwischen Dogmen und Aufbruch
Martine Schnell / Ilse Nagelschmidt

8 Studium und Grunderfahrung 64
9 Christa Wolf als Literaturkritikerin 65
10 Der Bitterfelder Weg 68
11 »Moskauer Novelle« (1961) 70
12 »Der geteilte Himmel« (1963) 74

B Die poetische Kraft des Nachdenkens
Therese Hörnigk

13 Standortbestimmung und Poetologiefindung 83
14 »Juninachmittag« (1967) 88
15 »Nachdenken über Christa T.« (1968) 90
16 »Lesen und Schreiben« (1968) – ›subjektive Authentizität‹ 97

C Bekenntnis zu weiblichen Lebens-, Erfahrungs- und Traditionslinien Carmen Ulrich

17 Veränderung in der Kulturpolitik der DDR nach 1971 102
18 Veränderungen im Erbeverständnis nach 1971 105
19 Annäherung an Leben und Poetologien der Vorgängerinnen 109
20 Essays und »Selbstversuch« aus »Unter den Linden« (1974) 116

D Schreiben wider das Vergessen – »Kindheitsmuster« (1976), exemplarisch
Birgit Dahlke

21 Zur Bedeutung von »Kindheitsmuster« 123
22 Entstehungsbedingungen 125
23 Struktur 127
24 Anrufung der Anderen 132
25 Generation und Geschlecht 135
26 Rezeption 138

E Projektionsraum Romantik Hannelore Scholz

27 Die Biermann-Ausbürgerung 1976 143
28 Romantikrezeption in der DDR 147
29 »Kein Ort. Nirgends« (1979) – ein reflexiver Erinnerungsraum 150
30 »Sommerstück« (1989) – eine »Mecklenburgstory« (Sarah Kirsch) 157

F Weibliche Deutung des Mythos – Zivilisationskritik Carola Opitz-Wiemers

31 Zwischen 1979 und 1996 – Zeiten im Umbruch 164
32 ›Weibliches Schreiben‹ 167
33 »Voraussetzungen einer Erzählung: Kassandra« – Frankfurter Poetik-Vorlesungen 171
34 »Kassandra« (1983) 178
35 »Medea. Stimmen« (1996) 183

G Fortschritt und Fortschrittsgläubigkeit
Loreto Vilar

36 Literatur in Zeiten existenzieller Bedrohung in den 1980er Jahren: Kalter Krieg und Kernenergie **194**
37 Über Sprache und Utopie: Realismus und Engagement **198**
38 »Störfall. Nachrichten eines Tages« (1987) **201**

H Demontagen und Bleibendes Katrin Löffler

39 »Im Dialog« / »Reden im Herbst« (1990) **215**
40 »Was bleibt« (1990) und der Literaturstreit **219**
41 »Auf dem Weg nach Tabou. Texte 1990–1994« **223**
42 Lebensreflexionen: »Leibhaftig« (2002) **229**
43 »Stadt der Engel oder The Overcoat of Dr. Freud« (2010) **236**

III Zeitzeugnisse

44 Briefwechsel **246**
    44.1 Briefwechsel mit Anna Seghers
        Sonja Hilzinger **246**
    44.2 Briefwechsel mit Franz Fühmann
        Caroline Köhler **252**
    44.3 Briefwechsel mit Brigitte Reimann
        Maria Brosig **257**
    44.4 Briefwechsel mit Günter Grass
        Kathrin Sandhöfer **261**
    44.5 Briefwechsel mit Max Frisch
        Carsten Gansel **266**
    44.6 Briefwechsel mit Charlotte Wolff
        Carola Hilmes **269**
45 Essays Katharina Theml **271**
46 Interviews, Vorträge, (Preis-)Reden
    Nadine J. Schmidt **284**
    46.1 Interviews **284**
    46.2 Vorträge und Reden **288**
    46.3 Preisreden **291**
47 Tagebücher: »Ein Tag im Jahr« (2003), »Ein Tag im Jahr im neuen Jahrhundert« (2013), »Moskauer Tagebücher« (2014)
    Hannes Krauss **296**
48 Christa und Gerhard Wolf: Eine lebenslange Partnerschaft Sonja Hilzinger **310**

IV Rezeption

49 Das ›Leseland DDR‹ und die Autorin Christa Wolf Yvonne Delhey **322**
    49.1 Publikationsgeschichte – Druckgenehmigungsverfahren **323**
    49.2 Forschungslage zur Rezeptionsgeschichte **324**
    49.3 Rezeption von »Kindheitsmuster« **330**
    49.4 Rezeption von »Kassandra« **333**
50 Der Blick des Westens Kathrin Schödel **336**
    50.1 Auskunft über das Leben jenseits der Mauer: »Der geteilte Himmel« **337**
    50.2 Mehr als ›nur‹ DDR-Literatur: »Nachdenken über Christa T.« **339**
    50.3 »Kindheitsmuster«: Muss die DDR-Autorin vom Stalinismus sprechen, wenn sie vom Faschismus spricht? **340**
    50.4 DDR- und Zivilisationskritik: »Kein Ort. Nirgends«, Büchner-Preis-Rede, Frankfurter Poetik-Vorlesungen und »Kassandra« **342**
    50.5 »Störfall«: Engagierte Literatur systemübergreifend? **344**
    50.6 »Was bleibt«, »Auf dem Weg nach Tabou« und »Medea. Stimmen«: Literaturstreit und darüber hinaus **345**
    50.7 Christa Wolf goes West: »Stadt der Engel oder The Overcoat of Dr. Freud« **347**
51 Internationale Rezeption **350**
    51.1 Rezeption in Italien Anna Chiarloni **350**
    51.2 Rezeption in Frankreich Alain Lance **354**
    51.3 Rezeption in Polen
        Halina Ludorowska **360**
    51.4 Rezeption in den USA
        Christiane Zehl Romero **363**
52 Rezeption in Film und Fernsehen, im Hörspiel und auf der Bühne Katrin Dautel **370**
    52.1 Film und Fernsehen **370**
    52.2 Hörspiele **372**
    52.3 Adaptionen für die Bühne **373**
53 Dialog mit Künstlerinnen und Künstlern Carola Hilmes **376**
    53.1 Cover- und Buchgestaltung **377**
    53.2 Kassandra- und Medea-Projekt **378**
    53.3 Unsere Freunde, die Maler **379**
    53.4 Künstler- und Graphikbücher **380**

54 Nachrufe und Gedenkreden
   Caroline Köhler 382
   54.1 Tendenzen und Besonderheiten
        der Nachrufe 382
   54.2 Einzelbetrachtungen 383
   54.3 Gedenkreden 384

55 Posthume Veröffentlichungen und Nachlass,
   Christa-Wolf-Gesellschaft Caroline Köhler 386

V Anhang

Zeittafel Maria Gregor 390
Werke und Siglen 395
Auswahlbibliographie Jana Wilhelm 396
Autorinnen und Autoren 399
Personenregister 401

Vorwort

Christa Wolf (1929–2011) gehört mit ihren Erzählungen und Romanen wie *Nachdenken über Christa T., Kindheitsmuster, Kein Ort. Nirgends, Kassandra* und *Medea. Stimmen* zu den wichtigen gesamtdeutschen Autor/innen. Das Handbuch erschließt das Gesamtwerk vor dem Hintergrund ihres Lebens sowie im politischen, sozialen und kulturellen Kontext von den 1950er Jahren bis zum neuen Jahrhundert. Neben dem literarischen Werk wird auch Wolfs essayistisches Werk mit seinen programmatischen Äußerungen von ihren ersten Literaturkritiken bis zur Edition des Nachlasses vorgestellt. Poetologische Aspekte finden dabei ebenso Berücksichtigung wie die Rezeption ihrer Bücher und es werden intertextuelle sowie intermediale Vergleiche hergestellt.

Zu den entscheidenden Schreibimpulsen von Christa Wolf gehört seit ihren ersten Erzählungen das Abrufen von Erinnerungen. So ist eine spezifische Schreibweise entstanden, die Erfahrungen fiktionalisierend verarbeitet und die Leser/innen in diesen Prozess mit einbeziehet über die Kennzeichnung der sog. vierten Dimension, der des Autors. Vorkrieg, Krieg, Flucht und Nachkrieg bleiben die bestimmenden Ereignisse bis zu ihrem letzten Roman *Stadt der Engel* (2010). In dem erinnernden Nachdenken über ihre Entwicklung versucht Christa Wolf, den wahren Motiven und Handlungsimpulsen auf die Spur zu kommen. So legt sie sich Rechenschaft ab über ihr Leben. Diesen Prozess fasst sie im poetologischen Begriff der ›subjektiven Authentizität‹ zusammen. Neben der Beschäftigung mit der Vergangenheit, der Funktion von Erinnerung und Gedächtnis sind bestimmende Themen die Auseinandersetzung mit Sprache und -bewusstsein, die Kritik an einem einseitigen Fortschrittsbegriff und die Analyse von Ausgrenzungen, die das Individuum in einer hierarchisch strukturierten Gesellschaften zum Außenseiter machen.

Zu Christa Wolfs Bewältigungsstrategien – und das betrifft Leben und Schreiben gleichermaßen – zählen das Aushalten von Krisen und die wiederholte Beschäftigung mit dem Begriff des Scheiterns. Im Gespräch mit Günter Gaus »Auf mir bestehen« (1993) sagt sie dazu: »Scheitern ist, wenn man keine Krisen hat, sondern hart und stracks durch etwas durchgeht, was man nicht selber ist, neben sich hergeht« (WA 12, 450). In diesem Sinn wird Scheitern mit einem durchaus erfolgreichen, aber falsch geführten Leben assoziiert, weil es das spezifisch Menschliche verleugnet. Es meint eine uneigentliche Existenz, ein Neben-sich-Hergehen. Diesem Verhaltens- und Erfahrungsmuster begegnet Christa Wolf durch die Vorstellung eines Zu-sich-selber-Kommens des Menschen. Frauen als unterprivilegiert und marginalisiert werden in ihren Überlegungen zunehmend wichtig. Hatte sie sich deren Lebenskonzeptionen zunächst auf der Gegenwartsebene genähert und sich mit den Poetologien von Ingeborg Bachmann und Marieluise Fleißer beschäftigt, verschiebt sich der Horizont mit Till Eulenspiegel zuerst in die Zeit der Vormoderne, dann mit den literarischen Außenseitern um 1800 auf die Zeit der Romantik und schließlich bis hin zum Mythos. Mit Kassandra und Medea nimmt sie Partei für verkannte bzw. vergessene Frauen der Geschichte und plädiert für alternative Lebensentwürfe. Diesen in die Vergangenheit umgebogenen utopischen Gestus bindet Christa Wolf zuerst an Karoline von Günderrode und deren Treffen mit Heinrich von Kleist, das sie in *Kein Ort. Nirgends* (1979) arrangiert. Zur gleichen Zeit arbeitete Gerhard Wolf, mit dem sie eine lebenslange Partnerschaft verband, über Hölderlin und Achim von Arnim. Die Mythenkorrekturen ihrer späteren Romane haben sich aus diesem ›Gesprächsraum Romantik‹ entwickelt.

Kapitel I stellt Christa Wolf in den Kontext ihrer Zeit. Dabei werden die prägenden Erfahrungen ihrer Generation – Kindheit und Jugend in der faschistischen Diktatur, Verlust der Heimat und die Ablösung von Autoritäten – in den Mittelpunkt gerückt. Von den 1940er Jahren bis nach der Jahrtausendwende wird das Phänomen dieser Generation erschlossen, das durch ein Leben in unterschiedlichen Gesellschaftssystemen geprägt ist. Anpassung, Hoffnung, Glaube an politische Veränderungen und Desillusionierung bestimmen die Biographien dieser Generation. Ein solches Leben in der Mehrzeitigkeit verläuft nicht ohne Komplikationen. Bei vielen führte es zu seelischen Konflikten, zu Krankheiten oder zu einem frühen Tod. Beständig ringt Christa Wolf um ihre Identität, vermag aber allen Angriffen standzuhalten.

In Kapitel II werden die Erzählungen und Romane von Christa Wolf analysiert, wobei die zeitgeschichtlichen und kulturhistorischen Ereignisse jeweils mit Wolfs schriftstellerischer Entwicklung verbunden werden. Nachgezeichnet wird ihr Weg von der Literaturkritikerin in den 1950er Jahren, die sich dem Sozialistischen Realismus verpflichtet fühlt, wie er auf der 1. Bitterfelder Konferenz 1959 festgeschrieben wurde, über das Experimentieren mit neuen, an dezidiert modernen Autoren orientierten Schreibweisen, wovon die Erzählungen *Juninachmittag* (1967) und *Nachdenken über Christa T.* (1968) zeugen. In *Kindheitsmuster* (1976) führt Wolf den auf das eigene Leben gerichteten Dokumentarismus mit einer artistischen Verschränkung der unterschiedlichen Zeitebenen zusammen. Deshalb kommt der fiktionalisierten Autobiographie exemplarischer Wert zu; der posthum publizierte *Nachruf auf Lebende. Die Flucht* (2014) ist demgegenüber ganz konventionell erzählt. Mit der Ausbürgerung von Wolf Biermann 1976 stellt sich die Frage: Gehen oder bleiben? Christa Wolf will ihren gewohnten Lebens- und Erfahrungsraum nicht verlassen, wendet sich aber einem neuen Themenbereich zu: dem Mythos. Die Frankfurter Poetik-Vorlesungen (1983) belegen das auf eindrucksvolle Weise. Wolfs Deutung des Mythos aus einer feministischen Perspektive weitet sich zu einer Fortschritts- und Zivilisationskritik aus. Schon in ihrer Rede zur Verleihung des Büchner-Preises (1980) plädiert sie dafür, dass Literatur Friedensforschung sein muss und in *Störfall* (1987) reagiert sie auf die bedrohliche Nachricht eines Reaktorunfalls. Unmittelbar nach der sog. Wende gerät Christa Wolf in die Kritik der westdeutschen Presse. Die kürzere Erzählung *Was bleibt* (1990) proviziert den deutsch-deutschen Literaturstreit, in dem sie als Staatsdichterin angegriffen und als Gesinnungsästhetikerin diffamiert wird. Sie zieht sich aus der Öffentlichkeit zurück. Bereits in *Sommerstück* (1989) hat sie das vorübergehende Glück im Kreis der Familie und der Freunde auf dem Land in Mecklenburg literarisch gestaltet. Die späteren Lebensreflexionen sind von Krankheiten überschattet, so die Erzählung *Leibhaftig* (2002). Politik aber bleibt ihr wichtig und wird in einer stets autobiographisch grundierten Poetik des Alltags festgehalten.

Kapitel III erschließt ausgewählte Briefwechsel: mit ihrer Mentorin und Freundin Anna Seghers, mit den Zeitgenossen Franz Fühmann und Brigitte Reimann sowie mit Schriftstellern aus dem Westen, mit Max Frisch und Günter Grass; die Korrespondenz von Christa Wolf ist nur zum Teil veröffentlicht und erschlossen. Außerdem analysiert werden die essayistische Schreibweise Wolfs, die eng mit dem literarischen Werk und ihrem Selbstverständnis als Schriftstellerin verwoben ist, ihr Tagebuchprojekt *Ein Tag im Jahr*, das über fünfzig Jahre hinweg exemplarisch den Alltag einer Autorin dokumentiert, sowie die vielen Gelegenheitsarbeiten der engagierten Intellektuellen, ihre Vorträge, Reden und Interviews. Eine wichtige Voraussetzung ihres literarischen und öffentlichen Erfolgs war der Rückhalt, den Christa Wolf in der Familie fand, insbesondere im Gespräch mit ihrem Ehemann Gerhard Wolf.

In Kapitel IV wird die Rezeption im bis 1990 geteilten Deutschland aufgearbeitet und um die internationale Rezeption in Ost- und Westeuropa und den USA erweitert. Weiterhin wird die Popularisierung von Christa Wolfs Werk auf der Bühne und im Film berücksichtigt und auf ihren bisher wenig beachteten Dialog mit Künstlerinnen und Künstlern hingewiesen. Abschließend werden Nachrufe und Gedenkreden zum Tode der Autorin analysiert und die Aktivitäten seitdem vorgestellt. Eine solche Bestandsaufnahme soll auch zu neuen Auseinandersetzungen ermuntern. Der Anhang mit einer Zeittafel, einer Auswahlbibliographie, dem Verzeichnis der beteiligten Autorinnen und Autoren sowie dem Personenregister rundet den Band ab. Unser besonderer Dank gilt dem Lektorat des Metzler-Verlages, Frau Ute Hechtfischer und Herrn Dr. Oliver Schütze, die das Projekt in seiner Konzeption unterstützt und die Drucklegung betreut haben. Danken möchten wir auch unseren Hilfskräften Jana Wilhelm in Frankfurt sowie Maria Gregor und Sina Meissgeier in Leipzig für ihre Einsatzbereitschaft und ihre sorgfältige Arbeit. Für alle verbleibenden kleineren Mängel berufen wir uns auf den Geist Hegels, der den Tippfehler zum Zeichen für den Sieg der Idee ummünzt.

Frankfurt am Main und Leipzig im Mai 2016

Carola Hilmes und *Ilse Nagelschmidt*

I Von der Zeitgenossenschaft zur Zeitzeugenschaft: Christa Wolf in Zeit- und Generationszusammenhängen

Jana Simon beginnt ihr Interviewbuch *Sei dennoch unverzagt. Gespräche mit meinen Großeltern Christa und Gerhard Wolf* mit ihrer Erkenntnis: »Ich weiß gar nicht viel über euch, über eure Vergangenheit« (Simon 2013, 15). Darauf antwortet ihre Großmutter knapp: »Dann lies *Kindheitsmuster*!« (ebd.). Im anschließenden ersten Gespräch mit der Enkelin blicken die beiden Befragten in ihren Erinnerungen auf ihre Kindheit und Jugend im NS-System zurück und rekonstruieren die von ihnen wahrgenommene Wirklichkeit dieser fernen Jahre sowie ihre Entwicklungsvoraussetzungen und -bedingungen.

Im Sinn des Auftrages von Christa Wolf an Jana Simon wird vom autobiographisch determinierten Roman-Essay *Kindheitsmuster* der Blick in diese Zeit der Verführungen zurückgehen; sowie Spuren eines falschen Glaubens und jahrzehntelanger Auseinandersetzungen werden verfolgt. Leben und Werk der Autorin werden sowohl in den Kontexten ihrer Generationszugehörigkeit, ihres Lebens und Schreibens in der DDR – den politischen, kulturellen und literarischen Diskursen – als auch im Zusammenhang mit Autor/innen verhandelt, mit denen sie befreundet war oder mit denen sie sich intensiv beschäftigt hat. Das schließt nicht aus, dass auch in den jeweiligen Teilkapiteln knappe biographische Details genannt werden.

Christa Wolf wurde am 18. März 1929 in Landsberg/Warthe, dem heutigen Gorzów Wielkopolski, als Tochter des Kaufmanns Otto Ihlenfeld und seiner Frau Herta, einer gelernten Buchhalterin, geboren. Hier besuchte sie die Oberschule. In den letzten Kriegsmonaten musste sie ihre Heimatstadt verlassen. Gemeinsam mit großen Teilen der Familie – der Vater war noch im Krieg – kam sie nach einigen Umwegen zunächst in Mecklenburg-Vorpommern an, wo sie verschiedene Tätigkeiten, so als Schreibkraft beim Bürgermeister in Gammelin, ausübte. 1946 ist sie wieder Schülerin in Schwerin. Zugleich ist dies das Jahr ihrer ersten größeren Erkrankung, über Monate wird sie in einem Lungensanatorium behandelt. Die Zeit hat tiefe Spuren in ihr hinterlassen, der Körper wehrt sich mit Krankheit gegen die erlittenen psychischen und physischen Strapazen. Dieses Phänomen der Abwehr durch Krankheit wird seitdem ihr weiteres Leben bestimmen. Im Gespräch mit Therese Hörnigk bekennt sie 1987/88, dass es ihr Naturell sei, »eine solche Kluft zwischen Anspruch und Leistung nicht zu lange ertragen zu können, mein Körper wehrt sich notfalls mit Krankheit« (WA 12, 62). Das Abitur legt sie in Bad Frankenhausen am Kyffhäuser, der Geburtsstadt von Gerhard Wolf (Jg. 1928), ab. Dieser wurde mit 15 Jahren als Luftwaffenhelfer einberufen, erlebte einen Kriegswinter mit der Flak an der Oder und geriet in amerikanische Kriegsgefangenschaft. Beide werden in einer lebenslangen Partnerschaft verbunden bleiben (s. Kap. III.48)

1 Generationsmuster – Voraussetzungen oder Näherungen an ›Generationseinheiten‹

Christa und Gerhard Wolf gehören zu der ›Generationseinheit‹ der in den späten 1920er Jahren Geborenen – wie Siegfried Lenz, Erich Loest, Ingeborg Bachmann, Werner Heiduczek, Günter de Bruyn, Hermann Kant (alle Jg. 1926); Dieter Noll, Günter Grass, Martin Walser (alle Jg. 1927); Günter Görlich, Vera Friedländer (Jg. 1928) sowie Hans Magnus Enzensberger, Jürgen Habermas, Walter Kempowski und Heiner Müller (alle Jg. 1929). Die männlichen Jugendlichen dieser Generation, infiltriert von den Dogmen der Hitler-Jugend (HJ), wurden bis zum Geburtsjahr 1927 in die Wehrmacht als Soldaten eingezogen oder mussten als ›letztes Aufgebot‹ die Gräuel des Zweiten Weltkrieges noch direkt als Flak- oder Wehrmachtshelfer miterleben. Die weiblichen Jugendlichen dieser Generation, ebenfalls von der faschistischen Ideologie im Bund deutscher Mädchen (BDM) direkt beeinflusst, erlebten den Krieg in Deutschland. Oftmals gehörten sie zu den Millionen Menschen, die ihre Heimat nach der Kapitulation Deutschlands verlassen mussten. Christa Wolf wird sich in *Kindheitsmuster* sowohl mit den kollektiven Gemeinsamkeiten als auch mit einem individuellen Muster dieser Generation – geprägt durch das Elternhaus, religiöse und moralische Voraussetzungen und Erziehungsbedingungen – auseinandersetzen.

Wolfgang Emmerich erörtert 2012 die Grundvoraussetzungen für die DDR-Autorinnen und Autoren, die zwischen 1922 und 1930 geboren wurden. Grundlage seiner Überlegungen ist die Analyse von Karl Mannheim, die dieser 1928 in dem Aufsatz »Das Problem der Generationen« vorgelegt hat. Emmerich kommt zu dem Ergebnis, dass Christa Wolfs Werdegang nahezu lückenlos in das Schema einer ›Generationseinheit‹ im Sinn von Mannheim passe.

> »Hier liegt nicht nur ein lockerer Verbund einer Alterskohorte vor, die Mannheim ›Generationslagerung‹ nennt; und auch nicht nur – zweite Stufe der Kohärenz – ein ›Generationszusammenhang‹, wie der Soziologe eine Altersgruppierung nennt, die mit historischen Schlüsselerfahrungen auch homogene wert- und Sinnvorstellungen gemeinsam hat. Diese Generation zeichnet darüber hinaus aus, dass diese Gemeinsamkeiten aus Naziherrschaft und Weltkrieg bestimmte ›Kollektivimpulse‹ und ›Formierungstendenzen‹ gestiftet haben, die sich, natürlich verkürzt, als Anti-Faschismus á la DDR benennen lassen.« (Emmerich 2012, 17)

Als erste Stufe der Ausbildung von Kohärenz sieht Emmerich die im NS-System angestrebte ›Volksgemeinschaft‹, die auf eine einheitliche und vorgeschriebene Ideologie ausgerichtet ist. Die Folgen für die heranwachsende Generation waren neben der Uniformität des Denkens und der Herausbildung einer kollektiven Gläubigkeit die Ablehnung all dessen, was die Ausprägung einer Ich-Identität ermöglicht hätte.

Mit Beginn ihrer Arbeit als Literaturkritikerin und mit ihrem literarischen Debüt *Moskauer Novelle* (1961) setzt bei Christa Wolf die Beschäftigung mit ihrer eigenen Vergangenheit und der ihrer Generation ein. 1955 begründet sie in der Rezension zu Peter Bamms *Die unsichtbare Flagge* die Notwendigkeit, dass der Roman über diesen Krieg, von Deutschland aus gesehen, noch geschrieben werden muss, »er wird sehr dringend gebraucht« (Wolf 1955, 152). Indem sie Gedanken von Anna Seghers aus den 1950er Jahren reflektiert, dass es in dieser Zeit zwar Romane gebe, in denen Faschisten und Militaristen als Ausbeuter und Kriegstreiber dargestellt werden – »aber ihr Vorstoß ins Innere der Menschen, die sie berauschen, zersetzen und lähmen, wird selten als Thema erfaßt« (Seghers 1971, 167) –, konkretisiert Christa Wolf in den frühen 1960er Jahren ihre ersten Überlegungen. Es manifestieren sich Denk- und Themenlinien wie die Generationsproblematik, Glaube und Irrglaube, das Wechselgefüge von Vergangenheit, Gegenwart und Zukunft sowie Fragen nach der Komposition von Texten, die ihrem Anliegen entsprechen. Christa T., die literarische Figur, die dieser Vorstellung in den 1960er Jahren wohl am nächsten ist, wird die entscheidende Frage stellen: »Wir müssen wissen, was mit uns geschehen ist, sagte sie. Man muß wissen, was mit einem geschieht« (NCT, 159). Das weitere Verfolgen dieser Linien sowie die immanente Diskussion der im Essayband *Lesen und Schreiben* begründeten Poetologie bestimmen die von und mit der Autorin geführten Gespräche am Beginn der 1970er Jahre, die stets in untrennbarem Zusammenhang mit der Arbeit am Roman *Kindheitsmuster* zu sehen sind und auch zwingend eigene Überprüfungsmuster darstellen. Im Interview mit Konstantin Simonow (1973) ergeben sich bei vorhandenen Unterschieden Gemeinsamkeiten in den Schreibweisen – in der Bejahung der Authentizität, im Interesse für eine psychologisch auslotende Literatur, die Bewusstseinsprozesse erkundet, sowie in der Notwendigkeit, in mehreren Ebenen zu schreiben –, die ihre Bestätigung im Satz des russischen Autors finden: »Man muß ein umfassendes Bild von der Zeit und der Gesellschaft gestalten« (WA 4, 391).

Der 8. Mai 1945, der bis in die Gegenwart des 21. Jahrhunderts in einer kaum überschaubaren Zahl von Abhandlungen als ›Tag der Befreiung vom Hitlerfaschismus‹, das ›Ende des 1000-jährigen Reiches‹ oder als ›Zusammenbruch‹ definiert wird, gilt bei all den vorhandenen Differenzen als generationsprägendes Ereignis. Millionen von Menschen befanden sich am Ende des Zweiten Weltkriegs in einem »transitorische[n]« (Glaser 1990, 46) Zustand. Kriegsgefangene, Rückkehrer aus Gefängnissen und Konzentrationslagern, Menschen, die nach den Zerstörungen der Städte außerhalb eine provisorische Bleibe gesucht hatten sowie Frauen, Kinder und alte Menschen, die nach den Abkommen der Alliierten ihre Heimatgebiete zu verlassen hatten, waren auf der Suche nach einem vorläufigen Heim in einem Land, in dem über 3,3 Millionen Wohnungen nicht mehr vorhanden waren. Zu diesen äußeren Verwüstungen gehörten die inneren Zerstörungen und Desorientierungen. Diese Generation, des »Geflechts aus Dogmen und festen Ordnungen« (Stern 1989, 11) beraubt, so eine Grunderfahrung von Carola Stern, reagierte hilflos und nicht selten zynisch, durch den Wertzusammenbruch des Systems ihrer Kindheit war sie orientierungslos in eine neue Zeit gespült worden. »Kinder – mitgerissen von schrecklichen und schönen Weltveränderungsplänen, sich einer Elite zugehörig fühlend und zugleich fasziniert davon, Teil einer Gemeinschaft, Mitglied eines Kollektivs zu sein« (ebd.). In diesen ersten

Wochen und Monaten der Auflösung und der Fremdbestimmung – Deutschland ist in vier Zonen mit teilweise divergierenden Interessen geteilt –, der Rückkehr der ersten Autor/innen aus dem Exil vorrangig in die sowjetische Besatzungszone (SBZ), der öffentlichen Artikulationsversuche derjenigen, die in Deutschland geblieben waren und zur Gruppe der ›inneren Emigranten‹ zählen, des Widerstreits von Meinungen und Auffassungen bei gleichzeitiger Existenzbedrohung durch Hunger und Krankheiten, wurde der Ruf nach dem Neuen, dem Anderen und somit nach der – scheinbar nicht belasteten – Jugend immer lauter. Zu den Ersten, die sich öffentlich meldeten, gehörte der todkranke Wolfgang Borchert (Jg. 1921), der mit dem Stück *Draußen vor der Tür* (1946) den Kriegsheimkehrern eine Stimme verlieh und die Grunderfahrungen der Zeit – Heimat, Heimatlosigkeit sowie kollektive und individuelle Entortung – zum literarischen Thema erhob. Im Prolog heißt es:

> »Ein Mann kommt nach Deutschland.
> Und da erlebt er einen ganz tollen Film. Er muß sich während der Vorstellung mehrmals in den Arm kneifen, denn er weiß nicht, ob er wacht oder träumt. Aber dann sieht er, daß es rechts oder links neben ihm noch mehr Leute gibt, die alle dasselbe erleben. Und er denkt, daß es dann wohl die Wahrheit sein muß. Ja, und als er dann am Schluß mit leerem Magen und kalten Füßen wieder auf der Straße steht, merkt er, daß es eigentlich nur ein ganz alltäglicher Film war, ein ganz alltäglicher Film. Von einem Mann, der nach Deutschland kommt, einer von denen. Einer von denen, die nach Hause kommen und die dann doch nicht nach Hause kommen, weil für sie kein Zuhause mehr da ist. Und ihr Zuhause ist dann draußen vor der Tür. Ihr Deutschland ist draußen, nachts im Regen, auf der Straße.« (Borchert 1949b, 132)

Im Essay »Generation ohne Abschied«, am 22. Juli 1947 in der Zeitschrift *Horizont* erschienen wenige Monate vor seinem Tod (20.11.1947), vermittelte Borchert zwischen verschiedenen Sichtweisen. Zum einen definierte er seine Generation als »Generation ohne Abschied« (Borchert 1949a, 77) – »Wir sind die Generation ohne Bindung, ohne Vergangenheit, ohne Anerkennung« (ebd.). Zum anderen sah er jedoch auch eine mögliche Perspektive für eine »Generation der Ankunft« (ebd., 79), indem er die vage Hoffnung auf Erneuerung formulierte, eine »Ankunft unter einer neuen Sonne, zu neuen Herzen« (ebd.). Ebenso ambivalent und unstet verhält sich im Text der Umgang mit den Pronomen ›wir‹ und ›sie‹. ›Wir‹, das ist seine Generation, »ausgestoßen aus dem Laufgitter des Kindseins« (ebd., 77), in den Krieg als Soldaten hineingeschleudert. Was bleibt, ist die Gefahr der Bindungslosigkeit und das Gefühl des Unbehaustseins. Gleichermaßen umschließt das ›Wir‹ all jene, die gegen Hitlerdeutschland in den Krieg gezogen sind und als Entortete quer durch Europa irren, die den Anforderungen der Älteren nicht mehr entsprechen. Und so werden dem ›Sie‹ Vorwürfe entgegengebracht, die Emotionen teilweise nicht mehr zurückhalten können. »Aber sie gaben uns keinen Gott mit, der unser Herz hätte halten können, wenn die Winde dieser Welt es umwirbelten« (ebd.). Indem er Eigen- und Fremdblicke auf seine Generation entwickelte, blieben Unsicherheiten und Verletzungen, die nicht einfach zu korrigieren sind. Borchert legte einen expressiven Text vor, der über Jahre in der Diskussion unterrepräsentiert war. Einen Grund dafür sehen Burgess und Winter darin, dass trotz des Identifikationsangebotes die den Text prägende Haltung wohl nicht »repräsentativ für die ›junge Generation‹ der Nachkriegsliteratur« (Burgess/Winter 2008, 11) gewesen sei.

Zehn Jahre später veröffentlichte der Soziologe Helmut Schelsky eine umfangreiche Abhandlung unter dem Titel *Die skeptische Generation* (1957), in der die westlichen Jugendlichen des Nachkriegsjahrzehntes bis etwa 1955 erfasste. Zu den Grundzügen dieser Generation zählen die »geistige Ernüchterung« (Schelsky 1957, 488), die Entideologisierung, die Ablehnung »alles Kollektiven« (ebd., 489) und die positive Bewertung sozialer Beziehungen. Im Bewusstsein der Defizite seiner Analyse – Fokussierung lediglich auf Westdeutschland sowie der Schwierigkeit, eine Generation als Einheit fassen zu können und zu wollen – fand er zu Ableitungen und Aussichten. »Die Generation ist im privaten und sozialen Verhalten angepaßter, wirklichkeitsnäher, zugriffsbereiter und erfolgssicherer als je eine Jugend vorher« (ebd., 488). Somit erfährt das dieser Generation zunächst beigegebene Attribut ›skeptisch‹ Erweiterungen in »vorsichtig«, »erfolgreich« (ebd.) und »still« (ebd., 489). Es ist, so eine These des Autors, eine Generation, die sich auf das Überleben und die Privatheit eingerichtet hatte.

Mit Bezug auf die Autor/innen dieser Generation, die die DDR-Literatur maßgeblich prägen werden, gibt es verschiedene Bestimmungsmöglichkeiten zur Kennzeichnung von Generationseinheiten. Wolfgang Emmerich geht von drei Generationen aus, die dominant vor dem Hintergrund der Historie sowie der politischen Zeitumstände zu sehen sind: der Exilgeneration, der zweiten Generation von Fühmann über Strittmatter zu Wolf und Müller und der Biermann-Braun-Generation, die ihr künstlerisches Engagement von der vorausgehenden Wolf-Müller-Generation übernommen hat (vgl. Emmerich 1994, 212 f.). Für den Soziologen Bernd Lindner zeichnen sich in der historischen Abfolge von 1945 bis 1989 in der SBZ/DDR drei Generationseinheiten ab: Die »Aufbaugeneration« (geboren um 1930 bis 1940), die »integrierte Generation« (geboren um 1945 bis 1960) und die »distanzierte Generation« (geboren zwischen 1961 und 1975) (Lindner 2006, 96 f.). Neuste Versuche präzisieren die »Anführergeneration« (der bis 1928 Geborenen), die »erste[] Schriftstellergeneration der DDR« (1929 bis 1938), die »Generation des Übergangs« (1938 bis 1948), die »Hineingeborenen« (1949 bis 1958) sowie die »ausgefallene Generation« (geboren ab 1959) (Meuser/Ludwig 2014, 51–70). Das Abwägen dieser Jahrgangslinien führt zu dem Schluss, dass es unter Einbeziehung der beschriebenen kollektiven und individuellen Voraussetzungen sinnvoll ist, die Generationslinie von den Jahrgängen 1922 bis 1933 zu ziehen. Die 1922 Geborenen zählen zu dem Jahrgang, der sowohl den Berufsabschluss als auch das Abitur in der Zeit der NS-Diktatur ablegte, der durch den Zweiten Weltkrieg geprägt wurde und bis auf wenige Ausnahmen nicht zu den Funktionsträgern des Systems gehörte. Für die bis 1933 Geborenen lagen die ersten Schuljahre noch in der Zeit des Nationalsozialismus und ihr Leben ist ebenfalls durch die Erfahrung der Mehrzeitigkeit dominiert.

Katrin Löffler hat in ihrer Habilitationsschrift *Der kritische Blick zurück. Identitätskonstruktionen in autobiographischen Texten über das Leben in der DDR* (2013, als Buch 2015 erschienen) über die Interpretation von Texten von Werner Heiduczek *Die Schatten meiner Toten. Eine Autobiographie* (2005), Günter de Bruyn *Zwischenbilanz. Eine Jugend in Berlin* (1992) und *Vierzig Jahre. Ein Lebensbericht* (1996), Günter Görlich *Keine Anzeige in der Zeitung. Erinnerungen* (1999) und Hermann Kant *Abspann. Erinnerung an meine Gegenwart* (1991) erarbeitet, welche Folgen sowohl das von außen kommende Muster faschistischer Erziehung und Bildung als auch das soziale Milieu für die junge Männergeneration hatte und welche prägenden Erfahrungen für die Ausbildung von Haltungen und Einsichten von Bedeutung waren. Sie kommt zu dem Ergebnis, dass bei Günter de Bruyn, der aus dem Berliner Diasporakatholizismus stammt, die familiäre Situation dem Heranwachsenden Freiräume zur individuellen Entfaltung gelassen hat, so dass sich bei ihm im Gegensatz zu den meisten seiner Altersgenossen frühzeitig Aversionen gegen jedwede kollektive Vereinnahmung ausprägen konnten. Für Werner Heiduczek, der aus dem oberschlesischen katholischen Milieu stammt, werden die Kriegserlebnisse zu einem lebenslang präsenten Trauma; Einsamkeit und Heimatlosigkeit gehören zu seinen Grunderfahrungen. Günter Görlich und Hermann Kant reflektieren in ihren Erinnerungen dagegen kaum, welchen Einflüssen sie in ihrer Kindheit und Jugend ausgesetzt waren. Allen gemeinsam ist ein Generationsbewusstsein, so Katrin Löffler, das sich aus den Erfahrungen von Krieg, Chaos und Todesnähe speist. Diesen Autoren und auch Christa Wolf ist die Artikulation von Schuld- und Schamgefühlen gemeinsam, die vor allem in dem Wissen um den millionenfachen Mord an den deutschen und europäischen Juden begründet ist. Für die Entwicklung ihres Generationsbewusstseins sind die Gründer/innen, die Widerstandskämpfer/innen und die jüdischen Remigrant/innen, die bewusst nach 1945 in die SBZ bzw. DDR zurückkehrten, von großer Bedeutung. Das Suchen ihrer Nähe, die Antizipation ihrer Gedanken, der bei Christa Wolf ausgeprägte Versuch, in späteren Jahren über vielfache Gespräche Schuld abzutragen, ist bestimmend für die Orientierung und gilt als Voraussetzung der Loyalität zum Staat DDR.

Die in der unmittelbaren Nachkriegszeit in Deutschland West (Wolfgang Borchert, Alfred Andersch, Heinrich Böll, Günter Grass u. a.) geschriebenen Texte weisen Gemeinsamkeiten zu der in Ostdeutschland herausgegebenen Literatur auf. Diese liegen im unbedingten Willen alles zu tun, damit sich das erlebte und erlittene Leid – Krieg, Flucht, Hunger, Krankheit, Heimatlosigkeit – nicht wiederholt. In dieser Zusammenführung von Generationserfahrungen erwuchsen aber gleichermaßen auch Differenzen. Während das bei Borchert leitmotivisch hervorgehobene ›Wir‹ in der jungen Bundesrepublik der 1940er bis 1960er Jahre in der Gruppe 47 keine Entsprechung findet, wird die Formierung des Wir-Bewusstseins zur Motivation dieser Generation, in das sich formierende Gesellschaftsgefüge der SBZ und ab 1949 der DDR einzutreten.

Frühe Prägungen in Kindheit und Jugend und lebenslange Folgen

Auf dem VII. Schriftstellerkongress der DDR (1973) bekundet Christa Wolf Bezug nehmend auf Volker Brauns Diskussionsbeitrag in der Arbeitsgruppe »Literatur und Geschichtsbewußtsein« ihr Interesse an dieser neu aufgenommenen Debatte, indem sie unmittelbar über ihre Schreiberfahrungen an ihrem Roman *Kindheitsmuster* spricht. »Eine ernsthafte Auseinandersetzung mit dieser Vergangenheit ist nur möglich, wenn sich der Autor gleichzeitig der andauernden ernsten Auseinandersetzung mit der Gegenwart stellt, die er als ›seine Zeit‹ empfindet« (WA 4, 451).

In diesem Zusammenhang verweist sie auf das Phänomen ihrer Generation, über die die »Vergangenheit in Wellen« (452) hereinbricht: Die Zeit der Delegierung an den Faschismus sei nun vorbei. Ihre Generation ist durch das Prinzip der Mehrzeitigkeit belastet. Dies umschließt zum einen das Leben in bis zu drei verschiedenen Staatsformen – NS-System, DDR, das vereinte Deutschland – und zum anderen die sich wiederholenden Selbst-Befragungen, das Aushalten von Spannungen und das Sich-in-Frage-Stellen. In diesem Sinn ist die Aussage von Franz Fühmann (Jg. 1922) zu verstehen: »Meine Generation ist über Auschwitz zum Sozialismus gekommen. Alles Nachdenken über unsere Wandlung muß vor der Gaskammer anfangen, genau da« (Fühmann 1980, 40).

Kindheitsmuster ist somit ein Text, der im unmittelbaren Zentrum des Werkes von Christa Wolf steht und dessen Grundthema sie von ihren ersten Rezensionen bis zu ihrem letzten Werk *Stadt der Engel oder The Overcoat of Dr. Freud* beschäftigen wird. Aufgrund der Vieldimensionalität ihres Vorgehens, das das Biographische einschließt, jedoch weit über dieses hinausgeht, ist es nachvollziehbar, dass die Autorin wie in den meisten ihrer Texte im Geleitwort – verbunden mit der Aufforderung, dass die Leser/innen Bezüge zu sich selbst und ihren Lebenswelten herstellen und damit auch das Schweigen durchbrechen müssen – auf das Fiktionale des Romans verweist:

> »Alle Figuren in diesem Buch sind Erfindungen der Erzählerin. Keine ist identisch mit einer lebenden oder toten Person. Ebensowenig decken sich beschriebene Episoden mit tatsächlichen Vorgängen. Wer Ähnlichkeiten zwischen einem Charakter der Erzählung und sich selbst oder ihm bekannten Menschen zu erkennen glaubt, sei auf den merkwürdigen Mangel an Eigentümlichkeit verwiesen, der dem Verhalten vieler Zeitgenossen anhaftet. Man müßte die Verhältnisse beschuldigen, weil sie Verhaltensweisen hervorbringen, die man wiedererkennt.« (KM, 10)

Dabei ist zwischen dieser Bekundung der Autorin und den Erkenntnissen von Dennis Tate, dass fast alle Texte der Autorin autobiographisch grundiert sind und sich dieses »Evolving Autobiographical Project« (Tate 2007, 194) über Jahrzehnte konsequent entwickelt habe, ein Zusammenhang zu sehen. Philippe Lejeune hat in der Abhandlung *Der autobiographische Pakt* herausgearbeitet, dass gerade bei der Nichtbehauptung des Zusammenhangs zwischen Autor-Identität und Werk die Rezipienten nach biographischen Ähnlichkeiten suchen (vgl. Lejeune 1994, 28). Diese Bezüge lassen sich im Text auf den einzelnen Ebenen finden. Der Roman ist Annette und Tinka (der Kosename für die zweite Tochter), den beiden Töchtern der Autorin gewidmet, die Erzählerin stammt wie Christa Wolf aus L. (Landsberg/Warthe) dem heutigen G. (Gorzów Wielkopolski), sie ist verheiratet, hat zwei Töchter und einen jüngeren Bruder und ist ebenfalls Schriftstellerin. Gleichermaßen lassen sich zwischen den realen Lebensdaten sowie den Zeitumständen und dem Roman Zusammenhänge – Mitglied im BDM, Flucht, Sanatoriumsaufenthalt – zwischen dem Leben der Autorin und der Erzählinstanz herstellen. Indem Christa Wolf im Text das Ich in ein erinnerndes Es, kommentiertes Du und fiktionalisiertes Ich aufspaltet, wird über dieses Nicht-Herstellen-Können einer Einheit Kindheit nicht als Vergangenes gesehen, vielmehr wird diese mit ihren Prägungen zur bis in die Gegenwart fortdauernden Vergangenheit (vgl. Weigel 1987, 146). Christa Wolf schließt daher keinen autobiographischen Pakt mit ihren Leserinnen und Lesern, da keine Einheit zwischen der Autorin, der Erzählerin und der Protagonistin der Vergangenheit hergestellt wird (vgl. Lejeune 1994, 16). Ständige Überlagerungen und Dissonanzen offenbaren die Schwierigkeiten beim Schreiben – »sprachlos bleiben oder in der dritten Person leben« (KM, 13) – und durchziehen den Roman leitmotivisch. Sonja Hilzinger geht im Nachwort zu *Kindheitsmuster* auf die Besonderheit des Textes ein, in dem die herkömmlichen Begriffe autobiographischen Erzählens – Wahrheit, Intentionalität und Identität – durch Wolfs Verfahren der ›subjektiven Authentizität‹ (s. Kap. II.B.16) durchbrochen und erweitert werden (KM, 599).

Diese Form des Gestaltens, die die fiktionalisierende Verarbeitung autobiographischer Stoffe dieser Generation ermöglicht, impliziert sowohl skeptische Distanz – Aufspaltung des Ich – als auch Annäherung, das ständige Heranziehen des Autor-Ich in zweifacher Sicht: als Überprüfer/in und Einbringer/in. Das hat kathartische Wirkung. Die Methode des weiblichen Schreibens (s. Kap. II.F.32) als eine Realisierungsmöglichkeit des Prinzips der »subjektiven Authentizität« (WA 4, 407) lässt sich durch folgende Ansätze charakterisieren: das Anstreben der »phantastische[n] Genauigkeit« (396), das Freilegen weiblicher Zerstörungen über die Gender-Analyse, das Abstecken des Bedingungsgefüges für die mögliche Ich-Artikulation sowie die gefundene Form des Schreibens in Schichten und der Montage (s. Kap. II.D.25). Einerseits werden durch ständige Assoziationen die Handlungsebenen miteinander verknüpft, andererseits werden in den Ebenen – vor allem der unmittelbaren Erzählzeit – Fakten und Gedanken zu Stichwörtern wie Gedächtnis, Angst, Heimat, Heimweh, Hörigkeit sowie Strophen und Verse, Lied- und Textfragmente, Tagebuchaufzeichnungen und Notizen, Arbeitsstandpunkte, Tagesnachrichten und Träume montiert.

Christa Wolf verweist auf die Notwendigkeit einer umfassenden Analyse des Vergangenen, was als notwendige Konsequenz die weibliche Sicht auf Faschismus – Krieg, Flucht und Nachkrieg – einschließt. Die Autorin war 43 Jahre alt, als sie mit der Arbeit an dem Projekt begann. Die erste Hälfte ihres Lebens, geprägt durch Anpassung und dem unbedingten Willen dazuzugehören (WA 12, 55), aber auch die Desillusionierungen der Jahre 1965 und 1968/69, lag hinter ihr. Sie ist in einem Staat sozialisiert worden, der den Antifaschismus zur Staatsdoktrin erhoben hat, ohne jedoch die Grundlagen dieses Postulats individuell erfahrbar zu machen. Jahre später hat sich die Tochter von Christa und Gerhard Wolf, die Psychotherapeutin Annette Simon (Jg. 1952), mit diesem Phänomen auseinandergesetzt, indem sie vom »*teilnahmslosen* Antifaschismus der DDR-Pädagogik« und dem »*teilnahmsvollen* Antifaschismus« (Simon 1995, 37) ihrer Eltern spricht. Da die Ideologie der DDR stets auf die ›Dimitroff-Formel‹ zurückgriff – er hatte den Faschismus an der Macht als die »offene, terroristische Diktatur der reaktionären, chauvinistischen, am meisten imperialistischen Elemente des Finanzkapitals« bezeichnet –, fehlten über Jahre und Jahrzehnte jedwede Auseinandersetzung mit dem individuellen Faschismus, der tief in die Psyche, das Bewusstsein, das Handeln und die Sprache der Menschen und somit in ihren Alltag eingegriffen hat. Aufgrund dieser existentiellen Leerstelle kommt es zu den beschriebenen Spannungen und Identitätsbrüchen dieser Generation sowie zu lebenslang wirkenden Schuld- und Schamgefühlen.

Zwei Sätze sind der Schlüssel zu der immanenten Auseinandersetzung mit dem Roman: »Wie sind wir so geworden, wie wir heute sind?« (KM, 307, 468) und der scheinbar zu sich selbst gesagte Satz des KZlers: »Wo habt ihr bloß alle gelebt« (482). Dabei sind Besonderheiten auffallend. Zum einen handelt es sich bei beiden Sätzen um Fragesätze; während der erste Satz auch in der erneuten Aufnahme, obwohl mit einer Klammer versehen, weiter das Fragezeichen enthält, wird dieses dem zweiten Satz verwehrt. Dieser bleibt somit als Aussage stehen und erfordert andere individuelle Zugänge und auch mögliche Antworten. Zum anderen erscheint hier das kollektive ›wir‹ und ›ihr‹, das wiederum vielfachen Deutungen unterworfen ist. Es kann sowohl das bewusste Wir der Generation sein, als auch als Auflösung der Ich-Identität interpretiert werden und ist somit in dieser Ambivalenz im Willen der Autorin zu verstehen, die in der Antizipation des 1945 Gesagten und der Reflexion der frühen 1950er Jahre bei ihren Leserinnen und Lesern einen Spannungsbogen schafft, in dem ein Vorstoß zu den »Grenzen des Sagbaren« (594) stattfindet.

Im Roman wird ein Muster weiblicher Deformation entworfen, geprägt durch die Schule, das soziale Umfeld und die Familie (vgl. KM 28, 29, 158, 159) sowie erfahrene Lieblosigkeit – »Lieblosigkeit ist ein schauerliches Geheimnis« (367). Geblieben ist: Eine Überempfindlichkeit gegen Massenübungen, tobende Sportstadien, im Takt klatschende Säle (391). Untersuchungen zur Sprachmanipulation im faschistischen System lassen Analogien zu Victor Klemperers *LTI* (1947) zu; »Alltagswörter« (KM, 42), »Glitzerwörter« (94) – wie »artfremd« (ebd.), »unfruchtbar« (ebd.), »Geschlechtskranke« (96) – und »Gefühlswörter« (157) – wie »Fröhlichkeit«, »Bescheidenheit«, »Angst«, »Mut«, »Tapferkeit« und »Treue« (ebd.) –, vom Kind Nelly Jordan zu verarbeiten, werden vergleichend betrachtet. Das Erkunden individueller Verhaltensmuster der Eltern und der Lehrerin ermöglicht das Begreifen von Handlungen und deren Folgen. Faschistischer Ungeist, der so bis in alltägliche und intime Entäußerungen – wie Hartherzigkeit, Lieblosigkeit, Sprachmanipulation und individuelle Entfremdung – nachvollzogen wird, erfährt im Roman über das Einbringen historischer Dokumentation und subjektiver Erfahrungswerte unter Einbeziehung der Entstehungszeit des Textes sowohl eine Entmythisierung als immer auch eine gegenwärtige Dimension.

Somit ist das Grundmuster einer Generation entworfen, in die sich ein »tiefe[r] Autoritätsglaube eingefressen hat« und die »nicht von Wissen, sondern von bedingungsloser Gläubigkeit« (WA 4, 453) geprägt ist. In diesem Sinn beschreibt Carola Stern (Jg. 1925) ihre Generation als »verführt durch Ideologien und Ideologen, glaubenssüchtig« (Stern 1989, 11). Das in *Kindheitsmuster* heraufbeschworene protestantische und opportunistische Milieu erzeugte keine Abwehrhaltung gegenüber der faschistischen Ideologie, die mit ihren Leitsprüchen tiefe Spuren hinterlassen hat – Parolen wie »Ein deutsches Mädel muß hassen können« (KM, 191) und »Ich bin geboren deutsch zu fühlen / Bin ganz auf deutsches Denken eingestellt / Erst kommt mein Volk, dann all die andern vielen / Erst meine Heimat, dann die Welt!« (192) werden noch nach Jahren rekonstruiert. Protestantischer Ethos und preußischer Drill sind auf unheilvolle Art und Weise miteinander verwoben. Brigitte Reimann (Jg. 1933) und Christa Wolf werden, so nennen sie es sich gegenseitig bestätigend im Briefwechsel »Sei gegrüßt und lebe« (1993) preußisch erzogen, was heißen soll: Pflichtgefühl zeigen, Gerade-Gehen, wenig nach außen zeigen, was die Forderung nach Selbstdisziplin und das Sich-nicht-gehen-Lassen umschließt. Zurück bleibt ein in der Kindheit ausgehandeltes »Kompensationsgeschäft«: »Anerkennung und verhältnismäßige Sicherheit vor Angst und übermächtigem Schuldbewußtsein werden ihr garantiert, dafür liefert sie Unterwerfung und strenge Pflichterfüllung« (KM, 286). Der Pakt bleibt nicht ohne Folgen: Jahrzehnte später dringt die Erzählerin über die Traumdeutung zu ihrem Hauptproblem vor: ständige Fremdeinwirkungen, das Verschweigen-Müssen, aber auch Verschweigen-Wollen führt zu Zusammenbrüchen.

> »Daß du nicht verstandest, was passierte, als der Herzrhythmus entgleiste, aber sofort begriffst, warum es passierte. Das Organ hatte die heikle, vielleicht gefährliche Aufgabe übernommen, den Zustand schweren inneren Gejagtseins zu vermelden, den du nicht anders zur Kenntnis nehmen wolltest. Die Sprache unserer Organe, die wir nicht entschlüsseln können, weil wir eisern entschlossen sind, Körper- und Seelengedächtnis voneinander zu trennen. Die Einsichten, die zufließen, während die Ärzte Todesangst vermuten und das Wort ›Erleichterung‹ nicht gelten lassen würden.« (KM, 506)

2 Zwischen dem Willen zum Glauben und dem Wissen. Die 1950er Jahre

Christa und Gerhard Wolfs Lebenswege sind nach dem Abitur lebenslang miteinander verbunden (s. Kap. III.48). Beide entscheiden sich – zunächst unabhängig voneinander – für ein Studium in Jena. Gerhard Wolf schreibt sich für Germanistik, Geschichte und Pädagogik ein. Christa Wolf hat zunächst den Wunsch Lehrerin zu werden. Erst im 5. Semester fällt die Entscheidung für das Studium der Germanistik und Geschichte. In der Thüringer Universitätsstadt werden sie sich 1949 kennenlernen. Beide treten am Ende der 1940er Jahre aus unterschiedlichen Motiven der SED bei. Während es bei Gerhard Wolf vor allem eine »Anti-Eltern-Aktion« (Simon 2013, 81) ist, zählt bei Christa Wolf der Glaube an die »Idee der sozialen Gerechtigkeit und an den Antifaschismus, den ich in dieser Partei am stärksten ausgeprägt fand. Später in Berlin lernte ich Menschen kennen, die selbst Antifaschisten und im KZ oder Zuchthaus gewesen waren« (ebd.). 1951 heiraten beide, 1952 wird die Tochter Annette geboren. Während seine Frau das Studium fortsetzt, unterbricht Gerhard Wolf dieses, um für die Familie Geld zu verdienen. Zunächst findet er eine Anstellung beim Mitteldeutschen Rundfunk in Leipzig, bald erfolgt die Versetzung nach Berlin, wo er als verantwortlicher Literaturredakteur arbeitet. Christa Wolf wechselt den Studienort und schreibt sich an der Universität in Leipzig ein. Die folgenden Semester sind v. a. durch den Ordinarius Hans Mayer bestimmt, auch wenn dieser ihr die Teilnahme an seinem Oberseminar verwehrt, da er in ihr eine Studentin des Antipoden Gerhard Scholz vermutet und bei dessen Mitarbeiterin Edith Braemer die Studentin in Jena für sie beeindruckende Seminare zum literarischen Sturm und Drang erlebt hat. Trotz dieser Dissonanz akzeptiert er ihre Diplomarbeit zum Thema über »Probleme des Realismus im Werk Hans Falladas«. Entsprechend der literaturtheoretischen Auffassungen der frühen 1950er Jahre ist diese Schrift ganz im Geist des Realismusbegriffes von Georg Lukács verfasst, der von den jungen Genoss/innen widerspruchslos angenommen wird (s. Kap. II.A.8). Nach dem Studium ist die Familie in Berlin vereint, hier wird Gerhard Wolf sein Studium beenden und 1956 wird die zweite Tochter Katrin, genannt Tinka, geboren. Christa Wolf ist wissenschaftliche Mitarbeiterin beim Deutschen Schriftstellerverband, von 1955 bis 1977 ist sie Mitglied des Vorstandes dieses

Verbandes, der ab 1973 Schriftstellerverband der DDR heißen wird. 1956 arbeitet sie als Cheflektorin des Verlags Neues Leben und von 1958 bis 1959 als Redakteurin der Zeitschrift *neue deutsche literatur*. Die in vieler Hinsicht eingreifenden und nachhaltig wirkenden Ereignisse des Jahres 1956 – Volksaufstand in Ungarn, Beginn der politischen Prozesse in der DDR, so gegen Walter Janka, Wolfgang Harich und Erich Loest – werden für das Ehepaar zu einer entscheidenden Zäsur. Gerhard Wolf fällt aufgrund zunehmender Reglementierungen beim Rundfunk die Entscheidung, von nun an freiberuflich als Publizist, Lektor, Kritiker, Autor und Herausgeber zu arbeiten. Mit der Gründung dieses Weges sind über Jahrzehnte bestehende Kontakte zur Verlagslandschaft in der DDR, der Beginn intensiver Arbeitsbeziehungen und Freundschaften zu Autor/innen – so u. a. zu Sarah Kirsch, Johannes Bobrowski, Georg Maurer, Volker Braun, Günter de Bruyn – sowie sein großes Interesse für die bildende Kunst und die alternative Kunstszene in der DDR verbunden (s. Kap. III.48, s. Kap. IV.53). Im Jahr 1959 steht der nächste Umzug an; Halle an der Saale wird bis 1962 der Wohn- und Arbeitsort der Familie Wolf. Gemäß der Ansprüche, die sich aus dem Konzept des ›Bitterfelder Weges‹ (s. Kap. II.A.8) ergaben, leiten beide im VEB Waggonwerk Ammendorf einen ›Zirkel schreibender Arbeiter‹. Christa Wolf wird Parteisekretärin des Schriftstellerverbandes Halle und übernimmt Lektoratsarbeiten für den Mitteldeutschen Verlag. Am 24. März 1959 wird sie als »geheimer Informator« (Vinke 1993, 89) der Staatssicherheit angeworben.

Christa und Gerhard Wolf, die sich bewusst gegen eine universitäre Laufbahn entschieden haben, sind in den 1950er Jahren mit dem sich etablierenden Kultur- und Literaturbetrieb der DDR vertraut, sie verfügen über exzellente Kontakte auch über die Grenzen des Landes hinaus und haben auf der Basis ihrer literaturkritischen Arbeiten vielfältige Einblicke in die Gegenwartsliteratur. In und mit diesem Wissen zeichnen sich bereits Denklinien ab, die in ersten Widersprüchen zu den vorgegebenen Maximen des Sozialistischen Realismus stehen (s. Kap. II.A.9). Die *Moskauer Novelle* (1961) ist das Debütwerk der nunmehr ebenfalls freiberuflichen Autorin, für das sie den Kunstpreis der Stadt Halle erhält. Die erwünschte und vielleicht auch erhoffte Verwurzelung war in Halle nicht gegeben, 1962 zieht die Familie nach Kleinmachnow bei Potsdam um. Von hier aus werden beide in ihrem Nachdenken über Literatur und Kunst entscheidende Anstöße für eine andere Art der Literaturauffassung geben.

Partei und Regierung geben die Richtung vor

Diese Zeit der ersten Berufsjahre und der Suche nach dem eigenen Profil waren gleichzeitig Jahre der bewussten Einflussnahme von Partei und Regierung auf die Kulturentwicklung des jungen Staates. Dabei kamen in der ideologischen Formierung verschiedene Richtungen zusammen: Die sowohl aus dem Ost- als auch dem West-Exil Zurückgekehrten brachten ihre jeweils prägenden Muster und Erfahrungen jahrelanger Konfrontation mit unterschiedlichen politischen und gesellschaftlichen Systemen mit. Gleichermaßen gaben Autoren und Wissenschaftler, die zunächst in den Westzonen oder außerhalb des geteilten Landes gelebt und gearbeitet hatten – Bertolt Brecht, Hans Mayer, Ernst Bloch, Stephan Hermlin u. a. –, wesentliche Impulse für die Entwicklung von Kultur, Literatur und Philosophie. Über allen Differenzen in den Ausrichtungen, der individuellen Verfasstheit im Exil sowie in der Verortung in den politischen Gruppierungen und Meinungsfindungsprozessen stand jedoch der einmütige Wille, all das umzusetzen, was ihnen in den Jahren der NS-Diktatur verwehrt geblieben ist, was in vielfältigen Konzepten vorbereitet war und nun in der DDR verwirklicht werden sollte.

Rekurrierend auf die marxistische Theorie des Verhältnisses von Basis zu Überbau setzte die bewusste Bevormundung und Beeinflussung von Kultur und Literatur ein. Bereits vor Gründung der DDR am 7. Oktober 1949 legte der aus dem Sowjet-Exil kommende Funktionär und spätere Vorsitzende des Staatsrates, Walter Ulbricht, auf der 1. Parteikonferenz der SED vom 25.1.1949 den Stellenwert von Literatur fest. Im Abschnitt »Entwicklung des Kulturlebens« ging er auf Probleme der künstlerischen Entwicklung ein und hob hervor, dass es das »kulturelle Ziel dieses Plans [erster Zweijahrplan; I. N.] ist, Menschen mit einer neuen gesellschaftlichen Erkenntnis zu erziehen« (Ulbricht 1963, 363). Die Schriftsteller/innen erhielten somit die konkrete Aufgabe, mit ihren Texten erzieherisch und bewusstseinsbildend auf die Rezipienten einzuwirken, bei diesen Verständnis für die veränderte Situation zu entwickeln und gleichermaßen deren ästhetisches Vergnügen zu stimulieren und sie gesellschaftspolitisch zu aktivieren. In den folgenden Monaten zeigte sich jedoch, dass die Aufgeforderten in keiner Weise diesen Vorgaben folgen konnten und dass Literatur nicht auf der Grundlage von politischen Proklamationen entstehen kann. Auf dem III. Parteitag der SED im Juli 1950 übte der ebenfalls aus dem Sowjet-Exil zurückgekehrte Johannes R. Becher, einst ein gefeierter Autor des literarischen Expressionismus, herbe Kritik an der Gegenwartsliteratur. Er stellte fest, dass auf diesem Gebiet Nachholbedarf bestehe: »Die Kulturschaffenden sind bisher in ihren künstlerischen Werken die Antwort auf unsere gewaltigen politischen, kulturellen Erfolge noch schuldig geblieben« (Becher 1951, 68). Im Mittelpunkt der hier getroffenen Aussagen stand die erzieherische Funktion von Literatur; den Schriftsteller/innen wurde nach der Zerschlagung des Hitlerfaschismus und der Phase der Desorientierung und Desillusionierung weiter Teile der Bevölkerung sowie des Aufbaus des am Sowjetsystem orientierten Staates die Aufgabe zugewiesen, sich mit ihren Arbeiten an diesem Umerziehungsprozess zu beteiligen. Eine weitere Markierung in dieser politischen Funktionsbestimmung von Literatur stellte die 5. Tagung des ZK der SED, 1951, dar. Im Hauptreferat hieß es:

> »Wir wollen, wenn unsere besten Menschen dargestellt werden, daß die typischen Züge, die das Merkmal eines fortschrittlichen Menschen sind, im Kunstwerk auch ihre Verkörperung finden, und wir haben ein Recht, das zu verlangen, nicht nur, weil es solche Menschen in der Wirklichkeit gibt, und das der Würde dieser Menschen entspricht, sondern vor allem darum, weil durch diese Menschen das Neue verkörpert wird, das uns in eine lichte und schönere Zukunft führt.« (Lauter 1951, 33)

Mit dieser Proklamation wurde ein Leitmodell entwickelt, nach dem sich alle am Literaturprozess beteiligten Akteur/innen zu richten hatten und das als Basis einen eingeengten, auf wenige Maximen beschränkten Marxismus in der Auslegung der DDR hatte. Bertolt Brecht griff den Begriff des Typischen – in den 1950er Jahren Hauptterminus zur Umschreibung des Wirkungsmodells von Literatur – kritisch auf und setzte dieser floskelhaften Verwendung einen praktikablen Gehalt entgegen.

> »Man macht aus dem Wort einen Fetisch, indem typisch einfach das Gewünschte ist [...]. Die eigentliche Bedeutung des Wortes ›typisch‹, für die es von Marxisten als wichtig genannt wurde, ist: geschichtlich bedeutsam. Dieser Begriff gestattet, auch scheinbar winzige, seltene, überraschende Vorkommnisse sowie unscheinbare, oft oder selten vorkommende Menschen aus dem Licht der Dichtung zu ziehen, weil sie geschichtlich bedeutsam, das heißt für den Fortschritt, das heißt für den Sozialismus wichtig sind. Diese Vorkommnisse und Menschen müssen aber dann realistisch, das heißt mit ihren Widersprüchen dargestellt werden, und auch der Häufigkeitsgrad ihres Auftretens muß zu erkennen sein.« (Brecht 1966, 338 f.)

All diese Auseinandersetzungen und immer wieder mit Nachdruck betonten Richtlinien für die Gegenwartsliteratur kreisen um das Postulat: die Umsetzung der Methoden des Sozialistischen Realismus mit den Kriterien Parteilichkeit, Volksverbundenheit, Wahrhaftigkeit und der Gestaltung des ›neuen Menschen‹. Gefordert wurde nach Georg Lukács ein Kunstwerk, das »alle wesentlichen, objektiven Bestimmungen, die das von ihm gestaltete Stück Leben objektiv determinieren, in richtigem und richtig proportioniertem Zusammenhang« (Lukács 1955, 16) widerspiegelt. Eine solche Konzeption war von Beginn an darauf ausgerichtet, alle anderen ästhetischen Verfahren als nicht-realistisch und formalistisch abzuwerten. Die in den frühen 1950er Jahren initiierte Formalismusdebatte war bestimmt durch das Ziel, an dem in der Volksfrontbewegung gegen den Faschismus in den 1930er Jahren begründeten Erbeverständnis – in der Bewahrung der klassischen und bürgerlich humanistischen Tradition des 19. Jahrhunderts – festzuhalten; das schloss nicht nur Autorinnen und Autoren der Romantik und der klassischen Moderne, sondern gleichermaßen auch Künstler des West-Exils wie Paul Dessau aus.

Mitte der 1950er Jahre wurden die Auseinandersetzungen um die Gegenwartsliteratur immer stärker. Autor/innen der Exil-Generation wie Anna Seghers und Johannes R. Becher legten ihre Auffassung über Funktion, Wirklichkeit und literarische Gestaltung dar und forderten eine Literatur mit echten Fabeln und Konflikten, die die Rezipient/innen fordern sollten. An diesen zum größten Teil in Zeitungen und Zeitschriften wie *Neues Deutschland* und *Sonntag* öffentlich ausgetragenen Diskussionen beteiligte sich auch Hans Mayer mit seiner Einschätzung vom 2.12.1956. Er sah die ost- und westdeutsche Gegenwartsliteratur sowohl in weltliterarischen und geschichtlichen Zusammenhängen als auch im Kontext der Jahre nach dem Ersten und Zweiten Weltkrieg. Seine Wertung ist ernüchternd: »Der Tisch unserer Literatur ist kärglich gedeckt. Wir durchleben magere Jahre« (Mayer 1956, 4). Trotz der Tatsache, dass es Anzeichen von Talent – so bei Franz Fühmann, Erwin Strittmatter und Karl Mundstock – gebe, sei es insgesamt literarisch eine »dürftige[] Zeit« (ebd.). Werner Mittenzwei ergänzt in seinem Resümee zur Literatur dieser Jahre Hans Mayer insoweit, dass dieser einen Umstand ausgelassen habe, »der die Bilanz noch fataler machte«: auch die neuen Werke der Exilant/innen sind weit hinter dem errreichten Standard zurückgeblieben (Mittenzwei 2001, 185).

Die Auseinandersetzungen fanden ihren Höhepunkt in den Referaten und Beiträgen auf dem IV. Deutschen Schriftstellerkongress im Jahr 1956, auf dem durchaus kritisch reflektiert wurde, dass die Gegenwartsautor/innen den Leser/innen auf der Basis von Vorgaben und Anleitungen fertige Konzepte lieferten, ohne diese an ihren Entdeckungen der Wirklichkeit teilhaben zu lassen. Als Ergebnis und möglicher Schritt, aus dieser Misere heraus zu finden, erwies sich der erste Aufruf des ›Bitterfelder Weges‹ (s. Kap. II.A.10), indem zum einen Autor/innen das reale Leben mit seinen Konflikten nicht nur erfassen, sondern auch in Literatur und Kunst formen sollten und zum anderen der ›neue Mensch‹ – der Arbeiter sozialistischer Prägung – die Möglichkeit erhalten sollte, selbst Produzent von Kunstwerken zu werden. Somit formierte sich im Verlauf der 1950er Jahre ein Leitdiskurs der DDR-Literatur als sozialistischer Literatur. Die Grundbegriffe lassen sich nach Peter Böthig folgendermaßen zusammenfassen:

> »Geschichte als kontinuierlicher, teleologischer Prozeß; Fortschritt als prozessualer Modus der Geschichte, Utopie als sozial relevante, die Gesellschaft vorantreibende Kraft; Gesellschaft als Quelle von Sinn; antagonistisches Staats- und Klassenmodell; Subjekt als Zentrum von Texten; Literatur als (wie auch immer kritische, widersprechende, therapeutische) Repräsentation nachprüfbarer Realitäten.« (Böthig 1997, 10 f.)

Die ideologischen Modelle und Ausrichtungen fanden – so David Bathrick – ihren Niederschlag in »normativen Metageschichten« oder »Gründungsgeschichten«: von der Entstehung des Staates (»Auferstanden aus Ruinen«), dem »Kampf gegen den Faschismus«, der »Befreiung der Frau«, den »legendären Leistungen der Aufbaujahre« und dem »klassische[n] proletarische[n] Erbe der Vergangenheit« (Bathrick 2000, 247).

Festzuhalten ist, dass in den 1950er Jahren in der DDR eine Literatur erwünscht und auch geschrieben wurde, die das Zentrum einer Kulturauffassung eines sich als sozialistisch verstehenden Staates besetzt und repräsentiert. Somit wurde auch in der Kulturpolitik das in der Staatspolitik favorisierte Modell der Einheit umgesetzt. Das hatte zur Folge, dass all die Texte, die nicht genehm oder politisch verdächtig jenseits des Mainstreams der Postulate lagen, entweder nicht veröffentlicht, verschwiegen oder erst viele Jahre später veröffentlicht werden konnten. Ines Geipel – die 1999 einen Band zu vier weitestgehend unbekannten Autorinnen in der frühen DDR vorlegte (Geipel 1999) – und Joachim Walther haben nach der Vereinigung der beiden deutschen Staaten vielen dieser Autorinnen und Autoren mit der Herausgabe der »Verschwiegene[n] Bibliothek« (seit 2004) erstmals eine Stimme gegeben.

Mit dem Festhalten am Sozialistischen Realismus und der sozialistischen Literatur unmittelbar verbunden war die Diskussion um den ›neuen Menschen‹ als ideologisches Leitbild der frühen DDR-Literatur. Untersuchungen zum Sprachgebrauch der DDR haben in den letzten Jahren die formelhafte Verwendung von Worten und Begriffen herausgearbeitet (vgl. Fix 2014). Der Literaturwissenschaftler Ludwig Stockinger (2013) analysiert, dass der Begriff Humanismus vielfach ideologisiert wie ein Fetisch benutzt wurde, um all die Unzulänglichkeiten und Irritationen zu verwischen oder auf Unumstößliches – so das literarische und kulturelle Erbe – zu verweisen. Im Feld der Verwendung von Sprache wird noch ein weiterer Zusammenhang erschlossen: die Verbindung zwischen dem entindividualisierten kollektiven ›wir‹, dem Possessivpronomen ›uns‹ und dem Begriff ›humanistisch‹. Der im Jahr 1991 nach der politischen Wende frei gewählte Rektor der Universität Leipzig, Cornelius Weiss (Jg. 1933), hat in seiner Bewerbungsrede vom 13. Februar 1991 diesen Geist der frühen Jahre nochmals heraufbeschworen: »In der Perspektive wird es darauf ankommen, uns auf unsere humanistische Tradition zu besinnen, uns selbst geistig zu befreien und uns unserer Kräfte bewusstzuwerden« (Weiss 2012, 322).

Die Betonung des ›wir‹-Gefühls und die Vielfalt der Fragen

Mit Blick auf die zahlreichen Selbstaussagen, Essays und Interviews von Christa Wolf ist auffallend, dass sie immer wieder von ›meiner Generation‹ spricht. Dabei funktioniert der Generationsbegriff »wie eine Hülle, die das eigene Ich als größeres Allgemeines schützend umgibt. Es kräftigt die Stimme ›wir‹ zu sagen statt ›ich‹« (Magenau 2013, 29). Das ›Wir‹ wird zu einem Schutzraum und führt somit zum Phänomen der Gruppenbildung. Die 1950er Jahre in ihren politischen Erschütterungen – 1953: Arbeiteraufstand in der DDR; 1956: XX. Parteitag der KPdSU mit der Aufdeckung der Verbrechen der Stalinzeit; Volksaufstand in Ungarn; Beginn der politischen Prozesse in der DDR gegen führende Intellektuelle und Kulturschaffende – führten einerseits zu individuellen Irritationen und ersten Rissen im Glauben an diese Gesellschaft und festigten andererseits dieses kollektive ›Wir‹ als bestimmendes Muster, in das sich das ›Ich‹ einzufügen hat. Diese Diskussion um das Verhältnis zwischen ›ich‹ und ›wir‹, zwischen ›mein‹ und ›uns‹ wird von Volker Braun in einem der letzten Texte, die noch in der DDR erschienen sind, erneut zum Thema erhoben: Im letzten Vers des Gedichts »Das Eigentum« (1990) heißt es: »wann sag ich wieder mein und meine alle« (Braun 1992, 84).

Worauf basiert diese Wir-Konstruktion und warum lag die Hoffnung im »Weg wie eine Falle« (ebd.)? In der sowjetischen Besatzungszone und späteren DDR wuchs eine Generation heran, der die alten Autoritäten – die Eltern, v. a. die Väter, die häufig als Kriegsversehrte heimkamen, die Lehrer/innen und Erzieher/innen – verlorengingen und die auf der Suche nach neuen Verortungen war. Im Gegensatz zu den westlichen Zonen kannte die SBZ keine ›Stunde Null‹, sofort wurde der Anschluss an die bewahrungswerten Traditionen der deutschen und der Exil-Literatur sowie der Sowjetliteratur hergestellt. Die Zurückgekehrten, die Widerstandskämpfer und all die, deren Existenz und Werke im Faschismus unkenntlich gemacht worden sind, wurden in der Gründungsphase dieser Generation zu Orientierungsgrößen für eigene Entscheidungen. Im Interview mit Günter Gaus, der ebenfalls dem Jahrgang 1929 angehört, sieht Christa Wolf Unterschiede in den Entwicklungen zwischen Ost und West:

> »[J]a; was meine Generation so spät hat erwachsen werden lassen. Wir erlebten nämlich damals, Anfang der fünfziger Jahre, als ich nach meinem Studium im Schriftstellerverband arbeitete, Genossen, die aus dem KZ kamen, aus den Zuchthäusern, aus der Emigration, beeindruckende Menschen – ich glaube auch heute noch, daß sie zu den interessantesten Leuten gehörten, die einem damals in Deutschland hätten begegnen können –, und das war eine Bindung, die zum größten Teil auch auf schlechtem Gewissen beruhte.« (WA 12, 445)

Der Verlust des alten Glaubens führte nach kurzen Phasen der Neu- oder Umorientierung zu neuen Hoffnungen und individuellen Reprofilierungen. Diese erlebte Franz Fühmann (Jg. 1922) in sowjetischer Kriegsgefangenschaft nach der Absolvierung eines sechsmonatigen Kurses einer Antifa-Schule. Bis zu ersten persönlichen Katastrophen am Ende der 1950er Jahre wird seine Glaubensbereitschaft ungebrochen sein, missionierend wird er voll Eifer die neue Lehre pathetisch verkünden, scheinbar blind gegenüber all den Verfehlungen, die nicht zu übersehen sind (vgl. Decker 2009, 99–102). Wolfgang Emmerich, der viele Jahre von der Gläubigkeit dieser Generation gesprochen hat, relativiert diesen Begriff im Spannungsfeld der Betrachtungen von DDR-Literatur »zwischen Anpassung und Widerspruch« und spricht von dem »*Wille[n] zum Glauben*« (Emmerich 2013, 50). Das umschließt, dass das Versprechen, eine neue Gesellschaftsordnung – den Sozialismus – zu errichten und somit das Alte hinter sich zu lassen, ein fast religiöser Akt war, der den Zweifelnden bekehren und ihn auf den rechten Weg führen sollte. Christa Wolf erinnert sich in ihrer Rede zum 80. Geburtstag von Hans Mayer an die später von ihm so benannten »Religionsgespräche«. »Es ging um den rechten Glauben an die reine Lehre, um die endlosen Auseinandersetzungen über Abweichungen und Abweichler, zu denen man nicht gehören wollte, und in die man doch manchmal geriet, erneute Bemühen um den ›richtigen Standpunkt‹, viel vergebliche Liebesmüh, viel Fremdheit und Zweifel, überdeckt durch Selbstquälerei und Rigorismus« (WA 12, 17). Der Scham, der Erschütterung, der Isolierung, der Schuld wird das neue Weltbild des Marxismus stalinistischer Verfasstheit entgegengestellt, so wurden aus den Verlierern die »Sieger der Geschichte« (Faber 2014, 48).

Die Konstruktion dieses kollektiv angenommenen Mythos umschloss das Bekenntnis zu einem eindimensionalen Fortschritts- und Wahrheitsbegriff sowie zu bedingungsloser Loyalität gegenüber dem Staat, der als der eigene angenommen wurde. Annette Simon beschreibt diesen Loyalitätsdruck, den diese Generation auf ihre ausübte und der sich schließlich in vielen Fällen zum Generationskonflikt entwickelt hat. Angestrebte und notwendige Dialoge waren kaum möglich, die »nachfaschistische, selbst sadistische Moral bildete sozusagen meinen moralischen Urgrund, in den dann die anderen Werte eingepflanzt wurden: Die zehn Pioniergebote, die Timur-Brigaden-Ideologie usw. Das Ganze war eingebettet in den Mythos vom Kollektiv, dem man sich in jedem Fall unterzuordnen bzw. für das man eigene Strebungen zurückzustellen hatte« (Simon 1995, 42 f.). Nachdem ihr im Verlauf der 1980er Jahre bewusst geworden ist, dass diese Loyalität »irrationale, fast könnte ich sagen mystische Dimensionen hatte« (48), weicht der »letzte Hauch Loyalität« nach ihrer Verhaftung am 7. Oktober 1989 (49).

Es hat Jahre und Jahrzehnte gedauert, bis notwendige Aussprachen stattgefunden haben; geplante Dialoge führten immer wieder zu Monologen und endeten häufig in Rechtfertigungsstrategien. Immer wieder auf ihre eigenen Wahrnehmungs- und Verhaltensmuster zurückgeworfen, waren Brückenschläge zwischen der Generation von Christa Wolf zu den Haltungen und Empfindungen der später Geborenen aufgrund eigener Unsicherheit erst spät möglich und wurden vielfach auf die ›Enkelgeneration‹ (vgl. Simon 2013) verlagert. 1987 zeichnet Christa Wolf diesen komplizierten Weg nach:

> »Mir scheint, daß vielen Angehörigen meiner Generation – unterschiedlich ausgeformt je nach den unterschiedlichen Angeboten und Zwängen in Ost und West – von ihren frühen Prägungen her der Hang zur Ein- und Unterordnung geblieben ist, die Gewohnheit zu funktionieren, Autoritätsgläubigkeit, Übereinstimmungssucht, vor allem aber die Angst vor Widerspruch und Widerstand, vor Konflikten mit der Mehrheit und von dem Ausgeschlossensein aus der Gruppe. Es ist uns schwergefallen, erwachsen zu werden, Selbständigkeit, Souveränität zu erwerben und eine im guten Sinn soziale Haltung.« (WA 12, 104 f.)

Diese Loyalität zur DDR, gespeist aus der Ambivalenz zwischen Schuld- und Zusammengehörigkeitsgefühl, hatte Haltungen und Handlungen zur Folge, die nach 1989 zu vielfältigen Erklärungsmustern, Deutungen und Wertungen führten (vgl. Vinke 1993). Dazu gehörte auch die Nähe von Autor/innen dieser Generation zur Staatssicherheit der DDR. Im Fall von Christa Wolf gibt es zwei Aktenlagen, einen kleineren Band mit 137 Seiten, der lediglich auf 20 Seiten Treffensberichte unter dem Decknamen ›Margarete‹ enthält, und eine viele Bände umfassende Akte, die die Staatssicherheit zur Observation des Ehepaares Wolf unter dem Tarnnamen ›Doppelzüngler‹ seit Ende der 1960er Jahre anlegte. Von dieser Zeit bis 1980 liegen 42 Bände vor, die zwischen 1980 und 1989 angelegten Akten sind vernichtet worden. Es kann davon ausgegangen werden, dass über 80 Bände erstellt wurden. Im Interview mit Günter Gaus rekonstruiert Christa Wolf die für sie und andere widerspruchsvolle Zeit am Ende der 1950er Jahre. Zum einen besaß die Staatssicherheit in ihrem Bewusstsein noch nicht das Gesicht wie schon kurze Zeit danach, zum anderen hatten die beschriebenen Ereignisse Mitte der 1950er Jahre zu ersten Erschütterungen geführt, so dass sie diese Monate in der Erinnerung ihrer eigenen Entwicklung als erste Lösung von Abhängigkeiten und den Beginn eines kritischen Denkens beschreibt (vgl. WA12, 457). Joachim Walther fasst in der Studie *Sicherungsbereich Literatur* (1996) das von Christa Wolf eingegangene Verhältnis mit der Staatssicherheit – das er bei Brigitte Reimann, Franz Fühmann und Ulrich Plenzdorf ähnlich sieht – unter der Überschrift »Perspektivlosigkeit, Ineffizienz« (Walther 1996, 691) zusammen. Typisch für einen solchen erfolglosen Versuch, Autor/innen über einen längeren Zeitraum an sich zu binden, ist es, dass gleich danach unmittelbar der ›Operative Vorgang‹ eingeleitet wurde, so dass die einst Beteiligten nun selbst zum Gegenstand der Observation werden; so auch im Fall von Christa Wolf.

Die 1950er Jahre sind die Jahre der Suche, des Ausprobierens und des Erkenntnisgewinns dieser Generation, die aus unterschiedlichen Klassen und Schichten kam und somit differenzierte Voraussetzungen mitbrachte. Zum ersten Mal in der deutschen Geschichte besteht die Möglichkeit, auf der Basis unterschiedlicher Voraussetzungen zu einem Studium zu gelangen. Die Arbeiter- und Bauernfakultäten (ABF) bereiteten vor allem Jugendliche aus dem bäuerlichen, proletarischen und kleinbürgerlichen Milieu auf das akademische Leben vor. Elmar Faber (Jg. 1934) beschreibt in seinen Erinnerungen das Lebensgefühl dieser Absolvent/innen, die sich zu ihrem Leitbild bekannten. »Wir wollten aber an die Silhouette eines anderen Deutschlands glauben, die die neue Herrschaft entwarf. Ideale machen anfällig. Es war Umbruchszeit« (Faber 2014, 48). Bei dieser Generation handelt es sich um vielfach politisierte junge Menschen, die angeregt durch das Denken und Handeln ihrer akademischen Lehrer – so etwa der Literatur- und Kulturwissenschaftler Hans Mayer in Leipzig – an deren Entdeckungen und Vergleichen teilnahmen und die nach dem Studienabschluss unter denen sind, die ihre eigene Stimme artikulieren. Dazu gehören neben Christa Wolf u. a. Irmtraud Morgner (Jg. 1933), die in den 1970er und 1980er Jahren von Seiten der westlichen Kulturkritik als Feministin der DDR gefeiert wurde, Uwe Johnson (Jg. 1934), der Kinderbuchautor Joachim Nowotny (Jg. 1933), der Linguist und Schriftsteller Hans Joachim Schädlich (Jg. 1935), der Brecht-Forscher, Publizist und Autor Werner Mittenzwei (Jg. 1927) sowie Elmar Faber (Jg. 1934) und viele andere, die in Leipzig die Kunst der ständigen intellektuellen und gesellschaftspolitischen Auseinandersetzungen erfahren hatten. Elmar Faber hält diese Zeit in seinen Erinnerungen fest:

> »Das Leben im Hörsaal 40 war bunt und ereignisreich. Leicht konnte jemand das Blauhemd vom Leibe gerissen werden, wenn er nicht in die Fasson der revolutionären Kleidung passen wollte. Vormittags konnte man behaupten, daß die Erde eine Kugel sei, nachmittags, daß sie eine Scheibe sei. An einem Tag war Rußland das Paradies, an anderen die Hölle. Schopenhauer war früh der große Frauenfeind, abends der fröhliche Spießgeselle. Als Ausbeuter und Abgucker stand Brecht am Pranger, wenn die Sonne aufging, wenn sie sich senkte, war er wieder das große Genie.« (Faber 2014, 68 f.)

Alle, diese einst in Leipzig und anderen Universitätsstädten der DDR Zusammengekommenen, mit dem Adjektiv ›Aufbau‹-Generation fassen zu wollen, das Assoziationen zu Anpassung, Gläubigkeit, Konfliktarmut und Staatsnähe freisetzt, greift zu kurz. Diese Generation war ständigen Spannungen ausgesetzt. Sie hatte den restriktiven Maßnahmen einer einseitig ausgerichteten Kultur- und Literaturpolitik standzuhalten, gleichermaßen erlebte sie Momente einer intellektuellen Befreiung. Über die Art und Weise des Umgangs miteinander und der Streitkultur, die für den Lebens- und Schaffensprozess von Christa und Gerhard Wolf bestimmend sein wird, konnten Spuren gelegt werden, die es zu verfolgen galt. Dieses ständige Ausloten von Ambivalenzen wurde in einer Weise generiert, die ständig zur Überprüfung von Haltungen führte. Kollektive Visionen wurden zunehmend hinterfragt, die Hoffnung auf das andere, bessere Leben blieb; die Zweifel jedoch, ob dieses auf den vorgezeichneten Bahnen zu erreichen sei, wurden nach 1956 immer stärker. Das System richtete sich mit Gewalt gegen diejenigen, die außerhalb der Koordinaten ihre Meinungen äußerten und Verantwortung zeigten. 1957 wurde der Philosoph Ernst Bloch (Jg. 1885) zwangsemeritiert, Alfred Kantorowicz und Gerhard Zwerenz verließen die DDR, ihnen folgte 1959 Uwe Johnson, dessen Erfolgsroman *Mutmassungen über Jakob* erst in der Bundesrepublik erscheinen konnte. Die Gläubigkeit der Anfangsjahre wich dem Wissen, die Hoffnung jedoch blieb.

3 Zwischen Überprüfungen und Bekenntnissen. Die 1960er Jahre

1962 ziehen Christa und Gerhard Wolf mit ihren beiden Töchtern nach Kleinmachnow bei Berlin; zunächst in die Förster-Funk-Allee, am Beginn der 1970er Jahre in die Fontanestraße. Die Gründe für den Weggang aus Halle sind vielfältig. Zum einen sind die beiden Mädchen in der Industriestadt häufig an Bronchitis erkrankt und die Nähe zum Wasser und vor allem zu den am Schwielowsee im Schriftstellerheim in Petzow tätigen Eltern von Christa Wolf sind verlockend und für das arbeitende Schriftsteller-Ehepaar entspannend zugleich. Zum anderen suchen beide die Nähe zur in Potsdam-Babelsberg ansässigen DEFA mit dem Ziel, verstärkt für den Film arbeiten zu können (vgl. Hilzinger 2014, 116). Das Leben an der Peripherie der Hauptstadt gibt ihnen die Möglichkeit des Beobachtens und Reflektierens und vor allem des Aufbaus eines großen Freundeskreises, so zu Änne und Frieder Schlotterbeck, Kurt und Jeanne Stern, Maxie und Fred Wander, Eduard Claudius, zum Ehepaar Janka und zu Günter de Bruyn. Dieser hat die Zeit in Kleinmachnow, die inneren Wandlungsprozesse von Christa und Gerhard Wolf von der Parteigläubigkeit zum ständigen Hinterfragen in seinen Lebenserinnerungen festgehalten (de Bruyn 1996, 144–146). Auf Wunsch von Alfred Kurella, Leiter der Kulturkommission beim Politbüro der SED, und mit Unterstützung von Konrad Wolf und ihres Mannes willigt Christa Wolf ein, für eine Parteifunktion zu kandidieren. Vom VI. bis zum VII. Parteitag der SED (1963 bis 1967) ist sie Kandidatin des ZK der SED, seit 1965 ist sie Mitglied des PEN-Zentrums der DDR. Die mit der Parteifunktion verbundenen Möglichkeiten und Privilegien hat sie entweder abgelehnt – die materielle Entschädigung sowie die Übernahme einer Dienstpistole – oder für sich und ihre Familie angenommen – wie den Zugang zum Regierungskrankenhaus sowie zu den Ferienhäusern des ZK. 1963 wird für sie zu einem weiteren die Zukunft bestimmenden Jahr. Im Februar stirbt die Freundin Christa Tabbert-Gebauer im Alter von 35 Jahren. Dieser Tod löst bei ihr eine persönliche Krise aus und veranlasst sie zur Bilanzierung ihres eigenen Lebens; mehrwöchige Krankenhausaufenthalte sind die Folge. Nach dem Erscheinen der Erzählung *Der geteilte Himmel* wird ihr in diesem Jahr der Heinrich-Mann-Preis der Akademie der Künste der DDR verliehen. Im Jahr 1964 – der Film nach dem gleichnamigen Text in der

Regie von Konrad Wolf hat Premiere – bekommt sie den Nationalpreis III. Klasse für Kunst und Literatur. Damit gehört sie zu den etablierten Autorinnen und Autoren der DDR.

Politik und Kultur im Widerstreit

Mit Beginn der 1960er Jahre verändert sich die gesamtdeutsche Situation gravierend. Der Bau der innerdeutschen Mauer am 13. August 1961 hat sowohl für die beiden Machtsysteme als auch für die Kultur- und Literaturentwicklung der DDR weitreichende Konsequenzen, die im Spannungsfeld zwischen Bejahung und ständigem Hinterfragen zu sehen sind. Die Scheinkonflikte, die in der Literatur der 1950er Jahre stets nach außen verlagert wurden, erfahren nun Verschiebungen in die inneren Konflikte und individuell kaum lösbare Situationen. Brigitte Reimann bekennt sich in ihren Tagebüchern aus den Jahren 1955 bis 1963 (vgl. Reimann 1997) zu dem tiefen Schmerz, den sie nach dem Weggang des Bruders 1960 nach Hamburg empfindet (s. Kap. III.44.3). In der versuchten Rekonstruktion der Nähe zum Bruder liegt die immer stärker werdende Sehnsucht nach Ur-Zuständen, die nicht auf starren Rollenzuweisungen der Geschlechter basieren, die tiefe Hoffnung, sich in dem anderen zu finden sowie der Wunsch nach Verschmelzungen, die Grenzüberschreitungen erlauben. Der Bruder wird zur Möglichkeit von Nähe, die nicht durch Zerrissenheit und Trennung bestimmt ist: die Geschwisterlichkeit ist somit das utopische Modell des Zusammenfindens der Geschlechter. Aus dieser so konstruierten inzestuösen Bindung resultiert, dass sie über Jahre in den Geliebten und Vertrauten stets den Bruder sieht und die Männer eine zu lieben glauben, die ihnen nie gehören wird. Die Suche von Brigitte Reimann nach dem Bruder in den anderen Beziehungen ist die Suche nach einem verlorengegangenen Paradies, das sie erahnend zu fassen und gestalten sucht, starre Grenzen stets in Frage stellend. Über den Eintragungen im Tagebuch steht jedoch immer der Versuch, sich vom Trauma des verlorenen Bruders zu befreien. Das wird ihr mit dem Text *Die Geschwister* (1963) gelingen. Hier haben nicht nur die Kriterien des Sozialistischen Realismus Pate für die Entscheidung der Autorin gestanden, den Helden in der DDR zu belassen, sondern vor allem die Sehnsucht der Schwester, in der literarischen Fiktion das Leben korrigieren zu können.

In Unkenntnis dieser inneren Widersprüche und des Kampfes der Autorin um ihre Ich-Identität kommt es nach dem Tod von Brigitte Reimann in Meyers Taschenlexikon *Schriftsteller der DDR* (1975) zu der lapidaren Auskunft, dass sie »einen für die 60er Jahre spezifischen Beitrag zur Entwicklung der sozialistischen Literatur in der DDR (sog. Ankunftsliteratur)« (Albrecht 1975, 444) geleistet habe.

Die offizielle Kulturpolitik mit ihren Sichtweisen auf Literatur und die Autor/innen waren in den 1960er Jahren immer noch weit davon entfernt, Interesse an den subjektiven Auseinandersetzungsstrategien zu haben. Die stets präsente Partei- und Staatsführung der DDR mit Walter Ulbricht an der Spitze gehörte zu denjenigen, die omnipräsent auf der 1. und 2. Bitterfelder Konferenz auftraten (s. Kap. II.A.10). Die am 23. und 24. April 1959 stattgefundene 1. Konferenz erweist sich in ihren Statements als Lenker und Leiter von Literaturprozessen, indem der Autor gehalten wird, mit Brigaden der sozialistischen Arbeit zusammenzuarbeiten und das Leben der Arbeiter vor Ort kennenzulernen. Ein Jahr später fanden weitere Kulturkonferenzen statt, auf einer von ihnen musste Alfred Kurella die Machtlosigkeit von Literatur in der vorgeschriebenen erzieherischen Rolle bedauernd konstatieren. Diese Tagungen waren gleichermaßen aber auch die Voraussetzung für eine veränderte Position, die Anna Seghers 1961 auf dem V. Deutschen Schriftstellerkongress in ihrem Referat »Die Tiefe und Breite in der Literatur« vertrat, in dem sie auf eine gewandelte Beziehung einging: »Und erstaunt stellt der Leser fest, daß sein Autor etwas entdeckt hat, was ihn, den Leser zutiefst angeht« (Seghers 1970, 120). Zwei Jahre nach dem Bau der Mauer, 1963, ergab sich mit dem auf dem VI. Parteitag der SED beschlossenen Programm des umfassenden Aufbaus des Sozialismus eine objektiv bedingte Funktionsverschiebung von Kunst und Literatur. Im Programm wurde dazu als Grundsatzaufgabe formuliert: »Umfassender Aufbau des Sozialismus heißt Erziehung und Herausbildung des allseitig – das heißt geistig, moralisch und körperlich – entwickelten Menschen, der bewußt das gesellschaftliche Leben gestaltet und die Natur verändert« (Programm der Sozialistischen Einheitspartei Deutschlands 1963, 394). Dabei wurde angestrebt, »daß der sozialistische Realismus mit tiefem Ideengehalt, mit mehr Phantasie und echtem Neuerertum, mit der ganzen Weite seiner schöpferischen Möglichkeiten in den verschiedenen Schaffensformen, Stilen und Gattungen« (385) diese Aufgabe erfüllen sollte. Diese so begründete Richtung der Entwicklung und Formierung einer sozialistischen Kulturpolitik, in der die Künstler/innen durch ihre Werke das sozialistische Bewusstsein fördern sollten, wurde auf der 2. Bitterfelder Konferenz (24. und 25. April 1964) konsequent weitergeführt. Es war wiederum Walter Ulbricht, der im Hauptreferat »Über die Entwicklung einer volksverbundenen sozialistischen Nationalkultur« in Ablehnung aller revisionistischen Tendenzen eine »offene und schöpferische Atmosphäre des Schaffens« (Ulbricht 1964, 113) forderte. Zwischen 1959 und 1964 wurden somit eindeutige Weichen für die Kulturpolitik nach dem Bau der Mauer gestellt; es galt mit der Formierung einer eigenständigen Nationalkultur der DDR das historisch Neue der Epoche über die Gestaltung des sozialistischen Menschenbildes sichtbar zu machen. Es war ein Weg, der schließlich in der Sackgasse endete, da der Plan, Künstler/innen an die Partei zu binden, indem sie diese in die Produktion schickten, nicht aufgegangen war und sich außerdem mit Autoren wie Werner Bräunig (Jg. 1934) verselbständigt hatte. Bräunig, einst gefeierter Jung-Star der DDR-Literatur, der mit dem Slogan des Bitterfelder Weges »Greif zur Feder, Kumpel« berühmt wurde, richtete in den 1960er Jahren im Roman *Rummelplatz* seine Aufmerksamkeit auf die ungeschminkte Realität des Arbeitslebens in der DDR. Neben den sich ständig wiederholenden Floskeln einer in sich erstarrten Kulturpolitik hatte nun eine Generation die literarische Bühne betreten, die ihre eigenen Themen, Gestaltungsweisen und Motive gefunden hatte. Nicht mehr der Blick auf das Große, das Plakative, das Verallgemeinerungswürdige aus der Sicht der Partei war entscheidend, sondern vielmehr die Fragen nach den individuellen Entwicklungen, nach dem Woher und dem Gewordensein von Menschen und nach deren Verhalten in Konfliktsituationen waren es, die zunehmend die Schreibmotivationen der Autor/innen bestimmte. Zu den Veränderungen gehörte, dass im Verlauf des Jahrzehnts verstärkt Erinnerungen an Kindheit und Jugend, an Heimat und Heimatverlust, an europäische und deutsche Geschichte sowie individuelle Bewährungssituationen in Zeiten von Bedrohung zum Thema literarischer Werke wurden.

Das Bekenntnis zu den Erinnerungen. Geschichte und Geschichtsbewusstsein

Es gab wenige Autoren, die ihr Werk derart eng an ein Thema anlehnten, wie es der in Tilsit geborene Johannes Bobrowski (Jg. 1917) mit seinen Kindheitserinnerungen an diese Gegend, in der die Deutschen mit ihren Nachbarn miteinander gelebt haben, getan und der somit eine Generation geprägt hat. Das Leben der Deutschen mit ihren Nachbarvölkern in einer Grenzlandschaft war für den zum Wehrdienst eingezogenen Soldaten im Zweiten Weltkrieg, der nach Selbstaussagen 1941 nach einer »Kriegsverletzung« (Bobrowski 1996b, 471) zu schreiben begonnen hat, »aber als Fremder, als Deutscher«, (Bobrowski 1999a, 335). Ursprung und Antrieb seines in christlich humanistischer Tradition stehenden Gesamtwerkes in Lyrik und Prosa war, so eine Grundaussage des Autors, seinen deutschen Landsleuten all das zu erzählen, was sie nicht wissen. Der Roman *Lewins Mühle* (1964) spielt an der früheren russisch-deutschen Grenze in Westpreußen im Sommer 1874 und spiegelt nationale und religiöse Gegensätze. Der Text erschien zu einer Zeit, in der bereits einige Jahre vor der Zurücknahme der literaturtheoretischen Position des Sozialistischen Realismus breite Ansätze einer »Entwicklung zu mehr Subjektivität, Radikalität im Umgang mit deutscher Zeitgeschichte und ästhetischer Modernität« (Emmerich 1996, 174) vorhanden waren.

Franz Fühmann (Jg. 1922), im böhmischen Rochlitz geboren, von 1932 bis 1936 Zögling der Jesuitenschule in Kalksburg bei Wien, 1938 nach der Annexion des Sudetenlandes durch das faschistische Regime Eintritt in den Reitersturm der SA, Nachrichtensoldat im Zweiten Weltkrieg in Pottawa und Athen, russischer Kriegsgefangener von 1945 bis 1949, wo er 1947 eine Antifa-Schule erst als Kursteilnehmer, dann als Assistent in Opre (Lettland) absolvierte, gilt wie Johannes Bobrowski, Günter Grass, Heinrich Böll und Siegfried Lenz als der große Suchende und Bekennende der deutschen Literatur in der zweiten Hälfte des 20. Jahrhunderts. 1955, während seiner ersten Reise in die alte Heimat, die er anlässlich eines tschechoslowakischen Schriftstellerkongresses besuchte, notiert er die folgenden für ihn bitteren Sätze:

> »Ich habe [...] meine angestammte, urpoetische Landschaft Böhmen verleugnet wie Petrus den Herrn, wenn auch aus ehrsamen Motiven. Ich wollte nicht ins gleiche Boot kommen mit diesen Trachtenpflegern und Heimatvereinen. Ich habe mir gesagt: Das ist aus und vorbei, die Umsiedlung ist geschehen, ich habe die Heimat gewaltsam getilgt.« (zit. n. Decker 2009, 67)

Nach der Phase der politisch motivierten Verleugnung eigenen Gewordenseins setzt bei Fühmann diese intensive Auseinandersetzung mit seiner Herkunft und den damit verbundenen Erinnerungen seit Mitte der 1950er Jahr ein und begründet seinen Wandlungs- und Veränderungsprozess. Fühmann wurde im Jahr 1958 nach dem Ausschluss aus dem Parteivorstand der NDPD – er hatte den XX. Parteitag der KPdSU in der Sowjetunion mit der Aufforderung zum Selberdenken ernst genommen und diese damit im Sinn der DDR-Doktrin gänzlich missverstanden – freier Schriftsteller. Legt man das seit Beginn der 1950er Jahre in der Kulturpolitik politisch-ideologisch Geforderte als Maßstab an, galt er als gescheitert. Mit diesem Rauswurf und den damit verbundenen Maßnahmen ist es ihm aber gelungen, die ästhetische Form und damit sich selbst jenseits des vordergründig Gewollten zu retten. Das Scheitern wird also zu einer ästhetischen und menschlichen Kategorie, die bei der Interpretation von Texten der DDR-Autorinnen und Autoren zunehmend an Bedeutung gewinnt, da sie Wege aus Krisen aufzeigt. Franz Fühmann ist diesen langen und schmerzvollen Weg vom Parteifunktionär zum freien Schriftsteller bis zu seinem Tod im Jahr 1984 konsequent gegangen, die Dichtung hat die Dogmen trotz aller Anfeindungen besiegt.

Bereits 1956 entwarf Fühmann, damals noch kulturpolitischer Funktionär seiner Partei, ein Editionsprojekt, in dessen literarischer Abteilung »*Kafka, Rilke, Musil, Broch, Thomas Mann, Brecht, Becher, Döblin, Benn, Majakowski, Babel, Scholochow, Fedin, Joyce, Hemingway, Wilder, Faulkner, Dos Passos, Proust, Sartre* u. a.« (Richter 1992, 152) erscheinen sollten. Der Germanist Dennis Tate hat nachgewiesen, dass sich der DDR-Autor seit Mitte der 1950er Jahre vorrangig mit James Joyce auseinandergesetzt hat und Spuren dieser Rezeption in Texten dieser Zeit zu finden sind. »Der Hauptgegenstand für Fühmanns wachsendes Interesse an Joyce war wohl die Untersuchung der Erzählstrategien, die Joyce zur Darstellung komplexer psychologischer Prozesse verwendet hatte« (Tate 1998, 189). Diese differenzierten Auseinandersetzungen mit ästhetischen Formen der internationalen Moderne waren wesentliche Voraussetzungen für sein Werk ab Beginn der 1960er Jahre.

Im Januar 1961 offerierte Fühmann dem Aufbau-Verlag »eine chronologische Folge von Prosastücken, die eigenes Erleben ›bestimmter historischer Tage‹ widerspiegeln« (Faber/Wurm 1994, 343 f.). Zu dieser Beschäftigung mit der Vergangenheit hatte ihn der Besuch eines Heimattreffens der Sudentendeutschen angeregt, zu dem er sich während seiner Arbeit an der Erzählung *Böhmen am Meer* veranlasst sah. Zehn Jahre später bekennt er sich zu diesem Schreibanlass im Gespräch mit Hermann Sauter:

> »Ich war da, und es war für mich ein so bestürzendes Erlebnis, daß ich wirklich fassungslos – oft gebraucht dieses Wort, aber ich war wirklich fassungslos – dastand und dachte, die Zeit wäre stehengeblieben, und ich sei irgendwo im Sudetengau im Jahre 1936. [...] Da kam mich sehr zwingend das Gefühl an, daß es nicht von meinem subjektiven Wollen und Entscheiden abhängt, ob die Auseinandersetzung mit der Vergangenheit erledigt ist.« (Sauter 1971, 40 f.)

Der autofiktionale Erzählzyklus *Das Judenauto* (erstmals 1962 mit starken Zensureingriffen erschienen) gehört zu den Erinnerungstexten dieser Generation an die so ferne, aber gleichzeitig nahe Vergangenheit. Über die wechselvolle Geschichte der Herausgabe der einzelnen Texte dieses Bandes gibt es bis in die Gegenwart keine autorisierte zusammenfassende Darstellung und keinen synoptischen Textvergleich. Eine erste Synopse der vorliegenden Textvarianten wurde 2014 von Uwe Buckendahl erstellt – für die sowohl in der DDR als auch in der Bundesrepublik erschienenen Varianten der Manuskripte, für deren Veröffentlichung einige Verlage bereits Interesse angemeldet haben. Diese Arbeit ist nicht nur eine wesentliche Voraussetzung für das wiederholte Lesen und die Interpretationen der von Fühmann selbst vorgenommenen Textüberschreibungen und -korrekturen, sondern sie ist zugleich bedeutsam für das Markieren der jeweiligen Perioden der DDR-Literaturgeschichte, weil die aufgezeigten Textvarianten die Kulturpolitik zwischen der 1962 im Aufbau-Verlag erschienenen, zensierten, Erstausgabe und der 1979 bei Hinstorff vorgelegten Textrekonstruktion, die »bislang als (un-) zensierte) *Urfassung*« (Buckendahl 2014, 47) gilt, auch ein Aspekt des Verlagswesens und der Zensur in der DDR aufzeigen. In diesen knapp 20 Jahren lässt sich die Spur des selbstverantwortlichen Dichters verfolgen, der sich von allen Zwängen befreit hat.

Wider den verordneten Antifaschismus

Mit der Erzählung *Das Judenauto* bekennt sich Fühmann dazu, dass er weder seine Heimat noch seine frühesten Prägungen verleugnen kann.

> »Wie tief hinab reicht das Erinnern? Ein warmes Grün, das ist in meinem Gedächtnis wohl das früheste Bild: das Grün eines Kachelofens, um dessen oberes Bord sich das Relief eines Zigeunerlagers gezogen haben soll, doch das weiß ich nur noch aus den Erzählungen meiner Mutter, keine Anstrengung des Hirns bringt mir dieses Bild zurück. Das Grün aber habe ich behalten: ein warmes Weinflaschengrün mit stumpfem

Glanz und immer, wenn ich mir dieses Grün vor Augen führe, fühle ich mich wie leicht über den Dielen in Lüften schweben: Ich konnte, wie Mutter erzählte, die Zigeuner nur sehen, wenn Vater mich zweijährigen Knirps in die Höhe hob.« (Fühmann 1979, 9)

Franz Fühmanns Geschichtsverständnis ist seit Beginn der 1950er Jahre nicht mehr mit dem staatlich verordneten Antifaschismus kompatibel. Wie Emmerich hervorhebt, dominieren bis Ende der 1950er Jahre in der Prosa über Faschismus und Krieg die Gestaltung des Widerstandes gegen das NS-Regime und die Wandlungen einstiger Nazis und Mitläufer (vgl. Emmerich 1996, 131). Die Erzählung *Das Judenauto*, die dem Band zugleich den Titel gibt, füllt mit der Thematisierung des Antisemitismus eine auffällige Leerstelle in der gesamtdeutschen Nachkriegsliteratur. Im Mittelpunkt des Textes stehen weder NS-Verbrecher noch Mitläufer des Systems, sondern vielmehr ein neunjähriger Junge, der in seiner Feigheit, Angst und Verblendung sein individuelles Versagen zum kollektiven Muster erhebt. »Juden. Sie waren schuld. Juden. Ich würgte und ballte die Fäuste. Juden. Juden Juden Juden Juden. Sie waren daran schuld. Ich haßte sie« (Fühmann 1979, 17).

Mit diesem und anderen Texten setzte in den 1960er Jahren ein Paradigmenwechsel ein; das Nachdenken über individuelle Schuld und Versagen, die kollektiv unbewältigte Vergangenheit sowie die Auseinandersetzung mit der nationalsozialistischen Rassenideologie sind Themen, die fortan die Erinnerungsarbeit von DDR-Autorinnen und Autoren dieser und der nachfolgenden Generationen bestimmen werden.

In diesem Kontext ist Christa Wolf mit ihrem ersten größeren Text *Der geteilte Himmel* zu sehen, dessen affirmatives Grundkonzept sowohl den Auffassungen von Christa Wolf in dieser Zeit als auch der Literaturvorstellung nach dem Mauerbau entsprach. Gleichzeitig ist der Autorin mit diesem Text – der von der Literaturwissenschaft sowohl als größere Erzählung als auch kleiner Roman aufgenommen wurde – der Spagat zwischen der gewünschten Widerspiegelung der objektiven Realität und ihrer veränderten Vorstellung vom Schreiben gelungen. Signale für dieses andere Schreiben sind ein Verzicht auf die Linearität des Erzählens und den überschauenden, allwissenden Erzähler. Vielmehr wird mit der Begründung von Schreibebenen ein stetes Verhandeln von Vergangenheit und Gegenwart möglich und erlaubt somit differenzierte Blicke auf Handlungs- und Motivationslinien der Protagonistin. Mit diesem Text, der nicht nur das geteilte Deutschland, sondern gleichermaßen die nicht bewältigte und vielfach nur begonnene Auseinandersetzung mit dem Faschismus über den Generationskonflikt sowie den eklatanten Widerspruch zwischen dem propagierten Bild des Arbeiters in der DDR und einer reflektierten Arbeitsrealität zum Thema hat, wurde ein weiteres Generationszeichen gesetzt (s. Kap. II.A.12). Das Misstrauen gegenüber allen Fiktionalisierungen zeichnete sich deutlich ab. Mit dem 1965 geschriebenen, aber erst im Jahr 1967 veröffentlichten Text *Juninachmittag* wird schließlich die erzählerische Zäsur im Werk der Autorin im Bekenntnis zu einem authentischen Schreiben vollzogen (s. Kap. II.B.14).

Eingriffe, Verletzungen, Krankheiten und ein anderes Wissen

Diese Individualisierung ästhetischer Konzeptionen, das Abrufen von Erinnerungen, Rückgriffe auf Traditionen und Traditionsbezüge in der Literatur, die jenseits der verordneten Kulturpolitik lagen, die Vielfalt von Gestaltungstechniken und -mitteln in Literatur, Dramatik und der bildenden Kunst waren für die Gralshüter sozialistischer Kultur – allen voran Alfred Kurella, Kurt Hager und Hans Koch, 1. Sekretär des Deutschen Schriftstellerverbandes – nach der Absage an den Bitterfelder Weg der Anlass für einen kulturpolitischen Kahlschlag. Das 11. Plenum des ZK der SED im Jahr 1965, das über Jahre lediglich als Wirtschaftsplenum geführt wurde, jedoch aufgrund der Nichteinberufung des anstehenden VI. Deutschen Schriftstellerkongresses zunehmend als ›Kulturplenum‹ gewertet wird, ist im Kontext der sich abzeichnenden Entwicklungen von Politik, Wirtschaft und Kultur in der Mitte der 1960er Jahre zu sehen. Zum einen befand sich die DDR vier Jahre nach dem Bau der Mauer in einer ernsten ökonomischen Situation. Die im Jahr 1962 eingeleitete Wirtschaftsreform mit dem Beschluss des Neuen Ökonomischen Systems der Planung und Leitung der Volkswirtschaft wurde 1965 auf die Realisierbarkeit hin überprüft. Die auf dem Plenum gefassten Beschlüsse hatten in der Weichenstellung zur dirigistischen Wirtschaftspolitik und dem Verzicht auf eine Reform des politischen Systems der DDR Folgen, die bis zum Ende des Landes im Jahr 1990 sowohl in der Wirtschaft als auch in der Kultur nachhaltige Wirkungen zeigen sollten. Zum anderen waren sowohl der Sturz des Kultur und Kunst negierenden Chruschtschow 1964 in der Sowjetunion, der weitere Ausbau der Grenzsicherungsanlagen in der

DDR und damit die eklatante Beschneidung der Menschenrechte sowie die unter Leitung von Eduard Goldstücker (1913–2000) 1963 in Liblice anlässlich des achtzigsten Geburtstages von Franz Kafka veranstaltete Konferenz, wichtige Signale für politische Widersprüche, Zuspitzungen und andere Denkmuster. Die unter internationaler Beteiligung stattgefundene Konferenz zur Kafka-Rezeption wurde zu einem Feld politischer Auseinandersetzung. Sie signalisierte nicht nur den Übergang von der Realismus- zur Demokratie-Debatte, sondern gilt als eine der zentralen Säulen und Impulsgeber für den Prager-Frühling 1968. Im Jahr 1965 organisierte Goldstücker, er war inzwischen Professor für deutsche Literatur an der Karls-Universität in Prag, eine Tagung zur deutschsprachigen Prager Literatur des zwanzigsten Jahrhunderts, die wiederum auf Schloss Liblice stattfand. Zu dieser Konferenz erhielt Gerhard Wolf eine Einladung, der Goldstücker während seines Prag-Aufenthaltes kennengelernt hatte. Er sprach über Louis Fürnberg und Erfahrungen seiner Generation (vgl. Hilzinger 2014, 129). Über diese Verbindung sowie die persönliche Freundschaft zu Franci Faktorová bekamen Christa und Gerhard Wolf tiefe Einblicke in die angestrebten politischen Veränderungen im Nachbarland und sie teilten mit den Freunden die Hoffnung auf einen demokratischen Sozialismus.

Im Vorfeld des Plenums fand am 25. November 1965 ein lange vorbereitetes Treffen von Walter Ulbricht mit Kulturfunktionär/innen und Künstler/innen statt. Der Referent (Max Walter Schulz) sowie die Diskussionsbeiträger/innen (Marianne Lange, Alfred Kurella, Arno Hochmuth) lasen aus ihren überprüften Manuskripten. Als die Diskussion in eine nicht gewünschte Richtung abzugleiten schien, stellte Ulbricht nach dem Mittagessen die Weichen gemäß der Intention der Parteiführung, indem er das funktionalistische Kunstverständnis der SED-Führung auf eine grobe Aufwand-Nutzen-Formel reduzierte und ihm die gewünschte ›richtige Richtung‹ vorgab (vgl. Agde 1991, 136). Unter den folgenden zehn Diskussionsrednern waren nur fünf Autorinnen und Autoren: Christa Wolf, Wolfgang Joho, Anna Seghers, KuBa (Kurt Barthel) und Helmut Baierl. Erich Honecker, der das Referat auf dem 11. Plenum halten wird, agierte federführend sowohl in der Aussprache als auch in der Organisation des Treffens. Christa Wolf und Anna Seghers setzen sich in ihren Beiträgen gegen die ökonomistische Auffassung einer Kosten-Nutzen-Kunst für eine aufrichtige Kunst ein, deren Konflikte die Menschen aufrütteln sollen. Das als Test für das Plenum durchgeführte Gespräch endete offen. Auffallend ist, dass die sonst gewohnte breite öffentliche Berichterstattung entfiel, vielmehr setzte in den nächsten Wochen eine politisch forcierte Propaganda ein, in der von bestellten und vorgegebenen Kritiken – so zu Werner Bräunigs Roman *Rummelplatz* und zum Spielfilm »Denk bloß nicht, ich heule« –, in lancierter Leserpost, Säuberungsaktionen an den Universitäten bis zu Auftritten von Parteifunktionären alle Instrumente der Meinungsbeeinflussung bedient wurden (vgl. Agde 1991, 141–145). Dieses bewusste Anheizen der Situation war eines der Hauptziele des Plenums: die Reglementierung der Künstler/innen.

Es war kein Zufall, dass der 1. Sekretär der Bezirksleitung Leipzig der SED, Paul Fröhlich, der 1968 für die Sprengung der Gebäude der Leipziger Universität und der Ruine des Gewandhauses verantwortlich sein wird, als erster Redner auf dem Plenum auftrat. Indem er sich der Argumente von Erich Honecker und Alexander Abusch bediente, verstieg er sich – bezugnehmend auf Ulbrichts Verdächtigung einer organisierten Gruppenbildung der Künstler – zu der Behauptung, dass es in der DDR einen Petőfi-Club (der im SED-Verständnis der Zeit als Gruppe von Verschwörern den Aufstand von 1956 in Ungarn zu verantworten hatte) gebe. Die vorbereiteten Beiträge der verantwortlichen Funktionäre ließen in ihrer Wortwahl – wie ›Machwerk‹, ›Konterrevolutionär‹ und ›Abkehr‹ – keinen Zweifel aufkommen, dass gegen all diejenigen, die sich nicht den Vorgaben beugen wollten, mit Schärfe vorgegangen wird. Dabei waren die Rügen gegenüber Wolf Biermann und Peter Hacks, die beide der Ideologie des Skeptizismus bezichtigt wurden, mehr als nur eine verbale Drohung. In der Erinnerung an das Jahr 1965 hielt Christa Wolf 2009 im Rahmen ihres Beitrages zur Artikelserie »Mein Deutschland« fest, dass mit dem Plenum die Polarisierung unter den Intellektuellen in der DDR begann, die schließlich nach der Ausbürgerung Biermanns klare Formen annehmen wird (vgl. Wolf 2012, 116).

Am zweiten Beratungstag, am 16. Dezember 1965, meldete sich Christa Wolf zu Wort. In dem Bestreben, »zu retten, was zu retten war« (ETJ, 74), ist sie ohne Beifall abgegangen, nachdem Paul Verner, »mich absichtlich mißverstehend, gegen mich polemisiert hatte« (74). Im Tagebuch vom Dezember 1965 gesteht sie sich ihre Angst, das Wort zu ergreifen, ein. Aufgrund der nachdrücklichen Aufforderung des Paares Stern und von Konrad Wolf hatte sie sich schließlich doch entschieden, diesen Angriffen auf die Kunst zu widersprechen. In ihrem, vor allem in der Schlusspassage vielfältig durch Zwischenrufe unterbrochenem Diskussionsbeitrag – sie hatte lediglich Stichworte vor sich liegen –, war es ihr Anliegen, die gegenüber dem Schriftstellerverband ausgesprochenen Verdächtigungen abzuwehren, sich den für sie völlig ungerechtfertigten und überzogenen Kritiken an Bräunigs Roman zu widersetzen sowie über ihren eigenen Anspruch an Literatur zu sprechen. »Man darf nicht zulassen, daß dieses freie Verhältnis zum Stoff, das wir uns in den letzten Jahren durch einige Bücher, durch Diskussionen und durch bestimmte Fortschritte unserer Ästhetik erworben haben, wieder verlorengeht« (WA 4, 122). Es war wiederum Anna Seghers (s. Kap. III.44.1), die Christa Wolf, nachdem die heftige Polemik gegen das Gesagte einsetzte, hilfreich zur Seite stand mit der Aufforderung, in der Mittagspause gemeinsam in das Vorderasiatische Museum zu gehen, um etwas »*wirklich Schönes*« (ETJ, 74) zu sehen. Beim Ausstellungsbesuch war es das Bestreben der Älteren auf die Diskrepanzen zwischen den heute bewunderten Kunstwerken ferner Zeiten – dem türkisfarbenen Ischtar-Tor, den ersten Götter-Statuen – und den Reaktionen der jeweiligen Entstehungszeiten hinzuweisen und auf die Einmaligkeit dieser Kunstwerke aufmerksam zu machen. Doch auch eine Anna Seghers konnte Christa Wolf nicht retten. Den Mut, trotz unterlaufener »Halbwahrheiten, Zugeständnisse« (76) gesprochen zu haben, musste sie bitter bezahlen. Noch während der Tagung diagnostizierte eine Ärztin Bluthochdruck, gegen den auch eine sofortige Medikamentierung nichts ausrichten konnte. Nach dem Plenum fiel Christa Wolf in eine tiefe Depression, »in einem klinischen Sinn« (WA 12, 462), so die Rückerinnerung der Autorin im Interview mit Günter Gaus. Die Familie erlebte den Rückzug der Ehefrau und Mutter und musste deren stete innere Abwesenheit registrieren (vgl. Hilzinger 2014, 135). Im Tagebuch vom 27. September 1966 notiert Christa Wolf, dass das über Monate geführte »Doppelleben« – »daß ich auf die äußeren Ereignisse, auf Worte, Nachrichten, mechanisch reagierte, daß aber in mir drin ein ganz anderes, tief verzweifeltes Leben abrollte« (ETJ, 83) – nun wohl vorbei sei. Diese Monate sind durch Behandlungen in einer psychiatrischen Klinik, Wochen der Erholung in Thüringen und im Mahlower Waldkrankenhaus sowie eine ambulante Gesprächstherapie im Regierungskrankenhaus in Berlin bestimmt, die ihr helfen, zu sich selbst zu finden, »manches ist klar, was man nur fühlte und nicht formulieren konnte, in manchen ist man zum Widerspruch angereizt, auf alle Fälle also von Resignation weggeführt, hin zu

Aktivität, und das will er [der Therapeut; I. N.] erreichen: aktiv bleiben, sich immer neu mit den Problemen auseinandersetzen« (95). Aus dieser Zusammenarbeit gewinnt sie gänzlich andere Erkenntnisse und Sichtweisen. Eine Ahnung davon hielt sie bereits unmittelbar nach dem Plenum im Tagebuch fest: »Aber ein Vorhang ist hinter mir gefallen. Ein Zurück in das Land vor diesem Vorhang, ein harmloses Land, gibt es nicht mehr« (81). Das Tagebuch dieses Jahres beendet schließlich ein Satz, der unmittelbar auf die nächste Schaffensphase hinweist: »Die Wände um uns rücken enger zusammen. Doch in der Tiefe, zeigt sich, ist viel Raum« (ebd.).

Schreiben wider die fertigen Muster auf Hoffnung hin

Neben dem gewaltsamen Einbruch in die Bereiche von Kultur und Kunst durch die parteistaatliche Obrigkeit – 1965 wurden zwölf Filme aus dem Spielfilmangebot der DEFA verboten – setzte eine nicht zu unterschätzende Gegenbewegung ein, die sich zunächst in zahlreichen Protestbriefen namhafter Künstler und Autoren aus dem In- und Ausland wie Günter Kunert, Félix Lasset, Fritz Cremer, Peter Weiss und Konrad Wolf an Partei- und Staatsfunktionäre artikulierte (vgl. Adge 1991, 359–381). Doch das System spielte seine Macht immer wieder aus. Dazu gehörten in den 1960er Jahren der Ausschluss aus dem Schriftstellerverband (Heiner Müller, 1961), die Verweigerung von Druckgenehmigungen, das Ablösen aus Funktionen – Peter Huchel wird 1962 aus seiner Tätigkeit als Chefredakteur der Zeitschrift *Sinn und Form* verdrängt – Auftrittsverbote (Wolf Biermann 1964 und 1965), das bewusste Hinnehmen des Weggangs von Autor/innen – so verlässt Christa Reinig 1964 das Land – Ausbürgerungen (Helga M. Novak, 1966), ständige Restriktionen wie auf dem VII. Parteitag der SED sowie die Verdammung ›westlicher Unkultur‹ (1966 und 1968). All diese Maßnahmen bekräftigten mit Nachdruck den eingeschlagenen Weg in der Kulturpolitik. Trotz aller Zurückweisungen und Einschränkungen in Leben und Werk der Generation von Christa Wolf ist das Schreiben derer, die ihre Stimme gegen blinde Fortschrittsgläubigkeit und die Ökonomisierung des Lebens erhoben und für eine Kunst und Literatur eintraten, die affirmative Konzepte ablehnt und sich für das Subjekt ausspricht, nicht mehr aufzuhalten. Christa Wolf wird diesen Weg mit der kleinen Erzählung *Juninachmittag* gehen, in der Abkehr von der Heldenkonzeption des Sozialistischen Realismus und dem Bekenntnis zur Alltäglichkeit, das dem Leser Wirklichkeit vermittelt. Im Band *Lesen und Schreiben*, der zu den Gründungstexten moderner Poetologie in der DDR-Literatur gehört, wird sie sich am Ende der 1960er Jahre von einem Prosaautor, »›der raunende Beschwörer des Imperfekts‹« (WA 4, 247), »daran gewöhnt, Kampf, Sieg oder Niederlage der unantastbaren Persönlichkeit für den wichtigsten Gegenstand der Welt zu halten« (ebd.), abwenden. Mit der Entdeckung der »phantastische[n] Genauigkeit« (266) kommt sie zu der Erkenntnis, dass Literatur und Wirklichkeit sich nicht wie Objekt und Spiegelbild gegenüberstehen: »Sie sind ineinander verschmolzen im Bewußtsein des Autors. / Der Autor nämlich ist ein wichtiger Mensch« (275), weil er die Erkenntnis und Vermittlung von Leben im Schreiben allererst leisten muss (s. Kap. II.B.16).

Diese Gedanken und Erfahrungen beim Schreiben von *Nachdenken über Christa T.* reflektierend, erläutert Christa Wolf im Gespräch mit dem Literaturwissenschaftler Hans Kaufmann 1973 ihre Schreibweise, die »*eingreifend*« und nicht »*subjektivistisch*« (WA 4, 409) sei. Allerdings setzt sie ein hohes Maß an Subjektivität voraus, jemanden, der »bereit ist, sich seinem Stoff rückhaltlos […] zu stellen, das Spannungsverhältnis auf sich zu nehmen, das dann unvermeidlich wird, auf die Verwandlungen neugierig zu sein, die Stoff und Autor dann erfahren« (409). Weiterhin betont sie, dass sie auf der Suche nach einer Methode sei, dieser Realität schreibend gerecht zu werden, die sie »*subjektive Authentizität*« (409) nennt, was bedeutet, aufrichtig zu sein und nicht moralisieren zu wollen – »Wahrhaftigkeit muß vorausgesetzt werden, ohne sie gibt es überhaupt keine Literatur« (410). Im Tagebuch von 1978 wird sie sich erneut diesem Unterschied von »moralisch sein als Autor und moralisieren« (ETJ, 233) stellen. Das Ringen um ihre Poetologie sowie das Entdecken weiterer Stoffe waren entscheidende Voraussetzungen für ihren Genesungsprozess. In diesen Monaten der sowohl körperlichen als auch seelischen Gesundung findet sie über die nachgelassenen Papiere – Tagebücher, Briefe, Manuskripte – ihrer Freundin Christa Tabbert (vgl. Hilzinger 2014, 137) die Möglichkeit der Selbsterkenntnis; dabei lotet sie auch das von ihr aufgenommene Wort von Johannes R. Becher aus: »Was ist das: / Dieses Zu-sich-selber-Kommen des Menschen?« Immer wieder von Selbstzweifeln geplagt – sich »eines zu kleinen Talents, eines zu großen Ehrgeizes, eines zu schwächlichen, halbherzigen Lebens, aus dem eben nicht mehr herauszuholen ist« (ETJ, 83) bezichtigend – wird ihr in dieser Zeit der Generationenunterschied, der zwischen ihr und der Generation von Anna Seghers liegt, immer bewusster: »Dort die klassische Klarheit, allerdings auch Starre, hier die bewegte, ungeklärte Unruhe« (98).

Mit *Nachdenken über Christa T.* (s. Kap. II.B.15) schreibt sie im Bekenntnis zu den zugrunde liegenden Erfahrungen und Erlebnissen, die zu verbindenden Identitätsmustern führen, das Buch ihrer Generation. Ganz im Sinn von Ernst Bloch glaubten DDR-Autorinnen und Autoren dieser Zeit, jedwede affirmative Literatur verweigernd, an die verändernde Kraft dessen, was noch nicht ist, aber sein soll und sein kann: ein lebendiger und menschlicher Sozialismus. Die Wurzel der Geschichte, so Bloch in den letzten Zeilen seines Werkes *Das Prinzip Hoffnung*, »ist der arbeitende, schaffende, die Gegebenheiten umbildende und überholende Mensch. Hat er sich erfaßt und das Seine ohne Entäußerung und Entfremdung in realer Demokratie begründet, so entsteht in der Welt etwas, das allen in die Kindheit scheint und worin noch niemand war: Heimat« (Bloch 1959, 1628). Somit steht der Text von Christa Wolf in einer Reihe von Werken der DDR-Literatur, die dem utopisch-marxistischen Denken verpflichtet sind. Dabei lässt sich ein Bogen vom Ende der 1950er Jahre von Uwe Johnsons (Jg. 1934) *Mutmassungen über Jakob* (1959) über Jurek Beckers (Jg. 1937) *Jakob der Lügner* (1968) bis zu Irmtraud Morgners (Jg. 1933) *Leben und Abenteuer der Trobadora Beatriz* (1974) und Brigitte Reimanns *Franziska Linkerhand* (1974) am Beginn der 1970er Jahre zu spannen.

Anverwandlungen an gelebtes Leben

Im Text *Nachdenken über Christa T.* wurden bewusst Signale gesetzt, wenn die Erzählinstanz auf das Alltägliche und Gewöhnliche ihrer Protagonistin hinweist: »Wer den Kopf jetzt wegwendet, wer die Achseln zuckt, wer von ihr, Christa T., weg und auf größere, nützlichere Lebensläufe zeigt, hat nichts verstanden« (NCT, 152) Weiterhin wird betont: »Man muß bereit sein, eine gewisse Verantwortung zu übernehmen.« (63) Mit der Annäherung an dieses gelebte Leben lotet die Erzählerin in vielfältigen Zusammenhängen aus, wie der Mensch in einer der DDR sehr ähnlichen Gesellschaft leben und auch handeln kann. »Denn sie ist, als Beispiel, nicht beispielhaft, als Gestalt kein Vor-Bild« (55) – das ist der Versuch, nach Möglichkeiten menschlicher Bewährung zu fragen, ohne fertigen Mustern zu folgen. Christa T. weiß um ihre Unzulänglichkeiten »daß sie nicht fröhlich wie aus der Pistole geschossen erwidern konnte: Lehrerin, Aspirantin, Dozentin, Lektorin ...« (45), wenn sie nach ihrer gesellschaftlichen Rolle gefragt wird. Um jedoch der Isolation zu entgehen, betont sie, dass sie kein »Einsiedler« (84) sei. Sie gehört nicht zu den Schnellen, Lauten, Voreiligen, den Angepassten und den Parole-Schreiern – den »Tatsachenmenschen«, den »Hopp-Hopp-Menschen« (63).

> »Ich will arbeiten. Du weißt es – mit anderen, für andere. Aber meine Wirkungsmöglichkeiten sind, soviel ich sehe, schriftlicher, mittelbarer Natur. Ich muß mich mit den Dingen in Stille, betrachtend, auseinandersetzen können ... Das alles ändert nichts, unlösbarer Widerspruch, an meiner tiefen Übereinstimmung mit dieser Zeit.« (NTC, 84)

»*Daß ich nur schreibend über die Dinge komme!*« (44), das ist die Chance der Selbstbetätigung. Dem Rat ihres Mannes folgend, fügt Christa Wolf in den Text zusätzlich das 19. Kapitel ein. Um diese Arbeit bewältigen zu können, ist ein erneutes Hinterfragen der Aufzeichnungen von Christa Tabbert notwendig gewesen. Beim wiederholten Lesen entdeckt sie das ›Sie‹, das Schreiben in der dritten Person, »sich selbst verleugnend« (ETJ, 103). So entsteht der Gedanke der Übertragung der eigenen Probleme auf eine dritte Person, um »so noch deutlicher eine Fiktion in der Fiktion zu schaffen, denn die Christa T.-Figur ist ja schon zu einem guten Teil Übertragungsmedium« (103). In diesem Kapitel wird es dann heißen: »Ich begreife das Geheimnis der dritten Person, die dabei ist, ohne greifbar zu sein, und die, wenn die Umstände ihr günstig sind, mehr Wirklichkeit auf sich ziehen kann als die erste: ich. Über die Schwierigkeit, ich zu sagen« (NCT, 189). Somit hat Christa Wolf in der Verlagerung des Schreibenden in die dritte Person zu einer Gestaltungstechnik gefunden, die in *Kindheitsmuster* wieder aufgenommen wird. »Dabei redet man vorsichtshalber in der dritten Person, man selbst kann es sein oder irgendeine, die man zum Beispiel ›sie‹ nennt« (130). Die Subjektivierung des Schreibens geht also mit einer Verallgemeinerung einher. Die Frage des Verhältnisses von ich – sie – es durchzieht seit den 1960er Jahren das Werk der Autorin. Im Interview mit Carsten Gansel (2014) »Zum Schreiben haben mich Konflikte getrieben«, spricht sie von ihrer Art zu schreiben, »dass ich ein Gewebe, ein Netzwerk anstrebe. Man hat mir gesagt, das sei weiblich. Das kann es dann gerne sein« (Wolf/Gansel 2014, 354). Sonja Hilzinger verweist ebenfalls auf das »Prinzip eines Erzählgewebes, in das die verschiedenen Fäden eingewirkt werden« und das den Wechsel »zwischen Realitätswahrnehmung, Traum und verschiedenen Bewusstseinszuständen der Ich-Figur« (Hilzinger 2014, 173) ermöglicht. In diesem Zusammenhang sind Aspekte sowohl der Generationsfolge als auch des weiblichen Schreibens spannend. Die Analyse des Werkes von Angela Krauß (Jg. 1950) zeigt eine vergleichbare Netzstruktur (vgl. Nagelschmidt 2010).

Die Odyssee des Manuskriptes von *Nachdenken über Christa T.*, das bereits 1966 dem Mitteldeutschen Verlag übergeben wurde, ist vielfach aufgearbeitet worden (s. Kap. II.B.15; vgl. Hoffbauer 2014, 191–204). Die Jahre bis zur Herausgabe im Jahr 1969 sind vor allem durch die gemeinsame Arbeit mit ihrem Mann am *Till Eulenspiegel*-Filmprojekt sowie durch die intensive Beschäftigung mit Leben und Werk von Karoline von Günderrode und Bettina von Arnim bestimmt. Im Januar 1969 werden von der ersten Auflage des lange zurück gehaltenen Buches lediglich viertausend Exemplare ausgeliefert, einige Hundert werden auf dem VI. Schriftstellerkongress Ende Mai verkauft. Auf dieser Tagung wird Christa Wolf von Max Walter Schulz attackiert. Dieser stellt im Hauptreferat »Das Neue und das Bleibende in unserer Literatur« die provozierende Frage, wem die subjektiv ehrliche, parteilich gemeinte Absicht nütze, »wenn sie streckenweise im literarischen Text und im Gesamteindruck die Doppelbödigkeit der Aussage so eindeutig provoziert, daß die andere Seite nur zu wählen braucht, was ihr beliebt, nur herauszulesen braucht, was sie gern herauslesen möchte« (Schulz 1969, 55). In der sich anschließenden, abgesprochenen Diskussion wurde von Eberhard Röhner (ebd., 304) und Fritz Selbmann (ebd., 160) der Vorwurf geäußert, dass es sich um eine ›entfremdete Literatur‹ handle, bei der der Weg des Helden in Melancholie und Traurigkeit oder in der Selbstbespiegelung ende, und außerdem wurde der Verdacht geäußert, dass hier Sigmund Freud an die Stelle von Karl Marx dränge (ebd.).

In diese für Christa Wolf bitteren und erneut ihre Existenz in Frage stellenden Monate fiel im August 1968 der Einmarsch der Truppen des Warschauer Paktes in Prag, der das Ende des ›Prager Frühlings‹ bedeutete. Mit Freunden wie Wolfgang Heise, Professor für Geschichte und Ästhetik an der Humboldt Universität zu Berlin, suchte sie nach dem »*produktiven Punkt*«, von dem aus man noch arbeiten kann (ETJ, 119). Christa Wolf verweigert die Unterzeichnung eines Papiers, in dem sie sich als Mitglied des Schriftstellerverbandes mit der militärischen und politischen Intervention einverstanden erklären sollte. Diese Haltung hatte Folgen. In den nach dem Kongress einsetzenden Angriffen im Vorstand des Verbandes, dessen Mitglied sie war, wurde sie als politisch unzuverlässig disqualifiziert, und außerdem wurde von ihr verlangt, sich von den westdeutschen Kritiken ihres Buches zu distanzieren. Um dem Ausscheiden aus dem Vorstand zu entgehen, verfasste sie mit Hilfe von Gerhard Wolf eine in der DDR übliche ›Selbstkritik‹, die jedoch in Zweifel gezogen wurde und weitere Aussprachen im Vorstand nach sich zog. So hatte sie es aber geschafft, den Rauswurf zu vermeiden und sie konnte ihre Position weiter artikulieren. Auch diese Zeit hat tiefe Spuren hinterlassen. Am Ende der 1980er Jahre erinnert sie sich im Gespräch mit Therese Hörnigk daran, dass ihre Existenz als gesellschaftliches Wesen in diesem Land in Frage gestellt wurde, »ich habe danach längere Zeit gebraucht, um wieder schreibfähig zu werden« (WA 12, 89). 1968 notiert sie im Tagebuch, dass ihr der Vorgang des Schreibens helfe: »Also wird es doch wohl das einzige für mich bleiben« (ETJ, 112).

Nach einem erneuten Aufenthalt im Waldkrankenhaus Mahlow sind zwar die bangen Fragen geblieben, die aber von wichtigen Erkenntnissen überlagert werden: »Doch wenn man erst einmal mit solcher Wucht aus den Schienen gesprungen ist, kommt man nicht mehr rein« (ETJ, 112). Die Wunden des Jahres 1965 sind nicht verheilt, sie sollen offen bleiben (142), immer drängender wird es jedoch für Christa Wolf, ihren Standpunkt zu verteidigen. Sie will gemeinsam mit den Vernünftigen kämpfen, um nicht mit den Unvernünftigen abzufahren oder von ihnen eingesperrt zu werden (vgl. 130). Beim Lesen eines Leitartikels von Anna Seghers im *Neuen Deutschland* vom 21.9.1969 weiß sie sehr genau, dass ihr der Glaube der älteren Generation an die »zauberhafteste[n] Verwandlungen« endgültig abhanden gekommen ist (128). Dieses intensive Nachdenken problematisiert neuerlich Generationserfahrungen. In dem Wissen, dass ihr die Utopie der Exilautor/innen verloren gegangen ist, fühlt sich Christa Wolf beim Bericht ihrer Tochter, die über die militärische Ausbildung berichtet, im analogen Vergleich zwischen diesen beiden Generationen »elend« (126). Der Satz von Brigitte Reimann vom 5.2.1969, in dem diese ihre Eindrücke beim Lesen der Briefe von Kafka an Milena reflektiert, ist als Metapher für die Situation beider Autorinnen am Ender der 1960er Jahre zu verstehen: »So ohne Haut leben zu müssen« (Wolf/Reimann 1993, 25).

4 Zwischen scheinbarer Liberalisierung und der Biermann-Ausbürgerung. Vom Ende der 1960er Jahre bis 1976

Während in der Bundesrepublik und den Ländern Westeuropas Barrikaden gegen Restriktionen errichtet wurden, die junge Generation dieser Länder gegen das Schweigen und Verschweigen der Älteren auf die Straßen zog, Studenten- und Frauenrevolten ausbrachen und somit das Jahr 1968 eine Umkehr bzw. einen Neuanfang markierte, wurde in der DDR die kollektive Hoffnung auf einen anderen, besseren Sozialismus zerschlagen. Die Kulturpolitik des Landes zeigte wenig Verantwortungsbereitschaft für Veränderungen. Über die Ängstlichkeit des Mitteldeutschen Verlages nach den jahrelangen Querelen um *Nachdenken über Christa T.*, das doktrinäre und abwertende Verhalten von Max Walter Schulz sowie die Verzögerungspraxis der Hauptverwaltung für Verlage und Buchhandel – die für die Drucklegung zuständig war – schreibt Günter de Bruyn in seinen Lebenserinnerungen; in *Vierzig Jahre. Ein Lebensbericht* referiert und reflektiert er die Veröffentlichungsgeschichte seines Romans *Buridans Esel* (de Bruyn 1996, 141–145). Dieses Procedere, Herausgaben bewusst zu verhindern, literarische Texte dominant mit ideologischem Blick zu lesen, ängstlich auf ›West‹-Reaktionen zu warten, gleichermaßen aber auch schnell die Vergabe von Lizenzen zu befördern und ein System der Wertehierarchie unter den Autorinnen und Autoren durch die Vergabe von Preisen zu stabilisieren, gehörte zu den selbstbestimmten Regeln eines Systems, das ständig die eigene Macht auszureizen suchte.

Für Christa und Gerhard Wolf sind diese Jahre des Übergangs bedrückend und ausgefüllt zugleich. Seit 1968 bis zum Ende der DDR werden beide als ›Operativer Vorgang‹ ›Doppelzüngler‹ ständig observiert. 1993 berichtet Christa Wolf über die gegen sie eingeleiteten Maßnahmen. Dazu gehörte u. a. dass sie und ihr Mann von einem Netz von Informellen Mitarbeitern (IM) umgeben waren, zu denen auch enge Freunde der Familie gehörten, ihre Wohnungen, die Post und das Telefon Kontrollen unterzogen und sie zeitweilig an Auslandsreisen gehindert wurden. Weiterhin begutachteten von dem Ministerium für Staatssicherheit (MfS) geschulte Zensoren ihre Manuskripte und verdächtigten sie in ihren ›Analysen‹ der Staatsfeindlichkeit (vgl. Vinke 1993, 143). Neue Ängste und Depressionen sind unausweichlich. Im Tagebuch vom

27.9.1969 hält sie fest: »Die eigene Welt, die wir uns gezimmert haben, kann nicht ewig halten. Jedem Auto, das nachts bei uns vorbeifährt, lausche ich nach« (ETJ, 124). Das ständige Miteinander-Reden und das Schreiben erweisen sich wiederum als die beste Therapie. Ende der 1960er Jahre beginnt bei beiden eine erste intensive Beschäftigung mit der Zeit des Übergangs vom 18. zum 19. Jahrhundert. Diese Auseinandersetzung bestimmte nicht nur die Arbeit von Christa und Gerhard Wolf. Das Interesse von Autorinnen und Autoren der DDR an diesen Jahren, das als Romantik-Rezeption in die literaturwissenschaftlichen Abhandlungen eingegangen ist, beinhaltet neben den Rückgriffen auf romantische Motive, auf Märchen und Legenden sowie auf romantische ›Mischformen‹ – wie das Fragment – und auf modernes mehrdimensionales Erzählen vor allem das Nachdenken über Zeitverwandtschaften und Zeitgefühle sowie über Subjektivität und ein ›anderes Schreiben‹. Es sind v. a. die Jahre des Nachdenkens über die jahrelang Unbekannten der Goethezeit wie Hölderlin, Kleist, die Günderrode oder Grabbe. Das Hauptaugenmerk von Christa Wolf lag dabei nicht auf der Romantik als Literaturepoche. Vielmehr stellte sie sich der entscheidenden Frage nach dem Beginn der »entsetzliche[n] Gespaltenheit der Menschen und der Gesellschaft sowie der Verdrängung des weiblichen Elements aus der Gesellschaft« (WA 8, 238). Während Gerhard Wolf an seinem Hölderlin-Buch *Der arme Hölderlin* – Veröffentlichung 1972 im Union-Verlag – arbeitet, liest seine Frau viel aus diesem Umkreis von Klassik und Romantik und stößt über diese Lektüre auf den Umkreis der »Romantik Weiber« (Wolf/Reimann 1993, 34). In den Essays über Karoline von Günderrode und Bettina von Arnim wird sie sich über Selbstbeobachtungen an authentisches Leben annähern (s. Kap. II.E.28). Im Frühjahr 1969 nimmt sie die Arbeit an der Erzählung *Unter den Linden* wieder auf. Hier findet sich bereits die bestimmende Struktur ihres Schreibens, die in *Kindheitsmuster* in der Verwendung von Ebenen und im ständigen Wechsel zwischen Träumen, Realitätsreflexionen und den verschiedenen Bewusstseinszuständen der Ich-Figur aufgenommen und weitergeführt wird. Diese Erzählung erscheint gemeinsam mit der Wissenschaftssatire *Neue Lebensansichten eines Katers* sowie der als Auftragsarbeit geschriebenen Geschlechtertauschgeschichte *Selbstversuch* 1974 im Band *Unter den Linden. Unwahrscheinliche Geschichten* (s. Kap. II.C.20).

Im Januar 1971 übergeben beide dem Dramaturgen Walter Janka das Drehbuch für den *Eulenspiegel*-Film. Aufgrund v. a. von Meinungsverschiedenheiten zwischen Gerhard Wolf und seinem jüngeren Bruder Dieter, dem Leiter der Gruppe Babelsberg, wird nicht das Wolfsche Szenarium die Grundlage der 1975 beendeten Verfilmung, sondern vielmehr ein Drehbuch, das der Regisseur und Schwiegersohn von Christa und Gerhard Wolf, Rainer Simon, nach Motiven des deutschen Volksbuches und der Filmerzählung des Ehepaares Wolf neu schrieb. Die Filmerzählung der beiden erscheint 1973 mit einem Nachwort von Wolfgang Heise.

Diese Jahre bestimmen zwei wichtige Reisen. Zum einen unternimmt Christa Wolf gemeinsam mit ihrem Mann, ihrem Bruder und der jüngeren Tochter eine Reise nach Landsberg, die jedoch nicht sofort den gewünschten Innovationsschub für ihr Schreiben bringt, zum anderen trifft das Ehepaar während eines Paris-Aufenthaltes den Schriftsteller und Übersetzer von Volker Braun, Alain Lance. Dieser wird seitdem gemeinsam mit seiner Frau, Renate Lance-Otterbein, die Werke von Christa Wolf ins Französische übersetzen (s. Kap. IV.51.2).

Das Wecken von Hoffnungen, neue Enttäuschungen und Entscheidungen

In das Jahr 1971 fallen zwei einschneidende und zunächst Hoffnung gebende Ereignisse. Im Mai 1971 löst der als Scharfmacher bekannte Erich Honecker das greise Staatsoberhaupt Walter Ulbricht ab. Der unmittelbar im Anschluss stattfindende VIII. Parteitag der SED eröffnete in einer bis dahin nicht gekannten offenen Auseinandersetzung mit der katastrophalen Infrastruktur, der Wohnungssituation, dem mangelnden Stand der Kinderbetreuung und dem nicht mehr zu verschweigenden Geburtenrückgang in der Einheit von Wirtschafts- und Sozialpolitik die Grundlagen für veränderte Sichtweisen. Diese lassen in der Tat nicht lange auf sich warten. Es werden mit den sozialpolitischen Maßnahmen Anreize für eine zeitige Eheschließung und die Geburt von Kindern über zinslose Darlehen geschaffen, außerdem schienen mit dieser Umorientierung auch Revisionen in den dogmatischen Aussagen zu Kultur und Literatur möglich. Ein entscheidender und seitdem immer wieder zitierter Satz von Erich Honecker, vorgetragen auf dem 4. Plenum des ZK der SED, fiel im September 1971: »Wenn man von der festen Position des Sozialismus ausgeht, kann es meines Erachtens auf dem Gebiet von Kunst und Literatur keine Tabus geben« (Honecker 1971, 43). Dabei ist die Konditionalbestimmung im Vorfeld des

Satzes von Bedeutung, da die Interpretation der ›festen Position des Sozialismus‹ weiterhin Angelegenheit der SED und all ihrer Gefolgsleute bleibt (s. Kap. II.C.17). Das schloss weiterhin all die aus, die sich wohl als Demokraten und Marxisten, jedoch nicht als blinde Mitläufer eines Marxismus im Sinne der DDR verstanden – wie Wolf Biermann, Thomas Brasch, Siegmar Faust, Gert Neumann, Hans Joachim Schädlich. Andere – wie Volker Braun, Stefan Heym und Heiner Müller – mussten sich weiterhin den Zensurbedingungen sowie immer wieder auch einem Druck- und Auftrittsverbot beugen. Dabei ist es nicht verwunderlich, dass Christa Wolf wenig Zutrauen in diese Veränderungen hatte, zumal es Honecker war, der 1965 die schärfsten Angriffe auf die Künstler/innen eingeleitet hatte.

Es folgten Jahre voller Widersprüche und ambivalenter Situationen. In der Zeitschrift *Sinn und Form* entbrannte eine hitzige Debatte um Heiner Müllers »Macbeth-Version« nach Shakespeare, die 1972 in Brandenburg uraufgeführt und danach vom Autor selbst in der Berliner Volksbühne inszeniert wurde. Indem der Philosoph Wolfgang Harich, der von der DDR-Justiz von 1956 bis 1964 im Zuchthaus eingesperrt worden war, auf den aus dem Schriftstellerverband verwiesenen Heiner Müller losging, wurde eine scheinbar enttabuisierte Öffentlichkeit inszeniert, die jedoch nur einem eingeweihten Publikum vorbehalten blieb. Diese Diskussion eröffnete zugleich eine breitere Auseinandersetzung mit dem Erbe. Sie wurde mit der Veröffentlichung von Ulrich Plenzdorfs (Jg. 1934) Erzählung *Die neuen Leiden des jungen W.* in dem Bekenntnis zur Rezeption der Sturm und Drang-Dichtung und somit der Abkehr vom allmächtigen Modell der Weimarer Klassik weitergeführt. Mit dieser Erzählung wird in der DDR-Literatur endgültig mit dem Tabu-Thema des Todes gebrochen. Gleichermaßen hat der Autor mit seiner radikalen Sprachkritik und dem Einsatz einer Jugendsprache in Anlehnung an J. D. Salingers Roman *Der Fänger im Roggen* (1951) sowie einer quälenden Hinterfragung von Machtinstanzen eine neue Sicht auf Probleme eröffnet, die in vielen Texten der nachfolgenden Jahre aufgegriffen wurden. Die Resonanz war überwältigend. Zunächst wurde Plenzdorfs Erzählung 400.000 Mal gedruckt; eine für die damalige Zeit sensationell hohe Auflage, die keiner der ›linientreuen‹ Autoren ohne Zutun der Instanzen je erreicht hat. In den ›Westen‹ wurden 40 Lizenzen vergeben. Der Suhrkamp-Verlag erhielt in der Bundesrepublik den Zuschlag und ließ insgesamt 1,7 Millionen Exemplare drucken. In der DDR wurde das Stück seit dem Sommer 1972 auf vierzehn Bühnen gespielt und avancierte ähnlich dem literarischen Vorbild von Goethe zu einem Kultbuch einer ganzen Generation in Ost und West. Eine ähnliche Wirkung hatte der 1972 ins Kino gekommene Film *Die Legende von Paul und Paula* in der Regie von Heiner Carow, dem das Drehbuch von Plenzdorf zugrunde lag.

Bismarcks Politik von ›Zuckerbrot und Peitsche‹ wurde vom Staatsprotestantismus der DDR wiederbelebt. Es waren die Jahre, in denen die DDR mit aller Macht auf dem internationalen Parkett wahrgenommen werden wollte. Dazu gehörte die Unterzeichnung des Grundlagenvertrages zwischen den beiden deutschen Staaten, die eine Welle diplomatischer Anerkennungen nach sich zog. Schließlich erlebte der Staat auf der KSZE-Tagung, 1975 in Helsinki, den großen politischen Triumph, indem beide deutsche Staatsoberhäupter nicht nur gemeinsam eingeladen waren, sondern als gleichberechtigte Partner nebeneinander Platz genommen hatten. All diese Aktivitäten der Öffnung nach außen, mussten auch innerhalb des Landes ihre Entsprechung erfahren. Der so geschaffene Frei-Raum als exterritorialer Raum, fand in privaten Berliner Wohnungen – unter Kenntnis und Beteiligung der Staatssicherheit – statt, indem sich auf Initiative von Bernd Jentzsch und Günter Grass zwischen 1974 und 1977 etwa vier Mal im Jahr Autorinnen und Autoren aus Ost und West trafen, sich gegenseitig Texte vorlasen, aber vor allem um miteinander zu reden und ein gemeinsames Gefühl für deutsche Literatur entwickeln zu können. Als weitere wichtige Institution des Austausches und des Treffens erweist sich seit 1971 die Ständige Vertretung der BRD in Berlin, die bis 1981 vom Diplomaten, Journalisten und Publizisten Günter Gaus (1929–2004) geführt wurde. Hier gab es regelmäßige Gespräche im kleinen Kreis, an denen Christa und Gerhard Wolf gern teilnahmen. Über Jahre hat sich so ein vertrauensvolles Verhältnis aufgebaut, indem beide Seiten ihre Ansichten auf die jeweils aktuelle Situation entwickeln konnten. Die so entstandene Nähe ist sowohl in dem großen Gespräch »Auf mir bestehen« in der Reihe ›Zur Person‹ (WA 12, 442–470) als auch im Offenen Brief anlässlich des 65. Geburtstages von Gaus (WA 12, 554–559) – in dem es über ihn heißt: »Ein beachtlicher Brückenbauer, das muß man Ihnen lassen« (556) – nachzuvollziehen.

Gleichermaßen ist nicht zu übersehen, dass die Peitsche weiter kräftig geschwungen wird. Rainer Kirschs 1973 fertig gestellte Komödie *Heinrich Schlag-*

hands Höllenfahrt wurde bis zum Ende der DDR nicht aufgeführt und Volker Brauns *Unvollendete Geschichte* durfte 1975 nur in *Sinn und Form* erscheinen. Die Buchpublikation erfolgte erst im Jahr 1988. Nach wie vor war Wolf Biermann dem Machtapparat im Weg. Nach den Versuchen, ihn Mitte der 1960er Jahre mit diversen Auftrittsverboten mundtot zu machen, setzte nun der zweite Schritt des teuflischen Plans ein, sich des Poeten mit jüdischen Wurzeln für immer zu entledigen. 1973 legte das Ministerium für Staatssicherheit (MfS) dem Politbüro der SED ein Papier mit dem Ziel vor, Biermann die Staatsbürgerschaft abzuerkennen, falls dieser während seiner Auftritte im ›nichtsozialistischen Ausland‹ die ›staatsbürgerlichen Rechte‹ verletzen sollte. Alles zielte darauf ab, dass ihm so die Möglichkeit genommen wurde, in DDR-Haft zu gelangen und somit zur Märtyrer-Gestalt zu werden. Doch es sollten noch drei Jahre vergehen, bis der letzte Schritt dieser sorgfältig geplanten Maßnahmen, sich des Autors zu entledigen, zur Realität wurde.

Uwe Johnson, Günter de Bruyn, Volker Braun, Franz Fühmann, Fritz Rudolf Fries, Irmtraud Morgner und Christa Wolf – um nur wenige Namen zu nennen – vollzogen mit ihrem Verzicht auf ein überschauendes und lineares Erzählen und ihrem Bekenntnis zu Subjektivität und Individualität den Bruch mit den Dogmen des Sozialistischen Realismus, indem sie vieldimensional erzählten und das Individuum in den Mittelpunkt ihrer Texte stellten. Bei all diesen Veränderungen verbietet es sich von dieser Zeit lediglich als einer ›Tauwetterphase‹ zu sprechen. Die neue Qualität des Diskurses bestand darin, dass die offiziellen Kulturwächter sowohl auf dem VIII. Parteitag als auch den anschließenden Sitzungen nur noch in der Lage waren, eine Kultur und Kunst zu legitimieren, die längst da war. Damit hatten sie zwar eine Machtposition eingebüßt, andere jedoch lagen noch immer in ihren Händen.

In der Zeit der ›Scheinliberalisierung‹ – neben Plenzdorfs Erzählung konnten noch weitere Texte wie der Roman von Erik Neutsch *Auf der Suche nach Gatt* (1973) aus der Schublade erscheinen – kam 1970 ein Film nach Franz Fühmanns Novelle *Das schlimme Jahr* (1963) als DEFA-Film in die Kinos der DDR. Es handelte sich um eine geschnittene und nachträglich bearbeitete Fassung – der dargestellte Konflikt zwischen dem Anspruch des Künstlers und den Zugriffen des Machtapparates war mehr als heikel – der Verfilmung von Ralf Kirsten, die 1965 mit Beteiligung des Autors unter dem Titel *Der verlorene Engel* entstanden war. Das war der Höhepunkt der intensiven Auseinandersetzung Fühmanns mit der Künstlerproblematik und zugleich mit der Frage nach der Besonderheit von Kunst und Ästhetik. Er erweist sich mit dieser Arbeit, die 1973 unter dem Titel *Barlach in Güstrow* bei Reclam in Leipzig neu verlegt wurde, als Prophet seiner Zeit, indem ihm bewusst ist, dass totalitäre Systeme dem Künstler stets hemmend gegenüberstehen, eine Freiheit der Kunst nicht garantiert ist und dass die Elemente, die die Form, den Stil und die Sprache ständig neu erzeugen, verteidigt werden müssen.

Ernst Barlach (1870–1938), Bildhauer, Zeichner und Autor, dessen Plastik des schwebenden Engels am 24. August 1937 gewaltsam aus dem Güstrower Dom geschafft wurde, wird für Fühmann zur Überprüfungsinstanz, denn Barlachs Bekenntnis zu Klarheit und Strenge der Linienführung in seiner Plastik steht der ausufernden Vielschichtigkeit und Expressivität in seiner Literatur gegenüber. Diese Vielschichtigkeit und Widersprüchlichkeit machte Barlach wiederum in den 1950er Jahren für die Kunstwächter der DDR innerhalb der Formalismusdebatte verdächtig. Die dem Künstler gewidmete Ausstellung in der Ostberliner Akademie der Künste von 1951 gab der SED-eigenen Tageszeitung *Neues Deutschland* den Anlass, ihn als rückwärtsgewandten Künstler zu attackieren, der in den Sumpf des Mystizismus geraten sei. Bertolt Brecht war es schließlich, der mit seinen »Notizen zur Barlach-Ausstellung«, die 1952 in der Zeitschrift *Sinn und Form* erschienen, die drohende Schließung mit seiner Sicht auf den Künstler verhinderte: »Schönheit ohne Beschönigung, Größe ohne Gereckheit, Harmonie ohne Glätte, Lebenskraft ohne Brutalität machen Barlachs Plastiken zu Meisterwerken« (Brecht 1952, 182). Die Kunst Barlachs übte nicht nur auf Brecht und Fühmann Faszination aus. 1956 wählte der in Güstrow aufgewachsene Uwe Johnson den Autor Barlach zum Gegenstand seiner Diplomarbeit. Der Autor Johnson lässt seine Romanfigur Gesine Cresspahl in den *Jahrestagen* (1970) mit Abbildungen von Barlachs »Fries der Lauschenden« im Gepäck in den Westen auswandern, ein Schritt, den er selbst über zehn Jahre davor vollzogen hatte. In dem 1957 in der Bundesrepublik erschienenen Roman von Alfred Andersch *Sansibar oder der letzte Grund* kommt der 1930 von Barlach geschaffenen Plastik »Lesender Klosterschüler« eine Schlüsselrolle zu. Jahre später hat sich diese Situation des gegenseitigen Wissens entscheidend verändert. Während Christa und Gerhard Wolf mit Otl und Inge Aicher im September 1989 zu Barlachs Atelierhaus am Inselsee fahren und Christa Wolf über den Text von Fühmann und den Kampf des

Künstlers um Wahrheit und Wahrhaftigkeit nachdenkt, müssen beide schmerzhaft erkennen, dass dem Paar Aicher Fühmanns Name unbekannt ist. »Ich denke, wenn irgend etwas anzeigt, daß wir uns auseinandergelebt haben, dann ist es das: Die potentiellen Verbündeten in Ost- und Westdeutschland kennen einander nicht« (ETJ, 446).

Angeregt durch den Hinstorff Verlag befasste sich Fühmann seit Ende der 1950er Jahre intensiv mit der Kunst Barlachs sowie dem Künstler selbst. Angefangen mit dem 1963 veröffentlichten Band *Ernst Barlach. Das schlimme Jahr*, dem neben der Novelle als Kernstück Graphiken, Zeichnungen, Abbildungen und weitere Dokumente beigefügt werden, über den Text-Bildband *Ernst Barlach. Das Wirkliche und Wahrhaftige* (1970) bis zur Herausgabe der Briefe von Barlach (1972) lassen ihn Kunst und Künstler nicht mehr los. Als er begann, sich mit diesem Schicksal zu beschäftigen, scheint es für ihn bereits deutlich gewesen zu sein, dass der Bitterfelder Weg (s. Kap. II.A.10) in einer Sackgasse enden musste und somit zu den Absurditäten einer entfremdeten Kultur- und Kunstauffassung gehört. Daher ist es konsequent, dass sich Fühmann immer wieder den Fragen nach den Aufgaben des Künstlers und dem Sinn von Kunst stellt. Indem er sich des historischen Sujets bedient, setzt sich Franz Fühmann mit der Künstler-Macht-Problematik auseinander. Ein Verhältnis, das ihn und viele andere auch auf der Basis ihrer Generationserfahrungen über Jahre beschäftigt hat. In seinem Brief an Christa und Gerhard Wolf bekennt er sich am 15. Mai 1980 dazu.

> »Ich bereite meinen Vortrag in der Aka vor, indem ich mit jungen Leuten über Geschichte diskutiere und begreife erst jetzt voll, wie katastrophal die Stimmung + die Vertrauenskrise hierzulande sind. Und es wird unentwegt weitergemacht – mich schauderts. Manchmal hab ich so ein Gefühl, als wärs April 45 – ich weiß nicht was das werden soll.« (Wolf/Fühmann 1998, 109)

Durch die Begegnungen mit Barlach und über das Nachdenken der Parallelen zwischen Nationalsozialismus und Stalinismus im Umgang mit der Kunst und den Künstlern, die sich bei allen Unterschieden und Gegenläufigkeiten der Systeme auftaten, kam es zur endgültigen Umorientierung bei Franz Fühmann, indem er im Bewusstsein, nur noch für sich und seine Kunst verantwortlich zu sein, endgültig aufhörte, Kompromisse einzugehen. Für beide, für Barlach wie Fühmann, ist das Thema der Wandlung – sowohl biographisch als auch ästhetisch – entscheidend. Beide sind als junge Männer in den Krieg gezogen und als ›Bekehrte‹ zurückgekommen. Fortan wird Franz Fühmann als Heimatloser auf der ständigen Suche sein, wird sich ausprobieren, erlebt Rückschläge; das Schreiben wird zur Lebensmaxime, aus der er ständig Kraft und eine immer deutlichere Sprache, die sich Vereinnahmungen widersetzt, gewinnt. Auch »Barlach sah das fremde Land liegen und wusste, daß er nun doch vertrieben war. Der gute Geist dieses Landes war geraubt wie aus des Domes Schweigen der Engel; dies war nun nicht mehr sein Land, [...] für ihn nutzlos, nun war er also ein Emigrant« (Fühmann 1973, 41 f.).

Barlach wird ihn weiter begleiten, er wird ihn nicht verlassen. Davon zeugt das 1973 erstmals veröffentlichte Ungarn-Tagebuch *Zweiundzwanzig Tage oder die Hälfte des Lebens*, in das Texte Barlachs verwoben sind, die ständig Auseinandersetzungen in der Ambivalenz zwischen sich und dem Anderen – sowohl dem ihnen Fremden als auch dem ihnen Vertrauten – provozieren. »Nicht der exotische Fremde ist uns unheimlich, sondern der, von dem wir nicht wissen, was er tut oder eigentlich tut – Hoffmanns Hofrätin zum Beispiel oder, im Passiv, Gogols Aktenkopisten« (Fühmann 1980, 9). Das ist sie, die den Erzähler faszinierende Grenzsituation. Das Tagebuch wird diese Grenze leitmotivisch aufnehmen. Es sind nicht die Territorialgrenzen, sondern es ist vielmehr das Un- und Unterbewusste: Das Verhältnis zu den Urgewalten, zur Kunst und Literatur, und schließlich sind es die Grenzen zu sich und in sich selbst, zu dem eigenen Leib und dem Vermögen, sich selbst zu spüren. »Aber die Wurzeln reichen viel tiefer hinab und verlieren sich in Erinnerungsleeren« (ebd., 86). Hier wird das Diskursgeflecht erfahrbar: Heimat, das ist für Fühmann nicht das Draußen, sondern das Innere, das ist die Haut, die sich um seinen Körper und seine Seele spannt, die zu ihm gehört wie seine Sprache, sein Wissen und seine Tradition. Im Gedächtnis hämmernde Fragen brechen heraus: Ist das Böse im Menschen angelegt? Inwieweit und warum ist der Mensch manipulierbar und gibt es einen Ausweg aus den Entstellungen des Lebens?

Weibliche Sichtweisen auf Krieg und Faschismus

Die Jahre zwischen 1969 – ein Jahr nach dem Tod der Mutter – und 1975 sind für Christa Wolf bestimmt durch die Arbeit an ihrem Lebensvorhaben *Kindheitsmuster*. Im Tagebuch von 1970 spricht sie von einem

»Kindheitsbuch«, von der möglichen Form und ihrem großen Problem beim Prosaschreiben: »Wie die einander überlagernden Schichten, aus denen die ›Wirklichkeit‹ besteht, in die lineare Schreibweise hinüberretten?« (ETJ, 139). Im wahrsten Sinne des Wortes erweist sich Christa Wolf als Entdeckerin von Erinnerungen und Sammlerin von Informationen und Dokumentationen. So trägt sie eine fast nicht zu übersehende Fülle an Material zusammen: historische Recherchen stehen neben Gedichten, Liedern und Sprichwörtern. Sie beschäftigt sich mit zeitgeschichtlicher und psychologischer Literatur sowie mit Lebensberichten und Erinnerungsmustern. In dem Essay »Anmerkungen zu Geschichten« (1970) vollzieht sie den Weg von der Dampferanlegestelle in Mainz über den Flachsmarkt – wo einst das Geschäftshaus der Familie stand – bis zum Elternhaus der Netty Reiling nach, den Anna Seghers in der novellistischen Erzählung *Ausflug der toten Mädchen* beschreibt, und hält für sich fest, dass man daraus lernen könne, was Prosa sei. »Treffpunkt zwischen Subjekt und Objekt. Phantastische Genauigkeit. Strenge Gebundenheit, grenzenlose Freiheit. Verzauberung von Fakten in neue Realität« (WA 4, 327). Zwei Jahre später richtet sie über die Beschäftigung mit Fred Wanders (1917–2006) Erinnerungsbuch *Der siebente Brunnen* (1971) vielfältige Fragen an sich und ihre Generation, die gleichermaßen aber auch an die Leserinnen und Leser gestellt werden: »Wie funktioniert das Gedächtnis? Unser Wissen darüber ist unvollständig und in sich widersprüchlich« (WA 4, 344).

Die relativ lange Entstehungszeit von *Kindheitsmuster* sowie die Bedeutung, die die Autorin der Gegenwartsebene des Textes in der Vermittlung zwischen dem Gestern und Heute beigemessen hat, brachte es mit sich, dass Christa Wolf während der Arbeit am Roman vielfach über den entstehenden Text gesprochen und aus dem Manuskript vorgelesen hat. Im März 1974 besuchen Christa und Gerhard Wolf zum ersten Mal die USA. Die Reise führt sie über New York und Philadelphia nach Cleveland/Ohio und dort an das Oberlin College. Hier ist sie als Writer in Residence zu Lesungen eingeladen und spricht über *Kindheitsmuster*, ihr Mann hält Vorlesungen u. a. zu Johannes Bobrowski, Reiner Kunze und Sarah Kirsch. Dieser Reise sollten viele weitere Aufenthalte in den Vereinigten Staaten folgen. Wiederum an der Ohio State University fand am 24. Mai 1983 eine Lesung zu *Kindheitsmuster* statt. In der nachfolgenden Diskussion antwortete sie auf die Frage, warum sich gerade in den 1970er Jahren so viele Deutsche in vielfältigen Formen – Roman, Film, Tagebuch – mit dem Alltag im Faschismus beschäftigen und wie das mit ihrer Generation sowie der Geschichte in den beiden deutschen Staaten zusammenhänge, dass der Grund ein psychologisch-biographischer sei. Obwohl sie zu der NS-Zeit noch nicht erwachsen gewesen ist, war der Schock für ihre Generation nach 1945 so eingreifend und nachhaltig, dass viele zunächst gar nicht in der Lage waren, sofort darüber zu schreiben, und dass der Umgang der DDR mit ihrer Geschichte dazu geführt habe, dass dieses Thema über viele Jahre im Hintergrund geblieben sei. »Wir haben also den Faschismus in die Bundesrepublik delegiert« (WA 8, 297). An ihrer Lebenserfahrung und an der gesellschaftlichen Erfahrung bis zum Ende der 1960er Jahre ist ihr jedoch das Besondere ihrer Generation bewusst geworden, die als Kinder und Jugendliche nach 1945 gar nicht schuldig sein konnten. Die Zeit ihres Erwachsenwerdens jedoch fiel in die Auseinandersetzungen um Schuld und Mitschuld und somit lag die ganze Last der Mitverantwortung auf ihrer Generation. »Das erklärt manches, was dann in dieser Generation geschah« (298).

Mit *Kindheitsmuster* hat Christa Wolf nicht nur das Buch ihrer Generation geschrieben, sondern sie hat gleichermaßen für die deutschsprachige Literatur eine wichtige Spur begründet. Während sich einige Autoren bereits seit Beginn der 1950er Jahre mit ihren Traumata Vorkrieg, Krieg und Nachkrieg auseinandersetzten, brauchten Autorinnen, die durch Kriegswirren, Evakuierung und Flucht ebenso belastet waren, viele Jahre, um ihre Sprache und ihre Formen zu finden. Schriftstellerinnen waren aufgrund des postulierten Gleichheitsanspruchs der Geschlechter und somit auch der jahrelangen Negierung geschlechtsspezifischer Differenzen auf der Suche nach Spuren ihrer Erinnerung und nach einer Sprache, die es ihnen ermöglichen würde, diese wiederzugeben. Aus dieser doppelten Marginalisierung – als Frau und nur scheinbar Gleichgestellte – resultieren das jahrelange Schweigen und schließlich der gemeinsame Aufbruch in den 1970er und 1980er Jahren. Mit Blick auf die Studien von Sigrid Weigel (1987) zu Texten von Autorinnen unterschiedlicher Generationen sowie Studien von Michaela Holdenried (1995) zu autobiographischen Texten von Frauen ergibt sich mit dem methodischen Ansatz der Gender-Forschung die Möglichkeit, diese Texte der DDR-Autorinnen auf die in der Kindheit erfahrenen Deformationen weiblicher Entwicklung – wie Kälte, Lieblosigkeit, Verdrängung von Ängsten, Anpassung, Selbstbetrug sowie das Schaffen von Fremdbildern – zu untersuchen. Dabei ist von Bedeutung, welche lebenslang wirkenden Prägungen das Resultat dieser Deformationen sind und welche Strategien der Auseinandersetzung mit ihnen es gibt. Der Kulturraum Polen erweist sich für die Autorinnen wie Ursula Höntsch (Jg. 1934 in Frankenstein, Niederschlesien) und Helga Schütz (Jg. 1937 in Goldberg, Schlesien) als identitätsstiftendes Moment. Ursula Höntsch, Helga Schütz und Christa Wolf sind nach der Flucht aus ihrer ursprünglichen Heimat in der DDR aufgewachsen. Gemeinsam ist ihnen, dass sie nach Jahren des Schweigens Texte schreiben, in denen eine ›Polenreise‹ im Mittelpunkt steht. Diese Reise als Reise zurück in den Kulturraum der Heimat – sowohl geographisch, sozial als auch individualpsychologisch –, in die angenommene Fremde, die sich jedoch nicht als fremd erweist, sondern vielmehr Vertrautheit über Erinnerungen zulässt, wird zur Chance, Wurzeln des eigenen Werdegangs freizulegen. Diese temporär kurzen Fahrten sind in der Folge existentiell, da die Überlagerungen von außen das Fremde in ihnen allmächtig werden ließen, Eigenes dagegen wurde über Jahre und Jahrzehnte verdrängt.

Die Autorinnen haben Erfahrungen im Umgang mit Verleugnungsmustern. Gewöhnung und Schweigen führen dazu, dass die Heimat bis in die Sprachverleugnung amputiert wird. Im Bemühen um Anpassung sind sie sich selbst fremd geworden. Die Sehnsucht nach Orientierungsgrößen überlagert über Jahre das Leben der Schriftstellerinnen. Als der Anpassungsdruck zu groß wird, beginnt die inszenierte Reise zurück und durch die eigene Fremde (vgl. Pelz 1993). Das Erfahren-Können des Kulturraumes Polen über die Selbsterkundung führt zur Überprüfung der sowohl staatlich verordneten als auch der individuell tradierten Bilder. Dieser Kulturraum der Kindheit – rekonstruiert aus der Erfahrungs- und Erinnerungssicht der erwachsenen Autorinnen auf das Polen der 1970er und 1980er Jahre – widersetzt sich den vorgefertigten Bildern. Polen steht in dieser Perspektive zwischen Distanz und Nähe für Weltoffenheit, Toleranz und Moderne. Über diese Spiegelfunktion wird der so beschrittene und beschriebene Raum im Hinblick auf die Selbsterkenntnis vieldimensional: lokal als Herantasten an die Landschaften, Flüsse und Orte; sozial als Erkennen der Geschlechtsidentität; kulturell als Erfahren von Sprache, Familienbezügen und Freundschaften, sowie utopisch als Wissen um einen gelebten, verlorenen und nun wiedergefundenen Ort.

Die von Christa Wolf angeregte Notwendigkeit des Nachdenkens über Lebensmuster bestimmt die Texte von Ursula Höntsch (Harendt) *Wir Flüchtlingskinder* (1985) und *Wir sind keine Kinder mehr. Die Geschichte einer Jugend* (1990) sowie von Helga Schütz *Polenreise* (1974). Im doppelten Anschreiben gegen Ängste – sie betreffen das in der Vergangenheit Durchlittene und dessen Verdrängungen sowie die Überdeckung von Widersprüchen – dringen die Autorinnen im Wissen, dass sie nicht weiter ohne das Bewusstwerden ihrer Herkunft und ihrer Generationsgeschichte leben können, zu ihren Wurzeln und somit zu ihrer Kinderheimat vor. Indem die Konstruktion des Fremden und des Fremden in sich selbst, der Zwang zur Anpassung, die Zwecklüge und die Halbwahrheiten zerstört werden, werden über die Erzählinstanzen vielfältige Aspekte von Identitätsverlusten heraufbeschworen. Ursula Höntsch formuliert es schon im Titel, dass die Zeit der Kindheit endgültig vorbei sei. Die Zeit des Erwachsenwerdens ist durch Irrtümer, den Glauben an falsche Götter und die jahrelange Unfähigkeit, sich von den falschen Leitbildern zu lösen, bestimmt. In der Erzählung von Helga Schütz entspricht es der Dynamik der Reise, dass es immer wieder die nonverbalen Näherungen und die Entdeckungen sind; semiotische Prinzipien überwiegen bei der Aufnahme und dem Erfahren des Bekannten wie des Unbekannten. Dieses Vordringen in ganz frühe Bereiche menschlicher Entwicklung lässt das Nachdenken über Sprache und deren Prägung sowie das immer größer werdende Misstrauen gegenüber den festen Zeichen und dem Symbolischen zu: »Ich schweige an dich, / denn: keine Sprache drückt Sachen aus, sondern nur Namen; auch keine menschliche Vernunft also erkennt Sachen, sondern sie hat nur Merkmale von ihnen, die sie mit Worten bezeichnet« (Schütz 1974, 167).

Die Jahre der Veränderungen

Das Jahr 1973 bringt für Christa Wolf zunächst eine große innere Befreiung. Kurz vor dem anstehenden VII. Schriftstellerkongress der DDR schlägt sie das Angebot aus, Mitglied des Präsidiums des Schriftstellerverbandes zu werden. Im Tagebuch notiert sie, dass es sich bei dem Gespräch mit Henniger um einen »Balance-Akt« (ETJ, 177) gehandelt habe. Das mit ihrem Mann im Vorfeld des Gesprächs entwickelte Szenario erweist sich als tragbar, die Zeit der Vereinnahmungen durch andere und des Gehorsams scheint vorbei zu sein. Ein Jahr später geht das Bekenntnis von Tinka, dass sie nie das Bedürfnis nach Funktionen und nach »gesellschaftlicher Tätigkeit« verspüre im gemeinsamen Lachen von Mutter und Tochter auf (185). Tröstlich ist gleichermaßen die Aussage der jüngeren

Tochter, dass diese sich gegen das Wort »Generationskonflikt« wende, denn es gebe keine grundsätzlichen Differenzen zwischen ihr und den Eltern (185 f.). Anders dagegen wird nun die Sicht von Christa Wolf auf die Exil-Generation. Die im Tagebuch immer wieder angedeuteten Spannungen auch gegenüber Anna Seghers werden in der Interpretation eines Traumes fortgeschrieben (vgl. 189).

Neben diesen inneren Veränderungen steht die lokale. Der bereits Anfang der 1970er Jahre artikulierte Wunsch nach einem Ortswechsel wird vollzogen. Die älteste Tochter ist längst aus Kleinmachnow fortgezogen und auch Tinka sucht eine eigene Wohnung in Berlin. Nach einigen nicht unkomplizierten Versuchen, einen für die Wohnverhältnisse in der DDR typischen Ringtausch vorzunehmen, ziehen Christa und Gerhard Wolf in das Zentrum von Ost-Berlin: in die Friedrichstraße 133 in unmittelbarer Nähe der Theater. Dieser Umzug wird vor allem von Gerhard Wolf immer wieder hervorgehoben. Fast zeitgleich erwirbt das Ehepaar ein Haus im mecklenburgischen Neu-Meteln, wo im heißen Sommer 1975 ein großes Fest mit Freunden und der Familie gefeiert wird. Damit hat sich eine neue Arbeits- und Lebenssituation ergeben. Die große Altbauwohnung in Berlin mit genügend Platz für Freunde und Gespräche und das Sommerhaus in Mecklenburg, das die notwendige Ruhe und Raum für Lesungen, Treffen und Gespräche bieten soll. Obgleich idyllisch und in der Nähe von Schwerin recht einsam gelegen, bietet dieses Sommerhaus jedoch keine weltabgewandte Idylle. Ständige Probleme mit der Wasser- und Stromversorgung, die Zerstörung der Umwelt durch die Überdüngung der Felder und die nicht zu übersehende Landflucht der Bevölkerung werden von den beiden aufmerksam registriert. Neu-Meteln – es ist die neunte gemeinsame Wohnung des Ehepaares – bietet Christa Wolf die notwendige Ruhe, das Moment des Ankommens und des Zu-Hause-Seins, all das, was sie im Wissen, ständig überwacht zu werden, für ihre Berliner Wohnung nicht empfindet. Der nicht renovierte Hausflur in der Friedrichstraße, der Schuttberg hinter dem Haus und der ständige Krach sind das Gegenteil zum Domizil in Mecklenburg, das sie an den Raum der Kindheit erinnert: »Wie kommt es, daß ich hier viel stärker das Gefühl habe zu ›leben‹, als in dem seichten Trubel von Berlin?« (ETJ, 221).

In diese Zeit der absoluten Konzentration und auch des Innehaltens nach den für sie tief gehenden inneren Auseinandersetzungen und des Aushalten-Könnens von seelischen Anspannungen – im Frühjahr 1975 schließt sie das Manuskript von *Kindheitsmuster* ab – fällt die große Erschütterung der Endzeit der DDR: die Ausbürgerung von Wolf Biermann. Der dritte Akt des Stasi-Plans wird nun vollzogen. Biermann, der auf Einladung der IG-Metall am 13.11.1976 in Köln ein Konzert gegeben hat, darf nicht wieder in die DDR einreisen. Das Land, in das er einst freiwillig von West nach Ost gezogen war, wird ihn drei Tage nach dem Auftritt ausbürgern. Was jetzt folgte, war die weitere Zuspitzung der kulturpolitischen Situation (s. Kap. II.E.27). Am 17.11.1976 unterzeichneten 12 Autor/innen des Landes einen von Stephan Hermlin initiierten Brief gegen die Ausbürgerung des Liedermachers. Zu den Erstunterzeichnern gehörten neben Christa und Gerhard Wolf u. a. Sarah Kirsch, Franz Fühmann und Jurek Becker. In den nächsten Tagen schlossen sich über 70 weitere Künstler/innen – wie die Autoren Plenzdorf, Schädlich, Fuchs, Brasch und de Bruyn – dem Aufruf an. Der Brief ist ein Dokument der ambivalenten Situation der Zeit. Auf der einen Seite wird die Rücknahme des Ausbürgerungsbeschlusses gefordert (auch ohne die vollständige Identifikation mit Biermann) und auf der anderen Seite erfolgen sowohl Sozialismuskritik als auch ein Bekenntnis zu dieser Gesellschaftsform. Ein Graben hat sich aufgetan, der bis zum Ende der DDR nicht mehr geschlossen wurde, die konsequenten Veränderungsbereiten standen nun den Reformern gegenüber und gegen beide Gruppen erhoben sich Autor/innen wie Hermann Kant, Erik Neutsch, Peter Hacks und auch Anna Seghers – die sich jedoch allen Bestrafungsmaßnahmen widersetzte – als Richter der veränderten Situation. Ende Dezember und Anfang Juni folgten zwei Parteiversammlungen des Berliner Schriftstellerverbandes, in der alle wieder auf die Parteilinie gebracht werden sollten. Christa Wolf hat ein zweites Mal innerhalb einer kurzen Zeit einen Balance-Akt vollziehen müssen. Zum einen widerrief sie ihre Unterschrift nicht, zum anderen blieb sie der Partei treu, indem sie weiter als Genossin auftrat. Gemeinsam mit Stephan Hermlin wurde sie mit einer ›strengen Rüge‹ abgestraft; Gerhard Wolf und Karl-Heinz Jakobs wurden aus der Partei ausgeschlossen. Volker Braun bekennt sich am Ende der DDR voller Scham zu seinem Versagen auf den Sitzungen:

> »Jener beschämende Tag, als ich in der Parteigruppe gegen den Ausschluß der Biermann-Petitionisten aus dem berliner Vorstand des Schriftstellerverbandes stimmte, als einziger – und daraufhin auf den Mehrheitsbeschluß verpflichtet wurde und mich bei der Ab-

stimmung im versammelten Vorstand zornbleich der Stimme enthielt... Die Ausgeschlossenen: Becker, de Bruyn, Sarah, Plenzdorf, Schubert, ich. Ich schwur mir: kein Tag soll mich wieder so feige sehn.« (Braun 1988, 130)

Günter de Bruyn schreibt in seinen Lebenserinnerungen über die Tage im November 1976: »Wir waren mehr wie die Kinder, die einen frechen Streich ausgeführt hatten, ihn in verschworener Gemeinschaft genossen und die Angst vor den bösen Folgen durch Lachen und Schwadronieren zu vergessen versuchten. Selten habe ich Christa Wolf so gelöst und lustig erlebt wie an diesen Tagen« (de Bruyn 1996, 212). Diese Stimmung wird jedoch nicht lange vorhalten. Unmittelbar nach den Reglementierungen kehren die alten Ängste zurück. Obwohl sie um die Instrumente der Angstbekämpfung weiß, kann ein kleiner – sie angreifender – Artikel in der Zeitung sofort wieder den Wunsch nach Selbstzerstörung hervortreten lassen, »den ich doch ernsthaft und systematisch niederkämpfen will« (ETJ, 223). Es bleibt der noch unerfüllte Wunsch nach der Autonomie des Schreibens, nach dem Winkel, »in dem man mich einfach leben ließe« (223). Die Realität war jedoch weit härter: Tinkas Körper hat den Interventionen ihrer Eltern gegen die Biermann-Ausbürgerung und die Gegenreaktion nicht standhalten können. Sie erkrankte an einer schweren Bronchitis und Lungenentzündung. Neue, andere Überlegungen sind somit vorprogrammiert.

5 Bleiben oder gehen? 1976–1989. Das Leben in Grenzsituationen

Die Jahre bis zum endgültigen Zusammenbruch der DDR sind durch vielfältige Differenzen und das bewusste Ausloten von Haltungen bestimmt. Literatur und Kunst lassen sich nicht länger durch Gebote und Postulate beeinflussen. Die nachhaltigen Überlegungen zu den Veränderungen kommen in den 1970er Jahren von den Wissenschaftlern der Akademieinstitute der DDR: Hans Kaufmann, Werner Mittenzwei und Dieter Schlenstedt. Mittenzwei konstatiert, dass der Prozess der »ästhetischen Emanzipation« (Mittenzwei 1978, 152), dessen Genesis bis in die 1960er Jahre zurückreicht, sich umfassend realisiert und Schlenstedt analysiert einen »Neuansatz« (Schlenstedt 1979, 16), in dem sich die Neigung zu einer Prosa zeigt, »deren Formen Ausdruck eines reflektorischen Wirklichkeitsverhältnisses und Anregung zu solchem Verhältnis sind, Formen der Befragung des Weges durch den Sozialismus, der drängender und kritischer werdenden Erkundung des widersprüchlichen Zusammenhangs von gesellschaftlicher und individueller Entwicklung« (ebd., 16 f.). Ganz in diesem Sinn spricht Hans Kaufmann von »den Veränderungen im literarischen Prozess« (Kaufmann 1981, 7) in den 1970er Jahren. Der Bremer Literaturwissenschaftler Wolfgang Emmerich überschreibt sein Hauptkapitel zur DDR-Literatur von 1971–1989 mit »Literatur als Zivilisationskritik« (Emmerich 1996, 239–395) im Untertitel. Trotz dieser positiven Bilanzierungen und Hervorhebungen in Ost und West bedeutet das Jahr 1976 im endgültigen Wissen um die Reformunfähigkeit den Anfang vom Ende der DDR. In ihrer Studie *Schriftsteller aus der DDR. Ausbürgerungen und Übersiedlungen von 1961 bis 1989* (vgl. Jäger 1995, 1–7) arbeitet Andrea Jäger heraus, dass von 1961 bis 1989 etwa einhundert Autorinnen und Autoren die DDR verlassen haben. Während bis 1976 noch von ›Einzelfällen‹ gesprochen wurde, setzte mit diesem Jahr eine Auswanderungswelle in bis dahin nicht bekannten Dimensionen ein. Diese lässt sich in einzelne Phasen untergliedern. Von 1976 bis Anfang 1981 verließen bekannte Autor/innen das Land, die die kritische Literatur der DDR maßgeblich mitgeprägt hatten und deren Stimmen weit über die Grenzen bekannt waren. Viele von ihnen stellten einen Ausreiseantrag, der in der Regel auch zeitnah genehmigt wurde. Dazu gehörten u. a. Thomas Brasch (1976); Sarah Kirsch, Hans Joachim Schädlich (1977) sowie Frank-Wolf Matthies

(1981). Im gleichen Zeitraum stellten die Behörden auch Visa aus, die zu einer einmaligen Aus- und Einreise berechtigten. Ein solches mehrjähriges Visum erhielten u. a. Jurek Becker (1977); Günter Kunert, Klaus Poche (1979); Kurt Bartsch, Bettina Wegner (1980) sowie Erich Loest und Karl-Heinz Jakobs (1981). Das bewusste Gehen-Lassen sollte jedoch nicht alles sein. Ende der 1970er Jahre traten die neuen bzw. verschärften Strafgesetze in Kraft. Das Gesetz gegen das Devisenvergehen wurde bewusst als Mittel der Einschüchterung und Sanktionierung von Autorinnen und Autoren eingesetzt. Gemäß der Verfassung der DDR und dem dort zugestandenen Recht auf freie Meinungsäußerung hatten Stefan Heym, Heiner Müller, Günter Kunert u. a. ihre Werke in der Bundesrepublik verlegen lassen, ohne dass sie dafür vom Büro für Urheberrechte die Genehmigung eingeholt hatten. Ab 1979 wurde das als ›Tatbestand‹ geahndet und das verschärfte Gesetz kam in drei Fällen zur Anwendung; so wurde Stefan Heym zu einer Geldstrafe in Höhe von 9.000 M verurteilt, weil er seinen Roman *Collin* (1979) in der Bundesrepublik ohne vorherige Genehmigung veröffentlichen ließ.

Im August 1979 unterband die Staatsmacht der DDR mit dem 3. Strafrechtsänderungsgesetz jegliche Meinungsfreiheit und somit den nicht kontrollierten gedanklichen Austausch zwischen den Systemen, indem es den Bürgerinnen und Bürgern der DDR untersagt wurde, ›ungesetzliche Verbindungsmaßnahmen‹ aufzunehmen und dem System schadendes Gedankengut unter Umgehung der Rechtsvorschriften dem Ausland zu übergeben. Was sich als ein die DDR schützendes Gesetz liest, bedeutete jedoch einen gravierenden Eingriff in die künstlerische Freiheit, da so die Weitergabe von Manuskripten, Notaten und weiteren schriftlichen Materialien untersagt wurde. Dieses Gesetz bildete den Hintergrund für die Verhaftung von Frank-Wolf Matthies, Lutz Rathenow und Thomas Erwin. In diesen Monaten drehte sich das Rad der Einschränkungen und Reglementierungen immer schneller. Der Berliner Bezirksverband der Schriftsteller schloss im Schulterschluss mit der Abteilung Kultur des ZK der SED, der Hauptverwaltung Verlage und Buchhandel (als Zensurbehörde) und der Staatssicherheit am 7. Juni 1979 neun Autoren – u. a. Adolf Endler, Dieter Schubert, Karl-Heinz Jakobs, Stefan Heym und Joachim Seyppel – aus dem Verband aus. Dieses verschärfte Ausspielen von Macht sowie die Verhängung des Kriegsrechts in Polen 1980 führten zu weiteren Verhaftungen und anschließender Abschiebung aus der Haft in die Bundesrepublik. Dabei wurde v. a. an jungen Autorinnen und Autoren ein Exempel statuiert. Zu diesen abgeschobenen Autoren gehörten Jürgen Fuchs, Gerulf Pannach und Michael Sallmann.

Die letzte Phase der Auswanderung betraf ab Beginn der 1980er Jahre Autorinnen und Autoren, die in der DDR ihre Kindheit und Jugend verlebt hatten und deren Ideale und Vorstellungen nicht mehr mit den sozialistischen Ideen in Verbindung gebracht werden konnten. Einige von ihnen hatten sich den autonomen Friedens-Frauen und Umweltbewegungen angeschlossen, viele der Künstlerinnen und Künstler engagierten sich in den alternativen Szenen, die neben Berlin (Prenzlauer Berg) v. a. in den Bezirksstädten des Landes wie Leipzig, Erfurt und Karl-Marx-Stadt zu einer Veränderung der Kulturlandschaft geführt hatten. Zu diesen Autorinnen und Autoren, die das Land verließen gehörten u. a. Wolfgang Hegewald (1983); Christa Moog, Katja Lange-Müller, Hans (Chaim) Noll (1984); Gerhard Artmann, Wolfgang Hilbig (mit Visum), Bernd Wagner (1985); Sascha Anderson, Helfried Schreiter (1986); Uwe Kolbe (mit Visum), Irina Liebmann, Monika Maron, Ulrich Zieger (1987). Ausgebürgert und aus der Haft abgeschoben wurden 1982 u. a. Annegret Gollin und 1988 Stephan Krawczyk und Freya Klier.

Desillusionierungen und Entscheidungen

Christa und Gerhard Wolf stehen in dieser Zeit vor wichtigen Entscheidungen. Während Gerhard Wolf, desillusioniert und aus der Partei ausgeschlossen, den Gedanken von der Demokratisierung des Sozialismus weitestgehend verworfen hat und in der Arbeit als Autor und Lektor seine Autonomie bewahrt sieht, stellt sich für Christa Wolf die Situation komplizierter dar. Aus der Partei auszutreten, was ein wichtiges Signal für die Verbundenheit mit ihrem Mann gewesen wäre, ist die alles entscheidende Frage der Monate nach dem Jahreswechsel 1976. Dieser Schritt hätte den Weggang aus der DDR zur Folge gehabt. Christa Wolf entscheidet sich für die weitere Mitgliedschaft in der SED (vgl. Hilzinger 2014, 203). Fortan wird sie sich jedoch nicht mehr an der aktiven Parteiarbeit beteiligen. Sie wechselt in die Parteisektion der Akademie der Künste und wird bis zu ihrem Parteiaustritt im Sommer 1989 lediglich den Beitrag entrichten. Für sie war es eine bittere und schmerzhafte Erkenntnis, dass diejenigen, denen sie bislang bedingungslos vertraut hatte, die aus dem Exil Zurückgekehrten und die Widerstandskämpfer gegen das NS-Regime, nun genau das zu ihrer Strategie erhoben haben, was einst die von ihnen bekämpften Gegner getan hatten: die Ausbürgerung der Missliebigen. Damit ist ihr die Grundlage der Identifikation mit den Ideen dieser anderen Gesellschaft und den von ihr postulierten Werten wie Solidarität, Gemeinschaft und Freiheit entzogen worden. Im Herbst und Winter 1976 werden ihr all die inneren Kämpfe der letzten Jahre bewusst: das Aushalten und Ausbalancieren von Widersprüchen kritisch zu sein und wahrhaftig zu schreiben, ohne den vollständigen Bruch zu provozieren. Jörg Magenau spricht von diesem Verhalten als »graduelle[r] Abweichung« (Magenau 2013, 211), die er in der Diskrepanz zwischen politischer Loyalität und ästhetischer Eigenständigkeit sieht. Diese Situation führt bei Christa Wolf wiederum zu großen körperlichen Belastungen. Im Winter 1976 ist sie nach einem schweren Herzanfall über Monate krank; ihr Mann, das Haus in Meteln sowie die Freunde sind es, die zu ihrer Genesung beitragen. Doch die Hauptfrage – gehen oder bleiben? – wird nach wie vor mit der Familie, mit Freunden und untereinander besprochen. Die Entscheidung zu bleiben, fällt sie im Bewusstsein, sich endgültig aus allen Zwängen zu befreien und keine Kompromisse mehr einzugehen.

Dialograum Romantik oder die schmerzempfindlichen Wunden

Mit dieser Entscheidung reift im ständigen Ausloten von Differenzen das andere Bewusstsein. Im Tagebuch von 1977 hält sie fest: »Die Wunden sind noch schmerzempfindlich, und ich habe Angst auch vor diesem Schmerz, der an Grausamkeit alles überstieg, was ich vorher kannte« (ETJ, 224). Meteln wird mehr und mehr zu einem Lichtpunkt in dunkler Zeit und zur Bestätigung des eingeschlagenen Weges.

> »Ich denke, wie kostbar ein Heimatgefühl ist und wie schwer man es aufgeben würde. Diesen doppelten Boden haben seit ein paar Monaten alle meine Gedanken. Ich denke, nie mehr würde ich mich woanders heimisch fühlen können, wenn ich hier weggehe. Und ich frage mich, wie hoch der Preis unter Umständen wäre, den ich für dieses Heimatgefühl zu zahlen bereit wäre.« (ETJ, 224)

In diesen Jahren der äußeren und inneren Krisen bewährt sich die Partnerschaft des Ehepaares erneut. Der gemeinsam gefasste Beschluss zu bleiben setzt neue Produktivität frei. Beide nehmen den Faden wieder auf, den sie bereits am Ende der 1960er Jahre, am Beginn der 1970er Jahre ausgerollt hatten: Die Beschäftigung mit den nichtklassischen Autorinnen und Autoren der Goethezeit und vor allem mit jenen, die mit ihrer Art zu schreiben und zu denken eine andere Literatur begründeten, die wir heute zur Vormoderne zählen. Gerhard Wolf gibt gemeinsam mit Günter de Bruyn den *Märkischen Dichtergarten* heraus, indem sie vergessenen märkischen Autor/innen wie Anna Louisa Karsch, Ewald von Kleist oder Fanny Lewald wieder eine eigene Stimme geben und somit eine andere ästhetische Traditionslinie erschließen, die sich vom Erbeverständnis der klassischen Literatur in der DDR bewusst abhebt. Für Christa Wolf sind es neben den Frauen – Bettina von Arnim und Karoline von Günderrode – die nicht Angenommenen und Vergessenen und deren Art zu denken und zu schreiben sowie die ihnen entgegengebrachten Widerstände, denen ihr Interesse gilt. Zu der Arbeitsweise dieser Zeit gehört für sie, an mehreren Projekten gleichzeitig zu arbeiten, frühere Gedanken und Auseinandersetzungen wieder aufzunehmen und Verflechtungen zwischen den Zeiten transparent zu machen. Mit dieser Netzwerkstruktur bekennt sie sich im Sinne romantischer Poetologie zum Dialog. Dieser ist vieldimensional und umschließt sowohl die Beschäftigung mit den Vorgängerinnen und die Diskussion mit den Zeitgenossinnen, das Nachdenken über alternative Lebenskonzepte, den Abschied von den Gesellschaftsutopien als auch die Analyse der Geschlechterdifferenz, das Schreiben gegen patriarchale Denk- und Sprachmuster sowie das Bekenntnis zum weiblichen Schreiben (s. Kap. II.F.32).

Anverwandlungen an die Vorgängerinnen I: Das Beispiel Ingeborg Bachmann

Im Interview von 1983 zum Erscheinen des *Kassandra*-Projektes bekennt sich Christa Wolf zur »Traditionslinie des weiblichen Schreibens« (WA 8, 373) und meint damit die noch zu rekonstruierende Geschichte einer von Frauen verfassten Literatur. Zu ihren Vorgängerinnen rechnet sie Virginia Woolf, Marieluise Fleißer und Ingeborg Bachmann (Jg. 1926). Die dabei wohl am längsten währende Auseinandersetzung ist die Beschäftigung mit der österreichischen Autorin, die ihrer Generationseinheit, der im Faschismus sozialisierten Jugendlichen, angehört. Im Kontext des Nachdenkens über das ihr mögliche Schreiben und ihre Poetologie ab Mitte der 1960er Jahre werden die Schriften sowie die poetischen Schriften von Ingeborg

Bachmann sowohl für das Lösen aus einengenden Mustern und Vorgaben als auch für das eigene Schreibbekenntnis wichtig (s. Kap. II.C.18). Im Essay »Die zumutbare Wahrheit. Prosa der Ingeborg Bachmann« (WA 4, 145–161) heißt es: »Eine Stimme wird man hören: kühn und klagend. Eine Stimme, wahrheitsgemäß, das heißt: nach eigener Erfahrung sich äußernd, über Gewisses und Ungewisses. Und wahrheitsgemäß schweigend, wenn die Stimme versagt« (145). Dabei stößt Christa Wolf auf die ihr so wichtige Subjektivität der Schreibenden: »[…] verwundet, aber nicht besiegt, voll Trauer, doch ohne Selbstmitleid, leidend, aber nicht ins Leid verliebt« (146). Mit diesem Essay beginnt die über Jahrzehnte dauernde Anverwandlung an die Vorgängerin, deren Spuren von *Nachdenken über Christa T.*, die »Frankfurter Vorlesungen« bis zu *Medea. Stimmen*, *Leibhaftig* und *Stadt der Engel* reichen werden (s. Kap. II.F.32).

Die Impulse des Schreibens von Ingeborg Bachmann sind zuerst in *Nachdenken über Christa T.* sowie in dem Essay »Lesen und Schreiben« zu erkennen. Christa Wolf ist die Betonung von Zivilisationsmüdigkeit und Fortschrittszweifel in *Undine geht* bereits früh wichtig, denn darin kommt die »vollkommene Entfremdung des Menschen von sich und seinesgleichen und romantischer Protest dagegen« (157) deutlich zum Ausdruck. Ihre Nähe zur österreichischen Autorin ist nicht zuletzt auf dieses für ihr beider Werk zentrale Motiv zurückzuführen. Als Motivation der Prosa von Ingeborg Bachmann erkundet sie »Literatur als moralische Institution« (159) und »Literatur als Utopie« (160). Ein Satz wird schließlich zum Credo des eigenen Schreibens für Christa Wolf: »Wahrhaben, was ist – wahrmachen, was sein soll. Mehr hat Dichtung sich nie zum Ziel setzen können« (146). Beide Autorinnen sind auf der Suche nach den noch nicht-besetzten Orten und liefern Gegenentwürfe zu einer instrumentalisierten Welt. Während Christa Wolfs Utopieentwürfe auf individuelle Lebenskonzeptionen gerichtet sind – Kassandra wird in die ›andere Welt‹ außerhalb des Palastes integriert und gewinnt so die Kraft der Selbsterkenntnis –, zielt Ingeborg Bachmanns Utopieentwurf auf die Sprache, die Literatur, die Kunst. In einem 1964 mit Bachmann geführten Gespräch antwortet diese auf die Frage, ob die Erzählung *Undine geht* als Selbsterkenntnis ausgelegt werden kann: »Die Undine ist keine Frau, auch kein Lebewesen, sondern, um es mit Büchner zu sagen, ›die Kunst, ach die Kunst‹. Und der Autor, in dem Fall ich, ist auf der anderen Seite zu suchen, also unter denen, die Hans genannt werden« (Koschel/Weidenbaum 1994, 46). Ingeborg Bachmann will der hässlichen Sprache der Welt eine Literatursprache entgegensetzen. Diese Literatur ist ein Sprachtraum, »jede Vokabel, jede Syntax, jede Periode, Interpunktion, Metapher und jedes Symbol erfüllt etwas von unserem nie ganz zu verwirklichenden Ausdruckstraum« (Bachmann 1982, 268). Damit reflektiert sie die Unmöglichkeit, Leben in Sprache zu überführen.

Der Roman *Kindheitsmuster* endet mit der Formel von den »Grenzen des Sagbaren« (KM, 594). Hier und in anderen Texten artikuliert sich der Wille, soviel als möglich aus der Verbannung des Unausgesprochenen zu befreien. Vor allem in den Preisträgerreden (s. Kap. III.46) geht Christa Wolf der Frage nach, was Sprache leisten kann, welche Subtexte sich hinter einem Satz verbergen, die nicht in Worte zu fassen sind, um genau das auszudrücken, was gemeint sein soll. In diesem Sinn erkundet sie in der »Bremer Rede« (WA 8, 130–136) den Satz »Ich danke Ihnen« in Bezug auf seine Möglichkeiten und seine Aussagekraft. Dadurch, dass sie viele Beispiele für den Wort- und Nuancenreichtum der deutschen Sprache heranzieht, stehen sich im Verlauf der Auslegungen sowohl die Begrenztheit als auch die Unerschöpflichkeit der deutschen Sprache gegenüber. Indem sie immer wieder neue – andere – Worte findet und sich dabei selbst reflektiert, erfolgt im Grenzgebiet des Unsagbaren die Näherung an dieses Problem.

In der »Rede auf Schiller« (WA 8, 379–395) zeigt sie die Zwänge auf, denen Literatur unterworfen ist. So stellt sich Christa Wolf der Frage, inwieweit man schreiben kann, ohne sich selbst zu schaden. Flüchtet man in eine Teilwahrheit, um überleben zu können, und ist der Verachtung anderer überhaupt zu widerstehen, wenn der Mut fehlt, etwas zu sagen. Als sie das Schicksal ihres Freundes Fritz Schlotterbeck beschreibt, fehlen ihr die Worte, die Sprache versagt. Dieses Bewusstsein ist jedoch für ihre weitere Arbeit und das Schreiben wichtig, denn der Freund traute sich, die Wahrheit auszusprechen und war bereit, für diese Freiheit im Geist zu sterben. Hannelore Piehler hebt 2012 das enorme Maß an Mut und Kraft hervor, das Christa Wolf aufbrachte, um ihrem Schreibziel »Selbsterkenntnis bis an den Rand der Selbstzerstörung« (Piehler 2012, 171) gerecht zu werden. »Egal wie schmerzhaft es auch sein mochte, Christa Wolf wollte die Grenzen des Bewusstseins ausweiten und ihre innersten Tabus benennen, das Unaussprechliche aussprechen« (ebd.).

In »›…der Worte Adernetz‹. Nelly Sachs heute lesen« (WA 12, 694–706) heißt es: »*Trostlos* wäre das Wort, aber ich verbiete mir Worte« (698). Immer wieder im Wissen um die Unzulänglichkeit ihrer eigenen Sprache und im Bewusstsein, dass eine neue, eine andere Ausdrucksform er- und gefunden werden müsste, um diesen Texten gerecht zu werden, entdeckt Christa Wolf bei der Vorgängerin: »Nelly Sachs hat eine solche Sprache geschaffen, sie hatte die Kraft und den Mut, das Nicht-mehr-Sagbare doch in die Sprache zu holen« (700).

Der Blick auf die Geschlechterverhältnisse. Ausgrenzungen und Möglichkeiten

Die Zeit nach 1968 – das sind die Jahre des feministischen Aufbruchs und der intellektuellen Radikalisierung in Westeuropa und Nordamerika. In der DDR dagegen galt die Frauenfrage mit dem Jahr 1974 als ›gelöst‹. Das hatte zur Folge, dass die Gleichberechtigung der Geschlechter per Dekret als realisiert angesehen wurde und die Einheit als wohl am häufigsten gebrauchte Vokabel des Landes auch auf diesem Gebiet umgesetzt war. Reizworte wie Individualismus, Zweifel oder Skeptizismus schienen gebannt. Diese Einheitskonzeption bezog ihr Fundament aus einem Marxismus, der in der einseitigen und willkürlichen Auslegung ganzer Schriften und Sätze zunehmend pervertiert wurde, denn bei Marx und Engels ist nachzulesen, dass die freie Entfaltung des einzelnen die Bedingung für die freie Entfaltung aller ist. In engem Zusammenhang damit steht in Anlehnung an die Tradition der proletarischen Frauenbewegung das Postulat, dass Emanzipation und die Berufstätigkeit der Frau identisch seien. Mit dem hohen Stand weiblicher Teilhabe am Berufsleben schien somit eine der wesentlichen Forderungen erfüllt, so dass sich ›Vater Staat‹ in seinem Gestus des Gebenden zunehmend gefiel, der die sozialpolitischen Maßnahmen nach dem VIII. Parteitag der SED und schließlich den Fall des § 218 per Gesetz verordnete. In der DDR gab es keine eigenständige und selbstorganisierte Frauenbewegung. Der größte Teil der Frauen hatte bis auf wenige Ausnahmen – erst am Beginn der 1980er Jahre formierten sich in einigen Zentren des Landes autonome Frauengruppen v. a. unter dem Dach der evangelischen Kirchen – weder die Möglichkeit noch den aktiven Willen, Klarheit über ihr Verhältnis zu sich selbst und zu diesem Staat zu gewinnen. Ausbrüche und Selbsterkundungen westlicher Frauen gehörten nicht zu den Grunderfahrungen der Frauen in der DDR. Daraus folgt, dass Artikulationsmöglichkeiten von Frauen im Westen Deutschlands nach 1968 wie die Gründung von Frauenbuchverlagen und -bibliotheken, die Einrichtung von Frauenbegegnungsstätten und somit das ständige Aushalten von Spannungen – ausgelöst durch das Zusammentreffen der differenzierten Ansätze und Motivationen – für Frauen in Ostdeutschland eine Leerstelle war und ist.

Im untrennbaren Zusammenhang damit steht die Situation in der Wissenschaftslandschaft. Begriffe wie Feminismus und Patriarchat waren weitestgehend tabuisiert. Oft wurden sie in denunziatorischer Absicht sinnwidrig verwendet und als Produkte westlicher Dekadenz definiert, die für die gesellschaftliche Realität der DDR ohne Wert seien. Die Gründe hierfür liegen in der Intoleranz des Gesellschafts- und Geschichtsbildes und somit wiederum in der Festschreibung auf einen eingeengten Marxismus, der auf Genehmes reduziert wurde. Ausführungen und philosophische Ansätze von Max Horkheimer und Theodor W. Adorno in *Dialektik der Aufklärung. Philosophische Fragmente* und Ernst Blochs *Freiheit und Ordnung. Abriß der Sozialutopien*, die sich ausführlich zu Geschlechterverhältnissen positionieren, sowie die Schrift von Ernest Borneman *Das Patriarchat*, der nicht nur die ökonomischen Entstehungsbedingungen des Patriarchats beleuchtet, sondern gleichermaßen auch die kultursoziologischen, psychologischen und sexuellen Unterdrückungsmechanismen der Frau analysiert, gelangten nicht in das gemeinsame kulturelle Bewusstsein. Die Gleichschaltung und weitestgehende Negierung jedweder feministischer Ansätze, deren Spannbreite sehr groß ist – von Mann verneinend bis Mann akzeptierend –, liegen in der Unsicherheit eines Systems begründet, zu dessen Planzielen nie die Aufhebung der Arbeitsteilung zwischen den Geschlechtern gehörte.

Dieses Dilemma gesellschaftlicher Verdrängung geschlechtsspezifischer Sichtweisen hatte noch weitere Konsequenzen für die Wissenschaft des Landes. Zum einen haben bis zum Ende der DDR Begriffe wie Frauenliteratur und weibliches Schreiben in keinem literaturwissenschaftlichen Nachschlagewerk Einzug gehalten (vgl. u. a. *Wörterbuch der Literaturwissenschaft*, Träger 1986). Zum anderen gab es feministisch orientierte Wissenschaftsansätze lediglich an einigen Einrichtungen, so an der Humboldt-Universität zu Berlin, der Friedrich-Schiller-Universität in Jena, an Leipziger und Dresdner Hochschulen, an theologischen Sektionen und Einrichtungen sowie an der Akademie der Wissenschaften zu Berlin.

Die DDR stellte sich somit als ein hierarchisch strukturiertes System dar, in dem die Geschlechterdifferenzen erhalten blieben und durch eine stringente

Frauenpolitik noch vertieft wurden. Daher konnte sich eine selbstbewusste Frauenkultur, die Raum für den eigenen Blick auf die Gesellschaft, auf Sexualität, auf Geschlechtsidentitäten und auch auf Beziehungsgefüge zwischen den Frauen schuf, nur schwer entwickeln. In diesem Bezugsfeld kommt den von Frauen geschriebenen Texten besondere Bedeutung zu. Autorinnen, aus denen die Geschichten ›herausbrachen‹ (vgl. Königsdorf 1978, 145), sprengen Rollenzuweisungen, erkunden Differenzen in den Geschlechterbeziehungen, entwickeln Eigensichten im Widerpart zu den postulierten Weiblichkeitsmustern, artikulieren ihre Sicht auf und die Solidarität mit der Anderen. Der von Hannelore Scholz aufgestellten These, dass die Besonderheit der Frauenbewegung der DDR – im Sinne von bewegt sein, etwas verändern zu wollen und zu können – literarisch ästhetischer Natur gewesen sei, ist daher zuzustimmen. Seit den 1970er Jahren entsteht eine wahre Flut von Autorinnen, die die Kritik am bürokratischen Sozialismus mit der Kritik an den patriarchalen Herrschafts- und Machtverhältnissen verbinden (vgl. Scholz 1997, 32).

Geschlechterdifferenzen. Der Blick hinter die Zitadelle

Für Christa Wolf gewinnt seit den 1970er Jahren die Beschäftigung mit den Grundvoraussetzungen menschlicher Existenz und somit den Geschlechterdifferenzen zunehmend an Bedeutung. Im April 1978 bekennt sie im Interview mit Richard A. Zipser, dass die »›Frau in der Gesellschaft‹ für sie kein ›Thema‹« unter anderen sei, sie fast immer über Frauen schreibe, jedoch »nicht in jenem begrenzten Sinn von ›Emanzipationsliteratur‹. Nicht die sogenannte Gleichberechtigung der Frau interessiert mich – daß sie dem Mann ökonomisch und rechtlich gleichgestellt ist, ist ihr durch Gesetze garantiert –, sondern ihre Selbstverwirklichung in einer ganz bestimmten historischen Situation: da nämlich ihr Selbstbewusstsein, ihr Lebensanspruch, die Möglichkeiten, welche die Gesellschaft ihr bieten kann, übersteigt« (WA 8, 139). Obwohl der Begriff ›Emanzipationsliteratur‹ mehr als diffus ist, zielt er jedoch auf ein viele Autorinnen der DDR einendes Bestreben ab, all das außer Betracht zu stellen, das sich einseitig mit Frauen und Frauenbewusstsein im Draufblick beschäftigt; diesen Autorinnen ist das Wie und Warum weiblichen Verhaltens wichtig. An Christa Wolfs Texten, die in ihrem poetologischen Verfahren stets auf die Identifikation setzt, ist der Übergang von der vorfeministischen zur feministischen Sicht nachweisbar. Während sie in der frühen Erzählung *Der geteilte Himmel* die persönliche und politische Gleichgültigkeit des Mannes auf die nicht bewältigte faschistische Vergangenheit zurückführt, favorisiert sie in den Essays und poetischen Texten ab den 1970er Jahren eine andere Erklärung. Als Ursache männlicher Lieblosigkeit nennt sie die geschlechtsspezifische Arbeitsteilung der bürgerlichen Gesellschaft seit dem 18. Jahrhundert. Liebe, Emotionalität und Naturhaftigkeit werden den Frauen zugewiesen, ›draußen im feindlichen Leben‹ haben sie nichts zu suchen. Christa Wolf erkundet das Eingebundensein der Geschlechter in Funktionalisierungsprozesse der Gesellschaft, indem sie weibliche und männliche Prinzipien analysiert und die Integrität des einzelnen anmahnt.

Ihr ästhetisches Konzept umschließt die Ausleuchtung von Möglichkeiten weiblicher Subjektivität, das Hinterfragen des Bedingungsgefüges menschlichen Zusammenlebens in Zeiten des Umbruchs und dessen Ursachenerschließung. Die Autorin verfolgt das Thema der Bedrohung der Individualität der Geschlechter durch Informationsexplosion, Arbeitsteilung, Anpassung und Bürokratisierung sowie durch Rollenspiel und Sprachverlust. Dabei haben Frauen für die Entwicklung zum Humanen, zur wahrhaften Menschlichkeit tradierte Voraussetzungen, die es zu erschließen gilt. Im Essay »Berührung« (1977) zu Maxie Wanders (Jg. 1933) Protokollband *Guten Morgen, Du Schöne* (1977) verweist sie auf die Chancen weiblicher Existenz: »Frauen durch ihre Auseinandersetzung mit realen und belangvollen Erfahrungen gereift, signalisieren einen radikalen Anspruch: als ganzer Mensch zu leben, von allen Sinnen und Fähigkeiten Gebrauch machen zu können« (WA 8, 127).

In der Darmstädter Rede (1980) »Von Büchner sprechen« (WA 8, 186–201) führt sie die Diskurse des vergangenen Jahrzehnts zusammen, die Selbstzweifel, Schwierigkeiten und die Unzufriedenheit mit der eigenen Arbeit, das Misstrauen gegenüber einer fertigen und manipulierbaren Sprache, die Möglichkeiten von Literatur in Zeiten- und Gesellschaftsumbrüchen, die Beschäftigung mit den Vorgänger/innen (s. Kap. II.C.18), die ›blinden Flecke‹ der Kultur – die Leerstellen, an denen die Erinnerung ausgelöscht ist – sowie Leben und Autorschaft von Frauen. Das Leben von Rosetta, Marie, Lena, Julie und den anderen weiblichen Figuren bei Büchner spielt sich außerhalb der Zitadelle ab – »Kein Denk-Gebäude nimmt sie auf« (191). Von unten blicken sie auf die »angestrengte Geistestätigkeit des Mannes« (ebd.), dessen ganzes

Denken und Sinnen darauf gerichtet ist, »seine Festung durch Messungen, Berechnungen, ausgeklügelte Zahlen- und Plansysteme abzusichern« (ebd.), dabei selbst zum Verwundeten und Zerrissenen werdend, denn: »Und daß, wer sich selbst nicht kennt, kein Weib erkennen kann« (ebd.). Von diesen gesellschaftlichen und sozialen Voraussetzungen des beginnenden 19. Jahrhunderts ausgehend, wird die Geschlechtergeschichte einer eingehenden Analyse unterzogen. Rosetta wird zu Nora, zu Rosa und Marlene, versucht ein Subjekt-Dasein, bleibt Objekt, Objekt der Geschichte und der Männer, lässt sich nach dem verheerendsten aller Kriege vor den Karren namens ›Fortschritt‹ spannen, kämpft um den »Eintritt in die Zitadelle« (195), geht immer neue Verstrickungen ein und liefert sich schließlich aus. Die Fragen sind allmächtig und provozieren Ohnmachten. Es bleiben der ›dünne Boden‹ und die »Alpträume entfremdeten Denkens« (196), die Ängste, das Lüften des Geheimnisses von männlicher Liebesunfähigkeit und immer wieder das Problem weiblicher Autorschaft. Fragen überlagern mögliche Antworten nach der Chance des historischen Augenblicks, Rosetta und Leonce sind an das »gleiche Paradox geschmiedet« (197), der Boden dröhnt und wird immer dünner, das Nachdenken über das Schreib- und Bewahrenswerte überlagert alles: »Nicht mehr ›auf Hoffnung‹, nur noch auf den ›Ernstfall‹ hin?« (ebd.). In dieser Zeit immer massiver werdender äußerer und innerer Bedrohungen – die Apokalypse von Tschernobyl im Jahr 1986 scheint vorweggenommen – ist der Ausbruch der Frauen aus den vorgefertigten Mustern und die Entwicklung einer eigenen Seh- und Schreibweise eine Möglichkeit, die Erstarrung der Zitadelle aufzubrechen und eine Gegenkraft zu entwickeln.

Frauen sind für Christa Wolf jedoch nicht nur als historische oder literarische Figuren von Bedeutung, ihr Leben wird über Jahrzehnte von für sie wichtigen Begegnungen und Freundschaften bestimmt. Zu den engen Freundinnen gehörten Brigitte Reimann und Maxie Wander. Der intensive Briefwechsel mit Brigitte Reimann, der in der Zeit von deren erster Erkrankung einsetzte, zeugt von viel menschlicher Nähe und Zuwendung, die Christa Wolf der Kollegin in schwierigen Zeiten entgegenbrachte, und wie es ihr gelang, der Freundin Trost zu spenden, Mut zu machen und das Roman-Projekt *Franziska Linkerhand* nicht aufzugeben (s. Kap. III.44.3). Maxie Wander (1933–1977), die mit ihrem Mann und den Kindern in der direkten Nachbarschaft des Ehepaares Wolf in Kleinmachnow lebte, erfuhr eine ähnlich intensive Zuwendung. Christa Wolf unterstützte sie nicht nur materiell, sondern besaß die Gabe, immer dann da zu sein, wenn sie gebraucht wurde. Der Essay »Berührung« sowie die Rede »Zum Tod von Maxie Wander« (WA 8, 111–114) sind Ausdruck von Respekt und der Achtung, den sie gegenüber den Gedanken, dem Leben und dem Werk der Freundin empfand, und wie sehr sie deren Vermögen, auf andere ein- und auf diese zuzugehen, bewundert hat.

Zu den wichtigsten Voraussetzungen für ein gutes Leben gehören für Christa und Gerhard Wolf ständige Gespräche, das Reden über Erlebtes und Gelesenes, die Neugier auf andere. Dieser Austausch war generationsübergreifend. Noch in Kleinmachnow laden beide Schülerinnen und Schüler im ungefähren Alter ihrer ältesten Tochter zu sich nach Hause ein, um mit diesen über Literatur und Kunst zu diskutieren. Unter ihnen ist Daniela Gerstner (Jg. 1949), Tochter eines bekannten Fernsehjournalisten der DDR, deren Mutter unter dem Namen Sibylle Muthesius *Flucht in die Wolken* (1981), einen vielfach beachteten authentischen Bericht über den Tod der zweiten Tochter, veröffentlicht hatte. Nach ihrer Heirat nahm sie den Namen ihres Mannes, Dahn, an und ist unter diesem seit den 1980er Jahren als Sachbuchautorin und Essayistin bekannt. Mit Daniela Dahn und ihrem Partner Joochen Laabs verbindet das Ehepaar Wolf eine Freundschaft, beide Paare hatten ein Grundstück in Mecklenburg erworben, so dass Raum und Zeit für den Austausch vorhanden ist. Seit 1985 gehört sie der ›Weiberrunde‹, einer Gruppe befreundeter Autorinnen an – Sigrid Damm (Jg. 1940), Renate Drescher, Helga Königsdorf (Jg. 1938), Helga Schütz (Jg. 1937), Brigitte Struzyk (Jg. 1946), Gerti Tetzner (Jg. 1936), Rosemarie Zeplin (Jg. 1939) und Christa Wolf –, die sich regelmäßig trafen, im geschützten privaten Raum aus ihren Manuskripten lasen und über diese diskutierten. Brigitte Burmeister (Jg. 1940), die später dazu kam, hat diesen ›Weibertreff‹ und den Grundgestus der Treffen in einem Interview mit Stefan Schulze 1994 beschrieben: »Ich würde keine der Frauen als Feministin im strengen Sinn bezeichnen. Es sind Frauen, die ein Bewußtsein davon haben, daß sie sich als Frauen anders artikulieren – anderes Leben, andere Umstände – anders, als man das von den Männern annimmt oder gemeinhin bei Männern antrifft« (Schulze 1997, XVI–XVII). Verbindungen und Freundschaften sind so entstanden, die bis über den Tod halten. Als enge Freundin der Familie spricht Daniela Dahn neben anderen Rednern während der Trauerfeier für Christa Wolf Worte des Gedenkens.

Das Bewusstwerden von Frauengeschichte im Kontext von Menschheitsgeschichte

Irmtraud Morgner (1933–1990), der Generationseinheit von Christa Wolf angehörend, hat mit der »Salman-Trilogie« Frauen das Bewusstsein für die eigene Geschichte gegeben und diese stets mit der Menschheitsgeschichte verwoben. In den Romanen *Leben und Abenteuer der Trobadora Beatriz nach Zeugnissen ihrer Spielfrau Laura. Roman in dreizehn Büchern und sieben Intermezzos* (1974), *Amanda. Ein Hexenroman* (1983) sowie *Das heroische Testament. Roman in Fragmenten* (1988 aus dem Nachlass veröffentlicht) erprobte sie durchgängig ein ironisches Distanzierungsverfahren, das Techniken, Begriffe und das Verweigern des Schreibens aus der Sicht einer Heldin nutzt. Der »operative Montageroman« (Morgner 1974, 258) – »Kurze Prosa ist Pressluft, heftig und sehr angestrengt gearbeitet« (ebd.) – sowie die die Leserinnen und Leser stets fordernde ständig gebrochene Erzählperspektive bewirken veränderte Sichtweisen. Provokant wie die Vergangenheit und Gegenwart scharf beobachtenden Texte sind ihre in Interviews, Statements und Selbstaussagen auf marxistischem Hintergrund basierenden Schlagworte. Befragt nach ihrer Schreibweise antwortet sie 1972 im Gespräch mit Joachim Walther:

> »Das Evangelium einer Prophetin. Es gab Prophetinnen, aber die hatten keine Evangelisten. Ich meine das nicht religiös. Ich meine, daß die Frauen, wenn sie die Menschwerdung in Angriff nehmen wollen, ein Genie brauchen könnten, weniger Kunst, ein Genie! Zum Beispiel eine Prophetin. Ich wäre froh, wenn ich mir keine ausdenken müßte. Ich möchte die gute Botschaft schreiben von einer genialen Frau, die die Frauen in die Historie einführt. […] Mein Antrieb wäre nicht, Kunst zu machen, mein Antrieb wäre, Welt zu machen.« (Walther 1973, 54)

Diese von ihr vertretene Vision, den Frauen aufgrund fehlender positiver Rollenbilder und somit einer fehlenden weiblichen Geschichtsschreibung eine eigene Geschichte erfinden zu wollen, ist mit dem Abschied vom objektiven Erzählen verbunden. Irmtraud Morgner hat die kanonischen Formen aufgebrochen und diesen ihre phantastischen Geschichten entgegengesetzt. Die von ihr stets geforderte Kreativität bei der Lösung globaler und individueller Probleme, das stete Hinterfragen der bekannten Denk- und Handlungsmuster, wusste sie mit den Mitteln des Komischen und Phantastischen zu erreichen: das Phantastische ist ein weiblicher utopischer Ort. In den beiden ersten Romanen der Trilogie wird der Eintritt der Frau in die Historie beschrieben, werden Mythen und Märchen aus weiblicher Sicht gedeutet. Die Hoffnung, dass Frauen mit dem Fall des § 218 in der DDR erstmals als Subjekte frei über ihren Körper und ihre Geschichte verfügen können, ist im utopischen Gedanken – »Die Männer haben bisher bei den Frauen Schicksal gespielt. Das ist vorbei. Aber es wird sicher noch eine ganze Weile dauern, bis das weibliche Geschlecht gelernt hat, die Produktivkraft Sexualität souverän zu nutzen« (Morgner 1974, 514) – aufgehoben.

In diesem Kontext ist das 1974 von Karin Huffzky mit der Autorin geführte Gespräch zu verstehen, das über Jahre Anlass für verschiedene Auslegungen in Ost und West geboten hat.

> »Das Wort ›Feministin‹ gefällt mir nicht, weil es einen modischen, unpolitischen Zug hat für mich, weil es die Vermutung provoziert, daß die Menschwerdung der Frau nur eine Frauensache sein könnte. Da wird aber ein Menschheitsproblem aufgeworfen. Emanzipation der Frauen ist ohne Emanzipation der Männer unerreichbar und undenkbar. Trobadora Beatriz ist von einer Kommunistin geschrieben worden.« (Huffzky 1976, 327)

Irmtraud Morgner wollte sich somit weder einer Ideologie noch einer Ideologisierung ihrer Texte unterwerfen, sondern bekannte sich unter Berufung auf den utopischen Gehalt des Kommunismus zu einem menschlichen Umgang der Geschlechter miteinander. Dieses Vorhaben führt in *Amanda* in Abwandlung der These von Ludwig Feuerbach zum programmatischen Satz: »Die Philosophen haben die Welt bisher nur männlich interpretiert. Es kommt aber darauf an, sie auch weiblich zu interpretieren, um sie menschlich verändern zu können« (Morgner 1983, 312). Walter Jens sah sie als »*poeta docta*«, »gescheites Frauenzimmer à la Lessing und Groteskkünstlerin« (Jens 1991, 20). Gegen die Spießigkeit, die Dürre und den Argwohn der DDR-Administration einerseits und die sich immer mehr zuspitzende Weltsituation mit Rüstungswahn und Entindividualisierung in den 1980er Jahren andererseits anzuschreiben, hat sie unmenschliche Kraft gekostet. Wie Brigitte Reimann, Maxie Wander und Franz Fühmann ist sie an Krebs erkrankt und stirbt 1990.

Autorinnen in der DDR haben in ihren Texten Differenzen zwischen den Geschlechtern thematisiert. Dabei ist es immer wieder von Interesse, Textstrategien zu untersuchen sowie politische, soziale und kulturelle Aussagen in den jeweiligen Kontexten zu analysieren. Birgit Dahlke betont, dass sehr viele Texte in ihren feministischen Bestrebungen weiter gegangen sind als die Selbstaussagen der Autorinnen (vgl. Dahlke 1997). Ein großer Teil der ostdeutschen Schriftstellerinnen – das beginnt bei den ab Ende der 1920er Jahre Geborenen – hat die Welt aus feministischer Perspektive gesehen, indem sie im Gegensatz zum Alltagsbewusstsein in der DDR die Kategorie Geschlecht in ihr Denken und Schreiben aufgenommen haben. Bedingt durch ihre Lebenserfahrungen sowie stets um die Gefahr der Vereinnahmung durch Ideologien wissend, haben Christa Wolf und Irmtraud Morgner – auf ganz unterschiedliche Weise – selbstbestimmt geschrieben, ohne sich in Vorgaben und Konzepte integrieren zu lassen. Die Auseinandersetzung mit der Menschheitsgeschichte führt zu differenzierten Blicken und erlaubt Entwürfe einer Frauengeschichte, die weitab von jeglicher Isolierung des Weiblichen liegt. Christa Wolf fordert bereits 1973 im Gespräch mit Hans Kaufmann, dass beiden Geschlechtern die Möglichkeit der Differenzierung gegeben und anerkannt werden müsse, »daß sie unterschiedliche Bedürfnisse haben und daß nicht der Mann das Modell für den Menschen ist, sondern Mann und Frau« (WA 4, 431). Dieses Offenhalten von Sichtweisen ermöglichte Schreibstrategien, die nicht als bloßer Reflex auf Tages- und Politereignisse zu verstehen, sondern poetische Entwürfe eines anderen Denkens und Schreibens sind. In diesem Sinn hebt Christa Wolf in ihrer Gedenkrede das Besondere in den Texten von Irmtraud Morgner hervor: »Ihre Bücher, denke ich, könnten überleben, unter allen Zuschüttungen keine Ruhe finden, Spurenelemente der Sehnsucht nach einer menschlichen Gemeinschaft, in der es ›keine halbierten Menschen‹ geben sollte« (WA 12, 254). Im Jahr 2004 würdigt sie in einem Nekrolog auf Irmtraud Morgner, Inge Müller und Maxie Wander deren unbändige Sehnsucht nach Freiheit. Mit ihren Texten haben sie – oft der Verzweiflung nahe – immer wieder der Versuchung widerstanden zu resignieren. Diese Literatur des »aufrührerischen Denkens« (Wolf 2004, 18) gelte es in Zeiten von Beliebigkeit und des schnellen Wandels zu bewahren.

Das »Zum-Außenseiter-gemacht-Werden«. Anverwandlungen an die Vorgänger/innen II

Das Wissen um die Ausschlussprinzipien patriarchaler Gesellschaften – des Weiblichen und der Intellektuellen – gehört vor dem Hintergrund der eigenen Situation nach 1976 zum wesentlichen Schreibimpuls für Christa Wolf. Bereits am Beginn der 1970er Jahre gilt ihre Aufmerksamkeit den Autorinnen in der Zeitenwende zum 19. Jahrhundert. Im Umfeld von *Kein Ort. Nirgends* (1979) stellt sie die Essays zu Karoline von Günderrode »Der Schatten eines Traumes« (1979) und Bettina von Arnim »Nun ja! Das nächste Leben geht aber heute an. Ein Brief über die Bettine« (1981) fertig und veröffentlicht diese (s. Kap. II.E). Damit wird sie ihrem Anspruch gerecht, ein Netz über diese Jahre des Epochenumbruchs zu werfen, in der Napoleon gegen das alte Europa der Feudalgesellschaft antrat, eine eigene Weltherrschaft errichten wollte und somit alle Fragen neu gestellt werden mussten. Der sozial-historische Kausalnexus, in den der Text eingebettet wird, ist durch die zunehmende Arbeitsteilung, die mit der Veränderung des Wertesystems einhergeht, bestimmt. Ökonomie, blinder Fortschrittsglaube und Zweckmäßigkeit werden zum Maßstab, dem die Kunst und die Verwirklichung der schreibenden Frauen ebenso wie der männlichen Außenseiter der damaligen Zeit zum Opfer fallen.

Christa Wolf bekundet ihre geistige Verwandtschaft zu dieser kleinen Gruppe von Intellektuellen – »Avantgarde ohne Hinterland« (KvG, 112), indem sie in der »erwünschte[n] Legende« (KON, 11), der fiktiven Zusammenkunft von Heinrich von Kleist und Karoline von Günderrode an einem Juninachmittag 1804 im Hause des Kaufmanns Joseph Merten in Winkel am Rhein – wenige Jahre vor dem Freitod der beiden –, existentielle Probleme dieser und ihrer Zeit heraufbeschwört.

Im Text werden diese Lebenswege sowie authentische Zeugnisse und weitere Biographien, so die von Friedrich Hölderlin, variierend erinnert. Die Erzählinstanz weiß um die die Grenzen der Zeit überwindenden »niedergehaltenen Leidenschaften« (97) und projiziert diese in ihrem unabgegoltenen utopischen Potential in die Gegenwart: »Begreifen, daß wir ein Entwurf sind – vielleicht, um verworfen, vielleicht um wieder aufgegriffen zu werden« (105). In diesem Sinn ist die Rede von Kleist an die Günderrode zu deuten. »Spätere würden Sie brauchen, wenn schon die Zeitgenossen auf Sie verzichten können« (100). *Kein Ort. Nirgends* ist ein historisches und gegenwärtiges Buch zugleich in dieser Rekonstruktion des authentisch unlebbaren Lebens. Darauf verweist der Titel mit Nachdruck. Das ›Nirgends‹ unterstützt sowohl die vergangenen als auch die gegenwärtigen Tatsachen, dass es ›nirgends‹ auch nur einen Ort auf der Welt gab und gibt, welcher ein wirklich lebbares Leben bot oder bietet, zumindest noch nicht. Im Interview mit Frauke Meyer-Gosau (WA 8, 236–255) bekundet Christa Wolf, dass mit diesem Titel »offenbar eine allgemeine Erfahrung ausgedrückt war« (249). Sie will somit jenen einer radikalen Abkehr von jeglichem Hoffen gleichenden Titel nicht programmatisch verstanden wissen, sondern als einen Punkt, den es zu bezwingen gilt. Im Text werden die utopischen Möglichkeiten der Überwindung von individueller Selbstentfremdung und der Entfremdung der Geschlechter über die inszenierte Begegnung von Kleist und der Günderrode angedeutet (vgl. Hilzinger, Nachwort, KON, 232). Der von dieser Generation wahrgenommene Riss in der Zeit wird in Gesprächen, Unternehmungen und dem Versuch der Wahrnehmung anderer Lebenskonzeptionen ausgelotet, die jedoch nicht in lebbare Handlungen umgesetzt werden können. Über allem steht die Frage nach dem Wert des Künstlers und der Kunst, denn Künste lassen sich nicht berechnen und »nicht wie die militärischen Handgriffe erzwingen« (KON, 64). Was bleibt einem Mann wie Kleist in solch einer Welt? »Ein Amt oder die Literatur. Erniedrigung und ein bescheidenes Auskommen oder die blanke Armut und ein ungebrochenes Selbstgefühl« (64).

Der erste und der letzte Satz – »Die arge Spur, in der die Zeit von uns wegläuft.« (11) und »Wir wissen, was kommt.« (104) – zeugen von der Kenntnis gelebter Muster und schließen gleichermaßen die Gefahr der Wiederholbarkeit solcher Schicksale ein, wenn die Gegenwärtigen nicht an diese erinnern. Kleist und die Günderrode, zum Scheitern Verurteilte in der utilitaristisch ausgerichteten Gesellschaft, lassen mit ihren Erfahrungen die Nähe zur Autorin zu, die Jahre nach der Herausgabe im Interview ihre damalige Verfasstheit beschreibt, als sie sich veranlasst sah, »die Voraussetzungen von Scheitern« (WA 8, 236) zu untersuchen. Beide treffen einander, ohne sich zu kennen und ohne sichtbaren Grund, aufeinander zuzugehen. Beide leiden an dieser Welt und dem Gespaltensein ihrer Existenz – er: »geschlagen mit diesem überscharfen Gehör« (KON, 11), sie: »in den engen Zirkel gebannt« (ebd.), als Frau und Dichterin verletzt, immer wieder ihren Anspruch artikulierend, schreiben zu müssen. Die Günderrode, 24-jährig, lehnt das von der Gesellschaft diktierte Bild der Beschränkung auf Haushalt und Familie im Interesse eigener Selbstbehauptung ab. Im schmerzlichen Drang, erkannt und zum Objekt männlicher Befugnisse gemacht zu werden, lernt sie die Notwendigkeit der Verstellung. Sie weiß um ihre Kinderlosigkeit und den vorgezeichneten Untergang, ihr bleibt der »Schatten eines Traumes« (14). Kleist, der sein Unbehagen gegenüber dichtenden Frauen nicht verschweigt, sieht in ihr die »Jünglingin« (24).

Die Teegesellschaft verlassend, im poetischen Bild eines Sommernachmittags aufgehoben, bietet sich die Gelegenheit für ein Gespräch unter ungleichen Gleichen. Dabei ist es die Frau, die über die Preisgabe ihrer Erfahrungen den Prozess der Identitätsfindung vorantreibt. »Ihr werdet durch den Gang der Geschäfte, die euch obliegen, in Stücke zerteilt, die kaum miteinander zusammenhängen. Wir sind auf den ganzen Menschen aus und können ihn nicht finden« (84). Dieser Anspruch von Christa Wolf ist bekannt, im Text wird dieser in das Wechselspiel von Näherung und Entfernung der Protagonisten integriert. Maskierungen und Demaskierungen erlauben bei Kleist den Blick ›hinter die Zitadelle‹, ein Wir wird in der Vielheit der Stimmen – Kleist, die Günderrode, die Erzählinstanz, die viel »inneres Zitat« (Wolf im Interview mit Frauke Meier-Gosau, WA 8, 250) einbringt, sowie die Leser/innen – artikuliert, so dass die den Text rahmende Frage »Wer spricht« (KON, 12, 100) ständige Positionswechsel und Identifikationen zulässt. Dieses hier gefundene Wir geht weit über das in den Erinnerungstexten gefundene hinaus, das lediglich den unbestimmten Plural als Generationsphänomen, nicht aber die Differenz der einzelnen Subjekte umfasst. Über die Identifikation mit der weiblichen Figur und das Ausloten der männlichen Position werden Geschlechtergrenzen skizziert und zugleich in Frage gestellt. Suok Ham spricht von der »Idealisierung des weiblichen Geschlechts« (Ham 2008, 105), indem sie Christa Wolf in der Aufnahme der Stimme der Günderrode unterstellt, dass dem »Mann die Fähigkeit zur Gewinnung der Ganzheit generell abgesprochen« (ebd.) wird. Dieser Feststellung widersetzt sich der Text jedoch, sowohl in der Verfolgung des Gesprächsverlaufs als auch in der doppelten Anverwandlung der Erzählinstanz. Während es Kleist »unerträglich ist, daß die Natur den Menschen in Frau und Mann aufgespalten hat«, erwidert die Günderrode: »Das meinen Sie nicht, Kleist. Sie meinen, daß in ihnen selbst Mann und Frau feindlich gegenüberstehn. Wie auch in mir« (KON, 93). Er fasst den geschlechtlichen Antagonismus als einen Irrtum der Natur auf, während sie diesen ins Subjektinnere verlagert und damit Hoffnungen auf Künftiges freisetzt. Noch werden im Aushalten der Differenzen zwischen dem Ich, Du, Wir, Sie, weibliche und männliche Positionen in dem Ist-Zustand umrissen, der das Aufheben der Geschlechterdichotomie nicht zulässt. »Spätere würden Sie brauchen« (100), heißt es in den letzten Sätzen, in denen der Hoffnung Ausdruck verliehen wird, es könne sich irgendwann ein ›Hinterland zur Avantgarde‹ herausbilden.

Schreiben in Zeiten existentieller Bedrohung

Mit *Kein Ort. Nirgends* ist es Christa Wolf gelungen, die Krise, die die Zeitereignisse mit dem »reine[n] Zurückgeworfensein auf die Literatur« (WA 8, 236) in ihr ausgelöst hatten, zu überwinden. Im Tagebuch von 1981 notiert sie erleichtert, dass sie durch die »Loslösung von inneren Verstrickungen mit den Macht-Strukturen mehr Angstfreiheit, mehr Souveränität erworben« (ETJ, 297) hätte. Die Utopie von einer veränderten Gesellschaft ist heute wie im beginnenden 19. Jahrhundert gescheitert. In Ermangelung großer gesellschaftlicher Umbrüche komme es jetzt darauf an, Alternativen – in Selbstreflexionen, Gesprächen und Begegnungen – zu erproben. Das zum Chor gewordene Wir erhebt in *Kein Ort. Nirgends* mahnend die Stimme: »Wenn wir zu hoffen aufhören, kommt, was wir befürchten, bestimmt« (KON, 103). Dieser Satz wird im Hinblick auf ihre Schreibmotivation im Gespräch mit Brigitte Zimmermann und Ursula Fröhlich »Zum Erscheinen des Buches ›Kassandra‹« (WA 8, 366–378) aufgenommen: »Auf diese Hoffnung hin schreibe ich, versuche ich, den Wurzeln der Widersprüche nachzugehen, in denen unsere Zivilisation jetzt steckt« (367). Dieses konzentrierte Denken ›auf Hoffnung hin‹, das Aushalten ihrer grundlegenden Lebensform, »in Widersprüchen zu leben« (242), führen bei Christa Wolf am Beginn der 1980er Jahre zu veränderten Bedingungen. Das letzte Jahrzehnt der DDR erlebt sie nicht mehr in Parteigremien und großen Auftritten. Vielmehr sind diese Jahre durch vielfältige Reisen – v. a. USA, Frankreich, Schweiz, Griechenland, Großbritannien –, durch Lesungen in kleineren Räumen, durch die Entgegennahme von Preisen und Ehrungen (s. Kap. III.46) sowie die Erfahrungen des Lebens in Mecklenburg bestimmt. Christa Wolf wird mehr und mehr zu einer Identifikationsfigur, deren Wort für die Menschen in dem abgeschotteten Land Gewicht hat und deren Entscheidungen beeinflusst. Ein Umstand, der die Autorin bis in ihre Träume verfolgt und sie auch irritiert (vgl. ETJ, 410). Gleichermaßen begreifen die Mächtigen der DDR diese Wirkung und unternehmen nach Jahren der Ausgrenzung vielfältige Anstrengungen – Reiseprivilegien, längere Aufenthalte im westlichen Ausland und der Bundesrepublik für sie und ihren Mann, keine offiziell initiierte Kritik an ihren Texten –, um sie im Land zu halten. In diese Zeit fällt ein für die Familie nachhaltiges Ereignis. Das Sommerhaus in Meteln brennt im heißen Sommer des Jahres 1983 bis auf die Grundmauern ab. Wieder ist Christa Wolf der Boden unter den Füßen weggezogen worden, scheinbar längst beantwortete Fragen nach einem Gehen oder Bleiben werden angesichts des eingeengten Lebens in der DDR, des ständigen Misstrauens auch ihrer Familie gegenüber und der Observation durch das MfS wieder aufgenommen (vgl. ETJ, 329, 332). Mit *Sommerstück* (s. Kap. II.E.30), das sie nach dem Brand fertigstellt, wird dieses Haus poetisch zu Grabe getragen, um so die Erinnerungen an die Zeit der Gemeinsamkeit und der Freundschaften für Künftige zu bewahren.

Am Beginn der 1980er Jahre tritt die atomare Hochrüstung der beiden politischen Großmächte in eine neue Phase. Die lang gehaltene Balance gerät ins Wanken, indem auf den Territorien der beiden deutschen Staaten Atomwaffen stationiert werden. Die Gefahr eines neuen Weltenbrandes führt zu einer Sensibilisierung für den scheinbar so sicher geglaubten Frieden. Fortan wird ein Satz über allen Bestrebungen von Christa Wolf stehen, formuliert in der Büchner-Preis-Rede: »Literatur heute muß Friedensforschung sein« (WA 8, 199).

Geprägt von dem Willen, der Rüstungshysterie und der atomaren Bedrohung lebbare Alternativen entgegenzusetzen, klagt sie auf der »Berliner Begegnung zur Friedensförderung« (WA 8, 220–225), die auf die Initiative von Stephan Hermlin zurückging und am 13./14. Dezember 1981 unter Beteiligung von über 90 Künstler/innen und Wissenschaftler/innen aus Ost und West stattfand, das »Wegdrängen des weiblichen Faktors in der Kultur« (223) unter den Bedingungen der Jahrtausende währenden Männerherrschaft an (s. Kap. II.G.36). In Zeiten größter Bedrohungen sieht sie ihren Auftrag darin, den Werdegang der Hälfte der Menschen zu erhellen, »die in einer Kultur lebt, *von Natur aus* überhaupt keinen Anteil hat an ihren Hervorbringungen; und eben auch daran nicht – hindernd –, wenn diese Kultur ihren eignen Untergang plant« (WA 8, 223). Im Sinne weiterer menschlicher Existenz formuliert sie die Mission, auf eine Zeit hinzuarbeiten, in der das eigentlich Menschliche – »Freundlichkeit, Anmut, Duft, Klang, Würde, Poesie; Vertrauen, auch Spontaneität« (224) – nicht mehr aus einer auf Profit und Nützlichkeit orientierten Welt ausgeblendet wird. »Das, was am ehesten verfliegt, wenn eine Vorkriegsatmosphäre sich breitmacht. Dagegen, finde ich, müssen wir anschreiben – auf Hoffnung hin, wie Bobrowski sagte« (ebd.).

Es ist wiederum ihr Plädoyer für eine menschliche Welt, in der Frau und Mann, frei über sich und ihre Geschichte verfügend, über die Entwicklung eines weiblichen Selbstbewusstseins Patenschaften reifen lassen können. Diese Aussagen werden im Mai 1982 auf dem »Haager Treffen« im Appell an die Autor/innen »Friedensfähigkeit herzustellen« (WA 8, 259) konkretisiert. »Den Vernichtungsphantasien, die heute so viele Kräfte binden, so viele Kräfte unterdrücken, müssen schöpferische Phantasien entgegengesetzt werden, konkrete Utopien« (ebd.). Diese internationalen Zusammenkünfte, die im Mai 1987 mit dem Internationalen Friedensforum des Schriftstellerverbandes der DDR »Berlin – ein Ort für den Frieden« eine Fortführung haben, zeigen in den Meinungsäußerungen Parallelen in den Grundhaltungen dieser Generation, wachsam zu sein und sich gegen den drohenden Krieg zur Wehr setzen zu müssen. Verbindende Ansätze lassen sich bei Max Frisch (Jg. 1911) (s. Kap. III.44.5), Günter Grass (s. Kap. III.44.4), Martin Walser, Peter Weiss (Jg. 1916), Hermann Kant und anderen feststellen.

Das Schreiben gegen patriarchale Denk- und Schreibmuster

»Friedensforschung« und »Konfliktfähigkeit« (WA 12, 32) sind die bestimmenden Begriffe für Christa Wolf in den 1980er Jahren, die die Grundlagen für das *Kassandra*-Projekt (s. Kap. II.F.34) bilden: die Frankfurter Poetik-Vorlesungen, »Voraussetzungen einer Erzählung«, *Kassandra* – eine Erzählung. Für dieses Vorhaben hatte sie keine authentischen Muster, ein Umstand, den sie, obwohl er Umwege und Irrtümer erforderte, nicht als Nachteil empfindet (vgl. FPV, 185). Zum einen nimmt sie den in den frühen 1970er Jahren begonnenen Dialog wieder auf und erweitert diesen um den Mythos zur Ursachenerschließung von Kriegen und für eine andere Art zu schreiben. Zum anderen wird im Verschmelzen von Authentizität, versuchter Rekonstruktion von Geschichte und Fiktionalität sowie der ständigen Präsenz der Autorin in der Anverwandlung an für sie wichtige weibliche Figuren im Übergang von der Matri- zur Patrilinearität und im Ausprobieren v. a. den Frauen zugeschriebenen Textsorten – Reisebericht, Brief, Arbeitstagebuch – ein Geflecht strukturiert, das Auseinandersetzungen und Identifikationen weit über die Entstehungszeit hinaus zulässt. Christa Wolf, die um die vielfältigen Diskurse in der westlichen Welt um ein ›weibliches‹ oder ›anderes‹ Schreiben weiß, begründet jenseits der poststrukturalistischen Debatte der 1970er Jahre – Hélène Cixous, Luce Irigaray und Julia Kristeva – ihre Auffassung von einem ›weiblichen Schreiben‹. Indem sie den Auswirkungen patriarchal ausgerichteter Klassengesellschaften seit Beginn der europäischen Zivilisation nachgeht, wird der Mechanismus dieses Denkens von der Tyrannis über den Feudalabsolutismus bis zum Führerprinzip verfolgt.

Gegen diese Entwicklung, die als Ergebnis der langen Geschichte hierarchischer, arbeitsteiliger Gesellschaften verstanden wird, die sich gegen den Menschen richtet und zur Selbstvernichtung führen kann, gegen soziale Entfremdung und Reduzierung des Menschen auf Funktionen und gegen die Überbetonung des wissenschaftlichen Fortschritts entwickelt die Autorin ihren Anspruch von Leben, Harmonie, Ganzheit, Wahrhaftigkeit und der Verantwortung des Einzelnen. In der 3. Vorlesung »Ein Arbeitstagebuch über den Stoff, aus dem das Leben und die Träume sind« erläutert sie ihre Antwort auf die Frage nach dem weiblichen Schreiben; es handelt sich hierbei um eine deskriptive Kategorie, die leicht in einem essentialistischen Sinne missverstanden werden kann. Weibliches Schreiben für Christa Wolf liegt zunächst im Aufdecken der historischen Voraussetzungen, da Frauen aus historischen und biologischen Gründen eine andere Wirklichkeit als Männer erleben, Frauen nicht zu den Herrschenden, sondern zu den Beherrschten, »zu den Objekten der Objekte, Objekte zweiten Grades, oft genug Objekte von Männern, die selbst Objekte sind« (FPV, 146) gehören. In diesem Zusammenhang denkt sie über die Bewahrung der Chance des historischen Augenblicks nach, da Frauen und Männer die Chance haben, aufeinander zuzugehen. »Autonome Personen, Staaten und Systeme können sich gegenseitig fördern, müssen sich nicht bekämpfen wie solche, deren Unsicherheit und Unreife andauernd Abgrenzung und Imponiergebärden verlangen« (146 f.). Gleichermaßen ist sie sich der Probleme einer ästhetischen Umsetzung dieses anderen Denk-Musters bewusst, die sie als nicht lösbar beschreibt. »Empfinde die geschlossene Form der Kassandra-Erzählung als Widerspruch zu der fragmentarischen Struktur, aus der sie sich für mich eigentlich zusammensetzt« (154). Mit diesem Projekt hat Christa Wolf viele vor allem im westeuropäischen und nordamerikanischen Raum zur gleichen Zeit stattfindenden Diskurse wie Spurensuche nach einer matriarchalen Vergangenheit, weibliche Subjektbestimmung, Mythologie, Kritik an der männlichen Ästhetik, weibliches Schreiben und Friedensbewegung (s. Kap. IV.50, s. Kap. IV.51) gebündelt.

In der DDR, in der diese Texte dominant im Kontext der beiden deutschen Staaten, der Unausweichlichkeit der Zerstörung dieser in Kriegszeiten sowie in der Auseinandersetzung von Gesellschaftssystemen gelesen wurden (s. Kap. IV.49), schlug die Zensur nochmals mit Wucht zu. Indem Christa Wolf in den »Voraussetzungen einer Erzählung« eindeutig beide Großmächte zu Abrüstung und Konfliktfähigkeit ermahnt, werden diese Texte 1983 zunächst in zwei getrennten Ausgaben – Vorlesungen und Erzählung – in der Bundesrepublik im Luchterhand Verlag veröffentlicht. Die in der DDR nicht genehmigten und deshalb gestrichenen Textpassagen werden in der erst Monate später im Aufbau-Verlag herausgegebenen einbändigen Ausgabe mit Auslassungszeichen markiert. Das ist ein bis zu diesem Zeitpunkt einmaliger Vorgang, da die Leserinnen und Leser so um diese Streichungen und die konsequente Haltung der Autorin, diese ausführlichen Passagen beibehalten zu wollen, wussten und außerdem die entfernten Worte von Hand zu Hand weitergegeben wurden und somit eine zusätzliche Bedeutung erfahren haben.

In der Erzählung *Kassandra* erfolgt über die gegenwärtige Beschreibung dessen, was einst Mykene war, der jähe Erzählerwechsel zur Protagonistin mit deren Ankündigung: »Mit der Erzählung geh ich in den Tod« (KA, 227). Kassandra, Tochter des Königs Priamos und Seherin, die gemeinsam mit ihren Kindern und ihrer Vertrauten, Marpessa, auf einem Korbwagen vor dem Löwentor Mykenes sitzt, zum Beutegut des Agamemnon gehörend, weiß, dass ihr Leben nur noch wenige Stunden währen wird. Von diesem zeitlich und räumlich fixierten Zentrum aus senkt die Ich-Erzählerin das Lot der Gedanken hinab bis in frühe Kindheitserlebnisse. Jegliche Linearität und Chronologie verweigernd, im freien Umgang mit Raum und Zeit, stellt sich Kassandra, »vergiftet von der Gleichgültigkeit der Außerirdischen gegenüber uns Irdischen« (ebd.), ihrer eigenen Geschichte in einem breiten Strom von Assoziationen, Erinnerungen, Überlegungen, Deutungen und Umdeutungen auch ihrer eigenen Erfahrungen. Die Besonderheit des Textes liegt in der kunstvollen Verschränkung der Ebenen, im Verhältnis zwischen Erzählzeit, erzählter Zeit, Reflexionen und Vorwegnahmen. In der Antizipation vor allem der Höhlenszenen wird wie in *Kein Ort. Nirgends* ein Spannungsbogen aufgebaut, der in der dramatischen Steigerung zur Katastrophe führt. Dieses Geflecht der Vor- und Rückgriffe, der Wechsel von Beschreibung und Bekenntnis sowie die Traumbilder erfordern die vierte Dimension des Autors. Die Sprache des Textes reicht von Sentenzen – »Zwischen Töten und Sterben ist ein Drittes: Leben« (363) – bis hin zum lyrischen Aufschrei. Konsequent wird über die Macht von Worten, Losungen (vgl. 300) und Sprachmanipulationen nachgedacht. Die Strukturierung des Wir im Text erfolgt sowohl über die Annahme der Eltern und somit der eigenen und der kollektiven Vergangenheit als auch in den gemeinsamen Erfahrungen der Frauen jenseits des Krieges (vgl. 379). Dieses Konstrukt besitzt wiederum eine andere Semantik als die bisher benannten Wir-Konstruktionen.

Das Ausbrechen aus der Objekt-Rolle und das Herausfallen aus der Welt der Zitadelle ermöglichen differenzierte Sichtweisen auf Frauen und Männer. Frauen sind Kassandras natürliche Verbündete: Partena, die Amme, bei der sie Zuflucht sucht, Arisbe, die sie erkennen lässt, wo ihr wirkliches Heim ist, und Marpessa, die in ihrer Zeichnung Affinitäten zu Frauenfiguren von Anna Seghers hat (vgl. 279). Fasziniert von der inneren Schönheit und Reinheit der Frauen kommt es zur Annäherung; das gemeinsame Leben und Arbeiten in den Höhlen wird zum »Berührungsfest« (379). Über den Begriff der Berührung öffnet sich wiederum der angestrebte Dialog zwischen den Zeiten. Im Briefroman *Die Günderode* stellt sich Bettina von Arnim gegen das Naturverständnis ihrer Zeit, in der die Natur lediglich als Material angesehen wird. Die Romantiker/innen dagegen heben den Eigenwert von Natur hervor, indem sie wie Bettina im Sinne der Auffassung des Theologen Friedrich Schleiermacher in einen Dialog zwischen Mensch und Gott treten. In der Reflexion der Frauenfreundschaft zwischen Bettina von Arnim und Karoline von Günderrode lassen sich Elemente dieser ›Schwebe-Religion‹ wiederfinden. Eine so definierte Beziehung besitzt etwas Religiöses, da sie von der Liebe getragen wird, die durch Berührung entsteht. Indem sich Menschen begegnen und vertraut miteinander reden, schaffen sie sich einen Raum, in dem sie sich jenseits aller Zwänge frei bewegen können. Und so schließt sich bei Christa Wolf in diesem Dialog zwischen den Zeiten der Kreis von Kassandra über die Romantikerinnen bis hin zu Maxie Wander.

In der Erzählung *Kassandra* werden differenzierte Männerbilder entwickelt. Männliche Heldenvorstellungen, jahrhundertelang tradiert, werden konsequent entmythisiert: »Alle Männer sind ichbezogene Kinder« (204). Odysseus, Menelaos, Agamemnon und Achill das Vieh sind in den Krieg, die Grausamkeit, König Priamos in den Selbstbetrug, Paris in die Korruption und Eumelos in die Macht verwickelt und deshalb entfremdet. Aineias, der für Kassandra wichtig ist, – »weil die Götter es versäumten, ihm die Fähigkeit zu lügen mitzugeben« (269) – fordert sie auf: »Von vorne anzufangen« (385). Zu groß ist das Wissen der Seherin um die künftige männliche Bestimmung. Der Mann, selbst zum Objekt gemacht, wird sich den wirkenden Gesetzen der veränderten Zeit nicht entziehen können. »Allen, die überlebten, werden die neuen Herren ihr Gesetz diktieren. Die Erde war nicht groß genug, ihnen zu entgehn. [...] Bald, sehr bald wirst du ein Held sein müssen« (ebd.).

Kassandra wird in der Erfahrung des Schmerzes überlebensstark. »Das Pünktchen Licht gab mir den Tag zurück« (376). Mit ihrem Tod wird das Licht zunächst erlöschen, die Hoffnung liegt im Wechsel zur Rahmung der Erzählung. Es gibt ihn noch immer, den Wechsel des Lichts, der bewahrt werden muss. Die heterodiegetische Erzählinstanz nimmt über die Beobachtung des besonderen Lichts der siebten Abendstunde im Hafen von Piräus die Einseitigkeit männlicher Sichtweisen auf Kassandra auf, die der psychischen Situation der gefangenen und damit der Sklaverei und dem Tod preisgegebenen Frauen im Abschied von ihrer Stadt keine Beachtung geschenkt haben. Beschwörend wiederholt daher Kassandra in der Todesstunde die Notwendigkeit, den Frauen ihre eigene Geschichte geben zu müssen, so dass »neben dem Strom der Heldenlieder dies winzige Rinnsal, mühsam, jene fernen, vielleicht glücklicheren Menschen, die einst leben werden, auch erreichte« (319).

Abschiede und Einschnitte

Mit Friedrich Schlotterbeck (1909–1979), Anna Seghers (1900–1983) – (s. Kap. III.44.1) – und Franz Fühmann (1922–1984) – (s. Kap. III.44.2) – sterben für Christa Wolf in den frühen 1980er Jahren treue Weggefährten und Freunde, mit denen sie weit mehr als der Austausch von Gedanken und Texten verbunden hat. Vielmehr ist es die Vielzahl der Begegnungen gewesen, in denen sie Erfahrungen ihrer Generationen ausgetauscht und Bezüge zwischen Leben und Schreiben hergestellt haben. In der Trauerrede zu Franz Fühmann nimmt sie darauf Bezug: »Auch meine Sache wurde da verhandelt. Phasen gab es, da hatte ich das Gefühl – er auch? Das weiß ich nicht –, daß wir einander zuarbeiteten. Und andererseits: die Reibeflächen, gerade an Gegenständen der größten Annäherung« (WA 8, 403).

Diese Jahre stehen unter dem Vorzeichen vielfältiger Abschiede. Sie, die aus tiefster Überzeugung als junge Frau der SED beigetreten ist und sich dem Marxismus in der Auslegung der DDR über Jahre verpflichtet gefühlt hat, weiß nach den Querelen um ihre Person und der Beschäftigung mit den historischen Voraussetzungen, dass es unter diesen Gegebenheiten für sie nicht mehr möglich ist, sich als »*Marxistin*« (ETJ, 283) zu bezeichnen. Die Gründe dafür sieht sie in der Einengung der Gedanken von Marx auf eine rein pragmatische Ökonomie-Lehre, die zu einem Utilitarismus heruntergekommen ist, »aus dem kein Funkenmehr zu schlagen ist und der für die Kunst nichts bringt« (ebd.). Im Juni 1989 wird sie aus der SED austreten.

Ihr Versuch, sich wieder zu verorten und das Gefühl des ›Festmachens‹, das die Erzählinstanz in *Nachdenken über Christa T.* über die Erfahrung der verstorbenen Freundin vermittelt hat, für sich selbst erneut erlebbar zu machen, führen dazu, dass Christa und Gerhard Wolf nach der Zerstörung ihres Hauses in Woserin (Mecklenburg-Vorpommern) ein neues Anwesen erwerben, das erneut Wohn-, Begegnungs- und Zufluchtsort zugleich ist. In diesem Haus hört sie im April 1986 ›Die Nachricht‹, dass all ihre Vorahnungen, dass die auf ein bloßes Nützlichkeits- und Fortschrittsdenken fixierte Welt ihrem eigenen Untergang entgegenstrebt, mit dem Reaktorunfall in Tschernobyl zu einer tragischen Gewissheit geworden sind. Im Text von 1987 *Störfall. Nachrichten eines Tages* (s. Kap. II.G.38) wird mit der Janusköpfigkeit der Wissenschaft – als Lebensretter über die Gehirnoperation des Bruders und als Lebensvernichter über die Nichtbeherrschung der atomaren Technik – der ›blinde Fleck‹ unserer Zivilisation thematisiert. Mit dieser Arbeit wird ein weiterer Dialograum zwischen Wissenschaftlern und Künstlern begründet, dessen Meinungsaustausch sowohl in der in der DDR herausgegebenen Zeitschrift *spectrum* als auch im Rahmen zweier Gesprächsrunden in der Akademie der Künste um den Jahreswechsel 1989/90 einem größeren Kreis zur Kenntnis gegeben wird.

In der zweiten Hälfte der 1980er Jahre stehen viele Zeichen auf Veränderung, die Richtung jedoch ist ungewiss. Zum einen setzt Michail Gorbatschow mit seiner auf Glasnost und Perestroika orientierten Politik gänzlich neue Akzente, zum anderen bäumt sich das greise DDR-Regime ein letztes Mal gegen Veränderungen auf. Vermehrte Zuführungen (geläufiger Begriff der Staatsorgane der DDR für Inhaftnahme missliebiger Personen), brutale Überwachungen und schließlich das Verbot der von der sowjetischen Nachrichtenagentur Nowosti herausgegebenen Zeitschrift *Sputnik* – der *Reader's Digest* des Ostens – sind Signale eines letzten Kraftaktes zur Erhaltung der Macht.

Im April 1988 steht für das Ehepaar Wolf mit dem Umzug aus der Friedrichstraße nach dem Amalienpark in Berlin Pankow ein erneuter Umzug an. In der idyllisch gelegenen Wohnanlage finden beide die Ruhe zur Arbeit, die ihnen im Zentrum mehr und mehr verwehrt worden ist. All diese Veränderungen, vor allem das Verlieren der lebensnotwendigen Balance, führen bei Christa Wolf zu einem körperlichen Zusammenbruch. Im Sommer 1988 erleidet sie einen Blinddarmdurchbruch mit anschließender Sepsis und einer Bauchfellentzündung. Die Situation ist lebensbedrohend, das Immunsystem bricht zusammen, die Zeit der Genesung wird Monate dauern und ist von Ängsten begleitet. Als Möglichkeit der Auseinandersetzung mit der Todeserfahrung bleibt wiederum das Schreiben. Am Beginn des Jahres 1989 entsteht die erste Fassung eines Textes unter dem Arbeitstitel »Irrgang«, der 2002 als *Leibhaftig* erscheinen wird (s. Kap. II.H.42). Das Netz wird dichter geknüpft; Krankheit als Metapher für Zeit- und Lebensumstände durchzieht ihr Gesamtwerk und ist die für sie bestimmende Form, Wahrhaftigkeit über Reibungsflächen zwischen Geist und Körper anzustreben. Im Tagebuch von 1988 greift sie Überlegungen des im November 1984 gehaltenen Vortrages zu »Krankheit und Liebesentzug. Fragen an die psychosomatische Medizin« (vgl. WA 8, 410–433) auf, um so neue »Schutzmechanismen« (ETJ, 429) einzuleiten.

6 Zwischen Ent- und Verortungen. Leben und Schreiben im vereinten Deutschland

Spätestens mit dem von der chinesischen Führung verantworteten Massaker, Panzer gegen friedliche Demonstrant/innen, die für die Reformbewegungen in der Sowjetunion auf die Straße gegangen waren, auf dem Platz des Himmlischen Friedens in Peking einzusetzen, sowie mit dem schweigenden Einverständnis der DDR-Führung, diese ›chinesische Lösung‹ zu akzeptieren, zeigte sich, dass die alten Regime ausgedient hatten und Veränderungen anstanden. Diese ließen nicht lange auf sich warten. Der Abbau der ersten Grenzanlagen in Ungarn war der Auftakt zum ›heißen Sommer‹ des Jahres 1989. Was folgte, waren in der DDR eine zunehmende Protestbewegung von unten, die ab August Hunderte von Menschen nach dem Friedensgebet in der Leipziger Nikolaikirche auf die Straße führte, eine Ausreisewelle ungeahnten Ausmaßes – vom 30. August 1988 bis zum 30. September 1989 beantragten 160.785 Bürgerinnen und Bürger die Ausreise, davon wurden 86.150 Anträge genehmigt – sowie die Besetzungen der Botschaften der Bundesrepublik in Budapest, Warschau und Prag. Nach dem berühmten Wort des damaligen Außenministers der BRD, Hans-Dietrich Genscher, dass die Ausreise aus der überfüllten Botschaft in Prag genehmigt sei, sie aber über das Territorium der DDR führen müsse, versuchten Hunderte Menschen in Dresden die Züge zu stoppen. Das greise DDR-Regime hatte alldem nur noch brutale Gewalt entgegenzusetzen. Während der organisierten Jubelfeiern zum 40. Jahrestag der Republik und der Sympathiekundgebungen der Straße für die Politik Gorbatschows, der mit dem Satz: ›Wer zu spät kommt, den bestraft das Leben.‹ die Distanz zwischen den Politiken beider Länder deutlich gemacht hatte, wurde vor den Toren des Palastes der Republik, in dem die alte Garde sich selbst feierte, jedwede Gegenbewegung mit Macht erstickt. Unter den Demonstranten am 7. Oktober 1989 in Berlin waren auch Annette Simon und Jan Faktor, die festgenommen und für eine Nacht in Gewahrsam genommen wurden. Zwei Tage später zogen in Leipzig über 100.000 Menschen unter den Rufen ›Wir sind das Volk‹ und ›Keine Gewalt‹ friedlich über den Leipziger Ring. Damit begann eine neue Zeitrechnung in Ostdeutschland, die fälschlicherweise in der Terminologie der selbsternannten Reformer mit dem Honecker-Nachfolger, Egon

Krenz, an der Spitze, die sich und das System auf ihre Weise retten wollten, als Wende in das kulturelle Gedächtnis eingegangen ist. Dieser Begriff gilt bis über die Jahrtausendwende als politische Bezeichnung für die Herbstereignisse des Jahres 1989 (vgl. Mittenzwei 2001, 387–461). Vielmehr fand zum ersten Mal in der deutschen Geschichte eine unabhängige friedliche Revolution statt, die schließlich zum Zusammenbruch politischer Weltsysteme, zum Ende des Kalten Krieges und der Vereinigung beider deutscher Staaten am 3. Oktober 1990 führte.

Aktivitäten und Reden im Herbst 1989/90

Christa Wolf ist in diesen Monaten eine gefragte Gesprächspartnerin und Rednerin (s. Kap. II.H.39). Im Wissen um den Weggang so vieler Menschen aus dem geschundenen Land – ein Vorgang, der »mich schmerzt« (WA 12, 133) – und um den Ruf der Demonstranten ›Wir bleiben hier‹, geht sie in ihren Überlegungen zum 1. September 1939 – der Tag des Ausbruchs des Zweiten Weltkriegs vor 50 Jahren – in der Westberliner Akademie der Künste wiederum auf das Gewordensein ihrer Generation ein und auf die Gefahr, »eine Heilslehre gegen eine andere auszutauschen« (131), der viele nach dem Krieg erlegen waren. Dieser Zustand, in »gläubig[e]r Pose« (ebd.) erstarrt zu sein, habe schließlich zum Abbruch des Gesprächs zwischen den Generationen geführt. Die Jungen fühlen sich allein gelassen, überhäuft mit falschen Bildern und einer instrumentalisierten Sprache verlassen sie das Land, das ihnen keine Identifikationsmöglichkeiten mehr bietet. In diesen Sätzen finden sich bereits konkrete Überlegungen für eine andere DDR, dieser Prozess der Umgestaltung erfordere von allen Seiten einen »Dialog der Vernunft« (134). Damit knüpft sie an ihre Aussagen an, die Welt differenziert zu sehen und für die Vielheit des Dialogs einzutreten.

Einige Tage später besuchen Inge Aicher-Scholl – die älteste Schwester von Hans und Sophie Scholl – und Otto Aicher das Ehepaar Wolf in Woserin. In der Erinnerung an die über Stunden geführten Gespräche notiert Christa Wolf in einer Situation von »Bedrückung und Ratlosigkeit« (ETJ, 437) im Tagebuch: »Uns ist bewußt, daß der Staat, in den wir hineingewachsen sind und der jetzt in seiner tiefsten Krise steckt, seine Legitimation aus abstrakten Zielen genommen hat; aus einer Theorie, der er die Wirklichkeit anpassen wollte« (450 f.). Ab dem 9. Oktober 1989 ist sie zu ihrer zehnten Reise in Moskau und erhält dort von ihrem Mann die erlösende Nachricht, dass die Demonstration in Leipzig friedlich verlaufen ist. Diese Tage und die darauf folgende Reaktion auf dieses Ereignis haben sie fern der Heimat tief berührt, so dass der »Abschied von Moskau« in *Stadt der Engel* (vgl. SdE, 72 f.) festgehalten wird. Über allen steht der bange, immer wieder sie selbst betreffende Satz: »Wir haben dieses Land geliebt. Ein unmöglicher Satz, der nichts als Hohn und Spott verdient hätte, wenn du ihn ausgesprochen hättest« (73).

Am 28. Oktober 1989 – an diesem Abend liest Ulrich Mühe aus dem Text von Walter Janka *Schwierigkeiten mit der Wahrheit* – fordert Christa Wolf in der Erlöserkirche in ihrer Rede »Wider den Schlaf der Vernunft« (WA 12, 158–161) die Gründung einer Untersuchungskommission zu den Übergriffen der DDR-Sicherungsorgane am 7. und 8. Oktober 1989. Im Vorwort »Nachtrag zu einem Herbst«, das erstmals im Band *Reden im Herbst* (1990) abgedruckt wurde, beschreibt sie diese Monate, in denen sie aktives Mitglied dieser Kommission war, als »ihre Schule der Demokratie« (WA 12, 243). Nicht nur für Christa Wolf und viele Künstler/innen und Schriftsteller/innen, sondern gleichermaßen für unzählige der im Land Verbliebenen, bedeutet diese Zeit ein Leben in einem »[s]eelische[n] Ausnahmezustand« (ebd.), der durch Hoffnungen, eine Aufbruchsstimmung, das Wissen um die Möglichkeit von Ich-Identität und Illusionen bestimmt ist. Dabei stellt die Großkundgebung ostdeutscher Intellektueller, die auf Initiative von Künstlerinnen und Künstlern zurückgeht, am 4. November 1989 auf dem Berliner Alexanderplatz im Bekenntnis zu diesem Land und dem artikulierten Widerspruch gegen die reformunwillige Führung der DDR den Höhepunkt der Bewegungen im Herbst 1989 dar. Über 500.000 Menschen leben bewusst Demokratie, erfreuen sich an Gesprächen sowie den mitgeführten Plakaten und üben den Befreiungsschlag von jedweder Bevormundung. Millionen verfolgen dieses Ereignis im Radio und am Fernseher, ein Aufatmen geht durch das Land, in dem auf einmal alles möglich schien. Ein letztes Mal gilt in dieser Dimension das Wort von Autorinnen und Autoren als ›moralische Instanz‹. Jubelnd werden Stefan Heym, Christoph Hein und Christa Wolf empfangen, Empörung und Pfiffe dagegen erzeugen die Ansprachen von Markus Wolf und Lothar Bisky. Christa Wolf hebt in ihrer Rede »Sprache der Wende« (WA 12, 182–184) den Missbrauch von Sprache hervor, dazu gehört das in diesen Tagen so häufig gebrauchte und unreflektierte Wort ›Wende‹. Jetzt komme es darauf an, die Sprachbefreiung, die durch die revolutionäre Bewegung ermöglicht ist, zu nutzen, den Dialog zu forcieren und alles zu tun, um sich selbst zu erkennen.

Nachdem am 8. November 1989 das Politbüro der SED geschlossen zurücktritt und somit der letzte Versuch einer Rettung des alten Systems eingeleitet werden sollte, blieb dem nicht richtig informierten Günter Schabowski ein Tag später auf einer eilig einberufenen Pressekonferenz auf die Frage, ab wann die proklamierte Reisefreiheit gelten sollte, lediglich die lapidare Antwort: ›Ab sofort!‹. Diese Nacht und die darauf folgenden Tage gehören zu dem politischen und sozialen Ausnahmezustand eines Landes, dessen Bürgerinnen und Bürger kollektiv das gewährte Recht sowie das ›Begrüßungsgeld‹ in Höhe von 100 DM für einen Besuch im anderen Teil Deutschlands nutzen. Dabei ist eine Änderung wohl am nachhaltigsten: Während in den in den frühen Herbsttagen stattgefundenen Demonstrationen sowohl Fragen des materiellen Konsums als auch des vereinten Deutschland in keiner Weise thematisiert wurden, war auf der anschließenden Montagsdemonstration in Leipzig zum ersten Mal der Ruf ›Wir sind ein Volk‹, der zunehmend durch ›Deutschland einig Vaterland‹ ergänzt wurde, zu hören.

Aus dieser Situation heraus lassen sich die rasanten Veränderungen und Wandlungen dieser Tage erklären. Hans Modrow wird am 13. November des Jahres mit der Bildung einer neuen Regierung beauftragt und die Parteien und politischen Bündnisse führen den ›Runden Tisch‹ ein. Diese veränderte Konzeption sowie die Politik der Straße befinden sich in einer Konkurrenzsituation. Während Frauen und Männer der Bürgerbewegungen bewusst ›Für unser Land‹ eintreten, stimmt das Volk der DDR wiederum mit den Füßen ab. Die vorletzte große Ausreisewelle resultiert aus der Entscheidung, die »Magenfrage« (Mittenzwei 2001, 399) – Südfrüchte, ein ›Westauto‹ und die unbegrenzte Reisemöglichkeit – als Motivation des Gehens zur D-Mark zu haben.

Um dieser Abwendung zu begegnen und im bewussten Anknüpfen an die Euphorie der ersten Wochen erheben wiederum Künstler/innen ihre Stimme, um ihre Landsleute zum Hierbleiben zu bewegen und »Für unser Land« einzutreten. Dieser Aufruf, am 28. Oktober 1989 u. a. von Frank Beyer (Regisseur), Tamara Danz (Frontfrau der Rockgruppe ›Silly‹), Ulrike Poppe (Bürgerrechtlerin), Friedrich Schorlemmer (Pfarrer) und Christa Wolf unterzeichnet, forderte zu einer eigenständigen und souveränen DDR auf, »in der Frieden und soziale Gerechtigkeit, Freiheit des einzelnen, Freizügigkeit aller und die Bewahrung der Umwelt gewährleistet sind« (WA 12, 194).

Doch die Ereignisse sollten solche Bestrebungen überrollen. Die Zeichen der Zeit standen in Richtung einer gemeinsamen Währung und der Herstellung der deutschen Einheit. Politische Gruppierungen verdrängten zunehmend die Initiatoren der Massenbewegungen, die Bürgerbewegung verlor an Einfluss. Die erste freie Volkskammerwahl am 18. März 1990 sah die CDU als klaren Wahlsieger, das Neue Forum, das aus der Bürgerbewegung hervorgegangen war, kam auf 3 % der Stimmen. Damit waren die Weichen für die Vereinigung beider deutscher Staaten gestellt. Das von Helmut Kohl initiierte Zehn-Punkte-Programm, das Inkrafttreten des Vertrages über die Währungs-, Wirtschafts- und Sozialunion und schließlich die Unterzeichnung des Einigungsvertrages im August 1990 waren neben den Verhandlungen zwischen den USA, der Sowjetunion, Großbritannien und Frankreich die Voraussetzungen für den 3. Oktober 1990. Mit diesem Tag begann ein in der Geschichte so noch nicht dagewesener Transformationsprozess, der zu Unverständnis, Misstrauen sowie Verlustgefühlen und Ängsten aufseiten der Ostdeutschen führte. Die darauf folgenden Jahre sind durch den vielfältigen Widerstreit bestimmt. Zum einen gewinnen viele Menschen durch das Warenangebot, verbesserte Dienstleistungen, Reise- und Kommunikationsmöglichkeiten und die Sanierung der Städte und der Umwelt eine weit bessere Lebensqualität, zum anderen geht sehr viel von dem verloren, was in der DDR als ›soziale Errungenschaft‹ proklamiert wurde: kostenfreie Bildung, ein gut organisiertes Kinderbetreuungssystem, die hohe Beteiligung von Frauen am Erwerbsleben, billige Mieten und die ärztliche Versorgung in Polikliniken. Gleichermaßen wurden die Ostdeutschen mit einer Situation konfrontiert, die sie bis dahin lediglich aus dem Westfernsehen oder der politischen Agitation der DDR kannten: die Massenarbeitslosigkeit. Im Osten Deutschlands gingen ab 1990 vier Millionen Arbeitsplätze verloren, im Westen dagegen entstanden über zwei Millionen neue Plätze, was zur letzten großen Abwanderungswelle vor allem junger und gut ausgebildeter Menschen führte. Ganze Industrien brachen zwischen Mecklenburg-Vorpommern und Thüringen zusammen, die Hochschul- und Bildungslandschaft wurde dem sanierungsbedürftigen System des Westens angepasst, Zehntausende Akademiker/innen standen auf der Straße. Die Akademie der Wissenschaften der DDR mit ihren 20.000 Beschäftigten wurde ebenso wie das Literaturinstitut ›Johannes R. Becher‹ in Leipzig abgewickelt. Die hoch subventionierten 65 Theater, zehn Kabaretts, 87 Orchester, 751

Museen und 861 Kulturhäuser erlitten durch Auflösungen, Fusionierungen und Personalabbau ein ähnliches Schicksal.

Unmittelbar nach der deutschen Vereinigung greift Christa Wolf in einem Zeitungsartikel den Satz einer knapp Vierzigjährigen in Mecklenburg auf, der in dieser Zeit des Übergangs die veränderte Situation im Einzelnen spiegelt: »*Das haben wir nicht gelernt*« (WA 12, 152). Wolf Biermann hat für diese Monate Theatermetaphern gefunden: »Diese Revolution ist eine Weltpremiere: eine Revolution ohne Revolutionäre. Sonst hatten wir in Deutschland immer das Umgekehrte: lauter Revolutionäre, die nie eine Revolution zustande brachten. / Ja, es ist ein absurdes Stück, und alle Rollen sind phantastisch falsch besetzt« (Biermann 1990, 43).

Vom ›Fall‹ zum Fallen

Das Erscheinen des Textes *Was bleibt* am 5. Juni 1990 – die erste Fassung lag im Sommer 1979 vor, die Überarbeitung erfolgte im November 1989 – fiel in eine hoch angespannte Situation (s. Kap. II.H.40). Zum einen war die Erwartungshaltung an einen neuen Text von Christa Wolf außerordentlich hoch, zum anderen zeichnete sich ein Legitimationsdruck bei den Kritikern ab, die sich über Jahre vornehmlich im Feuilleton der großen Tages- und Wochenzeitschriften mit der Literatur der DDR unter systemkritischen Aspekten beschäftigt hatten. Genau in diesem Fadenkreuz standen Christa Wolf als ›moralische Instanz‹ eines untergehenden Landes, eine Autoritätsperson vor und im Herbst 1989 in Ost und West, und ein Text, der diesen Erwartungen nicht gerecht wurde. In ihm wird ein Tag im Leben einer in Ostberlin ansässigen Autorin nachvollzogen, die rund um die Uhr von der Staatssicherheit observiert wird und um ihre Autonomie ringt. Unter dem Aspekt des angefangenen, aber nie richtig geführten Generationendialogs in der DDR ist diese Geschichte spannend zu lesen. Während die ältere Autorin, die Züge von Christa Wolf trägt, vorsichtig und konfliktscheu reagiert, ständig im Gespräch mit sich selbst ihre Ängste zu verhandeln sucht, den »liebe[n] Selbstzensor« (Wb, 252) heraufbeschwört und schweigend der inneren Stimme zu einem Klang verhelfen will, hat sich die namenlose junge Autorin, die für kurze Zeit das gemeinsame Gespräch sucht, längst von all dem gelöst. Die im Gefängnis verbrachten Jahre, die dort erfahrene innere und äußere Kälte, die Krankheiten und Operationen haben sie weder mundtot noch ängstlich gemacht, »da sie nicht zu den Erpreßbaren gehörte« (268). Was bleibt der Älteren angesichts einer solchen Haltung zu denken übrig? Das Wissen, dass die Jungen ungeachtet der Zerstörungsversuche den Mut haben, alles so aufzuschreiben, wie es ist. Zu schwach ist ihr Versuch, die junge Frau zügeln zu wollen, dass sie »nicht in jedes offene Messer laufen sollte« (269). Noch nie war das Wir im Werk von Christa Wolf so uneindeutig wie in diesem Satz: »Wir können sie nicht retten, nicht verderben« (270). Das ist nicht mehr das kollektive Wir ihrer Generation, sondern vielmehr ein vages, Gemeinsamkeit suggerierendes Personalpronomen, das seinen Halt zu verlieren beginnt.

Am 10. Juni 1990 treffen sich auf Einladung der Bertelsmann-Stiftung ost- und westdeutsche Autor/innen, Politiker/innen und Journalist/innen an dem für die deutsch-deutsche Nachkriegsgeschichte traditionsreichen Ort im Schloss Cecilienhof bei Potsdam. Zu den Teilnehmenden gehören u. a. Christa Wolf, Stefan Heym und Günter Grass, der spätere Ministerpräsident des Landes Brandenburg, Manfred Stolpe, der Chef der Hauptverwaltung Verlage und Buchhandel der DDR, Klaus Höpcke, sowie eine Reihe westdeutscher Literaturkritiker/innen. Ausgehend von der zunächst artikulierten Angst um den Verlust der literarischen Eigenständigkeit im westlichen Kulturbetrieb erweiterte sich die Debatte sehr schnell in die Richtung, inwieweit die im Land Gebliebenen – wie u. a. Christa Wolf, Stefan Heym und Stephan Hermlin – mit ihrer Literatur zur Stabilisierung des Systems beigetragen, sich viel zu wenig um die außer Landes Vertriebenen und Ausgewiesenen gekümmert hätten, und woher sie nun das Recht nehmen würden, sich als Opfer oder Widerstandskämpfer der DDR darzustellen. Linksorientierte westliche Intellektuelle wie Günter Grass und Walter Jens dagegen sprachen den Literaturkritikern das Recht ab, sich in die Auseinandersetzungen der DDR einzumischen und somit zu einseitigen Wertungen zu kommen. Damit war der deutsch-deutsche Literaturstreit (s. Kap. II.H.40) ausgelöst, der sich an einem kleinen Text entzündete, sich danach schnell von diesem entfernte, um am Ende jedoch zu Christa Wolf zurückzukehren. In weiteren Phasen wurde nach dem Stellenwert der DDR-Literatur und der Legitimation von engagierter Literatur in der Nachkriegszeit und der ›deutschen Gesinnungsästhetik‹ gefragt sowie die Rolle der Intellektuellen beleuchtet. In der Auseinandersetzung um die Verstrickung von DDR-Autor/innen mit der Staatssicherheit fand der Streit schließlich ein Ende.

Dieser Streit und seine Folgen (dokumentiert und kommentiert u. a. in Deiritz/Krauss 1991; Anz 1995;

Wittek 1997 und Papenfuß 1998) sind in einer sowohl politischen als auch kulturellen Dimension zu begreifen. Während sich dieser zunächst am ›Wert‹ der DDR-Literatur mit der These abzuarbeiten versuchte, dass die kritischen Autor/innen der DDR das System nicht prinzipiell kritisiert, sondern vielmehr durch ihr Wirken dem Staat zu seiner Dauer verholfen hätten, wurden der literarische Text sowie Poetologien mehr und mehr ausgeblendet. Uwe Wittstock hat für dieses Vorgehen die Formel des Stellvertreters gefunden. »Es geht *nicht* um die Literatur, sondern um eine exemplarische Abrechnung mit exemplarischen Lebensläufen. Die Schriftsteller sind Stellvertreter« (Wittstock 1990, XXV). Mit der Ausweitung des Streits auf die Abrechnung mit der Nachkriegsliteratur der Bundesrepublik zeigte sich der nach wie vor schwierige Umgang mit dieser eingreifenden Literatur, die die Auseinandersetzung mit Faschismus und Krieg sowie das Verschweigen und Übertünchen nach 1945 zu ihrem Gegenstand erhoben hatte. Diese Strategie einer nachträglichen Wertung beider deutscher Literaturen führte schließlich in der Problematisierung des Begriffs der Gesinnungsästhetik wieder zum Werk und zur Person von Christa Wolf zurück, indem Werk, Person und Moral als untrennbare Einheit gesehen wurden. Die Schlussfolgerung von Ulrich Greiner ist zum einen recht einfach, zum anderen im Kontext der Nachkriegsliteratur sowie der Spezifik dieser Generation um Christa Wolf mehr als problematisch: »Der Text ist der moralische Selbstentwurf des Autors. Und der Autor ist identisch mit seiner moralischen Absicht. Diese Moral beruft sich auf Humanität und Universalität. Wer also das Werk Christa Wolfs kritisiert, der kritisiert ihre Moral und macht sich damit der Inhumanität schuldig« (Greiner 1990, 60).

Indem die kritischen Schriftsteller/innen zunehmend der Position von moralischen Instanzen enthoben und ihre intellektuellen Haltungen attackiert wurden, erfuhr der Streit 1992 in der Offenlegung von Staatssicherheitsakten eine Erweiterung. Christa Wolf, die von September 1992 bis zum Juni 1993 ein neunmonatiges Stipendium als Scholar des Getty Center for the History of Art and the Humanities in Santa Monica, Kalifornien, wahrnimmt, reist in die USA mit einer schier nicht zu bewältigenden Bürde. Wenige Monate vor ihrem Abflug findet sie in der Gauck-Behörde in Berlin beim Studium ihrer ›Opfer‹-Akte den Hinweis auf den IM-Vorgang ›Margarete‹. Die Reaktionen auf die umgehend erfolgte Veröffentlichung dieses Materials folgten sofort (vgl. Vinke 1993, 141–213). Die Redakteure der Wochenzeitschrift *Der Spiegel*, die sich auf dem freien Stasi-Akten-Markt eine Kopie besorgt hatten, stellten in der dem Artikel »Die ängstliche Margarete« vorangestellten und optisch markierten Zusammenfassung ihre Sicht dar:

»Die Schriftstellerin Christa Wolf hat vergangene Woche zugegeben, daß sie sich 1959 von der Staatssicherheit der DDR anwerben ließ. Was sie dabei verschwieg: Unter dem selbstgewählten Decknamen ›Margarete‹ plauderte sie drei Jahre lang Details über Kollegen aus, politische, auch intime. Die Galionsfigur der DDR-Identität als zaghafte Opportunistin – später wurde sie selbst von der Stasi bespitzelt.« (O. N. 1993, 158)

Autor/innen wurden so vielfach zu Steigbügelhaltern eines untergehenden Systems degradiert, indem ihnen jegliche moralische Integrität abgesprochen wurde.

Christa Wolf muss sich fernab der Heimat, im zunehmenden Wissen um ihr »Unbehaustsein« (ETJ, 492) dieser Situation stellen. In der bewussten Aufnahme der Schönheit Kaliforniens und des nicht zu beschreibenden Lichts geht sie im Tagebuch von 1992, gerade in den Staaten angekommen, auf die Kolonisierungen und die Verbrechen der Kolonisatoren auf diesem Kontinent zurück, in der historischen Rückschau bewusst Vergleiche zur deutsch-deutschen Situation ziehend (vgl. ETJ, 499–501). Der Satz: »Dabei ist mir bewußt, daß mein Zorn, meine Melancholie nicht nur den Indianern gilt« (499), in dem sie das Schicksal der missionierten Indianer mit dem der Ostdeutschen vergleicht, sowie andere Aussagen in dieser Zeit haben einen Protestschrei hervorgerufen, indem der Autorin Anmaßung vorgeworfen wurde. In diesem Zusammenhang des Nachdenkens über Herrscher und Beherrschte, über Macht und deren Missbrauch, über Eigenes und Fremdes reift die Idee weiter, sich erneut einer weiblichen Gestalt der Mythologie zuzuwenden, deren Bild – ähnlich dem von Kassandra – über Jahrhunderte von Männern verzerrt und die in der Kultur der abendländischen Zivilisation als Mörderin verurteilt wurde. »Medea, die Zauberin, die den Männern, auch Jason, Angst macht. Die von Kolchis andere Werte nach Korinth mitgebracht hat. Die, letzten Endes, kolonisiert werden soll« (504).

Überlegungen, Notate, Traumnotizen sowie erste kurze Texte sind als wichtige Vorarbeiten für ihren letzten größeren Text *Stadt der Engel* zu verstehen, die in dieser Zeit geleistet wurden. Poetische Strukturen zeichnen sich in all diesen Voraussetzungen ab, der Unort – »Tabou, ein Ort, den es nicht gibt, dessen Name immer wieder aufleuchtet, lockend, verführend, bis sie sich aufmachen müssen, ihn zu suchen« (WA 12, 398) – das Labyrinth, die Irrfahrt, der Fall ins Bodenlose, all das sind Motive, die ihr Spätwerk auch unter dem Aspekt der Neuverortung als Autorin im vereinten Deutschland und ihr eigenes Selbstverständnis bestimmen.

Noch von Kalifornien aus signalisiert sie im Interview mit Fritz-Jochen Kopka, dass sie sich nicht als Opfer fühle und eine Schranke durchbrochen hätte, »die mir noch vor Wochen unüberwindlich schien, und dabei habe ich einiges über mich und die Gesellschaft, in der ich jetzt lebe, erfahren« (Kopka 1993, 5). Auf die Frage, ob sie ihren Anspruch, moralische Autorität zu sein, nun losgeworden wäre, antwortet sie lakonisch: »Die Lust zur Demontage einer Figur, die man vorher selbst aufgebaut hat, rührt ja oft gerade aus Neid und Mißgunst, die aus einem Unterlegenheitsgefühl entstehen« (ebd.). Dieser Satz steht im direkten Bezug zu einem Gespräch mit Max Frisch aus dem Jahr 1990, der ihr vorausgesagt hatte, dass sie als Kultfigur gestürzt werde. Den Rat des Freundes aufzupassen, »daß sie euch nicht euer Leben aus der Hand nehmen« (ETJ, 463 f.), alles aufzuschreiben, um nicht zu vergessen, wird sie zunächst ungläubig aufnehmen – »vielleicht *will* man vergessen« (464) – das Nachdenken über Gewesenes wird jedoch immer wichtiger.

Brüche – Trümmer – Utopieverluste – Spannungen – Kontinuität

Nach den Monaten der friedlichen Revolution und der Begeisterung über die mögliche individuelle Artikulationsmöglichkeit – »Die Blumenfrau in der Ossietzkystraße, die so redete, wie der Namenspatron ihrer Straße« (WA 12, 300) – begriffen viele Autorinnen und Autoren erst allmählich, dass sich das Staatsvolk der DDR nicht nur von seiner Regierung, sondern auch von ihnen, ihren stellvertretenden Wortführer/innen, den ›Sprachverwaltern‹, emanzipiert hatte. Die Volksfront aus intellektueller Avantgarde und einer aufbruchsbereiten und gewaltfreien Masse, die für eine kurze Zeit existierte, brach auseinander. Die linksdemokratischen Autorinnen und Autoren mit ihrer Sozialismussehnsucht standen denjenigen im Wege, die die deutsche Einheit aus den unterschiedlichsten Gründen zum Ziel all ihrer Bestrebungen hatten. Diese Umwälzung mit ihrem utopischen Hintergrund einer demokratischen Erneuerung von unten wurde von der pragmatisch denkenden Bevölkerung radikal in Frage gestellt und schließlich ad absurdum geführt.

Helga Königsdorf leitet ihr Buch *Adieu DDR* (1990) mit folgenden Worten ein:

> »Wir geben es auf, dieses Land, das mit seinen falschen Strukturen unser Wollen unmöglich machte. ›Grau‹ wurde es genannt. Doch wir, die wir nicht genau wußten, wie die Welt aussieht, die wir krank waren vor Fernweh, haben in ihm, fast ohne es selbst zu bemerken, jede Menge Leben gelebt.[...] Was bleiben wird, sind wir, die Menschen in diesem Territorium. Ohne den Ort zu verändern, gehen wir in die Fremde.« (Königsdorf 1990, 9)

Aus dieser mentalen Verfasstheit heraus schreibt der Christa Wolf nahestehende Volker Braun das bereits erwähnte Gedicht »Das Eigentum«, in dem er sich in einem Bezugsfeld zwischen Hölderlin und Büchner und somit in der gesellschaftlichen und kulturellen Umbruchszeit vom 18. zum 19. Jahrhundert bewegt. Die Spannung dieses Gedichts und dessen Nachhaltigkeit resultieren aus der Zitatevielfalt sowohl eigenen als auch aufgenommenen Sprach- und Literaturmaterials. Die Angst des lyrischen Subjekts »Mein Eigentum, jetzt habt ihrs auf der Kralle« ist vielfach deutbar. Es geht nicht dominant um das kollektive Eigentum, was als Grundlage der DDR galt, sondern vor allem um das geistige Eigentum. Die Ängste, die auf viele Autorinnen und Autoren dieser Monate übertragbar sind, nicht mehr gehört, verstanden und angenommen zu werden, ihre Verlage zu verlieren und sich gänzlich veränderten, marktorientierten Literatur- und Kulturverhältnissen stellen zu müssen, wurde mit dem Zusammenbruch des Verlags- und Buchmarktes nach 1989 zur Realität. Wie im ganzen Land stand nun das Zauberwort des Marktes obenan, alles hatte sich diesem Diktat zu unterwerfen. Die knapp 80 Verlage mit einer Vielzahl von Auftragslisten von Parteien und staatlichen Einrichtungen wurden liquidiert oder zur Bedeutungslosigkeit degradiert. Auch dieser Prozess erwies sich als eine Spätfolge der Teilung Deutschlands, was aus der Geschichte sowohl des Reclam Verlages Stuttgart und Leipzig, des Inselverlages Frankfurt am Main und Leipzig als auch des Gustav Kiepenheuer Verlages ablesbar ist. Christa Wolf muss sich in dieser Zeit nach einem neuen Verlag umsehen, nachdem der Aufbau-Verlag alle Rechte am Werk der Autorin Luchterhand übergeben hatte. Hier wird zwischen 1999 bis 2001 die zwölfbändige Werkausgabe erscheinen. Aufgrund von Umgestaltungen und Eigentümerwechseln bei diesem Verlag veröffentlicht sie zwischenzeitlich bei Kiepenheuer & Witsch. Im

Jahr 2005 wird schließlich der Wechsel zu Suhrkamp vollzogen, zu Ulla Berkéwicz hat sich in kurzer Zeit eine »wirkliche Freundschaft« (ETJ2, 97) entwickelt.

Ostdeutsche Autorinnen und Autoren sind somit in verschiedenen Feldern verortet. Beweggründe, Werte und Biographien werden dominant in Ostdeutschland auf den Prüfstand gestellt. Eine neue Zeitrechnung ohne die Einbeziehung der alten schien angefangen zu haben, polarisierende Ein- und Zuordnungen überwiegen. Der Theologe Klaus-Peter Hertzsch (Jg. 1930) hat über seine Erfahrungen in dieser Zeit, die in den Spannungsfeldern von Nähe und Ferne zu sehen sind, berichtet:

> »Die Menschen aus den alten Bundesländern versichern uns, daß sie durchaus bereit sind, auch für unser Versagen Verständnis aufzubringen; aber sie fordern mit Recht, daß vorher eine ehrliche Bilanz gemacht wird, ein ehrliches Eingeständnis des Gewesenen. Aber mit welchen Kriterien soll das geschehen? Wir machen die Erfahrung, daß als Norm selbstverständlich die alte Bundesrepublik vorausgesetzt wird. Das, was hier war und heute ist, gilt als das Normale.« (Gamer-Wallert u. a. 1997, 16)

Für viele Autor/innen waren die Ereignisse des Jahres 1989 in erster Linie eine Erfahrung des Religions- und Utopieverlustes (vgl. Welzel 1998, 105). In den meisten nach 1989 geschriebenen Gedichten überwiegen Brüche, Beschädigungen und Melancholie; die Veränderungen erscheinen »weniger hoffnungsvoll als vielmehr niederschmetternd, weniger utopisch als vielmehr orientierungslos, weniger stabilisierend als vielmehr gefährdend« (Erhart 1997, 165).

Als Zugangsmöglichkeit zur Interpretation der Texte nach 1989 erweist sich das Spannungsfeld von Zentrum zu Peripherie. Die DDR-Literatur hat viele Ersatzfunktionen – v. a. die Kompensation einer fehlenden Öffentlichkeit – bedienend im Zentrum gestanden. Dieser Platz ist unter den veränderten politischen, sozialen, marktorientierten und den ästhetischen Bedingungen für Kunst und Literatur nicht mehr realisierbar und musste aufgrund des Transformationsprozesses aufgegeben werden. Den Peripherien kommt jedoch sowohl vor als auch nach 1989 in Ostdeutschland Bedeutung zu. Homi K. Bhabha schreibt im Aufsatz »Dissemi Nation: Time, Narrative and the Margins of the Modern Nation« (Bhabha 1990), dass heute die moderne Nation von den Rändern neu erschrieben wird, von denen, die an den Rändern leben. Die Literatur Ostdeutschlands hat sich zum einen an diesen Rändern befunden und diese wollen – so Brigitte Burmeister 1995 in einem Vortrag an der Leipziger Universität – gefüllt sein. Zum anderen befinden sich viele Künstler/innen durch diese Veränderungen an den Rändern und haben so die Chance, von hier aus, durch ihre individuellen und ästhetischen Verortungen, sowie durch die Neu- und Andersartigkeit ihrer poetologischen Ansätze, ihrer doppelten Blickweisen zu einem veränderten Ort zu finden. In ihrer »Laudatio für Thomas Brasch« (WA 12, 39–52) verweist Christa Wolf auf dieses Phänomen der Näherung »von den Rändern her« (47), sich dem zentralen Punkt seines Schreibens nähern zu können.

Nach 1989 leben Autorinnen und Autoren in Zwischenzeiten und Zwischenorten. Das Leben an den Peripherien bedeutet konsequentes Hinterfragen, rigoroses Überdenken eingenommener Positionen als auch die Weiterführung der poetischen Konzeptionen. In vielen Essays und poetischen Texten werden die Begriffe Ort, Marginalisierung und Grenzsituation hervorgehoben. Dabei ist der Begriff des Ortes vieldimensional zu verstehen: als räumliche, zeitliche und politische Größe, zu der sich das Individuum in Beziehung setzt, als Größe von Sprache, als Aspekt von Rekonstruktion und Imagination und als marginales Moment, das somit Begrenzungen unterlegen ist, an das und von dem sich das Individuum sowohl herantasten als auch lösen kann. Daraus ergeben sich Konsequenzen, die in den Schreibprozessen nach 1989 in Spannungsfeldern nachweisbar sind: Die Entortung im Sinne des Herausfallens und des Reibens an Grenzen und die Verortung im Sinne des Ab- und Herantastens, des Ort-Findens und Ort-Bestimmens (vgl. Nagelschmidt 2002, 43). Indem Orte begrenzt sind, können Marginalisierungen beschrieben werden. Das Eigene und das Andere – Fremde – werden so erhellt. Die Distanzierung und Näherung des schreibenden Ich von und an das Andere erscheinen bei dieser Betrachtung in einem weit schärferen Licht.

Carsten Gansel spricht von der nach 1989 in Ostdeutschland entstandenen Literaturlandschaft als von der »Freiheit des Falls« (Gansel 1997, 41). Dabei wiegt das Verschwinden der eigenen Bedeutung schwer. Während Heiner Müller in einer wahren Selbstverzweiflung Interview auf Interview gegeben hat, war Volker Braun zunächst bestrebt, auf Lesereisen und im Rahmen verschiedener Stipendien den Standpunkt des engagierten Poeten in veränderter politischer und räumlicher Landschaft zu erkunden. Der für ihn neuen Situation der Nivellierung von Widersprüchen unter demokratisch-marktwirtschaftlichen

Bedingungen setzt er seine Sprachwut über den Verlust von einmal eingenommenen Haltungen inmitten einer unter Klassengesichtspunkten polarisierten Gesellschaft entgegen.

Zu dem von Christa Wolf und anderen Autor/innen angestrebten Dialog gehört auch das Aufschreiben von Biographien. Identitätsfindung ist stets von der Akzeptanz der anderen abhängig; Einverständnis und das notwendige Kennenlernen können nur erzielt werden, wenn sich Menschen ihre Lebensgeschichten erzählen. Über dieses Erzählen, so Christa Wolf in ihrem Brief an Jürgen Habermas vom 7. Dezember 1991, können sich weitere Gespräche entwickeln, »darauf wollen wir bestehen« (WA 12, 379). Diese großen Gespräche wurden von den ostdeutschen Literaten in Gang gesetzt, davon zeugt die Fülle autobiographischer Zeugnisse von Günter de Bruyn bis Hedda Zinner.

Die Fremde als die Andere: Medea

Diese Veränderungen in den politischen, sozialen und kulturellen Feldern, die bedingt durch den Transformationsprozess nach 1990 zu radikalen Einschnitten in den Lebensmustern und zur Abwertung von Biographien, zu Utopieverlusten, Verletzungen, Fremdzuschreibungen und Unbehaustheit geführt haben, sind Voraussetzungen für den Entstehungsprozess von *Medea. Stimmen* (s. Kap. II.F.35). Im Interview mit Petra Kammann spricht Christa Wolf über Stoff- und Themenfindung des Romans und bindet ihre Überlegungen an ein Krisenszenario der abendländischen Kultur, das immer dann greift, wenn ein Epochenumbruch Menschen ausgrenzt und diese zu Sündenböcken gemacht werden (vgl. Kammann 1998, 50). Indem Medea als eine Gestalt der »Zeitengrenze« (ebd.) gesehen wird, ist es für die Autorin wichtig, aus tiefer persönlicher – nicht privater – Betroffenheit heraus, das Phänomen der Ausgrenzung des Anderen, des Fremden wiederum an einer weiblichen Figur zu entwickeln und ihre Kritik an patriarchalen Machtmechanismen weiterzuführen. Dabei ist ihr Medea, die wilde Frau aus dem Osten, die »*guten Rat Wissende*« (Wolf 1998, 16), als eindrucksvoll für die Umwertung der Werte von den vorzivilisierten Gesellschaften hin zur Zivilisation erschienen, die über Jahrhunderte bedingt durch männliche Angstphantasien gejagt, gedemütigt und diffamiert wurde, bis sich durch ständige Zuschreibungen ihr Ruf als Kindsmörderin tief in das kollektive Gedächtnis eingeprägt hat.

Wie in *Kassandra* erfährt der Mythos eine Umdeutung. Medea ist Jason nicht aus Liebe und Leidenschaft verfallen, vielmehr verlässt sie Kolchis, weil sich ihre Heimat unerträglich verändert hat und sie hier nicht mehr zu leben bereit ist. Dabei bringt sie ihre Erfahrungen von Kolchis, wo matriarchale Verhältnisse noch erinnert werden, nach der Stadt Korinth mit, die bereits ›durchpatrialisiert‹ ist und ihr Wissen nicht ertragen wird. Auch wenn Äußerungen von Christa Wolf wie – »In annähernd matriarchalen Beziehungen zwischen Frauen gibt es keine Eifersucht wegen eines Mannes« (Kammann 1998, 51) – zu Widerspruch reizen, ist es nicht ihre Absicht, matriarchale Strukturen zu verherrlichen und Idealbilder ferner Gesellschaften zu entwerfen.

Befragt nach ihrer Poetologie entwickelt die Autorin ihre Vorstellungen von dem Erzählgewebe des Textes, in dem einzelne Figuren zu ihrem Recht kommen sollen. Dazu waren vielfältige Vorarbeiten notwendig. Diese hat sie während ihres Stipendienaufenthaltes in den USA geleistet – »es erfindet sich leichter aufgrund von Kenntnissen« (ebd., 50) –, so dass sie, ähnlich der Spinne in ihrem Netz, zu dem Zentrum der Komposition und der Erkenntnis, dass viele frühere Städte auf Verbrechen gegründet sind, vorgestoßen ist. Christa Wolf hat zwei Grundmuster der Wissenskultur des Abendlandes zum Ausgangspunkt der Auseinandersetzung mit dem Medea-Mythos genommen, die Ost-West-Differenz im Sinn der kollektiven Symbolik, dass die Kulturräume Kolchis und Korinth unterschiedliche Sinnordnungen und Gesellschaftsformationen repräsentieren und somit in den Wahrnehmungen der Protagonist/innen rekonstruierbar sind, sowie das des Fremden und des Fremdseins. Dabei ist das Phänomen des Fremden vielfach erschließbar. Julia Kristeva deutet ihn als denjenigen, »der nicht Teil der Gruppe ist, der nicht ›*dazu gehört*‹, der *andere*« (Kristeva 1990, 104) ist. Der Fremde als der andere wird somit in Bezug auf eine bereits bestehende Einheit, eine Nation oder eine Ethnie gefasst und stellt eine Bedrohung einer wie auch immer gefassten homogenen Gruppe dar. Der Fremde ist ein eindeutiger Wertungsbegriff, der sich immer wieder neu aus den Ordnungs- und Sinnleistungen einer gesellschaftlichen Gruppe heraus strukturiert. Diese Außensicht auf den Fremden hat gleichermaßen die Innensicht provoziert. Eigenes und Fremdes sind dabei keine binären Oppositionen, vielmehr kommt es auf den Standpunkt der Wahrnehmung und das Aushalten von Spannungen an. Die französische Philosophin spricht daher von dem Fremden in uns selbst: »Er ist die verborgene Seite unserer Identität, der Raum, der unsere Bleibe zunichte macht, die Zeit, in der das Einverständnis und die Sympathie zugrunde gehen. Wenn wir ihn in uns erkennen, verhindern wir, daß wir ihn selbst verabscheuen« (ebd., 11). Der Fremde gilt als ein Begründungs- und Legitimationsmodell hierarchischer Gesellschaften. Nur im ständigen Aushandeln zwischen Selbst- und Außensicht ist es möglich, das Fremde in sich selbst zu erkennen und das Fremdsein in der Ambivalenz wahrzunehmen. Denn der Fremde ist nicht nur das Moment von Bedrohung und Zerstörung der inneren Ordnung, er kann gleichermaßen in seiner utopischen Dimension auch zum Idealbild einer Gruppe werden und somit ein anderes Begehren repräsentieren. Der Fremde in der personalisierten und das Fremdsein in der übertragenen Form stehen in enger Verbindung mit Werte-, Identitäts- und Wahrnehmungsdiskursen.

Hyacinthe Ondoa überschreibt ein Teilkapitel seiner Schrift *Literatur und politische Imagination* mit der Frage, ob Christa Wolfs Medea-Text »Eine neue Politik der Verortung?« (Ondoa 2005, 217) sei. Indem die Erzählinstanz Medea aus der ihr vertrauten Welt im Wissen um diese herausfallen lässt, sie als Entortete nach Korinth kommt, weiß sie um das Gemeinsame zwischen der ihr erbärmlich scheinenden Heimatstadt Kolchis und dem prächtigen Korinth: die Herrschaft und die Machtverhältnisse sind auf Verbrechen gegründet. Das Erkennen des eigenen Fremdseins in Korinth und des Machtmechanismus erlauben es Medea nicht, sich in den Herrschaftsstrukturen zu verorten. Die Stadt versagt ihr zudem das Angekommen-Sein, die Prinzipien sind durchschaubar: »Im Verborgenen leben, kein Wort sagen, keine Miene verziehen, dann dulden sie dich. Oder vergessen dich. Das Beste, was dir passieren könnte. Aber das steht dir nicht frei« (ME, 177).

Männlich geprägte Strukturen werden im Text einer ständigen Überprüfung durch die sich ergänzenden und aufeinander Bezug nehmenden Stimmen unterzogen. Lebensmuster werden entworfen, im Wechselspiel zwischen Hass, Liebe und Intrigen sind Polarisierungen aufgehoben; Frauen und Männer sind Opfer und Täter zugleich, vereint im Gefüge von Macht, -erhalt und -missbrauch. Um von sich selbst abzulenken, werden Schuldige gesucht. Medea befindet sich in dieser Welt in einer Grenzsituation: zum einen verfügt sie über das Wissen um die hierarchischen Strukturen, zum anderen gilt sie in diesem Ordnungssystem als die Fremde und die Bedrohende. Die Wissende wird zum Sündenbock der eigenen Unfähigkeit der Machthaber in Korinth. Indem die Figur als Grenzgängerin angelegt ist, erfolgt die Aushandlung zwischen Ent- und Verortung. Die von draußen Kommenden, die Kolcherinnen, die sich zum Demeter-Fest zusammenfinden, der Steinhauer Oistros, die Inselsituation um Arethusa, die Gestrandeten aus Kreta, sowie Arinna, Lyssas Tochter, die in den Bergen gemeinsam mit anderen Frauen voller Entbehrungen lebt, sind die Fremden, an die die Utopien von Menschlichkeit und Nützlichkeit gebunden sind. Sie sind nicht in den Netzen von Hierarchien verfangen, sie können sich dem Experiment stellen, anders zu denken und zu leben. Im Erkennen des Eigenen als Widerpart gegen kollektive Zuschreibungen sind über Solidarisierungen Verortungen möglich, die den Gesetzen einer menschlich orientierten Politik folgen.

Aus dieser menschheitsgeschichtlichen Perspektive heraus verbietet es sich, diesen Roman auf eine Ost-West-Differenz im Sinn des Ost-West-Verhältnisses beider deutscher Staaten und somit auf eine biographisch orientierte Lesart zu reduzieren, wie es in einigen Kritiken geschehen ist, die den Text als Schlüsselroman verstanden haben wollen (s. Kap. IV.50). Dem widersetzt sich die Autorin 1996 im Interview mit dem *Tagesspiegel* »Sind Sie noch eine Leitfigur, Frau Wolf?«, indem sie auf ihren Schreibprozess rückblickend erklärt, dass sie immer wieder von dem sich vielleicht aufdrängenden Ost-West-Vergleich weggetrieben ist, vielmehr ist für sie »die Frage nach den destruktiven Wurzeln unserer Zivilisation« (Krause 1996, 21) von weit größerem Interesse gewesen.

Veränderungen im Leseland Ost

Die Nachwehen des Literaturstreits und der Offenlegung der Staatssicherheitsakten halten bis zum Ende des Jahrhunderts an. Ein kollektives Misstrauen gegenüber der DDR-Literatur, die sich als weit differenzierter erweist, das von außen wahrgenommene Desinteresse an dem einst gewesenen Land, den Menschen und ihrer Kultur, hat auch zur Abwertung von literarischen Texten geführt. In diesem Zusammenhang zeigte sich die Notwendigkeit einer Revision des Begriffs DDR-Literatur, weil über Jahre vorgenommene Vereinheitlichungen in den Literaturgeschichten beider deutscher Staaten so nicht mehr haltbar waren (vgl. u. a. Ondoa 2005, 18–25). Christa Wolfs Popularität dagegen war in Ost und West ungebrochen. Im Tagebuch des Jahres 1996 notiert sie nach einer Lesung vor 1700 Zuhörer/innen im Audimax in Hamburg, dass die Kampagne im »*Westen*« (ETJ, 562) keine negativen Wirkungen hinterlassen habe, obwohl ihr nach wie vor bei einer solchen Massenansammlung nicht wohl sei.

Nach Jahren der ironisch satirischen Abrechnung mit der DDR (Volker Braun, Thomas Brussig, Jens Sparschuh, Thomas Rosenlöcher), des Vorführens von Defiziterfahrungen der Gegenwart (Brigitte Burmeister, Hermann Kant, Helga Königsdorf) sowie der Konstruktion des Fremden (Volker Braun, Wolfgang Hilbig, Christa Wolf) war am Ende der DDR ein Tiefpunkt erreicht: »Wo einmal die Literatur der DDR gewesen war, herrschte tabula rasa« (Meyer-Gosau 2004, 12). Das neue Jahrtausend brachte gänzlich andere Ansätze und wehte die trüben Gedanken der 1990er Jahre wie mit einem Windhauch weg. Es galt, den Osten neu zu entdecken, und wo konnte das besser geschehen als in dem in Ost und West gleichermaßen beliebten Medium Fernsehen. Wurden dort vor rund zehn Jahren noch arrogante ›Besser-Wessis‹ trotzigen ›Ost-Motzkis‹ gegenübergestellt, galt es nun, die DDR unter dem Motto ›So schlecht kann es gar nicht gewesen sein‹ zu entdecken. Auf allen Kanälen versammelte sich das, was man für die Ost-Elite hielt. Katharina Witt glänzte in der Pionieruniform, Nina Hagen sang das Sandmännchenlied und über allen schwebte das Konterfei des ersten deutschen Kosmonauten im All: Sigmund Jähn. Dass dieses Regime über Jahre seine Untertanen per Schießbefehl an der Ausreise hinderte und systematisch bespitzelte, all das tat der guten Laune keinen Abbruch.

Es ist Bewegung in »Wolfs Revier« – wie der Titel der Frühjahrsausgabe des Journals *Literaturen* 2004 intertextuell gut verpackt lautete – gekommen. Im Frühjahr des Jahres wurde der neue Roman *Landnahme* von Christoph Hein im Beisein des früheren Bundespräsidenten, Richard von Weizsäcker, und in München von der ehemaligen Präsidentin des Bundesverfassungsgerichts, Jutta Limbach, vorgestellt. Anlässlich des 75. Geburtstages gibt der Luchterhand Verlag *Christa Wolf. Eine Biographie in Bildern und Texten* heraus, ein Jahr zuvor war in diesem Verlag ihr Tagebuchwerk *Ein Tag im Jahr. 1960–2000* erschienen. Im 2005 präsentierten Buch *Ein Land, genannt die DDR* formuliert der Mitherausgeber Ulrich Plenzdorf das Ziel, dass Autoren zu Wort kommen sollen, die in der Lage sind, »wirkliche Auskunft über ein wirkliches Leben in der DDR zu geben, indem sie aus ihren Geschichten in und mit der DDR erzählen« (Plenzdorf/Dammann 2005, 200). In diesem Band wird der Versuch der Vermittlung zwischen Vergangenheit und Gegenwart über die Aushandlung von Identitätskonzepten unternommen. Die kollektive Ich-Identität war in der DDR stark ausgeprägt, wesentliche Aspekte sind das Verflochtensein des Subjekts in soziale Gefüge und das Bewusstsein des Individuums, mit der Gesellschaft im kollektiven Austausch zu stehen. Das somit favorisierte und auch umgesetzte Modell von Einheit, das mit der Konstruktion des kollektiven Ich einherging, weicht ab dem Herbst 1989 der Aushandlung eines heterogenen Wir-Konzepts. Mit der Vereinigung beider deutscher Staaten verschwand mit der DDR die materielle Grundlage, die diesen Wir-Vorstellungen zugrunde lag. In den folgenden Jahren kommt der Erinnerung an die Entstehung einer veränderten Wir-Konzeption eine entscheidende Bedeutung zu. Identität fungiert vor allem als Wissen über die Vergangenheit und um dieses Wissen wird von Autorinnen und Autoren aller Generationen von Christa Wolf über Volker Braun und Christoph Hein bis Jana Hensel (Jg. 1976) gerungen. Das hat zur Folge, dass die Texte ein differenziertes Wissen über die gemeinsame Vergangenheit mitformen und somit eine Teilhabe an der Strukturierung des kollektiven Gedächtnisses besitzen.

Angenommene Zeitzeugenschaft: »Verlierer ist man erst, wenn man sich selbst als Verlierer sieht.« (SdE, 150)

Ihr letztes großes Schreibprojekt *Stadt der Engel oder The Overcoat of Dr. Freud* (s. Kap. II.H.43) entwickelt Christa Wolf – wie bereits andere ihrer Vorhaben – über Jahre, von vielen Unterbrechungen begleitet. Die ersten Ansätze gehen bis auf das Jahr 1980 und den gemeinsamen Aufenthalt mit ihrem Mann in Oberlin/Ohio zurück. Der Plan über die USA zu schreiben, wurde nach vielfältigen Versuchen während ihres Studienaufenthaltes in Kalifornien wieder aufgenommen und modifiziert. Inspiriert vor allem von den authentischen Orten als auch den Texten der Exilautoren – so die »Hollywood-Elegien« von Brecht – führten sie ab 1993 immer wieder zu Neuordnungen des Materials im Bewusstsein, aus dem »Status der Zeitgenossin in den der Zeitzeugin« (ETJ, 623) getreten zu sein. Diese Bestrebungen wurden jedoch immer wieder durch vielfältige Verpflichtungen, Interviews, Lesungen, das Schreiben anderer Texte sowie von Krankheiten unterbrochen. Im Tagebuch wechseln hoffnungsvolle Momente – so verspürt sie 1997 die Stelle in ihrem Inneren »hinter der der Schlüssel für das Weiterschreiben verborgen ist« (585). Der zweite Teil des Tagebuchwerkes *Ein Tag im neuen Jahrhundert* (2014) spiegelt das Ringen um das neue Buch, die Angst, es nicht fertigstellen zu können, sowie die Diskussionen mit ihrem Mann über dessen 2005 geäußerte Bedenken gegenüber dem Manuskript – einer »höflich-harschen Kritik« (ETJ2, 76) – sowie einzelnen Handlungssträngen wider (135). Die Arbeit am Text schwankt zwischen Lust und Last (vgl. 128 f.). Befriedigend ist die Erkenntnis, sich frei im Stoff und den Erinnerungen bewegen zu können, von der »schlichten naturalistischen ›Wahrheit‹« (111) abzuweichen; sie befinde sich, so die Notiz, in einem »zunehmenden Erfindungsrausch« (ebd.).

Ein Jahr vor ihrem Tod erscheint 2010 der Roman, in dem wie in *Kindheitsmuster* von der unmittelbaren Gegenwartsebene aus erzählt wird und der L. A. – die Stadt der Engel – als Ausgangspunkt der Reflexionen hat. Im Wechselspiel zwischen der Ich-Erzählinstanz, die in der Gegenwart von L. A. agiert und sowohl homodiegetisch als auch heterodiegetisch verfasste Blicke auf die eigene Vergangenheit und Gegenwart richtet, und einem Du, das sich einerseits im Abrufen von Erinnerungen in der Ansprache des ebenfalls namenlosen Partners in Deutschland und andererseits in der Selbstreflexion realisiert, erfolgen differenzierte Raum-Zeit-Aushandlungen. Dabei kommen Amerika und der fremden Stadt eine besondere Bedeutung zu, hier formuliert die Erzählerin erste Kernsätze, die das Grundgerüst der Auseinandersetzungen bilden. Amerika wird mit den erfolgten Kolonisationswellen als Land der Gegensätze, in dem Begriffe der alten Welt wie Nation und Identität, in die die Erzählerin verfangen ist, und in der Multikulturalität aufgehoben ist, in seiner Mitleidslosigkeit (vgl. SdE, 191) und seiner Zerstörungswut sowohl nach innen als auch nach außen gesehen. Indem von hier aus der Blick der Erzählinstanz auf das nun vereinte Deutschland gerichtet wird, ist es über die räumliche Distanz möglich, eine Grenzsituation zu konstruieren und zwischen den Kulturen und Ideologien zu agieren. Auf der einen Seite erfolgt die Analyse des gegenwärtigen Lebens in den USA, auf der anderen Seite bot dieses Land nach 1933 Tausenden von Menschen die Chance des Weiter- und Überlebens. Die Erzählerin, die das Stipendium mit dem Ziel angenommen hat, die Geschichte zwischen L. und Emma, einer Emigrantin, aufzuspüren, wird mit den Erfahrungen der »verschiedenen Gesellschaftsformationen« (18) in der Konfrontation mit ihrer eigenen Geschichte und dem Leben in einem fremden Land in eine tiefe Lebenskrise gestürzt.

»In der Stadt der Engel wird mir die Haut abgezogen, sie wollen wissen, was darunter ist, und finden wie bei einem gewöhnlichen Menschen Muskeln Sehnen Knochen Adern Blut Herz Magen Leber Milz. sie sind enttäuscht, sie hatten auf die Innereien eines Monsters gehofft.« (140 f.; im Original in Versalien)

Im Roman wird die Balance zwischen den vielfältigen Ansätzen, zwischen Realität, Faktualität und Fiktionalität gehalten. Die implizite Autorinnenstimme kommt nie abhanden, im Ringen um die individuellen und kollektiven Erinnerungen an ein nicht mehr existierendes Land wird diese auch nicht verweigert. *Stadt der Engel* ist als Vermächtnistext einer Generation, die in den Zeitzeugenstand erhoben worden ist, zu lesen, die im Nachdenken über die Vergangenheit quälende Fragen stellt, ohne die für künftige Generationen im Umgang mit den Verwerfungen im 20. Jahrhundert nur schwer eine Zukunft möglich sein wird.

Dieser Roman entzieht sich wie viele der Texte von Christa Wolf einer Gattungsbezeichnung. Nach dem Erscheinen des Buches erklärt sie 2010 im Interview mit dem *Spiegel*: »Mein Wunschbild für einen Text ist ein Gewebe. Ich möchte ein Gewebe herstellen, wo die Fäden ineinanderwirken und übereinanderliegen, und dann entsteht ein Muster, das nicht auf einen Faden gefädelt ist; in *Kindheitsmuster* versuche ich das auch. Mit einer solchen Struktur kann man vieles Ungesagte und Nicht-Sagbare ausdrücken« (Wolf 2012, 192). So liegt ein biographisch grundierter Text vor, in dem gleich diesem angestrebten Gewebe die unterschiedlichen Stränge in einem Netz von Assoziationen, Erinnerungen, Selbsterkundungen und Gesprächen verwoben sind: das Leben der Exilanten nach 1933 in Kalifornien und deren Reflexionen, die Erinnerungen an die die Erzählerin prägenden Zeitgenossen wie KuBa, Louis Fürnberg, Willi Bredel und Lew Kopelew, die Zeitgeschichte vom Ende des Zweiten Weltkriegs über die Flucht und das Ankommen an einem unbestimmten Ort, das Jahr 1976 bis zum Ende der DDR sowie die Vielzahl der Träume. Diese erweisen sich wiederum als Bindeglied zwischen Realität und Fiktion, als das Unbewusste und Verstörte und erlauben vielseitige Blicke in die innere Verfassheit der Erzählinstanz und deren Beschäftigung mit den beherrschenden Fragen: »wie dick und wie haltbar die Decke unserer Zivilisation ist« (SdE, 38); »Und wie lange haben wir gebraucht, ›unser‹ zu sagen, unser Verbrechen. Und wie lange haben wir, habe ich mich an Angebote geklammert, die versprachen, das ganz Andere zu sein, der reine Gegensatz zu diesen Verbrechen, eine menschengemäße Gesellschaft, der Kommunismus« (81 f.). Und »Kann ein Mensch sich von Grund auf ändern«? (88)

Diese zwingenden Fragen, in denen die schützende Hülle des Wir probeweise verlassen wird, führen im ständigen Dialog mit dem Philosophen Peter Gutman, einem Mitstipendiaten, der bedingt durch Herkunft, Prägung und seine Sicht auf die Welt keine fertigen Antworten zulässt, sondern vielmehr weitere Fragen provoziert, über therapeutische Sitzungen zu Selbsterkenntnissen (vgl. Pormeister 2015). Gutman ist es, der ihr in der Draufsicht auf die modernen Gesellschaften, die auf Kolonisierung, Unterdrückung und Ausbeutung beruhen, den Denkansatz bietet, dass diese, »um sich ihr lebenswichtiges Selbstbewußtsein zu erhalten, bestimmte Teile ihrer Geschichte ausblenden und sich möglichst viele Teile ihrer Gegenwart schön lügen« (SdE, 108) müssen, und ihr vorwirft, dass sie sich zu sehr über das altbekannte Problem des ›blinden Flecks‹ ereifere. Dieses Umkreisen der ›blinden Flecke‹ in der Zivilisationsgeschichte ist ein strukturierendes Element im Gesamtwerk von Christa Wolf und bestimmt sowohl ihre fiktionalen als auch nichtfiktionalen Texte (vgl. »Nachdenken über den blinden Fleck« [2007], Wolf 2012, 72–95). In *Stadt der Engel* wird dieser Fleck im Hinuntersteigen in den Schacht der Erinnerungen, in der Verstrickung der Erzählerin mit der Staatssicherheit in ihrem früheren Leben fest gemacht. Über den Versuch der Deutung des geheimnisvollen *Overcoats* von Dr. Freud, mit dem man als wärmende Schutzhülle jeder Lebenssituation gewachsen ist, der im Unterfutter jedoch Unglück und Trauer mit sich bringt, der Wahrnehmung von Körpersignalen (Haarausfall, Fieberschübe) und äußerer Einflüsse (Phobie gegenüber jedweden Zeitungen, die sie aus Deutschland erreichen) sowie der erneuten Aufnahme der Gespräche mit Gutman setzt mit dem von ihm formulierten Satz – »Der Fall liegt ziemlich einfach: Du wolltest geliebt werden. Auch von Autoritäten« (SdE, 263) – die Katharsis ein. Der Mantel hat Risse bekommen, die Betrachtung der Innenseite ist die Chance der erneuten Selbstüberprüfung. Während im ersten Teil des Romans Elemente der Selbsttäuschung aufspürbar sind und Näherungsmuster einer Entwurzelten an das Leben der Exilautoren, die ihr Land unter Lebensgefahr verlassen mussten, zugelassen werden, erfordern die Gänge durch das Labyrinth der Zeiten mit der einsetzenden Gefühlsreinigung andere Sichtweisen. Das Exil erscheint als der Transitort, die Rückkehr wurde vielen, die aus Deutschland gespült worden waren – »Was es hieß, wurzellos zu sein« (345) –, häufig verweigert, ihre Überzeugungen erfuhren Umdeutungen. Schichten beginnen sich in den Reflexionen zu überlagern, das Moment der Wiederholbarkeit ist im Aufspüren von Untergängen unumstößlich.

Im Abschiednehmen von L. A. löst sich die Realität in einem Erinnerungstraum an all die Toten auf, die einst ihren Weg begleitet haben. Gemeinsam mit dem schwarzen Engel Angelina ist nicht nur ein Schweben über Räume und Zeiten möglich, gleichermaßen werden jetzt auch die den Text durchziehenden – jedoch nicht in dieser Deutlichkeit ausgesprochenen – Fragen auf den Punkt gebracht. »Das kleine Land, aus dem ich kam, war es zu unbedeutend, um Anteilnahme zu verdienen? Stand über ihm von Anfang an nicht das Menetekel des Untergangs: Ins Nichts mit ihm? Wäre es möglich, daß ich um einen banalen Irrtum so sollte gelitten haben?« (413). Unbeeindruckt von der Erdenschwere und den existentiellen Zweifeln kann der Engel nur wenig mit den Erschütterungen irdischen Lebens umgehen.

»Müßte ich jetzt nicht eine große Schleife fliegen?
Sagte ich: Zurück auf Anfang?
Mach doch, sagte sie ungerührt.
Und Jahre Arbeit? Einfach wegwerfen?
Warum nicht?
Das Alter, Angelina, das Alter verbietet es.« (414)

Angelina wird so zum Sinnbild der Aufhebung von Werten und widersetzt sich in der Kompromisslosigkeit der Worte scheinbaren Wahrheiten und Endgültigkeiten. Jeglicher irdischen Schwere enthoben, löst sich der Text in der Unvorhersehbarkeit künftiger Zeiten auf. Alles scheint verloren, aber auch möglich zu sein: »Wohin sind wir unterwegs? / Das weiß ich nicht« (415). Christa Wolf wird weiterschreiben bis zuletzt.

7 Epilog: »Wir haben dieses Land geliebt«

Mit ihren Texten hat Christa Wolf nicht nur zwischen den Generationen, sondern gleichermaßen zwischen den Zeiten, zwischen Schuld und Unschuld, zwischen Wissen und Un-Wissen, zwischen Sehen und Weg-Sehen vermittelt, dabei immer wieder sorgfältig Differenzen abwägend. Sie gehört der Generation der von der NS-Ideologie Noch-Infiltrierten an, die um das Vorhandensein von Wurzeln in der anderen Gesellschaft, die sie als die ihre annahm und zu der sie sich bekannte, wusste und bestrebt war, diese in ihren Texten freizulegen. Bis zu ihren letzten Lebensjahren ist es ihr wichtig gewesen, sich der Generation der Exilierten zu nähern und deren Wissen zu speichern. Einige der Emigrant/innen zählten zu ihrem Freundeskreis; im Tagebuch des Jahres 1984 nennt sie diese »meine jüdischen Freunde« und notiert weiter: »Gibt es da nicht einen Auftrag – ehe sie sterben?« (ETJ, 362). Dieser immer wieder selbst gestellten Aufgabe, gegen das Vergessen und den Verlust von Mitmenschlichkeit zu schreiben, hat sie sich über das Festhalten authentischer Zeugnisse bis in das neue Jahrtausend hinein verpflichtet gefühlt.

Das Phänomen ihrer Generation und deren Prägungen ist das bestimmende Thema ihrer Autorinnenschaft. In ihren letzten Interviews kommt sie auf die Generationsfrage zurück, indem sie betont, dass es wohl nicht noch einmal eine Generation geben werde, die einen solchen Spagat zwischen der vernichtenden Erfahrung, Objekt der Geschichte zu sein – und damit Schuld auf sich nehmen zu müssen –, und dem angestrengten persönlichen Versuch nach der eigenen literarischen Subjektwerdung auszuhalten habe. 2010 beschreibt sie im *Spiegel*-Interview diesen über Jahrzehnte dauernden argen »Weg der Erkenntnis« (Wolf 2012, 188). Dazu gehört die ständige Überprüfung der Personalpronomen. Ein Ich ist schwer annehmbar und wird von dem kollektiv determinierten Wir überlagert. Dieses erweist sich in seiner Semantik im Verlauf der Jahrzehnte als außerordentlich differenziert. Ist es zunächst das Wir ihrer Generation, das Halt gibt, steht es in den 1970er Jahren als vielstimmiges Phänomen der Anverwandlung an vergangene Dichter/innengenerationen und gilt nach 1976 als Bezeichnung eines Miteinanders der Wissenden. In der Erinnerung an diese Jahre beschreibt sie diese Situation im Gespräch mit der *Berliner Zeitung*: »Wir waren keine Einzelkämpfer. Es war immer eine Gruppe von Freunden und Kollegen. Wir verständigten uns untereinander, und wir hatten immer das Gefühl, wir werden hier gebraucht« (ebd., 169). Am Beginn des neuen Jahrhunderts wird dieses stets präsente Wir, das unter den Bedingungen der geschlossenen Gesellschaft den Anfeindungen standgehalten hat, im Tagebucheintrag des Jahres 2001 in Frage gestellt. In der Erinnerung an den Gesprächsabend in der Literaturwerkstatt am Majakowskiring will dieses Wir nicht mehr gelingen. Nicht nur, dass das Haus verkauft werden soll und damit der Ort, der als ein wesentlicher Bezugspunkt der Voraussetzung des Wir-Gefühls in der Auflösung ist, gleichermaßen scheint dieser zehn Jahre nach der deutschen Einheit seinen Zweck erfüllt zu haben (vgl. ETJ2, 30f,). Das angenommene Wir, einst Konstruktion von Utopie und Rückzug, beginnt sich aufzulösen. Diese Dekonstruktion ist bereits in *Was bleibt* und in der Gestaltung der Displacement-Situation in der Textsammlung *Auf dem Weg nach Tabou* (1994) fassbar (s. Kap. II.H.41).

Wie kaum eine andere Autor/in der Gegenwart hat Christa Wolf die soziale Realität in ihren fiktionalen und nichtfiktionalen Texten reflektiert. Stets ist sie als Autorin, Ehefrau, Mutter, Freundin oder Gesprächspartnerin in dem sie umgebenden Alltag präsent. Ihr Gesamtwerk wird so – das hat sie in zahlreichen Selbstaussagen umkreist – zu einem Gewebe, in dem ständig Fäden aufgenommen und weitergeführt werden können. So ist es ihr möglich, immer wieder Erinnerungen heraufzubeschwören, sowohl individuelles als auch kollektives Gedächtnis abzurufen und die ›blinden Flecke‹ zu thematisieren. Christa Wolf hat diesen »seltsamen Stoff Leben« (GH, 12 u. 272) aus dem sie seit ihrem ersten größeren Text *Der geteilte Himmel* unaufhaltsam schöpft, angenommen. An diesem Leben in der DDR hält sie, protestantisch von der Kindheitslandschaft geprägt, trotz aller Widrigkeiten, im Bewusstsein gebraucht zu werden, fest. Darum ringt sie bis an die eigenen Schmerz- und Körpergrenzen gehend, im Glauben und im Wissen, dass bei allen erkannten Defiziten dieses Land, für das sie und ihre Familie sich entschieden haben, das moralisch integrere und hochwertigere sei. Zunehmend ist sie auf Distanz zur DDR gegangen, hat die Gläubigkeit an das System, nicht aber die Hoffnung auf mögliche Potentiale, die sich hinter den Verkrustungen und Machenschaften verbergen, verloren. Dafür hat sie Niederlagen hingenommen, aus Leid und Krankheit erwuchs jedoch immer wieder neue Produktivität: »Zum Schreiben haben mich Konflikte getrieben«, so ist das mit Carsten Gansel 2010 geführte Gespräch überschrieben (vgl. Wolf/Gansel 2014, 353–366).

Zweifel, Selbstbefragung, das ständige In-Frage-Stellen, Wahrheitssuche, Differenzierung und Mahnung, das sind einige der großen Schlagworte, die über dem Schaffen der Autorin stehen. In vielen der mit ihr nach 1989 geführten Interviews sowie in Reden dieser Zeit benennt sie Zweifel und umkreist Positionen des Scheiterns in Bezug auf die eigene Schriftstellerexistenz. In »Abschied von Phantomen. Zur Sache Deutschland« (WA 12, 507–534) entwirft sie 1994 sowohl in der Erinnerungsarbeit an die Autorinnen der Romantik als auch an Schriftsteller wie Hölderlin, Büchner und Brecht eine differenzierte Sicht auf die Autorinnen und Autoren der Nachkriegsliteratur: »Wir waren gescheitert wie diese, wußten es lange, drückten es aus, und merkwürdig, ich lernte unsere Lebensläufe als mögliche deutsche Biographien dieses Jahrhunderts sehen. Ich lernte mich als deutsche Schriftstellerin sehen« (WA 12, 521 f.).

Kritische Autorinnen und Autoren der DDR fanden im ständigen Hinterfragen von Machtmechanismen hierarchisch geprägter Gesellschaften in ihrer Zivilisationskritik zur ästhetischen Auseinandersetzung mit einer Welt, die in ihrer Friedens-, Umwelt- und Menschenfeindlichkeit sowie ihrer Fortschrittseuphorie kurz vor dem Abgrund stand. Daraus resultiert der hohe Aufnahmegrad der Texte in Ost und West. Die Schriftsteller/innen wurden auch weit über die Grenzen des Landes hinaus zu Identifikationsfiguren all derer, die ähnliche Fragen stellten und in den literarischen Texten ihre Sichtweisen gespiegelt sahen (s. Kap. IV.50 und s. Kap. IV.51). Nach 1990 haben sich viele Situationen radikal verändert. Die Auflösung der politischen Machtblöcke, massive Umwertungen von Biographien und Ideologien, die erneute Polarisierung der Welt, in der die einst Kolonisierenden von den Kolonisierten überrollt werden, haben in den Interpretationen von Christa Wolfs Werk zu erweiterten Perspektiven geführt. In ihrem letzten Lebensjahrzehnt hat die Autorin aus der Position der Zeitzeugin heraus in Gesprächen wiederholte Blicke auf ihr Werk gerichtet und somit selbst Anregungen für eine erneute Beschäftigung gegeben. Jahre nach ihrem Tod ist es nun die Aufgabe, die Texte von den von außen kommenden ideologischen Zuschreibungen zu befreien, diese auf sich selbst zurückzuführen und über die Relektüre veränderte Perspektiven einzunehmen und Vernetzungen vorzunehmen, die das Werk weit über die Entstehungszeit hinaus lebendig erhalten (vgl. Hörnigk/Gansel 2015).

Das Schreiben auf Hoffnung hin und das Umkreisen von Utopien gehört zu den konstituierenden Momenten im Werk von Christa Wolf. Im Tagebuch des Jahres 2000 konstatiert sie bitter, dass heute alles auf einen »utopiefreien Zustand« zulaufen würde (ETJ, 624). Kurz vor ihrem Tod schränkt sie im *Zeit*-Interview mit Evelyn Finger das Wort von der »totalen Hoffnungslosigkeit« jedoch ein. Aus der Geschichte gegen Ende der DDR habe sie gelernt, dass größere Menschenmassen nicht von der Ratio, sondern von ihren Wünschen und Instinkten getrieben werden. Mit Blick auf die Bürgerproteste am Beginn des Jahrhunderts sieht sie eine erneute Chance: »Dem müßte man eine utopische Richtung geben. Da könnte Literatur noch etwas bewirken« (Wolf 2012, 202). Dieser Satz kann als ein Vermächtnis der Autorin für künftige Schreib- und Lesegenerationen verstanden werden. Zu diesen Hoffnungen gehört zunehmend auch der Dialog mit den Nachfolgenden, v. a. der Enkelgeneration. Im Gespräch mit Jana Simon werden diese Entdeckungen über Jahre verfolgt. In den Gedenkreden und Nachrufen (s. Kap. IV.54) sind über individuelle Erinnerungsmuster an Christa Wolf Lebensstationen und Leseeindrücke festgehalten. Volker Braun, als Angehöriger der unmittelbar folgenden Generation, mit Christa und Gerhard Wolf über Jahre freundschaftlich verbunden, nimmt den Stafettenstab im Sinn von Anna Seghers im Text »INFERNO IV. LIMBUS«, vorgetragen auf der Trauerfeier der Akademie der Künste zu Berlin, in der Erinnerung an Vergangenes und der Verpflichtung auf Zukünftiges auf. In den letzten Versen heißt es:

»Nicht bremsten wir, so quasselnd, unsre Schritte
Und lachend kurvten wir durch all die Schatten
Brecht und Eisler, Cremer, Busch
Und Heise, Bloch sowie sein Schüler Teller
Bahro und Biermann (als er jung gewesen)
Und Fühmann, Christa, die ernst grinsend grüßten.«
(Braun 2012, 67)

Literatur

Agde, Günter (Hg.): *Kahlschlag. Das 11. Plenum des ZK der SED 1965. Studien und Dokumente*. Berlin 1991.
Albrecht, Günter (Hg.): *Schriftsteller der DDR*. Leipzig ²1975 (= Meyers Taschenlexikon).
Anz, Thomas (Hg.): *»Es geht nicht um Christa Wolf«. Der Literaturstreit im vereinten Deutschland*. Erw. Neuausgabe. Frankfurt a. M. 1995.
Bachmann, Ingeborg: Frankfurter Vorlesungen: Probleme zeitgenössischer Dichtung. V. Literatur als Utopie. In: *In-*

geborg Bachmann Werke. Bd. 4. *Essays, Reden, vermischte Schriften*. Sonderausgabe. Hg. v. Christine Koschel, Inge von Weidenbaum u. Clemens Münster. München/Zürich 1982, 255–271.

Bathrick, David: Die Intellektuellen und die Macht. Die Repräsentanz des Schriftstellers in der DDR. In: Sven Hanuschek, Therese Hörnigk u. Christine Malende (Hg.): *Schriftsteller als Intellektuelle. Politik und Literatur im Kalten Krieg*. Tübingen 2000, 235–248.

Becher, Johannes: Diskussionsbeitrag auf dem III. Parteitag der SED. In: *Protokoll der Verhandlungen des III. Parteitages der Sozialistischen Einheitspartei Deutschlands. 20. bis 24. Juli 1950*. Bd. 2. Berlin 1951, 65–71.

Bhabha, Homi K.: Dissemi Nation: Time, Narrative and the Margins of the Modern Nation. In: Ders.: *Nation and Narration*. London 1990, 291–322.

Biermann, Wolf: Nur wer sich ändert, bleibt sich treu. Der Streit um Christa Wolf, das Ende der DDR, das Elend der Intellektuellen. Das alles ist auch komisch. In: *Die Zeit*, 24.8.1990, 43–44.

Bloch, Ernst: *Das Prinzip Hoffnung*. In 5 Teilen. Kapitel 38–55. Frankfurt a. M. 1959.

Bobrowski, Johannes: Notiz für Hans Benders Anthologie »Widerspiel – Deutsche Lyrik seit 1945« (17. Juli 1961, gedruckt 1961). In: Ders.: *Gesammelte Werke in sechs Bänden*. Bd. 4: *Die Erzählungen, Vermischte Prosa und Selbstzeugnisse*. Hg. v. Eberhard Haufe. Stuttgart 1999a, 335.

Bobrowski, Johannes: Ansichten und Absichten. Ein Interview des Berliner Rundfunks (2. September 1964). In: Ders.: *Gesammelte Werke in sechs Bänden*. Bd. 4: *Die Erzählungen, vermischte Prosa und Selbstzeugnisse*. Hg. v. Eberhard Haufe. Stuttgart 1999b, 469–473.

Borchert, Wolfgang: *Die verlorene Generation. Das Gesamtwerk*. Hamburg 1949a, 77–79.

Borchert, Wolfgang: *Draußen vor der Tür. Das Gesamtwerk*. Hamburg 1949b, 127–200.

Böthig, Peter: *Grammatik einer Landschaft. Literatur aus der DDR in den 80er Jahren*. Berlin 1997.

Braun, Volker: *Verheerende Folgen mangelnden Anscheins innerbetrieblicher Demokratie. Schriften*. Leipzig 1988.

Braun, Volker: *Die Zickzackbrücke. Ein Abrißkalender*. Halle/S. 1992.

Braun, Volker: INFERNO IV. LIMBUS. In: *Wohin sind wir unterwegs? Zum Gedenken an Christa Wolf*. Berlin 2012, 66–67.

Brecht, Bertolt: Notizen zur Barlach-Ausstellung. In: *Sinn und Form* 4 (1952), H. 1, 182–186.

Brecht, Bertolt: *Schriften zu Literatur und Kunst*. Bd. II: *1934–1956*. Berlin/Weimar 1966.

Buckendahl, Uwe: *Wie tief hinab reicht das Erinnern? Editionen und Textvarianten von Franz Fühmann »Das Judenauto«. Zeugen einer Zensur. Ein Zwischenbericht*. Manuskript. Leipzig 2014.

Burgess, Gordon/Winter, Hans-Gerd (Hg.): *»Generation ohne Abschied«. Heimat und Heimkehr der ›jungen Generation‹ der Nachkriegsliteratur*. Dresden 2008.

Dahlke, Birgit: Vom »Nichtfeminismus« der meisten DDR-Autorinnen in nichtoffiziell publizierten Zeitschriften und Büchern der DDR 1979–1990. In: Ilse Nagelschmidt (Hg.): *Frauenleben – Frauenliteratur – Frauenkultur der 70er und 80er Jahre*. Leipzig 1997, 25–38.

de Bruyn, Günter: *Vierzig Jahre. Ein Lebensbericht*. Frankfurt a. M. 1996.

Decker, Gunnar: *Franz Fühmann. Die Kunst des Scheiterns. Eine Biographie*. Rostock 2009.

Deiritz, Karl/Krauss, Hannes (Hg.): *Der deutsch-deutsche Literaturstreit oder »Freunde, es spricht sich schlecht mit gebundener Zunge«*. Hamburg/Zürich 1991.

Emmerich, Wolfgang: Im Zeichen der Wiedervereinigung: die zweite Spaltung der deutschen Literatur. In: Ders.: *Die andere deutsche Literatur. Aufsätze zur Literatur aus der DDR*. Opladen 1994, 208–223.

Emmerich, Wolfgang: *Kleine Literaturgeschichte der DDR*. Erw. Neuausgabe. Leipzig 1996.

Emmerich, Wolfgang: Generationsprofile. Christa Wolf, Annette Simon und Jana Simon in autobiografischen Texten. In: *Text + Kritik*. Heft 46: *Christa Wolf*. 5. Aufl. (neu) München 2012, 11–26.

Emmerich, Wolfgang: DDR-Literatur zwischen Anpassung und Widerspruch. In: Martin Hermann u. Henning Pietzsch (Hg.): *DDR-Literatur zwischen Anpassung und Widerspruch. Tagungsband zum Jürgen-Fuchs-Literaturseminar am 26. und 27. November 2010 in Jena*. Jena 2013, 47–65.

Erhart, Walter: Gedichte, 1989. Die deutsche Einheit und die Poesie. In: Walter Erhart u. Dirk Niefanger (Hg.): *Zwei Wendezeiten. Blicke auf die deutsche Literatur 1945 und 1989*. Tübingen 1997.

Faber, Elmar/Wurm, Carsten (Hg.): *Das letzte Wort hat der Minister. Autoren- und Verlegerbriefe 1960–1969*. Berlin 1994.

Faber, Elmar: *Verloren im Paradies. Ein Verlegerleben*. Berlin 2014.

Fix, Ulla: *Sprache, Sprachgebrauch und Diskurse in der DDR. Ausgewählte Aufsätze*. Berlin 2014.

Fühmann, Franz: *Barlach in Güstrow*. Leipzig 1973.

Fühmann, Franz: Das Judenauto. In: Ders.: *Das Judenauto. Kabelkran und Blauer Peter. Zweiundzwanzig Tage oder Die Hälfte des Lebens*. Rostock 1979, 7–17.

Fühmann, Franz: *Zweiundzwanzig Tage oder Die Hälfte des Lebens*. Leipzig 1980.

Gamer-Wallert, Ingrid/Blumenthal, Elke/Klinger, Gottwalt (Hg.): *Nähe und Ferne. Erlebte Geschichte im geteilten und vereinigten Deutschland*. Tübingen 1997.

Gansel, Carsten: Auf der Suche nach dem Gral aber kein Seeweg nach Indien? Deutsche Literatur zwischen Gegendiskurs und dem Prinzip Hoffnung. In: Steffen Peltsch (Red.): *»Angekommen?! – DDR-Literatur in Deutschland«. II. Uckermärkisches Literatursymposium in Angermünde vom 3. bis 5. Mai 1994*. Neubrandenburg 1997.

Gansel, Carsten (Hg.): *Christa Wolf – Im Strom der Erinnerung*. Göttingen 2014.

Geipel, Ines (Hg.): *Die Welt ist eine Schachtel. Vier Autorinnen in der frühen DDR – Susanne Kerckhoff, Eveline Kuffel, Jutta Petzold, Hannelore Becker*. Berlin 1999.

Geipel, Ines/Walter, Joachim (Hg.): *Die Verschwiegene Bibliothek. 10-bändige Reihe*. Frankfurt a. M. 2004–2009.

Glaser, Hermann: *Die Kulturgeschichte der Bundesrepublik*.

Bd. I: *Zwischen Kapitulation und Währungsreform 1945–1948.* Frankfurt a. M. 1990.

Greiner, Ulrich: Die deutsche Gesinnungsästhetik. Noch einmal: Christa Wolf und der deutsche Literaturstreit. Eine Zwischenbilanz. In: *Die Zeit*, 2.11.1990, 59–60.

Ham, Suok: *Zum Bild der Künstlerin in literarischen Biographien. Christa Wolfs »Kein Ort. Nirgends«, Ginka Steinwachs' »George Sand« und Elfriede Jelineks »Clara S.«.* Würzburg 2008.

Hilzinger, Sonja: *Christa und Gerhard Wolf. Gemeinsam gelebte Zeit.* Berlin 2014.

Hoffbauer, Nora: Geliebt, verachtet und wieder verehrt. Christa Wolf und die Politisierung ihrer Literatur. In: Siegfried Lokatis, Theresia Rost u. Grit Steuer (Hg.): *Vom Autor zur Zensurakte. Abenteuer im Leseland DDR.* Halle/S. 2014, 191–204.

Holdenried, Michaela (Hg.): *Geschriebenes Leben. Autobiographik von Frauen.* Berlin 1995.

Honecker, Erich: *Zu aktuellen Fragen bei der Verwirklichung der Beschlüsse unseres VIII. Parteitages. Aus dem Schlußwort auf der 4. Tagung des ZK der SED am 16./17. Dezember 1971.* Berlin 1971.

Höntsch, Ursula: *Wir Flüchtlingskinder.* Halle/S. 1985.

Höntsch, Ursula: *Wir sind keine Kinder mehr. Die Geschichte einer Jugend.* Halle/Leipzig 1990.

Hörnigk, Therese/Gansel, Carsten (Hg.): *Zwischen Moskauer Novelle und Stadt der Engel. Neue Perspektiven auf das Lebenswerk von Christa Wolf.* Berlin 2015.

Huffzky, Karin: Irmtraud Morgner: »Produktivkraft Sexualität souverän nutzen«. In: Jutta Menschik (Hg.): *Grundlagentexte zur Emanzipation der Frau.* Köln 1976, 327–334.

Jäger, Andrea: *Schriftsteller aus der DDR. Ausbürgerungen und Übersiedlungen von 1961 bis 1989.* Bd. 2. Frankfurt a. M./Berlin/Bern u. a. 1995.

Jens, Walter: Eine reale Zauberwelt, ein pandämonisches Heute. In: Kristine von Soden (Hg.): *Irmtraud Morgners hexische Weltfahrt. Eine Zeitmontage.* Berlin 1991, 17–19.

Kammann, Petra im Gespräch mit Christa Wolf am 25.1.1996. In: Marianne Hochgeschurz (Hg.): *Christa Wolfs Medea. Voraussetzungen zu einem Text. Mythos und Bild.* Berlin 1998, 49–57.

Kaufmann, Hans: Veränderte Literaturlandschaft. In: Ders. (Hg.): *Tendenzen und Beispiele: zur DDR-Literatur in den siebziger Jahren.* Leipzig 1981, 7–40.

Königsdorf, Helga: *Meine ungehörigen Träume. Nachsatz.* Berlin/Weimar 1978, 145–146.

Königsdorf, Helga: *Adieu DDR. Protokolle eines Abschieds.* Berlin 1990.

Kopka, Fritz-Jochen im Gespräch mit Christa Wolf. Margarete in Santa Monica. Wie fremd kann die Vergangenheit sein? In: *Wochenpost*, 28.1.1993, 4–5.

Koschel, Christine/Weidenbaum, Inge v. (Hg.): *Ingeborg Bachmann: Wir müssen wahre Sätze finden. Gespräche und Interviews.* Gespräch mit N. N. München 1994, 45–46.

Krause, Tilman: Sind Sie noch eine Leitfigur, Frau Wolf? Christa Wolf im Gespräch mit Tilman Krause. In: *Der Tagesspiegel*, 30.4./1.5.1996, 21.

Kristeva, Julia: *Fremde sind wir uns selbst.* Frankfurt a. M. 1990 (frz. 1988).

Lauter, Hans: Der Kampf gegen den Formalismus in der Kunst und Literatur für eine fortschrittliche deutsche Kultur. Auszüge aus dem Referat auf der 5. Tagung des Zentralkomitees der SED. In: Kulturbund zur demokratischen Erneuerung Deutschlands. Landesleitung Sachsen (Hg.): *Kampf gegen den Formalismus in der Kunst und Literatur für eine fortschrittliche deutsche Kultur.* Dresden 1951, 20–36.

Lejeune, Philippe: *Der autobiographische Pakt.* Frankfurt a. M. 1994 (frz. 1975).

Lindner, Bernd: Die Generation der Unberatenen. Zur Generationsfolge in der DDR und ihre strukturellen Konsequenzen für die Nachwendezeit. In: Annegret Schüle, Thomas Ahbe u. Rainer Gries (Hg.): *Die DDR aus generationengeschichtlicher Perspektive. Eine Inventur.* Leipzig 2006, 93–112.

Löffler, Katrin: *Systemumbruch und Lebensgeschichte. Identitätskonstruktion in autobiographischen Texten ostdeutscher Autoren.* Leipzig 2015.

Lukács, Georg: *Probleme des Realismus.* Berlin 1955.

Magenau, Jörg: *Christa Wolf. Eine Biographie.* Überarb. u. erw. Neuausg. Reinbek bei Hamburg 2013.

Mannheim, Karl: Das Problem der Generationen. In: *Kölner Vierteljahrshefte für Soziologie* 7 (1928), 157–185, 309–330.

Mayer, Hans: Zur Gegenwartslage unserer Literatur. Ein Rundfunkvortrag. In: *Sonntag*, 2.12.1956, 4.

Meuser, Mirjam/Ludwig, Janine (Hg.): *Literatur ohne Land? Schreibstrategien einer DDR-Literatur im vereinten Deutschland.* Bd. II. Eschborn 2014.

Meyer-Gosau, Frauke: Blühende Leselandschaften. Kleine Führung durch die Botanik der neuesten Literatur aus der ehemaligen DDR. In: *Literaturen* 5 (2004), H. 4, 10–15.

Mittenzwei, Werner: *Der Realismus-Streit um Brecht: Grundriß der Brecht-Rezeption in der DDR 1945–1973.* Berlin/Weimar 1978.

Mittenzwei, Werner: *Die Intellektuellen. Literatur und Politik in Ostdeutschland 1945–2000.* Leipzig 2001.

Morgner, Irmtraud: *Leben und Abenteuer der Trobadora Beatriz nach Zeugnissen ihrer Spielfrau Laura. Roman in dreizehn Büchern und sieben Intermezzos.* Berlin/Weimar 1974.

Morgner, Irmtraud: *Amanda. Ein Hexenroman.* Berlin/Weimar 1983.

Nagelschmidt, Ilse: DDR-Literatur und ostdeutsche Literatur nach 1989. In: Peter Wiesinger (Hg.): *Akten des X. Internationalen Germanistenkongresses Wien 2000. »Zeitenwende – Die Germanistik auf dem Weg vom 20. ins 21. Jahrhundert«.* Bd. 7: *Gegenwartsliteratur.* Bern/Berlin u. a. 2002, 39–46.

Nagelschmidt, Ilse: Das Zusammentragen von Splittern der Vergangenheit. Erinnern und Liebe bei Angela Krauß. In: Ilse Nagelschmidt, Inga Probst u. Torsten Erdbrügger (Hg.): *Geschlechtergedächtnisse. Gender-Konstellationen und Erinnerungsmuster in Literatur und Film der Gegenwart.* Berlin 2010, 161–181.

O. N.: Die ängstliche Margarete. In: *Der Spiegel* 47 (1993), H. 4, 158–165.

Ondoa: Hyacinthe: *Literatur und politische Imagination. Zur Konstruktion der ostdeutschen Identität in der DDR-Erzählliteratur vor und nach der Wende.* Leipzig 2005.

Papenfuß, Monika: *Die Literaturkritik zu Christa Wolfs Werk im Feuilleton. Eine kritische Studie vor dem Hintergrund des Literaturstreits um den Text »Was bleibt«*. Berlin 1998.

Pelz, Annegret: *Reisen durch die eigene Fremde. Reiseliteratur von Frauen als autobiographische Schriften*. Köln/Weimar/Wien 1993.

Piehler, Hannelore: »Ein fremder Mensch blickt mir da entgegen.« Das Unsagbare sagbar machen: Christa Wolfs literarische Selbstanalyse in »Kindheitsmuster«, »Was bleibt« und »Stadt der Engel«. In: *Text + Kritik*. Heft 46: *Christa Wolf*. 5. Aufl. (neu) München 2012, 171–182.

Programm der Sozialistischen Einheitspartei Deutschlands. In: *Protokoll der Verhandlungen des VI. Parteitages der Sozialistischen Einheitspartei Deutschlands vom 15. bis 21. Januar 1963*. Bd. IV. Beschlüsse und Dokumente. Berlin 1963, 297–405.

Plenzdorf, Ulrich/Dammann, Rüdiger (Hg.): *Ein Land, genannt die DDR*. Frankfurt a. M. 2005.

Pormeister, Eva: Vom Nachdenken über das Vergessen zur ›schonungslose(n) Selbsterkenntnis‹. »Stadt der Engel oder The Overcoat of Dr. Freud« von Christa Wolf. In: Therese Hörnigk u. Carsten Gansel (Hg.): *Zwischen »Moskauer Novelle« und »Stadt der Engel«. Neue Perspektiven auf das Lebenswerk von Christa Wolf*. Berlin 2015, 94–106.

Reimann, Brigitte: *Die Geschwister*. Berlin 1963.

Reimann, Brigitte: *Ich bedaure nichts. Tagebücher 1955–1963*. Hg. v. Angela Drescher. Berlin 1997.

Richter, Hans: *Franz Fühmann. Ein deutsches Dichterleben*. Berlin 1992.

Sauter, Josef-Hermann: Interview mit Franz Fühmann. In: *Weimarer Beiträge* 17 (1971), H. 1, 33–53.

Schelsky, Helmut: *Die skeptische Generation*. Düsseldorf/Köln 1957, v. a. 487–500.

Schlenstedt, Dieter: *Wirkungsästhetische Analysen. Poetologie und Prosa in der neueren DDR-Literatur*. Berlin 1979.

Scholz, Hannelore: *Die DDR-Frau zwischen Mythos und Realität*. Schwerin 1997.

Schulz, Max Walter: Das Neue und das Bleibende in unserer Literatur. In: *VI. Deutscher Schriftstellerkongreß vom 28. bis 30. Mai 1969 in Berlin. Protokoll*. Deutscher Schriftstellerverband. Berlin/Weimar 1969, 23–59.

Schulze, Stefan: *»Der fliegende Teppich bietet wenig Raum.« Schriftstellerinnen der ehemaligen DDR vor, während und nach der Wende: Brigitte Burmeister, Jayne Ann Igel, Helga Königsdorf, Angela Krauß und Christa Wolf – Biographische, textkritische und literatursoziologische Diskurse*. Dissertation. Universität Leipzig 1997, XVI–XXVI.

Schütz, Helga: Polenreise. In: Dies.: *Das Erdbeben bei Sangerhausen und andere Geschichten*. Zürich/Köln 1974, 151–185.

Seghers, Anna: Über die Entstehung von »Krieg und Frieden«. Brief an Jorge Amado (1954). In: Anna Seghers: *Über Kunstwerk und Wirklichkeit*. Bd. II: *Erlebnis und Gestaltung*. Hg. v. Sigrid Bock. Berlin 1971, 164–175.

Seghers, Anna: *Über Kunstwerk und Wirklichkeit*. Bd. 1: *Die Tendenz in der reinen Kunst*. Hg. v. Sigrid Bock. Berlin 1970.

Simon, Annette: *Versuch, mir und anderen die ostdeutsche Moral zu erklären*. Gießen 1995.

Simon, Jana: *Sei dennoch unverzagt. Gespräche mit meinen Großeltern Christa und Gerhard Wolf*. Berlin 2013.

Stern, Carola: *In den Netzen der Erinnerung. Lebensgeschichte zweier Menschen*. Reinbek 1989.

Stockinger, Ludwig: Der Mensch im Mittelpunkt. Inhalt und Funktion des »Humanismus«-Begriffs in den ästhetischen und kulturpolitischen Debatten der DDR. In: Katrin Löffler (Hg.): *Der »neue Mensch«. Ein ideologisches Leitbild der frühen DDR-Literatur und sein Kontext*. Leipzig 2013, 103–119.

Tate, Dennis: Fühmanns heimliche Odyssee: Die Rezeption von James Joyce in seinem Werk. In: Brigitte Krüger, Margrid Bircken u. Helmut John (Hg.): *Jeder hat seinen Fühmann. Zugänge zu Poetologie und Werk Franz Fühmanns*. Frankfurt a. M. 1998, 185–196.

Tate, Dennis: *Shifting Perspectives. East German Autobiographical Narratives before and after the End of the GDR*. Rochester/New York 2007, 1–15.

Träger, Claus (Hg.): *Wörterbuch der Literaturwissenschaft*. Leipzig 1986.

Ulbricht, Walter: Unsere Wirtschaftspolitik. Aus dem Referat auf der I. Parteikonferenz der SED. Berlin. 25. bis 28. Januar 1949. In: Ders.: *Zur Geschichte der deutschen Arbeiterbewegung. Aus Reden und Aufsätzen*. Bd. III: *1946–1950*. Berlin 1963, 325–369.

Ulbricht, Walter: Über die Entwicklung einer volksverbundenen sozialistischen Nationalkultur. In: *Zweite Bitterfelder Konferenz 1964. Protokoll der von der Ideologischen Kommission beim Politbüro des ZK der SED und dem Ministerium für Kultur am 24. und 25. April im Kulturpalast des Elektrochemischen Kombinats Bitterfeld abgehaltenen Konferenz*. Berlin 1964, 71–149.

Vinke, Hermann: *Akteneinsicht Christa Wolf. Zerrspiegel und Dialog. Eine Dokumentation*. Hamburg 1993.

Walther, Joachim: *Meinetwegen Schmetterlinge. Gespräche mit Schriftstellern*. Berlin 1973, 42–54.

Walther, Joachim: *Sicherungsbereich Literatur. Schriftsteller und Staatssicherheit in der Deutschen Demokratischen Republik*. Berlin 1996.

Weigel, Sigrid: *Die Stimme der Medusa. Schreibweisen in der Gegenwartsliteratur von Frauen*. Dülmen-Hiddingsel 1987.

Weiss, Cornelius: *Risse in der Zeit. Ein Leben zwischen Ost und West*. Reinbek 2012.

Welzel, Klaus: *Utopieverlust – die deutsche Einheit im Spiegel ostdeutscher Autoren*. Würzburg 1998.

Wittek, Bernd: *Der Literaturstreit im sich vereinigenden Deutschland. Eine Analyse des Streits um Christa Wolf und die deutsch-deutsche Gegenwartsliteratur in Zeitungen und Zeitschriften*. Marburg 1997.

Wittstock, Uwe: Die Dichter und ihre Richter. Literaturstreit im Namen der Moral: Warum die Schriftsteller aus der DDR als Sündenböcke herhalten müssen. In: *Süddeutsche Zeitung*, 13./14.10.1990, XXV.

Wolf, Christa: Die schwarzweissrote Flagge (Rez. z. Peter Bamm: Die unsichtbare Flagge). In: *Neue Deutsche Literatur* 3 (1955), H. 2, 148–152.

Wolf, Christa: Von Kassandra zu Medea. Impulse und Motive für die Arbeit an zwei mythologischen Gestalten. In: Marianne Hochgeschurz (Hg.): *Christa Wolfs Medea. Vo-*

raussetzungen zu einem Text. Mythos und Bild. Berlin 1998, 11–17.

Wolf, Christa: Von der Sehnsucht nach Freiheit. Gescheitert an der real existierenden DDR – die Schriftstellerinnen Irmtraud Morgner, Inge Müller, Brigitte Reimann, Maxie Wander und die Literatur des aufrührerischen Denkens. Ein Nekrolog. In: *Literaturen* 5 (2004), H. 4, 18–24.

Wolf, Christa: *Rede, dass ich dich sehe. Essays, Reden, Gespräche.* Berlin 2012.

Wolf, Christa/Gansel, Carsten: »Zum Schreiben haben mich Konflikte getrieben« – ein Gespräch. In: Carsten Gansel (Hg.): *Christa Wolf – im Strom der Erinnerung.* Göttingen 2014, 353–363.

Wolf, Christa/Fühmann, Franz: *Monsieur, wir finden uns wieder. Briefe 1968–1984.* Hg. v. Angela Drescher. Berlin 1998.

Wolf, Christa/Reimann, Brigitte: *Sei gegrüßt und lebe. Eine Freundschaft in Briefen: 1964–1973.* Hg. v. Angela Drescher. Berlin 1993.

Ilse Nagelschmidt

II Werke und Kontexte

A Zwischen Dogmen und Aufbruch

8 Studium und Grunderfahrung

Zu den Flüchtenden, die aus ihrem gewohnten Leben gerissen und bar jeglicher Illusionen in Richtung Westen zogen, gehörte Anfang des Jahres 1945 auch Christa Wolf, damals Christa Ihlenfeld, mit ihrer Familie. Vertreibung, Flucht und die Stunde der Befreiung durch die Alliierten – was das Ende des sechsjährigen mörderischen Krieges bedeutete – gehören zu ihren prägenden Grunderfahrungen, die sie ihr Leben lang begleiten und auf die sie in vielfältigen Aussagen und in ihren Texten von der *Moskauer Novelle* über *Kindheitsmuster* bis zu *Stadt der Engel* immer wieder zurückgreifen wird. Gerade sechzehnjährig schwankt sie in den ersten Monaten nach Kriegsende zwischen Ablehnung des Neuen und Festhalten am Vergangenen, dabei immer wieder um ihren Stolz als den einzigen Besitz ringend (vgl. Blickwechsel; WA 3, 111–128). In dieser Situation, die durch mehrere Umzüge sowie einen längeren Sanatoriumsaufenthalt bestimmt ist, sucht sie nach einem inneren Halt, den sie zunächst im Christentum zu finden glaubt, an dessen Grundannahmen sie jedoch unmittelbar zu zweifeln beginnt (vgl. Simon 2013, 80). 1948, kurz vor dem Abitur, das sie 1949 ablegt, liest sie ihre erste marxistische Schrift, die sie überzeugend findet und die ihrem Leben eine Richtung geben wird: »Die Menschen müssen nur verstehen, dass der Sozialismus das Beste für sie sei, und dann werde er auch funktionieren« (ebd., 78). Auch wenn diese Auffassung, Jahrzehnte später im Gespräch mit der Enkelin formuliert, naiv klingt, so ist es die bewusste Entscheidung dieser im Osten Deutschlands angekommenen entwurzelten Generation, in der Voraussetzung, dass das Erlebte nie wieder geschehen darf, sich der SED im Glauben an soziale Gerechtigkeit und den Antifaschismus anzuschließen (vgl. ebd., 81). Die Annahme des Angebots, sich so von der Schuld befreien zu können, führte zur Identifikation mit einer Ideologie, um deren Belastung sie zu diesem frühen Zeitpunkt nichts wusste und außerdem zur Solidarisierung mit den Antifaschisten, die sowohl aus den Konzentrationslagern als auch aus dem Exil zurückgekehrt waren. Diese werden zu einem Elternersatz, da die eigene Elterngeneration, körperlich und mental deformiert, ihre Vorbildfunktion entweder verloren oder über die Jahre eingebüßt hat. In den frühen Texten von Christa Wolf sind diese realen Bezugspersonen literarisiert und übernehmen für die junge Generation diese Eltern-Funktion, so der Kommunist Walter Kernten, eines der ersten Mitglieder des Spartakusbundes und über Jahre von den Nationalsozialisten im KZ und im Zuchthaus inhaftiert, in der *Moskauer Novelle* und der unbeugsame Arbeiter Rolf Meternagel in der Erzählung *Der geteilte Himmel*.

Die Jahre des Studiums in Jena und Leipzig, 1949 bis 1953, liegen in einer politisch brisanten Zeit: zwischen der Gründung der DDR, dem Aufruf zum Aufbau des Sozialismus, Stalins Tod im März 1953 und dem Arbeiteraufstand in der DDR vom 17. Juni 1953. Mit dem unbändigen Willen ausgerüstet, aller Gleichgültigkeit ein Ende zu setzen, lernt sie über ihre akademischen Lehrer, den Scholz-Kreis in Jena und den Mayer-Kreis in Leipzig, verschiedene akademische Schulauffassungen sowie differenzierte Sichtweisen auf Werke und Autoren kennen. So erinnert Christa Wolf im Gespräch mit Therese Hörnigk (1987/88) an die in Jena geübte etwas distanzierte Haltung gegenüber Brecht nach dem Besuch des Berliner Ensembles, das in Weimar den *Hofmeister* von Lenz aufgeführt hat. Im Mittelpunkt des Studiums in Jena steht vor allem das Beziehungsgefüge zwischen ökonomischem Interesse und der Literatur. Hier bekommt sie konkrete auf ihr Fach bezogene Grundlagen im materialistisch-dialektischen Denken (vgl. WA 12, 65). Diese Methode, sich mit Literatur auseinanderzusetzen, wird bei Hans Mayer in Leipzig weiter gefestigt. Im Mittelpunkt der Lehre steht die Lukács-Rezeption, dessen Postulate sie zunächst übernimmt, bis diese in ihrer Haltung in späteren Jahren zu Strömungen der Romantik, zu Kleist, zum Expressionismus und zum modernen Roman eine Korrektur erfahren werden. Das Studium bei Mayer bedeutet für sie vor allem eine verstärkt ästhetische Beschäftigung mit literarischen Texten.

In dieser intensiven Studienzeit mehren sich jedoch zunehmend Zweifel an der Sinnhaftigkeit des Germanistik-Studiums, ein Wechsel zur Psychologie wird in Betracht gezogen, jedoch nicht realisiert. Über erste während des Studiums geschriebene Literaturkritiken – so zu E. R. Greulichs Roman *Das geheime Tagebuch* (vgl. Wolf 1952, 6) – erfährt ihre Zukunftsplanung eine konkrete Ausrichtung. Das Angebot von Hans Mayer, an der Universität zu bleiben und als Assistentin zu promovieren, wird sie ausschlagen, vielmehr »reizte die Praxis der sozialistischen Literatur, eine Universitätslaufbahn interessierte mich nicht« (WA 12, 69). Die Tür zur Teilnahme am Entstehungsprozess von Texten ist mit der Aufnahme ihrer Arbeit im Deutschen Schriftstellerverband (DSV) – Herbst 1953 bis 1955 – geöffnet. Hier trifft sie sowohl auf die Generation der Emigranten, so auf KuBa (Kurt Barthel), der sie eingestellt hat, auf Alex Wedding, Kurt und Jeanne Stern, Eduard Claudius und Anna Seghers, als auch auf die junge Literatur und deren Autor/innen. Zu Wolfs Aufgaben gehört es, Manuskripte zu beurteilen, über die Förderung junger Autor/innen zu entscheiden, Reden für den 1. Sekretär zu entwerfen und Kritiken für die Zeitschrift des Verbandes – *neue deutsche literatur* – zu schreiben.

9 Christa Wolf als Literaturkritikerin

Während der Endzeit des Studiums, sie schreibt an ihrer Diplomarbeit zum Thema »Probleme des Realismus im Werk Falladas«, erleidet die scheinbar heile Welt der neuen Gesellschaft einen Riss. Am 17. Juni 1953 breitet sich von Berlin durch das Land ein Aufstand aus, in dem die Arbeiter, zu immer neuen Höchstleistungen wie der Hennecke-Bewegung angetrieben, unmissverständlich zeigen, dass sie nicht länger gewillt sind, sich diesen Vorgaben zu beugen. (Der Bergmann Adolf Hennecke galt mit seinem Aufruf zur Leistungssteigerung durch vorgegebene Normen als Prototyp des sozialistischen Arbeiters.) Dieses Ereignis trifft die junge Genossin tief. Mit einer Handvoll Parteiabzeichen, die sie auf der Straße aufgelesen hat, wird ihr bewusst, »auf einer wie dünnen Decke wir gingen. Seitdem, mindestens seitdem ist mir eine kritische Haltung zugewachsen, die sich mit oberflächlichen ›Einschätzungen‹ von Verhältnissen ohne tiefschürfende Analyse nicht beruhigen kann« (WA 12, 67). Rückblickend verweist Christa Wolf auf den Dogmatismus dieser Jahre, auf Reden und Gegenreden und das darin Verstricktsein der jungen Generation, der sie angehört. Ihre Arbeiten, sowohl die Essays als auch die Literaturkritiken, sind aus der übersteigerten Intensität und dem Glauben zu lesen, dass alles, was geschah, entscheidend war und dass der von Marx intendierte Sozialismus – so die entsprechende Interpretation – noch zu den eigenen Lebzeiten realisierbar wäre. »Auf der einen Seite Einübung in nüchternes, kritisches, analytisch-dialektisches Denken, auf der anderen eine Art Heilsgewißheit, wenige Jahre lang« (WA 12, 72). So ist es nachvollziehbar, dass Christa Wolf, im Willen die Menschheit zu überzeugen, dass wir ein blühendes sozialistisches Land aufbauen wollen (vgl. Simon 2013, 113), 1954 vom Schriftstellerverband verpflichtet, als Wahlhelferin der SED in Westberlin agiert. Von den Genossen wissentlich unter Vorspielung falscher Tatsachen fehl informiert, dass der Einsatz legal sei, wird sie bereits am ersten Tag verhaftet. Während der Untersuchungshaft erfasst sie das Beschämende des mitgeführten Propagandamaterials, gleichermaßen mehren sich erste Zweifel an dem bis dahin unerschütterlichen Vertrauensverhältnis zur Partei. Weitere werden 1956 folgen. Die Enthüllungen über die stalinistische Diktatur auf dem XX. Parteitag der KPdSU, der Aufstand in Ungarn sowie der Beginn der politischen Schauprozesse gegen Walter Janka, Wolfgang Harich u. a. führen zu Verstörungen und anderen Sichtweisen. »Meine eigene Gläubigkeit schwand dahin, künftig wollte ich zu meinen Erfahrungen stehen und sie mir durch nichts und niemanden ausreden, verleugnen oder verbieten lassen« (WA 12, 73). Im Gespräch mit der Enkelin bringt sie es auf den Punkt: »Alles, was nach 1956, nach dem XX. Parteitag der KPdSU, kam, das war der arge Weg der Erkenntnis« (Simon 2013, 158). Die Zeit des ›Tauwetters‹ ist die Zeit des inneren und äußeren Erwachsenwerdens der Literaturkritikerin Christa Wolf, die einerseits um ein eigenes neues Wissen ringt und andererseits von den Dogmen dieser Jahre in der Politisierung von Kunst und Literatur weiter beeinflusst wird. Ihre literarkritischen Arbeiten in den 1950er Jahren sind im Spannungsfeld zwischen den ›blinden Flecken‹ der noch nicht vorhandenen Erkenntnisse und den von außen kommenden Einwirkungen in der steten Suche nach Halt zu sehen.

Der Sozialistische Realismus

Mit der Doktrin des Sozialistischen Realismus unternahm die SED den Versuch, in der Kunst für die ideologische Klarheit zu sorgen und somit die Literatur von ihrer Entstehung bis hin zur Veröffentlichung systematisch zu beeinflussen. Formalismus und Kitsch wurden als Ausdruck der Dekadenz bürgerlichen Bewusstseins gebrandmarkt, dagegen sollte der Sozialistische Realismus die Menschen zu wahren Demokraten erziehen und deren humanistische Bestrebungen im Sinne der Lösung aller großen Lebensfragen fördern (s. Kap. I.2). In diesem Verständnis von SED und Regierung beanspruchte der Sozialistische Realismus für sich allgemeine Gültigkeit als eine in sich schlüssige wissenschaftlich begründete Literaturtheorie. Wie generell in der DDR üblich, war man bestrebt, sich durch Verweise auf Marx, Engels und Lenin zu legitimieren. Somit stand dieses Lehrgebäude als ›Leergebäude‹ auf hehren politischen, aber tönernen wissenschaftlichen Füßen. Zu den Grundzügen des Sozialistischen Realismus gehören das Prinzip der sozialistischen Parteilichkeit, die Gestaltung des neuen Menschen und somit des positiven Helden, die wahrheitsgetreue Darstellung der Realität, Forderungen nach einem ideologisch determinierten Inhalt sowie nach Volkstümlichkeit und Volksverbundenheit. Auf der Folie dieser Vorgaben sowie des zunehmenden Bewusstseinsgrades der Literaturkritikerin Christa Wolf hat Martine Schnell (2004) ausgewählte Rezensionen und Essays der 1950er Jahre analysiert. Rezensionen von Christa Wolf sind bis in die frühen 1960er Jahre sowohl in der *neuen deutschen literatur* (ndl), in der Tageszeitung der SED *Neues Deutschland* (ND) als auch in der *Berliner Zeitung*, der Hallenser Zeitung *Freiheit*, der Studentenzeitschrift *forum* sowie der Zeitschrift *Sonntag* erschienen. Das Postulat, dass der Autor den Klassenstandpunkt der Arbeiterklasse und somit eine wichtige erzieherische und bewusstseinsbildende Funktion für den Leser habe, gilt für die Rezension des Romans von Ehm Welk *Im Morgennebel* (vgl. Wolf 1954a). Hier wirft Wolf dem Autor eine »Ignorierung der Theorie« und »klassenmäßig begrenzte Erlebnisse« vor. Zu den thematischen Schwerpunkten ihrer Kritiken gehören die Unterhaltungsliteratur, in der die Rolle des positiven Helden nicht zum Tragen kommt, sowie der Wert von DDR-Literatur im Kontext der deutsch-deutschen Literatur. In der Rezension zu Werner Reinowskis Roman *Diese Welt muß unser sein* (Wolf 1954b) kritisiert sie die ungenügende Problematisierung der Konflikte in der Handlung. Der Autor ringe um eine »Komplikation«, d. h. er suche danach, die Handlung ins Private hinein zu erweitern. Immer wieder auf den positiven, d. h. den gewünschten typischen Helden verweisend, an dem sich die ›Parteilichkeit des Schriftstellers‹ messen lasse, lobt Wolf in der Kritik zu Erwin Strittmatters Roman *Tinko* die Konfliktgestaltung und die ästhetische Umsetzung des Themas (vgl. Wolf 1955b, 139 f.).

Deutlich ist die Sorge der studierten Germanistin um die Qualität der Gegenwartsliteratur. In Rezensionen (vgl. Wolf 1955a) beschäftigt sie sich mit dem Unterhaltungsroman und plädiert wie bereits 1952 für eine ›Zwischenliteratur‹, um den ästhetischen Geschmack von Leserinnen zu schulen, die sich noch immer für Bücher von Hedwig Courths-Mahler begeistern und so eine breite Leserschaft für die neue Literatur zu erreichen. Dieser konsequente Einsatz für Texte mit höherem literarischen Niveau zeigt, dass in den 1950er Jahren eine vorsichtige Distanzierung von den affirmativen Vorgaben erfolgt. Dieser Prozess ist jedoch nicht linear, da sie immer wieder auf die manifesten kulturpolitischen Linien zurückgreift. Im Jahr 1959 nimmt Christa Wolf als Delegierte des DSV in Moskau und Kiew am III. Schriftstellerkongress der UdSSR teil. Im *Neuen Deutschland* veröffentlicht sie den Artikel »Die Literatur der neuen Etappe« (Wolf 1959). In diesem Bericht, der von Tanja Walenski als »euphorisch und affirmativ« (Walenski 1999, 27 f.) kritisiert wird, hebt Christa Wolf in dem Plädoyer für eine volkstümliche Literatur den Fortschrittsgedanken der modernen Literatur hervor, »welche die Gefühls- und Gedankenwelt des neuen Menschen des wissenschaftlichen Zeitalters« (Wolf

1959) erfasse. Der Essay »Land, in dem wir leben. Die deutsche Frage in dem Roman *Die Entscheidung* von Anna Seghers« (Wolf 1961) wird von Martine Schnell als die »persönlichste und auch bedeutsamste Stellungnahme der Literaturkritikerin Christa Wolf« gewürdigt (Schnell 2004, 65). Im Werk der Seghers, das Christa Wolf bewundert (s. Kap. III.44.1), entdeckt sie Prinzipien, die ihre Position in den folgenden Jahren bestimmen werden: die Spurensuche nach Wahrheit und Wahrhaftigkeit und die Möglichkeit eines anderen Erzählens.

Selbst schreiben zu wollen, das bekundet Christa Wolf seit Mitte der 1950er Jahre. Nach der Arbeit im DSV und dem kurzen Intermezzo als Cheflektorin im Verlag Neues Leben sowie der Geburt der zweiten Tochter kehrt sie zur *Neuen Deutschen Literatur* mit der Option zurück, zwei Tage in der Woche zu Hause arbeiten zu können. In dieser Zeit gesteht sie am 7. Juni 1956 ihrem Vertrauten Louis Fürnberg: »Übrigens sehe ich Kritik im Moment auch nicht als ›Das Eigentliche‹ an. Selber schreiben möchte ich können, ich wüsste vielleicht sogar, was« (zit. n. Fürnberg 1986, 558). Dieser ermutigt sie wenige Tage später, am 15. Juni, zu eigenen poetischen Texten: »Schreib was Großes oder was Kleines, und schreib es so groß, wie Du willst, daß es werden soll. Wenn es Dir ein Verlangen ist zu schreiben, dann schreib, denn dann ist Zeit« (Fürnberg 1986, 292). Ab dieser Zeit beginnt Christa Wolf Material zu sammeln, Erzählstrukturen und Erzählstimmen auszuprobieren und biographische Wendepunkte ihres Lebens, wie etwa die Ungarn-Reise (1954) und ihre Reaktionen auf den XX. Parteitag, erzählerisch zu umkreisen (vgl. Hilzinger 2014, 72).

In diese Zeit der Orientierungen fallen neben der ersten Auslandsreise nach Ungarn, zwei weitere Reisen als Mitglied von Delegationen des DSV 1957 nach Moskau sowie 1959 nach Moskau und Kiew (vgl. MTb). Im Oktober 1957 veranstaltete der Verband eine Tagung zum Thema »Widerspieglung des Zweiten Weltkrieges in der deutschen Literatur«. Darüber schreibt Christa Wolf in der NDL, indem sie die »Parteinahme für den Sozialismus« in der DDR als Voraussetzung für die literarische Auseinandersetzung mit dem Krieg hervorhebt (Wolf 1957, 123). Im Unterschied zu Heiner Müller, der wie Christa Wolf in den 1950er Jahren als wissenschaftlicher Mitarbeiter im DSV angestellt war, hielt Wolf länger und entschiedener als Müller an der vorgegebenen Literaturprogrammatik fest. Gleichwohl sind in einzelnen Kritiken von ihr Differenzierungen und Distanzierungen erkennbar, da sie als Grundlage ihrer Rezensionen den Realismusbegriff von Lukács, nicht aber den Sozialistischen Realismus im »primitiven Sinne« (Simon 2013, 143), angenommen hat. Im Gespräch mit Joachim Walther sieht sie 1972 selbstkritisch auf ihre Arbeiten aus dieser Zeit zurück:

> »Ich habe früher Texte geschrieben, die ich heute anders schreiben würde, denn ich hab auf Grund anderer Erfahrungen eine andere Einstellung zum Gegenstand. Es handelt sich weniger um literarische Arbeiten, die sowieso abhängig sind vom Reifeprozeß des Autors, sondern vielmehr um Artikel und Rezensionen, die von einer gewissen damals verbreiteten Einstellung zur Literatur ausgingen, von einer unschöpferischen, rein ideologisierenden Germanistik. Das sind natürlich Aufsätze, die ich heute nicht wieder gedruckt sehen möchte, aber ich will und kann sie nicht verleugnen, sie gehören zu meiner Entwicklung. Entscheidend ist, daß man es zu der Zeit ehrlich gemeint hat, daß es sich um einen ehrlichen Irrtum gehandelt hat (der dadurch nicht gerechtfertigt ist) und nicht um Produkte des Opportunismus.« (WA 4, 370–371)

Deshalb ist es erklärbar, dass diese Arbeiten über viele Jahre in der Forschung weitestgehend ausgeklammert wurden. Einer der ersten, der diese Rezensionen im Spannungsfeld zwischen der Annahme des »schematische[n] und engstirnige[n] Ton[s]« der Kulturpolitik der Zeit und der Annäherung an später von der Autorin eingenommene Positionen erschließt, ist Alexander Stephan (Stephan 1976, 117); ihm folgen u. a. Therese Hörnigk (1989) und Martine Schnell (2004). Die Einschätzung von Therese Hörnigk bietet einen Überblick über sowohl die Entstehungsvoraussetzungen von Literatur als auch über das Bedingungsgefüge für Kritik in den 1950er Jahren:

> »Christa Wolfs Literaturkritiken und Essays aus den fünfziger Jahren verraten viel über die materiellen und ideellen Rahmenbedingungen ihrer Entstehungszeit und geben zugleich ein plastisches Bild der Diskussionsatmosphäre um Fragen von Wirkungsmöglichkeiten, Funktion und Leistung von Gegenwartsliteratur. Sie bieten Einblicke in methodische Verfahren, Argumentationsrichtungen und Polemiken, die allerdings nur noch verständlich sind, wenn man sich die historische Situation vergegenwärtigt, in der sich die Erneuerung der politischen und ökonomischen Basis des gesellschaftlichen Lebens mit den ihr innewohnenden tiefgreifenden Widersprüchen und Konflikten vollzog.« (Hörnigk 1989, 62)

10 Der Bitterfelder Weg

Die 1950er Jahre sind für Christa Wolf in vieler Hinsicht von Bedeutung; Ereignisse, Begegnungen, Freundschaften und Entscheidungen werden nachhaltige Spuren weit über diese Zeit hinaus hinterlassen. Dazu gehört das wiederholte Zusammensein mit ihrer Freundin Christa Gebauer (geb. Tabbert), die sie seit dem gemeinsamen Studium in Leipzig nicht aus den Augen verloren hat und deren nachgelassene Schriften die Grundlage für *Nachdenken über Christa T.* sein werden. Im März 1958 erfolgt die Kontaktaufnahme von Mitarbeitern der Staatssicherheit, die von ihr, die als parteitreue Kritikerin gilt, Informationen über Schriftsteller und Kollegen im Umkreis des Schriftstellerverbandes einholen wollen (s. Kap. I.2). 1962 – mit dem Umzug von Halle nach Kleinmachnow – wird diese Akte aufgrund der Unergiebigkeit der Aussagen geschlossen.

In diesen Jahren sind Christa und Gerhard Wolf einer immensen Arbeits- und Familienbelastung ausgesetzt. Spannungen und Krankheiten sind unausweichlich. Um Kreativität und Eigenständigkeit zu wahren bzw. zu erreichen, ist es notwendig, Freiräume zu schaffen, die in der institutionellen Anbindung nicht gegeben sind. Nach zahlreichen Enttäuschungen wird Gerhard Wolf bewusst, wie eng seine Freiräume beim Rundfunk sind. Er verlässt den Deutschlandsender, für den er danach noch einige Zeit als freier Mitarbeiter tätig sein wird, und entscheidet sich 1957 für die Freiberuflichkeit. Eine Herzmuskelentzündung hat ihm gezeigt, dass die Grenze des Aushaltbaren erreicht ist. Zu den großen Vorhaben Ende der 1950er Jahre gehört neben dem Ausstellungsprojekt zu Louis Fürnbergs 50. Geburtstag »Der Menschheit Träumer und Soldat – Louis Fürnberg. Ein Leben in Versen«, die 1959 im Römischen Haus in Weimar im Beisein von Arnold Zweig eröffnet wurde, die Herausgabe von Gedichtanthologien so u. a. *Sagen wird man über unsere Tage* (1959). Gemeinsam mit Christa Wolf gibt er anlässlich des 10. Jahrestages der DDR die beiden Bände *Wir, unsere Zeit* (1959) zu Prosa und Lyrik der Gegenwartsliteratur heraus. In dem von Christa Wolf verantworteten Band zur Prosa werden Texte der Exilgeneration (u. a. von Bertolt Brecht, Anna Seghers, Eduard Claudius), der mittleren Generation (so von Erwin Strittmatter) bis zur jungen Generation (u. a. Franz Fühmann) zusammengeführt. Gemäß der ideologischen Voraussetzungen der Zeit wird im Vorwort das Anliegen dieser ›neuen‹ Literatur in der Abgrenzung von der ›alten‹ hervorgehoben:

»Die meisten literarischen Diskussionen dieser Jahre waren ideologische, inhaltliche Auseinandersetzungen, wie natürlich: ehe man das Leben richtig darstellen kann, muß man es richtig sehen. Bei uns, wo Bücher ernst genommen werden, wo literarische Helden Menschen an unserer Seite werden, muß sich ein Schriftsteller viel mehr um den Wahrheitsgehalt seiner Bücher sorgen als in der bürgerlichen Gesellschaft, wo seine Geschichten und Meditationen nur wenige Menschen erreichen und in ihr Leben kaum eingreifen.« (Wolf/Wolf 1959, 10 f.)

Hinter diesen plakativ programmatischen Sätzen – »Kunst und Literatur treffen wieder zusammen. [...] Ihre besten Werke gehören jetzt schon zum Bestand einer sozialistischen deutschen Nationalliteratur« (ebd., 11) – verbirgt sich jedoch weit mehr. Beide haben beim Schriftstellerverband und beim Rundfunk tiefe Einblicke in die Gegenwartsliteratur erhalten und zeigen ihr Interesse an der Welt der Arbeiter und Wissenschaftler (vgl. Hilzinger 2014, 78 f.). Angesichts der vielen Texte, die die Arbeitswelt plakativ abbilden – die Betriebsromane – wird für beide die Frage nach dem Stellenwert und den Narrativen von Arbeit wichtig. Viele dieser Überlegungen und Stationen führten zur Zusammenarbeit mit dem Mitteldeutschen Verlag (MDV), in dessen Ausrichtung sie ihre eigenen Ziele und Intentionen bestätigt sehen. Der Verlag, 1946 gegründet und durch die Sowjetische Besatzungsbehörde lizenziert, trägt seinen Namen ab dem Jahr 1952. Siegfried Lokatis (2007, 113–130) und Sonja Hilzinger (2014) geben in ihren Arbeiten eine Übersicht zu den Entstehungsbedingungen des Verlages und seinem anfänglichen Autorenstamm, der sich v. a. aus Schriftstellern des äußeren und inneren Exils, Antifaschisten, die von den Nationalsozialisten in Konzentrationslagern und Zuchthäusern inhaftiert wurden, die bekanntesten sind Bruno Apitz (1900–1979) und Otto Gotsche (1904–1985), sowie aus ehemaligen Mitgliedern des Bundes proletarischer Schriftsteller zusammensetzte. Bereits frühzeitig instruierte der Verlag diese ältere Generation, die den Kontakt mit der Arbeitswelt weitestgehend verloren hatte, in die Produktion zu gehen und über diese vor Ort gesammelten Erfahrungen zu schreiben; dieser Aufforderung folgten u. a. Marianne Bruns, Otto Gotsche, August Hild und Werner Reinowski. Gleichermaßen gehörte es zur Philosophie des Verlages, junge Autor/innen an sich zu binden; jährliche Autorenkonferenzen dienten der Nachwuchsförderung. Diese wird zielgerichtet durch die Zusammenarbeit mit den Arbeitsgemeinschaften

Junger Autoren in Halle, Leipzig, Magdeburg und Dresden sowie durch die Kooperation mit dem Literaturinstitut Johannes R. Becher in Leipzig umgesetzt. Dass diese Förderung des literarischen Nachwuchses wiederum nicht ohne eine ständige ideologische Begleitung erfolgte, zeigt die hohe Zahl der Lektor/innen; zehn festangestellte und drei externe Lektoren waren für etwa 40 Autor/innen zuständig (vgl. Hilzinger 2014, 80).

Die 1. Bitterfelder Konferenz im Jahr 1959

Am 23. und 24. April 1959 fand im Kulturpalast des Elektrochemischen Kombinats Bitterfeld unter der Losung »Greif zur Feder, Kumpel, die sozialistische deutsche Nationalliteratur braucht dich!« im Beisein von Christa und Gerhard Wolf sowie weiterer Schriftsteller/innen eine Autorenkonferenz statt, die als 1. Bitterfelder Konferenz in die Kulturgeschichte der DDR eingegangen ist. Dieser nach dem Austragungsort benannte ›Bitterfelder Weg‹ wurde ideologisch vorbereitet sowohl vom V. Parteitag der SED (1958) mit dem Postulat, die Kluft zwischen Kunst und Leben, zwischen Künstler und Volk zu überwinden, als auch durch die Forderungen der Arbeiter und Funktionäre des VEB Braunkohlentagebaus Nachterstädt nach Büchern, die über das Leben und Schaffen der Werktätigen berichten.Bereits 1956 gab es vom IV. Kongress des DSV entsprechende Vorgaben (s. Kap. I.2). Ein weiteres Ereignis auf dem Weg nach Bitterfeld stellte die im Oktober 1957 einberufene Kulturkonferenz der SED dar, in deren Mittelpunkt nach der Niederschlagung des Aufstandes in Ungarn und den Enthüllungen auf dem XX. Parteitag der KPdSU die Herstellung ideologischer Klarheit stand. Nach der Abrechnung mit den Verfemten, so u. a. Ernst Bloch und Georg Lukács, forderte Alexander Abusch die Autoren unmissverständlich auf, sich mit dem Leben ›unserer Menschen‹ in den volkseigenen Betrieben und den landwirtschaftlichen Produktionsstätten vertraut zu machen. Es gehe darum, das richtige, das ›gute‹ Buch über die Gegenwart zu schreiben und nicht länger den Erscheinungen bürgerlicher Dekadenz aufzusitzen.

Der Bitterfelder Weg erweist sich somit als ein eigenes, den Sozialistischen Realismus modifizierendes kulturpolitisches Programm der DDR, das sowjetrussische Vorlagen nicht kopiert. Im Bestreben der SED, die ›neuen Menschen‹ in der DDR zu erziehen und v. a. an sich binden zu wollen, wird die Synthese von wirtschaftlicher Stabilität und Produktivität mit ästhetisch-bildkünstlerischer und literarischer Gestaltung zum Programm erhoben. Arbeits- und Kunstwelt sollen in der Zusammenarbeit, wie vom Maler Walter Dötsch in dessen Porträt der Bitterfelder Brigade »Nikolai Mamai« umgesetzt, zu einem produktiven Miteinander geführt werden.

Das Industriegebiet Halle-Leuna-Bitterfeld wurde am Ende der 1950er Jahre zu einem Ballungsgebiet des Maschinenbaus und der Chemieindustrie der DDR ausgebaut und sollte durch gewaltige Investitionen der westdeutschen Konkurrenz standhalten. In seinem Referat auf der 1. Konferenz verweist Walter Ulbricht auf die Bedeutung des Tagungsortes, in dem die Aufgaben der Schriftsteller in unmittelbarem Zusammenhang mit der ›Lösung der ökonomischen Hauptaufgabe‹ stünden. Die Losung, das westliche System, insbesondere die Bundesrepublik zu überholen, ohne sie einholen zu wollen, fand hiermit eine erste Voraussetzung. Dass die Postulate von Fortschritt und Ökonomie zur Zerstörung der Umwelt, zur Häufung von chronischen Krankheiten und zu vermehrten Todesfällen führen, wurde in diesem Rahmen nicht beachtet. Jahre später wird Monika Maron im Roman *Flugasche* (1981 bei S. Fischer in Frankfurt am Main erschienen) den ökologischen Kollaps literarisieren. Indem Autoren über die Bedingungen der wirklichen Arbeitswelt schrieben, wurden schon damals Kräfte freigesetzt, die – in Verkehrung der ursprünglichen Intentionen – das Ende des Bitterfelder Weges begründeten (s. Kap. I.3).

Der Bitterfelder Weg ist in seiner doppelten Ausrichtung zu erfassen (vgl. Barck/Wahl 2007). Neben der Aufforderung, dass Künstler/innen in die Betriebe gehen sollten, wurde das künstlerische Schaffen von Laien angeregt. Bedingt durch die staatliche Förderpolitik und den Einsatz sowohl von Funktionären als auch von Künstlern kam es zur Gründung von ›Zirkeln schreibender Arbeiter‹, die – Traditionen der Weimarer Republik aufnehmend, in der es bereits die ›Bewegung schreibender Arbeiter‹ gab – Genres wie das Brigadetagebuch entwickelten. Zu den Narrativen der Arbeitswelt zählen weiterhin Dokumentationen, Reportagen sowie essayistische und poetische Texte. Zu den bekannten Autoren, die aus diesen Zirkeln hervorgegangen sind, gehören die Wismut-Kumpel Werner Bräunig, Horst Salomon und Martin Viertel.

Christa und Gerhard Wolf sind beide Anfang Dreißig und bereit, sich dem Neuen in dieser Zeit zu stellen, in der sich das wirtschaftliche System der DDR zu stabilisieren begann. Nicht nur die Ideologie ist bestimmend, sich auf diesen Weg zu begeben. Die Neugier auf das Andere, der Wille dabei zu sein und Erfahrungen zu sammeln, führt zu der Entscheidung, mit den beiden Töchtern im Sommer 1959 von Berlin in die Industriestadt Halle/Saale zu ziehen und damit auch den Schritt in die Freiberuflichkeit zu wagen. Beide arbeiten auf Honorarbasis als Außenlektoren für den MDV und leiten einen Zirkel schreibender Arbeiter im VEB Waggonbau Ammendorf. Im Interview mit Therese Hörnigk sieht Christa Wolf die damals getroffene Entscheidung als alternativlos an, wollten sie nicht »das Westdeutschland Adenauers und Globkes oder Erhards als möglichen Lebensort in Betracht ziehen« (WA 12, 87). »Wir hatten das Gefühl, die Realität bewege sich auf Dauer in die gleiche Richtung wie wir und wir könnten, zusammen mit den Leuten aus der Wirtschaft, aus der Wissenschaft dieser progressiven Richtung zum Durchbruch verhelfen« (ebd.). Der für sie wohl größte Gewinn dieser Jahre in Halle sind jedoch die sich anbahnenden Freundschaften zu bildenden Künstlern, so zu Willi Sitte (vgl. Hilzinger 2014, 89). In der Zusammenarbeit mit den Künstler/innen entsteht ein lebenslang wirkender und inspirierender Dialog (s. Kap. IV.53).

11 »Moskauer Novelle« (1961)
Vorarbeiten und Entwürfe

Das große Arbeitspensum am Ende der 1950er Jahre – Schreiben von Kritiken, Herausgebertätigkeit von Anthologien, Lektoratsarbeiten, Teilnahme an Konferenzen und Sitzungen, Reisen für den Schriftstellerverband und vielfältige familiäre Verpflichtungen – fordert unmittelbar nach dem Umzug seinen Tribut. Christa Wolf muss für fünf Wochen im Waldkrankenhaus Mahlow stationär behandelt werden. Trotz aufkommender Zweifel wird sie im Sommer 1959 nach der zweiten Moskau-Reise (17. bis 19. Mai 1959) mit der ersten Fassung der *Moskauer Novelle* ihr erstrebtes Ziel, einen eigenen literarischen Text vorzulegen, umsetzen. Davor liegen bereits einige Versuche, deren Manuskripte jedoch alle der »Selbstzensur zum Opfer fielen« (WA 4, 90). Diese Fassung wird zur Grundlage für ein erstes Filmexposé, das die Autorin im selben Jahr an die DEFA schickt. Sonja Hilzinger hat die Arbeit von Christa und Gerhard Wolf an diesem Vorhaben, für das in kurzer Zeit mehrere Fassungen entstanden sind, rekonstruiert (vgl. Hilzinger in: WA 3, 557–559). Während die *Moskauer Novelle* zunächst als Vorabdruck in der Zeitschrift *Junge Kunst* in den Heften 7 und 8 des Jahres 1960 und im MDV 1961 erscheint, kann der Film, für den Konrad Wolf als Regisseur vorgesehen war, nicht realisiert werden. 1961 reizt Christa Wolf die Überarbeitung des Textes für die Verfilmung, da die Figur des Pawel es Konrad Wolf ermöglicht, autobiographische Elemente einzubringen, und diese außerdem eine Vertiefung der Personen und ihrer Motive erlauben würde (vgl. ETJ, 30). Als offizielle Begründung für die Einstellung der Arbeit am Film werden die fehlenden Devisen für die Dreharbeiten in der Sowjetunion genannt, der wahre Grund dafür liegt jedoch tiefer: »Die sowjetische Seite wollte damals nicht die Liebe einer Deutschen zu einem Russen zeigen, noch dazu, da der Russe, ein ehemaliger Offizier, als nicht stark genug empfunden wurde« (WA 12, 82), kommentiert Christa Wolf in den 1980er Jahren im Gespräch mit Therese Hörnigk die damalige Situation.

Die Vorarbeiten für das Projekt *Moskauer Novelle* sind vielfältig. Zum ersten Mal findet Christa Wolf zur einer Arbeitsweise, die sie später wiederholt als die Gewebestruktur ihres Schaffens beschreibt. Dazu gehören das Durchspielen von Handlungsabläufen, das Umkreisen des Stoffes und möglicher Themen sowie das intensive Nachdenken über die künstlerische Umsetzung. Es ist der Stoff ihrer Generation, die bestimmt durch Krieg, Vertreibung, Nachkrieg und die einsetzende Erziehung zum neuen Menschen in ihrer Sehnsucht nach einer Verdopplung in der literarischen Gestaltung bedarf. »Zuerst mußte dem Grunderlebnis unserer Jugend ein neues, nicht weniger intensives Erlebnis hinzugefügt werden – eines, das uns nicht zufiel oder aufgedrängt wurde wie das erste; das wir uns selber schaffen mußten: Unser Weg ins Leben, unsere Suche nach dem uns gemäßen Platz in diesem Leben fiel – eine einmalige Lage! – mit dem Aufstieg der neuen Gesellschaft zusammen« (WA 4, 88 f.), so begründet Christa Wolf 1965 sowohl die Wahl des Stoffes als auch ihren Selbstanspruch. Im Aufgreifen eines Jugenderlebnisses und dem Ankommen in einer für sie gänzlich anderen Situation (1945/46) – der für Wochen ausgeübten Tätigkeit als Schreibhilfe des Bürgermeisters, der Annahme von Schuld über die Begegnung mit Antifaschisten, eines Liebeserlebnisses während der Ungarn-Reise und der Entscheidung, diese nicht fortzuführen sowie dem Kennenlernen von Moskau und Kiew – sind autobiographische Grundierungen des Textes auszumachen, die jedoch lediglich Auslöser bleiben werden. Die auf diesen Voraussetzungen basierenden Entwürfe von drei Frauengeschichten kreisen thematisch um die Nachkriegssituation, der Begegnung zwischen dem russischen und dem deutschen Volk und um Liebesgeschichten, die Entscheidungen erfordern. Sonja Hilzinger hat diese Geschichten, die in verschiedenen Fassungen vorliegen und über deren mögliche Verknüpfung kein Material vorhanden ist, in der editorischen Notiz zu »Entstehung, Veröffentlichung und Rezeption« der *Moskauer Novelle* zusammengefasst (vgl. Hilzinger in: WA 3, 554–560).

Bei dieser Stoff- und Themenfülle wird das Eigene, das Erlebte und Erfahrene, vom Willen und dem Anspruch überlagert, »eine gültige literarische Analyse über ihr Grunderlebnis zu formulieren« (WA 4, 88). Zu diesen normierenden Grunderfahrungen gehören eine Rationalisierung, die Umsetzung der anerzogenen protestantischen Moralvorstellung von Verzicht und Unterdrückung der Gefühle sowie die Gestaltung eines unumstößlichen Bildes der Sowjetunion. In der bewussten Entsagung und der Sühne ist die Nähe zu wesentlichen Motiven im dramatischen Werk Goethes zu sehen. Entsprechende Mythenbildungen – dazu gehört der Mythos vom ›großen Bruder Sowjetunion‹, das Zurückdrängen des Authentischen und die Typisierung von Figuren – sind Prinzipien, die der Vorgabe des Sozialistischen Realismus gerecht werden.

Schuld, Moral und die neue Welt

Die *Moskauer Novelle* ist die Geschichte einer zweiten Begegnung nach 14 Jahren zwischen der nunmehr verheirateten Kinderärztin Vera Brauer, die 1945 als Schreibkraft des Bürgermeisters in Fanselow gearbeitet hat, und dem Dolmetscher Pawel Koschkin, der in diesem Ort als Offizier der Sowjetarmee seinen Dienst versah. Vera ist Mitglied einer Delegation der Berliner Medizinischen Fakultät, die das Land zu Studienzwecken und mit dem Ziel einer Kooperationsvereinbarung mit der Schwestereinrichtung in Moskau bereist. Das Motiv der Dopplung wird über die Schuldfrage aufgenommen und weitergeführt. Auf Vera liegt die Kollektivschuld ihres Volkes, das den Zweiten Weltkrieg zu verantworten hat. In ihrem Wissen um den Einsatz von Pawel unmittelbar nach Kriegsende, der bei Löscharbeiten eines von den faschistischen Wehrwölfen in Brand gesteckten Magazins der sowjetischen Armee ihren Bruder rettete und dabei eine Augenverletzung erlitt, die seinen Wunsch, Medizin zu studieren, unmöglich machte, begründet sich ihre individuelle Schuld. Aus Hass auf die Russen schweigt sie. Diese beiden Aspekte von Schuld und die Unsicherheit damit umzugehen, überlagern ihre aufkommende Liebe zu Pawel und das Verlangen ihm nah zu sein. Der Moralvorstellungen der Zeit gemäß erfolgt die Lösung des Konflikts rational und ist wenig überzeugend. Vera wird ihren Aufenthalt vorzeitig abbrechen, Pawel folgt seiner Frau, Sina, in den Fernen Osten. Beide Frauen denken und handeln schnell und kühl. Die Erzählung findet ein sentimentales Ende, als Vera ihre Perlenkette zum Abschied an Sina verschenkt; eine Perle daraus hatte sie vorher bereits Pawel gegeben.

Die Novelle wird konsequent aus der Sicht Veras erzählt. Gestaltungstechniken späterer Texte von Christa Wolf wie der innere Monolog, die mitfühlende erlebte Rede oder die assoziative Reihung sind hier noch nicht zu finden. Die Gegenwartsebene (in Moskau und Kiew im Jahr 1959) und die Vergangenheitsebene (das Dorf in Mecklenburg unmittelbar nach Kriegsende) werden schematisch miteinander verknüpft. Die Struktur ist eindimensional und die agierenden Figuren erweisen sich als Träger von Haltungen und einer einheitlichen Weltanschauung. Die Romanfiguren Walter Kernten, ein deutscher Antifaschist, und Professorin Worochinowa agieren als Mentor/innen der jungen Generation. Ihre Auffassungen werden vorbehaltlos bewundert und das Eingreifen in die Privatsphäre wird widerspruchslos hingenommen. In

Stadt der Engel sieht Christa Wolf den Antifaschisten Otto Gotsche, dessen Biographie sie Ende der 1950er Jahre der Figur des Walter Kernten zugrunde gelegt hat, weit differenzierter. Zwar hat sie zunächst selbst erlebte und dann in die *Moskauer Novelle* aufgenommene Szenen noch im Gedächtnis (vgl. MN, 57 f.), etwa als Gotsche mit Verweis auf seine Lebensgeschichte »jeden von ihnen zu seinem Freund erklärt« (MN, 58) hat. Aber nun ist es der gleiche Otto Gotsche, der kompromisslos und engstirnig »es dir später schwermachte, seinen Zorn und seine Gegnerschaft zu ertragen, als es darum ging, ihm grundsätzlich und scharf zu widersprechen« (SdE, 111 f.).

In der *Moskauer Novelle* wird die individuelle Geschichte zweier Menschen immer dann entindividualisiert, wenn Vera und Pawel lediglich Auffassungen wiedergeben. Im Abwägen möglicher Utopien, die v. a. die ganz Jungen in ihrem Glauben an die Vollendung der sozialistischen Weltherrschaft noch haben, während den Dreißigjährigen die Erfahrung bereits »manche Illusion bis auf den Grund zerstört« (MN, 43) hat, entwirft der Russe als Hoffnungsträger hehre Vorstellungen vom neuen Menschen am Ende des Jahrhunderts:

> »Mit offenem Visier leben können. Dem anderen nicht mißtrauen müssen. Ihm den Erfolg nicht neiden, den Mißerfolg tragen helfen. Seine Schwächen nicht verstecken müssen. Die Wahrheit sagen können. Arglosigkeit, Naivität, Weichheit sind keine Schimpfwörter mehr. Lebenstüchtigkeit heißt nicht mehr: heucheln können.« (MN, 45)

Der Himmel und die Sterne, leitmotivisch überhöht, unterstützen diese Auffassungen von Völkerverständigung und Harmonie. Diese Bilder entsprechen in keiner Weise dem tatsächlichen Verhältnis zwischen den Menschen in der Sowjetunion und der DDR. Diese Beziehungen waren von staatlich oktroyierter Brüderlichkeit, unterdrückten Ressentiments und vielfachen Konflikten bestimmt (vgl. Walenski 1999, 34). Die Sowjetunion, der Aufbau nach dem Krieg und das Zusammenleben der Menschen werden im Text als das Erstrebenswerte literarisch überhöht. Gemäß der ideologischen Ausrichtung, das Land mit Attributen wie ›Befreier‹ und ›großer Bruder‹ zu versehen, bekommen die zeitgenössischen Leser/innen, für die eine Reise nach Russland am Ende der 1950er Jahre nur schwer möglich war, ein idealisiertes Bild. In der Betonung des Neuen, der Unantastbarkeit und in einem positiven Grundgestus realisiert sich die Parteilichkeit der Autorin. Die Beschreibung der Stadt Moskau liest sich wie aus »einem beliebigen Reiseführer über Moskau« abgeschrieben (Stephan 1976, 29).

> »Moskau ist eine auf sieben Hügel gebaute weitläufige Stadt, die sich übergangslos aus dem unendlich hingebreiteten Land erhebt. Von der neuen Universität aus hat man sie zu Füßen liegen, summend vor Lebensfreude und Schaffensdrang, von spitztürmigen Kirchen, Zwiebelkuppeln, bunten Klöstern und den mächtigen weißen Hochhäusern überragt. […] Am meisten erregten und fesselten sie die Menschen, zu jeder Stunde in Massen auf der Straße, und doch alles andere als Masse.« (MN, 18)

Die Eintragungen von Christa Wolf in den Tagebüchern der ersten und zweiten Moskauer Reise sind dagegen weit authentischer und differenzierter. Die Menschen sind altmodisch gekleidet, die Auslagen wenig verlockend (MTb, 14), der Schwarzmarkt boomt (MTb, 17), die Moskauer Wohnverhältnisse mit den Gemeinschaftswohnungen sind menschenunwürdig (MTb, 28) und der Dolmetscher zeigt ihr vor dem Hintergrund der Enthüllungen auf dem XX. Parteitag, dass er an gar nichts mehr glaubt. Der III. Schriftstellerkongress der Sowjetunion im Jahr 1959 erweist sich als eine »einzige, ziemlich ungemilderte Qual«: »So ein Kongreß wäre heute bei uns nicht mehr möglich« (MTb, 25). Schließlich ist es der SU-Exilant Willi Bredel, der ihr noch eine gänzlich andere Seite von Moskau, die Lubljanka, zeigt (MTb, 31). Die Tragweite des Gesehenen ist bei Christa Wolf damals nicht angekommen, ist es doch das Moskau unter Stalin, in dem die deutschen und internationalen Antifaschisten verhaftet, in Gulags verschwunden, ermordet oder deportiert ein Schicksal erleiden mussten, das in der DDR erst Jahrzehnte später öffentlich gemacht wurde (vgl. Richter 1990).

Rezeptionsgeschichte

Die *Moskauer Novelle* findet vor und mit der Herausgabe des Buches in der DDR eine überaus positive Resonanz. Am 25.9.1960 sendet *Radio DDR* in der Reihe »Erzähler der Gegenwart« einen längeren Auszug. In der *Frau von heute* und in sieben weiteren Tageszeitungen werden Fortsetzungen der Novelle abgedruckt (vgl. Hörnigk 1989, 84, 271). Alfred Kurella legt in seiner Rede auf dem V. Deutschen Schriftstellerkongress »Neue Literatur mit neuem Lebensgefühl« (1961) den Maßstab für weitere Kritiken. Mit diesem Text, so der

Grundtenor, sei mit der neuen Autor/innengeneration die vielfach beschworene ›Saat aufgegangen‹; als Beleg nennt er u. a. die Erzählung von Karl-Heinz Jakobs *Beschreibung eines Sommers* (vgl. Kurella 1961).

Die Rezeptionsgeschichte der *Moskauer Novelle* ist von Manfred Jurgensen (1984), Sonja Hilzinger (1986), Therese Hörnigk (1989) und Katharina von Ankum (1992) differenziert erschlossen worden. Von Ankums Analysen sind von literarhistorischer Bedeutung, da sie die Rezensionen sowohl chronologisch als auch im Ost-West-Kontext aufarbeitet. In der Bundesrepublik fand der Text keine Resonanz, denn die DDR-Literatur war hier bis auf wenige Ausnahmen – etwa Peter Huchel und Johannes Bobrowski – unbekannt und es lagen keine eigenen Verlagsausgaben vor. Die Rezeption des Textes setzt mit der steigenden Popularität der Autorin ein und in der BRD werden erst sehr viel später Elemente des Schreibens von Christa Wolf im Erstlingswerk analysiert (vgl. von Ankum 1992, 56–60). Die Literaturwissenschaftlerin verweist wiederholt auf die bei Stephan und Hilzinger vorgefundenen Interpretationen, dass aus dem Wissensstand um weitere Texte der Autorin und deren modifizierter gesellschaftlicher Haltung (vgl. ebd., 50) frühe Texte gelesen und gedeutet werden.

Die Aufarbeitung der Rezeption in der DDR erfolgt bei von Ankum auf der Basis der verschiedenen Perioden der Literaturwissenschaft von den 1960er über die 1970er bis in die 1980er Jahre. Mit der Fokussierung auf ausgewählte Rezensionen – Christoph Funke in *Der Morgen* vom 29.10.1961 (fälschlicherweise wird hier das Organ der LDPD mit dem der FDJ (48) verwechselt), Peter Gugisch 1972 (vgl. ebd., 52) und Therese Hörnigk 1989 (vgl. ebd., 55) – zeigt von Ankum Veränderungsprozesse von der politisch intendierten Kritik bis zur Besprechung der ästhetischen Qualität der Erzählung. Hörnigks Deutung, so von Ankum, ist charakteristisch für die historisierende Tendenz der DDR-Literaturwissenschaft seit den späten 1970er Jahren, die sich verstärkt mit den literarischen Anfängen befasst. Der Wert der Analyse von Hörnigk liege v. a. darin, dass diese ohne »ideologisierende Pauschalurteile« (ebd.) auskomme.

Tanja Walenski verweist darauf, dass die *Moskauer Novelle* nie ins Russische übersetzt wurde, was angesichts des schwärmerisch positiv besetzten Russland-Bildes, der deutsch-russischen Völkerverständigung und der Umsetzung der Prinzipien des Sozialistischen Realismus verwundern mag. Weit schwerer wiegt offensichtlich das moralische Versagen Pawels, der durchaus bereit ist, sich von seiner Frau zu trennen und mit Vera zu gehen, die in ihm einst den Erzfeind sah und Schuld an seiner Verwundung war. Dieser offiziellen Nichtbeachtung des Textes in der Sowjetunion stehen jedoch persönliche Kontakte gegenüber. Mit Wladimir Steshenski – nach 1945 Kulturoffizier der Roten Armee in Berlin, Germanist und Übersetzer (vgl. MTb, 20) –, den Christa Wolf bereits 1957 getroffen hat, bleibt sie in Kontakt und schickt ihm am 3.9.1960 das Manuskript der *Moskauer Novelle*. Dieser antwortet umgehend am 14.9.1960 mit der rhetorischen Frage: »weißt Du eigentlich, was Du da Großartiges geschrieben hast?« (MTb, 40). Nach viel Lob verkündet er, dass er die Novelle übersetzen will, dazu wird es jedoch nicht kommen. In der sowjetischen Literaturwissenschaft wird die Erzählung erst in den 1980er Jahren unter den Aspekten von Schuld, des Verhältnisses beider Völker zueinander und der Entwicklung Veras besprochen. Unberücksichtigt dagegen bleiben u. a. Veras Identitätsproblem und ihr Moralverständnis (vgl. Walenski 1999, 36).

Christa Wolf hat 1973 auf der Basis eines Fragenkataloges in *Eröffnungen. Schriftsteller über ihr Erstlingswerk* nach ihrer erfolgten Re-Lektüre Eigenkritik geübt: »Wie kann man mit fast dreißig Jahren, neun Jahre nach der Mitte des Jahrhunderts und alles andere als unberührt und ungerührt von dessen bewegten und bewegenden Ereignissen, etwas derart Traktathaftes schreiben?« (WA 4, 443). Beim erneuten Lesen haben sie offensichtliche Mängel am formalen Können – »ungeschickte Sätze, verunglückte Bilder, hölzerne Dialoge, naturalistische Beschreibungen« (WA 4, 442) – nicht so sehr bestürzt wie »ein Zug zu Geschlossenheit und Perfektion in der formalen Grundstruktur, in der Verquickung der Charaktere mit einem Handlungsablauf« (WA 4, 443). Trotz aller Fremd- und Eigenkritik sehen sowohl Alexander Stephan als auch Sonja Hilzinger und Therese Hörnigk in der Einführung einer subjektiven Ebene, im »Gefühl für brisante, den Zeitnerv treffende Stoffe« (Hörnigk 1989, 85), in der Verlagerung historisch-politischer Problematik in das Innere des Menschen sowie im Aufgreifen von autobiographischen Lebensmustern Keime für das nachfolgende Werk von Christa Wolf.

12 »Der geteilte Himmel« (1963)

Impulse, Themenfindung und Vorarbeiten

Christa Wolf beginnt mit dem Aufruf der Moskauer Zeitung *Iswestja*, die Schriftsteller mögen den 27. September des Jahres 1960 so genau wie möglich beschreiben, ihre persönlichen, aber nicht privaten Tagebücher zu schreiben, »in denen das ›Ich‹ kein Kunst-Ich ist, sich ungeschützt darstellt und ausliefert – auch jenen Blicken, die nicht von Verständnis und Sympathie geleitet sind« (ETJ, 7). Dieses Vorhaben wird sie bis zu ihrem Todesjahr (vgl. ETJ2) nicht aufgeben (s. Kap. III.47). Im Essay »Tagebuch – Arbeitsmittel und Gedächtnis« (vgl. WA 4, 59–74) benennt sie im Kontext ihrer Poetologiebestimmung (s. Kap. II.B.16) das Genre Tagebuch als Voraussetzung ihres Schreibens, da sie »mißtrauisch geworden [sei] gegen Erfindungen über das Innenleben unserer Mitmenschen« (WA 4, 60). Die Erkenntnis, dass den »Kern der Wirklichkeit, den das Kunstwerk sucht, […] nur das Kunstwerk freilegen« (WA 4, 74) kann, erweist sich als Voraussetzung für den Prozess der Stoff- und Themenfindung ihrer ersten größeren Erzählung *Der geteilte Himmel*. Im Austausch mit ihrem Mann wird das Gefüge aus exakten Recherchen – der Erkundung von Lebensverhältnissen und Denkweisen der Menschen im Alltag – und der Literarisierung der gewonnenen Erfahrungen durch die regelmäßigen Kontakte mit einer Brigade im VEB Waggonwerk Ammendorf wiederholt umgearbeitet. Im Gespräch mit Anna Seghers, das Christa Wolf über deren Arbeitsweise beim Schreiben des Gesellschaftsromans *Die Entscheidung* führte (vgl. WA 4, 7–15), dessen Handlung u. a. auch in einem Stahlwerk der DDR in den frühen 1950er Jahren spielt, interessiert die junge Autorin die Frage, wie ein Teil des Lebens, der sehr nah liegt, darzustellen sei, so »daß er beinahe wirkt wie etwas Historisches, über das man schon einen genauen, abgeschlossenen Überblick hat?« (WA 4, 7). Wie Seghers legt Christa Wolf eine Materialsammlung an (vgl. WA 4, 13 f.), die u. a. Exemplare der Betriebszeitung *Bahn frei. Organ der Parteileitung der SED im VEB Waggonbau Ammendorf* (Juni 1959 bis Januar 1960), ein Heft voller handschriftlicher Notizen über Einfälle, Begebenheiten im Betrieb, technische Erklärungen und anderes mehr enthält (vgl. Hilzinger zu: GH, 290).

Die ersten Anfänge der Erzählung liegen im Sommer 1960, im Tagebuch des Jahres 1960 hält sie fest, dass sie die Langwierigkeit des Schreibvorgangs erbittere. Obwohl sich aus der reinen Brigadegeschichte bereits individuelle Gesichter abzuzeichnen beginnen, liegt der ersten Fassung zunächst eine Dreiecksgeschichte zwischen einem vom Lande gekommenen Mädchen, einem Chemiker, der sie nicht bekommt, und einem in eine Brigade geschickten jungen Meister zugrunde. All das erscheint Christa Wolf jedoch viel zu banal: »Ich weiß, daß die wirkliche Arbeit erst beginnen wird, wenn die ›Überidee‹ gefunden ist, die den Stoff erzählbar und erzählenswert macht« (ETJ, 23). Wiederum im Gespräch mit Gerhard Wolf (vgl. ETJ, 33) und bedingt durch den Mauerbau am 13. August 1961 wird diese Idee in der ständigen Überarbeitung vorhandener Entwürfe fassbarer. Die endgültige Spaltung Deutschlands ist nur der äußere Anlass, die Konflikte liegen vielmehr begründet im Konstrukt der ›neuen Gesellschaft‹ und somit der inneren Widersprüche, in der permanenten Über-, aber auch Unterforderung des Einzelnen, im Bewusstseinsstand der Menschen im Umgang mit ihrer Vergangenheit, in der Bürokratisierung und Freudlosigkeit, in der Umweltzerstörung und auch im Willen, das Land verlassen zu wollen.

Der geteilte Himmel, der in vielen Passagen noch den Glauben an das Neue spiegelt, ist in vielfacher Sicht ein Text zwischen den Zeiten. Die Autorin hat mit dem Schreiben vor dem Mauerbau begonnen und beendet die Erzählung nach dem Ausprobieren verschiedener Varianten, in denen sich Fabel, Figuren, Struktur und Schreibweise ständig ändern, im Sommer 1962. Der erste längere Versuch im Herbst 1960 trägt den Titel »Drei in der Stadt«, bis zum Sommer 1961 folgen weitere Entwürfe mit den Überschriften von »Entdeckungen«, »Begegnung« und »Zur Zeit der Trennung« bis zu »Die Wolken teilen den Himmel« (vgl. Hilzinger zu: GH, 289–297). Als kompliziert erweist sich die ästhetische Umsetzung des gefundenen Themas. Christa Wolf treibt die Sorge um, »Gebrauchsliteratur, konstruiert, vordergründig, provinziell« (ETJ, 33) – mit einem Dreiecksverhältnis im Mittelpunkt – zu schreiben. Ihr Mann gibt ihr den Rat, mit der Geschichte in dem Moment anzufangen, als Rita nach dem letzten Treffen mit Manfred in Westberlin in die DDR zurückkehrt. Daraus entwickelt sie die Erzählstrategie des Textes. Die Gegenwarts- und die Erinnerungsebene werden miteinander verknüpft, wesentliche das Werk Christa Wolfs bestimmende Gestaltungstechniken wie innerer Monolog, Zeitsprünge, Montagen, Vor- und Rückblenden führen zu Brüchen mit den Prinzipien des Sozialistischen Realismus.

Die Stiftung eines Wir-Bewusstseins

Inspiriert von den Intentionen des Bitterfelder Weges, der für Christa Wolf im Gegensatz zu der Auffassung ihres Biographen keine »Verengung des Wahrnehmungshorizonts« (Magenau 2013, 91) darstellt, hat sich diese Zeit zwischen 1961 und dem 11. Plenum der SED, 1965, für künstlerische Projekte als fruchtbar erwiesen. Später darauf angesprochen, antwortet Christa Wolf im Gespräch mit Therese Hörnigk:

> »Eine Zeitlang hatten wir geglaubt, uns einen Freiraum erarbeitet zu haben; wir, das waren Autoren unserer Generation, aber vor allem auch schon Jüngere – acht, neun, zehn Jahre Jüngere, sehr Begabte darunter, Volker Braun, Sarah und Rainer Kirsch, Karl Mickel und andere, die das Gefühl hatten, auf dasselbe hinzuarbeiten, und zwar, salopp gesprochen, nach innen und nach außen.« (WA 12, 86)

Es sind die Jahre, so Christa Wolf, in denen es zwischen diesen Autor/innen weder Neid noch Missgunst und Konkurrenz gab und jeder kleine ›Sieg‹, sei es die Druckgenehmigung eines umstrittenen Manuskriptes, die Herausgabe einer Gedichtanthologie oder das Erscheinen eines Films, gefeiert wurde. »Wir hatten das Gefühl, die Realität bewege sich auf Dauer in die gleiche Richtung wie wir und wir könnten, zusammen mit den Leuten aus der Wirtschaft, aus der Wissenschaft dieser progressiven Richtung zum Durchbruch verhelfen« (WA 12, 87).

Im dem Wissen, dass ihre Generation nun »schon ihre eigene Biographie« (WA 4, 72) habe und daher gut in der Lage sei, die inneren Widersprüche zu sehen und sich nicht blind anpassen zu müssen, schreibt sie ihre Erzählung, die über Identifikationsfiguren bei den Leser/innen ein Zusammengehörigkeitsgefühl und damit ein Wir-Bewusstsein erzeugen soll. Der dem Text vorangestellte Prolog führt in Ort und Zeit des Geschehens ein, ohne diese jedoch genauer zu benennen. Der Kontext, metaphorisch überhöht, deutet auf eine vom ökologischen Kollaps bedrohte Industriestadt hin – »dieses verfluchte Wasser, das nach Chemie stank, seit sie denken konnten« (GH, 11) –, die Zeit wird mit Herbst benannt. Der zum Symbol gewordene Himmel »rein, verschleiert« (ebd.) und der Verweis auf nicht näher benannte Gefahren, »die alle tödlich sind in dieser Zeit« (ebd.) lassen Analogien zum Herbst 1961 im Spannungsfeld zwischen Erstarrung und der Rückkehr zu »unserer alltäglichen Arbeit« (ebd.) zu. In diese Situation führt ein erzählendes Wir – das Wir der Generation von Christa Wolf (s. Kap. I) – ein. Das Einzelschicksal wird so zum generationstypischen Schicksal und fordert die Identifikation mit dem Geschehen heraus. Ondoa verwendet in seiner Interpretation ausgewählter Texte der 1960er Jahre im Hinblick sowohl auf die Identifikationsangebote als auch auf die Argumentationsmodelle und die vorherrschenden politischen, moralischen, marxistisch-geschichtsphilosophischen und zivilisationskritischen Diskurse den Begriff »›affirmativ‹«, der auf die ideologische Konnotation der durch die Texte transportierten »›Identitätsmuster‹« hindeutet (vgl. Ondoa 2005, 31).

Aufbau, Handlung und Kontexte

Der geteilte Himmel ist in 30 ungleich lange Kapitel gegliedert und wird von einem Prolog und Epilog eingerahmt. Wie in dieser Erzählung wird Christa Wolf, die an Erzähltextstrategien des 19. Jahrhunderts geschult ist, vielen ihrer Texte eine solche Rahmung geben (u. a. *Kein Ort. Nirgends*, *Kassandra*). Die Handlung des *Geteilten Himmels* umfasst vier Zeiträume: 1) Sommer 1959 bis Ende Oktober 1961 – die Liebe zwischen Rita Seidel und Manfred Herrfurth, die mit dem an Martin gerichteten Brief von Manfred ein endgültiges Ende findet; 2) Ende August 1961 bis Anfang November 1961 – Rita liegt nach dem Unfall, der auch als Selbstmordversuch gedeutet werden kann, zunächst im Krankenhaus und kommt danach bis zur völligen Genesung in ein Sanatorium, wo sie ihre Beziehung zu Manfred reflektiert; 3) Zeit der faschistischen Diktatur und des Zweiten Weltkrieges (das Leben in der Diktatur über die Lebensläufe von Manfreds Eltern, von Herbert Kuhl, Rolf Meternagel, die Erziehung und die Prägungen von Manfred, Flucht und Vertreibung von Rita), die der umstrittenen Gegenwart gegenüber gestellt wird und 4) Mai 1945 bis November 1961, die sowjetische Besatzungszone und die DDR.

Die Geschichte wird vom Ende der Liebe zwischen Rita Seidel und Manfred Herrfurth her erzählt. Die Autorin verzichtet auf jegliche Linearität des Erzählens. In Kapitel 1 wird die Figur der Rita eingeführt, die Ende 1961 in einem Krankenhaus wieder zu Bewusstsein gelangt. Indem diese ihre Geschichte als »banal« (GH, 15) empfindet, wird das Alltägliche und Allgemeine dieses Schicksals betont. Mit der Fokussierung auf die weibliche Figur eröffnet sich die Möglichkeit, deren Werdegang sowohl aus der Außen- als auch der Innensicht nachzuvollziehen. Die Ebene der unmittelbaren Gegenwart – Ende August bis Anfang November 1961 – wird mit der Erzählebene der reflektierten Vergangenheit verschränkt. Rita muss den auf ihr liegenden Druck aufarbeiten: »Die zielten genau auf mich. Das war das Letzte« (GH, 13). Die Erinnerungen an ihre Liebe und deren Scheitern sowie an die eigenen Bewährungsmöglichkeiten und die durchlittenen Ängste erfolgen in inneren Monologen. Indem Vergangenheit im Text sowohl erzählt als auch reflektiert wird, erhalten die Leser/innen kein fertiges Konzept, vielmehr gilt es, die durch die Montage entstandenen Leerstellen zu füllen und die wechselnden Erzählsituationen – auktorial und personal – mit den unterschiedlichen Erzählerfiguren zu verbinden. Der Erzählrahmen – Kapitel 1 und 30 – ist in personaler Erzählsituation und vorwiegend im Präsens geschrieben. Die Erzählung – Kapitel 2 bis 29 – wird zum größten Teil durch einen wissenden Erzähler im Präteritum vermittelt, der sich immer wieder auf Fragen zurückzieht und Antworten aus Ritas Perspektive erhält.

Rita Seidel, Jahrgang 1940, Tochter eines Porzellanmalers, der als im Krieg vermisst gilt, muss am Ende des Krieges gemeinsam mit ihrer Mutter die böhmische Heimat verlassen. Beide kommen bei der Schwester des Vaters in einem kleinen Dorf unter, wo Rita als Versicherungsangestellte arbeitet. In diesem Dorf lernt sie den weit älteren Manfred Herrfurth kennen, dessen frühe Jugend durch die nationalsozialistische Ideologie geprägt ist und der sich ganz auf seine wissenschaftliche Arbeit konzentriert. Aufgrund des Lehrermangels ist der Dozent Erwin Schwarzenbach im Land unterwegs, um geeignete Studierende für diesen Beruf zu werben. Nach einigem Zögern willigt Rita ein. Mit der Aufnahme des Studiums folgt sie Manfred in die Universitätsstadt und wird hier im Haus seiner Eltern mit ihm wohnen. Während der Ferien arbeitet sie im Waggonwerk, neben Mitgliedern der ihr zugewiesenen Brigade (kleinste Zelle arbeitender Menschen in der DDR) werden der erfahrene Arbeiter Rolf Meternagel und der junge Werkleiter Ernst Wendland zu wichtigen Bezugspersonen. Während sich Rita mit diesem Betrieb und ihrem Studium identifiziert, dabei vielfältige Unzulänglichkeiten und wissentliche Anpasser kennenlernt, denen sie oft hilflos gegenübersteht, gerät der promovierte Chemiker Herrfurth mehr und mehr an die Ränder der Gesellschaft. Nachdem eine der von ihm entwickelten Neuerungen abgelehnt wurde, verlässt er noch vor dem Bau der Mauer enttäuscht und desillusioniert die DDR. Die Liebe geht den beiden jedoch weit eher verloren. In der Mitte des Textes heißt es in Kapitel 16 in Ritas Reflexionen: »Neun Monate später war das Boot untergegangen. Sie standen an verschiedenen Ufern. Hatte niemand ihre Zeichen erwidert und ihre Not bemerkt?« (GH, 111). Rita versucht Manfred ein letztes Mal zu erreichen, indem sie zu ihm nach Westberlin fährt. Noch am Abend verlässt sie ihn und kommt in die DDR zurück, wo sie einen Zusammenbruch erleidet und nun in einem Sanatorium psychisch gesundet.

Im Epilog kehrt Rita am »erste[n] Tag ihrer neuen Freiheit« (GH, 272) als geheilt entlassen in die Stadt zurück. Gemäß der Zeitvorstellungen ist das Ende zukunftsoffen und optimistisch. In Paralleltexten wie *Ole Bienkopp* (1963) von Erwin Strittmatter und *Spur der Steine* (1964) von Erik Neutsch werden am Ende der Handlungen ebenfalls junge Frauen, die wie Rita allein sind, in der Gewissheit, dass ihnen die Zukunft gehören wird, weiter »aus dem vollen leben« (GH, 272). Dabei ist die Wortwahl in Prolog und Epilog auffallend. Während ihres Studiums in Leipzig hat Christa Wolf Ernst Bloch gehört. *Das Prinzip Hoffnung* hat seine Wirkung auf die Studentin und angehende Autorin im Hinblick auf die Möglichkeit der Selbstverwirklichung des Menschen und dessen Befreiung vom blinden Schicksal nicht verfehlt.

Therese Hörnigk erschließt in ihrer Monographie zu Christa Wolf, welche Anregungen die junge Autor/innengeneration von der nach dem XX. Parteitag der KPdSU geschriebenen sowjetischen Gegenwartsliteratur erhalten hat. Dazu gehören Valentin Owetschkins *Frühlingsstürme*, Galina Nikolajewas *Schlacht unterwegs* und Tschingis Aitmatows Erzählung *Djamila*. Ein großer Stellenwert kam dem 1932/33 geschriebenen Revolutionsroman *Der zweite Tag* (dt. Übersetzung 1959) von Ilja Ehrenburg zu, der v. a. durch die biblische Metaphorik im Titel und den epischen Rhythmus des Erzähleinstiegs wichtige Impulse vermittelt hat (vgl. Hörnigk 1989, 90).

Somit ist ein weiterer Bezug von Interesse: die Bibelrezeption und die Verwendung religiöser Sprache. Das Mythisch-Narrative spielt in der DDR-Kunst seit ihrem Beginn eine Rolle und wird diese bis zum Ende des Landes mehr und mehr bestimmen. Der Einfluss biblischer Motive, Themen, Teiltexte, Figuren und der Sprache ist groß. Das scheint in einer atheistisch ausgerichteten Gesellschaft zu irritieren, verwundert jedoch nicht, da diese Gesellschaft mit ihrem starken Netz von Verboten und Ausgrenzungen die künstlerisch-ästhetische Auseinandersetzung geradezu herausgefordert hat. Der Rückgriff auf die »»Sklavensprache«« (Mayer 1991, 261), die die Kunst der Verschleierung und des Gleichnisses provoziert, hat sowohl in der Bildenden Kunst als auch der Literatur einen hohen Stand erreicht. Es ist der Versuch, die erlebte und erlittene Wirklichkeit durchschaubarer zu machen und die dahinter wirkenden Strukturen menschlicher Grundkonflikte, wie sie in den Schlüsselgeschichten der Bibel überliefert sind, zu erschließen (vgl. Lüdde 1993). Gisela Hansen hat in ihrer Arbeit *Christliches Erbe in der DDR-Literatur* Entwicklungslinien vom frühen zum späten Werk der Autorin erschlossen. Obwohl ihrer Kritik zum *Geteilten Himmel* nicht in allen Aspekten zuzustimmen ist (vgl. Hansen 1995, 253 f.), ist die Analyse zur Verwendung biblischer Symbolik – die Zahl Zwölf (hier wäre noch die Zahl Drei hinzuzufügen), zu inhaltlichen Bezügen auf biblische Personen, Szenen und Themen (das »Siehe-es-war-gut des letzten Schöpfungstages«) sowie zur Übernahme allgemeiner in die Umgangssprache eingegangener Redensarten (»*Hier laßt uns Hütten bauen*«; GH, 88) – von großem Interesse für die Durchdringung des Gegenwartsstoffes in den frühen 1960er Jahren (vgl. Hansen 1995, 250). Gleichermaßen ist eine weitere Analogie zum Werk Blochs erkennbar, für den die Bibel ein Fundament für die Strukturierung der menschlichen Kultur darstellte.

Der Wert von Arbeit für die Begründung verschiedener Lebenskonzepte

Die Erzählhandlung des *Geteilten Himmels* setzt in den entscheidenden Monaten vor dem Bau der Berliner Mauer am 13. August 1961 ein. Die Situation zwischen den im Kalten Krieg entstandenen Machtblöcken und somit auch zwischen den beiden deutschen Staaten spitzte sich immer weiter zu. Die sich langsam stabilisierende ökonomische Lage wurde durch ein System von Wirtschaftsboykotten und ständigen Abwerbungen systematisch geschwächt. Die Folge war eine zunehmende Verunsicherung der DDR-Bevölkerung, die bedingt durch eine Vielzahl interner Konflikte – Demotivierung durch zu hohe Arbeitsnormen und ein Führungs- und Materialmissmanagement, die Kollektivierung in der Landwirtschaft, willkürliche politische Entscheidungen – und unterstützt durch Abwerbungen und Versprechen von Seiten der Bundesrepublik in Massen das Land verließ. Diese Situation wird direkt im Text gespiegelt. Der Werkleiter wird nach einem Aufenthalt im anderen Teil Deutschlands seinem Land den Rücken kehren. Christa Wolf nimmt somit die von der 1. Bitterfelder Konferenz proklamierte Richtlinie, dass den großen Konflikten in Literatur und Kunst echte gesellschaftliche Widersprüche zugrunde liegen müssen, als ihren Auftrag an. Über die Zeichnung eines Mikrokosmos der DDR – der Waggonbau mit seiner Belegschaft und den ihr innewohnenden Widersprüchen und Konflikten – werden die Binnenräume sowohl des Werkes als auch der hier agierenden Figuren erschlossen. Mit dieser Erzählung blickt die Autorin kritisch auf das Verhältnis von Individuum und Gesellschaft; damit liegt sie im Trend der Gegenwartsliteratur der DDR seit den 1960er Jahren.

Die Hauptkonflikte, die in Bezug zu Ritas Identitätsbegründung stehen, werden auf drei Ebenen strukturiert, die an Erlebnisse und Begegnungen mit Personen gebunden sind: Die Beziehungsebene (Manfred), die Bildungsebene (der Dozent Schwarzenbach) und die Produktionsebene (der Werkleiter Wendland). Die reflektierte Durchdringung dieser Konflikte führt zu Ritas Genesung und zur rationalen Begründung der im Sommer 1961 getroffenen Entscheidung zur Rückkehr in die DDR. In der Himmelsmetapher findet die Teilung einen symbolischen Ausdruck. Während der letzten Begegnung des Paares in Westberlin heißt es:

»›Den Himmel wenigstens können sie nicht zerteilen‹, sagte Manfred spöttisch.
Den Himmel? Dieses ganze Gewölbe von Hoffnung und Sehnsucht, von Liebe und Trauer?
›Doch‹, sagte sie leise. ›Der Himmel teilt sich zuallererst.‹« (GH, 255 f.)

Diese Sicht der beiden Protagonisten, die sowohl die Möglichkeit der Zusammenfügung als auch der Trennung umschließt, wird in der Dopplung im ersten und letzten Kapitel im Bild der beiden auf Rita zukommenden Waggons kurz vor dem Unfall aufgenommen und stellt die zweite Rahmung des Textes dar. Somit geht diese Erzählung weit über das in der DDR-Literatur der Zeit Artikulierte hinaus, indem die letzte Begegnung der Liebenden und die Rückkehr Ritas im Spannungsfeld zwischen verweigerter und bewusster Annahme der Chancen, aber auch der Widersprüche dieses Landes jenseits von Konsumdenken und Anpassungsdruck zu sehen ist.

Rita verlässt ihr Dorf und somit die sie nicht befriedigende Arbeit. Im Rahmen ihres Praktikums wird sie im Waggonwerk in die Brigade Ermisch integriert und lernt hier sowohl die widersprüchlichen Arbeitsabläufe als auch die Struktur eines Großbetriebes kennen. Über das Nachvollziehen des Wertes von Arbeit, der für Rita mit dieser Tätigkeit und dem Beginn ihres

Studiums identitätsstiftend ist, widersetzt sich der Text der Heldengestaltung des Sozialistischen Realismus. Über die differenzierte Figurengestaltung wird das glorifizierte und typisierte Bild des Arbeiters in den Betriebsromanen der 1950er Jahre ad absurdum geführt, wenn auch Spuren des Mythos des ungebrochenen Arbeiters noch auffindbar sind.

Dazu gehört die Figur des Rolf Meternagel, in dessen Biographie, die er selbst für »alltäglich« (GH, 78) hält, sich vielfältige Vergleiche zu ähnlichen Lebensläufen der damaligen Zeit ergeben. Von Beruf Tischler, Soldat im Zweiten Weltkrieg, Kriegsgefangener in der Sowjetunion, wird er nach seiner Rückkehr in Ermanglung von politisch zuverlässigen Fachkräften mit Aufgaben betraut, denen er in keiner Weise gewachsen ist. Aufgrund einer »schweren Unterlassung« (GH, 80) degradiert, erfolgt die Versetzung in eine Brigade des Waggonbaus. Hier wird er – obwohl seine Vorgesetzten es wussten und es willkürlich geschehen ließen – wegen falscher Abrechnungen über nicht geleistete Arbeitsgänge in Höhe von 3.000 Mark ein zweites Mal seines Postens enthoben. In all diesen Jahren hat er sich mehr und mehr von seiner Familie entfremdet und sich von seiner Arbeit vereinnahmen lassen. Trotz der doppelten Bestrafung, die als Resultat innerer Konflikte des Landes zu lesen sind, gibt er nicht auf. Die Arbeit und das Werk bilden seinen Lebensinhalt und er versucht mit aller Kraft, den sich verschärfenden Problemen mit seinen »Studien am Arbeitsplatz« (GH, 81; im Original in Versalien), den Missständen entgegenzuwirken. Dieser Kampf wird auf mehreren Ebenen ausgetragen: 1) auf der Ebene der Brigade, deren zwölf Mitglieder in ihrem kleinen Glück ihre Erfüllung suchen, 2) auf der Ebene des Werkes, wo aufgrund fehlenden Materials der Unmut weiter wächst, und 3) auf der Persönlichkeitsebene, da Meternagel zunehmend um seine Ehre kämpft. Indem er die Schuld auf sich nimmt und das zu viel gezahlte Geld aus eigener Tasche begleichen will, wird der Konflikt in den privaten Raum erweitert. Hier zeigen sich Grenzen der Erzählung, da das private Leben in seiner Kleinbürgerlichkeit dargestellt wird, in der männliche Autoritäten dominieren, während die Frauen schweigen und dulden. In dieser stereotypen Gestaltung der Geschlechterverhältnisse hat die Gesellschaft der DDR mit ihren postulierten Normen vom neuen Menschen und der Gleichberechtigung der Geschlechter wenig Wirkung hinterlassen. In solchen Milieustudien, in denen lediglich patriarchale hierarchische Strukturen reproduziert werden, zeigt sich auch die Vergangenheit der jungen Autorin, die aus dieser kleinbürgerlichen Welt kommt und in diesen Jahren unter einem Rechtfertigungsdruck leidet, den sie am Ende ihres Lebens im Gespräch mit der Enkelin reflektiert. »Manches hat uns sehr befremdet, und wir versuchten, uns gegenseitig und anderen einzureden, dass das so sein müsse, weil wir kleinbürgerlicher Herkunft seien und das vielleicht nicht richtig verstünden« (Simon 2013, 93).

In all diese sich zuspitzenden Konflikte sowohl im Werk als auch in Ritas Studieneinrichtung (zwischen Normverweigerungen, Demotivierungen, Massenflucht und Hoffnungen, dem Bau eines neuen Leichtbauwaggons) und den erneuten Enttäuschungen (während der Probefahrt bleiben die Bremsproben erfolglos) wird »*Die Nachricht*« (GH, 191–197) vom Start des ersten bemannten Weltraumfluges durch die Sowjets am 12. April 1961 verkündet. Diese wird zur Metapher für Hoffnung, Licht und Aufbruch. Über die doppelte Reflexion des Ereignisses im Text – über Selbstaussagen Juri Gagarins nach der Landung sowie über das Gespräch zwischen Wendland, Manfred Herrfurth und Ria Seidel – wird der Fortschrittsoptimismus der beginnenden 1960er Jahre (verkörpert durch Wendland) im Widerpart mit dem von der faschistischen Ideologie und vom Westen Infizierten (Herrfurth) im Wechselspiel zwischen objektiven Voraussetzungen und subjektiven Sichtweisen aufgezeigt. Dabei verzichten die Erzählstimmen auf eine einfache Polarisierung. Indem sich Herrfurth mehr und mehr zurückzieht und sich dabei jedweder Illusionen und den von der neuen Zeit eingeforderten Energien verweigert, nimmt er die Position des Nihilisten ein (vgl. GH, 199–203). Gleichermaßen ist er auf der Suche nach dem »*festen Punkt*« (GH, 201). In diesem Moment weiß Rita: »Sich selbst hatte er am schwersten verwundet« (GH, 203). Manfred Herrfurth spricht Arbeit den Wert von geforderter gesellschaftlicher Verantwortung ab, Arbeit ist für ihn zunehmend lediglich Selbstzweck zu seiner individuellen Selbstverwirklichung. Niederlagen, wie die Nichtannahme des Patents, führen zu Störungen, die bis zur Aufgabe von Freundschaften reichen.

Die unbewältigte faschistische Vergangenheit – der Generationenkonflikt

Ein wesentliches, auf verschiedenen Ebenen verhandeltes Thema der Erzählung ist die am Beginn der 1960er Jahre noch immer nicht aufgearbeitete faschistische Vergangenheit. Die Wurzeln faschistoiden Herrschaftsdenkens sind trotz des verordneten Antifaschismus weiterhin vorhanden. Auf der Sprachebene ist auffallend, dass Worte wie verwundet, umbringen und Krieg die Analyse privater Beziehungen bestimmen. So reflektiert Rita über ihre letzte Begegnung mit Manfred: »Die Verluste der letzten Stunden in einem Krieg sind besonders bitter« (GH, 245). Während der Abendgesellschaft des Professors schlägt Dr. Müller für ein gereichtes Getränk die Bezeichnung »Verbrannte Erde!« (GH, 157) vor. Es folgen Gelächter, plötzliche Stille und Schweigen. Ein Kommentar erfolgt durch die implizite Erzählstimme der scheinbar unbelasteten jungen Generation:

> »Dort standen sie, die Erwachsenen. Die waren dabeigewesen, als solche Losungen über riesige, menschenvolle Plätze gebrüllt wurden; die hatten sie nachgebrüllt, waren hinter ihnen hermarschiert wie hinter einer Fahne, durch die halbe Welt. Und hier waren wir, die Kinder. Ausgeschlossen, wie Kinder immer von den ernsthaften Beschäftigungen der Erwachsenen ausgeschlossen sind. Ein nachzitterndes Entsetzen vor dem schrecklichen Geheimnis ...« (GH, 158)

Auf der Erzählebene wird der sozialistischen Brigade die Fähigkeit abgesprochen, sich mit Normen und Verhaltensweisen von Herbert Kuhl, dem ehemaligen Leutnant der Wehrmacht, differenziert auseinanderzusetzen. Erst über die mentale Präsenz der Vorbildfigur Meternagel beginnt sich die Spannung nach Jahren zu lösen. Mit der Zeichnung der Eltern von Manfred Herrfurth erfährt das angepasste Bürgertum, das die Parteiabzeichen, nicht aber die Ideologeme wechselt, eine radikale Demaskierung, ohne dass es jedoch zu einer intensiven Beschäftigung mit den Voraussetzungen ihrer Haltungen kommt.

In diesem Generationenkontext erhebt sich die Frage nach den Ursachen von Manfreds Entscheidung und Ritas Rettung. Auffallend ist, dass die Erzählinstanzen sowohl auf der extra- als auch der intradiegetischen Ebene keine Verurteilungen vornehmen. Die Liebes- und Bindungsunfähigkeit des Mannes wird auf die Prägungen zurückgeführt, die er durch sein Elternhaus, insbesondere durch die Instanz des Vaters, und durch die Erziehung im NS-System erfahren hat. Manfred Herrfurth ist zum Zeitpunkt der ersten Begegnung mit Rita Seidel Anfang Dreißig und somit im ungefähren Lebensalter der Autorin Christa Wolf. Die neunzehnjährige Rita, die der neuen Generation angehört, erweist sich für ihn, der im Elternhaus lieblos aufgewachsen ist, als Chance, sich selbst zu erkennen und von den anerzogenen Mustern und der Kälte zu befreien: »Manfred aber tauchte neben ihr in seine Kindheit und Jugend unter. Er wusch sich rein von den Ängsten und Nöten, von Bitterkeit und Scham, die aus jenen halb unbewußten Jahren in ihm waren« (GH, 39). Mit dieser Annahme des biblischen Motivs der Reinwaschung ist für ihn plötzlich alles offen. Vielfältige Signale im Text verweisen auf die Bereitschaft der Selbstannahme über die Ablösung von den alten Autoritäten. Doch weder die Unvoreingenommenheit Ritas noch die Gesellschaft, die Möglichkeiten zu dessen Entfaltung bereithält, wird ihn von den Prägungen – Hass auf den Vater, Narzissmus, Unbehaustheit und Gleichgültigkeit – befreien können. Der Bau der Mauer wird nicht als Ursache, »sondern als *Folge* einer politischen Krise und als Unterstützung im Kampf nicht nur für den Sozialismus, sondern auch für diejenigen Menschen angesehen, die von der Kontamination durch den kapitalistischen Westen geschützt werden müssen« (Klocke 2014, 106). Hätte es eine Möglichkeit gegeben, Manfred vor dem Verlassen der DDR zu bewahren und ihn im Land zu halten? Ein Brief von Martin Jung an Rita im Frühherbst 1961 unterstützt solche Vermutungen. »Hätte Manfred nicht die acht Monate durchhalten können? Das macht mir am meisten zu schaffen, wenn ich an ihn denke: Wenn er hiergeblieben wäre, und sei es durch Zwang: Heute *müßte* er ja versuchen, mit allem fertig zu werden. Heute könnte er ja nicht mehr ausweichen ...« (GH, 183).

Ritas Rettung setzt mit ihrer Gedächtnisarbeit ein. Am Ende des Genesungsprozesses weiß sie, dass die Liebe unter Preisgabe ihrer Identität nicht haltbar ist. Indem sie ihren Platz in der Gesellschaft bestimmt, findet sie zu ihrer sozialen Identität. In diesen Passagen ist der affirmative Gestus der Erzählung stark ausgeprägt. Der unbelasteten Jugend mit ihrer Sozialismusaffinität gehört die Zukunft, da diese in der Lage ist, eine Ich-Identität im Kontext der starken Wir-Identität zu entfalten. Der Blick in den Spiegel am Tag der Rückkehr befreit sie von ihren Ängsten und erlaubt ihr, sich als Subjekt wahrzunehmen (vgl. GH, 260). In diesem Prozess war sie nicht allein. Zu ihrer Gesundung haben Männer beigetragen, die bestimmte Haltungen verkörpern und statisch ihrer Vorbildfunktion nachkommen: Wendland, der mehr und mehr zum Antipoden von Manfred wird, Schwarzenbach und Meternagel. Frauen dagegen – wie die Mutter, die Tante und die Partnerinnen der Männer – haben auf Rita keinen bzw. nur einen sehr geringen Einfluss, was als Indiz für die nach wie vor geltende männliche Autorität und deren Bestätigung zu lesen ist.

Mit der Erzählung *Der geteilte Himmel* hat sich Christa Wolf auf vielfältige Weise den kulturpolitischen Dogmen und den einseitigen Leitlinien entzogen bzw. diese bewusst hinterfragt. Sonja Klocke stellt mit dem Verweis auf die Uneinheitlichkeit in der Forschungsliteratur die Frage nach der Einbindung des Textes in die Ankunftsliteratur der frühen 1960er Jahre (vgl. Klocke 2014, 108 f.). Es ist daher lohnend, die Vielstimmigkeit und Perspektivenvielfalt sowie die besondere Art des Erzählens der gängigen Auffassung entgegenzustellen, dass es einen strikten Bruch mit dem Sozialistischen Realismus zwischen dem *Geteilten Himmel* und *Nachdenken über Christa T.* gegeben haben soll und so die Autorin mit ihrer Aussage zur Gewebestruktur ihres Werkes ernst zu nehmen, um so den Prozess der Lösung vom Sozialistischen Realismus und des Findens der ihr gemäßen Poetologie zu verfolgen.

Rezeptionsgeschichte

Nach Vorabdrucken in den Zeitschriften *forum. Zeitung der Studenten und jungen Intelligenz* und *neue deutsche literatur (ndl)* 1962, die eine überwältigende Resonanz bei den Leser/innen auslöste, erhielt Christa Wolf am 10. Mai 1963 – zeitgleich mit der Buchausgabe in einer Auflagenhöhe von 8.000 Exemplaren, die sofort vergriffen war – den Heinrich-Mann-Preis der Akademie der Künste. Die 2. Auflage des *Geteilten Himmels*, die noch wie die erste mit Graphiken von Willi Sitte versehen war, erschien im Juni. Innerhalb eines Jahres wurden in 10 Auflagen 160.000 Exemplare verlegt. Der Text erschien bis 1974 (17. Auflage) im Mitteldeutschen Verlag (MDV), in der DDR erfolgten weitere Herausgaben u. a. im Verlag Kultur und Fortschritt Berlin, in Reclams Universal-Bibliothek Leipzig, im Aufbau-Verlag Berlin/Weimar und im Verlag Volk und Welt Berlin. Im deutschsprachigen Raum wurde die Erzählung u. a. in Die Buchgemeinde Wien, im Rowohlt-Taschenbuch-Verlag Reinbek b. Hamburg und im Deutschen Taschenbuchverlag München verlegt (vgl. Drescher 1989, 465 f.). Der Text ist – so die Dokumentation des Jahres 1989 – in über zwanzig Sprachen übersetzt, neben dem Englischen, Französischen, Italienischen ins Polnische, Kroatische, Bulgarische und ins Russische (vgl. ebd., 466–469). 1964 kam die Verfilmung unter der Regie von Konrad Wolf nach dem Drehbuch von Christa und Gerhard Wolf in die Kinos (s. Kap. IV.52). Der Film erzählt in Schwarz-Weiß-Bildern in der Rückblende die Liebesgeschichte von Rita Seidel und Manfred Herrfurth. In der filmischen Umsetzung wird eine erzählende Stimme aus dem Off (gesprochen von der Schauspielerin Lissy Tempelhof) eingeführt. Die meisten Szenen entsprechen der literarischen Vorlage, die größte Veränderung betrifft den Reflexionsort. Dieser wird aus dem Sanatorium in das Zimmer der Tante in Westberlin verlagert. Wie das Buch stieß auch der Film auf ein außergewöhnlich hohes Echo, bis zum November 1964 hatten ihn bereits eine Million Zuschauer/innen gesehen.

Die Rezeptionsgeschichte ist mit der Herausgabe der Erzählung nicht nur in BRD und DDR sowie in Europa, sondern auch in den USA sorgfältig verfolgt worden. Dabei sollen v. a. die Zusammenstellungen von Martin Reso (1965), Alexander Stephan (1976), Manfred Jurgensen (1984), Angela Drescher (1989), Therese Hörnigk (1989), Katharina von Ankum (1992) und Walfried Hartinger (2008) hervorgehoben werden (s. zur deutsch-deutschen und internationalen Rezeption: Kap. IV.1; IV.2; IV.3). Dem zwei Jahre nach dem Erscheinen des Textes mit der Dokumentation der Erstrezeption von Martin Reso herausgegeben Band kommt dabei eine besondere Bedeutung zu. Zum einen vereint diese Sammlung erstmalig ausgewählte Ost-West-Kritiken. Das Interesse an dieser Erzählung liegt in der Wahl des Stoffes und in der Gestaltung der Konfliktsituationen. Außerdem löste die Erzählung in der DDR eine kulturpolitische Debatte aus, die in diesem Band festgehalten wird. Nachdem Christa Wolf den Preis erhalten und somit von der staatlich sanktionierten Kulturpolitik den Ritterschlag mit einer Rede von Alfred Kurella erhalten hatte, die zwischen dem politisch Intendierten und der künstlerischen Leistung der Autorin zu vermitteln suchte, wird die Richtung für die folgenden Kritiken vorgegeben (abgedruckt in: Reso 1965, 26–30). Gleichermaßen werden Kritikpunkte eingebaut, die in der Wertung gipfeln, »daß diese Art der Erzählung die epische Darstellung einschränkt, welche auch bei der Erzählung als Kunstform das wirksamste Mittel zur Erfassung komplizierter sachlicher und menschlicher Beziehungen ist« (ebd., 30). Die unmittelbar nach Kurellas zwischen Lob und Einschränkung abwägenden Laudatio einsetzende Kritik in der DDR zeigt Notwendigkeit und Möglichkeit der öffentlichen Diskussion in diesem Land, das nach Schließung der Grenzen die Auseinandersetzung mit den inneren Konflikten führen musste. Ein verändertes politisches Bewusstsein machte solche Debatten unumgänglich, in denen erstmals Differenzen zugelassen wurden.

Katharina von Ankum und Walfried Hartinger gehen in ihren Arbeiten ausführlich auf die westdeutsche und US-amerikanische Kritik ein. Während Hartinger auf der Basis der Zusammenstellung von Reso vier Tendenzen ausmacht (vgl. Hartinger 2008, 185–191) und auch zeigt, dass es sich dabei um eine bewusste Auswahl gehandelt hat, öffnet von Ankum in ihrer Zusammenstellung wiederum den Raum zwischen der Kritik in der Erstrezeption und weit später erfolgten Besprechungen, die sowohl den erweiterten Kontext als auch das Wissen um das spätere Werk der Autorin umfassen. In der Analyse vergleichender Interpretationen zum *Geteilten Himmel* und zu *Nachdenken über Christa T.* kommt sie zu dem Ergebnis, dass Christa Wolf mit den Erzählungen der frühen 1960er Jahre zu einem »Klassiker der DDR-Literatur avancieren« konnte (von Ankum 1992, 101).

Wie Sonja Klocke (2014) überdenkt bereits Alexander Stephan (1976) die eindimensionale Einordnung des *Geteilten Himmels* in die Ankunftsliteratur (vgl. Stephan 1976, 32 f.). Therese Hörnigk (1989) geht auf die in der Rezeptionsgeschichte oft hingewiesene Parallelität zwischen dieser Erzählung von Christa Wolf und Uwe Johnsons 1959 erschienenen Roman *Mutmaßungen über Jakob* ein, indem sie durchaus vorhandene Gemeinsamkeiten, aber auch grundlegende Unterschiede herausarbeitet (vgl. Hörnigk 1989, 103 f.). Christa Wolf widerspricht in ihrem Interview mit Carsten Gansel der verbreiteten Ansicht, dass sie der Roman von Johnson vor dem Schreiben ihrer Erzählung wahrgenommen hätte, und betont, dass sie dieses von ihr sehr geschätzte Werk erst ziemlich spät gelesen habe (vgl. Wolf/Gansel 2014, 354).

Inspiriert von der um die Jahreswende 2011/12 von der Neuen Berliner Nationalgalerie gezeigten Ausstellung mit dem Titel »Der geteilte Himmel«, in der in kontrastiver Zusammenschau west- und ostdeutsche Klassiker/innen der Bildenden Kunst zwischen 1945 und 1968 präsentiert wurden, unterzieht Hermann Korte die Erzählung einer Re-Lektüre. Er stellt den *Geteilten Himmel* in die »Reihe jener Romantitel der Literaturgeschichte, die eine symbolartige Kraft haben, um im politisch-kulturellen Erinnerungsdiskurs herausragende historische Ereignisse und sogar ganze Epochen anschaulich und griffig zu fixieren« (Korte 2012, 38). Von Theodor Fontanes *Vor dem Sturm* über Alfred Döblins *Berlin Alexanderplatz* bis zu Heinrich Bölls *Haus ohne Hüter* und Christa Wolfs *Der geteilte Himmel* hebt er die Wirkungskraft dieser im Stil des poetischen Realismus verfassten Romane hervor. Sie sind, so Korte, der Ausdruck einer »performativen Kanonpraxis«, weil sie mit der Erinnerung an historisches Geschehen zugleich Erinnerungen an literarische Werke wach halten und daher im »bourdieuschen Sinne sogar ›kulturelles Kapital‹ einbringen« (ebd.). Indem er seine Re-Lektüre sowohl in den Kontext des Realismus im 19. und 20. Jahrhundert sowie in die Analyse der Raum- und Naturchiffren stellt, bestätigt er die Auffassungen von Silke Beinssen-Hesse (1984), die bereits früher das Bekenntnis zum Realismus im *Geteilten Himmel* untersucht hatte. Den Bogen von der deutschen bis zur europäischen Geschichte spannend, kommt Korte zu der Schlussfolgerung, dass ein solches »Stück Literatur seinen eigenen Erinnerungshorizont bewahrt und noch keineswegs im inzwischen historisch gewordenen deutsch-deutschen Teilungs- und Vereinigungsdiskurs zum ausgelesenen Dokument der Zeitgeschichte verblasst ist« (Korte 2012, 49).

Befragt nach den »entscheidenden Stationen« ihrer Karriere vollzieht Christa Wolf im *Zeit*-Interview (2005) den Weg ihrer literarischen Entwicklung in den 1960er Jahren nach, auf dem sie sich aus den Zwängen und Dogmen endgültig gelöst und eine eigene »Art von Realismus« gefunden hat: die »subjektive Authentizität«.

> »Sicherlich verkörpert *Der geteilte Himmel* nicht mein heutiges Schreibideal. Aber danach habe ich eine Erzählung geschrieben, die hieß *Juninachmittag*. Und damit erwachte in mir eine neue Lust zu schreiben, entstand meine Art von Realismus, mein Mut zu dieser Art von Realismus. Wenn Sie so wollen, ergab sich daraus meine Formel der ›subjektiven Authentizität‹. Das war natürlich in der DDR ein Stein des Anstoßes, weil das nicht dem vulgären Realismus entsprach, den man propagierte, und weil das damals auch keiner verstand. Aber mir war klar, daß ich diesen Weg weitergehen mußte, etwas anderes stand für mich nicht zur Diskussion. Als nächstes erschien dann *Nachdenken über Christa T.*« (Wolf/Kammertöns/Lebert 2012, 180 f.)

Literatur

Ankum, Katharina von: *Die Rezeption von Christa Wolf in Ost und West. Von »Moskauer Novelle« bis »Selbstversuch«.* Amsterdamer Publikationen zu Sprache und Literatur. Bd. 98. Amsterdam 1992.

Barck, Simone/Wahl, Stefanie (Hg.): *Bitterfelder Nachlese. Ein Kulturpalast, seine Konferenzen und Wirkungen. Mit unveröffentlichten Briefen von Franz Fühmann.* Berlin 2007.

Beinssen-Hesse, Silke: Zum Realismus in Christa Wolfs »Der geteilte Himmel«. In: Manfred Jurgensen (Hg.):

Wolf. Darstellung – Deutung – Diskussion. Bern/München 1984, 23–49.

Drescher, Angela (Hg.): *Christa Wolf. Ein Arbeitsbuch. Studien – Dokumente – Bibliographie*. Berlin/Weimar 1989.

Fürnberg, Louis: *Briefe 1932–1957*. Band II: *1954–1957*. Berlin/Weimar 1986.

Hansen, Gisela: *Christliches Erbe in der DDR-Literatur. Bibelrezeption und Verwendung religiöser Sprache im Werk Erwin Strittmatters und in ausgewählten Texten Christa Wolfs*. Frankfurt a. M./Berlin u. a. 1995.

Hartinger, Walfried: *Wechselseitige Wahrnehmung. Heiner Müller und Christa Wolf in der deutschen Kritik – in Ost und West*. Leipzig 2008.

Hilzinger, Sonja: *Christa und Gerhard Wolf. Gemeinsam gelebte Zeit*. Berlin 2014.

Hilzinger, Sonja: *Christa Wolf*. Stuttgart 1986.

Hörnigk, Therese: *Christa Wolf*. Berlin 1989.

Jurgensen, Manfred: Christa Wolf. Moskauer Novelle. In: Ders. (Hg.): *Wolf. Darstellung – Deutung – Diskussion*. Bern/München 1984, 11–22.

Klocke, Sonja E.: (Anti-)faschistische Familien, (post-)faschistische Körper und die Frage nach der Ankunftsliteratur – Christa Wolfs »Der geteilte Himmel«. In: Carsten Gansel (Hg.): *Christa Wolf – Im Strom der Erinnerung*. Göttingen 2014, 91–109.

Korte, Hermann: Wiedergelesen: Christa Wolfs kleiner Roman: »Der geteilte Himmel«. In: *Text + Kritik*. Heft 46: *Christa Wolf*. 5. Aufl. (neu) München 2012, 38–50.

Kurella, Alfred: Neue Literatur mit neuem Lebensgefühl. Aus der Rede auf dem V. Deutschen Schriftstellerkongress. In: *Junge Kunst* 5 (1961), H. 6 (dem Heft ohne Seitenangaben als Sonderdruck vorangestellt).

Lokatis, Siegfried: Der Mitteldeutsche Verlag in Halle. In: Simone Barck u. Stefanie Wahl (Hg.): *Bitterfelder Nachlese. Ein Kulturpalast, seine Konferenzen und Wirkungen. Mit unveröffentlichten Briefen von Franz Fühmann*. Berlin 2007, 113–130.

Lüdde, Marie-Elisabeth: *Die Rezeption, Interpretation und Transformation biblischer Motive und Mythen in der DDR-Literatur und ihre Bedeutung für die Theologie*. Berlin/New York 1993.

Magenau Jörg: *Christa Wolf. Eine Biographie*. Überarb. u. erw. Neuausg. Reinbek bei Hamburg 2013.

Mayer, Hans: *Der Turm von Babel*. Frankfurt a. M. 1991.

Ondoa, Hyacinthe: *Literatur und politische Imagination. Zur Konstruktion der ostdeutschen Identität in der DDR-Erzählliteratur vor und nach der Wende*. Leipzig 2005.

Reso, Martin: *Der geteilte Himmel und seine Kritiker*. Halle 1965.

Richter, Trude: *Totgesagt. Erinnerungen*. Halle/Leipzig 1990.

Schnell, Martine: »*Jetzt sind wir dran was jetzt geschieht geschieht uns.*« *Christa Wolf im Spannungsfeld ihrer Vorgängerinnen und Zeitgenossen des 19. und 20. Jahrhunderts*. Stuttgart 2004.

Simon, Jana: *Sei dennoch unverzagt. Gespräche mit meinen Großeltern Christa und Gerhard Wolf*. Berlin 2013.

Stephan, Alexander: *Christa Wolf*. München 1976.

Walenski, Tanja: *Christa Wolf und Sowjetrussland*. Frankfurt a. M. 1999.

Wolf, Christa: Um den neuen Unterhaltungsroman. Zu E. R. Greulich »Das geheime Tagebuch«. In: *Neues Deutschland*, 20.7.1952, 6.

Wolf, Christa: Probleme des zeitgenössischen Gesellschaftsromans. Bemerkungen zu dem Roman »Im Morgennebel« von Ehm Welk. In: *Neue Deutsche Literatur* 2 (1954a), H. 1, 142–150.

Wolf, Christa: Komplikationen aber keine Konflikte. Rezension zu Werner Reinowski »Diese Welt muß unser sein«. In *Neue Deutsche Literatur* 2 (1954b), H. 6, 140–145.

Wolf, Christa: Achtung Rauschgifthandel. In: *Neue Deutsche Literatur* 3 (1955a), H. 2, 136–140.

Wolf, Christa: Menschliche Konflikte in unserer Zeit. Rezension zu Erwin Strittmatter »Tinko«. In: *Neue Deutsche Literatur* 3 (1955b), H. 7, 139–144.

Wolf, Christa: Literatur und Zeitgenossenschaft. In: *Neue Deutsche Literatur* 5 (1957), H. 12, 119–124.

Wolf, Christa: Die Literatur der neuen Etappe. Gedanken zum Dritten Sowjetischen Schriftstellerkongreß. In: *Neues Deutschland*, 20.6.1959, Beilage Nr. 24, 3.

Wolf, Christa: Land, in dem wir leben. In: *Neue Deutsche Literatur* 9 (1961), H. 5, 49–65.

Wolf, Christa/Wolf, Gerhard (Hg.): *Wir, unsere Zeit. Prosa aus zehn Jahren*. Berlin 1959.

Wolf, Christa/Gansel, Carsten: »Zum Schreiben haben mich Konflikte getrieben – ein Gespräch. In: Carsten Gansel (Hg.): *Christa Wolf – im Strom der Erinnerungen*. Göttingen 2014, 353–366.

Wolf, Christa/Kammertöns, Hanns-Bruno/Lebert, Stephan: »Bei mir dauert alles sehr lange« – ein *Zeit*-Gespräch. In: Christa Wolf: *Rede, daß ich dich sehe. Essays, Reden, Gespräche*. Berlin 2012, 173–187.

Martine Schnell / Ilse Nagelschmidt

B Die poetische Kraft des Nachdenkens

13 Standortbestimmung und Poetologiefindung

Als Christa Wolf ihre Frankfurter Poetik-Vorlesungen 1983 mit der Feststellung einleitete, sie habe keine Poetik, jedenfalls »keine Lehre von der Dichtkunst, die, im fortgeschrittenen Stadium [...] eine systematische Form annimmt« (WA 7, 11), bezog sie sich noch einmal auf die Ausgangspunkte ihrer ästhetischen Konfession aus den frühen 1960er Jahren. Schon damals wollte sie keine Geschichten im klassischen Sinne überkommener ästhetischer Normen erzählen, mit einem Anfang, einem Höhepunkt, einer Wende und einem Ende (vgl. Gansel 2014, 21). Stattdessen hatte sie für sich eine Schreibart gefunden, vergleichbar einem Netzwerk unterschiedlicher Erzählelemente aus Reflexionen, Erörterungen und Schilderungen von Begebenheiten und Ereignissen, zusammengefügt zu einem Gewebe, wie sie es selbst gerne des Öfteren benannt hat (vgl. Wolf/Gansel 2014). Diese poetologische Vorgehensweise, erzählerische Elemente aus Träumen, Beschreibungen, Dokumentationen historischer Geschehnisse und Verläufe mit den Linien subjektiven Erinnerungsvermögens zu einem Textganzen ineinander zu verknüpfen, ist mit den Jahren immer ausgeprägter zum Charakteristikum für die Texte Christa Wolfs geworden, denen sie in der Regel keine Gattungsbezeichnung beigegeben hat.

Christa Wolf versteht sich als eine von den geschichtlichen Ereignissen unmittelbar betroffene Zeitzeugin, indem sie die historischen Zusammenhänge und Grenzen individueller Selbstverwirklichung des modernen Menschen thematisiert. Erinnern und Nachdenken über die sozialen, aber auch mentalen Strukturen des Gedächtnisses werden zu Schlüsselbegriffen ihres ästhetischen Konzepts in beinahe allen Büchern, insbesondere in *Der geteilte Himmel* (1963), *Nachdenken über Christa T.* (1968), *Kindheitsmuster* (1976), *Sommerstück* (1989), *Was bleibt,* (1989) und *Stadt der Engel oder The Overcoat of Dr. Freud* (2010). Die zumeist weiblichen Hauptfiguren ihrer Prosa sind häufig Identitätskrisen ausgesetzt. Motive wie die Ausgrenzung des Fremden als Synonym des Weiblichen in *Medea* (1996), die verlorengegangenen Utopien oder der Verlust von familiären Bindungen in *Kein Ort. Nirgends* (1979), die Selbstzerstörung einer Gesellschaft in *Kassandra* (1983), *Störfall* (1985) und *Sommerstück* (1989) oder des Körpers als Seismograph unbewältigter Konflikte in *Leibhaftig* (2002), füllen sich für viele Leserinnen und Leser in aller Welt mit sehr unterschiedlichen Bedeutungen auf.

Wiederkehrende Themenkreise um Ursachen und Folgen von Autoritätsgläubigkeit, von Glaubensverlust und Verlustängsten, dem Zusammenhang von Krankheit und Liebesentzug gehören ebenso zum Kanon der Prosa Wolfs wie die durch zunehmende Entfremdung gekennzeichneten Beziehungen zwischen Individuen und Gemeinschaft in den Industriegesellschaften. Häufig vorgeführt im Verlauf eines therapeutischen Prozesses, bedient sie sich einer beispielhaften Autokatharsis mit dem Ziel, in den Bereich des Unbewussten vorzustoßen, um dem »blinden Fleck« (Wolf/Gansel 2014, 360) in der subjektiven wie gesellschaftlichen Wahrnehmung auf die Spur zu kommen. In der Eigenart ihrer Schreibweise begründet sich das Wirkungspotential ihrer Texte. Mit einer Erzählstrategie, die auf den Dialog mit den Lesern ausgerichtet ist und der demonstrierten Fähigkeit des Mitleidens und Anteilnehmens bietet ihre Schreibweise Identifikationsmöglichkeiten an, die Empathie und Einfühlung ermöglichen, aber auch Ablehnung provozieren.

Das Tagebuch als Arbeitsmittel

Ihr Prosadebüt hat Christa Wolf 1959 mit der auf autobiographischem Material beruhenden Geschichte *Moskauer Novelle* vorgelegt (s. Kap. II.A.11). Vor dem Erlebnishorizont Nationalsozialismus und Krieg, der ihre Generation geprägt hat (s. Kap. I), versuchte sie mit dieser kleinen Geschichte gegen Verdrängen und Vergessen anzuschreiben, versuchte Erinnerung zur Klärung eigener Haltungen abzurufen. Eine Schreibmotivation, die sie ein Leben lang beibehalten sollte.

Von ihrem Erstlingswerk hat sie sich jedoch schon wenige Jahre später wegen des »für jedermann offen liegenden Mangel[s] an formalem Können«, wegen allzu »verunglückter Bilder«, »hölzerne[r] Dialoge« und naturalistischer Beschreibungen« (WA 4, 442) distanziert. Sie fragte sich, wie man »mit fast dreißig Jahren, neun Jahre nach der Mitte dieses Jahrhunderts und alles andere als unberührt und ungerührt von dessen bewegenden und bewegten Ereignissen, etwas derart Traktathaftes […] (Traktat im Sinne der Verbreitung frommer Ansichten […])« (WA 4, 443) schreiben konnte und vor allem der Gesellschaft vorenthalten habe, was man von ihr wisse.

Fortan wird die junge Autorin in zahlreichen Literaturkritiken, Reden, Essays und Wortmeldungen ihre Suche nach einer neuen poetischen Standortbestimmung thematisieren, dabei erzählerische Mittel erprobend, mit denen subjektive Erfahrungen in den zeitgenössischen Geschichts- und Gegenwartsinterpretationen authentisch zum Ausdruck zu bringen wären. Zunächst bot sich Max Frischs Tagebuchprosa für sie als geeignetes Instrument zur Ausbildung eigenen schriftstellerischen Handwerkszeugs an. Für Frisch war das Tagebuch erkennbar ein eigenständiges Genre, ein Mittel literarisch gestalteter Bewusstseinsbildung in der Tradition von James Joyce oder Alfred Döblin. In seiner Verbindung autobiographischer und fiktionaler Elemente nutzte er diese literarische Äußerungsform als autonomes Medium zur Wahrheitsfindung. Auf Max Frisch und sein »Schreiben in der Ich Form« wird Christa Wolf später wieder zurück kommen (vgl. WA 8, 21–30 u. G. Wolf 2014, 11).

Ihr kam das literarische Tagebuch mit seinem intimen und bekenntnishaften Charakter vor allem dort entgegen, wo es sich als Modell zur Erprobung neuer schriftstellerischer Ausdrucksformen darstellte (vgl. Kuhn 2014). Aber anders als Frisch bezog sie sich in ihren Tagebuchaufzeichnungen weniger auf Personen oder Ereignisse. Vielmehr ging es ihr von Beginn an darum, das erzählerische Potential des Tagebuchs als Möglichkeit zur »Selbstauseinandersetzung« (Wolf/Gansel 2014, 357) zu nutzen, um bestimmte Lebensphasen zu reflektieren. Es war »Arbeitsmittel und Gedächtnis« (WA 4, 59–75) und zugleich eine Orientierungshilfe auf der Suche nach einem individuellen erzählerischen Konzept für einen von Assoziationen unterbrochenen Erzählstil mitteilenden und wertenden Beobachtens. Vor allem aber öffnete das literarische Tagebuch Räume für Gedanken und Erkundungen über scheinbar weit auseinander liegende Gegenstände und Themen, ohne sich dem Gesetz der chronologischen Abfolge unterwerfen zu müssen, wie es die kanonisierten ästhetischen Regeln von Erzählung oder Roman vorschrieben. Darüber hinaus ermöglichte ihr die Erzählform des Tagebuchs, Alltagsvorkommnisse und deren Wirkungen auf das subjektive Befinden zu reflektieren und dieses unvermittelt in Beziehung zu weltbewegenden Ereignissen darzustellen und zu diskutieren (vgl. Kap. III.4).

Mit der Betonung des Unvollendeten, bereits in der romantischen deutschen Literatur ein häufig verwendetes Ausdrucksmittel, verwies das Tagebuch auf einen Fragmentcharakter des literarischen Entwurfs. Das Offene dieser Form, das Skizzenhafte, ein in der Malerei längst akzeptiertes künstlerisches Mittel, das sich gegen jede Vorstellung hermetisch geschlossener Weltbilder sträubt, erweiterte die Dimension modernen Erzählens. Tagebuchartige Elemente werden so zum festen Bestandteil in Christa Wolfs Prosa, deren wichtigste Komponente zunehmend die subjektive Gestaltung eines Bewusstseinszustandes werden sollte. Erinnern und Vergessen, die menschliche Fähigkeit zu verdrängen und vor allem das »Anschreiben gegen diesen unaufhaltsamen Verlust von Dasein« (ETJ, 5), so wird die Autorin ihre selbstreflexive Art zu schreiben später nennen. Die aus dem Nachlass Christa Wolfs veröffentlichten *Moskauer Tagebücher* erscheinen 2014 schließlich mit dem Untertitel »Wer wir sind und wer wir waren« – eine Gedichtzeile Boris Pasternaks zitierend.

Die erste veröffentlichte, an Tagebucheintragungen anklingende Erzählung Christa Wolfs ist *Dienstag, der 27. September* aus dem Jahre 1960 (WA 3, 366–382). Nach dem Prinzip eines gewöhnlichen Tagesablaufs mit seiner Alltagsroutine, dem Haushalt, der Krankheit der Kinder, den Ereignissen des Familienlebens strukturiert, lässt es zugleich Raum für Überlegungen zur großen Politik. Alltägliche Beobachtungen sind mit kompositorischem Geschick in geschichtlich bedeutsame Vorgänge eingebunden. Die Wahrnehmung kleiner Lebensgenüsse gehört zum Meistern existentieller Lebensprobleme; dabei bekommt das Erzählte Entwurfscharakter. Die Wirkungsstrategie wird durch das fragmentarische Vorgehen geradezu betont und trifft bei Leser/innen auf die mit eigenen Erfahrungen zu besetzenden Leerstellen.

Suche nach der eigenen Tonart

In der Folge der kontroversen Diskussionen und der gleichzeitig einsetzenden internationalen Beachtung, die *Der geteilte Himmel* nach seinem Erscheinen 1963 gefunden hatte, deutet sich eine Zäsur in der Schreibart Christa Wolfs an (s. Kap. II.A.12). Die nahezu ungebrochene Welthaltung, wie sie sich in der Erzählweise des *Geteilten Himmel* noch verifiziert hatte, war ins Wanken geraten. Die Reden und Aufsätze aus dieser Zeit wie »Probleme junger Autoren« (WA 4, 16–18), die Besprechung von Anna Seghers' Roman *Das siebte Kreuz* (WA 4, 24–41), »Wo liegt unsere terra incognita« in der viel gelesenen Studentenzeitung *Forum* (Forum 17 (1963), Nr. 18, 30) oder ihr Diskussionsbeitrag auf der Zweiten Bitterfelder Konferenz von 1964 (WA 4, 42–53) lesen sich wie beredte Zeugnisse einer subjektiven Standortsondierung innerhalb der geschichtlichen und ideologischen Debatten zur Zeit. Vor allem aber spiegeln sie auch die Erkundungsabsicht neuer poetischer Ausdrucksmöglichkeiten.

Mit Bezug auf die zeitgenössischen Diskurse um das Ende der Gattung Prosa und dem gleichzeitig vorhergesagten Tod des Erzählers, setzt sich Christa Wolf immer häufiger prononciert mit literarischen Wirkungsstrategien auseinander, die am besten geeignet schienen, den Zeitwiderspruch auf neue Art erzählerisch auszudrücken. Nachdrücklich grenzt sie sich zunächst vom Typus des tradierten epischen Imperfekts eines allwissenden Erzählers ab, weil er, wie sie befand, der Darstellung erfahrener Brüche und Widersprüche der Zeit nicht mehr gerecht würde. Deutliche Anzeichen eines sich verändernden poetischen Selbstverständnisses dokumentieren sich in einem für den Rundfunk geschriebenen Aufsatz aus dem Jahre 1964 mit dem Titel »Tagebuch – Arbeitsmittel und Gedächtnis«, in dem es heißt: »Wir sind mißtrauisch geworden gegen Erfindungen über das Innenleben unserer Mitmenschen. Außerdem: die Wirklichkeit hat sich als unübertrefflich gezeigt. Wenn auch nicht als unübertrefflich schön« (WA 4, 60).

Stephan Hermlin zitierend, stellt die damals 35-jährige Autorin heraus, dass sich ihre Vorstellung von Prosa-Schreiben von traditionellen Auffassungen abhebt: »›Die Zeit der Wunder ist vorbei.‹ Wir lesen Akten, Briefsammlungen, Memoiren, Biographien. Und: Tagebücher. Wir wollen Authentizität. Nicht belehrt – unterrichtet wünscht man zu sein« (WA 4, 60), lautet der Anspruch des selbstgestellten Auftrags, mit fortschreitender Gesellschaftsentwicklung notwendig auch über Funktions- und Wirkungsvorstellungen einer Literatur nachzudenken, die zur Synthese menschlicher Verhaltensweisen aufgerufen wird. Unüberhörbar ist der polemische Seitenhieb auf eine literarische Praxis, die Geschichte als gesetzmäßig ablaufenden Prozess zu betrachten, in dem sich die Individuen lediglich einzurichten hätten. Ein solches abstraktes und theoretisches Herangehen gehe an den Bedürfnissen der Leser/innen und deren Erwartungen vorbei, die Lebenstatsachen in der Literatur behandelt zu finden wünschten. Aufgabe der Literatur sei es vielmehr, Geschichte in ihren Auswirkungen auf die in ihr lebenden und arbeitenden, von ihr betroffenen Individuen zu befragen. Mit der Überzeugung, dass das Subjekt »immer souveräner in seiner Gesellschaft, die es als sein Werk empfindet« (WA 4, 143) lebt, formulierte Christa Wolf die notwendigerweise neu zu findende Beziehung zur Realität.

Publizistik und Essayistik in den Zeiten des Umbruchs

Mit Johannes R. Bechers Feststellung, dass der Mensch noch immer nicht zu sich selber gekommen sei und die Prosa als intimes literarisches Ausdrucksmittel nutzbar gemacht werden müsse, um das allgemeine Bedürfnis nach Artikulation authentischen Lebensgefühls zu befriedigen, argumentiert sie 1964:

> »Geben wir dem Menschen, was des Menschen ist: eine Geschichte der Unscheinbaren und Namenlosen, und wir werden die alle unsere Erwartungen und unsere kühnste Phantasie übertreffende Entdeckung machen, welch eine abgründige und abenteuerliche, welch eine reichhaltige und widerspruchsvolle Geschichte jeder einzelne Mensch hat, und gerade auch der geringe, den wir als unbedeutend und langweilig abzutun gewohnt sind und unter die graue Masse der Namenlosen einzureihen uns anmaßen.« (WA 4, 64)

In einer 1966 mit *Selbstinterview* betitelten Wortmeldung plädiert Wolf vehement dafür, dass sich die Literatur »gerade der Unruhigen« annehmen müsse und fordert, gegen alles Selbstzufriedene, Platte und allzu Anpassungsfähige« anzuschreiben, um »den Kreis dessen, was wir über uns selbst wissen oder zu wissen glauben, zu durchbrechen und zu überschreiten« (WA 4, 144). Gleichzeitig wendet sie sich gegen eine Instrumentalisierung der Literatur zu utilitaristischen Zwecken.

Viele Überlegungen konzentrierten sich auf die Möglichkeiten, wie Literatur unter den neuen Bedingungen der wissenschaftlich-technischen Revolution daran arbeiten könne, den widersprüchlichen Wirklichkeitserfahrungen auch ästhetisch angemessen beizukommen. Besonders jüngere Schriftstellerinnen und Schriftsteller wie Irmtraud Morgner, Heiner Müller, Günter de Bruyn, Peter Gosse, Günter Kunert, Fritz Rudolf Fries, deren Eintritt in das literarische Leben – wie im Falle Christa Wolfs – sich entscheidend vom Übergang seit Ende der 1950er Jahre in der DDR vollzogen hatte, begannen dabei auch formästhetisch neue Wege zu gehen. Das vorherrschende, nicht selten normativ verstandene lineare und chronologische Erzählen wurde aufgebrochen. Christa Wolf bekundete nachdrücklich ihr gesteigertes Interesse an offenen Formen literarischer Darstellungsweisen, die das Unabgeschlossene des Geschichtsprozesses zu erfassen imstande seien, die »offenen Enden [...] der Geschichte« (Braun 1979, 119) zu gestalten. Literatur müsse imstande sein, »[d]ie toten Seelen zum Leben zu erwecken, ihnen Mut zu sich selbst zu machen, zu ihren oft unbewußten Träumen, Sehnsüchten und Fähigkeiten«, heißt es 1965 in dem Aufsatz »Einiges über meine Arbeit als Schriftsteller« bei Christa Wolf (WA 4, 92 f.).

Eine an den realen Lebensbedingungen vieler Leserinnen und Leser vorbeigehende literarische Funktionsvorstellung attackierend, plädiert sie dafür, dass Literatur die Entfaltung von Individualität und Kreativität aufzeigen solle. Statt typisierte Figuren zu gestalten, die sich in vorgegebenen soziologischen Bahnen bewegen, müsse sich die Literatur der Unruhigen und Empfindsamen annehmen. Anknüpfend an die Vorbilder und Konzepte der *littérature engagée*, äußerte sie ihre Überzeugung, dass Literatur zum Gesellschaftsfortschritt beitragen könne, indem sie sich vor allem den Interessen des einzelnen zuwende und dessen Entscheidungsfähigkeit und -bereitschaft fördere. Resignation und Mystizismus erklärte sie für ebenso untauglich wie jedwede Apologie des Bestehenden, die immer nur provinzielle Selbstzufriedenheit und Enge produzierten. Mit der ihr eigenen Beharrlichkeit befragte sie das Verhältnis von Literatur und Gesellschaft aus der Sicherheit des Wissens um die Produktivität von neuartigen Konflikten. Nachdenken über das Schreiben verband sich für die Autorin eng mit der Frage nach der Wahrheit in der Kunst.

Das 11. Plenum 1965 und die Folgen

Dass Wahrheitssuche und deren künstlerischer Ausdruck jedoch auch leicht in Konflikt mit herrschenden Vorstellungen über die Funktionssicherheit von Kunst geraten und zu handfesten ideologischen Auseinandersetzungen führen konnten, erfuhr Christa Wolf ebenso wie eine Reihe andere Künstler auf dem als kultureller Rundumschlag in die Geschichte eingegangenen 11. Plenum der SED im Dezember 1965. Filmemacher, Wissenschaftler und Schriftsteller gerieten in die Schusslinie der Partei, ästhetische und künstlerische Kategorien wurden politisch attackiert. Volker Braun wurde für sein Stück *Die Kipper* ebenso scharf kritisiert wie der Liedermacher Wolf Biermann. Besondere Ablehnung erfuhr auch Stefan Heym, der sich wegen seines in der DDR nicht veröffentlichen, in der Bundesrepublik dagegen erschienenen Romans *Der Tag X* über den Arbeiteraufstand am 17. Juni 1953 heftigen Angriffen ausgesetzt sah (vgl. Hörnigk 2014, 94–98).

Christa Wolf, ermutigt von dem Regisseur Konrad Wolf und dem Schriftstellerehepaar Jeanne und Kurt Stern (vgl. Simon 2013, 128–132), meldete Widerspruch gegen die zunehmend als rigide empfundene Kultur- und Kunstpolitik der SED an. In ihrem durch Zwischenrufe aus dem Präsidium mehrfach unterbrochenen Diskussionsbeitrag (WA 4, 113–126) wandte sie sich gegen offiziell vorgenommene Bewertungen von Künstlern und Kunstwerken, deren Widerspruchsverständnis als pessimistisch bzw. »skeptizistisch« interpretiert worden waren, wie beispielsweise Heiner Müllers Stück *Der Bau* (1963/64). Polemisch verwahrte sie sich gegen die Unterstellung »daß der Schriftstellerverband ein einziger ideologisch verrotteter Haufen« sei (WA 4, 125). In ihrem emotional aufgeladenen Redebeitrag argumentierte sie gegen das mit abgelebten ästhetischen Modellen operierende Ansinnen dogmatischer Kulturfunktionäre, Kunst müsse in Ideologie aufzugehen haben.

Nun gehörte Christa Wolf keineswegs zu denen, die in der Vergangenheit Einwände gegen die didaktische Funktion von Literatur erhoben hätten. Wogegen sie sich wandte, war die Ausschließlichkeit dieses Anspruchs gegenüber der Entdeckerfunktion von Kunst. In diesem Zusammenhang brachte sie die gegen Werner Bräunig erhobenen Anschuldigungen zur Sprache, dessen in der Zeitschrift *neue deutsche literatur* auszugsweise abgedruckter Roman *Rummelplatz* ins Zentrum schärfster kritischer Verurteilungen geraten war. Dem Autor waren antisozialistische Positionen vorgeworfen und die Absicht unterstellt worden, mit seiner Kritik an bestimmten Wirklichkeitserscheinungen in der DDR auf eine Veröffentlichung in der BRD hingeschrieben zu haben. Christa Wolf widersprach solcherart »haltlose[n] Verdächtigung[en]« (WA 4, 122) und nutzte ihrerseits die Gelegenheit, vor dem Rückfall in überholte ideologische Wertungsweisen zu warnen und auf Folgen aufmerksam zu machen, die daraus für den künstlerischen Produktionsprozess entstehen. Sie verteidigte vor allem den künstlerischen Anspruch auf einen freien Umgang mit dem Material. Mit einer warnenden Bitte um Verständnis beendete sie ihren deutlich emotional aufgeladenen Diskussionsbeitrag: »Aber es ist so, daß die Psychologie des Schreibens ein kompliziertes Ding ist und daß man vielleicht für eine gewisse Zeit, wenn auch nicht gut und nicht leicht, meinetwegen einen Betrieb leiten kann, vielleicht sogar ein halbes Kulturministerium, aber schreiben kann man dann nicht« (WA 4, 122 f.).

Die Folgen ihres Auftritts ließen nicht auf sich warten: Ein Gegenwartsfilm über den Aufbau des Ostberliner Stadtzentrums, zu dem Christa und Gerhard Wolf 1965 unter dem Titel *Fräulein Schmetterling* das Drehbuch geschrieben hatten, kam nicht an die Öffentlichkeit und blieb ein Fragment. Ein gemeinsam mit dem Regisseur Konrad Wolf begonnenes Filmprojekt über die Geschichte eines Mannes, der Mitte der 1950er Jahre aus der Sowjetunion in die DDR kommt, wurde nicht weitergeführt. Der kritische Part, den Christa Wolf als eine im Licht der Öffentlichkeit stehende Persönlichkeit ganz bewusst übernommen hatte, brachte ihr aber nicht nur Kritik bei den einen, sondern auch hohe Anerkennung bei den anderen ein. Das Erlebnis dieses Auftritts beförderte offensichtlich auch einen Lernprozess, der sich wenige Jahre später als Zugewinn an Reife in ihrer Prosa niederschlagen, ja zur grundsätzlichen Überprüfung ihrer poetischen Beziehung zur Realität führen sollte. »Ein Vorhang ist hinter mir gefallen. Ein Zurück in das Land vor diesem Vorhang, ein harmloses Land, gibt es nicht mehr«, notiert sie im Dezember 1965 in ihr Tagebuch (vgl. ETJ, 81).

Nach einem Klinikaufenthalt und einer überstandenen Depression wandte sie sich ab 1966 zunächst den Vorstudien für ein neues Prosaprojekt zu, das nach und nach erweitert wurde und langsam Konturen annahm. Gleichzeitig konzentrierte sie sich jedoch vor allem auf die Lektüre zeitgenössischer Weltliteratur und fand in einem Prozess intensiver Auseinandersetzung neue Zugänge zu unterschiedlichsten Denkweisen und Schreibarten. Ihre großen Essays über Max Frisch, Ingeborg Bachmann, Juri Kasakow oder Vera Inber und vor allem zu Anna Seghers sind in den Jahren 1966 bis 1968 entstanden. Die Werke dieser Autoren beeinflussten deutlich – sei es in Aneignung oder Polemik – ihre poetologischen Überlegungen. Schritt für Schritt löste sie sich von verinnerlichten literarischen Normen, die sie zunehmend als einengend empfand. Am nachhaltigsten sollte sich die Begegnung mit dem Werk der nur wenige Jahre älteren österreichischen Autorin Ingeborg Bachmann erweisen, das den schriftstellerischen Weg Christa Wolfs von nun an kontinuierlich begleitete. Die erste Beschäftigung mit Bachmann, die sie nie persönlich kennengelernt hatte, fand ihren Niederschlag in dem umfangreichen Essay »Die zumutbare Wahrheit. Die Prosa der Ingeborg Bachmann« (WA 4, 145–161) in dem Christa Wolf ihre Ergriffenheit als Ergebnis aufwühlender Lektüre nicht verschweigt. Gleichzeitig benennt sie den gefundenen Ansatzpunkt für die eigene Arbeit:

> »Man soll, im Begriff, diese Prosa zu lesen, nicht mit Geschichten rechnen, mit der Beschreibung von Handlungen. Informationen über Ereignisse sind nicht zu erwarten, Gestalten im landläufigen Sinn sowenig wie harthörige Behauptungen. Eine Stimme wird man hören: kühn und klagend. Eine Stimme, wahrheitsgemäß, das heißt: nach eigener Erfahrung sich äußernd, über Gewisses und Ungewisses. Und wahrheitsgemäß schweigend, wenn die Stimme versagt!« (WA 4, 145)

In den Gedichten, Essays und in der Prosa der österreichischen Autorin fand Christa Wolf ein Paradigma zeitgemäßen Schreibens. Die gewonnenen Leseerfahrungen sind am Ende das, was sich als Fundus eigenen ästhetischen Vorgehens niedergeschlagen hat:

> »Durch den Filter dieser Erfahrungen lesen wir die Prosa der Ingeborg Bachmann. Vielleicht gewinnt sie so, da sie ernst und echt ist, noch eine Dimension, die die Autorin selbst nicht voraussehen konnte, denn jeder Leser arbeitet an dem Buch mit, das er liest. Und Ingeborg Bachmann gehört zu den Autoren, die sich ausdrücklich von der Mitarbeit ihrer Leser abhängig machen. Sie erhebt und erfüllt den Anspruch auf Zeitgenossenschaft.« (WA 4, 160 f.)

Der Bachmann billigte sie zu, was sie für sich in Anspruch nimmt: Sich als eine an der Geschichte beteiligte und betroffene Zeitzeugin erkennen zu geben, die die mit persönlichem Erleben autorisierte Fähigkeit entwickelt hat, Geschichte als Raum für die Lebenszeit von Individuen kenntlich und damit nachvollziehbar zu machen. In dem Essay »Nachdenken über den blinden Fleck« (2007) wird sie noch einmal ihre Schreibintentionen mit Bekundungen wie »Erzählen ist Sinngeben« oder Erzählen ist sich Erinnern« (Wolf 2012, 72–95) begründen.

14 »Juninachmittag« (1967)

Mit der 1965 entstandenen, erst 1967 veröffentlichten Geschichte *Juninachmittag* über den Ablauf eines Familienalltags kündigte sich eine gravierende erzählerische Zäsur in der Schreibart Christa Wolfs an. Der Text beginnt mit einer Frage, deren polemischer Unterton unüberhörbar ist. »Eine Geschichte? Etwas Festes, Greifbares, wie ein Topf mit zwei Henkeln, zum Anfassen und Daraus-Trinken?« (JN, 87). Der Hinweis ist deutlich: Eine Geschichte mit chronologisch ablaufender Handlung, Schürzung des Knotens und Lösung des Konflikts kann nicht erwartet werden, keine Erzählung, der eine unerhörte Begebenheit zugrunde liegt, die sich durch spannende Handlung auszeichnet oder durch die Darstellung eines außergewöhnlichen Schicksals besticht. Der Eindruck, dass sich Erzählweise, Diktion und Erzählgestus von einer tradierten Erzählweise einer Geschichte unterscheiden, bestätigt sich mit dem zweiten Satz: »Eine Vision vielleicht, falls Sie verstehen, was ich meine« (JN, 87). Der mit »Sie« angesprochene Leser wird von einer nicht näher bezeichneten Ich-Erzählerinstanz ins Vertrauen gezogen. Das von Christa Wolf hier erstmals verwendete Wort »Vision« ist deutlich nicht im Sinne von Täuschung oder Einbildung gebraucht, es bezeichnet vielmehr die Absicht der Erzählenden, eine subjektive Wirklichkeitssicht zur Kenntnis zu geben und ihrer Phantasie freien Lauf zu lassen. »Vision« ist der Impuls, der den Blick auf die Realität verfremdet. »Obwohl der Garten nie wirklicher war als dieses Jahr« (JN, 87) so setzt die zunächst nicht näher bezeichnete Erzählerinstanz unvermittelt fort.

Der Garten bietet den räumlichen Hintergrund für ein Handlungsgeschehen, in dem sich eine reiche Metaphernwelt entfalten kann, Anspielungen, Bezüge und Motive eingeflochten sind. Er ist die als blühend beschriebene Kulisse einer Szenerie, in der sich verschiedene, zu einer Familie gehörende Personen bewegen und ihren Tätigkeiten nachgehen. Die Erzählerin gibt sich als Mutter und Ehefrau zu erkennen. Sie ist zugleich die handelnde wie erzählende Hauptfigur, die als Beobachtende und am Geschehen beteiligte Person erzählt, kommentiert, reflektiert und die Verhaltensweisen der anderen bewertet. Sie führt quasi eine Doppelexistenz, ist zugleich Subjekt wie Objekt der Erzählung. Als handelnde Figur kann sie den zur Zeit der Handlung einsehbaren Kreis nicht überschreiten, den sie als erzählendes Ich von einem späteren Zeitpunkt aus überblickt. Für die Darbietung entstehen also verschiedene Möglichkeiten: Die Erzählerfigur kann, das in der Vergangenheit Geschehene nacherlebend, von einer wissenden Position aus erzählen, oder sie vermischt das Erzählte mit den gegenwärtigen, zum Zeitpunkt der Niederschrift gemachten Erfahrungen und Eindrücken des erlebenden und erzählenden Ich. Auf epische Allwissenheit wird verzichtet, Typisches darzustellen wird nicht beansprucht, vielmehr wird der Sonderfall betrachtet. »Dem eenen sin Ul is dem annern sin Nachtigall« (JN, 87), lautet das mundartliche Bild dafür. Alltägliche Beschäftigungen wie Gartenarbeit, Lesen, Spiele, Rätselraten, scheinbar nebensächliche Beobachtungen füllen die Zeit dieses Nachmittags. Die Erzählerin verwendet viel Aufmerksamkeit auf die detailreiche Vermittlung von Empfindungen und Gefühlen. Sie artikuliert Sehnsüchte und gibt Träume wieder, die als wichtiger Teil subjektiver Wirklichkeitssicht kenntlich gemacht sind.

Das Spektrum der in *Juninachmittag* ausgewählt betrachteten Lebensbereiche erscheint auf den ersten Blick relativ beschränkt. Durch die vordergründige Schilderung eines bewusst privat gehaltenen Ausschnitts werden gesellschaftliche Belange in den Hintergrund gerückt. Erstmals trifft man hier bei Christa Wolf auf eine Erzählerfigur, deren Nähe zum Blickwinkel der Autorin nicht verborgen wird. Es ist eine betont auf Subjektivität der Sichtweise bedachte Ich-Erzählerfigur, deren Gedankengänge und Vorstellungen, deren Erlebniswelt, Phantasien, Träume, Beunruhigungen und Ängste sich dem Leser relativ unmittelbar mitteilen.

Viele äußerliche Indizien und Daten deuten auf einen direkten Bezug zur Lebenssituation der Autorin hin. Erkennbare Authentizität zu vermitteln, liegt durchaus in ihrer Absicht. Zeit und Ort sind real, weitestgehend deckungsgleich mit konkreten Lebensumständen Christa Wolfs. Das Alter der eigenen Kinder stimmt mit denen in der Erzählung überein. Der Garten befindet sich in der Nähe der Grenze zu West-Berlin. Unschwer lässt sich der Ort bestimmen, an dem Christa Wolf seit 1962 wohnte. Es ist Kleinmachnow, ein Villenvorort am Rande Berlins. Wenn auch der autobiographische Erfahrungshintergrund des Erzählten die Wirkungsintention der Autorin bestärkt, will und kann Wolf dennoch nicht mit der Ich-Erzählerin gleichgesetzt werden. Sie ist vielmehr ein fiktives Alter Ego. Wiederholt verweist sie auf die Rolle, die sie schreibend einnimmt, wenn sie über individuelle Lebenskonzepte in einer konkreten Zeit und Umwelt nachdenkt.

Die Idylle des Familiennachmittags gibt ein Stück Alltag wieder, wie ihn jedermann erlebt. Ein Geflecht von Motiven und Bildern bietet vielfältigste Anknüpfungspunkte, gesellschaftliche Erfahrung und eigene Lebenspraxis zum Erzählten ins Verhältnis zu setzen. Es ist gerade die Durchschnittlichkeit und relative Belanglosigkeit des dargestellten Familiengeschehens, die den Leser zum Vergleich anregen. Dieses Wirkungskonzept geht vor allem immer dann auf, wenn die Autorin ihre Erzählerin aus der Szene heraustreten und den Leser direkt ansprechen lässt oder wenn sie ihre Absicht zum dialogischen Austausch zu erkennen gibt, indem sie sich mit Fragen unmittelbar an ihn richtet:

»Du, sagte meine Tochter. Was möchtest du lieber sein, schön oder klug? Kennen Sie das Gefühl, wenn eine Frage in Ihnen einschlägt? Ich wußte sofort, daß dies die Frage aller Fragen war und daß sie mich in ein unlösbares Dilemma brachte. Ich redete ein langes und breites […] Wie sie mir ähnlich wird, wenn sie es bloß noch nicht merkt!, und laut sagte ich plötzlich: Also hör mal zu.« (JN, 100 f.)

Wiederholt fordert sie zum Mitvollziehen bzw. Weiterdenken angeschnittener Fragen auf. Vor allem aber regt sie an, geltende Vorstellungen, Ansichten und Handlungen immer wieder zu überprüfen. Über weite Strecken ist die Geschichte auf die Wiedergabe dessen gerichtet, wie die Ich-Erzählerin Weltsicht gewinnt und diese als eine von möglichen anbietet. Die Gedankenexperimente, die sie beim Spiel mit den Kindern, beim Lesen der Zeitung, bei Gesprächen mit den Nachbarn unternimmt, entwerfen Muster reflektierenden Wirklichkeitsbetrachtens. Es werden Varianten von Wahrnehmungen der Wirklichkeit durchgespielt, in denen Phantasien und Wunschvorstellungen fester Bestandteil individueller Äußerungsformen sind.

Der aus der Figurenperspektive geschilderte Alltagsausschnitt könnte leicht in eine belanglose Familienszene abgleiten, wären nicht Sperren gegen solche Lesart in den Erzählvorgang eingebaut. Da keine Begebenheit bis zu einem logischen Ende geführt wird, entsteht zuweilen der Eindruck einer eher aphoristischen Betrachtungsweise. Um dem Eindruck von Idylle weiter entgegenzuarbeiten, wird zufälliges Tagesgeschehen mit Übergreifendem untersetzt. Optische und akustische Zeichen von außen erweitern das Bild, brechen die Gartenabgeschiedenheit der privaten Szenerie auf und bringen ein Stück Welt ins Erzählgeschehen. Die »Himmelslandschaften« (JN, 96), soeben noch Auslöser für phantasiereiche Deutungen bizarrer Wolkengebilde, werden plötzlich durch Flugzeuge verschiedenster Art verändert. Bei ihren Kontrollflügen entlang der nahe gelegenen Grenze zu Westberlin überfliegen Hubschrauber den Garten. Passagierflugzeuge in den Luftkorridoren zur Bundesrepublik geben Anlass zu Mutmaßungen über deren Insassen. Der Überschallknall eines Düsenjägers bringt jäh das Nebeneinander von friedlichem Leben und kriegerischer Bedrohung ins Bewusstsein. Immer wird Alltägliches auf diese kontrastierende Weise mit Außergewöhnlichem untersetzt. »Um diese Nachmittagsstunde fliegen zwei Hubschrauber die Grenze ab, was immer sie über dem Drahtzaun zu erblicken hoffen oder fürchten mögen. Wir aber, wenn wir gerade Zeit haben, können einmal am Tage sehen, wie nahe die Grenze ist« (JN, 105).

Die ständige Gegenwart des Todes ist in der Beschaulichkeit nachmittäglichen familiären Treibens noch auf andere Weise vergegenwärtigt. Eine Nachbarin kommt mit der Nachricht vom Zugunglück, bei dem eine gemeinsame Bekannte ums Leben gekommen ist. Betroffenheit und Anteilnahme der Erzählerin teilen sich unmittelbar mit. »Da schweigen wir ein paar Sekunden lang für die Frau vom Schauspieler« (JN, 107). Das Bewusstsein über die Unersetzbarkeit eines konkreten Menschen wird aufgerufen. Zugleich lenkt sie das Augenmerk auf die notwendige Aufmerksamkeit für die Lebenden, die mit der sinnlichen Erfahrung von der Endlichkeit individueller Existenz ebenso wächst wie die Sensibilität für die realen Entfaltungsmöglichkeiten des einzelnen. Plötzlich kulminiert der ganze Nachmittag in dieser einen Minute. Ein häufig auf Trauerfeiern zitiertes biblisches Motiv abwandelnd heißt es:

»Hundert Jahre sind wie ein Tag. Ein Tag ist wie hundert Jahre. Der sinkende Tag, sagt man ja. Warum soll man nicht spüren können, wie er sinkt: vorbei an der Sonne, die schon in die Fliederbüsche eintaucht, vorbei an dem kleinen Aprikosenbaum, an den heftigen Schreien der Kinder, auch an der Rose vorbei, die nur heute und morgen noch außen gelb und innen rosa ist. Aber man kriegt Angst, wenn immer noch kein Boden kommt, man wirft Ballast ab, dieses und jenes, um nur wieder aufzusteigen. Wer sagt denn, daß diesmal wir gemeint sind? Daß das Spiel ohne uns weiterginge.« (JN, 110)

Dieses Motiv, das in *Der geteilte Himmel* bereits anklang, wird wieder aufgenommen und vertieft. Der behauptete Anspruch des Einzelnen auf umfassende

Realisierungsmöglichkeiten in der ihm zur Verfügung stehenden Zeit schärft die Sinne für moralische und ethische Fragen menschlichen Zusammenlebens – es wird das Grundthema ihres parallel zu *Juninachmittag* entstehenden Textes zu *Nachdenken über Christa T.* sein. Die in der *Moskauer Novelle* und in *Der geteilte Himmel* schon erkennbare, demonstrierte Fähigkeit des Nachempfindens und Nachverstehens wird hier nun ausdrücklich thematisiert, nämlich dass die Erzählerin unmittelbar in die Zeitereignisse verwickelt ist, in denen sie sich bewegt. Sie steht nicht über den Dingen, sondern spricht aus der Mitte des Problems zu ihren Lesern. So entsteht eine auf Dialog mit den Leser/innen ausgerichtete Schreibart, deren eigentümliche Erzählmelodie durch die Mischung aus Beschreibung und Reflexion noch verstärkt wird.

Die offene Struktur dieses Erzählkonzepts – Gedankensprünge in Vergangenheit und Zukunft, nebeneinandergestellte Handlungsteile, die den Erzählfluss unterbrechen, ein in Spiegelungen und Brechungen, zumeist über einen Gegenstand handelnd und nachdenkend ablaufender Erzählvorgang – arbeitet dem Eindruck homogen ablaufender Geschichte entgegen und verwehrt sich gegen allzu gesichert erscheinende Wahrheiten. Die Eigenart dieses Erzählens liegt weniger in der Fähigkeit zu fabulieren oder über Fälle und Vorkommnisse zu berichten, um die Leser/innen in den Bann spannenden Geschehens zu schlagen, als in der Fähigkeit, über die autokathartische Artikulation eigenen Beteiligtseins, Betroffenheit und Aufmerksamkeit weiterzugeben. Diese individuelle Variante der Einfühlungstechnik charakterisiert fortan die Wirkungsstrategie der Erzählerin Christa Wolf.

Mit dieser reflexiven, zum Nachdenken auffordernden Erzählung hatte Christa Wolf ein ästhetisches Konzept entworfen, das sie fortan zwar immer wieder modifizieren, aber nicht mehr grundlegend verändern sollte. Sie hatte ihren »eigenen Stil« (G. Wolf zit. n. Simon 2013, 250) gefunden und nichts weniger als eine neue »literarische Weltsicht« (Magenau 2002, 217) entworfen, die das Bewusstsein der Autorin als zugleich beobachtendes wie wertendes Subjekt offenbart.

15 »Nachdenken über Christa T.« (1968)

Die Nachricht vom unerwarteten, frühen Tod eines Menschen als Gedanken bestimmendes Motiv war in *Juninachmittag* bereits angeklungen. Die Erschütterung, die der Tod der gleichaltrigen Jugendfreundin Christa Tabbert 1963 bei Christa Wolf ausgelöst hatte, wirkte nachhaltig und war schließlich auch ein Schreibimpuls, individuelle Lebensentwürfe zu überprüfen und über Weg und Ziel einer Generation nachzudenken. »Ein Mensch, der mir nahe war, starb, zu früh. Ich wehre mich gegen diesen Tod. Ich suche nach einem Mittel, mich wirksam wehren zu können. Ich schreibe, suchend. Es ergibt sich, daß ich eben dieses Suchen festhalten muß, so ehrlich wie möglich, so genau wie möglich« (WA 4, 139).

Mit dem Bekenntnis zu einem authentischen Schreibanlass machte Christa Wolf die literarisch interessierte Öffentlichkeit auf ihre neue Erzählung aufmerksam. Der Berliner Rundfunk hatte sie im Rahmen seiner Sendereihe »Autoren kommen zu Wort« zu einer Lesung aus dem Manuskript eingeladen, dessen erste Fassung bereits 1966 vorlag. Die Autorin leitete die Lesung mit einem »Selbstinterview« ein, in dem sie ihre ästhetische Vorgehensweise erläuterte. Da sei kein Stoff gewesen, der sie zum Abschildern gereizt hätte, kein Gebiet des Lebens, das sie als Milieu hätte nennen können. Da der Text keine Fabel im traditionellen Sinn erzählt, lasse sich auch der Inhalt nicht in wenigen zusammenfassenden Sätzen wiedergeben. Die Erzählweise baut auf die Fähigkeit des Lesers, die verschiedenen Erzählschichten zusammen denken zu können.

Sowohl der Titel als auch das dem Text vorangestellte Motto – »Was ist das: diese Zu-sich-selber-Kommen des Menschen?« (WA 4, 141) – signalisieren eine spezifische Vorgehensweise und Erkundungsabsicht. Den Leitgedanken hatte Christa Wolf bei Johannes R. Becher gefunden, in dessen Tagebuch sie eine Eintragung vom 14. April 1950 unter dem Titel *Vom Aufstand im Menschen* besonders interessierte, die Überlegung: »Wir wollen uns mit uns selbst in Übereinstimmung bringen, wir wollen wissen, wer wir sind« (Becher 1969, 224) und die daraus abgeleiteten Folgerungen: »Denn diese tiefe Unruhe der menschlichen Seele ist nichts anderes als das Witterungsvermögen dafür und die Ahnung dessen, daß der Mensch noch nicht zu sich selber gekommen ist. Was ist das: dieses Zu-sich-selber-Kommen des Menschen?« (WA 4, 141). Diese Sinnfrage bezeichnet schließlich auch den Gegenstand ihrer Erzählung, die auf die Erforschung von Möglichkeiten individueller Selbstverwirklichung aus ist.

Ein prologähnliches Eingangskapitel gibt – wie schon in *Der geteilte Himmel* – die Exposition für das Erzählgeschehen. Das den Anlass für die Geschichte bildende Ereignis hat bereits stattgefunden, es ist abgeschlossen, bevor die Erzählung beginnt. Der erste Satz ist die Erläuterung der Ausgangsposition: Eine zunächst nicht näher charakterisierte Ich-Erzählerfigur wendet sich in der Eigenschaft einer Nachlassverwalterin mit der Aufforderung an den Leser, mit ihr gemeinsam Erinnerungs- und Trauerarbeit zu leisten. »Nachdenken, ihr nach – denken. Dem *Versuch, man selbst zu sein*. So steht es in ihren Tagebüchern, die uns geblieben sind, auf den losen Blättern der Manuskripte, die man aufgefunden hat, zwischen den Zeilen der Briefe, die ich kenne. Die mich gelehrt haben, daß ich meine Erinnerung an sie, Christa T., vergessen muß. Die Farbe der Erinnerung trügt« (NCT, 11).

Als erzählende Instanz wird ein authentisches Ich eingeführt, das sich für die Organisation und Montage zurückgelassener Lebensspuren verantwortlich fühlt. »Ich verfüge über sie« (NCT, 11), wird eingeräumt und zugleich zu verstehen gegeben, dass ein objektives Bild nicht entworfen bzw. reproduziert werden soll. Die Person, über deren Leben die Erzählende nachdenkt, existiert nur noch in ihrer Imagination. Mit der Ankündigung, Menschen und vergangene Ereignisse gleich einem »Schattenfilm [...], einst durch das wirkliche Licht der Städte, Landschaften, Wohnräume belichtet« (NCT, 12), noch einmal zum Leben zu erwecken bzw. in Szene zu setzen, wird der Erzählvorgang erläutert. Ein Film kann abgespult, angehalten oder beschleunigt, einzelne Bilder können hervorgeholt oder unscharf belassen werden, die Verfahrensweise bleibt in der Hand dessen, der den Filmapparat bedient. Nur das Ziel der Vorführung – um im Bild zu bleiben – steht fest: »Dies ist der Augenblick, sie weiterzudenken, sie leben und altern zu lassen, wie es jedermann zukommt« (NCT, 12), heißt es am Ende des Prologs mit dem Verweis auf ein vorausgesetztes gemeinsames Bedürfnis von Leser und Erzähler, sich mit dem bilanzierenden Blick in die Vergangenheit des Uneingelösten zu versichern, die Gegenwart im Hinblick auf das Erreichte und den Stand der Verwirklichung einmal angestrebter Ideale zu befragen.

Der Umstand, dass die vor der Zeit verstorbene Freundin keinen vollständigen Namen bekommt, ist ein zusätzlicher Verweis darauf, dass es nicht um faktentreue Rekonstruktion eines Lebenslaufes geht:

»Fast wäre sie wirklich gestorben. Aber sie soll bleiben. [...] Nachlässige Trauer und ungenaue Erinnerung und ungefähre Kenntnis haben sie zum Schwinden gebracht, das ist verständlich. [...] Halten wir also fest, es ist unseretwegen, denn es scheint, wir brauchen sie« (NCT, 12 f.). Das Erinnern selbst wird auf seinen Sinn hin befragt und motiviert. Die Beziehungen zwischen der Verstorbenen und der Ich-Erzählerfigur bilden den Anhaltspunkt. Die Nachdenkende und ihre Rolle erfordern ebensolche Aufmerksamkeit wie die Person, über die nachgedacht werden soll. Die Biographie der Christa T. ist nur bruchstückhaft wiedergegeben und mit wenigen Daten umrissen: Das Bild von Christa T. gleicht einer Skizze, in der einige Konturen scharf hervorgeholt sind, andere Linien dagegen unscharf bleiben. Das Strukturierungsprinzip ist durchschaubar: Die Nachdenkende unterbricht ihren Gedankenstrom durch Schilderungen einzelner Lebensepisoden, Ereignisse und Details. Die Nebenfiguren sind nur schemenhaft gezeichnet. Die Hauptrolle spielt die Nachdenkende. Sie kennt Christa T. seit der Schulzeit. Ihre Bekanntschaft umfasst einen Zeitraum von etwa zwanzig Jahren, in deren Verlauf sich beider biographische Daten an bestimmten Punkten räumlich und zeitlich berühren. Um den Beginn ihrer Freundschaft zu kennzeichnen, wählt die Erzählerin eine Begebenheit aus, die die Rollenverteilung beleuchtet und Figurencharakteristika gibt: »Es war der Tag, an dem ich sie Trompete blasen sah« (NCT, 15). Mit einer zusammengedrehten Zeitung vor dem Mund stieß Christa T. einen Ruf aus, »den Ruf stieß ein anderer aus, der das alles wegwischte und für einen Sekundenbruchteil den Himmel anhob. Ich fühlte, wie er auf meine Schultern zurückfiel« (NCT, 19).

Die erste Erinnerung reicht in das Jahr 1944 zurück. Mit wenigen Sätzen ist die Atmosphäre der letzten Kriegsjahre eingefangen: Fahnenappelle, Fliegeralarm, Kriegerwitwen sind die Erkennungsworte. Die Erzählerin kommentiert als Zeitgenossin. Ihr obliegt es, die Geschichte zu ordnen, um wie ein Regisseur das erinnerte Material zusammenzufügen. Sie betont ihre Rolle der um Darstellung von Wahrheit bemühten Chronistin, die jedoch keineswegs allwissend erscheinen will. Personale und Ich-Erzählweise vermischen sich, wobei die auktorialen Erzählzüge von der Ich-Erzählsituation überlagert werden, denn die Erzählerin ist in der dargestellten Welt anwesend:

»Dünner, kalter Schnee begann zu fallen. Wir blieben länger da stehen, als wir etwas zu sagen wußten, und wenn ich malen könnte, würde ich jene lange Mauer hierhersetzen und uns beide, sehr klein, an sie gelehnt, und hinter uns die große, neue viereckige Hermann-Göring-Schule, roter Stein, leicht verschleiert von dem sacht fallenden Schnee. Das kalte Licht würde ich nicht beschreiben müssen, und die Beklemmung, die ich spürte, würde ohne weiteres von dem Bild ausgehen.« (NCT, 23)

Teilweise am Geschehen beteiligt, spricht die Erzählerin von uns, meint damit Christa T. und sich selbst wie ihre Generation (s. Kap. I), aber auch die angenommene Übereinstimmung mit ihren Leser/innen. Die subjektive Gedächtnisleistung wird ebenso thematisiert wie die Fähigkeit des Nachdenkens. Um den Charakter widersprüchlich erlebter Wirklichkeit mit ihren Zufällen und Gesetzmäßigkeiten, so, wie das Individuum sie erlebt, realistisch zu erfassen und abzubilden, ist die Struktur des Textes an der Abbildung individueller Erkenntnis- und Erfahrensweisen orientiert. Indem der erzählende Bericht durch problematisierende Einschübe unterbrochen wird, verdeutlicht die Autorin, wie ungenau subjektives Erinnerungsvermögen funktioniert, wie schwer es ist, »auseinanderzuhalten: was man mit Sicherheit weiß und seit wann; was sie selbst, was andere einem enthüllten; was ihre Hinterlassenschaft hinzufügt, was auch sie verbirgt; was man erfinden muß, um der Wahrheit willen« (NCT, 33).

Traumsequenzen, Rückblenden und innerer Monolog öffnen das Textgefüge. Christa Wolf beharrt nachhaltig auf der Erweiterung tradierter Genrevorstellungen. Mit einem eng gefassten Realismuskonzept ist die Wirklichkeit in ihren vielen Facetten ihrer Meinung nach nicht erfassbar. Sie bereichert ihre Erzählweise um psychologische Momente und stieß damit auf heftigen Widerspruch in der offiziellen Bewertung des Buches. Der Verzicht auf das lineare Erzählen einer Geschichte, der freie Umgang mit Zeit- und Handlungsebenen signalisierte einen Bruch mit den geltenden, dogmatisch gepflegten Epikidealen und Erzählnormen sozialistisch-realistischer Literaturkonzepte. In der DDR geriet das Buch zunächst ins Kreuzfeuer der Kritik. »Sozialistische Innerlichkeit und Kontemplation« lauteten die Verdikte und gipfelten in der Vermutung, dass die Autorin Sigmund Freud an die Stelle von Karl Marx gesetzt habe (vgl. Hörnigk 1987, 175).

Dagegen fand das Buch international sofort eine durchweg anerkennende Rezeption, die sich, nicht zuletzt aufgrund der liberaleren politischen Bedingungen, schließlich auch positiv auf den weiteren Rezeptionsverlauf zu Beginn der 1970er Jahre auch innerhalb der DDR auswirkte (vgl. Hörnigk 1987). Der Authentizität beanspruchende Erzählstil wurde nunmehr als ihr »poetisches Prinzip« (vgl. Kaufmann 1974) anerkannt und gewürdigt. Das Motiv des Nachdenkens als produktiver und schöpferischer Vorgang zum Austausch von Erfahrungen wird eingesetzt zur notwendigen Selbsterforschung als Voraussetzung für den Abbau von Tabus. Es ist der Zusammenhang von Benennen und Aussprechen, von Bewusstwerden und Bewusstmachen, den sie thematisiert und gestaltet. Zwanzig Kapitel, bestehend aus einzelnen Bauelementen – Szenen, Dialogen, Zustandsbeschreibungen, begleitenden und kommentierenden Reflexionen und dokumentarischem Material – bilden zusammen einen Prosatext, dem die Autorin keine Genrebezeichnung beigegeben hat. Nachdenken tritt an die Stelle der Erinnerung. Einzeln aufgerufene Ereignisse, Erlebnisse, Ergebnisse von Recherchen und Mutmaßungen untermauern den demonstrierten Vorgang des Nachdenkens: »In dem Strom meiner Gedanken schwimmen wie Inselchen die konkreten Episoden« (WA 4, 139), heißt es in *Selbstinterview* zur Erläuterung eines erzählerischen Vorgehens, das bei Autoren der Moderne wie Musil oder Joyce zu studieren war.

Die Erzählerin lässt die Leser an den Schwierigkeiten der Wahrheitsfindung teilhaben. Unter Zuhilfenahme von nachgelassenen Briefen, Tagebüchern und anderen authentischen Dokumenten entsteht mit dem Bild der Christa T. ein Bild der Zeit, in der diese gelebt hat. Die Ich-Erzählerin erinnert sich aus der Schreibgegenwart, den 1960er Jahren, an das vergangene Jahrzehnt. Sie nimmt eine Mittlerposition ein, aus der sie sowohl in die Vergangenheit zurückschauen als auch die Zukunft als Reflexionsraum nutzen kann. Um sich frei in mehreren Zeiten bewegen zu können, stört die Chronologie, wie mehrfach im Text versichert wird. Auf beiden Erzählebenen, Reflexions- wie Handlungsebene, werden Denkstrukturen und Handlungsweisen erörtert und debattiert, Grundstrukturen der Generation der um 1930 Geborenen durchgearbeitet, die sich – während des Nationalsozialismus aufgewachsen – übergangslos nach der Befreiung vom Faschismus am Aufbau der neuen Gesellschaft beteiligten. Filmsequenzen ähnliche Bilder und Episoden rufen zum Vergleich auf: Der vom Pächter roh an der Stalltür erschlagene Kater, der während der Flucht erfrorene Säugling im Arm der Halbwüchsigen oder die Begegnung mit dem ehemaligen KZ-Häftling werden zu späteren Erlebnissen in Beziehung gesetzt. Etwa, wenn ein Schüler in Folge einer Wette einer

Kröte den Kopf abbeißt oder Dorfkinder Elsternester ausräumen – die Vergangenheit ist noch allzu lebendig. Übersensibilität findet hier ihre Erklärungsmuster. »Viel hat nicht gefehlt, und kein Schnitt hätte ›das andere‹ von uns getrennt, weil wir selbst anders gewesen wären. Wie aber trennt man sich von sich selbst? Darüber sprachen wir nicht« (NCT, 37). Es geht um offene Rechnungen. 25 Jahre nach Kriegsende sind noch nicht genug, neue Ansätze zur Auseinandersetzung mit der nationalen Vergangenheit zu finden: »Die Lebenszeit wird nicht ausreichen, wieder davon sprechen zu können, *ihre* Lebenszeit nicht. Für diese Sache bis zum Schluß die halben Sätze...« (NCT, 39).

Die Nähe zur eigentlichen Akteurin des Geschehens bringt die Erzählerin zuweilen auf den Standpunkt und die Erlebnisperspektive der handelnden Gestalt. Ein Vorgehen, das durchaus verwirren kann, wenn von Fall zu Fall auseinanderzuhalten ist, wann es sich um die von der Erzählerfigur eingenommenen Standpunkte zur dargestellten Welt handelt und wann die Haltung zu den erzählten Begebenheiten selbst Gegenstand des Erzählens ist. Diese Dimension der Erzählperspektive birgt eine besondere Wirkung. Es wird schärfer kommentiert, wenn die rückblickende, wertende Ich-Erzählerin erlebte Vergangenheit und Gegenwart vermischt, wenn Erlebnis- und Deutungssphäre praktisch zusammenfallen. Dennoch bleibt die Akzentsetzung zwischen Erzähler und Erzähltem immer erkennbar. Christa Wolf verlagert sie auf den Erzählakt, auf die essayistische Reflexion und die intellektuelle Bewältigung des erzählenden Ich. Im Textverlauf gerät das durch die epische Vergangenheit distanzierte Geschehen zunehmend in den Hintergrund. Die subjektive Weltsicht und Wahrnehmung erhält durch die Erzählerin eine doppelte Brechung, durch die die Erzähldistanz verkürzt wird. In den Vordergrund rückt das subjektive Bekenntnis der Erzählenden bzw. Schreibenden. Züge von personaler Erzählsituation finden sich überall dort, wo eine Spiegelung von Bewusstseinsprozessen als innerer Monolog in das Erzählgeschehen einbezogen ist, wo Bewusstseinsvorgänge reproduziert werden, weil sie auf andere Weise nicht erzählbar scheinen. Das Erzähler-Medium wird mit dem Autor-Erzähler gleichgesetzt.

Mit dieser Erzählweise folgte Christa Wolf solchen in der deutschsprachigen Literatur der späten 1950er und frühen 1960er Jahre von Autoren wie Ingeborg Bachmann, Max Frisch, Wolfgang Hildesheimer, Heinrich Böll oder auch Uwe Johnson praktizierten Techniken modernen Erzählens, Strukturierungsweisen, die Nachdenken und Reflexion mit autobiographischem oder biografischem Material verbanden, um der Identitätssuche adäquaten Ausdruck zu verleihen, indem die Nähe des Erfahrungshorizonts von literarischer Bekenntnisfigur und Autor betont wird. Die nachdrückliche Bezugnahme auf Erlebnisnähe und unmittelbar ausgedrückte Betroffenheit wird – in Abgrenzung auch zum traditionellen Erzählen – nicht durch ein scheinbar über den Dingen stehendes auktoriales Erzählen verwischt, sondern – im Gegenteil – besonders betont. Gerade in dem Anliegen, Kreativität als unentbehrlichen Wert für die Gesellschaft bewusst zu machen, individuelle Selbstverwirklichungsmöglichkeiten im konkreten sozialen Umfeld aufzusuchen, sah auch Christa Wolf eine wichtige Funktion eingreifender Literatur: »Die Literatur nimmt sich, wie unsere Gesellschaft, gerade der Unruhigen an. Menschen darzustellen, denen diese Unruhe fremd ist: Selbstzufriedene, Platte, allzu Anpassungsfähige – das erscheint mir langweiliger und unergiebiger« (WA 4, 141).

Mit der subjektiv-authentischen Erzählweise, dem suggestiv-elegischen Erzählton des Buches bekennt sich die Autorin mit Nachdruck zu einer erkennbar emotionalen Beteiligung am Schicksal ihrer Figur, Trauer und Schmerz über den erlittenen Verlust werden thematisiert, um sie durch Aussprechen bewältigen zu lernen. Das Bestehen auf der Elegie, von Brecht und Eisler in den 1950er Jahren als möglicher Ausdruck individuellen Verlustempfindens verteidigt, hat bei Christa Wolf durchaus auch den Gestus der Opposition gegen den unermüdlich öffentlich beschworenen Optimismus von ständiger gesellschaftlicher Aufwärtsentwicklung, vom »Überholen, ohne einzuholen« und ähnlicher propagandistischer Orientierungen in den letzten Jahren der Ulbricht-Ära in der DDR.

Ihr Wirkungskonzept war ein erkennbar anderes: In einer Zeit betonter Zuwendung zum dynamischen gesellschaftlichen Fortschreiten wandte sie sich mit großer Intensität den Innenräumen des Individuums zu. Es ging ihr darum, die besonderen Qualitäten von nicht an Erfolgsnormen und -ziffern ausgerichteten Menschen ans Licht zu bringen und herauszufinden, woran es lag, dass ihnen in der gesellschaftlichen Beurteilung ein so geringer Entfaltungsraum beigemessen wurde. Mit dem Bild lebensgroßer Papptafeln von strahlenden Helden, hinter denen der einzelne kaum noch zu erkennen ist, ruft Christa Wolf jenes bekannte Rollenverhalten auf, dass die Individuen zu »Schräubchen« (NCT, 68) in einem Apparat degradiert hatte.

Die Rekonstruktion einer Biographie bekommt dort Symbolcharakter, wo die Autorin darauf besteht,

Bedingungen und Perspektiven individuellen Handelns in der Gesellschaft wie subjektive und gesellschaftliche Wertvorstellungen und Ideale zu prüfen. Die Geschichte um das Leben und den frühen Tod der Christa T. wird für den Beteiligten zum Lernfall erhoben. Insofern ist die Figur erzählerisches Medium. An ihrem Beispiel diskutiert Christa Wolf die großen gesellschaftlichen Zielvorstellungen und bringt die tatsächlichen Bedingungen alltäglicher Realisierung auf den Prüfstand. Als Maß gesellschaftlicher Toleranz gilt der dem Einzelnen zugemessene Raum. Vor diesem Hintergrund sucht sie vor allem jene Punkte in der Biographie der verstorbenen Freundin auf, die nicht vordergründig mit den großen Erfolgen zusammentreffen. Christa Wolf ging davon aus, dass die Entwürfe allseits bekannt sind. Vieles war unter kompliziertesten Entwicklungsbedingungen erreicht worden. Nun, aus der Mitte der 1960er Jahre gesehen, schien es an der Zeit, diese Zielstellungen daran zu messen, welche Chance bestand, sie im Alltag einzulösen, daran, welche Lebensqualitäten sich für den einzelnen realisieren ließen. Ganz in diesem Sinne unternimmt es die Ich-Erzählerin, den Lebensspuren ihrer Figur nachzugehen. Schicht um Schicht wird abgetragen, um der entschwindenden Persönlichkeit auf die Spur zu kommen. Mit der von Johannes Bobrowski übernommenen Frage »Wie muß eine Welt für ein moralisches Wesen beschaffen sein?« (Bobrowski 1965, 14) bekommt das Erzählte den konfrontativen Strukturzug des Unbedingten. Bei Bobrowski wird diese große Frage in der kleinen Geschichte um den Hofmeister Boehlendorff gestellt, der zu jenen unglücklichen Poeten zählte, die an der Wende vom 18. zum 19. Jahrhundert in Deutschland von einer bürgerlichen Emanzipation nach dem Vorbild der Französischen Revolution träumten. Der Erzähler überlegt, ob man ihm eine Säule errichten soll, auf der die Frage nach dem moralischen Wesen eingemeißelt werden könnte, etwa so, wie Anna Seghers' Schiffbrüchiger Galloudec in der karibischen Geschichte vom *Licht auf dem Galgen*, der dem Freund und Revolutionär Sasportas ein Denkmal setzt.

Um Gewinn und Verlust des gemeinsam beschrittenen Weges an einem historischen Punkt aufzurufen, an dem eine neue Qualität gesellschaftlicher Entwicklung sich abzuzeichnen beginnt, stellt Christa Wolf mit der Aufforderung »Wann – wenn nicht jetzt?« (NCT, 82) die Kernfrage ihres Textes: »Wie werden wir sein? Was werden wir haben?« (NCT, 114). Unlust, Anforderungen einfach nachzukommen, gehört zu den hervorstechenden Eigenschaften Christa T.s.

Dass mit solchem Eigensinn nicht leicht umzugehen war, gesteht auch die Ich-Erzählerin ein, deren Verhältnis zu Christa T. durch Einfühlungsvermögen und Empfindsamkeit bestimmt wird. Kritik an Handlungs- und Verhaltensweisen der Freundin trifft zugleich die Erzählende und ihre Generation: »Übrigens verlieren alle Fragen mit der Zeit ihre Schärfe, und an die Stelle des Ich kann – diesen Ausweg läßt die Sprache – fast immer das Wir treten, niemals mit mehr Recht als für jene Zeit. So daß einem nicht zugemutet werden muß, die Schulden einer fremden Person zu übernehmen, oder doch nur unter gewissen Umständen« (NCT, 62).

In den Erzählvorgang eingeschobene Reflexionen unterbrechen den Erzählfluss und betonen den Kunstcharakter des Textes. Gleichsam exemplarisch werden Episoden zweimal erzählt, einmal als recherchierte Tatsache, einmal als eine Art Wunschwirklichkeit, als ein Handlungsmodell, das die »Unschärfe« (NCT, 37) aus den Reden und Handlungsweisen der Figuren herausfiltert. Damit wird die Möglichkeit der Einfühlung in das Schicksal der Christa T. gestört. Ein wesentlicher Wirkungsfaktor des Werkes liegt darin begründet, dass Christa T. als mehrdeutige Figur angelegt ist und die Ich-Erzählerin den Leser gezielt über die Vieldeutigkeit der Figur und deren innere Widersprüchlichkeit anspricht. Viele Züge an ihr laden zur Identifikation ein. Mit Bewunderung und unverhohlener Sympathie berichtet die Erzählerin von der Geradlinigkeit, der Phantasie und dem Ideenreichtum Christa T.s, von der Fähigkeit, Emotionen auszuleben und sich anderen Menschen mitteilen zu können. Die Einfühlungsbereitschaft der Ich-Erzählerin korrespondiert sehr stark mit der Empfindsamkeit der Freundin. Christa T. ist eine Frau, die Sehnsüchte und Hoffnungen hat, die von Depressionen geplagt ist und deren unstetes Wesen auch mit Skepsis betrachtet wird. Adjektive wie »scheu« und »schüchtern« charakterisieren sie ebenso wie Selbstzweifel und Unsicherheit. Ihr geringes Vermögen, sich einzuordnen, wird problematisiert: »Niemals hat sie auseinanderhalten können, was nicht zusammengehört: den Menschen und die Sache, für die er eintritt, die nächtlichen unbegrenzten Träume und die begrenzten Taten im Tageslicht, Gedanken und Gefühle« (NCT, 77).

Kritik schwingt mit, wenn von dem »Meer von Traurigkeit« (NCT, 60) die Rede ist, in das Christa T. versank, wenn »die Leute nicht so sein wollten, wie sie sie sah« (NCT, 60). Das Wissen der Ich-Erzählerin um die besondere Widersprüchlichkeit der Freundin verdeutlicht zusätzlich, was expressis verbis im Text benannt wird: Diese Christa T. ist keine Heldin im Sinne eines Vorbilds, dem nachzueifern wäre. Dem Leser wird vielmehr anheimgestellt, aus der Darstellung ihrer Stärken und ihrer Schwächen eigene Schlüsse zu ziehen: »Kein Verfahren findet statt, kein Urteil wird gesprochen, nicht über sie noch über irgend jemanden sonst, am wenigsten über das, was wir ›die Zeit‹ nennen« (NCT, 67).

In den ideologischen Auseinandersetzungen der 1950er Jahre wirkt Christa T. in mancher Hinsicht wirklichkeitsfremd, nicht in die »neue Welt« passend. Dennoch hat sie »nicht versucht, sich davonzumachen, womit gerade in jenen Jahren so mancher begonnen hat« (NCT, 67), lautet der Kommentar der Erzählerfigur, die ihre eigene Sicherheit an den Leser vermittelt: »Was aber immer mit ihr [der neuen Welt; T. H.] geschah oder geschehen wird, es ist und bleibt unsere Sache. Unter den Tauschangeboten ist keines, nach dem auch nur den Kopf zu drehen sich lohnen würde…« (NCT, 63). Hier klingt das Motiv von den »unlebbaren Alternativen« aus *Kein Ort. Nirgends* an, das sich in späteren Texten, wie etwa 1982 im »Projektionsraum Romantik« (WA 8, 242), oder 1999 auch im Gespräch mit der Enkelin (vgl. Simon 2014, 140) mit einer deutlichen Akzentverlagerung wieder finden wird. Mit der Rekonstruktion authentischen, unlebbaren Lebens ab Ende 1979 fokussierte Christa Wolf ihre Sicht auf die nicht eingelösten Lebensentwürfe vordringlich aus der Perspektive des Verlusts. Dennoch hatte sie den Gedanken von der »Utopie als Lebensnotwendigkeit« nie ganz aufgeben wollen. Die Literatur blieb für sie der Ort des utopischen Entwurfs: »Literatur ist ja an sich utopisch. Sie schafft eine Realität aus dem Nichts, die sich als tragfähig erweisen soll – als neue Realität«, bemerkte sie noch im Spätsommer 2011 (Wolf 2012, 202). Das utopische Element in *Nachdenken über Christa T.* liegt in dem Elan, mit dem Christa T. sich im Verlauf fortschreitender Krankheit dem Hausbau zuwendet. Hierin hofft sie, ihre individuellen Entwürfe realisieren zu können. Der Utopiebegriff ist dem Ingeborg Bachmanns verwandt, wo es heißt: »Im Widerspiel des Unmöglichen mit dem Möglichen erweitern wir unsere Möglichkeiten. Daß wir es erzeugen, dieses Spannungsverhältnis, an dem wir wachsen, darauf meine ich, kommt es an« (Bachmann 1987, 565). Vermutungen, dass Christa Wolf ihren Utopiebegriff an Ernst Bloch orientiert habe (vgl. Huyssen 1975, 100; Emmerich 1989, 199), hat sie selbst nie bestätigt.

Sie stellt in ihrem Buch die Gesellschaftsutopien des vorhergehenden Jahrzehnts am Ende der 1960er Jahre noch einmal zur Debatte. Das in naher Zukunft als erreichbar geglaubte Kommunismus-Modell war vor allem in den frühen Jahren nach dem Zweiten Weltkrieg, in der Phase des Aufbaus mit biblischer Metaphorik beschworen worden in dem Bild des Paradieses, an dessen »Schwelle wir, meistens hungrig und Holzschuhe an den Füßen, mit großer Gewißheit standen« (NCT, 63). Mit der Einsicht, dass die Zeitdauer, diesen Garten Eden zu erreichen, sehr viel länger angesetzt werden müsste, als ursprünglich angenommen, veränderten sich auch die Fragestellungen nach der für den einzelnen zu erreichenden Lebensqualität. Angesichts der Erfahrung, dass die Lebenszeit des Einzelnen bemessen ist und die Qualität der Gesellschaft nicht allein oder vor allem nach ihren ökonomischen Kennziffern bemessen werden kann, wurden geltende ethische Werte überprüft.

Christa Wolfs Auffassung von der Funktion der Literatur hatte sich innerhalb weniger Jahre deutlich verändert: Unter Inkaufnahme schwerwiegender subjektiver Verluste hatte es Rita Seidel, die Hauptfigur des *Geteilten Himmel* geschafft, sich auf ein vernunftbetontes Maß zwischen individuellen Wünschen und gesellschaftlichen Notwendigkeiten einzupegeln. Ihre Möglichkeit, sich mit den allgemeinen Zielstellungen in Übereinstimmung zu bringen, verhilft dazu, ihre Identität auszuprägen. Christa T. bleibt solche Erfahrung verwehrt. Die an ihrem Schicksal exemplifizierte Widersprüchlichkeit von gesellschaftlich nützlicher Arbeit und möglicher moralischer Desintegration stellt politisch-moralische Norm- und Wertvorstellungen in ihrem Verhältnis zu den Entfaltungsmöglichkeiten der Einzelnen zur Debatte, wie sie überall auf der Welt diskutiert werden.

In *Nachdenken über Christa T.* wendet sich Christa Wolf nicht mehr an den Einzelnen mit der Aufforderung, sich nach den Anforderungen der Gesellschaft zu verändern; vielmehr geht sie nun darauf aus, der Gesellschaft abzuverlangen, sich für die Besonderheiten ihrer einzelnen Mitglieder mehr als bisher zu öffnen. Die Frage, welches Maß an Verantwortung die Individuen innerhalb einer Gesellschaft zu übernehmen bereit sind und wie viel Raum ihnen die Gesellschaft dafür lässt, wird eine Grundfrage für sie bleiben. Wenn Christa Wolf ihre Erzählerin am Ende des Nachdenkens über Christa T. die Überzeugung äußern lässt, man »[w]ird sie [diese Lebensqualität wirklich verantwortlicher, eingelöster Individualität; T. H.], also, hervorzubringen haben, einmal. Daß Zweifel verstummen und man sie sieht. Wann, wenn nicht jetzt?« (NCT, 206), so trifft die von ihr betonte Notwendigkeit solcher Freisetzung individueller Kreativität bzw. die Entwicklungsmöglichkeiten des einzelnen als Voraussetzung für das gesellschaftliche Fortkommen.

Nachdrücklich um einen wirklichen Dialog bemüht, werden die Nichtfiktionalität des vor dem Leser ausgebreiteten Nachdenkensvorgangs und die Betroffenheit der Erzählerin ausgestellt, immer betonend, dass mit dieser direkten und eindringlich vorgetragenen Leseranrede – auch signalisiert durch den häufigen Gebrauch der Pronomen »man« und »uns« – ein Kommunikationsprozess angestrebt wird, innerhalb dessen die Partnerschaft von Autor und Leser sich auf kollektive Erfahrungen gründet. Mit dem vertrauten »wir« in der Ansprache und durch ihren Erzählgestus versucht die Erzählerfigur beim Leser gerade dieses Gefühl hervorzurufen und zu stärken, gemeinsam in ein Geschehen eingebunden zu sein, die Überzeugung zu stärken, von einer glaubwürdigen moralischen Instanz direkt und unmittelbar ins Vertrauen gezogen zu sein. Der Gestus des Suchens, die ausgestellte Unsicherheit betonen diese Nähe. Dass viele Fragen ohne Antwort bleiben, verweist auf das Unabgeschlossene des Nach-Denkens. Die Schwierigkeit der Erzählerin, Worte zu finden für persönliche Gefühle, durch Worte und Benennungen Geschehnisse festzumachen, unterstreichen den mutmaßenden Charakter des Erzählten: »So kann es gewesen sein, aber ich bestehe nicht darauf« (NCT, 120).

Die häufig den Konjunktiv benutzende reflexive und analytische Erzählweise wirft ein zusätzliches Licht auf die angestrebte Erzählstrategie: Durch die immanente Aufforderung zum Nachdenken und zum Deuten des Dargestellten, durch die offene, mit dem Bewusstsein eigener Widersprüche operierende Erzählhaltung werden Angebote zur Selbsterforschung gemacht. Die Gedankenarbeit der Ich-Erzählerin verstärkt somit den Eindruck erzählerischer Subjektivität. Die Problemsicht der Autorin ist der der Figuren beigefügt, deren Lebenserfahrungen sind durch den Erfahrungshorizont der Erzählerin doppelt gebrochen. Diese Doppelstruktur ermöglicht es der Autorin, Wirkungen des Schreibens und der Sprache zu reflektieren. Die Selbstverständigung über die Möglichkeiten der Poesie findet unmittelbaren Eingang in den Erzähltext. Sprache wird gezielt als Mittel eingesetzt, dem Vergessen und der Unachtsamkeit entgegen zu wirken. Sie konnte sich nicht mehr »schreibend materialisieren«, wie Franz Fühmann diesen Vorgang genannt hat (Fühmann 1981, 44), der Christa T. verwehrt blieb. Die Autorin Christa Wolf konnte ihn realisieren. Sie demonstriert damit eine Möglichkeit von Selbstverwirklichung. Erzähler- und Autorensicht gehen im zweiten Teil des Textes ineinander über. Damit ist die intellektuelle und emotionale Bewertung des Erzählten kaum noch an die Erzählerin gebunden. Sie hat die Schwierigkeit des Ich-Sagens nach allen Seiten hin erörtert und überwunden, den Versuch, zu sich selbst zu kommen, demonstriert. Das geschilderte Leben soll weder verklärt werden noch Vorbildcharakter haben, sondern ein Überprüfen von Lebenseinstellungen und Erfahrungen bewirken.

Symbole und Metaphern unterstreichen den emotionalen und erlebnisorientierten Charakter des Erzählgeschehens. Mit dem Motiv des ausgestoßenen urwüchsigen Schreis, der »für einen Sekundenbruchteil den Himmel anhob« und auf die Schultern der Erzählerin »zurückfiel« (NCT, 19), wird Christa T. in die Handlung eingeführt. Der Schrei, auch Symbol des Schmerzes, ist hier das Symbol spontaner Lebensäußerung, ein Akt von Selbstbefreiung. Wirkung und Bedeutung werden in einem Bild zusammengeschlossen. Die Faszination, die von solcher Spontaneität ausgeht, behält ihren Symbolwert auch dann, wenn sie mit deren Kehrseiten kontrastiert wird. »Niemals kann man durch das, was man tut, so müde werden wie durch das, was man nicht tut oder nicht tun kann« (NCT, 155), lautet das vorweggenommene Resümee, mit dem die Sicht auf die letzten Lebensjahre der Figur eingeleitet wird. Der Himmel ist das erste Symbol, das die einzelnen Strukturelemente des Textes zusammenfügt. Die Himmelsmetapher signalisiert – wie übrigens in den meisten Prosawerken Christa Wolfs auf der ersten Textseite zu finden – einen bestimmten Stimmungs- und Gefühlswert, der das Verhältnis des einzelnen zur ihn umgebenden Welt kennzeichnet. Innere und äußere Befindlichkeiten des Menschen werden mit dem Himmelsbild erfasst. Der Himmel ist Bezugspunkt für das Individuum und zugleich übergreifendes Sinnbild für die Unendlichkeit des Raumes, in dem die Menschheit existiert, in dem sie Lebensstrategien entwickelt. Steht das Himmelssymbol in der Erzählung *Der geteilte Himmel* für ein ganzes Gewölbe von Hoffnung und Sehnsucht, Bedrohung und Angst, Liebe und Trauer, so in *Nachdenken über Christa T.* für das Naturganze. Der sich über das Grab der Freundin wölbende mecklenburgische Himmel ist Metapher für die Unwiderruflichkeit des Todes als eine zum Leben gehörende Tatsache. Auch das Motiv des Wanderns erhält mehrfache Bedeutung. Eine der charakteristischen Eigenschaften der Christa T. ist, dass sie mit vorgebeugter Haltung und ausgreifendem Schritt läuft. Sie ist ständig unterwegs. Weggehen und

Unruhe gehören zu ihrem Lebensmuster: Hinter sich lassen, was man zu gut kennt, was keine Herausforderung mehr darstellt. »Neugierig bleiben auf die anderen Erfahrungen, letzten Endes auf sich selbst in den neuen Umständen. Die Bewegung mehr lieben als das Ziel. – Die Nachteile einer solchen Natur für ihre Umgebung und für sie selbst liegen auf der Hand« (NCT, 53). In dem traditionsreichen Wandermotiv steckt revolutionäre Ungeduld ebenso wie die Metapher des langen, nicht enden wollenden Weges zu sich selbst.

Mit einer Vielzahl innerliterarischer Verweise stellt Christa Wolf poetische Bezüge zu anderer Literatur her. Sie bieten Anregungen zu Gleichnissen und sind als Symbole verwendet. Etwa wenn sich Christa T. auf einem Kostümfest als Sophie La Roche (NCT, 132) präsentiert. Virtuell im Gewand jener dichtenden Vorgängerin aus der deutschen Empfindsamkeit als Sinnbild für die Flucht aus der traurigen Provinz in die Welt der Literatur. Oder wenn sie gar in die Rolle des Fräuleins von Sternheim schlüpft, der Hauptfigur des ersten überaus erfolgreichen deutschsprachigen Romans einer Frau, eben jener Sophie La Roche, der Großmutter Bettina von Arnims.

Die Wirkung solcher literarischen Anspielungen ist verschieden. Sie regen die Phantasie des Lesers an, indem sie Kenntnis abfordern. Sie können Ansporn sein, sich anderer Literatur zu vergewissern, aber auch als Überforderung verstanden werden. Auf jeden Fall bringen die literarischen Zitate eine dritte Welt in die Erzählgegenwart, wenn den unterschiedlichen Lebensabschnitten der Figur jeweils spezifische literarische Anspielungen beigefügt werden. So sind beispielsweise einzelne Handlungsepisoden mit Zitaten aus anderen Werken Wolfs unterlegt oder es werden über Lektüreerlebnisse der Figur Aufschlüsse über das intellektuelle Klima ihrer Lebenszeit vermittelt. Etwa wenn Bertolt Brechts »Ballade von der Marie A« als Bild für die flüchtige Liebe als zeitgemäßer angeführt wird (NCT, 75) als die eher belächelte Vorliebe Christa T.s für empfindsame Bettinen oder Annetten romantischer Art (NCT, 74). Oder, wenn der geliebte Kostja Christa T. zugunsten der blonden Inge verlässt, wird an Thomas Manns *Tonio Kröger* (NCT, 76) erinnert. Christa T.s Affinität zu den großen Erzählern des 19. Jahrhunderts, insbesondere zu Theodor Storm, erklärt sich aus dessen als »vorwiegend lyrisch« (NCT, 109) daherkommendem Weltverhältnis. Gleichwohl wird Goethes Gedicht »Edel sei der Mensch« (NCT, 115) zitiert mit Blick auf das schwierige Unterfangen, tradierte humanistische Werte für die Gegenwart handhabbar zu machen.

16 »Lesen und Schreiben« (1968) – ›subjektive Authentizität‹

Im Ergebnis der Auseinandersetzungen um *Nachdenken über Christa T.* kündigte Christa Wolf ihre Autorschaft im Mitteldeutschen Verlag auf, von dem sie sich unzureichend unterstützt fühlte. Die Verlagsleitung hatte im Konzert der kritischen Stimmen gegen das Buch eine exponierte Rolle eingenommen und so Selbstkritik an der eignen Veröffentlichungspolitik geübt. Sie bestärkte die ideologische Kritik an dem Buch und fällte zugleich ein Urteil über die Autorin (vgl. Hörnigk 1987).

Christa Wolf wechselte zum Aufbau-Verlag Berlin und Weimar, der 1972 den mit einer Nachbemerkung des Biologen Hans Stubbe versehenen Band *Lesen und Schreiben* herausbrachte. Mit den in ihm gesammelten Aufsätzen zu literaturtheoretischen Problemen, den Porträts, Werkstattberichten und Zeugnissen direkten politischen Engagements zu Zeitereignissen zwischen 1966 und 1970 legte Christa Wolf gleichsam eine neue poetische Konfession vor. Kernstück des Bandes ist der in neun thesenartige Abschnitte gegliederte Essay »Lesen und Schreiben« (1968), der zu den Gründungsbelegen neuerer DDR-Literatur gezählt werden kann.

In den hier gesammelten Texten lässt sich in ihm jener »Lichtwechsel« (NCT, 149) festmachen, von dem in *Nachdenken über Christa T.* im Zusammenhang mit den Ereignissen in Ungarn von 1956 die Rede ist und mit dem Christa Wolf sich auf eine Veränderung des Lebensgefühls bezieht, die sich in der zweiten Hälfte der 1960er Jahre, nicht zuletzt durch die einschneidende Erfahrung politischer Reglementierung in einem Wandel der Literatur niederschlägt. Den Schreibantrieb essayistischer Äußerung über den zurückgelegten Weg, Standort und Wirkungsmöglichkeiten benennend, spricht sie von einem »Wechsel der Weltempfindung«. »In Zeitabständen, die sich zu verkürzen scheinen, hört, sieht, riecht, schmeckt ›man‹ anders als noch vor kurzem,« heißt es in »Lesen und Schreiben«. Aus »einer neuen Art, in der Welt zu sein«, leitet sie das Bedürfnis ab, »auf eine neue Art zu schreiben« (WA 2, 238) sich mit der Stellung des Schriftstellers in der modernen Industriegesellschaft auseinanderzusetzen und über Sinn und Zweck seiner Arbeit neu nachzudenken, literarische Wirkungsmöglichkeiten zur gesellschaftlichen Verständigung über Erreichtes und Nichterreichtes, über den Sinn individuellen und kollektiven Bemühens auszuloten.

Der Essay »Lesen und Schreiben« ist unmittelbar nach Beendigung der Arbeit an *Nachdenken über Christa T.* entstanden. In diesem Essay nun tut Wolf ihre Entschlossenheit kund, sich wieder unmittelbar in gesellschaftliche Belange einzumischen, um die weitere Entwicklungsrichtung mitzubestimmen. Diese Grundüberzeugung bildet auch die Basis ihres Nachdenkens darüber, welche Aufgaben der Literatur unter den Bedingungen der sich beschleunigenden Entwicklung von Wissenschaft und Technik zukommen müssten und worin sich ihre spezifische, nicht austauschbare Leistung gegenüber anderen Formen des gesellschaftlichen Bewusstseins ausweisen könne. Von der Position einer grundsätzlichen Übereinstimmung mit der sozialistischen Gesellschaft ausgehend, wandte sie sich mit Entschiedenheit bisher unausgesprochenen Widersprüchen zu. Die Modifizierung der ästhetischen Mittel fasst sie als notwendige Konsequenz solcher Übereinstimmung auf. An Diskussionen um die »Krise des Romans« (vgl. Adorno 1958) anknüpfend, gilt ihr Interesse dem Schicksal der Gattung Prosa, dem Zusammenhang von gesellschaftlichem Auftrag und Leistungsvermögen von Literatur, die »sowohl die esoterische Außenseiterposition als auch die banale Zeitvertreiberrolle ablehnt und darauf besteht, etwas zu sagen zu haben« (WA 4, 244). Vor allem widmet sie sich der Frage, wie Prosa unter den Bedingungen fortschreitender gesellschaftlicher Arbeitsteilung und daraus resultierender Entfremdung die Lebensprobleme vieler Menschen zur Sprache zu bringen vermag, wie sie den Prozess des Mündig-Werdens unterstützen könne. Bestehende Erwartungshaltungen werden hinterfragt, um das ästhetische Denken in eine neue Richtung zu lenken: Was kann Prosa heute überhaupt noch leisten für eine vor dem Fernsehschirm aufwachsende Generation? Angesichts der Medienentwicklung befinde sich die Literatur in einem Zugzwang, sich auf ihre spezifischen Möglichkeiten zu besinnen. Deshalb, so heißt es in »Lesen und Schreiben« weiter, sollte sie »von dem gefährlichen Handwerk ablassen, Medaillons in Umlauf zu bringen und Fertigteile zusammenzusetzen. Sie sollte unbestechlich auf der einmaligen Erfahrung bestehen und sich nicht hinreißen lassen zu gewaltsamen Eingriffen in die Erfahrung der anderen, aber sie sollte anderen Mut machen zu ihren Erfahrungen« (WA 4, 258).

Um diese Wirkungen entfalten zu können, gelte es, tradierte Erzählmuster oder Erzählstrategien – angesichts der sich verändernden gesellschaftlichen Verhältnisse in ihrer neuen Dimension von Widersprüchen – zu überprüfen und einer historischen Kritik zu unterziehen. Eine ausschließliche und ausschließende Vorstellung von der Wirksamkeit objektiven Erzählens war vor dem Hintergrund solcher Wirklichkeitserfahrung schon von vielen Autoren in Zweifel gezogen worden. Um der Wahrheit jenseits der messbaren Fakten auf die Spur zu kommen, betont auch Christa Wolf die Notwendigkeit, sich von einem Literaturbegriff zu lösen, der realistisches Schreiben auf die einfache Spiegelung, von Wirklichkeit beschränkt: »Lassen wir Spiegel das Ihre [sic] tun: spiegeln. Sie können nichts anderes. Literatur und Wirklichkeit stehen sich nicht gegenüber wie Spiegel und das, was gespiegelt wird. Sie sind ineinander verschmolzen im Bewußtsein des Autors. Der Autor nämlich ist ein wichtiger Mensch« (WA 4, 275). Diese hier in »Lesen und Schreiben« vorgebrachten poetologischen Überzeugungen gehen von einem erweiterten Begriff realistischen Schreibens aus, für das ein Buch wie *Nachdenken über Christa T.* nicht nur im Verständnis der Autorin ein Beispiel ist. Das Thema des Buches ist nicht mehr die Wirklichkeit, sondern der Bezug einer Autorin zur Wirklichkeit. Ihrem letzten großen Prosawerk *Stadt der Engel oder The Overcoat of Dr. Freud* wird sie ein Wort Walter Benjamins als Motto voranstellen, das ihr poetologisches Verständnis noch einmal verdeutlicht: »So müssen wahrhafte Erinnerungen viel weniger berichtend verfahren als genau den Ort bezeichnen, an dem der Forscher ihrer habhaft wurde« (SdE, 7).

»Lesen und Schreiben« wird zur poetischen Konfession, die sich in den folgenden Werken als ihre schriftstellerische Handschrift weiterhin manifestieren wird: die Verbindung von fiktiver Prosa und essayistischer Reflexion zu nutzen, um unterschiedlichem Material beizukommen, »zu verschiedenen, doch nicht einander entgegen gesetzten oder einander ausschließenden Zwecken« (WA 4, 403). Beinahe alle literarischen Werke Christa Wolfs werden von essayistischen Reflexionen über ihre Art zu schreiben und die sie beschäftigenden poetologischen Fragestellungen begleitet. Teilweise sind poetologische Erörterungen Bestandteile der Texte. Während *Dienstag, der 27. September* als eine Art Vorarbeit mit Selbstverständigungscharakter zu *Der geteilte Himmel* gelten kann, steht die Erzählung *Juninachmittag* in engem Zusammenhang mit dem fast zeitgleich entstandenen Text *Nachdenken über Christa T.* Spätere Texte bekräftigen diese Vorgehensweise: Essayistische Elemente verbinden sich mit fiktionalen Passagen in *Kindheitsmuster* zu einem Textgefüge. Der Essay über Karoline von Günderrode unter dem Titel »Der Schatten eines

Traumes« ist in unmittelbarem Zusammenhang mit *Kein Ort. Nirgends* entstanden und kann als dessen Ergänzung gelesen werden. »Voraussetzungen einer Erzählung« sind essayistische Annäherungen an den Kassandra-Stoff.

Die Nachhaltigkeit, mit der Christa Wolf, ganz in der Tradition aufklärerischen Verständnisses, seit Ende der 1960er Jahre auf eine »ästhetische Erziehung zur Humanität« (Werner 1976, 62) setzt, zeugt von ihrem entschlossenen Willen, an der als unabdingbar für den Fortgang der Gesellschaft erkannten Erweiterung individuellen Spielraums mitzuwirken. Diese Funktionsbestimmung zur ästhetischen Emanzipation der Literatur war so neu nicht. Anna Seghers hatte sich in den 1930er Jahren mit Blick auf die Wirkung Tolstoischer Romane Georg Lukács gegenüber für die Kategorie »Erlebnis« in der Prosa ausgesprochen. Christa Wolfs Nähe zu der großen Erzählerin, die ihre Anregerin war, sicherlich auch ein erstes Vorbild poetischer Weltaneignung und -verarbeitung, liegt eben in der vergleichbaren Wirkungsvorstellung begründet (s. Kap. III.44.1). Die seit Ende der 1950er Jahre erschienenen Besprechungen und essayistischen Auseinandersetzungen, die Interviews und vielfach in Gesprächen erscheinenden Verweise auf die Werke der Seghers zeugen davon, wie intensiv sich Christa Wolf mit ihrer Nestorin auseinander gesetzt hat. Die Begegnung mit ihr hat sie als Glücksfall gewertet, denn das anhaltende Interesse an dem anderen Lebensmuster der berühmten Schriftstellerin habe ihr selbst ermöglicht, Genaueres über sich selbst zu erfahren. Von »Dankbarkeit« ist die Rede in dem Essay »Fortgesetzter Versuch« (WA 8, 13–20), aber auch davon, dass die Jüngere sich frei zu machen begonnen hatte:

> »Ihre Zeit fließt anders, sie trägt ihr andere Beispiele zu, geschlossenere Schicksale. Sie sah nicht nur eine andere Wirklichkeit – sie sieht auch Wirklichkeit anders. Ein pädagogischer Rückhalt in manchen ihrer Bücher ist unverkennbar. [...] Erschütterung soll sich nach ihrer Meinung nicht entäußern. [...] Maßvoll sein, wer wünschte es sich nicht? Sie hat, vielleicht überraschend für sie selbst, ihr Maß gefunden. Das wird man nicht ›edle Einfalt und stille Größe‹ nennen [...] können. Doch auf seinem Grund liegen unbezweifelbare und unbezweifelte Gewißheiten.« (WA 8, 18 f.)

Solche Gewissheiten sind zu dem Zeitpunkt, als »Lesen und Schreiben« entstand, für Christa Wolf längst nicht mehr verfügbar gewesen. Trotz des Wissens, auf verschiedenen Seiten der Generationsschranke zu stehen, teilt sie vieles mit der Älteren, etwa deren Bekenntnis zu den frühromantischen Dichtern und zu Georg Büchner; so ist das Urteil über den Dichter von *Woyzeck* und *Dantons Tod* in den Arbeiten der Seghers vorgeprägt. In Büchners *Lenz*-Novelle fand Christa Wolf sowohl den Anfang als auch einen Höhepunkt der modernen deutschen Prosa. Sich auf Büchner berufend, formuliert sie eine Grundbestimmung ihrer literarischen Arbeit, das Werk als Folge von Verletzungen kenntlich zu machen, die der Autor selbst davon getragen hat. Sein Verfahren, Wirklichkeitsmaterial in Kunst zu verwandeln, indem er den eigenen Lebenskonflikt zum Teil dieser Wirklichkeit macht, birgt für sie die dichteste, konfliktreichste und schmerzhafteste Annäherung an die eigene Zeit. Bei ihm entdeckt sie nichts weniger als den vollen Einsatz der eigenen moralischen Existenz. »Büchner gibt alles, die Prosa des Alltags: Situation, Umstände, Psychologie, Analyse – und er verwandelt es, indem er die Vision dazu tut, von der er lebt und unter der er leidet (WA 4, 265 f.).

Was Christa Wolf bei Büchner »phantastische Genauigkeit« (WA 4, 266) nennt, nämlich dessen Verwandlung des Materials durch die Vision, ist für sie selbst unabdingbarer Bestandteil eigenen Erzählens geworden. An die Stelle eines geistesgeschichtlichen Mythos der Seelentiefe setzt sie die Tiefe, mit der sich das Engagement des Erzählers ausweisen sollte. Hieraus entwickelt sie in »Lesen und Schreiben« ein Realismuskonzept zeitgemäßer Literatur:

> »Prosa schafft Menschen, im doppelten Sinn. Sie baut tödliche Vereinfachungen ab, indem sie die Möglichkeiten vorführt, auf menschliche Weise zu existieren. Sie dient als Erfahrungsspeicher und beurteilt die Strukturen menschlichen Zusammenlebens unter dem Gesichtspunkt der Produktivität. Sie kann Zeit raffen und Zeit sparen, indem sie die Experimente, vor denen die Menschheit steht, auf dem Papier durchspielt: da trifft sie sich mit den Maßstäben der sozialistischen Gesellschaft. Die Zukunft wird wissen, wie wichtig es ist, den Spiel-Raum für die Menschen zu vergrößern. Prosa kann die Grenzen unseres Wissens über uns selbst weiter hinausschieben. Sie hält die Erinnerung an eine Zukunft in uns wach, von der wir uns bei Strafe unseres Untergangs nicht lossagen dürfen. Sie unterstützt das Subjektwerden des Menschen. Sie ist revolutionär und realistisch: sie verführt und ermutigt zum Unmöglichen.« (WA 4, 282)

Christa Wolf zieht ihre Leserinnen und Leser in die Gedanken- und Gefühlswelt der reflektierenden Ich-

Erzählerin hinein und beteiligt sie an der Auseinandersetzung mit den Grenzen des Sagbaren durch Erinnerung und Reflexion. Ingeborg Bachmann nutzt den Schmerz als Quelle von Produktivität: »Es kann einen Art von Schmerz sein, die befreit. Die von dem Übel befreit, indem man es erkennt. Und benennt. Das hat schon Ähnlichkeiten mit dem Vorgang der Psychoanalyse. Mit ein wenig Glück wird damit auch für andere in der Gesellschaft etwas geleistet – für die Leser« (Bachmann 1987, 564). Der uralte Mythos des Lernens durch Leid wird auch bei Christa Wolf immer wieder aufgerufen. Der Schrecken soll gebannt werden, so wie in Kassandra beispielhaft erzählt. Es bleibt allein die Sprache, die Zeugnis ablegen kann, denn Sprache ist Erinnerung, mit der Erzählen sinnvoll wird.

Christa Wolfs prononciertes Bekenntnis zur Subjektivität des Erzählens entwickelt sich aus der Abgrenzung gegenüber der auf Georg Lukács zurückgehenden Orientierung des Genres an den großen Romanen des 19. Jahrhunderts ebenso wie den Mustern einer Moderne, in der sich das Individuum nur noch als Gegenstand deterministischer Verhältnisse wiederfände. Der Schlüsselbegriff dieses Prosaentwurfs ist die mit »subjektive Authentizität« gefasste Verbindung von persönlichem Erleben und historischem Prozess. Umgesetzt wird sie in eine Erzählstruktur, in der die Autoren- die Figurenperspektive überlagert und die erzählende Figur nicht als allwissende, sondern als ordnende oder kommentierende, auf jeden Fall als beteiligte Instanz auftritt. Das Erzählte wird dem Leser als vom Autor erlebtes und gewertetes Geschehen präsentiert und als Modell in der »Dimension des Autors« im Erzählvorgang erkennbar gehalten. Mit Volker Braun und anderen ist sie sich einig, dass Literatur »eingreifendes Denken« zu praktizieren habe. Dass dies keineswegs als Plädoyer für formloses Gestalten missverstanden werden sollte, dafür spricht ihr ausdrückliches Votum für den Erhalt der »Gattung Prosa«. In Anlehnung an Brechts Begriff vom epischen Theater führt sie den Begriff »epische Prosa« ein, der hier die Funktion eines psychologischen Schlüssels zugewiesen bekommt. Der vielzitierte Satz vom »wahrheitsgetreu[en] …[E]rfinden auf Grund eigener Erfahrung« (WA 4, 258) geht zunächst einmal von einer Haltung der Wahrnehmungsbereitschaft und des Suchens aus. Offenheit der Erzählstrukturen entsteht auch durch die Erfahrungen, die der Autor erst beim Schreiben macht. Die Ergebnisse solcher Selbsterforschung werden dem Leser mitgeteilt als ein Verfahren, das zur Grundmaxime Christa Wolfs geworden ist. Sie geht davon aus, dass der Lesende sich am Prozess der Suche beteiligen muss, um das Konkretisieren des Geschriebenen selbst zu vollziehen; der Rezipierende tritt gleichsam als Strukturelement des betreffenden literarischen Systems auf.

Nachdenken, Erinnern und Selbsterforschung sind die bestimmenden Mittel dieses Prosaentwurfs, den Wolf in den folgenden Werken praktisch umzusetzen unternimmt. Indem sie den Leser an der Art und Weise ihres Erfahrungsgewinns teilhaben lässt, trachtet sie danach, Phantasie anzuregen und zu ermuntern. Um den Zusammenhang von Sprechen (bzw. Lesen) und Schreiben geht es ihr in der Auseinandersetzung mit dem französischen Nouveau roman. In ihm findet sie bedeutende Ansätze neuer Erzählformen dort, wo sie die Erfahrung scharf empfundener Diskrepanz zwischen eigenem Erleben und der auf herkömmliche Weise dargestellten Welt teilt. Ablehnend reagiert sie jedoch auf die Auffassung von Alain Robbe-Grillet, dem führenden Vertreter des Nouveau roman, dass die gegenwärtige Epoche eine »der Kenn-Nummern« sei, innerhalb der der Mensch als »widerstehendes, aufbegehrendes, rebellierendes Individuum« (WA 4, 263) nicht aufzufinden ist.

Ebenso wie Ingeborg Bachmann in ihrer Essayistik, reflektiert Christa Wolf Zeitprobleme, indem sie das Schreiben problematisiert. Ihr Redegestus ist diskursiv, darauf aus, ihre ethischen Wertvorstellungen in die Diskussion um die künftige Gestaltung der Gesellschaft einzubringen, ohne dass dem Leser Antworten auf gestellte Fragen aufgenötigt würden. Sie versteht es vielmehr, die Probleme als gemeinsam zu bewältigende darzustellen. Der Widerspruch der Zeit wird zum Arbeitsmaterial der Autorin, zum Antrieb für ihre schriftstellerische Existenz. Mit dem Verfahren, Lebensmaterial in Kunst zu verwandeln, macht sie die Grundbestimmung ihrer literarischen Arbeit deutlich. Die Komplexität von Wirklichkeitsbeziehungen zu erfassen – das wird das Hauptthema ihres poetologischen Anliegens bleiben. Eine leidenschaftslose, nüchtern registrierende Schreibhaltung war für Christa Wolf nicht akzeptabel. Diagnostizierte Sprachkrisen sind für sie als Sinnbilder gesellschaftlicher Wertkrisen verifizierbar. Franz Fühmanns Gedanken zu Georg Trakls Der Wahrheit nachsinnen. Viel Schmerz lagen ihr in diesem Zusammenhang ebenso nahe wie Ingeborg Bachmanns Überlegungen zur Aufgabe des Schriftstellers aus dem Jahre 1959, die ihr sicherlich ebenso entgegengekommen sind: »So kann es auch nicht die Aufgabe des Schriftstellers sein, den Schmerz zu leugnen, seine Spuren zu verwischen, über ihn hinwegzutäuschen. Er muß ihn im Gegenteil wahrhaben und noch einmal, damit wir sehen können, wahr machen. Denn wir wollen alle sehend werden. Und jener geheime Schmerz macht uns erst für die Erfahrung empfindlich und insbesondere für die Wahrheit« (Bachmann 1987, 564). Christa Wolfs Poetik bezeugt anschaulich, dass Dichten nicht außerhalb der geschichtlichen Situation stattfindet und lebensbestimmende Fragen nicht von der Literatur entschieden werden. Dass Literatur allerdings zum besseren Verständnis der Welt und zur aktiven Auseinandersetzung mit ihr beitragen könne, davon war sie überzeugt. Mit ihrem unverwechselbaren literarischen Stil, die Hoffnungen und Ängste der Menschen des ausgehenden 20. Jahrhunderts auszudrücken, zählt sie zu den bedeutendsten deutschen Erzählerinnen des späten 20. und beginnenden 21. Jahrhunderts.

Literatur

Adorno, Theodor W.: *Der Standort des Erzählens im zeitgenössischen Roman*. Frankfurt a. M. 1958.

Bachmann, Ingeborg: Die Wahrheit ist dem Menschen zumutbar. Rede zur Verleihung des Hörspielpreises der Kriegsblinden. In: Dies.: *Ausgewählte Werke in 3 Bdn*. Berlin/Weimar 1987, Bd 1, 246–248.

Becher, Johannes R.: Auf andere Art so große Hoffnung. Tagebuch 1950. In: Ders.: *Gesammelte Werke*, Bd. 12. Berlin/Weimar 1969.

Bobrowski, Johannes: Boehlendorff. In: Ders.: *Johannes Bobrowskis Boehlendorff und Mäusefest*. Berlin 1966.

Braun, Volker: Interview mit Silvia Schlenstedt. In: Ders.: *Es genügt nicht die einfache Wahrheit*. Leipzig 1979, 41–51.

Gansel, Carsten: Erinnerung. Aufstörung und »blinde Flecken« im Werk von Christa Wolf. In: Gansel, Carsten (Hg.): *Christa Wolf. Im Strom der Erinnerung*. Göttingen 2014, 15–42.

Drescher, Angela (Hg.): Dokumentation zu Christa Wolf: »Nachdenken über Christa T.«. München 1991.

Fühmann, Franz: Der Wahrheit nachsinnen. Viel Schmerz. In: Georg Trakl: *Gedichte, Dramenfragmente, Briefe*. Hg. v. Franz Fühmann, Bd. 1. Leipzig 1981, 7–98.

Emmerich, Wolfgang: *Kleine Literaturgeschichte der DDR*. Frankfurt a. M. 1989.

Hörnigk, Therese: Ein Buch des Erinnerns, das zum Nachdenken anregte. Christa Wolfs »Nachdenken über Christa T.«. In: Inge Münz-Koenen (Hg.): *Werke und Wirkungen. DDR Literatur in der Diskussion*. Leipzig 1987, 168–213.

Hörnigk, Therese: »Wer keinen Ärger macht, wird auch keine haben« – Stefan Heyms Poetik des Engagements. In: Mirjam Meuser u. Janine Ludwig (Hg): *Literatur ohne Land? Schreibstrategien einer DDR-Literatur im vereinten Deutschland*, Bd. II, Fördergemeinschaft wissenschaftlicher Publikationen von Frauen e. V. Esselborn 2014, 87–101.

Huyssen, Andreas: Auf den Spuren Ernst Blochs. Nachdenken über Christa W. In: *Basis* (Frankfurt a. M.) 1975, Nr. 5, 100–116.

Kaufmann, Hans: Zu Christa Wolfs poetischem Prinzip. In: *Weimarer Beiträge* 20 (1974), H. 6, 113–125.

Kuhn, Anna K.: Christa Wolfs Ein Tag im Jahr – Das Tagebuch als Alltagsgeschichte. In: Carsten Gansel (Hg): *Christa Wolf. Im Strom der Erinnerung*. Göttingen 2014, 165–184.

Magenau, Jörg: *Christa Wolf. Eine Biographie*. Berlin 2002.

Simon, Jana: *Sei dennoch unverzagt. Gespräche mit meinen Großeltern Christa und Gerhard Wolf*. Berlin 2013.

Werner, Hans Georg: Zum Traditionsbezug der Erzählungen in C. Wolfs »Unter den Linden«. In: *Weimarer Beiträge* 22 (1976), H. 4, 56–64.

Wolf, Christa: »Bei mir dauert alles sehr lange«. Gespräch mit Hanns Bruno Kammertöns und Stephan Lebert. In: Dies.: *Rede, daß ich dich sehe*. Berlin 2012, 173–204.

Wolf, Christa/Gansel, Carsten: »Zum Schreiben haben mich Konflikte getrieben« – ein Gespräch. In: Carsten Gansel (Hg): *Christa Wolf. Im Strom der Erinnerung*. Göttingen 2014, 353–366.

Wolf, Gerhard: Wer wir sind und wer wir waren. In: *Christa Wolf. Moskauer Tagebücher. Reisetagebücher, Texte, Briefe, Dokumente 1957–1989*. Hg. v. Gerhard Wolf unter Mitarbeit von Tanja Walenski. Berlin 2014, 11–12.

Therese Hörnigk

C Bekenntnis zu weiblichen Lebens-, Erfahrungs- und Traditionslinien

17 Veränderung in der Kulturpolitik der DDR nach 1971

Zu Beginn der 1970er Jahre zeichnete sich innerhalb der Kulturpolitik der DDR eine grundlegend neue Richtung ab: Es entstanden verschiedene soziale Bewegungen und Formen des Miteinanderlebens. Kunst und Literatur spiegelten nicht mehr linear und monokausal die Kulturpolitik wider. Auch die Doktrin des Sozialistischen Realismus wurde nicht mehr streng befolgt, stattdessen formierten sich ›Gegentexte‹ zum offiziellen Diskurs. Der kulturellen Entwicklung wurde mehr Eigengesetzlichkeit zugestanden und Begriffe wie Vielfalt, Toleranz und Weite setzten sich durch als Kennzeichen dieser Zeit (vgl. Jäger 2006, 71). Gründe dafür finden sich in den politischen Ereignissen der 1960er Jahre, in den Machtkonstellationen der staatlich überregulierten DDR und in der kulturellen Öffnung zum Westen hin.

Mit dem Scheitern des Prager Frühlings 1968 verloren viele engagierte Bürgerinnen und Bürger der DDR die Hoffnung in einen reformierbaren Sozialismus. Damit standen das Verhältnis von Politik und Kunst sowie die Bedeutung der Literatur als eine öffentliche Handlung neu zur Diskussion. Die politischen Ereignisse hatten einen schmerzhaften Desillusionierungsprozess unter den Schriftstellern in Gang gesetzt, ihre poetischen Entwürfe eines humaneren und demokratischen Sozialismus wurden weder von der Partei noch von der Bevölkerung gebraucht (vgl. Hilzinger 1991, 99). Infolgedessen fühlten sich viele Autoren von der ihnen gestellten Aufgabe entbunden, die Leser/innen in der Deutschen Demokratischen Republik von der Idee des Sozialismus zu überzeugen. Bei aller Enttäuschung über den Einmarsch der Truppen des Warschauer Paktes in die ČSSR begann damit doch auch, so Christa Wolf in »Schreiben mit Zeitbezug« (Gespräch mit Aafke Steenhuis im Dezember 1989), eine innere Befreiung und Loslösung von dem einseitigen Realitätsverständnis und dem Diktat der instrumentellen Vernunft (vgl. WA 12, 216).

Auf der politischen Ebene führte der Machtwechsel in der obersten Führungsebene – von Walter Ulbricht zu Erich Honecker – zu einer stärkeren Rückorientierung an die Sowjetunion. Ulbrichts politische Alleingänge, seine Annäherung an die BRD und sein Bemühen, die DDR als eigenständigen Staat zu etablieren, befremdete die Moskauer Führung unter Leonid Iljitsch Breschnew. Bevor Ulbricht am 3. Mai 1971 seinen Rücktritt aus Altersgründen erklärte, hatten Breschnew und Honecker die Richtung der neuen Regierung festgelegt. Bereits im Juli 1970 lud Breschnew den designierten Staatschef Honecker nach Moskau ein, um die Vormachtstellung der Sowjetunion zu bekräftigen. Diplomatische Beziehungen zum Westen sollten nur noch in Absprache mit der UdSSR geknüpft werden (vgl. Mählert 2014, 115–118; Stelkens 1997, 503–533). Für seine Deutschlandpolitik, der anberaumten Entspannung zwischen Ost und West wie auch für die akuten Versorgungsprobleme in der DDR wurde Ulbricht öffentlich auf der 14. Tagung des SED-Zentralkomitees im Dezember 1970 kritisiert. Ulbrichts Zurückweisung der Vorwürfe blieb, auf Honeckers Betreiben hin, unveröffentlicht. Der 58-jährige Erich Honecker, maßgeblich beteiligt an der Gründung der FDJ und der Errichtung des sog. ›Antifaschistischen Schutzwalls‹ 1961, galt bei vielen Bürgerinnen und Bürgern der DDR als Vertreter eines harten Kurses. Dennoch vermochte er sich bei seinem Amtsantritt als Hoffnungsträger zu repräsentieren, sowohl in der Wirtschafts-und Sozialpolitik als auch in der Kulturpolitik. Der VIII. Parteitag der SED im Juni 1971 wurde von Intellektuellen, Schriftstellern und Künstlern als positiver Wendepunkt in der DDR-Politik bewertet. Zwar wurde die Kulturpolitik nur am Rande verhandelt, doch genügte als positives Signal bereits der Verzicht auf Angriffe gegen Künstler (vgl. Jäger 2006, 71).

Im Zentrum stand der wirtschaftliche Fünfjahresplan zur Erfüllung der realen Bedürfnisse der Bevölkerung. Tatsächlich konnten in den nächsten Jahren die industrielle Warenproduktion gesteigert und der Lebensstandard verbessert werden, allerdings durch zunehmende Verschuldung gegenüber der BRD. Einen flächendeckenden Aufschwung vermochte die zentrale Planungswirtschaft nicht hervorzubringen. Erst mit der Ölkrise Mitte der 1970er Jahre offenbarten sich die ökonomischen Schwierigkeiten der DDR, so dass bis zu diesem Zeitpunkt der Eindruck einer erfolgreichen Wirtschafts- und Sozialpolitik vorherrschte. Zudem wirkte die neue Sozialpolitik, zur Forcierung einer höheren Geburtenrate, entlastend auf die berufstätigen Frauen, die nach traditioneller Manier weiterhin die Hauptverantwortung für Familie und Haushalt trugen. Für Mütter mit mindestens zwei Kindern wurden die 40-Stunden-Woche sowie mehr finanzielle Anreize und Möglichkeiten zur Weiterqualifikation eingeführt.

Der Beitritt in die UNO (1973) und die diplomatische Anerkennung der DDR durch die westlichen Staaten verstärkte das positive Selbstbild einer leistungsorientierten, toleranten und international anerkannten Republik. Unter Willy Brandt hatten sich die Beziehungen zwischen der BRD und DDR deutlich entspannt. Bis zu seinem Rücktritt im Mai 1974 – begründet mit der Spionagetätigkeit seines persönlichen Referenten Günter Guillaume – sorgte Brandts sozialliberale Reformpolitik für eine euphorische Aufbruchsstimmung, auch über die innerdeutsche Grenze hinaus und beeinflusste die Kurskorrekturen der DDR im politischen, ökonomischen und ideologischen Bereich. Parallel zur Institutionalisierung der innerdeutschen Diplomatie (ab 1972 galt der Grundlagenvertrag zur Errichtung von ›besonderen Vertretungen‹) verfolgten beide deutsche Staaten jedoch Strategien gegenseitiger Abgrenzung. Im Gegenzug verstärkte sich die Liberalität im Innern der DDR. So entstanden Anfang der 1970er Jahre – in Abkehr von der westlichen Konsumorientierung und einem einseitig verstandenen Marxismus – alternative nicht-institutionalisierte Subkulturen wie Friedensgruppen, ökologische Bewegungen, Anti-Atomkraft-Vereine, Frauenbewegungen und Minderheitengruppen von Homosexuellen bzw. Lesben. Innerhalb der literarischen Szene kam »ein ungemein lebendiges, inspiriertes, kontroverses literarisches Leben in Gang« (vgl. Emmerich 1989, 240 u. 242) – legitimiert durch Honeckers Neudefinition des Sozialismus im Dezember 1971 (4. Tagung des ZK der SED), derzufolge es innerhalb der Kunst und Literatur keine Tabus mehr gebe (vgl. Rüß 1976, 287).

Im selben Jahr durfte Peter Huchel, seit 1963 unter Hausarrest gestellt, die DDR verlassen. Ulrich Plenzdorfs *Die neuen Leiden des jungen W.* konnten ab 1972, zunächst in der Zeitschrift *Sinn und Form*, erscheinen und an 14 Bühnen in der DDR aufgeführt werden (vgl. Emmerich 1989, 243–245). Auch die zuvor verbotenen Bücher von Stefan Heym waren nun auf dem ostdeutschen Buchmarkt zu haben. Öffentliche Debatten über Heiner Müllers kritische Auseinandersetzung mit dem klassischen Erbe in seiner *Macbeth*-Version belegen Möglichkeiten des Aushandelns und größere Meinungsvielfalt. Vor allem die offene und eigenwillige, originelle und rücksichtslose Literatur von Frauen – wie Maxie Wander, Irmtraud Morgner, Sarah Kirsch, Helga Schütz, Helga Schubert oder Helga Königsdorf – beeinflusste die DDR in den 1970er Jahren (vgl. Jäger 2006, 80; s. Kap. I.5). 1975 veröffentlichte Sarah Kirsch *Die Pantherfrau. Fünf unfrisierte Geschichten aus dem Kassettenrecorder*, zwei Jahre später publizierte Maxie Wander *Guten Morgen, du Schöne*, zu dem Christa Wolf für die Zeitschrift *neue deutsche literatur* den Kommentar »Berührungen« (1977) schrieb, der anschließend, leicht gekürzt, in der westdeutschen Buchausgabe 1978 erschien (WA 8, 115–129, 484).

Zugleich wurde der Bitterfelder Weg mit seiner Kampagne »vom Ich zum Wir« als Zeitphänomen der sozialistischen Aufbauphase für obsolet erklärt (Rede Kurt Hagers zum Thema »Arbeiterklasse und Künstler« am 9. März 1972; s. Kap. II.A.10). Künstler und Arbeiter erhielten – in Erinnerung an Goethe: »Eines schicke sich nicht für alle« – das Zugeständnis unterschiedlicher Lebens- und Schaffensweisen zurück (vgl. Jäger 2006, 73). Autoren mussten nicht mehr in die Betriebe gehen, um das ›wahre Leben‹ kennenzulernen, anstelle des Betriebsromans stießen internationale Themen wie Friedens- und Umweltpolitik oder die Gender-Problematik auf größere Resonanz (vgl. Herminghouse 1989, 349).

Im Jahr 1972 dachte man in der Hauptverwaltung des Kulturministeriums sogar über die Abschaffung der Zensur bzw. die Delegation der Verantwortung an die Verlage nach. Gleichzeitig steigerten sich die internationale Resonanz und das Interesse westdeutscher Verlage an Werken aus der DDR. Allein 112 belletristische Titel – darunter Volker Brauns *Hinze-Kunze-Geschichten*, Franz Fühmanns *Ungarn-Tagebuch 22*

Tage oder die Hälfte des Lebens, Brigitte Reimanns Nachlass-Roman *Franziska Linkerhand* und Irmtraud Morgners *Leben und Abenteuer der Trobadora Beatriz nach Zeugnissen ihrer Spielfrau Laura–* erschienen 1971/76 mit der Lizenz von DDR-Verlagen in der BRD. Christa Wolfs *Nachdenken über Christa T.*, zuvor zwar nicht direkt verboten, aber durch eine geringe Auflagenhöhe zurückgehalten, wurde in den 1970er Jahren mehrfach aufgelegt (vgl. Jäger 2006, 72 u. 77). Zensurmaßnahmen verlegten sich auf die Steuerung der Rezeption: So bemüht sich der einschlägige Band *Literatur und Geschichtsbewusstsein* Christa Wolfs Wirkung mittels einer heftigen Kritik gering zu halten, indem er die Hauptfigur Christa T. als eine pessimistische, negative Identifikationsfigur abwertet, da sie keine Lösungsmöglichkeiten für die beschriebenen Probleme anbiete (vgl. Diersch/Hartinger 1976, 44). Im öffentlichen Diskurs beharrten Kritiker und Kulturfunktionäre weiterhin auf dem seit der DDR-Staatsgründung propagierten Ideal des real-existierenden Sozialismus (vgl. Ankum 1992, 120 f.).

Indessen verabschiedeten sich Christa Wolf und andere Schriftsteller/innen von den hergebrachten ideologischen Vorgaben und verteidigten ihr neu errungenes Literaturverständnis: Kunst soll nicht mehr per se harmonische Verhältnisse darstellen, sondern vielmehr Konflikte thematisieren, Normen hinterfragen und die ordnende Erzählerinstanz durch subjektive Perspektiven erweitern. Gegenüber dem Vorwurf, unrealistisch zu sein, verwehrt sich Wolf offensiv in ihren Frankfurter Poetik-Vorlesungen: »Mir fällt auf, daß das Verdikt, unrealistisch, realitätsfern zu sein, gegen Literatur genauso erhoben wird wie gegen die Friedensbewegung, und von den gleichen Leuten. Realist ist heute, wer auf dem Boden der Tatsachen steht – ein Boden, der in den Plänen dieser gleichen Realisten bereits verseucht ist. – Welche Konsequenz hat dieser Realismusbegriff für die Ästhetik?« (FPV, 150). Christa Wolf sucht der Wirklichkeit gerade durch die vermeintlich ›unrealistischen‹ Schreibweisen der Verfremdung und Historisierung näher zu kommen. Kunst soll verstören und vorgegebenen Sinn destruieren mittels ›wilder‹ Formen und einer ›wilden‹ Sprache, welche die ›normalen‹ Erwartungen brüskiert (vgl. Emmerich 1989, 417).

In Anknüpfung an die moderne Prosa der Weimarer Republik erprobten viele Autor/innen das fabellose, diskontinuierliche und autoreflexive Erzählen in Genres wie Groteske, Warnutopie oder phantastische Prosa, die bis Mitte der 1960er Jahre noch als formalistisch-dekadent gegolten hatten. Mit der Vielfalt an ästhetischen Verfahren entstanden andere Identitätskonzepte. Das ›neue‹ Bekenntnis zur Subjektivität, für das Christa Wolf den Begriff »subjektive Authentizität« prägte, findet sich bereits in den tradierten Gattungen der Reiseliteratur und verschiedenen Formen der Memoirenliteratur. Essays und Tagebücher von Stephan Hermlin, Franz Fühmann, Günter Kunert, Volker Braun u. a. dokumentieren Auseinandersetzungen mit der eigenen und fremden künstlerischen Subjektivität, in Anknüpfung an Autoren wie Jean Paul, Kleist, Büchner oder Hölderlin (vgl. Emmerich 1989, 199, 334). Dabei enthalten die meisten Prosawerke in ihren Darstellungen ausweglosen Situationen ohne Happy End doch die Vision von einer besseren Zukunft in Form einer real einlösbaren Utopie.

Gegen eine zu eigenmächtige Auslegung der Kultur und ihrer Rolle in der Gesellschaft verwehrte sich jedoch Kurt Hager im Juli 1972 auf der ZK-Tagung der SED: Innerhalb des Sozialistischen Realismus dürften zwar alle Möglichkeiten ausgeschöpft werden, doch unter Ausschluss jeglicher Konzession an bürgerliche Ideologien und imperialistische Kunstauffassungen (vgl. Hager 1972, 57; Rüß 1976, 508). So wurden kulturpolitische Dogmen und Kontrollmechanismen zwar flexibler gehandhabt, aber nicht grundsätzlich reformiert. Das Dogma von der prinzipiell richtigen Politik und das Misstrauen gegenüber Intellektuellen blieben bestehen. Den Anspruch, dass Kunst und Literatur dem Sozialismus zu dienen habe, bekräftigte Honecker auf dem 9. Plenum der SED im Mai 1973, indem er die Autor/innen davor warnte, die Vereinsamung und Isolierung des Menschen von der Gesellschaft zu idealisieren. Der VII. Schriftstellerkongress im November 1973 begrüßte hingegen die Vielfalt an ästhetischen Schreibweisen ausdrücklich und verwarf den Bitterfelder Weg wie auch die Idee einer homogenen sozialistischen Gemeinschaft. Zahlreiche Schriftsteller/innen begannen ihre Aufgabe neu zu definieren in kritischer Auseinandersetzung mit ihrem Umfeld und mit sich selbst – als Aufklärer, Tabubrecher oder in Funktion einer Ersatzöffentlichkeit.

In Anbetracht dieser uneindeutigen Kulturpolitik lassen sich, insbesondere in den Jahren von 1973 bis 1976, zahlreiche Beispiele finden für Tabulockerungen und einen toleranteren Umgang mit neuen ästhetischen Verfahrensweisen, genauso aber auch für Restriktionen, Druck- und Aufführungsverbote zur Aufrechterhaltung der staatlichen Ordnung. So erschien Volker Brauns *Unvollendete Geschichte* 1975 lediglich in der Zeitschrift *Sinn und Form*, als Buch war es erst 1988 greifbar (vgl. Emmerich 1989, 243, 248; Bachmann 1993). Reiner Kunzes Gedichtband *brief mit blauem siegel* vermochte der Leipziger Reclam-Verlag erst nach langen Auseinandersetzungen 1973 zu veröffentlichen. Zugleich wurde Kunze überwacht und bedroht. Unter erheblichen Anfeindungen von Seiten des SED-Regimes siedelte er nach der Publikation seiner *Wunderbaren Jahre* im S. Fischer Verlag im September 1976 in die BRD über. Wenig später durfte Wolf Biermann nach einem Konzert in Köln nicht mehr in die DDR zurückkehren (s. Kap. II.E.27). Dies war der Schlusspunkt der gemäßigten Kulturpolitik der frühen 1970er Jahre (vgl. Jäger 2006, 80).

18 Veränderungen im Erbeverständnis nach 1971

In der frühen Nachkriegszeit besaß das literarische Erbe in der DDR eine wichtige Funktion, nämlich die antifaschistisch-demokratische Umwälzung und die Überwindung der Traditionen bürgerlich-imperialistischer Geistesgeschichte zu rechtfertigen. Dafür wurden die kanonisierten Texte unter gesellschaftskritischer Perspektive als Beweise für das Scheitern bürgerlicher Lebensentwürfe gehandelt. Als richtungweisend galt Georg Lukács' Theorie der seit Mitte des 19. Jahrhunderts parallel existierenden Literaturen: der reaktionären Literatur auf der einen Seite und der fortschrittlichen Arbeiterliteratur auf der anderen Seite. Die textliche Einordnung in die eine oder andere Richtung blieb allerdings häufig schematisch und willkürlich; so passte zum Beispiel der Expressionismus, dem viele politisch linksgerichtete Autoren entscheidende Anstöße verdankten, nicht in das Konzept – er galt als formalistisch und vermochte nichts beizutragen für die Selbstlegitimierung des Staates und den Aufbau einer sozialistischen Gesellschaft, in den der Erbe-Diskurs der frühen DDR eingebettet war (vgl. Ulrich 2013, 51). In den 1970er Jahren rückte man allmählich ab von der Idee einer einheitlichen Volkskultur, die mittels einer ideologisch-erzieherischen Kunstauffassung realisiert werden sollte (vgl. Haase/Dau/Gysi/Peters/Schnakenburg 1986, 30 f., 61).

Ab 1971 lassen sich drei wesentliche Veränderungen im Erbeverständnis der DDR ausmachen, und zwar im Umgang mit dem Faschismus, in der Rehabilitierung der Romantik und im Diskurs über die tradierten Geschlechterrollen und Formen ›weiblichen Schreibens‹ (s. Kap. II.F.32). Unbestritten galt bis dahin die überlieferte Literatur der Weimarer Klassik aufgrund ihrer humanistischen Inhalte, die der Bildung, Belehrung und Geschmackserziehung dienten und das Vertrauen in den jungen Staat stärken sollten. Eine zweite Traditionslinie bildete seit Beginn der DDR die proletarisch-revolutionäre Literatur, vor deren Folie die Entwicklung von der deutschen Reformation bis zur Katastrophe im 20. Jahrhundert – mit Ausnahme der progressiven Bewegungen – als ein geradliniger Irrweg gelehrt wurde. Demnach erschien das Versagen der sog. reaktionären Klassen mit der Ernennung Hitlers zum deutschen Führer zweifellos als bewiesen. Die faschistische Vergangenheit wurde bis Anfang der 1970er Jahre, so Wolf in ihrem Interview »Zum Erscheinen des Buches *Kassandra*« (November 1983), nicht als die eigene Vergangenheit erkannt, sondern dem als imperialistisch abgestempelten Westen zugeschrieben (vgl. WA 8, 372). Das Selbstverständnis der DDR-Autoren rekurrierte bis dato fast ausschließlich auf die Literatur der Antifaschisten und der ehemaligen Emigranten.

Als Vorbild für einen freieren Umgang mit der Vergangenheit diente Anna Seghers, die auf jene »Lücke in unserer Literatur [und] auch im Bewußtsein der Menschen« verwies und die aus dem Selbstverständnis der DDR ausgegrenzte Epoche als die eigene erklärte, als jenes »Stück noch nicht restlos begriffenen Lebens«, das nach Gestaltung verlange (Emmerich 1989, 324). Dieser Mahnung folgend, unternahmen Christa Wolf, Hermann Kant, Klaus Schlesinger, Rolf Schneider, Karl-Heinz Jakobs, Jurek Becker und andere Autor/innen Anfang der 1970er Jahre neue Vorstöße in die Vergangenheit. Auf dem VII. Schriftstellerkongress 1973 erklärte Christa Wolf die Phase der Vergangenheitsbewältigung in der DDR rückblickend für zu kurz. Man habe die Problematik des Faschismus allzu früh für »erledigt« gehalten und an die anderen, in Westdeutschland, als Vergangenheit und Tradition delegiert (vgl. WA 4, 452 f.). Wolfs *Kindheitsmuster* kann in dem Sinne als ein Beispiel der zu leistenden Bewältigungsliteratur gelesen werden (s. Kap. II.D).

Die einschneidendste Veränderung in der Rezeption des literarischen Erbes bestand in der Wiederentdeckung der Romantik (s. Kap. II.E.28). Bis dahin galt die Epoche der Romantik innerhalb der marxistischen Literaturwissenschaft als vorwiegend reaktionär, da sie, insbesondere die Frühromantik, das Postulat der Kunstautonomie vertrat (vgl. Lehmann 1995, 203). Die Poesie, als Projektionsraum für das Utopische, vermochte nach Friedrich Schlegel den Widerstreit zwischen Individuum und Gesellschaft nicht aufzuheben, sie diente vielmehr als Gegenentwurf zu den realen sozialen Zuständen. Dies war mit den Ansprüchen des Sozialistischen Realismus nicht zu vereinbaren. Alexander Abusch hatte bereits 1945 mit seiner pauschalen Ablehnung der Romantik die Diskussion für Jahrzehnte unterbunden (vgl. Abusch 1947, 152; Haase/Dau/Gysi/Peters/Schnakenburg 1986, 38). In der mehrbändigen *Geschichte der deutschen Literatur* konnte der Romantik-Band, nach etlichen Verzögerungen, erst 1967 erscheinen. Trotz ihrer vermeintlich reaktionären Tendenzen wurden die Romantiker relativ häufig rezipiert und mit Verweisen auf ihre Volkstümlichkeit, Gesellschaftskritik und ihren Antikapitalismus gerechtfertigt (vgl. Berger/ Dahnke/Schneider 1953; Berger/Panitz 1954; Böttger 1955). Sie blieben jedoch ohne entscheidenen Einfluss auf den offiziellen Diskurs, in dessen Mittelpunkt der Humanismus und die Idee einer erziehbaren Menschengemeinschaft, die antibürgerlichen revolutionären Bewegungen im Zeichen des Marxismus und die realistischen Gesellschaftsstudien des 19. Jahrhunderts standen. Als Legitimationsgrundlage für die DDR und deren Konzept von Literatur als richtungweisende Instanz schienen die Epochen der Weimarer Klassik, des Jungen Deutschlands und des Realismus besser zu taugen.

Doch die Apologetik der frühen Jahre, die plakativ-optimistischen und schematischen Darstellungen erwiesen sich zunehmend als unproduktiv und brachten nichts Neues im Bereich der Kunst und Literatur hervor. Mit dem um 1970 einsetzenden Prozess der Differenzierung gerieten nicht nur überkommene Schreibweisen, sondern auch deren Einbettung in ausgewählte Traditionslinien in die Diskussion (s. Kap. I.4 und s. Kap. I.5). Viele Autor/innen der DDR erprobten sich nun im Einnehmen subjektiver Standpunkte und in der Literarisierung unmittelbarer Erfahrungen. Diese Neue Subjektivität war keinesfalls ahistorisch oder apolitisch gemeint, dazu war der gesellschaftliche Kontext zu übermächtig. Im »Gespräch mit Christa und Gerhard Wolf« (1983) diskutiert das Schriftstellerehepaar die Frage, was das Ich im Verhältnis zur Gesellschaft bedeutet und wie sich Realität adäquat darstellen lässt (vgl. WA 8, 316). Entscheidend für die Durchsetzung dieses offeneren Realismus-Begriffs war das Kenntlichmachen von Traditionslinien, die mit dem gegenwärtigen Sozialismus-Konzept in Einklang gebracht werden konnten. Anna Seghers, die bereits in ihren frühen Werken der 1920er Jahre ein weites Verständnis von Realismus vertrat und das Phantastische als Stilmittel für die Auseinandersetzung mit der Wirklichkeit verteidigte, schildert in ihrer Erzählung *Reisebegegnung* (1973) ein imaginäres Zusammentreffen von E. T. A. Hoffmann, Franz Kafka und Nikolai Gogol, bei dem sich der visionäre Realismus Hoffmanns und Kafkas als ehrlicher und zeitgemäßer erweist im Vergleich zu dem anachronistischen Realismus Gogols (vgl. Herminghouse 1989, 342).

Im Kontext dieser neu verhandelten Frage nach der Darstellbarkeit von Wirklichkeit gewann der romantische Begriff der Utopie eine wichtige Bedeutung. Durch die Aufnahme romantischer Elemente und Traditionen in die Gegenwartsliteratur wurde, im Schulterschluss mit feuilletonistischen Rezensionen und wissenschaftlichen Untersuchungen, die Epoche der Romantik enttabuisiert. Zwar durften die zur Romantik bereits vorliegenden Thesen von Ernst Bloch und Hans Mayer aufgrund ihrer Flucht in die BRD offiziell nicht rezipiert werden, doch setzten sich ihre Inhalte dennoch durch (vgl. Mayer 1963). Literarische Vorstöße zur Neubelebung des verdrängten Erbes unternahmen, außer Anna Seghers (*Das wirkliche Blau* von 1967, *Sonderbare Begegnungen* von 1973), auch Franz Fühmann mit *Strelch* von 1960 (vgl. Lehmann 1995, 183; Werner 1980, 398), Christa Wolf und Heiner Müller, der es als seine politische Aufgabe ansah, »Phantasie zu mobilisieren«, um die vorherrschend instrumentalisierte Vernunft zu überwinden (vgl. Emmerich 1989, 286).

Christa Wolf setzte gezielt mit der Frühromantik und der Epoche Sturm und Drang an, um den machtgestützten Vernunft- und Wissenschaftsbegriff, der »unsere Zivilisation an den Rand der Selbstzerstörung gebracht« hat, kritisch zu hinterfragen (WA 8, 317). Wolf leitet in »Projektionsraum Romantik. Gespräch mit Frauke Meyer-Gosau« literarisch und theoretisch die entscheidende Abkehr ein von dem durch Lukács verhängten Verdikt über die Romantik als eine reaktionäre Ideologie (vgl. WA 8, 236–255). Im Gegenzug betont Wolf die antizipatorische Kraft insbesondere der Frühromantik, indem sie deren gesellschaftskritisches Potential und die Entwürfe einer anderen Ästhetik als Voraussetzungen utopischen Denkens und sozialpolitischer Veränderungen freilegt (vgl. Schmaus 2000, 203 u. 239).

Eine dritte, damit verbundene Traditionslinie findet sich in der psychologisch fein nuancierten Literatur des frühen 19. Jahrhunderts, die aufgrund ihrer besonderen Empfänglichkeit für das Problematische im Menschlichen als Vorläufer weiblicher Schreibweisen gedeutet wurde. Den entscheidenden Vorstoß unternahm wiederum Anna Seghers – auf dem Pariser Kongress 1935 – mit ihrer Neurezeption jener Autorinnen und Autoren, die am gesellschaftlichen System ihrer Zeit zugrunde gegangen sind, darunter Friedrich Hölderlin, Gottfried August Bürger, Heinrich von Kleist, Jakob Michael Lenz und Karoline von Günderrode (WA 4, 35). Christa Wolf übernimmt diese Auswahl und legt den freiwilligen Lebensverzicht Günderrodes nicht als Scheitern im Sinne eines persönlichen Versagens aus, sondern als Ergebnis einer am männlichen Werk- und Genie-Begriff orientierten Ästhetik (vgl. KvG). Darüber hinaus bieten ihr die Texte von Annette von Droste-Hülshoff, Marieluise Fleißer und Ingeborg Bachmann genügend Beispiele für den Wunsch nach Selbstzerstörung infolge gesellschaftlich bedingter Bedrohung ihrer physischen und psychischen Integrität (vgl. Hilzinger in: FPV, 421).

Bei aller Problematik der stereotypen Prädikate männlicher und weiblicher Schreibweisen, die, wie im Falle Kleists und Büchners, eben nichts mit dem Geschlecht der Autoren zu tun haben, scheint produktiv verwertbar eben jene Unterscheidung zwischen einer am vorherrschenden Gesellschaftsdiskurs orientierten Kunstauffassung und einer eher marginal vertretenen ›anderen Ästhetik‹. Im Interview »Projektionsraum Romantik« verweist Wolf auf den gemeinsamen Ausschluss von Frauen und Intellektuellen in den Industriegesellschaften. In den Texten der Romantiker findet sie eine Fülle von Dokumenten über dieses »ins Extrem getriebene Zum-Außenseiter-gemacht-Werden« (WA 8, 238).

Dabei begann die frühe Romantik sehr progressiv, mit dem Lebensexperiment, in kleinen Gruppen zusammenzuleben, doch war dies nur am Rande der Gesellschaft möglich und kaum für Frauen realisierbar aufgrund ihrer materiellen Abhängigkeit. Weniger die Romantik als solche weckt Wolfs Interesse, sondern vielmehr die Frage, warum so viele junge Autor/innen dieser Zeit mit ihrem Talent, der Literatur und ihrem persönlichen Leben nicht fertig werden (WA 8, 240 f.). Den Untergang vieler deutscher Schriftsteller/innen deutet Wolf, in Anlehnung an Marx, als »deutsche Misere«: Die historische Entwicklung seit der Niederschlagung der Bauernkriege im 16. Jahrhundert ließ keine revolutionäre Bewegung mehr aufkommen und brachte eine Bourgeoisie hervor, die nicht imstande war, einen Nationalstaat zu schaffen. Die extreme Entfremdung der Schriftsteller/innen von ihrer potentiellen Leserschaft erklärt Wolf im Interview »Arbeitsbedingungen« mit dem Mangel an einer gemeinsam errungenen kollektiven Identität (WA 8, 137). Aufgrund der politischen und gesellschaftlichen Zustände im reaktionären Deutschland entschieden sich namhafte Autor/innen für den Freitod oder Rückzug in sich selbst. In einer völlig rationalisierten Welt den Verstand zu verlieren, deutet Wolf als Zeichen einer intakten Empathiefähigkeit. Dies führte allerdings zu markanten Leerstellen in der deutschen Literaturgeschichte, die ebenfalls ein Teil des Erbes sind, nämlich der verhinderte Teil, dem rückblickend Anerkennung gebührt, und zwar durch Wiederbelebung der im Keim erstickten Anfänge.

In diesen Kontext gehört die Neubewertung der literarisierten Wahnvorstellungen, die nicht mehr nur als Zeichen von Destruktivität, sondern vielmehr als Beleg für eine produktive Auseinandersetzung mit den teilweise obsolet gewordenen Wertvorstellungen der damaligen Gesellschaft gelesen wurde. So ließen sich Anfang der 1970er Jahre Außenseiter und Randfiguren der deutschen Literaturgeschichte rehabilitieren durch (Neu-)Editionen oder indem man sie als literarische Figuren den Lesern verständlich machte. Das gleichwertige Zusammenspiel männlicher und weiblicher Figuren, wie das Kleists und Günderrodes bei Christa Wolf, bedurfte keines zusätzlichen Manifestes. In einem Gespräch mit Wilfried F. Schoeller bemerkt Wolf 1979: »Im Grunde sind sie, die Abweichler, am tiefsten mit ihrer Zeit verbunden und weichen ab, weil sie sich nicht anpassen *können*, das heißt, nicht glatt und reibungslos werden können und dadurch für ihre Zeit in einem tieferen Sinn nutzlos« sind (WA 8, 164; vgl. Götze 2007, 15).

Losgelöst von der zwanghaften Darstellung von Ereignissen, Tatsachen und am Fortschritt orientierten Handlungen (vgl. Weigel 1985, 71), erproben sich jene erwähnten Randgestalten des 18. und 19. Jahrhunderts in Briefen, Fragmenten, Aufzeichnungen und Reflexionen – Textformen, die womöglich einem geringen Zeitkontingent geschuldet sind, deren Verfasser einen anderen Broterwerb, deren Verfasserinnen die Pflege von Haushalt und Familie unterbringen mussten. Schreibende Frauen vergangener Jahrhunderte, wie Annette von Droste-Hülshoff, hatten neben dem Kampf um genügend Muße in der Regel auch ein Bildungsdefizit aufzufüllen und mussten – den Vorurteilen gegenüber der weiblichen Natur zum Trotz – ihre literarischen Kompetenzen erst beweisen.

Die Aufwertung fragmentarischer und autobiographischer Schreibweisen Anfang der 1970er Jahre hatte nicht nur mit einer neuen Ästhetik zu tun, sondern geschah auch aus sozialpolitischen Gründen: Unter Berücksichtigung der literarischen Entstehungsbedingungen ließen sich mit der von Frauen verfassten Literatur durchaus gesellschaftskritische Positionen verbinden. Um die aktuellen Konflikte zwischen Geist und Macht darstellen und analysieren zu können, griffen Autorinnen und Autoren der DDR auf historische Kontexte und die Generation der nichtklassischen Dichter/innen der Goethezeit, vereinfacht Romantiker genannt, zurück (vgl. Hilzinger 2012, 3, 7). Christa Wolf beschreibt in »Projektionsraum Romantik« die existenzielle Krise, in die sie durch das »reine Zurückgeworfensein auf die Literatur« geriet und dessen Problematik sie nur anhand älterer Lebensläufe zu bearbeiten vermochte, wie denen von Günderrode und Kleist, um nicht naturalistisch oder banal zu wirken. In einer Art von Selbstverständigung oder auch »Selbstrettung« literarisiert Christa Wolf die ungelösten Schwierigkeiten bezüglich des gleichzeitigen Anspruchs auf literarische Produktivität und gesellschaftliche Mitbestimmung (vgl. WA 8, 236). Die tödlichen Gefährdungen auch im eigenen Inneren markierend, regt Wolf zum Widerstand an gegen entfremdete Daseinsformen (vgl. Kaufmann 1991, 119) und provoziert die Frage nach gegenwärtigen Lösungsansätzen: Wie lässt sich – auf der Folie weiblicher Erfahrungen im geschichtlichen Raum – eine frei verfügbare Subjektivität entwerfen (vgl. Heukenkamp 1989)?

Obgleich weibliche Selbstbehauptungsmodelle in vielen Werken der 1950er und 1960er Jahre, der Aufbauphase der DDR, zu finden sind, gewinnen sie kaum eine gesellschaftliche Brisanz. Orientiert an den vorherrschenden Normen der Produktionsgesellschaft, stellen sie häufig nur eine Kopie männlicher Ideale dar. Die Nivellierung der geschlechtlichen Unterschiede sei ein »totaler Irrweg«, warnt Wolf in »Schreiben mit Zeitbezug«: Wenn Frauen an die Macht, in die gleichen Berufe und gleichen Funktionen wie die Männer gerieten, passiere ihnen das gleiche wie den Männern (vgl. WA 12, 220). Das wirtschaftliche und politische System unserer vermeintlich fortgeschrittenen Zivilisation, in der sich Männer über irgendeine Form von Heldentum definieren müssen – sei es als Wirtschaftsboss, als Politiker, als Künstler oder Arbeiter – verlange die Unterdrückung eines Teils ihrer selbst. »Das verzeiht ein Mensch sich nicht. Sie versuchten, andre sich gleichzumachen, um selbst leben zu können«, bemerkt Wolf in einem Interview im Dezember 1989 (WA 12, 220). Es komme ihr so vor, als sei die Literatur befallen von dem, was Ingeborg Bachmann »Krankheit« nennt, eine Krankheit, an der vor allem Männer leiden, die sich nur schwer zu ihren Gefühlen bekennen können. Frauen haben eher das Vertrauen in die Subjektivität bewahren können (vgl. WA 12, 225).

Gegenüber den hergebrachten Lebensentwürfen entwickeln einige Schriftstellerinnen der DDR ab 1971 Alternativen und Modelle von Emanzipation, die sich nicht nur an Frauen, sondern an beide Geschlechter richten, um eine grundlegende Diskussion über das mögliche Zusammenleben zu entfachen. Ilse Nagelschmidt beschreibt diese literarischen Darstellungen gesamtgesellschaftlicher Prozesse als das Novum sozialistischer Frauenliteratur (vgl. Nagelschmidt 1989, 451, 460). Ihre Wirkung verdanke sie vor allem ihrer utopischen Dimension, »der ausgeprägten Neigung, humane Lebensentwürfe zu machen«, ergänzt Eva Kaufmann (Kaufmann 1991, 113). Diese großen Utopien ganzheitlicher Selbstverwirklichung – die Verbindung von Berufstätigkeit und einem Leben mit Familie und Kindern in Zusammenhang mit der Befreiung der Frau von männlichen Vorbildern und Normen – sind eingebettet in ein eindrucksvolles Spektrum an literarischen Formen, märchenhaft-surrealen und science-fiktionalen Erzählweisen, Erlebnisberichten, Protokollbüchern und mythologischen Romanen, die insgesamt dem DDR-Alltag doch erstaunlich nahebleiben (vgl. Emmerich 1989, 301 f.). Beispiele hierfür sind Brigitte Reimanns *Franziska Linkerhand*, Gerti Tetzners *Karen W.*, Irmtraud Morgners *Trobadora Beatriz* und die Anthologie *Blitz aus heiterm Himmel* bzw. *Geschlechtertausch*. Gerade jene auf den ersten Blick ›unrealistischen‹ Schreibweisen hinterfragen am wirkungsvollsten (bei Morgner und Wolf) die vermeintliche Normalität durch Verfremdung, Historisierung und Einbeziehung des Grotesken und Absurden, um so »das Wundern zu erleichtern« (Morgner). Kunst darf und soll verstören, Sinn destruieren, Un-Sinn freilegen, statt zur Bestätigung vorgegebenen Sinns beizutragen (vgl. Emmerich 1989, 417).

Christa Wolf zufolge, vermag Literatur das, was andere Medien nicht können, nämlich ein Welt- und Lebensgefühl zu artikulieren, das den Leser in der Ausbildung seiner Persönlichkeit unterstützt. Aufgrund des vorwiegend männlich geprägten Literaturerbes rücken nun die Konzepte weiblicher Identität in den Fokus, die häufig wenig fest umrissen, eher im Prozess begriffen und stärker autobiographisch artikuliert werden. Wolf geht es dabei nicht nur um das Auffüllen von Leerstellen bzw. um Frauenliteratur als spezifische Literaturrichtung, sondern um Entwürfe von neuen Strukturen gesellschaftlichen Zusammenlebens sowie um eine grundlegende Neuverortung von Literatur (s. Kap. II.F.32). »Literatur sollte ein Experimentierfeld sein für Versuche, die im realen Leben allzu selten stattfinden können, und sie sollte ihren Lesern gegen alle Arten und Abarten von Manipulation ein zuverlässiger Verbündeter sein« (WA 8, 145). Mit ihrem Bekenntnis zur Ehrlichkeit und Wahrhaftigkeit als wichtigste Voraussetzung literarischer Qualität wird Christa Wolf Mitte der 1970er Jahre selbst zur Vorreiterin einer neuen Ästhetik, indem sie den Widerspruch zwischen Theorie und Praxis, zwischen dem hypothetischen Niveau der Emanzipation in der sozialistischen Gesellschaft und den alltäglichen, wirklichen Beziehungen zwischen den Geschlechtern literarisiert (vgl. Gabler 1987, 729–731).

19 Annäherung an Leben und Poetologien der Vorgängerinnen

Zu den bedeutendsten Autorinnen des 20. Jahrhunderts gehört für Christa Wolf die schon mehrfach genannte Anna Seghers. Als richtungweisend gilt Seghers' öffentliches Engagement im Kulturbetrieb der DDR wie auch ihre breit angelegte Poetologie – die Verbindung von Fiktion und Realität, von mythologischer Tiefe und zeitgenössischer Brisanz (vgl. WA 8, 280 f.). Seghers' Roman *Transit*, in dem alles zerschlagen und verraten wird, in dem alles »schwindet, wenn man genau draufsieht« und selbst der namenlose Erzähler unkenntlich bleibt, diesen trügerisch-nüchternen Roman, der den Leser in einen Sog von Abgründigkeiten zieht, zählt Wolf zu ihren lebenswichtigsten Lektüren (vgl. WA 8, 453 u. 456 f.). Vorbild ist ihr die ältere Schriftstellerfreundin aber auch als Leserin, als kritische Rezipientin der kanonisierten Literatur, die gegenüber dem offiziellen Diskurs in der DDR durchaus eigene Positionen vertritt (s. Kap. III.44.1).

So fordert Seghers eine produktive und vorurteilslose Auseinandersetzung mit dem kulturellen Erbe unter Einbeziehung *aller* Freiheitskämpfer (vgl. Seghers 1979, 43). Ihre Parteinahme für jene, »die jung starben zur Zeit Goethes, die Lenz und Bürger und Hölderlin und Büchner« (ebd., 122) – als besonders bedeutsam erscheinen ihr Büchners *Lenz* und die historischen Werke Kleists (ebd., 232) –, führt Christa Wolf zur Auseinandersetzung mit den Frühromantiker/innen. Als inspirierende Vorbilder nennt Wolf im Interview »Zum Erscheinen des Buches *Kassandra*« die Autorinnen Karoline von Günderrode und Bettina von Arnim, später seien Ingeborg Bachmann und Marieluise Fleißer wichtig geworden und ab Ende der 1970er Jahre Virginia Woolf (WA 8, 373; s. Kap. I.5). Auf der Folie dieser Poetologien erschreibt sich Wolf die literarische Kategorie der ›subjektiven Authentizität‹, die der Autorin bzw. dem Autor in seiner Auseinandersetzung mit der Realität Glaubwürdigkeit abverlangt. Im Gespräch mit Hans Kaufmann zum Thema »Subjektive Authentizität« definiert sie ›Schreiben‹ als den unaufhörlichen Vorgang eines Bewusstseinsprozesses (WA 4, 401–437).

Verbunden mit der Konzeption der ›subjektiven Authentizität‹ ist die Idee der ›Natürlichkeit‹, die im 18. Jahrhundert, häufig gleichgesetzt mit der weiblichen Natur, das Denken und die deutsche Sprache beeinflusste (vgl. Schlich 2002, 23). In der literarhistorischen Situierung ihrer performativen Poetik beruft sich Wolf in »Unruhe und Betroffenheit. Gespräch mit Joachim Walther« (Dezember 1972) nicht nur auf weibliche Autoren, sondern vor allem auch auf Georg Büchner, dessen Stimme und Gesicht Christa Wolf in dem *Lenz*-Fragment – ihrem »Ur-Erlebnis in der deutschen Literatur« – »durch die Fiktion, durch die Täuschung« hindurch zu hören und zu sehen vermag (WA 4, 361).

Die Wurzeln der Geschichte heutiger Frauen verortet Wolf im Gespräch mit Wilfried F. Schoeller – »Ich bin schon für eine gewisse Maßlosigkeit« (1979) – »in der frühen Romantik, um 1800, […] wo die Gesellschaft, auf Arbeitsteilung hingetrimmt, einen bestimmten Typ von Mensch, der die Ganzheit suchte, einen universalen Glücksanspruch hatte, nicht gebrauchen konnte« (WA 8, 167). Jene ökonomisch und sozial abhängigen Frauen vermochten ein »vollkommen freies, utopisches Denken« anzustoßen und den »Untertanen-Ungeist« kompromisslos freizulegen (KvG, 143). Womöglich aus historischen Gründen geben Frauen ihre Träume nicht so schnell auf, da sie, lange Zeit außerhalb der Zwänge von Produktion und Hierarchien, weniger abgestumpft seien als viele Männer, mutmaßt Wolf 1976 in »Kiefern und Sand von Brandenburg. Gespräch mit Adam Krzemiński« (WA 8, 75,77).

Die Poetologien der Vorgängerinnen, an denen Wolf sich orientiert, sind bedingt als ›weibliche Schreibweisen‹ zu charakterisieren: Einerseits lassen sich der Begriff weibliches Schreiben (s. Kap. II.F.32) und die damit möglichen Traditionslinien aus historischen und biologischen Gründen rechtfertigen: Frauen erlebten die Wirklichkeit anders als Männer. Als Handelnde innerhalb der Literatur- und Kulturgeschichte nicht vorkommend, allenfalls als Beherrschte, suchten Frauen ihre Autonomie schreibend zu erringen (FPV, 146 f.). In der Vergangenheit weniger durch den Leistungs- und Konkurrenzdruck in der Industriegesellschaft deformiert als die Männer, drängen Frauen stärker auf neue Lebensformen, auf Freundlichkeit und »ein ganzes, erfülltes Leben« (WA 8, 139). Als Kennzeichen der von Frauen verfassten Literatur nennt Wolf die Auseinandersetzung mit den Bedingungen menschlicher Existenz, Skepsis gegenüber einer machtgestützten Definition von Rationalität und einen nüchternen Blick auf die Welt. In den »großen Fragen« erwiesen sich Frauen als vernünftiger, menschlicher, ganzheitlicher als Männer (WA 8, 140). Was Frauen – unter verschiedenen Bedingungen – miteinander verbinde, sei, so Wolf, »die von ihnen bewußt in die Literatur eingeführte Emotionalität, ihre Reibung an der noch immer männlichen Gesellschaft« (WA 8, 74).

Andererseits galt der mit dem Begriff weibliches Schreiben verbundene Emanzipationsanspruch in der DDR als erfüllt, somit als obsolet, so dass sich die Frage stellte, ob jene weiblich konzipierten Schreibweisen überhaupt eine aktuelle Relevanz und Notwendigkeit besitzen. Verweisend auf die durch das Gesetz garantierte Gleichwertigkeit von Frauen und Männern, plädiert Wolf in »Ursprünge des Erzählens. Gespräch mit Jacqueline Grenz« im Herbst 1983 für eine gemeinsame Bewältigung der gesellschaftlichen Herausforderungen, die viel interessanter sei als der Kampf der Geschlechter, häufig entfacht von einem sektiererischen Weiblichkeitswahn (WA 8, 361).

Während der Literaturwissenschaftler Hans Kaufmann anthropologische oder biologische Begründungen sozialer Erscheinungen kategorisch ablehnt, da die unter »Frauenliteratur« gefassten Texte der DDR in erster Linie »sozialistische Werke« seien und die ganze Gesellschaft beträfen, in der es keine abgetrennte Frauensphäre gebe (vgl. Opitz/Hofmann 2009, 100), versteht Wolf die normativen Bedingungen als Grundlage für das noch einzulösende Ideal männlicher und weiblicher Eigenschaften. Das Ideal des Androgynen, wie es Friedrich Schlegel in seinem Prosawerk *Lucinde* literarisiert (vgl. Werner 1976, 50), gewinnt in den 1970er Jahren an Aktualität. Die Entwicklung weiblicher Identität wird in Beziehung gesetzt mit Androgynität, begriffen als eine Form strategisch eingesetzter Perspektivenwechsel zwischen äußeren Zuschreibungen und inneren Selbsterfahrungen (vgl. Gardiner 1981, 349).

Karoline von Günderrode und Bettina von Arnim

Christa Wolf holt die Frühromantikerin Karoline von Günderrode ins Bewusstsein der literarischen Öffentlichkeit zurück durch die Neuedition ihrer Werke, eingeleitet mit dem Essay »Der Schatten eines Traumes« (1978; s. Kap. II.E.29). Besonders fasziniert Wolf der zwischen Sein und Bewusstsein changierende Entwurf eines Frauenlebens, das sich dem erbarmungslosen Zweckmäßigkeitsdenken verwehrt und nur absolute Maßstäbe gelten lässt. Günderrodes Biographie versteht Wolf als »Vorform« eines neuen »Lebensmusters«, als »Antizipation« und »Modell« für Spätere, ihr selbst gelang der Versuch einer neuen Seinsweise nicht. Während ihres Lebens blieben Günderrode wie auch Bettina von Arnim unzeitgemäß, verkannt und verraten – eine »Avantgarde ohne Hinterland«, deren Fortschrittlichkeit und Radikalität erst im 20. Jahrhundert erkannt wird (KvG 214; vgl. Heidelberger-Leonard 1994, 131 f.).

Wolfs Umgang mit der historischen Romantik bezeichnet Jutta Schlich als januskköpfig: Einerseits rehabilitiert sie die Literatur der romantischen Epoche und setzt Anna Seghers' Bemühungen um Anerkennung dieses Erbes in der DDR fort, andererseits verwendet sie die Romantik als Projektionsraum, um die aktuellen Diskurse durchzuspielen (vgl. Schlich 2002, 33). Im Unterschied zu den Günderrode-Bildern in älteren Literaturgeschichtsschreibungen gestaltet Wolf in ihrem Prosawerk *Kein Ort. Nirgends* eine selbstbestimmte, kompromisslose Frau, die, ihrer Zeit geistig weit voraus, nicht in die Gesellschaft hineinpasst, in der sie lebt. Wolfs literarische Günderrode-Figur bleibt heimatlos durch die Unerfüllbarkeit ihrer Ansprüche an die Gesellschaft (vgl. KON, 37 f.). Für ihre »weitgespannte Utopie von der Gemeinschaft autonomer Subjekte« findet Günderrode Zeit ihres Lebens keine Möglichkeiten zur Realisierung (vgl. Werner 1992, 49). Gerade die den Umständen geschuldete Entwicklung Karoline von Günderrodes mache, so Wolf, die Notwendigkeit der sozialistischen Gesellschaft deutlich. Eine erneute Ablehnung der Frühromantikerin würde die »Unfähigkeit der deutschen Öffentlichkeit« beweisen, »ein Geschichtsbewusstsein zu entwickeln« und Gründe für das Scheitern romantischer Utopien zu erkennen (KvG, 110). Damit kehrt Wolf den Romantik-Diskurs um und macht jene bisher verpönte Frühromantikerin – aufgrund ihrer Position »gegen den borniertesten Feudalismus und gegen den tristen Erwerbsgeist« (KvG, 121) – zur Vorreiterin der sozialistischen Literatur: Günderrodes Poetik ziele darauf hin, den in der Realität nicht erfüllbaren Wünschen und Träumen literarisch zur Existenz zu verhelfen (vgl. Firsching 1996, 130). Damit bekommt die Literatur eine utopische Dimension. Den verbreiteten Vorwurf der Irrationalität in Bezug auf Günderrode und ihre Schriften weist Christa Wolf jedoch entschieden zurück als Überbleibsel einer einseitig männlich geprägten Rationalismusauffassung restaurativer Epochen (vgl. FPV, 129).

In Wolfs Erzählung *Kein Ort. Nirgends* warnt Günderrode ihren Counterpart Kleist vor der Aufteilung in männliche und weibliche Prinzipien, da diese nicht nur die Gesellschaft, sondern auch den einzelnen Menschen in einander feindlich gegenüberstehende Positionen spalte (vgl. KON, 93; s. Kap. II.E.29). In Günderrodes Streben nach unbedingter und vollkommener Identität zeigt sich aber auch die Problematik dieses Anspruchs. ›Vollkommen‹ bedeutet in Wolfs Günderrode-Rezeption, ganz Frau sein zu dürfen, ohne sich den normativen Erwartungen unterwerfen zu müssen und Beziehungen zum anderen Geschlecht zu unterhalten, die – frei von Herrschaft, Unterordnung, Besitz und Eifersucht – auf Freundschaft und Gleichberechtigung beruhen, somit »unerhörte Angebote« und eine »Art Selbstversuch« sind (KvG, 123 u. 133). In der fiktiven Begegnung zwischen Kleist und Günderrode deutet sich immerhin eine Möglichkeit an, die Selbstentfremdung und den Abstand zwischen den Geschlechtern zu überwinden, bestätigt Sonja Hilzinger im Nachwort zu *Kein Ort. Nirgends* (vgl. WA 6, 231). Für die frühe Romantik, in der es noch keine Lebensmodelle für gebildete und selbstständige Frauen gab, zeichnet Wolf die Suche nach individuellen Formen von Identität in Form eines dialogisch konstruierten Subjektmodells nach (vgl. Wilke 1990, 29–31).

In der Briefkultur ab 1750 findet Christa Wolf Elemente ihrer eigenen Poetik vor. In der offenen und lebensnahen Form der persönlichen Anrede verschafften sich insbesondere Frauen, denen öffentlich zu handeln verwehrt war, einen Raum zum Reflektieren, Erinnern und Ausmalen, in dem Privates und Gesellschaftsrelevantes verhandelt wurde. Gert Mattenklott verweist auf den möglichen Zusammenhang zwischen dem weiblichen Geschlecht der Schreiber und der zwischen Dokument und Fiktion changierenden Mitteilungsform der Briefe: Frauen haben sich als ›Personen‹ womöglich überhaupt erst brieflich erzeugt, in bemerkenswerter Unerschrockenheit, auch in der Mitteilung von Anstößigem, wie es Männer in Briefen selten tun (vgl. Mattenklott 1989, 125 f.). Christa Wolf betont ebenfalls die auffallende Wahrhaftigkeit in dem überlieferten Briefverkehr zwischen Karoline von Günderrode und Bettina von Arnim, der – abseits der herrschenden ästhetischen Normen für die Prosa ihrer Zeit – die Entwicklung neuer Schreibstile befördert habe (vgl. Becker-Cantarino 1989, 98, 103). Bei Bettina von Arnim und Karoline von Günderrode findet Wolf eine Literatur vor, die sich des Objekt-Machens enthält, die auf Empathie und Identifikation mit dem Anderen und »mit der Landschaft ihres Innern« (Weigel 1985, 68) angelegt ist. Günderrodes Unbedingtheitsanspruch scheint Christa Wolf stärker zu faszinieren, indessen bietet Bettina von Arnims Poetik weiterführende und sozialverträglichere Möglichkeiten und Lebensmodelle an.

Wolfs »Brief über die Bettine – Nun ja! Das nächste Leben geht aber heute an« (1980) – sorgte schon vor der Publikation für Aufsehen. In Auftrag gegeben vom Leipziger Insel-Verlag, sollte der Text als Nachwort zu einer neuen Ausgabe von Bettina von Arnims Günderrode-Buch erscheinen. Dabei kam es zu Unstimmigkeiten zwischen der Verlagsleitung und der Autorin; der Verlag warf Wolf vor, die ältere Bettina in den Mittelpunkt zu rücken und damit ein einseitiges Bettina-Bild zu skizzieren. Im Falle Bettina von Arnim lassen sich drei Lebensabschnitte ausmachen: Zunächst ist da die ungebärdige junge Frau, später die Hausfrau und Mutter und schließlich, in ihrer dritten Lebensphase, entwickelt sich Bettina zu einer sozial und politisch engagierten Schriftstellerin. Trotz vieler Debatten und kritischer Gutachten wurde Christa Wolfs »Brief über die Bettine« ohne Änderung gedruckt (vgl. WA 6, 250). Als besondere Stärke und Lebensprinzip hebt Wolf die Wandlungsfähigkeit Bettina von Arnims hervor. Deren Günderrode-Buch bewertet Wolf als Gegen-Entwurf zu einer in die Irre gehenden Kultur und als Ansatz zu einer anderen Ästhetik, die der Ästhetik der Meisterwerke fernstehe, aber das gleiche Recht auf Anerkennung habe (vgl. Weigel 1985, 67). Denn die Frühromantikerin zeigt und bewahrt die Inkommensurabilität und Widersprüchlichkeit des Menschen gerade durch die ästhetische Mischform, bestehend aus öffentlicher Rede, Gespräch und Diskussion.

Wolf baut diese Stilmittel der Montage weiter aus zu einer multiperspektivischen Erzählweise und verwischt die Grenzen zwischen den Genres Biographie, Autobiographie und Fiktion. Mittels Verfahren der Spaltung, Spiegelung und Verdoppelung entstehen synchrone und diachrone Zeitachsen, durch intertextuelle Bezüge treten die Erzählerstimmen in der Imagination mit früheren Autoren in Verbindung. Die wechselnden Perspektiven (vgl. auch *Kassandra*; vgl. Kohl 2007, 448) begründen eine enthierarchisierte Erzählordnung und heben die Subjektivität der Wahrnehmungs- und Identifikationsvorgänge hervor (WA 6, 230 f.). Wolfs Auseinandersetzung mit frühromantischen Geschlechterentwürfen vollzieht sich nicht im geschichtsleeren Raum, vielmehr legt sich die Historie gleichsam als Folie unter den Diskurs über die gegenwärtige DDR-Gesellschaft (vgl. Firsching 1996, 15). Unter dem Diktum »Deutsche Lebensläufe. Deutsche Todesarten« verknüpft Wolf mit den Schriften Günderrodes und Bettina von Arnims das Werk Ingeborg Bachmanns, die, wie Günderrode an Sprachphilosophien geschult, für Wolfs Poetologie und Utopie-Begriff besonders bedeutsam wird (BvA, 211; vgl. Schmaus 2000, 239).

Ingeborg Bachmann

Christa Wolf begann 1966 die Texte Ingeborg Bachmanns zu lesen, begegnet sind sich die Schriftstellerinnen allerdings nicht (s. Kap. II.F.31). Dabei hat kein Werk Christa Wolfs poetisches Selbstverständnis so nachhaltig beeinflusst wie das Ingeborg Bachmanns (s. Kap. I.5). Textuell nachweisbar ist Wolfs intensive Auseinandersetzung mit Bachmanns Konzepten von Individualität und Selbstverwirklichung, Subjektivität und Authentizität erstmals in dem Aufsatz »Die zumutbare Wahrheit. Prosa der Ingeborg Bachmann«, verfasst 1966 und publiziert 1972 (WA 4, 145–161). Die hier emphatisch postulierten Ideen werden in Wolfs späteren Texten zu verbindlichen ästhetischen Kategorien, reflektiert in der vierten Frankfurter Poetik-Vorlesung von 1981 (FPV, 7–224; vgl. Heidelberger-Leonard 1994, 132). Bachmanns Einfluss auf Wolf lässt sich belegen anhand mehrerer Bachmann-Zitate in dem Roman *Kindheitsmuster*; am augenfälligsten im achten Kapitel, überschrieben mit dem Motto: »Mit meiner verbrannten Hand schreibe ich von der Natur des Feuers« (KM, 240). Die Erzählung *Kein Ort. Nirgends* bezieht sich durch intertextuelle Verfahren unverkennbar auf Bachmanns *Malina*-Roman. Darin ist die Rede von einer Zeit, für die es kein Maß gibt und von einem Ort, der »Überall und Nirgends« ist (Bachmann W 3, 2010, 174) ähnlich dem Hauptschauplatz in Christa Wolfs abgewandeltem Romantitel *Kein Ort. Nirgends*.

Wolf zufolge, verkörpert Bachmanns Protagonistin, die am Ende, ohne eine Lücke zu hinterlassen, in der Wand verschwindet, den Selbstvernichtungswunsch jener Frauen, die sich in die vom männlichen Selbstverständnis geprägten Institutionen hinein gewagt haben und gescheitert sind (vgl. FPV, 189). Die Selbstauflösung am Ende des *Malina*-Romans ist lesbar als eine extreme Form des Schweigens, als Dekonstruktion der eigenen Sprache, als Absage an die tradierten Stile der Literatur (vgl. Winnet/Witte 1989, 336). Auf dieser Negativfolie setzt die Suche nach einer neuen Sprache ein, die Wolf in dem Essay »Die zumutbare Wahrheit« als eine der größten Leistungen Bachmanns wertet, verbunden mit einem »Denken, das Erkenntnis will und mit der Sprache und durch Sprache hindurch etwas erreichen will« (WA 4, 158).

Bachmanns Malina-Figur konstruiert sich als dialogisches Gegenüber wie auch als Erzählprinzip. In Wolfs Roman *Nachdenken über Christa T.* (s. Kap. II.B.15) kommt der Name Malina ebenfalls vor (NCT, 102). Aufgrund der sich überschneidenden Entstehungszeiten – Bachmann begann mit den Vorarbeiten zu ihrem Roman 1966 und publizierte ihn 1971, Wolf beendete ihren Roman im März 1967 – kann es sich offenbar nicht um einen intertextuellen Bezug handeln. Wolf könnte den Namen auch Maxim Gorkis Erzählung *Malwa* entliehen haben (vgl. Verweis auf Gorki in NCT, 41). Bemerkenswert ist, dass beide Autorinnen, offenbar unabhängig voneinander, etwa zeitgleich und in Hinsicht auf den gleichen Problemkomplex – nämlich die ›Schwierigkeit, *Ich* zu sagen‹ – auf den Namen Malina gekommen sind. ›Malina‹ steht in beiden Werken für das Sehnsuchtsmotiv, das die poetische Konstruktion der Wirklichkeit strukturiert (vgl. Schmaus 2000, 218; Steinhoff 2008).

Für Wolf besteht das Besondere an Bachmanns Ästhetik darin, dass sie sich nicht die Wirklichkeit vom Leib zu halten sucht, sondern sich vielmehr der Wirklichkeit aussetzt. Autorin und Romanfiguren erscheinen als nahezu deckungsgleich, indessen das fragmentarische Werk »nicht in den Griff« zu kriegen ist, weil die Erfahrung jede Form der Fixierung sprengt (FPV, 190 f.). Mit dem Verzicht, das Individuum auf eine eindeutige Instanz zu fixieren, entsteht Raum für das Motiv der Subjektwerdung, welches häufig mit weiblichen Schreibweisen in Verbindung gebracht wird, da Frauen in der überlieferten Geschichte, reduziert auf einen Objektstatus, das »Zu-sich-selber-Kommen des Menschen« (NCT, 5) dringlicher verfolgten (vgl. Weigel 1985, 80).

Angesichts der »verfestigten Wirklichkeit« verortet Bachmann alle Hoffnung auf Erneuerung, alle Aussichten auf Veränderung in den Textraum, der mit Strategien der Dekomposition (vgl. *Todesarten*-Zyklus) bewusst fragmentarisch gestaltet wird. Die Idee der Veränderbarkeit gewinnt, so Wolf im »Gespräch mit Wilfried F. Schöller«, ihre Überzeugungskraft in der fiktionalen Gestaltung (vgl. Sauer 1979, 55). Literatur als »Mittel, Zukunft in die Gegenwart hinein vorzuschieben, und zwar im einzelnen«, hat nichts mehr mit der Umsetzung ideologischer Zielsetzungen in formal geschlossenen Strukturen zu tun, wie Wolf rückblickend auf ihr Debüt *Moskauer Novelle* selbstkritisch vermerkt (s. Kap. II.A.11): Bei ihrer Re-Lektüre im August 1973 bestürzt sie »ein Zug zu Geschlossenheit und Perfektion in der formalen Grundstruktur, in der Verquickung der Charaktere mit einem Handlungsablauf, der an das Abschnurren eines aufgezogenen Uhrwerks erinnert« (WA 4, 443). Um Wirklichkeit produktiv verstehen und mitgestalten zu können, plädiert Wolf, in Anlehnung an Bachmann, für eine Umdeutung des Realismus-Begriffs (vgl. FPV,

150 u. 156; Weigel 1985, 71). Entgegen den normativen Deutungs- und Einordnungsmustern seien Subjektivität und Authentizität, Wahrnehmung, Gefühl und Bewusstsein als Phänomene der Wirklichkeit mit einzuschließen (WA 4, 152; vgl. Bachmann W 4, 2010, 181–199).

In der *Frankfurter Vorlesung* »Literatur als Utopie« (1959/60) berichtet Bachmann von ihren Bemühungen um eine eigene Schreibweise, die, jenseits des Gegensatzes zwischen *l'art pour l'art* und engagierter Literatur, eine Kategorie des Dritten bzw. des ›Anderen‹ vermittle (Bachmann W 4, 2010, 186; vgl. Weigel 1985, 90). Literatur begreift Bachmann als ein »nach vorn geöffnetes Reich von unbekannten Grenzen«, das stets unser Verlangen wecke (Bachmann W 4, 2010, 258). Geprägt von der Sprachphilosophie Ludwig Wittgensteins, versteht Bachmann die ›Grenze‹ nicht nur als Beschränkung, sondern auch als Vorbedingung für eine größere Freiheit, als Schwelle zu einem unbestimmten Raum jenseits der Ordnung der Vernunft (vgl. Schäffer 1995, 63). Bachmanns Insistieren auf einer neuen Sprache richtet sich zunächst gegen den Missbrauch durch die Nationalsozialisten, wird dann detaillierter und reizempfindlicher. In ihrer späteren Prosa (*Franza*-Komplex und *Gier*) verlagert Bachmann das Krankmachende der Gesellschaft in die (weiblichen) Personen und löst es narrativ auf (vgl. Krechel 1995, 9 f.).

Christa Wolf skizziert in dem Essay »Die zumutbare Wahrheit« Bachmanns literarisches Verfahren als ein Nachdenken über Fälle, genauer: über den »Grenzfall, der in jedem Fall steckt« (WA 4, 152). Der »Grenzfall« stellt hier das Normative in Frage und ruft neue Denkmöglichkeiten hervor. Für ihren Essay »Wo ist euer Lächeln geblieben? Brachland Berlin 1990« schöpft Wolf das Motto aus Bachmanns Rede »Ein Ort für Zufälle« (späterer Titel ihrer Dankesrede zur Verleihung des Georg-Büchner-Preises): »Der Wahnsinn kann auch von außen kommen, auf die einzelnen zu, ist also schon viel früher von dem Innen der einzelnen nach außen gegangen« (WA 12, 293; vgl. Bachmann W 4, 2010, 278–293).

Mit der Infragestellung einer fixierbaren Grenze zwischen Wahnsinn und Vernunft entwickelt sich das Ich in den Texten beider Autorinnen als fluktuierende Projektion, die keiner festen Position in der symbolischen Ordnung entspricht, sondern vielmehr geeignet ist dazu, die Paradigmen der ›männlich‹ bestimmten Ordnung zu unterlaufen (vgl. Baackmann 1995, 80, 82). In Form von Lücken, Brüchen und Zäsuren wird der ›Andere‹, seine Fremdheit und sogar seine Abwesenheit in die Sprache mit aufgenommen. Der ›Andere‹, auch in seiner Abwesenheit präsent, strukturiert eine Sprache der Dialogizität. Verschiedene Stimmen werden hörbar – eine Polyphonie aus Männlichem und Weiblichem, ohne Aufhebung der Unvereinbarkeiten (vgl. Weigel 1995, 133 f.). Diese ästhetische Verfahrensweise verbindet Wolf und Bachmann – das Ein- und Umkreisen nichtverbalisierter Erfahrung, in der Annäherung an das, was mit Worten eigentlich nicht fassbar ist.

Bachmanns Gedicht »Erklär mir Liebe« (Bachmann W 1, 2010, 109 f.) – eine Fortschreibung des Günderrode-Gedichts »Überall Liebe«, im fast gleichen Versmaß – bezeichnet Wolf als ein »Beispiel von genauester Unbestimmtheit, klarster Vieldeutigkeit. So und nicht anders, sagt es, und zugleich – was logisch nicht zu denken ist –: So. Anders. […] es ist nicht zu erklären. Grammatik der vielfachen gleichzeitigen Bezüge« (FPV, 164). In ihrer vierten Frankfurter Poetik-Vorlesung entwickelt Wolf entlang des Bachmann-Gedichts vielseitige Assoziationen zur Bedeutung von Liebe und menschlichen Beziehungen in Verbindung mit der Frage nach Kunst und Wissenschaft und deren Rolle in unserer allzu durchrationalisierten Gesellschaft (vgl. FPV, 173). Die von beiden Autorinnen herausgestellte Wichtigkeit eines ethischen Standpunkts innerhalb der technokratischen Zivilisation wird von Wolf, vor allem in den frühen Werken, stärker politisch begründet (vgl. Ozer 1988, 80). Bachmanns Postulat, mittels Literatur »*zu wirken* in jeder Gegenwart, in dieser oder der nächsten« (Bachmann W 4, 2010, 260) ist weniger am System, stärker am Individuum ausgerichtet, an der Humanität des Einzelnen.

Sigrid Weigel erkennt in den Werken beider Autorinnen Parallelen: Ihre Auffassungen von Realität begründen sich durch ein anteilnehmendes Sehen. Dieses Motiv des Sehens evoziert Fragen nach der Darstellbarkeit, die Bachmann mit einer äußerst nüchternen Prosa beantwortet; sie müsse »scharf von Erkenntnis und bitter von Sehnsucht« sein (Bachmann W 4, 2010, 197), so dass man »enttäuscht, und das heißt, ohne Täuschung zu leben vermag« (ebd., 277; vgl. Weigel 1985, 83, 85).Während sich Bachmann zu einer ›weiblichen Leidenschaft‹ als ein Mittel der Erkenntnis bekennt, bei vollem Bewusstsein ihrer Ausweglosigkeit, kehrt sich Wolf von diesem notwendig tragischen Ende prinzipiell ab und sucht nach einer sinnstiftenden Alternative (vgl. Heidelberger-Leonard 1994, 136). Wolf, bedacht auf konkret formulierbare Schritte zur Umsetzbarkeit ihrer Utopie, wirft der österreichischen Autorin implizit Idealismus vor: »Der radikale Anspruch auf Freiheit wird, wenn keine gesellschaftliche Bewegung ihm entspricht, zur verzehrenden Sehnsucht nach der absoluten, der schrankenlosen und irrealen Freiheit« (WA 4, 156).

Im Unterschied zu Bachmann bezieht Wolf ihre engagierte Prosa auf die sozialistische Gesellschaft, von der sie auch in den 1970er Jahren Ermutigung und Unterstützung bei der Subjektwerdung des Menschen erwartet, da sie »eine tiefe Übereinstimmung« sieht zwischen der sozialistischen Gesellschaft und den literarischen Maßstäben subjektiver Authentizität (WA 4, 269; vgl. Schmidt 2014, 143). Literatur sei »immer öffentlich, immer aktiv« und »nie ein Rückzugsgebiet« (WA 8, 163), mahnt Wolf 1979 im Gespräch mit Wilfried F. Schoeller – »Ich bin schon für eine gewisse Maßlosigkeit« (WA 8, 170). Wolf führt ihre Produktivität auf die starke Identifikation mit der sozialistischen Gesellschaft, »dieses Auf-alle-Fälle-Mitbetroffen-Sein« zurück (WA 8, 163).

Indessen ordnet sie Bachmanns Werke an den äußersten Randbereich der bürgerlichen Literatur ein. Die Verteidigung humanistischer Werte angesichts des »totalen Zerstörungstrieb[s] der spätkapitalistischen Gesellschaft« kann Wolf zufolge nicht allein, nicht in dieser Selbstisolierung, in die Bachmann sich begibt, unternommen werden (WA 4, 160). Indessen steht Bachmann der Idee eines neuen Menschen, wie sie im Sozialismus formuliert wird, kritisch gegenüber: Eine Veränderung der Wahrnehmung, ein neues Bewusstsein lasse sich nur durch Arbeit an und mit der Sprache erreichen. Dies sei Aufgabe jedes Einzelnen und zu allen Zeiten immer wieder neu, denn in der Kunst gebe es »keinen Fortschritt in der Horizontale, sondern nur das immer neue Aufreißen einer Vertikale« (Bachmann W 4, 2010, 195; vgl. WA 4, 152; Sauerland 1974, 365; Weigel 1985, 86).

Anders als Bachmann bezieht Wolf ihre Idee von Utopie auf die ganze Gesellschaft, da sie eine Veränderung des Individuums ohne entsprechende Beziehungsstrukturen für nicht möglich hält (vgl. Werner 1976, 42 f.). Zur Aufgabe des Schriftstellers gehöre, so Wolf, »die Sehnsucht wachzuhalten nach jener realistischen Utopie von einem Zusammenleben, das man ›menschlich‹ – das heißt produktiv – nennen könnte« (WA 8, 138). In Bezug auf Bedeutung und Rolle der Gesellschaft vertreten Wolf und Bachmann unterschiedliche Auffassungen. Unverkennbar bleibt indessen der Einfluss von Bachmanns Prosa, Gedichten und Reflexionen auf Christa Wolfs literarischen Neubeginn um 1970.

Marieluise Fleißer

Zu den wichtigen Vorbildern Christa Wolfs gehört auch Marieluise Fleißer. Bekannt geworden mit ihren volkstümlichen Theaterstücken *Fegefeuer in Ingolstadt* (1926) und *Pioniere in Ingolstadt* (1929), gelangte Fleißer nach dem ihr erteilten Schreibverbot 1935 und ihrer Diffamierung durch die Nationalsozialisten nur schwer zurück in die deutsche Öffentlichkeit. Eingebunden in Ehe und Erwerbstätigkeit konnte sie erst nach dem Tod ihres Mannes 1958 ihre schriftstellerische Tätigkeit erneut aufnehmen. Wiederentdeckt wurde Fleißer Ende der 1960er bzw. Anfang der 1970er Jahre, in Westdeutschland vor allem durch die Dramatiker Rainer Werner Fassbinder, Martin Sperr und Franz Xaver Kroetz; in Ostdeutschland sorgte unter anderen Christa Wolf für ihre Neurezeption. 1971 wurde Walter Rüdels Dokumentarfilm *Das bemerkenswerte Leben der Marieluise Fleißer* (1971) ausgestrahlt, im Jahr darauf gab der Suhrkamp Verlag ihre *Gesammelten Werke* heraus; in der DDR erschien der Band *Ausgewählte Werke* 1979 im Aufbau-Verlag.

In ihren volkstümlichen Stücken kritisiert Fleißer die Autoritätsstrukturen in der Gesellschaft, die Machtkämpfe in den persönlichen Beziehungen, die Gewalt gegen Außenseiter und die psychologische und materielle Unterdrückung der Frau. Christa Wolf, betroffen vom Schicksal der Ingolstädter Autorin, findet in deren autobiographischer Erzählung *Avantgarde* (1963) nicht nur eine Abrechnung mit dem frühen Geliebten Bertolt Brecht, sondern vor allem die nicht gelebten Gefühle und die uneingelöste Sehnsucht einer Frau beschrieben, die von allen ausgebeutet und misshandelt wurde. Schreiben erscheint als Lebensersatz (vgl. FPV, 116). Ihr revolutionärer Anspruch auf unbedingte Gleichberechtigung von Frauen und Männern sei in ihrem kleinbürgerlichen Milieu nicht zu realisieren gewesen (vgl. Rühle 1972, 5–60). So trägt Fleißers Protagonistin in *Mehlreisende Frieda Geier. Roman vom Rauchen, Sporteln, Lieben und Verkaufen* (1931, überarb. 1972) männliche Kleidung, männliche Schuhe und einen entsprechenden Haarschnitt, um sich – durch Anpassung – von der Vormundschaft des Mannes zu befreien, frei nach Brecht: ›Die wir den Boden bereiten wollen für Weiblichkeit, können selber nicht weiblich sein‹ (im Orig. »Die wir den Boden bereiten wollen für Freundlichkeit, konnten selbst nicht freundlich sein«; vgl. Brecht 1988, 85–87).

Im Unterschied zur feministischen Fleißer-Rezeption (vor allem in der BRD) erkennt Christa Wolf in den literarischen Darstellungen nichtgelingender und auch sexuell verarmter Beziehungen weniger die Herrschaft des Mannes, als vielmehr eine Form der Sozialisierung, in der auch die Fleißerschen Männer letztlich Gefangene sind (vgl. McGowan 1987, 43). *Fegefeuer in Ingolstadt* (1926) thematisiert nicht nur die Isolation des Subjekts, sondern das Scheitern von Kommunikation überhaupt in einer Gesellschaft, die auf materieller Macht und Ausbeutung basiert (vgl. die Erzählung *Stunde der Magd*, 1925). Wolfs »Frankfurter Poetik-Vorlesungen« porträtieren Fleißer, anhand von Dialogsätzen aus dem *Tiefseefisch* (1930), als gesellschaftskritische und ästhetisch innovative Autorin (FPV, 185). Durch die Synthesis heterogener Erzählperspektiven, den eigenwillig sprunghaften Aufbau dramatisch-szenischer Ausschnitte wirken nicht nur die Dramen, sondern auch die Prosawerke Fleißers über die Maßen präsent. Die offene, Gattungsgrenzen überschreitende Erzählstruktur – bestehend aus Fragmenten der Figurenrede, des Erzählberichts und des Alltagsdiskurses – ermöglicht eine außergewöhnlich unmittelbare Vergegenwärtigung des Dargestellten (vgl. Gelzer 2010, 286, 296, 299). Fleißers körperbezogene Poetik, fern aller geglätteten Wirklichkeitsabbildung, erinnert stellenweise an Heinrich von Kleist, auf dessen Werk sich die Autorin mehrfach bezieht (vgl. Fleig 2005, 118, 124, 127). Anknüpfend daran, sucht Christa Wolf in ihrer Fleißer-Rezeption auch jene Autoren zu rehabilitieren, die, wie Kleist, zu ihrer Zeit im Abseits des Literaturbetriebes standen. In Solidarität mit männlichen wie auch weiblichen Randfiguren und in Anbetracht der nur sehr wenigen Frauenstimmen in der deutschsprachigen Literaturgeschichte, betont Wolf die Notwendigkeit dieser ›anderen‹ Ästhetik Fleißers (vgl. FPV, 185).

Unter Berücksichtigung der besonderen Lebens- und Arbeitsbedingungen von Schriftstellerinnen in der Weimarer Republik, fokussiert Wolf das Verbindende zwischen ihrem eigenen Schreiben und Fleißers Poetologie: die mit der Erkenntnis der Notwendigkeit einer neuen Utopie einsetzende Suche nach einer adäquaten Sprache (vgl. McGowan 1987, 152). Gemeinsam ist beiden Autorinnen die intensive Auseinandersetzung mit der Realität, das beherzte Eintreten gegen Gewalt und Unterdrückung sowie die Verwendung einer mehrdimensionalen Sprache, die, sich vor jeglicher Form von Manifestation schützend, zuweilen ins Ironische abgleitet und dennoch dem Postulat der Authentizität verpflichtet bleibt.

20 Essays und »Selbstversuch« aus »Unter den Linden« (1974)

Christa Wolfs Œuvre besteht zu einem beträchtlichen Teil aus essayistischen Schriften. 1972 erschien im Aufbau-Verlag der Band *Lesen und Schreiben. Aufsätze und Betrachtungen* (vgl. Neue Sammlung 1980). Es folgten weitere Bände mit genuin dialogischen Mischformen, Kompendien aus Essays, Aufsätzen, Gesprächen und Reden (vgl. *Fortgesetzter Versuch. Aufsätze, Gespräche, Essays 1979, Die Dimension des Autors. Essays und Aufsätze, Reden und Gespräche 1959–1985*, 2 Bände 1986, *Unsere Freunde, die Maler. Bilder, Essays, Dokumente* 1995, *Das dichtbesetzte Leben. Briefe, Gespräche und Essays. Mit Anna Seghers* 2003, *Der Worte Adernetz. Essays und Reden* 2006, *Rede, daß ich dich sehe: Essays, Reden, Gespräche* 2012), die eine Affinität zum Unabgeschlossenen und Antisystematischen verraten (vgl. Zima 2012). Abseits marxistischer Metaerzählungen exemplifiziert Wolf Möglichkeiten nicht-autoritativen Schreibens, verknüpft mit utopischen Gesellschaftsentwürfen.

In ihren Besprechungen von Büchern, Dankesreden und Porträts verschiedener Autor/innen, Künstler/innen und Wissenschaftler/innen bevorzugt Wolf die experimentelle Art, sich einem Gegenstand anzunähern und ihn aus verschiedenen Perspektiven zu betrachten, um zu einem subjektiven Standpunkt zu gelangen, frei vom Anspruch auf eine rein wissenschaftliche Objektivität und jenseits des vorherrschenden Systemdenkens. Vor allem für Buchbesprechungen wählt Wolf das Genre Essay (s. Kap. III.45), um der Eigenart, Problematik und Subjektivität literarischer Werke gerecht zu werden (WA 8, 309 f.). Dahinter steht die ethisch begründete Scheu vor eindeutigen Urteilen, welche die Wirklichkeit oder die Kunst minimieren könnten. In einem Gespräch mit Elke Erb plädiert Wolf für den »Mut zum ungenauen Wort«, der »eine fast unerreichbare Perfektion moralischer Art« sei (WA 8, 91).

Wolf schreibt keine Verrisse, sie arbeitet das Positive heraus, gesteht jeder Form von Radikalität eine Berechtigung zu und sucht die Gemeinsamkeiten. So findet Wolf auch Positives in Ulla Berkéwicz' umstrittenem Buch *Überlebnis*, das in schonungsloser Offenheit über Leben und Tod des Verlegers und Ehemanns Siegfried Unseld berichtet – diese Form der Erinnerungsliteratur sei auf »beglückende Weise überpersönlich: die Allgemeinheit angehend, jeden betreffend« (Wolf 2012, 53 f.).

Auf der Folie der vergangenen und gegenwärtigen sozialen Wirklichkeit – bestehend aus persönlichen Erfahrungen, Geschichtsschreibungen und funktional eingebetteten Diskursen – reflektiert Wolf ihre Poetologie in Auseinandersetzung mit Zeitgenossen oder Figuren ihrer fiktionalen Texte (vgl. Theml 2003, 156 f.). Dabei soll Literatur, im Sinne Christa Wolfs, vor allem die Relationen zwischen individueller Erfahrung und dem Geschichtsverlauf korrigieren und dabei die Identität des Schreibenden und des Lesenden stärken (vgl. Baltz-Otto 2011, 3). Die Berücksichtigung der Entwürfe Anderer und den Verzicht auf abgeschlossene Urteile hält Wolf für die höchsten Aufgaben des Schriftstellers, der, in erster Linie der Wirklichkeit verpflichtet, durch Erinnern, Wiederholen und Durcharbeiten die ›blinden Flecke‹ in unserer Kultur und Geschichtsschreibung aufzudecken habe – »gegen das Vergessen« (WA 12, 725–728). Schreiben dient damit nicht mehr dem Zweck, Unsterblichkeit mittels zu überliefernder Heldengeschichten zu erlangen, Schreiben bedeutet vielmehr Widerstand gegen das menschenverachtende System und zielt auf Interaktion und Einsichtnahme in die Bedingungen des Lebens, in dem Gegensätze wie Erfahrung und Ideal, Nähe und Distanz produktiv verhandelbar sind, ohne sie vorschnell zu versöhnen (vgl. Winnet/Witte 1989, 331–334).

Ihre Essays, unter dem an Nelly Sachs erinnernden Titel »… der Worte Adernetz«, widmet Wolf Autoren, die gegen die Barbarei angeschrieben haben (WA 12, 694–706), darunter Heinrich Böll – die »provozierende[] Instanz in Gewissensfragen« (WA 12, 618), Elisabeth Langgässer und Anna Seghers – Vertreterinnen der ›inneren‹ und ›äußeren‹ Emigration, »der Wirklichkeit nahe und der Wahrheit verpflichtet« (WA 12, 685 u. 747–766), und Nelly Sachs – auf der Suche nach einer neuen Sprache nach dem Sprachmissbrauch im Dritten Reich. Dabei deckt Christa Wolf Verbindungen auf zwischen Ingeborg Bachmann, Nelly Sachs und Karoline von Günderrode: Mit dem Nelly Sachs gewidmeten Gedicht »Zum Tod fall dir nichts ein« erweist sich Ingeborg Bachmann als Nachfahrin Karoline von Günderrodes (WA 12, 695 f., 702). So schreibt Wolf in kleiner pointierter Form die Literaturgeschichte fort, füllt Lücken auf, indem sie Beziehungen zwischen dialogischen Schreibstilen freilegt, Zusammenhänge herstellt und die überlieferte Literatur nach ihrer Relevanz und ihrem Realitätsbezug befragt. »Wir müssen auf Konkretheit bestehen und aufpassen, daß uns nicht das Leben genommen wird, das wir wirklich geführt haben, und uns statt dessen ein verzerrtes Phantom untergeschoben wird«, warnt Wolf in ihrer Rede für Hans Mayer, »Ein Deutscher auf Widerruf« (WA 12, 357).

Skepsis äußert Wolf gegenüber feststehenden Termini, wie z. B. dem Begriff engagierte Literatur, deren Sinn sich mit der Zeit pervertierte. Indem Wolf die gesellschaftspolitische Relevanz der ins Abseits gedrängten Frühromantiker freilegt und deren Traditionslinien bis hin zu den Schriftsteller/innen in der DDR verlängert, füllt sie den Begriff der engagierten Literatur mit neuer Bedeutung. Im Mittelpunkt ihrer Essays stehen jene Autor/innen, die eine gewisse Radikalität im Denken besitzen, gleich welcher literarischen Epoche sie angehören. So findet Wolf Parallelen zwischen Heinrich von Kleist und Thomas Brasch, an denen sich ihre eigenen Konzepte von Utopie und weiblichem Schreiben anknüpfen lassen. Brasch, der literarische Produktivität ebenfalls als einen kollektiven Prozess versteht, charakterisiert die Kunst als ›weiblich‹, weiblich in dem Sinne, dass sich etwas Undenkbares, Ungeheuerliches denken und durchspielen lässt und Grundlage bietet für das, was Wolf Utopie nennt – eine Utopie, die auf gesellschaftliche Veränderung abzielt (WA 12, 50 f.). Das essayistische Genre ermöglicht Wolf die von ihr bevorzugte »Rede als Dialog« (WA 12, 731).

Zu Wolfs Leitbildern innerhalb der Literatur gehören Louis Aragon, dessen Werke Hoffnung wecken, ohne die Wirklichkeit zu beschönigen, und Johannes Bobrowski, weil er sich in seinem Stoff frei zu bewegen vermag und auf bessere Zustände hin schreibt. In ihren Essays erwähnt Wolf auch Künstlerinnen, wie Nuria Quevedo, die Radierungen zu Wolfs *Kassandra*-Erzählung anfertigte und deren Bilder von spanischen Emigranten dem Betrachter mehr über die Tragik der Emigration vermitteln als manche Bücher (WA 12, 497–504; s. Kap. IV.53). Von Seelenverwandtschaft spricht Wolfs Porträt über Angela Hampel, einer anderen Illustratorin der *Kassandra*-Erzählung: Hampel gehöre mit der »Unbedingtheit ihrer Selbstbefragung« zu jenen Künstler/innen, die in ihrer Intensität und Unbequemlichkeit, in ihrer Verletzbarkeit und ihrem Mut für die eigene Überzeugung einstehen und sich selbst persönlich in ihrer Kunst wiederfinden lassen (Wolf 2012, 142).

So vermitteln Christa Wolfs Essays in ihrer Heterogenität an Themen, Namen und ihren intermedialen Verknüpfungen doch ein relativ stringentes Gesamtbild in Bezug auf ihre eigene Poetologie: Anstelle eindeutiger Urteile bevorzugt Wolf ein fortwährendes Neuansetzen, verschiedene Standorte erprobend, um der Wirklichkeit des Anderen gerecht zu werden. Die porträtierten Schriftsteller/innen und Künstler/innen werden somit zu Dialogpartnern, denen die Verfasserin, unter dem Postulat der Authentizität, im Textraum zu begegnen sucht, stets ringend um formulierbare Vorstellungen von einer besseren Zukunft. Der Begriff des Utopischen durchzieht die literarischen und essayistischen Texte Christa Wolfs als eine lebensnotwendige Kategorie und hält die Hoffnung auf tatsächliche Veränderung – in Anbetracht der Maßlosigkeit und des Selbstzerstörerischen des Menschen – wach.

Im Essayband *Lesen und Schreiben* plädiert Wolf für eine epische »Gattung, die den Mut hat, sich selbst als Instrument zu verstehen – scharf, genau, zupackend, veränderlich –, und die sich als Mittel nimmt, nicht als Selbstzweck. Als ein Mittel, Zukunft in die Gegenwart hinein vorzuschieben, und zwar im einzelnen; denn Prosa wird vom einzelnen Leser gelesen, der sich, alle Verführungen der modernen Technik außer acht lassend, mit einem Buch allein zurückzieht« (WA 4, 268). Für Christa Wolf hat die in ihren Essays erwähnte Prosa vor allem eine persönlichkeitsbildende Aufgabe.

Während die Essays, auf individuelle Erlebnisse und tatsächliche Begegnungen rekurrierend, ein nüchternes, selbstkritisches und humanistisches Denken anstreben, innerhalb dessen die Utopie eine formulierbare Einstellung zur Welt abgibt, beschreibt Christa Wolf (im *Zeit*-Interview »Bücher helfen uns auch nicht weiter«) die fiktionale Kunst in ihrer formalen Gestalt als per se utopisch. »Literatur ist ja an sich utopisch: Sie schafft eine Realität aus dem Nichts, die sich als tragfähig erweisen soll – als neue Realität« (Wolf 2012, 202).

Erzählung »Selbstversuch«

Die Erzählung *Selbstversuch. Traktat zu einem Protokoll* verfasste Wolf, auf Anfrage der in der DDR lebenden amerikanischen Herausgeberin Edith Anderson, zunächst für die Anthologie *Blitz aus heiterm Himmel* (vgl. Anderson 1975). Diese Sammlung fiktionaler Texte zum Thema ›Geschlechtertausch‹ erschien fünf Jahre nach den ersten Vorarbeiten; erst 1975 erreichte Anderson mit Hilfe des ostdeutschen Schriftstellerverbandes eine Druckgenehmigung für die Beiträge von Günter de Bruyn, Gotthold Gloger, Rolf Schneider, Sarah Kirsch, Karl-Heinz Jakobs, Christa Wolf und einer selbst verfassten Erzählung über die Problematik der Emanzipation im Real-Sozialismus, flankiert von einem Essay Annemarie Auers zur literaturgeschichtlichen Tradition und Bedeutung des Motivs ›Geschlechtertausch‹ (vgl. Barck 2004). Die in den *Weimarer Beiträgen* lebhaft rezipierte Anthologie war rasch ausverkauft (vgl. Damm/Engler 1975; Dölling 1988). Auch außerhalb der DDR stieß der Band auf Interesse, diskutiert wurden die Texte u. a. im Rahmen des »Zehnten Amherster Kolloquiums zur Deutschen Literatur« unter dem Thema »Die Frau als Heldin und Autorin« (vgl. Bahr 1979).

Christa Wolfs Beitrag *Selbstversuch* erschien außerdem 1973 in der Zeitschrift *Sinn und Form* sowie 1974 in einem eigenen Sammelband im Aufbau-Verlag, *Unter den Linden. Drei unwahrscheinliche Erzählungen*, zusammen mit der Titelgeschichte *Unter den Linden* und der Erzählung *Neue Lebensansichten eines Katers*. Die BRD-Ausgabe von 1977 verzichtete auf den Untertitel, der ostdeutsche Leser/innen vom intendierten Wirklichkeitsbezug ablenken sollte. Mit je einer Erzählung von Sarah Kirsch und Irmtraud Morgner publizierte der Luchterhand-Verlag noch einmal Wolfs *Selbstversuch* in der Anthologie *Geschlechtertausch. 3 Geschichten über die Umwandlung der Verhältnisse* (1980) mit einem Nachwort von Wolfgang Emmerich. Die DEFA verfilmte die Erzählung unter dem Titel *Selbstversuch* im Jahr 1989 unter der Regie von Jochen Vogel.

Der Sammelband *Unter den Linden* wurde in den Feuilletons zahlreicher Tageszeitungen und auch in den großen Literaturzeitschriften der DDR besprochen. Die erste Erzählung *Unter den Linden* besteht aus Erinnerungen und Reflexionen einer Protagonistin im Ost-Berlin der 1960er Jahre. Die Straße ›Unter den Linden‹ entlang gehend, berichtet sie von einer zerbrochenen Freundschaft mit einem jungen Dozenten, der sich in seiner beruflichen Karriere verbiegt, und von einer unglücklichen Liebe zu einem verheirateten Dozenten. Dabei verflechten sich verschiedene Zeitebenen und Begebenheiten in Traumsequenzen miteinander. Am Ende ist nicht die Handlung entscheidend, sondern vielmehr der Weg zu ihrer Selbstfindung, verbunden mit dem Bekenntnis zu einer unbedingten Liebe, die sich nicht aufschieben lässt, sondern gelebt werden will. Angelehnt an E. T. A. Hoffmanns *Lebensansichten des Katers Murr* schildert Wolfs Erzählung *Neue Lebensansichten eines Katers* aus der Perspektive des Titelhelden ein an ihm vorgenommenes Experiment im Bereich der Kybernetik. Im Mittelpunkt steht die Frage nach dem Potential dieser neuen Wissenschaft, in Anbetracht des Risikos einer zunehmenden Entfremdung des Menschen von sich selbst. Komik erzeugt nicht nur die zwischen genauer Beobachtung und fantastischer Illusion changierende Erzählweise des Katers, sondern auch die Darstellung des Professors, der, offenbar weniger am Fortschritt der Wissenschaft als an einer Affäre mit der Nachbarin interessiert, schließlich das Scheitern seines Experiments erlebt. Die Rezensenten kamen zu unterschiedlichen Werturteilen, erklärten aber fast einstimmig, es handle sich – vor allem beim *Selbstversuch*, durchsetzt mit Elementen aus Science Fiction und biotechnologischen Diskursen – um eine neue Art der Wirklichkeitserfassung im Sozialismus (vgl. von Ankum 1992, 153).

Die Erzählung *Selbstversuch*, deren Handlungszeit in das Jahr 1993 verlagert ist, handelt von einer 33-jährigen ledigen Frau, die eine wissenschaftliche Karriere anstrebt und dafür ein neues Präparat zur Umwandlung weiblicher in männliche Geschlechtsteile an sich erproben lässt. In Form eines wissenschaftlichen Protokolls befragt sie ihre schrittweise Verwandlung und die subtilen Interaktionsmechanismen, welche das vermeintlich männliche bzw. weibliche Verhalten determinieren. Dabei erkennt sie den Zynismus einer entmenschlichenden Technologie: Der Preis für die Karriere ist die Negation ihres wirklichen Selbst, die Männern und noch stärker Frauen abverlangt wird. »Meinen Wert als Frau hatte ich zu beweisen, indem ich einwilligte, Mann zu werden. – Ich nahm ein bescheidenes Wesen an, um zu verbergen, daß ich meine absurde Lage begriff«, heißt einer der Schlüsselsätze der Erzählung (SV, 478). Entsprechend den Erwartungen der Umwelt konstruiert sie sich als Mann, protokolliert aber zugleich ihre Wahrnehmungen und Erinnerungen an ihr früheres Leben als Frau. Dadurch werden der strenge sachliche Protokollstil unterbrochen, seine lineare Form durch persönliche Bemerkungen gestört und die Ergebnisse in Frage gestellt – das Scheitern des Experiments ist vorhersehbar. Die Protagonistin besitzt somit eine Doppelrolle: als Wissenschaftlerin, die an einem Experiment teilnimmt und den klassischen Forschungsbericht darüber schreibt, der Teil der Erzählung ist, und zugleich als Ich-Erzählerin und vorgeschobene Autorin der fiktionalen Rahmenerzählung »Selbstversuch: Traktat zu einem Protokoll«.

Der Literaturkritiker Heinz Plavius sieht in der Durchbrechung der zeitlichen Abfolge im Erzählfluss eine Erweiterung des Sozialistischen Realismus (vgl. Plavius 1974, 154 f.). Die Zeitschrift *Sinn und Form* bewertet das Genre ›Phantastik‹ sogar als Möglichkeit zur Erschließung neuer Bereiche im Verhältnis zwischen Individuum und Gesellschaft (vgl. Melchert

1975). Indessen stellt Elke Mehnert in *Deutschunterricht* mangelnden Optimismus und Fortschrittsglauben in Wolfs Erzählung fest (vgl. Mehnert 1975, 652). Sigrid Damm und Jürgen Endler von den *Weimarer Beiträgen* sehen im *Selbstversuch* die Grundlagen des Sozialismus in Frage gestellt: Die Frau als Trägerin des Humanismus transportiere Ideen der bürgerlichen Literaturtradition, die im Sozialismus längst obsolet seien (Damm/Endler 1975). Ein Teil der Forschungsliteratur erklärt den progressiven Ton des Erzählbandes mit der kulturpolitischen Öffnung in den 1970er Jahren (vgl. Fattori 1988, 22 f.; Wichmann 1978; Rossbacher 1993, 178 f.; Eigler 2000, 410). Tatsächlich entstanden die Erzählungen aber schon vor dem Kurswechsel 1971. Wolfs frühester Entwurf der Erzählung *Selbstversuch* ist mit 18.6.1967 datiert (vgl. WA 3, 586).

Die zwiespältigen Besprechungen sind einerseits den noch vorherrschenden Maßstäben der 1950er und 1960er Jahre geschuldet – der Idee von Literatur als einer von oben gelenkten gesellschaftskritischen Instanz, andererseits ermöglichte die liberalisierte Kulturpolitik eine tatsächliche Auseinandersetzung mit Christa Wolfs neuem Realismuskonzept (vgl. von Ankum 1992, 163, 186). Immerhin ließen sich die Beziehungen zwischen Männern und Frauen, die gängigen Rollenmuster und das Verhältnis zwischen Gender und Wissenschaft durch literarische Mittel der Satire kritisch reflektieren. Dabei richtet sich die Kritik nicht nur gegen die patriarchalen Strukturen innerhalb der SED-Partei, sondern generell gegen vorherrschende Klischeevorstellungen über ›männliche‹ und ›weibliche‹ Verhaltensweisen, gegen die Diskrepanz zwischen wissenschaftlichen Fakten und subjektiver Wirklichkeit, objektiven Resultaten und persönlicher Erinnerung (vgl. Ulrich 2014; Gutjahr 1985; Lehmann 1995).

Wolfs Polemik betrifft sowohl den *homo technicus*, hier in der Figur des Professors, der eine vom Gefühl abgetrennte Technokratie und Wissenschaft repräsentiert, als auch eine Gesellschaft, die Männern allein die Last von Wirtschaft, Wissenschaft, Weltpolitik auflädt und Frauen die emotional-seelischen Belange überlässt und diese zugleich für irrelevant erklärt. Infolge dieser Arbeitsteilung – der Trennung zwischen beruflichem Erfolg und Empathiefähigkeit – reduzieren sich die Möglichkeiten einer Gesellschaft generell. Dass sich Männer keine Gefühle erlauben dürfen, beweist, so Wolf in »Schreiben im Zeitbezug. Gespräch mit Aafke Steenhuis« (Dezember 1989), »wie fundamental zerstörerisch unsere Zivilisation ist und daß es wahnsinnig schwer ist, aber eben doch geschehen muß, diese Destruktivität zu mindern« (WA 12, 219).

Wolf wendet sich gegen die Kategorien der wissenschaftlichen Abstraktion und gegen die Verdrängung des Natürlichen von Seiten der Technologie. Ihre Protagonistin verkörpert eine »intakte Reserve an Menschlichkeit« (Pegoraro 1982, 247), indem sie die an sich selbst bemerkten sprachlichen Dissonanzen bei der Umwandlung ins männliche Geschlecht zutage fördert. In der Erzählung verbindet sich mit dem sozialen Geschlecht ein bestimmtes Kommunikationsverhalten, vielmehr noch ein bestimmtes Rezeptionsverhalten, denn wenn die zum Mann mutierte Protagonistin mit dem sprechenden Namen ›Anders‹ das gleiche sagt wie zuvor als Frau, wird es dennoch – von einem Mann – ganz anders aufgenommen. »Zum ersten-, aber nicht zum letzten Mal kam mir der Gedanke, mein Gegenüber habe sich durch meine Verwandlung stärker verändert als ich selbst« (SV, 480). Demzufolge ist die Kategorie ›Geschlecht‹ weniger ein Produkt der Natur als der Sozialisation – Unterschiede zwischen Männern und Frauen entstehen vor allem aufgrund sozialer Erwartungen.

In einem futurologischen Szenario den einseitigen Rollentausch durchspielend, legt die Erzählung die sozial konstruierten Geschlechterrollen und die gesellschaftlich gesetzten Voraussetzungen für den beruflichen Erfolg frei. Um im Wissenschaftsbetrieb ernst genommen zu werden, muss die Protagonistin ihr Geschlecht negieren bzw. ein Mann werden (vgl. Pizer 2010, 14). Geschildert wird die Problematik, dass Frauen als Wissenschaftlerinnen nicht die gleiche Akzeptanz erfahren wie Männer aufgrund der immer noch vorhandenen Annahme naturgegebener Gegensätze zwischen ›emotional-weiblich‹ versus ›rational-männlich‹, die zwar als historisch gewordene der Kritik unterzogen werden, gleichzeitig aber das Verhältnis zwischen den Geschlechtern weiterhin dominieren.

Die immer noch wirksamen Stereotype, dass Weiblichkeit etwas mit Psyche, Seele und Emotionen zu tun habe und Männlichkeit etwas mit Verstand, Statistik und Widerspruchsfreiheit, werden einerseits satirisch unterlaufen, andererseits aber durch die Narration bestätigt. Nach ihrer erfolgreichen Geschlechtsumwandlung in einen Mann sehnt sich die Protagonistin zurück nach den »Ungereimtheiten der Frauen« (SV, 482). Umgekehrt vermögen die männlichen Figuren im Text die für Wolfs Utopie-Konzept grundlegende Unterscheidung zwischen Richtigkeit und Wahrheit – zwischen der protokollierten Darstellung der Ereignisse einerseits und der Erinnerung und Bedeutung subjektiver Erfahrung andererseits – kaum nachzuvollziehen (SV, 469 f.).

Im Interview mit Hans Kaufmann zum Thema »Subjektive Authentizität« plädiert Wolf für die Differenzierung der Geschlechter aufgrund ihrer unterschiedlichen Bedürfnisse (WA 4, 431 f.). Demzufolge kann Gleichberechtigung nicht in der umstandslosen Integration der Frau in die Strukturen einer männlich dominierten Gesellschaft bestehen. Lesbar ist die Darstellung der männlichen und weiblichen Perspektive vielmehr als Kippfigur, als das, was sich gegenseitig ausschließt und zugleich bedingt und sich – in zugewandter Differenz – aneinander steigert (vgl. Resch 1997, 78). So wirbt die Erzählung für Gleichberechtigung und Anerkennung des Besonderen am jeweils anderen Geschlecht und schließlich für die Anziehungskraft der Dichotomien. Den Beweis dafür soll ein anderes Experiment bringen, das die Protagonistin dem Professor am Ende vorschlägt: »Jetzt steht uns mein Experiment bevor: Der Versuch, zu lieben. Der übrigens auch zu phantastischen Erfindungen führt: Zur Erfindung dessen, den man lieben kann« (SV, 501).

Der utopische Gehalt bzw. das, was im Umgang der Geschlechter miteinander als erstrebenswert erscheint, ist die Fähigkeit, sich einander als gleichberechtigte Verschiedene zu lieben, ohne sich gegenseitig zu unterdrücken, auszubeuten, sich auf Kosten des anderen hochzuarbeiten, sich zu unterwerfen oder vom anderen abhängig zu machen, betont Wolf in »Unerledigte Widersprüche. Gespräch mit Therese Hörnigk« 1987 (WA 12, 96 f.). Die Utopie – bestehend in gegenseitigen, produktiven Beziehungen zwischen freien Menschen – zielt im frühromantischen Sinne auf die Überwindung sozialer Hierarchien und eine Neuordnung bestehender Differenzen. Wolf plädiert für die Aufhebung der Dichotomien von Rationalismus und Irrationalismus, von Natürlichkeit und Künstlichkeit, welche die Trennung der Geschlechter legitimiert. Innerhalb des fiktionalen Textes erweist sich die Utopie – das anvisierte Modell der Ganzheitlichkeit – als ein Produkt der Kunst (vgl. Schmaus 2000, 243). Kunst und Literatur stehen bei Christa Wolf immer im Zusammenhang mit dem Konzept der ästhetischen Erziehung zum Humanen.

Literatur

Abusch, Alexander: *Der Irrweg einer Nation* [1945]. Berlin ²1947.

Anderson, Edith (Hg.): *Blitz aus heiterm Himmel*. Rostock 1975.

Ankum, Katharina von: *Die Rezeption von Christa Wolf in Ost und West: Von »Moskauer Novelle« bis »Selbstversuch«*. Amsterdam/Atlanta 1992.

Baackmann, Susanne: »Ein Nichts, ... eine geträumte Substanz«? Zur Schreibweise von Weiblichkeit in Ingeborg Bachmanns Erzählband »Das dreißigste Jahr«. In: *Text + Kritik*. Heft 6: *Ingeborg Bachmann*. 5. Aufl. (neu) München 1995, 71–83.

Bachmann, Bert: *Der Wandel der politischen Kultur in der ehemaligen DDR*. Berlin/Wiesbaden 1993.

Bachmann, Ingeborg: Erklär mir Liebe. In: *Werke 1: Gedichte, Hörspiele, Libretti, Übersetzungen*. Hg. v. Christine Koschel, Inge von Weidenbaum u. Clemens Münster. München/Zürich ²2010, 109–110.

Bachmann, Ingeborg: Frankfurter Vorlesungen: Probleme zeitgenössischer Dichtung. In: *Werke 4: Essays, Reden, Vermischte Schriften, Anhang*. Hg. v. Christine Koschel, Inge von Weidenbaum u. Clemens Münster. München/Zürich ²2010, 181–271.

Bachmann, Ingeborg: Malina. Roman. In: *Werke 3: Todesarten: Malina und unvollendete Romane*. Hg. v. Christine Koschel, Inge v. Weidenbaum u. Clemens Münster. München/Zürich ²2010, 9–337.

Bahr, Gisela E.: Blitz aus heiterm Himmel. Ein Versuch zur Emanzipation in der DDR. In: Wolfgang Paulsen (Hg.): *Die Frau als Heldin und Autorin – Neue kritische Ansätze zur deutschen Literatur* (Zehntes Amherster Kolloquium zur deutschen Literatur). Bern/München 1979, 223–236.

Baltz-Otto, Ursula: »Sich-Erinnern ist gegen den Strom schwimmen«. Zum Tod von Christa Wolf (4.12.2011), www.theologie-und-kirche.de/christa-wolf.pdf (16.3.2015).

Barck, Simone: Blitz aus heiterem Himmel. In: *Berliner Zeitung*, 13.4.2004. In: www.berliner-zeitung.de/archiv/blitz-aus-heiterem-himmel,10810590,10167704.html (8.3.2015).

Becker-Cantarino, Barbara: Leben als Text. Briefe als Ausdrucks- und Verständigungsmittel in der Briefkultur und Literatur des 18. Jahrhunderts. In: Hiltrud Gnüg u. Renate Möhrmann (Hg.): *Frauen – Literatur – Geschichte. Schreibende Frauen vom Mittelalter bis zur Gegenwart*. Frankfurt a. M. 1989, 83–103.

Berger, Karl Heinz/Dahnke, Hans Dietrich/Schneider, Gerhard (ausgew.): *Klassische deutsche Erzähler*. 2 Bde. (Klassikerbibliothek für die deutsche Jugend). Berlin 1953.

Berger, Karl Heinz/Panitz, Eberhard (ausgew.): *Deutsche Meistererzählungen des 19. Jahrhunderts*. 2 Bde. (Klassikerbibliothek für die deutsche Jugend). Berlin 1954.

Böttger, Fritz (ausgew.): *Erbe der Romantik. Acht Novellen von Kleist, Brentano, Arnim, E. T. A. Hoffmann, Chamisso, Tieck, Hauff und Eichendorff*. III. v. Werner Kulle. Berlin 1955.

Brecht, Bertolt: An die Nachgeborenen. In: *Werke: Gedichte 2*. Bd. 12. Hg. v. Werner Hecht und Jan Knopf. Berlin 1988, 85–87.

Damm, Sigrid/Engler, Jürgen: »Notate des Zwiespalts und Allegorien der Vollendung«. In: *Weimarer Beiträge* 21 (1975), H. 7, 37–69.

Diersch, Manfred/Hartinger, Walfried (Hg.): *Literatur und*

Geschichtsbewußtsein. Entwicklungstendenzen der DDR-Literatur in den sechziger und siebziger Jahren. Berlin/Weimar 1976.

Dölling, Irene: »Frauen- und Männerbilder als Gegenstand kulturtheoretischer Forschung. In: *Weimarer Beiträge* 34 (1988), H. 4, 556–579.

Eigler, Friederike: Rereading Christa Wolf's »Selbstversuch«: Cyborgs and Feminist Critiques of Scientific Discourse. In: *The German Quarterly* 73 (2000), H. 4, 401–415.

Emmerich, Wolfgang: *Kleine Literaturgeschichte der DDR*. Erweit. Ausgabe. Frankfurt a. M. 1989.

Fattori, Anna: Schreiben als Identitätssuche: Christa Wolfs »Selbstversuch« im Hinblick auf Virginia Woolfs »Orlando«. In: *GDR Monitor* 19 (1988), 1–26.

Firsching, Annette: *Kontinuität und Wandel im Werk von Christa Wolf* (In der Reihe: Würzburger Beiträge zur deutschen Philologie, Bd. XVI). Würzburg 1996.

Fleig, Anne: Marieluise Fleißer. Fegefeuer in Ingolstadt (1926). In: Claudia Benthien u. Inge Stephan: *Meisterwerke. Deutschsprachige Autorinnen im 20. Jahrhundert*. Köln 2005, 110–132.

Gabler, Wolfgang: Moralintensität und Geschlechterbeziehungen. Zur Prosa-Literatur junger DDR-Autoren in der zweiten Hälfte der siebziger Jahre. In: *Weimarer Beiträge* 33 (1987), H. 5, 727–748.

Gardiner, Judith Kegan: On Female Identity and Writing by Women. In: *Critical Inquiry* 8, (1981), H. 2: *Writing and Sexual Difference*, 347–361.

Gelzer, Florian: Dissonante Einheit. Zur Struktur von Marieluise Fleißers *Mehlreisende Frieda Geier. Roman vom Rauchen, Sporteln, Lieben und Verkaufen* (1931). In: *German Studies Review* 33 (2010), H. 2, 285–304.

Götze, Clemens: *Geschlecht und Gesellschaft in der zeitgenössischen Literatur - Zu Frauenbildern bei Christa Wolf und Markus Hille*. München/Ravensburg 2007.

Gutjahr, Ortrud: »Erinnerte Zukunft« – Gedächtnisrekonstruktion und Subjektkonstitution im Werk Christa Wolfs. In: Wolfram Mauser (Hg.): *Erinnerte Zukunft – 11 Studien zum Werk Christa Wolfs*. Würzburg 1985, 53–80.

Haase, Horst/Dau, Rudolf/Gysi, Birgit/Peters, Hermann/Schnakenburg, Klaus: *Die SED und das kulturelle Erbe. Orientierungen, Errungenschaften, Probleme*. Hg. v. Institut für Marxistisch-Leninistische Kultur- und Kunstwissenschaften. Berlin 1986.

Hager, Kurt: *Zu Fragen der Kulturpolitik der SED*. Berlin 1972.

Hartinger, Walfried (Hg.): *Literatur und Geschichtsbewusstsein*. Berlin 1976.

Heidelberger-Leonard, Irene: Literatur über Frauen = Frauenliteratur? Zu Christa Wolfs literarischer Praxis und ästhetischer Theorie. In: *Text + Kritik*. Heft 46: *Christa Wolf*. 4. Aufl. (neu). München 1994, 129–139.

Herminghouse, Patricia: Schreibende Frauen in der Deutschen Demokratischen Republik. »Der Autor nämlich ist ein wichtiger Mensch«. Zur Prosa. In: Hiltrud Gnüg u. Renate Möhrmann (Hg.): *Frauen – Literatur – Geschichte. Schreibende Frauen vom Mittelalter bis zur Gegenwart*. Frankfurt a. M. 1989, 338–353.

Heukenkamp, Ursula: Poetisches Subjekt und weibliche Perspektiven. In: Hiltrud Gnüg u. Renate Möhrmann (Hg.): *Frauen – Literatur – Geschichte. Schreibende Frauen vom Mittelalter bis zur Gegenwart*. Frankfurt a. M. 1989, 354–366.

Hilzinger, Sonja: Sie und er. Ein Modell der anderen Art. In: *Text + Kritik*. Heft 46: *Christa Wolf*. 5. Aufl. (neu) München 2012, 3–10.

Hilzinger, Sonja: »Avantgarde ohne Hinterland«. Zur Wiederentdeckung des Romantischen in Prosa und Essayistik der DDR. In: *Text + Kritik*. Sonderband: *Literatur der DDR: Rückblicke*. Hg. v. Heinz Ludwig Arnold. München 1991, 93–100.

Jäger, Manfred: Kulturpolitik der DDR während der 70er Jahre. In: Monika Estermann u. Edgar Lersch (Hg.): *Deutsch-deutscher Literaturaustausch in den 70er Jahren*. Wiesbaden 2006, 71–87.

Kaufmann, Eva: DDR-Schriftstellerinnen, die Widersprüche und die Utopie. In: *Women in German Yearbook* 7 (1991), 109–120.

Kirsch, Sarah/Morgner, Irmtraud/Wolf, Christa: *Geschlechtertausch. 3 Geschichten über die Umwandlung der Verhältnisse*. Mit e. Nachw. v. Wolfgang Emmerich. Frankfurt a. M./Darmstadt/Neuwied 1980.

Kohl, Katrin Maria: *Poetologische Metaphern: Formen und Funktionen in der deutschen Literatur*. Berlin 2007.

Krechel, Ursula: Ortlosigkeit, Stucktröstung. In: *Text + Kritik*. Heft 6: *Ingeborg Bachmann*. 5. Aufl. (neu) München 1995, 7–17.

Lehmann, Eris: »Exhuminierung einer Totgeschwiegenen …« Über Werden und Vergehen der Geschlechtertausch-Anthologie »Blitz aus heiterm Himmel« – Plädoyer für eine mnemotechnisch orientierte Kulturbetrachtung. In: *Unter Hammer und Zirkel. Frauenbiographien vor dem Hintergrund ostdeutscher Sozialisationserfahrungen. Dokumentation der Tagung »OSTFEM II – Bestandsaufnahme, Forschungen zu Frauenbiographien« vom 25.–27.11.1993 in Berlin*. Hg. v. Zentrum für interdisziplinäre Frauenforschung der Humboldt-Universität Berlin. Pfaffenweiler 1995, 239–246.

Lehmann, Joachim: *Die blinde Wissenschaft. Realismus und Realität in der Literaturtheorie der DDR*. Würzburg 1995.

Mählert, Ulrich: *Geschichte der DDR: 1949–1990*. Erfurt ²2014 (aktual.).

Mattenklott, Gert: Romantische Frauenkultur. Bettina von Arnim zum Beispiel. In: Hiltrud Gnüg u. Renate Möhrmann (Hg.): *Frauen – Literatur – Geschichte. Schreibende Frauen vom Mittelalter bis zur Gegenwart*. Frankfurt a. M. 1989, 123–143.

Mayer, Hans: *Zur deutschen Klassik und Romantik*. Pfullingen 1963.

McGowan, Moray: *Marieluise Fleißer*. München 1987.

Mehnert, Elke: Christa Wolf: Unter den Linden. In: *Deutschunterricht* 11 (1975), 652.

Melchert, Rulo: Erfindung als Wahrheit. In: *Sinn und Form* 27 (1975), H. 2, 439–446.

Nagelschmidt, Ilse: Sozialistische Frauenliteratur. Überlegungen zu einem Phänomen der DDR-Literatur in den siebziger und achtziger Jahren. In: *Weimarer Beiträge* 35 (1989), H. 3, 450–471.

Opitz, Michael/Hofmann, Michael (Hg.): *Metzler Lexikon*

DDR-Literatur. Stuttgart/ Weimar 2009, Stichwort »Frauenliteratur«, 98–101.

Ozer, Irma Jacqueline: The Utopian Function of Literature. According to Ingeborg Bachmann and Christa Wolf. In: *Modern Language Studies* 18 (1988), H. 4, 81–90.

Pegoraro, Anna Chiarloni: »Mann« versus »Mensch«. Zu Christa Wolfs Erzählung »Selbstversuch«. In: *Colloquia Germanica: Internationale Zeitschrift für germanische Sprach- und Literaturwissenschaft* 15 (1982), H. 3, 239–252.

Pizer, John: Staging Violence and Transcendence: Reading Christa Wolf through German Romanticism. In: *German Studies Review* 33 (2010), H. 1, 1–22.

Plavius, Heinz: »Mutmaßungsmut«. In: *Neue deutsche Literatur* 10 (1974), 154–158.

Resch, Margit: *Understanding Christa Wolf. Returning Home to a Foreign Land*. Columbia 1997.

Rossbacher, Brigitte: *Gender, Science, Technology: The »Dialectic of Enlightenment« in GDR Women's Literature*. Diss. University of California 1993.

Rühle, Günther: Leben und Schreiben der Marieluise Fleißer aus Ingolstadt. In: Marieluise Fleißer: *Gesammelte Werke*, 1. Bd.: *Dramen*. Hg. v. Günther Rühle. Frankfurt a. M. 1972, 5–60.

Rüß, Gisela (Hg.): *Dokumente zur Kunst, Literatur- und Kulturpolitik der SED 1971–1974*. Stuttgart 1976.

Sauer, Klaus (Hg.): *Christa Wolf, Materialienbuch*. Darmstadt/Neuwied 1979.

Sauerland, Karol: Ein Interview mit Ingeborg Bachmann. In: *Literatur und Kritik* 9 (1974), 365.

Schäffer, Maria Magdalena: Ungetrennt und Nichtvereint. Grenzverläufe im Werk Ingeborg Bachmanns. In: *Text + Kritik*. Heft 6: *Ingeborg Bachmann*. 5. Aufl. (neu) München 1995, 59–70.

Schlich, Jutta: *Literarische Authentizität: Prinzip und Geschichte* (In der Reihe: Konzepte der Sprach- und Literaturwissenschaft, Bd. 62. Hg. v. Wolfgang Braungart, Peter Eisenberg u. Helmuth Kiesel). Tübingen 2002.

Schmaus, Marion: *Die poetische Konstruktion des Selbst. Grenzgänge zwischen Frühromantik und Moderne: Novalis, Bachmann, Christa Wolf, Foucault*. Tübingen 2000, 203–256.

Schmidt, Nadine: *Konstruktionen literarischer Authentizität in autobiographischen Erzähltexten*. Göttingen 2014.

Seghers, Anna: *Die Macht der Worte. Reden – Schriften – Briefe*. Leipzig/Weimar 1979.

Steinhoff, Christine: *Ingeborg Bachmanns Poetologie des Traumes*. Würzburg 2008.

Stelkens, Jochen: Machtwechsel in Ost-Berlin. Der Sturz Walter Ulbrichts 1971. In: *Vierteljahreshefte für Zeitgeschichte* 45 (1997), 503–533.

Theml, Katharina: *Fortgesetzter Versuch. Zu einer Poetik des Essays in der Gegenwartsliteratur am Beispiel von Texten Christa Wolfs*. Frankfurt a. M. 2003.

Ulrich, Carmen: »*Bericht vom Anfang*«. *Der Buchmarkt der SBZ und frühen DDR im Medium der Anthologie (1945–1962)* (In der Reihe: Chironeia – Die unwürdigen Künste. Studien zur deutschen Literatur seit der frühen Moderne, Bd. 8. Hg. v. Sven Hanuschek). Bielefeld 2013.

Ulrich, Carmen: Christa Wolfs »Selbstversuch« – Im Abseits konventionalisierter Erinnerung oder eine »unerhörte Form des Bewusstseins«. In: Carsten Gansel (Hg.): *Christa Wolf – Im Strom der Erinnerung*. Göttingen 2014, 111–120.

Weigel, Sigrid: »Sie sagten sich Helles und Dunkles«. Ingeborg Bachmanns literarischer Dialog mit Paul Celan. In: *Text + Kritik*. Heft 6: *Ingeborg Bachmann*. 5. Aufl. (neu) München 1995, 123–135.

Weigel, Sigrid: Vom Sehen zur Seherin. Christa Wolfs Umdeutung des Mythos und die Spur der Bachmann-Rezeption in ihrer Literatur. In: *Text + Kritik*. Heft 46: *Christa Wolf*. 3. Aufl. (erw.) München 1985, 67–92.

Werner, Hans-Georg: Christa Wolfs Bild der Günderrode. Medium der Selbstbesinnung. In: Michel Vanhelle-Putte (Hg.): *Christa Wolf in feministischer Sicht*. Frankfurt a. M. u. a. 1992, 43–54.

Werner, Hans-Georg: Romantische Traditionen in epischen Werken der neueren DDR-Literatur. Franz Fühmann und Christa Wolf. In: *Zeitschrift für Germanistik* 1 (1980), H. 4, 398–416.

Werner, Hans-Georg: Zum Traditionsbezug der Erzählungen in Christa Wolfs »Unter den Linden«. In: *Weimarer Beiträge* 22 (1976), H. 4, 36–64.

Wichmann, Brigitte: *From Sex-Role Identification toward Androgyny. A Study of Major Works of Simone de Beauvoir, Doris Lessing, and Christa Wolf*. Diss. Perdue University 1978.

Wilke, Sabine: »Rückhaltlose Subjektivität«: Subjektwerdung, Gesellschafts- und Geschlechtsbewußtsein bei Christa Wolf. In: *Women in German Yearbook* 6 (1990), 27–45.

Winnet, Susan/Witte, Bernd: Ästhetische Innovationen. In: Hiltrud Gnüg u. Renate Möhrmann (Hg.): *Frauen – Literatur – Geschichte. Schreibende Frauen vom Mittelalter bis zur Gegenwart*. Frankfurt a. M. 1989, 318–337.

Wolf, Christa: *Unter den Linden. Drei unwahrscheinliche Erzählungen*. Berlin/Weimar 1974.

Wolf, Christa: *Das dichtbesetzte Leben. Briefe, Gespräche und Essays*. Mit Anna Seghers. Berlin 2003.

Wolf, Christa: *Rede, daß ich dich sehe. Essays, Reden, Gespräche*. Frankfurt a. M. 2012.

Wolf, Christa/Wolf, Gerhard: *Unsere Freunde, die Maler. Bilder, Essays, Dokumente*. Berlin 1995.

Zima, Peter V.: *Essay, Essayismus: zum theoretischen Potenzial des Essays: von Montaigne bis zur Postmoderne*. Würzburg 2012.

Carmen Ulrich

D Schreiben wider das Vergessen – »Kindheitsmuster« (1976), exemplarisch

21 Zur Bedeutung von »Kindheitsmuster«

Kindheitsmuster, zwischen 1969 und 1975 entstanden und kurz vor der Ausbürgerung Wolf Biermanns im November 1976 im Aufbau-Verlag Berlin erschienen (s. Kap. II.E.27), erweiterte die Gattung des Autobiographischen im 20. Jahrhundert entscheidend, indem es die Widerstände beim Erinnern zum eigentlichen Zentrum des literarischen Texts werden ließ. Nicht »meine Kindheit in Landsberg an der Warthe« ist das Thema dieses Buches, sondern die Schwierigkeit, sich zum Material in eine Beziehung zu bringen, eine Form zu finden, die der Komplexität der Selbstbegegnung im Prozess autobiographischer Rekonstruktion gerecht wird. Inhaltlicher Ausgangspunkt des Schreibens ist die Beobachtung eines für die eigene Generation typischen »Bruchs unseres Selbstbewußtseins«, wie Wolf am 15.9.1973 an Lew Kopelew schreibt (MTb, 154). Methodischer Ausgangspunkt und Grund für die mehrdimensionale Form des Erzählens ist die Einsicht, »daß wir in eigener Sache entweder romanhaft lügen oder stockend und mit belegter Stimme sprechen« (KM, 20). Ein Anspruch auf Authentizität wird weniger in Bezug auf Details des erinnerten Lebens erhoben als vielmehr in Bezug auf die Genauigkeit im Dokumentieren des schmerzhaften »Kreuzverhör[s] mit dir selbst« (KM, 13). Fragen und Widersprüche dominieren die Darstellung. Die Schreibende wird sich selbst zum Gegenstand, in einem nach 1945 in deutscher Literatur eher seltenen Maße. Zwar erzählt Wolf durchaus chronologisch von ihrer Kindheit und Jugend der 1930er und 1940er Jahre und legt die starke emotionale und soziale Verwicklung der HJ- und BDM-Generation in die Strukturen des nationalsozialistischen Gesellschaftssystems offen, der Erzählfluss wird jedoch immer wieder unterbrochen, um die Denk-, Schreib- und Erinnerungsblockaden der Schreibgegenwart transparent zu machen.

Das *life writing* erfolgt auf drei ineinander verwobenen Erzählebenen: erstens der die Jahre 1929 bis 1947 umfassenden Vergangenheits- bzw. Kindheitsebene, zweitens der im Sommer 1971 unternommenen Reise an den Ort der Geburt und drittens der vom dritten November 1972 bis zweiten Mai 1975 reichenden Gegenwarts- und Schreibebene. Während auf der Kindheitsebene die Figur Nelly und eine kaum überschaubare Fülle mit ihr verbundener Personen erscheinen, agieren auf der Reiseebene eine weibliche Erzählerfigur und deren Bruder L., Ehemann H. und Tochter Lenka und auf der Schreibebene die Erzählerfigur, mitunter im inneren Dialog mit H. Den Textebenen entsprechen unterschiedliche Darstellungsmodi: Der Kindheitskosmos wird lebendig-detailliert beschrieben, die Reise szenisch-diskursiv nachgezeichnet und die Schreibebene monologisch-reflektierend gestaltet. Zusammengehalten werden die drei Ebenen durch die Erzählerfigur, wobei – anders als in vergleichbar angelegten Romanen wie etwa *Stiller* (1954) von Max Frisch – die Reflexionsebene den größten Raum im Gesamttext einnimmt und das Erzählverfahren bestimmt. Die Titel der achtzehn Kapitel, ursprünglich ans Ende des Buches gesetzt, ordnen den Text nach bestimmten Themengebieten: Wie das Gedächtnis funktioniert, wird gefragt, wie man Erinnerungslücken begegnet oder auch wie Scheu, Hass oder Hörigkeit entstehen. Die Überschriften sind heterogen, manchmal enthalten sie Hinweise auf biographische Etappen (»Ein Kind erscheint«; »Eine Hochzeit wird gestiftet«; »Das neue Haus«; »Vorkrieg«, »Krieg«; »Die Lehrerin«; »Flucht wider Willen«), mitunter bewegen sie sich auf der Ebene der Reflexion (»Wie sind wir so geworden, wie wir heute sind?«; »Erinnerungslücken«; »Strukturen des Erlebens – Strukturen des Erzählens«; *»Verfallen* – ein deutsches Wort«). Innerhalb der Kapitel werden Zeit- und Erzählebene beinahe übergangslos mehrfach gewechselt, so dass statt eines linear geordneten Narrativs ein Textgewebe entsteht, in dem die in sich jeweils dynamischen Erzählstimmen assoziativ hin und her springen. Der Gedankenstrom bildet, so ließe sich sagen, den Prozess des Erinnerns in seiner überbordenden Gleichzeitigkeit unterschiedlicher Eindrücke, Gefühle und Situationsbilder ab.

Erzählerfigur, Nelly und Autorin korrespondieren eng miteinander, sind jedoch nicht identisch. Eben in dieser Nicht-Identität liegt das Besondere des autofiktionalen Textgebildes, in das Wolf Verdrängungen und Abspaltungen der erinnernden Person mit hineinzunehmen und sichtbar zu machen versucht. »In der dritten Person leben lernen. Ein Kind erscheint« – unter diesem poetologischen Titel begründet Wolf im Eröffnungskapitel die Besonderheit der Erzählperspektive und wirbt darum, sich auf die mehrdimensionale Schreibstrategie einzulassen. Unter Hinweis auf frühere Textanfänge (Darstellungen der Flucht, Reflexionen über das Gedächtnis, eine Erinnerung an das Moment des ersten Ich-Sagens oder auch Anekdoten des Familienlebens) wird transparent gemacht, welche Wege literarischer Gestaltung ausgeschlagen werden. Nach kurz eingeschobener direkter Anrede (»Ihr wisst heute«) wird in Form eines Dialogs mit sich selbst eine poetologisch folgenschwere Einsicht formuliert: Jenes Kind, »dreijährig, schutzlos, allein« sei der Schreibenden unerreichbar. »Nicht nur trennen dich von ihm die vierzig Jahre; nicht nur behindert dich die Unzuverlässigkeit deines Gedächtnisses, das nach dem Inselprinzip arbeitet und dessen Auftrag lautet: Vergessen! Verfälschen! Das Kind ist ja auch von dir verlassen worden« (KM, 18 f.). Das Interesse an der analytischen Begegnung mit diesem Kind, dem früheren Selbst, wird aus der Gegenwart und keinesfalls nur individuell begründet: »So würden wir uns unaufhaltsam fremd werden ohne unser Gedächtnis an das, was wir getan haben, an das, was uns zugestoßen ist. Ohne unser Gedächtnis an uns selbst« (KM, 14). Fremdheit dem früheren Selbst gegenüber wird zum Schreibantrieb des Buches und zum Grund seiner komplizierten Konstruktion zwischen erster, zweiter und dritter Person. Hier schreibt jemand, so konstatiert die Autorin im ersten Kapitel, der sich selbst erinnert, aber nicht mehr erkennt. Da dies keinesfalls nur als für die eigene Person geltend erkannt wird, ist der Titel sowohl im Singular als auch im Plural lesbar.

Das Buch erhebt bei allem Beharren auf dem persönlich Durchlebten doch implizit Anspruch auf Repräsentativität. Schon in der gattungsprägenden Wortschöpfung *Kindheitsmuster* wird Individuelles mit Kollektivem verbunden. Ziel ist die literarische Erkundung menschlicher Subjektwerdung über die Rekonstruktion der Vielfalt seiner sozialen Beziehungen. Dabei kann es ratsam sein, »die Fakten zu verwirren, um den Tatsachen näherzukommen«, wie sich im Laufe des Schreibprozesses herausstellen wird (KM, 89). Historische Brüche lassen den Stoff des Buches zusätzlich anwachsen, dennoch entscheidet sich die Autorin dafür, ihr Experiment offen anzulegen, das Material unter dem Aspekt des Suchens und Fragens zu strukturieren und eine wie auch immer geartete Synthese oder Ordnung zu meiden. Momente des Scheiterns prägen den so gearteten Schreibvorgang beinahe zwangsläufig: »Immer ist der Entwurf um so vieles schöner als die Ausführung« wird es noch im fünften Kapitel heißen (KM, 142). Das »Kreuzverhör« mit sich selbst fördert Langzeitfolgen einer Prägung zutage, die aufgrund ihrer unaufhebbaren Verschränkung von Schuldbewusstsein und Leiderfahrung nur unter Überwindung größter psychischer Widerstände anzunehmen ist.

> »Es war kein Spiel mehr, und dir sank der Mut. Das Kind würde, wenn du darauf bestündest, aus seinem Versteck hervorkommen. Es würde sich Schauplätzen zuwenden, auf die du ihm ungern folgtest« (KM, 179). »Was zwingt dich, hast du dich gefragt [...], was zwingt dich, zurückzusteigen? Einem Kind gegenüberzutreten (sein Name war noch nicht festgelegt); dich erneut auszusetzen: dem Blick dieses Kindes, der gekränkten Abwehr aller Betroffenen, der puren Verständnislosigkeit, vor allem aber: der eigenen Verschleierungstaktik und dem eignen Zweifel.« (KM, 223)

Keiner anderen Lebensphase hat sich die Autorin je so ausführlich gewidmet wie ihrer Kindheit im Dritten Reich. Zwei Jahrzehnte vor dem Ausbruch einer polarisierenden Debatte um die Deutschen als Täter und Opfer zugleich unterläuft Wolf etablierte Paradigmen der deutsch-deutschen Geschichtsschreibung über Nationalsozialismus und Zweiten Weltkrieg. Die große öffentliche Wirkung von *Kindheitsmuster* erklärt sich nicht zuletzt daraus, dass hier literarisch ein Erinnerungsdiskurs eröffnet wird, der die Weitergabe von gewaltbehafteten Persönlichkeitsprägungen an folgende Generationen in den Mittelpunkt stellt. Wolfs Konzept subjektiver Authentizität stellt (s. Kap. II.B.16) – stärker noch als in *Nachdenken über Christa T.* – den Lebensweg einer einzelnen Person in den politisch-historischen Kontext, in dem er sich vollzieht: Nationalsozialismus, Krieg, Völkermord an den europäischen Jüdinnen und Juden, Flucht und Vertreibung der Deutschen aus den Ostgebieten. Der Versuch, sich abgespaltene Erfahrungen aus der Zeit vor 1945 schreibend wieder anzueignen, sprengt die Integrität des autobiographischen Ichs. Statt die Des-Integration der ihr Erzählen zusammenhaltenden Instanz zu bekämpfen, macht die Autorin sie zum Programm, indem sie ihr frühes Selbst vom erwachsenen wegrückt. Mit dieser Aufspaltung und Problematisierung des Ichs stellt sie sich in eine Tradition, die seit Ingeborg Bachmanns Frankfurter Poetik-Vorlesungen (1959/60) mit den spezifischen Voraussetzungen weiblichen Schreibens verbunden wird. »Die Beschreibung der Vergangenheit – was immer das sein mag, dieser noch anwachsende Haufen von Erinnerungen – in objektivem Stil wird nicht gelingen« (KM, 240 f.) heißt es programmatisch im achten Kapitel von *Kindheitsmuster*, dem (als einzigem) ein Zitat aus *Malina* vorangestellt ist: »Mit meiner verbrannten Hand schreibe ich von der Natur des Feuers« (KM, 240). Auch bei Bachmann gibt es keinen Text mit einer weiblichen Stimme, die einer identischen personalen Instanz gehört. Einzig am Übergang zwischen verschiedenen Wirklichkeits- und Erzählebenen, im Wechsel zwischen Annäherung und Distanzierung lässt sich eine weibliche als andere Subjektivität entwerfen (vgl. Weigel 1989, 189). Hier schließt Wolf in ihrer Rekonstruktion des Hineinwachsens eines Kindes in das politische System des Nationalsozialismus an, eines Systems, das im Widerspruch zu und zugleich in der Verschmelzung mit den protestantischen Werten einer kleinbürgerlichen Familie seine Persönlichkeit prägt.

Objektivität und Faktizität autobiographischer Darstellungen werden hinterfragt, die Vorstellung von einer wie auch immer gearteten Abgeschlossenheit des Vergangenen wird verabschiedet. Schon in ihrem Bachmann-Essay »Die zumutbare Wahrheit« von 1966 hatte Wolf deren Poetik »höchster Subjektivität« gegen eine Vorstellung vom Erzählen verteidigt, die einen Erzähler voraussetzt, der unbefangen Geschichten erzählen könne und sich selbst dabei vergesse. Damals hatte sie das Geschlecht der Schreibenden, ganz zeitgemäß, noch für irrelevant in diesen Fragen gehalten (vgl. WA 4, 145–161). Fünfunddreißig überlieferte Auftakt-Varianten zu *Kindheitsmuster* lassen das Ringen um eine andere Art des Erzählens erkennen, um eine Erzählperspektive, welche die ausgeprägte Skepsis der Schreibenden gegenüber verinnerlichten familiären und kollektiven Erklärungs- und Erzählmustern über den Nationalsozialismus als Alltag der kleinen Leute nicht zum Verschwinden bringt.

22 Entstehungsbedingungen

Die vehementen Attacken anlässlich des Erscheinens von *Der geteilte Himmel* und *Nachdenken über Christa T.* liegen ebenso hinter Christa Wolf wie Schock und politische Desillusionierung im Umfeld des 11. Plenums der SED, des sogenannten Kahlschlag-Plenums von 1965, und der Niederschlagung des Prager Frühlings, als sie sich entschiedener als zuvor der eigenen Subjektgeschichte und dem Nachwirken des Zweiten Weltkriegs als literarischem Gegenstand zuwendet (s. Kap. II.C.17). Mit der Konzentration auf den biographischen Stoff geht die Auseinandersetzung mit der im DDR-öffentlichen Diskurs bis dahin weitgehend tabuisierten kollektiven Erfahrung von Flucht und Vertreibung einher. Bis in die Sprache hinein reichten offizielle Versuche, diese Erfahrung zu marginalisieren: Statt von Vertriebenen war bis weit in die 1980er Jahre hinein von Umsiedlern die Rede, wie in Kapitel 15 von *Kindheitsmuster* thematisiert wird.

In der Erzählung *Blickwechsel* (1970) und im 1971 entstandenen, posthum unter dem Titel *Nachruf auf Lebende. Die Flucht* (2014) publizierten Manuskript hatte Wolf das Erlebnis der Flucht zur Achse des Erzählens gemacht. Der frühe Entwurf, der sich im Unterschied zu *Kindheitsmuster* auf die Handlungsebene der ersten Flucht-Tage im Januar 1945 beschränkt und durchgängig in der Ich-Perspektive gehalten ist, war – für die Autorin eher unüblich – in einer Zeit von nur vier Wochen entstanden, wie Gerhard Wolf im Nachwort schreibt. Elemente davon werden in das Schlusskapitel von *Kindheitsmuster* eingehen. Die frühe Fassung beginnt mit einer Verneinung und richtet sich unmittelbar an ein ›ihr‹ der Nachgeborenen. Ihr Auftakt lautet:

> »Nein, so ist es nicht gewesen. Wenn ihr es wissen wollt: das einzig wirklich Lästige war das Gezänk, das auch jetzt nicht aufhörte. Jedermann sah in mir noch das Kind, und ich hatte aufgehört, Erklärungen abzugeben, aber einmal würde ich es ihnen sagen, in aller Liebe, denn ich hing ja an ihnen, das war es doch. Einmal würde ich ihnen sagen, dachte ich damals, doch ich habe es nie getan: Man muß darauf sehen, daß man sich angemessen benimmt.« (NaL, 9)

Auch die frühe Textvariante enthält neben der Vergangenheitsebene eine gegenwärtige der Reflexion, mitunter auch in der dritten Person (›das Kind‹), sie nimmt jedoch nicht mehr Raum ein als die Handlung. Eine wichtige Differenz zu den in *Kindheitsmuster* eingegangenen Sequenzen besteht im Gestus der Anrede. Rhetorische Formeln wie »Ihr werdet nicht begreifen, daß« oder »Ihr wißt, wie verzweigt meine Familie ist« (NaL, 11 u. 30) geben dem Text ein klares und lesefreundliches Format. Vergleicht man die langen Passagen in *Kindheitsmuster*, die bis auf die Ich-Perspektive beinahe wörtlich mit denen in *Nachruf* übereinstimmen, so wird erkennbar, wie leicht die Autorin einen solchen traditioneller autobiographisch angelegten Roman hätte vorlegen können. Bereits die narrativ einfachere Form ermöglicht ein distanzierendes Ordnen emotional überwältigender Erinnerungen und den Abschied von der Kindheit. Zu den Abgründen der Selbstanalyse, auf die man in *Kindheitsmuster* stößt, dringt es ebenso wenig vor wie zur provozierenden These vom Weiterwirken nationalsozialistischer Prägungen im Sozialismus der Gegenwart. Zu den Voraussetzungen einer möglichst rücksichtslosen Rekonstruktion der eigenen Kindheit im Nationalsozialismus gehört der Tod der Mutter 1968. Diese hatte lebenslang das Familiengedächtnis entscheidend gelenkt und geprägt, wie Wolf in *Stadt der Engel* (2010) erzählt. »Das Leben der Mutter. Eine Frau, die Stärkste in der Familie, die dir unbewußt die Botschaft sendete, es sei von Natur aus vorgesehen, daß die Frau die Dinge in die Hand nehmen und den Betrieb in Krisenzeiten lenken solle. [...] Weibliche Unterordnung ist dir nicht vorgeführt worden« (SdE, 113). Nicht zufällig steht am Beginn von *Kindheitsmuster* ein Mutter-Traum: »Plötzlich ein Schreck bis in die Haarspitzen: Auf dem Tisch im großen Zimmer das Manuskript, auf dessen erster Seite in großen Buchstaben nur das Wort ›Mutter‹ steht. Sie wird es lesen, wird deinen Plan vollständig erraten und sich verletzt fühlen ...« (KM, 24). Bis an ihr Lebensende hatte die Mutter im Schmerz über den Verlust von Haus und Geschäft verharrt.

In den jährlichen Notizen der Autorin zum 27. September finden sich zwischen 1969 und 1977 immer wieder Anmerkungen zum Verlauf der Arbeit an *Kindheitsmuster*, so umfangreich wie zu keinem anderen ihrer Bücher. Beinahe alle essayistischen Äußerungen dieser Zeit enthalten Reflexionen dazu, ob es um Fred Wanders Lager-Erzählung *Der siebente Brunnen* (1971) geht, ob im Gespräch mit Konstantin Simonow um die Überwindung der Selbstzensur beim Schreiben über den Zweiten Weltkrieg, ob um Max Frischs »Schreiben in Ich-Form« oder ob der Literaturwissenschaftler Hans Kaufmann die Autorin 1973 zu ihrem Schreibkonzept der subjektiven Authentizität befragt, stets bringt Wolf Probleme der eigenen Arbeit am biographischen Material mit ein (alle in WA 4). Sonja Hilzinger (in: WA 5, 647) setzt die Entstehungsgeschichte des im Tagebuch von 1967 (ETJ, 103) »das 45iger Buch« genannten Texts zu Recht bereits Mitte der 1950er Jahre an und erkennt Vorformen und motivische Spuren in der *Moskauer Novelle* von 1961 (WA 3, 552–555), im Essay »Lesen und Schreiben« (WA 4, 238–282) und in den Auftragsarbeiten *Blickwechsel* (1970; WA 3, 111–128) und *Zu einem Datum* (WA 3, 129–136). »Die schreckliche Verlassenheit dieser Jugend ist noch nicht geschildert« (WA 4, 251) hatte es in Wolfs poetischem Manifest von 1968 in Bezug auf die moralisch-ethische Erziehung der eigenen Generation geheißen. Die letzte Erzählung der bereits schwer erkrankten Autorin, welche posthum 2014 unter dem Titel *August* erscheint, greift mit den von Krieg, Hunger und Flucht schwer gezeichneten Kindern erneut einen der Erzählstränge von *Kindheitsmuster* auf und zeigt, dass es sich um ein Lebensthema Wolfs handelt (s. Kap. I.1).

Vergleicht man die frühe Flucht-Erzählung *Blickwechsel* mit *Kindheitsmuster*, so zeigt sich, dass zentrale Motive bereits zu finden sind: die Verunsicherung der Erwachsenen in der Umbruchszeit des Kriegsendes, der erschreckte Blick der Flüchtenden auf ›die KZler‹, die verstörende Begegnung mit polnischen Fremdarbeitern und Soldaten der französischen ›Sieger‹-Armee, der Hass gegen den ›Feind‹, den das erzählende Ich nicht fühlen kann, die Selbstfremdheit und das Misstrauen gegenüber dem eigenen Gedächtnis. Schon hier sagt ›der KZler‹ den Satz, der in *Kindheitsmuster* zum Schlüsselsatz und Erinnerungsantrieb wird: »Am allerwenigsten wollte ich von der Trauer und Bestürzung wissen, mit der er uns fragte: Wo habt ihr bloß all die Jahre gelebt?« (WA 3, 128). Je mehr Details im Schreib-Prozess von *Kindheitsmuster* ins Bewusstsein der Autorin treten, umso weniger kann sie verstehen, warum das Wissen um die Massenvernichtung von Jüdinnen und Juden ihr erst als junge Erwachsene nach 1945 einen Schock versetzte. Die schreibend wachsende Einsicht, wie dicht Familienidylle und Vernichtungslager beieinander lagen, wirft die Frage nach der individuellen wie kollektiven Schuld an Krieg und Völkermord in ungeahnter Intensität auf. Noch im Tonband-Gespräch mit ihrer Enkelin Jana Simon 1998 kommt Wolf auf den Abgrund zwischen Wissen und Nichtwissenwollen zurück (vgl. Simon 2013, 37, 41, 79).

Mit Auschwitz verbindet Wolf Selbstfremdheit und die Unmöglichkeit, ich zu sagen: »Bestimmte Erinnerungen meiden. [...] Bestimmte Fragen unter Altersgenossen nicht stellen. Weil es nämlich unerträglich ist, bei dem Wort ›Auschwitz‹ das kleine Wort ›ich‹ mitdenken zu müssen: ›Ich‹ im Konjunktiv Imperfekt: Ich hätte. Ich könnte. Ich würde. Getan haben. Gehorcht haben« (KM, 337). Abgeleitet wird »die Pflicht, an die eigene Kindheit Hand anzulegen. [...] Dabei rückt wie von selbst im Laufe der Jahre jenes Kinderland in den Schatten der Öfen von Auschwitz« (KM, 363). Im Druckgenehmigungsverfahren spielt dieser Aspekt überraschender Weise keine Rolle, die Genehmigung wird schon einen Monat nach der Antragstellung erteilt. Die im Dezember 1976 bei Aufbau erscheinende DDR-Erstauflage in Höhe von 60.000 Exemplaren ist bereits im Februar 1977 vergriffen. Die westdeutsche Ausgabe (Luchterhand 1977) trägt im Unterschied zur Originalausgabe den die Rezeption in unangemessen konventionelle Bahnen lenkenden Zusatz »Roman«; die DDR-Erstausgabe war ohne Gattungsbezeichnung erschienen.

23 Struktur

Wolf entwickelt nach 1968 ein literarisches Verfahren, das den Erfahrungshorizont der DDR-Gegenwart auf den ihrer Sozialisation im Nationalsozialismus treffen lässt – ein Verfahren der Alterität, in dem beide Norm- und Moralsysteme in ein Verhältnis intensiver Nähe zueinander treten und einander wechselseitig mit Bedeutung versehen. In den Blick gerät mit einem solchen Verfahren vor allem nicht nur die nationalsozialistische Alltagskultur der Kindheit oder die sozialistische der Erwachsenen, sondern vielmehr der Raum der Überlagerung beider Lebenswelten, Norm- und Wertsysteme. Dieser Effekt wechselseitiger Kontrastierung und Bedeutungszuschreibung war für zeitgenössische Leser/innen innerhalb der DDR unübersehbar, während er nicht wenigen westdeutschen Rezensenten in ihrer Fixierung auf DDR-Kritik im engeren Sinne entging (s. Kap. IV.50). Von Beginn der Arbeit an entscheidet sich die Autorin nicht nur gegen eine in sich geschlossene Instanz des Erzählens, sondern auch gegen die einfache Scheidung von Vergangenem und Gegenwärtigem. Ein durchgängiges Erzählen aus der Ich-Perspektive verwirft sie über mehrere Textvarianten letztlich ebenso wie ein Erzählen in der distanzierteren dritten Person. Dies als Aufgabe der Instanz des Ich aufzufassen, wäre jedoch ein Missverständnis. Ganz im Gegenteil zielt die komplexe Konstruktion darauf, grenzüberschreitend Identität in der Differenz zu erkunden. Kindheits-Ich und Gegenwarts-Ich lassen sich nicht umstandslos zur Deckung bringen, wie gleich zu Beginn von *Kindheitsmuster* konstatiert wird:

> »Das Kind selbst aber, das nun zu erscheinen hätte? Kein Bild. Hier würde die Fälschung beginnen. Das Gedächtnis hat in diesem Kind gehockt und hat es überdauert. Du müßtest es aus einem Foto ausschneiden und in das Erinnerungsbild einkleben, das dadurch verdorben wäre. Collagen herstellen kann deine Absicht nicht sein.« (KM, 17)

Mit Bernhard Greiner ist im Erschreiben des Ichs eine Struktur zu entdecken, welche Wolfs gesamtes Schaffen durchzieht, auf der Ebene des Erzählten wie des Erzählens (vgl. Greiner 1985). »Wie die einander überlagernden Schichten, aus denen ›Wirklichkeit‹ besteht, in die lineare Schreibweise hinüberretten?« hatte es schon im Tagebucheintrag von 1970 geheißen (ETJ, 139). Die Erkundung des eigenen Unbewussten erfolgt analog zur Erforschung einer fremden Kultur – *Kindheitsmuster* ist auch eine Art Selbstethnographie, wobei der Grad der Fremdheit zwischen Erzählerin und Kindheitsfigur mit der zeitlichen Nähe wächst statt abzunehmen: »Je näher sie dir in der Zeit rückt, um so fremder wird sie dir« heißt es etwa in der Mitte des Buches (KM, 309). An die Stelle einer wohlgeformten und logisch-nachvollziehbar konstruierten Lebensgeschichte setzt sie eine Textform, welche das Diskontinuierliche, Heterogene und Brüchige des erinnernden Rekonstruktionsprozesses sichtbar werden lässt. Die Dimension subjektiver Authentizität als selbstkritische Infragestellung des Schreib- und Erinnerungsprozesses nimmt in *Kindheitsmuster* weit mehr Raum ein als die Dimension des Faktisch-Dokumentarischen, biographisch Belegbaren. In immer neuen Anläufen wird Erinnern als aktiver, den sich wandelnden Umständen und Interessen ausgesetzter Prozess thematisiert, der im besten Falle zur Annäherung an äußere Ereignisse verhilft.

An das Prinzip Erinnerung als Lebensthema, an die Erkenntnis, dass »Erinnerungen keine feststehenden Größen sind«, knüpft Wolf in *Stadt der Engel* (2010) an. In mehrfacher Hinsicht lässt sich dieses Buch als Fortsetzung von *Kindheitsmuster* auffassen, werden hier doch – aus aktuellem Anlass – Fragen der Zuverlässigkeit des eigenen Gedächtnisses in neuer Zuspitzung gestellt. Vom ›Gefühlsgedächtnis‹ als verlässlichstem ist nun die Rede. Wenngleich die Autorin in *Stadt der Engel* durchgehend ›ich‹ sagt, kommt auch dieses komplexe Textgeflecht nicht ohne die selbstreflexive Rücknahme eben dieser Ich-Perspektive aus:

> »Ich weiß doch nicht, sagte ich zu Peter Gutman […] Wer soll dieses Ich sein, das da berichtet. Es ist ja nicht nur, daß ich vieles vergessen habe. Vielleicht ist noch bedenklicher, daß ich nicht sicher bin, wer sich da erinnert. Eines von den vielen Ichs, die sich, in schneller oder langsamer Folge, in mir abgelöst haben, die mich zu ihrem Wohnsitz gewählt haben. Wen also zapft das Instrument Erinnerung an? Tja, sagte Peter Gutman, mit diesem Schrecken leben wir doch alle: Daß wir uns nicht wiedererkennen.« (SdE, 214)

Im Dialog mit der Gutman-Figur wird entschiedener als in *Kindheitsmuster* Kommunikation und Reflexion nach außen verlagert. Nur im Rahmen eines Dialogs scheint es möglich, sich auf die Ich-Perspektive als leitende einzulassen. Die Suche nach einer geeigneten Struktur, den Kindheits-Stoff in *Kindheitsmuster* zu organisieren, hatte sich über zwei Jahre, der Schreibprozess insgesamt über mehr als fünf Jahre (vom 11.9.1969 bis Mitte Mai 1975) hingezogen, wie im Christa Wolf-Archiv der Berliner Akademie nachzuverfolgen ist. Gefunden wurde schließlich eine komplexe Konstruktion mehrfach ineinander verschachtelter Handlungs-, Figuren- und Zeitebenen, die Distanz sichert. In einer auf den 20.9.1972 datierten Variante des Textanfangs findet sich eine Formulierung, die sich poetologisch lesen lässt: »In eigenen deutschen Familienangelegenheiten pflegt man mit belegter Stimme zu sprechen. Lieber soll mit freier Stimme von halbwegs fremden Leuten erzählt werden« (KM, 627). Was als souveräne ästhetische Entscheidung erscheint, enthält allerdings, wie sich im Laufe der Textproduktion zeigt, ein subjektgeschichtliches Element. Durch zeitlichen Abstand, politische Entwicklung und historisches Wissen ist der Erzählenden die eigene Vorgeschichte zutiefst fremd geworden. Diese Fremdheit dem früheren Selbst gegenüber wird in einem ersten Schritt festgehalten, in einem zweiten jedoch unter Verdacht gestellt, zu bequem will es der Schreibenden scheinen, die unliebsame nationalsozialistisch geprägte Vergangenheit von sich abzutrennen. In *Kindheitsmuster* werden demnach nicht nur Muster der Sozialisation im Dritten Reich offengelegt, sondern zugleich mit der Rekonstruktion verbundene Verdrängungs- und Abwehrmuster aufgesucht. Das Adjektiv deutsch ist zum Zeitpunkt der Erstveröffentlichung von *Kindheitsmuster* in der DDR überdeterminiert. Noch bis in die 1980er Jahre steht es unter Revanchismusverdacht. Wie in *Stadt der Engel* kommt Wolf in einem Gespräch von 2010 erneut auf damit zusammenhängende Identitätsfragen zu sprechen: »Dass wir eben diese Generation sind, die nach dem Krieg begreifen musste, was Deutschland, was die Deutschen angerichtet hatten. Und dass wir deshalb lange nicht deutsch sein wollten« (Wolf/Gansel 2014, 365; s. Kap. I.1).

Der Begriff »Kindheitsmuster« wird in längeren Debatten mit Gerhard Wolf erfunden: »Grund-Muster. Verhaltens-Muster. Kindheitsmuster, sagte H. beiläufig, es war vor der Apotheke, Ecke Thälmannstraße. Damit war das geregelt. ›Muster‹ kommt vom lateinischen ›monstrum‹, was ursprünglich ›Probestück‹ geheißen hat und dir nur recht sein kann« (KM, 60). Zuvor waren »Eine Kindheit in Deutschland« oder »Ein Nachruf auf Lebende« erwogen worden (ETJ, 154). Ab 1972 wird er im Tagebuch wie selbstverständlich benutzt:

> »Der Bogen zur 1. Seite von ›Kindheitsmuster‹ ist von gestern her noch eingespannt, aber ich muß doch wieder neu anfangen. Ich schreibe gut 1 1/2 Seiten, die ich

mal stehenlassen will, ohne zu wissen, ob mir das helfen wird. Denn wochenlang kann ich ja nicht an jeder Seite des Manuskripts arbeiten, wie bei diesem Anfang. Ich bin vorübergehend besser gestimmt, weil mir die Zusammenstellung von ein paar zumeist vorher angefertigten Sätzen zu gelingen scheint, aber was das Ganze betrifft, bin und bleibe ich trost- und hoffnungslos.« (ETJ, 165 f.)

Nicht nur familienbiographische und lokal- und zeithistorische Recherchen begleiten den Schreibprozess, sondern auch die intensive Lektüre zeitgenössischer Quellen, historischer Forschungen zum Nationalsozialismus sowie psychoanalytischer, sozialpsychologischer und kulturwissenschaftlicher Gedächtnistheorien. Die Reise nach Polen, welche die 42-jährige Autorin im Juli 1971 mit Bruder, Mann und der jüngeren Tochter in ihren Geburtsort Landsberg an der Warthe (inzwischen Gorzów Wielkopolski, ca. 80 km nordöstlich von Frankfurt/Oder) unternimmt, eröffnet die Handlung und geht als eine eigenständige Erzählebene in den Text ein. Hatte Wolf lange Zeit Hemmungen gehabt, in die ehemalige Heimat im Osten zu reisen, so wird ihr dieser Weg über die Oder nun zum Anlass der politischen und persönlich-mentalen Sondierung des Standorts, von dem aus die Zeit vor 1945 erinnert wird. In einer erzählstrukturell an Anna Seghers' Erzählung *Der Ausflug der toten Mädchen* von 1943/44 angelehnten Vielfalt ineinander übergehender Modus- und Tempusformen wird eine Erfahrung der Fremdheit beschrieben: Die Heimattouristin nimmt sich nicht nur selbst als fremd wahr, sie wird auch von außen zur Fremden erklärt, von den polnischen Bewohner/innen des Elternhauses, aber auch, so wird es erzählt, von der begleitenden Tochter, dem Ehemann und dem Bruder. Zu einem wirklichen Gespräch, zu einer Begegnung mit den Polen, kommt es, bei allem Respekt vor den geopolitischen Fakten, nicht. Die Erwachsene konfrontiert die Bilder, die sie in Erinnerung hat, mit den Orten, die sie vorfindet, sie konfrontiert sich selbst mit den Verfälschungen der Erinnerung. Immer wieder fragt sie sich, wann Erlebtes in Erinnertes umschlägt. Es beginnt das Einfügen von tagebuchartigen Daten in den Text, die sämtliche Unterbrechungen des Schreibens als solche fixieren, welche die Schreib- und Erinnerungsposition verändern könnten. Die Daten selbst sind, wie Jörg Magenau in seiner Wolf-Biographie nachweist, willkürlich gesetzt (Magenau 2013, 253). In den Fragen der Tochterfigur Lenka prallt zudem der Wertungsrahmen einer Jugendlichen der DDR-Gegenwart auf das erinnerte Normengefüge der Mutter als Jugendliche. Die Bedeutung der Lenka-Figur innerhalb des gesamten Texts ist gar nicht hoch genug zu schätzen. Sie ist – obwohl für eine Kontrastfigur zu wenig plastisch – die einzige, die als angst- und ideologiefrei gezeigt wird. Ihre geistige Unabhängigkeit und mentale Stärke zieht auf allen Ebenen einen eigenen Horizont ein, auf den das aus Vergangenheit wie Gegenwart Erzählte wieder und wieder bezogen wird.

Parallel zu den Anfangsvarianten entstehen bis zum Herbst 1972 hunderte Seiten Kapitel-Entwürfe. Im Christa-Wolf-Archiv sind ganze Mappen mit theoretischen Exzerpten, zeitgenössischen Zeitungsmeldungen, Erinnerungsnotizen, Sammlungen von Straßennamen, Gedichten, Liedern, Kinderbuchtiteln, familiären Redensarten, Sprichwörtern, Listen mit damals üblichen Vor- und Zunamen, Titelentwürfen und möglichen Motti zu finden (vgl. Faksimilés WA 5, 666–669 sowie Stiftung Archiv der Akademie der Künste 2004, 69). Es gibt Notizen zu »Kindheitskomplexen«, als Rubriken tauchen (zuweilen als Gegensatzpaare und in sich untergliedert) u. a. auf: Seele, Geheimnisse, Übersinnliches, Juden, Angst, Mut, Feigheit, Hass, Liebe, Leichtgläubigkeit – Wahn, Enthüllungen – Entdeckungen, Eifersucht, Geltungsbedürfnis – Ehrgeiz, Zorn, Verachtung, Stolz – Demütigung – Empfindlichkeit, Wohlverhalten, Rebellion, Glück – Unglück, Selbstbeherrschung, Leidenschaft, Scham, Fremdheit, Kühnheit, Wollust, Hochmut, Entsetzen, Krieg, Verantwortlichkeit, Feigheit – Mut, Gemeinheit – Edelmut, Unterwerfung – Auflehnung, Schönheit – Hässlichkeit, Bequemlichkeit, Begierde, Laster – Sünde, Sehnsucht, Unterwerfung – Widerstand, Pflicht – Pflichtverletzung, Leere, Unschuld, Selbstsucht, Tugend (Akademie der Künste, Signatur 544).

Im Tagebucheintrag vom September 1973 beschreibt die Autorin ihre Arbeitsweise unter Rückgriff auf vier Erzählebenen: Reiseebene, Vergangenheitsebene, Manuskriptebene, Gegenwartsebene. Die besondere ästhetische Gestalt des entstehenden Textgewebes ergibt sich jedoch nicht aus der Scheidung, sondern aus der je spezifischen Verknüpfung dieser Ebenen: »Später sollen sie nicht mehr getrennt nebeneinander stehen, sondern ineinander übergehen. Manchmal erlebt man diesen Moment des Ineinanderverschmelzens (in einem künstlerischen Einfall) bewußt« (ETJ, 171). Zwar ist einer Verwandtschaft mit Walter Benjamins Gedächtniskonzept und dessen archäologischer Metaphorik des »Ausgrabens und Erinnerns« mit dem Ziel der Vergegenwärtigung historischer Erfahrung, die neben dem Gefundenen auch den Ort des Findens verzeichnet, zuzustimmen (Greiner 1985; Weigel 1987, 146; Köpnick 1992; Hilzinger in: WA 5, 605), die mehrfach behauptete Nähe zu *Berliner Kindheit um neunzehnhundert* (1932–34/1938) jedoch vernachlässigt die Differenz zwischen Benjamins Poetik des Denkbildes und dem Netzwerk-Konzept Wolfs. Daran ändert auch der Verweis auf das Lied vom »bucklig Männlein« (KM, 25) wenig, ist das Zitat aus dem Kinderlied doch durch die Erinnerung der fünfjährigen Nelly ausreichend motiviert und wird in Passagen der Erinnerungsreflexion nicht wieder aufgegriffen. Entsprechungen zu Benjamins Denken in Allegorien finden sich in *Kindheitsmuster* ebenso wenig wie Spuren, die auf eine Nähe zu dessen Ausscheiden aller realbiographischen Elemente im Prozess der Poetisierung von *Berliner Chronik* (1932) zu *Berliner Kindheit um neunzehnhundert* verweisen. Bis zuletzt kommt die Autorin auf ihre literarische Intention zurück, ein Gewebe zu entwerfen, das sich aus unter-, über- und nebeneinander liegenden Schichten bildet, in *Kindheitsmuster* ebenso wie in *Stadt der Engel* (vgl. Wolf/Gansel 2014, 354).

Die genaue Folge der Sequenzen hat im Detail oft provokativen Charakter, wird darüber doch eine historische Kontinuität zwischen der nationalsozialistischen Vergangenheit und der DDR-Gegenwart behauptet, die dem antifaschistischen Gründungspostulat der DDR zuwiderläuft. »Für diejenigen, die in der Zeit des Faschismus aufwuchsen, kann es kein Datum geben, von dem aus sie ihn als ›bewältigt‹ erklären können« spitzt Wolf 1973 im Gespräch mit Hans Kaufmann zu (WA 4, 414). Das stetige Ineinanderfließen von Kindheits- und Gegenwartsebene behauptet das Nichtvergehen der Vergangenheit, ihr Hineinwirken in die Gegenwart nicht nur, sondern lässt es Struktur werden. Gegenwart und Vergangenheit treffen nicht einfach aufeinander, sie wirken aufeinander ein. Kindheit ist etwas, über das die Erzählerin nicht verfügt, sondern das erst in schmerzbehafteter Spurensuche wieder aufzufinden ist. Erzählt wird, wie die in Landsberg lebende und insgesamt vierzehn Personen umfassende Familie Jordan im Januar 1945 – unmittelbar vor der Eroberung des Gebiets durch die Rote Armee – zur Flucht aufbricht, wobei sich Mutter und Onkel buchstäblich in letzter Minute entscheiden, das Familienheim im Chaos der Flüchtlingsströme zu sichern. Da der Vater als Soldat eingezogen worden ist, erlebt die fünfzehnjährige Nelly die unverhoffte Trennung von der Mutter als Schock. Dass die Mutter, die sich nur wenige Tage später auf den unvermeidlichen Weg macht, die Familie überhaupt wiederfindet, wird als Glück erfahren. Nach mehreren Zwischenstationen lebt die Familie eineinhalb Jahre in einem Dorf im Westen Mecklenburgs, das zunächst von Amerikanern, dann von Briten und schließlich von Russen verwaltet wird. Hier erlebt Nelly die Rückkehr des bis zur Unkenntlichkeit geschwächten Vaters aus russischer Kriegsgefangenschaft, arbeitet im neuen, von einem ehemaligen Nazi geleiteten Bürgermeisteramt, geht auf ein Gymnasium, erkrankt an Tuberkulose und wird in ein Sanatorium eingewiesen.

Die Familienverhältnisse, in die das Kind hineingewachsen war, werden als kleinbürgerlich charakterisiert, Vater und Mutter arbeiten im eigenen Lebensmittelgeschäft. Obwohl der Vater als Besitzer des Geschäfts gilt, nimmt Mutter Charlotte als gelernte Buchhalterin darin eine absolut gleichrangige Stellung ein. Dem schon vom Ersten Weltkrieg physisch und psychisch geschwächten Vater (er war bei Verdun verschüttet, dann in französischer Gefangenschaft und nach Fluchtversuchen beinahe verhungert) steht die selbstbewusste, vitale und sprachmächtige Mutter gegenüber. Die Eltern sind und werden keine Nazis, kennen jedoch die Gefahren kritischer öffentlicher Äußerungen und versuchen, die Familie und das Geschäft vor jeglicher Politik abzuschotten. Zugleich berichtet die Erzählerin, wie vor allem die aufgeweckte Mutter im Alltag bestimmte Diskriminierungen zu unterlaufen versucht, indem sie z. B., ohne davon Aufhebens zu machen, den aus rassistischen Gründen vom Schuldienst suspendierten Studienrat Lehmann als Nachhilfelehrer für die Kinder anstellt (vgl. KM, 347 f.). Während sich Nelly den ideologischen Einflüssen des als nicht integer erlebten Volksschullehrers noch entzieht, unterwirft sich die ehrgeizige Gymnasiastin der verehrten nationalsozialistisch überzeugten Lehrerin Juliane Strauch bis an die Grenzen des Hörigseins, wie in Kapitel 10 unter der Überschrift »Verführung zur Selbstaufgabe. Gedächtnisverlust. Die Lehrerin« beschrieben wird.

Der militärische Kollaps des Dritten Reichs und der persönliche Nellys fallen zusammen, auf das Elend der in L. eintreffenden Ostflüchtlinge, speziell angesichts eines erfrorenen Säuglings, reagiert sie mit hohem Fieber und gesundheitlicher Krise. Einen Herbst und einen Winter verbringt sie, umgeben von Sterbenden, in einem Krankenhaus für Tuberkulosekranke. Sie entdeckt Goethes Gedichte, die sie ein Leben lang begleiten werden. Die meisten Gedichtzeilen, die sie auswendig kann, hat sie in diesen Jahren aufgenommen. Der Zusammenbruch der äußeren Ordnung geht für die Sechzehnjährige einher mit einer radikalen Abgrenzung von den nun als Alten wahrgenommenen Erwachsenen: »Nelly war auf einmal mit einem scharfen Schnitt von den Älteren abgetrennt. Sie sah, für jene war Besitz und Leben ein und dasselbe« (KM, 435). Eine Jugendphase wird ihr zeitlebens fehlen, so wie Krieg und Nachkriegszeit auch die Mutter Jahrzehnte ihres Lebens kosten: »Nelly fühlte, daß ihre Mutter ihr fremder wurde durch ihr Schicksal, das sie um keinen Preis mit ihr teilen wollte: Eine gut aussehende, lebenspralle Frau von fünfundvierzig Jahren verwandelte sich in einem Jahr zu einer ausgemergelten grauhaarigen Alten« (KM, 475).

Die Ebene der Kindheit und Jugend in »L.«, erzählt in der dritten Person, umfasst hauptsächlich die Jahre 1929 bis 1947, Analepsen reichen zurück bis vor die Geburt Nellys. Die Reiseebene in »G.«, die sich im Unterschied dazu nur auf zwei Tage im Juli 1971 bezieht, ist in der rhetorischen Form der Selbstanrede in der Du-Form gehalten. Beide Ebenen werden gerahmt und kontrastiert durch die zweieinhalb Jahre (vom 3.11.1972 bis zum 2.5.1975) umfassende Ebene der Schreibgegenwart sowie durch eine Ebene der im weiteren Sinne gesellschaftlichen Gegenwart, die den DDR-Alltag einschließlich der Beziehung zu befreundeten Autor/innen einbezieht, aber auch das internationale politische Weltgeschehen (z. B. den faschistischen Putsch in Chile 1973, den Krieg der Amerikaner in Vietnam oder auch Beobachtungen auf der ersten Reise der Wolfs in die USA 1974). Auf sämtlichen Ebenen wird sowohl szenisch-vergegenwärtigend im Präsens als auch distanzierend im Präteritum erzählt, auf der Manuskriptebene kommt mitunter noch eine Futurform hinzu und öffnet den Schreib- und Erinnerungsprozess nach vorn. Sowohl die zweite Person (die Frau, die sich erinnert) als auch die dritte Person (das Kind, das sie einmal war) tragen die Spuren der Selbst-Differenz immer schon in sich. Diese mehrfache Dimensionierung akzentuiert die Risse zwischen Vergangenheit und Zukunft, kindlichem und aktuellem Ich, Text-Ich und empirischem Ich. Mit Margarete Mitscherlich-Nielsen (1980, 119) lässt sich statt von einer Autobiographie vom Roman einer Autobiographie, mit Bernhard Greiner (1985, 111) von einer fiktiven Autobiographie sprechen, welche die Analyse der eigenen Widerstände ins Zentrum stellt. Ziel der aufreibenden Rekonstruktion ist weniger die Freilegung scheinbar objektiver äußerer Ereignisse, als vielmehr ein transparent gemachter kommunikativer Prozess der Selbstkonstituierung des Subjekts im Schreiben, eines Subjekts, das erst am Ende des Buchs, buchstäblich auf der letzten Seite, ich sagen kann.

Noch am Schluss aber sucht die Autorin nach einer Position dem Erinnerten gegenüber. Ihr Buch bleibt ein *Buch der Fragen*, wie es im Neruda-Motto am Anfang geheißen hatte:

> »Das Kind, das in mir verkrochen war – ist es hervorgekommen? Oder hat es sich, aufgescheucht, ein tieferes, unzugänglicheres Versteck gesucht? Hat das Gedächtnis seine Schuldigkeit getan? [...] Und die Vergangenheit, die noch Sprachregelungen verfügen, die erste Person in eine zweite und dritte spalten konnte – ist ihre Vormacht gebrochen? Werden die Stimmen sich beruhigen? Ich weiß es nicht.« (KM, 594)

Dass Wolf in der Modellierung dieses Prozesses unübersehbar auf Methoden der Psychoanalyse zurückgriff, stellte innerhalb der DDR eine wichtige Traditionserweiterung dar, erst 1982 hatte das jahrzehntelange Engagement Franz Fühmanns Erfolg, eine Auswahl von Texten Sigmund Freuds auch dem DDR-Publikum zugänglich zu machen. Bis zum Abschluss des Manuskripts ist der Schreibprozess von Krisen und Blockaden begleitet, Verunsicherung und Selbstzweifel verlieren sich nicht einmal, als der Hauptteil des späteren Buches vorliegt:

> »Es hilft nichts, ich muß mich an die Arbeit setzen. [...] Eigentlich will ich nicht arbeiten, es kommt mir hochtrabend vor. [...] Ich muß heute das vierzehnte Kapitel beenden. ›Ich muß‹ ist wohl dasjenige Wort, das unausgesprochen immer mit mir geht. Ich muß also beschreiben, wie das Leben von Bruno Jordan, der von sowjetischen Soldaten erschossen werden soll, weil er französische Gefangene auf ihrem Marsch begleitete, durch einen Franzosen gerettet wird. Ich versuche es genau so zu schreiben, wie mein Vater es uns erzählt hat. Viele andere Bilder gehen mir dabei durch den Kopf. Ich ende mit dem Ausspruch von Lenka, den ich natürlich erfinde: ganz schön irre das Ganze. Oder findet ihr nicht? Eine einzige Seite. Das ist die ganze Ausbeute dieses Tages. Ich will und kann heute kein neues Kapitel anfangen.« (ETJ, 199)

Die Tagebuchnotiz vom 27. September 1975 unterscheidet sich kaum von ähnlichen Passagen in *Kindheitsmuster*, die Grenzen zwischen literarischem Text und außerliterarischer Selbstverständigung sind fließend.

24 Anrufung der Anderen

Eine deutsche Perspektive auf die Nazizeit, die sich nicht innerhalb des Narrativs vom antifaschistischen Widerstand bewegt, brauchte in der DDR der frühen 1970er Jahre Rechtfertigung. Mehrfach werden russische Freunde als beglaubigende Autorität ins Spiel gebracht, häufig auch der polnisch-jüdische Autor Kazimierz Brandys, der ab 1977 in Polen unter Publikationsverbot stand. Stets heißt es dann »der Pole Brandys«. Die Vergewisserung über das Eigene braucht die Anrufung des Anderen, dieser Anderen. Von welcher Bedeutung Begegnungen mit russischen Intellektuellen und Künstlerfreunden waren, lassen die aus dem Nachlass publizierten Reisetagebücher und Briefausschnitte erkennen (vgl. MTb).

Der 1934 in Pommern geborene Uwe Johnson, der die Erfahrung der Flucht in den letzten Kriegstagen 1945 mit Wolf teilt, ließ um dieselbe Zeit in dem nur in der Bundesrepublik publizierbaren Romanzyklus *Jahrestage* (19701983) seinen komplizierten Erzählpakt zwischen männlichem Erzähler und weiblicher Hauptfigur von New Yorker Juden beglaubigen. Johnson erzählt über beinahe zweitausend Seiten vom Leben seiner Hauptfigur Gesine Cresspahl. Die Mecklenburgerin, welche die DDR aus politischen Gründen verlassen hatte und mit ihrer Tochter Marie 1961 nach New York gegangen war, diskutiert mit der Tochter neben der aktuellen politischen Gegenwart New Yorks durchgängig die Frage ihrer gemeinsamen Herkunft und familiären Geschichte, die in die hier fiktive mecklenburgische Kleinstadt Jerichow der 1930er Jahre reicht. Die zeithistorische Tiefendimension wird stärker als bei Wolf im intergenerationellen Diskurs entfaltet. Auch Johnson problematisiert die Verlässlichkeit der Erinnerung durch eine Hybridisierung der Erzählstimme: Gesines Erinnern wird kommentiert und kontrastiert durch die Nachfragen der Tochter, die Alltagswirklichkeit New Yorks um 1968 und durch die Stimmen der Toten. Der Erzählpakt zwischen Erzähler und Hauptfigur nimmt seinen Ausgangspunkt in einer fast dokumentarischen Szene: der Autor berichtet, wie ihm von New Yorker Juden die Autorität entzogen wird, über das Nachkriegs-Deutschland zu reden und sei es kritisch. In der artifiziellen Erzählkonstruktion trifft man nur an dieser Stelle auf den Namen des Verfassers im Text. In einem seltsam gedoppelten Erzählmodus werden sowohl Ereignis als auch gesprochene Worte wiedergegeben, auktoriale Distanziertheit und personale Fokalisierung sind nicht zu trennen, äußere und innere Wahrnehmung nicht zu unterscheiden. Genau im Anschluss an die Episode, die den deutschen Autor als in Schuldzuschreibungen und -abweisungen verfangen zeigt, wird der Erzählpakt geschlossen und für die Leser/innen in einer kursiv gedruckten Einfügung mit Namen versehen: »Wer erzählt hier eigentlich, Gesine. Wir beide. Das hörst du doch, Johnson« (Johnson 1973, 256). Johnson findet damit eine andersartige, aber nicht weniger komplizierte Erzählkonstruktion als Wolf, um identitätsstiftend-synthetisierendes Erinnern zu unterlaufen.

Im zweiten Kapitel von *Kindheitsmuster*, als die Reise nach Polen genauer beschrieben wird, richtet sich das Erzählinteresse weniger auf die erwähnte ausbleibende Begegnung mit polnischen Nachbarn im Geburtsort, als vielmehr auf Hindernisse im Eigenen: Misstrauen und Abschottung vor Fremden wird als wesentliches Moment frühester familiärer und außerfamiliärer Sozialisation beschrieben. Wenn sich die ab- und ausgrenzende Benennung ›Polackenweib‹ später als eine auf Nellys Großmutter bezogene herausstellt, wird erkennbar, dass Fremdenfeindlichkeit immer auch die Fremdheit im Eigenen meint (s. Kap. I.6). Die Reise nach Polen wird nicht nur als Rückkehr in eine fremde Heimat beschrieben – das Modell der Heimkehrerin erfährt eine Problematisierung –, sondern zugleich als Rückweg in ein historisches Fremdheitsgefühl innerhalb der Herkunftsfamilie. Eine Traumnotiz im Tagebuch vom 27. September 1967, die im Zusammenhang mit der Absicht festgehalten ist, »das 45er Buch« anzufangen, hatte mehrere Fremdheitsebenen symbolisch verschmelzen lassen: Im Traum las die Autorin in einer Stadt, »die Landsberg sein sollte, die ich aber überhaupt nicht kannte«, vor einem »halbmilitärischen« Publikum aus einem Buch, das sie in polnischer Sprache geschrieben hatte. Wenn Sprache zum tragenden Element des Eigenen gerade demjenigen Selbst wird, das sich nicht im »Zu Hause«, sondern »in der Fremde« situiert, ließe sich das Traumsymbol vom eigenen Manuskript in polnischer Sprache deuten als ein akzeptierendes Sich-Einrichten im doppelten Fremdsein: »Daraus sollte ich lesen. Ich hatte es geschrieben, ich wunderte mich ein bißchen, aber absurd kam mir das Ganze nicht vor« (ETJ, 102). In Kapitel 16 von *Kindheitsmuster* findet sich eine Variation, die eher das krisenhafte Moment, den Widerstand und das Gefühl des Scheiterns hervorhebt:

> »Einer der seltenen Träume der letzten traumlosen Zeit: Du sitzt vor einer dir wohlgesinnten Menge und sollst aus einem dünnen Buch vorlesen, das aber in polnischer Sprache geschrieben ist. (Die Sprachen der an-

deren, vor denen man versagt.) Das dünne Buch, dessen Text du nicht entschlüsseln kannst, dessen Sinn du der Menge schuldig bleibst. Das dicke Buch, in das Jahre deines Lebens eingehen. Das du willst und zugleich nicht wollen kannst. Mit angezogener Bremse fahren. Schädigt den Motor.« (KM, 506)

Ab- und Ausgrenzung prägt die Schlüsselszenen der Identitätsentwicklung Nellys: »Polackenpack. Judengesindel. Russenschweine« (KM, 353) sind Worte des Großonkels Emil Dunst, die in das kindliche Gedächtnis eingegangen sind. Polen, Juden und Russen, so hat es das Kind erfahren, wird der Status des Nicht-Eigenen unhintergehbar zugeschrieben. In der Figur des Kindes werden affektiv aufgeladene Grenzziehungen besonders gut sichtbar, ist doch in einem Selbst, das sich gerade erst bildet, diese Grenze noch nicht so stark gesichert wie in dem erwachsenen. Unnormal gehört neben triebhaft, artfremd, unrein und geschlechtskrank zu den »Glitzerworten« (KM, 90), jenen magischen, tabuartig funktionierenden Worten, in denen dem Kind – unbefragbar – Verhaltensregeln geradezu eingepflanzt wurden: »Nicht normal sein ist das Schlimmste überhaupt« heißt es im Zusammenhang mit dem behinderten Heini (KM, 91). In Kapitel 5 wird die Beschimpfung der »Schneewittchen« und »Hexe« genannten Alten als Element der Initiation in die Gemeinschaft der Dorfkinder erzählt (KM, 156; vgl. auch die Variante in NdL, 66). Selbstverleugnung und Unterordnung ist der Preis, den das Kind bereitwillig zahlt, in der Gruppe der Kinder ebenso wie in der Familie und in der Schule. Nelly lernt, sich bewusst zu verstellen und erlebt sich schon früh geradezu als gespalten. Das Verleugnen der Gefühle, die als Unaufrichtigkeit erfahrene Anpassung wird sie bis ins Erwachsenenleben hinein als Schuld begleiten. Mit der behinderten Tante Jette hatten die Jordans auch ein Opfer der Euthanasiepolitik in der eigenen Familie: »Was Nelly wußte oder spürte – denn in Zeiten wie diesen gibt es viele Stufen zwischen Wissen und Nichtwissen: Mit Tante Jettes Tod stimmte etwas nicht« (KM, 290). Besonders achtsam versucht die Autorin zu rekonstruieren, wie aus Dr. Leitner, »Tante Liesbeths Hausarzt«, erst der »jüdische Arzt« und schließlich der »Jude« wurde. Angesichts des späteren Wissens um das Ausmaß der massenhaften Verfolgung und Vernichtung von Jüdinnen und Juden ist auch im Familiengedächtnis der Jordans jede episodische Erinnerung immer schon mehrfach überschrieben von der Frage nach dem Verhältnis von kollektiver und individueller Schuld. In den Text eingeführt wird Dr. Leitner als Ehrengast eines Familienfests, der Taufe von Vetter Manfred. Als gebildeter Arzt mit vornehmen Manieren wird sein Status als ein von vorn herein besonderer in das kommunikative Familiengedächtnis eingehen. Erst viel später verdichten sich für Nelly die Hinweise darauf, der Vertraute der Tante könnte auch deren heimlicher Geliebter und Vater des Vetters gewesen sein, 1944 ein lebensgefährlicher Umstand für alle Beteiligten. Um die Person Dr. Leitner rankt sich also ein Familiengeheimnis, in dem sexuelle und soziale Tabus verschmolzen sind. Erkennbar richtet sich die narrative Aufmerksamkeit auf Details: auf ins Bild- und Körpergedächtnis Nellys eingegangene Situationen und Stimmungen, auf Sprechweisen, Anreden, Zwischentöne. Wörtliche Rede auf der Handlungsebene und Erzählerkommentar wechseln mehrfach und folgen ebenso schnell aufeinander wie unterschiedliche Zeitebenen und Zeitformen:

»Vetter Manfreds Taufe fiel in den Frühherbst des Jahres 35. Es war der allerletzte Monat, in dem Otto Bohnsack (Getreide und Futtermittel) es sich, nach einigem Zögern, nach Beratung mit seiner Frau, leisten konnte, sich mit einem Juden an einen Tisch zu setzen. (Du wirst doch vermerkt haben, daß Doktor Leitner Jude war?)« (KM, 119 f.)

Das spätere Wissen um die systematische Judenverfolgung nimmt dem erinnerten albernden Fragespiel der als Zigeunerin verkleideten Tante Emmy jegliche Leichtigkeit, allerdings auch schon – so wird es erzählt – zum Zeitpunkt des Geschehens. Vom Kind aufgeschnappte Erwachsenenworte wie »Schicksal« oder »Kommen«, »Gehen«, »Bleiben« verlieren nicht erst retrospektiv ihren Spielcharakter, sofern sie Dr. Leitner betreffen. Die brennende Synagoge am 9. November 1938 und die »vier oder fünf Männer mit langen Bärten, schwarzen Käppis auf dem Kopf und schwarzen, langen Mänteln«, die etwas Glänzendes aus der verkohlten Ruine bergen, bilden ein, wie es heißt, »inneres Bild«. (»Blut, Blut, Bluhuhut, Blut muß fließen knüppelhageldick...) Die Juden sind anders als wir. Sie sind unheimlich. Vor den Juden muß man Angst haben, wenn man sie schon nicht hassen kann« (KM, 236 f.).

Erkennbar interessiert sich Wolf für das »kommunikative Unbewusste« im episodischen, semantischen und prozessualen Familiengedächtnis. Drei Jahrzehnte später werden Sozialpsychologen wie Harald Welzer sich wiederholende Metaphern und Strukturen des Umerzählens in deutschen Familiengedächtnissen nach 1945 offenlegen. Wer wann was gewusst haben kann, ist ein Leitthema Wolfs. Noch in den Fieberträumen der Erzählung *Leibhaftig* (2002) tauchen Tante Lisbeth (hier in dieser Schreibung) und Dr. Leitner als vom Gesetz der »Rassenschande« bedrohtes Liebespaar mit Kind auf. Die Figur des Dr. Leitner, eine der wenigen als stark gezeichneten männlichen Personen im Text, ist authentisch. 1984 hatte sich Dr. Alfred Lechner (1899–1992), der 1938 emigrieren musste und, inzwischen 84-jährig, in Kanada lebte, in der Romanfigur wiedererkannt und den Kontakt zu Wolf aufgenommen (vgl. ETJ, 359 f. u. 648). Im Gespräch mit ihrer Enkelin erwähnt Wolf im Sommer 1998 ihre (nicht realisierte) Absicht, den Briefwechsel mit Lechner zu veröffentlichen (Simon 2013, 30–32). Flankiert wird die Darstellung des Dr. Leitner durch einen Verweis auf den Verwandten Onkel Emil Dunst, der 1937 eine »Bonbonfabrik des Juden Geminder kaufen konnte« (KM, 145). Mit der Erwähnung dieses Onkels ist ab da so gut wie immer die Erwähnung dieser fragwürdigen Übernahme verbunden. Kapitel 6 von *Kindheitsmuster* widmet sich der – wie es in der Kapitelüberschrift heißt – »Einübung in Haß«: »Ein deutsches Mädel muß hassen können, hat Herr Warsinski gesagt: Juden und Kommunisten und andere Volksfeinde. [...] Nelly haßt den starken Rudi. Einen Juden hat sie ihres Wissens noch nie gesehen, auch einen Kommunisten nicht« (KM, 191 f.).

Im selben Kapitel findet sich eine interessante narrative Verknüpfung zweier scham- und angstbesetzter Erlebnisse, die tiefe Spuren im Imaginären des Kindes hinterlassen haben: Nelly träumt, nachdem sie judenfeindliche Bemerkungen eines Besuchers ihres Vaters (Leo Siegmann) aufgeschnappt hat, von einem Judenjungen, dem ersten Juden, »den Nelly näher kennenlernen sollte« (KM, 199). Im Traum, so wird es beschrieben, versucht sie wieder und wieder »an ihm vorbeizukommen« und ihm, wie es in der mitgehörten Erzählung Leo Siegmanns geheißen hatte, »eine reinzuhauen«, wie sie es auch im Traum als »ihre Pflicht« ansieht. Unmittelbar auf diesen Traum folgt die Erinnerung an eine das Kind zutiefst verstörende Begegnung mit einem Mann, »der etwas Weißliches, Langes aus seiner Hose herausgeholt hat und daran zieht und zieht, daß es immer länger wird, eine weiße widerliche Schlange, auf die Nelly starr den Blick heften muß, bis sie die zehn, zwanzig Schritte geschafft hat und der Bann gebrochen ist und sie losrennen kann, hetzen, jachtern« (KM, 201). Vergleicht man diese Episode mit der Schilderung innerhalb der 1971 entstandenen Vorform *Nachruf auf Lebende. Die Flucht*, so wird deutlich, welche Schlüsselstellung sie innerhalb der Kindheitsprägungen zugestanden bekommt. In der frühen Fassung war das Erlebnis noch nicht in einen narrativen Zusammenhang mit dem ›Glitzerwort‹ Juden gebracht worden. Was dort als Teil kindlicher Schamerziehung benannt ist: »Ein Vorgang, den ich durchaus nicht verstand, aber vorsichtshalber verschwieg, weil mir in Fleisch und Blut gedrungen war, daß alles Unbekannte zuerst einmal Gegenstand von Sorge sein müsse« NaL, 28), wird in *Kindheitsmuster* kunstvoll in die Analyse des Unbewussten eingeordnet. Der Textvergleich lässt einen Grad an Ästhetisierung des Biographischen erkennbar werden, der *Kindheitsmuster* zu einer Gattung eigenen Typs macht. Aus der genauen Nachzeichnung einer tabuisierten Zone geht der Versuch hervor, Tabuisierungsstrukturen zu durchdringen und »jene zahllosen Einzelheiten« zusammenzutragen, »die strenger als Gesetze regeln, worüber zu reden, was unwiderruflich zu verschweigen ist und wie« (KM, 201). Beide Erinnerungsbilder, die geträumte Begegnung mit dem Judenjungen und die erlebte mit dem Exhibitionisten, sind narrativ und im emotionalen Gedächtnis des Kindes affektiv durch das Motiv des grauenvollen und Ekel erzeugenden »Vorbeikommens« verbunden. Auf der Erzählebene wird ein Zusammenhang über das Wort »unrein« hergestellt: »Jedenfalls mied sie das Unreine, auch in Gedanken« (KM, 203). Ein zweites Mal überlagern sich, wie schon im Fall des Dr. Leitner, sexuelle und soziale Scham, sexuelles und soziales Tabu. Dass die DDR-Rezeption von *Kindheitsmuster* die Ebene des Antisemitismus und der Shoah weitgehend ausließ, zeigt an, wie weit Wolf dem öffentlichen Selbstverständigungsdiskurs voraus war. Sowohl im Buch als auch in der Diskussion in der Akademie der Künste thematisiert Wolf das Fehlen des Namens Eichmann im Geschichtsbuch ihrer Tochter. Zu diesem Zeitpunkt ist die literarische Auseinandersetzung mit dem Massenmord an Juden und Jüdinnen innerhalb der DDR-Literatur noch auf wenige Texte beschränkt wie z. B. Franz Fühmanns Erzählung *Das Judenauto* (1962), Johannes Bobrowskis Roman *Levins Mühle* (1964: s. Kap. I.3), Jurek Beckers Roman *Jakob der Lügner* (1968), Fred Wanders *Der siebente Brunnen* (1971) oder Stefan Heyms *König David Bericht* (1972 BRD, 1973 DDR). Im Druckgenehmigungsverfahren von *Kindheitsmuster* (s. Kap. IV.49) konzentrieren sich Einwände auf die Gestaltung der Vergewaltigungen durch Soldaten der Roten Armee, die Ebene der Judenverfolgung findet nur nebenbei unter dem Schlagwort vom ›gewöhnlichen Faschismus‹ überhaupt Erwähnung, Antisemitismus gar nicht.

25 Generation und Geschlecht

Kindheitsmuster bildet bis heute einen wichtigen Ausgangspunkt für disziplinenübergreifende Debatten zur Differenz weiblicher und männlicher Kriegs- und Nachkriegserfahrungen. Wolfs Aufwertung der weiblichen Sozialisation, Wahrnehmungs- und Erinnerungsperspektive ließ diese Differenz unübersehbar werden. Dass die Autorin dabei auch einer bis dahin in der DDR weitgehend tabuisierten Kollektiverfahrung nicht auswich, den Vergewaltigungen deutscher Frauen durch Soldaten der Roten Armee in den letzten Kriegs- und ersten Nachkriegswochen, wurde genau registriert. Dabei versucht die Autorin zunächst, selbst Gesehenes von Gerüchten, Erlebnis von Beobachtung zu unterscheiden. Von einer »Angstbereitschaft« ist in Kapitel 15 die Rede, die der später eintretenden Gewalt vorausging:

> »Sie hatte in ihrem Leben keinen Russen gesehn. Woran dachte sie, wenn sie ›der Russe‹ sagte? Woran hat Nelly gedacht? Was sah sie? Das bluttriefende Ungeheuer auf dem Buchdeckel des Bandes ›Der verratene Sozialismus‹? [...] Oder sah sie gar nichts? Genügte ihrer Angstbereitschaft der Schrecken, der von dem düstergeheimnisvollen Wort ›vergewaltigen‹ ausging? (Die Russen vergewaltigen alle deutschen Frauen: unbezweifelbare Wahrheit. Ein Mädchen, das nicht imstande ist, seine Unschuld zu bewahren. Dunkles Gerangel von Körpern und, sicherlich: Schmerz und Schande, unvermeidlich danach: der Tod. Dies überlebt keine deutsche Frau. Ein Glied mehr in der Kette, die körperliche Liebe und Angst aneinanderfesselt).« (KM, 467 f.)

Warum ist die letzte Passage in Klammern gesetzt? Klammern tauchen inflationär auf, oft haben sie die Funktion, wie nebenbei Informationen zum emotionalen Gedächtnis und zum geistigen Horizont Nellys zu liefern. Da man jedoch auf allen Textebenen auf sie stößt, lässt sich eine konsequent durchgehaltene Funktion nur schwer erkennen. Offensichtlich geht es darum, die Gültigkeit des Gesagten einzuschränken, sucht Wolf nach einer Technik, unter Vorbehalt sprechen zu können. Der Text nähert sich damit mündlicher Kommunikation an, voller Abschweifungen und nicht zu Ende gebrachter Gedankenanläufe.

Kapitel 17 stellt den August 1945 ins Zentrum, als Familie Jordan (Mutter Charlotte, Bruder Lutz und Nelly) nach der Flucht aus Landsberg/Warthe im mecklenburgischen Dorf Bardikow lebt, während der Vater in russischer Kriegsgefangenschaft ist. Scheinbar nebenbei wird hier auch von der Schwächung der männlichen Position in familialen Beziehungen erzählt, vom Prozess des Autoritätsverlusts der Väter, Brüder, Ehemänner in der Folge der beiden Weltkriege. Frauen unterschiedlicher Generationen sind es, die für das Weltbild und Wertesystem Nellys von prägender Bedeutung sind. Die Flüchtlinge, die auf einem weit außerhalb des Dorfes liegenden Bauernhof Unterkunft gefunden haben, sehen sich Überfällen marodierender Soldaten der Roten Armee ausgeliefert. Das angstbesetzte Verhältnis zu den uniformierten Siegern in einer Phase des Zusammenbruchs zivilgesellschaftlicher Ordnung wird über zwei Begebenheiten beschrieben, die im Nachhinein die Form der beinahe humorvoll erzählten Familienanekdote angenommen haben: Wie die sechzehnjährige Nelly, als Sekretärin für den Bürgermeister arbeitend, in Panik vor dem ersten Russen, der das Bürgermeisteramt betritt, flieht; und mittels welcher ausgefeilten Logistik die Notgemeinschaft der Flüchtlinge nachts im einsamen Bauernhaus vor allem die Frauen und Mädchen vor den betrunkenen Rotarmisten zu schützen versucht. Die literarische Form dieses »Kapitels Angst« ist in der Vielfalt von Erzähl- und Wertungsperspektiven beinahe überstrukturiert zu nennen, sie changiert zwischen der möglichst genauen Nachzeichnung damaliger Ängste und aus späterem Wissen abgeleiteten Wertungen, zwischen dem Ernstnehmen individueller Erfahrung und dem Ringen um historisierende Einordnung, zwischen narrativer Distanz und banalisierender Abwehr. Angst bildet den Fluchtpunkt aller Beschreibungsebenen, sowohl der darstellenden als auch der reflektierenden. Die auf allen Ebenen aufgeworfenen Fragen werden nicht in ein resümierendes Urteil zusammengeführt, sondern einer mündigen Leserschaft als Geflecht widersprüchlicher bis gegensätzlicher Einschätzungen präsentiert.

Nach dem langen Gespräch mit einem ostdeutschen Taxifahrer, der trotz Geschichtsaufklärung in Schule und Medien die deutsche Kriegsschuld in der Erzählgegenwart der 1970er Jahre noch immer relativiert, diskutiert die Erzählerin im Kommentar erneut ihren Widerstand, Kriegsverbrechen auch von sowjetischer Seite literarisch Raum zu geben. Was wäre zu tun, so räsoniert sie, um »die beiden Texte, die in Herrn X' Kopf nebeneinander laufen, auf ein und dasselbe Blatt zu bringen« (KM, 523), also das abstrakte Wissen um die deutsche Kriegsschuld mit der konkreten Erfahrung und Schuldzuweisung an die Sieger (»Was die dann mit uns gemacht haben«) zu verbinden? »Fast hätte Herr X dich dazu gebracht, die Geschichten von Bardikow als eine Kette von Zeitungsanekdoten zu erzählen. […] Rechtzeitig fällt dir ein, was in den Gesprächen zwischen dem Moskauer Geschichtsprofessor und dir eines der Hauptthemen war: Die verfluchte Verfälschung von Geschichte zum Traktat« (KM, 523). Die diskursiv ausgestellte Offenheit wird durch die Einfügung einer politisch-moralischen Autoritätsfigur konterkariert, der Wertungshorizont der Schreibenden – die »vierte Dimension« – transparent, um Wolfs Terminus aus dem Essay »Lesen und Schreiben« aufzugreifen (s. Kap. II.B.16). Offengelassen wird die Antwort auf die als ästhetisch etikettierte Frage, »wann ihr angefangen habt, über diese Geschichten zu lachen« (KM, 535). Wechselnde Bezugssysteme der Erinnerung werden benannt, aber nicht ineinander aufgelöst.

Der Rückgriff auf ein episodisches und anekdotenreiches Erzählen in diesem Kapitel lässt sich vor dem Hintergrund seiner Entstehungsbedingungen als Strategie einer Aufwertung der Geschichte von unten deuten. Kriegserfahrung bildete bis 1989 ein Feld härtester Kanonisierungskämpfe innerhalb der DDR-Literaturgesellschaft. Obwohl Literatur über den Zweiten Weltkrieg ganze Verlagsreihen dominierte, fehlte die weibliche Perspektive darauf, nachdem sie zwischen 1945 und 1948 eine kurze Publikationsblüte erlebt hatte. Ab 1950 schien der Krieg ein Thema ausschließlich männlicher Autoren zu sein. In den zahlreichen im Dietzverlag und im Militärverlag veröffentlichten Memoiren sowjetischer Generäle und Diplomaten war schon das Wort Vergewaltigung tabu. Die in der Bundesrepublik publizierten Tagebuchaufzeichnungen Ruth Andreas-Friedrichs und Günther Weisenborns erschienen in der DDR bis in die frühen 1980er Jahre nur in Fassungen, welche die Vergewaltigungen auslassen. Selbst die Memoiren Ilja Ehrenburgs waren offiziell in der DDR erst 1978 zugänglich, lange nach der westdeutschen Erstausgabe von 1962–1965. In den Publikationsgeschichten von Werner Heiduczeks *Tod am Meer* und Erwin Strittmatters *Wundertäter III* (beide 1977) spielte das Thema Vergewaltigung eine wichtige Rolle. Das Bild der sowjetischen Befreier war noch längst nicht zur subjektiven Ausformung freigegeben (vgl. Dahlke 2000). Während stereotypisierte Einzelszenen der Gewaltakte die privaten Erinnerungsdiskurse auch der Ostdeutschen beherrschten, war eine öffentliche Kommunikation darüber innerhalb der DDR auf die literarische Thematisierung geradezu angewiesen (s. Kap. I.4).

Dass die Autorin Abwehrstrategien gegenüber der schuld- wie schambesetzten unerwünschten Erfahrung (Ursula Heukenkamp) in ihr »Kapitel Angst« mit aufnimmt, lässt den Text zum Dokument der Determiniertheit individuellen Erinnerns durch kollektive Deutungsmuster werden. Erinnerungssplitter, die in engerem oder weiterem Zusammenhang mit russischer Gewalt stehen, sind in ein ganzes Geflecht relativierender Kommentare eingebettet. Die Erinnernde kann das Eindringen der Russen in das »Arche« genannte Versteck der Flüchtlingsgemeinschaft noch immer nur verstrickt in Schuldgefühle erzählen, die Schreibende sieht sich umstellt von ideologischen, auch rassistischen Stereotypen und behindert durch patriarchal geprägte Konventionen ästhetischer Darstellbarkeit. Erst zum Zeitpunkt der Niederschrift, als das Tabu als solches erkennbar wird, drängt sich die Einsicht in den Vordergrund, es könne sich bei der hier ins Zentrum gestellten Angst um eine ›Grundangst‹ handeln, eine davor, »zuviel zu erfahren und in eine Zone der Nichtübereinstimmung gedrängt zu werden« (KM, 545 f.). Es ist sicher kein Zufall, wenn gerade in dieses Kapitel ein Traum von Heimatlosigkeit eingefügt ist, der die Erzählerin in Verzweiflung versetzt. Die Sequenz endet mit dem Satz: »Es gibt keine Aussicht für dich, je nach Haus zu kommen« (KM, 535). Lässt er sich im Kontext der Vergangenheitsebene als Anspielung auf die Erfahrung der Vertriebenen deuten, so verweist der narrative Zusammenhang zugleich auf der Gegenwartsebene auf die Angst, sich in eine politische Heimatlosigkeit hineinzuschreiben. Die Verfolgung der scheinbar »grundlosen« Angst führt zu der offenen Frage: »So wäre die Angst als Wächter gesetzt vor die Höllen der Selbsterfahrung?« (KM, 556). Nur über die schmerzhafte Auseinandersetzung mit verinnerlichten Verdrängungsstrategien, so führt Wolf vor Augen, werden bestimmte Erfahrungen der Reflexion zugänglich. Die Entscheidung zum Abbruch des Vorabdrucks des vieldiskutierten und bis zum Ende der DDR unpubliziert gebliebenen Romans *Herz und Asche* des estnischen DDR-Autors Boris Djacenko in der *Neuen Berliner Illustrierten* (NBI) hatte sie 1958 noch verteidigt. Die damalige Argumentation des Vorstandsmitglieds des DDR-Schriftstellerverbandes um die als nichtsozialistisch denunzierte »harte Schreibweise« im Rückgriff auf moderne »westliche« Erzählverfahren z. B. Norman Mailers oder Ernest Hemingways lässt erkennen, welchen Weg die Autorin politisch, vor allem aber ästhetisch zurückzulegen hatte, um *Kindheitsmuster* schreiben zu können.

Eine nicht zu unterschätzende Rolle für die intendierte Analyse des Selbst spielen die vielen Traumnotate. Ob Ängste und Schamgefühle, durch den Schreibprozess befördert, an die Oberfläche des Bewusstseins drängen oder ob der eigene Tod imaginiert wird, die Träume bilden eine eigene Dimension des Textgeflechts. Deren Deutung überlässt die Autorin weitgehend den Lesenden. Nicht zufällig schließt Wolf ihre umfassende Selbsterkundung mit einem Satz, der dem Traum ein Erfahrungspotential zugesteht: »Sicher, beim Erwachen die Welt der festen Körper wieder vorzufinden, werde ich mich der Traumerfahrung überlassen, mich nicht auflehnen gegen die Grenzen des Sagbaren« (KM, 594). Dass dies kein einfacher Entschluss ist, wird der lange Weg bis zum Status von Träumen und Traumanalyse in *Stadt der Engel* zeigen. Über Grenzen sprachlich formulierbaren Wissens hinauszugelangen, durchzieht als Formel von den Grenzen des Sagbaren das Wolfsche literarische und essayistische Gesamtwerk wie Manfred Jäger treffend feststellt (Jäger 1979, 131). Sich dem auszusetzen muss das eigene Schreiben nahezu zwangsläufig permanent in die Krise führen. Wolf setzt sich dieser Gefährdung lebenslang aus.

Wo es um die Geschichte des Stalinismus geht, wird die Erzählperspektive der Fremdheit vermieden. Als die schreibende Erzählerin während lokalgeschichtlicher Recherchen im Landsberger *General-Anzeiger* auf Meldungen von 1937 aus Moskau stößt – »›Beginn des Moskauer Prozesses gegen Radek und andere.‹ 17 Todesurteile« und »Acht Sowjet-Generale hingerichtet!« (KM, 216 u. 218) –, konstatiert sie verwundert, dass diese Nachricht sie persönlich angeht, während sie von den damaligen Zeitungsschreibern und auch den Zeitungslesern, »unter denen Nelly ja aufwuchs«, »die« und »denen« denkt, »als seien es Fremde«. Gerahmt wird das Thema auf der Gegenwartsebene von der Frage der Tochter Lenka nach Chrustschow und vom Übergang in einen Modus des Wir. Die Erzählerin spricht von der »Pflicht, anzudeuten, was mit uns geschehen ist« (KM, 217). Bei Andeutungen bleibt es. Rückblickend wird die Autorin ihre Scheu reflektieren, sich literarisch mit den Abgründen der Stalinzeit auseinanderzusetzen. Da ihr jener Grad an Souveränität fehle, der eine solche Auseinandersetzung auch künstlerisch produktiv machen würde und da sie Enthüllungsliteratur zwar für notwendig, aber ungenügend halte, stehe ihr diese Arbeit noch bevor, schreibt sie 1981: »Aber natürlich, sage ich, sei auch meine Angst davor, noch einmal, wie in ›Kindheitsmuster‹, an meine eigenen Irrtümer herangehn, ihnen auf den Grund gehen zu müssen, ein Motiv dafür, daß ich so lange zögere« (ETJ, 297). Im Tagebuchtext wird deutlich, dass es sich bei diesem Thema um eines handelt, welches die Gespräche der Eheleute Wolf seit Jahrzehnten begleitet. Fünf Jahre später, aus Anlass eines Besuchs bei Max Frisch in Zürich, die Ära Gorbatschow hat gerade begonnen, hält die Autorin fest: »Als ich ›Kindheitsmuster‹ schrieb, wäre es mir nicht eingefallen, irgendwelche Parallelen zwischen dem deutschen Faschismus und dem sowjetischen Stalinismus zu ziehen. Ich sah diese beiden Phänomene, trotz Ähnlichkeiten in einer Reihe von Erscheinungen, als von der Wurzel her verschieden an« (ETJ, 403).

26 Rezeption

»Christa Wolf, wache Zeitgenossin und Gegnerin des Faschismus von damals und von heute […] hat mit diesem ihrem gewichtigsten Buch einen eigenwilligen eigenen Beitrag geleistet zur Fortsetzung der reichen Tradition antifaschistischer deutscher Literatur, so andersartig er auch aussehen mag« (Richter 1977, 676). »Christa Wolf weigert sich, einen ›Wandlungsroman‹ zu schreiben« (Bock 1977, 112). »›Unerhört!‹ Denn mir stößt auf, daß Nelly und ihre Leute, Nutznießer des Regimes, wenn auch im Kleinstformat, als die Betroffenen sich gerieren. Solche Wehleidigkeit erinnert mich peinlich an jene Perversion und Umkehrung des Leidensbegriffs […] wie sie sich Himmler für sich und das ganze Nazitum zugute tat« (Auer 1977, 850). Größer konnten die Gegensätze kaum sein, welche die Aufnahme des Buchs in der DDR ausmachten (s. Kap. IV.49). Wie jedes innovative Kunstwerk polarisierte *Kindheitsmuster* vor allem die professionelle Leserschaft. In der Reaktion auf die kühne literarische Erkundung gab jede/r Teilnehmende den eigenen Standort zu erkennen. Neben politischen und ästhetischen Differenzen traten vor allem auch Erfahrungsunterschiede der Generationen scharf hervor.

Obwohl Wolf eine Gattungsbezeichnung vermied, wurde das Buch zunächst vorrangig als Autobiographie gelesen, die intim-familiäre Widmung »Für Annette und Tinka« mag diese Lesart verstärkt haben. Die in einer Vorbemerkung – mit den Initialen der Autorin unterzeichnet – vorgenommene Abwehr biographischer Identifizierung der Figuren und Situationen konnte diese Tendenz kaum verhindern. Abweichend von vergleichbaren Distanzierungsformeln schlägt Wolf in persönlichem Gestus einen Bogen von den »Erfindungen der Erzählerin« zum »Verhalten vieler Zeitgenossen«. Sie beharrt damit nicht nur auf Fiktionalität, sondern erhebt auch den Anspruch, in der individuellen die kollektive Geschichte zu zeigen. Der letzte Satz lässt erkennen, in welchem Maße die Schreibende kritische Einwände von allen Seiten voraus sah. Ironisch heißt es im Prolog: »Man müßte die Verhältnisse beschuldigen, weil sie Verhaltensweisen hervorbringen, die man wiedererkennt« (KM, 10). Zu den Paratexten gehört außer den Kapiteltiteln (in der Erstausgabe wie erwähnt noch auf den letzten Seiten des Buches) auch ein Motto von Pablo Neruda, das mit einer erinnerungsphilosophischen Frage anhebt: »Wo ist das Kind, das ich gewesen,/ ist es noch in mir oder fort?« und auf eine Schlüsselfrage hinläuft, die sich im Kontext des Abdrucks poetologisch deuten lässt: »Wann liest der Falter, was auf seinen/ Flügeln im Flug geschrieben steht?« (KM, 11). Vor die literarische Rekonstruktion ihrer Subjektgeschichte setzt die Autorin ein poetisch-paradoxes Zeichen der Demut, der Einsicht in die Vergeblichkeit, ja Maßlosigkeit des eigenen Anspruchs. Als Leseanweisung verstanden fordert ein solches Motto zugleich zu kritischer Rezeption wie zu Empathie mit dem/der Fragenden, Suchenden auf.

Auch im Haupttext setzt Wolf Reflexionen über die Schwierigkeiten des Schreibens an den Anfang. Die Lenkung der Aufmerksamkeit auf die poetologische Problematik wird in der DDR-Erstausgabe dadurch gestärkt, dass die ersten vier Sätze (und eben kein zeithistorisches Foto oder gar ein Porträt der Autorin) die Vorderseite des Schutzumschlags auch graphisch prägen. Entschieden werden die Lesenden so auf eine bislang unbekannte Textgattung vorbereitet, die ihnen eine ungewohnte Lektüreweise abverlangen wird. Eine Hypothese wird formuliert und sofort zurückgenommen, »sprachlos bleiben oder in der dritten Person leben« (KM, 13) als unaufhebbares Dilemma benannt, das bereits Geschriebene als »Packen provisorisch beschriebenen Papiers« (KM, 13) erwähnt und verworfen. Den Ausgangspunkt des Texts bildet schließlich die Diagnose einer »Sprachstörung: Zwischen Selbstgespräch und der Anrede findet eine bestürzende Lautverschiebung statt, eine fatale Veränderung der grammatischen Bezüge. Ich, du, sie, in Gedanken ineinanderschwimmend, sollen im ausgesprochenen Satz einander entfremdet werden« (KM, 13). Eine Verführung zum Eintritt in eine literarische Welt klingt anders. Über retardierende Schleifen werden die Lesenden, ob sie wollen oder nicht, in den Schreibprozess hineingezogen, verworfene Varianten des Erzählens werden zugleich aufgerufen und negiert:

> »Frühere Entwürfe fingen anders an: Mit der Flucht – als das Kind fast sechzehn war – oder mit dem Versuch, die Arbeit des Gedächtnisses zu beschreiben, als Krebsgang, als mühsame rückwärts gerichtete Bewegung, als Fallen in einen Zeitschacht, auf dessen Grund das Kind in aller Unschuld auf einer Steinstufe sitzt und zum ersten mal in seinem Leben zu sich selbst ICH sagt. Ja: am häufigsten hast du damit angefangen, diesen Augenblick zu beschreiben, der, wie du dich durch Nachfragen überzeugen konntest, so selten erinnert wird.« (KM, 16)

Der ellenlange Satz vereinfacht den Prozess der Entstehung des Buches nicht. In seinen Verschachtelungen und Verästelungen macht er die Skrupel der Schreibenden mimetisch nachvollziehbar. Zugleich gibt sein Inhalt Einsicht in den Charakter des Erzählwerks, das er eröffnet. Das Buch wird sich selbst zum Gegenstand, nicht erst, wenn im 15. Kapitel über eine Lesung aus dem 11. Kapitel berichtet wird (KM, 450). Wie bewusst Wolf nach einem passenden, die Lektüre lenkenden Motto gesucht hatte, zeigen die im Archiv zu findenden Varianten mit Zitaten von Karl Marx, Jakob Wassermann und Kazimierz Brandys. Sie konnte sicher sein, dass heimische Leser/innen solche Verweise nicht nur als Traditionsbekenntnis auffassen würden, sondern auch als Anregung zur Lektüre eines kritisch erweiterten Kanons der Weltliteratur. Was nach 35 Anfangsversuchen schließlich als der erste Satz des Kindheitsbuchs stehen bleibt, ist aus William Faulkners *Requiem for a Nun* (1950), 1. Akt, 3. Szene übernommen: »The past is never dead. It's not even past.« Wolfs Paraphrase lautet: »Das Vergangene ist nicht tot; es ist nicht einmal vergangen.« Im Unterschied zum Motto hat die Autorin die Sequenz nicht als Zitat markiert und sie damit zum Teil des eigenen Texts erklärt. In einem Staatsgebilde, das sich den radikalen Bruch mit dem Vorangegangenen und den sozialen und politischen Neubeginn auf die Fahnen geschrieben hatte, erhielt die Aussage eine Brisanz, die weit über die Dimension des Autobiographischen hinausreichte.

Den äußerst grundsätzlich, ja denunzierend angelegten Einwand von Annemarie Auer in der einflussreichen und international beachteten Zeitschrift *Sinn und Form* (4/1977) gegen ihre subjekt- und alltagsbezogene Art der Auseinandersetzung mit dem Nationalsozialismus hatte Wolf in der Kontrast-Figur des sachlich-wissenschaftlich argumentierenden Bruders Lutz bereits vorweggenommen: die Forderung nach einer positivistisch-chronologischen und objektiven Darstellung der Geschichte. Auers mit der Autorität der Älteren vorgebrachter militanter »Gegenerinnerung« stand in den *Weimarer Beiträgen* die differenzierte Beschreibung Sigrid Bocks gegenüber. Während Auer die autobiographischen Bücher des 1889 geborenen Ludwig Renn zum Modell erhebt und ansonsten mit Vorwürfen von »Selbstmitleid«, »Wehleidigkeit«, einem »verwaschenen politischen Standort«, »Ich-Faszination«, »Elitebewußtsein« und »aus der Luft gegriffenen Moralkriterien« Rahmen und Vokabular einer Literaturkritik durchgängig verließ, legte Bock die poetologischen Hintergründe der »Komplizierung der Textstruktur« offen und würdigte außerdem den Status des Buchs innerhalb der Entwicklung der DDR-Literatur überhaupt, indem sie von einem darin sichtbar werdenden neuen geschichtlichen Standort für das Erzählen sprach. Bereits die erste interne Diskussion nach einer Lesung aus dem noch unveröffentlichten Manuskript in der Akademie der Künste am 8.10. und 3.12.1975 (in *Sinn und Form* 2/1976 und *neue deutsche literatur* 6/1976 erschienen das achte und das erste Kapitel im Vorabdruck) ließ jedoch erkennen, dass Wolfs innovativer Zugang elementare zeitgeschichtlich herangereifte Fragen zum Umgang mit der Vorgeschichte der DDR-Gesellschaft artikuliert hatte. Mit der Beschränkung auf die ökonomisch-soziale Erklärung des Faschismus als Folge des Kapitalismus und ›dem Sozialismus wesensfremd‹ war für die unterschiedlichen Generationen längst nicht alles gesagt, von einer Auseinandersetzung mit der nationalsozialistischen Vergangenheit gar nicht zu reden. Dass Positionen aus dieser Debatte unter dem Titel »Erfahrungsmuster« in Wolfs Essayband *Fortgesetzter Versuch* (1979) innerhalb der DDR zitierbar wurden, trieb den Prozess der gesellschaftlichen Selbstverständigung spürbar voran.

Was Hans Richter in seiner ansonsten respektvollen und für die ästhetische Originalität offenen ausführlichen Besprechung denn doch als Mangel an politischer Eindeutigkeit in *Sinn und Form* vermisst hatte, wurde von nichtoffizieller Seite gerade dankbar aufgegriffen. In der – im Anschluss an den zwölfseitigen Aufsatz des 1928 geborenen Jenaer Germanistikprofessors – von der Redaktion abgedruckten kurzen Wortmeldung der unbekannten 1943 geborenen späteren Kinderbuchautorin Monika Helmecke wurde explizit die Einseitigkeit der publizistischen Aufarbeitung des Faschismus kritisiert und mit der persönlichen Unsicherheit im Umgang mit diffusen Schuldgefühlen kontrastiert bis hin zur Schwierigkeit, das Wort Jude, aber auch das Wort Deutschland auszusprechen. Unmittelbar nach den einschneidenden Sanktionen in der Folge der Ausbürgerung Wolf Biermanns war allen Seiten die Brisanz der Auseinandersetzung und die Gefahr öffentlicher Denunziationen in unüberschaubarer innenpolitischer Situation bewusst (s. Kap. II.E.27). Umso erstaunlicher ist es, dass die angesehene, von der Akademie der Künste herausgegebene Zeitschrift *Sinn und Form* 1977 neben Auer auch drei Briefe publik machen konnte, die das Buch gegen Auers dreißig Seiten umfassenden Verriss verteidigten, sie stammten von Stephan Hermlin, Jeanne und Kurt Stern und Wolfgang Hegewald. Weitere Reaktionen der Akademiemitglieder Hermann Kant, Wolfgang Kohlhaase und Franz Fühmann wurden im redaktionellen Vorwort nur erwähnt; Fühmann hatte mit dem

Austritt aus dem Redaktionsbeirat gedroht (vgl. Fühmann 1977). Als Zentrum der leidenschaftlichen Debatte stellte sich der Verzicht auf das etablierte Wandlungs-Narrativ heraus. Endlich fanden auch die vielen sich wieder, die in durchschnittlichen Nazi-Mitläufer-Familien aufgewachsen waren. Weder Wolfs couragierte Thematisierung der Vergewaltigungen noch ihre kritische Wertung des Umgangs mit der jüdischen Frage wurden schriftöffentlich aufgegriffen. Im informellen mündlichen Diskurs wurden sie umso intensiver registriert.

Auch die Aufnahme des Buches in der Bundesrepublik war widersprüchlich (s. Kap. IV.50). Zunächst dominierten politisch-moralische Kritiken den öffentlichen Diskurs, in denen der ästhetischen Komplexität so gut wie gar keine Aufmerksamkeit gewidmet wurde und härteste Urteile (Kunstlosigkeit, epische Fehlkonstruktion, »Zettelkasten«) nicht begründet, sondern apodiktisch gesetzt wurden (Reich-Ranicki 1977; Raddatz 1977). Nicht wenige Kritiker forderten ein anderes Buch, statt sich auf die spezifische Erzählweise einzulassen. Es wurde die Darstellung der »stalinistischen Ordnung« im Mecklenburg der Umbruchzeit (Werth 1977) oder die Analyse stalinistischer Charakterprägungen (Mayer 1977) vermisst oder es wurde unterstellt, Wolf weiche der Gestaltung der DDR-Gegenwart aus. Noch 2013 merkt der Wolf-Biograph Jörg Magenau kritisch an, die Autorin sei dem »naheliegenden Vergleich mit sozialistischen Gebräuchen und Herrschaftsverhältnissen« ausgewichen (Magenau 2013, 470). Völlig übersehen wurde dagegen lange, wie entschieden Wolf die Schuldzuweisung an die Elterngeneration unterlief, welche die westdeutsche Väterliteratur der 1970er Jahre kennzeichnete. Wo Christoph Meckel oder Bernward Vesper die Auseinandersetzung mit Verstrickungen in die NS-Verbrechen als Abrechnung mit ihren Vätern führten, richtete Wolf die kritische Aufmerksamkeit auf sich selbst als Erinnernde und Schreibende. Dass beide literarischen Ansätze die Beunruhigung über Spuren der NS-Sozialisation in ihrer jeweiligen Gesellschaft der Gegenwart einte, wurde erst Jahrzehnte später thematisiert. Insofern spricht Norbert Schachtsiek-Freitag zu Recht vom »Versagen der Kritik« in beiden Deutschlands.

International begegnete man sowohl der literarischen Qualität als auch der sozialpsychologisch-analytischen Intensität mit Respekt, mit der Frage nach der historischen Wahrheit dominierten hier eher politische als literaturkritische Dimensionen die Rezeption. In den USA und Westeuropa, aber auch in der Sowjetunion und in Polen (s. Kap. IV.51) wurde das Buch rezensiert, bevor Übersetzungen vorlagen. Bereits eine Bibliographie von 1995 erfasst 400 literaturwissenschaftliche Arbeiten (de Wild 1995). Die polnische Germanistik registrierte früh, dass kritisch mit der Illusion der schnellen Umerziehung der deutschen Bevölkerung nach 1945 abgerechnet wurde (Bialik 1979). In der Sowjetunion verband sich der Name Wolf vorrangig mit *Kindheitsmuster*, obwohl das erste Übersetzungsvorhaben ins Russische zu Beginn der 1980er Jahre durch Auslassungswünsche – den Stalinismus und die Rote Armee betreffend – bis 1989 verzögert worden war. Zu diesem Zeitpunkt bezog die Rezeption von *Obrazy detstva* auch den Umgang mit der Verfolgung von Jüdinnen und Juden ein (Walenski 1999, 77). Lew Kopelew erinnert Wolfs Buch an Traditionen der russischen autobiographischen Epik, an Alexander Herzen, Lew Tolstoj, Wladimir Korolenko und Maxim Gorkij (Kopelew 1988 in MTb, 195). Eine erste Übersetzung ins Amerikanische erschien 1980 unter dem Titel *A Model Childhood* (1984 verändert in *Patterns of Childhood*) im New Yorker Verlag Farrar, Straus and Giroux, allerdings – entgegen den Forderungen der Autorin – unter Auslassung von Passagen, die sich auf den Vietnam-Krieg bezogen. Diese Übersetzung wurde 1983 vom Londoner Verlag Virago Press übernommen. Diskutierten die ersten US-amerikanischen Rezensent/innen den Text noch als quasi-historischen über eine Jugend in Nazideutschland, so stand das Buch in den folgenden Jahrzehnten im Zentrum einer Welle theoretisch ambitionierter Forschung, die von feministisch-psychoanalytischen über soziologisch angelegte bis zu dekonstruktiven Ansätzen reicht und politisierende Verengungen scheut. In Frankreich wurde *Kindheitsmuster* äußerst positiv aufgenommen, philologisch genaue Aufsätze dazu erschienen bereits lange vor der Übersetzung ins Französische 1987; Catherine Viollets »Nachdenken über Pronomina« prägte die Wolf-Forschung entscheidend (Viollet 1988).

Mit zeitlichem Abstand zum Erscheinen der Erstausgabe und unter dem Einfluss der philologisch ambitionierten Deutungsansätze insbesondere von amerikanischen, französischen und italienischen Germanist/innen mehrten sich auch in der Bundesrepublik die Stimmen, die das Kindheitsbuch als Gattungsinnovation würdigten und in den Kanon antifaschistischer deutscher Nachkriegsliteratur einordneten, wie das schon früh Heinrich Böll getan hatte (in dem von Sauer herausgegebenen *Materialienbuch* 1980). Bis heute bringt die komplexe narrative Form des Buches eine Vielzahl methodisch unterschiedlichster Deutungsansätze durchaus auch außerhalb der Literaturwissenschaften hervor. So nahm die *Zeitschrift für Biographieforschung, Oral History und Lebenslaufanalysen BIOS* im Jahr 2006 den dreißigsten Jahrestag des Erscheinens von *Kindheitsmuster* zum Anlass, ein ganzes Heft dem Text Wolfs zu widmen, der den ost- wie westdeutschen Erinnerungsdiskurs der Kriegs- und Nachkriegsgeneration maßgeblich mitbestimmte. Für die Produktion wie die Aufnahme autobiographischer Literatur nach 1989 (z. B. Harig 1990, de Bruyn 1992, Kunert 2003, Kuczynski 1999) sollte das Buch zu einem bedeutenden Maßstab und Referenztext werden. Der Tribunalisierung von Erinnerung und Anklage der HJ- und BDM-Generation unter dem Einfluss der westdeutschen Studentenbewegung von 1968 hatte Wolf die verantwortliche analytische Selbstbefragung entgegengesetzt und so eine biographische Perspektive eröffnet, die Schuldbewusstsein mit Leidenserfahrung und Faktizität mit Fiktionalität von Erinnerung verband. Obwohl im öffentlichen Erinnerungsdiskurs (diesmal um das Leben in der DDR) nach dem Mauerfall zunächst zwei Jahrzehnte erneut Praxen der Delegitimierung vorherrschten, die nicht zuletzt Christa Wolf selbst trafen, erwies sich das einmal etablierte Modell autofiktionaler Rekonstruktion von Sozialisationsmustern als anschlussfähig. Noch in den Romanen *Kruso* (2014) von Lutz Seiler und *Machandel* (2014) von Regina Scheer, aber auch in *Herkunft* (2014) von Botho Strauß lassen sich Spuren dieses Modells entdecken.

Literatur

Auer, Annemarie: Gegenerinnerung. Gedanken beim Lesen. In: *Sinn und Form* 29 (1977), H. 4, 847–878.

Bialik, Wlodzimierz: Christa Wolfs Abrechnung mit der Abrechnung. In: *Studia Germanica Posnaniensia* (Posnan) 8 (1979), 73–83.

BIOS. Zeitschrift für Biographieforschung, Oral History und Lebenslaufanalysen 19 (2006), H.2; Schwerpunkt: Nationalsozialismus und Krieg in literarischen Autobiographien. 30 Jahre »Kindheitsmuster« von Christa Wolf.

Bock, Sigrid: Christa Wolf: Kindheitsmuster. In: *Weimarer Beiträge* 23 (1977), H. 9, 102–130. Briefe zu Annemarie Auer (Vorbemerkung der Redaktion von Wilhelm Girnus; Briefe von Wolfgang Hegewald, Stephan Hermlin, Kurt und Jeanne Stern, Helmut Richter, Dieter Schiller, Leonore Krenzlin). In: *Sinn und Form* 29 (1977), H. 6, 1311–1322.

Christa-Wolf-Archiv. Akademie der Künste Berlin. Signaturen 341, 355, 356–366, 455, 461–471, 471, 544–600, 631, 703, 727, 730, 748, 810, 834, 895.

Dahlke, Birgit: ›Frau komm!‹ Vergewaltigung 1945. Zur Geschichte eines Diskurses. In: Birgit Dahlke, Martina Langermann u. Thomas Taterka (Hg.): *LiteraturGesellschaft DDR. Kanonkämpfe und ihre Geschichte(n)*. Stuttgart/Weimar 2000, 275–311.

De Bruyn, Günter: *Zwischenbilanz. Eine Jugend in Berlin*. Frankfurt a. M. 1992.

De Wild, Henk: *Bibliographie der Sekundärliteratur zu Christa Wolf*. Frankfurt a. M. 1995.

Diskussion mit Christa Wolf. In: *Sinn und Form* 28 (1976), H. 6, 861–888.

Druckgenehmigungsantrag. Töpelmann, Sigrid: Verlagsgutachten vom 30.3.1976; Meta Borst: Druckgenehmigung vom 24.5.1976. www.argus.bstu.bundesarchiv.de. Bestand DR/1 21111a. Aufbauverlag 1976-U-Z (28.7.2014).

Fühmann, Franz: Brief an Christa Wolf vom 4.9.1977. In: *Christa Wolf, Franz Fühmann. Monsieur – wir finden uns wieder. Briefe 1968–1984*. Hg. von Angela Drescher. Berlin 1995, 37–39.

Frieden, Sandra: In eigener Sache. Christa Wolf's »Kindheitsmuster«. In: *German Quarterly* 54 (1981), H. 4, 473–487.

Greiner, Bernhard: Kontinuität und Wandel des Erzählens im Schaffen Christa Wolfs. In: Wolfram Mauser (Hg.): *Erinnerte Zukunft. 11 Studien zum Werk Christa Wolfs*. Tübingen 1985, 107–140.

Gutjahr, Ortrud: »Erinnerte Zukunft«. Gedächtnisrekonstruktion und Subjektkonstitution im Werk Christa Wolfs. In: Wolfram Mauser (Hg.): *Erinnerte Zukunft. 11 Studien zum Werk Christa Wolfs*. Tübingen 1985, 53–80.

Harig, Ludwig: *Weh dem, der aus der Reihe tanzt*. München 1990.

Helmcke, Monika: Kindheitsmuster. In: *Sinn und Form* 29 (1977), H. 3, 678–681.

Jäger, Manfred: Die Grenzen des Sagbaren. Sprachzweifel im Werk von Christa Wolf. In: Sauer, Klaus (Hg.): *Christa Wolf. Materialienbuch*. Darmstadt/Neuwied 1979. Neue, überarb. Ausgabe 1983, 130–141.

Johnson Uwe: *Jahrestage. Aus dem Leben von Gesine Cresspahl*. Band 1. Frankfurt a. M. 1970.

Köpnick, Lutz: Rettung und Destruktion: Erinnerungsverfahren und Geschichtsbewusstsein in Christa Wolfs »Kindheitsmuster« und Walter Benjamins Spätwerk. In: *Monatshefte* 84 (1992), H. 1, 74–90.

Kuczynski, Rita: *Mauerblume. Ein Leben auf der Grenze*. München 1999.

Kuhn, Anna K.: *Christa Wolf's Utopian Vision: From Marxism to Feminism*. Cambridge 1988.

Kunert, Günter: *Erwachsenenspiele. Erinnerungen*. München 2003.

Levine, Michael G.: Writing Anxiety. Christa Wolf's »Kindheitsmuster«. In: *Diacritics* 27 (1997), H. 2, 106–123.

Magenau, Jörg: *Christa Wolf. Eine Biographie*. Überarb. u. erw. Neuausgabe. Reinbek bei Hamburg 2013.

Mayer, Hans: Der Mut zur Unaufrichtigkeit. Christa Wolfs »Kindheitsmuster«. In: *Der Spiegel* 31 (1977), H. 16 (11.4.1977), 185–190.

Mitscherlich-Nielsen, Margarete: Gratwanderung zwischen Anspruch und Verstrickung (1980). In: Angela Drescher (Hg.): *Christa Wolf. Ein Arbeitsbuch. Studien – Dokumente – Bibliographie*. Berlin/Weimar 1989, 114–120.

Raddatz, Fritz J.: Wo habt ihr bloß alle gelebt. In: *Die Zeit*, 4.3.1977.

Reich-Ranicki, Marcel: Christa Wolfs trauriger Zettelkasten. Zu ihrem Buch »Kindheitsmuster«. In: *Frankfurter Allgemeine Zeitung*, Beilage Bilder und Zeiten, 19.3.1977.

Richter, Hans: Moralität als poetische Energie. In: *Sinn und Form* 29 (1977), H. 3, 667–678.

Sauer, Klaus (Hg.): *Christa Wolf. Materialienbuch.* Darmstadt/Neuwied 1980.

Schachtsiek-Freitag, Norbert: Vom Versagen der Kritik. Die Aufnahme von ›Kindheitsmuster‹ in beiden deutschen Staaten. In: Klaus Sauers (Hg.): *Christa Wolf. Materialienbuch.* Darmstadt und Neuwied 1979. Neue, überarb. Ausgabe 1983, 117–130.

Simon, Jana: *Sei dennoch unverzagt. Gespräche mit meinen Großeltern Christa und Gerhard Wolf.* Berlin 2013.

Stiftung Archiv der Akademie der Künste. Das Archiv von Christa Wolf. Kulturstiftung der Länder. Land Brandenburg. Stiftung Deutsche Klassenlotterie Berlin (Hg.). Katalog zur Ausstellung anlässlich des 75. Geburtstages von Christa Wolf, konzipiert von Sabine Wolf. Berlin 2004, 69.

Töpelmann, Sigrid: Verlagsgutachten vom 30.3.1976 im Druckgenehmigungsantrag. www.argus.bstu.bundesarchiv.de/digitalisate/dr 1/dr121111a. Aufbauverlag 1976-U-Z (28.7.2014).

Viollet, Catherine: Nachdenken über Pronomina. Zur Entstehung von Christa Wolfs »Kindheitsmuster«. In: *LiLi. Zeitschrift für Literaturwissenschaft und Linguistik* 17 (1987), Nr. 68, 52–62 (frz. 1985).

Walenski, Tanja: *Christa Wolf und Sowjetrussland 1945–1991.* Frankfurt a. M. 1999.

Werth, Wolfgang: »Wie sind wir so geworden...?«. In: *Süddeutsche Zeitung*, 5.3.1977.

Weigel, Sigrid: *Die Stimme der Medusa. Schreibweisen in der Gegenwartsliteratur von Frauen.* Dülmen-Hiddingsel 1987, 139–146.

Weigel, Sigrid: Vom Sehen zur Seherin. Christa Wolfs Umdeutung des Mythos und die Spur der Bachmann-Rezeption in ihrer Literatur. In: Angela Drescher (Hg.): *Christa Wolf. Ein Arbeitsbuch. Studien – Dokumente – Bibliographie.* Berlin/Weimar 1989, 169–203.

Wolf, Christa/Gansel, Carsten: »Zum Schreiben haben mich Konflikte getrieben« – ein Gespräch. In: Carsten Gansel (Hg.): *Christa Wolf – Im Strom der Erinnerung.* Göttingen 2014, 353–366.

Birgit Dahlke

E Projektionsraum Romantik

27 Die Biermann-Ausbürgerung 1976

Die Beschäftigung mit der Romantik ist bei Christa Wolf von einem Interesse geleitet, die blinden Flecken der Vergangenheit zu erkunden und Analogiemodelle zur Gegenwart zu finden. Von verschiedenen Perspektiven aus und in unterschiedlichen Textarten erprobt sie Möglichkeiten der Annäherung an und Berührung mit dieser Tradition. Es handelt sich um ihre Texte *Kein Ort. Nirgends*, »Der Schatten eines Traumes. Karoline von Günderrode – ein Entwurf« und »Nun ja! Das nächste Leben geht aber heute an. Ein Brief über die Bettine«. Diese bilden neben einigen Essays, Reden und Interviews ein komplexes Bezugssystem zum »Projektionsraum Romantik«. Die Entstehungszeit fällt in die 1970er Jahre und ist durch eine politische Zäsur geprägt (s. Kap. I.4).

> »1976 war ein Einschnitt in der kulturpolitischen Entwicklung bei uns, äußerlich markiert durch die Ausbürgerung von Biermann. Das hat zu einer Polarisierung der kulturell arbeitenden Menschen auf verschiedenen Gebieten, besonders in der Literatur, geführt. Eine Gruppe von Autoren wurde sich darüber klar, daß ihre direkte Mitarbeit in dem Sinne, wie sie sie selbst verantworten konnte und für richtig hielt, nicht mehr gebraucht wurde.« (WA 8, 236)

Diese Äußerung Christa Wolfs in einem Interview mit Frauke Meyer-Gosau 1982 bezeugt einen Einschnitt in der Kulturpolitik der DDR. Zur gleichen Zeit ist auch eine Zäsur im Schreibkonzept der Autorin zu beobachten. Während Christa Wolf bisher die Stoffe ihrer Prosawerke direkt aus der aktuellen Realität wählte, erscheint nun Wirklichkeit als verfremdete Präsenz, die aber die aktuellen Konflikte umso deutlicher hervorscheinen ließ. Das Zurückgeworfensein auf reine literarische Tätigkeiten stürzte sie in eine existenzielle Krise. Aus dieser extrem zugespitzten Lebenslage heraus richtete sich ihr Augenmerk auf die Romantik. Lebensläufe wie die von Karoline von Günderrode und Heinrich von Kleist interessierten sie nicht vordergründig aus literaturwissenschaftlicher Sicht, sondern sie beschäftigte das Spannungsverhältnis von Individuum und Gesellschaft sowie die daraus resultierenden Ursachen des Scheiterns. Das romantische gesellschaftliche Experiment als Wiedererkennen eines verwandten Zeit- und Lebensgefühls wurde zum Ausgangspunkt ihrer Reflexion (s. Kap. C.17).

»[D]ie frühe Romantik ist der Versuch eines gesellschaftlichen Experiments einer kleinen Gruppe, die dann, nachdem die Gesellschaft sich ihr gegenüber totalitär und ablehnend verhalten hat, restriktiv in jeder Hinsicht, unter diesem Druck auseinander bricht und in verschiedene Richtungen hin sich zurückzieht« (Gespräch mit Meyer-Gosau; WA 8, 241). Das »gesellschaftliche Experiment« DDR war wieder einmal in eine Sackgasse geraten. Bereits nach dem 11. Plenum des ZK der SED 1965, das als kultureller Kahlschlag in die Kulturgeschichte der DDR eingegangen ist, wurde für die Intellektuellen die Krisensituation überdeutlich (s. Kap. II.B.13). Vor dem Hintergrund der problematischen Wirtschaftslage in der DDR erfolgte eine Umorientierung vom Primat der Ideologie auf das der Ökonomie. Mit diesem Paradigmenwechsel erfolgten nicht nur Verbote von kritischen Filmen und Büchern, sondern eine grundsätzliche Veränderung der Funktionsbestimmung von Kunst. Jörg Magenau hat die Etappen dieser politischen Gängelung von Künstlerinnen und Künstlern in seiner Biographie über Christa Wolf und ihr Involviertsein ausführlich beschrieben (Magenau 2013, 175 f.). Das poltisch-ideologische Klima hatte sich verschärft. In dieser angespannten Situation war Christa Wolfs Glaube an die Selbstverwirklichung der Menschen in einer sozialistischen Gesellschaft stark erschüttert. In der Folge reagierte sie darauf mit einer veränderten Schreibkonzeption. In ihrer Erzählung *Juninachmittag* führte sie direktes Erzählen und Reflexionen zu einer Art Alltagspoesie zusammen (s. Kap. II.B.14). Ihr neues ästhetisches Programm, das sie zunächst schon im Tagebuchtext *Dienstag, der 27. September* (1960) erprobt hatte, war der Beginn modernen Erzählens in der DDR. Da aber die SED-Führung drastische Maßnahmen, die Zensur betreffend, ergriffen hatte, konnte die Erzählung erst 1967 erscheinen. Systemkritische und damit unbequeme Autoren und Autorinnen wurden argwöhnisch bespitzelt. 1968 im Herbst geriet Christa Wolf erneut in eine tiefe Krise. Die Vorgänge des »Prager Frühlings« und die vielen zermürbenden Debatten um *Nachdenken über Christa T.* führten bei ihr zu der Einsicht, die Konflikte aushalten zu müssen und den Glauben an die Möglichkeiten einer besseren Welt nicht ganz aufzugeben. Die 1970er Jahre waren ihre produktivsten. Aber die so schwierig gefundene Balance der vorsichtigen Teilhabe am Geschehen in der DDR und die Kritik an dem Erreichten drohten im November 1976 zu zerbrechen. Den Hintergrund bildete die Biermann-Ausbürgerung. Wolf Biermann hatte seit 1965 Auftrittsverbot in der DDR. Die Einreiseverweigerung war für viele Intellektuelle aus unterschiedlichen gesellschaftlichen Bereichen ein Anlass zu einer schwerwiegenden Entscheidung geworden. Bleiben oder gehen.

Wie war es dazu gekommen? Honecker hielt 1971 eine denkwürdige Rede (vgl. Rüß 1976, 287), die eine Liberalisierung im kulturellen Bereich erkennen ließ. Aber bereits fünf Jahre später auf dem IX. Parteitag 1976 ist eine Restriktion der angekündigten Lockerung bemerkbar. Ganz offensichtlich hatte die Öffnung in Richtung Breite und Vielfalt in der Kultur zu unerwünschten kritischen Äußerungen von Intellektuellen geführt, die das Maß der Duldung überstieg. Der Fall Reiner Kunze war ein erstes Beispiel der neuen härteren Kulturpolitik (vgl. Magenau 2013, 271). Eine drastische politische Disziplinierung schien geboten und der Auftritt Biermanns in der BRD wurde zum Präzedenzfall. Biermann war von der IG Metall zu einer Konzertreise in die Bundesrepublik Deutschland eingeladen worden. Die DDR-Behörden hatten diese Reise genehmigt. Das erste Konzert fand am 13.11.1976 in der Kölner Sporthalle mit dem Titel »Ich möchte am liebsten weg sein – und ich bleibe am liebsten hier« statt. Biermann hatte sich zwar als Kommunist zu erkennen gegeben, aber in seinen Liedern und auch in Diskussionen die DDR-Führung scharf kritisiert. Die Kritik nahm die SED zum Anlass, ihm die Staatsbürgerschaft abzuerkennen. Die Ausbürgerung Biermanns wirkte wie ein Schock auf viele Künstlerinnen und Künstler. Christa Wolf erklärte im Gespräch mit Böttiger (»Die Dauerspannung beim Schreiben«) die starke Wirkung rückblickend so, »dass hier ein Muster aus der Nazi-Zeit verwendet wurde gegen jemanden, dessen Vater in der Nazi-Zeit umgekommen war, der ein Linker war« (WA 12, 716). Ihre Sensibilität für Parallelerscheinungen zwischen dem antifaschistischen Staat DDR und dem deutschen Faschismus war durch die Arbeit an *Kindheitsmuster* besonders hoch.

Daraufhin protestierten zwölf namhafte Künstlerinnen und Künstler mit ihrer Unterschrift gegen diese Willkür. Der Schriftsteller Stephan Hermlin war dabei eine Leitfigur für alle Erregten und Besorgten. 1992 hat er den genauen Ablauf der Ereignisse beschrieben (vgl. Chotjewitz-Häfner 1994, 170 f.). Hermlin verfasste einen Offenen Brief an die SED-Führung. Darin wurde Biermann als »unbequemer Dichter« bezeichnet und mit dem Verweis auf den *18. Brumaire* von Karl Marx argumentierte der Autor, »müsste sich eine proletarische Revolution unablässig selber kritisieren und im Gegensatz zu anachronistischen Gesellschaftsformen sei eine solche Unbequemlichkeit gelassen nachdenkend zu ertragen« (Lübbe 1984, 310). Zu den Erstunterzeichner/innen gehörten Stefan Heym, Christa Wolf, Stephan Hermlin, Heiner Müller, Volker Braun, Gerhard Wolf, Erich Arndt, Jurek Becker, Sarah Kirsch, Rolf Schneider, Franz Fühmann, Fritz Cremer und Günter Kunert (vgl. Simon 2013, 270). Hermlin brachte den Brief zur DDR-Nachrichtenagentur ADN, die aber erwartungsgemäß nicht reagierte, anschließend fuhr er in die französische Botschaft und übergab der AFP die Entschließung. Damit war der Protest in der westlichen Welt angekommen. In den nächsten Monaten schlossen sich immer mehr Prominente dem Protest an. Manfred Krug hielt die Motive vieler Protestierenden für wenig edel. In seiner Autobiographie *Abgehauen* beschreibt er die Wirkung Biermanns in der DDR als »eine Art der Unbequemlichkeit«, als Richtschnur wie weit man mit der Kritik gehen könne. »Wenn er Richtung Front losging und es blieb ruhig, konnte man bequem hinterherrobben« (Krug 1996, 10). Bei Biermann war das Maß der Duldung überschritten. Die SED-Führung reagierte äußerst gereizt. Sie befürchtete am meisten eine geballte unkontrollierbare Gruppenbildung und mobilisierte eine Gegenaktion. Es wurden Leser- und Leserinnenbriefe publiziert, die die Ausweisung für richtig hielten. Die Bandbreite der Verfasser/innen reichte über Künstlerinnen und Künstler bis in alle Gesellschaftsschichten (Lübbe 1984, 311–331 u. 339–342). Der politische Druck führte dazu, dass einige Künstler/innen ihre

Unterschrift zurückzogen oder sich von den Folgen distanzierten (ebd., 339). Eine beispiellose Welle von »Bearbeitungen« hatte mit jedem Einzelnen begonnen. Magenau verweist auf die überlieferten Akten aus dem Büro Lamberz (vgl. Magenau 2013, 280). Christa Wolf war im Weiteren die wichtigste Mittlerin und um Ausgleich bemüht. Die Maßnahmen, die verhängt wurden, waren sehr unterschiedlich. Jürgen Fuchs wurde verhaftet, Robert Havemann erhielt Hausarrest, aus der Partei ausgeschlossen wurden Jurek Becker, Gerhard Wolf und Sarah Kirsch, eine strenge Rüge erhielten Christa Wolf und Stephan Hermlin. Ganz offensichtlich war Prominenz ein Schutzschild. Christa Wolf wollte auch aus der Partei austreten, aber Walter Janka riet ihr ab (vgl. ebd., 282). Von diesem Zeitpunkt an, besuchte Christa Wolf keine Parteiversammlung mehr.

In diesen Zusammenhängen spielte der Schriftstellerverband der DDR eine unrühmliche Rolle. Er erklärte sich nicht nur mit der Ausbürgerung einverstanden, sondern forderte auch, dass die Mitglieder, die protestiert hatten, ihre Position revidierten. Wer dazu nicht bereit war, erhielt keine Einladung zum VIII. Schriftstellerkongress. Die Stasi arbeitete zu der Zeit mit verschärften Überwachungen, Strafandrohungen und Berufsverboten. Aufgrund der staatlichen Sanktionen verließen prominente Künstler/innen wie Sarah Kirsch, Manfred Krug, Armin Müller-Stahl und viele andere die DDR. Es war ein beispielloser Exodus von Künstlerinnen und Künstlern aus der DDR. Auch für Christa und Gerhard Wolf stellte sich die Frage der Ausreise. »Es war einfach so, dass man nicht mehr wusste, wohin man gehörte […]. Man hatte schon das Gefühl, gebraucht zu werden und nicht abhauen, nicht flüchten zu wollen« (Simon 2013, 116). Ein Jahr später auf dem Rückweg von einer Kur in Ungarn, erwogen Gerhard und Christa Wolf erneut die Ausreise. »Ich war völlig besetzt von diesen Problemen. Ich saß im Bus nach Budapest und sagte mir, also wenn ich weiter schreiben kann, dann kann ich bleiben. Wenn ich das nicht kann, muss ich gehen. Danach habe ich ›Kassandra‹ geschrieben und hatte das Gefühl, das gibt mir das recht zu bleiben« (ebd., 117). Sie blieb, auch weil sie nicht wie andere und ihr Ehemann aus dem Schriftstellerverband ausgeschlossen wurde. Christa Wolf war erkrankt und befand sich während dieser Vorgänge im Krankenhaus. Ihre Leserinnen und Leser ermutigten sie zu bleiben. Selbst Honecker persönlich interessierte sich dafür, ob die Wolfs vorhätten die DDR zu verlassen. Er bestellte Christa Wolf in das Staatsratsgebäude. »Christa«, sagte er, »ihr

müsst bleiben, wir brauchen euch« (ebd., 139). Christa Wolf bedauerte in dem Gespräch, dass Sarah Kirsch nicht mehr in der DDR leben wolle. Im Dialog fragte Honecker, ob er sie vielleicht halten solle, Christa Wolf antwortete: »Nein, jeder, der ausreisen will, soll ausreisen. Man muss die Voraussetzungen dafür schaffen, dass sie es nicht müssen« (ebd., 139).

Das Ehepaar Wolf hatte seit dem Prager Frühling 1968 Erfahrungen mit Bespitzelungen und Abhöraktionen. Christa Wolf unterschrieb damals die Petition des Schriftstellerverbandes nicht, die den Einmarsch der Warschauer-Pakt-Staaten in Prag begrüßte. Im Gegenteil. Sie verfasste eine eigene Erklärung, die im *Neuen Deutschland* abgedruckt wurde. Daraufhin sollte sie den Vorstand verlassen. »Damit begann dieses Gefühl von *Kein Ort, nirgends*« (ebd., 134). Dennoch war Christa Wolf vom Gesellschaftsmodell eines Sozialismus als einzige Alternative nach den Verbrechen im Zweiten Weltkrieg überzeugt. Ihre ersten beiden Erzählungen, auch ihre Arbeiten als Kritikerin sind vom Engagement für die junge DDR geprägt (s. Kap. II.A). Aber schon bald musste sie die schmerzhafte Desillusionierung erleben, die die starre Parteidoktrin verursachte. Im Gegensatz aber zu vielen anderen Intellektuellen und trotz der vielen Angriffe bewahrte sich Christa Wolf die Utopie eines anderen, humanen, demokratischen Sozialismus bis zum Ende der DDR. Sie unterschied aber nun zwischen Staat und Gesellschaft. »In den siebziger Jahren ist uns, den Leuten, die eingreifen wollten in das politische und gesellschaftliche Geschehen, immer bewußter geworden, daß es ja außer dem Staat noch etwas anderes gibt, nämlich die Gesellschaft« (WA 12, 713). Mit der schrittweisen Abwendung von der offiziellen Parteilinie vollzog sich auch ihre literarische Entwicklung. Insbesondere durch die Überwindung des »Sozialistischen Realismus«, dem offiziellen Literaturkurs der DDR, fand sie für sich einen eigenen Weg zu einer subjektiv ausgerichteten Poetik. Seit dem Erscheinen des Buches *Nachdenken über Christa T.* hatte sie auch ihre Lesenden in der BRD gefunden (s. Kap. II.B.15). Mit diesem Text begann in der DDR eine ästhetisch-literarische Frauenbewegung, die in den 1970er Jahren von Schriftstellerinnen wie Irmtraud Morgner, Maxie Wander, Brigitte Reimann, Gerti Tetzner, Helga Schubert fortgesetzt wurde (s. Kap. II.F.32). Auf der Suche nach dem eigenen weiblichen Ich werden all jene Probleme, Reibungen und Widersprüche sichtbar, die sich bei der Emanzipation der Frau als hemmend erwiesen. Im Laufe des ZU-sich-selber-Kommens artikulierten die Frauenfiguren zwangsläufig Positionen und Haltungen, neue Ansprüche, es entstanden neue Frauenbilder (vgl. Scholz 1992). Die DDR-Literatur hatte Ersatzfunktionen für eine fehlende Öffentlichkeit zu erfüllen. Entgegen den öffentlichen Verlautbarungen der vollen Emanzipation der Frau wurden nun die Defizite eingeklagt. Die Kritik richtete sich auch gegen zensierte Medien, frisierte soziologische Statistiken und einseitige Wirtschaftsentwicklungen. Es mangelte an soliden, realen Analysen und eine davon abgeleitete Perspektive für die gesellschaftliche Entwicklung. Da diese Defizite in den literarischen Texten punktuell thematisiert und eingefordert wurden, gingen von ihnen Bedrohungen aus, die die SED-Führung mit allen Mitteln zu bekämpfen suchte. Die Stasi initiierte immer komplexere Abhörmechanismen. Die Opferakte von Gerhard und Christa Wolf umfasst ein Konvolut von 42 Bänden.

Christa Wolf bewies ihre kritische Haltung bereits auf dem berüchtigten 11. Plenum des ZK der SED 1965 (s. Kap. I.3, s. Kap. II.B.13). Die Dokumente des Plenums blieben bis 1990 unveröffentlicht, obwohl sich die Kritisierten um Konsens mit der Parteiführung bemühten. Im krassen Gegensatz dazu stand die Biermann-Ausbürgerung elf Jahre später, als die Proteste öffentlich gegen die SED artikuliert wurden. Die politischen Entwicklungen brachten Christa Wolf, wie sie im Gespräch mit Therese Hörnigk formulierte, oft an die Schmerzgrenze des Erträglichen (Hörnigk 1989, 34). Die angestauten Konflikte äußerten sich nach1968/69 durch einen autobiographischen und biographischen Impetus beim Schreiben, um gegen dieses Gefühl der Hoffnungslosigkeit anzukämpfen. Es ging um »subjektive Authentizität«, auch »innere Authentizität«, wie sie im Gespräch mit Hans Kaufmann betonte (WA 4, 401, 407; s. Kap. II.B.13). Die extrem zugespitzte kulturpolitische Problemlage in der DDR hatte zu einer Schaffenskrise von Christa Wolf geführt und gleichzeitig provozierte dieser Konflikt die Suche nach Distanzmöglichkeiten. Sie selbst sah *Kein Ort. Nirgends* und auch den Günderrode-Essay als Ergebnis der Aufarbeitung solcher Erfahrung. Die Romantik wurde zu einem historischen Modell, das sie gleichnishaft auf DDR-Verhältnisse übertragen konnte (s. Kap. II.F.13). In der eigenen Konfliktsituation erkannte sie schmerzlich, dass sie wie die Romantiker ohne Alternative leben musste. »Dass es weder hier noch dort gut ist. Deshalb *Kein Ort. Nirgends* – das traf genau meine Befindlichkeit, genauso habe ich empfunden« (Simon 2013, 140). Immer sind es Konfliktlagen in der DDR, die den Schreibimpuls der Autorin auslösten. Sie hatte mit dem Anspruch geschrieben, politisch-gesellschaftliche Prozesse mit gestalten zu wollen und zu können. Alle ihre Äußerungen – auch nach 1989 – beweisen, dass sie mit dem sozialistischen Gesellschaftsexperiment in der DDR moralisch und existentiell verbunden war und blieb (s. Kap. II.H). Deshalb verließ sie das Land nicht. Hier sah sie ihre Wurzeln, hier fand sie die Stoffe für ihr literarisches Werk. Wie ihre Biographie sind auch ihre Kritiken und poetischen Werke von der wechselvollen und höchst widersprüchlichen Geschichte des letzten Jahrhunderts, von Krieg und Nachkrieg, von der vierzigjährigen Geschichte der DDR geprägt. Es war ein Leben und Wirken charakterisiert durch hoffnungsvolle Aufbrüche und zugleich bittere Enttäuschungen. Zunehmend wuchsen die Zweifel, weil sie zeitweise kaum noch Wirkungsmöglichkeiten sah. Die Erfahrung von gesellschaftlicher Ausgrenzung war aber auch ein Antrieb, ein Schreibgrund, der für sie so nur in der DDR möglich war.

28 Romantikrezeption in der DDR

Die Romantik stand im 19. Jahrhundert nicht in hohem Ansehen. Sie wurde am Ende des Jahrhunderts neu entdeckt und erst seit den Arbeiten von Dilthey und Haym können wir von einer Romantikforschung sprechen. Im Zusammenhang mit dem Nationalismus im Wilhelminischen Reich wurde die Romantik instrumentalisiert und rückte in den Folgejahren in das Zentrum irrationaler Ideologien von Volk und Vaterland und schließlich auch von Blut und Boden. Diese Traditionslinie führte nach dem Zweiten Weltkrieg in der DDR irrtümlich dazu, dass die Romantik für die Herausbildung des Faschismus verantwortlich gemacht wurde. Christa Wolf kritisierte die pauschale Abwertung der Romantik und knüpfte an eine Diskussion an, die 1935 begann. Anna Seghers hatte bereits 1935 auf dem I. Internationalen Schriftstellerkongress die Romantikerinnen und Romantiker zu den »Besten« gezählt, die ihr Vaterland liebten, Hymnen auf ihr Land schrieben, »an dessen gesellschaftlicher Mauer sie ihre Stirnen wundrieben« (Seghers 1980, 37). Seghers nannte Hölderlin, Büchner, Günderrode, Kleist, Lenz und Bürger, die sie in eine progressive Linie stellte. Durch die reaktionären gesellschaftlichen Verhältnisse gebrandmarkt, wurden sie Außenseiter, Opfer und einige in den Wahnsinn oder Selbstmord getrieben. Mit dieser Positionierung stellte sich Anna Seghers gegen die Auffassungen von Lukács, der für Kleists Selbstmord zwar die »Miserabelität Deutschlands« verantwortlich machte, in ihm aber einen reaktionären Junker und damit einen Vordenker des Faschismus sah (Lukács 1964, 231). Goethe wurde als progressives humanistisches Gegenmodell entworfen. Am 28. Juni 1938 schrieb Anna Seghers, die im französischen Exil lebte, Lukács in das sowjetische Exil einen Brief. Sie verteidigte vehement die Romantikerinnen und Romantiker und machte Goethe den Vorwurf, dass er sich sein Alterswerk durch die Anpassung an die bestehende Gesellschaft erkauft habe (Lukács 1971, 124).

Ihre Verteidigung blieb wirkungslos. Die grundsätzliche Verurteilung der Romantik, Lukács' an Goethe ausgerichtete Wertung, das Klassische sei das Gesunde, das Romantische das Kranke, prägte die Romantikauffassung der DDR bis in die Mitte der 1970er Jahre. Nicht nur das Plädoyer von Anna Seghers blieb folgenlos, auch die sog. Expressionismus-Debatte zwischen Brecht und Lukács konnte an seiner Autorität nicht rütteln. Dieses Rezeptionsmuster zeigt, wie belastet die Romantik nach 1945 in der DDR ideologisch war, und ihre Aufwertung verbot sich aus politischen Gründen. Christa Wolf verwies in einem Interview mit Adam Krzemiński auf diese Fakten:

> »Als ich Anfang der fünfziger Jahre Germanistik studiert habe, war für uns Lukács ein Heiligtum, und auf diese Weise interpretierten wir den Streit zwischen Anna Seghers und Lukács mit Respekt vor der Schriftstellerin, aber mit Ehrerbietung für Lukács [...]. Erst später entstand meine Sympathie für Anna Seghers, weil sie undogmatisch die Generation jener Schriftsteller verteidigte, denen sich die widerspruchsvolle Wirklichkeit nicht zum olympischen Bild zusammensetzte; Schriftsteller wie Lenz oder Kleist.« (WA 8, 79 f.)

1975 verfasste Claus Träger eine Studie *Ursprünge und Stellung der Romantik* (Peter 1980, 304–334). Er interpretierte das Wirken der Frühromantiker als konsequent und »prinzipiell antikapitalistisch« (ebd., 315), eine Literatur, die sich aus der abgrundtiefen Enttäuschung angesichts unerfüllter Ideale speise und zum ersten Mal »die Vereinzelung und Deformation der Individuen« (ebd., 316 f.) im frühen Stadium des Kapitalismus thematisiere und kritisiere. Erst Mitte 1970er Jahre ist von einer Wiederentdeckung der Romantik in der DDR zu sprechen. Die Studien von Hans Mayer (1959) und Werner Krauss (1962) fanden keine nachweisbare Aufnahme (beide in Peter 1980). Ein erstes Signal lieferte Günter Kunert mit seinem »Pamphlet für K.« (1975); zahlreiche weitere Adaptionen der Romantik folgten. Literarische Beispiele sind Johannes Bobrowskis *Boehlendorff* (1964), Stephan Hermlins *Scardanelli* (1970), Gerhard Wolfs *Der arme Hölderlin* (1972), Anna Seghers *Sonderbare Begegnung* (1973), Günter de Bruyns *Das Leben des Jean Paul Friedrich Richter* (1975), um nur einige zu nennen. Die Traditionsaufnahme setzte sich in den 1980er Jahren fort mit Erik Neutschs *Georg Forster in Paris* (1981), Brigitte Struzyks *Caroline unterm Freiheitsbaum* (1988) oder Volker Ebersbachs Roman *Caroline* (1987). Es kündigte sich ein Kurswechsel in der Rezeption der Romantik in der DDR an. Die Besonderheiten der Romantikrezeption in der DDR gegenüber der BRD sieht Hilzinger darin, dass es um »die gegenseitige Durchdringung von Gesellschafts- und Realismuskritik und die Suche nach Alternativen zur unproduktiv gewordenen und lebensfremden ideologischen Doktrin in beiden Bereichen« (Hilzinger in: WA 6, 242) ging. Die Autoren und Autorinnen entwickelten neue Sichtweisen auf diese Epoche deutscher Literatur (s. Kap. II.C.18). Im Mittelpunkt des Interesses stand das traditionsreiche Motiv der Künstlerproblematik. Damit verbunden war die Frage nach der eigenen Stellung und den Wirkungsmöglichkeiten in der Gesellschaft. Die frühromantische Kunst und Literatur war eine Kunst im Aufbruch, im Ringen um Erneuerung in der Auseinandersetzung mit den Gesellschaftsprozessen um 1800. Es ist eine Hinwendung zu neuen Ausdrucksformen und Stilmitteln in Abkehr und Tradition zur Aufklärung. Diese Einheit von Widersprüchen, das Nebeneinander der verschiedenen Kunstformen und -anschauungen als Äußerungen einer Zeit des Übergangs von feudaler zu frühbürgerlicher Ordnung provozierte eine Stellungnahme des Künstlers in seiner Zeit und das galt auch analog für Zwischenzeiten von Gesellschaftsformationen in der DDR. Im Unterschied zu ihren Schriftstellerkollegen aber verband Christa Wolf ihre Perspektive auf die Ausgrenzungsszenarien von Intellektuellen um 1800 mit der auf Frauen. »Das ›weibliche Element‹ ist in den Industriegesellschaften so wenig vorhanden wie das ›geistige Element‹: auf die lebenswichtigen Prozesse haben weder Frauen noch Intellektuelle Einfluß. Dieses ins Extrem getriebene Zum-Außenseiter-gemacht-Werden, das, was ich an mir selbst existentiell erfuhr: das wollte ich befragen, natürlich auch, um mich davon distanzieren zu können. Wo hat es angefangen? Wann?« (WA 8, 238). Die Bezugsebenen zur Gegenwart in der DDR betonte Christa Wolf auch in ihrer Preisrede für Günter de Bruyns Jean-Paul Buch: »Das ist ja kein zahmes Buch, es arbeitet mit Anzüglichkeiten, Spitzen, allen möglichen Arten von Verweisen auf unsere Zeit und unsere Zustände. Sein doppelter Zeitbezug macht es lebendig, sein Autor hat einen ganzen Apparat in Bewegung gesetzt« (WA 8, 218). Für Christa Wolf hat die Jean-Paul-Biographie von de Bruyn einen gleichnishaften Charakter. Sie sieht als verbindenden Faden die Moral, die alle Figuren de Bruyns strukturieren. Hier schließt sich auch der Kreis zu ihrem eigenen Konzept der moralischen Instanz des Autors oder der Autorin, dem Fragen der Kunst und Kunstausübung wichtiges politisch-gesellschaftliches Anliegen sein sollten (s. Kap. I.5).

Unter dem Titel *Ins Ungebundene gehet eine Sehnsucht* erschien 1985 eine Sammlung von Texten von Christa und Gerhard Wolf zum Thema Projektionsraum Romantik, 2008 dann eine erweiterte Neuauflage. Der Titel ist einem Vers von Hölderlins dritter Fassung des Gedichtes »Mnemosyne« entnommen (Hölderlin 1969, 201). Außer »Aktuelle Reminiszenzen« von Gerhard Wolf, die 2008 wie ein Nachwort fungieren, sind alle Texte bereits in den Jahren 1972–1984 erschienen (vgl. G. Wolf 2008, 460).

Als Motto, dem Text »Aktuelle Reminiszenzen« vorangestellt: »Wie muß die Welt für ein moralisches Wesen beschaffen sein?« (G. Wolf 2008, 454) zitiert Gerhard Wolf aus *Das älteste Systemprogramm des deutschen Idealismus* (vgl. Jaeschke 2003). Dieses bekannte, häufig zitierte Programm ist in einer Handschrift von Hegel überliefert und die Urheberschaft ist nicht eindeutig nachweisbar, da Wortwahl und Inhalt nach Auffassung einiger Forscher nicht zur Philosophie des jungen Hegel passen. Angenommen wird, dass sowohl Hölderlin als auch Schelling, die in Tübingen Hegels Zimmergenossen waren, als Mitverfasser in Frage kommen (vgl. Hansen 1989); Gerhard Wolf geht ebenfalls davon aus. Anknüpfend an die Transzendentalphilosophie der praktischen Vernunft von Kant, benennen die Verfasser die Ideen eines zukünftigen Idealismus als eine Ethik. Ausgangspunkt war nämlich die Idee des schöpferischen Ich als eines selbstbewussten Wesens. Hölderlin, Kleist, Heine, Günderrode, Bettine und Achim von Arnim sind die Schriftstellerinnen und Schriftsteller, deren Werke und Lebensumstände für die Wolfs als eine Reibungsfläche, ein Schreibanstoß dienten, um deren inneren Biographien nachzuspüren. Mit dem Begriff Romantik sind nur einige präzise gekennzeichnet.

»Überhaupt kann man die Dichter im Schatten der klassischen Kunstperiode, wie wir sie – ›fasziniert durch Verwandtschaft und Nähe, wenn auch der Zeiten und Ereignisse eingedenk, die zwischen uns und denen liegen‹ – hier nennen, nicht unter den Begriff der Romantik fassen, sondern als Autoren unter dem Stigma der Revolution von 1789 im Vorfeld der Erhebungen von 1848. Romantisch, wirklichkeitsgebunden und utopisch schien uns ihr Aufbegehren gegen staatliche Herrschaft und Gewalt, wie sie Hölderlin in seinem *Hyperion* geißelte.« (G. Wolf 2008, 457)

Diese »übersehenen Gestalten jener Literatur« (ebd.) eint die Erfahrung mit der Französischen Revolution von 1789 und die Hoffnung auf revolutionäre Veränderungen auch in den deutschen feudalistischen Kleinstaaten sowie vor allem die abgrundtiefe Enttäuschung über die Errichtung einer Diktatur Napoleons und seine Expansionspolitik in ganz Europa. Die gesellschaftlichen Verhältnisse in Deutschland in der Mitte der 1790er Jahre sind es, die die Gleichzeitigkeit von noch feudalistischen und schon frühkapitalistischen Strukturen deutlich charakterisierten. Diese neuen gesellschaftlichen Widersprüchlichkeiten erzwungen neue Verhältnisse im literarisch-künstlerischen Diskurs. Die tiefe und dichte Reflexion der großen weltgeschichtlichen Ereignisse war die Ursache für die weltliterarische Relevanz der Spitzenleistungen deutscher Literatur einerseits, aber auch ein Symptom für eine Zeit großer Bedrängnisse, Anstrengungen und Ängste, die viele zu Außenseitern machte, sie scheitern ließ, in den Wahnsinn (Hölderlin) oder Selbstmord (Kleist) trieb. Es war sicher kein Zufall, dass sich mit der Frühromantik eine literarische Bewegung formierte, die ausgehend von der widerspruchsvollen Gegenwart mit all ihren Problemlagen, ihrer Kritik an der Poesiefeindlichkeit, an der Unterwerfung unter Marktbedürfnisse und Profitwünsche mit Vehemenz artikulierte. Erfahrungen von Isolation und Enttäuschung blieben nicht aus. Zu Außenseitern gemacht, setzten sie umso mehr auf Individualitätskonzeptionen und humane Gesellschaftsentwürfe. Gerhard Wolf nennt die näheren Lebensumstände von Kleist, Stäudlin, Emmerich, Boehlendorff, Sinclair, Achim von Arnim, Heine und beschreibt in knappen Sätzen die Unmöglichkeit dieser Intellektuellen einen Platz in der deutschen Gesellschaft zu finden.

> »Nur Bettine von Arnim, die mit Karoline von Günderrode Hölderlins Schicksal in seiner *Leidenssprache* hellsichtig erkannte, [...] mischte sich nach dem Tod ihres Mannes mit ihren Schriften streitbar in die Politik ein und suchte selbst ihren preußischen König zu wecken, *Beschützer der Unterdrückten* zu sein.« (ebd., 456 f.)

Gerhard Wolf betont ausdrücklich, wie auch Christa Wolf, dass ihnen nicht bewusst war, welche Reaktionen sie im öffentlichen kulturpolitischen und ästhetischen Diskurs durch die Beschäftigung mit der Romantik auslösten. Sie sahen aber gleichnishafte gesellschaftliche Verhältnisse für ihre gegenwärtigen Aktivitäten in der DDR, die gegen »diktatorischen Sozialismus und imperiale Machtausübung« (ebd.) gerichtet war. Die poetische Aneignung der Romantik in der DDR betrifft nach Gerhard Wolf auch andere Schriftsteller. Volker Brauns Gedichtband *Gegen die symmetrische Welt* ist ein Zitat von Hölderlin und Braun kritisiert, dass die Ideale, das *Eigentliche*, wofür sie einstanden, längst depraviert sei. Franz Fühmanns Entdeckung des »Gespenster-Romantikers E. Th. Hoffmann« (ebd., 458) sieht Wolf in einer Reihe mit Stephan Hermlin, Günter de Bruyn, Peter Weiss u. a. Sie alle wirkten mit an der »Wiederentdeckung des Romantischen als Versuch einer Gruppe von Schriftstellern, am historischen Modell einen schmerzhaften Desillusionierungsprozeß zu bearbeiten... Entwürfe, die auf Humanisierung und Demokratisierung des sozialistischen Modells zielten« (ebd., 458).

Gerhard Wolf kritisiert die Auffassung von Peter Hacks in dessen Schrift *Zur Romantik*, die erst 2001, also verspätet, den Trend der Romantikaneignung in der DDR karikierend aufgreift. Hacks stellt nicht nur die ästhetische und gesellschaftspolitische Relevanz der Romantik insgesamt in Frage, sondern macht sie auch für die »Konterrevolution [von 1989; H. S.] durch Angehörige der künstlerischen Intelligenz« (Hacks 2001, 97) verantwortlich. Hacks versteigt sich in Verschwörungstheorien – alle Dichtkunst, die wertvoll sei, würde von Geheimdiensten bezahlt, vom französischen oder englischen, vom KGB oder CIA. Für ihn ist die Romantik krank, subjektiv, abstrakt, sie sei willkürlich, beliebig und hielte sich an keine Form. Vorbehaltlos hatte sich Hacks Goethes Diktum zu Eigen gemacht: das Klassische sei das Gesunde, das Romantische das Kranke. Im Politischen attackiert Hacks die Bemühungen Fühmanns in den 1970er Jahren als Tendenz zum »Pluralismus«. »Das Trickwort Pluralismus hat einen genauen deutschen Sinn. Pluralismus bedeutete die Alleinherrschaft der schlechten Seite« (ebd, 99.). Hacks zitiert auch aus *Kein Ort. Nirgends* und beruft sich auf Stalin. Unschwer ist erkennbar, dass der Begriff Romantik für ihn ein Synonym für eine negativ konnotierte Moderne ist, die Unsicherheiten, Pessimismus, Anarchie – das Kranke zum Ausdruck bringt; deshalb verweist er kommentarlos auf Beuys, Warhol und Beckett. Mit dieser Attacke leistet Hacks einen Beitrag im Diskurssystem der Romantikaneignung und bestätigt damit, die wiederholten Ansätze der Autorinnen und Autoren »immer erneut die Sehnsucht ins Ungebundene beharrlich aufzurufen« (G. Wolf 2008, 459).

Die Essays von Christa Wolf über Bettine von Arnim und Karoline von Günderrode veränderten das Bild der beiden Autorinnen in der Rezeptionsgeschichte in der DDR. Während die Bettine in der DDR schon früh besonders als politische Autorin rezipiert wurde (Kuczynski 1949), war die Günderrode wenig bekannt. Christa Wolf richtete ihr Augenmerk auf die Beziehung der beiden Frauen und vor allem auf die unterschiedlichen Lebensentwürfe und Schreibexperimente. »In der literaturwissenschaftlichen Rezeption findet der Brief über die Bettine mehr Aufmerksamkeit als der Günderrode-Essay; beide Essays werden sowohl im Werkkontext Wolfs wie auch im Kontext des romantischen Traditionsbezugs in der DDR-Literatur verortet« (Hilzinger in: WA 6, 252 f.).

Wie wichtig Christa Wolf besonders die schreibenden Frauen in der Romantik waren, belegen ihre Entwürfe zu *Kein Ort. Nirgends*. Zu Beginn ihrer Arbeit am Text fokussierte sie sich stark auf Kleist, später entwarf sie Bettine als Gegenfigur zur Günderrode. Die Literaturkritik reagierte kurz nach dem Erscheinen irritiert, weil Christa Wolf bislang stets zeitgenössische Inhalte gewählt hatte.

29 »Kein Ort. Nirgends« (1979) – ein reflexiver Erinnerungsraum

Entstehungskontexte

In *Kein Ort. Nirgends* baut Christa Wolf die Figuren Kleist und Günderrode als Identifikationsfiguren auf. In der schriftstellerischen Entwicklung von Christa Wolf bedeutete das einen rigorosen Einschnitt, entstanden als Reaktion auf die Biermann-Ausbürgerung. Über die Schwierigkeiten einen Anfang für den Text *Kein Ort. Nirgends* zu finden, hat sich Christa Wolf in verschiedenen Zusammenhängen geäußert. Das Erleben von immer neuen Zeitbrüchen nach 1976 erzwang auch ein neuartiges Befragen von Erinnerungsfeldern als Struktur bildendes Element ihres Schreibens. »Ich habe viele Anfänge versucht, bevor ich den ›inneren Ton‹ hatte. Da war ein Ton in mir, der getroffen werden wollte, durch diese Art des Sprechens, wenigstens am Anfang. Eine gewisse Suggestivkraft der Sprache wollte ich schon auch, einen gewissen Rhythmus« (WA 8, 250). Gleich zu Beginn des Textes *Kein Ort. Nirgends* steht die Frage »Wer spricht?« (KON, 12). Es ging um eine Art des Sprechens, den die Autorin aus den Tiefen des autobiographischen Erinnerungsraumes gewissermaßen »ausgrub«. Im August 1984 beschäftigte sie sich mit der »Struktur von Erinnerung« in Elisabeth Reicharts *Februarschatten*: »Wer spricht denn hier. Eine Frau, Hilde. Gleich nach den ersten Sätzen der Erzählerin setzt ihre Stimme ein. Wen redet sie an. Wessen Augen beobachten sie denn, wer erzählt überhaupt. Welches sind die Ereignisse, die sich so mühsam, gegen ihren zähen Widerstand, aus ihrer Erinnerung herausarbeiten. Und warum diese abgehackten, atemlosen Sätze« (WA 8, 407). Fragen, die sich auch beim Lesen von *Kein Ort. Nirgends* aufdrängen – die Annäherung an Kleist und Günderrode als sprachliche Anstrengung der Autorin an die Vorgänger über die Jahrhunderte hinweg. Anhand der Tagebucheintragungen und des Nachlasses in der Akademie der Künste in Berlin können die Entstehungszeit und die Problemlagen der Autorin rekonstruiert werden. Sie liefern Belege für Auseinandersetzungen sowohl mit dem historischen als auch mit dem zeitgenössischen Stoff. Ein deutliches, grundsätzlich ähnliches Konfliktgefüge beider Zeitebenen fand Christa Wolf vor und suchte nach ästhetischen Mitteln, diese Analogie umsetzen zu können. Gründlich hatte sie sich mit Lektüren und Recherchen vorbereitet. Sie legte Hefte mit handschriftlichen Notizen an, fertigte Exzerpte aus Briefen und Werken von Kleist, Günderrode, Goethe, Hölderlin, Bettine und Clemens Brentano u. a. an. Der Arbeitstitel lautete zunächst »Erz. Kleist-Günderrode«, der zweite »Gespr. Kleist-Günderrode«. Die Änderungen verweisen auf die Wichtigkeit des Sprechens, des Dialoges. Keine klar umrissene Geschichte mit Fabel wird erzählt, sondern Biographien der inneren Befindlichkeiten von Kleist und Günderrode. Die Autorin nutzt dafür umfangreiche Zitationen, vorwiegend aus den Briefen von Kleist und Günderrode. Ute Brandes (1984) hat mehr als 90 Zitate nachgewiesen. Ängste, Sehnsüchte, Erwartungen, Selbstzweifel, Überzeugungen der beiden kommen zur Sprache. Kunert spricht in seinem Text »Zweige von einem Ast« darüber, dass der Zugriff auf historische Gestalten und schreibend sich mit ihnen zu vereinen, unausweichlich ein Akt der Selbstentblößung sei, »auch wenn dabei ›nur‹ der Erwählte in seinem Wesen, seiner Existenz enthüllt wird« (Kunert 1989, 155). Christa Wolf setzte sich dieser Entblößung aus und wusste, dass viele Teile ihrer »Landschaft des Inneren« mit ihren Figuren identisch sind. Das Ergebnis ist eine Ästhetik des tragischen Empfindens, des Schmerzes.

Die politischen Ausnahmezustände hatten sich auf bedrängende Weise wiederholt und wurden damit zur Normalität. Nicht mehr Teilhabe an gesellschaftlicher Verantwortung, sondern Erstarrung im Schmerz wurde zum inneren Zustand für sie. »Der Schmerz« lautete ein kurzer Text von Christa Wolf, der Günter Kunert gewidmet und 1978 entstanden war. Er endet: »Schmerzlich fremd das vertraute Gelände im Rücken. Unerkannt von dannen gehen – größter Schmerz, den wir nicht festhalten dürfen. Der Schmerz beweist nichts, und er rechtfertigt nichts, aber ohne ihn dürften wir kein Wort mehr sagen. Der Schmerz als Zeitgenosse. Was nach ihm kommt, können wir nicht wissen« (WA 6, 238). Hier schimmert ein autobiographischer Impuls durch, der sie zur Beschäftigung mit der Romantik drängte. Sandra Frieden (1989) hat in ihrer Studie zu Autobiographie und Biographie die Verquickung von autobiographischen Impulsen mit der Biographie herausgearbeitet. Sie weist auf die Durchquerung der Gattungsgrenzen Biographie in *Kein Ort. Nirgends* hin. Helga G. Brauneck hingegen spricht von einer »Doppelbiographie«, in der sich »das schreibende Subjekt teilt, verdoppelt, in Dialog mit einem anderen Subjekt tritt« (Brauneck 1992, 231). Christa Wolf konstruierte ihren Text nach diesem Modell. Sie verdoppelte sich als einfühlsame Erzählerin und schrieb über die anderen und über sich.

Die zündende Idee fand sie in der Kleistbiographie von Eduard von Bülow (1848), der eine legendäre Begegnung von Kleist und Günderrode in Mainz überliefert. Wissenschaftlich ist diese Begegnung nicht belegt. Christa Wolf wusste darum und befand, dass das für ihr Anliegen auch nicht relevant sei. Bevor sich die Autorin den Lebens- und Schaffensbedingungen von Kleist und Günderrode zuwandte, hatte sie bereits Annäherungen an romantische Schreibweisen probiert. Zwischen 1969 und 1972 waren in dem Erzählungsband *Unter den Linden* drei Erzählungen *(Unter den Linden* (1969), *Neue Lebensansichten eines Katers* (1970*)* und *Selbstversuch* (1972*)* erschienen (s. Kap. II.C.20). Hans-Georg Werner (1992) stellt in seiner Studie vielfältige Bezüge zu den Autoren der Romantik und zu Ingeborg Bachmann her (s. Kap. II.C.19). Christa Wolf bezeichnete diese phantastischen Erzählungen als »[k]leine Proben auf anderen Instrumenten« (WA 3, 433). Ironie, Satire, Groteske waren ästhetische Mittel, um die Entfremdungserscheinungen in der modernen Gesellschaft deutlich hervorzuheben.

Authentische Stimmen: Wer spricht?

Ihrer Erzählung *Kein Ort. Nirgends* stellte Christa Wolf zwei Aussagen ihrer Protagonisten gleichsam als Motto voran. Kleist: »Ich trage ein Herz mit mir herum, wie ein nördliches Land den Keim einer Südfrucht. Es treibt und treibt, und es kann nicht reifen« (KON, 9). Das Fazit eines Dichters, der zu klassischer Vollkommenheit nicht reifen konnte. Und die Günderrode: »Deswegen kömmt es mir vor, als sähe ich mich im Sarg liegen und meine beiden Ichs starren sich ganz verwundert an« (KON, 9). Fremdheit des eigenen Ich, Entfremdung über den Tod hinaus, das sind die Grunderfahrungen der jungen Generation von Schriftstellerinnen und Schriftstellern um 1800 in Deutschland. Kleist und Günderrode, so die »erwünschte Legende« (KON, 11), treffen sich 1804 in Winkel am Rhein. Sie sind für wenige Stunden Gäste einer kleinen Teegesellschaft des Kaufmanns Merten. Kleist wird von seinem Arzt Wedekind begleitet, der ihm eine Abwechslung wünscht. Kleist war aus Paris gekommen und steckte in einer tiefen Krise, die mit seinem gescheiterten *Guiscard*-Projekt zusammenhängt. Die Günderrode hatte einen Gedichtband unter dem Pseudonym »Tian« herausgegeben. Sie lebt isoliert in einem Stift für unverheiratete adlige Frauen in Frankfurt am Main und hofft im Hause Mertens Savigny zu treffen. Er hat zwar Gunda Brentano geheiratet, aber sie liebt ihn immer noch. Christa Wolf entwirft ein Szenario, indem sich beide Hauptfiguren wie in einem Film oder Theaterstück bewegen. Sie agieren im reflexiven Erinnerungsraum der Autorin wie in Kulissen. Gezeigt werden einzelne Szenen, in denen sich die Protagonisten als Außenseiter bewegen. Heinrich von Kleist und Karoline von Günderrode fühlen sich fremd im Kreis der Selbstsicheren und Erfolgreichen. Es ereignet sich wenig, nach einiger Zeit verlassen sie den Salon. In der Natur, im Außenraum also, sind die Annäherungen beider Hauptfiguren intensiver.

Bereits in den Anfangssätzen wird ein »Wir« konstruiert; damit gemeint sind die Autorin, die Lesenden und die Vorgänger, die das »jahrhundertealte Gelächter« (KON, 11) über die vergeblichen Bemühungen, einen Platz in der Gesellschaft zu finden, aushalten müssen. Die Forderung von Kleist und Günderrode nach Ganzheitlichkeit stößt bei den Gesprächspartnern in dieser Runde auf Unverständnis und »Kichern« (KON, 68) oder »Lächeln« (KON, 70). Am Ende des Textes wird dieses »Gelächter« zum befreienden Akt, der Kleist und Günderrode näher bringt, ein tiefes Erkennen zweier Wissenden. Eindringlich ist die Sprache, knapp und melodisch, von einer Suggestivkraft, die die Lesenden in ihren Bann zieht. Der Anfangssatz erzeugt Spannung und Neugier, einen geheimnisvollen Sog. Der Sprachrhythmus und die unvollständigen Sätze verstärken diesen Sog. »Die arge Spur, in der die Zeit von uns wegläuft« (KON, 11). So unkonkret die fast lyrische Aussage auch ausfällt, beim Weiterlesen ist das Hauptmotiv offensichtlich. Die »arge Spur« der Geschichte als Verbindung zwischen einer Künstlergeneration um 1800 und der des 20. Jahrhunderts. Der nächste Satz: »Vorgänger ihr, Blut im Schuh« (KON, 11) liest sich wie eine Warnung und zugleich enthält er die Implikationen auf die gefährdeten Vorgänger. Es handelt sich um Tote: »Blicke aus keinem Auge, Worte aus keinem Mund. Gestalten, körperlos« (ebd.). Mit der Einführung des Wiederauferstehungsmotivs – eine Mischung aus »Vater unser« und dem »Glaubensbekenntnis« – macht die Autorin auf die Möglichkeiten von Literatur aufmerksam. Sie will mit ihrem Text die Toten auferstehen lassen: »Niedergefahren gen Himmel, getrennt in entfernten Gräbern, wiederauferstanden von den Toten, immer noch vergebend unsern Schuldigern, traurige Engelsgeduld« (ebd.). Die Anleihen aus den christlichen Gebeten verkehren sich aber in ihr Gegenteil. In *Kein Ort. Nirgends* erweitert Christa Wolf die Gebete um Ideale, die von Kleist und Günderrode vertreten werden und deren utopische Dimension immer noch nicht eingelöst ist. Die ersten einführenden Sätze haben die Funktion, die Lesenden auf die Ereignisse eines Nachmittags 1804 einzustimmen und sie in die Gesprächssituation einzubeziehen.

Der »innere Ton«, von dem Christa Wolf spricht, ist auf Zerstörung der versteinerten Sprache aus. So kann sie die erstarrten Verhältnisse in den Figuren und um sie herum reflektieren. Der Tod, der im Text immer präsent ist (durch den Dolch der Günderrode und Kleists ausweglose Erkrankung), ist die Auslöschung der Identität. Nach innen und außen ist ein Suchen nach Identität beschrieben, der Weg dorthin ist aber zunächst der »Weg nach innen« (Novalis), in die tiefsten, verkrusteten Schichten des Unbewussten, die scheinbar tot, weil vergessen in den Protagonisten sind, aber dennoch auf ihr Denken und Fühlen wirken. Es geschieht unbewusst, das heißt ihnen selber fremd, entfremdet. Aber die Kraft der Reflexion, die bereits außerhalb aller normierten Realität diesen Weg nach innen ermöglicht, ist von den Romantikern als synthetisierende Kraft entdeckt worden, in welcher Phantasie, Gefühl, Verstand ungetrennt wirken können. Mit der Übertragung des romantischen Begriffes der Reflexion signalisiert Christa Wolf den Weg des Zu-sich-selber-Kommens der Menschen nicht nur in opferbereiter Liebe, sondern vielmehr durch das eigene Spiegelbild hindurch, in einer Suche nach Selbstfindung. Im Gespräch mit Hans Kaufmann (»Subjektive Authentizität«) bezeichnete Christa Wolf dieses schwierige Spannungsverhältnis als »Suche nach einer Methode, dieser Realität schreibend gerecht zu werden« (WA 4, 409). Über genau dieses Problem sprach Christa Wolf auch mit Frauke Meyer-Gosau und begründete damit ihren autobiographischen Schreibimpuls. Sie spricht von »Selbstverständigung […] eine Art von Selbstrettung, als mir der Boden unter den Füßen weggezogen war« (WA 8, 237).

Ihr Hauptinteresse galt der Untersuchung, wann die Zerrissenheit, das Gespaltensein von Menschen und Gesellschaften begann, wann die Arbeitsteilung die Menschen und auch die Geschlechter bei der Entstehung von Industriegesellschaften so deformierte, dass sie sich nicht mehr als Subjekte wahrnehmen konnten. Die Romantiker hatten in vielfachen Symbolisierungen des Unheimlichen diese Entwicklung sensibel registriert und auch facettenreich dokumentiert. Es schien keinen Weg zu geben, diesen Mächten zu entrinnen, entweder man unterwarf sich, um durch Anpassung zu partizipieren, wie es Goethe vorgeworfen wurde, oder man war zum Scheitern verurteilt. Der romantische Künstler ist einer, der diese Erstarrung der Welt durchbrechen will, ihr im realen Leben aber oft erlag. Es ging Christa Wolf nicht nur um die neue Literatur und Kultur, die daraus entstand, sondern vor allem um die Lebensexperimente, die die Romantiker ausprobierten. Kleist und Günderrode sind zwar Zeitgenossen der Romantik, sind aber nicht in allen Punkten in die frühromantische Konzeptionsbildung einzuordnen. Sie teilen mit den Romantikern den radikalen Erkenntnis-Skeptizismus, der aus dem Zerfall aller Ordnungen erwuchs und bei ihnen zu einer experimentellen Erprobung eines »ästhetischen Subjektivismus« führte. Die literarischen Strategien dieser emphatischen Ich-Erkundung entziehen sich den konkurrierenden literarisch-philosophischen Diskursen um 1800. Die radikale weibliche Selbstreflexion in den Briefen der Günderrode lassen in ihrer Sichtweise das kompromisslose »Ideal einer autonomen, sozial funktionslosen Poesie« entstehen (Bohrer 1987, 70). Auch für Kleist blieb der Vertrauensverlust in die Gesellschaft und ihre Institutionen nicht ohne Folgen auf sein Schreiben. Seine verschlüsselte Zeitkritik ist in vielen Texten eingeschrieben. In der »Geschichte meiner Seele« (Schanze 1994, 345) und in seinem Aufsatz »Über die allmähliche Verfertigung der Gedanken beim Reden« (ebd., 346 f.), der zeitgenössisch nicht publiziert wurde, analysiert Kleist den Vorgang des Sprechens. Wirksame Rhetorik, produktives Denken und Evidenz werden ununterscheidbar. Mit dieser sprachphilosophischen Auffassung rückt Kleist in die Nähe der romantischen Rhetorik. Die Faszination dieses Ansatzes, dass die Sprache in uns spricht, nicht wir sie sprechen, war für Christa Wolf eine wichtige Entdeckung. Ihre Exzerpte aus Kleist Briefen (im Nachlass in der Stiftung Archiv der Akademie der Künste Berlin-Brandenburg, Signaturen 509, 510, 511 und 514) belegen das.

Utopische Dimension in »Kein Ort. Nirgends«

»Wir sind auf den ganzen Menschen aus und können ihn nicht finden« (KON, 84) wird die Günderrode dem Kleist entgegenhalten, wissend um die ihrer beider Übereinstimmung. Im Mittelpunkt des Textes steht das Problem der »ästhetischen Ganzheitsutopie«. In Anlehnung an Bloch und Metscher werden als Utopie »[a]lle Akte geistiger Überschreitung historisch gegebener Faktizität in Richtung auf Selbstverwirklichung und neue Welt« bezeichnet. »Alle geistigen Akte heißt: nicht nur die innerhalb des sprachlichen Diskurses formulierten, auch die in symbolischen Handlungen von Gestus und Spiel artikulierten oder bildhaft-visuell und musikalisch evozierten« (Metscher 1988, 204). Die Wirklichkeit wird von Kleist und Günderrode als negativ, bedrohlich, ja als apokalyptisch erfahren. Die Antizipation einer Vision kommenden Unheils ist als Schwebesituation im Text immer vorhanden, dadurch verwandelt sich die Utopie in Dystopie, in einen Ort der Negation (vgl. Scholz 1991).

Die Ganzheitsutopien hatten ihre Wurzeln in den Sozialutopien und waren wenige Jahre nach dem Ausbruch der Französischen Revolution 1789 obsolet geworden. Dass die hoffnungsvollen Fahnenworte der Französischen Revolution von Freiheit, Gleichheit, Brüderlichkeit nicht einlösbar waren, zeigte sich spätestens 1804 als Napoleon sich zum Kaiser der Franzosen krönen ließ und die Bühne Europas betrat. Die Distanz zu den Ereignissen in Frankreich und zu jeder praktisch-politischen Aktivität in Deutschland führte zu Utopieentwürfen von einer Gemeinschaft freier mündiger Bürgerinnen und Bürger, die ein Leben in freier bewusster Tätigkeit und Geselligkeit leben wollten. Da die Revolution aber eine politische war, die beim Übergang vom Feudalismus zum Kapitalismus eine radikale Ökonomisierung aller Lebensbereiche bedeutete, war die Kritik der Enttäuschten umso schärfer. Der utopische Entwurf einer poetischen Weltrepublik wurde kontrastiert mit den restaurativen Tendenzen in Deutschland. Die Kritik hatte eine geschichtsphilosophische Fundierung nicht nur in dem triadischen Geschichtsbild (Paradies, Entfremdung/reflektiertes Paradies, Goldenes Zeitalter), sondern auch durch die gegenseitige Bezogenheit von Individualgeschichte (künstlerische Sozialisation) und Menschheitsgeschichte. Im kollektiven Versuch der Verbindung von Leben und Kunst, im gemeinsamen Dichten (Sympoetisieren) und Forschen (Symphilosophieren) steckt das revolutionäre Programm der Frühromantik. Dieser ungeheure Anspruch war auch deshalb zum Scheitern verurteilt, weil durch den Primat der Idee und der Reflexion die konkreten menschlichen Bedürfnisse der Gruppe wenig Berücksichtigung finden konnten. Die persönlichen Querelen und die fehlenden positiven politisch-ökonomischen Veränderungen in Deutschland führten die Einzelnen in eine tiefe Resignation. Dabei war die Radikalität des Denkens aber nicht in Frage gestellt worden.

Die Radikalität beider Gruppen der Frühromantik in Jena und Berlin zeichnete sich dadurch aus, dass sie konsequenter als alle Versuche vorher der Frage nach dem Unbewussten nachging und diese Frage im Zusammenhang eines utopischen Lebensentwurfs und einer neuen Ästhetik stellte. Es ist die Entdeckung der romantischen Innerlichkeit, die zwangsläufig zur Entdeckung des Ich, des Subjekts führte. Die Frühromantiker waren: »Eine Avantgarde ohne Hinterland« (WA 6, 112), wie Christa Wolf im Essay »Der Schatten eines Traumes« ausführte. Für sie war der ungeheure kulturrevolutionäre Anspruch der Frühromantiker eine gescheiterte Utopie. Als Schriftstellerin der DDR waren die angebotenen politischen Alternativen (West – Ost) nirgends mehr vom Enthusiasmus der Utopie getragen, hatten also keinen Ort mehr. Nirgends.

1961 in seiner Tübinger Eröffnungsvorlesung sprach Ernst Bloch über das Thema »Kann Hoffnung enttäuscht werden?«:

> »So muß Hoffnung schlechterdings enttäuschbar sein können, *erstens*, weil sie nach vorn hin offen ist, in Künftiges hinein, und nicht bereits Vorhandenes meint [...]. *Zweitens* aber, damit eng zusammenhängend, muß Hoffnung enttäuschbar sein, weil sie auch als konkret vermittelte nie mit festen Tatsachen vermittelt sein kann. Diese sind ihrer Kundigkeit allemal subjektiv verdinglichte Momente oder objektiv verdinglichte Stockungen eines geschichtlichen Ganges der Dinge.« (Bloch 1977, 389)

Bloch hielt, als Christa Wolf in Leipzig studierte, Vorlesungen, die sie zwar nicht besuchte, die aber trotzdem zum Verständnis der Situation für die Studierenden damals beitrugen. Bloch entwickelte mit Blick auf die DDR einen Latenzbegriff.

> »Fundierte Hoffnung wird aus Schaden durchaus nicht klug. Enthält sie doch das Wesenhafte der Sache, dergestalt, daß eine gewordene schlechte Tatsächlichkeit, statt zu berichtigen, nun von der Latenz dessen, was in der Tendenz steckt, umgekehrt gerichtet wird. Und diejenige Faktizität wird am gründlichsten gerichtet, die sich eben den Zielinhalt dieser Latenz maskenhaft beibiegt, um ihn desto verbrecherischer zu verraten.« (ebd., 389)

Diesen Vorgang konnte Christa Wolf zu Anfang der 1970er Jahre auf verhängnisvolle Weise erleben. Eben weil der Sozialismus seine »Ankunft der Utopie« (Irrlitz 1990) 1972 auf dem VIII. Parteitag feierte, wurde die über alles dominierende Ideologie Ersatz für jene anzustrebende Utopie Sozialismus. Für die in der Realität nicht eingelösten Kriterien eines Sozialismus wurde als Sprachregelung der »real existierende Sozialismus« eingeführt. Irrlitz sieht die Ursachen für den Verfall und das Scheitern der real existierenden Gesellschaft in der DDR in einer Reihe von inneren Ungleichzeitigkeiten und dadurch würde die eigentliche Wurzel »der neuen Gesellschaft, das Moralgebot der Freiheit durch Gleichheit [...] selbst zerstört« (Irrlitz 1990, 945). Für ihn ist die Ankunft in der Utopie die absolute Ungleichheit, die Moderne durch vormoderne Lebensformen zu überschreiten, weil die Machtinhaber in der DDR versucht hätten, den Sozialismus in einer fortgeschrittenen Zivilisation durch die Utopie aus dem frühen 19. Jahrhundert zu realisieren. Die differenzierten Ansprüche der Individuen wurden in vergeblicher Weise durch ständig neue Formen (sozialpolitische Maßnahmen, Förderungen von Jugend und Frauen), die zur Gleichheit führen sollten, reproduziert. So konnten ganze Generationen diese Ankunft nur als statische Erscheinung wahrnehmen. »Daß da längst alles eingefroren und festgerammt war, das haben wir erst ab einem bestimmten Punkt gesehen, endgültig ab August 1968« (WA 12, 715), wird die Autorin gegenüber Böttiger im Gespräch »Die Dauerspannung beim Schreiben« formulieren. Die Ideologie ersetzte in den folgenden Jahren die Utopie, der Rückzug ins Private war die zwangsläufige Folge.

Christa Wolf hat diese Vorgänge in *Sommerstück* reflektiert und auch die jüngere Generation beobachtend, eine Stagnation diagnostiziert. Dadurch, dass die Herrschenden keine differenzierten subjektiven Entwürfe diskutierten, war im Blochschen Sinne der verbrecherische Verrat umso größer. Es fehlte nicht an Revolutionären, sondern an einer utopischen Dimension für politisches Handeln. Wolfgang Harich (*Kommunismus ohne Wachstum*, 1975), Rudolph Bahro (*Die Alternative*, 1977) und Robert Havemann (*Morgen. Die Industriegesellschaft am Scheideweg*, 1980) übten in ihren Studien marxistische Systemkritik und verbanden sie nicht von ungefähr mit politischen Utopien. Sie verstanden sich als Marxisten und ihre Forderungen reichten weit über die Reformierung des Realsozialismus der DDR hinaus. Es ging um das Bestimmen differenzierter Zielinhalte, die die »transzendierenden Intentionen des utopischen Bewußtseins zu realisieren sucht« (Bloch1985, 680). Alexander Amberger stellt in seiner Studie *Bahro – Harich – Havemann. Marxistische Systemkritik und politische Utopie in der DDR* (2014) die Frage nach der damaligen und heutigen Relevanz und unterstreicht die aktuelle Brisanz. In diesem Sinne war das Reflektieren dieses Problems bei Christa Wolf auch ein Selbstdenken im Sinne von Selbsterziehen und benötigte dringend die utopische Dimension für den Handlungsvollzug. Es kam darauf an, das Hoffen zu lernen, denn, »[w]enn wir zu hoffen aufhören, kommt, was wir befürchten, bestimmt« (KON, 103). Diese Aussage steht unvermittelt im Text, ohne dass die Lesenden wissen, wer da spricht. Die Autorin sah die utopische Dimension schon in dem Zusammenführen der Figuren, in der Art, wie sie miteinander reden können. »Solange Beziehungen möglich sind, ist Hoffnung« (WA 12, 718).

Grenzüberschreitungen: »Was mich tötet, zu gebären« (KON, 87)

Leben und Schreiben von Kleist und Günderrode sind charakterisiert von Grenzüberschreitungen. Es geht um Grenzüberschreitungen nach innen, Kleist und Günderrode haben keine andere Wahl. Nicht die äußeren Identitätsgrenzen sind das Bedrohliche, sondern die inneren, die uns entfremdeten, fremd gewordenen. Das Vertraute, Eigentliche, Heimische ist nicht mehr stimmig. »Ich bin nicht ich. Du bist nicht du. Wer ist wir? Wir sind sehr einsam« (KON, 97). Deshalb ihr Anspruch, das authentische Ich im Schreiben zu suchen. Die Sprachbilder sind sinnlich, einfühlsam und wirkungsmächtig. Die Perspektive bleibt im Wesentlichen an die beiden Außenseiter in dieser Gesellschaft gebunden, Randfiguren, die um ihre Isoliertheit wissen. Außerdem sind sie Beobachtende, wie sie nehmen die Lesenden die Vorgänge wahr. Ohne die wörtliche Rede zu gebrauchen, verschiebt sich die personale Erzählhaltung von Günderrode zu Kleist und in umgekehrte Richtung. Dieser Wechsel der Dialoge ist häufig erst bei wiederholtem Lesen zuzuordnen. Eine Schwebesituation, die die Spannung erhöht. Unauffällig und behutsam mischt sich neben der personalen Erzählweise auch die Stimme der Erzählerin ein. Beide Figuren verbindet der Schreibzwang, erst diese innere Notwendigkeit treibt die Werke hervor und so ist ihr Leben nur durch Schreiben möglich. Günderrode teilt Clemens Brentano diesen inneren Zwang mit: »Daß ich schreiben muß, steht fest. Es ist eine Sehnsucht in mir, mein Leben in einer bleibenden Form auszusprechen. […] Aber halten Sie mich für so selbstvernarrt, daß ich nicht wüßte, wie weit ich davon entfernt bin« (KON, 27). Es sind die Selbstzweifel, die immer und immer wieder unausweichlich dennoch ein Schreiben erzwingen. Schreiben als Akt der Selbsterhaltung.

Kleist ergeht es ähnlich: »Er hat die Wahl – falls das eine Wahl ist –, das verzehrende Ungenügen, sein bestes Teil, planvoll in sich abzutöten, oder ihm freien Lauf zu lassen und am irdischen Elend zugrunde zu gehn« (KON, 32). Das Ungenügen am Erreichten charakterisiert beide Figuren, entstanden aus dem Defizit von Anspruch und gesellschaftlicher Realität. Die Nähe beider ist im gesamten Text spürbar, in Spannung gehalten von einer Neugier, die auf Berührung aus ist. Mehrmals nähert sich die Günderrode Kleist, entfernt sich aber schnell wieder. Zu Kleist dringen die Gespräche, die sie mit anderen führt. Er fühlt sich einbezogen, wie auch sie seinen Dialogen folgt. Das wird offenkundig, als Savigny sich Kleist zuwendet. Savigny ist ein Vertreter des Gesetzes. Seine Meinung, dass man das Leben am Ideal nicht messen solle, offenbart die Gegensätze. Er wird die Schreibimpulse beider Figuren als weltfremd abtun. Literatur soll, da weiß sich Savigny eins mit Merten, Nees von Esenbeck und Wedekind, sich nicht in gesellschaftliche Verhältnisse einmischen.

Die moderne Industriegesellschaft, die sich nach 1789 formierte, konfrontierte die Individuen nicht nur mit neuen Widersprüchen, sie vermittelte auch neue Erfahrungen und tiefere Einsichten in historische Zusammenhänge. Sie stellte die Literatur vor die Aufgabe, ihre Gegenstände und Methoden zu überprüfen, zu erneuern und zu verändern. Sowohl für die poetische Praxis als auch für die ästhetisch-poetologische Konzeptionsbildung hat das Konsequenzen. Kleist und Günderrode haben eine Sehnsucht nach Ganzheitlichkeit, nach einer harmonischen Verbindung von Kunst und Leben. Die Gründe für ihre Zerrissenheiten sind unterschiedlich. Für Kleist heißt es: »Ein Amt oder die Literatur. Erniedrigung und ein bescheidnes Auskommen, oder die blanke Armut und ein ungebrochenes Selbstgefühl« (KON, 64). Für Kleist ist diese Alternative keine. Er will »Freiheit. Ein Gedicht. Ein Haus« (KON, 78). Mertens Angebot seine Texte zu vermarkten, Literatur und Broterwerb zu verbinden, lehnt Kleist kategorisch ab. Günderrode erkennt sein Dilemma: »Unvereinbares, was sie vereinbaren wollen« (KON, 78). Er muss ihr resigniert zustimmen und erkennt, warum sein *Guiscard*-Projekt nicht ausführbar ist. Günderrodes Problem besteht darin, eine Frau zu sein und denken und handeln zu wollen wie ein Mann. Im Gegensatz zu Kleist sieht sie außer im Schreiben auch in der Liebe eine Möglichkeit eine Ganzheit zu gewinnen. »Liebe, wenn sie unbedingt ist, kann die drei getrennten Personen zusammenschmelzen« (KON, 103). Sie ist zerrissen, dreigeteilt als Mann, Frau und als Androgyne. Da sie aber eine Frau ist, gebunden an die Geschlechterideologie ihrer Zeit, darf sie kein Amt anstreben. Ihr häufig wiederholter Wunsch: »Warum ward ich kein Mann! ich habe keinen Sinn für weibliche Tugenden, für Weiberglückseligkeit« (KvG, 109), verweist auf die Unterordnung der Frau in der patriarchalischen Gesellschaft. Als Frau durfte sie nicht studieren, nicht reisen, hatte kaum Handlungsspielräume. Ihr Schicksal war an den Mann gebunden: »Siebzehnjährig müssen wir einverstanden sein mit unserem Schicksal, das der Mann ist, und müssen für den unwahrscheinlichen Fall von Widersetzlichkeit die Strafe kennen und sie angenommen haben. Wie oft ich ein Mann sein wollte, mich sehnte nach den wirklichen Verletzungen, die ihr euch zuzieht« (KON, 100).

Mit der Geschlechterdifferenz haben beide Protagonisten zu kämpfen. Sie spüren, dass die bürgerlichen Geschlechterrollen Konflikte auslösen, die nicht aufhebbar sind. Für Kleist ist es unerträglich, dass die Geschlechter in Mann und Frau aufgespalten sind. Blitzartig erkennt die Günderrode, dass in Kleist sich Mann und Frau, Weibliches und Männliches feindlich gegenüberstehen wie in ihr auch. Aber Androgynität provoziert noch mehr ein Ausgestoßensein, das wissen sie. Kleist hat eine panische Angst davor, seine weibliche Seite in sich zu akzeptieren, wie ihn auch die männlichen Seiten bei Frauen irritieren. Er hat die Hoffnung auf eine irdische Existenz aufgegeben. »Unlebbares Leben. Kein Ort, nirgends« (KON, 96). Eine Liebesbeziehung mit Männern zu leben, gelingt der Günderrode nicht. Sie ist weder für Savigny noch für Clemens Brentano in ihrem Radikalitätsanspruch annehmbar. Sie pocht auf Anteilnahme, Selbstachtung, Vertrauen und Freundlichkeit, die Männer aber sind dem bürgerlichen Frauenbild verhaftet, Günderrode flößt Angst ein. Ihrem Anspruch genügt Bettine. Sie ist als Gegenfigur zur Günderrode entworfen. Die Nähe zu ihr gründet darauf, was Christa Wolf in dem Essay »Berührung« (WA 8, 115–129) Schwesterlichkeit nennt und mit Sinnlichkeit, Emotionalität, Glückssehnsucht und besonders rückhaltloser Subjektivität verbindet. Die Beziehung beider Frauen steht im Mittelpunkt des Interesses von Christa Wolf in ihren beiden Essays. Sie richtet ihr Augenmerk auf die Differenzen in den Lebensentwürfen und -haltungen. Die gemeinsame Utopie einer anderen »Art Liebe«, ermöglicht eine Berührung der beiden Frauen. »Diese jungen Frauen haben einander etwas zu geben, was ein Mann ihnen nicht geben könnte, eine andere Art von Verbundenheit, eine andere Art Liebe. Als könnten sie, allein miteinander, mehr sie selbst sein, sich ungestörter finden, freier ihr Leben entwerfen – Entwürfe, die denen der Männer nicht gleichen werden« (KvG, 141).

In *Kein Ort. Nirgends* ist ein Erkennen von Kleist und Günderrode erst in der Natur, im Außenraum möglich. Eine Entblößung findet statt, »Maskierungen fallen ab, Verkrustungen, Schorf, Polituren. Die blanke Haut. Unverstellte Züge […] Wir, jeder gefangen in seinem Geschlecht. Die Berührung, nach der es uns so unendlich verlangt, es gibt sie nicht. Sie wurde mit uns entleibt. Wir müßten sie erfinden« (KON, 96). Günderrode und Kleist aber sind dazu nicht in der Lage und müssen begreifen, dass sie ein »Entwurf sind« (KON, 105), der gegenwärtig nicht realisiert werden kann, der aber zukünftig wieder aufgegriffen werden könnte. Der letzte Satz: »Wir wissen, was kommt« (KON, 105) kann sich sowohl auf die Utopie, als auch auf die Todesarten beider beziehen.

30 »Sommerstück« (1989) – eine »Mecklenburgstory« (Sarah Kirsch)

Entstehungsgeschichte und kulturpolitische Kontexte

Sommerstück hatte eine ungewöhnlich lange Entstehungszeit: »Dieser Text wurde in seinen frühen Fassungen bis 1982/83 niedergeschrieben, Teile davon parallel zu *Kein Ort. Nirgends*. 1987 wurde eine letzte Fassung für den Druck überarbeitet (SSt, 219). Gründe für die Verzögerungen liefert Sarah Kirsch, die in ihrem Prosatext *Allerlei-Rauh* (1988) auch Bezug auf diesen Sommer nimmt.

> »Oft, wenn ich Christa in den folgenden Jahren getroffen habe, sind wir auf den hübschen Sommer zu sprechen gekommen und haben uns seiner Feste erinnert. Ich sagte jedesmal, daß sie alles darüber aufschreiben müsse, denn daß ich es tat, lag außerhalb meiner Zuständigkeit, als ich der Theorie der Arbeitsteilung noch anhing und Christa für solche Geschichten verantwortlich schien. Jetzt, wo ich mich selbst auf diese Dinge eingelassen habe, ist mir bewußt, weshalb Christa, falls sie die Mecklenburgstory zwischen zwei Heftdeckeln schon hat, diesen Text lange zurückhalten wird, um niemanden zu verletzen.« (Kirsch 1988, 60 f.)

Sowohl Sarah Kirsch als auch Christa Wolf haben diesen Sommer mit Freundinnen und Freunden also tatsächlich gemeinsam erlebt. »Alle Figuren in diesem Buch sind Erfindungen der Erzählerin, keine ist identisch mit einer lebenden oder toten Person. Ebenso wenig decken sich beschriebene Episoden mit tatsächlichen Vorgängen. C. W.« (SSt, 219). Dies ist eine bewusst unglaubwürdige Schutzbehauptung der Autorin und verlockt die Leser/innen erst recht dazu, des Rätsels Lösung zu finden. Ebenso verfährt Sarah Kirsch in der Vorbemerkung zu *Allerlei-Rauh*: »Alles ist frei erfunden und jeder Name wurde verwechselt. S. K.« (Kirsch 1988, 5). Während aber Kirsch die realen Namen der Personen bei der Beschreibung dieses besonderen Sommers nennt, bleiben sie bei Wolf codiert. In Therese Hörnigks Monographie (Hörnigk 1989, 185) befindet sich ein Foto, das 1975 in Meteln in Mecklenburg aufgenommen wurde. Die Frauen darauf werden mit Namen aufgeführt: Sarah Kirsch, Carola Nicolaow, Helga Schubert und Christa Wolf. Es ist davon auszugehen, dass die Zuordnung von Personen und Figuren bei aller Behutsamkeit Beachtung finden muss, da sie von Bedeutung für den Text als autobiographische Skizze ist. Hinter der Erzählerin Ellen ist demnach Christa Wolf zu vermuten, dann wäre Jan ihr Ehemann. Hinter Jenny und Sonja, die Töchter der Erzählerin, verbergen sich Annette und Katrin, die Töchter des Ehepaares Wolf, und hinter Littelmary die Enkeltochter. Die Verweise und Anspielungen im Text sind so mannigfaltig, dass Bella ein Synonym für Sarah Kirsch und Jonas für ihren Sohn ist. Irene ist der Code für Helga Schubert, Clemens dann ihr Ehemann Johannes Helm und Michael ihr gemeinsamer Sohn Robert. Die totkranke Steffi ist erkennbar als Maxie Wander und ihr Ehemann Josef als Fred Wander, der gemeinsame Sohn Daniel wird im Text zu David. Luisa ist der Name für Carola Nicolaou, Antonis der für ihren Ehemann Thomas Nicolaow.

Ort und Zeit im Text geben überzeugende Hinweise auf einen bestimmten Sommer. In den Frauenfiguren, die im Mittelpunkt stehen, und ihren Aktionen, sind Sequenzen der Fiktion in Sarah Kirschs Text ähnlich beschrieben. Die Widmung »Allen Freunden jenes Sommers« (SSt, 10) verweist auf einen Gedenktext. Ganz bewusst hat die Autorin keine Genrebezeichnung angegeben. Es ist kein Protokoll, auch kein Schlüsselroman eher eine Erzählung. Beschrieben wird ein Sommer aus der Erinnerung, ein realistisch beklemmendes Zeugnis über die vergehende Zeit, verlorene Illusionen, das Altern und den Tod. In elegischem Ton wird ein Abschiedsschmerz im Jahrhundertsommer nach dem » wüsten Winter« (SSt, 45) festgehalten. Christa Wolf bezeichnete den Text als ihr »persönlichstes Buch« (WA 12, 217) und sie zögerte lange, wie Sarah Kirsch richtig vermutete, ihn zur Publikation, frei zu geben. Man musste sie überreden. Sie hatte nicht nur Bedenken gegenüber ihren Freundinnen und Freunden, sondern befürchtete auch, man könne den Text als Schlüsseltext oder Idylle lesen. Deshalb veränderte sie die Namen, erfand viele Episoden und erkundete eine neuartige Form autobiographischen Schreibens. Darauf verwies Peter von Matt (1989) in seiner Rezension »Ein gläsernes Idyll«. Die Vermischung von Fiktion und Wirklichkeit, die Mehrstimmigkeit der Aussagen und die Polyperspektive charakterisieren ihr erinnerndes Erzählen als neue Qualität autobiographischen Schreibens.

Im Winter 1976 wurde Biermann ausgebürgert, als Zeitangabe wäre dann der Sommer 1977 zu nennen. Firsching findet Hinweise im Text, die das belegen: »Dies stimmt mit dem 26. Hochzeitstag Ellens und Jans (= Christa und Gerhard Wolf) überein. Für dasselbe Jahr sprechen Steffis (Maxie Wanders Krankheit, deren Haussuche und ihr bald erscheinendes Buch (*Guten Morgen, Du Schöne*«; H.S) sowie Bellas (Sarah Kirschs) Weggang« (Firsching 1996, 176). Aber auch resignative Züge aus den Erlebnissen der Jahre um 1979 sind zu bemerken. Es handelt sich demnach um Bündelungen mehrerer Zeitebenen, verdichtet zu wenigen Monaten jenes erinnerungswürdigen Sommers. Im Gespräch mit Aafke Steenhuis betonte Christa Wolf: »In *Sommerstück* habe ich mehrere Sommer zusammengezogen. In der gleichen Zeit habe ich *Kein Ort. Nirgends* und *Kassandra* geschrieben. Im Hintergrund spielten sich Freundschaften und das Zusammensein ab, die ich später in *Sommerstück* beschrieben habe« (WA 12, 216 f.). Auch im Nachsatz von *Sommerstück* betont Christa Wolf diesen gemeinsamen entstehungsgeschichtlichen Kontext. Hilzinger stellt außerdem noch den Text *Was bleibt* und die beiden Essays über Karoline von Günderrode und Bettine von Arnim, sowie den Essay »Berührung« über Maxie Wanders Protokollband, die 3. Frankfurter Vorlesung und das *Arbeitstagebuch* in den engen entstehungsgeschichtlichen Zusammenhang, weil sie thematisch und strukturell verflochten seien (vgl. Hilzinger in: WA 10, 313 f.). Außerdem sind in der letzten Phase der Überarbeitung von *Sommerstück* 1986–1988 und 1990 Prosagedichte entstanden, die unter dem Titel *Was nicht in den Tagebüchern steht* mit graphischen Arbeiten von Helga Schröder 1995 in einer bibliophilen Ausgabe publiziert wurden. Sie sind wieder abgedruckt im 10. Band der Werkausgabe von 2001 (WA 10, 293 f.). Hilzinger gliedert die Entstehungsgeschichte von *Sommerstück* sehr detailliert in fünf Arbeitsphasen (vgl. Hilzinger in: WA 10, 314 f.).

Hatte Christa Wolf noch 1982 im Interview mit Meyer-Gosau betont: »Das Problem [zur Außenseiterin gemacht zu werden; H. S.] am Gegenwartsmaterial zu bearbeiten, wäre mir gar nicht möglich gewesen, das wäre naturalistisch und banal geworden, platt« (WA 8, 236), so war es ihr doch einige Jahre später ganz offensichtlich möglich. Dass sie den Text *Sommerstück* mit vielen Schwierigkeiten, Neuansätzen und Problemverschiebungen niederschrieb und fast ein Jahrzehnt später publizierte, wurde auch durch die Vorgänge um Stefan Heym ausgelöst. Stefan Heym hatte sein Manuskript *Collin* einem westdeutschen Verlag zur Publikation angeboten, ohne die Genehmigung der DDR-Behörden einzuholen. Diesen Akt nahm die DDR zum Anlass, Heym des Devisenvergehens zu beschuldigen. Sein Vorgehen wurde dadurch kriminalisiert und erregte den Protest von acht Schriftstellerkollegen. Kurt Bartsch, Klaus Poche, Klaus Schlesinger, Dieter Schubert, Adolf Endler, Jurek Becker, Martin Stade und Erich Loest verfassten deshalb einen Offenen Brief an Erich Honecker, um ihm ihre Besorgnis über die Entwicklungen in der Kulturpolitik mitzuteilen. Sie kritisierten das Vorgehen, »engagierte, kritische Schriftsteller zu diffamieren, mundtot zu machen oder, wie unseren Kollegen Stefan Heym, strafrechtlich zu verfolgen« (Walter u. a. 1999, 65). Der Hauptangriffspunkt war die Kopplung von Zensur und Strafgesetzgebung, um das Erscheinen kritischer Werke zu verhindern. Die Acht schickten den Brief auch mit berechtigtem Argwohn an die Wochenzeitschrift *Die Zeit*. Die Folgen erinnern auf fatale Weise an die Vorgänge um Biermann (s. Kap. I.5).

Eine Woche später am 23. Mai 1979 trat das Präsidium des Schriftstellerverbandes der DDR mit dem Ziel zusammen, die Kritik an der Kulturpolitik zurückzuweisen und den Betroffenen jegliche Solidarität aufzukündigen. Bereits einen Tag danach wurden Einladungen zu der Mitgliederversammlung am 7. Juni 1979 verschickt. Welche Atmosphäre auf dieser Versammlung herrschte, hat Joachim Walther anschaulich beschrieben (Walter u. a. 1999, 7–24). Einstimmig beschlossen die Mitglieder der Versammlung neben dem Ausschluss der acht Unterzeichnenden auch noch Stefan Heym, Karl-Heinz Jakobs, Rolf Schneider, Dieter Schubert, und Joachim Seyppel aus dem Schriftstellerverband auszuschließen. Diese Schriftsteller hatten sich ebenfalls kritisch in Zeitungen der BRD über die DDR geäußert. Zu einer offenen Aussprache war es nicht gekommen, Gegenstimmen und Enthaltungen wurden nicht gezählt. Daraufhin schrieben Elke Erb, Günter de Bruyn, Christa Wolf, Franz Fühmann, Ulrich Plenzdorf, Günter Kunert, Kito Lorence, Wulf Kirsten, Rainer Kirsch, Heinz Czechowski und Christoph Hein Protestbriefe an den Verband – ohne Erfolg. Der Beschluss wurde erst 1989 zurückgenommen und die Ausgeschlossenen wurden rehabilitiert.

Für Christa Wolf bedeuteten diese Vorgänge ein verhängnisvolles Signal. Es war das Ende einer Utopie Sozialismus in der DDR, zu der sie sich immer bekannt hatte. Sie zog sich aus der offiziellen Kulturpolitik zurück und verzichtete, wie auch Fühmann und de Bruyn, auf eine Teilnahme am IX. Schriftstellerverband vom 31. Mai bis 2. Juni 1983 in Berlin. Der NATO-Doppelbeschluss von 1979 hatte zuvor für Christa Wolf und andere die innerstaatlichen kulturpolitischen Probleme der DDR zunächst in den Hintergrund gerückt. Die drohende Gefahr eines Atomkrieges erzwang die Auseinandersetzung mit anderen Themen. Christa Wolf unterbrach die frühen Arbeiten am *Sommerstück* und arbeitete am *Kassandra*-Projekt. Erst 1985 mit der Wahl von Gorbatschow als Generalsekretär der KPDSU gab es neue Hoffnung für die Intellektuellen auf Veränderungen auch in der DDR. So konnte Christoph Hein seine Rede auf dem X. Schriftstellerkongress 1987 gegen die Zensur halten, der sich auch de Bruyn anschloss. Christa Wolf hielt sich zu der Zeit wegen eines Lehrauftrages in Zürich auf. Auch sie hatte einen Brief geschrieben, den de Bruyn verlas. Darin bedauerte sie noch einmal die Ausbürgerung Biermanns und die Ausschlüsse und verlangte »gegenwärtige und vergangene Probleme rückhaltlos und grundsätzlich auszutragen und den Ursachen für Konflikte nachzugehen« (»Zwei Plädoyers« 1987, in: WA 12, 113). Damit unterstützte sie die Bemühungen von de Bruyn und Hein. Aber der Vorstand verweigerte ebenso wie die offizielle Parteiführung die Wiederaufnahme der Schriftstellerinnen und Schriftsteller sowie die Aufhebung der Zensur. Ein Jahr später im März 1988 erinnerte Christa Wolf in ihrer Rede auf der Bezirksversammlung der Berliner Schriftsteller noch einmal an die spektakulären Vorgänge. Sie forderte die Rehabilitierung von Stefan Heym und der anderen Ausgeschlossenen und plädierte für eine offene Gesprächsbereitschaft mit den Kolleginnen und Kollegen, die die DDR verlassen hatten (vgl. »Zwei Plädoyers« 1988; WA 12, 113–119).

Die ältere Generation von Schreibenden spürte schmerzlich, dass ihre Ideale nicht umsetzbar waren, sie nicht mehr gebraucht wurden bei der Gestaltung gesellschaftlicher Prozesse. Die Erfahrung der Ausgrenzung, der Enttäuschung und auch der Ohnmacht teilten die Schriftsteller/innen mit ihren Vorgängern Kleist und Günderrode. Resigniert suchten sie nach Alternativen, um sich neu zu orientieren und anderes zu versuchen. Der Text *Sommerstück* zeugt von dieser schwierigen Suche. Im Gespräch mit Böttiger geht die Schriftstellerin auf das Problem der »Dauerspannung beim Schreiben« ein. »In der DDR erfolgte nach der Biermann-Ausbürgerung 1976 zunächst ein Rückzug von Intellektuellen in Freundeskreise. Ich habe das in *Sommerstück* beschrieben. Man las viel, über Gesellschaftsmodelle, man dachte nach, diskutierte, sammelte sich« (WA 12, 713). Schließlich wurde den Intellektuellen immer bewusster, dass es »außer dem Staat noch etwas anderes gibt, nämlich die Gesellschaft. Die Kreise von Freunden, die Diskussionszirkel, von denen ich gesprochen habe – das haben wir als gesellschaftliche Vorgänge empfunden« (ebd.).

Für viele Intellektuelle bestand das Problem darin, dass die politischen Kräfte in der DDR keine Mitarbeit mehr wünschten und duldeten. Aus dieser Lage heraus, fanden sie Orientierungshilfen, die es ihnen ermöglichten, ihr Verantwortungsbewusstsein zu artikulieren. Sie beriefen sich auf den frühen Marx, den alten Engels, auf Rosa Luxemburg und erinnerten die Staatsführung an ihre eigens verkündeten Ideale von Entfaltungsmöglichkeiten des Individuums. Deshalb schrieb Christa Wolf das Becher-Zitat: »Was ist das: Dieses Zu sich-selber-Kommen des Menschen?« als Motto vor den Text *Nachdenken über Christa T.* (WA 2, 9).

Die Kritik wurde nicht als produktiver Impuls von der SED-Führung angenommen. Im Gegenteil. Die drastischen Bestrafungen und Ausgrenzungen führten unweigerlich in eine Entscheidungssituation, die DDR zu verlassen, oder die Widersprüche auszuhalten. Christa Wolf führt dazu aus: »Wir sahen in keinem Land eine Alternative. Dazu kam: ich bin eigentlich nur an diesem Land brennend interessiert gewesen. Die scharfe Reibung, die zu produktiven Funken führt, fühlte ich nur hier mit aller Verzweiflung, dem Kaltgestelltsein, den Selbstzweifeln, die das Leben hier mit sich bringt. Das war mein Schreibgrund« (WA 12, 215). Sie betonte in ihren unterschiedlichen Entwicklungsphasen den für sie wichtigen Zusammenhang von Schreiben und gesellschaftlicher Reibung im Widerspruchssystem der DDR.

Das Leben auf dem Dorf – ein Ausweg aus der Schreibblockade?

In *Sommerstück* wird ein Gemeinschaftsleben von Gleichgesinnten aus der Erinnerung konstruiert. Ein Dorf in Mecklenburg bietet den Handlungshintergrund, dort entfaltet sich eine reiche Metaphernwelt mit Anspielungen, Zitationen und Motiven. Das Dorf mit den alten Bauernhäusern, den üppig blühenden Gärten, den Wiesen und dem Weiher ist die Kulisse, in der sich der Kreis von Freundinnen und Freunden bewegt. »Wir wußten, wir wollten zusammen sein« (SSt, 11). Der Satz wird wiederholt: »Wir wollten zusammen sein. Manche Tiere haben diese Witterung, lange ehe man sie zur Schlachtbank führt« (SSt, 13). Der Rückzug auf das Land, ein gemeinsames Leben in einem Dorf in Mecklenburg schien für die Erzählerin eine Möglichkeit, durch die Berührung mit der Natur und der Dorfbevölkerung die Schreibkrise zu überwinden. Diese Künstlerutopie war darauf angelegt, eine Nische zu schaffen. »Es war dieser merkwürdige

Sommer« – mit dieser Gedichtzeile von Sarah Kirsch beginnt das *Sommerstück* (SSt, 11). Auch das vorangestellte Motto »Raubvogel süß ist die Luft« ist ein Gedicht von Sarah Kirsch aus dem Lyrikband *Rückenwind* (1977).

Die Erinnerungsstrukturen an Frauengestalten zu binden, zieht sich durch das Werk von Christa Wolf beginnend bei der frühen Erzählung *Juninachmittag* über *Nachdenken über Christa T.* und *Kindheitsmuster*, bis *Kassandra* und *Störfall*. Diese Schreibstrategie eines Erinnerungsgewebes in Dialogform fand sie nach eigenen Aussagen in Johannes Bobrowskis Texten und in Aragons Romanen (WA 12, 206). Als Sarah Kirschs *Allerlei Rauh* erschien, war das Manuskript von Christa Wolf bereits fertig. Beide wussten davon, ohne die Texte zu kennen. Querverbindungen zu Maxie Wanders *Leben wäre eine prima Alternative* (1980) und zu Helga Schuberts *Die Silberkrone* (1988) sind in den versteckten Zitationen nachweisbar.

Die Sommergäste, die sich in dem kleinen mecklenburgischen Dorf aufhalten, sind geprägt von der Enttäuschung und Desillusionierung, die in den Jahren 1976 und 1979 stattfanden und sich als tiefe Erinnerungsmuster eingegraben haben. In diesem Sinne ist *Sommerstück* wie *Kein Ort. Nirgends* ein reflexiver Erinnerungsraum. Die Protagonistin Ellen ist Erzähl- und Erinnerungsinstanz und zugleich anwesend im Text als Handelnde. Diese Dreifachfunktion bietet Christa Wolf den Vorteil, ihre Beobachtungen, ihre Gedanken und Erinnerungen in dem Text von einem späteren Zeitpunkt aus zu überblicken. Es entsteht ein feines poetischen »Gewebe«. »Der gemeinsame Entstehungskontext mit *Kein Ort. Nirgends* und vor allem mit *Was bleibt* bindet diese Erzählung ein in das vielfältig vernetzte Gewebe einerseits der deutschsprachigen Literatur einer nachrevolutionären Epoche, einer ›bleiernen Zeit‹, andererseits in Wolfs eigene Entwicklung als Autorin in der DDR« (Hilzinger in: WA 10, 303).

Sommerstück wird aber nicht nur von einer Ich-Erzählerin aus Erinnerungsversatzstücken rekonstruiert, sondern bisweilen wird auch eine Wir-Instanz aufgerufen, um die gemeinsam erlebten Ereignisse in diesem Sommer von den anderen bestätigen zu lassen. Ellen, Sprechende und Suchende zugleich, benötigt ein Wir als Vergewisserungsinstanz. Das erinnernde Ich denkt und meditiert, alle anderen Figuren sind durch assoziative Sprechakte einbezogen und erhalten dadurch eine eigene Stimme. Der tiefe Konflikt von Ellen besteht darin, dass sie getrieben wird von einer Sehnsucht nach Liebe und Geborgenheit und gleichzeitig beherrscht ist von dem Zwang, die Grenzen zwischen sich und den anderen nicht zu übertreten. In ihr ist ein unstillbares Liebesverlangen, verbunden mit der Sehnsucht nach »Lebensfreude ohne Angst« (SSt, 164). Alle Figuren mit Ausnahme von Luisa sind in einem Zustand zwischen Hoffnung und Verzweiflung. Im eigenen Haus auf dem Land und in der Gemeinschaft scheint für Ellen eine Selbstfindung möglich, eine Gesundung realistisch. »Das eingefleischte Unvermögen zur Selbstaufgabe« (SSt, 13) und das Gewinnen von Selbstvertrauen als Voraussetzung zum Schreiben ist ihr abhandengekommen. Die Sprachhemmung, ihr häufiges Schweigen sind Ausdruck ihrer Erstarrung. Das Suchen nach einer Perspektive, nach neuen Spielräumen führt dazu, eine andere Art Arbeit als in der Stadt zu probieren. Kreativität wird nicht mehr an den Akt des Schreibens geknüpft, sondern ist mit Gartenarbeit verbunden. Ausführlich werden die Schönheit der Natur, die Stille und der Himmel über der kleinen Siedlung beschrieben. Die Natur wird zur Kulisse mit ihren Farben, Düften und den Winden, die in Meernähe fast immer wehen. Die Schönheit der Natur wird aber mit Vorahnungen und verhängnisvollen Ereignissen entzaubert. Alles wird von einer Beobachterposition der Erzählerin symbolisch aufgeladen, die Geranien, die Malven, eine tragende Katze, ein Brand im Bullenstall. Der ganz normale Alltag wird eingefangen.

»In der Zeit, als diese großen Ideologien für mich nicht nur immer zweifelhafter, sondern auch unwesentlicher wurden und keinen Anhaltspunkt mehr boten für moralische Werte und moralisches Handeln, wurde mir der normale Alltag immer wertvoller […]. Dieses normale, alltägliche Leben strukturiert offenbar mein Leben und mein Schreiben« (WA 12, 207), betont Christa Wolf im Gespräch mit Aafke Steenhuis. Über dem gesamten Text liegt eine wahrnehmbare Spannung. Sie wird aus Situationsbeschreibungen, Anekdoten, Reflexionen, Träumen, Monologen, biographischen Skizzen, rekonstruierten Monologen gespeist. Zu dieser Methode äußert die Autorin: »Mein Ideal ist eine Gewebe, ein Netzwerk von Denken und Handeln« (WA 12, 208). Das Figurenensemble ist nicht hierarchisch gegliedert, die Stimmen legen sich wie ein Teppich über die Ereignisse. Die still gestellte Zeit wird deutlich durch die vielen synchron verlaufenden Erzählelemente. Das breite Panorama ergibt ein verändertes Verhältnis zur Geschichte. Nicht mehr die Ereignisse, die Analysen der Vorgänge auf ein Ziel hin sind wichtig, sondern die Assoziationen, die Reflexionen der Figuren. Christa

Wolf wollte die Figuren sich selbst erklären lassen, ein autonomes Sprechen von Innen. »Ich glaube, daß es im Grunde darum geht, denkend zu fühlen und fühlend zu denken« (WA 12, 213), eine Maxime, die Wolf braucht, um Schreibblockaden zu überwinden und diese auch benennen zu können. Das Hauptthema in *Sommerstück* ist die Überwindung solcher Blockaden.

Ein Spiel im Spiel

Während des Malvenfestes, das die Anwesenden organisieren, kommt Irene auf die Idee ein Theaterstück aufzuführen. »Frei nach Tschechow, sagte sie. Und jeder spielt sich selbst« (SSt, 147). »Das Spiel im Spiel« markiert den Höhepunkt des Ablaufs dieses Sommers. Die prominenten Spielerinnen und Spieler erhalten Rollen und dadurch auch eine symbolische Funktion. Das Spiel wird für Ellen zum Test. »Wenn ich das könnte, dachte sie. Obwohl – im Spiel müßte es ihr doch einmal gelingen, ganz sie selbst zu sein. Neidfrei und selbst gewiß, und warum sollte sie nicht spielend hervorbringen, was sie sonst spielte: Glück, Glück haben. Glücklichsein. Spielerisch lieben, ernstlich geliebt werden. Gleichmütig, ja freundlich bleiben können« (SSt, 147). Rollenspiele, Verkleidungen, Maskeraden und Verstellungen führen dazu, dass die Figuren umso mehr ihren Charakter offenbaren. Unstimmigkeiten scheinen auf, da z. B. Irene sich unterlegen, nicht akzeptiert von den anderen fühlt. Aus diesem Gefühl unterstellt sie Ellen den bösen Blick gegenüber allen und treibt dadurch die Tränen in Ellen hervor. Diese Situation zeigt die tiefe Verletzung an und ist gleichzeitig ein Beleg für die Emotionalität von Ellen, die sie meistens gut verbergen kann. Auch in Sarah Kirschs Text fällt eine ironisch-kritische Haltung zu Helga auf. Irene wird zu einer Figur, die mit der Schriftstellerin Helga Schubert und Gorkis Olga Alexejewna aus den *Sommergästen* verschmilzt. Jenny, die als Regisseurin eingesetzt ist, fragt nach dem Titel des Stückes. *Liebe als Gefangenschaft* war der Vorschlag von Irene, sie bezieht sich auf *Die Möwe* von Tschechow, *Landleben* und *Sommerstück* schienen allgemeiner. Die Entscheidung fällt auf »Sommerstück«. Der Titel erinnert stark an Gorkis *Sommergäste*. Gorkis Stück hat für Christa Wolf eine besondere Bedeutung. Im Tagebuch beschreibt sie ausführlich den Besuch einer Verfilmung von Gorkis *Sommerstück* (vgl. Hilzinger in: WA 10, 318 f.). In beiden Texten geht es um das Thema Kunst und ihre Funktion in der Gesellschaft. Bezeichnenderweise sind auch die Themen »Verrat« und »Betrug« bei Gorki präsent. Beide russischen Autoren haben in ihren Texten die Spannung zwischen Intelligenz und Volk thematisiert.

Zu dem Umgang von Christa Wolf mit literarischen Vorgaben gehört auch Tschechows *Der Mensch im Futteral* (1898 in deutscher Übersetzung). Diese kleine Erzählung hatte er in dem Dorf Melichowo bei Moskau geschrieben. Jenny bezieht sich auf Tschechow als sie »jene Menschen, Lehrer, Meister, Autoritäten, jene Menschen im Futteral, die an sich selbst nicht schuld waren« (SSt, 153), zitiert. Der Gesprächspartner ist Anton, der aber anders als der Protagonist bei Tschechow einen absoluten Freiheitsdrang entwickelt hatte und keineswegs autoritätsgläubig ist. Der Zugriff auf eine vergleichbare Situation der russischen und DDR-Intelligenz hat die Funktion, sowohl die Sehnsucht nach dem Glück bei Tschechow als auch die revolutionären Aufbruchsphantasien von Gorki als utopischen Raum zu inszenieren. Das Spiel wird aber nicht ausgeführt, obwohl viel in diesem Sommer gespielt wird. Besonders die Kinder spielen, Littelmary führt den Erwachsenen spielerisch vor, wie die Erziehung im Kindergarten höchst autoritär verläuft. Ellen erkennt im Spiel der Kinder »Wer hat Angst vorm schwarzen Mann« Potenzen zur Abwehr ihrer eigenen Ängste.

Firsching beschreibt den Höhepunkt des Stückes in der Herbergssuche von Jenny und Anton als verkleidetes mexikanisches Paar. Sie verhalten sich wie Besatzer, durchstreifen die Räume und enttarnen letztlich die Idylle als Raubraum, auch wenn die alten Häuser, Möbel und Bilder bezahlt wurden. Das Spiel ist ironisch überzogen, so dass sich niemand verletzt fühlen muss, auch weil alles nur Spass ist. »Der Blick des Fremden auf die vertrauten Verhältnisse ermöglicht es, Kritik an diesen Verhältnissen zu formulieren; Kritik, die den anderen aus Gründen der Rücksicht oder aus Gründen der fehlenden Distanz unmöglich ist« (Firsching 1996, 172). Sie sind alle Fremde, die aus der Stadt in das Dorf kamen, Häuser kauften und dadurch in das Leben der Dorfbewohner eindrangen. Mit fremden Gegenständen, in fremden Behausungen errichteten sie sich ein Stück neue Heimat, konnten aber nicht wirklich ein ländliches Leben im Dorf realisieren. Sie saßen in nachgeahmten Bauernstuben, Gummistiefeln, Röcken und Arbeitshemden aus bäuerlichem Stoff passten nicht zu ihrer alten Identität, eine neue war auf diese Weise aber nicht zu gewinnen. »Leute unserer Art, dachte Ellen, verweist sie in diesem Land auf Inseln. Und da müssen wir noch froh sein, wenn die uns bleiben. Nur das wir keine Inselmenschen sind« (SSt, 190). Das Endspiel misslingt. In

Gesprächen und Reflexionen drängen Geschichte, Gegenwart und Zukunft im Großen und im Kleinen in diese »Inseln«. Die bittere Erkenntnis lautet: »Nicht nur das Spiel des Abends, ein größeres Spiel war mißlungen« (SSt, 193).

Scheitern und Neuanfang

»Wir haben es nicht halten können« (SSt, 180) – ein resignatives Fazit dieses Sommers. In Motivwahl und Erzählstruktur erinnert *Sommerstück* an *Juninachmittag* (s. Kap. II.B.14). Während des Sommers reift in Ellen die Erkenntnis: »Ich glaube, wir müßten anders leben. Ganz anders« (SSt, 28). Sie stellt ihr bisheriges Leben in Frage, all ihre Hoffnungen werden an die nachfolgenden Generationen geknüpft. Sie ist von Selbstzweifeln geplagt, Unzufriedenheit, die sie am Schreiben hindert. Sie will eine Literatur von grundlegender Wahrhaftigkeit schaffen, aber die Zeiten sind nicht so. Halbwahrheiten sind vonnöten, um die Dauerspannung zu ertragen. Der Sommer geht dem Ende zu, Jahre später werden die Häuser in Asche versinken. Aus der Distanz hat Ellen dieses Unheil kommen sehen. Ihr Spürsinn war verankert in ein allgegenwärtiges Abschiednehmen. Der Freundeskreis löst sich auf durch Krankheit und Tod, räumliche Entfernung, die vergehende Zeit. Der Abschiedsschmerz blieb aber nicht im Selbstmitleid oder in der Erstarrung stecken. Das Suchen nach dem anderen Leben, nach einer Literatur, die auf Herausforderungen reagiert, war ein wichtiges Anliegen. Das Bleibende zu bannen und die schwierige Balance zu finden, zwischen der Einsamkeit der Selbstauseinandersetzung und dem Lebenselixier der Kommunikation, war nicht realisierbar. Ellen erkennt überdeutlich, dass sie sich von allen Abhängigkeiten frei machen müßte, um wieder schreiben zu können. Es gelingt ihr, dass »Angstzittern« (SSt, 168) zu begreifen als Anstoß. »Diesmal müßte es möglich sein. Entwürfe machen, das schönste. Morgen würde sie beginnen. Ein durchdringendes Gefühl von Dankbarkeit, gegen alle, die um sie waren. Gegen jeden, der sich ihr gezeigt hatte. Wie konnte sie es nur vergelten« (SSt, 168). Die Aufhebung der Schreibblockade ist damit im Freundeskreis möglich geworden, ein Neuanfang angedeutet. Die Frage: »Also ist es kein Rückzug auf das Land, was du hier betreibst, in Stille und Abgeschiedenheit, sogar in Schönheit?« (SSt, 218) wird damit entschieden verneint. Es geht um ein Innehalten, eine Besinnung im Familien- und Freundeskreis. Die Diskussion mit der früh verstorbenen Freundin über Schwesterlichkeit, über das Altern bringt neue Impulse. Der letzte Satz: »Unten ging das Licht an, sie riefen nach uns« (SSt, 218), unterstreicht die Wichtigkeit der Kommunikation. In Übereinstimmung und Differenz der intertextuellen Bezüge entstehen subjektiv geprägte Bilder des gemeinsam erlebten Sommers. Berührung der Frauen, poetisch umgesetzt durch Mehrstimmigkeit im Text, ist nur für einen Sommer möglich. Das euphorische Gemeinschaftsgefühl hält nicht an. Die Feier des Alltags, die Bedeutung von Freundschaften, die gesteigerte Intensität des kollektiven Erlebens im Augenblick, das Glücklichsein in der Nische, wird im elegischen Ton des Abschieds beschrieben. Alle Beteiligten wussten darum.

Sommerstück erschien zum 60. Geburtstag von Christa Wolf im März 1989. Die Rezensenten waren überwiegend begeistert. Hilzinger beschreibt ausführlich die unterschiedlichen Positionen (vgl. WA 10, 327 f.) Die Rezeption nach 1990 war stark vom sog. Literaturstreit (Deiritz 1991) beeinflusst, brachte aber dennoch ein breites Spektrum von Studien hervor, die den Text auch in Verbindung mit der Erzählung *Was bleibt* analysierten. Aus heutiger Sicht liest sich *Sommerstück* wie ein elegischer Abgesang der DDR.

Literatur

Arnim, Bettine von: *Die Günderode*. Frankfurt a. M. 1983.
Amberger, Alexander: *Bahro – Harich – Havemann. Marxistische Systemkritik und politische Utopie in der DDR*. Paderborn 2014.
Bachmann, Ingeborg: *Gedichte, Erzählungen, Hörspiele, Essays*. 5. Auflage. München 1974.
Bloch, Ernst: Kann Hoffnung enttäuscht werden? In: Ders.: *Gesamtausgabe*, 16 Bde. (1959 ff.). Bd. 9: *Literarische Aufsätze*. Frankfurt a. M. 1977.
Bloch, Ernst: *Das Prinzip Hoffnung*, Kapitel 33–42. Frankfurt a. M 1985.
Bohrer, Karl Heinz: *Der romantische Brief. Die Entstehung ästhetischer Subjektivität*. München 1987.
Brandes, Ute: Das Zitat als Beleg. Christa Wolf, Kein Ort. Nirgends. In: Dies.: *Zitat und Montage in der neueren DDR Prosa*. Frankfurt a. M./New York/Bern 1984, 61–100.
Brauneck, Helga: Das weibliche Schreibmuster der Doppelbiographie: Bettine von Arnims und Christa Wolfs Günderrode-Biographik. In: Helga Grubitzsch, Maria Kublitz u. a. (Hg.): *Frauen-Literatur-Revolution*. Pfaffenweiler 1992, 231–244.
Chotjewitz-Häfner, Renate/Gansel, Carsten/Kalckhoff, Andreas (Hg.): *Die Biermann-Ausbürgerung und die Schriftsteller. Ein deutsch-deutscher Fall. Protokoll der ersten Tagung der Geschichtskommission des Verbandes der Deutschen Schriftsteller (VS) Berlin*. Köln 1994.
Deiritz, Karl/Krauss, Hannes (Hg.): *Der deutsch-deutsche Literaturstreit oder »Freunde, es spricht sich schlecht mit gebundener Zunge«. Analysen und Materialien*. Hamburg/Zürich 1991.

Dilthey, Wilhelm: *Leben Schleiermachers*. Berlin 1867.
Drescher, Angela (Hg.): *Christa Wolf. Ein Arbeitsbuch. Studien-Dokumente-Bibliographie*. Berlin/Weimar 1989.
Firsching, Annette: *Kontinuität und Wandel im Werk von Christa Wolf*. Würzburg 1996.
Frieden, Sandra: »Falls es strafbar ist, die Grenzen zu verwischen«: Autobiographie, Biographie und Christa Wolf. In: Angela Drescher (Hg.): *Christa Wolf. Ein Arbeitsbuch*. Berlin/Weimar 1989, 121–13.
Hacks, Peter: *Zur Romantik*. Hamburg 2001.
Hansen, Frank-Peter: *Das älteste Systemprogramm des deutschen Idealismus. Rezeptionsgeschichte und Interpretation*. Berlin 1989.
Haym, Rudolf: *Die Romantische Schule*. Berlin 1870.
Hölderlin, Friedrich: Mnemosyne. Dritte Fassung. In: Ders.: *Werke und Briefe*. Hg. v. Friedrich Beißer u. Jochen Schmidt. Bd. 1. Frankfurt a. M. 1969.
Hörnigk, Therese: *Christa Wolf. Reihe Schriftsteller der Gegenwart 26*. Berlin 1989.
Irrlitz, Gerd: Ankunft der Utopie. In: *Sinn und Form* 42 (1990), H. 4, 944 f.
Jaeschke, Walter: *Hegel-Handbuch*, Kap. II, Abschnitt 3.1. Stuttgart 2003, 76–80.
Kirsch, Sarah: *Allerlei-Rauh. Eine Chronik*. Stuttgart 1988.
Kleist, Heinrich von: *Sämtliche Werke und Briefe*. Hg. v. Helmut Sembdner. Bd. 2. 7. Auflage. Darmstadt 1983.
Krauss, Werner: Französische Aufklärung und deutsche Romantik (1962). In: Klaus Peter (Hg.): *Romantikforschung seit 1945*. Königstein/Ts.1980, 168–179.
Kunert, Günter: Zweige vom gleichen Stamm. In: Angela Drescher (Hg.): *Christa Wolf. Ein Arbeitsbuch*. Berlin/Weimar 1989, 161–168.
Kunert, Günter: Pamphlet für K. In: *Sinn und Form* 27 (1975), H. 5, 1091.
Kuczynski, Jürgen: Eine Tradition der deutschen Polenfreundschaft. Bemerkungen zu den deutsch-polnischen Beziehungen in der ersten Hälfte des 19. Jahrhunderts. In: *Bettina von Arnim und die Polen*. Berlin 1949, 5–31
Krug, Manfred: *Abgehauen. Ein Mitschnitt und ein Tagebuch*. Düsseldorf 1996.
Lamberz, Werner: *Stiftung Archiv der Parteien und Massenorganisationen der DDR im Bundesarchiv*. Berlin-Lichterfelde (SAPMO-B-Arch., Dy 30/ IV 2/2.033/52).
Lübbe, Peter (Hg.): *Dokumente zur Kunst-, Literatur- und Kulturpolitik der SED, 1975–1980*. Stuttgart 1984.
Lukács, Georg: *Werke. Probleme des Realismus*. Bd. 4: *Essays über Realismus*, darin Briefwechsel mit Anna Seghers. Neuwied/Berlin 1971, 345–376.
Lukács, Georg: *Die Tragödie Heinrich von Kleists*. In: Ders.: *Werke*. Bd. 7. Neuwied 1964.
Magenau, Jörg: *Christa Wolf. Eine Biographie*. Reinbek bei Hamburg 2013.
Matt, Peter von: Ein gläsernes Idyll. Christa Wolfs *Sommerstück*. In: *Frankfurter Allgemeine Zeitung*, 14.3.1989.
Mayer, Hans: Die Wirklichkeit E. T. A. Hoffmanns (1959). In: Klaus Peter (Hg.): *Romantikforschung seit 1945*. Königstein/Ts. 1980, 116–144.
Metscher Thomas: Zukunft in der Vergangenheit. Zur Utopie der Liebe bei Shakespeare und in Goethes Faust II. In:
Günther Klotz, Arnim-Gerd Kuckhoff (Hg.): *Shakespeare Jahrbuch*, Bd. 124. Weimar 1988, 203–222.
Morgner, Irmtraud: *Leben und Abenteuer der Trobadora Beatriz nach Zeugnissen ihrer Spielfrau Laura*. Berlin/Weimar 1974.
Morgner, Irmtraud: *Amanda*, Berlin/Weimar 1983.
Peter, Klaus (Hg.): *Romantikforschung seit 1945*. Königstein/ Ts. 1980.
Reimann, Brigitte: *Franziska Linkerhand*. Berlin 1974.
Rüß, Gisela (Hg.): *Dokumente zur Kunst und Kulturpolitik der SED 1971–1974*. Stuttgart 1976.
Schanze, Helmut: Romantische Rhetorik. In: Helmut Schanze (Hg.): *Romantik-Handbuch. Zeit. Literarische Formen. Künste und Wissenschaften. Romantische Lebensläufe*. Tübingen 1994, 336–350.
Scholz, Hannelore: Zum Bild der Frau in der DDR-Literatur. Weibliche Schreibweisen: Wandlungen und Neuansätze. In: Christel Faber u. Traute Meyer (Hg.): *Unterm neuen Kleid der Freiheit das Korsett der Einheit*. Berlin 1992, 131–152.
Scholz, Hannelore: »Wir sind auf den ganzen Menschen aus und können ihn nicht finden«. Zur utopischen Dimension weiblicher Lebensansprüche in literarischen Texten schreibender Frauen der DDR in den siebziger und achtziger Jahren. In: Hanna Behrend u. Eva Maleck-Lewy (Hg.): *Entmännlichung der Utopie. Beiträge zur Utopiediskussion in feministischer Theorie und Praxis*. Berlin 1991, 68–85.
Schubert, Helga: *Anna kann Deutsch. Geschichten von Frauen*. Frankfurt a. M. 1985.
Seghers, Anna: *Gesammelte Werke in Einzelausgaben*, Bd. 13: *Aufsätze, Ansprachen, Essays 1927–1953*. Berlin/Weimar 1980.
Simon, Jana: *Sei dennoch unverzagt. Gespräche mit meinen Großeltern Christa und Gerhard Wolf*. Berlin 2013.
Tetzner, Gerti: *Karen W.* Berlin 1974.
Wander, Maxie: *Leben wär eine prima Alternative*. Darmstadt 1980.
Walter, Joachim/Biermann, Wolf/de Bruyn, Günter/Fuchs, Jürgen/Hein, Christoph/Kunert, Günter/Loest, Erich/Schädlich, Hans-Joachim/Wolf, Christa (Hg.): *Protokoll eines Tribunals. Die Ausschlüsse aus dem DDR- Schriftstellerverband 1979*. Reinbek bei Hamburg 1999.
Werner, Hans-Georg: Christa Wolfs Bild der Günderrode: Medium der Selbstbesinnung. In: Michel Vanheleputte (Hg.): *Christa Wolf in feministischer Sicht*. Frankfurt a. M./Bern 1992, 43–53.
Wolf, Christa: Materialien im Christa-Wolf-Archiv in der Stiftung. Akademie der Künste Berlin, verwendete Signaturen: 338–341, 345–347, 513–519, 524, 536.
Wolf, Christa/Wolf Gerhard: *Ins Ungebundene gehet eine Sehnsucht. Projektionsraum Romantik*. Frankfurt a. M./Leipzig 2008.
Wolf, Gerhard: Aktuelle Reminiszenzen. In: Wolf, Christa/Wolf Gerhard: *Ins Ungebundene gehet eine Sehnsucht. Projektionsraum Romantik*. Frankfurt a. M./Leipzig 2008, 454–459; Quellenverzeichnis, 460.

Hannelore Scholz

F Weibliche Deutung des Mythos – Zivilisationskritik

31 Zwischen 1979 und 1996 – Zeiten im Umbruch

Im Jahr 1978 wird Christa Wolf für den Roman *Kindheitsmuster* der Bremer Literaturpreis verliehen. Der Roman erschien im Dezember 1976 mit einer Auflage von 60.000 Exemplaren im Berliner Aufbau-Verlag und war Anfang 1977 bereits vergriffen. In ihrer Dankesrede mit dem Titel »Ein Satz« vom 26.1.1978 nimmt Christa Wolf eine kritische Analyse der gegenwärtigen Sprache vor. Sie beginnt ihre Bremer Rede mit der These, dass die Sprache zunehmend die »üblichen Dienstleistungen« verweigere. Sie beobachtet »Sprünge in den Wörtern«, »Risse«, die durch Sätze und Seiten gehen und deckt das aggressive Potential im Zeichenvorrat der Sprache auf, denn einfache Satzzeichen – »Punkte, Kommas« – muten wie »Klüfte und Gräben« an (WA 8, 130). Christa Wolfs analytische Sensibilität hinsichtlich einer Sprache, die brüchig erscheint, ist nicht nur der poetologischen Selbstreflexion geschuldet. Ende der 1970er Jahre befindet sich die Autorin in einer ihrer schwersten Sinn- und Sprachkrisen, deren Grund u. a. in einschneidenden politischen Ereignissen, vor allem aber in dem Exodus vieler Schriftsteller, Künstler, Intellektueller zu suchen ist. Seit der Ausbürgerung Wolf Biermanns im November 1976 – Christa Wolf gehört zu den Erstunterzeichnern des Offenen Briefes vom 17.11.1976, in dem Schriftsteller wie Heiner Müller, Volker Braun, Gerhard Wolf, Rolf Schneider, Günter Kunert dagegen protestieren – wächst die Zahl derjenigen, die »mit Genehmigung der Behörden der DDR« das Land auf Zeit oder endgültig verlassen: Thomas Brasch, Reiner Kunze, Sarah Kirsch, Jürgen Fuchs, Hans Joachim Schädlich, Jurek Becker (s. Kap. I.5). Sie nimmt die Rede aber auch zum Anlass, um die aktuelle deutsche Misere sowie Schreibblockaden zu thematisieren. Indem sie die eigene Situation als Schreibende in den gesamtdeutschen Kontext einbettet, schafft sie Voraussetzungen für eine öffentliche Diskussion über kulturpolitische Konflikte und die Position des Schriftstellers in der Zeit. Eine schonungslos kritische Zustandsbeschreibung von Literatur, Kunst und Kultur zentriert die Ausführungen.

Während im Herbst 1977 der Chefideologe Kurt Hager das Ausbluten der Kulturlandschaft vehement leugnet und verkündet, die sozialistische Kultur und Literatur werde »immer reicher und vielseitiger«, beschäftigt das Ehepaar Wolf die Frage, ob sie das Land ebenfalls verlassen sollen. Mit den zunehmenden Abschieden und Verlusten regen sich Zweifel, wie es um die künftige Gesprächskultur in einem Land bestellt ist, wenn das Du des Dialogs nicht mehr existiert oder, nur einige hundert Meter entfernt, als Gesprächspartner unerreichbar ist. In *Ein Tag im Jahr* schreibt Christa Wolf im Eintrag »Dienstag, 27. September 1977«, der »Vorrat an Trauer und Reue« scheine aufgebraucht zu sein. Vielleicht stellt die »Ökonomie der Seele« bei »Überbeanspruchung« (ETJ, 221) ihre Dienste einfach ein. Der Ohnmacht folgt eine Ernüchterung, deren psychosomatische Folgen sich bei Christa Wolf in Form von Herzattacken, Migräne und Depressionen bemerkbar machen. Mit dem Schreiben verschafft sie sich jenen Raum, um aus der Distanz einer verfremdenden Perspektive darüber nachdenken zu können, was geschehen ist und wie man der veränderten Situation gerecht werden kann, um aus der mentalen wie physischen Talsohle herauszufinden. In »Von Büchner sprechen«, Christa Wolfs Darmstädter Rede anlässlich der Entgegennahme des Georg-Büchner-Preises 1980, spricht sie von einem »Irrsinnsschmerz«, der in seiner doppelten Bedeutung das Bewusstsein verändert. In diesem Prozess der Distanzierung wird die Fremdheit über eine Sprache beredt, in der sich zwischen die Worte Vernunft, Mündigkeit und Emanzipation der »Nützlichkeitswahn« (WA 8, 187) eingenistet hat. Wir lernen uns als Zeitgenossen einer Zivilisation begreifen, in der das Geld und der technische Perfektionismus in die Produktion zur »Selbsttötung« verwendet werden. In ihrer Rede bezieht sich Christa Wolf auch auf den Philosophen Walter Benjamin, indem sie fragt, ob sich das Wort im »Zeitalter seiner technischen Reproduzierbarkeit« nicht »gegen seine Produzenten« (WA 8, 189) richtet. Die Literatur habe die Aufgabe, in einer anderen Sprache jenseits dieses »Wahndenkens« zu sprechen.

Der Schmerz, seit *Der geteilte Himmel* (1963) und *Nachdenken über Christa T.* (1968/69) eine zentrale Metapher in ihrem Werk, wird nun zu einem treuen Begleiter. Immer öfter sind in ihren Texten Krankheiten (Krebs und Tumor) und die Rede vom Tod virulent. In den folgenden Jahrzehnten bringt sich Christa Wolf verschiedentlich in eine Diskussion ein, die vornehmlich vom institutionalisierten Standpunkt der naturwissenschaftlichen Medizin geführt wird. Ihr Plädoyer für einen notwendigen Perspektivwechsel, der das Ganzheitliche des Menschen in seinen wissenschaftlichen Standpunkten und Forschungsbereichen beachtet, muss als eine spezielle Form der Gesellschaftskritik verstanden werden. Vorrangig in ihren Reden entwickelt Christa Wolf eine unbequeme Rhetorik der Widerständigkeit.

Am 1./2.11.1984 nimmt sie an einer Tagung der Arbeitsgruppe ›Psychosomatische Gynäkologie‹ in Magdeburg teil. Unter der Überschrift »Krankheit und Liebesentzug. Fragen an die psychosomatische Medizin« äußert Christa Wolf ihr Unverständnis der »naturwissenschaftlich-physiologisch orientierten medizinischen Haltung« gegenüber. Die Gynäkologie ist für sie nicht nur ein »Spiegel der Versachlichungs- und Verwissenschaftlichungstendenzen innerhalb der Medizin«, sondern auch Ausdruck einer langen Tradition der Misogynie in der Geschichte des Abendlandes. In dieser »Versachlichung des Denkens« und der damit verbundenen »Ausschaltung, Unterdrückung« von Gefühlen sieht sie einen akzeptablen Grund für den Mediziner, sich die Patientin durch »scheinbar objektive Aussagen« sowie durch die »Leistungen seiner Apparate« buchstäblich vom Leib zu halten. Dabei wird ignoriert, dass sich noch in der kleinsten Zelle eine konkrete, einzigartige »Persönlichkeit« zeigt (WA 8, 414). Als Utopie erscheinen ihre Forderungen noch heute, wenn sie dafür plädiert, dass sich beide endlich in »der gleichen Wirklichkeit« und in einer Sprache begegnen sollten.

Um die Herabwürdigung des weiblichen Geschlechts zum Objekt als historische Zäsur kenntlich zu machen, zitiert sie in ihrer Rede aus dem Kapitel ›Familie‹ von Friedrich Engels' Schrift *Der Ursprung der Familie, des Privateigentums und des Staates* (1884) den berühmten Satz, dass der »Umsturz des Mutterrechts« die »weltgeschichtliche Niederlage des weiblichen Geschlechts« bedeutet. Christa Wolfs argumentative Brückenschläge hin zu literarischen Zeugnissen – genannt werden u.a. die Amazonensage, der Mythos von Penthesilea und Achill, Anna Karenina, Effi Briest und Madame Bovary – verweisen auf einen Diskurs, der seit dem Ende der 1970er Jahre ein fester Bestandteil der eigenen Poetologie ist und mit *Kassandra* (1983) und *Medea* (1996) in einer literarischen Form seinen Ausdruck findet. Dabei nimmt in ihren Überlegungen ein Gedanke immer mehr Raum ein: wann die »absurde Trennung« von Körper, Geist und Seele nicht nur in der Sprache, sondern auch in der medizinischen Praxis begonnen hat.

An der Jahresversammlung der Deutschen Krebsgesellschaft im November 1991 in Bremen beteiligt sich Christa Wolf erneut mit einem Vortrag unter dem Titel »Krebs und Gesellschaft«. Es interessiert sie der mögliche Zusammenhang zwischen der Diagnose eines Krebsgeschwürs und den konkreten gesellschaftlichen Verhältnissen. Dabei lässt sie sich von der Überzeugung leiten, dass wir nicht wissen können, inwieweit »unser Körper der Austragungsort« für jene Widersprüche ist, die durch die Unzumutbarkeit gesellschaftlicher Ansprüche entstehen. Allerdings distanziert sie sich von einem Diskurs, der vorrangig in den Medien geführt wird und der auf einem inhaltsleeren Sprachspiel von Analogien und Metaphern basiert, das auf der Wortebene Krebs zu vielfältigen Assoziationen führt.

»An Krebs zu denken«, so zitiert Christa Wolf die 1977 an Krebs gestorbene Freundin Maxie Wander, »ist, als wäre man in einem dunklen Zimmer mit einem Mörder eingesperrt«, ungewiss und ohnmächtig, »wo und wie und ob er angreifen wird« (WA 12, 333). Kritische Anknüpfungspunkte finden sich für Christa Wolf dagegen in Susan Sontags Buch *Krankheit als Metapher* (1978) sowie in Alfred Muschgs Formel, Krebs sei eine »Krankheit in Anführungsstrichen«, begriffen als ein »asozialer Prozeß der biologischen Norm« (WA 12, 338). Muschg insistiert darauf, dass über die Krankheit im Sinne der Ganzheitlichkeit des Menschen gesprochen werden muss. Christa Wolfs Haltung gewinnt an Authentizität, da sie immer wieder eigene Erfahrungen einfließen lässt. In einer »todesnahen Krankheitssituation« habe ihr der Klang und die Schönheit von Goethegedichten geholfen – ganz zu schweigen von der glückhaften Erkenntnis, dass sie plötzlich die Zeilen: »Alles Vergängliche / ist nur ein Gleichnis« wirklich verstand. Angesichts eines »drohenden Integritätsverlustes« – der sich hauptsächlich in und durch Sprache vollzieht – muss mit einer anderen Sprache als der der Medien und der Fachliteratur gegen den Angriff auf die Integrität und Autonomie des Individuums gekämpft werden.

Die Berliner Begegnung zur Friedensförderung

Christa Wolfs schonungslos pessimistische Sicht wird in dieser Zeit nicht nur durch die kulturpolitischen Ereignisse in der DDR hervorgerufen. Noch bevor die atomare Aufrüstung in beiden deutschen Staaten Realität ist, beteiligt sie sich aktiv an der Berliner Begegnung zur Friedensförderung am 13./14. Dezember 1981. Denn am 22. November 1983 stimmt nicht nur der Deutsche Bundestag für die Stationierung von Pershing II-Raketen und Marschflugkörpern auf dem Territorium der BRD. Auch auf dem Gebiet der DDR werden Nuklearraketen vom Typ SS-12 gelagert. Damit nimmt die Angst vor einem neuen Weltkrieg eine bislang unbekannte Dimension an. In der von dem Schriftsteller Stephan Hermlin initiierten deutschdeutschen Begegnung im Zeichen der Friedensstiftung – die mit der Ausrufung des Kriegsrechts in Polen zeitlich zusammenfällt – soll Vertrauen geschaffen und Friedensbereitschaft signalisiert werden. Den teilnehmenden Schriftstellern, Künstlern und Wissenschaftlern aus der DDR – u. a. Franz Fühmann, Volker Braun, Konrad Wolf, Heiner Müller – geht es vor allem darum, öffentlich Kritik gegen die Rüstungspolitik im eigenen Land zu üben und im Dialog die Positionen zu bekunden, von denen aus der Frieden in Europa stabilisiert werden kann.

Mit dem Wortbeitrag der inzwischen auch in Westeuropa bekannten Autorin Christa Wolf bekommt die offen und kontrovers geführte Debatte eine neue Perspektive: In ihrer Diskussion solidarisiert und separiert sich die Schriftstellerin gleichermaßen. Das Wort ergreift sie in der Überzeugung, dass es sich bei dem Thema eigentlich um eine »Männerangelegenheit« (WA 8, 220) handelt. Kein anderer als der berühmte Dichter Homer, mit dem das abendländische Erzählen beginne, habe das »Wegdrängen des weiblichen Faktors in der Kultur« in seinen Epen verherrlicht. Die Schlachtszenarien – ausgetragen in der Zeit der Vernichtung der minoischen Hochkultur durch die mykenische Expansion – sind die »ersten Beschreibungen der abendländischen Literatur« (WA 8, 223). An diese die Gewalt verherrlichende Tradition des Erzählens kann und will die Autorin nicht anknüpfen. Doch Christa Wolf argumentiert nicht nur als Schriftstellerin. In ihre Kritik schließt sie auch das Verhalten einer Gesellschaft ein, die bereit ist, sich allzu schnell in einen »Vor-Krieg« zu begeben. In solch einer Atmosphäre wird bereits alles vernichtet, was sie als das »eigentlich Menschliche« begreift: Freundlichkeit, Anmut, Würde, Vertrauen und Spontaneität. In ihrer Rede auf der Berliner Begegnung stimmt Christa Wolf einen neuen, ungewohnt zornigen Ton an. Die Vorstellung einer atomaren Vernichtung setzt in ihr Denk-Energien frei, die mit der Frage, was unsere Kultur denn eigentlich zu bieten hat, »daß sie zu überleben verdient« (WA 8, 221), zu der Forderung führt, über einen neuen Kulturbegriff nachzudenken. Sie steht mit dem Rücken zur Wand und mobilisiert Kräfte, um aus dem Zustand tiefer Enttäuschung und dem zeitweiligen Sprachverlust herauszufinden. Damit schließt sie an einen Kerngedanken aus ihrer Darmstädter Rede von 1980 an: dass Literatur heute vor allem »Friedensforschung« sein muss. Denn die Sprache der Literatur komme der »Wirklichkeit des Menschen« am nächsten und müsse der »Todeskarte« ihre »eigne Karte« entgegenhalten. Nur dann würde die deutsche Literatur – »beim Wort genommen« (WA 8, 200) – einmal nicht ohne Folgen bleiben.

Auch in ihrer Rede auf dem Haager Treffen, das als Fortsetzung der Berliner Begegnung vom 24.5. bis zum 26.5.1982 in Den Haag stattfindet, insistiert die Autorin darauf, dass es die Verpflichtung des Schriftstellers sei, den Phantasien der Vernichtung »konkrete Utopien« (WA 8, 259) entgegenzustellen. Nur so kann an die »untergründige[n], unbewußte[n] Ströme« gerührt werden, in denen Verstand und Gefühl von gleichem Nutzen sind. Als ihr 1983 von der Ohio State University/USA der Ehrendoktortitel verliehen werden soll, weigert sich Christa Wolf, die Ehrung anzunehmen (Brief vom 22.5.1983). Sie will nicht mit der »offiziellen Politik der Regierung der USA« (WA 8, 345) in Verbindung gebracht werden, denn zeitgleich wird auch der Vizepräsident der Vereinigten Staaten George Bush geehrt. Ihre Glaubwürdigkeit als Schreibende – die »unverzichtbare Grundlage« ihrer Arbeit (ebd.) – sowie ihr Engagement in der Friedensbewegung würden dem entgegenstehen. Erst als man sich dazu entschließt, ihr den Ehrendoktortitel in absentia – zu »für mich annehmbaren Bedingungen« – zu überreichen (Brief vom 12.9.1983), stimmt sie in einem Brief vom 12.9.1983 dieser Entscheidung zu, nicht ohne zuvor noch einmal zu bekräftigen, eine Gegnerin der »Aufstellung neuer nuklearer Waffensysteme in

Europa« und vor allem der »neuen USA-Raketen auf dem Boden der Bundesrepublik« zu sein (WA 8, 346).

Christa Wolf begreift das Schreiben nicht nur als einen fortlaufenden, kreativen Prozess, sondern auch »als Steigerung und Konzentration im Denken, Sprechen, Handeln« (WA 4, 409). In ihrem öffentlichen Engagement geht es ihr um nichts Geringeres als um das Schaffen »neuer Strukturen menschlicher Beziehungen in unserer Zeit« (ebd.). Dieser Kerngedanke ist Teil eines Humanismus, der ihrem Schreiben zugrunde liegt. Im Prozess einer kritischen Selbstforschung steht die Analyse der »Wurzeln unserer Zivilisation« für sie zunehmend im Mittelpunkt. Die Suche nach einem poetologischen Prinzip, sich die Wirklichkeit in diesem Sinne schreibend anzuverwandeln, wird bereits in *Lesen und Schreiben* (1968) unter Bezug auf Georg Büchners *Lenz*-Novelle beschrieben. Büchner hat dem erzählerischen Raum, so die Autorin, eine vierte Dimension verliehen. Neben den »drei fiktiven Koordinaten der erfundenen Figuren« ist diese für sie die »›wirkliche‹ des Erzählers«. Es ist eine »Koordinate der Tiefe, der Zeitgenossenschaft« (WA 4, 265) und des Engagements. Erstmals fasst sie diesen Vorgang 1973 in einem Gespräch mit dem Literaturwissenschaftler Hans Kaufmann unter den Begriff der »subjektiven Authentizität« (WA 4, 427), der fortan als poetologische Prämisse ihr Werk prägt. Verstanden als eine Form der »eingreifenden« Schreibweise, die ein Höchstmaß an Subjektivität voraussetzt, aber nicht »subjektivistisch« ist. Diese bedarf eines schreibenden Subjekts, das sich dem Stoff »rückhaltlos« stellt, um den Blick auf die Realität authentisch erscheinen zu lassen. Die »Existenz der objektiven Realität« (WA 4, 409) wird damit nicht bestritten, sondern einer kritischen Reflexion unterzogen.

32 ›Weibliches Schreiben‹

Für Christa Wolf ist Friedrich Hölderlins Vers aus »Andenken«, der durch Martin Heidegger und Theodor W. Adorno kontrovers rezipierten Hymne, von zentraler Bedeutung: »Was bleibet aber, stiften die Dichter«. Sie sieht darin nicht nur das Amt des Dichters thematisiert. Indem sie Hölderlins Denklinie in die Gegenwart hinein verlängert, eröffnen sich ihr neue Schreibwelten: Erstens auf die Zeit der Romantik – zu dem in Vergessenheit geratenen Werk der Karoline von Günderrode, zu Bettina von Arnim und Heinrich von Kleist –, und damit zu jenen Texten, die später unter dem Label ›Projektionsraum Romantik‹ subsumiert werden (s. Kap. II.E.28); und zweitens zu mythischen Themen, die vor allem in das antike Griechenland führen, zum Kassandra-Projekt und zum Medea-Stoff. Von der Aufgabe des Schriftstellers, die Kultur und Literatur aus weiblicher Perspektive durcharbeiten zu müssen, spricht Christa Wolf bereits in ihrer Rede auf der Berliner Begegnung. Im Gegenzug zur Ablehnung von Homers Schlachtschilderungen als einer abendländischen Erzähltradition, an die sie nicht anknüpfen will – da es keinen Hymnus auf die »Schönheit der Atomrakete« (WA 8, 223) gibt –, plädiert sie für eine neue Ästhetik, die den »weiblichen Faktor« im Sinne einer Autonomie der Stimme und einer weiblichen Perspektive in die Geschichte als Historie und in die Geschichte des Erzählens integriert. In der Diskussion um die Wirksamkeit oder Unwirksamkeit ihres Geschlechts, die sowohl in der literarischen Produktion als auch in ihren Reden und Essays immer mehr Raum einnimmt, stellt sich die Frage, ob und wann von einem ›weiblichen Schreiben‹ oder auch von einer ›weiblichen Ästhetik‹ gesprochen werden kann (s. Kap. II.C.19).

Die sog. Frauenliteratur ist in der DDR kein Thema öffentlicher Debatten. Viele Schriftstellerinnen lehnen den Terminus als unzureichend ab, weil darunter ›von‹ und ›für‹ Frauen verfasste Literatur subsumiert wird, Autorin und Rezipientin allein durch ihr Geschlecht in eine Beziehung fataler Abhängigkeit gesetzt werden. Es kann somit von keiner Bewegung gesprochen werden, die den Bruch mit einer männlich dominierten Literaturgeschichte vollzieht. Jede Autonomiebewegung von Frauen wird in der DDR als ›Emanzentum‹ politisch denunziert, so die DDR-Literaturwissenschaftlerin Eva Kaufmann. Irmtraud Morgner, Christa Wolf und Maxie Wander gehören in dieser Nicht-Bewegung zu den wichtigsten Exponentinnen. Anders als in der BRD, wo sich neben alternativen Frauenzeitschriften und Frauenverlagen in den 1970er/80er Jahren auch ein akademischer Diskurs zur Frauenliteratur bzw. zu einer feministischen Forschung an den Universitäten entwickelt, werden in der DDR-Literatur die spezifischen Widersprüche zwischen den Geschlechtern gern auf das dialektische Wechselverhältnis zwischen Individuum und Gesellschaft reduziert. Vor allem die Belletristik bietet in den 1970er Jahren eine Möglichkeit, die unannehmbare intellektuelle wie politische Situation von Frauen in der DDR zur Sprache zu bringen. Inwieweit die Autorinnen Simone de Beauvoir, deren 1949 erschienenes zweibändiges Werk *Das andere Geschlecht* erst kurz vor der Wende 1989 im Ostberliner Verlag Volk und Welt erscheint, oder Virginia Woolfs und Sylvia Plaths Texte rezipieren, kommt bruchstückhaft in Tagebüchern, Briefen, in Interviews oder öffentlichen Reden zur Sprache. Während in den USA Literaturwissenschaftlerinnen wie Sara Lennox, Patricia Herminghouse, Karen Achberger und Biddy Martin in ihren feministischen Studien das ›Andersartige dieses DDR-Feminismus‹ betonen und Angelika Bammer die These vertritt, Irmtraud Morgners Roman *Leben und Abenteuer der Trobadora Beatriz nach Zeugnissen ihrer Spielfrau Laura* (1974) habe den US-amerikanischen Diskurs um eine ›weibliche‹ bzw. ›feministische‹ Ästhetik erheblich bereichert (vgl. Bammer 1990), ist Eva Kaufmann in ihrer Einschätzung zurückhaltender. Feminismus versteht sie als geistige und politische Haltung von Frauen, die »auf die Veränderung von Strukturen, Beziehungen, Denk- und Verhaltensweisen« drängen und die sich damit gegen Diskriminierung und Unterdrückung richten. Am Beispiel von Morgners *Gute Botschaft für Valeska* und Christa Wolfs Erzählung *Selbstversuch* erklärt sie, inwieweit diese Texte feministisch sind. Die auf Veränderung drängende Kritik der Autorinnen ist mit globalen Fragen wie Krieg, Frieden und Ökologie verbunden. Sie richten sich gegen die patriarchalische Gesellschaftsstruktur und nicht gegen das männliche Geschlecht. Symptomatisch steht dafür Morgners Gedanke aus ihrem Hexen-Roman *Amanda*, dass die Philosophen die Welt bislang nur »männlich« interpretiert haben. Nun kommt es darauf an, »sie auch weiblich zu interpretieren, um sie menschlich verändern zu können« (Morgner 1983, 312).

Von einer »feministischen Tendenz« spricht Kaufmann im Werk von Christa Wolf dort, wo die »Gegenwart« und der eigene »Erlebnishorizont« (Kaufmann 1991, 112) am weitesten entfernt sind: in *Kein Ort. Nirgends* und in *Kassandra* (*Medea. Stimmen* ist zur Zeit der Einschätzung noch nicht erschienen). Wie Morgner setzt sich die Autorin in anspruchsvoller poetischer wie essayistischer Form mit den Facetten des Feminismus in Westeuropa und den USA auseinander. Das von den westeuropäischen und amerikanischen Wissenschaftlerinnen im Zuge der Frauenliteratur-Forschung entstandene Interesse an einem weiblichen Schreiben innerhalb der DDR-Literatur rückt Autorinnen wie Irmtraud Morgner, Brigitte Reimann, Sarah Kirsch, Maxie Wander und Christa Wolf ins Zentrum eines sich außerhalb der DDR entwickelnden feministischen Diskurses. Christa Wolf wird mit ihrer Erzählung *Kassandra*, die als »Geschichte von Untergang und Neubeginn eines weiblichen Zeitalters« gelesen wird (Klara Obermüller, zit. n. Schmidjell 2003, 82), zu einer Identifikationsfigur der Friedens- und Frauenbewegung. Helmtrud Mauser spricht von einem »Kult-Buch« und zitiert Wolfgang Hildesheimer, der den kritischen Zeitgenossen vorwirft, bei der Lektüre von *Kassandra* »ihre Schreie« nicht gehört zu haben. In seinem Gedicht »Antwort« heißt es: »Ganz recht, ich sagte, / es sei nicht fünf vor / zwölf, es sei vielmehr halb / drei. Inzwischen ist es vier« (Helmtrud Mauser, zit. n. ebd., 82 f.).

Am radikalsten vertritt Irmtraud Morgner ihre Position als schreibende Frau. Mit Blick auf ihren Roman *Leben und Abenteuer der Trobadora Beatriz nach Zeugnissen ihrer Spielfrau Laura* (1974) problematisiert sie den Begriff Frauenliteratur und fragt, was damit gemeint sei: eine Literatur, die von »weiblichen Autoren« geschrieben wird bzw. gelesen werden soll, oder eine Literatur mit »weiblichen Hauptfiguren«? Schließlich lehnt sie das Wort mit der Begründung ab, dass, wenn diese Bücher nur für Frauen verständlich sind, es für sie keine Literatur sei (vgl. Schmitz-Köster 1989, 18). Morgners Poetologie steht wie die keiner anderen Autorin der DDR sowohl Ricarda Huchs Forderung nahe, dass jeder Dichter »androgyn« sei, als auch dem Credo Virginia Woolfs, man sollte erst den »angel in the house« – als das traditionelle Bild der Weiblichkeit – töten, um schreiben zu können. Morgner versteht den Feminismus als eine soziale Bewegung im Sinne Bertolt Brechts, denn »um uns selber müssen wir uns selber kümmern« (Konkret 1984, 55).

Auf Virginia Woolf bezieht sich auch Christa Wolf in ihren Frankfurter Poetik-Vorlesungen von 1982, wenn sie danach fragt, welche »Art von Gedächtnis« die Prosa der Woolf braucht, um das »erzählerische Netzwerk«, das keiner linearen Fabel folgt und keine »lebenskräftigen Idealgestalten« (FPV, 150) schafft, verstehen zu können. Da narrative Techniken stets auch »Denk-Muster« transportieren, werden für sie im zeitlichen Umfeld des *Kassandra*-Projekts andere Erzähltechniken notwendig. Die geschlossene Form der *Kassandra*-Erzählung wird zunehmend als Widerspruch zur »fragmentarischen Struktur« empfunden, aus der sich die Figur zusammensetzt. Mit den »Poetik-Vorlesungen« schafft Christa Wolf eine neue Form der Öffentlichkeit, um über Fragen einer ›weiblichen Poetik‹ sowie über eine ›weibliche Ästhetik‹ nachzudenken. Im Spannungsfeld zwischen den Konstellationen Subjekt-Objekt, Opfer-Täter erweist sich die These, inwieweit Frauen nicht zu den »Herrschenden«, sondern zu den »Beherrschten« gehören und warum sie oft von Männern zu Objekten »zweiten Grades« gemacht werden, die selbst Objekte sind (FPV, 146), als Kerngedanke auch für den Zugriff auf den Kassandra-Stoff. Weit davon entfernt, den Männlichkeitswahn durch einen Weiblichkeitswahn ersetzen zu wollen, fühlt sie bei der Lektüre von Büchern mit der Kennzeichnung Frauenliteratur ein kulturelles Unbehagen. Sie verweist auf die Gefahr eines Denkens, das auf Ausschluss basiert und nur die von der eigenen Kohorte sanktionierten Gesichtspunkte gelten lässt. Ein solches Vorgehen stigmatisiert nicht nur die Ausgeschlossenen, sondern auch jene, die den Ausschluss zu verantworten haben. Ihr sei vor einer rationalen Kritik bange, die zu einem hemmungslosen Irrationalismus mit fanatischen Zügen führt.

Der Beginn ihrer Arbeit an der Erzählung *Kassandra*, die 1983 erscheint, fällt zeitlich zwischen die Verleihung des Georg-Büchner-Preises im Jahr 1980 und die Frankfurter Poetik-Vorlesungen 1982. Bereits in der Darmstädter Rede thematisiert Christa Wolf die Geschichte des weiblichen Blicks, indem sie Georg Büchners Figur der Rosetta aus der Komödie *Leonce und Lena* in den Mittelpunkt stellt, die »unsichtbar«, ohne Sprache als das definiert wird, »was sie nicht ist« (WA 8, 193). Mit dem Büchner-Zitat: »Meine Füße gingen lieber aus der Zeit« wird Rosettas Sehnsucht, endlich ihren »schalltoten« und »wegmanipulierten« Existenzraum verlassen zu können, zu einem Tanz auf der Rasierklinge. Unter vielen Namen tanzt sie durch die Geschichte, als sie zu kämpfen beginnt, wird sie als Rosa (Luxemburg) »totgeschlagen« und »in den Kanal geschmissen« (WA 8, 194). In der intensiven Auseinandersetzung mit der Historisierung einer »Tradition weiblichen Schreibens« – und der Angst, in der literarischen Produktion gelähmt zu werden – erwächst ihr eine bis dahin ungeahnte narrative Kraft. Dabei kristallisiert sich die Utopie einer »anderen Sprache« (Wb, 5) heraus, die zwar schon im Ohr ist, aber noch nicht auf der Zunge. Christa Wolf spürt, dass in ihr ein Sprachvermögen wächst – »meine andere Sprache« (Wb, 10) –, das erst noch ausgebildet werden muss.

Zur sehnsuchtsvollen Projektion wird eine Sprache, die »das Sichtbare dem Unsichtbaren« opfert und aufhört, »die Gegenstände durch ihr Aussehen zu beschreiben.« Ein solches Sprachvermögen müsste »zupackend« und »schonend und liebevoll« zugleich sein (Wb, 10). Ihr Engagement in Friedensfragen hat einen starken Einfluss auf ihre Souveränität als schreibendes Subjekt. Im Umgang mit der historischen Kassandra-Figur und dem mythischen Material findet diese Entwicklung ihren Ausdruck.

Gesprächsraum Romantik

»Immer als Subjekt«, lautet das Credo Christa Wolfs. Ein »zwingende[r] Impuls« (WA 8, 237) löst oft einen Schreibvorgang aus. In einem Gespräch mit Frauke Meyer-Gosau – es trägt den Titel »Gesprächsraum Romantik« – aus dem Jahr 1982 spricht sie von einer bislang unbekannten Art des »Genießens« mit therapeutischem Effekt, als sie sich intensiv mit dem Werk der Karoline von Günderrode beschäftigt. Das bei der Günderrode beobachtete »von Erwartungshaltungen freie Produzieren« – das sie schließlich »getötet hat«, da sie »kein Gegenüber fand« (WA 8, 241) – sowie die bei Bettina von Arnim mit Heiterkeit entdeckte Unbekümmertheit im Umgang mit dem Genre des Briefes, führt zu einer Form geistiger und physischer Regeneration. Wolf fühlt sich von Bettinas »monströser« Produktion einer Briefliteratur beeindruckt, aber auch von ihrer Autorinnen-Position: da sie sich um kein »Kunst-Urteil« kümmert (WA 8, 247). Beim Studium ihrer Texte kommt sie schließlich jenen »verschütteten Quellen von Produktivität« auf die Spur (WA 8, 241), die letztlich auch die eigene Autorschaft betreffen. Um an die weiblichen Wurzeln der Zivilisation zu gelangen, wendet sich Christa Wolf zunächst einer Epoche in der Literaturgeschichte zu, die aus ihrer Sicht erstaunliche Parallelen zur Gegenwart aufweist: die Zeit der Romantik. In Prosatexten und Essays – erschienen unter dem Titel *Ins Ungebundene gehet eine Sehnsucht* – begründet sie einen literarischen Gesprächsraum, der es ermöglicht, aktuelle Zeit-Diskurse in verfremdeter Form zu entfalten. Ihre Forderung nach einer »Poesie im Leben«, nach dem, was statistisch nicht erfasst werden kann, wertet den Stellenwert der Literatur auf. Sie wird zu einem »Mittel der Selbstbehauptung« und zu einem »Sehnsuchtsorgan« (WA 8, 252).

In dem Gespräch »Projektionsraum Romantik« stellt sie die Frage, wie es dazu kommen konnte, dass es nach der Klassiker-Generation viele junge Autoren und einige Autorinnen gibt, die mit ihrem Talent, mit der Literatur, mit ihrem Leben nicht »fertigwerden« und im bürgerlichen Verständnis und aus Sicht der marxistischen Literaturtheorie »scheitern« (WA 8, 239). Mit den Worten des Dichters Heinrich von Kleist ausgedrückt, dessen Werk für sie zunehmend an Bedeutung gewinnt, dass ihnen »auf Erden nicht zu helfen« ist. Christa Wolfs Interesse an einer Generation, die »zwischen den Zeiten« lebt, ist keine historisierende Konstruktion – als Schreibende sieht sie sich selbst in einer vergleichbaren Konstellation.

Mit dem Namen Karoline von Günderrode wird sie erstmals durch Anna Seghers' Rede »Vaterlandsliebe« konfrontiert, welche diese auf dem »Ersten Internationalen Schriftstellerkongress zur Verteidigung der Kultur« 1935 in Paris hält. Seghers erinnert an die Namen einiger deutscher Schriftsteller, die nicht in den Kanon aufgenommen wurden: Friedrich Hölderlin, Georg Büchner, Heinrich von Kleist, Jakob Michael Reinhold Lenz und auch die Günderrode. Einige unter ihnen gingen zu früh – durch Selbstmord oder Wahnsinn – aus dem Leben. Für Seghers waren sie keine »Außenseiter« oder »schwächlichen Klügler«, sondern das Beste, was die Literatur zu bieten hat. Um diesen blinden Fleck in der Literaturgeschichte zu erkunden, erinnert Christa Wolf an den Satz von Seghers, dass sich sowohl Kleist als auch Günderrode die »Stirnen an der gesellschaftlichen Mauer der Wirklichkeit wund[ge]rieben« hätten (Ein Briefwechsel zwischen Anna Seghers und Georg Lukács, 1939). Ebenso erginge es den Dichtern Jakob Michael Reinhold Lenz, Georg Büchner und Friedrich Hölderlin.

In der novellistischen Erzählung *Kein Ort. Nirgends* (1979) findet Christa Wolf für diese existentielle Problematik eine ihr gemäße Form des Erzählens und eine neue Poetik. Die aktuellen Bezüge sind unübersehbar. Eine »kleine progressive Gruppe« von Intellektuellen diskutiert das Scheitern einer auf Veränderung drängenden Generation. Die Figuren befinden sich im gesellschaftlichen Abseits und sprechen aus einer marginalisierten Perspektive. Während die Welt von Philistern mit kalter Notwendigkeit vermessen wird (siehe Günderrodes Gedicht »Vorzeit, und neue Zeit«), sehnen sie sich danach, die von der Gesellschaft gesetzten Grenzen zu überwinden. Wie in einem Fixierbad entwickeln sich Kleist und Günderrode allmählich zu Figuren einer konfliktreichen Identifikation. Sie stehen »mit dem Rücken zur Wand« und fühlen sich als »Fremdlinge« im eigenen Land. Indem die Utopie einer Gesprächskultur entworfen wird, spannt sich zwischen den Dichtern aus romantischer Zeit und der Autorin ein Meridian der Seelenverwandtschaft. Nicht immer ist klar, wer was wann innerhalb des Textgeschehens denkt – die Stimme der Autorin ist mittendrin, monologisch, aber als autonomer Teil im Gedankenaustausch. Der Satz: »Begreifen, dass wir ein Entwurf sind – vielleicht, um verworfen, vielleicht, um wieder aufgenommen zu werden«, der sich keiner Stimme direkt zuordnen lässt, behält seine sinnstiftende Bedeutung über die Zeiten hinweg. Christa Wolfs vorläufiges Fazit lautet: »Gezeichnet zeichnend«. Es verweist auf einen Werkbegriff, der das Ende der Erzählung und des Erzählens wie eine schmerzende »Wunde« (KON, 173) offen hält. In der erschriebenen Gesprächskultur liegt jene notwendige Hoffnung, um das Befürchtete nicht eintreten zu lassen. Die Autorin gesellt sich damit zu ihnen und weist zugleich über deren selbstgewähltes Schicksal hinaus.

In die Arbeit an *Kein Ort. Nirgends* fließen verschiedene Lektüreerfahrungen ein, die sich zum großen Teil aus der zeitgleich sich entwickelnden Frauenbewegung und aus der feministischen Literatur- und Kulturwissenschaft rekrutieren. Ohne die darin manifestierte Patriarchatskritik sowie die in manchen Entwürfen formulierte Antizipation einer besseren Welt jenseits des männlichen Fortschrittswahns kritiklos zu übernehmen, gehören dazu die Publikationen der Philosophin und Psychoanalytikerin Julia Kristeva und der Poststrukturalistin Hélène Cixous sowie Heide Göttner-Abendroths Kult-Buch *Die Göttin und ihr Heros* (1980), die u. a. von der These ausgeht, dass den verschütteten mythisch-matriarchalischen Spuren in der Kultur nachgegangen werden muss. Auch wenn ihre Thesen innerhalb der feministischen Bewegung äußerst kontrovers diskutiert werden, liefert Göttner-Abenroths Abhandlung wichtige, weiterführende Diskussionspunkte. Mit dem Band *Karoline von Günderrode. Der Schatten eines Traumes: Gedichte Prosa Briefe Zeugnisse von Zeitgenossen,* der 1979 im Buchverlag Der Morgen erscheint, bereitet Christa Wolf das Werk der Dichterin Karoline von Günderrode, die nur 26 Jahre alt wurde, erstmals für die Lektüre auf und füllt mit der Publikation eine Leerstelle im literarischen Kanon. Erste Gedichte veröffentlicht sie unter dem Pseudonym Tian. Die Entdeckung ihres literarischen Werks und die Rekonstruktion ihrer Biographie müssen im Zusammenhang mit der Erzählung *Kein Ort. Nirgends* gesehen werden. In einem inneren Monolog lässt sie darin Heinrich von Kleist über die Günderrode denken, dass in dieser Frau »ihr Geschlecht zum Glauben an sich selber kommen« könnte. Denn der gedankliche »Austausch mit ihr, die ihn als Mann nicht reizt«, gleicht einem »sinnlichen Rausch« (KON, 172). Auf Christa Wolf geht die heute übliche Schreibweise ihres Namens mit doppeltem »r« zurück. Ihre Recherchen dokumentiert sie in einem Essay, der den Band *Karoline von Günderrode. Der Schatten eines Traumes* eröffnet. Behutsam tastet sie sich an eine Biographie heran, die von ihrem frühen Ende – Günderrodes Suizid im Jahr 1806 – überschattet ist. Gebunden an Geschlecht, Stand, Armut zeichnet sie die Dichterin als einen Menschen, dem die Erde nicht »Heimat« werden konnte (KvG, 62). Später in den *Voraussetzungen einer Erzählung: Kassandra* spricht Christa Wolf davon, dass weibliche Autorschaft für sie dort anfängt, wo mit dem Versuch aufgehört wird, »sich in die herrschenden Wahnsysteme zu integrieren« (FPV, 146).

33 »Voraussetzungen einer Erzählung: Kassandra« – Frankfurter Poetik-Vorlesungen

Am 4., 11., 18., 25. und 27. Mai 1982 spricht Christa Wolf an der Goethe-Universität in Frankfurt am Main im Rahmen der Frankfurter Poetik-Vorlesungen. Die Vorlesungen laufen unter dem Titel *Voraussetzungen einer Erzählung: Kassandra*. Christa Wolf ist die erste Schriftstellerin aus der DDR, die in Frankfurt am Main liest. Ihr Auftritt wird ein literarisches wie mediales Großereignis. Die vier Vorlesungen – *Voraussetzungen einer Erzählung* – bilden zusammen mit der Erzählung *Kassandra* das *Kassandra*-Projekt, mit dem die Autorin zu einer der meistgelesenen deutschsprachigen Autorinnen avanciert. *Kassandra* wird Christa Wolfs erfolgreichstes Buch und ist – in über 25 Sprachen übersetzt – Teil der Weltliteratur.

Zum Erstaunen der Hörerschaft eröffnet sie ihre Ausführungen mit der Feststellung, dass sie mit ihren Vorlesungen keine Poetik bieten werde. Stattdessen will sie der nicht gestellten Frage nachgehen, »warum ich keine Poetik habe« (FPV, 11). Hinter diesem ungewohnten Auftakt verbirgt sich die Ankündigung, ein poetologisches Verfahren anschaulich zu machen, das ihren »Seh-Raster verändert hat« (FPV, 12). Das Auditorium soll Zeuge dieses Vorgangs werden. Unter dem Kennwort »Kassandra« fordert sie die Hörer auf, ihr auf einer Reise zu folgen, die auf zwei Ebenen verläuft: auf der konkreten Ebene einer Griechenlandreise, die sie gemeinsam mit ihrem Mann Gerhard Wolf im Jahr 1980 unternommen hat, und auf einer poetologischen, die anhand der Kassandra-Figur zurück zum antiken Mythos und zum Ursprung der abendländischen Kultur führen soll. In einem Prolog bezeichnet sie die Form, in der sie ihre Vorlesungen zu präsentieren gedenkt, als ein »Gewebe«, das »nicht ganz ordentlich« und nicht »mit einem Blick überschaubar« ist, da die Fäden dieser Textur vielfach »verschlungen« sind. Dieses Gewebe soll als »ästhetisches Gebilde« das Herzstück in ihrer Negativ-Poetik bilden – »falls ich eine Poetik hätte« (FPV, 11). Christa Wolfs Sprechen/Schreiben vollzieht sich jenseits einer Systematik, die von Aristoteles, Horaz über Thomas Mann bis zu Bertolt Brecht reicht und ist Ausdruck einer strikten Weigerung, sich an einem männlichen Formenkanon abzuarbeiten. Ein Faden in dieser Textur, der sich durch sämtliche poetologischen Dis- wie Exkurse in den vier Vorlesungen der *Voraussetzungen einer Erzählung* zieht, führt zum Werk der österreichischen Schriftstellerin Ingeborg Bachmann. Sie eröffnete im Wintersemester 1959/60 die nach dem Vorbild der Oxforder Poetik-Dozentur ins Leben gerufenen »Frankfurter Vorlesungen«. Christa Wolf findet in Bachmanns zum *Todesarten*-Zyklus gehörenden Prosatexten *Malina* und *Der Fall Franza* jenen radikalen Bruch mit einer patriarchalisch ausgerichteten Erzähltradition vollzogen, wie sie ihn selbst anstrebt. Im Insistieren auf tabuisierte Themen und Sichtweisen beabsichtigt auch sie gegen die Permanenz männlicher Gewalt- und Vernichtungsszenarien in der Geschichte anzuschreiben. Dazu bedarf es einer anderen Sprache (s. Kap. II.C.19).

Da sie – wie angekündigt – persönlich vorgehen will, basieren die »Frankfurter Poetik-Vorlesungen« auf verschiedenen subjektiven Formen literarischen Sprechens/Schreibens: Reisebericht, Tagebuch, Brief. Das Tagebuch und der Brief sind Genres der indirekten Kommunikation, die innerhalb der Literaturgeschichte vielfach von Frauen genutzt und entwickelt wurden und nicht nur mit Begriffen wie Innerlichkeit, Privatheit, Emotionalität, Spontanität verbunden sind, sondern auch zur Selbstbekundung und als Selbstbetrachtung dienen. Christa Wolf ist diesem Phänomen bereits in ihren Studien zur Romantik nachgegangen. Nun will sie diese Formen im gegenwärtigen Zeitkontext auf ihre Leistung hin prüfen. Ihren Zugriff spitzt sie mit der These zu, was passieren würde, wenn man »in die großen Muster der Weltliteratur Frauen an die Stelle der Männer« – sie nennt Achill, Herakles, Odysseus, Ödipus, Agamemnon, aber auch Faust und Wilhelm Meister – setzen würde. Wäre das dargestellte Gewaltpotential tatsächlich kleiner, wenn Frauen Handelnde im Weltgeschehen und damit auch in der Weltliteratur wären. Ihr vorläufiges Fazit lautet: Die »ganze bisherige Existenz der Frau war unrealistisch« (FPV, 186).

Mit der Strategie der Weigerung, die eigene Poetik dezidiert in der Öffentlichkeit einer Analyse zu unterziehen, kreiert sie – ganz im Sinne ihres poetologischen Prinzips der ›subjektiven Authentizität‹ – eine besondere Kunst intensiver Reflexion. In der kritischen Analyse konzentriert sie sich auf das »unheimliche Wirken von Entfremdungserscheinungen«, die in der Ästhetik zu fatalen Mustern geführt haben. Die Notwendigkeit eines veränderten bzw. verrückten Blicks auf die Geschichte, die Literatur und Philosophie sowie die scheinbaren Banalitäten des Alltags bringt jene Differenz zum Vorschein, die im geschlechtsspezifischen Diskurs das Herzstück ihrer Vorlesungen bildet. Erstmals spricht Christa Wolf explizit von einer Ästhetik des Anderen und Fremden.

Niemals zuvor hat sie den Arbeitsprozess, in dem ein Buch entsteht, so eingehend dokumentiert. Ihr Entschluss, die Figur aus dem Mythos in »die (gedachten) sozialen und historischen Koordinaten« zurückzuführen, wird von Nachrichten in den Medien begleitet, die von der Lagerung amerikanischen Giftgases im »Riesenlager bei Pirmasens« in Rheinland-Pfalz berichten. An anderer Stelle notiert die Ich-Erzählerin, einen Film über die Befreiung des Konzentrationslagers Dachau durch die Amerikaner gesehen zu haben und kommentiert: »Diese Konstellation: Besiegte und Sieger, Gedemütigte und Triumphierende – Grundkonstellation in der Menschheitsgeschichte; die Eroberung Trojas ist einer der ersten uns bekanntgewordenen Fälle – selbst schon eine künstlerische Zusammenziehung Dutzender von Städteeroberungen der damaligen Zeit« (FPV, 145 f.). Somit wird anhand der *Voraussetzungen einer Erzählung* in bislang einzigartiger Weise der vielschichtige Denk- und Schreibprozess einer Autorin dokumentiert, der vom antiken Quellenstudium und einer Kritik an den Gründungsmythen zu einem kulturgeschichtlichen Ansatz an der Schnittstelle zwischen Matriarchat und Patriarchat führt. Dabei tritt ein unlösbarer Widerspruch zwischen der geschlossenen Form der *Kassandra*-Erzählung und der »fragmentarischen Struktur«, aus der sie besteht, hervor. Während im Epos der Erzähler der »Linie männlichen Handelns« folgt, lässt sich die »Welt der Frau« nur in den Leerstellen dazwischen imaginieren. Obwohl ein Gewaltakt an einer Frau im griechischen Mythos »die Geschichte Europas« begründet, ist Kassandra keine »tragische Figur« und ganz sicher – so die Autorin – hat sie sich »selbst nicht so gesehen«. Die Anverwandlung der Kassandra-Figur führt über den »Schmerz der Subjektwerdung« (FPV, 114). Von einem »Phantomschmerz« ist die Rede, der nicht der »Schmerz um ein verlorenes Glied«, sondern um eins ist, das noch entwickelt werden muss: um »nicht gelebte Gefühle, um uneingelöste Sehnsucht« (FPV, 116). Damit ist jene »Schwachstelle der Kultur« markiert, wo sie aus sich selbst heraus »selbstzerstörerisch« geworden ist. Mit der inneren Ausformung der Kassandrafigur soll veranschaulicht werden, wie sehr ihre Figur und das historische Umfeld durch Ritual, Kult, Glauben verstellt sind.

Ein Reisetagebuch besonderer Art

»Die Stadt kannst du wechseln, den Brunnen nicht.« (*Chinesischen Weisheitsbuch*) – dieses Wort ist als Motto der »Ersten Vorlesung« vorangestellt (FPV,

14), in der ein weibliches Erzähler-Ich von einer Reise nach Griechenland im Jahr 1980 berichtet, die Christa Wolf gemeinsam mit Gerhard Wolf unternommen hat. Es handelt sich um einen »Reisebericht über das zufällige Auftauchen und die allmähliche Verfertigung einer Gestalt«. Die Berichterstattung wird damit eröffnet, dass die Reisewillige durch ein Versehen der Fluggesellschaft die Maschine nach Athen verpasst. In dieser nicht verplanten Zeit beginnt sie die *Orestie* (458 v. Chr.) des griechischen Dichters Aischylos (525–456 v. Chr.) zu lesen. Die Lektüre der griechischen Tragödie ist dem eigentlichen Griechenlanderlebnis damit zeitlich vorangestellt. Bevor die Erzählerin nach Athen und auf die Insel Kreta, vor allem aber nach Mykene (im Text: Mykenae) fährt, an den Ort des mythischen Geschehens, wo Kassandra nach dem Untergang Trojas als Sklavin Agamemnons – so berichten Homer, Pindar, Vergil – getötet worden sein soll, ist also von einem intellektuellen Ereignis – einem Tatsachenbericht aus zweiter literarischer Hand – die Rede.

In Aischylos' Tragödie tritt ihr die Figur der Seherin und Priesterin Kassandra – der niemand glaubt, was sie voraussagt – als eine »Gefangene« entgegen, als ein »Objekt fremder Zwecke«. Noch bevor sie mit der griechischen Landschaft und Kultur in Berührung kommt, macht sie eine Entdeckung: Kassandra ist die einzige Person in Aischylos' Stück, die in der Lage ist, sich selbst zu erkennen, während die anderen durch eine seltsame »Verkennung« (ein Kernwort bei Christa Wolf) sich selbst gegenüber entfremdet erscheinen. Als sie im Flugzeug sitzt und später durch Athen geht, scheinen ihr Verse von Aischylos wie in den Kopf eingemeißelt. Christa Wolfs Zugriff auf die Antike und deren Dichter, aber auch auf Kassandra geschieht primär durch den literarischen Text, die Welt der Schrift, auch während des Griechenlandaufenthalts. Immer stärker wird sie von Kassandra in Besitz genommen, wobei sich das Vorhaben verfestigt, über Kassandra schreiben zu müssen, da es so viele ungeklärte Fragen gibt: Wie alt ist Kassandra geworden? Warum wollte sie unbedingt den Männerberuf des »Sehers« ergreifen? Welchem Volk hat sie angehört? Der Chor bei Aischylos vermutet, »dass sie des Griechischen nicht mächtig ist« (FPV, 27), was im Text allerdings widerlegt wird.

In der »Ersten Vorlesung« bildet ein Gespräch mit dem griechischen Übersetzer Valentinos ein wichtiges intellektuelles Zentrum, der die *Orestie* ins Neugriechische übertragen hat. Er verweist auf die »oszillierende« Doppeldeutigkeit der altgriechischen Sprache, die »je nach eigener Moralauffassung und Sinngebung« in den verschiedenen Übersetzungen zur Geltung kommt. Die Literatur hat aus seiner Sicht wesentlich zur Konstituierung einer Doppelmoral beigetragen. Für Valentinos ist Klytaimnestra die »erste Feministin« (FPV, 52), da sie nicht nur Mykene zehn Jahre allein regierte, sondern auch einen Mann begehrte, der nicht ihr Ehemann – der »sehr entschlossene« Held Agamemnon – war.

Die Fortsetzung des Reiseberichts »über die Verfolgung einer Spur«

Die »Zweite Vorlesung« die nach Kreta und Mykene führt, zeigt sich als die Fortsetzung des Reiseberichts, mit dem die in der »Ersten Vorlesung« aufgenommene Spur zum Kassandra-Stoff weiter verfolgt wird. Die Ich-Erzählerin ist erstmals konkret physisch mit dem »patriarchalischen Süden« (FPV, 53) konfrontiert, wo das absolute Blickrecht des Mannes regiert. In Heraklion fühlt sie sich zwischen einer »geballten Ladung aggressiver Männlichkeit« und Rempeleien deplatziert. Ihr Körper signalisiert mit Symptomen der »Abwehr«, dass »unsereins […] hier keine Chance« hat (FPV, 70). In den *Voraussetzungen einer Erzählung* ist demnach nicht nur von der Schwierigkeit die Rede, den Mythos lesen zu lernen – zum Beispiel anhand der minoischen Kunst, die unübersehbar beweist, dass »alle früheren Gottheiten weiblich« waren (FPV, 80) –, sondern auch von der notwendigen Bereitschaft, sich der anderen Wirklichkeit zu öffnen. Indem das Ich der Autorin sich neue Wahrnehmungsbereiche erschließt, werden Formen der psychosomatischen Erkundung von Körper und Raum geschaffen, die in ihrem Werk neu sind.

Mit der Neugier nach den Geheimnissen der Alten wächst auch das Interesse an einer Kassandra, die den Untergang Trojas vorausgesagt hat. Homers Epos – angesiedelt »auf der Grenze zwischen Mythos und Geschichtsschreibung« (FPV, 84) – ist die erste wirkliche Mitteilung darüber. Die Literatur schafft Strukturen und Seh-Raster, die verfestigter erscheinen als alle Aussagen, die in der Architektur und auf Abbildungen in Stein und Ton existieren. Umstellt von fremden, aus männlicher Perspektive erzeugten Bildern, stellt sich zum einen die Frage, wer diese Kassandra tatsächlich war und zum anderen, von welchem Ort aus der Dichter Aischylos von ihr spricht. Im Zentrum der »Zweiten Vorlesung« steht deshalb für die Autorin die Frage, wie Kassandra aus der Verblendung durch »Mythos und Literatur« herausgelöst werden kann. Am Ende der »Zweiten Vorlesung« formuliert Christa Wolf ihr ästhetisches Programm: schreibend ein Troja zu erschaffen, das nur »mir vor Augen steht« – und das als ein Utopie-Modell sich nicht nur als »rückgewandte Beschreibung« versteht (FPV, 107).

Ein Arbeitstagebuch

Der »Dritten Vorlesung« ist ein Auszug des Gedichts »Ende des Jahres« der befreundeten Lyrikerin Sarah Kirsch als Motto vorangestellt. Das Gedicht gibt dem Text insofern eine Ausrichtung, als mit der geplanten Stationierung von Atomwaffen ein Gefühl der Angst die Schreibarbeit und alle täglichen Verrichtungen begleitet. Die intellektuelle, emotionale und sinnliche Verarbeitung der Griechenlandereignisse erscheint in der »Dritten Vorlesung« als ein vielschichtiger Prozess, der von diesem Zeitgeschehen beeinflusst wird. In Anlehnung an Heinrich von Kleists Abhandlung »Über die allmähliche Verfertigung der Gedanken beim Reden« (1805) kristallisiert sich in Christa Wolfs Schreiben ein Vor-Text heraus, der als eine wichtige Voraussetzung für die spätere *Kassandra*-Erzählung zu lesen ist. Nach der Rückkehr aus Griechenland erscheinen die Ereignisse in einer räumlichen und gedanklichen Distanz. Doch wie in einem Palimpsest schieben sich nun die verschiedenen Ebenen intellektueller und poetischer Verarbeitung übereinander und verbinden sich zu einer vollkommen neuen Sichtweise. Der Autorin kommen Zweifel, ob eine literarische Bearbeitung des antiken Stoffes angesichts der bedrängenden Weltlage noch von Bedeutung sein kann – ob es genügt, zu einer Literatur des Abendlandes als »Reflexion des weißen Mannes« nun noch eine »Reflexion der weißen Frau auf sich selbst« hinzuzufügen (FPV, 108). Um dieser »Verklammerung zwischen Leben und Stoff« im Wechselspiel von Faszination und Versachlichung, Souveränität und Zweifel nachzugehen, wählt die Autorin die Form des »Arbeitstagebuchs«. Das Tagebuch umfasst die Zeit vom 16. Mai 1980 bis zum 23. August 1981. Der Beginn der Niederschrift liegt also unmittelbar nach der Rückkehr aus Griechenland. Neben der Aufzählung von Zeitereignissen vermittelt das Tagebuch einen Einblick in die Arbeitsweise der Autorin. Obwohl in Meteln, dem Rückzugsort von Christa Wolf westlich des Schweriner Sees geschrieben, wird keine Perspektive aus dem Elfenbeinturm heraus eingenommen. Wie schon im Roman *Kindheitsmuster* beabsichtigt sie zu zeigen, dass die schreibende Person den politischen Ereignissen nicht entrückt ist, sondern aus ihrer Beunruhigung darüber, dem Text die gegenwärtigen Konflikte als eine eigene Dimension einverleibt.

Der Schreibprozess wird von einer neuen Welle der Aufrüstung begleitet, die von der NATO und dem Warschauer Pakt gleichermaßen betrieben wird. Dieser Fakt lässt die Autorin zu der Überzeugung kommen, dass unsere Existenz »von den Verschiebungen im Wahndenken sehr kleiner Gruppen von Menschen« abhängt. Die »klassische Ästhetik« erscheint ihr als eine aus »den Gesetzen der Vernunft« gerissene (FPV, 108), die in der Literatur ein Asylrecht gefunden hat. Der Schriftsteller hat danach zu fragen, »was dem Menschen zumutbar ist« (FPV, 109). Christa Wolf zitiert damit einen Gedanken Ingeborg Bachmanns, deren Rede zur Verleihung des Hörspielpreises der Kriegsblinden (1959) unter dem Titel »Die Wahrheit ist dem Menschen zumutbar« steht. Die Kunst ist verpflichtet, die Augen für das Nicht-Sichtbare zu öffnen. In Bachmanns Seh-Metapher findet sie die eigene ästhetische Forderung bestätigt. Mit der Kassandra-Figur soll nicht nur eine zeitlich vergangene Epoche in ihren Macht- und Unterdrückungsstrukturen dargestellt werden. Das Potential der Seherin dient auch dazu, eine Strategie des Sehendwerdens für die Gegenwart zu entwickeln. An diesem Prozess muss die Literatur aktiv beteiligt sein. Beide Autorinnen verbindet das Wissen, dass dieses Erkennen über die Metapher des Schmerzes verläuft, in der sich die Erfahrung in eine Wahrheit verwandelt, die »sehend macht« und zur Veränderung beiträgt. Das Erzählen ist für Christa Wolf eine Schmerzprobe. Indem das Übel erkannt und benannt wird, setzt eine befreiende Wirkung ein. Dieser Vorgang steht der Psychoanalyse erstaunlich nahe.

Bei der Recherche fällt auf, dass alle Lexika und Geschichtsbücher von Männern verfasst sind. Laut *Dr. Vollmers Wörterbuch der Mythologie* von 1874 prophezeit Kassandra »nichts als Unglück«, so dass »man der Störerin aller Freuden bald überdrüssig« wird (FPV, 110). Es gibt keinen Verweis darauf, dass es andere, wenn auch umstrittene Versionen gibt, in denen die Königstochter von dem Achaier Klein-Ajas – er einer der Helden bei der Eroberung Trojas – vor der Statue der Athene vergewaltigt und später, aus politischen Gründen, von König Priamos zwangsverheiratet wird. Für Christa Wolf ist Kassandra – gerade aufgrund der widersprüchlichen Versionen – eine der ersten Frauen, deren »Schicksal vorformt«, was den Frauen danach geschieht: dass sie »zum Objekt« fremder, oftmals politischer Zwecke gemacht werden (FPV, 111). Gemäß dem Stil des Tagebuchs reißt das Nachdenken immer wieder ab, indem sich Meldungen über die Gefahr eines Atomkriegs dazwischen schieben oder das schreibende Ich Küchenarbeiten verrichtet. Es ist ein »guter Alltag«, wenn sie einen Hefeteig ansetzt und ihr Mann einen Fisch im Ofen zubereitet. Beim gemeinsamen Essen kommt das Gespräch erneut auf die Weltlage, den Krieg zwischen Irak und Iran, der, »wie das meiste heute, Irrsinnszüge« trägt. Die meiste Lebenskraft benötigt sie zur inneren Abwehr dieser »Irrsinnsnachrichten« (FPV, 124).

Das Tagebuch gibt auch Einblick in die vielseitige Lektüre der Autorin in den Jahren 1980 und 1981. Sie liest Friedrich Engels' *Der Ursprung der Familie*, Thomas Manns und Karl Kerényis *Gespräch in Briefen*, Lewis Mumfords *Die große Maschine*, Ingeborg Bachmanns *Todesarten*, darunter das Romanfragment *Der Fall Franza*, und beschäftigt sich mit den Erzählungen Marieluise Fleißers aus dem Band *Avantgarde*. Nach der Lektüre der Erzählungen fühlt sie Trauer über ein Frauenschicksal, das die »Männergesellschaft im Rohzustand« erleben musste, vom »kommunistischen Dichter« bis zum »kleinbürgerlichen Tabakhändler« und »Nazi-Hauswart«. Jeder der schreibt, steht nur für sich selbst, aber eine schreibende Frau: »wer ist das?« (FPV, 116). Während die Texte und Zeiten ineinander greifen, bleibt ein Thema von zentraler Bedeutung: Wie kann die Zukunft der Menschheit gesichert werden, wenn sie sich durch Aufrüstung und Kriege selbst gefährdet. In diesem Zusammenhang zitiert das Ich aus einem Brief Thomas Manns an den Altphilologen Kerényi von 1941, wo es um die Psychologisierung des Mythos geht. In seinem Roman *Josef und seine Brüder* habe er mit den Mitteln der Psychologie versucht, den »Mythos den faschistischen Dunkelmännern aus den Händen zu nehmen und ihn ins Humane ›umzufunktionieren‹«. Christa Wolf bezeichnet das als einen »Utopie-Entwurf in der Nuß« (FPV, 133). 1947, in dem Jahr, in dem sein Roman *Doktor Faustus* erscheint, an dem er seit 1943 gearbeitet hat, schreibt er an Kerényi, die Menschheit wäre eine »zähe Katze« und trotz A-Bombe »voran« gekommen. Zugleich stellt er das eigene Schreiben als »sonderbaren Leichtsinn« und »Vertrauensseligkeit« grundsätzlich in Frage, auch wenn für ihn in einem verzweifelten Werk als »letzte Substanz« der Glaube an das Leben steckt. Christa Wolfs Kommentar klingt lakonisch: »Sehnsucht nach Leicht-Sinn und Vertrauensseligkeit. […] Voraussetzung wäre: vergessen, was ist, oder sich davon frei machen« (FPV, 135). Sie arbeitet mit den Mitteln der Psychologie, wenn sie Kassandra als eine Erzählerin einsetzt, die in einem inneren Monolog die Geschichte erinnert – und sie mit Träumen konfrontiert, die der »Königsweg zum Unbewussten« (Sigmund Freud) sind. Kassandra ist Subjekt und Objekt, was sich als ein produktives Zusammenspiel von Bewusstem und Unbewusstem interpretieren lässt.

In einem weitgespannten Netz von ästhetischen und politischen Diskursen bekommt der Kassandra-Stoff immer deutlichere Konturen. Bei der Schwierigkeit, die »Glieder der Kassandra-Geschichte« zu verbinden – vielleicht könnte ihr Wahnsinn »wirklicher Wahnsinn« sein (FPV, 151) – , ist schließlich am 2. Januar 1981 der Eintrag zu lesen, wie sich ihr die geliebte Tochter des König Priamos Kassandra darstellt: »eine lebhafte, sozial und politisch interessierte Person«, die einen Beruf ergreifen will. Für eine Frau von ihrem Stand kann sie nur Priesterin werden. Da sie dieses Privileg autonom nutzen will, bedeutet das zu erkennen, »daß ›die Ihren‹ nicht die Ihren sind«. Ihr Erkennen hat somit nichts mehr mit den »rituellen Orakelsprüchen« zu tun. Christa Wolfs Kassandra »sieht« die Zukunft, da sie mutig ist, »die wirklichen Verhältnisse der Gegenwart« sehen zu wollen (FPV, 123). Für diese Unabhängigkeit wird sie verdächtigt, verfolgt, misshandelt. Von allen verlassen, ist Kassandra am Ende eine »Beute der Eroberer ihrer Stadt« (FPV, 124).

Ein vielschichtiger Brief

Christa Wolfs »Vierte Vorlesung« mit dem Titel »Ein Brief über Eindeutigkeit und Mehrdeutigkeit, Bestimmtheit und Unbestimmtheit; über sehr alte Zustände und neue Seh-Raster; über Objektivität« ist eine Hommage an Ingeborg Bachmann, die in ihren *Frankfurter Vorlesungen: Probleme zeitgenössischer Dichtung* das Ich in der Dichtung als ein »Ich ohne Gewähr!« bezeichnet. Für Christa Wolf ist diese These ein produktiver Ansatz, um die eigene Erzählposition kritisch zu reflektieren. Kassandra, wie wir sie heute sehen, ist für sie ein »Geschöpf der Dichter« (FPV, 176), eine Projektionsfläche, auf der sich die Katastrophen zu einem zeitlosen Geflecht von Macht- und Vernichtungsspielen verknüpfen. Die Rezeption hat sich bis in die Gegenwart hinein davon lenken lassen. Deshalb ist nach jener Kassandra zu fragen, bevor über sie geschrieben wurde. Die »Vierte Vorlesung« ist in Form eines Briefes an die Freundin A. verfasst. Entgegen der narrativen Strategie im Epos, die aus dem Kampf um das Patriarchat entstanden ist und durch seine Struktur ein Instrument für seinen Bestand darstellt, intensiviert Christa Wolf im vertrauten Erzählton des Briefes ein Nachdenken über die verdrängten Seh-Raster und eine tabuisierte, weibliche Schreibweise.

Bei der Recherche stößt sie u. a. auf Ingeborg Bachmanns Gedicht »Erklär mir, Liebe«, das in der »Vierten Vorlesung« als Leitmotiv fungiert. Über den Vers: »Muß einer denken? Wird er nicht vermißt?« – für sie ein Beispiel »genauester Unbestimmtheit, klarster Vieldeutigkeit« und zugleich eine Grammatik der »vielfachen gleichzeitigen Bezüge« (FPV, 164) – findet sie einen produktiven Denkzugang, der über das *Kassandra*-Projekt zu ästhetischen Prämissen führt. Umdenken bedeutet zu verstehen, was logisch nicht zu denken ist: »So. Anders.« An Bachmanns Gedicht wird die Radikalität eines »widerständigen Denkens« präsent. Das denkende Ich muss sich selbst vermissen. Christa Wolfs These vom »Selbstvernichtungswunsch«, den nicht nur die Bachmann, sondern jede Frau kennenlernt, die sich in die »vom männlichen Selbstverständnis geprägten Institutionen« (FPV, 189) – Literatur, Ästhetik, Wissenschaft – begibt, ist auch der Schlüssel für die eigene literarische Produktion. In der Engführung von Antike und Moderne offenbart sich die Geschichte der Frau als eine Geschichte der Selbstverleugnung und Entsagung, die – wie in Bachmanns Roman *Malina* – bis zur Auslöschung reicht. Eine andere radikale These der Autorin bezieht sich darauf, dass Ästhetik, Philosophie und Wissenschaft nur dazu da sind, sich vor der Wirklichkeit zu schützen und sie sich »vom Leibe zu halten« (FPV, 190).

1984, kurze Zeit nach dem Erscheinen von *Kassandra*, greift sie auf einer Tagung der Arbeitsgruppe ›Psychosomatische Gynäkologie‹ diese Frage unter dem Thema »Krankheit und Liebesentzug. Fragen an die psychosomatische Medizin« auf. Ihrer Meinung nach hat eine Versachlichung des Denkens unter Ausschaltung der Gefühle in der Medizin dazu geführt, sich den Patienten im wahrsten Sinne des Wortes vom Leib zu halten. Da die Misogynie innerhalb des abendländischen Denkens eine lange Tradition hat, kann die Kommunikation zwischen Arzt und Patientin gerade in diesem Bereich nicht funktionieren, da die Beteiligten verschiedene Sprachen sprechen. Mit dem Satz ›Erkenne dich selbst‹, der am Tempel des Apoll in Delphi stand, ist das Prinzip der Selbsterkennung als philosophische Denkbewegung benannt, die – als tägliche Einübung verstanden – ein sinnreiches Nachdenken über sich selbst und die Welt bedeutet. Auch hier greift Christa Wolf auf die Mittel der Psychologie zurück.

Während sie in der »Vierten Vorlesung« das Regelwerk der Gattungen einer kritischen Analyse unterzieht, sucht sie nach neuen Ausdrucksweisen. Die Bachmann wusste, wie Goethe, Stendhal, Proust oder Tolstoi schreiben, und ist vielleicht gerade deshalb nicht in der Lage, aus der eigenen Erfahrung eine »präsentable Geschichte zu machen« und sie als ein »Kunstgebilde aus sich herauszustellen« (FPV, 191). In Bachmanns widerständiger Poetologie entdeckt Wolf eine »Verstörtheit«, die deren Texten eine unbekannte Spannung verleiht, die sich der Autorität sämtlicher literarischer Gattungen widersetzt. In einem spannungsreichen Labyrinth von Du- und Ich-Bezügen vermittelt Christa Wolf eine Ahnung davon, was vorerst noch unausgesprochen bleiben muss: dass für Frauen im Schreiben eine Möglichkeit liegt, eine intellektuelle Distanz zwischen sich und die patriarchale Welt zu schaffen. Niemanden sonst zu vertreten als sich selbst, bedeutet auch zu wissen, wer oder was das ist: eine Frau, die schreiben muss. Die Erzählung *Kassandra* ist der Versuch, jenes Ringen um Autonomie in eine literarische Wirklichkeit zu übersetzen.

Fazit

Die »Frankfurter Poetik-Vorlesungen« und die Erzählung *Kassandra* – als eine »Fünfte Vorlesung« – müssen als »Einheit« (Hörnigk 1989, 235) gelesen werden. Die Vorlesungen tragen nicht nur zum besseren Verständnis des *Kassandra*-Textes bei, indem sie den Stoff in seiner vielfachen Historisierung aufzeigen und die verschiedenen literarischen Deutungen der Kassandra-Figur verständlich machen. Christa Wolf veranschaulicht, wie im Verlauf ihrer jahrelangen Beschäftigung die Reanimation der durch Mythos und antiker Tragödie verkannten und verstellten Figur gelingt und wo sie an Grenzen stößt. Bewusst verwischt die Autorin dabei die Trennlinie zwischen dem diskursiven Text der Vorlesungen und der fiktionalen Romanerzählung.

Bevor das Buch in der DDR erscheint, wird im Januar 1983 in der Zeitschrift des Schriftstellerverbands der DDR *Sinn und Form* die »Vierte Vorlesung« als Vorabdruck veröffentlicht. Die Publikation bedeutet den Auftakt zu einer DDR-internen Kontroverse, die signalisiert, dass die Autorin mit dem Thema, vor allem aber mit den neuen ästhetischen Mitteln einen neuralgischen Punkt getroffen hat, was der Zensurbehörde des DDR-Kulturministeriums ideologisch und ästhetisch gefährlich erscheint (s. Kap. IV.49). Alle literaturwissenschaftlichen Zeitschriften – einschließlich der Wochenzeitschrift *Sonntag* – beschäftigen sich in mehreren Phasen in einer kontroversen Kritik mit dem Buch der inzwischen 54-jährigen Autorin. Nach dem Vorabdruck in *Sinn und Form* ist die Rezeption primär von den Gesinnungsattacken des Literaturwissenschaftlers und SED-Funktionärs Wilhelm Girnus geprägt, der von 1963 bis 1981 Chefredakteur der Zeitschrift war. In seinem Artikel »Wer baute das siebentorige Theben?« (der Titel ist Bertolt Brechts Gedicht »Fragen eines lesenden Arbeiters« entnommen) insistiert er darauf, Geschichte als Klassenkampf und nicht als Kampf der Geschlechter zu interpretieren. Girnus nennt es »kindlich« zu glauben, »das Pentagon« und die »Komödianten im Weißen Haus« wären durch Literatur von einem »Nuklear-Angriff auf das sozialistische Europa« abzuhalten. Für ihn gibt es nur Frieden oder die »totale Vernichtung« (Girnus 1983, 445). Aber auch in den von Kritikerinnen verfassten Buchbesprechungen (Sigrid Bock, Ursula Püschel) ist man weit davon entfernt, die von Christa Wolf vorgeschlagenen alternativen Denk-Raster und Lebensmodelle zu akzeptieren und das von der Autorin initiierte Gespräch über einen bedingungslosen Frieden und dem damit verbundenen pazifistischen Denken anzunehmen. Hans-Georg Werner versucht den Dialog mit der Autorin wieder aufzunehmen und sie aus der »Isolation« herauszuholen, indem er die Bedeutung ihres Antike-Projekts betont (vgl. Werner 1984).

Dass Christa Wolf mit *Kassandra* ein lang ersehntes Gesprächsangebot gelungen ist, zeigt die Resonanz in den westdeutschen Medien (s. Kap. IV.50), abgesehen davon, dass die Poetik der Schriftstellerin zunehmend die Diskurse an den westeuropäischen Universitäten, aber auch die feministische Literaturwissenschaft in den USA beschäftigt. Während Fritz J. Raddatz in der *Zeit* vom 25. März 1983 von »literarischer Würde« spricht, die sich in jedem Satz zeigt und er die Erzählung *Kassandra* als »historisch-moralischen Essay« im Sinne von »réflexions« bezeichnet, bietet Sibylle Cramer der *Frankfurter Rundschau* zu Pfingsten 1983 einen ersten feministischen Interpretationsansatz. Sie stellt Christa Wolfs »episches Antikenprojekt« in den Kontext gegenwärtiger Frauenbewegung und versteht Kassandra als eine Figur »weiblicher Traditionsbildung«, mit der sie ihre Form einer weiblichen Ästhetik begründet. Alexander Stephan vertritt die Meinung, dass sich kein zweites Buch der deutschsprachigen Gegenwartsliteratur derart schonungslos mit den »sprachlichen, emotionalen und intellektuellen Voraussetzungen von Krieg und Vorkrieg« beschäftigt wie *Kassandra* (vgl. Stephan 1991, 145).

Die massive, kontroverse Kritik an dieser literarischen Publikation hat für die 1983/84 im Aufbau-Verlag Berlin (DDR) publizierte Ausgabe *Kassandra. Vier Vorlesungen* Konsequenzen. In der DDR-Ausgabe werden 66 Zeilen aus der »Dritten Vorlesung« von der Zensurbehörde gestrichen, in denen es um die atomare Aufrüstung in Europa und die Forderung nach Abrüstung geht, also um Krieg oder Pazifismus. Ein Beispiel für eine Streichung ist der Satz: »Ist diese Müdigkeit, sich zu engagieren, nicht eigentlich Hoffnungsmüdigkeit?« – ein anderer: »So wäre der Wunsch, über Leben und Tod vieler, vielleicht aller künftigen Generationen mitzudenken, mitzureden, ganz abwegig?«.

Der FAZ-Literaturkritiker Uwe Wittstock ist der Ansicht, dass jene Passagen gestrichen wurden, in denen sich die Autorin mit dem »wirklichen Zustand der Welt« auseinandersetzt, d. h. mit der bevorstehenden Kriegsgefahr. Auf der Leipziger Buchmesse 1984 ist *Kassandra* das »bedeutendste Literaturereignis« – obwohl die Autorin nicht anwesend ist und das Buch nicht zur Verfügung steht, da das einzige Schau-Exemplar noch vor Messebeginn aus dem Regal verschwindet. In den Buchhandlungen gilt *Kassandra* als »vergriffen« (vgl. Wirsing 1984). Nach langer Diskussion bewirkt Christa Wolf, dass die Textlücken mit drei Punkten in eckigen Klammern kenntlich gemacht werden, so dass die Leser/innen aus dem Textkontext heraus die Tilgung selbst bewerten können. 1992 betont sie in einem Gespräch anlässlich ihrer *Kassandra*-Lesung im WDR, die Streichung der Sätze hingenommen zu haben, da der eigentliche Sprengstoff für sie in der Erzählung steckt. Außerdem befand sich das Druckgenehmigungssystem der DDR in diesen Jahren bereits in einem äußerst maroden Zustand.

Mit der zensierten Fassung ihres Buches gelingt Christa Wolf ein doppelter Kassandra-Effekt. Nicht zu glauben, was eine sagt, ist nur eine Seite – nicht lesen zu wollen, was eine darüber zu sagen hat, eine andere. Die Wirkung dieser eingreifenden Literatur wird dadurch enorm gesteigert und der Literatur-Transfer von West nach Ost in bizarrer Weise intensiviert. Zwischen 1983 und 1990 werden insgesamt 200.000 Exemplare verkauft. Erst 1990 kann der ungekürzte *Kassandra*-Text im Aufbau-Verlag erscheinen, der schließlich am 18.9.1991 vom Frankfurter Immobilien-Unternehmer Bernd F. Lunkewitz von der Treuhandanstalt gekauft wird.

34 »Kassandra« (1983)

Der äußere Anlass, um mit der Arbeit an der Erzählung *Kassandra* 1981 zu beginnen (erste Notizen gehen in das Jahr 1979 zurück), wird vom Tatbestand atomarer Aufrüstung, von der Raketen-Stationierung in Ost und West, dem Krieg zwischen Iran und Irak (Erster Golfkrieg) und von der Angst vor einem neuen Weltkrieg begleitet. In den *Voraussetzungen einer Erzählung. Kassandra* notiert Christa Wolf unter dem Datum 22. Februar 1981: »Die Nachrichten beider Seiten bombardieren uns mit der Notwendigkeit von Kriegsvorbereitungen, die auf beiden Seiten Verteidigungsvorbereitungen heißen. Sich den wirklichen Zustand der Welt vor Augen zu halten, ist psychisch unerträglich. […] Der Wahnsinn geht mir nachts an die Kehle« (FPV, 124 f.). Viele Intellektuelle in der DDR sehen in der Gefahr »totgerüstet« zu werden, zugleich ein Mundtotrüsten (Irmtraud Morgner). In das Schreiben hinein ragen außerdem die Nachrichten derer, die das Land verlassen. Die Autorin kämpft um ihre »Arbeitsfähigkeit«, während das Unbehagen vor einem totalen Sinn-Verlust wächst. Ursprünglich als ›Lehrstück‹ gedacht, und anfangs in der 3. Person Singular geschrieben sowie als Hörstück konzipiert, entwickelt sich *Kassandra* schließlich zu einer ›Schlüsselerzählung‹ – wie es in der »Dritten Vorlesung« heißt –, mit der die Sinnhaftigkeit bzw. Sinnlosigkeit der Sehergabe thematisiert wird. Vielleicht, mutmaßt die Autorin, erscheinen die Prophezeiungen der Priesterin nur sinnlos, weil sie etwas retten will, das bereits verloren ist. Während des Schreibens ergibt sich eine innere Logik: dass Troja nicht nur an den Griechen, sondern auch an sich selbst gescheitert ist, d. h. an einem kreativen Mangel, einem Entleertsein als Staatsform. Die Entschlüsselungsmethode der Erzählung läuft also nicht nur linear vor dem Hintergrund des Ost-West-Konflikts und der atomaren Aufrüstung, sondern auf dem Prinzip historischer Analogien. Fasziniert von der Vor- und Frühgeschichte – dem frühen Vor-Abendland –, kristallisieren sich vergleichbare Muster heraus. In dieser poetischen Konzeption bestätigt sich erneut, dass die Autorin an einer Psychologisierung des Mythos interessiert ist sowie an der Problematisierung von Strukturen der Wahrnehmung und Verdrängung. Am 29. April 1981 definiert Christa Wolf in der »Dritten Vorlesung« ihr Anliegen, das sie mit der Kassandra-Figur verfolgt: »Rückführung aus dem Mythos in die (gedachten) sozialen und historischen Koordinaten« (FPV, 142).

Handlungsverlauf

Die Erzählung beginnt am Löwentor von Mykenae. Es ist vermutlich jener Ort, wo Kassandra ihre letzten Stunden verbracht hat, bevor sie von Klytaimnestra getötet wird. Autorin-Ich und die Stimme der Kassandra-Figur gleiten dabei ineinander. Kassandra befindet sich auf einem Wagen, hinter ihr sitzen die Zwillinge (aus der Zwangsehe mit Eurypylos) und ihre Dienerin Marpessa. Obwohl sie mit der Erzählung »in den Tod« geht, wird Kassandras Stimme – mit der zum ersten Mal der Mythos vom Untergang Trojas aus weiblicher Perspektive erzählt wird –, der zu ihren Lebzeiten niemand glaubte, in der Schrift überleben. Niemals »war ich lebendiger als in der Stunde meines Todes« (KA, 248) – Kassandra hat ihre Angst verloren und scheut sich nicht mehr, dieses Bild von sich selbst anzunehmen. Das Erzählen beginnt, indem Kassandra ihr Gedächtnis anstiert. In einem vielschichtigen, assoziativen Strom von Rückblenden wird an die vielen Katastrophen erinnert, die zum Untergang Trojas und zu ihrem eigenen geführt haben. Aus der antiken Mythologie bekannte Namen bilden die Stützpfeiler: Priamos und Hekabe, Agamemnon, Achill, Penthesilea, Hektor, Polyxena, Troilos, Paris, Helena. Jedem Namen ist eine spezifische Rolle im Labyrinth der Verstrickungen zugedacht.

Die Geschichte kann nur in der »Vergangenheitssprache« erzählt werden, während die »Gegenwartssprache« auf wenige Worte »eingeschrumpft« ist (KA, 240) und es für die Zukunft überhaupt keine Sprache gibt. Kassandra beklagt rückblickend die eigene Schuld, da sie – »blind gegen das Naheliegende« (KA, 236) – zu lange zwischen ihrer Herkunft und dem Amt als Priesterin schwankte. Egoistisch habe sie »das Selbstgefühl der Meinen« (KA, 237) verletzt, um das eigene zu schützen. Die Lebensverläufe der »Meinen«, zu denen neben König Priamos und der Königin Hekabe die Schwester Polyxena, die Brüder Hektor, Paris und Troilos sowie der Zwillingsbruder Helenos gehören, werden in der Erzählung aus Kassandras Perspektive rekonstruiert und bewertet. Polyxena wird als »Schlachtopfer« (KA, 253) bezeichnet, da sie, unsterblich in Achill verliebt, nach seinem Tod durch Paris, der ihn an der verwundbaren Stelle seiner Ferse trifft, als Beute der Griechen an dessen Grab geopfert wird. Kassandras ältester Bruder Hektor, Held und Heerführer im Krieg Trojas, ist ein Mann mit »weichem Gemüt« (KA, 38). Mit dem Zwillingsbruder Helenos, der ebenfalls seherische Fähigkeiten besitzt, ist die

Utopie von einem »Ebenbild« (KA, 257) thematisiert, vorausgesetzt, Kassandra wäre ein Mann geworden.

Die weibliche Sehergabe bildet in der Erzählung das narrative und symbolische Zentrum der Handlung. Dass Kassandras Fähigkeit von Anbeginn mit einem Fluch Apollons belegt ist, bildet den Konfliktkern in *Kassandra*. 1999, sechzehn Jahre nach ihrem Erscheinen, deutet Christa Wolf die Tatsache, dass der Priesterin Kassandra niemand glaubt, als eine »tiefe Metapher über das Schicksal von Frauen in den letzten Jahrtausenden« (Wolf 1999, 163). Ihre Sehergabe steht damit am Beginn eines langen, schmerzhaften Prozesses der Selbsterkenntnis und der Subjektwerdung. Mit der Gabe, die Dinge durchschauen und das nicht Sichtbare erkennen zu können, deutet sich eine Säkularisierung der Figur an, was die symbolische Verdichtung mythischer Ereignisstrukturen betrifft. Kassandra wird zum Subjekt, indem sie die eigene Geschichte erzählt. Gleichzeitig erkennt sie sich im Vorgang des Erzählens als Objekt der Geschichte. Die Funktion von Literatur rückt erneut in die Nähe zur Psychologie. Ihre Wirkung ähnelt einem therapeutischen Verfahren, das zur Überwindung der eigenen (Teil-)Blindheit führen soll.

Wenn Christa Wolf ihre Kassandra-Figur in wahnhafte Zustände treibt, liegt in diesem Wahn-Sinn – als das Ende der Verstellungsqual – auch Sinnhaftigkeit. Die Übertretung bedeutet ein Sehendwerden, das den Austritt aus einer Verabredung signalisiert, die Welt so zu verstehen wie es der jeweilige Machtapparat vorgibt. In diesem zeitlosen, immer wiederkehrenden Menschheitskonflikt liegt insofern ein tiefer Sinn, da nun das, was aus der Logik der Gegensätze ausgeschlossen wurde, endlich hervortreten kann.

Auf dem ›Kongress der Redeschreiber‹ im Jahr 2000 bringt sich Christa Wolf mit einem Vortrag ein, der unter dem Sokrates-Satz: »Rede, damit ich dich sehe!« zum Dialog auffordert. Auch in der Erzählung *Kassandra* ist dieser Satz präsent. Er wird in abgewandelter Form von Arisbe ausgesprochen, als Kassandra sie auffordert, ihr »inneres Auge« (KA, 297) zu öffnen, um sich selbst zu erkennen. Ihren Vortrag beschließt die Autorin mit einem Exkurs zu Ingeborg Bachmanns Erzählung *Alles*, in der mit der Geburt eines Kindes alles, auch die Sprache, verändert werden soll. Christine Koschel und Inge von Weidenbaum haben den darin angelegten ästhetischen und kulturpolitischen Konflikt analysiert. Es sei ein »absurdes Verlangen«, dass ein Kind »den Bruch mit der Kultur« (Koschel/Weidenbaum 1991, 465) vollziehen soll. Sprache ist Handlung, die etwas bewirkt, was andererseits bedeutet, »eine kriminelle Handlung als ein Wort« aufzufassen, das »ein Wort des Elends« ist (ebd., 468). Ein Jahrzehnt nach der Wende sieht Christa Wolf die allzu gern »beschworene Wertegemeinschaft« einer maßlosen Steigerung des Profitdenkens ausgesetzt. Ihr Plädoyer zielt auf einen Humanismus, bei dem es im Kern um Wahrhaftigkeit und um einen bedingungslosen Pazifismus geht, wenn sie sich auf Hamlets Worte, »nur reden will ich Dolche, keine brauchen«, bezieht. Die Aufgabe des Schriftstellers ist es, um den Erhalt des Friedens zu kämpfen.

Die Bedeutung der Schiffe in »Kassandra«

Der Obelisk auf der Piazza del Popolo in Rom soll zusammen mit 35.000 Hektolitern Weizen und 1200 Passagieren in die Stadt gekommen sein. Auch der Apostel Paulus reiste auf einem Schiff mit 276 Menschen nach Italien (*Apostel-Geschichte* 27, 37). Während den Griechen befahrbare Flüsse fehlen, dienen Tiber und Donau den Römern schon früh zum Transport von Waren. In der Literatur ist das Schiff nicht nur ein zentraler Handlungsort, sondern auch ein stark aufgeladenes Motiv. In der Zeit der Romantik entwickelt es sich in der Literatur und den Bildenden Künsten zur Allegorie. Es steht für existentielle Auf- und Umbrüche und wird zum umfassenden Hoffnungsträger. Von *Sindbad dem Seefahrer*, einer Erzählung aus *Tausendundeine Nacht*, über B. Travens *Totenschiff* bis zu den Geschichten um die Titanic – ein Schiff bedeutet Faszination und Todesgefahr, Kameradschaft und vermeintliche Freiheit auf einem Element, von dem der Mensch lebt und das den Tod bringt.

In *Kassandra* ist von drei Schiffen die Rede. Sie sind nummeriert, aber tragen keinen Namen, was sehr ungewöhnlich ist, und sie sind in Kapitälchen gesetzt. Als Voraussetzung für den Trojanischen Krieg gesehen, haben sie unterschiedliche Bedeutung für den Erzählverlauf. Am Anfang steht ein Angst-Traum, in dem Kassandra ein Schiff sieht, »das den Aineias über glattes blaues Wasser« von der Küste wegführt, dann brennt das Meer. In der Todesstunde erinnert sie dieses »Traumbild«, obwohl sich inzwischen »schlimmere Wirklichkeitsbilder« (KA, 245) davor geschoben haben. Während Ranke-Graves ebenfalls drei Schiffe nennt, ist in der *Ilias* wie auch in Euripides' *Helena* das Unheil bringende dritte Schiff von Bedeutung. Anke Bennholdt-Thomsen interpretiert das Traumbild vom Schiff als »komplexes autobiographisches Symbol«, das mit dem »weißen

Schiff« im Roman *Kindheitsmuster* verknüpft werden kann (Bennholdt-Thomsen 1986, 57).

Als Kassandra geboren wird, ist das Erste Schiff bereits ein Mythos. Es soll unter Lampos einst Opfergaben aus Troja zum Orakel von Delphi gebracht haben, um mit den Griechen über den Zugang zum Hellespont (alte Bezeichnung für türkische Meerenge Dardanellen) zu verhandeln, was jedoch scheitert. Mit dem Schiff kommt als freiwillige Beute der griechische Apollonpriester Panthoos nach Troja zurück. Die Palastschreiber machen aus dem gescheiterten Unternehmen den Mythos vom Ersten Schiff. In der Erzählung agiert Panthoos als Widerpart von Kassandra. Er wird als Machtmensch bezeichnet und stellt den Typ eines zynischen Intellektuellen dar, der die Lügen zwar durchschaut, aber seine Position nicht gefährden will. Die Ausfahrten der beiden anderen Schiffe bilden im Leben Kassandras relevante Zäsuren, da deren Rückkehr jedes Mal einen Anfall auslöst, bei dem ihr Leben auf dem Spiel steht.

Das Zweite Schiff – eine »Angstpartie« (KA, 265) – wird unter Anchises (Vater von Aineias, in der Erzählung der Geliebte Kassandras) und dem Seher und Vogeldeuter Kalchas ausgeschickt, um die von dem Spartaner Telamon geraubte Schwester Hesione heimzuholen, da der König seinen Ruf retten will. Da Hesione längst Königin von Sparta ist, weigert sie sich zurückzukommen. Auch Kalchas kehrt nicht heim, er ist zu den Griechen übergelaufen. Da er in die »innersten Staatsgeheimnisse« eingeweiht ist, wird seine Flucht vom Palast verschwiegen, auch vor Kassandra. Als sie die Wahrheit erfährt, fällt sie »gliederschüttelnd« (KA, 270) aus der Zeit. Es beginnt eine neue »Zeitrechnung«: die Zeit »vor dem Anfall« und die Zeit »nach dem Anfall« (KA, 270), gefolgt von den Zeiten der »Teilblindheit«, denn auf einmal »sehend werden – das hätte mich zerstört« (KA, 271).

Das Dritte Schiff läuft unter Paris, Kassandras Bruder, aus, während sie sich gerade auf die Priesterweihe vorbereitet. Das Schiff kehrt ohne Paris heim, es heißt, er habe die schöne Helena geraubt. Schließlich kommt Paris auf einem ägyptischen Schiff und in Begleitung einer verschleierten Person, bei der es sich um die schöne Helena handeln soll, nach Troja zurück. Als Kassandra von Paris die Wahrheit erfährt, dass es Helena nicht gibt, bekommt sie einen zweiten Anfall. Sie wird in Ketten gelegt und vor der Öffentlichkeit versteckt. Rückblickend benennt sie ihre Mitschuld am Untergang Trojas. Denn der »Eumelos in mir« verhinderte es, die Wahrheit zu verkünden. Anders gesagt: »Ich, Seherin, gehörte zum Palast« (KA, 305). Danach beginnt der Krieg, der – so prophezeit Kassandra – um ein »Phantom« (KA, 306) geführt, nur verloren werden kann.

Die Umdeutung antiker Figuren

Bei der Umdeutung antiker Figuren richtet sich Christa Wolf oftmals nach Robert Ranke-Graves' *Griechischer Mythologie*, die sie als Quellenangabe mehrfach erwähnt. Penthesilea etwa erscheint als die »ausweglose Linie des Matriarchats« (KA, 151), die in radikaler Weise erfährt, was es heißt, »zum Objekt fremder Zwecke gemacht zu werden« (FPV, 151). Ihr Zugriff auf die durch viele Geschichten verstellte Penthesilea-Figur richtet sich auf deren »innere Geschichte«, um ihr Agieren als das Ringen eines Individuums kenntlich zu machen. Im Kampf mit Achill ruft ihr maskulines Töten Abwehr hervor, sie nennt es »eine Spur zu grell« (KA, 361). Agamemnon, der König von Mykenae, aus dessen Ehe mit Klytaimnestra Elektra, Iphigenie und Orestes stammen und der von Klytaimnestra ermordet wird, ist in der *Ilias* als positiver Held bekannt, ein stattlicher griechischer Feldherr, der seine Tochter Iphigenie opfert. Christa Wolf deutet ihn negativ und bezeichnet ihn als einen »selbstverliebte[n] Hohlkopf« (KA, 273), der Unheil anrichtet. Klytaimnestra agiert in Aischylos' *Agamemnon* (458 v. Chr.) kaltherzig und berechnend und wird vom Dichter »mit einer aus Grauen und Bewunderung gemischten Neugier umkreist« (Emil Staiger). Die als scheußliches »Schlangenungeheuer, eine Skylla« verachtete Klytaimnestra erhält in Christa Wolfs Interpretation positive Züge, denn zwischen Kassandra und ihr gibt es Anzeichen der Sympathie. Die Autorin unterstellt Aischylos eine misogyne Absicht. Der Dichter will die Frauen »haßvoll, eifersüchtig, kleinlich gegeneinander« (FPV, 55) sehen. Bei ihr hat Klytaimnestra nur Blicke, keine Stimme. Sie ist eine Frau, die sich auf die »patriarchalen Spielregeln eingelassen hat« (Wolf, zit. n. Schmidjell 2003, 24) und damit dem tödlichen Kreislauf verfällt. Deshalb tötet Klytaimnestra mit Kassandra in Christa Wolfs Version auch sich selbst.

Zu den Nebenfiguren zählen Myrine, eine Amazone – bei Ranke-Graves eine »unbarmherzige Kämpferin« –, sie avanciert bei Christa Wolf zu einer Figur, die – wie Kassandra – die Sehnsucht nach einem anderen, selbstbestimmten Dasein verkörpert und sich in einer spannungsreichen Ambivalenz befindet. Arisbe, die erste Frau von Priamos, ist bei Christa Wolf eine zentrale Figur der Neben- bzw. Gegenwelt. Als Inbegriff des Weiblichen (»große Mutter«) verkörpert sie eine Form der Mütterlichkeit, mit der das utopische, hoffnungsvolle Element bewahrt bleibt. Sie fordert Kassandra auf, sich nicht in den Wahn zu flüchten – so »strafst du diese nicht« (KA, 296) –, sondern nachzudenken, warum sie zugelassen hat, dass die anderen so stark geworden sind. Arisbe fordert die Seherin Kassandra mit dem Satz: »Öffne dein inneres Auge. Schau dich an« (KA, 297) auf, die eigene Blindheit durch Selbsterkenntnis aufzuheben. Mit Polyxena wird eine extreme Form deformierter Weiblichkeit thematisiert. Sie nimmt Akte der Selbstzerstörung an sich vor, in denen die Auswirkungen der patriarchalen Verfügungsgewalt zum Ausdruck kommen. Ihr Opfertod kündet von der Ausweglosigkeit einer restlos fremdbestimmten weiblichen Existenz.

Wichtige männliche Figuren sind Aineias, der Sohn des Anchises und der Göttin Aphrodite, der in der *Ilias* ein Verwandter von Priamos ist. In Vergils Epos *Aeneis* (zw. 29 und 19 v. Chr.) flüchtet er aus dem brennenden Troja und kommt nach einer langen Irrfahrt nach Italien (Latium), wo ihm die Vereinigung mit den Latinern gelingt, was als Voraussetzung für die Gründung des Römischen Reiches gilt. Christa Wolf deutet ihn als männliches Wunschbild, das den Figuren Achill, Panthoos und Eumelos entgegengesetzt ist und einer Entheroisierung dient. Kassandras Beziehung zu Aineias ist ihre Erfindung. In einer Utopie gewaltfreier Liebe ohne Besitzanspruch könnten sich beide Frauen der männlichen »Logik von Gewalt und Macht« entziehen (Schmidjell 2003, 19). Achill, den Friedrich Engels als den »größten Held der griechischen Sage« bezeichnet, erfährt bei Christa Wolf eine extreme Umdeutung. Nur an einem Punkt seiner Ferse verwundbar, wird er an dieser Stelle schließlich von Paris getötet. Wie schon William Shakespeare in der Tragikomödie *Troilos und Cressida* von 1609 spricht auch Christa Wolf von »Achill, dem Vieh«. Seine sinnlose Lust am Töten und Vergewaltigen, die mehrfach als eine über den Tod hinausgehende rauschhafte Zerstörung beschrieben wird – er schändet die tote Penthesilea –, macht aus dem antiken Helden einen »Todesengel« – eine entmenschlichte, pervertierte Tötungsmaschine, in dem die Katastrophen des 20. Jahrhunderts zusammenlaufen. Anchises schließlich zeugt mit Aphrodite Aineias, Kassandras Geliebten, und erscheint in der Erzählung als Dissident der Palastgesellschaft. Sein Gegenspieler ist Hektor, der Erstgeborene von König Priamos und Hekabe. Die Abschiedsszene von seiner Gattin Andromache aus der *Ilias* ist vielfach in den Künsten rezipiert worden. Friedrich Schiller etwa greift das Thema im Gedicht »Hektors Abschied« (1879) auf. In den *Voraussetzungen einer Erzählung* geht die Autorin darauf ein. Als Heerführer Trojas kämpft er erfolgreich gegen die Griechen. In der *Kassandra*-Erzählung agiert er als »Prototyp eines Menschen, der eine von ihm erwartete Rolle wider besseren Wissens annimmt« (Schmidjell 2003, 45 f.) und sich damit bedingungslos in den Dienst der Autorität stellt. Vielleicht bezeichnet ihn Christa Wolf deshalb auch als »Hektor, dunkle Wolke«, während er in der *Ilias* mit dem Attribut »strahlend« ausgestattet ist.

Mit Helena, der schönen Tochter des Zeus – gezeugt mit Leda, die er in der Gestalt eines Schwans überraschte –, rezipiert die Autorin eine konfliktreiche, aber weniger bekannte Vorlage, wo der Krieg um Troja aus rein wirtschaftlichen Gründen geführt wird. Aus der Schar der Liebhaber wählt sie für Helena Menelaos zum Mann. Ihr Raub durch Paris – Aphrodite hatte ihm nach dem Urteil des Paris Helena versprochen – wird zum Ausgangspunkt des Trojanischen Krieges. Christa Wolf orientiert sich in ihrer Interpretation wahrscheinlich an Stesichoros (ca. 630 v. Chr.), einem bedeutenden Vertreter der dorischen Lyrik, der Helena erstmals mit ambivalenten Zügen ausstattet und sie als »nebelhaftes Truggebilde« bezeichnet. In der Erzählung erweist sich Paris' Raub als Lüge, so dass der Krieg ohne Grund geführt wird. Rückblickend erkennt Kassandra die narzisstischen Züge des geliebten Bruders, der stets nach Macht und Anerkennung gestrebt hat. Mit der Lüge um Helena – und weil er das Dritte Schiff unbedingt anführen will –, ist er Teil des tödlichen Machtapparats.

Das Erzählen in »Kassandra«

Wie schon in der Erzählung *Der geteilte Himmel*, in *Nachdenken über Christa T.* und in *Kein Ort. Nirgends* entscheidet sich Christa Wolf auch in der Erzählung *Kassandra* für eine marginalisierte Perspektive des Erzählens aus der Retrospektive. Einige Stilmittel sowie der Aufbau und die Struktur der Erzählung sind aus anderen Texten – *Kindheitsmuster* und *Kein Ort. Nirgends* – bekannt, so der innere Monolog, der in *Kassandra* eine neue, intensivierte Form erfährt. Im Gespräch Kassandras mit dem Wagenlenker – »Gestatte eine Frage« (KA, 360) – wird dieser innere Monolog auf der Ebene der Erzählgegenwart durchbrochen. Vorbereitet ist dieser Bruch durch Reflexionen Kassandras, wobei sie ihren letzten Auftritt als Seherin erinnert. Diese Unterbrechung des Erzählflusses kann als Möglichkeit gedeutet werden, die Selbstansprache zugunsten eines

Dialogs mit einem sie Überlebenden umzuwandeln. Was Kassandra in der Todesstunde erinnert, bliebe somit in dessen Gedächtnis aufbewahrt. Wilhelm Grauert mutmaßt, dass der »sprichwörtliche Katastrophismus« damit durch einen Hauch von »Prinzip Hoffnung« relativiert wird (Grauert 1987, 428).

Weitere Merkmale des Erzählens sind der Perspektivenwechsel zwischen der 1. und 3. Person, wobei der episodische Aufbau des Textes anhand der engen Verknüpfung von Erzähler-Ich und den Figuren bestimmt wird. Außerdem die Unterbrechung des Erzählflusses durch episodische Exkurse und Nebenhandlungen, in denen verschiedene Denkbewegungen mitgeteilt werden, sowie die zentrierende Funktion der Träume, die zu einer mehrdimensionalen, simultanen Wirkungsweise führen. Alles zusammen bildet ein dichtes Textgewebe, das – wie in den *Voraussetzungen einer Erzählerin* angekündigt – »nicht ganz ordentlich« und nicht »mit einem Blick überschaubar« ist, aber einen komplexen Kosmos darstellt. Was Kassandra in der kurzen Zeit vor ihrem Tod denkt, ist in der Erzählung aufbewahrt. Während diese Satz für Satz entsteht, vergeht Kassandras Leben wie in einem Stundenglas. Auch wenn es keinen Menschen mehr geben wird, der ihr dieses »Zeugnis abverlangt«, will sie bis zum letzten Atemzug »Zeugin« sein (KA, 250).

Der Erzählung ist ein Motto vorangestellt, das aus einem Lied der griechischen Dichterin Sappho stammt, nach der auch eine antike Odenform als eine neue Maßeinheit der Liebe benannt ist. Mit den Versen: »Schon wieder schüttelt mich der gliederlösende Eros, bittersüß, unbezähmbar, ein dunkles Tier« (KA, 227) stimmt die Autorin einen Ton der fragilen Souveränität an, der den Erzähltext grundiert. Der Eros als stärkste menschliche wie göttliche Motivation versteht sich seit Platons philosophischer Interpretation im *Symposion* auch als ein geistiges Prinzip des Erkennens. Aus Sapphos Versen spricht nicht nur erotische Sinnlichkeit, sondern auch die Zerrissenheit einer schreibenden Frau, deren Verse weit vor der griechischen Klassik entstanden sind und doch äußerst modern klingen. In diesem Sinn ist Kassandras innerer Monolog, der von der Macht vergangener Ereignisse dominiert wird und eine Epoche im Umbruch rekapituliert, zu verstehen. Kassandra wird zu einer Zeugin des Untergangs in zweifacher Hinsicht: dem Trojas und ihres eigenen. Am Beginn des eindringlichen wie im doppelten Sinne unerhörten Monologs der Ich-Erzählerin steht ein Satz, der das bevorstehende Ende ankündigt: »Mit der Erzählung geh ich in den Tod« (KA, 227). Kassandras Monolog begründet nicht nur die Erzählung, in der ein weibliches Sprechen beredt wird, er stellt sich der bislang gültigen, von Männern verfassten Geschichtsschreibung entgegen. In diesem »Austritt aus der Geschichte« sieht Sigrid Weigel eine Sinnsetzung der Autorin, um ihre Erinnerungsarbeit zu begründen (Weigel 1985, 177). Ort des Erinnerns ist der Platz vor dem Haus des Königs Agamemnon. Für die Ich-Erzählerin ist es eine Sackgasse. Sie markiert jenen Punkt, an dem nicht nur eine Geschichte, sondern auch Gegenwart und Zukunft enden. Kassandra weiß, dass sie »heute noch erschlagen« wird – die »Zukunftssprache« (KA, 240) besteht nur aus einem Satz.

Der Leser ist unmittelbar am Untergang Kassandras beteiligt. Zuvor jedoch liefert die Königstochter und einstige Priesterin eine Version der Geschichte Trojas aus weiblicher Perspektive: angefangen von der Belagerung der Stadt, dem zehnjährigen Kriegsgeschehen und ihrem Untergang. Der Text, den Christa Wolf ihrer Figur in den Mund legt, ist ungeheuerlich. Denn entgegen der bekannten Geschichtsschreibung ist nun nicht mehr von männlichen Heldentaten die Rede, auf denen die abendländische Kultur basiert. Berechtigterweise spricht Sonja Hilzinger von einer zweifachen Entmythologisierung des Mythos. Zum einen entlarvt Wolf die patriarchale Geschichtsschreibung als falsch und entheroisiert den Krieg als mörderisches Machtstreben. Zum anderen legt die Autorin mit ihrem Erzählen die Mechanismen frei, die solch patriarchales Agieren legitimieren. In ihrer Interpretation der Sehergabe, die nicht mehr von den Göttern, sondern von Kassandra selbst ersehnt wird, vollzieht sich schließlich eine Befreiung von jedem Glauben. In der »absoluten Ausweglosigkeit« (Hilzinger 1986, 133) Kassandras liegt der Anspruch, die alten »Seh-Raster« abzulegen und alternative Denk- und Lebensmodelle sowie eine andere Ästhetik zu begründen.

Christa Wolf schreibt mit der Erzählung *Kassandra* die kanonisierten, männlich interpretierten Versionen des Mythos um. Kassandra ist von Anbeginn eine sozial und politisch interessierte Person, die nicht wie ihre Mutter Hekabe und die Schwestern das klassische Frauenschicksal der Ehefrau, Mutter und Hausfrau leben will. Als liebste Tochter des Königs von Troja genießt Kassandra eine Sonderstellung. Für eine Frau von ihrem Stand ist das Amt der Priesterin der einzig mögliche Beruf. In der Rekonstruktion geht es auch um die Aneignung von Bildung und Ausprägung von Macht. Dieses Privileg erweist sich als das große Potential des Stoffes. Kassandra sieht die Zukunft, da sie mutig genug ist, die Gegenwart zu durchschauen. Sie versucht also den Fluch aufzuheben, der »über sie verhängt« wurde, dass sie »zum Objekt gemacht werden soll« (FPV, 124). Mit der Rekonstruktion der historisierten Kassandra-Figur vollzieht sich die Rehabilitation einer weiblichen Stimme. Mit »meiner Stimme« sprechen: »das Äußerste«. Da Kassandra bereits am Beginn ihren Tod erwartet, kann dieser Gedanke nur in der Vergangenheitsform stehen: »andres habe ich nicht gewollt« (KA, 228). Im Prozess der Subjektwerdung wird eine Trennung von Körper und Zeichen verweigert. Kassandra steht damit den Strukturen der Zeit entgegen – damals wie heute. Christa Wolfs Erzählhaltung ist in diesem Sinn privat und philosophisch, da das eigene Erleben und die Fiktion in narrativer und stilistischer Hinsicht auf einem hohen Niveau ineinander verschränkt erscheinen. Kassandras Forderung, ihr einen Schreiber oder eine »junge Sklavin mit scharfem Gedächtnis und kraftvoller Stimme« zu schicken, damit sie das von ihr Erzählte hören und es ihrer Tochter weitergeben kann und die »wieder ihrer Tochter, und so fort«, ist der Versuch, neben dem mächtigen Strom der Heldenlieder das »winzige Rinnsal« (KA, 319) einer Geschichtsdarstellung zu begründen, die einst jene Menschen erreichen kann, die vielleicht glücklicher sind.

35 »Medea. Stimmen« (1996)

Medea-Mythos und -Rezeption im 20./21. Jahrhundert

Der Medea-Mythos gehört neben Homers *Odyssee* (8. Jh. v. Chr.) und dem *Ödipus*-Mythos (Sophokles, Seneca) zu den Urtexten der abendländischen Zivilisation (vgl. Horkheimer/Adorno 1947). In Krisenzeiten sowie im Zuge starker Säkularisierung ist eine Rückbesinnung auf Mythen zu beobachten, in denen Modelle von Identität, moralisch-ethischer Norm, von Macht, aber auch Versagen und Schwäche vorgeprägt sind. Franz Fühmann ist der Ansicht, dass Zeus und Leda dem Menschen unvergleichlich verwandter sind als so manche Paare in Gedichten und Geschichten der Gegenwart, »die ununterbrochen ihre Menschenheimat beteuern«. Der Mythos ermöglicht es, eigene Erfahrungen »an Modellen von Menschheitserfahrung zu messen« (Fühmann 1975, 163 f.). Anhand der Wahl eines Mythenstoffes lassen sich die aktuellen Intentionen ablesen.

Der Mythos erscheint nie als Urform, sondern in der konkreten Ausgestaltung einer bereits vorhandenen Überlieferung. Auch der Medea-Mythos existiert nicht als Urmythos. Im 20. und 21. Jahrhundert entstehen im Umgang mit dem Medea-Mythos verschiedene Themenkreise (vgl. Stephan 2006): Die Titelheldin fungiert (a) als »positive oder negative Identifikationsfigur«, d. h. Medea wird in den Geschlechterkampf eingebunden; vor allem in der neuen Frauenbewegung nach 1968 wird sie zum Leit- sowie Schreckensbild »weiblicher Emanzipation«; (b) als »Bewältigungsfigur« sobald es um in die Krise geratene politische und familiäre Ordnungen geht; Begriffe wie »Schuld« und »Mütterlichkeit« werden dabei neu diskutiert; (c) als »zentrale Projektionsfigur«, die die Debatten um Ethnizität und Rassismus zentriert; als Stereotyp der Fremden, der Ausländerin erfüllt sie eine themenübergreifende Funktion; und (d) als »Reflexionsfigur« in Diskursen über die Legitimation von Gewalt. Auffällig ist, dass die Medea-Figur im 20. Jahrhundert häufig als Zigeunerin, Negerin oder Jüdin imaginiert wird oder als hybride »Figur der Vermischung« (Stephan 2006, 5) erscheint. Mit ihren blutigen Taten erinnert der Mythos an archaische Praktiken der »Blutrache« und des »Menschenopfers«, an denen gegenwärtige Konflikte gemessen werden können.

Im griechischen Mythos als unabhängige Frau und heilkundige Zauberin verehrt, ist Medea, seit sie der griechische Dichter Euripides in seinem Drama *Medeia* (431 v. Chr.) zur mehrfachen Mörderin – Kindsmörderin (!) – gemacht hat, eine tragische und konfliktreiche Figur in der Literatur, Kunst und Musik. Während sie als Priesterin in Kolchis über das Blut der Opfertiere herrscht, bleibt sie in Korinth als Frau des Argonauten Jason eine Fremde, deren fremdes Blut in den Adern der gemeinsamen Kinder (die Zahl variiert) das Blut verunreinigt und in gefährlicher Weise ›vermischt‹. Medea ist eine ambivalente Bezugsfigur. Sie ist »umstrittene Täterin und »gedemütigtes Opfer« (Stephan 2006, 1) in einer Gestalt und erinnert an die verdrängten, tabuisierten Bereiche im Gedächtnis der Menschheit. Als Täterin provoziert sie die Ordnung der Geschlechter und rührt an das Grundverständnis der westlichen Zivilisation, wo ihre Erbschaft ewig unverständlich bleibt. Als Schreckensbild einer Triebtäterin und mehrfache Mörderin geächtet, werden ihr Intellekt, ihre Schönheit und Mütterlichkeit zuweilen gepriesen. Doch ihr Name steht für ein unheilvolles Schicksal, wie es Jean Anouilh in seinem Drama *Médée* (1946) beschreibt. Niemals mehr sollten Mütter ihren Töchtern diesen Namen geben, so dass Medea bis ans Ende aller Zeit für sich allein steht (vgl. Lütkehaus 2007, 265). In dieser absoluten Vereinsamung ähnelt sie der Figur des Ahasver.

Voraussetzungen zu einem Text

1992 gesteht Christa Wolf in einem Brief an die Matriarchatsforscherin Heide Göttner-Abendroth, nach der intensiven Beschäftigung mit dem *Kassandra*-Projekt nicht mehr in die »frühe Zeit vor unserer Zeit« (zit. n. Hochgeschurz 1998, 22) zurückgehen zu wollen. Laut einer Tagebuchnotiz vom Juli 1991 aber hat sich der Medea-Stoff längst in den »Hintergrund einer Gegenwartsgeschichte« eingeschlichen (ebd., 18). Tatsächlich setzt sich die Autorin ab 1990 mit der Medea-Figur auseinander. In einer Tagebuchnotiz vom Juli 1991 spricht sie bereits von einem »Medea-Projekt«. Für sie erweist sich die politische Situation nach 1989 nicht nur als eine allgemeine Krisenzeit, sondern als eine Zerreißprobe in mehrfacher Hinsicht (s. Kap. II.H). Christa Wolf konstatiert, dass »unsere Kultur, wenn sie in Krisen gerät, immer wieder in die gleichen Verhaltensmuster zurückfällt« (zit. n. Hochgeschurz 1998, 77). In der DDR hatte sie erlebt, wie gefährlich es ist, wenn ein Staat Gruppen ausgrenzt und dabei seine Fähigkeit zur Integration verliert. Die Nachwendezeit bringt die Ausgrenzung ganzer Menschengruppen »aus sozialen, aus ethnischen« und anderen Gründen mit sich. In dieser »Ausgrenzung des Fremden«, die als ein Phänomen durch die gesamte Geschichte der westlichen Kultur zu beobachten ist, erweist sich die »Ausgrenzung des Angst machenden weiblichen Elements« als relevant und für die Autorin von zunehmendem Interesse. Im Umgang mit dem Kassandra-Thema bestätigt sich für Christa Wolf, dass die Literatur die nötigen Mittel besitzt, um zwischen den verschiedenen Versionen eines mythischen Stoffes vermitteln und die verschiedenen Möglichkeiten durchspielen zu können. Auch wenn der »Zeitgeist« (ebd., 17) eine andere Sprache spricht, zielt ihre Poetologie nach 1989 – im Zusammenhang mit dem *Medea*-Projekt – darauf, die Sehnsucht aufrecht zu erhalten, »gemeinsam einen Ausweg aus dem Labyrinth« von Widersprüchen und Lügen zu finden. Diese Aussage bezieht sich vor allem auf die politische Situation. Laut einer Tagebuchnotiz schreibt sie am 7. November 1992 die erste Seite einer Prosa, in der es um Medea geht und die zurück in das »dritte vorchristliche Jahrtausend im alten Korinth« (ebd., 39) führt.

Während eines Aufenthalts am Getty-Center in Santa Monica/Kalifornien (zwischen September 1992 und Juli 1993) kreisen ihre Gedanken immer intensiver um die Figur der Medea. Da kann Christa Wolf noch nicht voraussehen, dass sie eine »sehr tief gehende Erfahrung« – u. a. nimmt sie 1992 Einsicht in die MfS-Überwachungs-Akten – erneut zu einer Beschäftigung mit dieser Vor-Zeit bewegen wird. Zunächst interessiert sie das Phänomen der Kolonisierung, das als eine Form der Abwehr allem Fremden gegenüber die Menschheitsgeschichte wie eine Blutspur durchzieht. Im Fall Medeas wird aus der positiven Gestalt einer Göttin und Heilerin, die aus Kolchis stammt, eine »Barbarin aus dem Osten« (ebd., 22), die Heilung durch Zauber bzw. Magie bewirkt (Nähe zur Hexenmagie) und als weiblicher Dämon Eingang in das allgemeine Verständnis findet. Die Gestaltung des griechischen Dichters Euripides (480 – 406 v. Chr.), der Medea in seiner Tragödie zur fremden Barbarin, vor allem aber zur Kindsmörderin macht, lenken den Mythos in eine tragische Richtung. Für Christa Wolf, die Medea an der Schnittstelle zwischen Matriarchat und Patriarchat sieht, steht der Zweifel an allen bisherigen Versionen im Zentrum des Interesses. Sie folgt damit einem Impuls, der bereits in der Beschäftigung mit dem Kassandra-Stoff von Bedeutung ist. Um die verdrängte weibliche Perspektive sichtbar zu machen, hinterfragt sie nicht nur die Historisierung des Mythos: sie schreibt ihn um. Denn warum hat nicht nur Euripides die Überlieferungen radikal verändert, in denen Medea als eine Frau mit hohen Wissen in der Heilkunst und im Umgang mit Katastrophen (wie Seuchen und Hungersnöte) positiv erscheint, sondern auch Euripides' »Nachfolger in der abendländischen Kultur« (ebd., 22), die diese Version unkritisch annehmen. Christa Wolfs These lautet: Der Fall Medeas ins Bedrohliche muss den Intentionen nachfolgender Generationen entgegengekommen sein.

Wer ist Medea? Euripides' »Medeia«

Medea – ursprünglich die ›Weise‹ – wurde wie Medusa und Metis, nach dem Sanskritbegriff *medha*, auch ›weibliche Weisheit‹ genannt. Die Heilkunst hat dort ihren Ursprung und aus ihrem Namen entwickelte sich das heutige Wort Medizin. Plinius nennt Medea eine Göttin, deren Zauberkünste die Sonne, den Mond und die Sterne beherrschen (vgl. Hawkins 1994). Auf antiken Vasen ist Medea oft als Göttin dargestellt. Sie bewegt sich in einem von Schlangen gezogenen Siegeswagen (Symbol der Heilkunst), dessen Flügel Himmel und Erde kontrollieren. Im Gegensatz zu Antigone ist Medea keine positive Leitfigur innerhalb des abendländischen Denkens. Sie stellt vielmehr einen beunruhigenden Gegenentwurf zur Figur der christlichen Maria dar. Im Medea-Mythos kommt es zur Kollision zwischen Göttlichem und Menschlichem, Heiligem und Profanem – zur Konfrontation zwischen alten und neuen Hierarchien. Als sexuell aktive und mit erotischen Attributen ausgestattete Frau greift Medea damit auch in die bestehenden Wertesysteme ein.

Der griechische Dichter Euripides (480–406 v. Chr.) verbindet in seiner Tragödie *Medeia* (431 v. Chr.) zwei traditionelle Mythenerzählungen: die sogenannte Argonauten-Sage und den Korinthischen Medea-Stoff. In der bekannten Sage von den Argonauten, die auf Befehl von König Pelias von Iolkos aus Kolchis im Kaukasus – nach dem damaligen Weltbild am Rande der Welt – das Goldene Vlies holen sollen, verlässt die Zauberin Medea aus Liebe zu dem Argonauten Jason Kolchis und geht mit ihm nach Korinth in die griechische Zivilisation. Vor der Flucht hilft sie Jason, das Goldene Vlies zu stehlen, und tötet ihren Bruder und ihren Onkel. Das Goldene Vlies erscheint als eine mit verschiedenen Deutungsmöglichkeiten aufgeladene Metapher. Das Fell des Widders fungiert nicht nur als Synonym für Gold und Reichtum. Es verkörpert auch die männliche Fruchtbarkeit und ist ein Symbol für den »Handel mit der östlichen Schwarzmeerküste« (zit. n. Hochgeschurz 2000, 24). Nach Ranke-Graves ist damit die Argonautenfahrt im »Jahreszeitenlauf der Tierkreiszeichen« (ebd., 24) dargestellt. Für die Matriarchatsforscherin Heide Göttner-Abendroth hingegen ist es ein Hinweis darauf, dass Jason mit dem Widderfell um die Liebe der Göttin und Priesterin Medea wirbt.

Im sog. Korinthischen Medea-Stoff wird die Königstochter Medea nach Korinth geholt, um über die Stadt zu herrschen. Bei einem Aufstand gegen sie werden ihre Kinder – insgesamt sieben Söhne und Töchter – von den Korinthern getötet. Sie hatten im Tempel der Göttin Hera Schutz gesucht. Durch den Mord ist das Heiligtum entweiht. Die Tragödie von Euripides beginnt an dem Punkt, wo Medeas' glückliche Zeit in Korinth bereits vorbei ist. Die Ehe mit Jason – aus der zwei Kinder hervorgegangen sind –, soll aufgelöst werden, da Jason seine Macht durch die Heirat der Königstochter Glauke/Kreusa in Korinth stärken will. Medea will diese Entscheidung nicht akzeptieren. Aus Rache tötet sie erst die Königstochter und deren Vater König Kreon, und schließlich – hier deutet Euripides die Medea-Figur radikal um – auch ihre Kinder. Am Ende des Dramas flieht sie auf einem Drachenwagen, wie es in den Überlieferungen vor Euripides erzählt wird. Euripides hat *Medea* im Auftrag geschrieben, was nicht ungewöhnlich war; er soll dafür 50 Talente bekommen haben.

Medea ist die Hauptperson der Tragödie: Sie ist aktiv, kritisch und Entscheidungen trifft sie selbstbewusst. Sie wird als kluge Frau dargestellt, die ihren männlichen Akteuren – König Kreon, Jason, König Aigeus – geistig überlegen ist. Indem Euripides der Figur im Stück viel Raum gibt, um über die Ereignisse und ihre Rolle als Frau nachzudenken, verleiht er Medea erstmals auch eine Stimme. Er legt ihr erstaunliche und bislang un-erhörte Urteile in den Mund. Zum Beispiel ist sie der Überzeugung, dass eine Frau unter allen Lebewesen »das erbärmlichste Geschöpf« ist. Denn erst muss sie mit einem »Übermaß an Geld« einen Mann erkaufen, der dann über ihr Leben und ihren »Leib« herrscht. Nur die »Schande« verhindert, sich wieder von ihm zu trennen (Euripides 1979, V. 230–237). Medeas Wunsch, sich lieber »in Reih und Glied« zu stellen und zu kämpfen wie ein Mann, »als einmal nur ein Kind gebären« (ebd., V. 250–251), ist eine Konsequenz aus dieser Erfahrung in einer patriarchalen Ordnung, in der die Frau eine Fremde bleibt und nur als Gebärerin und fürsorgliche Mutter, aber nicht als autonomes Individuum mit eigenen Rechten existiert.

Medeas Verhalten basiert in Euripides' Tragödie auf dem Begriff der Ehre, der männlich-heroisch definiert ist und eigentlich nur den Helden in der antiken Dramatik zugestanden wird. Um Jason in seinem Machtzentrum zu treffen, muss sie ihre Grenzen überschreiten, die ihr durch Geschlecht, Sitte und Herkunft gesetzt sind und zu Mitteln greifen, die einem Weib nicht zustehen. Resolut fasst Medea bei Euripides den Entschluss, ihre Kinder möglichst schnell zu töten, um nicht »durch Säumigkeit« die Knaben an die Korinther auszuliefern (vgl. Euripides, V. 1236–1240). Euripides stellt Medea damit auf eine Stufe mit Jason, was bereits im Mythos angelegt ist, wo sie keine weiblich-passive Rolle spielt, sondern als aktiv Handelnde – je nach Bedarf – geliebt und gehasst wird. Mit heroischer Stärke – dem sog. ›thymos‹ – kämpft Medea auch als Mutter um das Leben ihrer Kinder. Erst beabsichtigt sie die Kinder außer Landes zu bringen, dann tötet Medea sie aus eigener Kraft, damit sie nicht »eine fremde Hand voll größeren Hasses« (die Korinther) umbringt. Der ›thymos‹ ist seit der homerischen Epik das Seelenorgan des männlichen Helden. In ihm sind die Emotionen enthalten, die zum Beispiel auch Achill zu seinen Heldentaten treibt. Ein großer Held besitzt einen ›megathymos‹. Bei Medea siegt der ›thymos‹ der Heldin über die Gefühle der Mutter. In einem langen Monolog – der als Höhepunkt der Tragödie zu verstehen ist – beurteilt Medea ihre Situation. Vereinsamt und heimatlos muss sie die »Schmach erleiden von dem Gatten«, denn »aus Barbarenland geraubt«, entbehrt sie der »Blutsverwandten«, die einen »Hafen mir vor diesem Sturm gewährten« (ebd., V. 255–258). Mit ihrer Rache überschreitet Medea nicht nur die Grenze der (Ehe-)Frau, sondern auch die Hierarchie der Geschlechter, die von ethisch-moralischen wie biologischen Prämissen bestimmt wird. Indem sich ihr Handeln an einem archaisch-männlichen Ehrgefühl orientiert, bedeutet ihre Rache auch Selbstzerstörung. Medea vernichtet mit den Kindern ebenso Jasons Zukunft.

Christa Wolfs Version der »Medea«

Medea. Stimmen ist das erste Buch, das Christa Wolf nach der Wende geschrieben hat.

Mit dem erneuten Rückgriff in die Vorzeit plant sie eine »Konstellation zu erfinden« (Wolf in Hochgeschurz 2000, 33), die der Figur und ihren eigenen Intentionen gerecht wird. In dem schwer entwirrbaren »Gewebe« verschiedener, sich überlagernder Versionen, erkennt sie in der »Domestizierung und ›Entzauberung‹ der Frau nach der Eroberung einst matriarchal strukturierter Gebiete« (ebd., 36) ein Grundmuster. Absurd erscheint ihr von Anfang an die »Kindermordgeschichte« (ebd., 24). Unklar ist, ob es sich um eine frühe griechische Umdeutung handelt, um die eigene Gedanken- und Gefühlswelt vor einer fremden Welt zu schützen. Medea zeigt sich für Christa Wolf als eine Grenzgängerin zwischen zwei Wertesystemen, »verkörpert durch ihre Heimat Kolchis und ihren Fluchtort Korinth« (WA 11, 273), zwischen Matriarchat und Patriarchat. Die Metapher der Grenze korrespondiert mit den Intentionen der Autorin, die ein offenes Modell sucht, um nicht nur über Vergangenes, sondern auch über gegenwärtige Ereignisse schreiben zu können. Gerade der Mythos erscheint ihr »für den heutigen Erzähler, für die heutige Erzählerin« (WA 11, 270) brauchbar. Denn in Krisenzeiten verfällt die Kultur immer wieder in gleiche Verhaltensmuster, werden Menschen ausgegrenzt und »bis zu wahnhafter Realitätsverkennung« zu Sündenböcken gemacht. Eine eigene Dimension stellt dabei die Ausgrenzung des »angstmachenden weiblichen Elements« (WA 11, 253) dar. Wie in der Beschäftigung mit der Kassandra-Figur tauchen dabei historische Analogien auf. Eine zentrale Frage ist: Wann die Szenarien von »Gewalt und Selbstzerstörung in der abendländischen Kultur« begonnen haben (WA 11, 252).

Mit dem *Medea*-Roman kündigt sich aber auch eine neue Qualität im Werk Christa Wolfs an. Den Roman zeichnet eine eigenwillige Struktur aus. Der Text gliedert sich in elf Kapitel, denen jeweils Stimmen zugeordnet sind. Jedes Kapitel wird von einer Stimme, aus deren Perspektive auf die Geschichte gesprochen. Es sind dies: die Kolcherin Medea, Tochter des Königs Aietes und der Idya, Schwester der Chalkiope und des Absyrtos (vier Kapitel); Jason, dem Argonauten und Schiffsführer der »Argo«, Medeas Mann (zwei Kapitel); der Kolcherin Agameda, einer früheren Schülerin Medeas (ein Kapitel); Akamas, dem Ersten Astronom von König Kreon in Korinth (ein Kapitel); Leukon, dem Zweiten Astronom von König Kreon in Korinth (zwei Kapitel) und Glauke – der Tochter König Kreons und der Königin Merope, die Jasons neue Frau werden soll (ein Kapitel).

Diesem Text der Stimmen, der mit der Stimme von Medea beginnt, sind zwei Text-Zitate vorangestellt, die Christa Wolfs Zugriff auf den Medea-Stoff erklären. Als Ouvertüre zum Roman steht ein Zitat der Literaturwissenschaftlerin und Soziologin Elisabeth Lenk, in dem es um den Begriff der Achronie geht. Achronie ist ein Terminus aus der Erzähltheorie, der – nach der Theorie des französischen Literaturwissenschaftlers Gérard Genette – einen Extremfall der Anachronie darstellt. Während die Anachronie einen erzählerischen Rück- oder Vorausgriff bezeichnet, bedeutet Achronie das Fehlen einer chronologischen Relation zwischen den erzählten Ereignissen. Christa Wolf stellt mit Hilfe des Zitats einen Zusammenhang mit ihrer Technik des Erzählens her. Nach Lenk ist Achronie »nicht das gleichgültige Nebeneinander« der Epochen, »sondern eher ein Ineinander«, »eine Flucht sich verjüngender Strukturen« (WA 11, 9). Sie dient dazu, die Zeiten in einer Art narrativer Engführung so weit einander zu nähern, dass in der Fiktion ein Höchstmaß an Authentizität erreicht wird. Bei Christa Wolf meint das: Die Menschen »aus den anderen Jahrhunderten hören« uns, während wir sie »durch die Zeitwände« hindurch sehen können.

Dem Lenk-Zitat folgt eine Liste der Stimmen und Personen, die – wie in einer antiken Tragödie – eine zentrale Rolle im Textgeschehen spielen. Die Namen werden mit der Angabe ihrer Herkunft erläutert, außerdem hinsichtlich ihrer Blutslinie bzw. dem erworbenen Verwandtschaftsverhältnis eingeordnet. Der folgende, in Kursivdruck gehaltene Text hat die Funktion eines Prologs, der das Prinzip der Achronie nicht nur als Kunstgriff des Erzählens begreift, sondern erklärt, warum dieses Prinzip für die Medea-Thematik produktiv ist. Im Zentrum des Prologs steht das Motiv der »Verkennung«, das Christa Wolf als ein die Epochen übergreifendes, ortloses Prinzip versteht. Sie versteht Medea: (1.) als eine Identifikationsfigur, die sich während des Erzählvorgangs aus dem »Dunkel der Verkennung« löst; und (2.) als eine »Schlüsselfigur«, die auch »uns« – Autorin wie Rezipienten – aus der »Selbstverkennung« retten kann. Denn, davon ist die Autorin überzeugt, auch wir leben in einem »geschlossenen System« der Verkennung. Medea wird zu einem Potential, mit dem die Erinnerung und das Erkennen historischer Analogien vorgeführt werden soll.

Christa Wolfs *Medea. Stimmen* ist ein Buch über die Zivilisation am Ende des 20. Jahrhunderts, das von Katastrophen und Hoffnungen berichtet, deren Blutspur weit in die Vor-Zeit zurückführt. Wie bereits in der Erzählung *Kein Ort. Nirgends*, in der Christa Wolf die Fiktion einer Begegnung zwischen Heinrich von Kleist und Karoline von Günderrode schafft, geht es auch in *Medea. Stimmen* um eine »erwünschte Begegnung« (ME, 13) in der Schrift. Obwohl der Name Medea in diesem Prolog nicht auftaucht, wird behauptet, dass sich mit dem Aussprechen eines Namens ein Zeitfenster öffnet. Es ermöglicht den Eintritt in eine längst vergangene Zeit, um von der Gegenwart sprechen zu können: »Uns voran? Von uns zurück?« – die Perspektiven wechseln mit den Stimmen. Nur so kann der Mythos neu erzählt werden. Während »sie« uns aus der »Tiefe der Zeit« entgegenkommt, fallen wir »vorbei an den Zeitaltern« zurück, bis es zu einer Berührung kommt. Mit diesem Fall aus der Zeit werden auch diejenigen Epochen präsent, die dazwischen liegen, und nicht so »deutlich zu uns sprechen« wie die Medeas (ME, 13).

Jedes der elf Kapitel beginnt mit einem Zitat. Als Motto fungiert es wie eine Stimme vor der Stimme (Beyer spricht von »Vor-Stimme«), die im Kapitel zu Wort kommt. Neben Zitaten aus Euripides' und Senecas *Medea*-Tragödien, Platons *Symposion* sowie einem Ausspruch des Römers Cato verweist die Autorin auf Sekundärliteratur, die sie im Umfeld der Medea-Problematik rezipiert hat und in der soziale wie gesellschaftliche Urmechanismen diskutiert werden: René Girards *Das Heilige und die Gewalt*, Dietmar Kampers *Das gefangene Einhorn. Texte aus der Zeit des Wartens* (diese Literaturangabe bleibt ungenannt), Adriana Cavareros *Platon zum Trotz* – und, wie bereits in den *Voraussetzungen einer Erzählung. Kassandra* Ingeborg Bachmanns Roman-Fragment *Der Fall Franza*. Christa Wolf versteht die Zitate als eine Referenz an jene Autoren, mit denen sie sich als Schreibende in einem Gespräch und einer gedanklichen Nähe befindet. Die Vor-Texte und Zitate bilden zusammen ein »erstes Stimmenarsenal« (Beyer 2007, 86), das nicht nur auf die verschiedenen Versionen der Mythologisierung des Medea-Stoffes verweist, sondern auch Einblick in Christa Wolfs Poetologie gibt.

Gliederung des Textes

Das erste Kapitel ist ein Monolog Medeas (ME, 17–39); die Vor-Stimme stammt aus Senecas *Medea*-Tragödie (1. Jh. n. Chr., in lat. Sprache), in der Medeas Natur als eine »durch Leiden« gewachsene bezeichnet wird (ME, 15). Am Beginn wird eine enge Beziehung zwischen Medea und der Stadt Korinth hergestellt, wenn es heißt: »Entweder ich bin von Sinnen, oder ihre Stadt ist auf ein Verbrechen gegründet« (ME, 19). Wie in *Kassandra* arbeitet die Autorin retrospektiv, um die Gegenwart zu beschreiben. Medea ist krank, sie kann nicht aufstehen und versucht sich am Boden liegend zu orientieren. Ihr Sprechen ist an die Mutter gerichtet. Dabei oszilliert ihre Geschichte wie ein Schriftband zwischen dem Mythos und seinen Deutungen: die Flucht der angesehenen Königstochter von Kolchis – dem »Rand der Welt« an den »Südhängen des wildes Kaukasus« (ME, 31); ihre Heirat mit Jason; Medeas Verrat an den eigenen Leuten. Die zentrale Frage lautet: »Blieb mir nichts übrig?« (ME, 36). Medea soll einsehen, dass ihre Zeit vorbei ist. Sie ist nicht mehr jung, aber »wild noch immer« – so das Urteil der Korinther, für die eine Frau »wild« ist, »wenn sie auf ihrem Kopf besteht« (ME, 21). Medea spricht von ihrem Stolz, den die Korinther, wenn sie sie töten, extra vernichten müssen. Bei Christa Wolf ist Medea nicht nur eine selbstbewusste, stolze Frau, sondern auch eine begehrenswerte, die Jasons Lust wie keine andere zu stillen versteht. In der Charakteristik »schöne Wilde« gehen Begehren und Schrecken eine unheilvolle Symbiose ein. Außerdem ist Medea in ein Geheimnis eingeweiht: Sie weiß, dass König Kreon die eigene Tochter töten ließ, um seine Macht zu sichern. Bemüht, die verschüttete Wahrheit aufzudecken, gewinnt sie an Macht – ein Fakt, der ihr zum Verhängnis wird. »Die Stadt«, so heißt es bei Christa Wolf, »ist auf eine Untat gegründet« (ME, 27).

Das zweite Kapitel ist ein Monolog Jasons (ME, 43–66). Die Vor-Stimme stammt aus Platons *Symposion* (ca. 380 v. Chr.), in dem es um eine Geschichtsschreibung aus männlicher Perspektive geht, um den Ehrgeiz, für alle Zeiten mit einem »unsterblichen Namen« im Gedächtnis der Menschheit zu bleiben (ME, 41). Jason, der sich gegen Medea und für das politische System entscheidet, prophezeit, dass ihm Medea »zum Verhängnis« werden wird, da sie klug, schön und stolz ist. Damit wird mit Jasons Stimme Medeas Selbstporträt (Kap. 1) indirekt bestätigt. Doch das »Wunderland Kolchis« – die Heimat Medeas – hat ihm den Nachruhm gesichert, denn er war der erste, der »diese östlichste, fremdeste Küste« (ME, 46) betreten hat. Medea, die Tochter des Königs Aietes und oberste Priesterin der Hekate, hat ihn fasziniert. Obwohl Medea mit ihrem Wissen Seuchen und Hungersnot überwinden hilft und Krankheiten heilt, sehen die Korinther in ihr eine gefährliche Zauberin. In dieser auf Missgunst und Neid basierenden gesellschaftlichen Realität konstituiert sich Christa Wolfs Motiv des Sündenbocks, das in *Medea* eine zentrale Rolle spielt. Erzähltechnisch von Bedeutung ist, dass in Jason Medeas Sätze zirkulieren, als hätte Jason keine eigene Sprache und Souveränität. Medea durchschaut die Strategie der Korinther, die »aus jedem von uns den gemacht« haben, den sie brauchen: Jason, der Held und Medea, die »böse Frau« (ME, 55). Jason glaubt nicht, dass Medea ihren Bruder getötet hat. Eine andere Stimme in ihm sagt, dass es eigentlich niemand glaubt – doch es haben sich Bilder von Ritualen eingebrannt, die Medeas Kultur als barbarisch erscheinen lassen: Medea als »Opferpriesterin vor dem Altar einer uralten Göttin«, deren Aufgabe es ist, »Schlachtopfer zu vollziehen« (ME, 61). Oder die Erinnerung an die »Totenfrüchte« in Kolchis – einer Begräbniszeremonie, bei der die männlichen Leichen an Bäume gehängt und nur die Frauenleichen in der Erde bestattet werden. Jasons Weltbild ist von kulturellen Rastern bestimmt, die das Fremde, Andere als gefährliche Realität erscheinen lassen.

Das dritte Kapitel ist ein Monolog Agamedas (ME, 69–86). Die Vor-Stimme ist Euripides' *Medea* entnommen, in dem Kreon die Frauen als »Meisterinnen des Bösen« bezeichnet. Die Kolcherin Agameda war einst Schülerin von Medea, da ihre Mutter starb, als sie zehn Jahre alt war. Seit ihrer Kindheit schutzlos und »allen Verletzungen ausgesetzt« (ME, 82), konnte sie sich nur auf Medea verlassen. Agamedas Wissen gründet auf dem Medeas, aber auch ihr Selbstvertrauen. Nun, da sich Agameda in Korinth assimiliert hat, ist aus der engen Vertrauten eine Abtrünnige geworden, die – gemeinsam mit dem Kolcher Presbon – gegen die einstige Ziehmutter intrigiert. Agameda kennt Medeas Schwächen und tut nichts gegen das Gerücht vom Brudermord. Indem Medea an ihrer Nähe zu Agameda festhält, betont Christa Wolf den Idealismus der Figur, der auf moralischen Prinzipien beruht.

Das vierte Kapitel ist ein zweiter Monolog Medeas (ME, 89–103). Nun stammt die Vor-Stimme aus Senecas Tragödie *Medea*, wo an eine frühe Version des Mythos erinnert wird. Im Monolog geht es um die Anschuldigung, Medea habe ihren Bruder Absyrtos getötet – so wie es auch Euripides darstellt. Das löst eine Erinnerung an die Heimat Kolchis aus, die wie »mein eigener vergrößerter Leib gewesen« ist (ME, 90) – ein kranker Organismus, der nicht mehr zu retten ist. Medeas Monolog dient dazu, eine andere Version des Brudermordes zu erzählen. Er soll mit Billigung des Königshauses zu der Zeit getötet worden sein, als sich die Argonauten in der Stadt aufhielten. Indem die Geschichte von Kolchis aus einer weiblichen Perspektive erzählt wird, vollzieht sich eine wichtige Veränderung. Seit Absyrtos' Tod weiß Medea, dass man »mit den Bruchstücken der Vergangenheit« (ME, 94) nicht beliebig umgehen kann. Obwohl Medea keine Schuld an seinem Tod hat, beklagt sie, die Wahrheit nicht rechtzeitig erkannt zu haben. Jetzt holt sie die Vergangenheit ein. Sie gesteht, dass ihre Flucht aus dem »verdorbenen Kolchis« nicht allein aus Liebe zu Jason geschah. Die Stadt war bereits im Untergang begriffen.

Medea muss erkennen, dass die Korinther sie aus Angst hassen, da sie in ihr noch immer die fremde, wilde Frau sehen. Da sie nichts mehr zu fürchten hat, kann sie den Namen derjenigen aussprechen, die König Kreon auf dem Gewissen hat: die erstgeborene Königstochter Iphinoe. Sie wurde geopfert, um seine Macht zu sichern. Beide Staaten, Kolchis und Korinth, gründen somit auf einem Verbrechen. Das eigentlich Medea zugeschriebene Motiv des Kindsmordes wird zum Politikum.

Das fünfte Kapitel ist ein Monolog des Akamas, des Ersten Astronomen des Königs (ME, 107–123). Als Vor-Stimme dient ein Zitat des Römers Cato, aus dem die Angst vor einer Gleichstellung der »Weiber« spricht, wodurch sie den Männern überlegen wären. Akamas stammt aus Korinth und ist als der Erste Astronom des Königs Kreon auch sein Berater. Eingeweiht in die Staatsgeschäfte, vertritt und stärkt er dessen Macht. Er erzählt Medeas Geschichte aus einer ambivalenten Perspektive. Akamas schätzt zwar Medeas Klugheit, ihre Souveränität und ihr Wissen, aber auch er hat Angst vor ihr. Sie konfrontiert ihn mit einem fremden Weltbild, denn in Kolchis ist die Astronomie, beruhend auf den Mondphasen, Angelegenheit der Frauen. Von Akamas hat Medea erfahren, dass König Kreon die Tochter Iphinoe geopfert hat, um eine »neue Weiberherrschaft« zu verhindern, obwohl die Geschichte der Menschheit von erfolgreichen »Frauendynastien« voll ist (ME, 115 f.). Akamas weiß, dass er das Lügengebäude, auf dem Korinth basiert, stützt und verantwortlich dafür ist, dass Leukon, der Zweite Astronom des Königs von seinen politischen Aufgaben entbunden wurde, da er ein Freund Medeas ist.

Das sechste Kapitel ist ein Monolog Glaukes (ME, 127–145). Die Vor-Stimme stammt aus Ingeborg Bachmanns Roman-Fragment *Der Fall Franza*. Der Text beginnt mit dem Satz: »Er hat mir meine Güter genommen« (ME, 125). Glauke – Tochter Kreons und Schwester der getöteten Iphinoe – erscheint bei Christa Wolf als kranke Person, die an epileptischen Anfällen leidet. Während sie in Euripides' Tragödie Medeas Rivalin ist, wird Glauke nun zeitweilig zu einer (schwachen) Verbündeten. Während sie sich die Schuld an der in Korinth wütenden Pest gibt, agiert Medea als Therapeutin und Heilerin, indem sie der Traumatisierten hilft, ihre Erlebnisse aufzuarbeiten und Glaukes wunde Haut heilt. Doch Glauke liebt Jason und besitzt nicht die Kraft, Medea beizustehen. Sie gibt nicht nur Medeas Liebesverhältnis zu dem Bildhauer Oistros der Öffentlichkeit preis. Sie leugnet zu wissen, was mit ihrer Schwester Iphinoe geschehen ist und weiß, dass sie ihr damit schadet. Auch die Gerüchte um Medeas Brudermord lässt sie widerspruchslos gelten. Damit kann die Hetzjagd auf Medea beginnen.

Das siebte Kapitel ist ein Monolog Leukons. Er ist Zweiter Astronom des Königs Kreon (ME, 149–166). Als Vor-Stimme wird aus René Girards *Das Heilige und die Gewalt* zitiert, wo es um das Phänomen des Sündenbocks geht. Medea wird für das Erdbeben und die Pest in Korinth verantwortlich gemacht. Obwohl sie half, die Seuche abzuwenden, wird sie zum »Zentrum der Gefahr« stilisiert. Doch Medea will es »nicht wahrhaben« (ME, 154), womit Christa Wolf erneut Medeas konsequenten Idealismus betont, der auch als Blindheit mit fatalen Folgen interpretiert werden kann. Die Korinther sehen darin ihren »Hochmut« bestätigt. Durch Leukon wird auch die Figur des Oistros charakterisiert, der selbst keine Stimme im Text hat. Er ist ein Findelkind, ein Fremder ohne Wissen um Herkunft und Familie. Sein Fremdsein wird durch die Liebe zu Medea noch verstärkt. Obwohl die edelsten Korinther bei ihm ihre Grabmäler bestellen, ist er »bedürfnislos und bescheiden« und zieht vor allem die Jugend in seinen Bann. Leukon neidet dem Bildhauer Oistros die Liebe Medeas. Er weiß, dass Oistros, Medea, ihre Freundin Arethusa – eine Kreterin –, sowie die Amme Lyssa Menschen sind, die »sich nicht hineinziehen lassen in das Getriebe« (ME, 157), von dem Korinth bewegt wird. Als Medea aufgrund der Rufmordkampagne vom Pöbel durch die Stadt gehetzt wird, beeindruckt ihn Medeas Furchtlosigkeit. Für die Art, wie sie auf der Welt ist, gibt es »kein Muster« und es ist noch kein neues entstanden (ME, 161).

Das achte Kapitel ist ein weiterer Monolog Medeas (ME, 169–189). Als Vor-Stimme dient diesmal ein Zitat aus René Girards *Das Heilige und die Gewalt*, wo beschrieben wird, dass das Fest »sämtliche rituellen Charakteristiken« verloren hat und zu den »gewalttätigen Ursprüngen« (ME, 167) zurückgekehrt ist. Medea sitzt nun im Gefängnis, denn sie ist trotz der Warnung Lyssas einer Einladung der Artemis-Priesterinnen gefolgt – zum »Großen Frühlingsfest« der Korinther. Als Turon, ein Emporkömmling unter den königlichen Ratgebern, während des Festes die Frauen provoziert, indem er einen Baum im heiligen Hain fällt, wird er aus Rache entmannt. Medea versucht vergeblich, die Frauen davon abzuhalten. Nachträglich wird sie dann der Anstiftung zu dieser Tat bezichtigt. Die Tochter des Sonnengottes Helion und der Mondgöttin verliert so allmählich den Glauben daran, dass die »menschlichen Geschicke an den Gang der Gestirne« (ME, 170) geknüpft sind.

Das neunte Kapitel ist noch einmal ein Monolog Jasons (ME, 193–199). Vor-Stimme ist ein Zitat aus Euripides' Tragödie, wo Jason von einem »glücklichen Leben« – ohne die Geburt durch eine Frau – spricht und vom Prozess gegen Medea berichtet. Um sich zu entlasten, bezeichnet er Medea als eine »Rasende«, als hysterische Frau, die selbst schuld an ihrem Verderben ist. Ihr Blick, der einst Begehren in ihm weckte, wird nun zum bösen Blick. Agameda, die gegen Medea aussagt, wird ebenfalls als »Mordsweib« (ME, 197) charakterisiert. Obwohl Jason erkennt, dass Medea Opfer eines Schauprozesses ist, stimmt er aus Feigheit und Eifersucht – wegen ihrer Beziehung zum Bildhauer Oistros – dem Urteil ihrer Verbannung ohne die Kinder zu. Agameda und Glauke hingegen wollen ihr die Kinder lassen, weil sie einmal »Anwärter auf den Thron von Korinth« (ME, 197) sein werden. Jason erkennt, dass Glauke aufgrund ihrer psychischen Labilität keine »bequeme Frau« sein wird. Mit dem Satz: »Was steht mir da bevor« (ME, 199) prophezeit er seinen Untergang.

Das zehnte Kapitel ist nochmals ein Monolog Leukons (ME, 203–211). Vor-Stimme ist ein Zitat aus Dietmar Kampers Buch *Das gefangene Einhorn. Texte aus der Zeit des Wartens* (ohne Angabe im Text). Die Erde wird mit der »Argo« verglichen, da beide »ziellos« sind, »ausgesetzt den endlichen Abenteuern der Zeit« (ME, 201). Leukon gesteht sich seine Ohnmacht ein und die Menschen verharren in ihrer »Verblendung«. Er, der stets beide Seiten verstehen will, bewundert das »unschuldige Opfer« Medea, die frei von »innerem Zwiespalt« ist (ME, 204). Durch Medea geht kein »Riß«, deshalb kann sie Korinth den Untergang verkünden. Christa Wolfs Idealisierung wird damit konsequent fortgesetzt: Absolute Wahrheitsliebe, unbedingter Idealismus und moralisches Engagement sind die Stärken ihrer Medea-Figur. Leukon schämt sich, als Korinther nichts für Medea getan zu haben. Nicht nur er weiß, dass sie zum Sündenbock gemacht wurde. Derweil baut Akamas seine Macht aus und bezeichnet Glaukes Freitod – sie hat sich in den Brunnen gestürzt – als Mord. Als Täterin kommt nur Medea in Frage: Sie soll ihr zum Abschied ein vergiftetes Kleid geschenkt haben. Inzwischen vegetiert Jason unter dem »halb verfaulten Rumpf« der einst prächtigen »Argo« (ME, 207). Kreon hat den Eingang zur »Grabhöhle der Iphinoe, mit deren Tod alles anfing« (ME, 209) zumauern lassen. Ein Endpunkt ist erreicht, als die Korinther Jasons und Medeas Kinder zu Tode steinigen, obwohl sie im heiligen Tempel der Hera Schutz gesucht hatten.

Das elfte und letzte Kapitel ist ein Monolog Medeas (ME, 215–216), der sich wie ein Plädoyer zur Selbstverteidigung liest. Als Vor-Stimme ist aus Adriana Cavareros *Platon zum Trotz* zitiert. Der Mangel der Männer, »Leben hervorzubringen«, wird als Grund dafür genannt, »im Tod einen Ort« (ME, 213) zu sehen, der wichtiger ist als das Leben. Medea lebt nun mit Arinna, Lyssas Tochter, in einer Höhle: Doch sie ist nur noch ein Schatten ihrer selbst und hat jegliche Macht verloren. Als sie erfährt, dass die Korinther ihre Kinder ermordet haben und ihr auch dafür die Schuld gegeben wird, erkennt sie endlich ihre Verblendung. Sie hatte geglaubt, dass »ihre Rachsucht vergeht« (ME, 215), sobald sie weg ist. In Medea breitet sich eine »Leere« aus, die sie fühllos macht: gegenüber der Liebe, aber auch dem Schmerz. Mit dem alljährlichen Ritual der Korinther, der toten Kinder im Hera-Tempel zu gedenken, wird eine Geschichtsklitterung betrieben, die Medea auf ewig als Kindsmörderin stigmatisiert. Am Ende bleibt Medea nur der Fluch, in dem sich Momente des Göttlichen und Fremden mischen. Mit ihrer Frage, ob eine Welt und eine Zeit zu denken ist, »in die ich passen würde« (ME, 216), endet der Text.

Zusammenfassend lässt sich festhalten, dass in *Medea. Stimmen* die Titelheldin zu einer »Figur an der Schnittstelle verschiedener Zeiten« (vgl. Stephan 2006, 155) und zu einer »Fremden in entfremdeten Umständen« (ebd.) wird. Mit ihrer Medea-Version gelingt Christa Wolf ein völlig neuer Blick auf die Geschichte und auf das Verhältnis der Geschlechter. Nicht die wahnsinnige Kindsmörderin steht in ihrer Version am Beginn der abendländischen Kultur, sondern die Frage, warum die zivilisierten Korinther die Kinder einer Wilden umgebracht haben und Euripides, einer der »größten Dichter dieser Hochkultur« dieses barbarische Verbrechen verfälscht hat. Christa Wolf diskutiert in *Medea. Stimmen* auch das Bild der mordenden Mutter, ein Mutterbild, das ebenfalls auf dem Verbrechen basiert. Medea als Mutter ist eine mehrfach problematische Figur: im Verhältnis zu Glauke (Selbstmord) – Glauke wird von Medea verlassen – und zu Agameda (Verrat), die Medea als Schülerin bei sich aufgenommen hat, aber ihr später die Zuwendung verweigert. Der Tatbestand, dass Medea selbst keine Mutter als Muster bzw. Maßstab weiblicher Identifikation erlebt hat, entschärft diesen Konflikt nicht. Christa Wolfs Diskurs des Generationskonflikts wird hinsichtlich des Vaters, im Begriff der Väterlichkeit, fortgeführt. Die Väter opfern die eigenen Kinder, um ihre Macht zu sichern, während die Mütter zu Komplizinnen der Väter werden. Die von Christa Wolf angebotenen Konzepte von Freundschaft und alternativen Lebens- sowie Liebeskonzepten, die jenseits matriarchaler und patriarchaler Hierarchien existieren, werden schließlich – vor allem im »Schlachthaus« Korinth – als nicht lebbar verstanden. Mit Christa Wolfs Version der Medea ändert sich die Perspektive auf den Medea-Stoff grundlegend. Dabei vollzieht sich eine subtile Analyse von Mythisierungsstrategien, die in der Forschung nicht unwidersprochen geblieben sind (vgl. Scheffel 2003; s. Kap. IV.50). Indem sie den Blick in das Innere der Figuren freigibt, wird der Medea-Mythos aus der Erstarrung befreit und in seiner zeitlosen Virulenz als politischer Widerspruch begriffen.

Im Umfeld von Christa Wolfs »Medea«

Eine vergleichbar belebende Version des Mythos stellt Helga M. Novaks *Brief an Medea* von 1977 dar. Euripides wird darin als Lohnschreiber bezeichnet, der Medea den Kindermord unterjubelt. Seitdem wird sie als »Mörderin Furie Ungeheuer« durch die Literaturgeschichte gejagt (Novak 2005, 92). Novak rechnet im Gedicht »therapeutisches bad« (1967) mit einer Geschichtsschreibung ab, die aus der Perspektive des Siegers geschrieben ist. Eine »bockige Medea« badet in den »Tränenfluten« Jasons, beide sind aus ihren Rollen gefallen. Novak thematisiert zudem die Opfer-Täter-Problematik, wodurch Medea in den Zeitkontext der politischen Ereignisse rückt. Auch in Katja Lange-Müllers fiktiver Medea-Begegnung *Doch hoffe ich, Medea hört mich nicht* (1990) – ein essayistischer Selbstverständigungstext in Monologform – gehen das erzählende Ich und die mythische Figur eine räumliche und intellektuelle Nähe ein, sie leben »Zelle an Zelle« im Gefängnis. In einer lyrisch gehaltenen Prosa erzählt das Ich in einer »nicht hörbaren Frequenz« durch die Betonwand von ihren Medea-Bildern: »entlang an Dir und über Dich« (Lange-Müller 1990, 160). In verschiedenen Diskursen erscheinen Medea und das schreibende/erzählende Ich als Fremde und Außenseiterinnen: im Liebesdiskurs der Dichter, im Alltagsdiskurs der Geschlechter, im kulturkritischen Diskurs der Philosophen und Psychoanalytiker, im historischen Diskurs und in einem Diskurs der Theatergeschichte (etwa am Beispiel Hans Henny Jahnns, der in den 1920er Jahren ein *Medea*-Drama verfasst, in dem die Titelheldin eine deutlich gealterte Schwarzafrikanerin ist, d. h. sie ist mehrfach ausgegrenzt).

Ingeborg Bachmanns *Hommage à Maria Callas*, die sich auf den Medea-Film von Pasolini (1969) bezieht, macht Medea zu einer weiblichen Kunst-Figur – »ecco un artista« –, die »auf der Rasierklinge« lebt, denn sie ist immer »die Traviata« (Bachmann 1992, 342 f.). Eine besonders eigenwillige Adaptation des Mythos legt Heiner Müller in seinem Triptychon *Verkommenes Ufer Medeamaterial Landschaft mit Argonauten Eine Collage aus Texten verschiedener Zeiten* von 1981/82 vor, das zeitgleich zu Christa Wolfs Erzählung *Kassandra* entstanden ist. Hier wird auf literarische Vor-Texte von Euripides', Senecas und Hans Henny Jahnns Medea-Figur rekurriert sowie auf T. S. Eliots *The Waste Land* und auf Ezra Pound verwiesen. Müllers Triptychon, das ursprünglich als eigenständiges Medea-Stück geplant war, beginnt mit einem Prolog, in dem Medea die Regeln des Spiels erklärt. Der zentrale Punkt in Müllers Text ist die Zurückweisung Medeas durch Jason sowie der Verlust von Schönheit, Jugend und Identität. Müller plante die Aufspaltung der Figur in drei Medea-Charaktere verschiedenen Alters: neben der gegenwärtigen eine junge und eine alte, denen jeweils ein Chor zur Seite steht. Die Eroberung von Kolchis durch die Argonauten und von Medea durch Jason sollte nur durch den Chor als zurückliegende Geschichte referiert werden. Der Tod Jasons durch die von oben herunterfallende Argo, wie ihn der Mythos verschiedentlich beinhaltet, sollte als »Botenbericht« gemeldet werden. In seine Negativbilanz bezieht Müller auch die Zerstörung der Natur ein, wie sie Horkheimer und Adorno in der *Dialektik der Aufklärung* schildern. Denn der »Sieg der Männerherrschaft über vorzeitliche matriarchale und mimetische Entwicklungsstufen« gleicht einem Vorgang der Entzauberung von Natur (Horkheimer/Adorno 1947, 299). Der Mythos von den Argonauten – der in der Geschichte Medeas als Vorgeschichte zur Ehe- und Rachetragödie Medeas aufscheint – wird bei Müller zum Ausgangspunkt für die Suche nach den »Selbstzerstörungsmechanismen der Aufklärung« (Eke 1999, 218). Der Medea-Mythos als »frühester Mythos einer Kolonisierung« (Müller 1986, 130) und der gewaltsame Tod Jasons erscheinen als »Übergang vom Mythos zur Geschichte«. Damit schlägt Müller einen weiten Bogen von Horkheimers und Adornos Lektüre der *Odyssee* zur Deutung der *Argonautika* als zweiten Urtext der Aufklärung wie ihn Negt und Kluge im 6. Kommentar von *Geschichte und Eigensinn* deuten. Der »Krieg der Landschaften«, die am »Verschwinden des Menschen arbeiten«, da er seine Verwüstung verantwortet, ist keine Metapher mehr. Die geradezu »katastrophische Rolle der Frau« stellt die Verbindung zwischen Müllers Texten und den Bildern Anselm Kiefers dar, dessen ›Erinnerungslandschaften‹ in Müllers »Todeslandschaften« eine Entsprechung finden.

Im 21. Jahrhundert hält die Aktualität des Themas an. Christoph Hein verzichtet in *Das goldene Vlies* (2005) auf die Figur der Medea und entwickelt den Argonauten-Mythos von der Figur des Phrixos aus, der das Vlies ursprünglich nach Kolchis brachte. Parallel dazu sind viele namenlose Opfer zu beklagen, die in keiner Geschichte erwähnt werden. Hein geht der Frage nach, wie für das Ich eine Erfahrung mitteilbar wird, dass sie »zu der des Anderen« und so auch die »des Anderen zur meinen« wird, damit wir uns »selbst erkennen und damit doch wirklich erst ein Ich sind« (Hein 2005, 192). Aus dezidiert feministischer Perspektive hatte bereits Christa Wolf diese Frage gestellt und in emanzipativer Absicht ihre Umdeutung des Mythos der Kindsmörderin unternommen.

Literatur

Aischylos: *Die Orestie: Agamemnon. Die Totenspende. Die Eumeniden*. Dt. von Emil Staiger. Mit einem Nachwort des Übersetzers. Stuttgart 1987.
Bachmann, Ingeborg: *Werke*. Sonderausgabe in vier Bdn. München/Zürich 1982, Bd. 4.
Bammer, Angelika: Trobadora in Amerika. In: Marlies Gerhard (Hg.): *Irmtraud Morgner. Texte, Daten, Bilder*. Frankfurt a. M. 1990, 196–209.
Bennholdt-Thomsen, Anke: Die Schiffe in Christa Wolfs *Kassandra* und die Verfahrensweise des poetischen Geistes. In: *Literatur für Leser* 9 (1986), H. 1, 53–60.
Beyer, Martin: *Das System der Verkennung. Christa Wolfs Arbeit am Medea-Mythos*. Würzburg 2007.
Braun, Christina von/Wulf, Christoph (Hg.): *Mythen des Blutes*. Frankfurt a. M. 2007.
Brinker-Gabler, Gisela (Hg.): *Deutsche Literatur von Frauen*. 2 Bde. München 1988.
Eke, Norbert Otto: *Heiner Müller: Apokalypse und Utopie*. Paderborn 1999.
Euripides: *Medea*. Werke in drei Bdn. Bd. 1. Berlin/Weimar 1979.
Firsching, Annette: *Kontinuität und Wandel im Werk von Christa Wolf*. Würzburg 1996.
Fühmann, Franz: *Erfahrungen und Widersprüche. Versuche über Literatur*. Rostock 1975.
Girnus, Wilhelm: Wer baut das siebentorige Theben? In: *Sinn und Form* 35 (1983), H. 2, 439–455.
Grauert, Wilhelm: Eine moderne Dissidentin. Zu Christa Wolfs Erzählung »Kassandra«. In: *Diskussion Deutsch* 18 (1987), H. 97, 428.
Hawkins, Gerald S.: *Merlin, Märchen und Computer: Das Rätsel Stonehenge gelöst?* Berlin 1994.
Hein, Christoph: *Das goldene Vlies*. Berlin 2005.
Hilzinger, Sonja: *Christa Wolf*. Stuttgart 1986.
Hilzinger, Sonja: Weibliches Schreiben als eine Ästhetik des Widerstands. Über Christa Wolfs Kassandra-Projekt. In: Angela Drescher (Hg.): *Christa Wolf. Ein Arbeitsbuch. Studien, Dokumente, Bibliographie*. Berlin/Weimar 1989, 216–232.
Hochgeschurz, Marianne (Hg.): *Christa Wolfs Medea. Voraussetzungen zu einem Text*. München 2000.
Hörnigk, Therese: *Christa Wolf*. Berlin 1989.
Horkheimer, Max/Adorno, Theodor W.: *Dialektik der Aufklärung. Philosophische Fragmente*. Amsterdam 1947.
Kaufmann, Eva: Irmtraud Morgner, Christa Wolf und andere. Feminismus in der DDR-Literatur. In: *Text + Kritik*. Sonderband: *Literatur in der DDR*. Hg. v. Heinz Ludwig Arnold. München 1991, 109–116.
Konkret. Zeitschrift für Politik & Kultur 28 (1984), H. 10.
Koschel, Christine/von Weidenbaum, Inge (Hg.): *Kein objektives Urteil – nur ein lebendiges. Texte zum Werk von Ingeborg Bachmann*. In: *Arbitrium* 9 (1991) H. 2, 250–252.
Lange-Müller, Katja: Doch hoffe ich, Medea hört mich nicht. In: Gabriele Kreis u. Jutta Siegmuns-Schultze (Hg.): *Es geht mir verflucht durch Kopf und Herz. Vergessene Briefe an unvergessene Frauen*. Hamburg 1990.
Ludwig, Janine/Meuser, Mirjam (Hg.): *Literatur ohne Land? Schreibstrategien einer DDR-Literatur im vereinten Deutschland*. Freiburg 2009.
Lütkehaus, Ludger (Hg.): *Mythos Medea. Texte von Euripides bis Christa Wolf*. Stuttgart 2007.
Morgner, Irmtraud: *Amanda. Ein Hexenroman*. Berlin/Weimar 1983.
Müller, Heiner: *Gesammelte Irrtümer. Interviews und Gespräche*. Bd. 1. Frankfurt a. M. 1986.
Negt, Oskar/Kluge, Alexander: *Geschichte und Eigensinn*. Bd. 2. Frankfurt a. M. 1993.
Novak, Helga M.: *wo ich jetzt bin*. Gedichte. Ausgewählt v. Michael Lentz. Frankfurt a. M. 2005.
Püschel, Ursula: ... die Reflexion der weißen Frau auf sich selbst. In: *Neue Deutsche Literatur* 32 (1984), H. 8, 132–151.
Ranke-Graves, Robert: *Griechische Mythologie. Quellen und Deutung*. Autorisierte dt. Übersetzung v. Hugo Seinfeld unter Mitw. v. Boris von Borresholm. Reinbek bei Hamburg 2000.
Scheffel, Michael: Vom Mythos gezeichnet? Medea zwischen »Sexus« und »Gender« bei Euripides, Franz Grillparzer und Christa Wolf. In: *Wirkendes Wort* 53 (2003), H. 2, 295–307.
Seghers, Anna/Lukács, Georg: Ein Briefwechsel. In: *Internationale Literatur/Deutsche Blätter*, Moskau, 9 (1939), H. 5, 98 f.
Schmidjell, Christine: *Erläuterungen und Dokumente: Christa Wolf Kassandra*. Stuttgart 2003.
Schmitz-Köster, Dorothee: *Trobadora und Kassandra und ... Weibliches Schreiben in der DDR*. Köln 1989.
Stephan, Alexander: *Christa Wolf*. München 1991.
Stephan, Inge: *Medea. Multimediale Karriere einer mythologischen Figur*. Köln/Weimar/Wien 2006.

Walker, Barbara G.: *Das geheime Wissen der Frauen*. Uhlstädt-Kirchhasel 1983.
Weigel, Sigrid: Vom Sehen zur Seherin. Christa Wolfs Umdeutung des Mythos und die Spur der Bachmann-Rezeption in ihrer Literatur. In: *Text + Kritik*. Heft 4: *Christa Wolf*. 3. Aufl. (erw.) München 1985, 67–92.
Werner, Hans Georg: Kassandra von Christa Wolf. In: *Weimarer Beiträge* 30 (1984). H. 8, 1376–1381.
Wirsing, Sibylle: Angst vor Kassandra. Widersprüche auf der Leipziger Buchmesse. In: *Frankfurter Allgemeine Zeitung*, 15.3.1984.

Wittstock, Uwe: Die gekürzte Kassandra. Christa Wolf Anschauungen sind in der DDR unwillkommen – Dokumentation einer Zensurmaßnahme. In: *Frankfurter Allgemeine Zeitung*, 25.2.1984.
Wolf, Christa: *Hierzulande andernorts*. Erzählungen und andere Texte 1994–1998. Darmstadt/Neuwied 1999, 158–162.
Wolf, Christ/Wolf, Gerhard: *Ins Ungebundene gehet eine Sehnsucht. Gesprächsraum Romantik*. Prosa und Essays. Berlin/Weimar 1985.

Carola Opitz-Wiemers

G Fortschritt und Fortschrittsgläubigkeit

36 Literatur in Zeiten existentieller Bedrohung in den 1980er Jahren: Kalter Krieg und Kernenergie

Die 1980er Jahre sind als letzter Höhepunkt der langjährigen Bedrohung durch den Kalten Krieg und der damit verbundenen atomaren Gefahr in die Geschichte eingegangen (s. Kap. II.F.31). Seit Oktober 1973, in mittelbarer Folge der Ölkrise aufgrund des vierten israelisch-arabischen Kriegs, waren nahöstliche Ölproduzenten unter autoritär-diktatorischen Regimen in die Ost-West-Konfrontationsspirale einbezogen worden, aber die Beziehungen verschlechterten sich 1979 beim Einmarsch sowjetischer Truppen in Afghanistan und im Herbst 1980 beim Ausbruch des Iran-Irak-Kriegs, in dem verschiedene Weltmächte eine wichtige Rolle als Rüstungsexporteure und Lieferanten von chemischen und atomaren Waffen spielten. In Europa spitzte sich die Ost-West-Konfrontation 1983 zu, als Pershing-II-Raketen der NATO in der BRD stationiert wurden, nachdem die in der DDR und der Tschechoslowakei auf Westeuropa gerichteten Raketen des Warschauer Pakts durch modernere SS-20-Missiles mit jeweils drei Sprengköpfen ersetzt worden waren (s. Kap. I.5). Die Spannung begann erst 1985 nachzulassen, als Michail Gorbatschow Generalsekretär des Zentralkomitees der KP der Sowjetunion wurde. Seine Politik der *Glasnost* (Offenheit) und der *Perestroika* (Umgestaltung) bewirkte 1991 die Auflösung des sozialistischen Blocks, eine Wende, die sich durch die massenhaften Streiks im Sommer 1980 in Polen bei der Gründung der unabhängigen Gewerkschaft *Solidarność* (Solidarität) angekündigt und sich seit dem Fall der Mauer 1989 und der deutschen Wiedervereinigung 1990 als unaufhaltsam erwiesen hatte.

Als der Kalte Krieg sich dem Ende neigte, eine neue Weltordnung eröffnend, trat die existentielle Bedrohung durch eine ökologische Katastrophe an die Stelle der politisch-militärischen Hochspannung (vgl. Beck 1986). Neben der wachsenden Naturbelastung und -zerstörung waren die Risiken der nuklearen Stromerzeugung, vor allem nach dem Reaktorunfall am 26. April 1986 im Kernkraftwerk Tschernobyl nahe der ukrainischen Stadt Prypjat, nicht länger zu verdrängen. Jener von den sowjetischen Autoritäten fast drei Tage lang verschwiegene Unfall kann als *turning point* in einem atomaren Zeitalter angesehen werden, das mit dem Abwurf der Atombomben auf Hiroshima und Nagasaki im August 1945 begonnen hatte. Damit war die Technologie zur Produktion von Energie mittels Kernreaktionen zum ersten Mal in den Dienst massenhafter Vernichtung gestellt, was die vom Menschen durch die wissenschaftlich-technologische Entwicklung erzeugte Möglichkeit der Selbstauslöschung belegte – eventuell bei einem Unfall. Um diese Erkenntnis zu leugnen, oder die Informationskanäle wenigstens abzulenken, wurden Störfälle und Unfälle in Kernreaktoren von den jeweiligen verantwortlichen Autoritäten sowohl im Osten als auch im Westen weitgehend verschleiert und oft sogar verschwiegen. Das war zum Beispiel der Fall bei der *Majak*-Katastrophe im September 1957 in der Sowjetunion, als ein Tank mit hochradioaktiver Flüssigkeit explodierte. Die ökologischen Schäden in der Region an der Südostseite des Urals zwischen Tscheljabinsk und Jekaterinburg und die Anzahl der menschlichen Opfer sollen groß gewesen sein, lange Zeit drang aber keine Information darüber an die Öffentlichkeit, denn die Errichtung der Fabrik *Majak* (Leuchtturm), in der Plutonium zum Bau der Atombombe hergestellt wurde, war Stalins unmittelbare Antwort auf die US-Atombomben auf Hiroshima und Nagasaki. Deshalb waren Schäden und Unfälle geheim zu halten oder als »Havarien« zu kategorisieren (vgl. Medwedjew 1979). Weitere als »ernst« oder »schwer« eingestufte Unfälle, bei denen gesundheitsschädliche radioaktive Stoffe freigesetzt wurden, ereigneten sich ständig, u. a. im Oktober 1957 im britischen Kernreaktor in Windscale (heute Sellafield), offiziell erst seit 1987 bekannt, im Juli 1959 im Kernreaktor des Santa Susana Field Laboratory bei Los Angeles, eines Testzentrums für Raketen- und

Atomtechnologie, 1977 im Kernkraftwerk Belojarsk bei Saretschny in der Nähe von Jekaterinburg, dem ersten kommerziellen zivilen Kernkraftwerk der Sowjetunion, und 1979 im Kernkraftwerk Three Mile Island in Pennsylvania bei Harrisburg, USA.

In der BRD wurde die Entwicklung der Kernenergie infolge der Ölkrise und beim voraussehbaren Wachstum der Wirtschaft beschleunigt. Der erwogene Bau von Kernkraftwerken brachte jedoch die ersten Befürchtungen der Bevölkerung im Hinblick auf Gesundheitsgefährdungen hervor und führte schließlich zur Entstehung einer Anti-Atomkraft-Bewegung. Eine der ersten Protestaktionen ist im Sommer 1973 dokumentiert, als bekanntgegeben wurde, dass in Wyhl am Kaiserstuhl bei Freiburg (Baden) ein Kernkraftwerk gebaut werden sollte. Seitdem sind Großdemonstrationen, Bauplatzbesetzungen und gewaltsame Auseinandersetzungen mit der Polizei zu verzeichnen, zumal etliche Vertuschungsversuche nach Störfällen (z. B. im heute stillgelegten Kernkraftwerk Brunsbüttel bei Hamburg) sowie die Nichtmeldung von erheblichen Defekten (z. B. im Werk Isar/Ohu in Niederbayern) bekannt wurden (vgl. Jungk 1979, 9). In der DDR gab es insgesamt drei Kernkraftwerke, die alle 1990/91 stillgelegt wurden: Rossendorf bei Dresden (1957 eingeweiht), Rheinsberg (1966) und Lubmin bei Greifswald (1973). 1982 bis 1991 wurde am Bau eines weiteren Kernkraftwerks in Stendal, bei Arneburg an der Elbe gearbeitet, das aber nie in Betrieb genommen wurde. Informationen über die Gefahren der Kernenergie drangen in der DDR nicht an die Öffentlichkeit, die SED betonte stets die Einhaltung der seit den 1960er Jahren gültigen Strahlenschutzverordnung sowie die Umweltfreundlichkeit und Sicherheit der Kernkraftanlagen. In der Sowjetunion der 1980er Jahre galt das Kernkraftwerk Tschernobyl im Norden der Ukraine mit seinen sechs Reaktorblöcken als Musteranlage, bis die Explosion des Reaktors des Blocks 4 im April 1986 als Katastrophe eingestuft wurde. Zusammen mit der Nuklearkatastrophe von Fukushima im März 2011 gilt sie als bisher weltweit schwerster Unfall in einem Kernkraftwerk.

Umweltliteratur

Die Sorge um den Erhalt der Natur, die mindestens bis in die Zeit der Industrialisierung Deutschlands im 19. Jahrhundert reicht, fand in der Literatur eine beachtenswerte Resonanz, wovon Wilhelm Raabes Erzählung *Pfisters Mühle* (1884), die die Verpestung eines Baches durch die Ausflüsse einer Zuckerfabrik thematisiert, Zeugnis ablegt. Trotzdem bildet der Abwurf der Atombomben auf Hiroshima und Nagasaki 1945 den Ansatzpunkt für die Verarbeitung des modernen ökologischen Diskurses in der deutschsprachigen Literatur. Unter den ersten Schlüsseltexten seien nur folgende genannt: der Roman *Tanz mit dem Teufel* (1958) von Günther Schwab zum erst Jahrzehnte später bekannten Reaktorunfall in Windscale, Erich Frieds Gedicht »Gespräch über Bäume« (1967), in dem Brechts Zitat (aus dem bekannten Gedicht »An die Nachgeborenen«, 1939) mit dem Vietnamkrieg verknüpft wird, Carl Amerys Science-Fiction-Roman *Der Untergang der Stadt Passau* (1975) zum Neuanfang nach der von einer Seuche ausgelösten Vernichtung und Jurij Brězans Roman *Krabat oder Die Verwandlung der Welt* (1976), in dem neben der Umweltzerstörung auch die Risiken der Gentechnik thematisiert werden.

In der DDR gab es anfänglich eine allseitige, von der Literatur verarbeitete Begeisterung für die sogenannte wissenschaftlich-technologische Revolution, was u. a. von der triumphierend wiedergegebenen Nachricht über den ersten Menschen im Weltall, Juri Gagarin, 1961, in dem Roman *Der geteilte Himmel* (1963) von Christa Wolf dokumentiert wird (s. Kap. II.A.4). Der allgemein affirmierende Ton änderte sich aber im Laufe der 1970er Jahre, was 1979 anhand der Debatte zwischen Günter Kunert und Wilhelm Girnus, dem Literaturwissenschaftler und Chefredakteur der Zeitschrift *Sinn und Form*, über die Spiegelsymmetrie der Umweltgefährdung in sozialistischen und in kapitalistischen Staaten ersichtlich ist (vgl. *Sinn und Form* 31/2 (1979), 403–411 und 31/4 (1979), 850–864). Kunert, der schon in seinem Gedicht »Laika« (1963) zum ersten Lebewesen, das 1957 in den Weltraum befördert wurde und dabei starb, eine Warnung vor skrupellos-unmenschlicher Forschung hatte hören lassen, wies nun auf das globale Ausmaß der Umweltverseuchung und die Unvorhersehbarkeit der Bedrohung hin. Dessen ungeachtet waren ökologische Bewertungs- und Verfahrensmodelle und die damit verbundene Problematisierung des technologischen Fortschritts in der DDR der 1980er Jahre tabuisierte Stoffe. Kritische Werke wie Monika Marons Roman *Flugasche* (BRD 1981), in dem eine Reporterin über die mangelhafte Arbeitssicherheit und die veraltete Filtertechnik eines Kohlekraftwerks im Chemie-Kombinat »B.« bzw. Bitterfeld schreiben soll, durften nicht publiziert werden, während andere Erzähltexte wie Irmtraud Morgners *Amanda. Ein Hexenroman* (1983) und Lia Pirskawetz' *Der stille Grund*

(1985), in denen die Umweltthematik von einem feministischen Blickpunkt aus hinterfragt wird, einen besseren Stand hatten.

Als erstes Umweltbuch der DDR zu den Gefahren der Kernenergie beim stillen, sauberen Normalbetrieb eines Kraftwerkes gilt Hanns Cibulkas Tagebucherzählung *Swantow* (1982), betitelt nach einem fiktiven Fischerdorf auf Rügen, aus dem die Lichter des realen Kernkraftwerkes in Lubmin am südöstlichen Ufer des Greifswalder Boddens zu sehen sind. Dass solch ein Thema in der DDR von der Aura eines Tabus umgeben war, beweist die Gegenüberstellung vom Vorabdruck in der Zeitschrift *neue deutsche literatur* (29/4 (1981), 23–52), der eine Zensurkampagne auslöste, und der entsprechend geänderten Buchfassung (vgl. Jambon 1999). Nach dem Reaktorunfall in Tschernobyl 1986 spiegelt eine Reihe von Werken aus Ost und West die allgemeine Endzeitstimmung wider. Dazu zählen u. a. Gabriele Wohmanns *Der Flötenton* (1987), Gudrun Pausewangs *Die Wolke* (1987) und Christa Wolfs *Störfall. Nachrichten eines Tages*, dessen Lesererfolg sich unmittelbar zeigt. Die erste Auflage von *Störfall* erscheint im Frühjahr 1987 beim Ost-Berliner Aufbau-Verlag und ist als »Ereignis der Leipziger Buchmesse« (Magenau 2013, 351) in der DDR nach einigen Tagen ausverkauft. Im selben Jahr wird das Buch vom Luchterhand-Verlag in der BRD publiziert und ist ebenfalls in wenigen Wochen vergriffen. Die russische, italienische, niederländische, dänische und schwedische Übersetzungen erscheinen ebenfalls 1987, die französische, spanische, katalanische, finnische, englische, portugiesische und weitere Übersetzungen folgen, sowie Bearbeitungen als Hörspiel (1987 von Marlis Gerhardt und 1988 von Götz Fritsch) und für das Theater (1991, Ninth Street Theater New York, Regie: Joanne Schultz) (vgl. WA 9, 381–383). Von der Kritik wird *Störfall* im Allgemeinen positiv aufgenommen, nur die westdeutsche Tagespresse äußert sich zunächst ablehnend, indem sie im Buch »ein[en] längere[n] Notizzettel [sieht], dessen Text zwischen banalsten Tagebuchnotaten [...] und bedeutungsschwer daherkommenden Einsichten plattester Art changiert« (Schacht 1987). Die Reaktionen mancher Wissenschaftler zu den im Buch enthaltenen »polemische[n] Elemente[n]« (»Unerledigte Widersprüche«, 1987/88; WA 12, 91) in Bezug auf die technologisch-wissenschaftliche Entwicklung sind »Abwehr«, »Nachdenklichkeit« und aber »sogar Zustimmung« (ebd.), und lassen sich im von *Störfall* angeregten Disput über Wissenschaft und Kunst 1988/89 in der von der Akademie der Wissenschaften der DDR herausgegebenen Zeitschrift *spectrum* (vgl. WA 9, 125–165) und in den zwei Gesprächsrunden in der Akademie der Künste der DDR, am 29.11.1989 (vgl. WA 9, 221–291) und am 23.1.1990 (vgl. WA 9, 300–361), verfolgen (s. Kap. I.5).

Leben im Zeitbezug

Zu dieser Zeit ist Christa Wolf bereits als »gesamtdeutsche Dichterin sanktioniert« (Magenau 2013, 326), ihr Werk, wie es von den vielen Ehrungen, Einladungen und Auszeichnungen attestiert wird, hoch geschätzt. Seit Oktober 1979 ist sie Mitglied der Deutschen Akademie für Sprache und Dichtung, von der sie ein Jahr später mit dem renommierten Georg-Büchner-Preis geehrt wird. 1981 wird sie in die Akademie der Künste in Westberlin aufgenommen, 1984 in die Pariser Europäische Akademie der Künste und Wissenschaften und 1986 in die Freie Akademie der Künste zu Hamburg. Im Sommersemester 1982 hält Wolf im Rahmen der Poetik-Dozentur der Johann Wolfgang Goethe-Universität Frankfurt am Main fünf Vorlesungen unter dem Titel *Voraussetzungen einer Erzählung: Kassandra* (s. Kap. II.F.3), die vor allem bei der Frauen- und Friedensbewegung eine sehr gute Aufnahme finden und vom Hessischen Fernsehen übertragen werden. Ein Jahr später tritt die Schriftstellerin eine Gastprofessur an der Ohio State University an, von der sie mit der Ehrendoktorwürde ausgezeichnet wird. 1983 erhält Christa Wolf den Franz-Nabl-Preis der Stadt Graz und den Friedrich-Schiller-Gedächtnis-Preis des Landes Baden-Württemberg, 1985 den Österreichischen Staatspreis für Europäische Literatur. Im selben Jahr wird sie zum Honorary Fellow der Modern Language Association of America ernannt und erhält die Ehrendoktorwürde der Universität Hamburg. Im Herbst 1987 hat sie eine Gastprofessur an der ETH Zürich inne, sie vergibt in Frankfurt am Main den Kleist-Preis an Thomas Brasch und wird selbst mit dem Geschwister-Scholl-Preis der Stadt München für ihr gerade erschienenes Buch *Störfall* und in der DDR mit dem Nationalpreis I. Klasse für ihr literarisches Gesamtwerk geehrt (s. Kap. III.46). Im Laufe der 1980er Jahre reist Christa Wolf ständig, Lesungen häufen sich von Moskau und Ohio bis Barcelona über verschiedene Städte in der BRD und der Schweiz, in Österreich, Frankreich und Italien. Sie nimmt am Internationalen P. E. N.-Kongress in Kopenhagen (1980) und in Hamburg (1986) teil, reist 1981 zur Frankfurter Buchmesse, und zweimal, 1980 und 1986, nach Griechenland.

Trotzdem ist das Leben der Schriftstellerin im letzten Jahrzehnt der DDR nicht gerade sorgenfrei und reibungslos. Im privat persönlichen Bereich gibt es wichtige Unruhemomente wie zum Beispiel der Brand des Hauses in Neu-Meteln in der Nähe von Schwerin im Sommer 1983. Damit verliert Christa Wolf ihren Rückzugs- und »bevorzugte[n] Schreibort« (Hilzinger 2007, 48) seit 1973, und erst ein Jahr später findet die Familie in einem alten Pfarrhaus in Woserin, Mecklenburg, einen Ersatz für den Zweitwohnsitz. Ihre Unzufriedenheit mit dem Hauptwohnsitz, der Wohnung in der Berliner Friedrichstraße, die sie seit dem Frühjahr 1976 bewohnt, drückt Christa Wolf am 27.9.1983 in ihrem Tagebuch u. a. auch in Bezug auf ihr wachsendes Umweltbewusstsein aus: »Immer sehe ich die Abgaswolken vor meinem Fenster aufsteigen, und im Innern denke ich: Ich will überhaupt nicht hierbleiben« (ETJ, 332). Schließlich zieht sie im April 1988 nach Berlin-Pankow an den Amalienpark (vgl. Magenau 2013, 366; Hilzinger 2014, 239). Die 1980er Jahre bringen andererseits mehrere Erkrankungen, auch von geliebten Menschen, wie dem drei Jahre jüngeren Bruder der Schriftstellerin, Horst Ihlenfeld, Ingenieur, Professor am Institut für Luft- und Raumfahrttechnik der TU Dresden, der sich 1986 einer Gehirnoperation unterziehen muss. Im Sommer 1988 erleidet Christa Wolf »einen Blinddarmdurchbruch mit anschließender Sepsis und Bauchfellentzündung« (Magenau 2013, 366; Hilzinger 2014, 239) und gerät dadurch in Lebensgefahr, etliche Operationen sind notwendig und die Genesungszeit zieht sich in die Länge. Darüber hinaus verliert die Schriftstellerin, nun im Alter zwischen 50 und 60 Jahren, Freunde und Kollegen, die ihr nahe stehen, wie ihre Mentorin Anna Seghers (1983), Franz Fühmann (1984), Heinrich Böll (1985), Charlotte Wolff (1986) und Erich Fried (1988), sowie ihren Vater, Otto Ihlenfeld, nach schwerer Krankheit gerade in der unruhigen letzten Oktoberwoche 1989.

In der öffentlichen Sphäre überwiegt die politische Desillusionierung angesichts der zunehmenden Erstarrung einer Gesellschaftsordnung, in der menschliche Autonomie als verdächtig gilt und Kunst bzw. Literatur dirigiert und funktionalisiert wird. Seit ihrer kritischen Rede auf dem 11. Plenum des ZK der SED 1965 steht Christa Wolf unter Stasi-Überwachung, 1976 wird ihre Unterschrift der Protesterklärung gegen die Ausbürgerung Wolf Biermanns mit einer »strengen Rüge« der SED geahndet. Bei der Zuspitzung der politischen Situation im Herbst jenes Jahres muss Christa Wolf zusehen, wie Freunde und Kollegen wie Thomas Brasch und Sarah Kirsch die DDR verlassen, und selbst, wie sie im Winter 1981/82 im Gespräch »Projektionsraum Romantik« mit Frauke Meyer-Gosau erkennt, ein »ins Extrem getriebene[s] Zum-Außenseiter-gemacht-Werden« (WA 8, 238) erleben. Die dadurch ausgelöste existentielle Krise (vgl. WA 8, 236) macht sie schließlich krank, sie erleidet einen Herzinfarkt. Infolgedessen verändern sich das Leben und die Zukunftsperspektive von Christa Wolf in der DDR grundsätzlich und sie zieht sich immer mehr in ihren familiär-freundschaftlichen Kreis zurück. Als eine Form von ›innerer Emigration‹ interpretiert, könnte dieser Rückzug allerdings das wachsende Interesse der westdeutschen Öffentlichkeit für Christa Wolf – hauptsächlich auf der Basis politischer Parameter – erklären, wie Sonja Hilzinger schreibt: »je regimekritischer, desto verkäuflicher« (Hilzinger 2014, 215), obwohl die der Schriftstellerin dadurch zugeschriebene Rolle als Dissidentin nicht mit dem eigenen Selbstbild und der eigenen Selbstverortung übereinstimmen mag. Ihr »Dissidententum« in der DDR der 1980er Jahre beispielsweise besteht vielmehr darin, 1986 eine »Frauenrunde« (Simon 2013, 60) zu gründen, die jeden Monat die befreundeten Schriftstellerinnen Brigitte Burmeister, Daniela Dahn, Sigrid Damm, Renate Drescher, Helga Königsdorf, Helga Schütz, Brigitte Struzyk, Gerti Tetzner, Rosemarie Zeplin und Christa Wolf (vgl. ebd., 265) zusammenbringt, um aus ihren jeweiligen Manuskripten zu lesen und frei zu diskutieren.

In diesem Kontext zeigt die Publikation von *Störfall* 1987 durch seinen brisanten thematischen Bezug zur Gegenwart der 1980er Jahre – im Gegensatz zu *Kein Ort. Nirgends* (1979) und *Kassandra* (1983) – die Wiederaufnahme des Engagements an. Mit dezidiert politischem Aktivismus handelt Wolf im März 1989 bei der Tagung des P. E. N.-Zentrums der DDR, als sie eine Resolution gegen die Inhaftierung Václav Havels fordert, und auch drei Monate später, als sie den Austritt aus der SED vollzieht. Wohlbekannt ist ebenfalls ihre intensive politische Tätigkeit im Herbst jenes Umbruchsjahres: als Mitglied der Kommission zur Untersuchung der Übergriffe der Polizei Anfang Oktober in Berlin, als Sprecherin bei der Kundgebung am 4. November auf dem Berliner Alexanderplatz, und als Mitverfasserin und Mitunterzeichnende des im *Neuen Deutschland* vom 28. November erschienenen Aufrufs »Für unser Land« (WA 12, 194 f.), in dem sich die Unterzeichnenden – unter ihnen auch Volker Braun und Stefan Heym – für die Weiterexistenz der DDR und gegen die »Vereinnahmung« durch die BRD einsetzen.

37 Über Sprache und Utopie: Realismus und Engagement

Poetologisch befindet sich das Schreiben Christa Wolfs im Einklang mit Anna Seghers' offenem Konzept des Realismus, das in Abgrenzung von Georg Lukács' Theorie des realistischen Erzählens auf Erfahrung und »[s]ubjektive[r] Authentizität« (WA 4, 401) basiert und die Kategorien Traum, Phantasie und Emotionalität mit einbezieht (vgl. den Briefwechsel Seghers-Lukács in der Moskauer Exilzeitschrift *Internationale Literatur* als Folge der Expressionismus-Debatte in *Das Wort* 1938/39). Subjektive Authentizität beim Schreiben verbindet Wolf allerdings, wie aus ihren prosatheoretischen Essays »Glauben an Irdisches« (1969) und »Lesen und Schreiben« (1972) zu entnehmen ist, mit einem Denken und einem Handeln, das mit dem sozial utopischen, revolutionären Ansatz der Philosophie Ernst Blochs, vor allem mit dessen Hauptwerk *Das Prinzip Hoffnung* (1954/59), korrespondiert. Reinhild Hausmann spricht in dieser Hinsicht von einer »Poetik der Träume und Utopien, die gegen ein festes didaktisches Lehrgebäude gesetzt werden soll«, und auch von einer »Poesie der Betroffenheit« (Hausmann 1992, 285), die zur Selbsterkenntnis und zur Selbstwerdung des Menschen beitragen soll. Auf die »moralische Qualität« von *Störfall* bezogen, verwendet Jörg Magenau den Begriff der »Ästhetik der Ehrlichkeit« (Magenau 2013, 350). Nach den Vorbildern von Seghers und Bloch werden Leben und Schreiben für Wolf folglich von einer – im Sinne ihrer sozialistischen Anschauung – moralischen Kategorie inspiriert, die ab den 1980er Jahren immer stärker vom aktiven Engagement der Schriftstellerin für eine friedliche, ökologisch bewusste Welt geprägt ist.

Auf internationaler Ebene zeigt sich dieses Engagement beispielsweise im Kommentar vom 27.9.1980 zu dem Krieg zwischen Irak und Iran, der für Christa Wolf, »wie das meiste heute, Irrsinnszüge hat« (ETJ, 276). Im Dezember 1981, als General Jaruzelski in Polen im Kampf gegen die Gewerkschaft *Solidarność* das Kriegsrecht verhängt, nimmt Wolf an der »Berliner Begegnung zur Friedensförderung« teil, um vor dem »Vor-Krieg[s]«-Zustand (WA 8, 223) einer Zivilisation, die »krank, wahrscheinlich geisteskrank, vielleicht todkrank« (WA 8, 222) ist, da sie sich durch die Unterjochung der Naturwissenschaften die Instrumente für ihren eigenen Untergang beschafft, zu warnen. Angesichts dessen – und wie später in *Störfall* literarisch dargelegt – deutet die Schriftstellerin ihre Bereitschaft an, jegliche politische Rücksichtnahme aufzugeben: »Sollten wir nicht, angesichts der ›Lage‹, in der wir uns nun befinden, ernsthaft beginnen [...] zu denken und für möglich zu halten, was eigentlich nicht geht? Ich bin nämlich der Meinung, uns kann nur noch helfen und retten, ›was eigentlich nicht geht‹. Was für möglich zu halten wir uns abgewöhnen ließen« (WA 8, 221 f.). Ihre Ansicht zur Entwicklung der abendländischen Kultur, in der Gewalttätigkeit und Unmenschlichkeit herrschen und die Frau nur eine sekundäre Rolle spielt, äußert Wolf erneut 1982 in den »Frankfurter Poetik-Vorlesungen« zu *Kassandra*.

Wieder konsequent zu ihrem Engagement in der Friedensbewegung reagiert Christa Wolf 1983 bei der Vergabe der Ehrendoktorwürde der Universität in Columbus/Ohio zunächst ablehnend, weil in der gleichen Zeremonie der Vizepräsident der USA, George Bush, den Ehrendoktorgrad erhalten soll. In ihrem Brief vom 22. Mai an den Präsidenten der Universität schreibt sie in diesem Sinne: »Als Gast Ihres Landes möchte ich es vermeiden, mit der offiziellen Politik der Regierung der USA in Verbindung gebracht zu werden« (WA 8, 345), was bei einem solchen gemeinsamen Auftritt ihrer Ansicht nach unvermeidlich wäre. Wolf nimmt schließlich den Ehrendoktortitel *in absentia* an und mit der Bitte um Bekanntmachung ihrer Meinung gegen die Aufstellung von nuklearen Waffen in Europa. Im Brief vom 12.9.1983 an dem Präsidenten der Ohio State University betont sie in dieser Hinsicht: »Ich bin ein Gegner der Konfrontation zwischen Ost und West, ich halte die Verteufelung des jeweils anderen Systems durch Politiker im Zeitalter der Atombombe für hoch gefährlich« (WA 8, 346). Trotzdem schreibt Wolf ein Jahr später entmutigt in ihrem Tagebuch: »Man muß wünschen, daß der Status quo erhalten bleibt. Veränderungen innerhalb der Gesellschaft sind nicht möglich, die eisernen Zustände sind festgeschrieben – das ist der Preis für Nicht-Krieg« (ETJ, 363).

Das besorgt aktive Interesse Christa Wolfs für das internationale Zeitgeschehen und ihr Engagement gegen die globale nukleare Bedrohung wirken offenbar als Gegengewicht zur Desillusionierung hinsichtlich der DDR-Realität und -Politik. Dadurch flieht sie »vor der untergründig lauernden Erkenntnis, dass dieser Staat nicht mehr zu retten war« (Magenau 2013, 339), eine Erkenntnis, die nur in ihrem Tagebuch zum Ausdruck kommt. Im Tagebucheintrag vom 27.9.1980 schreibt sie zum Beispiel: »Unsere Lage ist aussichtslos« (ETJ, 272), was sie ein Jahr später ergänzt: »wir [haben] jede Hoffnung auf Veränderung in diesem Land aufgegeben« (ETJ, 298), und wieder am 27.9.1982: »übrigens interessiert mich ja auch diese ›Politik‹ nicht mehr, die als abgekartetes Spiel überall betrieben wird« (ETJ, 303). Ein Grund, warum sie dennoch in der DDR lebt, sei ihr nicht hinterfragbarer marxistischer Glaubenssatz, der aber mit den Deformationen des Sozialismus in ihrem Land nicht übereinstimme, denn, so erklärt sie: »Ich bestehe auf Geheimnissen, die nicht durch ein ökonomisches Gesetz zu entschleiern sind, und auf menschlicher Autonomie, die der einzelne nicht an eine übergeordnete Organisation mit ihrem Allmachtsanspruch abtreten darf, ohne seine Persönlichkeit zu zerstören« (ETJ, 284). Als weiteren Grund nennt Wolf die Gewissheit des Gebrauchtwerdens: »Ich werde gebraucht. Ich kann, wenn auch in noch so begrenztem Umfang, etwas tun« (ETJ, 325). Dessen ungeachtet, scheint die Schriftstellerin zur »bleiern graue[n] Resignation« (ETJ, 322) zu neigen, wie aus dem Tagebucheintrag vom 27.9.1984 zu entnehmen ist. Darin schreibt sie: »ich [bin] wahrscheinlich das einzige Parteimitglied in der DDR […], das seit nun genau acht Jahren nicht eine Mitgliederversammlung mehr besucht hat« (ETJ, 365). Das sind Worte, die – wenn auch mit leicht ironischem Unterton – die im politischen Bereich lähmende Wirkung der Verzweiflung der Schriftstellerin angesichts der Unvereinbarkeit von Realität und Idealität in den letzten Jahren der DDR definitiv belegen. In der Biographie von Jörg Magenau heißt es diesbezüglich: »Christa Wolf trat in diesen Jahren in der DDR wenig in Erscheinung. Ein paar Lesungen in der Akademie der Künste, in Suhl, Leipzig, Halle, die im *Sonntag* oder im *ND* vermeldet wurden« (Magenau 2013, 342).

In ihrem essayistischen und literarischen Werk hingegen erweist sich die Auseinandersetzung Christa Wolfs mit der Kluft zwischen dem »kritikwürdigen Ist-Zustand und dem Wünschbaren« (Kaufmann 1992, 27) als sehr produktiv. Ansätze ihres Unbehagens angesichts des real existierenden DDR-Sozialismus lassen sich zumindest seit Ende der 1970er Jahre in Aufsätzen erkennen, in denen die Schriftstellerin für eine reale, menschlich-aktive Utopie plädiert. Erstens äußert sie sich gegen die gängige Abwertung der Utopie als Wahn oder Illusion, als sie zum Beispiel in dem Vorwort »Berührung« (1977) zu Maxie Wanders Protokollen *Guten Morgen, du Schöne* vom »Geist der real existierenden Utopie« spricht, »ohne den jede Wirklichkeit für Menschen unlebbar wird« (WA 8, 115). Zweitens betont Wolf die notwendige Humanität des utopischen Denkens, das von der Literatur eingeführt werden soll. In dem Interview »Arbeitsbedingungen« (1978) mit Richard A. Zipser hebt Wolf in diesem Sinne die Gebundenheit der Autoren in der DDR »an die Bedingungen von Geschichte, Ort und Zeit« (WA 8, 138) hervor und profiliert zugleich ihre Aufgabe: »die Wirklichkeit dieser Gesellschaft an ihren Zielen zu messen und die Sehnsucht wachzuhalten nach jener realistischen Utopie von einem Zusammenleben, das man ›menschlich‹ – das heißt produktiv – nennen könnte« (ebd.). Hierin soll auf die vielsagende Auseinanderhaltung der Begriffe »Ziel« und »Utopie« – in *Störfall* ist dagegen Ziel mit Utopie identifizierbar: »Wie aber könnte ich gehen ohne Ziel?«, fragt sich die Ich-Erzählerin (StF, 32) – aufmerksam gemacht werden, die als kritischenttäuschter Verweis der Schriftstellerin auf eine »reale gesellschaftliche Entwicklung […], die produktives menschliches Zusammenleben nicht nur nicht realisiert, sondern sogar den Wunsch danach verschüttet« (Kaufmann 1992, 25) zu deuten ist. Christa Wolf bekennt sich folglich nicht nur zur Utopie eines menschlichen Zusammenlebens, sondern auch zur stimulierenden Sehnsucht danach. Diese Sehnsucht nämlich, die die Bewusstwerdung der Entfernung zwischen Wirklichkeit und Ideal mit enthält, macht für Wolf den Realitätsbezug des utopischen Denkens unwiderlegbar. Als Schriftstellerin fühlt sie sich besonders in der Zeit nach der offiziellen Proklamierung der »Ankunftsliteratur« (Emmerich 1996, 145) zum Wachhalten dieses Verlangens beauftragt. Im Gespräch »Unerledigte Widersprüche« mit Therese Hörnigk 1987/88 betont Wolf erneut das Engagement der Schriftsteller in der DDR, wobei sie aber eine nuancierte Ausdrucksweise verwendet: »Wir hatten das Gefühl, die Realität bewegte sich auf die Dauer in die gleiche Richtung wie wir, und wir könnten, zusammen mit Leuten aus der Wirtschaft, aus der Wissenschaft dieser progressiven Richtung zum Durchbruch verhelfen« (WA 12, 87).

Als eindeutige Träger der Utopie identifiziert Wolf schließlich Frauen, die von den sie ausgrenzenden bestehenden patriarchalischen Machtstrukturen – auch im Sinne des Motivs der Zitadelle der (männlichen) Vernunft, die Wolf in ihrer Darmstädter Rede »Von Büchner sprechen« (1980; WA 8, 191) benutzt – unbelastet sind. Wolf zufolge haben Frauen in der DDR ein Selbstbewusstsein entwickelt, »das nicht zugleich Wille zum Herrschen, zum Dominieren, zum Unterwerfen bedeutet, sondern Fähigkeit zur Kooperation« (»Berührung«, 1977; WA 8, 128) und sind durch ihren mühsam erworbenen Realitätsbezug gegen politisches Wahndenken »eher immun« (ebd.) als Männer. Die konsequente Thematisierung von Rationalität und Emotionalität (vgl. »Haager Treffen«, 1982; WA 8, 260) in ihren Texten kann diesbezüglich als poetische Korrektur von tradierten patriarchalischen Gesellschaftsmustern angesehen werden (s. Kap. II.F.32).

Eine wichtige Wende erlebt der Utopie-Gedanke Christa Wolfs im Hinblick auf den Reaktorunfall in Tschernobyl, als die Assoziation mit dem Hoffnungsprinzip Ernst Blochs durch das »Prinzip Verantwortung« (1979) – des *homo technicus* gegenüber der Gattung Mensch und der Natur – von Hans Jonas ergänzt wird. Nur: »Dem Begriff Verantwortung fehlt die poetische Aura und der idealische Höhenflug, die den Begriffen Utopie und Hoffnung anhaften« (Kaufmann 1992, 31), was u. a. die Hinwendung Wolfs zur »Poetik des Alltags« (Ankum 1992) erklären könnte. In diesem Sinne drückt sich die Schriftstellerin Anfang 1990 in ihrer Rede zur Verleihung der Ehrendoktorwürde der Universität Hildesheim aus: »Auch mag […] ganz allmählich ein Bedürfnis nach einem utopischen Denken wieder wachsen, das sich aus dem Alltagsleben heraus entwickeln müßte, nicht aus der Theorie« (WA 12, 231 f.).

Poetik des Alltags

Die Bewusstwerdung der Kluft zwischen Utopie und Dystopie im realen DDR-Sozialismus zeigt im literarischen Werk Christa Wolfs eine thematische Wende zur fiktionalisierten Autoreferentialität und zu einer »Poetik des Alltags« an, wie sie im Gespräch »Schreiben im Zeitbezug« mit Aafke Steenhuis 1990 erklärt: »Dieses normale, alltägliche Leben strukturiert offenbar mein Leben und mein Schreiben« (WA 12, 208). Leben und Schreiben entsprechend vereinend, und im Sinne von Cixous' Konzept des Spezifisch-weiblichen-Anderen aufgefasst, werden im literarischen Werk Christa Wolfs zunehmend die Spielräume des »normalen, alltäglichen Lebens« einer Frau und Schriftstellerin ermittelt, die sich scheinbar unpoetischen, traditionell von Frauen verrichteten Haus- und Gartenarbeiten widmet. Erstens »intensiviert […] [Wolf dadurch] die kleinen selbstverständlichen Dinge des Alltags, die das Leben erhalten und verleiht ihnen eine utopische Dimension« (Ankum 1992, 188). Zweitens ergänzt Wolf Hanna Arendts Begriff der »Banalität des Bösen« durch eine »Banalität des Guten«, die sie als »literarisches Bollwerk gegen männliche Zerstörungslust und die Tendenz zur Selbstzerstörung der westlichen Zivilisation überhaupt« (ebd., 190) versteht: »Die Banalität des Guten; das Gute als Banales […] als Gewöhnliches, Durchschnittliches, Selbstverständliches –, das allein ist wirksame und dauerhafte Garantie gegen Treblinka« (»Tagebuch – Arbeitsmittel und Gedächtnis«, 20.12.1964; WA 4, 67).

Die literarische Gestaltung der Alltäglichkeit solch einer Ich-Erzählerin und Protagonistin ist andererseits mit einer offenen tagebuchartigen Form verknüpft, die zunächst in der 1960 entstandenen Tagebuchskizze *Dienstag, der 27. September* und in der fünf Jahre später verfassten Erzählung *Juninachmittag* realisiert wurde. Die Parameter und Funktionen dieser Erzählform sind in dem Rundfunkbeitrag »Tagebuch – Arbeitsmittel und Gedächtnis« neben Christa Wolfs Überlegungen zur Leistung von Wissenschaft und Technik dargelegt, dadurch auf Form und Inhalt von *Störfall* vorausweisend. In diesem und anderen Werken wie *Sommerstück* (1989), *Was bleibt* (1990) oder im allerletzten Buch *Stadt der Engel oder The Overcoat of Dr. Freud* (2010) werden die Wahrnehmungen, Gedanken, Gefühle und Reflexionen der jeweiligen weiblichen Erzählfigur dementsprechend in Form von Tagebuchprosa wiedergegeben. Sie werden subjektiv und im Bewusstseinsstrom vorgestellt, wie sie ihr ins Bewusstsein fließen. Überdies bedient sich Wolf der Wiedergabe der – manchmal inneren – Gespräche der erzählenden Schriftstellerin mit Figuren aus ihrem Alltag, mit der Familie, mit Freunden und Nachbarn, wodurch Kommunikation und Dialog in den eigenen Diskurs integriert werden und die einseitige Perspektive moduliert wird.

Kennzeichnend für ihre Erzählweise ist ferner die Auflösung der linearen Chronologie des erfassten Tagesablaufes, der durch Assoziationen, intertextuelle Bezüge und die Montage von Zitaten aus den verschiedensten – meist literarischen – Quellen unterbrochen wird. »Mein Ideal ist ein Gewebe, ein Netzwerk von Denken und Handeln« (WA 12, 208), eröffnet Wolf im Gespräch mit Steenhuis, was die Form von *Störfall* besonders charakterisiert. In Bezug auf dieses Buch erläutert die Schriftstellerin: »Durch die Parallelität der Gehirnoperation meines Bruders und des Kernkraftwerkunglücks in Tschernobyl [die zwei Erzählstränge; L. V.] wollte ich versuchen, Prosastrukturen zu schaffen, die der Arbeit des Gehirns am nächsten kommen« (WA 12, 207). Anhand der simultan erlebten und referierten Sorge der Erzählerin in *Störfall* um den geliebten Bruder und um die verhängnisvolle technologisch-wissenschaftliche Höherentwicklung werden »zwei tabuisierte Angstzonen« (Hausmann 1992, 286) berührt und Alltag und wichtige historische Ereignisse, Subjektivität und ökologisch-politisches Engagement, in zeitliche Übereinstimmung gebracht, wodurch sich tatsächlich jenes Netzwerk von Denken und Handeln materialisiert. Es ist gewiss ein Buch gegen Kernenergie nach dem Schock von Tschernobyl, aber seine Kritik reicht viel weiter. Darin setzt Christa Wolf ihre Gedanken zur Wissenschaft und zur sozialen Sendung von Literatur aus der Büchner-Preis-Rede fort und verdichtet sie zu einem literarischen Werk, in dem nicht die politischen Faktoren – wie trotz der Antike-Verfremdung in *Kassandra* –, sondern existentielle Fragen eine tragende Rolle spielen (s. Kap. II.F.34). Sie äußert sich gegen Gewalttätigkeit und gegen Gier nach Geld und Ruhm, sowie gegen »[e]ine Literatur, deren Sprache, deren Formen die Denk- und Verhaltensmuster des Abendlandes ausdrückt« (»Von Büchner sprechen. Darmstädter Rede«, 1980; WA 8, 188).

Störfall ist in dieser Hinsicht – formal und thematisch – als Beitrag Christa Wolfs zu einer Literatur auf der Suche nach dem »blinden Fleck dieser Kultur« (WA 8, 193), der die Koppelung von »Schöpfung an Vernichtung« (WA 8, 192) erklären kann. Als den »blinden Fleck« in der abendländischen Zivilisation bezeichnet Christa Wolf 1987/88 im Gespräch mit Therese Hörnigk »den Grund für ihre Destruktivität, ihre Liebesunfähigkeit«, die Schriftsteller »nur in persönlichen Geschichten umkreisen [können], mit denen der Autor, die Autorin, was für Personen er oder sie wählen mag, sehr nah an sich selbst, an sein Versagen, seine Schuld herangehen muß« (WA 12, 101; vgl. »Nachdenken über den blinden Fleck«, 2007; Wolf 2012, 72–95). Selbstbefragung und Selbstreflexion – auch über Krankheit, Schmerz und Tod sowie über die tradierte Polarisierung zwischen Mann (Geist) und Frau (Natur) –, Nachdenken über das Zeitgeschehen und Enthüllung der Bevormundung durch den Staat sowie Forderung von Freiheit der Information sind die relevantesten Motivkreise.

38 »Störfall. Nachrichten eines Tages« (1987)

Eine nie beim Namen genannte, Christa Wolf ähnelnde Schriftstellerin – »eine ›literarische Figur‹, [...] [die] keine von ihrer Schöpferin unabhängige Existenz entfaltet« (Kaufmann 1989, 253) – berichtet in *Störfall. Nachrichten eines Tages* kurz nach einem Kernreaktorunfall über den Ablauf des Tages, an dem sich ihr drei Jahre jüngerer Bruder einer Gehirnoperation unterzieht, um einen Tumor an der Hypophyse zu beseitigen. Ihre Gedanken aus ihrem mecklenburgischen Haus heraus über beide räumlich auseinanderliegenden Ereignisse, Reaktorunfall und Operation, erörtern das Thema wissenschaftlicher Fortschritt aus diametral entgegengesetzten Perspektiven und in all seiner Widersprüchlichkeit als Lebensbedrohung und Lebenshilfe, als Fluch und Segen. Die kontextuelle Verbindung zwischen dem in der Erzählung unbenannten Unfall und der Katastrophe am 26. April 1986 im Kernkraftwerk Tschernobyl in der Ukraine lässt sich im Text durch die Erwähnung der Stadt Kiew (StF, 35) und die Jahresangabe 1986 (StF, 22) sowie durch die damit übereinstimmende Information herstellen: »Am Sonnabend voriger Woche, um ein Uhr fünfundzwanzig Ortszeit, gab es einen Brand im Maschinenhaus des vierten Reaktorblocks« (StF, 49). Am Ende wird außerdem ein Datum angeführt: »Juni-September 1986« (StF, 112), das mit der Zeit unmittelbar nach dem historischen Reaktorunfall ebenfalls korrespondiert.

Der Tagesablauf der Ich-Erzählerin richtet sich, wie im Untertitel angekündigt, nach dem Warten auf die Nachrichten über die Operation und über die Nuklearkatastrophe, die zwei Stränge, die im tagebuchartigen Erzählduktus von *Störfall* synchron dargestellt werden. Die Krise ist folglich eine doppelte: Einerseits leidet die Erzählerin unter der konkreten, individuellen Besorgnis um den geliebten Bruder, andererseits unter der unkonkreten, kollektiven Herzensangst um die Menschheit. Sie ist allein im Haus und ihre Zeit ist, abgesehen von der täglichen Körperpflege, gewöhnlichen Haus- und Gartenarbeiten und kurzen Radtouren, mit den transkribierten Gedanken und Reflexionen, dem inneren Dialog mit dem Bruder sowie etlichen Gesprächen mit Nachbarn und am Telefon mit einer Freundin und mit den Töchtern erfüllt. Währenddessen wartet die Erzählerin auf das Telefonat der Schwägerin aus dem Krankenhaus und hört Radio oder sieht fern, um »[i]n beinahe sado-masochistischer Manier« (Firsching 1996, 240) zu erfahren, ob der Reaktorkern durchgeschmolzen ist, welche Maßnahmen getroffen werden und wie viele Opfer es tatsächlich gibt. In Bezug auf den Unfall wird die Zuverlässigkeit bzw. Glaubwürdigkeit der Informationsquellen angezweifelt durch die sich eigentlich widersprechenden Angaben der Experten zur Strahlenbelastung – »daß die Strahlenbelastung zur Zeit der überirdischen Kernwaffentests in den sechziger Jahren größer gewesen sein solle als jetzt« (StF, 27) – und durch die verschiedenen Reaktionen zu der offiziellen Totenanzahl bei der Reaktorkatastrophe – »Stimmen […], die diese Zahl [zwei Tote] beinahe höhnisch bezweifelten, und die anderen, die sie für realistisch halten wollten« (StF, 72). Gegenüber der weltweiten Aktivität und den großen Worten der Autoritäten und Experten in den Medien, widmet sich die Ich-Erzählerin ganz normalen, alltäglichen Arbeiten sowie lebenswichtigen Überlegungen im imaginierten Gespräch mit dem Bruder, woraus geschlussfolgert werden kann, dass »*Störfall*'s conversational mode breaks with the male literary tradition; it simulates an oral transmission, which has traditionally been women's province« (Kuhn 1988, 224). Inhaltlich wirkt das erzwungene Vertrauen-müssen der Erzählerin in den medizinischen Fortschritt im Hinblick auf die Operation des Bruders als Gegengewicht zu ihrem Unmut über die Informationspolitik der zuständigen Behörden zu den Gefahren der nicht militärischen Nutzung von Kernenergie, zumal im mit dem in *Störfall* assoziierbaren Kernkraftwerk Tschernobyl bekanntlich nicht nur Strom, sondern auch Plutonium für militärische Zwecke entwickelt wurde.

Dass Tschernobyl im Buch nicht namentlich genannt wird, ist Christa Wolf allerdings »[a]ls Feigheit […] angerechnet [worden], die Verantwortlichen in der UdSSR und die Vertuscher in der DDR nicht attackiert […] zu haben« (Magenau 2013, 351). Dadurch wird dem Reaktorunfall aber gerade »its proper global resonance« (Kuhn 1988, 211) verliehen. In dieser Hinsicht wirft *Störfall* »keine politische, sondern eine anthropologische Frage [auf]. Sie betrifft die Menschheit zu beiden Seiten des Eisernen Vorhangs« (Rey 1989, 373). Diesbezüglich sind zuallererst die im Wort »Störfall« enthaltenen »satirischen Intentionen« (ebd., 374) der Autorin zu betonen: »Sie kritisiert damit den unverantwortlichen Gleichmut der Behörden, die ein potentiell katastrophales Ereignis lediglich als Störung in der alltäglichen Routine des Kraftwerks registrieren« (ebd.). Der Schock Christa Wolfs nach der Katastrophe von Tschernobyl kommt andererseits anhand der formalen Textgestaltung zum Ausdruck, was am Beispiel der Konnotationen des Wortes »Nachricht« ersichtlich ist. Während die Erzählerin in *Störfall* duscht, hört sie Radio, wo »*die Nachricht* [über den Reaktorunfall; L. V.] jede Stunde umgemünzt und zerkleinert wird« (StF, 15). Durch die Großschreibung wird hier eine Nachricht markiert, die mehrere gedankliche Assoziationen hervorruft. Jene ferne Nachricht aus dem Gedicht »An die Nachgeborenen« von Bertolt Brecht: »Der Lachende / Hat die furchtbare Nachricht / Nur noch nicht empfangen« (Brecht 1988b, 85), klingt hier an, sowie die kurze Nachricht vom Tod der drei sowjetischen Kosmonauten von *Sojus* 11 im Jahr 1971 im 5. Kapitel von *Kindheitsmuster* (KM, 143 f.), und auch die hochpathetisch geschilderte Nachricht vom ersten Menschen im Weltraum am 12. April 1961 in *Der geteilte Himmel* (GH, 195). Durch die erste Ideenverbindung, die die »finsteren Zeiten« (Brecht 1988b, 85) des Nationalsozialismus heraufbeschwört, werden Vergangenheit und Gegenwart, Krieg und Tschernobyl miteinander verknüpft. Der zweite Gedankengang erinnert an die nüchtern-kritische Stellungnahme Christa Wolfs zur ungenügenden Achtung des menschlichen Lebens beim Wettlauf ins Weltall und konkreter zur sowjetischen Technik. Die dritte Assoziation parallelisiert zwei qualitativ unvereinbare Ereignisse, den technologischen Durchbruch der Sowjetunion und die mit Tschernobyl identifizierbare Nuklearkatastrophe, und enthält mithin eine deutliche Infragestellung der wissenschaftlich-technologischen Entwicklung der Jahre 1961 bis 1986 in der UdSSR (vgl. Kuhn 1988, 212; Magenau 2013, 347 f.).

Durch solche impliziten Verweise und auch anhand von Zitaten werden Gedichte und Lieder in den eigenen Text integriert, die neben Auszügen aus u. a. der Bibel, Schillers *Maria Stuart*, Goethes *Faust* und den Märchen der Brüder Grimm ein dichtes »textuelles Gewebe« (Hilzinger 2007, 102) ergeben. In den eigenen Text werden darüber hinaus etliche Zitate aus wissenschaftlichen und populärwissenschaftlichen Werken eingearbeitet, u. a. Carsten Breschs *Zwischenstufe Leben, Evolution ohne Ziel?* (1983), John C. Eccles' und Hans Zeiers *Gehirn und Geist: Biologische Erkenntnisse über Vorgeschichte, Wesen und Zukunft des Menschen* (1984), Moshé Feldenkrais' *Die Entdeckung des Selbstverständlichen* (1985) und Friedhart Klixs *Erwachendes Denken* (1985) (vgl. WA 9, 381). Diese Intertextualität, die das Schreiben der reifen Christa Wolf zunehmend prägt (vgl. Fox 1991, 211 f.), bildet in *Störfall* nicht nur eine interepochale, dynamische Kulisse, sondern sie stellt sich zudem als gelungenes Mittel heraus, um Ungesagtes vor allem – aber nicht nur – im Bereich der Kernenergie ans Licht treten zu lassen. In diesem Sinne sind in der Erzählung drei übergreifende Themenkomplexe erkennbar, zu denen die Intertexte jeweils zugeordnet werden können. Erstens sind jene Textbezüge zu verzeichnen, die sich mit dem Thema Umwelt befassen. Naturgüter werden genannt, die als Ansatz für die Überlegungen der Erzählerin zur Gefährdung der natürlichen Landschaftsfaktoren Boden, Wasser und Luft und die daraus resultierende Bedrohung für Pflanzen, Tiere und Menschen wirken. Weitere Zitate und motivische Verknüpfungen ringen zweitens um das Themenfeld Mensch und seine Dimensionierung zwischen Gefühl und Intellekt. Sie werden anhand des Motivs der Geschwisterliebe und des Faust-Stoffes jeweils mit den zwei »Störfällen« Hirnoperation und Reaktorunglück assoziiert, um die Frage des technologisch-wissenschaftlichen Fortschritts und der damit verbundenen moralischen Verantwortung des Wissenschaftlers der Menschheit gegenüber zu erörtern. Drittens werden in *Störfall* sämtliche Reflexionen zur Sprache und zur Literatur dargelegt. Als Schriftstellerin konstatiert die Erzählerin das »Doppelgesicht der Sprache« (StF, 87) als identitätsstiftendes Instrument und als Mittel zur sozialen Lenkung. Von der tagebuchartigen Form begünstigt, schwebt im Erzählhintergrund von *Störfall* überdies ständig die Vergangenheit. Neben den vielen Assoziationen und intertextuellen Querverbindungen zu den Themen Umwelt, Mensch und Schreiben belegen die Einschübe von Erinnerungen der Ich-Erzählerin an den Zweiten Weltkrieg und an die unmittelbare Nachkriegszeit die Intratextualität, derer sich Christa Wolf bedient, um »das, was sie bisher verfaßt hat, zu revidieren« (Fox 1991, 213), insbesondere die romanhafte Autobiographie *Kindheitsmuster*.

Zwei Motti, ein Zitat aus Carl Sagans *Die Drachen von Eden* (1978) und eins aus Konrad Lorenz' *Das sogenannte Böse. Zur Naturgeschichte der Aggression* (1963), dienen als paratextuelle Einführung in die Fragestellung von *Störfall* und deren Lösung: »The Sagan piece poses the seemingly insoluble problem of aggression in human society, while the Lorenz allows the possibility of an ultimate solution of the same problem. This constellation of quotes thus hints that the crisis examined in the book will be overcome« (Haines 1994, 162).

Naturgedichte nach Tschernobyl

Die Tiefe der Krise zeigt sich in *Störfall* durch die Überlegungen der Ich-Erzählerin zur Unzumutbarkeit von Naturgedichten nach dem Reaktorunfall 1986, dem epochale Bedeutung verliehen wird: »Wieder einmal, so ist es mir vorgekommen, hatte das Zeitalter sich ein Vorher und Nachher geschaffen« (StF, 44). Intertextuelle Verweise auf die Motivkreise Luft, Wasser und Erdboden, auf Pflanzen und Tiere in der Lyrik bewirken die Reflexion über die Umwelt- und Lebensgefährdung durch Kernenergie und erweisen sich als Einladung an den Leser, das Diktum Adornos, nach Auschwitz Gedichte zu schreiben, sei barbarisch, in die Gegenwart der 1980er Jahre zu übertragen, wodurch nicht zuletzt Holocaust und nuklearer Holocaust in Parallele gebracht werden können (vgl. Kuhn 1988, 215).

Der erste Intertext, der Gedichttitel »Die Vögel und der Test« (1957) von Stephan Hermlin, ruft die militärische Nutzung am Anfang der Nuklearforschung wach. Im Gedicht, einem der ersten Muster von Umweltliteratur in der DDR, befasst sich ein lyrisches Ich mit den Zeitungsmeldungen über die Änderung des Fluges der Zugvögel, die durch die US-amerikanischen Wasserstoffbombenversuche der 1950er Jahre im Stillen Ozean (»Ein höheres Licht. Das schreckliche Gesicht«, Hermlin 1979, 64) verursacht wurde. Nach den besorgten Fragen der Erzählerin: »warum immer nur die japanischen Fischer. Warum nicht auch einmal wir« (StF, 15), wird in *Störfall* lediglich der Titel »Die Vögel und der Test« genannt, denn der Gedichttext und vor allem die Warnung in der letzten Zeile: »Laßt diese Änderung euer Herz erschüttern…« (Hermlin 1979, 64), sind angesichts der Reaktorkatastrophe 1986 wohl überflüssig geworden. Die japanischen Fischer, die ersten Opfer von Wasserstoffbombentests, sind ferner in dem kleinen laufenden Radiogerät Marke *Sanyo* verkörpert, als die Erzählerin einen weiteren Intertext mit einbezieht, Christian Friedrich Daniel Schubarts Geschichte der launischen Forelle, die vom heimtückischen Fischer betrogen und gefangen wird. Nun genügt der Anfang des Lieds, »In einem Bächlein helle« (StF, 15), in der weltbekannten Vertonung Franz Schuberts 1820, um auf eine wesentliche gedankliche Parallele aufmerksam zu machen. Aufeinander bezogen werden dadurch der perfide Forellenfang, der bei Schubart – bekräftigt durch die autobiographische Parallele (die in der Tierfabel angespielte niederträchtige Lockung und Gefangennahme Schubarts 1777 in der Festung Hohenasperg) – die Einschränkung des Individuums durch überlegene absolutistische Machthaber symbolisiert, und skrupelloser fortgeschrittenster Wissenschaft im 20. Jahrhundert. So ahnungslos und doch bedroht wie die Forelle der Romantik sind nicht nur die japanischen Fischer der 1950er Jahre, sondern auch die fortschrittsgläubigen Menschen in den 1980er Jahren im Okzident.

Metaphorisch materialisiert sich zudem das Bild des Atompilzes: Die zahllosen Experten, die sich im Radio und im Fernsehen zur Kerntechnik äußern, »[schießen] wie Pilze aus der Erde [...] (Pilze! ungenießbar für diese Saison!)« (StF, 15), bemerkt die Erzählerin. Angesichts dessen entschlüpft ihr als einziger Kommentar die Anklage: »So. Soweit hat es kommen müssen« (StF, 16), worin eine finstere Schadenfreude erkennbar ist, die zugleich als Warnung der umweltbesorgten Christa Wolf gilt. Mit Stephan Hermlin und Christian Schubart verlautbart auch sie ihren Wunsch, der Mensch möge aus der Katastrophe lernen und seine Handlungsweise im wissenschaftlich-technologischen Bereich neu orientieren (vgl. »Bücher helfen uns auch nicht weiter«, 2011; Wolf 2012, 199, 203).

Im weiteren Dialog mit der Romantik stellt sich in Störfall das Motiv des Waldes als höchst fruchtbar heraus (s. Kap. II.C.18 und s. Kap. II.E.28). Dadurch kommt die Sehnsucht der Erzählerin nach jenem ursprünglichen, überwältigenden Wald des 19. Jahrhunderts zum Ausdruck, der u. a. die zauberhafte, geheimnisvolle Szenerie der Märchen der Brüder Jacob und Wilhelm Grimm heraufbeschwört. Das grüne Getreidefeld zum Beispiel, das die Erzählerin beim Frühstück von ihrem Platz am Küchentisch sieht, weckt in ihr die Erinnerung an etliche Zeilen aus dem Wanderlied »Leb wohl, du schöner Wald« (1827) von August Heinrich Hoffmann von Fallersleben. Es sind jene Worte, mit denen die Wanderer auf dem Heimweg vom Wald Abschied nehmen: »Mit deinem kühlen Schatten, / Mit deinen grünen Matten, / Du süßer Aufenthalt! (Hoffmann von Fallersleben o. J., 56; vgl. StF, 18). Der Anblick des wolkenlosen Himmels evoziert demnächst den Refrain in Bertolt Brechts »Ballade von den Seeräubern« (1918 entstanden, 1923 veröffentlicht): »O Himmel, strahlender Azur« (StF, 18), wobei der Gedanke nahe liegt, dass, so wie das Meer die sturmbewährten Seeräuber Brechts »[a]uf einmal plötzlich selber satt« (Brecht 1988a, 88) hat, und sie nemesisartig vernichtet, sich nun auch die Umweltbelastung für die fortschrittsergebenen risikosüchtigen Menschen als verhängnisvoll erweisen kann. Der mecklenburgische Himmel ruft auch die Worte von Friedrich Schillers Maria Stuart ins Gedächtnis: »Eilende Wolken! Segler der Lüfte! / Wer mit euch wanderte, mit euch schiffte!« (Schiller [1800] 1965b, 617; vgl. StF, 19), deren poetisch-tragischer Gehalt vom erinnerten prosaischen Kommentar: »Der käm woandershin«, der Großmutter der Erzählerin – eine Frau, »die niemals reiste, wenn man sie nicht aussiedelte« (StF, 19) – zerstört wird, sowie durch ihre Nähe zur radioaktiven Wolke nach dem Reaktorunfall. Die Erhabenheit der Königin in Schillers Drama wird auf diese Weise in die schwierige Realität des einfachen Menschen im 20. Jahrhundert transponiert und nicht nur Krieg und Verbannung gegenübergestellt, sondern auch der realisierbaren Selbstvernichtung der Menschheit.

Die kritische Funktionalität des Himmel-Motivs in Störfall zeigt sich noch konkreter als fatale Entstellung und Verzerrung des in der Farbe Blau symbolisierten Ideals der Romantik. Bei der Arbeit im Garten beobachtet die Erzählerin den Himmel, der sie an jenen Himmel über dem Dnjepr in Kiew erinnert, wo sie vor Jahren »just im Mai« (StF, 35) gewesen ist. Dadurch, dass »die unschuldige Himmelsfarbe diesen giftigen Ton« (StF, 35) angenommen hat, kommen ihr demnächst drei Zeilen aus dem Gedicht »1940« von Brecht in den Sinn: »Die Kinder an sich drückend / Stehen die Mütter und durchforschen entgeistert / Den Himmel nach den Erfindungen der Gelehrten« (Brecht 1988b, 96; vgl. StF, 35). Durch zwei solche todbringenden, fliegenden Erfindungen spannt sich in Störfall erneut der Bogen zwischen dem Zweiten Weltkrieg und der Zeit unmittelbar nach dem Reaktorunfall. Wenn die Mütter 1940 den Himmel auf der Suche nach Militärflugzeugen durchforschen, die mit Maschinengewehrgarben auf die Zivilbevölkerung niederstießen, suchen sie 1986 die radioaktive Wolke, eine zwar unsichtbare, aber genauso tödliche Bedrohung. Das Motiv der Wolke knüpft noch einmal an Brecht an. In seiner »Erinnerung an die Marie A.« (1920 entstanden, 1924 veröffentlicht) wird der Gedanke an eine längst vergessene Liebe durch eine weiße Wolke hervorgerufen: »War eine Wolke, die ich lange sah / Sie war sehr weiß und ungeheuer oben / Und als ich aufsah, war sie nimmer da« (Brecht 1988a, 92; vgl. StF, 60). Der poetische Zauber der Wolke ist in Störfall aber dadurch gebrochen, dass die erinnerte Jugendliebe der Erzählerin mit Kiew assoziiert wird (StF, 35) – vgl. Moskauer Novelle (1961) –, was die Wolke Brechts wieder gedanklich mit der unsichtbaren radioaktiven Wolke verbindet, die die gesamte Menschheit bedroht. Die Tatsache, dass sie »die weiße Wolke der Poesie ins Archiv gestoßen« (StF, 61) hat, legt eine Deutung im Sinne der Untragbarkeit von Naturlyrik nach Tschernobyl nahe. Zudem kontert die Erzählerin die letzten Verse der »Erinnerung an die Marie A.«: »Doch jene Wolke blühte nur Minuten / Und als ich aufsah, schwand sie schon im Wind« (Brecht 1988a, 93; vgl.

StF, 61), mit einem knappen, besorgten »Hoffentlich« (StF, 61), was ihre Ohnmacht und zugleich ihr Ringen um Erlösung zum Ausdruck bringt.

Die Angst der Zivilbevölkerung vor verseuchten Lebensmitteln nach dem Reaktorunfall wird in *Störfall* auch thematisiert. Im telefonischen Gespräch mit ihrer jüngeren Tochter in Berlin erfährt die Erzählerin, die junge Mutter gebe ihren Kindern wegen der möglichen radioaktiven Belastung nach dem Unfall keine frische Milch mehr. Erneut wird eine Gedichtzeile von Stephan Hermlin evoziert: »O Milch unfrommer Denkart, bittrer Trank...« (Hermlin 1979, 62; vgl. StF, 25) lautet der letzte Vers im Sonett »Die Milch« (1957), das von folgender Information über die radioaktive Verstrahlung von Milch eingeführt wird: »Wissenschaftler stellten fest, daß Strontium 90 über die aus radioaktiven Weiden stammende Milch in den menschlichen Organismus gelangt und Leukämie hervorruft« (Hermlin 1979, 62). Im Milch-Motiv kann zudem eine Anspielung auf Friedrich Schillers *Wilhelm Tell* entdeckt werden, als der Bogenschütze im Monolog am Anfang der 3. Szene des 4. Akts sich vom verschuldeten Gehorsam dem Vogt Geßler gegenüber frei erklärt: »Meine Gedanken waren rein von Mord – / Du [Geßler, der Reichsvogt] hast aus meinem Frieden mich heraus / Geschreckt, in gärend Drachengift hast du / Die Milch der frommen Denkart mir verwandelt, / Zum Ungeheuren hast du mich gewöhnt – (Schiller [1804] 1965b, 1003 f.). Diese Worte lassen sich auf die Erkenntnis der Erzählerin in *Störfall*, »daß es auch die Freiheit gibt, jeglichen Gehorsam aufzukündigen, sogar den, den ich den selbstauferlegten Pflichten schulde« (StF, 32; vgl. »Berliner Begegnung zur Friedensförderung«, 1981; WA 8, 221 f.), in dem Sinne beziehen, dass »[e]ine Obrigkeit, die wissentlich das Leben der Bevölkerung, insbesondere der Kinder (und in diesem Falle sogar der nachfolgenden Generationen) gefährdet, [...] ihren Anspruch auf Gehorsam verspielt« (Jambon 1999) hat. Der Schock nach dem Reaktorunfall führt zwar die Notwendigkeit einer Neuorientierung der wissenschaftlichen Forschung und die Unzumutbarkeit der Poetisierung von Naturmotiven in der Zukunft vor Augen, aber er übt in dieser Hinsicht auch eine befreiende Wirkung auf die Erzählerin aus.

Menschheitsmuster: Liebe und Geschwisterliebe

Die Auseinandersetzung der Ich-Erzählerin nach dem Reaktorunfall mit den Funktionen des menschlichen Gehirns, mit Gefühlsmechanismen und intellektuellen Fähigkeiten, veranschaulicht sich in *Störfall* anhand von intertextuellen Assoziationen und Motiven zum Themenkomplex Mensch. Die Katastrophe identifiziert die Erzählerin zwar als Folge der einseitigen Pflege des Intellekts auf Kosten des Gefühls im gesellschaftlichen Herrschaft-und-Unterordnungs-Muster der abendländischen Kultur, aber dagegen kann sie nur ihre Ohnmacht erkennen und sich nach Erlösung sehnen. Dass die Erlösung allerdings nicht durch die in den Medien sprechenden Autoritäten und Experten herbeigeführt werden kann, wird am Beispiel der Unbrauchbarkeit ihrer Worte illustriert, die der Erzählerin keine Zuversicht einflößen. Das ist auch der Fall bei einer religiösen Sendung im Radio zur biblischen Auferstehung Christi. Zu hören sind folgende Worte: »Das Zeichen für die, die in meinem Namen predigen: Sie werden Schlangen mit den Händen aufheben, und wenn sie etwas Tödliches trinken, wird ihnen nichts geschehen...« (StF, 56; vgl. Markus 16, 17–18), die die verzweifelte Frage nach einem »Fluchtweg«, einem »Notausgang« (StF, 57) aus der etablierten gesellschaftlichen oder transzendental-religiösen Macht-und-Ohnmacht-Struktur hervorrufen. Sowohl diese als auch die darin implizit gestellte Frage nach neuen, wirklich humanen Menschheitsmustern muss in *Störfall* aber bestehen bleiben, statt einer Antwort bietet der Text: »die Einübung einer Haltung vorzuführen, die sich freihält sowohl von passiver Unterwerfung als auch von panikhaftem Aktionismus« (Kaufmann 1989, 267).

Über die Sphäre des Gefühls wird in *Störfall* anhand des Themas der Geschwisterliebe reflektiert, bei dem die Dualität von der Ich-Erzählerin und ihrem »weitgehend als alter ego« (Firsching 1996, 246) fungierenden Bruder zum Vorschein tritt: »Er ist das genaue Gegenteil von mir [...] Er steht mir nahe« (StF, 60), beteuert die Schwester. Um diese »widersprüchliche Einheit des Menschen in Mann und Frau« (Ziller 1992, 359) zu veranschaulichen, werden Schwester und Bruder mit den Eigenschaften von Hand und Hirn konnotiert. Die Erzählerin kann symbolisch mit der Hand identifiziert werden, die Kontakt und Handlung fördert, und somit auf die konventionellen weiblichen Domänen der Emotionalität (der Nähe zum Bruder) sowie der physischen und intuitiven Handarbeit (im normalen, alltäglichen Leben und beim Schreiben, als Schriftstellerin) hinweist. Der Bruder, Physiker, lässt sich hingegen metaphorisch durch das Gehirn definieren, das für das tradierte männliche rational-zweckmäßige Denken steht. Im Buch erfolgt die Problematisierung dieses männlichen Gehirnbereiches zuerst durch die Wahl eines Zitats des Verhaltensforschers Konrad Lorenz, der den »Männlichkeitswahn« als Faktor gegen die moralische Verantwortung von Männern erkennt, als Motto. Der gewählte Leitsatz lautet aber: »Das langgesuchte Zwischenglied zwischen dem Tier und dem wahrhaft humanen Menschen sind wir« (StF, 11), was eine Interpretation als Stimulus zur Aktivierung der menschlichen Intelligenz für positive, weltverbessernde Zwecke statt für Rivalität und Aggression (Kuhn 1988, 223) nahe legt. Zweitens kommt die Kritik anhand der Gestaltung der Krankheit zum Ausdruck: Der durch die Operation zu entfernende Tumor ist gerade bei einem Mann und im Hirn entstanden. Die Tatsache, dass die Schwester die Anrede »Bruderherz« (StF, 23, 40, 48, 68, 107) gelegentlich wiederholt, lässt sich jedoch wiederum als Neutralisierungsversuch des Übergewichts seines kranken Gehirns durch die Mobilisierung des Herzens, d. h. der empfindsamen Gefühlsfähigkeit beim Mann deuten. Damit verbunden soll überdies der innere Dialog der Erzählerin mit dem Bruder – nach Freuds Modell der Arzt-Patient-Beziehung (Kuhn 1988, 218) – eine therapeutische Funktion erfüllen: »Alles geht gut. Dies ist die Botschaft, die ich dir […] als einen gebündelten Energiestrahl übermittle. Nimmst du ihn wahr? Alles geht gut« (StF, 14), verspricht die Erzählerin. Christa Wolf plädiert demnach nicht für Dissoziation, sondern für Liebe und Gemeinschaft, für Geschwisterlichkeit, was anhand von verschiedenen Intertexten und von der Erinnerung an etlichen Szenen aus der Kindheit der Geschwister im Zweiten Weltkrieg und in der unmittelbaren Nachkriegszeit gezeigt wird.

Zunächst verbindet die Erzählerin ihre Angst um den Bruder *ex negativo* mit dem Motiv des Brudermords nach der alttestamentlichen Geschichte von Kain und Abel, als die Frage Gottes an Kain: »Wo ist dein Bruder Abel?« und die unverstellte Gegenfrage des Mörders: »Soll ich meines Bruders Hüter sein?« (StF, 59; vgl. Genesis 4, 9) in ihrem Gedächtnis nachhallen. Angedeutet wird diese Geschichte schon im Motto des US-amerikanischen Astrophysikers und Atomwaffengegners Carl Sagan: »Die Verbindung zwischen Töten und Erfinden hat uns nie verlassen. Beide entstammen dem Ackerbau und der Zivilisation« (StF, 11). Hier wird auf die These verwiesen, dass nicht Abel, sondern Kain der Gründer der Zivilisation ist, worauf die Erzählerin mit Bestürzung reagiert (StF, 67). Demgegenüber klingt auch das Gedicht »Abel steh auf« (1970) von Hilde Domin an, in dem das lyrische Ich, ein Kind Abels, ihn zum Auferstehen auffordert, damit Kains falsche Antwort auf die lebenswichtige Frage Gottes durch eine Bejahung ersetzt werden kann und die gewalttätige, zerstörungswütende Entwicklung der Menschheit verhindert. Später setzt ein Anruf vom Krankenhaus mit der Nachricht, die Operation sei gelungen, der Verzweiflung der Erzählerin im familiären Bereich ein Ende. Das innere Gespräch mit dem Bruder wird wiederhergestellt, was die Erzählerin mit der Ode »An die Freude« von Friedrich Schiller feiert, die sie lauthals nach der Vertonung in der 9. Symphonie Beethovens singt: »Wir betreten feuertrunken, / Himmlische, dein Heiligtum« (Schiller [1786] 1965a, 133; vgl. StF, 63).

Bald wird die Freude im Privaten jedoch von der Beklemmung angesichts der Nuklearkatastrophe abschattiert. Die Angst um die Menschheit ruft jene Bewusstwerdung des relativierbaren Zeitbegriffs in *Juninachmittag* wach: »Hundert Jahre sind wie ein Tag. Ein Tag ist wie hundert Jahre« (JN, 110). In *Störfall* vermischt sich diese Angst aber im Kopf der Erzählerin einerseits mit der Aussage im Psalm 90, 4: »Denn tausend Jahre sind vor dir wie der Tag, der gestern vergangen ist, und wie eine Nachtwache«, die »sehr eindringlich auf den alten Vanitasgedanken hin[weist]« (Hausmann 1992, 293). Andererseits lässt sich die Angst der Ich-Erzählerin mit jenen Fragen in Udo Jürgens Song »Tausend Jahre sind ein Tag« verknüpfen. Ungeachtet der Tatsache, dass die Komparativform in *Störfall* entgegen dem emphatischen Songtitel die Aussagekraft moduliert: »Ein Tag. Ein Tag wie tausend Jahre. Tausend Jahre sind wie ein Tag« (StF, 63), weist diese Assoziation auf das Phänomen der Unersättlichkeit des Menschen bzw. der Gier nach Geld und Ruhm hin. Sie führen nämlich zur Umweltzerstörung: »Ist diese Welt denn noch erlaubt? / Die Erde ist bald ausgeraubt, / Das Wasser tot, das Land entlaubt, / Der Himmel luftdicht zugeschraubt…« (*Udo'80*, 1979). Währenddessen vernimmt die Erzählerin die Nachrichten aus dem Radio über die Evakuierung aus den um den havarierten Reaktor liegenden Ortschaften, wobei sie die Festlegung von Gefahrengrenzen, in denen Menschen leben sollen, und konkret von der Gefahrenzone beim GAU in Frage stellt (vgl. »Bücher helfen uns auch nicht weiter«, 2011; Wolf 2012, 200). Die Katastrophe 1986 verbindet sie ferner mit der eigenen Erfahrung am Kriegsende, als ihr Bruder und sie am Typhus krank lagen, die individuelle Bedrohung auf diese Weise durch ein persönliches Beispiel mit der kollektiven verknüpfend.

Individuum und Kollektivität miteinander verflechtend, wird in *Störfall* erneut das Wald-Motiv im

Dialog mit der Romantik produktiv, als die Erzählerin am Nachmittag eine längere Fahrradtour in den Wald unternimmt. Die Fahrt bis zum Steinkreis bei Lenzen und dem naheliegenden Rastplatz *Drögen Krog* ist Anlass zum Nachdenken über das Waldsterben, wobei die Erzählerin die damit assoziierte Alternative zwischen Braunkohlenkraftwerken, die unter anderen Faktoren für sauren Regen verantwortlich sind, und Atomenergie zur Stromerzeugung erwägt, eine Alternative, die sie aber als falsch verwirft. Der Bogen spannt sich in ihrem Kopf bald vom wirklichen Wald zum Märchenwald der Brüder Grimm. Das dabei evozierte Märchen ist das bekannte von *Brüderchen und Schwesterchen*, das sie und ihr Bruder in der Kindheit im Spiel inszeniert haben. Es ist die Geschichte von zwei von der Stiefmutter gequälten Kindern, die sich in die weite Welt begeben. Da alle Brunnen im Wald von der Stiefmutter-Hexe verwünscht worden sind, wird der durstige – auf die Metaphorik in *Störfall* übertragen: wissensdurstige – Bruder, der weder aus dem ersten noch aus dem zweiten aber aus dem dritten Brunnen trinkt, in ein Reh verwandelt. Liebevoll kümmert sich die Schwester um das Reh, auch als sie Königin wird und im Schloss lebt, und sogar nachdem es der bösen Stiefmutter gelungen ist, sie zu töten. Als Geist erscheint sie dann wieder und fragt ständig nach ihrem neugeborenen Kind und nach dem Bruder-Reh: »Was macht mein Kind? Was macht mein Reh?« (Grimm 1984, 85; vgl. StF, 77). So stark ist ihre Liebe, dass sie am Ende das Leben wieder erhält und ihr Bruder bei der Todesstrafe der Stiefmutter seine menschliche Gestalt.

Die Liebe der Geschwister und deren Integration »in eine Gesamtvorstellung vom Menschen« (Hausmann 1992, 288) wird in *Störfall* durch dieses Märchen dem Brudermord-Motiv der Geschichte von Kain und Abel entgegengestellt. Mit einem real-fiktiven Beispiel davon wird die Erzählerin bei ihrer Rückkehr aus der Fahrradtour nach Hause konfrontiert, als sie einer fremden Familie begegnet, die in ihrem Garten nach der Stelle sucht, wo 1945 die an Typhus gestorbene kleine Schwester des Familienvaters begraben wurde. Durch die darauf folgende Erinnerung der Erzählerin an die kindischen Streitigkeiten mit ihrem Bruder, die ihr als ältestem Kind von den Eltern unter dem Vorwurf von mangelnder Geschwisterliebe aufgebürdet wurden, wird zum ersten Mal die Schuldfrage der Erzählerin angesprochen. Sie ist mit dem Tabu der »Ur-Schuld« und mit dem »Ur-Verbrechen« (StF, 93) verknüpft und weitet sich in der Frage nach dem »blinden Fleck« im eigenen Inneren und nach der Mitverantwortung eines jeden Menschen bei der Umweltzerstörung bzw. der eventuellen Auslöschung der Gattung aus.

Durch einen letzten Gedanken der Erzählerin an den Bruder vor dem Einschlafen wird am Ende von *Störfall* die Erinnerung an ein weiteres Märchen aus der Sammlung der Brüder Grimm, *Die drei Männlein im Walde*, hervorgerufen. Äußerste Bosheit und Aggression erscheinen hier als Produkt von Neid, aber auch von unermesslicher Gier, denn die Stiefmutter und die Stiefschwester werfen die Königin in den vorbeifließenden Strom, nicht nur um sie zu entfernen, sondern um sie zu ersetzen. Die Königin verwandelt sich jedoch in eine Ente und schwimmt durch die Gosse bis zum Schloss, wo sie nach ihrem geliebten Gemahl, nach ihren Gästen und nach ihrem Kind fragt: »König, was machst du? Schläfst du oder wachst du?« (Grimm 1984, 96; vgl. StF, 112), eine Frage, die den »moralischen Aufrüttelungsappell« (Hausmann 1992, 289) von *Störfall* unterstreicht und auf die umweltbewusste Aktivierung des modernen technologiegläubigen Menschen abzielt.

Das Märchen bildet andererseits den Übergang zu einem Albtraum, in dem sich ein Weltuntergangsbild mit zwei Erscheinungen materialisiert: einem hinter dem Horizont verschwindenden, in Verwesung übergegangenen Mond (vgl. den Essay »Der weiße Kreis«, 1985; WA 8, 449–452), »symbolic of our own planet that we are destroying« (Kuhn 1988, 225), und einem am dunklen Himmel befestigten Foto der toten Mutter der Erzählerin, wodurch »the connection between man's domination of nature and his domination of women« (ebd.) hergestellt wird. Dazu vernimmt die Erzählerin die Worte: »A faultless monster!« (StF, 112), wobei sie heulend aufwacht. Während die Schreckensvisionen im Albtraum eine Deutung im Sinne der Vernichtung der Mutter-Erde und der Ausgrenzung von Frauen nahelegen, ermöglicht die Integration des Zitats aus *An Essay upon Poetry* (1682) von John Sheffield über die Darstellung von Personen im Drama eine weitere Assoziation. Laut Sheffield ergäben absolut vollkommene Wesen, wie sie sich in der Natur nicht finden, in der Literatur eben Monster. Auch die bekannteste Radierung Francisco de Goyas, das Capricho 43 mit dem Titel *El sueño de la razón produce monstruos* (Der Schlaf der Vernunft gebiert Ungeheuer; 1799), klingt hier als disjunktive Alternative an: Von der Vernunft verlassen, erzeugt die Wissenschaft fehlerlose Monster – »die negative Weiterführung des einseitig technizistisch ausgerichteten Menschen« (Hausmann 1992, 291) –, die Bilder des Grauens und der Vernichtung heraufbeschwören. Im Bund mit der Vernunft bringt Forschung aber das Wunder eines besseren Lebens. Danach kann *Störfall* nur im Irrealis enden: »Wie schwer, Bruder, würde es sein, von dieser Erde Abschied zu nehmen« (StF, 112), sagt die Erzählerin. Indem die Zukunftsperspektive für diesen einen Tag gerettet ist – der Bruder hat die Hirnoperation überstanden, die Menschheit den Reaktorunfall –, verbindet die Ich-Erzählerin ein letztes Mal den individuellen mit dem kollektiven Bereich und warnt: Die positive, lebensrettende Seite von Technologie ist eng mit der negativen, lebensvernichtenden verknüpft.

Intellekt und Wissensdrang: Der moderne Faust

Die Überlegungen der Erzählerin zum technologischen Fortschritt und zu der ihn gebärenden menschlichen Intelligenz beleben in *Störfall* das Faust-Motiv und führen zur Erwägung des »blinden Flecks« im Menschen. Als gedanklicher Ansatzpunkt gilt ein gewöhnliches Gespräch mit einem Nachbarn über Kartoffelanpflanzung und Regen, wobei die Erzählerin an das Kinderlied: »Es regnet, Gott segnet / Die Erde wird naß, / Da freun sich die Kinder / Da freut sich das Gras« (StF, 46), denken muss. Weil sie jedoch von dem biblischen Gott der Genesis befremdet wird, beschwört die Erzählerin den Gegengott herauf, der »die Welt nicht geschaffen hat und sie nicht regiert« (StF, 46), nur um die Spannung wieder abbauen zu müssen, wie bei Goethe die Figur des Faust, der den Erdgeist ruft, dessen Anblick er aber nicht ertragen kann. In diesem erregten Bewusstseinszustand kommt die Erzählerin zu der Erkenntnis, dass »ein solches Un-Wesen« lediglich aus den Abgründen im menschlichen Gehirn »aufsteigen könnte« (StF, 47). In der Intelligenz, dem »entscheidenden Evolutionsfaktor« (StF, 52), entdeckt sie demnach die größte Gefahr für den Menschen. Dass sie eventuell zur Selbstvernichtung führen kann, wird darüber hinaus durch die Anspielung auf den Protagonisten der Erzählung *Der Mensch erscheint im Holozän* (1979) von Max Frisch (StF, 52) illustriert, der als postmoderner Mensch der Endzeit gilt.

Reale Ansätze der Faust-Figur sieht die Erzählerin im modernen Wissenschaftler, der ihrer Ansicht nach »von keiner Ehrfurcht gehemmt« ist und »was die Natur im Innersten zusammenhält nicht nur erkennen« will, wie der Gelehrte bei Goethe, sondern »auch verwerten« (StF, 35), eine »perversion of a humanistic goal [...] attributable to the negative dialectics of the Enlightenment« (Kuhn 1988, 221). Nachdem sie den Artikel von William J. Broad: »Die Wissenschaftler von *Star Wars*« (in: *Freibeuter* 26/1985) gelesen hat, in dem über das Leben und Arbeiten der jungen Wissenschaftler, »starwarriors« (StF, 68) genannt, am Lawrence Livermore National Laboratory, Kalifornien, berichtet wird, nimmt solch eine faustische Figur für die Erzählerin Gestalt an. Der Physiker Peter Hagelstein, 1981 bis 1985 im kalifornischen Labor tätig, erscheint in ihren Augen als moderner, nicht nur nach Wissen, sondern auch nach Ruhm strebender Faust – 1980 hatte Christa Wolf in ihrer Büchner-Preis-Rede jenen neuen Faust den »Vater[] der Atombombe« (WA 8, 188) genannt; 2007 sagt sie in der Rede »Nachdenken über den blinden Fleck« vor Psychoanalytikern: »In den letzten Teilen des *Faust* lesend, weht mich manchmal ein Geist an, den ich [...] in Äußerungen zeitgenössischer Physiker zu spüren meine« (Wolf 2012, 90). Hagelsteins Mitarbeiterin Josephine Stein, Josie, wird von der Erzählerin in *Störfall* als neues Gretchen identifiziert, das anstatt an Faust zugrunde zu gehen, ihm in einer Art »contemporary *Lysistrata*« (Kuhn 1988, 221) Erlösung bringt. Der gedankliche Sprung von der entmenschlichten Realität der wissenschaftlichen Forschung in die Welt der Science-Fiction erfolgt demnächst durch die Erinnerung an die *Star-Wars*-Saga von George Lucas, das weltberühmte Heldenepos um das Thema des Kampfes zwischen Gut und Böse. Die Erzählerin, die den Film *The Return of the Jedi* (1983) drei Jahre zuvor in Berkeley gesehen hat, verbindet die beiden kalifornischen Szenarien, Livermore und Berkeley, und kommt, die Zusammenarbeit von Wissenschaftlern und Filmtechnikern vermutend, zu der unheilvollen Erkenntnis: »der Sog des Todes ist es, die Machbarkeit des Nichts, die einige der besten Gehirne Amerikas da zusammentreibt« (StF, 70).

Daraufhin sucht die Erzählerin in *Störfall* jene Abgründe im menschlichen Gehirn zu ergründen, aus denen das »Unwesen« aufsteigen könnte, wofür sie sich des Begriffs des »blinden Flecks« bedient, der in den ökologischen Diskurs der DDR 1979 von Günter Kunert eingeführt worden ist. Bei der vorher erwähnten Debatte mit Wilhelm Girnus über die Symmetrie der Umweltzerstörung im Sozialismus und im Kapitalismus definierte Kunert den blinden Fleck als jene »spezielle Eigenschaft des Homo sapiens« (Kunert 1979, 852), neue Erfindungen – darunter auch die Nutzung der Kernenergie – ohne genügende Erprobung und im einzigen Interesse des wirtschaftlichen Profits anzuwenden. Im Einklang damit materialisiert sich in *Störfall* das Ringen der Erzählerin um den blinden Fleck im Menschen am Abend im telefonischen Gespräch mit ihrer ältesten Tochter. Nach der Erwägung des physischen blinden Flecks – im Gehirn, bekannt nach den Untersuchungen des Neurochirurgen Wilder Penfield (StF, 65), und im Auge (StF, 93) – wirft die Mutter die Frage nach dem seelischen blinden Fleck auf. Er wird demnächst von der Tochter als jener Seelenbereich definiert, der für den Menschen »dunkel« bleibt, »weil es zu schmerzhaft wäre, ihn anzusehen« (StF, 97), als »ein erworbener Schutz vor den eigenen Einsichten über uns selbst und vor den Angriffen von außen« (StF, 98). Mithin wird der blinde Fleck einerseits mit Selbstschutz identifiziert, mit der Tendenz, bestimmte Aspekte des Selbst vor der Angst des Angegriffenseins zu verschweigen. Andererseits lässt sich der blinde Fleck im innersten Inneren des Menschen mit der Veranlagung zur Aggression gleichsetzen. Auf die darauf folgende kompromittierende Frage der Erzählerin nach der Grenze des Eindringenwollens in den eigenen blinden Fleck antwortet die Tochter ihr am Telefon, der Mensch bzw. eine ganze Kultur solle dazu fähig sein, »die Bedrohung nicht dem äußeren Feind aufzubürden, sondern sie da zu lassen, wo sie hingehöre, im eigenen Innern« (StF, 99). Dadurch muss die Erzählerin schließlich feststellen, dass »in erster Linie nicht den anderen, sondern ihr selber die Verantwortung für das Unheil der Welt zufällt« (Rey 1989, 380). Das Wagnis dieser Erkenntnis, dass die Bedrohung nichts Fremdes, sondern ein integraler Bestandteil des eigenen intelligenten Selbst und der heimischen Kultur ist, kann die Erzählerin zu diesem Zeitpunkt aber nur als »die allerutopischste von allen Utopien« (StF, 99) bezeichnen.

Mit dem Motiv des blinden Flecks ist in *Störfall* folglich die Frage nach der Unverantwortlichkeit bzw. Schuld nicht nur von ruhmgierigen Wissenschaftlern, sondern auch von jedem einzelnen einfachen Menschen und – zum zweiten Mal – von der Erzählerin gekoppelt, die früher auch von der Utopie »genug Energie für alle und auf ewig« (StF, 38) geleitet wurde. Deshalb sollte sie sich nun, nach dem Reaktorunfall, vielleicht unter jenen »Monster[n]« (StF, 38; vgl. »Wiener Rede«, 1985; WA 8, 437 und »Bücher helfen uns auch nicht weiter«, 2011; Wolf 2012, 201) zählen, die diejenigen verlachten und bekämpften, die zu bezweifeln wagten, »[d]aß die Wissenschaft, der neue Gott, uns alle Lösungen liefern werde, um die wir ihn angehen würden« (StF, 38 f.). Diese als rhetorische Frage formulierte Erkenntnis wird für sie ein befreiender, »›heilsamer‹ Schrecken« (Kaufmann 1989, 264) und korrespondiert zugleich auch mit der unerhörten Haltung der herangezogenen Experten im Fernsehen, die nun das Risiko der friedlichen Nutzung der Kernenergie offen aussprechen, wodurch schließlich nicht nur ihren Gegnern endlich Recht gegeben, sondern auch ein Tabu gebrochen wird.

Am Ende des ermüdenden Tages wählt die Erzählerin Joseph Conrads Erzählung *Das Herz der Finsternis* (1899) über die Gräueltaten der Europäer im Kongo als Bettlektüre. Darin erkennt sie das Thema des Verlusts kultureller Werte in der abendländischen Welt, sowie den Grund dafür, den blinden Fleck, den sie nun mit dem häufig wiederholten Wort »Gier«, der Gier nach Geld und Ruhm, identifiziert. Sie sei es, die den Bestand der Gattung zwar garantiert, aber auch eine Forschung bei ungenügender Beachtung der möglichen Konsequenzen gestattet und somit zur Zerstörung führen kann. Wie Conrads Erzähler Marlow, der die negativen Verhältnisse durchschaut, dessen Erkenntnis jedoch keine Änderung des Status quo bewirken kann, hat die Ich-Erzählerin in *Störfall* auch Vorzeichen der Katastrophe wahrgenommen, bleibt aber ohnmächtig (vgl. die Seherin Kassandra). Allerdings, die unbenannte Erzählerin fühlt sich durch das Licht ermutigt, das Conrad auch mitten in der Finsternis geleitet haben muss, »wie ein Blitz in Wolken« (StF, 111). Diesen »wandernden Sonnenfleck« (StF, 111) interpretiert sie als »eine Botschaft der Hoffnung in einer scheinbar hoffnungslos verdüsterten Welt« (Rey 1989, 382), genauso wie die Nachricht, dass Peter Hagelstein am Ende das kalifornische Forschungszentrum Livermore verlassen hat. Hagelsteins Entscheidung in der Tat »breaks an established pattern of behavior and encourages both the narrator and the reader to hope that we […] can realize our potential« (Kuhn 1988, 224), und dass eine Revidierung des eingeschlagenen umweltzerstörerischen lebensbedrohlichen Wegs denkbar ist.

Das Doppelgesicht der Sprache

In *Störfall*, dem Buch, in dem die Nachrichten, Erlebnisse und Gedanken des einen Tages gesammelt sind, an dem eine Schriftstellerin gerade entschieden hat, nichts zu schreiben – »Heute kein Wort« (StF, 32), sagt sie –, wird auch über die Sprache reflektiert. Trotz ihres Berufes muss die Erzählerin die Unfähigkeit der Sprache einräumen, Empfindungen und Seelenregungen wie die Angst um den Bruder und den Schock der Nuklearkatastrophe wiederzugeben. Indessen ist sie der Macht des gesagten und des geschriebenen Wortes gewärtig. In der Sprache erkennt sie diesbezüglich aber sowohl einen identitätsbildenden Faktor und ein Mittel der Kommunikation als auch ein Absonderungs- und Manipulationsmittel (vgl. Firsching 1996, 246). Hierin manifestiert sich der »Wort-Ekel« der Erzählerin, der eventuell zum »Selbst-Ekel« (StF, 102) wird. Im Einklang damit muss sie zum dritten Mal ihre Schuld einsehen: »daß sie nicht nur in ihrer selbstgestellten Aufgabe als Schriftstellerin versagt hat […], sondern daß sie darüber hinaus zur Komplizin der die heutige Zivilisation beherrschenden zerstörerischen Kräfte geworden ist, indem sie deren Sprache benutzte« (Ankum 1992, 186).

Auf der Suche nach den Wurzeln der Zerstörungslust des Menschen liest die Erzählerin im Buch über die menschliche Hand (*The Human Hand*, 1942) von ihrer Londoner Freundin, der Ärztin Charlotte Wolff, »meine Namensvetterin« (StF, 87) – was allerdings die Identifizierung der Ich-Erzählerin mit Christa Wolf nahe legt (s. Kap. III.44.6). Erst als *homo loquens* befreite sich der Mensch aus der Instinktgebundenheit des Tiers, stellt sie fest. Die Sprache erweist sich aber als eine janusköpfige Kultur- und Identitätskraft: »Sprache, die Identität schafft, zugleich aber entscheidend dazu beiträgt, die Tötungshemmung gegen den anderssprechenden Artgenossen abzubauen. […] Das Doppelgesicht der Sprache« (StF 87). Die Macht der Sprache als Kommunikations- und Sozialisationsmittel findet die Erzählerin in der alttestamentlichen Geschichte des Turmbaus zu Babel (Genesis 11, 1–9) belegt, die die Achtung Gottes vor der Sprache als »Instrument seiner Untergebenen […], sich gegen ihn zusammenzuschließen« (StF, 89), illustriert. Diese Episode versetzt die Erzählerin gedanklich in die Gegenwart, um den Kontrast zur Ohnmacht der Sprache in unserer kommunikationsunfähigen Gesellschaft zu veranschaulichen. Auch der moderne Mensch versteht die »basic language« (StF, 89), überlegt sie, und kennt die technische Stimme, mit deren Hilfe der »Turm mit Raketenantrieb« (StF, 89) in den Kosmos geschickt wird. »Nur manchmal stürzen die Türme wieder herunter, mit ihrer blutigen Fracht« (StF, 89), kommentiert sie in deutlicher Anspielung auf die Katastrophe der NASA-Raumfähre *Challenger* am 28. Januar 1986, wodurch die gesamte astronautische Forschung zuerst angesichts ihres hohen Risikos angezweifelt wird. Zudem fühlt sich die Erzählerin durch die Betrachtung der untergehenden Sonne und die Erinnerung an das Lied »Holde Abendsonne, / Wie bist du so schön« (1788) von Barbara Urner (StF, 91) in ihrer Überzeugung bestärkt, dass die Menschen im Weltall allein sind. Damit rechtfertigt sie zuletzt ihre Infragestellung der Versuche, mit »Raketentürme[n]«, »Sonden« und »Kosmosschiffen« (StF, 91) im Weltraum nach menschenähnlichen Wesen zu suchen, zumal nichts für den Erfolg der ausgesandten Botschaften bürgen kann, »wenn diejenigen, die sie erfanden und herstellen, unfähig geworden sind, in das Haus ihres Nachbarn zu gehen und ihm ein menschliches Signal, ein Lächeln, zu entlocken –« (StF, 91). Wenn das Kommunikationsmittel Sprache von den Menschen auf Erden nicht auch als Sozialisationsmittel wahrgenommen wird, ist die Suche nach außerirdischen Wesen sinnlos.

Diese Überlegung zur Sprache als identitätsbildender und den Austausch vermittelnder Faktor wird daraufhin mit der Lektüre der Autobiographie von Charlotte Wolff (*Hindsight*, 1980; deutsche Fassung: *Augenblicke verändern uns mehr als die Zeit. Eine Autobiographie*, 1982, mit einem Vorwort von Christa Wolf) verknüpft. Darin liest die Erzählerin, dass die Menschen in unserem Zeitalter wegen des festgelegten sozialen Codes eine vorbestimmte Rolle spielen und ihre wahre Identität unter einer Maske verbergen, die durch Sprache bzw. Literatur aufrechterhalten oder auch abgerissen werden kann, wenn sie zum Hervorschimmern des authentischen Selbst unter Zeilen beiträgt, die sich bewusst oder unbewusst nach dem sozialen Code richten (vgl. StF, 88). Angesprochen wird hiermit die Lenkung durch Sprache bzw. Literatur, von der in *Störfall* verschiedene, der Erzählerin immer näher kommende Varianten dargestellt werden. Zunächst wird Manipulation im alltäglichen Sprachgebrauch und thematisch in Bezug auf die Vergangenheit im Nationalsozialismus vorgeführt. Die Entdeckung eines vierblättrigen Kleeblatts im Garten belebt bei der Erzählerin die Erinnerung an Naturgedichte, die zur Freude aufrufen, wie die Anfangsverse »Wie herrlich leuchtet / Mir die Natur!« (Goethe [1775] 1985, 162; vgl. StF, 44) von Goethes »Maifest«. Gleich danach muss sie aber an die jammernde fremde Frau denken, die sie vor einer Woche gerade auf die Stelle in ihrem Garten, wo das Kleeblatt wuchs, aufmerksam gemacht hat. Ihre Familie habe früher im Haus der Erzählerin gelebt und genau da sei ihr im Krieg als Fahrer tätiger Vater, im Sommer 1945 von den Russen abgeholt worden. Die darauf folgende Präzisierung ihres gelangweilten Sohnes, der Großvater sei Fahrer »bei der Gestapo« (StF, 45) gewesen, liefert nicht nur eine plausible Rechtfertigung der Strafe – der Fahrer ist in ein sowjetisches Lager gebracht worden, wo er gestorben ist –, sondern deckt zugleich die selbstauferlegte Zensur der Frau auf, die dieses wichtige Detail und somit die implizite Mitschuld ihres Vaters verschwiegen hatte. Eine plausible Erklärung für die Handlungsweise der unbekannten Frau liefert ein paralleles, nur vage angedeutetes Beispiel von Selbstzensur im literarischen Bereich, als eine Freundin der Erzählerin, Schriftstellerin wie sie, zugibt, im Nicht-verstanden-werden-können sei »eine Art Selbstschutz« (StF, 31).

Auf der Spur von Zeichen davon, dass ihre eigene Literatur zum Abriss des festgelegten sozialen Codes beiträgt, bewertet die Ich-Erzählerin die Blätter auf ihrem Arbeitstisch und bezieht sie auf gewisse Dokumente, deren geheime Schrift sich unter einem belanglosen Text versteckt und erst unter einer chemischen Behandlung hervortritt. Gleichzeitig stellt sie sich Folgendes vor: »Unter der Bestrahlung habe ich die Schrift auf meinen Seiten verblassen, womöglich schwinden sehen, und ob einst ein dauerhafter Untertext zwischen den Zeilen hervortreten würde, ist noch ungewiß gewesen« (StF, 31 f.). Wenn metaliterarisch mit *Störfall* identifiziert, kann geschlussfolgert werden, dass jener dauerhafte Untertext zwischen den Zeilen in der Tat hervortritt, indem die Erzählerin ihre »über den Rand der Prosa hinausgetreten[en]« (StF, 65) Gedanken und Empfindungen niederschreibt. In dieser Hinsicht ist *Störfall* in Wirklichkeit auch das Buch, das sie »an einem Tag wie diesem würde lesen wollen« und »vermutlich noch nicht geschrieben war« (StF, 64). Bekräftigt wird diese Deutung zudem durch den Verweis auf den Eintrag vom 6. August, dem Jahrestag von Hiroshima, in Hanns Cibulkas Tagebucherzählung *Swantow*: »Genügt es, wenn wir immer nur bis an den Rand des Blattes schreiben? Das weiße Blatt [Papier] hinter sich lassen, über den Rand hinaus schreiben, auch das Ungesagte hörbar machen. Im Ungesagten vollzieht sich das Schreckliche, das Unerträgliche unserer Zeit« (Cibulka 1981, 45; vgl. Cibulka 1982, 74). Wenn in *Swantow* dieses Ungesagte über die Gefährdung durch die friedliche Nutzung von Kernenergie anhand der Thematisierung des Normalbetriebs eines Kernkraftwerks hörbar gemacht wird, gelingt in *Störfall* dasselbe durch die scheinbar belanglose Reflexion einer mit gewöhnlichen Hausarbeiten beschäftigten Frau nach der Nuklearkatastrophe.

Diese Erkenntnis führt die Erzählerin ferner zur Infragestellung ihres eigenen literarischen Diskurses bis zu diesem Zeitpunkt, der die beschriebenen Personen zu Betroffenen, Beobachteten, Aufgespießten, Kategorisierten, Verkannten und/oder Verratenen (vgl. StF, 103) machte. Das stellt sich nun als Ursache ihres Wort- und Selbst-Ekels als Autorin und somit als dritte, mit ihrem Beruf als Schriftstellerin assoziierbare Schuld heraus. Erneut wird ihr aber, da sie im Schweigen auch nur Selbstbetrug sieht, von der Literatur die Lösung gezeigt. Sie evoziert zwei Verse aus Friedrich Hebbels Tragödie *Gyges und sein Ring* (1856), jene Worte des prahlerischen Königs Kandaules zu seinem Freund Gyges, als er ihn im 4. Akt bittet, Gyges solle ihn vor seiner geschmähten Gemahlin Rhodope nicht entschuldigen, sondern »nur sagen, wie es kam« (StF, 103). Bekanntlich bestand die Schmach der Königin in der Anmaßung Kandaules', der Gyges dazu gedrängt hat, ihn im Schutz eines unsichtbar machenden Zauberrings nachts in das Gemach Rhodopes zu begleiten, um sie unverschleiert zu sehen und ihm dann deren Schönheit bestätigen zu können. Im erwähnten Zitat, »nur sagen, wie es kam«, genießt die Erzählerin besonders das »nur«, wodurch sie ihre »Selbstzensur schwinden« (StF, 101) spürt, ihren Wort- und Selbst-Ekel überwindet und sich als Schriftstellerin wieder der Sprache freut.

Dialog, Selbstbefragung und auktoriale Zwischenbilanz

Störfall ist zugleich besorgter Beitrag zur Umwelt- und Kernenergiediskussion, literarische Widerspiegelung der naturwissenschaftlichen Interessen Christa Wolfs und metaliterarische Stellungnahme zum Schriftsteller-Beruf in Zeiten existentieller Bedrohung. Die Überlegungen der Ich-Erzählerin, einer Schriftstellerin, über die Umweltbelastung und die atomare Gefahr, über das Zeitgeschehen und die Weltlage werden im tagebuchartigen Schreiben und im regen literarischen Dialog u. a. mit Friedrich Schiller, den Brüdern Jacob und Wilhelm Grimm, Joseph Conrad und Hanns Cibulka mit der Selbstbefragung verknüpft. Durch die verschiedenen Intertexte macht Christa Wolf auf die globale Dimension der von der technologisch-wissenschaftlichen Entwicklung bedingten Bedrohung aus diachronischer Perspektive und auch aus ideologisch-politischer Sicht aufmerksam. Wenn die Bezugnahme zu Brechts Gedicht »1940« die Bombardierungen im Zweiten Weltkrieg evoziert, erinnert die Erwähnung von »Die Vögel und der Test« von Stephan Hermlin an die US-amerikanischen Wasserstoffbombenversuche der 1950er Jahre. Mit *Störfall* schließt sich nun der Reaktorunfall, der unbenannt bleibt, aber im »Heimatland des Sozialismus« (Rey 1989, 374) stattfand, an dieses vernichtende Erbe an. Die engagierte Absicht Christa Wolfs bei der Niederschrift kommt besonders bei der Berücksichtigung von zwei Zeitdokumenten ans Licht. Der 1980 in ihrer Büchner-Preis-Rede geäußerte Wunsch: »Soll Literatur endlich einmal, dieses eine Mal, beim Wort genommen und herangezogen werden, um sichern zu helfen den Bestand des Irdischen« (WA 8, 200), wird 1987 in der Dankrede für den Geschwister-Scholl-Preis zu einer eher resigniert anmutenden Frage: »Natürlich frage ich mich, wie ich, schreibend, andere [als die der Politiker, Medien und Konsumindustrie], produktive Bedürfnisse entwickeln helfen kann, die nur in innerlich unabhängigen, kritisch denkenden und verantwortlich handelnden Menschen entstehen« (WA 12, 108). Naturwissenschaftliche, wirtschaftliche, politische und mediale Unverantwortlichkeit sucht Christa Wolf demnach mit einem schriftstellerischen Ethos zu kontern, das sie aber an ihrem eigenen Beispiel als Autorin in Frage stellt. In den vielen Querverweisen und Überschneidungen vor allem zu *Kindheitsmuster* und *Kassandra* lässt sich dementsprechend eine inquisitorische auktoriale Zwischenbilanz registrieren (s. Kap. II.D.24 und s. Kap. II.F.34).

In *Störfall* ist nicht zuletzt auch die Stimme der Schriftstellerin Christa Wolf im ideologisch-politischen Terrain vernehmbar. Ihre Ich-Erzählerin macht »eine neue Erfahrung mit einer bösen Art von Freiheit« (StF, 32), die in dem Sinne jener Aussage von Schillers Wilhelm Tell verstanden werden kann, als er sich vom verschuldeten Gehorsam Geßler gegenüber frei erklärt. Im Kontext des Reaktorunfalls betont Wolf durch diese subtile intertextuelle Assoziation, dass eine Regierung, die wissentlich das Leben der Zivilbevölkerung der atomaren Gefahr aussetzt, Gehorsam nicht verdient. Als die Erzählerin aber demnächst den Wunsch äußert: »Wie freudig würde ich mich weiter auf ein Ziel zubewegen, zu dem der Abstand sich nie verringern würde« (StF, 32), wird zudem die Erkenntnis der offiziellen Verabschiedung von der Utopie hörbar. Das trotzige Bekenntnis der erzählenden Schriftstellerin zur Utopie in der Erwiderung: »Wie aber könnte ich gehen ohne Ziel?« (StF, 32), deren grundlegende Bedeutung durch ihre Absonderung zwischen zwei längeren Absätzen signalisiert wird, verkündet, dass sie von der neu entdeckten »bösen Art von Freiheit« Gebrauch macht.

Literatur

Ankum, Katharina von: Christa Wolfs Poetik des Alltags: Von *Juninachmittag* bis *Was bleibt*. In: Ute Brandes (Hg.): *Zwischen gestern und morgen. Schriftstellerinnen der DDR aus amerikanischer Sicht*. Berlin u. a. 1992, 183–198.

Beck, Ulrich: Die Gefahr verändert alles. In: *Die Zeit*, 26.9.1986, 92.

Brecht, Bertolt: *Große kommentierte Berliner und Frankfurter Ausgabe*. Bd. 11: *Gedichte 1*. Bearb. v. Jan Knopf und Gabriele Knopf. Frankfurt a. M. 1988a.

Brecht, Bertolt: *Große kommentierte Berliner und Frankfurter Ausgabe*. Bd. 12: *Gedichte 2*. Bearb. v. Jan Knopf. Frankfurt a. M. 1988b.

Cibulka, Hanns: Swantow. In: *Neue Deutsche Literatur* 29 (1981), H. 4, 23–52.

Cibulka, Hanns: *Swantow. Die Aufzeichnungen des Andreas Flemming*. Halle/Leipzig 1982.

Emmerich, Wolfgang: *Kleine Literaturgeschichte der DDR*. Leipzig 1996.

Firsching, Annette: *Kontinuität und Wandel im Werk von Christa Wolf*. Würzburg 1996.

Fox, Thomas C.: Feministische Revisionen. Christa Wolfs *Störfall*. In: Paul Michael Lützeler (Hg.): *Spätmoderne und Postmoderne. Beiträge zur deutschsprachigen Gegenwartsliteratur*. Frankfurt a. M. 1991, 211–223.

Goethe, Johann Wolfgang: *Sämtliche Werke nach Epochen seines Schaffens*. Bd. I.I: *Der junge Goethe 1757–1775*. Hg. v. Gerhard Sauder. München 1985.

Grimm, Brüder: *Kinder- und Hausmärchen* [1812]. Bd. 1. Stuttgart 1984.

Haines, Brigid: The reader, the writer, her narrator and their text(s): Intertextuality in Christa Wolf's *Störfall*. In: Ian Wallace (Hg.): *Christa Wolf in Perspective*. Amsterdam/Atlanta, GA 1994, 157–172.

Hausmann, Reinhild: Die Literaturrezeption in Christa Wolfs Erzählung *Störfall*. In: *Zeitschrift für Germanistik*. Neue Folge 2 (1992), H. 2, 284–299.

Hermlin, Stephan: *Gesammelte Gedichte*. München/Wien 1979.

Hilzinger, Sonja: »Unerschrocken ins Herz der Finsternis«. Überlegungen zur Funktion des Schreibens in *Störfall*. In: Michel Vanhelleputte (Hg.): *Christa Wolf in feministischer Sicht. Referate eines am 7. und 8. Dezember 1989 an der Vrije Universiteit Brussel veranstalteten Kolloquiums*. Frankfurt a. M. 1992, 103–113.

Hilzinger, Sonja: *Christa Wolf*. Frankfurt a. M. 2007.

Hilzinger, Sonja: *Christa und Gerhard Wolf. Gemeinsam gelebte Zeit*. Berlin 2014.

Hoffmann von Fallersleben: *Gedichte*. Auswahl von Frauenhand. Halle o. J.

Jambon, Sabine: *Moos, Störfall und abruptes Ende. Literarische Ikonographie der erzählenden Umweltliteratur und das »Bild«gedächtnis der Ökologiebewegung*. Dissertation (1999); umweltliteratur.wordpress.com (7.11.2013).

Jungk, Robert: Vorwort. In: Zhores Medwedjew: *Bericht und Analyse der bisher geheimgehaltenen Atomkatastrophe in der UdSSR*. Hamburg 1979, 7–13.

Kaufmann, Eva: »Unerschrocken ins Herz der Finsternis«. Zu Christa Wolfs *Störfall*. In: Angela Drescher (Hg.): *Christa Wolf. Ein Arbeitsbuch. Studien – Dokumente – Bibliographie*. Berlin/Weimar 1989, 252–269.

Kaufmann, Eva: »… schreiben, als ob meine Arbeit noch immer wieder gebraucht würde«. Überlegungen zur Utopie bei Christa Wolf. In: Michel Vanhelleputte (Hg.): *Christa Wolf in feministischer Sicht. Referate eines am 7. und 8. Dezember 1989 an der Vrije Universität

Brussel veranstalteten Kolloquiums. Frankfurt a. M. 1992, 23–32.

Kuhn, Anna K.: *Christa Wolfs' Utopian Vision. From Marxism to Feminism.* Cambridge 1988.

Kunert, Günter/Girnus, Wilhelm: Anläßlich Ritsos. Ein Briefwechsel zwischen Günter Kunert und Wilhelm Girnus. In: *Sinn und Form* 31 (1979), H. 4, 850–864.

Magenau, Jörg: *Christa Wolf. Eine Biographie.* Überarb. u. erw. Neuausgabe. Reinbek bei Hamburg 2013.

Medwedjew, Zhores: *Bericht und Analyse der bisher geheimgehaltenen Atomkatastrophe in der UdSSR.* Aus dem Russischen v. Dr. Anne Herbst-Ottmanns. Hamburg 1979.

Rey, William H.: Blitze im Herzen der Finsternis. Die neue Anthropologie in Christa Wolfs *Störfall*. In: *The German Quarterly* 62 (1989), H. 3, 373–383.

Schacht, Ulrich: Brot und Kräuter schneiden. Was Christa Wolf zu Tschernobyl einfiel. In: *Die Welt*, 16.5.1987.

Schiller, Friedrich: *Sämtliche Werke.* Bd. 1: *Gedichte/Dramen I.* Hg. v. Gerhard Fricke, Herbert G. Göpfert u. Herbert Stubenrauch. München ^{4}1965a.

Schiller, Friedrich: *Sämtliche Werke.* Bd. 2: *Dramen II.* Hg. v. Gerhard Fricke, Herbert G. Göpfert u. Herbert Stubenrauch. München ^{4}1965b.

Simon, Jana: *Sei dennoch unverzagt. Gespräche mit meinen Großeltern Christa und Gerhard Wolf.* Berlin ^{3}2013.

Wolf, Christa: *Rede, daß ich dich sehe. Essays, Reden, Gespräche.* Berlin 2012.

Ziller, Ursula: Christa Wolf: Störfall. Nachrichten eines Tages. In: Herbert Kaiser u. Gerhard Köpf (Hg.): *Erzählen. Erinnern. Deutsche Prosa der Gegenwart. Interpretationen.* Frankfurt a. M. 1992, 354–371.

Loreto Vilar

H Demontagen und Bleibendes

1989 – Das Jahr der Hoffnungen

Der Herbst 1989 und die nachfolgenden, nicht vorhersehbaren Ereignisse und Entwicklungen griffen in das Leben und das Selbstverständnis aller DDR-Bürger tief ein. 1989 hatten sich die Krisensymptome in der DDR verdichtet: Bürgerrechtler kontrollierten im Mai die Kommunalwahlen und machten den Wahlbetrug publik. Die SED-Führung erklärte ihre Solidarität mit China, als im Juni die reformorientierten Proteste auf dem Pekinger Platz des Himmlischen Friedens blutig beendet wurden. Die Zahl der Flüchtlinge stieg durch Botschaftsbesetzungen und den Abbau der ungarischen Grenzanlagen enorm an. Im September und Oktober gründeten sich Bürgerinitiativen wie »Demokratie jetzt«, »Neues Forum« und »Demokratischer Aufbruch«; in Leipzig fanden seit dem Spätsommer die Friedensgebete in der Nikolaikirche wachsenden Zuspruch, zunächst von Ausreisewilligen, mehr und mehr aber von Menschen unterschiedlicher Prägung, die nach dem sowjetischen Vorbild von Glasnost und Perestroika Veränderungen auch in der DDR erwarteten.

Christa Wolf war im Juni 1989 aus der SED ohne größeres Aufsehen ausgetreten, als die Mitglieder ihre Parteizugehörigkeit auf Formblättern bestätigen mussten; dieser »geräuschlose« Austritt sollte vermeiden, der Partei durch einen demonstrativen Akt zu schaden (vgl. Magenau 2013, 371). Sie schloss sich keiner der oppositionellen Gruppierungen an, war aber mit ihnen im Gespräch (vgl. WA 12, 140). Beunruhigt über den Weggang so vieler Menschen, v. a. junger, verfasste sie mit befreundeten Autorinnen eine Resolution, die einen umfassenden demokratischen Dialog forderte und im September 1989 auf der Mitgliederversammlung des Berliner Schriftstellerverbandes mit großer Mehrheit angenommen wurde. Wie wirkungslos derartige Appelle waren, konnte Christa Wolf wenig später erfahren, und zwar im Zusammenhang mit der Feier des 40. Jahrestages der DDR am 7. Oktober und dem Besuch Michail Gorbatschows. Das gewalttätige Vorgehen der Sicherheitskräfte gegen Demonstranten und unbeteiligte Passanten geriet auch zu einem einschneidenden familiären Ereignis, denn die ältere Tochter der Wolfs und deren Mann wurden festgenommen und konnten die Vorgänge und die entwürdigende Behandlung der Festgenommenen aus eigener Erfahrung schildern (s. Kap. I.6).

Vor diesem Hintergrund ist zu sehen, dass Christa Wolf in einem Interview, das sie dem Deutschlandfunk am 8. Oktober gab, die potentiellen Demonstranten des bevorstehenden Leipziger Montags zur Zurückhaltung mahnte, um nicht die Rechtfertigung für einen »harten Kurs« (WA 12, 138) zu geben – sie hatte, wie viele Menschen damals, Angst vor einer ›chinesischen Lösung‹. Bekanntlich kam es dazu nicht; die Demonstration am 9. Oktober in Leipzig verlief unblutig und wurde zum Wendepunkt. Fortan zog montags eine wachsende Menschenmenge über den Leipziger Innenstadt-Ring und forderte Reformen, und auch in anderen Städten wurden (Montags-)Demonstrationen organisiert. Die größte Kundgebung in der Geschichte der DDR fand am 4. November auf dem Berliner Alexanderplatz statt, als etwa eine halbe bis eine Million Menschen dem Aufruf von Theaterleuten folgte und eine grundlegende Erneuerung des Landes verlangte.

Wie andere reformsozialistische Schriftsteller auch, verband Christa Wolf die gewaltlose Selbstermächtigung des Volkes mit der Hoffnung auf die Realisierung einer demokratisch-sozialistischen Alternative zur Bundesrepublik. Sie engagierte sich mit Aufrufen und Artikeln, im PEN-Club und an der Ostberliner Akademie der Künste, etablierte einen Gesprächskreis zu aktuellen Fragen mit Vertretern verschiedener Fachdisziplinen, geriet in den »Strudel« von Versammlungen, Beratungen und Meetings, arbeitete mit an der Präambel für die Verfassung einer erneuerten DDR und gewöhnte sich daran, »Mitwirkende in einer Art von Politkrimi zu sein« (WA 12, 238). Besonders wichtig war für sie die Beteiligung an der Untersuchungskommission, die die skandalösen Vorgänge in Berlin vom 7. und 8. Oktober aufarbeitete und die sie als eine »Schule der Demokratie« (WA 12, 159) betrachtete. Die bald von bundesdeutschen Politikern und vielen DDR-Bürgern artikulierten Forderungen nach der deutschen Wiedervereinigung führten indes rasch zur Desillusionierung (vgl. zu diesem Zeitabschnitt Magenau 2013, 381–400).

39 »Im Dialog« / »Reden im Herbst« (1990)

Einen Einblick in die Erkenntnis- und Gefühlsprozesse der Zeit vom Herbst 1988 bis zum März 1990 gewährt ein schmaler Band, der Texte aus jener Phase versammelt und im April 1990 parallel unter dem Titel *Reden im Herbst* im Aufbau-Verlag bzw. *Im Dialog* bei Suhrkamp erschien. Christa Wolf war nicht die einzige ostdeutsche Autorin, die 1990 ihre jüngst verfassten Reden, Interviews und andere Beiträge publizierte; auch andere prominente Schriftsteller meldeten sich zu Wort: Christoph Hein mit dem Band *Die fünfte Grundrechenart*, Stefan Heym mit *Einmischung*, Friedrich Dieckmann mit *Glockenläuten und offene Fragen*. Auch Heiner Müller veröffentlichte Interviews, die Fritz Raddatz mit ihm geführt hatte, unter dem Titel »*Zur Lage der Nation*«. Entstanden unter dem unmittelbaren Eindruck der Ereignisse, dokumentieren diese Bücher, wie Intellektuelle die Vorgänge in der sich auflösenden DDR, selbst involviert und überrascht, wahrnahmen und reflektierten.

Reden im Herbst resp. *Im Dialog* versammelt heterogene, im Wesentlichen chronologisch geordnete Texte: Briefe mit offiziellem Charakter, einen Nachruf auf Erich Fried, etliche Reden und einige längere Interviews. Bereits zum Zeitpunkt der Veröffentlichung erschienen sie Christa Wolf als »meist überholt« (WA 12, 233), da situationsgebunden und oft einem Ausnahmezustand unter dem Druck der rasanten Entwicklungen entsprungen: »Und keine Minute, um abzuwägen und zu überlegen. Kein Abstand, der erlaubt hätte, mir bei meinen Aktivitäten selber zuzusehen« (WA 12, 233). Zwei Briefe belegen Christa Wolfs Einmischung im Fall von Menschenrechtsverletzungen: In einem Schreiben an das PEN-Zentrum der DDR forderte sie im Februar 1989, sich für die Freilassung des inhaftierten tschechischen Kollegen Václav Havel einzusetzen. Dem Generalstaatsanwalt der DDR, Günter Wendland, der das Vorgehen der Sicherheitskräfte in Berlin als Reaktion auf angebliche Provokationen gerechtfertigt hatte, widersprach sie im Oktober 1989 und forderte ihn dazu auf, sich auf die Seite der zu Unrecht misshandelten Bürger zu stellen. Die Reden und Interviews lassen mehrere thematische Schwerpunkte erkennen: die eigene biographische Entwicklung, die damit zusammenhängende Frage der Identität (konzentriert auf die politische Orientierung), die Reflexion der Rolle von Literatur und Schriftstellern und die Analyse der aktuellen politischen Vorgänge.

Generationszugehörigkeit und »Kindheitsmuster«

Auch in ihren in der ›Wendezeit‹ entstandenen Texten kommt Christa Wolf wiederholt auf eines ihrer Lebensthemen, das Aufwachsen im Nationalsozialismus und die Zäsur von 1945, zu sprechen. Hier wird noch einmal deutlich, wie zentral für ihre Selbstanalyse die Generationszugehörigkeit war: Die Einsicht in die nationalsozialistischen Verbrechen zerstörte die jugendliche Übereinstimmung mit dem NS-System und machte für neue Denkmodelle bereit (s. Kap. I.1). Der Antifaschismus bot die Basis einer neuen, intensiven kollektiven Identität. Schuldgefühle, die starke Bindung an Kommunisten und andere Nazigegner, die unter Hitler inhaftiert gewesen waren, und die Möglichkeit, im jungen DDR-Staat früh Verantwortung zu übernehmen, erschwerten es dieser Generation, stalinistische Strukturen zu erkennen und sich von Autoritäten zu lösen. Viele Angehörige ihrer Generation, so mutmaßt Christa Wolf, würden bei einem offenen Gespräch mit Jüngeren erstaunt sein über das »Maß an Selbstverleugnung, Selbstzweifel und dauernder Über-Anstrengung«, das zum Vorschein käme (WA 12, 62).

Im Zusammenhang mit dieser Problematik steht der Themenkomplex der Selbsterforschung. Vor allem in den Interviews artikuliert sich Christa Wolfs in den zurückliegenden Jahrzehnten gewachsenes psychologisches Interesse, das bereits ihre fiktionalen Texte prägte und individuellen Problemen galt, sofern sie gesellschaftsrelevant waren. Im Mittelpunkt ihrer Überlegungen stehen mentale und psychische Strukturen, die durch Erziehung grundgelegt werden, »Kindheitsmuster« eben, zu denen ganz zentral die Verdrängung von Gefühlen wie Trauer und Schmerz gehört. Das ist für sie eine kulturell bedingte Prägung, von der sie in besonderem Maße Männer betroffen sieht, die bereits »als kleine Jungen die Technik der Panzerung« (WA 12, 220) hätten erlernen müssen. Mehrfach weist sie auf die Beharrlichkeit unbewusster Mentalitäten und die Schwierigkeiten eines echten Bewusstseinswandels hin, die gerade für ihre Generation die Gefahr bargen, nach 1945 »eine Heilslehre gegen eine andere auszutauschen«, da es viel schwieriger sei, »neue Strukturen im Fühlen und Denken zu entwickeln«, als »alte Glaubensinhalte gegen neue auszuwechseln« (WA 12, 131). Die kritische Auseinandersetzung mit anerzogenen Gefühlsmustern war für Christa Wolf keine retrospektive Angelegenheit, sondern eine Forderung in der aktuellen Debatte über Fehlentwicklungen in der DDR und die eigenen Verstrickungen ins System. Immer wieder findet sich in ihren Texten ein psychologisches Vokabular, wenn es um diese Problematik geht: Trauer, Schmerz, Reue und Scham. Man könne sich den Schmerz durch das Aufbrechen jahrzehntealter Verkrustungen »nicht ersparen« (WA 12, 192), heißt es beispielsweise. Ihr ging es um einen »produktiven Schmerz« (WA 12, 193) und die Schaffung einer Atmosphäre, die nicht von Anklagen bestimmt ist, sondern von der Möglichkeit zu Lern- und Veränderungsprozessen. Diese Überlegungen sind unverkennbar inspiriert von Alexander und Margarete Mitscherlichs Buch *Die Unfähigkeit zu trauern* (1967), das die psychischen Abwehrmechanismen der deutschen Bevölkerung nach dem Ende der nationalsozialistischen Diktatur analysiert hatte. Was unter der Zensur des Bewusstseins nicht als schmerzliche Erinnerung eingelassen werde, so resümierten die Autoren, könne ungebeten zurückkehren, denn es sei nicht »bewältigte« Vergangenheit geworden, d. h. keine »Vergangenheit, um deren Verständnis man sich bemüht« habe (Mitscherlich 1967, 82).

Als wichtiges Anliegen schält sich aus den Texten deshalb auch die Analyse der repressiven Strukturen in der DDR heraus, die immer mit selbstkritischer Betrachtung verbunden wird. Ende Oktober 1989 forderte Christa Wolf in der Erlöserkirche Berlin, die Vorgänge um den 7. Oktober zu untersuchen, und setzte die gesellschaftliche Erneuerung mit der »Selbstbefragung und Selbstkritik eines jeden einzelnen« (WA 12, 160) in Beziehung. Diese Intention verfolgte auch ein Artikel in der *Wochenpost*, den sie unter dem Titel »Das haben wir nicht gelernt« am 21. Oktober 1989 veröffentlichte. Darin prangerte sie scharf die Gängelung und Entmündigung an, die das Bildungswesen in der DDR praktiziert hatte, das *pars pro toto* für die Unwahrhaftigkeit und Konfliktunfähigkeit des Systems steht. Zwar vermied sie jede pauschale Verurteilung der Lehrerschaft, aber der Beitrag rief dennoch unerwartet heftige Reaktionen hervor. Das Spektrum der Zuschriften reichte vom Eingeständnis der eigenen Unterdrückung kritischen Denkens bis zur Leugnung der Wirklichkeit, zur Beschimpfung und Drohung. Die Schriftstellerin, offensichtlich überrascht, ging drei Wochen später im Artikel »Es tut weh zu wissen« darauf ein. In der Vorbemerkung zu den *Reden im Herbst* deutet Christa Wolf den Hass, das Rachebedürfnis und den »Wiedervereinigungsfuror«, die sie in diesen Leserbriefen fand, als Symptom einer »schwer beschädigten Identität«, die nun an einer wirklich oder scheinbar intakten (gesamtdeutschen) Identität Halt suche (WA 12, 241 f.). Wenn man in Betracht zieht, dass den meisten DDR-Bürgern eben alle Selbstverständlichkeiten abhanden kamen, trifft die Diagnose einer Identitätskrise – und d. h. Orientierungskrise – durchaus zu. Allerdings wird deutlich, dass sich Christa Wolf, wie andere reformsozialistische Intellektuelle auch, über die idealistische Bereitschaft der Mehrheit der Gesellschaft, einen langwierigen Prozess im Zeichen einer äußerst vagen Vorstellung von Sozialismus mitzutragen, getäuscht hatte. Sie reflektierte ihre Verfassung selbst in der Hildesheimer Rede zur Verleihung der Ehrendoktorwürde vom 31. Januar 1990 mit der Frage: »Linke Melancholie?« (WA 12, 229). Man kann dies als Anspielung auf das Freudsche Verständnis der Melancholie verstehen und damit als Aufforderung an sich selbst, die Bindung an das verlorengegangene Liebesobjekt – in diesem Fall die Utopie – einer kritischen Prüfung zu unterziehen (vgl. dazu auch Emmerich 1994; Emmerich 2009, 456–462).

Hoffnung auf Erneuerung

Die Äußerungen zur politischen Entwicklung in der DDR lassen schlaglichtartig erkennen, wie turbulent und emotionsgeladen es zuging in jener Zeit, die auch eine »Zeit für Gutgläubigkeit, Unerfahrenheit, für Illusionen« war (WA 12, 242). In der Phase bis zur gewaltfreien Leipziger Montagsdemonstration artikuliert Christa Wolf ihre Beunruhigung über die Flüchtlingsströme und fordert das offene Gespräch über Probleme in der DDR. Besonders das Interview mit dem Deutschlandfunk vom 8. Oktober 1989 ist diesbezüglich wichtig, da es aufgrund der Reichweite des Senders potentiell alle DDR-Bürger erreichen konnte und nicht nur die indirekten Adressaten, die verantwortlichen Funktionäre an der Spitze der DDR. An letztere richtete Christa Wolf die Mahnung, die oppositionellen Gruppierungen nicht als staatsfeindliche Gegner zu kriminalisieren, sondern deren Potential an Ideen und Kreativität als Chance für die notwendige Erneuerung zu nutzen. Zugleich wird ihr Bemühen erkennbar, mit ihrer Kritik an der DDR-Führung nicht von konservativen politischen Kräften in der Bundesrepublik vereinnahmt zu werden. Sie grenzte sich von denjenigen ab, die »plötzlich die Formel von der Wiedervereinigung aus der Kiste herausholen« (WA 12, 139), und plädierte für Reformen in der DDR, die es erlauben, »Strukturen zu entwickeln, die sich produktiv auf eine sozialistische Gesellschaft hinbewegen könnten« (WA 12, 144). Diese vorsichtige Formulierung favorisiert eine gesellschaftliche Erneuerung mit Prozesscharakter, die im Kontext von weiter ausgreifenden kapitalismuskritischen Überlegungen steht und letztlich auf die grundlegenden Probleme der Industriegesellschaften mit ihrem ambivalenten wissenschaftlichen und technischen Potential zielt. Christa Wolf spricht deshalb von der »Alternative«, die auch im Interesse der Bundesrepublik liegen müsse (vgl. WA 12, 145) und deren Aufgabe sie darin sieht, die ökonomische Leistungskraft des kapitalistischen Systems und die Regulierungsmechanismen, mit denen das sozialistische System die Profitinteressen von Unternehmen begrenzt und den Gemeinnutz präferiert, zu verbinden.

Die Hoffnung auf eine solche Entwicklung bekundete Christa Wolf öffentlichkeitswirksam in der Rede, die sie am 4. November 1989 auf dem Alexanderplatz hielt und die den vielzitierten Satz enthält: »Stell dir vor, es ist Sozialismus, und keiner geht weg!« (WA 12, 184). In diesen Zusammenhang gehört ebenfalls der Aufruf »Für unser Land« vom 28. November, zu dessen Erstunterzeichnern Christa Wolf zählte und den sie wenige Monate später wegen seines zu einfachen »Entweder-Oder« (WA 12, 241) selbst als missglückt ansah. Die Ereignisse destruierten rasch die Idee einer (zumindest zunächst) selbständigen und sich reformierenden DDR. Mehrere Millionen Menschen reisten unmittelbar nach dem Mauerfall in den Westen und setzten das sog. Begrüßungsgeld, das jeder DDR-Bürger erhielt, in lang ersehnte Konsumartikel um. Der Stimmungswandel manifestierte sich im Ruf »Wir sind ein Volk!«, der seit November auf den Demonstrationen skandiert wurde und die Pläne einer Konföderation zwischen Bundesrepublik Deutschland und DDR obsolet machte. Hinzu kamen erste Berichte über Machtmissbrauch und Korruption führender Funktionäre. Im Dezember 1989 äußerte sich Christa Wolf gegenüber der niederländischen Schriftstellerin und Journalistin Aafke Steenhuis bereits ernüchtert und realistisch: Die Menschen strebten jetzt nach materiellen Werten und hätten auch ein Recht darauf. »Nur, ich glaube, es wird wieder eine Zeit kommen, in der man sich fragt, was man eigentlich dem hemmungslosen Effizienz- und Konkurrenzdenken entgegensetzen kann. Für diese Zeit müssen wir ein ganz kleines Fünkchen bewahren« (WA 12, 210).

In der Rede zur Verleihung der Ehrendoktorwürde der Universität Hildesheim am 31. Januar 1990 resümierte Christa Wolf, dass sie sich in ihrer Erwartung einer revolutionären Erneuerung getäuscht habe und der Aufbruch wohl um Jahre zu spät gekommen sei, da die Schäden in vielen Menschen und im Land zu tief seien (vgl. WA 12, 229). Den Gedanken an eine alternative Gesellschaft gab sie damit nicht auf, sondern hielt es für möglich, dass das »Bedürfnis nach einem utopischen Denken wieder wachsen« könne, nicht theoretisch gesteuert, sondern »aus dem Alltagsleben heraus« (WA 12, 231 f.). Opportun waren derartige Überlegungen damals nicht. An die generelle Abwertung von Utopien, die durch den Zusammenbruch des sozialistischen Staatensystems genährt wurde, erinnert Christa Wolf auch in *Auf dem Weg nach Tabou* und in *Stadt der Engel*.

Schriftsteller und Öffentlichkeit

Als weiterer thematischer Aspekt der Textsammlung lässt sich das Nachdenken über die Aufgabe von Literatur und Schriftstellern ausmachen. Zwar kam einerseits in jenen Monaten des Umbruchs den angesehenen reformsozialistischen Intellektuellen der DDR neben Bürgerrechtlern und Kirchenleuten eine hohe Autorität zu, aber andererseits zeichnete sich bald ab, dass sie die herausgehobene Stellung, die sie aufgrund der unterdrückten Meinungsfreiheit eingenommen hatten, verlieren würden. Das Literatursystem in der DDR war nicht autonom, da die Politik den Supremat beanspruchte und die mediale Öffentlichkeit kontrollierte und zensierte. Diese Beschränkungen entfielen nun. Christa Wolf sah den Posten der Kunst vakant geworden und konstatierte, dass die »Entlassung aus einer Dauer-Überforderung« (WA 12, 231) die Künstler zwar erleichtere, es aber auch Irritationen gebe, weil Bücher und Theaterinszenierungen durch die radikale öffentliche Kritik zu Makulatur geworden seien. Letztlich sieht sie die Aufgabe der Schriftsteller, auch wenn diese künftig »stärker marginalisiert« (ebd.) sein würden, unter veränderten Bedingungen nicht als grundverschieden von der Aufgabe an, die sie in der DDR übernommen hatten: die Widersprüche der Zeit zu reflektieren und bei den Lesern ein kritisches Bewusstsein zu erzeugen bzw. zu stärken.

Dieses poetologische Selbstverständnis, das Literatur auf gesellschaftliche Wirklichkeit verpflichtete, wurde wenig später im sog. Literaturstreit heftig attackiert. In den *Reden im Herbst* deuten sich schon die Verständigungsschwierigkeiten zwischen Ost und West an, die die öffentliche Debatte über die DDR in den 1990er Jahren bestimmten. Die meinungsbildenden westdeutschen Medien konstruierten vor dem Hintergrund des jeweils eigenen Milieus das Bild des Ostdeutschen als das Bild des Anderen, häufig in stereotyper Weise. Kritische Fragen an die eigene Adresse blieben weitgehend aus oder wurden zu wenig in der Öffentlichkeit wahrgenommen (vgl. Ahbe 2009; Kollmorgen/Hans 2011). Die generelle Schieflage der ost-west-deutschen Kommunikation sprach Christa Wolf bereits im Interview mit dem Deutschlandfunk an, indem sie monierte, dass viele Leute in den Westmedien sich ohne weiteres das Recht herausnähmen, die DDR zu beurteilen, aber Leute, die sich entschieden hätten, in der DDR zu bleiben, offenbar nicht berechtigt seien, »ihrerseits etwas Kritisches über die Bundesrepublik zu sagen. Es gibt da eine starke, ich glaube unreflektierte Arroganz« (WA 12, 148).

40 »Was bleibt« (1990) und der Literaturstreit

Die Erzählung *Was bleibt* erschien im Sommer 1990 und wurde zum Anlass genommen für eine umfassende Kritik an Christa Wolfs Person und ihrem literarischen Schaffen. Daraus entwickelte sich eine generelle Debatte über ost- und westdeutsche Literatur, linksintellektuelle Positionen und Literaturkonzepte, die als ›Literaturstreit‹ bezeichnet worden ist. *Was bleibt* ist Christa Wolfs letztes Buch, das noch unter den Bedingungen des geteilten und miteinander verflochtenen ost-west-deutschen Literaturmarktes veröffentlicht wurde, und zwar parallel im Aufbau-Verlag und als Lizenzausgabe bei Luchterhand. Der Text war bereits 1979 entstanden und für die Veröffentlichung lediglich stilistisch überarbeitet worden (WA 10, 330–332; Skare 2008, 134–153). Christa Wolf zeigte dies am Textende durch die Zeitangaben Juni bis Juli 1979/November 1989 an; allerdings wurde nicht ersichtlich, in welchem Maß sie die Erzählung überarbeitet hatte. Es fehlten Paratexte wie ein Nachwort oder eine editorische Notiz, die die Entstehungs- und Veröffentlichungsgeschichte erhellt hätten. Der Text konnte dadurch als »frisiertes Dokument« (Magenau 2013, 408) erscheinen und bot Kritikern eine willkommene Angriffsfläche.

Geschildert wird ein Tag im Leben einer Ostberliner Schriftstellerin, die ostentativ von der Staatssicherheit überwacht wird. Dieser Tag lässt sich durch Anspielungen auf das Frühjahr 1979 datieren: Von März ist explizit die Rede (Wb, 223), und das Jahr erschließt sich durch Hinweise auf Ereignisse wie die Energiekrise, die Islamische Revolution im Iran und Abrüstungsverhandlungen, mit denen SALT II gemeint ist. Weitere Zeitangaben – die auffälligen Männer in ihren Autos stehen seit zwei Jahren vor dem Haus, die Erzählerin erwähnt »kalte Novembernächte« (Wb, 231) – machen zudem das Ereignis transparent, das die offene Observierung veranlasste: die Ausbürgerung Wolf Biermanns im November 1976. Christa Wolf gehörte zu denjenigen Schriftstellern und Künstlern, die die Petition gegen die Ausbürgerung initiierten (s. Kap. I.4 und s. Kap. II.E.27) und deshalb von der SED gemaßregelt wurden. Die Repressionen, mit denen die Partei damals gegen kritische Köpfe in den eigenen Reihen vorging, führten dazu, dass Christa Wolf, nach einem längeren Ablösungsprozess, die Identifikation mit dem bestehenden System und die Hoffnung auf dessen Reformierbarkeit aufgab. Auch diesen Prozess reflektiert *Was bleibt*.

Die äußeren, chronologisch erzählten Ereignisse des zeichenhaft verdichteten Tages sind schnell rekapituliert: Frühstück, Einkauf, Begegnung mit einer jungen, ebenfalls schreibenden Frau, Besuch des Ehemanns im Krankenhaus, Lesung aus einem Manuskript vor erwartungsvollem Publikum in einem Kulturhaus, dazwischen alltägliche Verrichtungen und einige Wege durch Berlin. Die Erzählerin schildert die Praktiken der Stasi-Überwachung, v. a. aber die psychosomatischen und sozialen Folgen wie Schlaflosigkeit, Arbeitsunfähigkeit, Misstrauen gegenüber Freunden oder den Verlust von Spontaneität. Entscheidend sind die inneren Prozesse, die Reflexionen, die Selbstanalyse der Erzählerin, die gedanklich in einen Dialog mit ihrem »inneren Zensor« oder, freundlicher betrachtet, »inneren Begleiter« tritt. Geht es zunächst darum, den Folgen der Überwachung durch reflexive Gegenwehr nicht hilflos ausgeliefert zu sein, so steht letztlich doch mehr zur Klärung an: das eigene Verhältnis zur Macht und in diesem Kontext die Frage der Identität, die Christa Wolf bereits in *Kindheitsmuster* dringlich gestellt hatte.

Das Problem der Identität

Das Ich ist auch in *Was bleibt* keine fixierbare, einfach zugängliche Selbst-Gewissheit. »Ich selbst. Wer war das. Welches der multiplen Wesen, aus denen ›ich selbst‹ mich zusammensetzte. Das, das sich kennen wollte? Das, das sich schonen wollte? Oder jenes dritte, das noch immer versucht war, nach derselben Pfeife zu tanzen wie die jungen Herren da draußen vor meiner Tür?« (Wb, 255 f.). Darum ringt die Erzählerin: das paktierende, taktierende Ich aus sich hinauszustoßen und »eher diese jungen Herren da draußen« auszuhalten als »den Dritten« in sich (Wb, 256). Zentral für diese Problematik ist das Gefühl der Angst, gegen das sie gleich mit dem ersten Satz ankämpft: »Nur keine Angst« (Wb, 223). Sie erinnert sich an die Anfänge der Observation und den Impuls, den Bewachern heißen Tee zum Auto zu bringen und harmlose Gespräche mit ihnen zu führen – sozusagen die Versuchung, durch Familiarisierung den Dissens mit der Macht zu vermeiden. In *Stadt der Engel* wird Christa Wolf die Bedeutung der Biermann-Affäre und der Stasi-Überwachung für die Trennung zwischen sich und »den Anderen«, d. h. die Ablösung von der SED und deren Herrschaftspraxis, noch einmal thematisieren.

Der Erzählerin sind zwei Kontrastfiguren beigegeben, die zentrale Identitätsfragen – das Verhältnis zur Macht, das Selbstverständnis als Schriftstellerin – erhellen sollen. Die eine ist der Studienfreund Jürgen M., der für die Staatssicherheit arbeitet und dies mit einem faustischen Teufelspakt zu rechtfertigen sucht: »[W]enn man sich als Wissender über die Masse der Unwissenden erheben wolle, dann müsse man seine Seele verkaufen« (Wb, 250). Er gesteht seine Angst ein, die ihn daran hindert, sich von der Staatssicherheit zu lösen, und zwar mit selbstzerstörerischen Konsequenzen – angedeutet wird eine Alkoholkrankheit. Hier geht es um die Frage, wie man in einem repressiven System die eigenen Ambitionen mit dem Bestreben um moralische Integrität vereinbaren kann. Die andere Figur ist die erwähnte junge Frau. Sie legt der Erzählerin mutige Texte vor, die sie verfasst hat, obwohl sie bereits aus politischen Gründen inhaftiert war. Die biographischen Merkmale, die ihr Christa Wolf verleiht, spielen auf die 1953 geborene Gabriele Stötzer an. Im Kontext der Erzählung repräsentiert diese Figur die junge Schriftstellergeneration, die nicht durch die einschneidenden Generationserfahrungen der Erzählerin geprägt ist und zum DDR-Staat deshalb ein weniger emotionales Verhältnis besitzt, die offen Probleme anzusprechen sucht und nicht zu Kompromissen bereit ist, obwohl keine Privilegiertheit sie schützt.

In diesem Zusammenhang fallen die beiden Worte, die den Titel bilden: »Das Mädchen fragte nicht krämerisch: Was bleibt. Es fragte auch nicht danach, woran es sich erinnern würde, wenn es einst alt wäre« (Wb, 270). »Was bleibt« ist eine intertextuelle Anspielung, und zwar auf Friedrich Hölderlins Gedicht »Andenken«, dessen Schlussvers lautet: »Was bleibet aber, stiften die Dichter.« Damit eröffnet die Autorin einen Raum für Assoziationen, die um Pole wie Rückzug und Aufbruch, Ruhe und Aktivität kreisen und das poetologische Selbstverständnis kritisch befragen. Wie selbstbezüglich – und damit auch befangen – sind Schreiben und Leben, wenn sie nicht frei sind vom Bewusstsein des Elitären, wenn sie dem Erinnerungsbedürfnis und der Selbstmanifestation mehr dienen als der radikalen Wahrheitssuche, wie sie die junge Frau verkörpert?

Der Schriftsteller als Seismograph, als dem Gemeinwesen verpflichtete moralische Instanz ist ein für Christa Wolfs Werk zentrales Thema. Ein diesbezüglich wichtiger Referenztext ist in *Was bleibt* auch Bertolt Brechts Schauspiel *Galileo Galilei*, das die Frage verhandelt, wie sich der Einzelne im Konfliktfall gegenüber der Macht verhält und welchen Preis er für die Wahrheit zu zahlen bereit ist. Zwar handelt es sich um verschiedene Begriffe von ›Wahrheit‹ – bei Galilei um naturwissenschaftliche Gesetze, bei Christa Wolf um die Deutung gesellschaftlicher Zustände –, aber der Autorin geht es um einen anderen Punkt. Eine entscheidende Differenz zur eigenen Situation wird angedeutet: Galilei konnte eine klare Grenzlinie zwischen dem Gegner und sich ziehen, Christa Wolf hingegen nicht, weil der DDR-Staat maßgeblich von Verfolgten des NS-Regimes repräsentiert wurde. Auch der streitbare Martin Luther wird in diesem Kontext herangezogen: »Glücklicher Mensch, der seinen Erzfeind aus sich herausstellen kann« (Wb, 230). Christa Wolf kritisiert hier indirekt zugleich das Freund-Feind-Schema, das simple Dafür-oder-dagegen-Sein im Zeichen des Klassenkampfes, mit dem allzu oft jegliche Kritik im Keim erstickt wurde, und sie verweist auf die Verwandtschaft religiös-dogmatischer Auseinandersetzungen mit anderen ideologischen Feindbildern (Lehnert 1991, 429).

Gefährdung und Halt

Angedeutet wird, dass die Erzählerin durch die Praktiken der Bespitzelung in die Gefahr gerät, das Vertrauen in Menschen zu verlieren und »zur dunklen Seite des Lebens« (Wb, 256) hingezogen zu werden. Damit lassen sich Depressionen oder gar Suizidgedanken in Verbindung bringen. Allerdings gibt es einen intakten Lebensbereich: die Familie. Das belegt der Besuch beim schwer erkrankten Ehemann im Krankenhaus. Um den Mann hatte sie gebangt, hatte sich am Tag zuvor »gewaltsam der Schreckensvorstellung eines Lebens ohne ihn erwehren müssen«; nun wird sie »froh« (Wb, 273) und überwindet die Fühllosigkeit, die zuvor von ihr Besitz ergriffen hatte. Telefonate mit den beiden Töchtern werden zwar teilweise in ironischem Ton geführt, sind aber von der Sorge umeinander getragen. Im Bereich des Privatlebens legt Christa Wolf einen Kontrast zwischen der Erzählerin und der jungen Schriftstellerin an. Diese ist verheiratet mit einem Mann, der sie beschützt, den sie aber nicht liebt und sogar gefährdet, weil er ein Amt innehat. Das bedeutet die Instrumentalisierung einer privaten Beziehung, die sich als wissentlich in Kauf genommene reduzierte ›Menschlichkeit‹ verstehen lässt.

Die Erzählung schließt mit der Episode von der Lesung im Kulturhaus und lenkt den Blick des Lesers auf eine utopische Idee. Eine junge Frau stellt die Frage nach der Zukunft und eröffnet dadurch ein Gespräch unter den Zuhörern, das momenthaft die Verwirklichung dieser Idee erlaubt: das freie Sich-selbst-Aussprechen, mit dem sich der Einzelne angreifbar macht, aber nicht angegriffen wird; nicht zufällig gebraucht die Erzählerin das »utopische Wort« der »Brüderlichkeit« (Wb, 282). Mit anderen Worten: Die Lesung ist als »›subversiv-utopische‹ Versammlung« (Kirchner 2002, 82) gestaltet; sie antizipiert das herrschaftsfreie Gespräch über das, was alle angeht. Dabei vergessen die Teilnehmer »Zeit und Ort« (Lh, 281) – ein weiterer Hinweis auf den utopischen Charakter (zum Thema Utopie in *Was bleibt* vgl. Firsching 1996, 262–268). Die Wirklichkeit steht jedoch der Realisierung dieser utopischen Idee vorerst diametral entgegen, denn zeitgleich sucht staatliche Gewalt die Teilnahme an der Veranstaltung zu verhindern. Es stellt sich nämlich heraus, dass die Polizei junge Leute, die keinen Zutritt zur Lesung erhielten, unter dem Vorwand des Hausfriedensbruchs auseinandergetrieben hat. Unter ihnen befindet sich ein junger Lyriker, der der Erzählerin bereits mehrfach anonym Gedichte hat zukommen lassen und für den sie – wie für die junge Autorin – befürchtet, dass er »ins Messer« (Wb, 255) läuft. Ein Anruf ihrer älteren Tochter erhellt, dass diese durch einen Freund von der Polizeiaktion erfahren hat. Hier rückt die junge Generation, auch in der eigenen Familie, als Hoffnungsträger in den Blick, während sich die Erzählerin zurücknimmt: Sie wird während des Gesprächs im Kulturhaus zur Zuhörerin. Mit dieser Episode steht zudem ein zentrales Thema von *Was bleibt* in Verbindung: die Suche nach einer »neuen Sprache«, die nicht mehr falschen Rücksichtnahmen verpflichtet ist, zugleich aber niemanden verletzt und in ihrer gewünschten Beschaffenheit mit immer neuen Wendungen avisiert wird (vgl. Hörnigk 1991; Wagener 2000; Piehler 2012, 174–176).

Die Ich-Erzählerin trägt unverkennbar autobiographische Züge Christa Wolfs. Allerdings ist der Text nicht als autobiographisch deklariert: Die Gattungsbezeichnung »Erzählung« (in der Luchterhand-Ausgabe) ist mehrdeutig, denn sie kann sowohl für fiktionale wie nichtfiktionale Texte verwendet werden. Die Erzählerin bleibt zudem namenlos, so dass Autorin, Erzählerin und Hauptfigur nicht schlichtweg miteinander identifiziert werden dürfen und folglich kein ›autobiographischer Pakt‹ (Lejeune 1975) zustande kommt. Indes legt der Klappentext der Luchterhand-Ausgabe (nicht jedoch der der Aufbau-Ausgabe) eine autobiographische Lesart nahe, wenn es heißt, dass Christa Wolf am Ende der 1970er Jahre vom Ministerium für Staatssicherheit wochenlang überwacht worden sei und in jener Zeit die Erzählung *Was bleibt* geschrieben habe – » »Aufzeichnungen über einen Tag aus dem Leben einer von Staatssicherheitsbeamten observierten Frau«.

Der Literaturstreit

Die Fiktionalitätssignale, die ästhetische Qualität von *Was bleibt* und die selbstkritische Reflexivität der Erzählerin spielten im sog. Literaturstreit kaum eine Rolle. Diese Debatte ist in ihren wichtigsten Zügen dokumentiert und in der Forschung verschiedentlich analysiert worden (Anz [2]1995; Deiritz/Krauss 1991; Firsching 1996, 272–280; Wittek 1997; Papenfuß 1998; Hartinger 2008, 261–274). Sie zeigt beispielhaft die Verquickung von ästhetischen, moralischen und politischen Kriterien bzw. Interessen im Streit um die »kulturelle Definitionsmacht im Lande« (Emmerich 2009, 462), als die deutsche Einheit nahegerückt war und damit auch die Herstellung eines ungeteilten literarischen Feldes. Neben Christa Wolf sahen sich weitere namhafte Autoren, die in der DDR geblieben waren – namentlich Volker Braun, Heiner Müller, Christoph Hein, Stefan Heym, Stephan Hermlin – der Kritik ausgesetzt. Ihr Festhalten an reformsozialistischen Ideen stieß auf Unverständnis und erschien als fortwirkende Selbstillusionierung. In der politisierten Debatte ging es vielfach darum, wie sich Schriftsteller als Intellektuelle zum Machtanspruch der SED hätten verhalten sollen und wie ihre literarische Produktion nun zu bewerten sei. Es gab das pauschale Verdikt, durch die Publikation der Texte in der DDR den Staat legitimiert, Stillhalteliteratur geliefert und ›Sklavensprache‹ gesprochen zu haben, sozusagen ein Komplize der Staatsmacht gewesen zu sein und ästhetisch minderwertige Literatur produziert zu haben. Christa Wolf wurde in diesem Streit am schärfsten angegriffen; sie erfüllte eine Stellvertreterfunktion für die »westdeutsche Abrechnung mit den Linksintellektuellen im Allgemeinen, mit den Autorinnen und Autoren der DDR im Besonderen« (Joch 2005, 222). Zu festen Frontenbildungen zwischen den älteren und jüngeren, west- und ostdeutschen Schriftstellern, Rechts- und Linksintellektuellen, männlichen und weiblichen Kritikern kam es im Verlauf des Streits nicht (vgl. Anz 1995, 15).

In den sachlichen Fragen zwar durchaus berechtigt, war die Debatte aber gerade am Anfang dadurch gekennzeichnet, dass einige Kombattanten die moralische Integrität der Autorin angriffen. Christa Wolf erschien in dieser Sicht als privilegierte DDR-Schriftstellerin, die konsequenzlose und deshalb verlogene Selbstzermürbung betrieb und sich illusionswillig die Wirklichkeit der SED-Herrschaft so zurechtlegte, dass sie der Einsicht in deren diktatorischen Charakter und ihre eigene Verstrickung ausweichen konnte. Vor allem zwei der ersten Wortführer, Frank Schirrmacher in der FAZ und Ulrich Greiner in der Zeit, entwarfen dieses Bild. Greiner nahm besonders den Zeitpunkt der Veröffentlichung von Was bleibt aufs Korn und kritisierte die Unschärfe des Textes, die Vermeidung jeglicher Konkretisierung. Er attestierte der Autorin die entwaffnende Methode der Selbstbeschuldigung, einer Flucht in machtgeschützte Innerlichkeit und einen Mangel an Feingefühl, weil sie sich zum Opfer stilisiere (Greiner 1995). Schirrmacher griff weiter aus, indem er Christa Wolf als »autoritären Charakter« (Schirrmacher 1995, 77) beschrieb und ihr eine verfehlte Form der Reflexion über Gesellschaft und System der DDR vorhielt, die nur in den sentimentalen Kategorien einer privaten Beziehungskrise stattgefunden habe. Zwar konzedierte er die Generationszugehörigkeit, und das heißt die Prägung durch das Aufwachsen im NS-Staat und die daraus resultierende Loyalität gegenüber damals inhaftierten Kommunisten, wendete aber alles zu Ungunsten der Autorin. Seine Kritik gewann zudem an Schärfe durch den Rekurs auf das Verhalten von Intellektuellen im Nationalsozialismus, womit er eine heikle Traditionslinie zog. Was seine Argumentation störte, ließ er beiseite: die bohrende Selbstbefragung Christa Wolfs gerade im Hinblick auf generationsbedingte Autoritätshörigkeit, ihre Distanzierung vom Machtapparat, ihren mutigen Auftritt auf dem 11. Plenum des ZK der SED 1965, dem berüchtigten Kahlschlag-Plenum (s. Kap. II.B.13), als sie noch am Anfang ihrer schriftstellerischen Laufbahn stand und vergleichsweise ungeschützt war, sowie ihre Konflikte mit der Partei (vgl. Joch 2005, 232).

Nicht zuletzt der »Ton moralischer Überheblichkeit« (Rey 1991, 222) rief auch Verteidiger Christa Wolfs auf den Plan, zu denen Günter Grass, Lew Kopelew und Walter Jens gehörten und die, in der Gegenreaktion, teilweise zu überzogenen Vergleichen griffen (ebd., 236 f.). Zudem gab es differenzierte Rezensionen von Was bleibt. So würdigte Volker Hage, parallel zu Greiner, in der Zeit die literarische Qualität des Textes und trug der komplizierten Situation der Autorin in der DDR Rechnung (Hage 1995). Christa Wolf selbst war von der Debatte tief getroffen und sah sich einer Kampagne ausgesetzt, die sie mit Kampagnen im SED-Zentralorgan Neues Deutschland verglich und so die »gesteuerte, parteitreue Presse der DDR mit der komplexen Medienöffentlichkeit der Bundesrepublik« (Magenau 2013, 413) verwechselte.

Die Debatte weitete sich in der Folgezeit zu einem Streit über ost- und die westdeutsche Literatur und Literaturkonzepte aus (s. Kap. I.6). Kritiker der »Gesinnungsästhetik« – ein Begriff, den Ulrich Greiner benutzt hatte – vertraten ein Konzept autonomer Kunst, die sich keinen außerliterarischen Zwecksetzungen durch Politik oder Moral verschreibt. Die Gegenstimmen verwarfen die »Gesinnungsästhetik« als einen politischen Kampfbegriff, der alles als wertlos denunziert, was sich auf gesellschaftliche Realität einlässt (Ruch 2000, 416–421). Für die Polarisierung des Meinungsklimas waren v. a. divergierende Haltungen zum staatlichen Einigungsprozess verantwortlich; Befürworter einer raschen Vereinigung warfen den Linksintellektuellen und Verfechtern eines Dritten Weges Utopismus vor (ebd., 412).

Thomas Anz resümierte, Christa Wolf und ihre Erzählung Was bleibt seien »wenig geeignete Objekte von Angriffen« gewesen (Anz 1995, 23). Die Autorin bot sich indes für eine moralische Desavouierung linker Positionen gerade deshalb an, weil ihr schriftstellerisches Selbstverständnis der »subjektiven Authentizität« bedeutete, die eigene Person, den eigenen Denk- und Lebensprozess in die Arbeit einzubringen und sich zu einem Schreiben zu bekennen, das die eigenen existentiellen Fragen verhandelte. Kein anderer Autor hat »soviel Trauerarbeit über den Verlust ehemaliger Hoffnungen geleistet und so stark auf kritische Selbstbefragung gedrungen« wie sie (ebd., 24). Die polemische Bezeichnung Christa Wolfs als »Staatsdichterin« (Greiner 1995, 66 f.) und als »Repräsentantin des Systems« (Schirrmacher 1995, 85) ignorierte alle diese Anstrengungen. Ein dominantes Thema in Wolfs Werk ist die Gewinnung personaler Identität in der kritischen Auseinandersetzung mit den konkreten gesellschaftlichen Verhältnissen, deren biographischer Hintergrund die schmerzhafte Ablösung von einer kollektiven Identität war, die sich ihr in jungen Jahren als Gegenentwurf zur nationalsozialistischen »Volksgemeinschaft« angeboten hatte. Diese Identität konnte 1990 eben nicht mehr umstandslos als DDR-Identität bezeichnet werden, denn zu unterscheiden war zwischen dem Bekenntnis zum politischen System in Gestalt des realsozialistischen DDR-Staates einerseits und zur Idee des Sozialismus andererseits. Auf die (verbreitete) Gleichsetzung geht Christa Wolf u. a. in ihrem Tagebuchprojekt Ein Tag im Jahr ein. Sie schildert, dass ein Zuhörer bei einer ihrer Lesungen wissen wollte, ob ihre Einsicht in den notwendigen Untergang eines Gemeinwesens, das Menschenopfer fordere, wie in *Kassandra* gezeigt, nicht im Widerspruch zur Unterzeichnung des Aufrufs »Für unser Land« stehe. »Mir war es nicht unlieb, das klarstellen zu können. Wir hätten doch in diesem Aufruf nicht an die alte DDR gedacht, sagte ich, an ihren Erhalt oder an ihre Wiederauferstehung. Wir hätten für einen sehr kurzen geschichtlichen Augenblick an ein ganz anderes Land gedacht, das keiner von uns je sehen werde« (Wolf 1994, 292).

41 »Auf dem Weg nach Tabou. Texte 1990–1994«

Den *Reden im Herbst* folgte 1994 ein weiterer Band, der Essays, Reden, Briefe und andere Texte versammelte und den Titel *Auf dem Weg nach Tabou* trägt. In den Jahren, die zwischen diesen beiden Bänden lagen, hatten sich in Ostdeutschland massive Veränderungen vollzogen. Die im März 1990 frei gewählte Volkskammer der DDR stellte die Weichen für die Wiedervereinigung der beiden deutschen Staaten; am 1. Juli 1990 trat die Währungs-, Wirtschafts- und Sozialunion in Kraft, und der 3. Oktober 1990 wurde zum Tag der politisch-administrativen Herstellung der deutschen Einheit, der sich juristisch als Beitritt der DDR zum Geltungsbereich des Grundgesetzes nach Artikel 23 vollzog.

Bald zeigte sich jedoch, dass die innere Einheit ein langwieriger und konfliktreicher Prozess sein würde. Gravierend wirkten sich für Millionen Menschen im Osten Deutschlands die Probleme des Arbeitsmarktes aus, die der rasanten Deindustrialisierung geschuldet waren. Trotz des gewollten Wandels und vieler positiver Erfahrungen wurde bald deutlich, dass die Diskrepanzen im Lebensstandard zwischen Ost und West länger bestehen bleiben würden als zunächst vermutet. Frustrierend für die Ostdeutschen und wirtschaftspolitisch fragwürdig ging die Privatisierung der Betriebe vonstatten; die Folgen der Treuhand-Praktiken, die den Aufbau einer selbsttragenden Wirtschaft in den neuen Bundesländern verhinderten, werden unter dem Begriff der »Transfergesellschaft« diskutiert (vgl. Busch 2011). Für bundesweites Aufsehen sorgten 1993 die Proteste der Bergleute des Kalibergwerkes im thüringischen Bischofferode, das 1993 nach der Fusion mit der westdeutschen K + S Aktiengesellschaft trotz Rentabilität geschlossen wurde. Kalikumpel traten in den Hungerstreik, organisierten einen Marsch nach Berlin unter dem Motto »Bischofferode ist überall« und machten damit auf die Durchsetzung westdeutscher Unternehmerinteressen zu Lasten der ostdeutschen Betriebe und Arbeiter aufmerksam. Zu den Problemen im Prozess der Vereinigung gehörte außerdem die Form des Umgangs mit Institutionen, Strukturen und Personal aus DDR-Zeiten, die unter dem Schlagwort »Abwicklung« lief (Kinner 2012) und dazu führte, dass in Justiz, Verwaltung, Wirtschaft, Wissenschaft etc., mit Ausnahme des politischen Bereichs, Ostdeutsche anhaltend marginalisiert wurden (vgl. Kollmorgen 2011, 319–325).

Zweifelhaft war zudem die Art und Weise der medialen Darstellung der Ostdeutschen und der DDR. Anders als in den übrigen Staaten des ehemaligen Ostblocks vollzogen sich die Transformationsprozesse in Ostdeutschland unter der Voraussetzung der früheren Zweistaatlichkeit, und das hatte erinnerungspolitische Implikationen: Der Diskurs über die DDR-Vergangenheit wurde durch die »neuen ostdeutschen Meinungseliten« und die »Weltsicht der verschiedenen westdeutschen Diskursführer« (Ahbe 2005, 42) dominiert, d. h. immer auch von politischen Interessen bestimmt. Diese Sicht tendierte zu mangelnder Differenziertheit, weil sie mit dem unter Historikern und Politikwissenschaftlern umstrittenen Totalitarismus-Begriff operierte und mit dem Schlagwort von der »zweiten deutschen Diktatur« die substanziellen Differenzen zum Nationalsozialismus zu nivellieren drohte. Außerdem führte sie dazu, dass sich große Teile der ostdeutschen Bevölkerung in diesem Bild nicht wiederfanden, da es ihre Lebensgeschichten entwertete bzw. deren Ambivalenzen nicht Rechnung trug.

Das im November 1991 verabschiedete Stasi-Unterlagen-Gesetz ermöglichte, die Praktiken des Ministeriums für Staatssicherheit wissenschaftlich und journalistisch zu untersuchen, und auch die Observierten konnten Einsicht in die sie betreffenden Akten nehmen. So wichtig dies für die Erhellung der Überwachungs- und Repressionsmethoden der SED-Herrschaft war, führte es doch auch zu einer medialen Fixierung auf die Stasi-Thematik, die einem simplen Täter-Opfer-Gegensatz und Pauschalisierungen Vorschub leistete. Christa Wolf war davon unmittelbar betroffen. Sie geriet in die Schlagzeilen, als ihre kurzzeitige Zusammenarbeit mit der Staatssicherheit ans Licht kam und sie in einigen Medien plakativ als Inoffizielle Mitarbeiterin (IM) angeprangert wurde (vgl. Magenau 2013, 426–435). Zwischen 1959 und 1962 hatte sie sich wenige Male mit Stasi-Männern getroffen, Zusammenkünfte in konspirativen Wohnungen allerdings abgelehnt. Die Berichte über den Schriftstellerverband und Kollegen waren so belanglos, dass die Staatssicherheit die Zusammenarbeit beendete (s. Kap. I.2). Ab 1969 wurden dann Christa und Gerhard Wolf im Operativen Vorgang »Doppelzüngler« intensiv observiert, da sie unter dem Verdacht der »staatsfeindlichen Tätigkeit« standen.

Im Mai 1992 konnte Christa Wolf ihre IM-Akte einsehen, machte aber erst am 21. Januar 1993 dieses Kapitel ihrer Biographie mit dem Artikel »Eine Auskunft« in der *Berliner Zeitung* publik, da sie nicht auf eine angemessene Einschätzung hoffen konnte. Angesichts der Unerheblichkeit der schmalen »Täter-Akte«, der eine umfangreiche, nur unvollständig überlieferte »Opfer-Akte« gegenübersteht, setzten sich im Feuilleton bald die Stimmen durch, die zur Mäßigung und Differenzierung aufrufen. 1993 veröffentlichte Christa Wolf ihre komplette IM-Akte (vgl. Vinke 1993); der Band enthält zudem einen kleinen Auszug aus der »Opfer-Akte« sowie einige Briefe und dokumentiert die mediale Auseinandersetzung. Da die Debatte auch die Bemühungen um die Zusammenführung der Berliner Akademien der Künste Ost und West belastete, trat die Schriftstellerin aus beiden Akademien aus (vgl. ebd., 231–239). Hinzu kam, dass ihr USA-Aufenthalt – sie weilte von September 1992 bis Juli 1993 als Scholar des Getty-Center for the History of Art and the Humanities in Santa Monica, Kalifornien – sie in den Ruch brachte, sich zur Emigrantin zu stilisieren. An Günter Grass schrieb sie im März 1993 aus Santa Monica, sie fühle sich keineswegs als Emigrantin und kehre selbstverständlich »entgegen anderslautenden Meldungen« nach Deutschland zurück. Sie sei auch nicht so vermessen, die Maßstäbe zu verlieren und das, was ihr passiere, mit dem »Schicksal der Emigranten aus Nazi-Deutschland« zu vergleichen (WA 12, 477; vgl. Magenau 2013, 433).

Christa Wolf zog sich in jenen Jahren weitgehend aus dem Medienbetrieb zurück. Gegenüber dem Literaturwissenschaftler Efim Etkind äußerte sie im Mai 1992, es habe keinen Sinn, differenzierte Erfahrungen in den »Hexenkessel« zu werfen, der sich auch auf kulturellem Gebiet deutsche Vereinigung nenne, denn es gebe »kein Bedürfnis nach historischer Wahrheit« (WA 12, 431). Der Band *Auf dem Weg nach Tabou* enthält nur wenige (zum Teil bereits an anderer Stelle veröffentlichte) Texte, in denen sich die Schriftstellerin dezidiert zu aktuellen politischen Fragen äußert. Noch einmal abgedruckt sind die Rede auf dem Alexanderplatz und die Rede zur Verleihung der Ehrendoktorwürde in Hildesheim, die bereits in *Reden im Herbst* enthalten sind. Hinzu kommt ein längerer Essay, der unter dem Titel »Wo ist euer Lächeln geblieben? Brachland Berlin 1990« in der Schweizer Kulturzeitschrift *du* im Juli 1991 erschienen war, und eine Rede, die Christa Wolf im Februar 1994 in Dresden gehalten hatte. Die anderen Texte sind Briefe, Würdigungen für geistesverwandte Künstler und Intellektuelle bzw. Vorworte zu deren Publikationen oder Ausstellungen; außerdem finden sich drei Tagebucheinträge zum 27. September, die noch einmal 2003 im Band *Ein Tag im Jahr* veröffentlicht wurden, und wenige kurze Prosatexte. Eine Sonderstellung nimmt der Beitrag »Krebs und Gesellschaft« ein, ein Vortrag, zu dem Christa Wolf im Oktober 1991 beim Kongress der Deutschen Krebsgesellschaft eingeladen worden war.

Tabou und die Utopie

Auf dem Weg nach Tabou, der Titel des Bandes, ist auch der Titel eines darin enthaltenen Beitrags. So überschrieb Christa Wolf die Rede, mit der sie Paul Parin (1916–2009) am 4. Mai 1992 in Wien anlässlich der Verleihung des Erich-Fried-Preises würdigte. Parin, aus Slowenien stammender und in der Schweiz lebender Psychoanalytiker und Ethnologe, hatte zwischen 1955 und 1977 etliche Reisen durch Afrika unternommen und darüber Aufzeichnungen verfasst, die im Band *Zu viele Teufel im Land* veröffentlicht sind und eher literarischen Erzählungen als ethnographischen Berichten gleichen. Auf einen dieser Texte, »Regenwald«, bezieht sich Christa Wolf. Parin erzählt darin von einer Reise durch die Elfenbeinküste, die er mit seiner Frau unternahm. Mehrfach hören die beiden von Weißen und Schwarzen anerkennende Sätze über die Stadt Tabou und das gute Leben, das da möglich sei. Etwas Geheimnisvolles umgibt diesen Ort, die Parins machen sich auf den Weg dorthin, der sich als äußerst beschwerlich erweist, so dass der Leser schon geneigt ist, an eine Erfindung zu glauben. Aber das ist ein Irrtum: Die Reisenden erreichen schließlich Tabou, das in Hainen wehender Kokospalmen an der Atlantikküste liegt und sie mit duftendem Wind begrüßt. Zwar ist die kleine Stadt klimatisch begünstigt, als paradiesischer Ort entpuppt sie sich jedoch nicht, denn die Kolonialgeschichte ist präsent, und die Geschichte des afrikanischen Jungen Totò erzählt vom Wunsch, aus Tabou wegzuziehen, von familiärer Verlassenheit, die der Erzähler durch vermittelndes Eingreifen lindern kann.

Genau dies blendet Christa Wolf in ihrer Rede jedoch aus; Tabou, das »Zentrum aller Sehnsucht« (WA 12, 398), gerät zum utopischen Ort, an dem man, nach den »Gesetzen von Utopia«, nichts ganz Besonderes erfahre, sondern nur das »gesteigerte Normale, das konzentriert Menschliche«, ein aufscheinendes Licht, das letztlich nicht an eine Stadt oder einen Kontinent gebunden sei (WA 12, 399). Das sind vage Formulierungen, die dem Utopie-Begriff seine gesellschaftliche Dimension zu nehmen scheinen und ihn auf das Ideal des Humanen konzentrieren. Da Parin von einem Ort erzählt, kommt die Gattungstradition der literarischen Utopie in den Blick, in die Tabou allerdings nicht gehört. Zum einen existiert die Stadt, im Unterschied zu Thomas Morus' Insel Utopia und deren literarischen Nachfolge-Orten, tatsächlich, ist also nicht fiktiv, und zum anderen ist sie nicht als Gegenentwurf zur kritikwürdigen Wirklichkeit gestaltet. Letzteres macht auch die politische Wortverwendung von Utopie schwierig, denn in diesem Fall müsste Tabou zumindest einige Normen für politisches Handeln veranschaulichen, die Kritik- und Orientierungsfunktion besitzen.

Das allerdings leistet Tabou als realer Ort eben nicht. Auffallend ist der Name, der sich als Rekurs auf den zeitgenössischen Diskurs verstehen lässt, und zwar in dem Sinn, dass die Rede von Utopie zu den ausgeschlossenen, diskreditierten Themen gehört, also einem Tabu unterliegt. Gerade dies könnte dazu herausfordern, soziale Utopie-Vorstellungen – ihr Verhältnis zur Wirklichkeit, ihre Realisierbarkeit, Bedeutung und Funktion, ihr anthropologisches Fundament, ihr produktives Potential, aber auch mögliche Kehrseiten – zu prüfen, präziser zu bestimmen, zu verteidigen, zu modifizieren, nicht zuletzt um dem »triumphierenden Abgesang« des großen Feuilletons auf die Utopie (WA 12, 427) etwas entgegenzusetzen. In Anbetracht der Vielfalt an Bedeutungen und Verwendungsweisen des ideologieträchtigen Utopie-Begriffs (vgl. Heubrock 1990) wäre dies ein schwieriges, aber notwendiges Unterfangen. Gerade der anspielungsreiche Titel *Auf dem Weg nach Tabou* wirft die Frage auf, wie Christa Wolf den Sozialismus als gesellschaftliche Utopie nunmehr begreift: als realisierbaren Entwurf oder als Postulat, d. h. als ein System von Normen und Ideen, das zwar nie vollkommen umgesetzt werden kann, aber einen unverzichtbaren Maßstab für die Gestaltung einer sozial gerechten Gesellschaftsordnung bietet und primär der Kritik am Bestehenden dient. Der Band lässt beide Sichtweisen zu. Einerseits erinnert Christa Wolf mehrfach an den Herbst 1989 als kurzfristige Zeitspanne mit der realen Chance auf einen reformierten Sozialismus. Andererseits bezeichnet sie Tabou im Vorwort als Ort, »den wir nie erreichen. Die Gangart nicht gleichmäßig, oft zögernd, stockend, Rückwege, Umwege eingeschlossen« (Wolf 1994, 10). Hier wird die Utopie nicht als ein erreichbarer Zustand der Vollkommenheit aufgefasst, sondern das Unterwegssein betont und damit der Postulat-Charakter.

Wie andere namhafte kritische Schriftsteller in der DDR war auch Christa Wolf von Ernst Blochs Hoffnungsphilosophie beeinflusst, die den Marxismus mit einer utopischen Dimension im Sinne des Hinarbeitens auf einen vollkommenen Endzustand der Geschichte ausstatten wollte (vgl. Stockinger 1981, 32–38; Kirchner 2002, 21–51). Das Festhalten am »Prinzip Hoffnung« wurde den Autoren nach dem Untergang der DDR vielfach angelastet, da es ihnen ermöglicht habe, so die Kritik, die prinzipielle Unvereinbarkeit von realen Verhältnissen und sozialistischer Utopie zu leugnen und den Bruch mit dem System zu verhindern. In »Rückäußerung«, einem dichten, zitat- und anspielungsreichen Text, der Volker Braun gewidmet ist, stellt sich Christa Wolf selbst die Frage, ob das Beharren auf Hoffnung der Wirklichkeit angemessen war und inwieweit es Erkenntnisprozesse verhinderte:

> »Bis wann hieß unser Wissen Glauben / *Wahrlich ich sage dir heute noch wirst du mit mir im Paradiese sein* / [...] / Und ab wann / durften wir den Glauben Hoffnung nennen / und zum Prinzip erheben / [...] / Aber / wie oft und wann / war Hoffnung Selbstbetrug.« (WA 12, 480 f.)

Durch das Bibelzitat (Lukas 23,43) spielt Christa Wolf auf den teleologischen Charakter des sozialistischen bzw. kommunistischen Gesellschaftsentwurfs an und legt nahe, darin eine ähnliche Form der Vertröstung wie bei der christlichen Heilserwartung zu sehen und deshalb der Gefahr zu unterliegen, die Mängel und Widersprüche der Gegenwart im Blick auf den erhofften vollkommenen Endzustand zu nivellieren und strukturelle Probleme zu ignorieren.

Wie die Anhänglichkeit an utopisches Denken von Autoren wie Christa Wolf bewertet wird, hängt letztlich auch von der (meist nicht explizit gemachten) Vorentscheidung ab, ob der Sozialismus verworfen oder ob ihm zumindest als utopischer Entwurf eine normative Funktion zugebilligt wird, also die Utopie überhaupt als legitime Form kritischen Denkens gilt. Zu fragen wäre außerdem, ob die Gründe, den offenen Bruch mit dem DDR-Staat zu vermeiden, tatsächlich stark in der Befangenheit durch Blochs Philosophie wurzelten, wie die Utopismus-Kritik suggeriert (vgl. z. B. Kirchner 2002, 11), oder ob es nicht vielmehr ein Bündel an Motiven gab, die möglicherweise in Blochs Hoffnungsphilosophie eine ideelle Verankerung fanden: Bindung an Familie und Freunde, Angst vor Heimatverlust, der im Fall von Christa Wolf der zweite gewesen wäre, Verantwortungsgefühl gegenüber der Leserschaft, die diskursiven Begleitumstände des Kalten Kriegs, die auf beiden Seiten Freund-Feind-Bilder beförderten, und damit die Sorge um die nicht kontrollierbare politische Vereinnahmung durch westdeutsche Medien und Politik. Zudem neigt die Utopismus-Kritik dazu, die Leistungen der fraglichen Literatur, die ja das Bestehende gerade nicht affirmierte, zu übersehen und den wirkungsgeschichtlichen Aspekt auszublenden. Selbst ein so strenger Kritiker marxistischer Strömungen wie Leszek Kołakowski beschließt seine Ausführungen zu Bloch mit der Bemerkung, dessen Philosophie habe eine »antidogmatische und destruktive Funktion gegenüber der Staatsideologie« (Kołakowski 1989, 488) besessen. Dass sich die Texte reformsozialistischer, von Bloch beeinflusster Schriftsteller realitätsverschleiernd ausgewirkt haben, ist fraglich; vielmehr dürften unzählige Leser darin die Diskrepanz von Anspruch und Wirklichkeit formuliert gefunden und sich in ihrer kritischen Haltung gegenüber dem realsozialistischen Staat bestärkt gesehen haben.

Neues Denken

Ein Thema des Sammelbandes, eng verknüpft mit der Utopie-Problematik, ist das alternative Denken, das bereits in *Reden im Herbst* präsent war. Auch hier tritt es mehrfach im politischen Kontext auf, d. h. als Kritik an der fraglosen Übernahme der kapitalistischen Wirtschaftsform, ohne deren Grundlagen nur ansatzweise in Zweifel zu ziehen. Mit ungewohnt sarkastischem Ton charakterisiert Christa Wolf den DDR-Bürger als gutgläubiges Wesen, das ein gestörtes Verhältnis zum Geld besitze, weil es nicht mit der Muttermilch die selbstverständliche Überzeugung aufgenommen habe, dass das »Privateigentum das heiligste aller Güter« (WA 12, 312) sei. Sie erinnert an die Räumung der besetzten Häuser in der Mainzer Straße in Berlin, die im November 1990 unter massivem Polizeieinsatz geschehen war und exemplarisch für die Unterdrückung alternativer, nicht gewinnorientierter Lebenskonzepte steht. In einem Zeitungsartikel über Heinrich Böll bekennt Christa Wolf, zu lange gehofft zu haben, »eben wegen ihrer nichtkapitalistischen Eigentumsverhältnisse ließe sich die versteinerte, vom Überwachungsstaat erdrückte Gesellschaft in der DDR reformieren« (WA 12, 428). Wie schon in *Reden im Herbst* gilt ihre Kritik auch allgemein der Industriegesellschaft. Im Tagebuch vom 27. September 1993 findet sie die Forderung nach einem Aufbauprogramm für den Osten Deutschlands zwar richtig, zugleich aber auch fragwürdig, da das »alte Monster, die Industriegesellschaft« mit ihren Prioritäten und Werten, also auch ihrem »Entfremdungseffekt« wiederhergestellt werde und die Menschen sich nur über Arbeit definieren (Wolf 1994, 283).

Über alternatives oder »neues Denken« sprach Christa Wolf auch auf dem Kongress der Deutschen Krebsgesellschaft in Bremen am 14. Oktober 1991; der Vortrag ist unter dem Titel »Krebs und Gesellschaft« abgedruckt. Darin rekurriert sie u. a. auf Susan Sontags Essay *Krankheit als Metapher* (dt. EA 1978). Die US-amerikanische Publizistin untersucht darin, v. a. am Beispiel von Tuberkulose und Krebs, welche Bilder von Krankheit existieren, welche Zuschreibungen die Gesellschaft vornimmt und wie Krankheiten metaphorisch verwendet werden. Daran knüpft Christa Wolf an, thematisiert beispielsweise sprachliche Kampfmetaphern, die Schwierigkeit, mit der Wahrheit einer schweren Krankheit umzugehen, und den Hang, den Krebspatienten selbst die Schuld an ihrer Erkrankung zuzuweisen. Sie verfolgt jedoch ein grundsätzlich anderes Interesse. Kritisiert Susan Sontag die Tendenz zur vorwiegend psychologischen Deutung der betreffenden Krankheiten, beschäftigen Christa Wolf gerade die Zusammenhänge zwischen gesellschaftlichen Faktoren und individuellen Reaktionen, obwohl sie eine kausale Verknüpfung vermeidet. Sie bezieht sich auf mehrere Autoren, die ihre Krebserkrankung psychologisch deuten und darin übereinkommen, dass sie den übermächtigen Druck zur Anpassung an die (vielleicht falschen) Normen der Gesellschaft reflektieren (WA 12, 337). Nicht zuletzt angeregt durch eigene Erfahrung fragt sie, ob der Körper der Austragungsort für die Widersprüche sei, in die jeder Mensch durch die unzumutbaren Ansprüche der Gesellschaft gerate »angesichts des drohenden Integritätsverlustes, wenn es der Person nicht gelingt, sich gemäß ihrem Wertesystem mit diesen Widersprüchen auseinanderzusetzen« (WA 12, 336). In *Leibhaftig* wird Christa Wolf, die Krankheit literarisch wiederholt behandelt hat, diese Thematik in den Mittelpunkt stellen (s. Kap. I.6).

Letztlich geht es Christa Wolf um den ›ganzen Menschen‹, der durch den reduktionistischen medizinisch-naturwissenschaftlichen Blick seiner Individualität beraubt wird. Mit der Frage, welche Wirkung der »Geist« auf den Körper hat (WA 12, 347), gerät die Dichotomie von Leib und Seele oder Körper und Geist in den Blick und zugleich in die Kritik. In den Denkansätzen von Physikern, die diesen Gegensatz und das mechanistische Weltbild hinter sich lassen und ihre jeweilige Disziplin »mit einem quasi poetischen Blick umfassen«, sieht Christa Wolf das erwünschte »neue Denken« (WA 12, 348). So formuliert sie die Frage, »ob und inwiefern die Strukturen aller materiellen und geistigen Existenzen miteinander zusammenhängen, ineinander übergehen können, wechselseitig einander stützen, fördern oder eben auch einander behindern oder zerstören können« (WA 12, 349). Mit solchen Ganzheitsvorstellungen nähert sie sich letztlich romantischen Konzepten der Einheit von Wissenschaft und Poesie, also der Zusammenführung getrennter Diskurse.

Kritik am Einigungsprozess und Selbstbehauptung

Neben dem Nachdenken über Utopie und alternatives Denken sind die Modalitäten und Begleitumstände des deutschen Einigungsprozesses ein wichtiges Thema auch der Textsammlung *Auf dem Weg nach Tabou*. Christa Wolf kritisiert beispielsweise die politisch unzureichend kontrollierte Treuhandanstalt und erinnert an die von Bürgerrechtlern diskutierte, von den Politikern aber vertane Chance, die DDR-Bürger an den volkseigenen Betrieben zu beteiligen (WA 12, 301). Auch eine verbreitete Erfahrung vieler Ostdeutscher greift sie auf: die Entstehung einer neuen »Oberschicht aus Zugereisten«, der die Abwanderung zahlreicher junger Menschen gen Westen gegenübersteht (WA 12, 308). Der zu Beginn der 1990er Jahre sehr rasch vollzogene Elitenaustausch bewirkte bei vielen Ostdeutschen ein Gefühl der Demütigung und der Entwertung von Lebensleistungen. In diesem Sinn ist auch Christa Wolfs Nachdenken über die »Strukturen der Kolonisierung« (Wolf 1994, 239) beim Besuch einer spanischen Missionsstation in Kalifornien zu verstehen. Der Elitenaustausch wird hier – im Blick auf die ostdeutsche Erfahrung – als unabdingbare »Herrschaftsstrategie« (ebd.) der Sieger gewertet. Das ist ein prekärer struktureller Vergleich, denn die Situation der Ostdeutschen nach 1990 unterscheidet sich massiv von der gewaltsamen Unterdrückung der indianischen Bevölkerung und der Zerstörung ihrer Kultur. Die Folgen der Wiedervereinigung und die massenhafte Ermordung sowie andauernde Not von Indianern so nah zusammenzurücken, zeigt das »Maß der eigenen Verletztheit«, das andernorts gefordertes differenziertes historisches Denken blockiert (Firsching 1996, 281 f.). Der Vergleich ist weniger rationale Analyse als zugespitzter Ausdruck verbreiteter emotionaler Befindlichkeiten. Für viele im Westen seien die Ostdeutschen »Menschen auf einer niedrigeren Zivilisationsstufe« (WA 12, 523), äußerte Christa Wolf in ihrer Dresdner Rede

Anfang 1994. Angesichts der mangelnden Differenziertheit des DDR-Bildes und der häufig stereotypen Darstellung der DDR-Bürger forderte sie bereits 1991: »Wir müssen auf Konkretheit bestehen und aufpassen, daß uns nicht das Leben genommen wird, das wir wirklich geführt haben, und uns statt dessen ein verzerrtes Phantom untergeschoben wird« (WA 12, 357).

Wie mühsam mitunter selbst die Verständigung zwischen ost- und westdeutschen linken Intellektuellen war, macht der Briefwechsel mit Günter Grass (s. Kap. III.44.4), v. a. aber mit Jürgen Habermas deutlich. Christa Wolf verwahrt sich hier gegen eine Sichtweise, die – mehr oder weniger deutlich – die westdeutschen Linksintellektuellen als die eigentlich Emanzipierten und die ostdeutschen als die letztlich doch in falschen Loyalitäten Befangenen sieht. Trotz des wechselseitigen Wohlwollens wird auf Seiten Christa Wolfs der Druck zur Rechtfertigung oder Verteidigung erkennbar und damit eine generelle Asymmetrie: Nur die Biographien der Ostdeutschen wurden einer kritischen Prüfung unterzogen, und zwar unter dem impliziten Anspruch einer intellektuellen und moralischen Geradlinigkeit und Unfehlbarkeit, die lebensgeschichtlichen Ambivalenzen, Entwicklungen und Konfliktsituationen zu wenig Gewicht beimaß. Darauf zielt Christa Wolf ab, wenn sie Habermas antwortet, sie habe sich erst allmählich »unter Schmerzen und existentiellen Konflikten« (WA 12, 378) aus dogmatischen Vorurteilen, Gläubigkeit und Befangenheit herausgearbeitet, und hinzufügt: »Wir haben unterschiedliche Geschichten, darauf sollten wir bestehen, und wir sollten anfangen, uns diese Geschichten zu erzählen« (WA 12, 379). Allein das biographische Erzählen und das Zuhören, so lässt sich diese Aufforderung deuten, ermöglicht es, abstrakte Einschätzungen zu vermeiden und mehr noch: Widersprüchliches als etwas zum menschlichen Leben Gehörendes und Produktives wertzuschätzen. Mit dieser Intention engagierte sich Christa Wolf auch für die Erhaltung der Akademie der Künste der DDR, freilich nicht, ohne die kritische Aufarbeitung von deren Geschichte zu fordern. Mit der von Abwicklung bedrohten Akademie verschwänden, so argumentierte sie, die in ihr materialisierten »Widersprüche einer Etappe innerhalb der deutschen Geschichte, die ja nicht einfach ein ›Unfall‹, ein ›Versehen‹ oder eine bloße Abweichung von Gottes rechten Wegen gewesen« (WA 12, 317) sei – und damit verschwände auch eine Gelegenheit zu lernen.

Aufarbeitung und Selbstbefragung

Die Auseinandersetzung mit der Vergangenheit ist ebenfalls wiederholt Thema des Sammelbandes. Mit »Rummelplatz 11. Plenum«, einem Erinnerungsbericht an das sog. Kahlschlagplenum von 1965, vergegenwärtigt Christa Wolf die Drangsalierungen, denen die kritischen Künstler in der DDR ausgesetzt waren (s. Kap. II.B.13), und markiert zugleich eine Etappe auf ihrem Weg zu der Erkenntnis, dass der realsozialistische Staat nicht reformierbar ist. Dieses Eingeständnis trennt sie letztlich von der verehrten älteren Schriftstellergeneration, die unter der NS-Diktatur gelitten hatte bzw. im Widerstand gegen Hitler und im Exil gewesen war und für die stellvertretend Anna Seghers steht. *Auf dem Weg nach Tabou* enthält das Vorwort zu einem Bildband über diese Schriftstellerin, zu der Christa Wolf anmerkt: »Wer wollte ihr und ihren Genossen verdenken, daß sie an der Hoffnung, die für dieses Land DDR allmählich in ihnen wuchs, lange festhielten, über den Zeitpunkt hinaus, da Hoffnung noch Gründe hatte?« (WA 12, 420). Diese Hoffnung sah Anna Seghers durch die kritischen jüngeren Schriftsteller gefährdet.

Aber nicht nur der repressive Charakter des Systems ist Gegenstand des Nachdenkens, sondern auch die eigene Verstrickung. Selbstkritisch setzt sich Christa Wolf in einem Brief an Efim Etkind mit ihrem MfS-Intermezzo auseinander: »Ich muß mich fragen, wie viele Moralen ich eigentlich in meinem Leben schon in mich aufgenommen, zum Teil ›verinnerlicht‹ habe, warum es jeweils so lange dauerte und so konfliktreich war, mich von ihnen zu trennen … Ich bin auch einigermaßen erschüttert darüber, was ich zuverlässig verdrängt habe. Mein ohnehin tiefes Mißtrauen gegen das eigene Gedächtnis steigert sich zu einem immer stärkeren Selbstverdacht, den ich kaum noch schreibend überwinden kann« (WA 12, 436). Im Text für Volker Braun stellt sie sich die Frage, warum sie sich damals dem Ministerium für Staatssicherheit (MfS) nicht verweigert habe, und schreibt: »Den Prozeß / den ich gegen mich eröffnet habe / muß ich ohne Beistand führen / Ausgang ungewiß« (WA 12, 495). Das Vergessen bzw. Verdrängen der kurzzeitigen Zusammenarbeit mit der Staatssicherheit ist dann in *Stadt der Engel* ein zentrales Thema und steht im Kontext eines umfassenden Lebensrückblicks, in dem Christa Wolf ihre anfängliche Identifikation mit dem DDR-Staat und ihren Ernüchterungs- und Ablösungsprozess erinnernd nachvollzieht.

42 Lebensreflexionen: »Leibhaftig« (2002)

1993 notierte Christa Wolf in ihrem ausführlichen Tagebucheintrag zum 27. September, den sie seit 1960 jährlich verfasste, dass sie in einem Buch blättere, in dem eine ganz und gar ausgedachte Geschichte erzählt werde, und dass sie die Autorin darum beneide. »Wann werde ich, oder werde ich überhaupt je noch einmal ein Buch über eine ferne erfundene Figur schreiben können; ich selbst bin die Protagonistin, es geht nicht anders, ich bin ausgesetzt, habe mich ausgesetzt« (Wolf 1994, 298). Die Schriftstellerin formuliert hier die Zuspitzung der stark autobiographischen Fundierung ihres Schreibens, bedauert und bejaht zugleich. Neben einigen Bänden mit Erzählungen, Essays und Briefwechseln erschienen bis zu Christa Wolfs Tod noch drei umfangreichere selbständige Erzähltexte. In *Medea. Stimmen* (1996) griff sie noch einmal auf eine Figur der griechischen Mythologie zurück, deutete also einen bekannten Stoff neu (s. Kap. II.F.35). Die anderen beiden Werke hingegen, *Leibhaftig* (2002) und *Stadt der Engel* (2010), gründen in einer intensiven Selbstbefragung und lassen sich als Rückblicke auf das eigene Leben verstehen, wenngleich sie in unterschiedlicher Abstufung als autobiographisch deklariert sind. Die Autorin stand im achten Lebensjahrzehnt, als sie an den Texten arbeitete, einem Alter also, in dem der Mensch ohnehin zum Bilanzieren der Lebensleistung tendiert. Die Zäsur von 1989/1990 und die Auseinandersetzungen um ihre Person und ihr schriftstellerisches Werk in der ersten Hälfte der 1990er Jahre mussten das stark ausgeprägte Bedürfnis nach erinnernder Vergewisserung der eigenen Identität noch verstärken.

Im 2002 erschienenen Band *Leibhaftig* wird von der lebensbedrohlichen Erkrankung einer Frau erzählt, der Krise eines Individuums, die wiederholt als Ausdruck der umfassenden Krise der Gesellschaft gedeutet worden ist. Die Erzählung setzt damit ein, dass die Frau mit der Diagnose »Blinddarm« ins Krankenhaus transportiert wird. Immer wieder bilden sich Abszesse, mehrfach muss sie operiert werden, ihr Immunsystem ist so schwach, dass sie den gefährlichen Bakterien anscheinend nicht genug entgegenzusetzen hat, bis schließlich doch die Mobilisierung der seelischen Kräfte und das richtige Antibiotikum eine Wendung herbeiführen. Das narrative Gerüst des Textes ist die chronologische Schilderung des leidvollen Krankenhausaufenthaltes, die im Präsens steht. Motiviert durch das hohe Fieber der Protagonistin, werden in Erinnerungen und Fieberphantasien vergangene Zeitschichten bruchstückhaft vergegenwärtigt; es sind historische Ereignisse und wichtige Momente der eigenen Lebensgeschichte, die keiner chronologischen Ordnung folgen. Erzählt wird sowohl in der ersten als auch dritten Person, wobei sich dieser Wechsel als Ausdruck der entgleitenden Selbstkontrolle, aber auch der Selbstdistanzierung (v. a. in den erinnernden Passagen) der Ich-Erzählerin deuten lässt und damit als Indiz für eine Identitätskrise (zur narrativen Organisation des Textes und der Frage moderner Subjektkonstitution vgl. Kaute 2006, 163–177).

Stärker als in der ebenfalls als autobiographisch rezipierten Erzählung *Was bleibt* sind die rezeptionslenkenden Signale zugunsten der Lektüre als fiktionaler Text gesetzt. Zwar verlangt die Genrebezeichnung »Erzählung« wiederum nicht eindeutig einen fiktionalen Lektüremodus, aber der Klappentext des Luchterhand-Verlags vermeidet, anders als bei *Was bleibt*, den Hinweis auf biographische Parallelen zum Leben der Schriftstellerin und steuert so einer allzu schnellen Identifikation von Autorin, Ich-Erzählerin und Protagonistin entgegen. Das biographische Moment gab es indes tatsächlich: 1988 erlitt Christa Wolf in Woserin, dem mecklenburgischen Sommerdomizil der Wolfs, einen Blinddarmdurchbruch und eine Sepsis; mehrere Wochen verbrachte sie im Schweriner Krankenhaus und schwebte zwischen Leben und Tod. Eine lange Phase der Rekonvaleszenz schloss sich an (Magenau 2013, 366).

Autobiographische Konkretisierung wird durch weitere Textmerkmale vermieden. Die Protagonistin ist namenlos, ihre Lebensumstände bleiben weitgehend unbestimmt. Das Du, das gelegentlich angesprochen wird, ist meistens ihr Ehemann, der sie im Krankenhaus besucht. Ihr Alter ist nur indirekt zu erschließen; klar wird, dass sie in der Zeit des Nationalsozialismus aufgewachsen ist. Auch ihr Beruf wird nicht benannt; es gibt lediglich eine Bemerkung, die sich als Hinweis auf ihr Wirken als Schriftstellerin verstehen lässt: Die Rede ist von Leuten, die Manuskripte zur Begutachtung bringen oder Probleme vortragen wollen (vgl. Lh, 79). Das aber setzt beim Leser die Kenntnis der Sonderstellung voraus, die die kritischen DDR-Autoren seit den 1970er Jahren innehatten. Deren Leistung war es, dass literarische Texte solche Probleme und Konflikte verhandelten, die im offiziellen Diskurs tabuisiert wurden. Seit jener Zeit gehörte dies zu den Erwartungen der Leserschaft.

Unkonkret sind in *Leibhaftig* auch Zeit und Ort der Erzählung. Der Blick aus dem Krankenhausfenster fällt zuletzt auf eine namentlich nicht genannte Stadt und einen See in der Ferne; topographisch konkret sind hingegen nächtliche Traumbilder, in denen Straßen und Gebäude von Ostberlin benannt sind. Für den Zeitpunkt des präsentischen Erzählens liefert der Text, für sich genommen, keine genauen Anhaltspunkte. Zwar werden Radionachrichten erwähnt, die aber kaum zu verifizieren sind. Die Erzählgegenwart kann man nur indirekt datieren, wenn man geschilderte Ereignisse in Bezug zur Biographie der Autorin setzt, den Text also autobiographisch liest. Den deutlichsten Hinweis liefert die Darstellung der Auseinandersetzung um einen Spielfilm, die auf das Verbot von *Fräulein Schmetterling* rekurriert. Das Drehbuch dazu hatten Christa und Gerhard Wolf geschrieben. Auf dem Kahlschlag-Plenum 1965 geriet der noch unfertige Film in die Kritik und wurde schließlich verboten. Wenn es in *Leibhaftig* heißt, das alles sei ein Vierteljahrhundert her (vgl. Lh, 18), ergibt sich rechnerisch das Jahr 1990. Da aber etliche Indizien, v. a. die Versorgungsmängel im Krankenhaus, unmissverständlich darauf hinweisen, dass die Erzählgegenwart die DDR-Zeit ist, muss man die späten 1980er Jahre annehmen, also die Endphase der DDR. Im Zusammenhang mit der Film-Episode wird das damalige Alter der Erzählerin erwähnt, Mitte Dreißig (vgl. Lh, 15); folglich muss sie um das Jahr 1930 geboren sein.

Schon in den ersten Rezensionen von *Leibhaftig* ist nicht versäumt worden, auf das autobiographische Fundament hinzuweisen und den Text als Auseinandersetzung der Autorin mit ihrer Biographie, die so eng mit der Geschichte der DDR verbunden war, zu lesen. Das ist insofern berechtigt, als Christa Wolf sich selbst »ausgesetzt« und zur bevorzugten Protagonistin ihrer Texte erklärt hat. Allerdings sollten die schwach ausgeprägte biographische Kontur der Erzählerin und die raumzeitliche Unbestimmtheit gebührend berücksichtigt werden; diese Textmerkmale sind dem autobiographischen, also faktualen Lektüremodus entgegengerichtet und verleihen dem Erzählten eine über den Einzelfall hinausgehende Dimension.

Im Vortrag »Krebs und Gesellschaft« hatte Christa Wolf die Frage aufgeworfen, ob der Körper zum Austragungsort von Widersprüchen wird, wenn es dem Individuum nicht gelingt, sein Wertesystem mit den (unzumutbaren) Ansprüchen der Gesellschaft in Übereinstimmung zu bringen, eine Thematik, die bereits in *Nachdenken über Christa T.* verhandelt wird. In *Leibhaftig* geht es dezidiert um dieses Problem; bereits der Titel deutet darauf hin. Der Körper der Protagonistin befindet sich in einem Zustand allgemeiner Schwäche. Der Chefarzt diagnostiziert, dass alle Mineralien fehlen (vgl. Lh, 22), und fragt, warum die Immunabwehr zusammengebrochen sei (vgl. Lh, 125). Der Krankheitsverlauf, so sagt er, begründe dies nicht ausreichend. Die Patientin weiß sehr wohl selbst, dass es nicht physische Überbelastung ist, die sie in diese Situation gebracht hat, sondern »seelische Erschöpfung« (Lh, 126). Sie deutet die Schwäche ihres Immunsystems als psychische Notbremse, als Selbstüberlistung der Person, die sich den Zusammenbruch nicht gestattet und den schlauen, »geheimen Kräften« (Lh, 128) im Menschen überlässt, sie niederzuwerfen, auf diese Weise dem »Sog zum Tode hin« (Lh, 129) zu entziehen und sich anderen, also den Ärzten, zu überantworten. Die schwere Erkrankung erlaubt es, die Verbindung zur Welt vorübergehend zu kappen, alle Probleme zurückzusetzen, die Ordnung der Zeit zu vergessen, das eigene Leid zur Kenntnis zu nehmen und im kürzestmöglichen Satz zu verbalisieren: »Ich leide« (Lh, 53). Die Protagonistin leidet leibhaftig, und das ist doppeldeutig: Der Körper haftet stellvertretend, und die Psyche wiederum wird durch den leidenden Körper in Haft genommen und verliert die Selbstbeherrschung, die sonst »so teuer ist« (Lh, 80).

Krankheit ist in *Leibhaftig* nicht Metapher, nicht Bild für irgendetwas oder gesellschaftliche Zuschreibung, sondern psychosomatische Folge eines langandauernden Konflikts, der auf andere, rationale Weise offensichtlich nicht zu lösen bzw. nicht mehr länger zu ertragen war. Das wird dem Leser bereits auf den ersten Seiten signalisiert, denn auf der Fahrt ins Krankenhaus beginnt das Herz der Erzählerin zu rasen, und das setzt die Erinnerung an eine frühe Reaktion dieser Art frei. Ausgelöst wurde dieses erste Herzrasen durch den bereits erwähnten Konflikt um den Film, in autobiographischer Lesart eben *Fräulein Schmetterling*; es war Ausdruck von »Angst« (Lh, 9) und beförderte die Protagonistin bereits damals in eine Klinik. Das 11. Plenum des ZK der SED im Dezember 1965 bedeutete für viele Künstler und Intellektuelle, die nach dem Mauerbau auf eine innenpolitische Liberalisierung gehofft hatten, eine herbe Desillusionierung. Christa Wolf musste sich wegen einer Depression in klinische Behandlung begeben und hielt in der Folgezeit einen »gehörigen Sicherheitsabstand« (Magenau 2013, 194) zu Gremien und Verbänden (s. Kap. I.3). Durch die Anspielung auf dieses markante Ereignis der DDR-Kulturpolitik wird die Krankengeschichte gleich am Beginn der Erzählung mit der politischen

Geschichte verknüpft, d. h. mit den Erwartungen der Politik an die Künstler und dem daraus resultierenden Konfliktpotential; der leibseelische Zusammenbruch erhält dadurch eine längere Vorgeschichte.

Kontrast- und Korrespondenzfiguren

Im Zusammenhang mit der Film-Episode kommt die wichtigste Kontrastfigur zur Protagonistin ins Spiel: Hannes Urban, einstiger Kommilitone, »Freund und Genosse« (Lh, 36), der eine Laufbahn als Kulturfunktionär eingeschlagen hat. Er wird als talentloser Karrierist und Opportunist charakterisiert, als einer, der sich hinter Ironie und Zynismus versteckt und rasch gelernt hat, seine Entscheidungsmacht zu gebrauchen, »Widerspruch abzuwürgen« (Lh, 37) und den Umgang mit Freunden zu meiden, wenn dies seiner Karriere schaden könnte. Ein intertextueller Bezug auf Goethes *Faust* verbindet ihn mit der Figur des Jürgen M. in *Was bleibt*: Stilisiert sich Jürgen M., um seine Stasi-Zusammenarbeit zu rechtfertigen, zum erkenntnisbegierigen Faust, so wirkt Urban »diabolisch« (Lh, 45) und wird von der Erzählerin als der »neue Mephisto« bezeichnet, der nicht mit Unsterblichkeit, sondern mit Stillstand verführen wolle (Lh, 183).

Wahrheit ist für Urban eine »Funktion des Fortschritts in der Geschichte« (Lh, 139), d. h. sie besitzt instrumentellen Charakter im Dienst des Machterhalts ohne Ausrichtung an moralischen Kriterien. Urban, der der Erzählerin »moralischen Rigorismus« (Lh, 140) vorwirft, fungiert als Repräsentant der staatlichen Kulturpolitik, als störungsfrei laufendes Rädchen im Getriebe. In dieser Rolle tritt er exemplarisch bei einer repressiven Maßnahme in Erscheinung, nämlich als Leiter einer Versammlung, auf der unbotmäßige Künstler gemaßregelt werden sollen und die sich unschwer als der Ausschluss von neun Schriftstellern aus dem Berliner Schriftstellerverband im Jahr 1979 identifizieren lässt.

Christa Wolf stellt Urban eine unscheinbare Kontrastfigur zur Seite, die zugleich eine Korrespondenzfigur zur Protagonistin ist: Konrad, ebenfalls ein Kommilitone aus Jenaer Zeit, ein Goethe-Kenner. Er interessierte sich brennend für die restriktiven Folgen gesellschaftlicher Verhältnisse auf das Genie und für dessen Gegenstrategien, untersuchte also die virulente Problematik, wie künstlerische Freiheit und Kreativität angesichts widriger gesellschaftlicher Umstände bewahrt werden können. Von Urban unterscheidet ihn die moralische Integrität, wie die Erzählerin zu ihrem Ehemann sagt: »Der war anständig, sage ich, der konnte nichts gegen seine Überzeugung tun. Nicht mal etwas gegen seine Überzeugung sagen. Der wäre heute noch unser Freund, meinst du nicht auch. Der ist zu früh gestorben« (Lh, 33 f.).

Konrad erinnert entfernt an Louis Fürnberg (1909–1957), auch wenn sich dieser als Angehöriger einer anderen Generation nicht in die Reihe der Kommilitonen fügt. Er gehörte zur Gruppe der (jüdischen) Remigranten, die Christa Wolf bei ihrer Tätigkeit im Schriftstellerverband kennengelernt hatte und deren Schicksal ihr Respekt einflößte (s. Kap. II.A.9). Fürnberg, mit dem die Wolfs freundschaftlich verkehrten, hatte nach dem Exil in Prag und Berlin gewirkt, den antisemitischen Slánský-Prozess miterlebt und von 1954 bis zu seinem Tod im Alter von nur 48 Jahren als stellvertretender Leiter der Nationalen Forschungs- und Gedenkstätten der klassischen deutschen Literatur in Weimar gewirkt. Es ist neben dem Goethe- und Weimar-Bezug v. a. die Bemerkung »zu früh gestorben«, die es erlaubt, Konrad als verfremdete Anspielung auf Fürnberg zu deuten, da in den Jahren nach der Offenlegung der stalinistischen Verbrechen auffallend viele überzeugt linke Schriftsteller vergleichsweise früh starben; Bertolt Brecht und Johannes R. Becher waren die prominentesten unter ihnen. In *Stadt der Engel* geht Christa Wolf auf dieses Phänomen ein und deutet den Tod dieser Remigranten symbolisch: »[Z]u viele Dichter, die aus der Emigration zu uns zurückgekommen waren, starben in einem Jahrzehnt, fast alle an ›gebrochenem Herzen‹, altmodisch ausgedrückt« (SdE, 86).

Alle drei Figuren, die aus »demselben Brutkasten« (Lh, 13) kommen, sind durch das Thema Tod verbunden. Konrad ist nicht alt geworden, die Protagonistin befindet sich an der Schwelle zum Tod, und Urban, der Nicht-mehr-Freund, hat sich das Leben genommen und damit den Anschein widerlegt, er sei einer, der alles mitmache und von dem weder gute noch böse Überraschungen zu erwarten seien (Lh, 156). Als die Protagonistin ins Krankenhaus eingeliefert wird, weiß sie noch nicht, dass er bereits tot ist. Am Anfang steht die Nachricht von seinem Verschwinden – die Protagonistin erfährt durch einen Anruf kurz vor ihrem Zusammenbruch davon –, am Ende, als sich die Genesung anbahnt, steht die Nachricht vom Auffinden seines Leichnams; Urban hat sich erhängt. Der Selbstmord ist die gewaltsame Beendigung eines Zustandes der Ausweglosigkeit, dem die erschöpfte Selbstaufgabe als sanftere Variante korrespondiert, und dies ist der Punkt, an dem die Erzählerin und Hannes Urban nicht nur Kontrastfiguren sind, sondern sich sehr nahekommen. In die Figur des Urban fließen Züge verschiedener Persönlichkeiten ein. Man kann an Hermann Kant denken, den Generationsgefährten Christa Wolfs, der als Präsident des DDR-Schriftstellerverbandes die Versammlung mitverantwortete, die den Ausschluss der Kollegen vollzog, ein Ironiker, gleichzeitig aber ein überzeugter Sozialist. Und man kann auch Hans Koch in dieser Figur erkennen, den fast gleichaltrigen Kulturfunktionär, der ab 1977 das Institut für Kultur- und Kunstwissenschaft der Akademie für Gesellschaftswissenschaften beim ZK der SED leitete und 1986 Suizid beging; er erhängte sich.

Utopie und das Ziel der Geschichte

Auslöser für Urbans Flucht, die im Tod endet, war eine radikale Rede gewesen, die dazu führte, dass er vor allen Institutsmitarbeitern seiner Funktion enthoben wurde. Durch Urbans Frau erfährt die Erzählerin, dass er aus Verzweiflung gehandelt hatte: »Daß alles verloren ist, wenn wir jetzt nicht umkehren. […] Und aus Verzweiflung, daß er nicht früher widersprochen hat« (Lh, 157). Verzweiflung aber setzt bestimmte Erwartungen, also Nicht-Resignation voraus, und folgerichtig kommt nun ein Signalwort ins Spiel – Hoffnung, das als Rekurs auf Ernst Bloch und damit auf die (sozialistische) Utopie zu verstehen ist. Bei der Versammlung, die auf den Ausschluss von Künstlern abzielt, rät Urban der Protagonistin noch, die Hoffnung auf Unerfüllbares und damit den unproduktiven Widerstand, der von Veränderbarkeit ausgehe, endlich aufzugeben. Rational hat er sich bereits vom Sozialismus verabschiedet, will nur noch die Fassade für den geordneten Rückzug retten und gibt für diese Epoche alles verloren: »Sie war ungeeignet für unser Experiment. Wir waren auch ungeeignet, wir ganz besonders« (Lh, 183). Urbans Lebensende zeigt jedoch, dass er, als Generationsgefährte ursprünglich dieselben Ideale wie die Protagonistin teilend, die Hoffnung auf Veränderung entgegen besserem Wissen nicht gänzlich aufgegeben hatte. Ein »Quentchen Hoffnung« war verblieben, »sein Lindenblatt«, das ihn wie Siegfried in den Nibelungen verwundbar machte. »Da konnte der Speer eindringen. Er hat versäumt, rechtzeitig jede Hoffnung abzutöten. Das hat ihn umgebracht« (Lh, 180).

Das »Prinzip Hoffnung«, verstanden als Fähigkeit, den prozesshaften Charakter der Verwirklichung der (sozialistischen) Utopie zu erkennen und in gegenwärtigen Ereignissen Künftiges zu antizipieren, wird hier nicht umstandslos affirmiert, sondern in seinem Potential, den Menschen zu gefährden, kritisch befragt. Diese Hoffnung erscheint somit als psychisches Konstrukt, das den Konflikt in die Person hineinverlegt und angesichts der Wirklichkeit, die alle Merkmale der Stagnation und Unveränderlichkeit trägt, schließlich zur Überforderung wird und Selbstzerstörung bewirkt. Die Erzählerin hingegen konstatiert für sich, dass »Hoffnung manchmal auf Ende zuläuft, zulaufen muß, auch das soll zugestanden sein« (Lh, 157). Sie hat Urbans Ausweg – den Tod – verworfen, denn allmählich, so heißt es, hatte sich die Einsicht herausgeschält, »daß man nur entweder sich selbst aufgeben konnte oder das, was sie ›die Sache‹ nannten, ›unsere gemeinsame Sache‹« (Lh, 158). Hier wird ein Ablösungsprozess angesprochen, der bereits in *Was bleibt* thematisiert worden ist und in *Stadt der Engel* noch einmal durchgearbeitet wird: die Aufkündigung der Identifikation mit einem Wir, in das sich die Erzählerin angesichts gemeinsamer Ziele und Ideale anfänglich eingeschlossen sah. Anders gesagt: die Erkenntnis, dass der Realsozialismus mit dem ursprünglichen Projekt kaum mehr etwas gemein hatte und die Realisierung der Utopie von ihm nicht mehr zu erwarten war. Diese Einsicht auszuhalten aber erfordert Mut, den Urban nicht aufbrachte: Der Tod als das »sicherste Versteck« (Lh, 180). Das Dilemma, das hier angedeutet wird, ist schon bei Bloch zu erkennen: Das utopische Denken will mehr als den ›real existierenden Sozialismus‹, betrachtet ihn aber als einzige geschichtliche Voraussetzung für den Weg zur Verwirklichung der Utopie. Bezeichnenderweise vermied Bloch die offensive Auseinandersetzung mit dem sowjetischen Sozialismus bzw. Stalinismus (Kirchner 2002, 28–33).

Hannes Urban ist eine Figur, die vornehmlich der Auseinandersetzung mit der DDR-Geschichte dient. Sie tritt fast ausnahmslos in den Phasen des wachen Bewusstseins auf. Zwischen diesen Phasen gibt es die Zustände des unkontrollierten Bewusstseins, der Fieberphantasien und nächtlichen Träume, in denen die Protagonistin anhand konkreter oder verallgemeinerter Ereignisse die Kontinuität von Gewalt in der Menschheitsgeschichte aufruft: den bethlehemitischen Kindermord, die Christenverfolgungen, die Greueltaten der Konquistadoren, der Kreuzritter und der Fürsten nach den Bauernkriegen, die ermordete Rosa Luxemburg, Foltergeräte, Vergewaltigungen, Hinrichtungen (vgl. Lh, 20 f.). Die Geschichte des Schmerzes und der Folter peinigt sie; sie identifiziert sich mit den Leidenden: »Das Martyrium und der Untergang der Leiber, mein Leib mitten unter ihnen«

(Lh, 20). Die Bilder können aber auch eigenen Erfahrungen entspringen, z. B. die Erinnerung an die Tiefflieger am Kriegsende. Ebenfalls auf den Krieg verweist eine Fieberphantasie, die in die Kellergänge unter ihrem Berliner Mietshaus führt. Die Protagonistin sieht die Buchstaben LSR, die Abkürzung für Luftschutzraum, und das Wort »Mauerdurchbruch« (Lh, 112), das ambivalent ist: Es bedeutet den Durchbruch der Kellerwand zwischen zwei Häusern, der bei einem Bombentreffer die Flucht ins Nachbarhaus ermöglicht, zugleich wird aber auch die Berliner Mauer assoziiert und damit die deutsch-deutsche Nachkriegsgeschichte.

Einige der Fieberphantasien imaginiert die Protagonistin als nächtliche Schwebeflüge über Berlin, bei denen sie von der Anästhesistin Kora Bachmann geleitet wird. Das auf diesen Flügen Geschaute zitiert vielfach Figuren und Episoden aus Texten von Christa Wolf, die als biographische Elemente identifizierbar sind. Angespielt wird beispielsweise auf die Geschichte von Tante Lisbeth, die trotz der Nürnberger Gesetze den jüdischen Arzt Dr. Leitner liebt und ein Kind von ihm bekommt; der Leser kennt sie aus *Kindheitsmuster*. Die Protagonistin sieht das Paar durch das nächtliche Berlin zum »Tränenbunker« gehen, wie im Volksmund der Grenzübergang Friedrichstraße im geteilten Berlin genannt wurde, so dass hier die Ordnung der Zeit aufgehoben ist und ein anderes, politisches Prinzip der Trennung von Menschen aufgerufen wird. Bei einem zweiten Flug zeigen sich die Straßen von Berlin aufgerissen, eine »Unterwelt« (Lh, 143) wird sichtbar, die die Spuren von Krieg und Gewalt freigibt. Namen in kyrillischer Schrift – Pawel, Wladimir – verweisen auf die Einnahme Berlins durch die Sowjetarmee 1945 und sind zugleich autobiographische und autoreferentielle Anspielungen: Pawel heißt die russische Hauptfigur in der *Moskauer Novelle*, und Wladimir ist der Vorname des befreundeten Übersetzers und sowjetischen Kulturfunktionärs Steshenski, der 1945 als Offizier nach Berlin kam und den man in Christa Wolfs *Moskauer Tagebüchern* (2014) genauer kennenlernt. Die offenen Kabelschächte gemahnen an belauschte Telefongespräche; man denkt zuerst an die Überwachungspraktiken des Ministeriums für Staatssicherheit (MfS), die in *Was bleibt* geschildert werden.

Mit den düsteren Bildern der Fieberphantasien verbindet die Protagonistin eine geschichtsphilosophische Frage, nämlich die Frage nach Verlauf und Ziel der Geschichte: »Es muß doch einen geheimen Sinn haben, daß alle Arten von Menschenopfern mir vorgeführt werden sollen. Oder hat es den Sinn, mich endlich, nach all den Jahren, Jahrzehnten der Selbsttäuschung, von der durchdringenden Sinnlosigkeit allen Geschehens zu überzeugen?« (Lh, 32). Hier äußert sich Zweifel am utopisch-teleologischen Denken. Beim zweiten Flug über Berlin stellt die Protagonistin nochmals die Sinnhaftigkeit von Geschichte in Frage, und mehr noch: die Sinnhaftigkeit des eigenen Lebens. Christa Wolf rührt damit an Existenzielles, an die Frage, woher dem Leben Sinn zuwächst, wenn sich dieser nicht mehr aus dem Engagement für eine Idee oder Weltanschauung speist. Die Protagonistin fragt ihre nächtliche Begleiterin, ob sie ein Wort wie »Vergeblichkeit« kenne. Kora durchschaut die Versuchung zur Selbstaufgabe: »Jene große, allumfassende Vergeblichkeit, in die man sich so herrlich einlullen, in der man sich so wunderbar wälzen könne.« Die Protagonistin kontert: »Wenn dies, ganz nüchtern betrachtet, die Lebenssumme sei: Vergeblichkeit?« (Lh, 145). Eine Antwort auf diese Frage bietet der Text nicht; vielmehr gibt die Protagonistin der Anästhesistin auf deren Widerspruch hin zu verstehen, dass es sich um unlösbare Konflikte handelt. Das zitierte chinesische Sprichwort »Wer den Tiger reitet, steigt nicht ab« benennt eine ausweglose Situation, und die Praxis alter Kartographen, unerkundete Gebiete als weiße Flecken mit der Aufschrift »hic sunt leones« (Lh, 147) zu kennzeichnen, steht für die Einsicht, dass es Grenzen der Selbstaufklärung und damit der Selbsthilfe gibt.

Der Hades und andere Mythen

Das medizinische Personal in *Leibhaftig* ist zum Teil ›irdischer‹ Natur, es ist Gegenstand der durchaus humorvollen Beschreibung des Krankenhausalltags. Einige Figuren übernehmen darüber hinaus eine symbolische oder repräsentative Funktion. So trägt eine junge, kompetente Krankenschwester den auf Religion anspielenden Namen Thea; sie ist eine überzeugte Christin, die »sehr jung für so einen festen Glauben« (Lh, 116) erscheint und als Kontrastfigur zur Erzählerin fungiert, der die Sinnhaftigkeit ihres Lebenswerks zweifelhaft geworden ist. Der namenlose Pathologe, gestaltet als der bleiche »Abgesandte aus der Unterwelt« (Lh, 165), hat die Aufgabe, über Leben und Tod, Lebenswillen und Todessehnsucht zu philosophieren. Mit der Figur der Kora Bachmann ist der zentrale Mythos verknüpft, den Christa Wolf in *Leibhaftig* verwendet, der Mythos von Persephone. Persephone oder Kore (Kora), die Tochter von Zeus und Demeter, wird von Zeus' Bruder Hades, der über die Unterwelt herrscht, entführt. Zorn und Trauer der

Mutter erreichen die Regelung, dass Persephone einen Teil des Jahres in der Oberwelt verbringen kann. Für diesen Wechsel zwischen Unter- und Oberwelt steht Kora Bachmann. In gewisser Weise führt sie im Text ein »Doppelleben«: Sie ist im Alltag Ärztin, geschieden und Mutter einer kleinen Tochter; und sie ist zugleich eine Nachtgestalt, denn in den Fieberträumen begleitet sie die Erzählerin durch Berlin. Als Anästhesistin besitzt sie zudem die ganz reale Aufgabe, die Patientin vor den Operationen in das Dunkel der Bewusst- und Fühllosigkeit zu führen, das als »Hades« (Lh, 56) bezeichnet wird. Im griechischen Kultus wurde Kore zusammen mit Demeter als Fruchtbarkeitsgöttin verehrt; ihre Rückkehr in die Oberwelt symbolisierte die wiedererwachende Natur. Auch in *Leibhaftig* steht die mädchenhaft-mütterliche Kora auf der Seite des Lebens. Sie weist die Patientin zurecht: »Sie denken zuviel. Sie reden zuviel. Lassen Sie es genug sein« (Lh, 158). Den Tod möchte sie als Mittel verstanden wissen, um die Lebensmüden aus sträflicher Lethargie zu reißen und durch einen heilsamen Schrecken ins Leben zurückzustoßen (Lh, 164). Am Ende des Textes, beim letzten gemeinsamen Flug über Berlin, erkennt die Erzählerin in ihr die »Botin, welche die noch nicht toten Seelen auf ihrem Gang zum Hades abfängt, sie der Unterwelt entreißt und zurückbringt in das Reich der Lebenden« (Lh, 184).

Der Hades, die Unterwelt, das Reich der Schatten erscheint in vielfältiger Gestalt. Es sind die verschachtelten Räume der Innenwelt im Zustand hohen Fiebers (Lh, 25), der Zustand der Anästhesie während der Operationen, die »bleiche Zwischenwelt« (Lh, 70) als Schwebezustand zwischen Leben und Tod, das »Zwischenreich« (Lh, 142), in dem sich die Erzählerin wohl fühlt, weil sie dort von allen rationalen und moralischen Unterscheidungen entbunden ist, aber auch die »Unterwelt« (Lh, 143) der aufgerissenen Straßen Berlins und der Transitbereich der Grenzübergangsstelle Bahnhof Friedrichstraße (vgl. Lh, 25 f.). Mitunter nimmt die Unterwelt die Gestalt eines Labyrinths an: Das Kellersystem unter dem Berliner Mietshaus entspricht dem Labyrinth im Gehirn (vgl. Lh, 139), und auch die unterirdischen Gänge des Krankenhauses erscheinen als Labyrinth, in dessen Innerem ein Minotaurus lauert (vgl. Lh, 50). Hier wird der Mythos ironisiert, denn mit dem Minotaurus ist ein Computertomograph gemeint, dessen diagnostischer Einsatz zwar körperlich quälend ist, aber dem Lebenserhalt dient. Und ins Labyrinth und wieder hinaus geleitet nicht der Faden der schönen Ariadne, sondern die ungeschickt fuhrwerkende Schwester Evelyn.

Auch den Persephone-Mythos stimmt Christa Wolf auf einen ironischen Ton: Kora Bachmann, die Frau mit dem »beziehungsreichen Namen« (Lh, 55), kennt dessen Bedeutung nicht. Griechische Mythologie kam in ihrem Schulunterricht nicht vor; erst durch die Patientin hört sie davon und beliest sich darüber. Anders als *Kassandra* und *Medea* evoziert *Leibhaftig* nicht die Welt des Mythos, sondern zitiert den Mythos. Die Hadesfahrt dient als Leitvorstellung, die von der Protagonistin metaphorisch auf Krankheit bezogen wird; sie verklammert die Bilder vom Körperlabyrinth und die Bilder von den unterirdischen Gängen der Zeitgeschichte, legt »Zeitschichten des Verdeckten und Verdrängten frei, die sich im Körper abgelagert und sein Immunsystem ruiniert« haben (Winkler 2006, bes. 270–273).

Intertextuelles

Die antiken Mythen – neben dem Minotaurus- und Persephone-Mythos wird auch Orpheus' Abstieg in den Hades zitiert – sind nur ein Teil des dichten intertextuellen Geflechts von *Leibhaftig*, dessen Funktion vielfältig ist. Angespielt wird beispielsweise auf George Orwells *1984*, den Roman mit dem allgegenwärtigen Diktator »Big Brother«, der die Überwachung der Bürger perfektioniert hat (vgl. Lh, 136). Lieder dienen dazu, die Ideologie des NS-Staates und der DDR bzw. die eigene Kindheit und Jugend zu vergegenwärtigen: »Auf, auf, zum Kampf, zum Kampf! / Zum Kampf sind wir geboren« (Lh, 123) ist ein Soldatenlied, das für die SA umgedichtet wurde, und »Bau auf, bau auf« (Lh, 91) gehört ins Repertoire der FDJ-Lieder. Auch die familiäre Geschichte ist in Liedern präsent. Die singende Mutter tritt schon in *Kindheitsmuster* mit einem ihrer Lieblingslieder auf: »Warum weinst du, holde Gärtnersfrau« (Lh, 50), und das Lied »Guten Abend, gut' Nacht« (Lh, 50) wird in *Stadt der Engel* wieder eine Rolle spielen wegen der verstörenden Verse »Morgen früh, wenn Gott will, / wirst du wieder geweckt«.

Die intertextuellen Bezüge können auch der (Selbst-)Erkenntnis dienen. Zweimal wird auf eine Erzählung von Thomas Mann angespielt. Die erste betrifft die Studienzeit in Jena, als Urban in einem Seminar zur Sprecherziehung *Schwere Stunde* von Thomas Mann liest und sich bewusst wird, dass er »kein Talent hatte« und »keine Macht der Welt, auch seine eigene brennende Begierde nicht, imstande war, diesem Mangel abzuhelfen« (Lh, 47). Für die Deutung von Urbans Laufbahn als machtbewusster Kulturfunktionär findet die Protagonistin in Manns Text das zentrale Motiv: die »Rachsucht der ehrgeizigen Talentlosen« (Lh, 47). Die zweite Erzählung ist *Die Betrogene*, in der von einer alternden Frau erzählt wird, die sich in einen jungen Mann verliebt und die Wiederkehr der Menstruation nach der Menopause als Zeichen des Lebens deutet, nicht aber als Symptom des Unterleibskrebses. Aus einer Rundfunklesung nimmt die Protagonistin einen Satz aus dieser Erzählung auf: »Ist ja doch der Tod ein großes Mittel des Lebens« (Lh, 164). Das Gespräch mit Kora über diesen Satz dreht sich um die Bedeutung des Todes für die Bejahung des Lebens, um einen reflektierten Umgang mit dem Tod, der nicht auf einer Selbsttäuschung beruht.

Eine besonders wichtige Rolle spielt Lyrik. Die Protagonistin lässt sich einen Band mit Goethe-Gedichten ins Krankenhaus bringen, da ihr immer wieder Goethe-Verse in den Sinn kommen, v. a. aus *Symbolum* und *An den Mond*, Gedichten, die nahezu magische Wirkung auf sie ausüben und ein enges Verhältnis zur Dichtung der Weimarer Klassik bezeugen. In markanter Weise ist die Lyrikerin Ingeborg Bachmann im Text präsent (zu Wolfs Affinität zu Bachmann vgl. Firsching 2006, 113–122; s. Kap. II.C.19). Die Anästhesistin Kora trägt ihren Nachnamen. Sie ist also eng mit der Botin der Unterwelt verbunden, die will, dass sich die Protagonistin nicht dem Tod überlässt. Die besondere Nähe, die Christa Wolf zu Ingeborg Bachmann besaß, zeigt ihr bereits 1966 entstandener Essay »Die zumutbare Wahrheit«. Darin schreibt sie der Schriftstellerkollegin Eigenheiten, Haltungen und Fragestellungen zu, die auch für sie selbst und ihre Poetik relevant sind: das Spanungsverhältnis zwischen sich und der Welt, Hoffnung auf Veränderung, die Erkundung der Möglichkeit moralischer Existenz des Menschen, Insistieren auf Erfahrung, Subjektivität und Individualität, Streben nach Wahrhaftigkeit und Authentizität, Verletzlichkeit und dennoch kein resignatives Aufgeben. »Literatur als Utopie« (WA 4,160), heißt es am Ende des Essays angesichts einer Einsicht, die sich auf Christa Wolfs Situation in der Endphase der DDR und nach deren Zusammenbruch übertragen lässt: »Keine Hoffnung auf Veränderung mehr ›im Rahmen des Gegebenen‹« (WA 4, 158). Diese Zustandsbeschreibung lässt sich mit einem Zitat aus Ingeborg Bachmanns Gedicht »Enigma« am Textende von *Leibhaftig* in Verbindung bringen: »Du sollst ja nicht weinen«. Es ist ein rätselhaftes Gedicht, dessen redendes Ich nichts Gutes mehr erwartet und in dem nur mehr die Musik »spricht«, also nur Kunst noch (nonverbale) Kommunikation ermöglicht. In Christa Wolfs Erzählung entspricht der situative Kontext, in den das Vers-Zitat eingebettet ist, dem allerdings nicht, denn er ist dialogisch gestaltet. Als die Genesende endlich, am Fenster stehend, auf den See schauen kann und dabei an Gedichte denkt, lenkt sie der Ehemann von der Literatur ab, verweist auf die Schönheit der Natur und sagt eben diesen Satz: »Du sollst ja nicht weinen« (Lh, 185). Die Protagonistin wiederum verweist auf das Gedicht von Ingeborg Bachmann. Damit schließt die Erzählung. Dem Schmerz und der Trauer, die nicht eskamotiert werden, steht somit die Einheit von dem nahen, geliebten Menschen, der Naturschönheit und der Literatur gegenüber. Die »großen Utopien erscheinen obsolet« (Hörnigk 2012, 72). Lag für Christa Wolf 1966 das Dilemma von Ingeborg Bachmann darin, dass diese nie in die Lage versetzt worden sei, Anschluss an eine »progressive geschichtliche Bewegung zu suchen« (WA 4, 159), so verschiebt sich nun bei ihr selbst der Primat vom Gesellschaftlichen auf das Individuelle und Private. In diesem Sinne fungiert Ingeborg Bachmann – und mit ihr die Literatur überhaupt – in *Leibhaftig* als Therapeutin.

43 »Stadt der Engel oder The Overcoat of Dr. Freud« (2010)

Im Sommer 2011 – Christa Wolf hatte inzwischen das 81. Lebensjahr vollendet – erschien ihr letztes großes Opus, *Stadt der Engel*. Es ist die Fortführung der Selbstreflexion und damit der fortgesetzte Versuch, nach dem Mauerfall die eigene (politische) Identität im Erzählen rückblickend neu zu konstituieren. Mit diesem Vorhaben schließt der Text eng an *Leibhaftig* an. Dort fragt die Protagonistin, ob der Schmerz ein Maß für verlorene Hoffnung sei, und äußert, es wäre des Lebens wert, der »Spur der Schmerzen« ungewappnet nachzugehen (Lh, 184). Damit wird die Aufgabe, eine Lebensbilanz zu wagen, zu einem Antrieb des Weiterlebens erklärt. In *Stadt der Engel* findet sich die Formulierung wieder; der Vorsatz, der über dem Schreiben steht, ist es, der »Spur der Schmerzen« nachzugehen (SdE, 14). Schmerzen sind eine leidvolle Angelegenheit, und dass die Erzählerin ihre Identitätsgeschichte als Leidensgeschichte erzählt, wird besonders am Ende deutlich, als sie die Frage stellt, ob über dem Staat DDR schon von Anfang an das Menetekel des Untergangs gestanden habe und sie »um einen banalen Irrtum so sollte gelitten haben« (SdE, 413).

Der Titel des Buches nimmt auf das kalifornische Los Angeles Bezug. Dorthin war Christa Wolf im September 1992 für neun Monate als Scholar des Getty-Center for the History of Art and the Humanities gereist. Ein erster literarischer Niederschlag war der Text »Begegnungen Third Street«, der 1999 im Erzählband *Hierzulande andernorts* veröffentlicht wurde. Der Aufenthalt in Kalifornien bildet das narrative Fundament des Textes und nimmt den größten Umfang ein, getreu dem vorangestellten Motto von Walter Benjamin: »So müssen wahrhafte Erinnerungen viel weniger berichtend verfahren als genau den Ort bezeichnen, an dem der Forscher ihrer habhaft wurde« (SdE, 7). Erfahrenes wird authentisch, so lässt sich das Benjamin-Zitat verstehen, wenn der »Verstehenshorizont« räumlich und zeitlich präzise bestimmt wird (Haase 2014, 228), wenn man sich der Vergangenheit mit der Genauigkeit eines Archäologen nähert (zum Bezug auf Benjamins Geschichtsphilosophie vgl. Sakova-Merivee 2014).

Die geschilderte Zeit in Kalifornien ist die Erzählebene für Reflexionen, angeregt durch Begegnungen mit den anderen Stipendiaten und amerikanischen Bekanntschaften, den Briefwechsel einer Emma genannten Altkommunistin und die Beobachtungen von Politik und Alltag in den USA. Eingebettet sind Erinnerungen an Erlebnisse aus der Nachkriegs- und DDR-Zeit, die keiner chronologischen Ordnung, sondern einer selektiven Logik folgen: Es handelt sich um solche Ereignisse, die zum Überdenken der Gründe für die Loyalität gegenüber dem Staat zwangen. Im Vergleich mit *Kindheitsmuster*, wo die erzählten Kindheits- und Jugenderinnerungen quantitativ dominieren, nimmt in *Stadt der Engel* die Vergangenheitsebene deutlich weniger Raum ein. Der Text tendiert, da er nicht primär das Leben bzw. größere Lebensabschnitte retrospektiv erzählt, sondern die Selbstreflexion in den Vordergrund rückt, stärker zum Selbstporträt als zu einer autobiographischen Erzählung. Erzählt wird rückblickend, und zwar homodiegetisch, d. h. der Text hat eine Ich-Erzählerin, die sich selbst gelegentlich in der zweiten Person anspricht. Die Zeit des Erzählens ist die Gegenwart, wie die Anspielung auf die Finanzkrise von 2007 (vgl. SdE, 127) erhellt; allerdings ist diese Zeitebene wenig konturiert. Die Autorin verwendet also ein ähnliches narratives Konstrukt wie in *Kindheitsmuster*, das aber weniger schlüssig ist, da es in *Stadt der Engel* »keine Differenz zwischen der Erzählerin der Gegenwart und der Erlebenden von 1992« gibt (Magenau 2013, 468; zur Erzählform vgl. Hernik-Młodzianowska 2013).

Auch *Stadt der Engel* ist ein Text, der sich einer eindeutigen Gattungszuordnung entzieht. Es gibt wiederum keine Gattungsbezeichnung. Dem Titelblatt steht demonstrativ eine Bemerkung voran, die jeglichen Referenzanspruch bestreitet: »Alle Figuren in diesem Buch, mit Ausnahme der namentlich angeführten historischen Persönlichkeiten, sind Erfindungen der Erzählerin. Keine ist identisch mit einer lebenden oder toten Person. Ebenso wenig decken sich beschriebene Episoden mit tatsächlichen Vorgängen« (SdE, 6). Das ist eine Fiktionalitätserklärung, wobei die Formulierung zulässt, zumindest die Ich-Erzählerin als nicht erfunden aufzufassen. Die Lektüre legt dann nahe, die Identität von Erzählerin und Autorin anzunehmen, auch wenn die Nennung des Namens ausbleibt und somit kein ›autobiographischer Pakt‹ (Lejeune 1975) geschlossen wird. Der Leser erhält jedoch Hinweise auf diese Identität durch Angaben zu Alter, Schriftstellerberuf und biographischen Stationen wie Flucht, Studium in Jena und Leipzig, Arbeit im Schriftstellerverband. Hinzu kommen leicht zu entschlüsselnde Anspielungen auf Wolfs Bücher, beispielsweise *Kindheitsmuster* (SdE, 219), *Was bleibt* (SdE, 203), *Kassandra* (SdE, 301) und *Moskauer Novelle* (SdE, 291). Ein Text wird sogar mit Titel genannt: »Die Nagelprobe«

(SdE, 301), veröffentlicht in der Textsammlung *Auf dem Weg nach Tabou* und im Erzählband *Mit anderem Blick* (s. Kap. IV.53). Das Problem, das die Erzählerin in Los Angeles umtreibt – die öffentliche Debatte um ihre IM-Akte, das Vergessen der kurzzeitigen Kontakte zum MfS –, trifft exklusiv auf Christa Wolf zu. Dass sie es darauf anlegt, mit der Erzählerin identifiziert zu werden, zeigt auch die mehrfache Erwähnung der Rede am 4. November 1989 (SdE, 25, 411). Es sind viele Details, die es erlauben, die Selbstaussagen der Ich-Erzählerin als Selbstaussagen der Autorin zu verstehen. Alle anderen Figuren hingegen lassen sich nicht identifizieren, und außerdem nutzt Christa Wolf narrative Techniken wie umfängliche Dialogpassagen und detailreiche Beschreibungen, die das plausible Maß des Erinnerbaren übersteigen und dem fiktionalen Lektüremodus zuzuordnen sind. Wie andere Wolf'sche Erinnerungsprosa ist auch *Stadt der Engel* eine »Mischung von ausgeprägtem literarischen Gestaltungswillen bei gleichzeitig unverhohlen offengelegter Referenz auf faktische Ereignisse« (Bomski 2014, 259).

Ähnlich wie in *Leibhaftig* gibt es in *Stadt der Engel* zahlreiche intertextuelle Anspielungen, denen nachzugehen breiten Raum erfordern würde. Besonders wichtig sind wiederum Bertolt Brecht und Thomas Mann, die beide als Emigranten in bzw. bei Los Angeles gelebt hatten; hinzu kommen weitere emigrierte deutschsprachige Autoren, die teils jüdischer Herkunft waren, DDR-Autoren, sowjetische Schriftsteller, kanonische deutsche Autoren wie Goethe, Heine, Börne und Remarque. Herausgehoben ist das Gedicht des Barockdichters Paul Fleming »An sich«, das mehrfach zitiert wird. Dieses Sonett besitzt Appellcharakter. Es zielt auf Selbststabilisierung durch die Akzeptanz der Situation, es fordert das Handeln nach moralischen Normen aus eigenem Antrieb und damit die Aufrechterhaltung der Handlungsfähigkeit durch Selbstbestimmung. Der Kontext, in dem das Gedicht entstand, war der Neustoizismus, der maßgeblich von Justus Lipsius als Antwort auf eine historische Krisensituation formuliert wurde und »constantia« propagierte, die Standhaftigkeit als Stärke des Gemüts, die von nichts Äußerlichem oder Zufälligem erschüttert wird. Christa Wolf konnte dies unschwer auf ihre Situation in den frühen 1990er Jahren beziehen. Ihr Bemühen um einen selbstbestimmt-kritischen Umgang mit der eigenen Biographie und darum, »nicht dem Trotz zu erliegen« (Bircken 2014, 209), sich nicht abhängig zu machen von der medialen Berichterstattung über ihre Person, spricht sie beispielsweise in der Befürchtung aus, in einen »Rechtfertigungszwang« (SdE, 187) zu geraten.

(Re-)Konstruktion von Identität

Als Reflexion von Fragen der Identität ist *Stadt der Engel* eng mit früheren Texten wie *Kindheitsmuster* und *Leibhaftig* verknüpft. Zur Sprache kommt noch einmal der historische Kontext, der die Hinwendung zum Sozialismus motiviert hatte. Das war zum einen die jüngste Vergangenheit, der Nationalsozialismus, der nur schwer als Teil der eigenen und der deutschen Geschichte zu akzeptieren war und im Text immer wieder durch den Aufenthaltsort Los Angeles, wo viele emigrierte deutsche Schriftsteller Zuflucht gefunden hatten, präsent gemacht wird. Das war zum anderen die Gründung der DDR, d. h. eines sozialistischen Staates als Gegenmodell zum Kapitalismus. Die Erzählerin identifizierte sich zunächst bedingungslos mit der sozialistischen Idee und der SED, wie sie am Beispiel einiger markanter Erlebnisse erzählt. Dazu gehören die relativ umfängliche »Gefängnisanekdote«, der Aufstand vom 17. Juni 1953 und die 1959 erfolgte Anwerbung durch das Ministerium für Staatssicherheit. Zwar gab es erste Irritationen, aber eben noch nicht die Abgrenzung zwischen dem »Wir«, das die reformsozialistischen Künstler und Intellektuellen meint, und »den Anderen«, d. h. dem zunehmend als repressiv wahrgenommenen Staat und seinen Vertretern.

Für die ersten anderthalb Jahrzehnte des Bestehens der DDR zeichnet Christa Wolf von sich das Bild einer einsatzbereiten, den großen Zielen des Sozialismus verpflichteten Genossin, die zwar rückblickend in bestimmten Vorfällen erste Gelegenheiten zur kritischen Reflexion hätte finden können, dies aber aufgrund ihrer politischen Naivität und ihres ausgeprägten Identifikationsbedürfnisses nicht tat. Die Erinnerungen an spätere Ereignisse machen den Prozess der allmählichen Ablösung kenntlich. Mit dem Kahlschlag-Plenum 1965 stellten sich die Fragen drängender. Wie wichtig dieses Ereignis war, wird nicht zuletzt durch repetitives Erzählen deutlich, denn die Erzählerin kommt zweimal auf das Plenum und ihre nachfolgende psychische Erkrankung zu sprechen (SdE, 188–190, 234–236). So drastisch das Erlebnis auch war, im Rückblick wird es noch nicht als eindeutige Differenz-Erfahrung bewertet, sondern als mühsame Aufrechterhaltung eines sich letztlich als illusionär erweisenden Glaubens an eine mögliche Einigung mit den führenden Funktionären im Zeichen vernünftiger Wirklichkeitswahrnehmung und -interpretation.

Die Niederschlagung des Prager Frühlings 1968 wird nicht in der damaligen Wahrnehmung geschildert, aber in einer Aufzählung von Krisenzeiten erwähnt (vgl. SdE, 168). 1976 ist schließlich der grundlegende Dissens zur ideologisch erstarrten, nur auf Machterhalt bedachten SED-Führung offenkundig, und zwar im Zusammenhang mit der Biermann-Ausbürgerung, dem letzten markanten Ereignis, von dem als einem der »Wendepunkte« (SdE, 163) im Leben erzählt wird, dem »düsteren Winter«, der die »Konturen schärfte« (SdE, 159) und die Frage nach der Ausreise in den Westen aufwarf (vgl. SdE, 168), nicht zuletzt wegen der gewollt einschüchternden Observation durch das Ministerium für Staatssicherheit.

Ein längerer Ablösungsprozess hatte nun zu einer klärenden Abgrenzung geführt. Das bedeutete zugleich die Emanzipation von der Autorität der geachteten Altkommunisten. In diese Richtung zielt die Bemerkung, die Älteren hätten den Jüngeren gegenüber mehr Übung darin, »wider alle Vernunft an einer Hoffnung festzuhalten« (SdE, 316). Hier stellt sich die Erzählerin in einen Gegensatz zur Generation der älteren Kommunisten, die aufgrund ihrer leidvollen Lebensgeschichte an der Identifikation mit Partei und Staat bis zuletzt festhielten, eine Abgrenzung, die Christa Wolf bereits im Band *Auf dem Weg nach Tabou* am Beispiel von Anna Seghers vorgenommen hat. Eine kleine Episode veranschaulicht die Differenz zwischen den Generationen. In einer Parteiversammlung wirft eine alte Genossin, eine Jüdin, die lange in der Emigration gewesen war, den Gegnern der Biermann-Ausbürgerung vor, sie wollten die Konzentrationslager wiederhaben. Dieses ins Absurde gesteigerte polarisierende Denken, das in jeder Kritik am sozialistischen Staat eine Stärkung des ideologischen Gegners sieht, vernichtet endgültig die Hoffnung auf die Reformierbarkeit des Systems (vgl. SdE, 160 f.). Das Fazit der Konflikte mit dem realsozialistischen Staat gibt die Erzählerin als Gespräch mit einem Freund wieder. Dort wird die Einsicht formuliert, dass der DDR-Staat wie jeder Staat ein »Herrschaftsinstrument« und seine Ideologie wie jede Ideologie falsches Bewusstsein sei. »Du fragtest: Was sollen wir tun. Ihr schwiegt lange, dann sagte der Freund: Anständig bleiben« (SdE, 121). Die Konsequenz der alltäglichen Desavouierung der Idee in der Praxis hieß, politische Aktivitäten im Rahmen staatlicher Institutionen aufgeben und sich nur mehr um die Wahrung moralischer Integrität zu bemühen.

Die wenigen Wochen zwischen der Leipziger Montagsdemonstration vom 9. Oktober 1989 und dem Mauerfall am 9. November erscheinen in der Retrospektive als kurze historische Spanne, in der die mögliche Verwirklichung der Utopie momenthaft aufleuchtet. Die Bezeichnung der Ereignisse von 1989/90 als Revolution wird problematisiert, sie erscheint als zu pathetisch, die umgangssprachliche »Wende« hingegen als Verschleierung des Charakters der Ereignisse. Stattdessen spricht die Erzählerin vom »Volksaufstand, der sich die Form friedlicher Demonstrationen gab und das Unterste nach oben schleuderte« (SdE, 90) und den sie als unvermeidlich gescheitert betrachtet. Ihre politische Orientierung ist nach wie vor sozialistisch geprägt; allerdings erscheint der Sozialismus, zieht man alle Reflexionen und Erinnerungen auf der Ebene des Textes in Betracht, weniger als praktisch umsetzbares System (vgl. etwa die Erkenntnis, dass jeder Staat zum Herrschaftsinstrument werde) denn vielmehr als unverzichtbare Utopie in Korrektur zum Bestehenden (zum Utopischen in *Stadt der Engel* vgl. Schwarz/Wilde 2014).

Das Menschenbild

Ein Punkt, um den das Nachdenken über das gescheiterte Sozialismus-Projekt wiederholt kreist, ist das Menschenbild. Einer der Träume greift dieses Thema auf, er erzählt im Gewand eines »bösen Märchens« vom »Untergang des ostdeutschen Staates, der sein Ende fand in den Menschenschlangen, die vor den Banken nach dem neuen Geld anstanden, in dem Autokorso, der um Mitternacht rund um den Alexanderplatz mit viel Lärm und Sekt die Ankunft des neuen Geldes feierte« (SdE, 64). In Erinnerung an die Teilnehmer der Demonstration vom 4. November 1989 heißt es: »Diese glänzenden Augen. Diese freien Bewegungen. Sie wurden gestoppt, ja. Die Augen richteten sich bald auf die Auslagen der Schaufenster und nicht mehr auf ein fernes Versprechen. Die Roulettetische gewannen an Zulauf« (SdE, 411). Und mit bitterem Unterton kommentiert die Erzählerin ihre Landsleute, die nach dem Mauerfall mit vollen Tüten vom Einkauf kamen: »Dies also war des Pudels Kern, aber was hatte ich denn gedacht« (SdE, 116).

Man gewinnt als Leser/in den Eindruck, dass die Erzählerin alias Christa Wolf zwar materielle Interessen als berechtigt konzediert, den eigenen privilegierten Status in der DDR aber nicht reflektiert und noch immer enttäuscht ist über die mangelnde Bereitschaft der Mehrheit der DDR-Gesellschaft, auf den schnellen Weg zu materiellem Wohlstand zu verzichten und sich auf den langwierigen, unbestimmten ›Dritten Weg‹ zu begeben. Aber sie lässt verschiedene Stimmen und Ansichten zu Wort kommen, die ein Spannungsfeld eröffnen; auch die am Ende von *Stadt der Engel* beschriebene Reise zu den Hopi-Indianern in Arizona regt zu anthropologischen Überlegungen an. Der Mensch erscheint einerseits als das materiell interessierte, besitzgierige Wesen, das um kurzfristiger Vergnügen willen die eigene Existenz aufs Spiel setzt, und andererseits als das potentiell gute, altruistische, besserungsfähige Wesen. Die Erzählerin erinnert an die eigene anfängliche Hoffnung auf die Formung eines ›neuen Menschen‹ und einer menschengemäßen Gesellschaft, thematisiert zugleich die eigene Vernunftgläubigkeit und fragt nach dem Recht, die Menschen zu ihrem Glück zu zwingen (SdE, 255, 315). Sie zitiert das Gespräch mit einem Kommilitonen, der 1950 die Auffassung vertrat, abgeschottete, gleich erzogene Säuglinge würden ununterscheidbare Charaktere ausbilden, woraufhin ihr »unheimlich« (SdE, 217) zumute wurde. Hier wird das Konzept der vollkommenen Prägung, gar mentalen Uniformierung des Menschen durch erzieherische Praktiken angesprochen, der vorausssetzt, dass der Mensch grenzenlos formbar ist. An anderer Stelle verwirft die Erzählerin die entgegengesetzte Auffassung von einer unabänderlichen Natur des Menschen, die die gesellschaftlichen Rahmenbedingungen vernachlässigt (vgl. SdE, 209 f.).

Christa Wolf spielt auf den Anspruch der jungen DDR an, einen ›neuen Menschen‹ hervorzubringen. Der damit verbundene Erziehungsoptimismus besitzt eine längere Vorgeschichte, die vor allem im Perfektibilitätsglauben der Aufklärung wurzelt (vgl. Löffler 2013); nicht zufällig bezeichnet sich die Erzählerin in *Stadt der Engel* als »unerschütterliche Anhängerin der Aufklärung« (SdE, 333). Sie merkt an, dass nach 1945 ein Versuch der Annäherung an die (evangelische) Kirche und das Christentum gescheitert sei, der ›neue Glaube‹ ein anderes Einfallstor gefunden haben müsse und »listigerweise über den Kopf« gekommen sei (vgl. SdE, 215). Peter Gutman, Kind deutsch-englischer Juden und der wichtigste Gesprächspartner der Erzählerin unter den Mitstipendiaten, tröstet sie damit, dass sie nicht die Einzige sei, die an die »Unwiderstehlichkeit der Vernunft« geglaubt habe (SdE, 215). Dieser Vernunftoptimismus wird als Glaube betrachtet, da bereitwillig ein philosophisches und gesellschaftliches System akzeptiert wurde, das in der retrospektiven Selbstdeutung auf einer gläubigen, in ihrer Gültigkeit (zunächst) absolut gesetzten Annahme beruht, die allerdings als solche schwer zu erkennen ist, da sie Transzendenz negiert und aufklärerische Überzeugungskraft für sich beansprucht: die quasi gesetzmäßige Durchsetzung einer vernünftigen gesellschaftlichen Ordnung. Es gibt neben Gutman noch einen jüdischen Gesprächspartner, mit dem die Erzählerin über ihre Aufklärungsgläubigkeit spricht. In einem Gespräch mit dem Direktor des Holocaust-Museums in Los Angeles sagt sie, sie habe angenommen, in dem Teil Deutschlands, in dem sie lebte, sei der Virus der Menschenverachtung durch Aufklärung besiegt worden. »Als ich dieses Wort aussprach, glaubte ich in den Augen meines jüdischen Gesprächspartners etwas wie eine traurige Belustigung zu sehen. Aufklärung! sagte er gedehnt. Ja, ja. Dieser Hang zur Selbsttäuschung. War ja auch uns nicht fremd« (SdE, 81).

In diesem Zusammenhang sei angemerkt, dass der Mauerbau eine markante Leerstelle in *Stadt der Engel* ist, ebenso in anderen Erinnerungstexten. 1961 hatte Christa Wolf den Mauerbau nicht verworfen. In ihrer Rede auf dem Kahlschlag-Plenum 1965 erwähnte sie, dass sie auf einer Reise nach Westdeutschland die Frage, ob sie die Mauer als antifaschistischen Schutzwall bezeichne, klar bejaht habe (Agde 1991, 337). Für ihr politisches Selbstverständnis wirkte sich das Ereignis damals nicht irritierend aus, weil es noch in die Zeit der unbedingten Identifikation mit dem Staat und der SED fiel. Allerdings hätte der Mauerbau zumindest retrospektiv Fragen aufwerfen können, z. B. eben nach dem Menschenbild, das zum ideologischen Fundament eines Staates gehörte, der seine Bürger auf rigide Weise bevormundete und elementarer Grundrechte beraubte.

›Gebrochene‹ Figuren

Zur Reflexion der Identitätsproblematik stehen der Erzählerin etliche Figuren zur Seite – Mitstipendiaten, Bekanntschaften –, die mit ihr in zwei wesentlichen Punkten übereinstimmen: in der antikapitalistischen Gesinnung und/oder in einer als fraglich erlebten Identität. Dazu gehören Angehörige der *second generation*, die als Nachfahren verfolgter Juden psychische Verletzungen davongetragen haben. Sie sind die bevorzugten Gesprächspartner der Erzählerin, in diesem Sinn erweist sich Wolfs Buch als Suche »gewissermaßen nach einer urteilenden Instanz, der sie sich anvertrauen kann, die als historisch legitimiert empfunden wird, die tieferen Gründe ihrer Existenzfrage zu begreifen« (Chiarloni 2012, 194). Einige Figuren weisen im privaten Bereich eine fragile Identität auf: Der Architekturhistoriker Bob Rice hat ein schwieriges Coming Out hinter sich, und zwei weibliche Figuren, Sally und Valentina, befinden sich durch Ehescheiddungen in Krisensituationen. Aufschlussreich ist eine Nebenfigur, Malinka, die Ende Dreißig ist, aus Jugoslawien stammt und seit einigen Jahren in Los Angeles lebt. In einem Gespräch über die Unterprivilegierten in den USA äußert sie, ihre erste Zeit im Land sei hart gewesen, aber sie habe sich das Mitleid abgewöhnt; jeder solle sich selbst aus dem Sumpf ziehen (vgl. SdE, 191 f.). Malinka wird als verhärteter Mensch gezeigt und verkörpert so die entsolidarisierte kapitalistische Gesellschaft. Viele Figuren sind also »beschädigt«, so wie die Erzählerin, die beim Kauf einer ramponierten Holzschlange zur Verkäuferin sagt: »I am broken, too« (SdE, 277).

Kritisch ist angemerkt worden, dass die Erzählerin ihre Auffassungen nirgendwo gegen andere abgrenzen muss, sondern durch ihre Umgebung und die Familie jenseits des Ozeans »fortwährend und ausnahmslos« (Bock 2012, 315) bestätigt wird. Malinka steht im Kontext eines USA-Bildes, das fast ausschließlich negative Aspekte demonstriert: den Antikommunismus, das für die Linken schwierige politische Klima, die Parteilichkeit von Predigern bei den Präsidentschaftswahlen, die Praktiken des FBI und der CIA und immer wieder Armut und Obdachlosigkeit. Das sind zwar nachvollziehbare kritische Beobachtungen und Reflexionen der Erzählerin, deren Einseitigkeit aber auffällt und die offensichtlich eine bestimmte Funktion zu erfüllen haben, denn sie sollen bestätigen, dass der Kapitalismus keine erstrebenswerte Wirtschafts- und Gesellschaftsordnung ist, sondern den Menschen deformiert. Die selektive USA-Wahrnehmung hilft der Erzählerin in gewisser Weise, die utopische Idee zu retten, indem an die humanen Ziele und guten Anfänge des Sozialismus-Projektes erinnert wird. Christa Wolf legt dies dem Mitstipendiaten Peter Gutman in den Mund, der die Erzählerin damit tröstet, dass die Französische Revolution zwar im Schrecken geendet sei, man aber zuerst an die Parole »Freiheit, Gleichheit, Brüderlichkeit« denke. Vielleicht werde man von ihr und ihresgleichen sagen, sie hätten zuletzt ohne Illusionen, aber nicht ohne »Erinnerung an ihre Träume gelebt. An den Wind Utopias in den Segeln ihrer Jugend« (SdE, 316 f.).

Eine wichtige Figur im Personal von *Stadt der Engel* ist Emma, die verstorbene Freundin der Erzählerin, die Briefe an eine namentlich nicht genannte Freundin hinterlassen hat. Auch durch die Recherchen nach der Identität der Unbekannten wird die Erzählerin rückblickend zum Nachdenken über ihre Identitätsproblematik in der DDR angeregt. Emma war bereits in den 1920er Jahren KPD-Mitglied geworden, hatte in der NS-Zeit jahrelang im Zuchthaus gesessen, war dann in die Mühlen der stalinistischen Verfolgungen geraten und zwei Jahre inhaftiert gewesen, hielt aber dennoch an ihrer Treue zur Partei fest. Diese biographischen Merkmale weisen Parallelen zu Berta Waterstradt und Änne Schlotterbeck auf (vgl. Haase 2014, 223 f.). In einem der Briefe, also im Rahmen privater Kommunikation, gesteht Emma im Angesicht des nahen Todes den unabweisbaren Untergang des Staates ein: »Wir sind gescheitert. Das Land, in dem ich lebe und auf das ich anfangs noch einige Hoffnung gesetzt hatte, verknöchert und versteinert von Jahr zu Jahr mehr« (SdE, 319). Emma ist sowohl Korrespondenz- als auch Kontrastfigur zur Erzählerin. Die Übereinstimmung besteht im Bedürfnis nach kollektiver Zugehörigkeit als einem wichtigen Element ihrer Identität. Die Differenz zeigt sich im unterschiedlichen Umgang mit der Wirklichkeit, denn die Erzählerin hält eben nicht um jeden Preis an der kollektiven Identität fest, sondern kündigt die Identifikation auf. Das bedeutet nicht die Entwertung des gelebten Lebens, im Gegenteil: Es kann gerade wegen der schmerzhaft vollzogenen Grenzziehung zwischen sich und »den Anderen« grundsätzlich bejaht werden. Sie wünsche keinen Tausch mit einem leichteren, besseren Leben (vgl. SdE, 71), notiert die Erzählerin; sie wünsche sich keine »andere Zeit« (SdE, 367) für ihr Leben.

Eine Gefühlsgeschichte und Sigmund Freuds Mantel

Wie stark sich die Erzählerin alias Christa Wolf mit der jungen DDR und der SED identifiziert hatte und wie schwierig die Lösung aus der kollektiven Identität war, lässt sich auch an der ›Gefühlsgeschichte‹ aufzeigen, von der *Stadt der Engel* erzählt. Ein Traum evoziert die Erinnerung an eine Parteistrafe wegen des verlorenen Parteibuchs, ein Vorfall aus dem Jahr 1952. Diese frühe Kollision, die damals noch nicht als solche betrachtet wurde, erzeugte ein Gefühl von »Trostlosigkeit und gebremstem Aufbegehren« (SdE, 42). In der Gegenwart hingegen, also der Zeit des Erzählens, empfindet die Erzählerin nichts mehr beim Betrachten des Dokuments; sie fragt sich: »Wann waren die Gefühle, die sich einst an diese Papiere geheftet hatten, ungültig geworden? Diese ganze Skala unterschiedlicher, widersprüchlicher, einander ausschließender Gefühle? Die im Lauf der Jahre verblaßt waren« (ebd.). An anderer Stelle sagt die Erzählerin:

»Und später, in der neuen Zeit, wieder und wieder hochnotpeinlich verhört, was es denn um Himmels willen gewesen sein sollte mit diesem maroden Land, daß man ihm auch nur eine Träne nachweinen konnte. [...] Irgendwann bildete sich der Satz: Wir haben dieses Land geliebt. Ein unmöglicher Satz, der nichts als Hohn und Spott verdient hätte, wenn du ihn ausgesprochen hättest. Aber das tatest du nicht. Du behieltest ihn für dich, wie du nun vieles für dich behältst.« (SdE, 73)

Bezeichnenderweise spricht Christa Wolf vom »Land«, das eben nicht mit dem staatlichen Gebilde gleichzusetzen ist, sondern auch den biographischen Raum und das Sozialismus-Projekt meint. Diese emotionalisierte Beziehung, Indiz für eine starke Identifikation, ließ sich im aufgeheizten diskursiven Klima der frühen 1990er Jahre nicht vermitteln. Auch in den USA wird die Erzählerin mit einem stereotypen DDR-Bild konfrontiert, sei es durch Fragen der amerikanischen Gesprächspartner, sei es im Interview mit einer westdeutschen Journalistin, sei es durch die amerikanische und bundesdeutsche Presse.

Zur Gefühlsgeschichte der frühen Zeit gehören auch Gefühle, die aus der Kindheit im Dritten Reich herrührten und erst allmählich abgebaut wurden: Angst vor den Russen, Schuldgefühle. Die Ereignisse nach der tribunalähnlichen Versammlung wegen des verlorenen Parteibuchs sind ebenfalls mit negativen oder widersprüchlichen Emotionen verbunden, der Arbeiteraufstand vom 17. Juni 1953 mit Entsetzen und Erleichterung über die anrückenden Panzer, aber auch mit Beunruhigung und dem »Gefühl von Ausweglosigkeit« (SdE, 199). Besonders gefühlsintensiv stellt sich die Erinnerung an die Biermann-Ausbürgerung und die Zeit danach dar: Hoffnungslosigkeit (SdE, 44), Schmerz (SdE, 44, 161), Angst (SdE, 160, 183), auch Wut (SdE, 161). Ebenso verhält es sich mit der Erinnerung an den Aufbruch im Oktober 1989 – Hoffnung (SdE, 337) – und an den Mauerfall im November: »Etwas wie Schrecken. Etwas wie Scham. Etwas wie Bedrückung. Und Resignation« (SdE, 75). Vom Gefühl, »trostlos« (SdE, 232) zu sein, ist nach dem Empfang der Zeitungsartikel über die IM-Akte die Rede; die Erzählerin gerät in einen »Strudel«, dessen Grund, an dem sie »nicht mehr da wäre«, ihr »sehr verlockend« (SdE, 236) vorkommt – sie überwindet in der folgenden Nacht die Suizidgedanken durch das Singen sämtlicher Lieder, an die sie sich erinnert.

Deutlich wird, dass es (vielfach unbewusste) emotionale Dispositionen und Bedürfnisse sind, die Menschen für bestimmte Identifikationen empfänglich und Ablösungsprozesse langwierig, widersprüchlich und schmerzhaft machen. Dadurch erhält die erzählte Identitätsproblematik eine allgemeingültige psychologische Dimension, die bereits durch den Untertitel, der auf die Psychoanalyse Sigmund Freuds verweist, angezeigt wird. Auf die Psychoanalyse wird in *Stadt der Engel* wiederholt Bezug genommen. So schildert die Erzählerin immer wieder ihre Träume, die für Freud bekanntlich von großer Bedeutung für den Zugang zum Unbewussten waren. Auch ein zentraler Begriff von Freuds Strukturmodell der Psyche, das Über-Ich als Kontrollinstanz, wird zitiert. Die Erzählerin antwortet Peter Gutman, der wissen will, wer bei ihr das starke Über-Ich installiert habe: »Sind wir wieder mal bei Freud. Aber da kann ich Auskunft geben, Monsieur: Der preußische Protestantismus. Fleißig, bescheiden, tapfer und immer ehrlich sein. Tugenden, verkündet von der sehr geliebten Mutter« (SdE, 286). Die Mutter wird als Frau charakterisiert, deren Stärke zwar Güte nicht ausschloss, aber mit Strenge einherging, »Strenge auch gegen sich selbst, nicht schwach werden, seine Schwachstellen niemandem offenbaren, Selbstbeherrschung wahren bis zur Selbstzerstörung« (SdE, 113).

Ein psychoanalytischer roter Faden ist das zentrale Symbol von Freuds Mantel. Zunächst wird er als »realer« Gegenstand eingeführt, und zwar in Form einer Geschichte, die Bob Rice erzählt: Die Witwe des Architekten Richard Neutra habe ihm nach dem Tod ihres Mannes dessen Mantel als Erinnerungsstück gegeben. Dieser Mantel habe ursprünglich Freud gehört, und er, Bob, habe gewusst, dass er nun jeder Lebenssituation gewachsen sein würde. Er habe ihn nicht getragen, aber in seinem Büro immer im Blick gehabt. Als er einmal für einige Tage nicht an der Universität gewesen sei, habe er gegen seine Gewohnheit sein Zimmer verschlossen, und danach sei der Mantel weg gewesen. Er tröste sich mit dem Gedanken, dass der Mantel auf Umwegen an einen der *homeless people* geraten sei und diesen Menschen nun wärme (vgl. SdE, 154 f.).

Diese Geschichte birgt ein Paradoxon: Das wertvolle Erinnerungsstück wird gestohlen, als es gegen Diebstahl gesichert wird. Erzähler Bob Rice fragt selbst nach der Bedeutung dieses Vorfalls: Sei die Tür wirklich abgeschlossen gewesen? Wünschte er den Mantel loszuwerden, um nicht jeden Tag an bestimmte Dinge erinnert zu werden, die er lieber vergessen wollte? (vgl. SdE, 177) Fungiert der Mantel im literalen Sinn als Schutz gegen äußere Unbilden, so steht er auf der symbolischen Ebene für den psychoanalytischen Anspruch, unbewusste psychische Vorgänge und Verdrängtes dem Bewusstsein zugänglich und therapierbar zu machen, also die »Außenseite« von Verhaltensweisen zu durchdringen und die verborgene Bedeutung zu erkennen. Der Mantel mit seiner Zweiheit von Außenseite und Innenfutter steht für die Schwierigkeiten der psychologischen Selbstanalyse, für die Ambivalenz von Schutz, der notwendiger, aber auch kontraproduktiver Selbstschutz sein kann, für die Zusammengehörigkeit von Erinnern und Vergessen.

Die Problematik des Verdrängens ist für die Erzählerin durch die Konfrontation mit der lange zurückliegenden IM-Tätigkeit virulent und treibt sie um, weil sie die Angelegenheit »vollkommen vergessen« (SdE, 186) hat. Letztlich geht es aber um mehr, nämlich um das Aufdecken unbewusst wirksamer Gefühlsmuster. Eine der durch Versalien typographisch hervorgehobenen Reflexionen lautet: »Wie vom Ende her alles sich aufklärt. Wie man, wenn man mitten drin steckt, durch keine Anstrengung das Muster erkennen kann, das unter den Erscheinungen arbeitet. Weil der blinde Fleck das Zentrum der Einsicht und der Erkenntnis überdeckt« (SdE, 121). Hier wird mit dem Signalwort »Muster« ein intertextueller Bezug zu *Kindheitsmuster* hergestellt und *Stadt der Engel* unverkennbar zum fortgesetzten Versuch der Erkenntnis von prägenden Dispositionen, Gefühls- und Verhaltensmustern erklärt.

Wie in *Kindheitsmuster* ist in *Stadt der Engel* die Angst ein zentrales Thema, der Wunsch, durch Geliebtwerden die Angst vor Autoritäten zu bannen, ebenso die Einsicht, mit unangenehmen Empfindungen wie Trauer und Schmerz auch damit verbundene Erinnerungen unterdrückt zu haben. Wiederholt kreisen die Reflexionen um ein Gefühl, das die Erzählerin an sich vermisst: Selbstliebe und Selbstakzeptanz. Darin korrespondiert sie Peter Gutman. Ihm gegenüber spricht sie noch deutlicher als in *Kindheitsmuster* aus, dass die Mutter ihr Ängste einpflanzte, aus denen Selbstzweifel erwuchsen und der »Hang oder Zwang, vollkommen und untadelig zu sein, in Übereinstimmung mit den Autoritäten. Von ihnen geliebt zu werden. Um die tiefste Angst, die vor dem Verlust der Mutterliebe, zu vermeiden« (SdE, 263). Gutman antwortet, da sei sie nicht die Einzige gewesen, und übrigens sei sie jetzt »ziemlich tief in den Mantel des Dr. Freud reingekrochen« (SdE, 264).

Die unentwegte Selbstanalyse und Erinnerungsarbeit Christa Wolfs hat auch kritische Stimmen provoziert. Führe sich eine biographische Suchbewegung nicht ad absurdum, wenn im Alter von 80 Jahren noch immer dem blinden Fleck nachgegangen und ein zentraler, geheimnisvoller Punkt im Ich umschlichen werde, ein numinoses Zentrum, das es vielleicht gar nicht gebe, fragte Wolf-Biograph Jörg Magenau. Gerade das Gedächtnis-Debakel in Anbetracht der vergessenen IM-Tätigkeit hätte Anstoß zu kritischen Überlegungen sein müssen. »Was, wenn sich herausstellt, dass das Erinnern eine besonders subtile Form der Verdrängung ist?« (Magenau 2013, 469). Als maßgeblich für Christa Wolfs Bemühung betrachtet Magenau den Antifaschismus, der Erinnerungs-Moral sei, so wie auch die Psychoanalyse auf dem Credo basiere, dass nur das Erinnerte und Durchgearbeitete bewältigt werden könne. »Amerika als das Land der Psychoanalyse und des schnellen Vergessens wäre ein geeignetes Pflaster gewesen, diesen Glauben einmal grundsätzlichen, methodischen Zweifeln auszusetzen« (Magenau 2013, 469 f.).

Offenes Ende

Die aufklärerische Zuversicht in die Wirkmächtigkeit vernünftiger Einsicht ist erschüttert, Rückkehr zum Glauben der Kindheit keine Option. Dies und die Auseinandersetzung mit der US-amerikanischen Realität haben »ein für unterschiedliche Stimuli offenes Erzählgewebe hervorgebracht« (Chiarloni 2012, 199). Christa Wolf spielt mit spirituellen Versatzstücken. Dazu gehören ein methodistischer Gottesdienst, die Erfindung des schwarzen Engels Angelina, die Mythen der Hopi-Indianer, die Lehren von Moshe Feldenkrais und der buddhistischen Nonne Perma – »all dies findet Raum im Roman wie in einem *melting pot* der Vereinigten Staaten« und scheint zu sagen, dass die Welt ein »offenes und unvollendetes System« ist (ebd., 199) und der Mensch die Vielfalt der Erfahrungen und Möglichkeiten wahrnehmen soll.

Offen ist auch das Ende des Textes gestaltet, das mit dem Beginn korrespondiert, denn sowohl am Anfang wie am Ende von *Stadt der Engel* fliegt die Erzählerin über Los Angeles. Der Text beginnt mit der Ankunft in der kalifornischen Metropole. Trotz sanfter Landung des Flugzeugs denkt die Erzählerin: »Aus allen Himmeln stürzen« (SdE, 9). Diese Redewendung, die tiefe Enttäuschung und Ernüchterung bezeichnet, ist auf ihre psychische Verfassung zu beziehen. Ein rotblonder Einreisebeamter mit eisblauen Augen mustert den DDR-Pass skeptisch, und die Erzählerin bejaht trotzig die Frage, ob sie sicher sei, dass das Land noch existiere. Diese behauptete Fortexistenz ist auf die Erinnerung, die Auseinandersetzung mit der eigenen Biographie und deren Verflochtenheit mit der Geschichte der DDR zu beziehen.

Am Ende des Textes fliegt die Erzählerin wieder, diesmal ist es ein imaginierter Flug an Angelinas Hand vom Death Valley zur Pazifikküste mit Blick auf Los Angeles und die Bucht von Santa Monica. Zwar wirft die Erzählerin noch einmal schwerwiegende Fragen nach dem Sinn ihres Lebens auf, aber der Engel will sie mit »Leichtsinn« (SdE, 414) anstecken und zum Genießen des Flugs anstiften. Die Erzählerin sieht die Schönheit der Landschaft, Angelina schweigt zufrieden und antwortet auf die Frage nach dem Wohin mit dem Satz: »Das weiß ich nicht« (SdE, 415). Dies ist der Schlusssatz. Anfang und Ende kontrastieren durch Gegensätze: Absturz und Fliegen, Ankunft und Aufbruch, Beamter und Engel, staatliches Reglement und Grenzenlosigkeit. Bezogen auf den Lebensrückblick der Erzählerin kann man dies als versöhnlichen Ausblick deuten, als Ausdruck der Gelöstheit, als Bejahung des Unterwegsseins, das sich keinem geschichtsphilosophischen Denken mehr verschreibt, aber auch nicht dem Pragmatismus verfällt, sondern einen weiten Blick behält.

Literatur

Agde, Günter (Hg.): *Kahlschlag. Das 11. Plenum des ZK der SED 1965. Studien und Dokumente.* Berlin 1991.

Ahbe, Thomas: *Ostalgie. Zum Umgang mit der DDR-Vergangenheit in den 1990er Jahren.* Erfurt 2005.

Ahbe, Thomas/Gries, Rainer/Schmale, Wolfgang (Hg.): *Die Ostdeutschen in den Medien. Das Bild von den Anderen nach 1990.* Leipzig 2009.

Anz, Thomas (Hg.): *»Es geht nicht um Christa Wolf«. Der Literaturstreit im vereinten Deutschland.* München ²1995.

Bircken, Margrid: Lesen und Schreiben als körperliche Erfahrung – Christa Wolfs »Stadt der Engel oder The Overcoat of Dr. Freud«. In: Carsten Gansel (Hg.): *Christa Wolf – Im Strom der Erinnerung.* Göttingen 2014, 199–213.

Bock, Ursula: Grenzen erkunden: Einige Anmerkungen zu Christa Wolfs Roman »Stadt der Engel oder The Overcoat of Dr. Freud«. In: Agnieszka Brockmann u. a. (Hg.): *Kulturelle Grenzgänge. Festschrift für Christa Ebert zum 65. Geburtstag.* Berlin 2012, 313–325.

Bomski, Franziska: »Moskauer Adreßbuch« – Erinnerung und Engagement in Christa Wolfs »Stadt der Engel oder The Overcoat of Dr. Freud«. In: Carsten Gansel (Hg.): *Christa Wolf – Im Strom der Erinnerung.* Göttingen 2014, 257–279.

Busch, Ulrich: Vereinigt und doch zweigeteilt: Zum Stand der deutsch-deutschen Konvergenz auf wirtschaftlichem Gebiet. In: Kurt Bohr u. Arno Krause (Hg.): *20 Jahre Deutsche Einheit. Bilanz und Perspektiven.* Baden-Baden 2011, 63–89.

Chiarloni, Anna: Für eine Anamnese der Gegenwart. Zu Christa Wolfs »Stadt der Engel«. In: *Text + Kritik.* Heft 46: *Christa Wolf.* 5. Aufl. (neu) München 2012, 191–199.

Deiritz, Karl/Krauss, Hannes (Hg.): *Der deutsch-deutsche Literaturstreit oder »Freunde, es spricht sich schlecht mit gebundener Zunge«. Analysen und Materialien.* Hamburg 1991.

Emmerich, Wolfgang: *Kleine Literaturgeschichte der DDR.* Berlin ⁴2009.

Emmerich, Wolfgang: Status melancholicus. Zur Transformation der Utopie in vier Jahrzehnten. In: Ders.: *Die andere deutsche Literatur. Aufsätze zur Literatur aus der DDR.* Opladen 1994, 175–189.

Firsching, Annette: *Kontinuität und Wandel im Werk von Christa Wolf.* Würzburg 1996.

Greiner, Ulrich: Mangel an Feingefühl. In: Thomas Anz (Hg.): *»Es geht nicht um Christa Wolf«. Der Literaturstreit im vereinten Deutschland.* München ²1995, 66–70.

Haase, Michael: Christa Wolfs letzter »Selbstversuch« – Zum Konzept der subjektiven Authentizität in »Stadt der Engel oder The Overcoat of Dr. Freud«. In: Carsten Gansel (Hg.): *Christa Wolf – Im Strom der Erinnerung.* Göttingen 2014, 215–230.

Hage, Volker: Kunstvolle Prosa. In: Thomas Anz (Hg.): *»Es geht nicht um Christa Wolf«. Der Literaturstreit im vereinten Deutschland.* München ²1995, 71–76.

Hartinger, Walfried: *Wechselseitige Wahrnehmung. Heiner Müller und Christa Wolf in der deutschen Kritik – in Ost und West.* Hg. v. Christel Hartinger u. Roland Opitz. Leipzig 2008.

Hernik-Młodzianowska, Monika: »Jede Zeile, die ich jetzt noch schreibe, wird gegen mich verwendet werden«. Zur Inszenierung von autobiographischer Erinnerung in Christa Wolfs »Stadt der Engel oder The Overcoat of Dr. Freud«. In: Wojciech Kunicki (Hg.): *Sprache – Literatur – Kultur im germanistischen Gefüge. Literaturwissenschaft – Raum und Medialität.* Dresden 2013, 41–53.

Heubrock, Dietmar: Utopie. In: Hans Jörg Sandkühler (Hg.): *Europäische Enzyklopädie zu Philosophie und Wissenschaften.* Bd. 4. Hamburg 1990, 678–685.

Hörnigk, Therese: Der Körper als Seismograph des allgemeinen Zusammenbruchs. Christa Wolfs Erzählung »Leibhaftig«. In: Marta Fernández Bueno u. Torben Lohmüller (Hg.): *20 Jahre Mauerfall. Diskurse, Rückbauten, Perspektiven.* Bern 2012, 65–73.

Hörnigk, Therese: Eine Suche nach der verlorenen Zeit? Christa Wolf und ihre Erzählung »Was bleibt?« In: Karl Deiritz u. Hannes Krauss (Hg.): *Der deutsch-deutsche Literaturstreit oder »Freunde, es spricht sich schlecht mit gebundener Zunge«. Analysen und Materialien.* Hamburg 1991, 94–101.

Joch, Markus: Prophet und Priesterin. Die Logik des Angriffs auf Christa Wolf. In: Uta Wölfel (Hg.): *Literarisches Feld DDR. Bedingungen und Formen literarischer Produktion in der DDR.* Würzburg 2005, 223–232.

Kaute, Brigitte: *Die Ordnung der Fiktion. Eine Diskursanalytik der Literatur und exemplarische Studien.* Wiesbaden 2006.

Kinner, Klaus: Abwicklung statt Integration: Das Schicksal der DDR-Eliten. In: Gerhard Besier (Hg.): *20 Jahre neue*

Bundesrepublik. Kontinuitäten und Diskontinuitäten. Berlin 2012, 81–101.

Kirchner, Verena: *Im Bann der Utopie. Ernst Blochs Hoffnungsphilosophie in der DDR-Literatur.* Heidelberg 2002.

Kołakowski, Leszek: *Ernst Bloch – der Marxismus als futuristische Gnosis.* In: Ders.: *Hauptströmungen des Marxismus.* Bd. 3. München/Zürich 1989, 459–488.

Kollmorgen, Raj: Subalternisierung. Formen und Mechanismen der Missachtung Ostdeutscher nach der Vereinigung. In: Raj Kollmorgen, Frank Thomas Koch u. Hans-Liudger Dienel (Hg.): *Diskurse der deutschen Einheit. Kritik und Alternativen*, Wiesbaden 2011, 301–359.

Kollmorgen, Raj/Hans, Torsten: Der verlorene Osten. Massenmediale Diskurse über Ostdeutschland und die deutsche Einheit. In: Raj Kollmorgen, Frank Thomas Koch u. Hans-Liudger Dienel (Hg.): *Diskurse der deutschen Einheit. Kritik und Alternativen.* Wiesbaden 2011, 107–165.

Lehnert, Herbert: Fiktionalität und autobiographische Motive. Zu Christa Wolfs Erzählung »Was bleibt«. In: *Weimarer Beiträge* 37 (1991), H. 3, 423–444.

Lejeune, Philippe: *Der autobiographische Pakt.* Frankfurt 1994 (zuerst 1975).

Löffler, Katrin: Der ›neue Mensch‹ in der frühen DDR-Literatur und sein Kontext. In: Dies. (Hg.): *Der ›neue Mensch‹. Ein ideologisches Leitbild der frühen DDR-Literatur und sein Kontext.* Leipzig 2013, 9–25.

Magenau, Jörg: *Christa Wolf. Eine Biographie.* Überarb. u. erw. Neuausgabe. Reinbek 2013.

Mitscherlich, Alexander/Mitscherlich, Margarete: *Die Unfähigkeit zu trauern. Grundlagen kollektiven Verhaltens.* München 1967.

Papenfuß, Monika: *Die Literaturkritik zu Christa Wolfs Werk im Feuilleton. Eine kritische Studie vor dem Hintergrund des Literaturstreits um den Text »Was bleibt«.* Berlin 1998.

Parin, Paul: *Zu viele Teufel im Land. Aufzeichnungen eines Afrikareisenden.* Frankfurt a. M. 1985.

Piehler, Hannelore: »Ein fremder Mensch blickt mir da entgegen«. Das Unsagbare sagbar machen: Christa Wolfs literarische Selbstanalyse in »Kindheitsmuster«, »Was bleibt« und »Stadt der Engel«. In: Text + Kritik. Heft 46: *Christa Wolf.* 5. Aufl. (neu) München 2012, 171–182.

Rey, William H.: Christa Wolf im Schnittpunkt von Kritik und Gegenkritik; Gedanken zu dem Literaturstreit in der Deutschen Presse. In: *Orbis litterarum. International Review of Literary Studies* 46 (1991), H. 4, 222–239.

Ruch, Hermann: »Es geht nicht um Christa Wolf« – Der deutsche Literaturstreit 1990/91. In: *Mitteilungen des Deutschen Germanistenverbandes* 47 (2000), H. 4, 396–422.

Sakova-Merivee, Aija: Die Ausgrabung der Vergangenheit in »Stadt der Engel oder The overcoat of Dr. Freud«. In: Carsten Gansel (Hg.): *Christa Wolf – Im Strom der Erinnerung.* Göttingen 2014, 245–256.

Schirrmacher, Frank: »Dem Druck des härteren, strengeren Lebens standhalten«. In: Thomas Anz (Hg.): *Es geht nicht um Christa Wolf«. Der Literaturstreit im vereinten Deutschland.* München 1991, 77–89.

Schwarz, Peter Paul/Wilde, Sebastian: »Und doch, und doch …« – Transformation des Utopischen in Christa Wolfs »Stadt der Engel oder The Overcoat of Dr. Freud«. In: Carsten Gansel (Hg.): *Christa Wolf – Im Strom der Erinnerung.* Göttingen 2014, 231–244.

Skare, Roswitha: *Christa Wolfs »Was bleibt«. Kontext – Paratext – Text.* Berlin 2008.

Stockinger, Ludwig: *Ficta republica. Gattungsgeschichtliche Untersuchungen zur utopischen Erzählung in der deutschen Literatur des frühen 18. Jahrhunderts.* Tübingen 1981.

Vinke, Hermann (Hg.): *Akteneinsicht Christa Wolf. Zerrspiegel und Dialog. Eine Dokumentation.* Hamburg 1993.

Wagener, Benjamin: »Eines Tages, dachte ich, werde ich frei sprechen können, ganz leicht und frei.« Die Utopie der neuen Sprache in Christa Wolfs Was bleibt. In: *Literatur in Wissenschaft und Unterricht* 33 (2000), H. 3, 265–270.

Winkler, Markus: »Kassandra«, »Medea«, »Leibhaftig«. Tendenzen von Christa Wolfs mythologischem Erzählen vor und nach der ›Wende‹. In: Barbara Beßlich, Katharina Grätz u. Olaf Hildebrand (Hg.): *Wende des Erinnerns? Geschichtskonstruktionen in der deutschen Literatur nach 1989.* Berlin 2006, 259–274.

Wittek, Bernd: *Der Literaturstreit im sich vereinigenden Deutschland. Eine Analyse des Streits um Christa Wolf und die deutsch-deutsche Gegenwartsliteratur in Zeitungen und Zeitschriften.* Marburg 1997.

Wolf, Christa: *Auf dem Weg nach Tabou. Texte 1990–1994.* Köln 1994.

Wolf, Christa: *Hierzulande andernorts. Erzählungen und andere Texte 1994–1998.* München 1999.

Katrin Löffler

III Zeitzeugnisse

44 Briefwechsel

44.1 Briefwechsel mit Anna Seghers

Briefwechsel und Essays aus vier Jahrzehnten

Im Jahr 2003 erschien, herausgegeben von Angela Drescher, der Band *Das dicht besetzte Leben* (der Titel spielt auf einen gern gebrauchten Ausdruck von Anna Seghers an), der etwa 60 Briefe und Karten enthält, die Christa Wolf und Anna Seghers zwischen 1960 und 1982 wechselten, begleitet von den beiden veröffentlichten Gesprächen zwischen Seghers und Wolf und fast allen Essays von Christa Wolf über Seghers' Leben und Werk (1959 bis 2000). Der Band spiegelt das sich über die Jahre wandelnde Verhältnis der jüngeren Wolf zu der eine Generation Älteren und die sich ebenfalls verändernde Perspektive der Autorin Wolf auf die Erzählerin Seghers (1900–1983), deren Prosa und Essays in den Jahren der Weimarer Republik, im französischen und mexikanischen Exil (1933–1947) und danach in der DDR entstanden sind, wo Seghers u. a. als langjährige Vorsitzende des Schriftstellerverbands (1952–1978) wirkte. Zuerst war Christa Wolf die junge Genossin, die die Exilautorin verehrte und bei der sie Orientierung für das eigene Schreiben suchte, aber auch lebenspraktischen Rat bekam. Zunehmend emanzipierte sie sich von der Älteren und fand ihren eigenen Weg als Autorin, den Seghers mit Respekt und Zuspruch begleitete. Der älter und gebrechlicher werdenden Seghers gegenüber entwickelte Wolf eine fürsorglich-liebevolle Haltung. Beide Schriftstellerinnen nutzten jedoch vor allem ihre persönlichen Begegnungen zum Austausch, so dass es eher selten Anlässe für Briefe gab. Diskussionen v. a. in politischen Fragen blieben grundsätzlich dem persönlichen Gespräch vorbehalten.

Begegnung mit der Erzählerin und Remigrantin Seghers

Die Schülerin Christa Ihlenfeld ›begegnete‹ der Erzählerin Anna Seghers erstmals nach dem Krieg. *Das siebte Kreuz*, der damals bereits weltberühmte, im Exil entstandene und verfilmte, im Nachkriegsdeutschland mit dem Büchner-Preis ausgezeichnete Roman war 1948 Schulstoff. Er ermöglichte der Abiturientin den Blick in eine andere Wirklichkeit, die genauso wirklich war wie die, die sie für die einzige gehalten hatte – auf eine real existierende Parallelgesellschaft in dem Nazi-Deutschland, in dem sie aufgewachsen war, auf widerständige Deutsche, die ihrem Gefühl für Menschlichkeit vertrauten und einen entflohenen Häftling vor seinen Verfolgern retteten. Diese Lektüre – fünfzehn Jahre später schreibt die Germanistin Christa Wolf darüber in ihrem Nachwort zur Ausgabe des Aufbau-Verlags (WA 4, 24–41) – weckte in ihr nicht nur die Faszination für Seghers' Erzählkunst, sondern setzte die eigene Erinnerung an das Dritte Reich einer produktiven Irritation aus, weckte Sensibilität für Parallelwelten. Damit war der erste Ansatz zum Lebensthema der späteren Autorin Christa Wolf geboren: das Nachdenken über die Frage »Wie sind wir so geworden, wie wir sind?«, auf die sie schließlich in *Kindheitsmuster* vielschichtige und differenzierte Antworten fand.

Als junge Germanistin und Mitarbeiterin beim Deutschen Schriftstellerverband hörte Christa Wolf Seghers auf Versammlungen reden und nahm die Aura wahr, die Seghers umgab: eine faszinierende Frau, deren Lebensgeschichte abenteuerliche, aber auch tragische Züge aufwies, eine berühmte Autorin, Ausnahmefrau unter Männern. Während einer Moskau-Reise 1959 mit einer Delegation des Verbands ergaben sich einige persönlichere Gespräche, und wenig später führte Christa Wolf als Redakteurin der Verbandszeitschrift *neue deutsche literatur* (ndl) ein Gespräch mit Seghers in deren Adlershofer Wohnung über ihren neuen Roman *Die Entscheidung*. In den beiden Gesprächen mit Seghers und den ersten Essays über sie aus den 1960er Jahren sind die Spuren der Suche Christa Wolfs nach dem ihr eigenen Stoff und der ihr eigenen Schreibweise erkennbar. Wolf, gerade dreißig und auf dem Wege, selber eine Autorin zu werden (während der Jahre in Halle entstehen *Moskauer Novelle* und *Der geteilte Himmel*), orientierte sich in dieser Phase an der Älteren (s. Kap. II.A.11 u. 12).

In ihren jungen Jahren bot die intensive Lektüre von Werken der Exilliteratur für Wolf wie für andere ihrer Generation nicht nur eine literarische, sondern vor allem auch eine politisch-moralische Erziehung, Bildung und Orientierung. Hinzu kam, dass die junge Germanistin im Schriftstellerverband (wie übrigens auch Gerhard Wolf beim Rundfunk) und auch sonst im Kulturbetrieb den aus Lagern und aus verschiedenen Exilländern zurückgekehrten Antifaschisten, darunter namhaften Autor/innen, persönlich begegnete. Sie waren Repräsentanten des ›anderen‹ Deutschland, der Verführung durch den Nationalsozialismus *nicht* erlegen, sondern hatten für ihre politischen Überzeugungen Verfolgung und Exilierung auf sich genommen und waren zurückgekehrt, um ein von Grund auf anderes Deutschland mitaufzubauen. Der tiefe Respekt, den die junge Christa Wolf für diese Menschen empfand, sprach in ihren Augen für die moralische Glaubwürdigkeit des DDR-Sozialismus und nahm sie für die neue Gesellschaft und deren Werte ein. In Wolfs Reden und Essays sind die Eigenschaften, mit denen sie die sozialistische Gesellschaft identifiziert, nicht aus genuin politischen oder ökonomischen Kategorien abgeleitet, sondern aus philosophisch-moralischen: Vernunft, Wahrheit, Gerechtigkeit, Selbstfindung des Individuums, Sehnsucht nach Glück. Somit gründete die in den Jahren des Dritten Reiches aufgewachsene und bei Kriegsende mit dem Zusammenbruch ihrer bisherigen Welt konfrontierte Christa Wolf ihr politisches Engagement für den DDR-Sozialismus *auch* auf die persönliche Überzeugungskraft der antifaschistischen Remigranten und von deren Werken.

Damit vollzog sie eine Haltung nach, die auch das politische Engagement von Anna Seghers begründet hatte. Seghers – damals hieß sie noch Netty Reiling – war achtzehn Jahre alt, als nach dem Ersten Weltkrieg die Welt, in der sie aufgewachsen war, zusammenbrach. Die Notwendigkeit eines Umbruchs von Grund auf trat der jungen Frau aus den Büchern Dostojewskis vor Augen, und als Studentin nahm die aufwühlende Begegnung mit jungen linken Emigranten sie für die sozialrevolutionäre Bewegung ein, für die diese (darunter ihr Freund, der spätere Widerstandskämpfer Philipp Schaeffer, und ihr späterer Mann Laszlo Radvanyi) sich engagierten. In ihrem ersten Roman *Die Gefährten* (1932) gibt sie, biographisch betrachtet, die literarische Begründung für ihre eigene politische Entscheidung, sich der kommunistischen Bewegung anzuschließen.

Im ersten überlieferten Brief Wolfs an Seghers vom 18. Juni 1960 berichtete sie dieser im Anschluss an deren Lesung in Halle von einem berührenden Erlebnis des Verlagsleiters des Mitteldeutschen Verlags (Christa und Gerhard Wolf arbeiteten damals als Außenlektoren für diesen Verlag), Fritz Bressau. Als Gestapo-Häftling erhielt er durch Zufall Seghers' Buch *Die Ge-*

fährten als Lektüre und erfuhr dadurch moralische Stärkung. Seghers zeigte sich dankbar für dieses Zeugnis der Wirkung ihres ersten Romans, dem bei seinem Erscheinen am Vorabend des Dritten Reiches keine öffentliche Resonanz zuteilwurde. Am 24. Juni 1960 antwortet sie der Jüngeren: »Liebe Christa Wolf, ich danke danke Dir sehr für Deinen Brief. Es ist doch ganz klar, jeder vernünftige Schriftsteller muss sich sehr freuen, wenn er so etwas erfährt« (Wolf/Seghers 2003, 10). Auf ihrer Reise durch die Republik habe sie zwar sehr verschiedene Menschen getroffen und mit ihnen gesprochen, aber sie wusste nicht, wer sie waren. Sie bedauerte, dass sie gerade mit Fritz Bressau nicht habe persönlich sprechen können.

Erfolgreiche Autorin und verhinderte Seghers-Biographin

Das Motiv der Entscheidung – ein Grundmotiv in Seghers' Prosa, das sie vielfach als strukturierendes Motiv nutzt – wird auch für Christa Wolfs erste Veröffentlichungen als Autorin grundlegend. Bereits in ihrem ersten Gespräch mit Seghers für *ndl* kommen Überlegungen vor, die sowohl auf *Moskauer Novelle* und *Der geteilte Himmel*, als auch auf *Nachdenken über Christa T.* vorausweisen. Die angehende Autorin Wolf hörte der erfahrenen Erzählerin Seghers genau zu. Dazu zwei Beispiele. Auf Wolfs Frage, wie man über eine gerade erst abgeschlossene Phase gesellschaftlicher Entwicklung ›richtig‹ schreiben könne, antwortet Seghers mit Verweis auf die Figuren. Sie stelle sich vor, wie ein bestimmter Mensch in einer bestimmten Situation denken und sich verhalten würde, und ergänzt, dass sich eine literarische Gestalt für sie »aus Wirklichem und Erfundenem« (WA 4, 8) zusammensetze. Seghers subjektiviert also die Erzählperspektive, und sie mischt Realität und Fiktion. In »Lesen und Schreiben« wird Christa Wolf 1968 definieren, zu erzählen bedeute »wahrheitsgetreu zu erfinden auf Grund eigener Erfahrung« (WA 4, 258), und sie wird die Subjektivierung ihres Erzählens konsequent vorantreiben und durchgängig aus weiblicher Perspektive erzählen, später zunehmend als Ich-Erzählerin.

Wie Wolf war auch Seghers die Figur des Robert Lohse in ihrem Roman *Die Entscheidung* besonders nahe – »weil er es nicht leicht hat« (WA 4, 9); an seinem Beispiel wollte Seghers ein »wichtiges Thema in unserer Zeit« gestalten: »Ob sich ein Mensch entwickeln kann nach seinem Talent und seinen Fähigkeiten oder ob er daran gehindert wird und dauernd zurückgestoßen, das ist ein wichtiger Maßstab für die

Gesellschaftsordnung, in der der Mensch lebt« (WA 4, 9). Dieser Grundfrage wird Wolf nicht nur am Beispiel von Rita Seidel und Manfred Herfurth, sondern vor allem von Christa T. nachgehen, und sie wird eigene politische Konsequenzen aus der Beantwortung dieser Frage ziehen.

Der Roman *Der geteilte Himmel* erschien 1963 und wurde ein Bestseller, die Autorin erhielt den Heinrich-Mann-Preis, wenig später kam die ebenfalls erfolgreiche Verfilmung in die Kinos. Am 20. März 1963 schreibt Seghers der jüngeren Kollegin, die sie für »sehr begabt« hält, dass ihr an dem Roman gefallen habe, »[d]aß die Rita im Grunde genommen noch unschlüssig ist, wenn sie zuletzt zu ihrem Freund fährt« (Wolf/Seghers 2003, 11) – dass also die weibliche Hauptfigur sich nicht ideologiegeleitet, sondern erfahrungsoffen verhält; aber, fährt Seghers fort, dies hätte keiner expliziten Motivierung bedurft. So direkt wie ihr Lob ist auch ihre Kritik – die ganze Konstellation, das geteilte Land, das geteilte Volk sei »sehr stark vereinfacht« (ebd., 12), wohl weil die Autorin eben nicht beide Teile kenne. Mit diesem freimütigen Kommentar kontrastiert die Behutsamkeit, mit der Seghers immer wieder ihre Aussagen relativiert und wiederholt darauf verweist, dass sie das persönliche Gespräch sowohl über Wolfs *Geteilten Himmel* als auch über ihre eigenen Arbeitsprojekte dem Brief vorziehe (s. Kap. II.A.12).

Christa Wolf antwortet am 24. März 1960: »Verehrte Anna Seghers, ich bin sehr froh über Deinen Brief. Dein Urteil ist für mich wichtiger als jedes andere. Ich schreibe Dir, obwohl wir uns am Montag sehen werden, weil ich das sonst doch nicht sagen würde« (Wolf/Seghers 2003, 12). Auf Lob und Kritik der älteren Kollegin geht sie differenziert ein, in einem Punkt aber widerspricht sie dezidiert: »Ist Manfred wirklich geradezu prädestiniert ›für die andere Seite‹? Das wäre genau das Gegenteil von dem, was ich wollte. Darüber möchte ich sehr gerne mit Dir sprechen, wenn Du noch Zeit und Lust dazu hast« (ebd., 13).

Während sich für die Autorin Wolf die Orientierung an der Erzählerin Seghers schon bald relativierte bzw. auf einzelne Motive und Strukturen konzentrierte, ohne jemals ganz verlorenzugehen, verdichtete sich ihr nachhaltiges persönliches Interesse an Seghers in dem Projekt einer Biographie für den Leipziger Reclam-Verlag. Für dieses Projekt hat Wolf systematisch und gründlich recherchiert. Sie wertete Briefe und Aufzeichnungen Seghers' aus der Nachkriegszeit aus, befragte Zeitzeug/innen, sammelte Fotos, beschaffte Kopien von bislang ungedruckten Seghers-Essays und führte eine Reihe von Gesprächen mit Anna Seghers, zu denen ausführliche Mitschriften und Notizen überliefert sind (vgl. WA 4, 478–482). Zwischen 1963 und 1968 gehen nur wenige Briefe hin und her, die meisten haben mit der geplanten Biographie und dem von Christa Wolf herausgegebenen Essayband zu tun. Seghers unterstützt Wolfs Arbeiten freundlich, aber reserviert, Christa Wolf geht auf die Wünsche der Älteren ein, verfolgt aber gleichzeitig auch ihre Interessen.

Wolf hielt sich konsequent an die Bitte ihrer Gesprächspartnerin, bestimmte Informationen für sich zu behalten. Dies betraf zum Beispiel Erzählungen über den jüdischen Hintergrund der Herkunftsfamilie Anna Seghers' und politische Auseinandersetzungen unter den deutschen Emigranten im mexikanischen Exil. Aus dem gesamten Material wird ersichtlich, wie intensiv sich Christa Wolf mit der Lebensgeschichte und dem erzählerischen und publizistischen Werk von Anna Seghers auseinandersetzte und wie stark sie bei der Arbeit an diesem Projekt auch ihr eigenes Selbstverständnis als Autorin mitreflektierte. Zwar wurde die geplante Biographie nicht realisiert, aber die Arbeit daran war folgenreich – man könnte sagen: Der Weg war das Ziel.

An die Stelle einer geschlossenen biographischen Darstellung traten mehrere Essays über Seghers (die Reihe der Seghers-Essays setzte sich bis ins Jahr 2000 fort), die Herausgabe eines Bandes mit bisher ungedruckten Essays von Seghers selbst, ein zuerst im Rundfunk gesendetes, dann in *ndl* abgedrucktes Gespräch und ein gemeinsam mit Gerhard Wolf gedrehtes Porträt für das DDR-Fernsehen zum 65. Geburtstag der Schriftstellerin im November 1965. Außerdem war Christa Wolf – auf ausdrücklichen Wunsch von Seghers – am Szenarium der DEFA-Verfilmung des Seghers-Romans *Die Toten bleiben jung* beteiligt, der 1968 ins Kino kam, aber, wie der Roman selbst, ohne größere Resonanz blieb.

Die Konzentration Wolfs auf das biographische Projekt führte jedenfalls dazu, dass sich der Fokus der jungen Autorin auf die Art und Weise richtete, wie die Ältere biographische Erfahrungen in ihr Werk einfließen ließ. Deshalb war wohl auch *Der Ausflug der toten Mädchen*, die einzige nahezu unverstellt autobiographische Erzählung Seghers', Wolf am nächsten; Seghers' Gestaltung der einander durchdringenden »Zeitschichten« (WA 8, 280–292) blieb für Christa Wolf ein Faszinosum und gab ihrem eigenen Schreiben Impulse (am deutlichsten in der Erzählung *Unter den Linden*).

Seit Christa und Gerhard Wolf in Kleinmachnow lebten und durch die sich damals entwickelnden Freundschaften mit alten Kommunisten wie Frieder und Änne Schlotterbeck oder mit Jeanne und Kurt Stern, die zugleich gute Freunde von Anna Seghers und ihrer Familie seit der Emigration in Frankreich waren, ein zunehmend kritisches Bewusstsein von den Verwerfungen innerhalb der Kommunistischen Partei während der Zeit des antifaschistischen Kampfes und bis in die Gegenwart bekamen, wuchs ihre eigene politische Ernüchterung, und zugleich lernten sie diese rückhaltlos offenen Gespräche unter Freunden schätzen (vgl. Hilzinger 2014, 118–129). Diese rückhaltlose Offenheit aber war zwischen Christa Wolf und Anna Seghers nicht möglich, und darin ist wohl auch ein Grund zu sehen, warum trotz der lebenslangen gegenseitigen Verbundenheit keine enge Freundschaft zwischen den beiden Frauen entstand. Seghers blieb nicht nur in politischen, sondern auch in persönlichen Fragen der Jüngeren gegenüber reserviert (vgl. ebd., 147–152).

Christa Wolf war als Autorin Mitte der 1960er Jahre mit der Frage beschäftigt, wie sie die Wahrhaftigkeit und Authentizität eigener Erfahrung erzählerisch präzise und glaubwürdig in ihrer Prosa umsetzen konnte. Ihre Essays »Glauben an Irdisches« und »Lesen und Schreiben« aus dem Jahr 1968 entstanden im Kontext ihrer Arbeit an *Nachdenken über Christa T.*, und in diesem Buch findet sie zu dem ihr gemäßen Ausdruck. »Glauben an Irdisches« ist die aufs Äußerste verknappte, aufs Wesentliche zentrierte Darstellung der Verschränkung von Seghers' Werk und Leben, »Lesen und Schreiben« der poetologische Grundlagentext Wolfs, der bis heute Geltung hat (s. Kap. II.B.16).

Die Bedeutung von Seghers' Realismusauffassung und von ihrem an Tolstoi orientierten dialektischen Verständnis vom Schreibprozess und der zentralen Rolle des Autors darin haben sowohl Wolfs erzählerisches Selbstverständnis entscheidend geprägt, als auch ihre Abkehr vom Sozialistischen Realismus, wie ihn Georg Lukács vertrat, hauptsächlich motiviert. Aber auch Unterschiede werden hier deutlich: Während Seghers' Schreibintention (»Denn wir schreiben ja nicht, um zu beschreiben, sondern um beschreibend die Welt zu verändern« [1930; zit. n. Hilzinger 2000, 78], die Anwendung der Marxschen Feuerbach-These auf die Literaten) auf gesellschaftliche Veränderung zielte, richtete sich Wolfs Veränderungsimpuls vorrangig auf das Innere des (lesenden) Individuums.

Wolfs gründliche Recherchen für die Biographie haben quasi als Nebeneffekt zahlreiche verstreute, zumeist bis dahin in der DDR nicht (wieder) im Druck zugängliche Essays und Reden Seghers' zutage gefördert, die Christa Wolf dann in dem erstmals 1969 im Leipziger Reclam-Verlag erschienenen Band *Glauben an Irdisches* mit dem gleichnamigen Essay publizierte. Und nicht zuletzt nahm Wolf, indem sie keine Biographie *über* Seghers, sondern Essays *von* Seghers veröffentlichte, deren 1965 im Gespräch mit Wolf geäußerte Auffassung ernst, dass »die Erlebnisse und die Anschauungen eines Schriftstellers [...] am allerklarsten [werden] aus seinem Werk, auch ohne spezielle Biographie« (WA 4, 95). Christa Wolf fasste einen anderen Plan: Sie schrieb über ihre jung gestorbene Freundin Christa Tabbert-Gebauer.

Zuspruch und Selbstbehauptung

Die seit den späten 1950er Jahren wachsende politische Ernüchterung Christa Wolfs führte im Kontext des 11. Plenums des ZK der SED im Dezember 1965 zum ersten großen Konflikt mit der Partei. Das 11. Plenum war der Kulminationspunkt einer in höchstem Maße repressiven Strategie der Partei gegenüber Kulturschaffenden, die durch den Gebrauch pluralistischer ästhetischer Mittel den Anschluss an die Moderne suchten und sich damit dem vernichtenden Verdikt ideologischer Abweichung aussetzten. Die ihrem Selbstverständnis nach loyale Sozialistin Wolf hielt eine mutige Rede und brachte sich damit in öffentlichen Dissens zur Kulturpolitik der SED (s. Kap. II.B.13). Sie geriet in eine tiefe Krise, aus der sie sich auch durch das Schreiben von *Nachdenken über Christa T.* herausarbeitete. Dies war auch ein Akt der Selbstbehauptung und der Selbstvergewisserung.

Noch während der Plenumssitzungen erhielt Christa Wolf direkten Zuspruch von Anna Seghers, die sie – eine von Wolf in verschiedenen Kontexten immer wieder erzählte Anekdote – in einer Pause mitnahm ins Ostasiatische Museum und versuchte, der Jüngeren eine gelassene, distanzierte Haltung zu vermitteln, die dieser helfen sollte, die Angriffe und Kämpfe einigermaßen unbeschadet zu überstehen (s. Kap. I.3). Diese Art des Zuspruchs erhielt Christa Wolf von Seghers öfters, so auch in einem Brief vom 23. Oktober 1968 während der Angriffe wegen *Nachdenken über Christa T.*

»Ich habe Dir x-Mal mündlich gesagt«, schrieb Seghers, »was ich jetzt schriftlich wiederhole: Ich kann und kann nicht verstehen, warum Du, was man über Deine Arbeit sagt, immer so schrecklich wichtig nimmst. Das heißt, wichtig ist nicht das richtige Wort. Es ist schon gut, in der richtigen Art auf andere zu hören. Du aber, sei mir nicht bös, läßt es Dir ans Herz gehen. Meistens ist es für den Kopf gedacht, was man sagt.« (Wolf/Seghers 2003, 28)

Seghers' Gelassenheit war das Ergebnis *ihres* Lebens, *ihrer* Erfahrungen und Ausdruck *ihrer* Persönlichkeit, sie gebrauchte sie als Schutz vor Destruktion und Manipulation, als Distanzierung von unsachlichen, verletzenden Übergriffen. Auch ihr Mann Gerhard versuchte immer wieder, Christa Wolf eine solche Gelassenheit nahezulegen, die ihm selbst entsprach. Christa Wolf entschied sich jedoch für einen anderen Weg: den der Selbstbehauptung und für die rückhaltlose Offenheit, den Mut, »ich« zu sagen.

Diese Haltung erprobte sie beim Schreiben von *Nachdenken über Christa T.* In diesem außerordentlich vielschichtigen, anspielungsreichen Text verstärkt sie das zentrale Motiv, nämlich die Sehnsucht der Christa T. nach Selbstverwirklichung in der sozialistischen Gesellschaft, mit einem Seghers-Zitat (s. Kap. II.B.15). Die junge Christa T. hat, wenige Jahre nach dem Krieg, eine Vision, während sie bei der Feldarbeit aus Schwäche zusammenbricht: Sie spürt »diese unerträgliche Sehnsucht nach dem wirklichen Blau« (WA 2, 40), und dieses Blau erscheint ihr zum Greifen nah. Obwohl auch Novalis mit seinem *Heinrich von Ofterdingen* Spuren in Wolfs Text hinterlassen hat, ist es die Seghers-Geschichte *Das wirkliche Blau* von 1967 über Verlust, Suche und Wiederfinden des unverwechselbar Eigenen, die Wolf hier zitiert.

Das Nachdenken der Erzählerin über Leben und Tod der Freundin Christa T., über die Freundschaft zu ihr und über die eigene Entwicklung setzt drei verschiedene Bewegungen frei: an sie denken; über sie nachdenken; ihr nachfolgen im Denken – eine Synthese von Gefühl, Gedanke und Nachvollzug. Der im Prozess des Erzählens realisierte Vorgang des Nach-Denkens beschreibt nicht nur den Weg der Christa T., den »lange[n], nicht enden wollende[n] Weg zu sich selbst« (WA 2, 194) mit all seinen Verunsicherungen, Zweifeln und Rückschlägen, sondern geht ihn mit, vollzieht ihn nach und stellt ihn zur Diskussion. In dieser Grundanlage ihres Prosatextes übernimmt Wolf wiederum eine Konstellation, die für Seghers' Erzählen charakteristisch ist.

Eine der Grundstrukturen des Erzählens von Anna Seghers ist die Analogisierung zwischen dem »inneren« Weg von Figuren zu sich selbst und einem »äußeren« Weg, den sie zurücklegen (vgl. Hilzinger 2000, 78–86) – so z. B. in *Auf dem Wege zur amerikanischen Botschaft*, *Der Weg durch den Februar*, *Der erste Schritt*, *Das wirkliche Blau* u. a. m. In Seghers' Erzählungen und Romanen ist der Weg zu sich selbst stets auch ein Weg in die Gemeinschaft und steht im Zeichen der säkularisierten Erlösungsidee. Bei Christa Wolf hingegen – die Tendenz zeigt sich noch klarer, bezieht man auch *Kein Ort. Nirgends* oder *Kassandra* ein – ist der Weg zu sich selbst ein Weg in die Einsamkeit und oft in den Tod.

Als Christa Wolf das Manuskript ihres neuen Buches Seghers zur Lektüre übergab, ahnte sie schon, dass Schreibweise und Thema die ältere Kollegin mindestens erstaunen, womöglich befremden würden. Dies fiel zudem in eine für Wolf extrem schwierige Zeit. Sie war krank geworden, hatte sich völlig zurückgezogen und musste in dieser Situation auch noch mit dem Verlust der Mutter leben. Seghers tröstete sie, indem sie ihr einen liebevollen Brief (17. Oktober 1968) – »Du darfst nie vergessen, wie viele Menschen Dich gern haben und Dich warm umgeben« (Wolf/Seghers 2003, 26) – und einen Blumenstrauß schickte. Als die öffentlichen Angriffe eskalierten, bat Wolf um umgehende Rückgabe des Manuskripts, um Seghers nicht in Schwierigkeiten zu bringen. Am 18. Oktober 1968 schrieb sie ihr alarmiert:

»Liebe Anna – Mir ist da gestern eine Eselei passiert. Als ich Dir meine Fahnen schickte, wußte ich natürlich nicht, daß einen Tag vorher im Staatsrat die Angriffe dagegen begonnen hatten. Gerade zu diesem Zeitpunkt hätte ich sie Dir sonst nie gegeben. Ich möchte auf keinen Fall, daß Du irgendwie mit der Sache zu tun kriegst, und das geht am besten, wenn Du sie, die ›Sache‹, gar nicht kennst. Daher bitte ich Dich dringend, mir die Fahnen möglichst schnell ungelesen zurückzugeben. Du wirst das sicher verstehen, auch unter dem Gesichtspunkt, daß dieses Fahnenexemplar möglicherweise das einzige bleibt und ich es gerne in der Hand behalten möchte. Sei nicht böse über die Konfusion! Herzlich, Christa.« (Wolf/Seghers 2003, 27)

Seghers aber las erst in Ruhe zu Ende. In ihrem Brief an Christa Wolf vom 23. Oktober 1968 äußerte Seghers lediglich, dass ihr zwei Zeilen besonders gefallen hätten, weitere Kommentare stellte sie mündlich in Aussicht. Die beiden Zeilen lauten: »Warum nur habe ich sie damals nicht vermisst? Womit waren wir denn so sehr beschäftigt?« (Wolf/Seghers 2003, 27). Entweder zitiert Seghers hier aus dem Gedächtnis, oder diese beiden Sätze fielen der weiteren Überarbeitung zum Opfer.

Das Motiv, das Seghers diesen Zeilen entnimmt, ist jedenfalls die Aufmerksamkeit für den einzelnen Menschen, der bei jeder gesellschaftlichen Veränderung, bei jedem Umbruch das Wichtigste bleibt – ein Motiv, das Seghers selbst über die Jahre hinweg beschäftigt hat und das sie schließlich in der mehr als ein Jahrzehnt später entstandenen Erzählung *Der Schlüssel* zu einem Grundmotiv machte (vgl. Hilzinger 2000, 161–164). Diese Äußerung zeigt jedenfalls, dass Seghers, genau wie auch Wolf, sich durch bestimmte Gedanken in den Texten der anderen berühren und anregen ließ. Christa Wolf war mit ihrer Prosa eindeutig in eine ganz andere Richtung unterwegs als Seghers, was diese respektierte. Die Bedeutung von *Nachdenken über Christa T.* für die schriftstellerische Entwicklung der jüngeren Kollegin hat sie erkannt.

Lebenslange Verbundenheit

Die wenigen, über die späteren Jahre verstreuten Briefe und Karten zeigen auf die eine und andere Weise die Verbundenheit zwischen Christa Wolf und Anna Seghers. So schickten Wolfs 1971 aus Paris eine Karte mit drei Farbdias von Fenstern der Sainte Chapelle, und zwei Jahre später schickte Anna Seghers eine Postkarte mit einer Innenansicht der Sainte Chapelle aus Paris an Christa Wolf. In ihrem Essay »Glauben an Irdisches« von 1948 hatte Seghers das Wiedereinsetzen der Glasfenster, die während des Krieges zur Sicherheit herausgenommen worden waren, als Zeichen für die Friedenssehnsucht der Menschen interpretiert. Christa Wolf wiederum hatte den »Glauben an Irdisches« (eine Zeile aus einem Gedicht von Pablo Neruda) als Grundaussage von Seghers' Werk begriffen und gedeutet als Glauben an die »irdische Vernunft, denkende, mitfühlende, verstehende und handelnde Vernunft« (WA 4, 207).

1978 erwähnte Christa Wolf, die inzwischen *Kein Ort. Nirgends* abgeschlossen hatte und an dem Essay »Der Schatten eines Traumes« über Karoline von Günderrode arbeitete (s. Kap. II.C.19 und s. Kap. III.45), in einem Brief an Seghers, dass sie Günderrodes Namen erstmals von Seghers hörte (Wolf/Seghers 2003, 45). Die Öffnung des »Gesprächsraums Romantik«, die für Christa und Gerhard Wolf wie für manche ihrer Kollegen nach den Repressionen im Gefolge der Biermann-Ausbürgerung zu einem historischen Resonanzraum wurde, war u. a. durch Seghers vorbereitet worden – bereits in ihren Briefen an Georg Lukács aus den späten 1930er Jahren hatte sie auf die nicht-klassischen deutschen Dichter der Goethe-Zeit, darunter auch Kleist und Günderrode, aufmerksam gemacht und sie als Vorgänger in der Gestaltung krisenhafter Zeiterfahrung verteidigt.

Trotz inhaltlicher Differenzen im Kontext der Biermann-Ausbürgerung schrieb Anna Seghers mit ihrem öffentlichen Brief zum 50. Geburtstag Christa Wolfs 1979 eine Solidaritätsadresse, und diese wusste das in dieser für sie schwierigen Zeit zu würdigen, las aber auch zwischen den Zeilen. »In der Freude mußte ich lachen«, schrieb sie Seghers am 20. März 1979 zurück, »es ist so ganz ein Brief von Dir: zu ›heiklen Fragen‹ immer wieder ansetzend, dann aber doch lieber sie nicht aussprechend. Ich höre sie aber mit, unter dem Text, der da steht, und es wäre vielleicht ganz gut, wenn wir auch wieder mal auf die heiklen Fragen zu sprechen kämen« (Wolf/Seghers 2003, 48). In ihrem Brief vom 8. März 1979 erinnert sich Anna Seghers an die erste Begegnung mit der jungen Christa Wolf.

> »Du bist jetzt 50«, schreibt sie. »Du gehörst in meinem Gefühl immer weiter zu dem ›Kindheitsmuster‹; das ist für mich der Beginn eines neuen, von dem alten verschiedenen Lebens, das ich in Europa nach dem Krieg begann. Da standest Du vor mir, jung, hübsch, ein wenig zögernd, als ob Du, aussprechend, was Dir wahr vorkam, nachdenklich bliebst, ob es auch wirklich wahr ist.« (Wolf/Seghers 2003, 45 f.)

Als Anna Seghers im Sommer 1983 starb, hielten Christa und Gerhard Wolf sich in den USA auf. Im Mai 1983 war Christa Wolf in dem Essay »Zeitschichten« zum wiederholten Male auf jene Seghers-Erzählung zurückgekommen, die sie – neben *Transit* und *Das siebte Kreuz* – wohl am meisten faszinierte: *Ausflug der toten Mädchen*, entstanden im mexikanischen Exil, eine Ausnahme in Seghers' Werk, weil hier, wie Wolf schreibt, »unverhüllt persönliche, biographische und seelische Erfahrungen« preisgegeben werden, »Erfahrungen, die nicht anders als schreibend zu bewältigen waren« (WA 8, 284). Was bei Seghers jedoch die Ausnahme blieb – das unverstellte Erzählen von eigener krisenhafter Erfahrung einerseits und die Bewältigung der Krise *durch das Schreiben* andererseits – wurde spätestens seit *Nachdenken über Christa T.* zum Grundprinzip der Prosa Christa Wolfs (vgl. Hilzinger 2005 u. 2007, 59–77). Der Briefwechsel zwischen den beiden Schriftstellerinnen jedenfalls, auch wenn er wenig umfangreich und eher in Ergänzung zum Austausch im Gespräch und zu Wolfs Seghers-Essays zu sehen ist, zeigt die sich wandelnde Beziehung wie die bleibende Verbundenheit zwischen Christa Wolf und Anna Seghers.

Literatur

Albrecht, Friedrich: »Ein anhaltendes, eindringliches Interesse«. Anna Seghers, gesehen von Christa Wolf (2004). In: Ders.: *Bemühungen. Arbeiten zum Werk von Anna Seghers 1965–2004*. Bern 2005, 527–560.

Danzer, Doris: »Liebe Freundin«. Anna Seghers' Frauenfreundschaften. In: Dies.: *Zwischen Vertrauen und Verrat. Deutschsprachige kommunistische Intellektuelle und ihre sozialen Beziehungen* (1918–1960). Göttingen 2012, 427–433.

Hilzinger, Sonja: »Wenn es keine Zukunft mehr gibt, ist das Vergangene umsonst gewesen.« Anna Seghers und die beiden deutschen Diktaturen. In: Günther Rüther (Hg.): *Literatur in der Diktatur. Schreiben im Nationalsozialismus und DDR-Sozialismus*. Paderborn 1997, 195–214.

Hilzinger, Sonja: *Anna Seghers*. Stuttgart 2000.

Hilzinger, Sonja: Fortgesetzter Versuch. Christa Wolf und Anna Seghers. In: *Argonautenschiff. Jahrbuch der Anna-Seghers-Gesellschaft* 14 (2005), 60–77.

Hilzinger, Sonja: *Christa Wolf. BasisBiographie*. Frankfurt a. M. 2007.

Hilzinger, Sonja: *Christa und Gerhard Wolf. Gemeinsam gelebte Zeit*. Berlin 2014.

Seghers, Anna: *Briefe 1953–1983*. Hg. v. Christiane Zehl Romero u. Almut Giesecke. Berlin 2010.

Vilar, Loreto: »Écris ce que tu as à écrire, chère Christa, et fais-le bien«. Anna Seghers et Christa Wolf à la lumière de leur correspondance. (Traduit de l'allemand par Jocelyne Kéchichian). In: *europe. revue littéraire mensuelle* no. 984 (2011), 173–187.

Wolf, Christa/Seghers, Anna: *Das dicht besetzte Leben. Briefe, Gespräche und Essays*. Hg. v. Angela Drescher. Berlin 2003.

Sonja Hilzinger

44.2 Briefwechsel mit Franz Fühmann

Der Briefwechsel zwischen Christa Wolf und Franz Fühmann befindet sich im Archiv der Akademie der Künste in Berlin. Der gedruckt vorliegende, von Angela Drescher 1995 herausgegebene Briefwechsel umfasst die Jahre 1968–1984 und enthält alle zum Zeitpunkt der Publikation bekannten Schriftstücke beider Autoren sowie Abschriften von an offizielle Stellen gerichteten Briefen, die etwas mehr als ein Drittel des Bandes einnehmen. Mit Ausnahme der handschriftlich verfassten Post- und Briefkarten ist ein großer Teil des Briefwechsels von Wolf wie Fühmann maschinenschriftlich überliefert. In sachlichem Stil behandelt er meist gesellschaftspolitische und auch werkbezogene, Romantik und Mythos betreffende Themen.

Die briefgeschichtlichen, stilistischen und kommunikationsfunktionalen Seiten des vorliegenden Briefwechsels werden in Claudia Opitz-Wiemers' Forschungsbeitrag in den Mittelpunkt gerückt. Sie arbeitet einen starken Gegensatz für Bedeutung und Funktion des Briefes im 20. Jahrhundert heraus: Einerseits wird er zum veralteten Medium angesichts der Konkurrenz durch das Telefon und der leichteren Erreichbarkeit der Gesprächspartner durch neue Verkehrsmittel, andererseits sind aus diesem Zeitraum so bedeutende Briefwechsel von Schriftstellern und Künstlern überliefert, dass sie eine »eigene literarische Kategorie« (Opitz-Wiemers 2000, 38) bilden. Darüber hinaus stellt Opitz-Wiemers die Verbindung zwischen Briefwechsel und literarischen Werken von Wolf wie Fühmann her und verweist sodann auf den Übergang vom Brief zum Essay seit Hofmannsthal, der von beiden nachvollzogen würde:

> »In der zweiten Hälfte der siebziger Jahre läuft die Arbeit am literarischen Essay bei beiden Autoren parallel zum Briefgespräch, das diese Arbeit reflektiert [...]. Diskutiert wird dabei auch die Nähe des ›essayhaft fingierten Briefes‹ zur Entwicklung der Gattung Essay seit der Romantik.« (Opitz-Wiemers 2000, 38)

Tatsächlich lässt sich diese Verknüpfung zwischen Brief und Essay verfolgen, so etwa bis in die Titelgebung hinein bei »Nun ja! Das nächste Leben geht aber heute an. Ein Brief über die Bettine«. Wolf begründet ihre Wahl folgendermaßen: »Liebe D., anstelle des Briefes, den Sie erwarten, will ich Ihnen über die Bettine schreiben. Vielleicht ist uns beiden damit geholfen: Ich entkomme den Regeln, denen ein Nachwort sonst unterworfen ist. Sie erfahren etwas über eine Vorgängerin, die Sie noch nicht kennen« (BvA, 179). Die Briefform erlaubt die subjektive, nicht ausdrücklich fiktionalisierte Darstellung eines historischen Sachverhalts oder einer Person. Sie kann, eingebunden in die persönliche Anrede einer Adressatin, genutzt werden, um Bettine von Arnims Briefe und die Verfasserin selbst »anzuempfehlen« (vgl. ebd., 182) Fragen zu stellen, die durch die dialogische Funktion der Briefgattung legitimiert sind, Aufforderungen zu weiterer Beschäftigung an die Adressatin zu richten – und darüber hinaus auch an die Leserschaft. Damit geht Wolf noch einen Schritt weiter als zwei Jahre zuvor bei der Günderrode-Ausgabe, deren Nachwort noch stärker in der klassischen Essay-Form gehalten ist. Unverkennbares Interesse am Brief äußert sich freilich auch hier: Die Auswahl an Briefen in der Günderrode-Ausgabe übersteigt die der Werke um die Hälfte.

Zu den gattungs- und kommunikationstheoretischen Überlegungen muss noch die besondere Situation ergänzt werden, in der sich beide Autoren als Schriftsteller der DDR befanden. Angesichts der ausgeprägt politischen Thematik in ihrer Korrespondenz und ihrer immer größer werdenden Entfernung zu den Vorgaben der Staatsmacht, die einen Verlust ihrer gesicherten Stellung im Literaturbetrieb und eine den Autoren bewusste Überwachung zur Folge hatten, stellt sich die Frage, inwieweit ein Verlust an Unmittelbarkeit in der Kommunikation allein mit der Eigenart des Mediums zu begründen ist. Auch die besonders von Fühmanns Seite aus »immer dringlicher« (Opitz-Wiemers 2000, 39) werdenden Bitten um Gespräche dürften über den Wunsch nach unvermittelter Kommunikation hinaus mit dem Bedürfnis nach unzensiertem Gedankenaustausch (und der zunehmenden Isolation Fühmanns) zu begründen sein.

Freilich wird im Vergleich des Briefwechsels zwischen Wolf und Fühmann mit anderer Korrespondenz Wolfs der sachliche, zumeist nüchterne Charakter der Briefe, besonders von Wolfs Seite aus, überaus deutlich. Während z. B. selbst die ersten Briefe an Charlotte Wolff, die eine Bekanntschaft nicht voraussetzen, sondern erst beginnen wollen, großes Interesse an der Person der Briefpartnerin bekunden und stark emotional gefärbt sind, wirken diejenigen an Fühmann beinahe durchgehend zurückhaltend und kurzgefasst. Sicherlich muss man hier hinzurechnen, dass die Briefe an Wolff Ersatz für ein Gespräch sind, die an Fühmann hingegen dessen Ergänzung. Hinzu kommt bei der wenig persönlichen, jedoch ausgeprägt politischen Thematik das Bewusstsein des Überwachtwerdens, das vor allem nach 1976 Zurückhaltung bewirkt haben könnte. Zu vermuten ist aber auch, dass Persönlichkeit und Geschlecht des Korrespondenzpartners eine zu große Emotionalität nicht angeraten scheinen ließen.

Inhaltlich bestimmend sind für den Briefwechsel zwei Dinge: Zum einen das grundsätzliche Überwiegen der gesellschaftlich-politischen Thematik, das durch die Menge der beigefügten Schreiben an offizielle Personen und Institutionen noch verstärkt wird, wie bereits Drescher herausstellt (vgl. Nachwort in: Wolf/Fühmann 1995, 217). Zum anderen wird ein enger Bezug der Briefe zum Werk beider Autoren deutlich, der sich in den zwei Themen Romantik und Mythos, die Wolf wie Fühmann jeweils gleichzeitig beschäftigen, niederschlägt.

Eine Freundschaft zwischen beiden Autoren entwickelte sich wohl erst allmählich. Dass Wolf Fühmann als Autor zur Kenntnis nahm, lässt sich an der Aufnahme eines seiner Texte in eine Anthologie *Wir,* *unsere Zeit* ablesen, die sie gemeinsam mit Gerhard Wolf 1959 herausgab; von Fühmann wurde hierfür die Erzählung *Kameraden* ausgewählt. Vorauszusetzen sind Begegnungen beider bei offiziellen Anlässen, wie z. B. im Deutschen Schriftstellerverband, in dem beide seit den 1950er Jahren Mitglieder waren. In der *Trauerrede* auf Fühmann (WA 8, 398–409) datiert Wolf selbst den Beginn des »Dialog[s]« (WA 8, 402) auf diesen Zeitraum, der durch das dort erwähnte Manuskript der *Fahrt nach Stalingrad* (1953) auf den Anfang des Jahrzehnts eingeengt werden kann, konstatiert aber auch eine Verringerung des Kontakts in den 1960er Jahren (ebd.). Wolfs Biograph Magenau sieht den Beginn einer freundschaftlichen Annäherung etwa 1968, in Übereinstimmung mit dem Beginn des Briefwechsels (Magenau 2002, 210).

Anhand von Kriterien wie Textlänge, Intensität der einzelnen Texte und Themenfelder lassen sich die privaten Briefe der Briefwechsel-Publikation in drei Phasen gliedern, wobei die mittlere selbst noch einmal starken Wandlungen unterworfen ist. Auch die Häufigkeit des Briefwechsels scheint ein markantes Kriterium zu sein, allerdings ist hierbei in Rechnung zu stellen, dass die Frequenz des Briefwechsels nichts über die Häufigkeit der Kontakte aussagt, da man von zwischenzeitlichen Treffen und Telefonaten ausgehen kann. Vor allem in den späteren Texten gibt es darauf auch Hinweise, wie etwa inhaltliche Lücken und die häufigen Verabredungen zu Besuchen und Telefonaten.

Briefe 1968–1976

Die erste Phase des Briefwechsels besteht aus eher kurzen Briefen (und einer Postkarte), die sich thematisch auf die schriftstellerische Arbeit konzentrieren, was durch den Austausch von Texten (Manuskripten, Übersetzungen) unterstrichen wird. Wolf benennt »Vergangenheitsbewältigung« (Wolf/Fühmann 1995, 7) als gemeinsames Thema; weiterhin bestimmen Bitten um Texte und Absprachen, die im weitesten Sinne den Literaturbetrieb betreffen, die Korrespondenz. Nur einmal scheint ein späterhin wichtiges Moment auf: das der gegenseitigen Bestärkung in der Abgrenzung von der Gegenseite, die nur als »die« benannt wird. In Bezug auf die Ereignisse des »Prager Frühlings« schrieb Wolf an Fühmann: »Es tut mir leid [daß Du krank bist; C. K.], wenn es mich auch nicht zu sehr wundert. Schlechte Zeiten für schlechte Nerven. Allerdings kann man mit Wut was machen: Die soll'n mich nicht unterkriegen« (ebd., 6). Fühmann antwortete direkt: »Liebe Christa, schönen Dank für Deinen Brief und vor allem für das gute Motto: ›Die sollen mich nicht –‹. [...] so hat es denn gedauert, bis ich ganz begriffen habe, daß ›die‹ eben ›die‹ sind« (ebd.; vgl. die Anm. zu den Briefen, ebd., 180). Im Bewusstsein gegenseitiger Übereinstimmung bleibt die kulturpolitische Situation im Hintergrund. Insgesamt kommt eine Gleichrangigkeit beider Autoren zum Ausdruck, eine innere Verbundenheit durch ähnliche politische Auffassungen und schriftstellerische Arbeitsfelder; der Schreibduktus ist wenig persönlich, ruhig, fast nüchtern. Durch den stark sachlichen Charakter der Mitteilungen findet sich kaum Gelegenheit zu ausgeprägten Bildern oder Sprachschmuck. Die zeitlichen Abstände zwischen den einzelnen Dokumenten sind eher groß; sie betragen (neben einigen schnellen Wechseln) zumeist mehrere Monate bis zu zwei Jahren.

Briefe 1976–1979

Eine zweite Phase des Briefwechsels beginnt abrupt im November 1976 mit der Verständigung über eine angemessene Reaktion auf die Ausbürgerung Wolf Biermanns (s. Kap. II.E.27). Plötzlich werden Verschlüsselungstechniken eingesetzt wie Abkürzungen oder Anspielungen. Eine besondere Bedeutung erhalten nun Postkarten, die ironisch mit solchen Techniken spielen: Durch die offene Sichtbarkeit des Textes müssen zu schützende Personen oder die Kritik an Parteigängern der Staatsmacht durch Abkürzungen stärker verborgen werden als im Brief, zugleich aber wird das ebenso offenbare Bild für die Möglichkeit eines nicht beweisbaren Subtextes genutzt (bezüglich der gattungstheoretischen Ebene dieses Mediums vgl. Opitz-Wiemers 2000, 35 f.). Auf eine Bildpostkarte, die im Stil des 19. Jahrhunderts ein spielendes Kind zeigt, das ein Vorderbein seines Holzpferdchens verbindet oder poliert, notierte Fühmann: »[D]ie schöne Karte zeigt, wie der Pegasus eines nicht weiter genannten H[ermann] K[ant] zu neuem Einsatz vorbereitet wird« (Wolf/Fühmann 1995, 21); Kant hatte sich deutlich gegen die Unterzeichner des Protestbriefes gegen die Biermann-Ausbürgerung gestellt. Die Information über die jeweils eigene kulturpolitische Intervention beider Briefpartner nimmt nun einen großen Raum im Briefkorpus beider ein: für Sarah Kirsch (ebd., 31 f. u. 34 f.), für Stephan Heym (ebd., 75–78 u. 80 f.), gegen Ausschließungen aus dem Schriftstellerverband der DDR (ebd., 93) und schließlich 1980 für Frank-Wolf Matthies, Lutz Rathenow und Thomas Er-win (ebd., 112–114 u. 114–116). Das Ringen um dieselbe Sache bewirkt eine größere Nähe als in der ersten Phase, die sich u. a. in der Entwicklung eines gemeinsamen Humors und in der Artikulation von Gesprächsbedarf sowie in der gegenseitigen Bestärkung ausdrückt (u. a. ebd., 21). Die Thematik verschiebt sich stark ins Politische und in Beratungen über angemessenes Handeln: Den Inhalt von Briefen an oder Gesprächen mit Funktionären teilen sich beide Autoren wechselseitig mit, sei es, um sich nicht gegenseitig ausspielen zu lassen; die Einladung zu einem Kongress kommentiert Fühmann: »die wollen uns schön auseinanderdividieren, die eine kriegt Prügel, der andre eine feine Einladung, aber da wird nischt draus« (ebd., 47), sei es, um sich indirekt zu gemeinsamem Handeln aufzufordern (ebd., 78); die Teilnahme an offiziellen Veranstaltungen wird abgesprochen:

> »Liebe Christa, [...] gehst Du zu Schriftstellers zu Kongreß? – Ich schreib denen ganz offiziell, daß ich – nach meinen Erfahrungen mit den Möglichkeiten der Meinungsäußerung – es ablehne, an diesem Spektakel teilzunehmen.« (ebd., 62)
> »Lieber Franz [...] Nein, beim Kongreß bin ich nicht, sondern in Schweden. Hatte darüber eine längere Aussprache mit Kant. [...] Was soll's? Reden geht nicht, schweigen will ich nicht, trottlig dabeisitzen? Ich hab gesagt, ich will keine Demonstration, aber ich habe im Augenblick nur die Wahl, zu schreiben oder auf Versammlungen zu sitzen.« (ebd.)

Aus dieser den Briefwechsel über weite Strecken bestimmenden Thematik resultiert der hohe Anteil an ›offizieller Korrespondenz‹ sowohl von Wolf als auch von Fühmann, der von Drescher in die Publikation aufgenommen wurde und den eigentlichen Briefwechsel erst verständlich macht (dazu Opitz-Wiemers 2000, 34). Im Gegensatz zu älteren Autoren (Gottsched, Goethe), bei denen amtlicher Briefwechsel zumeist neben dem poetischen Schaffen steht, geht er hier als Hintergrund und Ergänzung in dieses ein. Der Grund hierfür ist darin zu suchen, dass die politische Positionierung bei vielen Schreibenden im 20. Jahrhundert zum Teil ihres Selbstverständnisses geworden ist. Wolf kennt ebenso wie Fühmann das Erschrecken darüber, zweimal nacheinander erst engagiert einer Ideologie angehangen und dann diese als falsch erkannt zu haben, was sich in ihren Werken niederschlägt.

Ab September 1977 nimmt die Länge der Briefe deutlich zu und durch den Ausdruck von Emotionen werden die Texte persönlicher. Die gegenwärtigen Arbeiten beider werden diskutiert, allerdings gegenüber der politischen Thematik an den Rand gedrängt. Angriffe auf beide Autoren werden spürbar (z. B. in Annemarie Auers Rezension von *Kindheitsmuster*; Wolf/Fühmann 1995, 37–39), die Stellung beider im Literaturbetrieb wird prekär (u. a. in der Einschränkung der Möglichkeiten, öffentlich zu sprechen; ebd., 63 f.); in der Reaktion darauf wird das in der ersten Phase sich nur andeutende »die« für die Gegenseite, also den politischen Apparat, zu einem wiederkehrenden Motiv (vgl. ebd., 68; auch »so gehts zu, wenn man sich mit oben anlegt«; ebd., 25). Was somit alle Briefe der zweiten Phase verbindet, ist der zunehmende Druck auf die Autoren, der sich zusammen mit dem sich steigernden Ohnmachtsgefühl gegenüber dem Staatsapparat in einer häufigen Thematisierung der ›Bitterkeit‹ niederschlägt; so Wolf an Fühmann am 25.6.1978: »Du, durch dieses Ding, was jetzt läuft, müssen wir durch, möglichst mit nicht zuviel Bitterkeit« (ebd., 64). Zum Ende der Phase hin (1979) wird sich das Motiv zu »Vergeblichkeit« verstärken (ebd., 78). All diese Faktoren bewirken eine größere emotionale Nähe, vor allem von Seiten Fühmanns, der allerdings am 15.9.1977 durch Wolf eine Grenze gesetzt wird, ohne die Beziehung selbst in Frage zu stellen: »Lieber Franz, dies soll sich nicht zum Dauerbriefwechsel auswachsen« (ebd., 50). Die darauffolgenden Briefe ähneln im Charakter denen der ersten Phase, bis sich der Briefwechsel mit der Heym-Affäre ab Mai 1979 erneut intensiviert. Eine neue Qualität in der Korrespondenz bewirkt der nun auch ausgesprochene Verdacht beobachtet zu werden, der auch in verschlossenen Briefen Verschlüsselung notwendig macht: »Ich schick Dir den Brief unter etwas merkwürdigen Sicherungsumständen, aber ich habe Grund zu der Annahme, daß bestimmte Briefe nicht bloß durch technische Pannen verloren gehen« (ebd., 75). Daraus speziell und aus der in den Jahren der politischen Zusammenarbeit gewachsenen Verbundenheit entsteht wiederholt der Wunsch, über die Briefe hinaus miteinander zu reden (was in geschützten Räumen auch unverblümtes Aussprechen ermöglichte), so dass der Briefwechsel eine neue Funktion erfüllt: Während die Beziehung beider Autoren in der ersten Phase eine freundliche gegenseitige Ergänzung war, ist der Austausch nun zum Bedürfnis geworden; der Briefwechsel erhält dadurch einen eindringlich dialogischen Charakter.

Mit dem Sommer 1979 rückt die schriftstellerische Arbeit wieder ins Zentrum des Briefwechsels, nun jedoch auf einer neuen Stufe gegenseitiger Anregungen: Die gewachsene Verbundenheit ermöglicht bei dem von beiden gewählten Arbeitsfeld der Romantik eine enge Kooperation; Wolf notiert am 27.6.1979: »[A]n solchen und manch anderen Stellen hatte ich das unheimliche, nicht aber schauerliche Gefühl, Du arbeitest mir zu, vielleicht, wir arbeiten uns gegenseitig zu« (Wolf/Fühmann 1995, 97 f.). Das zeigt sich bis ins Aufgreifen und Weiterverarbeiten von Formulierungen in den Briefen, etwa wenn Wolf in Bezug auf die Geschlechter schreibt: »Auf keiner Seite liegt das ›Recht‹, in solch heillosen Zeiten muss eins das andere kaputtmachen und zerstören« (ebd., 98). Fühmann antwortet am 3.7.1979 in Bezug auf Gleichgesinnte: »Wir brauchen einander, und wahrscheinlich ist es der Sinn dieser heillosen Epoche, dass sie uns zueinander rückt« (ebd., 100). Die Funktion der Briefe als gegenseitige Bestärkung in den noch verbliebenen Möglichkeiten, ihre Rolle als Schriftsteller in der Gesellschaft zu definieren, wird wichtiger: »Christa, wie die Dinge jetzt liegen, wird es wohl an uns beiden liegen, eine Würde der Literatur zu repräsentieren, die nicht verloren gehen darf« (ebd., 100).

Zu diesem wie zu keinem anderen Zeitpunkt lassen sich Verknüpfungen zwischen den Werken beider Autoren und ihren Briefen ausmachen. *Kein Ort. Nirgends* liest Fühmann als »etwas ganz Außerordentliches« (Wolf/Fühmann 1995, 73). Wolf dankt ihm und verwendet – während der Arbeit an »Nun ja! Das nächste Leben geht aber heute an. Ein Brief über die Bettine«, in dem sie ausführlich über Arnims *Dies Buch gehört dem König* spricht – eine doppelte Anspielung: »Deinen Brief muß ein berittener Bote ohne auch nur einmal abzusteigen oder sonst ein Päuschen zu machen […] stracks nach Meteln in der Hand getragen haben […]. So sitzen wir auf unseren voneinander entfernten Liegenschaften und brüten über Briefen an den König […]« (ebd., 78). Wolf und Fühmann formulieren hier (ähnlich wie seinerzeit die Gutsbesitzerin Bettine von Arnim) von ihren Mecklenburger Landhäusern aus Schreiben an Funktionäre des Staatsapparats, um für Stefan Heym einzutreten. Außerdem setzt Wolf sich ausführlich mit Fühmanns E. T. A.-Hoffmann-Texten auseinander, und zwar nicht nur rezipierend und bewertend, sondern bezogen auf das sie beschäftigende Thema der Geschlechter, dessen scheinbare Auswegslosigkeit zum Gegenteil führt, einer »große[n] Sehnsucht nach dem Positiven, ohne Anführungszeichen, nach dem, was bleibt« (ebd., 98 f.); *Was bleibt* fungiert dann auch als Titel der in dieser Zeit entstehenden Erzählung. Stilistisch auffällig ist besonders bei Fühmann die Variationsbreite der Grußformeln, die seine brieflichen Mitteilungen in die Nähe von Gesprächen rückt: So grüßt er oft mit »Händedruck« (ebd., 7 u. ö.). Aber auch bei Wolf finden sich Formulierungen wie »Grüß Dich, auf Sonntag!«, die eine Fortsetzung des Gesprächs vorwegnehmen (ebd., 63). Eindrücklich ist hier insbesondere eine Abwandlung der in Parteikreisen üblichen Formel ›mit sozialistischen Gruß‹ durch Fühmann im Zusammenhang mit der Auer-Rezension: »Gruß an Gerhard, mit herzlichem solidarischem Händedruck euch beiden« (ebd., 39).

Briefe 1980–1984

Eine letzte Phase des Briefwechsels kann man etwa ab dem Jahr 1980 ausmachen. Verschlüsselungen sind nun nicht mehr zu finden; vor allem Fühmann spricht schließlich selbst auf den Postkarten seine Gedanken unverhüllt aus – man darf wohl hierbei das Bewusstsein, dass sowieso alle schriftliche und fernmündliche Kommunikation überwacht wird, voraussetzen. Fühmann beginnt am (nicht fertiggestellten) »Bergwerks«-Projekt zu arbeiten, in dem er versuchen wollte, ihn bedrängende Fragen mit der Landschaft unter Tage zu verknüpfen, und zieht sich stark in die Arbeit zurück. Die Briefe werden wieder kürzer, die Mitteilungen sachlicher, auf politische Dinge wird nicht mehr unmittelbar Bezug genommen; eine Ausnahme bildet der Fall von Frank-Wolf Matthies, einem Autor, der nach einem Veröffentlichungsverbot in der DDR sein erstes Buch bei Rowohlt publiziert hatte und daraufhin verhaftet worden war (Wolf/Fühmann 1995, 112–116). Das Motiv der Bitterkeit wird als solches nicht mehr thematisiert, da es einer tiefen, nicht mehr auszusprechenden Resignation gewichen ist. Damit entfällt die Sinnhaftigkeit einer Zusammenarbeit auf diesem Gebiet. Trotzdem geht die in den Jahren zuvor entstandene Nähe nicht verloren, da nun auch den knappen Mitteilungen eine unausgesprochene Übereinstimmung zugrunde liegt.

Noch einmal, nach über einem Jahr Pause der publizierten schriftlichen Kommunikation, finden Wolf und Fühmann zu einem Austausch von großer Tiefe: über die Arbeit am Mythos, die für beide eine Möglichkeit darstellt, die unmittelbare Gegenwartsproblematik zu relativieren, ihr auszuweichen und sie doch produktiv zu verarbeiten. In den Briefen offenbart sich dieser Zusammenhang durch den Kontext, in dem Fühmann seine Auffassung des Mythos vom liebenden Hyppolitos und der spröden, verächtlichen Artemis darstellt: Der Brief beginnt mit der Beschreibung der »Hilflosigkeit« gegenüber »diesem Demokratischen Staat« (Wolf/Fühmann 1995,126), dann berichtet Fühmann von einer Lesung, bei der er unverstanden (also wirkungslos) blieb, und der darauffolgende Absatz endet mit den Worten: »Irgendwie gehts einem mit dieser Scheiß-Literatur so. Man kriegt Briefe, was man da geleistet habe (so wie sich um den Hyppolit das erlegte Wild häuft), aber das ist alles Papier für Papier, und die Göttin erscheint nicht, und täte sie's, sagte sie sicherlich auch: ›I gitt‹« (ebd., 127). Wolf bleibt in ihrer Gegendeutung der Artemis im Mythos, doch auch bei ihr ist der Kontext innerhalb des Briefes eine Auseinandersetzung mit der »Utopie-Strahlkraft des kleinen Ländchens, in dem wir wohnen« und der Gewalt, mit dem es zugleich »gegen die Utopie losdrischt« (ebd., 128). Das letzte Jahr der Korrespondenz ist geprägt von kurzen Arbeitsinformationen und dann zunehmend von Fühmanns Krankheit; aus Bemerkungen in den Briefen geht hervor, dass sich die Kommunikation ins Mündliche verlagert hat.

Insgesamt enthält der Briefwechsel beider wenig fiktionale, erzählerische Elemente und bei seiner weitgehenden Nüchternheit kaum Sprachschmuck oder eine ausgearbeitete Bildlichkeit. Seine Wirkung kommt aus der Eindringlichkeit, mit der er einen für die Autoren höchst wichtigen gesellschaftspolitischen Kampf und sein Scheitern widerspiegelt.

Literatur
Decker, Gunnar: *Franz Fühmann. Die Kunst des Scheiterns. Eine Biographie.* Rostock 2009.
Fühmann, Franz: *Briefe 1950–1984. Eine Auswahl.* Hg. v. Hans-Jürgen Schmitt. Rostock 1994.
Fühmann, Franz: *Fräulein Veronika Paulmann aus der Pirnaer Vorstadt oder Etwas über das Schauerliche bei E. T. A. Hoffmann.* München 1984.
Fühmann, Franz: Kameraden. In: *Wir, unsere Zeit. Prosa aus zehn Jahren.* Hg. u. eingeleitet von Christa u. Gerhard Wolf. Berlin 1959, 354–392.
Magenau, Jörg: *Christa Wolf. Eine Biographie.* Berlin 2002.
Opitz-Wiemers, Carola: »Brief im Kopf« – Der Briefwechsel zwischen Christa Wolf und Franz Fühmann: »Monsieur – wir finden uns wieder. Briefe 1968–1984.« In: Margrid Bircken u. Heide Hampel (Hg.): *Brief-Netz-Werk. Schreibende Frauen in der DDR und ihre Informations- und Kommunikationssysteme. Beiträge zu einer wissenschaftlichen Konferenz Neubrandenburg 1999.* Neubrandenburg 2000, 33–44.
Richter, Hans: *Franz Fühmann. Ein deutsches Dichterleben.* Berlin/Weimar 1992.
Wolf, Christa/Fühmann, Franz: *Monsieur – wir finden uns wieder. Briefe 1968–1984.* Hg. v. Angela Drescher. Berlin 1995.

Caroline Köhler

44.3 Briefwechsel mit Brigitte Reimann

Die 92 Briefe umfassende Korrespondenz zwischen Christa Wolf und der DDR-Schriftstellerin Brigitte Reimann (1933–1973) dokumentiert eine »Freundschaft in Briefen«, deren Reiz aus der künstlerischen und persönlichen Verschiedenartigkeit der Autorinnen erwächst. Datierung und Frequenz der Briefe, die von 1964 bis zu Reimanns frühem Tod im Jahr 1973 reichen und gleichmäßig auf beide Briefpartnerinnen verteilt sind, bilden die Entwicklungsdynamik der Schriftstellerinnenbeziehung annähernd ab: Eine erste Korrespondenzphase fällt in die Zeit von 1964 bis 1966 und beinhaltet wegen ihrer lückenhaften Überlieferung nur drei Zeugnisse Wolfs sowie einen Briefentwurf Reimanns. Nach zweijähriger Unterbrechung kommt es zwischen 1968 bis 1973 zu einem intensiven brieflichen Austausch, den Wolf als »Schaum auf der Welle« einer von direkten und fernmündlichen Kontakten geprägten Freundschaft verstand (Hampel 1998, 18).

Beide Autorinnen hatten sich 1963 auf einer vom Schriftstellerverband der DDR organisierten Moskau-Reise kennengelernt, während der sich Reimanns Bild von Wolf gewandelt hatte: Bezeichnete sie die Literaturfunktionärin 1960 noch als »beste Feindin« (Reimann 1997, 133), der sie die ausgebliebene Würdigung ihrer Erzählung *Das Geständnis* anlastete, sprechen die Reisenotate drei Jahre später von Annäherung und Sympathie: »Ich glaube, wir verstehen uns jetzt gut (sie ist eine von den ›Guten‹ nach meiner Kindereinteilung), ich mag sie sehr leiden« (ebd., 345).

Anlass der ersten Korrespondenzen bilden gegenseitige Glückwünsche zu Auszeichnungen für ihre thematisch verwandten Erzählungen aus dem Jahr 1963: Wolf erhält 1964 den Nationalpreis für *Der geteilte Himmel*, Reimann ein Jahr darauf den Heinrich Mann-Preis für *Die Geschwister*. Zu diesem Zeitpunkt befindet sich die vier Jahre jüngere Reimann auf dem Höhepunkt ihres literarischen Erfolges: Einige Jahre vor Christa Wolf mit der Erzählung *Die Frau am Pranger* (1956) in das literarische Feld der DDR eingetreten, war ihr mehrfach preisgekröntes Jugendbuch *Ankunft im Alltag* (1961) zum Namensgeber der sog. »Ankunftsliteratur« avanciert. Zusammen mit *Die Geschwister* stand es für die vorbildliche Einlösung des Bitterfelder Weges (s. Kap. II.A.10). Nach Reimanns Sibirienreportage *Das grüne Licht der Steppen* (1965) beginnt ihr Name jedoch allmählich zu verblassen; erst 1974 erscheint er mit dem posthum edierten Fragment *Franziska Linkerhand* wieder in der literarischen Öffentlichkeit. Während Wolf ihre Position im Literaturbetrieb mit *Nachdenken über Christa T.* (1968) weiter ausbauen kann, verfolgt Reimann in der Zeit der zweiten Briefphase neben ihrem Linkerhand-Roman keine weiteren literarischen Projekte mehr. Dass die asymmetrischen Erfolgskurven der Autorinnen eine freundschaftliche Beziehung nicht verhinderten, verdeutlicht der Verlauf der Korrespondenz.

Nachdem Wolf Ende 1968 anlässlich von Reimanns Krebserkrankung die zweite Briefserie initiiert, offenbart Reimann am 29.1.1969 ihre Verehrung gegenüber der Kollegin. Gleichzeitig sucht sie sich über eingestandene Hemmungen und nahe liegende Rollenmuster hinwegzusetzen. Reimann schreibt:

> »Das ist nun der dritte oder vierte Brief an Dich, die anderen habe ich verworfen, die waren zu lustig oder zu melancholisch oder von der Sorte ›stille Tapferkeit‹, jedenfalls krampfig. [...] vielleicht ist es, weil ich soviel Respekt vor Dir habe, also versucht bin, eine Rolle zu wählen, in der ich Dir wohlgefällig sein könnte. Aber heute ist mir ganz einfach nach Erzählen zumute, und ich will vergessen, daß ich seit langem – wenn auch still und von ferne – um Deine Gunst buhle, spätestens seit unserer Moskau-Reise.« (Wolf/Reimann 1993, 12)

Der Verlauf ihrer ›Erzählung‹ schlägt die gemeinsamen Themen der Korrespondenz schon an: Es ist dies zuerst der Diskurs über Kunst und Literatur, in dem die Schreibprozesse der Autorinnen und ihre Rahmenbedingungen eine herausragende Rolle spielen. Der damit verbundene Austausch über gesellschaftliche Fragen spiegelt die wachsende Ernüchterung gegenüber der (Kultur-)politik ihres Landes wider und verdichtet sich in der Diskussion weiblicher Emanzipations- und Generationenproblematik. Den Schreib- und gesellschaftlichen Fragen nachgeordnet bleibt das persönliche Umfeld der Briefpartnerinnen, in dem Reimanns fortschreitende Krebserkrankung zunehmend Raum verlangt und zur Reflexion ihrer Freundschaft sowie des Briefmediums herausfordert.

Schreibprojekte zwischen Autonomie und Öffentlichkeit

Neben Lektüreempfehlungen oder postalischen Büchersendungen wird der Schreib- und Literaturdiskurs von den Arbeiten der Autorinnen selbst veranlasst. Aufseiten Wolfs reichen die erwähnten Produktionen von dem begleitend zu *Nachdenken über Christa T.* konzipierten »Selbstinterview« (1966) bis zum Arbeitsbeginn von *Kindheitsmuster*; bei Reimann steht allein das krisenhafte Romanprojekt *Franziska Linkerhand* im Mittelpunkt. Die Teilnahme an der Arbeit der anderen schließt Auseinandersetzung und Kritik ein, wobei die Bezüge auf Wolfs Arbeiten dominieren: Als Wolf Reimann am 13.11.1966 anlässlich einer Lesung aus *Nachdenken über Christa T.* zu einer Stellungnahme auffordert, hält diese ihr Befremden gegenüber Wolfs neuer Erzählweise nicht zurück und deutet diese als Ausdruck von Veränderung in Wesen und Haltung der Freundin (vgl. Wolf/Reimann 1993, 6 u. 8). Als ihr Wolf das verzögert ausgelieferte »Unglücksbuch« *Christa T.* zwei Jahre später zusendet, zeigt sich Reimann jedoch begeistert:

> »Du hast mir dein Buch geschickt. Das ist wunderbar und ganz unerwartet, [...]. Ich lese und lese, schrecklich aufgeregt, was Du vielleicht verwunderlich und übertrieben findest, weil es für Dich nicht mehr so unmittelbar Gegenwart und Neuigkeit ist. [...] Wie stark einen das alles angeht!« (ebd., 37 f.)

Reimanns Betroffenheit ist nicht allein auf die komplizierte Publikationsgeschichte der Erzählung zurückzuführen, die die Übernahme des Ausdrucks »Unglücksbuch« auf ihren Roman nach sich zieht. Inzwischen war ihr *Linkerhand*-Projekt wiederholt in die Krise geraten. Ein für den *Sonntag* geführtes Interview mit der Literaturkritikerin Annemarie Auer hatte die Autorin ein Jahr zuvor mit Selbstzweifeln zurückgelassen, indem es sie mit dem Gebot der Fabel konfrontiert und ihr die Entfernung vom traditionellen Entwicklungsromanmodell deutlich gemacht hatte (vgl. ebd., 29 f.). Sich der Notwendigkeit bewusst werdend, an ihrem antiökonomischen, abschweifendem Erzählkonzept festzuhalten, bedeuteten ihr Wolfs Texte praktische Bestätigung und theoretische Rechtfertigung zugleich. Als Wolf ihren Essay »Lesen und Schreiben« (1968) an Reimann übersendet und dessen Idee auf Reimanns Konflikt mit dem Vorwurf des fabellosen Erzählens zurückführt, ermutigt sie die Freundin, beim gewählten Ansatz ihres Buches zu bleiben: »Na und? Hat es [das Buch] in Gottes Namen keine Fabel, aber vielleicht spricht ein Mensch ehrlich über Erfahrungen, die ihm möglich oder nötig oder wichtig waren: Was kann man mehr erhoffen?« (ebd., 21).

Trotz Hochschätzung und Verständnis für die Schreibkonzeption Wolfs verliert Reimann deren Unterschiede gegenüber ihrer eigenen nicht aus dem Blick. So kommentiert sie Wolfs *Selbstversuch* (1974) »nur aus Gewohnheit« als »Geschichte«: »[B]ei Dir tendiert ja alles zum Essay, und mir fällt kein Gattungsbegriff für diese Denkerzählungen ein« (ebd., 149). Die künstlerische Verständigung mit Wolf war für Reimann umso wichtiger, als sich ihre Suche nach neuen literarischen Formen weitgehend ohne öffentliche Aufmerksamkeit und Proben in anderen Genres vollzog (McPherson 1997, 549): Während Wolf immer neue Arbeiten wie *Till Eulenspiegel, Fräulein Schmetterling, Kindheitsmuster* oder ihre Romantikprojekte thematisiert, kann Reimann nur resigniert die Herausgabe früher Erzählungen vermelden, »die vom Verlag mehr aus caritativen Gründen noch mal rausgebracht werden« (Wolf/Reimann 1993, 35). Inwiefern Reimann Wolfs permanente Aufforderungen, allen Zweifel und physischen Beeinträchtigungen zum Trotz nicht von ihrer *Franziska* abzulassen (»Mach mal Dein Buch fertig, das ist bestimmt nicht unnütz«; ebd., 77), im Kontext ihrer ungleichen Produktivität immer als ermutigend erfahren haben mag, wie McPherson bezweifelt, bleibt bedenkenswert (McPherson 1997, 549).

In Übereinstimmung erfahren sich die Briefpartnerinnen in einander bestärkenden Kommentaren zu den Bedingungen ihrer Arbeit auf dem politischen und kulturpolitischen Feld. Die zunehmend resignierten Stellungnahmen entzünden sich an aktuellen politischen Ereignissen, vornehmlich jedoch an kulturpolitischen Fragen innerhalb des Schriftstellerverbandes, in dessen Vorstand beide Autorinnen organisiert sind. Das gemeinsame Plädoyer für individuelle Schreibantriebe und künstlerische Autonomie wird dabei vor allem bei Wolf immer wieder auf die Probe gestellt. Unter dem Einfluss der Kampagne gegen *Nachdenken über Christa T.* spricht Reimann ihr im Vorfeld einer Vorstandssitzung im Februar 1969 Mut zu: »Halt Dein Herz fest; Du weißt ja, was Dich erwartet. Man hört schon allerlei von gewetzten Messern« (Wolf/Reimann 1993, 19). Als sich in der Auseinandersetzung um das Buch »die Truppe der Denunzianten« formiert, verhilft der Blick auf unterschiedliche Gruppierungen innerhalb der Organisation zur Klarheit über die Haltungen im Kollegenkreis (vgl. ebd., 47). Obwohl Wolf wiederholt Souveränität gegenüber der Kulturpolitik beschwört, reagiert sie wie Reimann auf das feindliche Klima mit Erschöpfungszuständen, Schlafstörungen und Migräneanfällen: »Anstatt abgehärtet zu werden, wird man immer empfindlicher. [...] Aber ich habe einfach nackte Angst, nicht mal, glaub ich, oder red ich mir ein, bloß meinetwegen« (ebd., 64). Wie von Wolf nahe gelegt, registriert Reimann die kulturpolitischen Auseinandersetzungen in Bezug auf ihren Roman. Das Bewusstsein, politische

Tabus zu verletzen, blockiert den Produktionsprozess immer wieder: »Ich will dieses Buch zu Ende schreiben; schreckliche Quälerei (immer nur ein paar Zeilen am Tag), teils aus Versagensangst, teils aus Gewissensgründen. Jetzt schreibe ich – fast hätte ich gesagt: ohne Kompromisse. Stimmt aber nicht, die Selbstzensur funktioniert noch« (ebd., 133). Das in der Wahrheitsfrage kulminierende Zensurproblem prägt dabei auch die Briefe der Autorinnen selbst, weshalb brisante Themen wie im Brief Wolfs am 13.2.1972 auf das mündliche Gespräch verlegt werden (Hampel 1998, 19): »Es gäbe zu dem letzten, kulturpolitischen Teil Deines Briefes einiges zu sagen (aber, eben nur zu *sagen*)« (Wolf/Reimann 1993, 132).

Gegen die Ernüchterung ihrer sozialistischen Ideale, die Wolf im Verlust »unschuldsvolle[r] Gläubigkeit« reflektiert, beschwört diese die Krisen geplagte Reimann, sich ganz auf das Schreiben zu konzentrieren (ebd., 114): »Du, höre mal, arbeiten ist das einzige, was wichtig ist« (ebd., 65). Die Notwendigkeit, sich gegen kulturpolitische Forderungen zu panzern, kollidiert dabei mit dem Habitus der Autorinnen, in dem das gesellschaftliche Engagement auch dann verankert bleibt, wenn Vorstandssitzungen des Verbandes geschwänzt oder als lästige Pflichtveranstaltungen reflektiert werden: »Mann o Mann, die Ödnis!« (ebd., 159). Während Reimanns Aktivitäten zumeist auf den Berliner Verband und die Schriftstellerorganisation Neubrandenburgs beschränkt bleiben, erwähnt Wolf eine Fülle geschäftlicher Korrespondenzen, Lesungstermine und (Auslands-)Reisen. Von der Reflexion ihrer »Geschäftigkeit« als gewohnheitsmäßige »Hilfskonstruktion« bleibt der Dialog mit den Lesern ausgenommen, den beide Autorinnen als notwendige Rückversicherung ihrer Arbeit erfahren (vgl. ebd., 159).

»Wer fragt später nach uns?« Verständigungen um Generation und Geschlecht

Jenseits gegensätzlicher Lebenskonzeptionen beschreiben beide Autorinnen ihre gesellschaftliche Wirklichkeit im Bruch mit den nur noch skeptisch erinnerten Idealen vom »neuen Menschen« (Wolf/Reimann 1993, 24). Getragen von Verantwortungsbewusstsein, verdichtet sich die Wahrnehmung gesellschaftlicher Entfremdung wiederholt in bilanzierenden Fragen zu Leistungen und Verfehlungen ihrer, der sog. mittleren Generation: »Was hat man gemacht, mit vierzig? [...] Wer fragt später nach uns?« (ebd., 24). Die pessimistische Sicht wurzelt aufseiten Wolfs in der Befürchtung, die starke Prägung durch sozialistische Ideale habe Denk- und Verhaltensmuster befördert, deren Folgen sich u. a. im Versagen in Erziehungsfragen in der nachfolgenden Generation zeigen würden (vgl. ebd., 98 f.; Onnasch 2000, 26). Reimann teilt zwar die Wahrnehmung des Generationsbruchs mit Wolf, deren resignativer Sicht begegnet sie jedoch mit der trotzigen Verteidigung eines ihre Generation charakterisierenden gesellschaftlichen Engagements (s. Kap. I.1). Wolfs Zweifel befestigt sie damit allerdings mehr als sie sie widerlegt: Am Beispiel des 1942 geborenen Autors Gert Neumann grenzt Reimann sich gegen ein auf strikte Autonomie setzendes Lebens- und Literaturkonzept ab und polemisiert gegen eine selbstreflexive Kunst, aus der sie das gesellschaftliche Engagement verbannt sieht, weil sie sich nicht mehr durch Publizität legitimiert: »Vielleicht sollten wir wirklich abtreten – aber nicht, um diesen Vertretern einer anderen Generation Platz zu machen« (Wolf/Reimann 1993, 81).

Anlässlich von Wolfs »Geschlechtertausch«-Geschichte *Selbstversuch* (1974) verständigen sich die Autorinnen zu Fragen weiblicher Emanzipation, wobei die Unterschiede ihrer Zugänge erneut deutlich werden. Als Wolf am 31.5.1972 die Geschlechterungleichheit in der DDR auf tradierte Rollenmuster und die benachteiligte Lage berufstätiger Frauen zurückführt, insistiert sie auf der Notwendigkeit, »in diese gärende Unzufriedenheit ein bißchen Bewußtheit zu bringen«, wobei nicht nur gegen einen »falschen Emanzipationsbegriff, der bei uns grassiert, sondern auch gleich noch den falschen Wissenschaftsbegriff – rein empirisch, positivistisch und daher antirevolutionär, konservativ, inhuman« anzugehen wäre (ebd., 141). Reimann hingegen reflektiert das Geschlechterproblem nicht im zivilisationskritischen und globalen Kontext. Weniger theoretisch als auch an der Erfahrung ihrer »Ehe-Unlust« interessiert, betrachtet sie die Situation der Frau unter sozialen und psychologischen Aspekten: Obwohl sie Wolfs These auch hinsichtlich von geschlechtertypischen Arbeitsteilungen im Bekanntenkreis bestätigt sieht, scheut sie Verallgemeinerungen und zeiht sich des Subjektivismus: »Subjektiv gefärbte Beobachtungen, empirisches Zeug...« (Wolf/Reimann 1993, 144; vgl. McPherson 1997, 555).

»daß Du [...] in einer reineren Luft lebst«. Lebensmodelle und Krankheit

Neben gemeinsamen Interessen an Literatur und Gesellschaft beruht die Verbindung der Autorinnen nicht zuletzt auf dem Reiz ihrer gegensätzlichen Charaktere und persönlichen Lebensformen. Der große »Respekt«, den Reimann Wolf im Brief vom 29.1.1969 bekundet hatte, galt neben den literarischen Leistungen auch Wolfs gegensätzlichem Wesen. Eingebunden in die Ordnungen von Ehe und Familie, konnotiert Reimann die Ältere mit Reife, Sicherheit und Vernunft. Dagegen beschreibt sich die kinderlose Briefpartnerin, die zwischen 1964 und 1973 zwei Ehen und zwei Scheidungen durchlebt, als antibürgerlich, unstet und spontan und setzt ihr soziales Milieu zu dem Wolfs in Opposition: »[I]ch denke mir, daß Du […] in einer reineren Luft lebst und eine Familie hast und mit lauter klugen und anständigen Leuten umgehst und die anderen Sorten gar nicht erst an Dich heranläßt. Und ich gerate nur wieder (aus Neigung?) in die Gesellschaft von Verrückten und Schwulen und Barkeepern« (Wolf/Reimann 1993, 75). Wolf bewertet die Lebensform der anderen nicht moralisch, sondern zeigt Toleranz und Interesse: »Ein so lockeres Leben wie Du könnt ich mir nicht erlauben, es würde auch nicht zu mir passen […]. Ich verurteile es bei anderen nicht, ich gucke bloß zu« (ebd., 77). Aber auch Reimann zeigt sich von Wolfs familiärem Hinterland angezogen, nimmt an ihm brieflich und besuchsweise Anteil und kommentiert es (zuweilen als beneideten) Schutz- und Zufluchtsort, den sie für die »innere[ ] Statik« der Freundin mitverantwortlich macht: »Allerdings, mit einem Buch, das in der Welt ist […] und mit einer Familie […], und mit dem Bewußtsein *schreiben* zu können … Eine schlichte Erklärung, aber nahe liegend für mich, weil mir diese drei Stützen fehlen« (ebd., 51).

Jenseits reizvoller Unterschiede in Charakter und Lebensweise der Briefpartnerinnen erfährt ihre Beziehung in Reimanns Krebserkrankung ihre größte, existentielle Herausforderung. Reimanns »Krebserei« überschattet den gesamten Briefwechsel und verleiht ihm zugleich Tiefe (vgl. ebd., 17; Kaufmann 1994, 181). Da die unaufhaltsame Dynamik der 1968 diagnostizierten Krankheit ihr Leben zunehmend limitiert, steht Wolf vor der Herausforderung, auf Depressionen und Suizidgedanken, Schreib- und Bewegungsunfähigkeit der anderen angemessen zu reagieren. Reimanns Verzweiflung begegnet sie mit der Reflexion der Unmöglichkeit, »Argument[e]« »gegen »angstvolle Nächte« zu finden« (Wolf/Reimann 1993, 22), mit praktischer Hilfe, dem Appell an »Kraftreserven, physischer und psychischer Art« (ebd., 100) sowie mit nicht nachlassenden Beschwörungen, von sich zu erzählen, »denn wenn Du gar nichts sagst, bist Du ja meistens traurig« (ebd., 69). Auch als Reimanns Leben von der Krankheit weitgehend dominiert wird, involviert Wolf die Freundin in ihr Arbeits- und Lebensumfeld und insistiert auf die Fertigstellung des *Linkerhand*-Projekts. Dass das Verschweigen der Unheilbarkeit der Krankheit die »letzte Aufrichtigkeit« zwischen ihnen verhindert habe, formuliert Wolf wenige Tage nach dem Tod der Freundin in einem Brief an Reimanns Eltern, der dem Band beigefügt ist (ebd., 165).

»Kann man sich denn auf irgendeinen Briefpartner verlassen?«

»Ich habe oft gesagt, daß es über unsere Zeit leider später mal keine Briefliteratur geben wird, weil kein Mensch mehr Briefe schreibt, aus mehreren Gründen. Auch ich nicht, oder nur selten. Mitteilungen, Anfragen, Proteste – das ja. Aber einen richtigen Brief? Kann man sich denn auf irgendeinen Briefpartner verlassen?« (Wolf/Reimann 1993, 21). Wolfs Skepsis die Voraussetzungen von Briefliteratur betreffend, widerlegt der Band nicht allein durch seine Existenz. Im Hinblick auf die Gattungsreflexion, die an anderer Stelle mit der Erwähnung einer ihrer Traditionsgrößen – der Korrespondenz zwischen Franz Kafka und Milena Jesenskaja – einhergeht, scheint der fehlende Gedanke an Öffentlichkeit die Offenheit der Briefpartnerinnen befördert zu haben (vgl. McPherson 1997, 544). Dadurch wird der Leser im Verlauf der Korrespondenz zum Zeuge eines Rollenwechsels, bei dem sich Wolf von der überlegenen Vernunftinstanz zu einer ihrerseits Lernenden wandelt, herausgefordert von Spontanität, Freimütigkeit und Zuneigung der Jüngeren (vgl. Detering 1993; siehe dagegen McPherson 1997). Wolfs Infragestellung eines verlässlichen Briefpartners beantwortet Reimann denn auch mit Einspruch und Protest, wonach die Briefpartnerin ihr Misstrauen nur auf die »Briefzensur, die man sich nicht aussuchen kann«, bezogen wissen will (Wolf/Reimann 1993, 34).

Verlässlichkeit im Sinne von Authentizität bezeugt der Briefwechsel nicht nur aufseiten Reimanns mit einem Briefstil, der dem mündlichen Gespräch nachgebildet ist. Im assoziativen, fließenden Wechsel von Themen in sog. »Plapper-Brief[en]« ergeht sich vor allem Reimann in dem auch für ihren *Linkerhand*-Roman so charakteristischen Abschweifungsstil (ebd., 121). Im lebendigen Wechsel emotionaler Stimmungen formen sich berichtende und erzählende Passagen sowie impressionistische und anekdotische Schilderungen zu subjektiv-authentischen Persönlichkeits- und Situationsbildern. Wolfs Briefliteratur-Skepsis weicht darüber der Einsicht in die Potenzen des Mediums: »Jedenfalls sagst Du mir genau das, was ich jetzt wissen wollte: Wie du bist« (ebd., 21). Bevor die Korrespondenz der Freundinnen mit Reimanns Tod am 20.2.1973 abbricht, fragt Wolfs letzter Brief nach Qualität und Bestimmung ihrer Freundschaft. Im Zusammenhang mit der Abkehr vom »romanhaften Lügen« während ihrer Arbeit am *Kindheitsmuster*-Roman, in den sie ein Epitaph der Freundin einfügen wird, charakterisiert sie ihre Verbindung mit der Abwesenheit von Klischees: »Denn in welches der Dir oder mir bekannten Klischees ließe sich die Beziehung bringen, die zwischen uns entstanden ist? Und die sich andauernd verändert« (ebd., 162). Ausgezeichnet durch das Streben nach Authentizität zeugt der Briefwechsel zwischen Christa Wolf und Brigitte Reimann vielmehr vom »aufrichtige[n] Wunsch nach Freundschaft, bei der sich nicht einer stärker machen muß, als er ist, und der andere nicht kleiner« (ebd., 162).

Literatur
Detering, Heinrich: Unkraut bedroht die artigen Beete. Der Briefwechsel zwischen Brigitte Reimann und Christa Wolf. In: *Frankfurter Allgemeine Zeitung*, 30.3.1993, Nr. 75, L7.
Hampel, Heide (Hg.): *Wer schrieb Franziska Linkerhand? Brigitte Reimann 1933–1973. Fragen zu Person und Werk.* Neubrandenburg 1998.
Hryniewicz, Dominika: »*Es irrt der Mensch so lang er strebt – ich irre zwischen zwei Welten.« Tagebücher und Briefe Brigitte Reimanns als Schauplätze weiblicher Identitätssuche.* Diss. Universität Wien (unveröffentlicht) 2006.
Kaufmann, Eva: Rezension von »Brigitte Reimann, Christa Wolf. Sei gegrüßt und lebe. Eine Freundschaft in Briefen. 1964–1973. Aufbau-Verlag, Berlin 1993, 190 S.«. In: *Zeitschrift für Germanistik* NF 4 (1994), H. 1, 181–182.
Maier, Maja, S.: »Jedenfalls sagst Du mir genau das, was ich wissen wollte: Wie du bist.« Brigitte Reimann/Christa Wolf: Sei gegrüßt und lebe. Eine Freundschaft in Briefen 1964–1973. In: *Freiburger Frauenstudien* 11 (2001), 265–268.
McPherson, Karin: »Kann man sich denn auf irgendeinen Briefpartner verlassen?« Brigitte Reimann – Christa Wolf. Eine Freundschaft in Briefen. In: *Zeitschrift für Germanistik* NF 7 (1997), H. 3, 543–558.
McPherson, Karin: Text, Context and Subtext. Brigitte Reimann/Christa Wolf: Sei gegrüßt und lebe. Eine Freundschaft in Briefen. In: Ian Wallace (Hg.): *Christa Wolf in Perspective.* Amsterdam u. a. 1994, 41–57.
Nagelschmidt, Ilse: An Leib und Seele krank sein – die Autorin Brigitte Reimann. In: Angelika Corbineau-Hoffmann u. Pascal Nicklas (Hg.): *Körper/Sprache. Ausdrucksformen der Leiblichkeit in Kunst und Wissenschaft.* Hildesheim u. a. 2002, 257–269.
Onnasch, Christina: »Taumele zwischen Optimismus und Depression«. Zur Wahrnehmung der Schriftstellerin Brigitte Reimann. In: *Aus Politik und Zeitgeschichte* (B 13/2000). Beilage zur Wochenzeitschrift *Das Parlament*, 24.3.2000, 20–28.
Raddatz, Fritz J.: Sensible Wege der Flaschenpost. Ein Briefwechsel: Brigitte Reimann und Christa Wolf. In: *Die Zeit*, Nr. 23, 4.6.1993.
Reimann, Brigitte: *Ich bedaure nichts. Tagebücher 1955–1963.* Hg. v. Angela Drescher. Berlin 1997.
Wolf, Christa/Reimann, Brigitte: *Sei gegrüßt und lebe. Eine Freundschaft in Briefen. 1964–1973.* Hg. v. Angela Drescher. Berlin 1993.

Maria Brosig

44.4 Briefwechsel mit Günter Grass

Der vollständige Briefwechsel zwischen Günter Grass (1927–2015) und Christa Wolf liegt bislang nicht als Veröffentlichung vor. Allerdings wurden bereits Einzelbriefe in unterschiedlichen Kontexten publiziert, ein Briefverkehr vom Februar 1993 und ein weiterer vom August 1995. In beiden Fällen erfolgte die Edition des Briefwechsels im Rahmen einer Dokumentation öffentlicher Kontroversen, in deren Zentrum zwischen 1990 und 1993 Wolf und 1995 Grass standen. Betrachtet man die bereits veröffentlichten Briefe, ist mithin zu berücksichtigen, dass es sich um einen speziellen Ausschnitt aus der Korrespondenz handelt.

Der Briefverkehr vom Februar 1993 wurde erstmals in der von Herrmann Vinke herausgegebenen Dokumentation *Akteneinsicht Christa Wolf. Zerrspiegel und Dialog* publiziert. Diese umfasst die Veröffentlichung der Akte von Wolfs Tätigkeit als ›Informelle Mitarbeiterin‹ von 1959 bis 1962, eine chronologische Zusammenstellung der in den Medien geführten kontroversen, oftmals aggressiven Diskussion über Wolf, Auszüge aus der sog. ›Opferakte‹ und Briefwechsel mit Zeitgenossen – darunter Grass –, die sich mit Wolf solidarisch erklärten. Der Briefverkehr vom August 1995 wurde in einem ganz ähnlichen Kontext veröffentlicht. Der von Oskar Negt herausgegebene Band *Der Fall Fonty. »Ein weites Feld« von Günter Grass im Spiegel der Kritik* dokumentiert die Debatte um das in der medialen Öffentlichkeit umstrittene Werk *Ein weites Feld.* Auch darin finden sich neben Zeitungsartikeln und -meldungen Briefwechsel mit Kolleg/innen, u. a. mit Christa Wolf. Nachdrucke des Briefverkehrs von 1993 erschienen unter dem Titel »Von schwachen und stärkeren Stunden. Briefwechsel mit Günter Grass« in *Auf dem Weg nach Tabou* (1994) sowie in der Werkausgabe (WA 12, 471–479). Neben den bereits veröffentlichten Briefwechseln befinden sich sowohl im Günter-Grass-

als auch im Christa-Wolf-Archiv Briefkorrespondenzen, die bisher jedoch nicht freigegeben sind. Die folgende Darstellung des Briefwechsels und der Freundschaft zwischen Grass und Wolf muss also vorläufigen Charakter haben.

Die erste persönliche Begegnung zwischen Grass und Wolf fand 1976 bei der Gründung des Autorenbeirats des Luchterhand Literaturverlags statt, bei dem beide Autoren damals unter Vertrag standen (vgl. Jürgs 2007, 339). Gewiss kannten sie einander schon vorher: »Wir haben uns natürlich immer beobachtet, immer gewusst, was der andere macht«, so Wolf in einem Interview 2003 (Berbig 2005, 66). Denn beide gehörten seit den späten 1960er Jahren in ihrem jeweiligen Land zu den prominentesten Vertretern der Nachkriegsliteratur und verfolgten aufmerksam die literarischen Entwicklungen in ihrem Nachbarland. Grass hatte schon früh die Bedeutung von Wolfs *Nachdenken über Christa T.* und *Kindheitsmuster* für die deutsche Nachkriegsliteratur betont (vgl. Grass 1997a, 518–527). Seiner Ansicht nach war Wolf die bedeutendste Autorin der DDR, ihre Werke verkörperten für ihn die Einheit der deutschen Kulturnation »über und jenseits der politischen Systeme und innerdeutschen Grenzen« (Neuhaus 2012, 410). Wolf hingegen war in ihrer Einschätzung gegenüber Grass zurückhaltender. Dies wird verständlich, wenn man die offizielle Haltung in der DDR berücksichtigt. Denn bereits 1964 bei einem Besuch der Berliner Akademie weckte Grass' Auftreten das Misstrauen der Staatsführung. Seine Werke waren bis in die 1980er Jahre »illegal« (vgl. Berbig 2005, 220), er selbst galt als »*die* literarische Unperson par excellence« (Dahn 2003, 9). An den gesamtdeutschen Schriftstellertreffen, die Grass an die bundesdeutsche Gruppe 47 anknüpfend von 1974 bis 1977 in Ostberlin organisierte, nahm Wolf nur selten teil (vgl. Berbig 2005, 225–229). Dies lag einerseits daran, dass Grass' Aktivitäten in Ostberlin durch die Staatssicherheit überwacht wurden (vgl. Schlüter 2010). Sie fürchtete die Folgen, die eine Beteiligung an seinen Lesungen mit sich bringen konnte (vgl. Brunssen 2014, 58 f.; Berbig 2005, 75). Andererseits war das rücksichtslose und provokante Auftreten von Grass der diplomatisch agierenden Autorin fremd, die das Maß ihrer Kritik mit den möglichen Folgen durch die Regierung abwog (Berbig 2005, 73). Grass seinerseits kritisierte an Wolf und anderen Intellektuellen der DDR wiederholt das seiner Meinung nach zu zurückhaltende Verhalten gegenüber der staatlichen Führung. Ihr Glaube an eine sozialistische Ideologie lag ihm fern.

Die Friedensbewegung der 1980er Jahre führte zu einer Annäherung west- und ostdeutscher Schriftsteller/innen. Bei gesamtdeutschen Friedenstreffen, das erste fand auf Initiative Stephan Hermlins im Dezember 1981 statt, traten auch Grass und Wolf auf (vgl. Engelmann u. a. 1982, 18–61). Durch das gemeinsame Engagement für den Frieden kam es zu einer Annäherung (vgl. Berbig 2005, 73). Als Wolfs Landhaus 1983 in Neu-Meteln abbrannte, bot Grass ihr sein Ferienhaus in Portugal als Ersatz an (vgl. Jürgs 2007, 338). Schließlich entwickelte sich seit 1989 eine Freundschaft (vgl. Berbig 2005, 66). Von nicht zu unterschätzendem Einfluss auf die Entstehungsbedingungen dieser Freundschaft waren die politischen und gesellschaftlichen Entwicklungen seit 1989. Bereits der Aufruf »Für unser Land« vom 4.11.1989, den Wolf mitinitiiert hatte, wurde von Grass dezidiert befürwortet (vgl. Wittek 1997, 15; Barner 2006, 931). Durch die gemeinsame Kritik an der Wiedervereinigung (vgl. Grass 1990; Grass 1991) wurden die beiden Autoren schließlich zu ›Verbündeten‹ (vgl. Neuhaus 2012, 410). Die Vereinigung von DDR- und bundesdeutscher Literatur führte zu einer »Koordinatenverschiebung« in der gesamtdeutschen Literaturlandschaft (Weninger 2004, 147), in deren Folge sowohl neue Feind- als auch Freundschaften zwischen Schriftsteller/innen entstanden. In diesem Zusammenhang wird nachvollziehbar, dass sich Grass trotz der Meinungsverschiedenheiten im geteilten Deutschland nach 1990 entschieden für Wolf einsetzte.

Wolf war im Rahmen des sog. deutsch-deutschen Literaturstreits (s. Kap. II.H.40) nach der Veröffentlichung ihrer Erzählung *Was bleibt* in die Kritik geraten. Von Anfang an verteidigte Grass seine Kollegin, so etwa im *Spiegel*-Gespräch vom 16.7.1990: »Ein Buch wird benutzt, über das man literarisch so oder so urteilen kann, um mit der ganzen Person abzurechnen« (Grass 1995b, 122). Er sah sich nicht dazu berechtigt, »über Verstrickungen, Verhaltensweisen, Biographien zu urteilen, die sich im Rahmen und Raum der DDR abspielten« (ebd., 124). Auch später rief er wiederholt zum Respekt gegenüber den ostdeutschen Autor/innen auf (vgl. Grass 1997b, 427–432). Sein Verständnis für Wolf resultierte aus der geteilten Erfahrung von Kindheit und Jugend im Nationalsozialismus. Er konnte nachvollziehen, dass Wolf in der DDR nicht die Möglichkeit hatte, die »sehr frühe ideologische Festlegung auf eine Art und Weise zu überwinden, wie es hier im Westen möglich gewesen ist« (Grass 1995b, 124). Seine Solidarität mit Christa Wolf ist ferner zu verstehen als ein prinzipieller Protest gegen das Vorgehen der Medien (vgl. ebd., 134). Auch ist sie eng mit seiner Kritik gegen die Wiedervereinigung verbunden. In seinem »Bericht aus Altdöbern« verkündete Grass: »Wenn aber die Einigung Deutschlands mit Hinrichtungen eingeleitet werden soll, wird sie sich ohne Schriftsteller vollziehen müssen« (Grass 1991, 30). Für ihn wurde der deutsch-deutsche Literaturstreit zum Zeichen für die »mißlungene deutsche Einheit« (Grass 1995c, 243). Schließlich weitete sich die Debatte zu einer »Generalabrechnung« (Weninger 2004, 143) aus, bei der engagierte Schriftsteller/innen und deren Literatur, darunter auch Grass, mit dem Stichwort ›Gesinnungsästhetik‹ abgeurteilt wurden. Auf diese Weise bedeutete die sog. Wende für beide Autoren und deren Selbstverständnis des engagierten Zeitgenossen einen tiefen Einschnitt. Beide erlebten, wie durch die enge Verbindung von politischem Engagement und Ästhetik in ihrem Schaffen, ihre öffentliche Wertschätzung und Wahrnehmung von den gesellschaftlichen Entwicklungen in Deutschland abhängig wurden.

Die Debatten um Wolf setzten sich 1993 fort, als diese ihre Aktivität als Informeller Mitarbeiter (IM) zwischen 1959 und 1962 bekannt gab. Aus dieser Zeit stammt der erste veröffentlichte Briefwechsel vom 9.2. bis 21.3.1993. Dieser ist erstens Ausdruck der Verbundenheit, die Grass der in Santa Monica weilenden Wolf zusicherte: »Du solltest wissen, daß Du hierzulande, trotz aller Anfeindungen und selbstgerechter Aburteilungen, nicht isoliert bist« (WA 12, 471).

Zweitens diente er der Verständigung über Wolfs ›Stasi-Akte‹ und die öffentliche Debatte in den Medien. Grass brachte seine Entrüstung angesichts der öffentlichen Auseinandersetzungen zum Ausdruck (vgl. ebd., 472). Er bezeichnete die Debatte als »Versuch, mit dieser über dreißig Jahre zurückliegenden Episode Deine über Jahrzehnte hinweg bewiesene kritische Haltung und mit ihr Dein literarisches Werk zu entwerten« (ebd.). Trotz der Kenntnis ihrer ›IM-Tätigkeit‹ fühle er sich nicht berechtigt, »über Deinen Lebenslauf in einer ideologisch geschlossenen Gesellschaft absolut zu urteilen« (ebd.); er relativierte die Vorwürfe gegen Wolf. Wolf bestätigte in ihrer Antwort, »daß eine solche Akte allein nicht alles über den Lebenswandel des oder der durch sie Gezeichneten aussagt« (ebd., 475). Sie berichtete ihr bekannte Details aus der sog. ›Täterakte‹ (ebd.) und verbarg nicht, wie belastend deren Entdeckung für sie sei, »unabhängig oder fast unabhängig davon, wie die Medien sie ausschlachten« (ebd., 476). Besonders schwerwiegend war für sie, dass sie keine Erinnerungen an diese Phase ihres Lebens mehr hatte (vgl. ebd., 475). Auch deshalb fühlte sie sich ohnmächtig gegenüber den in den Zeitungen kursierenden Stasiberichten (vgl. ebd., 476). Zudem bekannte sie, diese Krise schreibend überwinden zu wollen (ebd.). Der gegenwärtige Rückzug sei für sie notwendig, da sie für »öffentliche Auftritte zur Zeit […] ungeeignet« sei (ebd.).

Drittens tauschten sich Wolf und Grass in ihrem brieflichen Gespräch offen über ihre Differenzen in der Vergangenheit aus. Zur Zeit des geteilten Deutschlands hatten sie oft gegensätzliche Positionen vertreten. Es wird deutlich, dass sie sich trotz der Differenzen respektierten und schätzten. Sie versuchten entsprechend, »weiter im Gespräch zu bleiben« (WA 12, 472). Hervorzuheben ist außerdem, dass beide trotz zahlreicher Medienberichte stets darum bemüht waren, sich ein eigenes Bild von der jeweils anderen Person zu machen. Wolf hätte Grass' Einschätzung zufolge »die Kritik an jener Partei, in der Du Mitglied warst, deutlicher und fordernder aussprechen müssen, auch ohne Angst vor dem oft beschworenen Beifall der falschen Seite« (ebd., 471). Wolf verteidigte, dass sie nach 1976 ihre Missbilligung an den Handlungsweisen der DDR-Führung nicht verschwiegen habe und auch gefordert hatte, aus der SED ausgeschlossen zu werden. Sie habe sich nicht an die westlichen Medien gewendet, da sie in der DDR bleiben wollte, unter der Bedingung, dass ihr gelänge, sich »von jeglicher Abhängigkeit von ›denen‹ zu befreien und kompromißlos zu schreiben« (ebd., 477). Sie resümierte mit Blick auf die Werke, die auf diese Weise entstanden sind, dass diese Entscheidung richtig gewesen sei (vgl. ebd., 479). Zudem gestand sie ein, »dieses Land geliebt« (ebd.) zu haben.

Zentrum ihrer Korrespondenz war viertens die gegenseitige Verständigung über gesellschaftspolitische Themen und die gegenwärtige politische Situation (vgl. WA 12, 472). Beide Autoren teilten die Befürchtung, »erst am Anfang einer Entwicklung [zu] stehen, auf die weder die Politik noch die Gesellschaft in ihrer westeuropäischen Prägung vorbereitet sind« (ebd., 473). Auch über das eigene gesellschaftspolitische Engagement berichteten sie einander, so teilte Grass Wolf mit, dass er aus der SPD ausgetreten sei (ebd., 474), was diese wiederum mit der Nachricht, aus den Berliner Akademien ausgetreten zu sein, beantwortete (vgl. ebd., 475). Es werden außerdem Differenzen in ihrem politischen Handeln sichtbar. Wolf war die vorsichtigere, die vor Grass' rigorosem Eintreten für seine »politischen und moralischen Maßstäbe« (ebd., 479), auch ohne Rücksicht auf mögliche persönliche Verletzungen, Respekt hatte.

Fünftens verständigten sich die beiden Autoren, wenn auch in den bisher veröffentlichten Briefwechseln nur sehr oberflächlich, über ihre jeweilige schriftstellerische Tätigkeit. Von der künftigen Edition des gesamten Briefwechsels kann man sich weitere Erkenntnisse erhoffen. Zum jetzigen Zeitpunkt wird bereits erkennbar, dass Wolfs Korrespondenzen in einem engen Zusammenhang zur Entstehung ihrer Werke stehen. So findet sich eine im Brief an Grass zitierte Passage aus einem älteren Brief an eine Freundin aus dem Jahr 1979 (vgl. WA 12, 478), mit der sie Grass gegenüber ihre frühere kritische Haltung belegt, in *Stadt der Engel* wieder (vgl. SdE, 93).

Insgesamt zeugt das briefliche Gespräch aus dem Jahr 1993 von dem respektvollen Dialog, in dem die beiden Autoren standen. Der Eindruck einer vertrauensvollen Freundschaft bestätigt sich mit Blick auf den zweiten Briefwechsel vom 18.8. bis 7.9.1995. Grass war infolge der Publikation seines Romans *Ein weites Feld* (1995), der unter anderem die Wiedervereinigungspolitik kritisiert, öffentlich angegriffen worden. Der Roman diente den Kritikern als Anlass, den Schriftsteller zu verurteilen (vgl. Negt 1996, 7–28). Wie schon bei Wolf waren Äußerungen des Kritikers Reich-Ranicki Ausgangspunkt der Kontroversen. Es begann eine öffentliche Debatte in den Tageszeitungen, deren Verlauf durchaus mit derjenigen um Wolf vergleichbar war (vgl. Wittek 1997, 130). Diese stand nun ihrem Freund Grass zur Seite. Erneut diente die briefliche Korrespondenz in erster Linie dem Ausdruck von Solidarität – diesmal in umgekehrter Konstellation. Im Zentrum standen *Ein weites Feld* (1995) und dessen Rezeption durch die Medien und die Leserschaft. Es wird deutlich, wie sich die Autoren gegenseitig ermutigten, den Kritikern standzuhalten. Wolf schrieb an Grass eine kurze Rezension seines ihr vor Veröffentlichung zugesandten Buches. Sie ahnte bereits, dass das Buch eine Diskussion auslösen würde (Wolf/Grass 1996, 469). Sie lobte das Buch, brachte aber auch ihre Kritik zum Ausdruck (ebd.). In seinem Antwortschreiben dankte Grass Wolf für den Brief, der »zum rechten Zeitpunkt« gekommen sei, »denn ganz so stabil, wie ich Dir erscheinen mag, bin ich nicht« (ebd.), im Gegenteil hätten ihm die Kritiken – diese ›Schweinereien‹ –, diesmal zugesetzt (ebd.). Er gab zu, dass manche Passagen des Romans etwas langatmig seien, doch dies sei »kaum zu vermeiden« gewesen (ebd.). Bei einer Lesung hatte er den Eindruck, dass sein Werk »im Osten« besser aufgenommen werde, denn die »Leser dort sind erfahrener im Umgang mit Büchern« (ebd.). In ihrer Erwiderung bekräftigte Wolf nochmals, dass sie und ihr Mann ganz auf seiner Seite stünden. Sie habe sich viel »mit Dir und dem bundesdeutschen Literaturbetrieb beschäftigt« (ebd., 476 f.) und aus Übereinstimmung mit Grass eine Lesung mit Reich-Ranicki abgesagt (vgl. ebd., 477). Die Auseinandersetzungen seien schlimmer als befürchtet (vgl. ebd.), aber sie glaube, dass »das Gegenteil erreicht« (ebd., 478) werde, da die Leser das Buch trotzdem lesen würden (vgl. ebd., 477). Sie bestätigte Grass' Einschätzung, dass man in der ehemaligen DDR anders mit Autoren und Büchern umgehe (vgl. ebd.). Zuletzt kündigte sie die baldige Veröffentlichung ihres Werks *Medea* an, das ihrer Meinung nach auch auf Widerspruch stoßen wird (ebd., 478).

Die Freundschaft der beiden Generations- und Zeitgenossen, in die auch ihre Partner Ute Grass und Gerhard Wolf integriert waren, bestand in den späten 1990er und 2000er Jahren weiter. Es kam zu gemeinsamen Auftritten – etwa bei Lesungen mit Gerhard Schröder – und politischen Aktionen, bspw. im ›Willy-Brandt-Kreis‹ (vgl. Magenau 2002, 416; Jürgs 2007, 427). In Geburtstags- und Preisreden drückten Wolf und Grass mehrfach ihre gegenseitige Wertschätzung und Verbundenheit aus (vgl. WA 12, 161 f.; Grass 2009, 42; Grass 2004, 25). Als Grass 1999 den Literaturnobelpreis erhielt, bekundete er, diesen gerne mit Wolf teilen zu wollen, da er sich gemeinsam mit ihr stets als Vertreter einer gesamtdeutschen Literatur verstanden habe (vgl. Magenau 2002, 446; Jürgs 2007, 371). Kurze Zeit später (2002) überreichte er ihr als ›Deutschen Bücherpreis‹ für ihr Lebenswerk eine von ihm gestaltete Plastik. Verbindendes Element zwischen den Autoren blieb die gemeinsame Erfahrung der öffentlichen Verurteilung in der neuen BRD: Als Repräsentanten einer Generation engagierter Schriftsteller erlebten beide die Erhebung zur ›moralischen Instanz‹ im geteilten Deutschland und eine in den Medien nach der Wiedervereinigung inszenierte Demontage ihrer Person und Werke. Die öffentliche Inszenierung der Freundschaft ist als Versuch zu verstehen, das daraus resultierende Gefühl der Ohnmacht gegenüber den Medien zu überwinden. So auch 2006, als Wolf zu Grass hielt, während dieser wegen seines späten Geständnisses, in der Waffen-SS gewesen zu sein, nochmals angegriffen wurde (vgl. Wolf 2007, 151 f.). Sie konnte aus eigener Erfahrung seine Situation nachvollziehen (vgl. Neuhaus 2012, 411), denn die Debatten erinnerten an diejenigen von 1993. Wolf beklagte öffentlich das Vorgehen der Medien, wieder sei »eine Gelegenheit zum kollektiven Nachdenken verpaßt« (Wolf 2012, 45). Nicht zufällig widmete Grass ihr dann seinen Gedichtband *Dummer August* (2007), in dem er die Debatte um sein SS-Geständnis verarbeitete. Zu Wolfs 80. Geburtstag schenkte er ihr eine Zeichnung, von der er wünschte, dass sie sie »vor uns gewohnten, aber doch lästigen Zudringlichkeiten schütze« (Grass 2009, 42) möge. Dass die wiederholten medialen Angriffe Wolf tief verletzt hatten, betonte Grass zuletzt 2011 in seiner Gedenkrede »Was bleibt« (Grass 2012, 75–59). Er beklagte, dass die »Pressekampagne des Jahres 1990 […] in einigen Nachrufen« (ebd., 76 f.) fortgesetzt wurde.

Das Engagement als Jugendliche (im BDM und der Waffen-SS) für den verbrecherischen NS-Staat hinterließ bei beiden Schriftstellern bleibende Spuren, die Flucht und der endgültigen Verlust des Heimatortes prägten sie. Nicht ohne Grund unternahmen sie 1995 eine gemeinsame Reise in Grass' Heimatstadt Danzig (vgl. Hilzinger 2007, 140). Aus ihren Erfahrungen resultierte das Beharren auf der literarischen wie gesellschaftlichen Vergangenheitsbewältigung der NS-Zeit. Durch ihre Werke, vor allem durch *Die Blechtrommel* (1959) und *Kindheitsmuster* (1976), prägten sie die kollektive Aufarbeitung des Nationalsozialismus in BRD und DDR. Trotz der Angriffe im wiedervereinigten Deutschland konnten beide auch in der Literaturlandschaft nach 1989 bestehen. Anhand ihrer autobiographischen Alterswerke *Beim Häuten der Zwiebel* (2006) und *Stadt der Engel* (2010) wird sichtbar, wie mühsam die Aufarbeitung der eigenen, verdrängten Vergangenheit für beide war. Ihre Biographien wie ihre Freundschaft stellen ein bedeutendes Zeugnis der deutschen Geschichte in zwei geteilten und dann wiedervereinigten Staaten nach 1945 dar.

Literatur

Barner, Wilfried: Drei Literaturen? Die neunziger Jahre. In: Ders. (Hg.): *Geschichte der deutschen Literatur von 1945 bis zur Gegenwart*. München ²2006, 925–972.

Berbig, Roland (Hg.): *Stille Post. Inoffizielle Schriftstellerkontakte zwischen West und Ost; von Christa Wolf über Günter Grass bis Wolf Biermann*. Berlin 2005.

Brunssen, Frank (2014): *Günter Grass*. Marburg 2014.

Dahn, Daniela: Ästhetik der Zuständigkeit. Nachdenken über den abwesenden Herrn G. In: Klaus Pezold (Hg.): *Günter Grass. Stimmen aus dem Leseland*. Leipzig 2003, 9–18.

Engelmann, Bernd/Hoffmann, Gerd E./Mechtel, Angelika/v. d. Waarsenburg, Hans (Hg.): *»Es geht, es geht«. Zeitgenössische Schriftsteller und ihr Beitrag zum Frieden. Grenzen und Möglichkeiten*. München 1982.

Grass, Günter: *Deutscher Lastenausgleich. Wider das dumpfe Einheitsgebot; Reden und Gespräche*. Frankfurt a. M. 1990.

Grass, Günter: Bericht aus Altdöbern. In: Ders: *Ein Schnäppchen namens DDR. Letzte Reden vorm Glockengeläut*. Darmstadt ²1991, 29–38.

Grass, Günter: Brief an Christa Wolf. In: Ders.: *Die Deutschen und ihre Dichter*. Hg. v. Daniela Hermes. Göttingen 1995a, 322–325.

Grass, Günter: Nötige Kritik oder Hinrichtung? *Spiegel*-Gespräch mit Günter Grass über die Debatte um Christa Wolf und die DDR-Literatur. In: Thomas Anz (Hg.): *»Es geht nicht um Christa Wolf«. Der Literaturstreit im vereinigten Deutschland*. Frankfurt a. M. 1995b, 122–134.

Grass, Günter: Der Streit geht weiter. Neue Stellungnahmen zur Debatte. In: Thomas Anz (Hg.): *»Es geht nicht um Christa Wolf«. Der Literaturstreit im vereinigten Deutschland*. Frankfurt a. M. 1995c, 243–244.

Grass, Günter: Die deutschen Literaturen. In: Ders.: *Essays und Reden 1970–1979*. Werkausgabe Bd. 15. Hg. v. Daniela Hermes. Göttingen 1997a, 518–527.

Grass, Günter: Wir sind als Richter nicht tauglich. In: *Essays und Reden 1980–1997*. Werkausgabe Bd. 16. Hg. v. Daniela Hermes. Göttingen 1997b, 427–432.

Grass, Günter: Tanz im Schnee. In: Sabine Wolf (Hg.): *Das Archiv von Christa Wolf*. (Publikation begleitend zur Ausstellung »Wie man es erzählen kann, so ist es nicht gewesen« (14. März – 2. Mai 2004) in der Akademie der Künste, Berlin anlässlich des 75. Geburtstages von Christa Wolf.) Berlin 2004, 25.

Grass, Günter: Rede zum 80. Geburtstag. In: Therese Hörnigk (Hg.): *Sich aussetzen. Das Wort ergreifen. Texte und Bilder zum 80. Geburtstag von Christa Wolf*. Göttingen 2009, 42.

Grass, Günter: Was bleibt. In: *Wohin sind wir unterwegs. Zum Gedenken an Christa Wolf*. Berlin 2012, 75–79.

Hilzinger, Sonja: *Christa Wolf*. Frankfurt a. M. 2007.

Jürgs, Michael: *Günter Grass. Eine deutsche Biografie*. München 2007.

Magenau, Jörg: *Christa Wolf. Eine Biographie*. Berlin 2002.

Negt, Oskar (Hg.): *Der Fall Fonty. »Ein weites Feld« von Günter Grass im Spiegel der Kritik*. Göttingen 1996.

Neuhaus, Volker: *Günter Grass. Schriftsteller – Künstler – Zeitgenosse; eine Biographie*. Göttingen 2012.

Schlüter, Kai: *Günter Grass im Visier – die Stasi-Akte: eine Dokumentation mit Kommentaren von Günter Grass und Zeitzeugen*. Berlin 2010.

Vinke, Herrmann (Hg.): *Akteneinsicht Christa Wolf. Zerrspiegel und Dialog. Eine Dokumentation*. Hamburg 1993.

Weninger, Robert: *Streitbare Literaten. Kontroversen und Eklats in der deutschen Literatur von Adorno bis Walser*. München 2004.

Wittek, Bernd: *Der Literaturstreit im sich vereinigenden Deutschland. Eine Analyse des Streits um Christa Wolf und die deutsch-deutsche Gegenwartsliteratur in Zeitungen und Zeitschriften*. Marburg 1997.

Wolf, Christa: Von schwachen und stärkeren Stunden. Briefwechsel mit Günter Grass. In: Dies.: *Auf dem Weg nach Tabou. Texte 1990–1994*. Köln 1994, 255–263.

Wolf, Christa: Ich habe Respekt vor Günter Grass. In: Martin Kölbel (Hg.): *Ein Buch, ein Bekenntnis. Die Debatte um Günter Grass' »Beim Häuten der Zwiebel«*. Göttingen 2007, 151–152.

Wolf, Christa: Autobiographisch schreiben. Zu Günter Grass' »Beim Häuten der Zwiebel«. In: Dies.: *Rede, daß ich dich sehe. Essays, Reden, Gespräche*. Berlin 2012, 42–46.
Wolf, Christa/Grass, Günter: Briefwechsel. In: Hermann Vinken (Hg.): *Akteneinsicht Christa Wolf. Zerrspiegel und Dialog. Eine Dokumentation*. Hamburg 1993, 302–308.
Wolf, Christa/Grass, Günter: Briefe an Grass. In: Oskar Negt (Hg.): *Der Fall Fonty. »Ein weites Feld« von Günter Grass im Spiegel der Kritik*. Göttingen 1996, 468–478.

Kathrin Sandhöfer

44.5 Briefwechsel mit Max Frisch

Der Briefwechsel zwischen Christa Wolf und Max Frisch ist auf den ersten Blick schmal, es finden sich zwischen 1972 und 1990 insgesamt 16 Briefe von Christa Wolf an Max Frisch und 12 Briefe bzw. Karten von Max Frisch an Christa Wolf. Gleichwohl zeigt der Austausch, der zunächst von zurückhaltender Wertschätzung gekennzeichnet ist, wie über Jahre eine zunehmende Vertrautheit entsteht, die zu einer tiefen Zuneigung und Freundschaft wird. Offensichtlich ist, dass das Schaffen berührende Fragen in den Briefen von Christa Wolf überlagert werden von den politischen Bedingungen in einer Zeit des Kalten Krieges, der Auseinandersetzung zwischen zwei Machtblöcken bzw. Weltsystemen und schließlich der Wende in der DDR mit ihren radikalen gesellschaftlichen Veränderungen.

Der erste Brief von Christa Wolf an Max Frisch ist vom Frühjahr 1972. Christa Wolf hat zu diesem Zeitpunkt das gerade erschienene *Tagebuch 1966–1971* (Frisch 1972) bereits zweimal gelesen. Für Christa Wolf, in deren Werk – wie beim Schweizer Autor – das Tagebuch eine gewichtige Rolle spielt, ist dies der Anlass, um im Brief an die erste Begegnung mit Max Frisch zu erinnern, die im Juni 1968 in der Sowjetunion zum 100. Geburtstag von Maxim Gorki stattgefunden hatte. Der Rolle Gorkis wurde auf Einladung des sowjetischen Schriftstellerverbandes auf einer Reise mit dem Schiff »Gogol« gedacht. Sie führte u. a. nach Gorki (seit 1990 wieder Nischni Nowgorod), einer Stadt, die bis in die 1980er Jahre auch für Sowjetbürger ›geschlossen‹ war und nur mit Sondergenehmigung aufgesucht werden konnte. Max Frisch kennt auf dem »Schiff voller Schriftsteller« außer Günther Weisenborn niemand. Im Tagebuch notiert er seine Eindrücke von der Reise, darunter auch jene vom ersten Zusammentreffen mit Christa und Gerhard Wolf: »Ich begrüße Christa Wolf (DDR) und spüre Mißtrauen« (Frisch 2010, 150). Auf diese Empfindung von Max Frisch wird Christa Wolf erst zum Abschluss ihres Briefes anspielen, bedeutsamer für sie ist die Spezifik von Frischs Tagebuch, das sie als literarische Form mehr interessiert, als die »meisten Romane und andere ausgedachte Geschichten« (Wolf/Frisch Frühjahr 1972, 1). (Im folgenden Text wird der derzeit noch unveröffentlichte Briefwechsel zwischen Christa Wolf und Max Frisch, der in den Archiven in Berlin und Zürich jeweils im Original bzw. in Kopie abgelegt ist, mit der jeweiligen Seitenzahl des Briefes zitiert.) Wichtig am Tagebuch ist ihr, dass hier »jemand sich sozusagen sich selber stellt« (ebd.). Max Frischs Tagebuch liefert ihr mehr Bestätigung als Korrektur, auch in dem, »was ausgespart bleibt« (ebd.). Allein mit dem Geschriebenen sieht Christa Wolf die »Tabu-Räume« und das, »was nicht geschrieben werden kann, darf oder soll« eingegrenzt (s. Kap. III.47). Schon hier ist das angedeutet, was in Christa Wolfs Werk eine zentrale Rolle spielt, nämlich der Versuch, die »Grenzen des Sagbaren« hinauszuschieben und dem eigenen »blinden Fleck« auf die Spur zu kommen (vgl. Gansel 2014). Ebenso ist das Tagebuch ihr Anlass über das So-Gewordensein nachzudenken, wobei sie 1972 eher pessimistisch ist, dass »wir je in die Lage kommen, ausbreiten zu können, was uns so gemacht hat, wie wir sind« (Wolf/Frisch 1972, 1).

Einzelne Notizen im Tagebuch von Max Frisch von der Reise in die Sowjetunion zeigen Christa Wolf, »wie das Verhältnis zu einem Land den Blick des Besuchers färbt«. Vergleichbare Beobachtungen auf der Reise werden von Wolf deshalb anders bewertet, weil sie auf einen »Grund-Ton von persönlicher Betroffenheit« (ebd.) treffen. Zurückhaltend deutet Christa Wolf an, dass die aus der Vergangenheit wie der Gegenwart gespeiste Bedeutung des Landes es ihr schwer macht, die Sowjetunion »objektiv« zu betrachten. Offensichtlich wird, dass die westeuropäisch geprägte Sicht des Schweizers und der Blick der Ostdeutschen differieren. Diese Unterschiede, die in Biographie, Sozialisation wie Poetologie ihre Grundlage haben, sind mit dafür verantwortlich, dass Frisch bei der ersten Begegnung mit den Wolfs glaubt, »Mißtrauen« zu spüren, während es für Christa Wolf eine ganz normale »Reserve« gegenüber einem wertgeschätzten Menschen ist, bei dem man nicht den Eindruck erwecken möchte, sich »anzubiedern« (ebd., 2).

Max Frischs Antwortbrief vom 15. Juli 1972 begründet dann die bis zum Tode des Autors fortgesetzte Korrespondenz. In seiner Antwort drückt Max Frisch – hier vergleichbar wie Christa Wolf – seine Unsicherheit darüber aus, was man im Tagebuch »sagen soll oder nicht soll« (Frisch/Wolf, 15.7.1972, 1). Auch sein Hinweis darauf, dass er befürchte, der Wolga-Bericht würde isoliert gelesen und man werde das offensichtliche Unbehagen eben nicht als Enttäuschung über nicht eingelöste Hoffnungen lesen, dürfte Christa Wolfs Sicht ebenso entsprochen haben, wie das kritische Bekenntnis: »Wall Street kann mich nicht enttäuschen« (ebd.).

Dass es nachfolgend im Briefwechsel immer wieder längere Pausen gibt, hängt auch damit zusammen, dass sich die Kontakte zwischen Max und Marianne Frisch auf der einen und Christa und Gerhard Wolf auf der anderen Seite vertiefen und es zu weiteren persönlichen Begegnungen und einem Austausch kommt. Das Ehepaar Frisch bezieht zwischen 1973 bis 1979 in Berlin-Friedenau eine Zweitwohnung und hat in dieser Zeit engen Kontakt zu Autoren in West- und Ostberlin. Dazu gehören Günter Grass, Uwe Johnson und Hans Magnus Enzensberger im Westteil und Christa und Gerhard Wolf, Wolf Biermann, Günter Kunert oder Jurek Becker im Ostteil. Max Frischs *Berliner Journal*, das erst 2014 erschienen ist, liefert ein eindrucksvolles Bild der Berliner Zeit mit sensiblen Porträts der genannten Autoren, auch von den Begegnungen mit Christa und Gerhard Wolf (vgl. Frisch 2014, 93 f.; 161 f.).

Ein weiterer Kontakt zu Max Frisch ergibt sich im April 1976. Christa Wolf antwortet auf einen Brief von Max Frisch, der sich im November 1975 für Christa Wolfs Beitrag in *Text + Kritik* bedankt (vgl. WA 8, 21–30). Dass Christa Wolf mit einer für sie untypischen Verspätung antwortet, hängt mit dem Umstand zusammen, dass sie sich in der Endphase von *Kindheitsmuster* befunden hat und das Manuskript erst im Februar an den Aufbau-Verlag geben konnte. Hinzu kommt der Umstand, dass die Wolfs von Kleinmachnow nach Berlin in die Friedrichstraße umgezogen waren und über Wochen mit dem Chaos in der neuen Wohnung zu tun hatten. Der Umzug – so vermutet Christa Wolf – habe für den Kontakt der Familien etwas Gutes, denn »jetzt sind wir eigentlich für Sie und Marianne leicht erreichbar« (Wolf/Frisch, 28.4.1976, 2). Auf ihren Beitrag in *Text + Kritik* Bezug nehmend, betont Christa Wolf ihre Auffassung, dass Max Frisch mögliche Schreibblockaden »durch Selbstannahme und Selbstveränderung im Spannungsfeld der Realität« (ebd.) wird überwinden können. Seinen 65. Geburtstag im Mai vorwegnehmend, wünscht sie dem Jubilar »Glück« und widerspricht Frischs zunehmendem Gefühl des Alt-Seins.

Anders als etwa im umfangreichen Briefwechsel zwischen Max Frisch und Uwe Johnson (vgl. Frisch/Johnson 1999), in dem seit Johnsons sorgfältiger Lektorierung von Frischs *Tagebuch 1966–1971* Schaffensfragen eine gewichtige Rolle spielen, wird die Korrespondenz zwischen Christa Wolf und Max Frisch zu Anfang der 1980er Jahre spärlicher. Christa Wolf notiert in ihrem Brief vom 29.4.1981 zu Max Frischs 70. Geburtstag bedauernd, dass sie »kaum etwas über Dein Leben jetzt« wisse (Wolf/Frisch, 29.4.1981, 1). Sie wünscht sich, dass Max Frisch schreiben würde, aber ist sich nicht sicher, ob er den persönlichen Briefkontakt brauche. »Vielleicht lebst Du so intensiv, daß Du nicht schreiben mußt« fragt sie (ebd.). Wie der Brief ausweist, sind beide nunmehr zum Du übergegangen. Diese offensichtliche Zunahme an persönlicher Nähe geht auf den P. E. N.-Kongress im Mai/Juni 1978 in Stockholm zurück, auf dem beide sich gesehen und intensiv ausgetauscht hatten. Der Beitrag von Christa Wolf zum 70. Geburtstag von Max Frisch erinnert an diesen P. E. N.-Kongress, auf dem Max Frisch Christa Wolf das Du angeboten hatte: »Sagen wir uns doch Du, sagten Sie. Du notiertest ein paar Wörter auf die Innenseite einer Zigarettenschachtel« (WA 8, 209), so beschließt Christa Wolf ihren Essay zum 70. Geburtstag, der an gemeinsame Begegnungen erinnert und auch das Verhältnis von Geist und Macht sowie die Rolle Intellektueller in Ost und West anspricht (vgl. ebd., 205). Ein weiterer Brief vom Oktober 1986 signalisiert eine sich vertiefende Nähe, die nicht nur im »Du« der Anrede zum Ausdruck kommt. Max Frisch hatte zuvor aus New York geschrieben. Der Metropole New York, in der Max Frisch sich wohl fühlte, hält Christa Wolf Mecklenburg entgegen, wo die Familie sich über mehrere Monate den ganzen Sommer über aufhält. Einem möglichen Einwand von Max Frisch die Aufenthalte in Mecklenburg betreffend, kommt Christa Wolf zuvor, indem sie auf die aktuellen politischen Gefährdungen der Konfrontation zwischen Ost und West aufmerksam macht und notiert: »Keine Idylle, natürlich. Das Gefühl der Bedrohung durchdringt alles« (Wolf/Frisch, 20.10.1981, 1). Überhaupt ist für Christa Wolf kennzeichnend, dass sie – verstärkt zu Beginn der 1980er Jahre – der krisenhafte Weltzustand beunruhigt und in hohem Maße verstört.

Im weiteren Verlauf der 1980er Jahre tauschen Christa Wolf und Max Frisch nur sehr sporadisch Nachrichten aus. Im Dezember 1985 betont Christa Wolf das Bedürfnis, Max Frisch »mal wieder wenigstens einen Gruß zu schicken« (Wolf/Frisch, 2.12.1985,

1). Sie bekennt in dem Brief, dass sie nunmehr – wie Max Frisch bereits früh im Tagebuch 1966–1971 – »über das Altern« nachdenkt (ebd.). Ein Indiz für das Altern ist Christa Wolf die Tatsache, dass der Schreibtrieb geringer werde und der Ehrgeiz geschwunden sei (vgl. ebd.). Auch einige Monate später – in Reaktion auf einen Brief von Max Frisch – bezieht sich Christa Wolf auf »Alterungsprobleme«, zu denen für sie das Nachlassen der Neugier gehört. Was ihrer Meinung nach allerdings nicht nachlässt, das ist die Betroffenheit, in diesem Fall die Erschütterung über den Reaktorunfall von Tschernobyl.

Eine neue und letzte Phase im Briefwechsel setzt mit der von Michail Gorbatschow in der Sowjetunion ausgehenden Perestroika ein und der Hoffnung die verhärtete Blockkonfrontation aufzubrechen. Christa Wolf sucht Max Frisch in einem Brief vom 14. Juli 1989 zur Mitarbeit an einer »Friedensbibliothek« zu gewinnen, die von Christa und Gerhard Wolf in der DDR und in der Bundesrepublik von Inge und Walter Jens verantwortet wird und gleichzeitig bei Luchterhand in Frankfurt/Main und bei Reclam Leipzig herauskommen soll. Das Projekt – so Christa Wolf – sei in dieser Form das erste zwischen beiden deutschen Staaten nach dem Ende des Zweiten Weltkrieges und solle bis 1994 etwa zwanzig Bände umfassen. Max Frisch ist gemeinsam mit vierzig anderen Autoren (vor allem Europas) aufgefordert, ein »Protokoll des 1. September 1989« zu geben, »jenes beziehungsreichen Tages, an dem vor 50 Jahren mit dem Überfall der Deutschen Wehrmacht auf Polen der Zweite Weltkrieg ausgelöst wurde« (Wolf/Frisch, 14.7.1989, 1). Das engagierte Projekt, für das Christa Wolf unbedingt Max Frisch gewinnen will – »Ohne Dich möchte ich das Buch nicht gern machen« (ebd.) –, wurde dann durch die Ereignisse in der DDR und die Wende überholt und nicht mehr realisiert. Der Wandel in der DDR, für den Christa Wolf sich immer eingesetzt und auf den sie große Hoffnungen gesetzt hatte, führte nach der Öffnung der Mauer am 9. November 1989 und der Volkskammerwahl vom März 1990 zum Zerfall der DDR und ihrem Beitritt zur Bundesrepublik Deutschland am 3. Oktober 1990. Christa Wolf sieht die Entwicklung mit zunehmender Distanz und fragt in einem Brief an Max Frisch vom 14. Mai 1990, was dieser wohl zu »diesem Wiedervereinigungsfuror der Deutschen« sagen würde (Wolf/Frisch, 14.5.1999, 1). Christa Wolf sieht einen »Entwertungs- und Demontageprozeß an uns [den Ostdeutschen; C. G.] allen« im Gang, der in den letzten Monaten »noch zugenommen [hat]« (ebd.) und der sie körperlich in Mitleidenschaft zieht. Sie weiß zu diesem Zeitpunkt bereits um die Krebsdiagnose von Max Frisch, spricht aber nicht direkt davon, sondern drückt zurückhaltend Nähe und Hoffnung auf Besserung aus. Die nachfolgenden Briefe vom Juni, August und Dezember 1990 nehmen einerseits vorsichtigen Bezug auf Max Frischs unheilbare Erkrankung, sprechen ihm Mut zu und stellen heraus, wie wichtig er als Mensch für die Wolfs geworden ist. Andererseits berichtet Christa Wolf über die stattfindenden Veränderungen in der DDR, die für sie nur ansatzweise darstellbar sind. »Wie es ist, in diesem sich selbst auflösenden und von außen zerschlagenen Land zu leben, ist kaum zu schildern«, so Christa Wolf im Brief vom 9. Juni 1990 (Wolf/Frisch, 9.6.1990, 1). In diesem Kontext geht die Autorin auf den beginnenden deutsch-deutschen Literaturstreit ein, bei dem von westdeutscher Seite versucht werde, die »paar Literaten zu demontieren«, die einen Bekanntheitsgrad besitzen und »hier geblieben sind«. Auf die eigene Person und die Auseinandersetzungen um die Erzählung *Was bleibt* anspielend, notiert Christa Wolf: »Es ist ziemlich grausig, was man da jetzt mit mir anstellt« (ebd.). Schutz und eine gewisse Ruhe findet Christa Wolf in Woserin in Mecklenburg. Die Vereinigung sieht sie im Brief vom 9. August 1990 als eine »Notoperation«, weil die Wirtschaft der DDR »schockhaft der Konkurrenz« ausgesetzt worden sei (Wolf/Frisch, 9.8.1990, 1).

Der letzte Brief vom 15. Dezember 1990 geht einmal mehr in sensibler Zurückhaltung auf Max Frischs Gesundheitszustand ein und zieht eine Art Resümee der Veränderungen im Jahr 1990 in der DDR, einem Jahr, das »zerrissen war von zuviel Geschrei, von zu vielen grellen Stimmen« (Wolf/Frisch, 15.12.1990, 1). Der Brief endet mit der ratlosen Frage danach, was man wünschen soll und der Antwort: »Daß Du, im Goetheschen Sinn, jeden ›günstigen Augenblick‹ ›von Grund auf genießen‹ mögest« (ebd., 2).

Literatur

Christa Wolf/Max Frisch *Briefwechsel*. Christa-Wolf-Archiv, Akademie der Künste, Berlin (AdK), Signatur 937; außerdem: Max Frisch/Christa Wolf: *Briefwechsel*. Max Frisch-Archiv an der ETH-Bibliothek. Zürich.
Frisch, Max: *Tagebuch 1966–1971*. Frankfurt a. M. 2010.
Frisch, Max: *Aus dem Berliner Journal*. Hg. v. Thomas Strässle unter Mitarbeit von Margit Unser. Berlin 2014.
Frisch, Max/Johnson, Uwe: *Der Briefwechsel*. Hg. v. Eberhard Fahlke. Frankfurt a. M. 1999.
Gansel, Carsten: Erinnerung, Aufstörung und »blinde Flecken« im Werk von Christa Wolf. In: Ders. (Hg.): *Christa Wolf – Im Strom der Erinnerung*. Göttingen 2014, 15–42.

Carsten Gansel

44.6 Briefwechsel mit Charlotte Wolff

Am 30. April 1983 beginnt Christa Wolf ganz spontan einen Briefwechsel mit Charlotte Wolff, der bis zu deren Tod im September 1986 fortgeführt wird. Wolf hatte Wolffs Autobiographie gelesen – *Augenblicke verändern uns mehr als die Zeit* (1983 übersetzt von Michaela Huber; englisch 1980 unter dem Titel *Hindsight*) – und war darin auf ihren Namen gestoßen (vgl. Wolf/Wolff 2009, 7). Charlotte Wolff, die sich für deutsche Romantik interessierte, hatte *Kein Ort. Nirgends* gelesen und – wie sie in ihrer Autobiographie mitteilt – mit Verblüffung festgestellt:

> »Christa Wolf benutzt das gleiche Bild und mit fast denselben Worten, wie ich sie in meinem Gedicht ›Jesaias‹ verwendet hatte. Hier sind die beiden Stellen:
> *Durch die Sohlen seiner Füße brennt das Herzensblut der Erde. (Charlotte Wolff)*
> *Und fühlte den Herzschlag der Erde unter seinen Fußsohlen. (Christa Wolf)*
> Wir haben praktisch denselben Nachnamen. [...] Das gleiche poetische Bild wird von zwei Frauen ausgedrückt, die sich in fast allem außer der deutschen Sprache unterscheiden – ein sowohl erhebender wie ernüchternder Gedanke. Meiner Ansicht nach ist es ein Wunder, daß ein solch ähnlicher poetischer Ausdruck von zwei Geistern geschaffen werden konnte.« (zit. n. Wolf/Wolff 2009, 156; vgl. Wolff 1986, 268)

Charlotte Wolff, 1897 in Danzig geboren, studierte Medizin und Philosophie u. a. in Freiburg, wo sie Husserl und Heidegger hörte. In den 1920er Jahren arbeitete sie in Berlin zuerst als Ärztin am Rudolf-Virchow-Krankenhaus, später in der Schwangerschaftsfürsorge, einer der ersten Familienberatungsstellen für Arbeiterfrauen; dadurch bekam sie auch Kontakt zu Magnus Hirschfelds Institut für Sexualwissenschaft. Als Jüdin musste sie Deutschland verlassen; 1933 ging sie nach Paris ins Exil, wo sie mit Handlesen ihr Geld verdiente, 1936 weiter nach London, wo sie schon bald als Psychiaterin und Psychotherapeutin praktizieren durfte. Sie publizierte zu Chirologie (Handdeutekunst), erstellte Studien über *Love between Women* (1971) und über *Bisexuality* (1977). »Meine Selbstbeschreibung als internationale Jüdin mit einem britischen Paß trifft genau den Kern der Sache« (Wolff, zit. n. Rappold 2005, 50; vgl. Wolff 1986, 199).

Seit ihrem 13. Lebensjahr fühlte sich Charlotte Wolff zu Frauen hingezogen. Sie genoss die ›Wilden Zwanziger Jahre‹ in Berlin, das Leben in den Clubs, ihre Bekanntschaften mit Schriftsteller/innen und Künstler/innen, darunter Else Lasker-Schüler, Dora und Walter Benjamin, Helen und Franz Hessel. In Paris hatte sie Kontakte zu den Surrealisten, in London lernte sie u. a. Virginia Woolf kennen; mit den Huxleys war sie eng befreundet. Ihre Liebe zu Frauen war für sie ganz selbstverständlich; ihre sexuelle Orientierung betrachtete sie allerdings als ihre Privatsache. Wegen ihrer sexualwissenschaftlichen Forschungen wurde sie Ende der 1970er Jahre von Feministinnen nach Berlin eingeladen, um Vorträge zu halten. Dadurch wurde Berlin wieder »ein Ort auf meiner emotionalen Landkarte« (Wolff 1986, 316).

Charlotte Wolff gibt in ihren Briefen an Christa Wolf viel von ihrer Arbeit und von sich selbst preis. Gleich im zweiten Brief vom 23. September 1983 bekennt sie: »Sehen Sie, als ich ins ›Exil‹ (das mir ja großartig bekam) ging – war die deutsche Sprache mir nicht nur verloren – sondern ein Greuel. – Die Nazis hatten sie so verunglimpft – beschmutzt – entseelt, daß ich an eine Resurrektion garnicht glauben konnte. Für mich sind Sie diejenige, die weitaus am meisten die deutsche Sprache neu ins Leben gebracht hat« (Wolf/Wolff 2009, 13; vgl. auch ebd., 16 f.). Von einem merkwürdigen Zufall zusammengeführt, stellt Charlotte Wolff in ihrer warmherzigen, auf Menschen zugehenden Art am 9. März 1984 in einem Brief an Christa Wolf fest: »Ja, unsere Kreise berühren sich« (ebd., 38). Es ist diese von beiden Frauen immer wieder betonte innere Verbundenheit, ein seelischer Gleichklang, von dem der Briefwechsel zeugt. Charlotte Wolff schreibt am 1.12.1984: »[W]ir sprechen zueinander ohne je zu ›übersetzen‹. Das ist das *Seltenste* zwischen Menschen was ich in meinem Leben erfahren habe« (ebd., 69). Unter Liebe, im Sinne von Nähe und Zuneigung, versteht sie gemeinsam geteilte Träume (vgl. ebd., 12) – so hatten schon Bettine von Arnim und Karoline von Günderrode miteinander gesprochen, und so kommunizieren nun Charlotte Wolff und Christa Wolf, wobei die tatsächlich gewechselten Briefe ein Echo sind auf den Dialog ihrer Bücher.

67 Briefe und Karten werden gewechselt. Die beiden Frauen haben sich nie getroffen, aber wiederholt haben sie längere Telefonate geführt, die eine in Ost-Berlin, die andere in London. Auffällig an dem über drei Jahre dauernden Briefwechsel ist, dass Christa Wolf sich nicht ausdrücklich auf das wissenschaftliche Werk von Charlotte Wolff einlässt, während die Psychoanalytikerin die literarischen Arbeiten Wolfs liest und kommentiert. Ja, sie schicken sich gegenseitig ihre Bücher: *Kassandra* und die Voraussetzungen dieser

Erzählung, zuerst die Büchner-Preisrede und der Aufsatz über *Penthesilea*. Christa Wolf erhält bereits im Juli 1983 *The Human Hand*, im Mai dann die deutsche Ausgabe von *Bisexuality* und *Love between Women* in Englisch, weil die deutsche Übersetzung ausverkauft ist. »Die Psychologie der lesbischen Liebe […] furchtbarer Titel«, kommentiert Charlotte Wolff (Wolf/Wolff 2009, 10). 1986 schließlich erhält Wolf die große Hirschfeld-Biographie, an der Wolff in den letzten Jahren bis zur Erschöpfung gearbeitet hat. Gegenseitiges Lob und Hochachtung werden ausgesprochen. Diskutiert werden die provozierenden programmatischen Thesen zur Bisexualität und zur Liebe zwischen Frauen allerdings nicht. Während Charlotte Wolff ihr Konzept der Homoemotionalität erläutert (vgl. Brief vom 9.3.1984) – sie lehnt die klassifizierenden Begriffe Lesbianismus und Homosexualität ab (vgl. Steakley 1981) –, bedankt sich Christa Wolf für den »ganzen langen schönen Brief« (Wolf/Wolff 2009, 42) und freut sich auf ein mögliches Treffen in Berlin. Wollte sie inhaltliche Auseinandersetzungen auf eine persönliche Begegnung verschieben? In den Briefen ist viel von der Sorge um die Gesundheit der Freundin in London die Rede, von eigenen Reisen und Projekten, von alltäglichen Störungen und Krankheiten. Einen intellektuellen Diskurs führt Christa Wolf nicht.

Der Briefwechsel mit Charlotte Wolff hatte begonnen mit Christa Wolfs eher beiläufiger Erklärung über Karoline von Günderrode: »Daß sie bisexuell war, scheint auch mir klar« (Wolf/Wolff 2009, 7). In Wolfs Günderrode-Essay steht davon kein Wort – vorsichtige Anspielungen vielleicht (s. Kap. III.45). Für die Forschung, die sich bis dato noch gar nicht mit dem Briefwechsel mit Charlotte Wolff beschäftigt hat, lässt sich aus diesem Befund die Ermutigung ableiten, die entsprechenden Werke Christa Wolfs einer von den *queer studies* inspirierten Relektüre zu unterziehen. Das gilt zuerst für die Erzählung *Selbstversuch* (1974), in der die medizinische Geschlechtsumwandlung der Protagonistin abgebrochen wird, also scheitert, weil eine entsprechende mentale Umstellung – oder sollte man besser von Umcodierung sprechen? – mit äußeren, also technischen Hilfsmitteln nicht zu bewältigen ist. Das gesellschaftlich konstruierte Geschlecht, die Kategorie *gender*, umgreift also das biologische Geschlecht, den *sex*. Zeichen der von Judith Butler entwickelten Theorie lassen sich bereits in Wolfs früher Erzählung ablesen, u. d. h. die Autorin wird anschlussfähig an neuere Diskurse. Gleich in ihrem ersten Brief an Christa Wolf erwähnt Charlotte Wolff, dass *Kein Ort. Nirgends*, »Der Schatten eines Traums« und auch »Geschlechtertausch« – so nennt sie die Erzählung *Selbstversuch* – ihre Hauptbeispiele waren in einem Vortrag »Bisexuality and Androgyny as the basic Premise for understanding People with Examples from Modern Novels«, den sie im PEN London gehalten hat (vgl. Wolf/Wolff 2009, 8). Christa Wolf hat auf diesen per Einschreiben geschickten Vortrag nicht geantwortet; die Forschung könnte das tun und so die Erzählungen Wolfs in ein neues feministisches Licht stellen (vgl. Brennan 2011).

Charlotte Wolff, eine unabhängige und eigenwillige Forscherin der Sexualwissenschaft (vgl. Gansberg 1994), betrachtet den Menschen als primär bisexuell »with homosexuality and heterosexuality as secondary developments, like branches growing out of a tree« (Brennan/Hegarty 2012, 145). Um einen Essentialismus zu vermeiden, ist nach dem Funktionieren der unterschiedlichen Kategorien zu fragen, »what enactments they are performing and what relations they are creating« (Eve Kosofsky Sedgwick, zit. n. ebd., 160). Charlotte Wolffs Kritik am zwangsheterosexuellen Patriarchat führte zur Konzeption einer bisexuellen Gesellschaft, die auf Homoemotionalität gründet; gemeint ist eine auf romantisierendem Gefühl basierende Bisexualität, die auf Freizügigkeit und Anerkennung zielt und in der die notorische Ungleichheit produzierende binäre Opposition der Geschlechter verschwunden ist. Auf eine solche stereotype Geschlechterzuweisungen verweigernde Vorstellung, also den Verzicht auf starre Gender-Labels, gründet Wolff ihre utopische Vision – und auf Freundlichkeit; um sexuelle Präferenzen geht es ja erst in zweiter Linie. Darin trifft sie sich mit Christa Wolf, die ihr ›Prinzip Hoffnung‹ aus dem *Gesprächsraum Romantik* gewinnt. Diese Hypothese bedürfte einer genaueren Analyse. Der Briefwechsel zwischen Charlotte Wolff und Christa Wolf könnte dafür die Ausgangsbasis liefern.

In der Tagespresse fand die Herausgabe dieses Briefwechsels 2004 große Beachtung, weil er mit Christa Wolfs 75. Geburtstag zusammenfiel. Seine genauere Untersuchung steht aber noch aus; zu den Themen zählen u. a. Exil, zerstörerischer Fortschritt und Medienwelt, aber auch Träume (Wolf/Wolff 2009, 106 f.) und denkwürdige Zufälle (ebd., 61). Zu fragen wäre weiterhin, wie die Briefe geschrieben sind – mit der Hand oder mit der Maschine – und nicht zuletzt danach, was zwischen den Zeilen steht. Auch Vergleiche mit anderen Briefwechseln, die weit weniger offen gehalten sind, dürften aufschlussreich sein, z. B. der mit Anna Seghers.

Literatur

Brennan, Toni: Charlotte Wolff (1897–1986): ›Reluctant‹ pioneer lesbian feminist. In: *Feminism & Psychology* 21 (2011), H. 2, 205–210.

Brennan, Toni/Hegarty, Peter: Charlotte Wolff's Contribution to Bisexual History and to (Sexuality) Theory and Research. A Reappraisal for Queer Times. In: *Journal of the History of Sexuality* 21 (2012), H. 1, 141–161.

Gansberg, Marie Luise: »Daß ich immer eine Fremde war und sein werde«. *Außenseiter* als Interpretationsmuster in Charlotte Wolffs sexualwissenschaftlicher und literarischer Produktion. In: Inge Stephan, Sabine Schilling u. Sigrid Weigel (Hg.): *Jüdische Kultur und Weiblichkeit in der Moderne*. Köln 1994, 159–172.

Rappold, Claudia: *Charlotte Wolff (1897–1986). Ärztin, Psychotherapeutin, Wissenschaftlerin und Schriftstellerin*. Berlin 2005.

Steakley, James D.: Love Between Women and Love Between Men: Interview with Charlotte Wolff. In: *New German Critique* 1981, Nr. 23, 73–81.

Wolf, Christa/Wolff, Charlotte: *Ja, unsere Kreise berühren sich. Briefe*. Frankfurt a. M. 2009 (zuerst 2004 im Luchterhand Literaturverlag, München ebenfalls mit Anmerkungen von Martin Mittelmeier).

Wolff, Charlotte: *Augenblicke verändern uns mehr als die Zeit*. Frankfurt a. M. 1986 (zuerst: Weinheim 1982; 2003 im Kranichsteiner Literaturverlag, Pfungstadt mit einem Vorwort von Christa Wolf; hierbei handelt es sich um ihre minimal gekürzte Rede aus Anlass der Umbenennung des Charlottenburger Studienkollegs in Berlin in »Charlotte-Wolff-Kolleg« am 5.3.1997; vgl. WA 12, 577–591).

Carola Hilmes

45 Essays

An der Autorin Christa Wolf hat die Literaturwissenschaft bisher regen Anteil genommen; doch erfolgte nahezu die gesamt Forschung in Bezug auf Wolfs fiktionale Prosa, ihre Erzählungen und vor allem ihre Romane. Christa Wolf ist jedoch nicht nur Romanautorin; ihr literarisches Werk ist durchsetzt von einer Vielzahl von Texten, die den Spuren der eigenen Schreibexistenz nachgehen, eine Poetik entwerfen, Zeitgenossen und literarische Vorgänger porträtieren, ihre Suche nach Standorten öffentlich machen, Zeitgeschichte kritisch verarbeiten und Alternativen zu denken versuchen. Diese Texte, Essays oft, kreuzen ihr fiktionales Werk, finden sich in den Brüchen von (literarischen) Utopien und real erfahrenen Schreib- und Lebensweisen, sind direkteres Sprechen, offene Selbstverständigung, in der die Stimme der Autorin unvermittelter zu sprechen scheint.

In der literaturwissenschaftlichen Auseinandersetzung mit Texten von Christa Wolf werden die Essays meist herangezogen, um Annahmen über ihr Werk, Analyseergebnisse oder Bezüge zur Biographie der Autorin zu belegen. Die Essays werden damit als unvermitteltes Zeugnis, als Kommentar ihrer literarischen Arbeit eingesetzt. Die beweisführende Verwendung der Essays, die in der Literaturwissenschaft durchaus üblich ist, vernachlässigt jedoch die Literarizität des essayistischen Textes und vertraut auf einen unhinterfragten Wahrheitsgehalt, der in der Annahme einer Identität von sprechendem Subjekt und Autornamen wurzelt. Es geht hier nicht darum, diese Arbeitsweise gänzlich zu verwerfen, im Sinne einer speziellen Betrachtung des Essays als literarischem Text soll dieser jedoch als eigenständige Form betrachtet werden.

Alexander Stephan wies 1980 in seiner Monographie zu Christa Wolf auf diese Rezeptionslücke hin, legte aber gleichzeitig die noch ausstehende Auseinandersetzung mit Wolfs Essays auf ihre Funktion in Bezug zur Prosa der Autorin fest:

> »Ein solches Desinteresse überrascht. Einmal, da sich unter der mittleren und jüngeren Schriftstellergeneration der DDR bis heute nur schwer ein Autor finden lässt, der sein dichterisches Werk mit mehr Insistenz und Konsequenz theoretisch zu begründen sucht. Und zum anderen, weil erst eine Analyse von Christa Wolfs Literaturkritik und Essayistik [...] eine stichhaltige Auslegung der Prosaarbeiten ermöglicht.« (Stephan 1980, 22)

In einem späteren Beitrag konstatiert er dann noch eine Zunahme der Essays bei Wolf. Seine Wertschätzung der Essays als »Wegweiser und Versuchsballons auf einer Ebene [...] mit ihren Erzählungen und Romanen« (Stephan 1987, 156) führt jedoch ebenfalls vornehmlich zur Betrachtung der Texte in Bezug auf die fiktionalen Arbeiten. Sabine Eickenrodts 1992 entstandene Studie fragt »nach der Art der ästhetischen Zusammengehörigkeit von Essay und Dichtung« (Eickenrodt 1992, 1) und interpretiert diese als radikale Infragestellung und Aufkündigung des traditionellen Werkbegriffs. 2002 schließlich ist Katharina Themls Dissertation erschienen, die sich ganz der Poetik der Wolfschen Essays widmet.

Betrachtet man sämtliche publizierte nichtfiktionale Texte der Autorin, hat man es mit einer Vielzahl stark funktional bestimmter Texte wie Reden, offiziellen und privaten Briefen, Vor- und Nachworten zu tun. Daneben aber verweisen immer wieder Texte auf eine intensive Auseinandersetzung mit einem Thema, die gleichzeitig zu einer formalen Auseinandersetzung wird. Die Funktionalität tritt hinter die Literarizität zurück, der Bruch mit der Forderung funktionaler Textsorten wird geradezu zum Gestaltungsmittel.

Die Schwierigkeit, die kritische Dimension des Essays, verbunden mit seiner betont subjektiven Ausrichtung, innerhalb einer doktrinären Kulturlandschaft zur Geltung zu bringen, hat Literaturwissenschaftler in der Auseinandersetzung mit dem Essay in der DDR-Literatur schon früh zu Pauschalurteilen verleitet. So spricht Bruno Berger von einer »verhüllten Essayistik, einer Geheimsprachen-Essayistik« (Berger 1964, 269) innerhalb einer gelenkten oder kontrollierten Literatur; Richard Exner schreibt vom Versuch, den Essay in totalitären Systemen zu depotenzieren (Exner 1962, 170), und Gerhard Haas geht davon aus, dass in Deutschland zwischen 1933 und 1945 und ebenso nach 1945 in der DDR »wenige Essays von Rang, wohl aber eher Traktate entstanden« (Haas 1969, 81). Manfred Jäger sieht das 1975 ähnlich, hebt dabei aber Christa Wolfs Essays als bedeutende Ausnahme hervor: »Der Essayist muss die Schwierigkeit, ›ich‹ zu sagen, überwunden haben, ehe er zu schreiben beginnt – selbst wenn gerade dies sein Thema sein sollte. Die Hilflosigkeit vor Christa Wolfs Sammlung *Lesen und Schreiben* war echt« (Jäger 1975, 100).

Spätestens seit den 1970er Jahren ändert sich dieses Bild, da das Krisenbewusstsein unter den Schriftstellern der DDR stärker wird, der Druck und die Diskrepanz zwischen Utopie und Realität sich verstärken und der eigene subjektive Bezug zu den sich verschärfenden gesellschaftlichen und kulturpolitischen Bedingungen in die Form des Essays drängt. Der Essay wird von einer großen Anzahl von Autor/innen genutzt, wenn auch die Publikation der Texte durch die Zensur und das Druckgenehmigungsverfahren der DDR oftmals über Jahre verzögert oder verhindert wird (vgl. zum Beispiel die Dokumentation zu Christa Wolfs Essayband *Lesen und Schreiben* im Kommentarteil der WA 4; die Eingriffe in Wolfs Frankfurter Poetik-Vorlesungen oder auch die Schwierigkeiten Franz Fühmanns, seinen Trakl-Essay zu veröffentlichen). Der Essay beginnt, die Rolle einer Gegenöffentlichkeit zu spielen, und seine Autoren bedienen sich dazu verschiedenster Textstrategien kritischer Offenheit oder verdeckten Sprechens. Dies setzt sich fort bis in die Zeit der Auflösung der DDR, die von vielen Schriftstellern in Essays verarbeitet wird. In diesem Kontext lässt sich das essayistische Werk Christa Wolfs situieren. In sechs von dreizehn Bänden der Werkausgabe finden sich ihre »Essays/Gespräche/Reden/Briefe«.

Nach ihrem Germanistikstudium arbeitet Christa Wolf zuerst als wissenschaftliche Mitarbeiterin beim Deutschen Schriftstellerverband; sie wird Cheflektorin beim Verlag Neues Leben (1956), Redakteurin der Zeitschrift *neue deutsche literatur* (1958/59) und arbeitet als Lektorin im Mitteldeutschen Verlag Halle (1959–1962). Sie hat vor allem mit jungen Autoren zu tun und schreibt Kritiken, Rezensionen und Aufsätze, die in Zeitschriften und Zeitungen veröffentlicht werden. In ihren Kritiken vertritt sie die Richtlinien des Sozialistischen Realismus, der die Literaturdiskussion in der DDR bis in die 1970er Jahre hinein beherrschte (s. Kap. II.A.9). Ihre Kritik ist orientiert an der Forderung nach ›typischen Helden in typischen Situationen‹, am klaren Aufbau einer Fabel als Handlungsstruktur, an der Vermittlung vorbildhafter Helden und einer nachweisbaren Parteinahme des Schriftstellers für die sozialistische Gesellschaft.

»Sie [die Kritiken] folgten ohne Abweichung, manchmal geradezu eifernd der Literaturdoktrin des ›sozialistischen Realismus‹ in der Version von Georg Lukács, also einer außengelenkten, antimodernen Ästhetik; sie sind, zweitens, ganz auf der Parteilinie, daß Literatur volkserzieherisch zu wirken habe; und drittens ist diesen Kritiken und Aufsätzen schon jener ernste, tief moralische Grundzug eingeschrieben, der die Autorin später zunehmend in Konflikte mit ihrer eigenen Partei und deren Regime stürzt.« (Emmerich 1996, 205)

Dieser Zwiespalt ist ablesbar, wenn Wolf das Fehlen »echter Konflikte« in der Literatur aufgrund einer dogmatischen Verfolgung der Regeln des Sozialistischen Realismus konstatiert, die Gleichförmigkeit der Figur- und Handlungsführung anprangert und die Abstinenz künstlerischer Ideen und Gestaltungen beklagt. Hier sind Brüche in der dogmatischen Linie zu erkennen, die zeigen, »wie widersprüchlich bei ihr damals der Versuch ausfiel, ›aufrichtig dogmatisch‹ zu sein« (Jäger 1975, 83). Der Ablösungsprozess von der Kritikerin zur Schriftstellerin erfolgte über den mühsamen Weg der Auseinandersetzung mit und der Befreiung von doktrinären Literaturauffassungen. »Es scheint, als habe Christa Wolf, um die Schriftstellerin zu werden, die sie mittlerweile geworden ist, mühsam erst wieder verlernen müssen, was sie seit Studientagen und in den Jahren danach als Redakteurin, Lektorin, Kritikerin von Literatur zu wissen glaubte« (Sauer 1983, 82). Nicht nur ihre fiktionalen Texte brechen spätestens mit *Nachdenken über Christa T.* mit den Vorgaben der herrschenden Literaturauffassung, auch in ihren Essays, die nicht mit den frühen Aufsätzen vergleichbar sind, vollzieht Wolf die Problematisierung herkömmlicher Denk- und Schreibformen (s. Kap. II.B.13). Die Befreiung der Form im Essay ist gebunden an die Aufgabe dogmatischer Positionen, an die Befreiung aus autoritären Strukturen und an den Mut, der eigenen Stimme zu trauen. Die Schwierigkeit, »Ich« zu sagen, wird in der Ablösung der frühen literaturkritischen Aufsätze (die oft in der unpersönlichen ›man‹-Form geschrieben sind) vom kritischen Essay angegangen. In einem Interview mit Hans Kaufmann sagt Wolf 1973:

> »Insofern unterscheiden sich bei mir die einander ablösenden (oder einander durchdringenden) prosaistischen und essayistischen Äußerungen nicht grundsätzlich voneinander. Ihre gemeinsame Wurzel ist Erfahrung, die zu bewältigen ist: Erfahrung mit dem ›Leben‹ – also der unvermittelten Realität einer bestimmten Zeit und einer bestimmten Gesellschaft –, mit mir selbst, mit dem Schreiben – das ein wichtiger Teil meines Lebens ist –, mit anderer Literatur und Kunst. Prosa und Essay sind unterschiedliche Instrumente, um unterschiedlichem Material beizukommen, zu verschiedenen, doch nicht einander entgegengesetzten oder einander ausschließenden Zwecken.« (WA 4, 402 f.)

Erst Ende der 1960er Jahre beginnt Christa Wolf, die Form des Essays zu nutzen, um ihr eigenes Schreiben zu reflektieren. Die Auseinandersetzung mit Ingeborg Bachmann (»Die zumutbare Wahrheit. Prosa der Ingeborg Bachmann«, 1966) vermittelt ihr eine neue, von der Literatur des Sozialistischen Realismus abweichende Erzähltradition, die zukünftig ihr Schreiben beeinflusst und sich bis in ihrem letzten Roman als intertextuelle Verweisebene durch ihr Schreiben zieht (s. Kap. II.C.19). Diese Verschiebung in der poetischen Selbstbestimmung kann in ihren frühen Essays verfolgt werden, von denen »Lesen und Schreiben« (1968) den Entwurf einer eigenen Poetik am umfassendsten zeigt.

Poetik der subjektiven Authentizität – »Lesen und Schreiben« (1968)

»Lesen und Schreiben« entstand in der Zeit von Mai bis August 1968; die Druckgenehmigung wurde nach mehrmaligen Gutachten, Änderungsforderungen und Überarbeitungen 1971 erteilt, so dass der gleichnamige Essayband erst 1972 in der DDR erscheinen konnte (s. Kap. II.B.16). Der Essay gilt allgemein als die Darlegung von Christa Wolfs Poetik, die sich mit Erscheinen des Romans *Nachdenken über Christa T.* (1968) deutlich von der Doktrin des Sozialistischen Realismus abwendet. »Lesen und Schreiben« wird so als poetologischer Kommentar zum fiktionalen Text gelesen, seine eigene ästhetische Textlichkeit jedoch selten mitreflektiert. Dabei liegt gerade in der unkonventionellen Art, Stellung zu beziehen, die Motivation, dem als Theorie begriffenen Konzept der eigenen Poetik ästhetisch Ausdruck zu verleihen.

Der umfangreiche Essay ist in neun Teile untergliedert, deren lineare Anordnung und thesenhafte Schlusswendungen den Eindruck kompositorischer Geschlossenheit vermitteln. »Lesen und Schreiben« vermischt jedoch in episodenhafter Reihung theoretische Beobachtungen, subjektive Erinnerungen und fiktive Passagen. Das Spiel mit den Möglichkeiten von Fiktion und nichtfiktionaler Prosa erzeugt eine Spannung, die in der Verschränkung von Subjektivität, Authentizität und (Literatur-)theorie den für Wolfs Poetik zentralen Begriff der »subjektiven Authentizität« hervorbringt. Dieses Konzept entwickelt Wolf in der Auseinandersetzung mit der Rolle der Prosa in der modernen Gesellschaft. Die Auseinandersetzung ist eingebettet in die zeitgenössische Skepsis gegenüber den Möglichkeiten der Prosa und in die Diskussion um die als überlebt und dogmatisch erfahrene Doktrin des Sozialistischen Realismus.

Schon der erste Teil »Beobachtung« entwirft nach einer einleitenden, »merkwürdig zeitlos« anmutenden

Artikulation von »Unruhe« (WA 4, 238) angesichts der Veränderungen von Lese-, Schreib- und Sehgewohnheiten ein schreibendes Ich, das, in einem Hotel in der Stadt Gorki an der Wolga sitzend, erfährt, wie Zeit den Blick verändert, wie der Blick das Bewusstsein beeinflusst und dieses sich im Schreiben niederschlägt. Durch die Erinnerung an die Eindrücke eines einzigen Tages in dieser fremden Stadt verändert sich das Bewusstsein; das Ich am Schreibtisch erfährt, »daß der Augenblick fast unendlich dehnbar ist, daß er eine enorme Menge und Vielschichtigkeit an Erlebnismöglichkeiten in sich trägt« (WA 4, 242). Die Tiefe und Vielfalt, die die Kette von Assoziationen auslöst, potenziert den Augenblick zu einem Universum an Möglichkeiten. Schreibend dieser Vielfalt nachzuspüren, erzeugt eine neue Art von Realismus, die subjektiv geprägt ist und damit den Auffassungen eines objektiven Abbildrealismus der sozialistischen Literaturtheorie entgegensteht. Durch die Erzeugung der Illusion einer authentischen Schreibsituation, in der das schreibende Subjekt den Versuch einer genauen Erfassung der Wirklichkeit und deren Unmöglichkeit demonstriert, zeigt Wolf, wie die Utopie von Mimesis der Antrieb zum Schreiben – »daß seiner Hand, schreibend, eine Kurve gelingt, die intensiver, leuchtender, dem wahren, wirklichen Leben näher ist als die mancherlei Abweichungen ausgesetzte Lebenskurve« (WA 4, 243) –, nicht aber Rechtfertigung für Sprachregelungen sein kann. Das Bedürfnis der Schreibenden, das Wirkliche darzustellen, nennt Roland Barthes die »Utopiefunktion«; die Literatur »hält das Begehren des Unmöglichen für vernünftig« (Barthes 1980, 33). Die Kontrolle und Reglementierung des Utopischen der Literatur durch die doktrinäre Kunstauffassung des Sozialistischen Realismus unterdrückt die Vielfalt subjektiver Erfahrungen und erzwingt eine Monologisierung des literarischen Textes.

Im »Lamento« überschriebenen Abschnitt des Textes verfolgt Wolf die schrittweise Entmachtung der Prosa durch die Medien, durch Geschichtsschreibung, Wissenschaft und Technik, die den »Kuchen *Wirklichkeit*« (WA 4, 247) unter sich aufgeteilt haben. Das, was Prosa einmal zu leisten vermochte – als sinnstiftendes Epos in der Tradition Homers oder als Artikulationsort des neu entdeckten Subjekts, des bürgerlichen Selbstbewusstseins –, ist in der Moderne fragwürdig geworden. Doch die Möglichkeiten, »[l]ängst Bekanntes in erprobter Manier zu sagen«, »mit tränenerstickter oder kunstvoll unbeteiligter Stimme das Ende einer Kunstgattung konstatieren« oder »in Schweigen verfallen« (WA 4, 238), kann Wolf nicht gelten lassen:

»Das Bedürfnis, auf eine neue Art zu schreiben, folgt, wenn auch mit Abstand, einer neuen Art, in der Welt zu sein« (ebd.). Diesen neuen Schreibweisen nachzugehen, »sich durch Produktivität zu stellen« (WA 4, 239) und die Gattung Prosa mit neuen Sinnpotentialen zu versehen, sind Anliegen und Motivation dieses Essays. Abwechselnd, sie ineinander verschiebend, verfolgt Wolf sowohl die Seite des Lesens (»Tabula rasa«, »Realitäten«) als auch die des Erzählens (»Beobachtung«, »Medaillons«). Wolf entwirft verschiedene Bilder, kleine Szenarien, die ihren Positionen bildhaft Ausdruck verleihen. Dabei bedient sie sich verschiedener literarischer Motive wie der Reise an einen fremden Ort, der filmischen Arbeit einer Kamera, des Gedankenexperiments und der Erinnerung.

Aus der Perspektive der Schreibenden in die Perspektive der Lesenden wechselnd, entwirft die Autorin in einem »Gedankenexperiment« das Bild eines anderen Ich, dem alle Erfahrung mit Büchern genommen werden. »Eine Kraft, nicht näher zu bezeichnen, lösche durch Zauberschlag jede Spur aus, die sich durch Lesen von Prosabüchern in meinen Kopf eingegraben hat. Was würde mir fehlen?« (WA 4, 249). Die Beraubung betrifft Märchengestalten und Sagenhelden, die Götter des griechischen Epos und der germanischen Sagen, die Geschichten der Bibel. Schon das Kind verarmt gefährlich:

> »Ich weiß nicht, daß Völker verschieden sind und doch einander ähnlich. Meine Moral ist nicht entwickelt, ich leide an geistiger Auszehrung, meine Phantasie ist verkümmert. Vergleichen, urteilen fällt mir schwer. Schön und häßlich, gut und böse sind schwankende, unsichere Begriffe. […] Tabula rasa. Ich bin am Ende. Mit den Wurzeln ausgerissen, ausgelöscht in mir eines der großen Abenteuer, die wir haben können: vergleichend, prüfend, sich abgrenzend allmählich sich selbst sehen lernen.« (WA 4, 250, 254)

In einer abrupten Wendung dieses Experiments auf die historische (und autobiographische) Realität vollzieht Wolf eine Parallele zu den Bücherverbrennungen der Nazis und der Abschottung einer ganzen Generation von Literatur. Die Unmündigkeit, Verführbarkeit, »die auffällig verzögerte Reife meiner Generation« (WA 4, 251) hängen für Wolf auch mit dem Fehlen einer Literatur zusammen, die von der populären NS-Literatur verdrängt wurde. Weiter betrifft das Experiment Storm, Fontane, Remarque, Keller, Goethe, Stendhal, Flaubert, Tolstoi; es betrifft die Literatur, die nach dem Krieg »Erschütterungen und Einsichten« (WA 4, 253) vermittelte. Jeder der Namen, die Wolf im Essay aufruft, ist verbunden mit einer Erinnerung, einem psychisch-physischen Erleben: »Ich las es [*Im Westen nichts Neues*] auf dem Sofa der Großeltern und fühle noch die abgewetzte Polsterlehne in meiner verschwitzten Hand« (WA 4, 252). Und auch die Erschütterung der Jugendlichen nach dem Ende des Krieges wird mit Büchern in Verbindung gebracht: »[J]ene Bahnhofsbank, auf der ich, widerwillig, eines jener furchtbaren Bücher gelesen hatte und endlich begriff: Es mußte wahr sein, was da beschrieben war« (WA 4, 253). Wolf illustriert anhand dieser Szenarien, wie der Mensch lesend Wissen gewinnt, das sich über die Vermittlung von Informationen und Fakten hinaus auf die psychische, moralische und emotionale Identität auswirkt. Die Vielzahl der Stimmen, die in diesen intertextuellen Verweisen anklingt, öffnet den Text in eine Literaturgeschichte. Dass diese ganz dem traditionellen Kanon der Weltliteratur entspricht, ist auffällig und wird sich im späteren Werk der Autorin modifizieren. Dem »Lamento« ist hiermit die absolute Notwendigkeit von Literatur – für den Lesenden und den Schreibenden – entgegengestellt. »Denn ich, ohne Bücher, bin nicht ich« (WA 4, 254). Das Maß dieses Plädoyers ist der einzelne Mensch, der lesend humaner sein kann. Dieser Akzent auf dem Einzelnen, auf der Subjektivität des Lesenden und des Schreibenden, insistiert auf dem neuen Anspruch, den Wolf mit *Nachdenken über Christa T.* in die DDR-Literatur eingebracht hat. Dabei spielen die Kategorien der Erfahrung und der Erinnerung eine bedeutende Rolle, die das subjektive Moment in der Literatur gegen die objektive Ästhetik des Sozialistischen Realismus als einen Gegendiskurs entwirft.

Anhand autobiographischer Szenen, die vor allem im Abschnitt »Medaillons« verstreut auftauchen, zeigt Wolf die Auseinandersetzung mit der eigenen Erinnerung, die als mögliche Aufgabe für Literatur angesehen wird. Die Szenen werden schlaglichtartig, in filmischer Weise, aneinandergereiht: »Szenenwechsel. Zweite Einstellung. Kamera am Fuß der Treppe zum Haus von Ich« (WA 4, 256). Die Sprache ist einem Drehbuch vergleichbar, kurze Anweisungen zu Einstellungen, Beleuchtung und Personenkonstellationen umreißen die Szenen. Das essayistische Ich erinnert die Flucht 1944 aus dem Elternhaus, das Verlassen der Stadt, ein Erlebnis von Glück mitten in Kriegswirren. Dass solche Szenen zu Erinnerungsstücken, ›Medaillons‹, werden, die ein jeder pflegt, hervorholt und herumzeigt, macht die Erzählerin auf mögliche Lücken, auf das Künstliche, Polierte dieser »stillgelegte[n] Lebensflecken« (WA 4, 255) aufmerksam. Wie viel aus solchen »recht hübsch gemachten Kunstgewerbestücke[n]« an wirklicher Tiefe fehlt, verdrängt, vergessen, »blank poliert« (WA 4, 255 f.) wird, zeigen die eigenen Erinnerungen. Der Bezug zur eigenen Person geht verloren: »die muß man wohl ›ich‹ nennen« (WA 4, 256), entscheidende Schockmomente werden verdrängt. Die filmische Wiedergabe hat ihre Grenzen, wobei Wolf hier Film reduktionistisch auf die Wiedergabe äußerer Realitäten festlegt. Die »Verwunderung«, »Erkenntnis«, »dieser absurde Gedanke«, »Das siehst du nicht mehr wieder«, auch »Glück«, »schlechtes Gewissen«, »gemischte Gefühle« (WA 4, 256–258), die inneren Regungen dieser Zeit, sind tiefer liegend und nur mittels Sprache aufspürbar. »Die Sprache aber, das hoffe ich doch, könnte mir folgen, überallhin, wohin zu gehen man eines Tages den Mut haben wird: denn von dieser Zuversicht lebt man« (WA 4, 257). Prosa kann durch die Möglichkeiten der Sprache, die hier noch zuversichtlich mit einer großen Utopiefunktion besetzt wird, »von dem gefährlichen Handwerk ablassen, Medaillons in Umlauf zu bringen und Fertigteile zusammenzusetzen. Sie sollte unbestechlich auf der einmaligen Erfahrung bestehen und sich nicht hinreißen lassen zu gewaltsamen Eingriffen in die Erfahrung der anderen, aber sie sollte anderen Mut machen zu ihren Erfahrungen« (WA 4, 258).

Um dies zu können, muss sich der Erzähler einer Sprache bedienen, die ohne Manipulation den Raum für die Erfahrungswelt der Leser erschafft: »[Z]u erzählen, das heißt: wahrheitsgetreu zu erfinden auf Grund eigener Erfahrung« (WA 4, 258). Dieses Konzept enthält nicht nur einen poetologischen, sondern auch einen moralischen Anspruch, der sich in Wolfs Poetik der subjektiven Authentizität realisiert. Eingebettet in ihre Erlebnisse, Gedankenexperimente und Assoziationen leitet sie einen neuen Realismusbegriff her, der von der Subjektivität des Autors bestimmt ist. Die subjektive Dimension eines jeden Textes sieht sie in der vierten Dimension des erzählerischen Raumes verankert: Anhand von Büchners Novelle *Lenz* beschreibt sie, »daß der erzählerische Raum vier Dimensionen hat; die drei fiktiven Koordinaten der erfundenen Figuren und die vierte, ›wirkliche‹ des Erzählers. Das ist die Koordinate der Tiefe, der Zeitgenossenschaft, des unvermeidlichen Engagements, die nicht nur die Wahl des Stoffes, sondern auch seine Färbung bestimmt« (WA 4, 265).

Sie entlarvt den traditionellen Realismusbegriff als Konstrukt illusionärer Sicherheiten und setzt sich für formale, sprachbewusste Experimente in der Literatur ein, um der Tiefe und Vielfalt des Augenblicks, der Erinnerung, der Erfahrung und Phantasie nahe zu kommen. »Lassen wir Spiegel das Ihre tun: spiegeln. Sie können nichts anderes. Literatur und Wirklichkeit stehen sich nicht gegenüber wie Spiegel und das, was gespiegelt wird. Sie sind ineinander verschmolzen im Bewußtsein des Autors« (WA 4, 275).

Ihre Position entwickelt Wolf im imaginären Dialog mit anderen Kunstkonzepten von Autoren wie Georg Büchner und Alain Robbe-Grillet. Intertextuelle Bezüge verweisen dabei auch auf das bestehende Werk Wolfs (*Nachdenken über Christa T.*) und auf künftige Texte (*Kindheitsmuster*). Der Text bleibt damit in einer ruhelosen Bewegung, die, folgt man den einzelnen Verweisen, sich nach vielen Richtungen verzweigt und sowohl zeitlich als auch örtlich ein Netz an Bedeutungen erschafft. Wolfs Bezüge gehen zurück bis zu den klassischen Mythen, beziehen aber auch jüngste Strömungen der DDR-Literatur ein; ihre Anspielungen betreffen sowohl sowjetische Literatur als auch französische literarische Strömungen. Obwohl sie in den beiden letzten Abschnitten pflichtschuldig die besondere Rolle des Autors in der sozialistischen Gesellschaft hervorhebt, bleibt ihr Essay ein Plädoyer für die Literatur, für Lesen und Schreiben als humane Notwendigkeiten aller Gesellschaftsformen.

Der Essay »Lesen und Schreiben« entwickelt eine Poetik, die durch die Verschränkung theoretischer Diskurse und fiktionaler Szenen vorgestellt und gleichzeitig angewandt wird. Die Abschnitte, in denen die Illusion einer Reise nach Gorki oder Petersburg entworfen wird, ein fiktives Gedankenexperiment und autobiographische Bezüge tragen zur Vertiefung des Theorieentwurfs bei. Sie unterstützen die Reflexion, bebildern abstrakte Begriffe und lassen verschiedene Stimmen Perspektiven des entwickelten Konzepts aufzeigen. Die Verschränkung verschiedener Diskursformen erfolgt in »Lesen und Schreiben« alternierend; dialogisch wechseln die reflektierend-betrachtenden Passagen mit subjektiv-literarisierten. Wolf bedient sich – wie in ihren Erzählungen und Romanen – einer assoziativen Schreibweise, die den Anstößen des Denkens wie in einem Gewebe nach verschiedenen Seiten hin nachgeht. Die Denkbewegungen verfolgen kein lineares Argumentationsschema, das einem Ziel entgegenstrebt, sondern sie erschließen immer wieder neue Reflexionsebenen, die nur lose mit dem Thema des Essays, mit Lesen und Schreiben, in Zusammenhang stehen.

Die essayistische Schreibweise auf theoretische Reflexionen anzuwenden, hat Irritationen hervorgerufen. Die Argumente der Kritik zu »Lesen und Schreiben« betreffen dabei Symptome, die mit der Akzeptanz des Essayistischen als Form zusammenhängen. Annemarie Auer, die den Essayband als eine der ersten Gutachterinnen des Manuskripts 1968 befürwortete, beklagt in ihrer Rezension das Fehlen eines »Hauptbezugspunktes« und einer übersichtlicheren Gliederung (Auer 1973, 123). Doch gerade durch die Vermischung der verschiedenen Textstrategien entsteht eine offene Textgestalt, die Anknüpfungspunkte für viele Auseinandersetzungen bietet, die sowohl Reflexion als auch poetische Umsetzung des Gedachten beinhaltet. Diese Offenheit nutzt Wolf, um Gegenpositionen zur geltenden Literaturauffassung in der DDR zu formulieren.

Der Essay als Denk-Ort neben dem fiktionalen Schreiben begleitet fortan ihr gesamtes literarisches Werk. Die sich dabei entwickelnde feministische Sichtweise prägt auch Wolfs Kritik der Gegenwartsgesellschaft. Ihre Skepsis richtet sich vor allem gegen die Ausschließlichkeit rationaler Erklärungsmodelle, die dem Primat der Nützlichkeit und Effektivität unterliegen und humane Erfahrungen ausblenden. Eine bisher wenig beachtete Seite von Wolfs schriftstellerischem Engagement betrifft die seit Ende der 1960er Jahre andauernde eindringliche Auseinandersetzung mit dem sog. wissenschaftlich-technischem Fortschritt. Wolf sucht das Gespräch mit Wissenschaftlern – Genetikern (»Ein Besuch«, 1969), Psychologen (»Krankheit und Liebesentzug«, 1984) und Medizinern (»Krebs und Gesellschaft«, 1991) –, um die Grenzen von Wissenschaft und Kunst aufzubrechen und die streng von einander geschiedenen Disziplinen miteinander in Berührung zu bringen (s. Kap. II.H.42). Dabei bringt sie immer wieder Frauen als Trägerinnen utopischer Möglichkeiten ins Spiel (»Berührungen«, 1977). Als Folge eines einseitigen patriarchalen Denkens kritisiert sie die existentielle Bedrohung der Menschheit durch die Gefahr eines atomaren Krieges in den 1980er Jahren (»Antwort an einen Leser«, 1981) und versucht, diesem Wahndenken die Besinnung auf humane Grundwerte und den dialogischen Austausch entgegenzusetzen.

In den 1970er Jahren nehmen die Artikulation von Sprachzweifeln und Überlegungen zu einer weiblichen Ästhetik einen immer größeren Raum ein (»Von Büchner sprechen«, 1980; »Voraussetzung einer Erzählung«, 1983). Die Beschäftigung mit Frauen, die auch in ihren Romanen als durchgängige Spur zu finden ist, führt die Autorin auf die Suche nach frühen Zeugnissen weiblichen Schreibens und weiblicher Erfahrung (s. Kap. II.C.19). In den Essays über Karoline von Günderrode und Bettine von Arnim entwirft Wolf Porträts von Autorinnen, die sie als Vertreterinnen einer ersten gegen die bürgerliche patriarchale Ordnung aufbegehrenden Generation von Frauen ansieht. Und auch in vielen anderen Porträts von Schriftstellern, Künstlerinnen und Freundinnen entwirft Wolf Bilder von anderen, die immer auch ihr eigenes Begehren, ihre eigene Suche, in sich tragen.

Spurensuche im Porträt: »Karoline von Günderrode – Der Schatten eines Traumes« (1979)

Wolf wendet sich Lebensläufen von Frauen wie Karoline von Günderrode, Bettine von Arnim und anderen Autoren einer Generation zu, die keine Erfolge, keine geradlinigen Entwicklungen und gesellschaftlichen Höhenflüge erlebten. Die Beschäftigung mit diesen gebrochenen Figuren deutscher Kulturgeschichte, die sich die »Stirnen wundrieben« (WA 4, 186) an den Mauern ihrer Zeit und ihres Landes, schlägt sich auch in der Wahl der Textform nieder. Wolf wählt verschiedene essayistische Formen – Entwurf, Brief, den »Fortgesetzten Versuch« –, um diesen als fragmentarisch empfundenen eigenen Annäherungen den Zwang zu Einheit, Wahrheit und Endgültigkeit zu entziehen. Der ungarische Autor Laszlo Földényi wählte zur Beschreibung seiner Kleist-Biographie eine Metapher, die auch Christa Wolfs Poetik prägt:

> »Anstelle einer Monographie also eher ein NETZ. Nicht um das Werk und seinen Verfasser darin einzufangen, sondern im Gegenteil: um die Liebe zum Werk bewahren zu können. [...] Während die Monographie zwangsläufig unter dem Bann der Hierarchisierbarkeit (dem Bann der Enthüllung der Themen, Motive, Voraussetzungen, Ursachen, Wirkungen, Verwandtschaften, Analogien, Ähnlichkeiten, Gegensätze, Annäherungen, Entfernungen und Entsprechungen) steht, versucht das Netz die [...] Kohärenz dadurch zu rekonstruieren, daß es sie zerstört – [...] Es bietet keine Mittel (keine letzte Erklärung, eindeutige Lösung oder Konzeption, der sich alles unterordnen ließe), doch gerade deshalb verbannt es auch nichts an die Peripherie.« (Földényi 1999, 10, 12 f.)

Der Begriff des Netzes entspricht auch Roland Barthes' Textbegriff als sich selbst generierendes Gewebe, das die Annahme eines organisierenden Zentrums durch die Vielfalt seiner Erscheinungsformen unterläuft und destabilisiert. Ein solches Netz ermöglicht Nähe und Distanz: Es kann Knotenpunkte der Berührung geben, in denen sich die Stimme der Autorin den entworfenen Gestalten anverwandelt und an denen direkte Nähe, Bezüge und Parallelen sichtbar werden. Es verschafft Distanz, da der Entwurf eines solchen Netzes immer auch Leerstellen erzeugt, offene Fragen und Fremdheiten belässt. Das Argument der Liebe, mit dem Földényi eine sehr persönliche Geste in die Beschreibung seiner Methode einbringt, kann in der Form des Essays durch die subjektive Annäherung und die Freiheit in der Auswahl der beschriebenen Aspekte eingebracht werden.

Das Aufbrechen traditionell hierarchisierender Schreibweisen, die den Schreibenden zum Herrn über sein Objekt einsetzen und damit sowohl die gleichberechtigte Liebe als auch die Vielfalt von Lebens- und Schreibmöglichkeiten zerstören, ist ein Grundzug der feministischen Ästhetik, wie sie auch von Wolf entwickelt wurde. Das essayistische Porträt beruht in dieser Sichtweise auf einer dialogischen Grundstruktur: der Annäherung eines schreibenden Subjekts an ein anderes. In diesem dialogischen Prozess kann die wechselseitige Kommunikation zwischen Autorin und Porträtierten produktiv gemacht und als Austausch verstanden werden. Dabei entsteht ein mehrstimmiger Text, der den Essay auf verschiedenen Ebenen – als Vermittlung von Wissen über eine andere Person und als Selbstreflexion der Schreibenden – lesbar macht. Das Netzwerk, das über den einzelnen Essay hinaus im Dialog mit anderen Texten entsteht, verbindet die Einzelentwürfe, indem es die beschriebenen Gestalten miteinander kommunizieren lässt, verschiedene Lebenskonzepte nebeneinander stellt und diesen ihr individuelles Recht, ihre subjektiven Wahrheiten belässt. Solch ein übergreifendes Netz entsteht beispielsweise in der Sammlung *Ins Ungebundene gehet eine Sehnsucht* (1985) von Christa Wolf und ihrem Mann, Gerhard Wolf, die mit Essays und Prosatexten einen *Gesprächsraum Romantik* (so der Untertitel) eröffnet (s. Kap. II.E.28).

Die eigentliche Anregung zur Beschäftigung mit den Autorinnen des frühen 19. Jahrhunderts speist sich aus einer Quelle, die im Rahmen einer innerhalb der DDR-Literatur breit einsetzenden Romantikrezeption in den 1970er Jahren gesehen werden muss. Ausgangspunkt für Christa Wolf und eine Vielzahl anderer Autoren und Autorinnen ist Anna Seghers, die durch ihre Beiträge in den Literaturdiskussionen um den Realismus- und Erbebegriff einer sozialistischen Literatur(-wissenschaft) die Aufmerksamkeit auf die Generation der Romantiker lenkte (s. Kap. II.C.18 u. 19). Durch ihre intensive Beschäftigung mit

Anna Seghers stieß Christa Wolf schon früh auf deren Bezugnahme auf die Schriftstellergeneration zwischen Klassik und Vormärz, einer Generation, die in der von Georg Lukács geprägten marxistischen Literaturwissenschaft nicht wahrgenommen bzw., dem Goetheschen Satz (›Das Klassische nenne er das Gesunde, das Romantische das Kranke‹) folgend, als »krank« angesehen wurde. Seghers verweist schon 1935 in ihrer Rede auf dem I. Internationalen Schriftstellerkongress zur Verteidigung der Kultur in Paris auf die Parallelen der Emigranten aus Nazi-Deutschland mit dieser Dichtergeneration.

Wolf selbst folgt den Spuren der einzigen genannten Frau in der Reihe, Karoline von Günderrode, deren Name und Werk ihr bis dahin unbekannt waren. Durch die Beschäftigung mit dieser Schriftstellerin stößt sie auf Bettine von Arnim und den »Umkreis der Romantik-Weiber« (an Brigitte Reimann, 23.2.1969), sie ediert ausgewählte Texte Karoline von Günderrodes, schreibt ein Nachwort für Bettine von Arnims Briefroman *Die Günderode* und entwirft als »erwünschte Legende« (WA 6, 11) die Erzählung *Kein Ort. Nirgends* (1979). In den unterschiedlichen Formen der Annäherung entwirft Wolf die jeweils Andere und sich selbst als Autorin und Nachfolgerin in einem Dialog, der die Grenzen zwischen Ich und der Anderen, zwischen Biographie und Autobiographie permanent verschiebt und damit die Konstitution des eigenen und des anderen Subjekts in intersubjektiven Zwischenräumen ermöglicht.

Den unterschiedlichen Rezeptionsbedingungen und Diskurslandschaften zufolge wurden Wolfs Texte über die Romantikerinnen als feministische Spurensuche (vor allem in der westdeutschen Kritik) oder aber als Beiträge zur Romantikrezeption mit kritischem Blick auf die zeitgenössische Kultur (in der DDR) aufgenommen (s. Kap. II.E.28). Beide Lesarten sind in den Texten angelegt. Wolfs Essay über Karoline von Günderrode (1780–1806) belebt die Erinnerung an eine vergessene Schriftstellerin, befreit das Bild der Günderrode von den Spuren mythologisierender, verklärender Zuschreibungen und bedeutet einen Neuansatz in der Auseinandersetzung mit dieser Frau in der Literatur und in der Literaturwissenschaft. In der Rezeption dieser Autorin wird Wolfs Essay eine herausragende und erstmals eine breite Öffentlichkeit erreichende Wirkung zugesprochen.

Der Essay ist unterteilt in sieben unterschiedlich umfangreiche Abschnitte, die sich nur zum Teil unter einen übergreifenden Aspekt einordnen lassen. Zu assoziativ und netzartig ist der Lauf der Gedanken, sind die Anordnung der Fakten und Reflexionen zu Stationen, Bedingungen, Umständen, Ereignissen im Leben Karoline von Günderrodes. Es gibt keine strenge Chronologie der Ereignisse, der die diskursive Sprache folgen würde, kein Aufweisen von Ursache und Wirkung im direkten Sinne. Indirekt erfolgt die Annäherung an die Bedingungen der Lebens- und Schreibweise der romantischen Autorin, indem unterschiedliche Bereiche untersucht, reflektiert, angeschnitten werden.

»Welche Figuren man berühren, an welchem der Fäden man ziehen mag – immer bewegen die anderen sich mit, immer rührt sich das ganze Gewebe. Schwer, in zeitliche Aufeinanderfolge, in lineare Erzählweise zu bringen, was gleichzeitig von vielen Seiten auf die Günderrode einwirkt.« (KvG, 124)

Deshalb wird die Abfolge der Abschnitte im Essay zu einer flächenartigen Anordnung, die sich um das notwendig leerbleibende Zentrum – »die wirkliche Günderrode« – organisiert. Auch Wolfs Bild ist das Ergebnis einer ganz bestimmten Perspektive, die schon durch den doppelten Entwurf der Günderrode in Essay und Erzählung als Möglichkeit skizziert ist. Wolf entwirft ein Netz aus Reflexionen, in dem skizzenhaft Zeitumstände, die Bedingungen für Intellektuelle und Künstler sowie die Situation der Frauen und der entstehenden Frauenliteratur die Folie bilden für die biographischen Ereignisse im Leben Günderrodes: ihr Leben als Stiftsfräulein, ihre Liebe zu Friedrich Carl von Savigny, die Freundschaft zu Bettine Brentano, die Publikation ihrer Texte und die unglückliche Liebe zu Friedrich Creuzer.

Nachdem ein Zitat aus einem Brief Günderrodes den Text eröffnet, setzt unvermittelt die Stimme der Essayistin ein:

»Die unabweisbaren Ahnungen. / Eh einer schreiben kann, muß er leben, das ist banal und betrifft beide Geschlechter. Die Frauen lebten lange, ohne zu schreiben; dann schrieben sie – wenn die Wendung erlaubt ist – mit ihrem Leben und um ihr Leben. Das tun sie bis heute, oder heute wieder.« (KvG, 109)

Hier wird ein Ton angeschlagen, der sowohl als Kommentar zu Karoline von Günderrode als auch als weiterreichende, die Zeiten übergreifende und verbindende Aussage gelesen werden muss. Sowohl das Briefzitat Günderrodes, in dem sie sich, ihrer Grenzen als Frau schmerzlich bewusst, verzweifelt danach sehnt, ein Mann zu sein, als auch die einsetzende

Stimme der Essayistin verweisen auf ein Grundthema und Motiv des Essays. Karoline von Günderrodes Leben wird von Christa Wolf vor allem in Bezug auf ihre Bestimmtheit und Eingeschränktheit als Frau, aber auch in Hinsicht auf die daraus resultierenden Utopien und Gegenentwürfe rekonstruiert. Diese feministische Lesart, die die geschlechtsspezifischen Bedingungen als Grundursache weiterführender Konflikte ansieht, entwirft eine für die damalige Zeit neue Sicht auf diese vergessene Autorin.

Wolf entwirft ihre biographische Skizze als Gegendiskurs zu dem bis in unser Jahrhundert vorherrschenden Bild der Dichterin, »ein Günderrode-Bild, in dem zwei Züge dominieren: Klischees der Weiblichkeit und, damit verbunden, der Tod als ihrem Leben eingeschriebenes Schicksal« (Braunbeck 1992, 107). Wolf verfolgt einerseits die Mechanismen, die eine Frau in dieser Zeit in die Schemata einer von Männern imaginierten Weiblichkeit zwangen, andererseits wird ihr Karoline von Günderrode zur aufbegehrenden Grenzfigur, die sich eindeutigen Zuordnungen entzieht und mit ihrem Leben ein Beispiel für den Versuch eines eigenen Lebensentwurfs bietet und dabei mit den Grenzen von dessen Realisierbarkeit konfrontiert wird, leidet, aufbegehrt, schreibt und sich schließlich selbst tötet. Die Annäherung wird von der Essayistin in spürbar sympathischer Geste vollzogen; die emotionale, sensuelle Nähe wird durch wenige Bilder erzeugt. Sie lässt Bettine von Arnim als Freundin und Zeitgenossin die Erscheinung Karoline von Günderrodes beschreiben und vermittelt so eine sinnliche Präsenz der Beschriebenen und der Schreibenden. Die über die Zeit hinwegreichende Nähe der Essayistin zu der Porträtierten wird durch eine Sprache der sinnlichen Anverwandlung, der Bewegung und des Betroffenseins erzeugt. Wolf zitiert Träume und Phantasien, die das Bild Karoline von Günderrodes über die Fakten ihres kurzen Lebens hinaus erweitern und öffnen, gleichzeitig aber auch zu Bildern für die klaustrophobische Welt der Frauen um 1800 werden.

> »[D]och sie träumt mit der Bettina von großen weiten Reisen. Gemeinsam fertigen sie sich eine Karte von Italien an, auf der reisen sie im Geiste, und später, im Winter, erinnern sie sich dieser niemals verwirklichten Fahrten, als hätten sie stattgefunden. Darauf angewiesen sein, sich an Erfindungen zu erinnern, eine Fiktion dem Gedächtnis als Wirklichkeit einzuverleiben – deutlicher könnte nichts die Grenzen markieren, auf die sie sich verwiesen sieht. Nur im Traum, in der Phantasie, im Gedicht kann sie sie überschreiten.« (KvG, 120)

Wolf erzählt Anekdoten, entwirft Bilder, die sie den Briefen und Zeitzeugnissen entnimmt, um die Persönlichkeit Günderrodes zu charakterisieren; gleichzeitig fügt sie den Beschreibungen ihre aus der Distanz gewonnene Deutung hinzu. Dem Entwurf einer phantasievollen, liebes- und traumbegabten Frau wird das Bild der Dichterin, Philosophin, Intellektuellen gleichberechtigt nebengeordnet. Sie porträtiert die Günderrode als erwachsene, selbstbewusste Frau und macht zugleich die Abgründe sichtbar, die sich aus ihrem Anspruch ergeben. Zum Ort der Freiheit wird Karoline von Günderrode einzig die Kunst. In ihren Gedichten, Dramen und Briefen findet sie eine eigene – an die klassische Ästhetik angelehnte – Sprache, die die Zerrissenheit der Zeit, den romantischen Konflikt zwischen Rationalität und Natur, zwischen Liebe und Zweckdenken klar ausspricht. Dieser Drang zur Kunst, zum Werk, zur Klassik, wird durch ihr Geschlecht zur Anmaßung: »Würden ihre Neigungen ruchbar, der Vorwurf der ›Unnatur‹ wäre ihr sicher« (KvG, 123). Die Ernsthaftigkeit und Leidenschaft, mit der Karoline von Günderrode die neuere Philosophie zur Grundlage ihres Denkens macht und ihr in Gedichten und dramatischen Dialogen Ausdruck verleiht, befremdet ihre Umwelt. Ihr Versuch, zu »vereinen, was unvereinbar ist: von einem Manne geliebt werden und ein Werk hervorbringen, das sich an absoluten Maßstäben orientiert. Ehefrau und Dichterin sein; eine Familie gründen und versorgen und mit eignen kühnen Produktionen in die Öffentlichkeit gehn: unlebbare Wünsche« (KvG, 129), scheitert an der Gebundenheit beider Geschlechter an die Anforderungen, Normen und Zwänge der Zeit.

Gleichberechtigte Partnerinnen findet sie dagegen in den Frauen, mit denen sie unzählige Briefe wechselt. Hier realisiert sich ein ungestümer Geist weiblicher Solidarität und Nähe, die – vor allem in der euphorischen Zuneigung Bettine Brentanos – zu einer Feier der Gemeinsamkeit wird. Dieser Utopieentwurf kann jedoch nicht über die Verletzungen hinwegtäuschen, die Karoline von Günderrode in der patriarchalen Gesellschaft erfährt. In der wiederholten Annahme männlicher Masken inszeniert die Günderrode das notwendige Versteckspiel ihrer wahren Identität; ihre Pseudonyme Tian und Jon verschleiern die weibliche Autorschaft; ihre Rolle als »Freund« in den Briefen an Savigny und Creuzer lässt sie unpersönlich über sich selbst in der dritten Person sprechen. Wolf bedient sich einer ausgedehnten Theatermetaphorik, um diesen Zwang zur Inszenierung und Verschleierung ins Bild zu setzen. Gerade in den vielfachen Entwürfen Günderrodes, ihre Sehnsucht und Utopie eines selbstbestimmten Lebens zu verwirklichen, sieht Wolf eine starke Lebensbejahung der Romantikerin, die jedoch durch ihren »kulturellen Tod« (Bürger 1990, VIII) negiert wird: »Sie war lebens-, nicht todessüchtig. Sie geht aus dem Nicht-Leben, nicht aus dem Leben« (KvG, 174 f.). Diese Deutung Wolfs enthebt Karoline von Günderrodes Leben den reduzierenden Betrachtungsweisen der älteren Biographik.

»Es war eine Selbstverständigung, es war auch eine Art von Selbstrettung, als mir der Boden unter den Füßen weggezogen war; das genau war die Situation«, beschreibt Christa Wolf die Entstehungsgeschichte des Essays (WA 8, 237). Die existentielle Betroffenheit der Autorin, die sie zur Auseinandersetzung mit Günderrode und Bettine von Arnim treibt, wurde eingangs schon angedeutet. Die Ausgrenzung und Maßregelung, Repression und Gängelei der Künstler/innen in der DDR erreichte nach einer Phase scheinbarer Entspannung nach 1972 mit der Ausbürgerung Wolf Biermanns im November 1976 einen neuen Höhepunkt (s. Kap. II.E.27). Christa Wolf gehörte zu den Unterzeichnern des Protestschreibens gegen die Ausbürgerung. Als Reaktion auf den Widerstand, den die Staatsführung in diesem Prozess erfuhr, wurde ein »gestaffeltes Instrumentarium von Sanktionen [eingesetzt], das von Verhaftung und Hausarrest über Organisationsausschluss, Parteistrafen und Publikationsverbot bis zur bemerkenswert raschen Bewilligung von Ausreiseanträgen [...] reichte« (Emmerich 1996, 255). Wolf sollte in zwei tribunalartigen Parteiversammlungen im Berliner Bezirksverband der Schriftsteller zur Rücknahme ihrer Unterschrift und zur Reue gezwungen werden. Viele verließen in der Folgezeit die DDR, da sie in dem totalitären Staat keine Wirkungsmöglichkeiten mehr zu haben glaubten. Die, die blieben, sahen sich einem Stillstand, einem *Krieg ohne Schlacht* (so der Titel von Heiner Müllers Autobiographie) ausgesetzt, in dem die Rückwendung auf vergangene Krisenzeiten zur Suche nach vergleichbaren Mustern und Utopieresten wurde. Der Essay »Der Schatten eines Traumes« ist von diesem verletzten und suchenden Sprachgestus geprägt, und auch im Bettine-Essay (vgl. WA 6, 177–221) finden sich viele Parallelen zwischen der historischen und der zeitgenössischen Wirklichkeit.

»Ein Zufall kann es nicht sein, daß wir begonnen haben, den Abgeschriebenen nachzufragen, das Urteil, das über sie verhängt wurde, anzufechten, es zu bestreiten und aufzuheben – fasziniert durch Verwandtschaft und Nähe, wenn auch der Zeiten und Ereignisse eingedenk, die zwischen uns und denen liegen« (KvG, 110 f.). Wolf zielt auf die Verurteilung und Vernachlässigung dieser Schriftstellergeneration durch die offizielle Literaturgeschichtsschreibung in der DDR. »Eine kleine Gruppe von Intellektuellen – Avantgarde ohne Hinterland [...] Fremdlinge werden die im eigenen Land, Vorgänger, denen keiner folgt, Begeisterte ohne Widerhall, Rufer ohne Echo. Und die von ihnen, die den zeitgemäßen Kompromiss nicht eingehn können: Opfer« (KvG, 112 f.). Wolfs Blick auf die Generation um 1800 wird überlagert und durchdrungen von der eigenen Betroffenheit. »Sie sind die ersten, die es bis auf den Grund erfahren: Man braucht sie nicht« (KvG, 115). Der doppelte Verweis dieser Sätze liegt auf der Hand. Auf sich selbst zurückgeworfen, wird der Utopierest ins Private verlagert: Die Freundschaftsbünde der Romantik, die Briefkultur und die Verbindung der Frauen untereinander werden für Christa Wolf zum »Prinzip Hoffnung«. Selbst weiterzuschreiben, die eigenen Ausdrucksweisen nicht zu verstellen, sich der Anpassung zu widersetzen, sind Maximen, denen Wolf auch in den 1980er Jahren folgen wird.

»Unglaubliche Wandlungen« – die 1990er Jahre

Christa Wolf, die sich kritisch schreibend bis in die 1980er Jahre mit der utopischen und der realen Dimension der DDR auseinandersetzte, sah sich nach deren Auflösung heftigen Vorwürfen von außen, aber auch mit dem Problem eines eigenen Standorts konfrontiert (s. Kap. II.H.40). Ihr nächster Roman (nach der Erzählung *Was bleibt*, die 1990 den sog. deutsch-deutschen Literaturstreit auslöste) ließ bis 1996 auf sich warten. In der Zwischenzeit erschienen Essays, Reden, Briefe, Aufsätze, die ihr Ringen um eine Position, die Auseinandersetzung mit der Vergangenheit und den Versuch einer Aufrechterhaltung eines Restes Utopie spiegeln. Diese Texte sind nicht nur Zeugnis geschichtlicher Ereignisse, sondern auch Zeichen eines Ringens um poetischen Ausdruck. In ihnen spiegelt sich die Suche eines ort- und sprachlos gewordenen Ich, das sich tastend, Verletzungen durchquerend, eine neue poetische Existenz in kurzen Prosastücken erschreibt, die aus konkretem Anlass verfasst in essayistischer Manier künstlerisches Terrain erschließen (z. B. »Nagelprobe«, 1991; »Befund«, 1992; »Rückäußerung«, 1993). Dem essayistischen Schreiben aber war die Zeit günstig. Schon im Oktober 1989 äußerte Christa Wolf in einem Gespräch:

»Was jetzt passiert, ist, daß sich viele meiner Freunde und ich nicht retten können vor Anforderungen, die direkt politischer Natur sind. Wo immer man auftreten soll, wofür immer man etwas schreiben soll: immer im Sinn von Pamphlet, Artikel, Publizistik. Dieser Möglichkeit und diesen Anforderungen wollen wir uns und können wir uns nicht entziehen. Mit anderen Worten: Seit Wochen schreibe ich nichts ›Literarisches‹, weil ich überhaupt nicht dazu komme.« (WA 12, 169)

Auch Bernd Wittek konstatiert fast zehn Jahre später ähnliches: »Es fällt auf, daß in den ersten Jahren nach dem Umbruch eine Vielzahl von DDR-Autoren zunächst dokumentarisch und weniger literarisch arbeiten« (Wittek 1997, 17). Die gesellschaftlichen Veränderungen überschlugen sich seit den Sommermonaten 1989, und ihre literarische Verarbeitung reicht bis weit in die Zeit nach der Wiedervereinigung im Oktober 1990. Die Schriftsteller und Künstler, die lange die Rolle einer Ersatzöffentlichkeit und kritischen Instanz innerhalb der DDR innehatten, beteiligten sich mit publizistischen Beiträgen, Reden und Veranstaltungen unmittelbar an der Umbruchsstimmung, während die intensive literarische Auseinandersetzung in den traditionellen Genres erst einige Jahre später einsetzte. Emmerich begründet diese Verzögerung ebenfalls mit dem Vorherrschen funktionaler Gebrauchsformen in Zeiten unmittelbarer gesellschaftlicher Umbrüche: »Solche einschneidenden Umbruchserfahrungen in Lebenswelt und Weltorientierung, die noch dazu in einem enormen Tempo abliefen, drängten nicht in die hochverdichtete ästhetische Form [...], vielmehr suchten und fanden sie ihren angemessenen Ausdruck in Pamphleten und Aufrufen, in Reportagen und Essays« (Emmerich 1996, 477).

Die entstehenden Texte sind Dokumente öffentlich gemachter Missstände, die zur Diskussion anregen oder schon entfachte Gespräche begleiten. Der Band *Im Dialog* (1990) vereinigt eine Vielzahl solcher direkt auf die laufenden Ereignisse des Umbruchs bezogenen Texte Christa Wolfs: Gespräche, Briefe, Reden sowie Artikel für die sich öffnende Presse der DDR, in denen Wolfs Engagement für eine rückhaltlose Auseinandersetzung mit den Auswirkungen der stalinistischen Strukturen in der DDR, ihre Sorge über die Massenflucht, die Forderung nach Meinungs- und Pressefreiheit, nach Untersuchung des Einsatzes von Polizeigewalt bei Demonstrationen und andere aktuelle Fragen ihren Niederschlag finden. Christa Wolfs Beiträge in der *Wochenpost*, die sich mit der Erziehungs- und Bildungspolitik der DDR kritisch auseinandersetzen, und die von Petra Gruner (1990) dokumentierten Antworten, Artikel, Briefe und Leserzuschriften sind ein Beispiel für die direkte, öffentliche Wirkungskraft dieser extrem zeitgebundenen Texte. Grundlage dieser frühen Wende-Texte ist die Hoffnung, den Sozialismus zu reformieren und innerhalb der DDR demokratische Strukturen zu schaffen. Diese Utopie vieler Schriftsteller/innen und der Bürgerrechtsbewegung wird durch die Volksbewegung und die Öffnung der Grenze schnell hinfällig, da die Konfrontation und direkte Vergleichsmöglichkeit mit dem Westen sowie die immer offensichtlicher werdende wirtschaftliche Misere der DDR die Vereinigung mit der Bundesrepublik als einzig mögliche Perspektive erscheinen lassen.

Auch der Literaturstreit von 1990/92, der sich an Wolfs Erzählung *Was bleibt* (1990) entzündete (s. Kap. II.H.40), kann als ein Zeichen der entstandenen Verständigungsnot und Kämpfe »um Weltbilder, Macht und Autorität« (Dietrich 1998, 107) gelesen werden. Die in dieser Zeit entstandenen Essays können darüber hinaus – einem Hinweis Klaus-Michael Bogdals folgend – in Anlehnung an Foucaults Diskurs- und Machtbegriff betrachtet werden. In einer Diskussion mit Gilles Deleuze spricht Michel Foucault über den Wandel des Selbstverständnisses und der Wirkungsmacht der Intellektuellen seit der Aufklärung. War der Intellektuelle in der aufklärerischen Tradition Verkünder der menschlichen Vernunft und Wahrheit – »er war Bewußtsein und Sprache« (Foucault 1996, 107) –, so verliert er spätestens in der zweiten Hälfte des 20. Jahrhunderts diese Legitimation und wird durch die Erfahrungen der Moderne auf sich selbst zurückgeworfen. Dieser Paradigmenwechsel kann auf das Selbstverständnis und die Funktion der Schriftsteller in der DDR übertragen werden, die aufgrund der fehlenden kritischen Öffentlichkeit eine Form der Ersatzöffentlichkeit bildeten und gleichzeitig innerhalb der marxistischen Kunstauffassung mit einer starken Funktionalisierung der Literatur konfrontiert waren. Der Versuch, sich innerhalb des Systems von stalinistischen Kunstkonzepten zu emanzipieren (vgl. Wolfs Essay »Lesen und Schreiben«), zielte gleichwohl auf eine Rückbindung der Rolle des Autors an die klassische Funktion der Literatur als einer moralischen, kritischen und unabhängigen Orientierungsinstanz. Diese Funktionen wurden in den Ereignissen der Wende schnell hinfällig, da sich die Diskrepanz von literarischen Utopien eines ›Dritten Weges‹ schnell zugunsten ökonomischer Fakten verschob. In diesem Prozess wurde deutlich, was Foucault als Loslösung vom »Mythos vom Schriftsteller als Repräsentant des Universellen« (Bogdal 1991, 41) beschreibt:

> »Was die Intellektuellen unter dem Druck der jüngsten Ereignisse entdeckt haben, ist dies, daß die Massen sie gar nicht brauchen, um verstehen zu können; sie haben ein vollkommenes, klares und viel besseres Wissen als die Intellektuellen; und sie können es sehr gut aussprechen. Aber es gibt ein Machtsystem, das ihr Sprechen und ihr Wissen blockiert, verbietet und schwächt. [...] Die Intellektuellen sind selbst Teil dieses Machtsystems; die Vorstellung, daß sie die Agenten des ›Bewußtseins‹ und des Diskurses sind, gehört zu diesem System. Heute kommt es dem Intellektuellen aber nicht mehr zu, sich an die Spitze oder an die Seite aller zu stellen, um deren stumme Wahrheit auszusprechen. Vielmehr hat er dort gegen die Macht zu kämpfen, wo er gleichzeitig deren Objekt und deren Instrument ist: in der Ordnung des ›Wissens‹, der ›Wahrheit‹, des ›Bewußtseins‹, des ›Diskurses‹.« (Foucault 1996, 107)

Foucault beschreibt die Verstrickungen der Intellektuellen in die Netze der Macht, aber auch die Versuche, innerhalb der Strukturen und der Diskurse durch ästhetische Experimente, abweichende Interpretationen und widerständige Textpraktiken Gegendiskurse zu entwerfen. Im Literaturstreit von 1990 wurde der Generalvorwurf der Staatsdichterei und der Gesinnungsästhetik aus einer scheinbar überlegenen Haltung heraus formuliert, ohne die diffizile Ambivalenz – zwischen Macht und Subversion – vieler engagierter Autoren zu beachten. Bogdal spürt in seiner kritischen Betrachtung des Literaturstreits den Mechanismen der Literaturkritik als Machtdiskurs, der über Sprechen und Schweigen, Lesen und Schreiben zu gebieten versucht, nach:

> »Bohrer, Schirrmacher und Greiner wollen im Augenblick des Schreckens über die desaströsen Folgen einer historischen Epoche suggerieren, daß es einen Diskurs außerhalb der Macht gebe. Deshalb dürfen vor allem die, die den Zusammenhang von Macht und Schreiben bis in die feinsten Verästelungen aufzuspüren vermögen, so daß sich auch der Leser im Westen darin wiederfindet (Christa Wolf, Christoph Hein, Heiner Müller, z. B.), nicht mehr sprechen.« (Bogdal 1991, 48)

Die in dieser Zeit entstandenen Essays Christa Wolfs können als Versuch gelesen werden, sich solchen Sprachverboten und Schweigegeboten zu widersetzen und auf dem ›Schreiben als Existenzform‹ (vgl. WA 12, 94) zu bestehen. In ihrem Essayband *Auf dem Weg nach Tabou* beschreibt Wolf ihr Verfahren als ein fragementarisches:

> »Stücke also, Bruchstücke, die miteinander korrespondieren, einander fragen, auch in Frage stellen, zwischen denen manchmal Risse klaffen, die ich nicht oder noch nicht ausgleichen kann, Ausgeglichenheit nicht vortäuschend, wo sie nicht ist und nicht sein kann. Ein Mosaik, aus dem der Betrachter, der sich darauf einläßt, sein Bild zusammensetzen kann. Texte, die sich manchmal zu widersprechen scheinen: hochgemut, tief gestimmt innerhalb kürzester Zeit. Aber so ist es eben. Den Widerspruch nicht darstellen, widersprüchlich leben – diese Erfahrung ist nur fragmentarisch mitzuteilen.« (WA 12, 505 f.)

Neben Texten zu Zeitgenossen und Freunden stehen hier auch eine Reihe von Essays, die durch ihre tagebuchartige Form auffallen (s. Kap. II.H.41). Wolf hatte schon in den Erzählungen *Juninachmittag* (1965) und *Dienstag, den 27. September* (1974) ein tagebuchartiges, assoziatives Netz entfaltet. Die Beschreibung von Erlebnissen, Erfahrungen und Reflexionen eines bestimmten Tages entspricht der Poetik Wolfs, die danach strebt, die Denk- und Erinnerungsstrukturen menschlicher Wahrnehmung in der netzartigen Verzweigung des Textes nachzuvollziehen (vgl. auch *Störfall* und *Was bleibt*). Auch Texte, wie der für die Zeitschrift *Du* verfaßte Essay »Wo ist euer Lächeln geblieben? – Brachland Berlin 1990« und der in Wolfs Essay- und Erzählband *Hierzulande Andernorts* (1999) publizierte Text *Begegnungen Third Street* (1995) setzen die assoziative Schreibweise des tagebuchartigen Textes fort. In einem Gespräch im Dezember 1989 äußert sich Wolf zu dieser Praxis:

> »Ich habe über viele Jahre hin tagebuchartige Aufzeichnungen, die immer den gleichen Tag im Jahr beschreiben. Dieses normale, alltägliche Leben strukturiert offenbar mein Leben und mein Schreiben. [...] Eine Konstante in meiner Arbeit ist, diese alltäglichen Dinge wichtig zu nehmen. Mein Ideal ist ein Gewebe, ein Netzwerk von Denken und Handeln.« (WA 12, 208)

Dieses Verfahren ist eng an Wolfs Konzept der subjektiven Authentizität gebunden (s. Kap. II.B.16), da gerade in den Tagebuchtexten das Ich Wahrnehmungs- und Reflexionsinstanz ist (s. Kap. III.47). Das Festhalten konkreter Momente zwischen Alltag und Geschichte, zwischen Leben und Schreiben ermöglicht in Zeiten von Sprachkrise und Erinnerungsarbeit das Festhalten am Schreiben als Existenzform. Wolf warnte schon 1990 in ihrer »Zwischenrede« zur Verleihung der Ehrendoktorwürde der Universität Hildesheim vor der Verdrängung und Tabuisierung von Erinnerung und Geschichte: »Wohin wird die Geschichte dieser vierzig Jahre geraten, die ja kein Phantom ist, aber bei ihrem Verschwinden Phantomschmerz hinterlassen wird« (WA 12, 231). Die schnell vollzogene Einigung und die darauf folgende Etablierung eines gesamt-deutschen Diskurses, der die Besonderheiten, Erfahrungen und Geschichte(n) der ehemaligen DDR-Bürger nur wenig berücksichtigte, kann als eine Enteignung, Tabuisierung und Verknappung des Diskurses im Sinne Foucaults verstanden werden. In diesem Sinne fordert Christa Wolf: »Wir müssen auf Konkretheit bestehen und aufpassen, daß uns nicht das Leben genommen wird, das wir wirklich geführt haben, und uns statt dessen ein verzerrtes Phantom untergeschoben wird« (WA 12, 357). In ihren Tagebuchtexten hält Wolf scheinbar banale Ereignisse fest, in denen sich Geschichte im Alltäglichen aufgehoben findet. Die Tagebuch-Essays werden damit zu Archiven der Erinnerung, in denen die Befindlichkeiten und Beobachtungen eines reflektierenden Ich festgehalten sind. In ihren letzten Büchern verschwimmen die Grenzen zwischen Fiktion und Realität, Prosa und Essay immer mehr – *Ein Tag im Jahr* (2003), *Stadt der Engel* (2010) und *Ein Tag im Jahr im neuen Jahrhundert* (2013) stehen für diese Auflösung der Genregrenzen, die Wolf im Essay ihr eigenes Werk begleitend vollzogen hat.

Literatur

Adorno, Theodor W.: Der Essay als Form. In: Ders.: *Noten zur Literatur*. Frankfurt a. M. 1981, 9–33.
Auer, Annemarie: Geglückte Versuche. Christa Wolf: Lesen und Schreiben – Aufsätze und Betrachtungen. In: *Neue deutsche Literatur* 21 (1973), 118–125.
Barthes, Roland: *Leçon/Lektion*. Frankfurt a. M. 1980.
Berger, Bruno: *Der Essay. Form und Geschichte*. Bern/München 1964.
Bogdal, Klaus-Michael: Wer darf sprechen? Schriftsteller als moralische Instanz – Überlegungen zu einem Ende und einem Anfang. In: Karl Deiritz u. Hannes Krauss (Hg.): *Der deutsch-deutsche Literaturstreit*. München 1991, 40–49.
Braunbeck, Helga: *Autorschaft und Subjektgenese. Christa Wolfs »Kein Ort. Nirgends«*. Wien 1992.
Bürger, Christa: *Leben Schreiben. Die Klassik, die Romantik und der Ort der Frauen*. Stuttgart 1990.
Dietrich, Kerstin: *»DDR-Literatur« im Spiegel der deutsch-deutschen Literaturdebatte. »DDR-Autorinnen« neu bewertet*. Frankfurt a. M. 1998.
Eickenrodt, Sabine: *Ein lebendiges Kunstwerk? Untersuchungen zum poetischen Ausdruck in den Prosastücken Christa Wolfs*. Würzburg 1992.
Emmerich, Wolfgang: *Kleine Literaturgeschichte der DDR*. Erw. Neuausg. Leipzig 1996.
Exner, Richard: Zum Problem einer Definition und einer Methodik des Essays als dichterische Kunstform. In: *Neophilologus* 46 (1962), 169–182.
Foucault, Michel: *Von der Subversion des Wissens*. Frankfurt a. M. 1996.
Földényi, László: *Heinrich von Kleist. Im Netz der Wörter*. München 1999.
Gruner, Petra (Hg.): *Angepasst oder mündig? Brief an Christa Wolf im Herbst 1989*. Frankfurt a. M. 1990.
Haas, Gerhard: *Essay*. Stuttgart 1969.
Jäger, Manfred: *Sozialliteraten. Funktion und Selbstverständnis der Schriftsteller in der DDR*. 2. Aufl. Opladen 1975.
Sauer, Klaus: Der lange Weg zu sich selbst. In: Klaus Sauer (Hg.): *Christa Wolf. Materialienbuch*. Neue überarb. Aufl. Darmstadt/Neuwied 1983, 82–98.
Stephan, Alexander: *Christa Wolf*. München 1980.
Theml, Katharina: *Fortgesetzter Versuch. Zu einer Poetik des Essays in der Gegenwartsliteratur am Beispiel von Texten Christa Wolfs*. Frankfurt a. M. 2003.
Wittek, Bernd: *Der Literaturstreit im sich vereinigenden Deutschland*. Marburg 1997.

Katharina Theml

46 Interviews, Vorträge, (Preis-)Reden

Christa Wolfs Schriftstellerkarriere begleiteten von Beginn an zahlreiche Interviews, (Preis-)Reden und Vorträge, die seit den 1970er Jahren regelmäßig in Zeitungen, Zeitschriften und Sammelbänden erschienen (vgl. v. a. die Publikationen *Die Dimension des Autors. Essays und Aufsätze. Reden und Gespräche 1959–1985* [1987], *Reden im Herbst* [1990] und *Akteneinsicht Christa Wolf* [1993]). Die zwölfbändige Werkausgabe von Sonja Hilzinger (1999–2001) enthält alleine drei umfangreiche Bände unter dem Titel *Essays/Gespräche/Reden/Briefe* (WA 4/8/12). Darüber hinaus wurden einige Interviews mit Wolf außerhalb der Werkausgabe veröffentlicht – insbesondere die Gespräche mit Fritz-Jochen Kopka (Erstveröffentlichung in der *Wochenpost* am 28.1.1993), Detlev Lücke/Jörg Magenau (veröffentlicht am 18.3.1994 in *Der Freitag*), Tilmann Krause (publiziert am 30.4./1.5.1996 im *Tagesspiegel*), Gabriele Conrad (*ORB*-Fernsehen, 18.3.1999) sowie mit Sigrid Löffler (*Zeit*-Interview vom 18.3.1999). Ebenso existieren transkribierte Gespräche mit ihr nahestehenden Personen, die lediglich über das Christa-Wolf-Archiv zugänglich sind und von der Autorin nicht zur Veröffentlichung freigegeben wurden – hierzu zählen die im Jahre 1990 geführten Konversationen mit den Schriftstellerinnen Brigitte Struzyk (Christa-Wolf-Archiv, AdK, Signatur 257) und Daniela Dahn (Christa-Wolf-Archiv, AdK, Signatur 260), in denen es überwiegend um die biographischen Hintergründe der Gesprächsteilnehmerinnen geht.

46.1 Interviews

Wolf gab seit den 1990er Jahren deutlich weniger Interviews als noch gegen Ende der 1970er Jahre und im Verlauf der 1980er Jahre. Dies verwundert kaum, bedenkt man, dass sie nach den revolutionären Umbrüchen in der DDR, dem deutsch-deutschen Literaturstreit, ausgelöst durch die Erzählung *Was bleibt*, und dem Medienspektakel um die Stasi-Akten in zunehmendem Maße unter Depressionen und »Öffentlichkeitsangst« (vgl. Magenau 2002, 437) litt (s. Kap. II.H.40). Die Autorin verschwand zwischen 1991 und 1994 fast komplett aus der Öffentlichkeit und zog sich in den Jahren 1992/93 mit Hilfe eines Stipendiums des Getty-Center nach Santa Monica in Kalifornien zurück. Die Angst vor ihrer Rolle in der Öffentlichkeit versuchte Wolf v. a. dadurch zu überwinden, dass sie sich ihre eigene Öffentlichkeit schuf und Gesprächspartner wählte, bei denen sie zumindest ähnliche Erfahrungen voraussetzen konnte (vgl. Magenau 2002, 437). Anzuführen sind hier etwa die Unterhaltungen mit dem gleichaltrigen Journalisten und westdeutschen Politiker Günter Gaus (»Auf mir bestehen«; WA 12, 442–470) oder mit dem befreundeten Schriftsteller Gerhard Rein (»Aufforderung zum Dialog«; ebd., 135–149).

Überblickt man die vielen Interviews mit Wolf, die sie zeit ihres Lebens insbesondere mit Journalisten, Literaturwissenschaftlern und -kritikern führte, so fällt auf, dass diese zumeist als Gespräche konzipiert sind und so ein offenes, dialogisches Miteinander in den Vordergrund rücken. Die Interviewer sind nie bloße Stichwortgeber, sondern gleichberechtigte Partnerinnen und Partner, die das Gespräch entscheidend mitgestalten und beeinflussen. So kommen interessante Dialoge zustande, welche in ihrer Präsenz, Vertrautheit und Offenheit, die beide Seiten mitbringen, »weit über das hinausgehen, was eine Selbstdarstellung vermögen würde« (Hilzinger in: WA 12, 772). Paradigmatisch sei hier der fast fünfzig Seiten umfassende Dialog mit der Literaturwissenschaftlerin Therese Hörnigk von 1987/1988 (»Unerledigte Widersprüche«) angeführt, in dem auch der Gesprächsleiterin ein hoher Redeanteil zugesprochen wird (vgl. WA 12, 53–102). Wolf geht mit den ihr gestellten Fragen stets sehr ernst und souverän um; auch scheut sie nicht davor zurück, ihre eigene Ansicht zu vertreten und die Interviewer, wenn nötig, zu korrigieren (vgl. Löffler 1999).

Gleichwohl fällt auf, dass ihre Interviews, die sie v. a. in späteren Jahren gegeben hat, in zunehmendem Maße ihren Dialogcharakter verlieren und auch weniger umfangreich werden – vgl. hierzu u. a. die Gespräche mit Susanne Beyer und Volker Hage (»Wir haben dieses Land geliebt«; Wolf 2012, 188–198) oder mit Evelyn Finger (»Bücher helfen auch nicht weiter«; ebd., 199–104). Dies liegt hauptsächlich in zwei Aspekten begründet: Einerseits werden die Fragen – seit Wolf in den Medien der 1990er Jahre derart im Gespräch war – teils sehr prägnant und direkt, manchmal auch in provokanter Manier (vgl. Wolf 2012, 188/190), formuliert. Die Autorin antwortet daraufhin häufiger entweder sehr knapp (vgl. ebd., 195), missmutig (»Ich habe unzählige Freunde. Das bemerken die Medien natürlich nicht«, ebd., 196; »Sie wissen ja, daß ich gezögert habe, mit Ihnen dieses Gespräch zu führen«, ebd., 199) oder beginnt mit einer Verneinung der ihr gestellten Fragen (z. B. ebd., 193 f.). Andererseits ist wohl auch ein gewisses Misstrauen gegenüber Journalisten seit ihren ernüchternden medialen Erfahrungen in den 1990er Jahren nicht von der Hand zu weisen. Im Interview mit Beyer und Hage geht Wolf direkt auf diesen Aspekt ein: »Es war vielleicht gar keine so schlechte Lehre für mich: Journalisten, denen die Täterakte sofort zugänglich gemacht wurde, hätten sich ja auch für meine Opferakten interessieren können. Aber das war nicht gefragt. […] Das hat mich fassungslos gemacht« (ebd., 191).

Was die thematischen Aspekte der Interviews mit Wolf anbelangt, so beziehen sich diese – neben der Diskussion jeweils neu erschienener Werke – in der Hauptsache auf vier wesentliche Teilbereiche, die stark miteinander verzahnt sind: 1) auf Schriftstellerisches – v. a. auf die Frage, wie Wolf sich selbst als Autorin wahrnimmt und welche poetologischen Ansprüche sie an die Aufgabe eines Autors bzw. an die Literatur im Allgemeinen stellt, 2) auf Biographisches – u. a. auf den Aspekt der Verschränkung von Lebensgeschichte und literarischer Arbeit, 3) auf Gesellschaftliches – v. a. auf die Rolle der Frau in der Gesellschaft und 4) auf Politisches. Insbesondere die zwei letztgenannten Aspekte nehmen eine entscheidende Bedeutung innerhalb der Interviews ein. Zum einen, weil sich auch im Wolfschen Gesamtwerk Schreiben und gesellschaftliche Rahmenbedingungen stets wechselseitig durchdringen; zum anderen, weil die Schriftstellerin in einer Generation aufgewachsen ist, die brisante politische Umbruchzeiten am eigenen Leibe miterlebt hat.

Wolfs Stellungnahmen in Gesprächen und Interviews sind in der literaturwissenschaftlichen Forschung als Schlüssel zum Verstehen ihres poetischen Œuvres dankbar angenommen worden. Die bekanntesten und am häufigsten zitierten Standpunkte der Autorin stammen aus den Gesprächen mit Joachim Walther (»Unruhe und Betroffenheit«, 1972; WA 4, 354–376) und Hans Kaufmann (»Subjektive Authentizität«, 1973/74; ebd., 401–437). Beide Unterhaltungen bieten einen ausführlichen Einblick in grundlegende poetologische Maximen der Schriftstellerin. In »Unruhe und Betroffenheit« wird besonders die für Wolf signifikante Rolle der Instanz des Autors als Vermittler von Literatur und Wirklichkeit herausgestellt: »Der Autor muß sich stellen. Er darf sich nicht hinter seiner Fiktion vor dem Leser verbergen; der Leser soll ihn mitsehen. […] Wozu ist denn ein Autor da, wenn er verschwindet, wenn er sich auflöst in einer im Grunde sehr abstrakten und sehr mechanistischen Fiktion von Widerspiegelung?« (ebd., 362). Wolf lehnt die Lukácsche Vorgabe der Widerspiegelung objektiver Gesetzmäßigkeiten des Lebens in der Literatur ab und setzt die Autor-Instanz vor die vermeintlich objektiv vorgegebene, ideologische Widerspiegelung der Wirklichkeit. In »Subjektive Authentizität« wiederum kritisiert Wolf, dass dem Autor zugemutet würde, »von Wunschbildern und Konstruktionen« auszugehen, »anstatt von seiner Erfahrung« (ebd., 412). Es ist für die Schriftstellerin die Autor-Instanz, die bestimmt, was erzählt werden soll und nicht etwa eine abstrakte ideologische Vorgabe. In der Forschungsliteratur ist diesbezüglich wiederholt die von ihr konzipierte ästhetische Programmatik der »subjektiven Authentizität«, die »Dimension des Autors«, angeführt worden (vgl. Dröscher 1993, 13; Diesing 2010, 19–28; Skare 2008, 243–254). Den Begriff »subjektive Authentizität« nennt Wolf im Jahre 1973 im Gespräch mit Hans Kaufmann zum ersten Mal: »[E]s wird viel schwerer, ›ich‹ zu sagen, und doch zugleich oft unerläßlich. Die Suche nach einer Methode, dieser Realität schreibend gerecht zu werden, möchte ich vorläufig ›subjektive Authentizität‹ nennen« (WA 4, 409). Die Instanz des Schriftstellers sei heute gezwungen, »das strenge Nacheinander von Leben, ›Überwinden‹ und Schreiben aufzugeben und um der inneren Authentizität willen, die er anstrebt, den Denk- und Lebensprozeß, in dem er steht, fast ungemildert […] im Arbeitsprozeß mit zur Sprache zu bringen« (ebd., 407). Schreiben *ermögliche* erst die ›Erfahrung‹ bislang unbekannter oder verdrängter Erlebnisse (vgl. ebd., 408); es begleitet, reflektiert und deutet das Leben, macht es verfügbar und lässt es den Schreibenden bewusster erleben – so die Konstruktion des Idealfalls.

In ihren frühen Interviews der 1970er und 1980er Jahre vertritt Wolf häufiger eine normative Idealvorstellung von dem, wie Literatur auf Menschen wirkt, was sie zu leisten vermag und worin ihr gesellschaftliches Potential besteht. Noch im Jahre 1966 bekundet sie in ihrem »Selbstinterview«, welches eine Lesung aus dem Manuskript von *Nachdenken über Christa T.* einleitete (WA 4, 139–144), eine tiefe »Übereinstimmung zwischen echter Literatur und der sozialistischen Gesellschaft«, denn beide hätten »das Ziel, dem Menschen zu seiner Selbstverwirklichung zu verhelfen« (ebd., 141). Ende der 1970er Jahre gibt die Autorin im Interview mit dem US-Germanisten Richard A. Zipser (»Arbeitsbedingungen«; WA 8, 137–145) ausführlich Auskunft über ihre Zielvorstellungen von Literatur: »Literatur soll […] ein Welt- und Lebensgefühl artikulieren, das den Leser in seiner Subjektwerdung, in seiner Selbstfindung unterstützt, ihn in seiner produktiven Sehnsucht bestärkt und das mit ausbilden hilft, was wir mit einem guten altmodischen Wort ›Persönlichkeit‹ nennen. […] Literatur sollte […] ihren Lesern gegen alle Arten und Abarten von Manipulationen ein zuverlässiger Verbündeter sein« (ebd., 144 f.). In späteren Interviews indes ist in zunehmendem Maße eine Desillusionierung gegenüber einer derartigen postulierten Wirkungsmacht von Literatur auszumachen. Dies hängt überwiegend mit den ernüchternden gesellschaftspolitischen Erfahrungen Wolfs zusammen und zeigt sich in der Verlagerung von eher gesellschaftlich orientierten Zielvorstellungen hin zu Wirkungsannahmen, die auf rein individuelle Bedürfnisse rekurrieren: »[M]ich selbst mehr kennenzulernen. Das ist eigentlich mein Hauptmotor« (WA 12, 597) – dies bekundet Wolf etwa in einem Gespräch mit Herlinde Koelbl (»Schreiben als Lebensäußerung«; ebd., 592–606) aus dem Jahre 1997. Im Jahre 2010 wiederum bekennt sie gegenüber Evelyn Finger, dass sie nicht mehr daran glaube, dass die Literatur geeignet sei, »der Menschheit die Augen über sich selbst zu öffnen« (Wolf 2012, 202). Wolfs Desillusionierung im Hinblick auf die noch im Jahre 1962 in einem Interview mit dem *Forum* (»… mit der Jugend zu rechnen als einem Aktivposten«; WA 4, 19–23) bekundete Möglichkeit der Literatur, »sich klar abzugrenzen gegen Verschwommenheit, kleinbürgerliche Einflüsse und Ideologien, die uns feindlich sind« (ebd., 23), spiegelt sich in den späteren Interviews deutlich wider. Waren anfangs der Glaube an Veränderungen und Hoffnungen auf bessere Zeiten für Wolfs politisches Engagement mitbestimmend, so dominiert in den Gesprächen, die sie kurz vor ihrem Tod mit Journalisten führte, eine Empfindung, die von ihr mit dem Wort »Trauer« näher umschrieben wird: »Trauer. Um diese unglücklichen Menschen und um unsere Erde, die eine tiefe Wunde empfangen hat« (Wolf 2012, 204).

Die Interviews mit Wolf sind besonders für die Frage nach dem autobiographischen Gehalt ihrer Werke in Forschungsarbeiten häufig aufgegriffen und für Gattungsfragen hinzugezogen worden. Verbindungen zur real-gesellschaftlichen Welt bekundet – oder bestreitet – die Autorin insbesondere im Hinblick auf die Bücher *Kindheitsmuster*, *Was bleibt* und *Stadt der Engel oder The Overcoat of Dr. Freud*. So fragt Hörnigk ihre Interviewpartnerin recht unvermittelt: »Kann man beispielsweise *Kindheitsmuster* Authentisches entnehmen?« (WA 12, 53). Sie erhält daraufhin eine ebenso direkte Antwort: »Das kann man; ich sage das, obwohl ich damit der weitverbreiteten Gewohnheit Vorschub leiste, Autorenleben und Buch für deckungsgleich zu halten. Das Milieu, das ich in *Kindheitsmuster* beschrieben habe, ist authentisch, die äußeren Umstände, unter denen ich aufgewachsen bin, kann man schon daraus ›abziehen‹. Ich denke ja übrigens, daß auch die Personen in einem literarischen Sinn ›authentisch‹ sind – was aber eben nicht heißt, daß sie genauso waren, wie ich sie beschrieben habe« (ebd.). Was die Erzählung *Was bleibt* anbelangt, so hat die Autorin der provokanten These von Sigrid Löffler, sie stelle sich in diesem Werk selbst als »Stasi-Opfer« dar, vehement widersprochen: »Keineswegs. Ich beschreibe einen Tag im Leben einer Autorin, die zum Teil meine Züge trägt. Einen Tag, dessen Ablauf, wie es ja nun mal geschah, die Staatssicherheit weitgehend bestimmt. Als ›Opfer‹ sehe ich diese Figur nicht, sie begibt sich nicht der Möglichkeit zu handeln« (Löffler 1999, o. S.). Auch hinsichtlich ihres letzten Romans *Stadt der Engel oder The Overcoat of Dr. Freud* verteidigt Wolf die postulierte Grenzverwischung von Fakten und Fiktionen (vgl. Wolf 2012, 34 u. 188).

Ein wichtiges Thema in den Interviews und Gesprächen, die in den späten 1970er Jahren und zu Beginn der 1980er Jahre geführt wurden, ist die spezifisch weibliche Perspektive ihrer Autorschaft und – damit verbunden – die Frage nach der Rolle der Frau in der Gesellschaft. Dass dieses Thema in den Unterhaltungen der Zeit v. a. auch von den Gesprächspartnerinnen und -partnern derart in den Vordergrund gerückt wird – vgl. etwa die Gespräche mit Adam Krzemiński (WA 8, 73–86), Richard A. Zipser (ebd., 137–145) und Wilfried F. Schoeller (ebd., 157–170) –, hängt zum einen mit dem den kulturellen Diskurs der Zeit bestimmenden Themenkomplex des Feminismus zusammen. Zum anderen akzentuieren gerade die Wolfschen Arbeiten der späten 1970er und frühen 1980er Jahre den dezidiert weiblichen Blickwinkel ihres Schreibens (vgl. etwa den Günderrode-Essay, den Sammelband *Geschlechtertausch. 3 Geschichten über die Umwandlung der Verhältnisse* oder auch ihre Werke *Kein Ort. Nirgends* und *Kassandra*). Obgleich die feministische Bewegung für Wolf zu dieser Zeit eine große Rolle einnahm, bekundete sie im Jahre 1983 in einem »Gespräch über *Kassandra*«, dass sie sich »zur Zeit mit keinem -ismus voll identifizieren« könne (ebd., 335). Im Gespräch mit Zipser (1978) erläutert die Autorin wiederum, dass »Die Frau in der Gesellschaft« für sie »kein ›Thema‹ unter anderen« sei; sie schreibe »fast immer über Frauen, doch nicht in jenem begrenzten Sinn von ›Emanzipationsliteratur‹.

Nicht die sogenannte Gleichberechtigung der Frau interessiert mich […], sondern ihre Selbstverwirklichung in einer ganz bestimmten historischen Situation« (ebd., 139). Wolf geht es, so wird es in mehreren Gesprächen ersichtlich, um die Frage nach der Unterdrückung der Frau in der Geschichte der Zivilisation und darum, dass sich Frauen, als Voraussetzung für eine Chancengleichheit, männlichen Verhaltensnormen anpassen. So spricht sie sich noch im Jahre 1990 in einem Interview gegen die These aus, dass die Emanzipation der Frauen in der DDR – historisch gesehen – weit entwickelt sei (vgl. WA 12, 225).

Des Weiteren nimmt v. a. Politisches in den Gesprächen eine signifikante Rolle ein, da Wolf in einer Generation aufgewachsen ist, die den Aufstieg und Untergang des Dritten Reiches, die Gründung der DDR sowie den revolutionären Umsturz von 1989 miterlebt und sich stets engagiert mit politischen Angelegenheiten auseinandergesetzt hat. Die Autorin avancierte in der DDR aufgrund ihrer Integrität, ihres Mutes zu offener Wahrheitsäußerung und ihres beharrlichen gesellschaftspolitischen Engagements zu einer Art »moralischen Instanz« (Hilzinger in: WA 12, 771). Im Gespräch mit Alfried Nehring (»Leben oder gelebt werden«; WA 12, 162–181) im Herbst 1989 erläuterte sie den Zusammenhang zwischen der Schriftstellerei und dem von ihr geforderten politischen Engagement angesichts der Zeitumstände: »Was jetzt passiert, ist, daß sich viele meiner Freunde und ich nicht retten können vor Anforderungen, die direkt politischer Natur sind. Wo immer man auftreten soll, wofür immer man etwas schreiben soll: immer im Sinn von Pamphlet, Artikel, Publizistik. Dieser Möglichkeit und diesen Anforderungen wollen wir uns und können wir uns nicht entziehen« (ebd., 169). Daher werden in vielen ihrer Interviews auch Fragen zu wichtigen (kultur-)politischen Einschnitten, wie der Arbeiteraufstand am 17. Juni 1953 (vgl. ebd., 65–67), der XX. Parteitag der DDR 1956 (vgl. Löffler 1999), das 11. Plenum des Zentralkomitees der SED 1965 oder die 1968er-Bewegungen (vgl. Widmann 2008) in den Fokus gestellt. Desgleichen sind ihre Zeit als inoffizielle Mitarbeiterin der Stasi sowie die damit verbundene Akteneinsicht ein wichtiger Themengegenstand der Interviews in den 1990er Jahren. Gegenüber Günter Gaus sagte Wolf einmal im Interview, nachdem sie gerade ihre IM-Akte gesehen und gelesen hatte: »Ein fremder Mensch tritt mir da gegenüber. Das bin nicht ich. Und das muß man erst einmal verarbeiten. […] Es ist ein schreckliches Entfremdungsfühl, das mich überkommt, wenn ich das lese« (WA 12, 461). In der Unterredung mit Fritz-Jochen Kopka, die ebenfalls das Stasi-Thema zum Inhalt hat – Kopka war eigens für dieses Interview zu Wolf nach Santa Monica gereist –, sprach sie von einer »starken inneren Spannung«, aber auch von einer »größere[n] Offenheit gegenüber anderen Menschen« (Kopka 1993, 167), die sich nach dem Medienspektakel eingestellt hätte.

Das wichtigste politische Themenfeld hängt mit dem Epochenumbruch, der durch die historischen Ereignisse des Herbstes 1989 eingeleitet wurde, zusammen. Wolfs Interviews und Reden der Jahre 1989/1990 wurden in dem Sammelband *Reden im Herbst* veröffentlicht; sie stellen ein »Zeugnis einer bewegten Epoche« (Hilzinger in: WA 12, 769) und eine »subjektive Chronik« (Wolf 1990, 7) einschneidender Zeitereignisse dar. In nicht wenigen Gesprächen kommentiert die Autorin, mitten im Geschehen wie auch rückblickend, die Ereignisse der »Wende«-Zeit. So nahm sie in den Wochen kurz vor und nach dem gesellschaftspolitischen Einschnitt der Wende in Interviews und Reden sehr häufig Stellung zu notwendigen Veränderungen und versuchte auf diese Weise, die politische Entwicklung ihres Landes zu beeinflussen (s. Kap. II.H.39). Der Druck, unter dem Wolf stand, ist insbesondere dem Gespräch mit Gerhard Rein deutlich anzumerken; es ist beherrscht von der Angst davor, am nächsten Tag könne es bei der Leipziger Montagsdemonstration zum Ausbruch der Gewalt kommen. In dem Interview rief sie die Demonstranten dringlich dazu auf, sich zu keiner Gewaltanwendung provozieren zu lassen, ja, in ihrer Besorgtheit bat sie darum, doch lieber zu Hause zu bleiben (vgl. WA 12, 138). Aus den Interviews mit Wolf aus den Jahren 1989/90 sprechen die Unruhe, die Atemlosigkeit und die Aufregung, die durch den »Ausnahmezustand« (ebd., 205) dieses revolutionären Umbruchs unter den Deutschen ausgelöst wurde. Das Gespräch mit Gerhard Rein ist ferner ein bedeutsames Zeitzeugnis für die damaligen Einstellungen Wolfs, die zu dieser Zeit kundtat, dass sie gerne in diesem Staat lebe und dazu beizutragen gedenke, dass auch ihre Kinder »hier wirklich gerne leben« (ebd., 137).

Seltener geht es in den Gesprächen mit der Autorin hingegen um Privates bzw. Familiäres. Es sind gerade die lediglich im Christ-Wolf-Archiv zugänglichen Gespräche mit Brigitte Struzyk und Daniela Dahn, die sich von der Vielzahl anderer in der Werkausgabe veröffentlichter Interviews v. a. dadurch unterscheiden, dass private Fragen nach der Schulzeit, dem Studium und den ersten Begegnungen mit Gerhard Wolf (vgl. Magenau 2002, 47) einen breiten Raum einnehmen –

stehen doch ansonsten vielfach politische Aspekte des aktuellen Zeitgeschehens im Vordergrund der Gespräche (vgl. v. a. die Konversationen mit Günter Gaus [WA 12, 442–470] oder Aafke Steenhuis [ebd., 196–226]). Einen Sonderstatus innerhalb der mit Wolf geführten Interviews und Gespräche nimmt der im Jahre 2013 erschienene Band *Sei dennoch unverzagt. Gespräche mit meinen Großeltern Christa und Gerhard Wolf* von der Journalistin Jana Simon ein. Dieser enthält insgesamt sechs familiäre – ja oft private, beinahe intime – Gespräche mit den Großeltern, die sie in den Jahren 1998 bis 2012 mit ihnen führte. Simons privilegierter Zugang als Enkelin, zwei bedeutende Persönlichkeiten einer anderen Ära in einen kritischen »Dialog der Generationen« (Simon 2013, 11) einbinden zu können, eröffnet die Möglichkeit, den bekannten Fakten zu Wolfs Leben eine interessante, neue Dimension hinzuzufügen. Simon setzt in der autobiographischen Selbstinszenierung vornehmlich darauf, als »Enkelin, nicht als Journalistin« (ebd.) zu fragen. Es geht in diesem Buch um Fragen nach der eigenen Herkunft, die Zeit des Nationalsozialismus und der DDR (der 17. Juni 1953, das 11. Plenum des ZK der SED, die Biermann-Ausbürgerung etc.), um gegenwärtige Themen (z. B. Globalisierung, Islamismus) – aber auch um dezidiert private Themen (wie die mehr als sechzig Jahre andauernde Liebe des Ehepaars oder die Kindeserziehung während des Studiums). Darüber hinaus werden dem Leser auch neue, brisante politische Informationen zugetragen, etwa wie Erich Honecker die Autorin nach der Biermann-Ausbürgerung gebeten hatte, in der DDR zu bleiben (vgl. ebd., 139 f.). Ferner erhält der Rezipient – und dies akzentuiert den besonderen Charakter des Buches – einen privaten Einblick in die Situation der Familie kurz vor und nach dem Tod der Autorin: Es geht um ihre schwere Krankheit, um ausschweifende Antworten zum Thema »Tod« und um Gerhard Wolfs Pläne für die Zukunft (vgl. ebd., 239–255).

46.2 Vorträge und Reden

Wolf gab zeit ihres Lebens nicht nur zahlreiche Interviews, sondern hielt auch eine ganze Reihe von Reden und Vorträgen, die sich insgesamt vier Kategorien zuordnen lassen: 1) Geburtstagsreden und Nachrufe, Laudationes; sonstige Gelegenheitsreden; 2) Vorträge vor Medizinern; 3) politische Reden – v. a. die bekannten »Reden im Herbst« und 4) Preisreden.

Im Hinblick auf ihre Geburtstagsreden sind v. a. die folgenden in der Werkausgabe von Sonja Hilzinger abgedruckten Ansprachen zu nennen: die Rede für den Literaturwissenschaftler Hans Mayer zum 80. Geburtstag im März 1987 in der Akademie der Künste, Berlin West (WA 12, 16–28; vgl. ebenfalls »Ein Deutscher auf Widerruf. Rede auf Hans Mayer. Oktober/November 1990«; ebd., 352–362), die Rede für Heinrich Böll zum 80. Geburtstag bei einer Veranstaltung der Heinrich-Böll-Stiftung am 12.12.1997 in Berlin (ebd., 425–429), die Rede für Volker Braun anlässlich der Feier seines 60. Geburtstages in der Akademie der Künste zu Berlin am 8.5.1999 (ebd., 656–662) sowie die Anna-Seghers-Gedenkrede anlässlich ihres 100. Geburtstages am 19.11.2000 in der Berliner Akademie der Künste (ebd., 747–766). Todesreden gab die Autorin u. a. für Franz Fühmann bei der Trauerfeier in der Akademie der Künste der DDR am 17.7.1984, für Erich Fried im November 1988 (ebd., 120–124) und für Lew Kopelew am 26.6.1997 (ebd., 607–610). Wolf hielt im September 1981 eine Laudatio zur Verleihung des Lion-Feuchtwanger-Preises an Günter de Bruyn in Berlin, im Oktober 1987 eine Laudatio aus Anlass der Verleihung des Kleist-Preises an Thomas Brasch in Frankfurt am Main (ebd., 39–52), eine Rede am 3.5.1992 anlässlich der Verleihung des Erich-Fried-Preises an Paul Parin (ebd., 384–399) sowie eine Laudatio für Nuria Quevedo, die im Jahre 2000 in Brandenburg den Ring der Galerie Sonnensegel überreicht bekam (Wolf 2012, 134–139). In all diesen Reden gelingt es der Autorin, nicht nur die beschriebene Person in ihrer Individualität und ihren Lebenshaltungen zu porträtieren, sondern v. a. auch die freundschaftliche Beziehung, die Wolf mit diesen Gefährten verband, durchscheinen zu lassen (vgl. Hilzinger in: WA 12, 773). Sie sucht nach den Berührungspunkten, den Momenten der Annäherung an die Person, die jeweils im Fokus des Beitrages steht; von daher erhalten ihre Reden auch Aspekte einer interessanten Selbstporträtierung.

Unter die Gelegenheitsreden sind insbesondere die folgenden Beiträge zu subsumieren: »Was tut die strenge Feder?« – Wolf hielt diese Rede zur Namensgebung der Franz-Fühmann-Schule in Jesering, Brandenburg, am 27.4.1994 (WA 12, 535–545); »Gegen die Kälte der Herzen. Charlotte Wolff – internationale Jüdin mit britischem Paß«– diesen Redebeitrag gab die Autorin aus Anlass der Umbenennung des Charlottenburger Studienkollegs in Berlin im »Charlotte-Wolff-Kolleg« am 5.3.1997 (WA 12, 577–591) – sowie »Der geschändete Stein« – die Rede wurde am 26.2.1998 zur Wiedereinrichtung des zerstörten Gedenksteins der Jüdischen Gemeinde in der

Großen Hamburger Straße in Berlin (WA 12, 632–636) gehalten. Desgleichen ist besonders ein weiterer Beitrag hervorzuheben: »Beispiele ohne Nutzanwendung. Stockholmer Rede« (Mai 1978). Es handelt sich hierbei um Wolfs Beitrag zum PEN-Kongress in Stockholm, der unter dem Thema »Literatur in Verkleidung« stattfand (WA 8, 146–153). Diese Rede hat die Überlegung zum Thema, ob und wie Literatur den Menschen in der entfremdeten Realität der modernen Gesellschaft eine lebensweltliche Orientierungshilfe sein kann: »Sollte Literatur der Selbstmaskerade so vieler Menschen ihrerseits zu begegnen suchen, indem sie sich immer weiter maskiert, unkenntlich macht, in Kostüme flüchtet, mit Bildern, Gleichnissen, Mythen arbeitet? Sich ›in Verkleidung‹ einschleicht hinter die Abwehrpanzerung ihrer Leser? Oder sollte sie, im Gegenteil der Codifizierung der Welt unterstellt entgegentreten, nackt und bloß, auf die Strukturen weisen und in dürren Worten sagen, was ist?« (ebd., 152). Konkrete Antworten gibt die Autorin nicht; ihr kommt es vielmehr auf das kritische Fragenstellen an.

Wolfs vor Medizinern gehaltene Vorträge »Krankheit und Liebesentzug. Fragen an die psychosomatische Medizin« (anlässlich einer Tagung der Arbeitsgruppe »Psychosomatische Gynäkologie« am 1./2.11.1984 in Magdeburg) und »Krebs und Gesellschaft« (anlässlich der Eröffnung der Jahresversammlung der Deutschen Krebsgesellschaft in Bremen am 24.10.1991) zeugen – wie auch ihre literarischen Werke – von einer kontinuierlichen Auseinandersetzung mit den Themenfeldern Tod und Krankheit. Die Autorin bezeichnete solche Vorträge selbst als »Nebensproß« (WA 12, 326) ihrer Arbeit. In dem Vortrag »Krebs und Gesellschaft« (ebd., 326–351) interessierte sie der Krebs als Metapher für gesellschaftliche Missstände, als »seelische Krankheit [...], die darin besteht, daß ein Mensch, der alles Leid in sich hineinfrißt, nach einer gewissen Zeit von diesem in ihm steckenden Leid selbst aufgefressen wird« (ebd., 336 f.). Als Ausdruck des nicht gelebten Lebens war ihr diese Krankheit überdies Anlass zu grundsätzlicher Kritik der Wissenschaft, die im separierten Spezialwissen den »ganzen Menschen« (ebd., 332) aus den Augen verloren habe.

In dem Vortrag »Krankheit und Liebesentzug. Fragen an die psychosomatische Medizin« (WA 8, 410–433) wendet sich Wolf gegen eine »*rein* naturwissenschaftlich-physiologisch orientierte medizinische Haltung« (WA 8, 412 f.) und trat für eine empathische Annäherung an den Kranken ein. Der Mediziner verstehe die »Technik der Selbstbeobachtung« (ebd., 413) nicht; ihm werde geradezu abverlangt, »seine Erfahrung mit sich selbst, mit seinen Krankheiten, mit seiner Gesundheit aus dem Spiel zu lassen, zugunsten eines Fetischs, der sich ›Objektivität‹ nennt« (ebd.). Am Beispiel eines authentischen Falls schilderte Wolf die Begrenztheit des klinischen Alltags: Sie berichtete von einer Frau, die für eine lange Zeit im Krankenhaus lag, wo man ihr den Eiter abzog, der sich auf eine ungeklärte Weise immer wieder in Zysten in ihrem Bauchraum sammelte (vgl. ebd., 424). Die Frau fragte eines Tages ihre Freundin: »Kann Liebesentzug krank machen?« (ebd.). An diesem Fall diskutierte Wolf kritisch die Trennung von Körper und Psyche, die Trennung von Internist, Gynäkologe und Psychologe.

Im Jahre 2007 hielt Wolf noch einmal einen längeren Vortrag, der mit ihrem lebenslangen und intensiven Interesse an psychologischen Fragestellungen in Zusammenhang steht. Auf dem 45. Kongress der Internationalen Psychoanalytischen Vereinigung in Berlin am 25.7.2007 (Wolf 2012, 72–95) sprach die Autorin unter dem Titel »Nachdenken über den blinden Fleck« über die psychoanalytischen Vorgänge des Erinnerns und des Vergessens. Die Autorin nutzte ihre Perspektive als Schriftstellerin und gab, in nicht immer historisch-chronologischer Reihenfolge, den Kongressteilnehmerinnen und -teilnehmern einen Einblick in die Bedeutung des Vorgangs der Erinnerung in literarischen Werken etwa von Goethe (vgl. ebd., 86–93), Bertolt Brecht (vgl. ebd., 73 f. u. 82 f.) oder – im Bereich der für das Thema besonders relevanten Holocaust-Literatur – Nelly Sachs (vgl. ebd., 80 f.).

Die Autorin hielt auch einige, z. T. vielbeachtete, (gesellschafts-)politische Reden. In ihren frühen politischen Redebeiträgen spiegeln sich noch ihre Utopie und ihre Hoffnungen, die sie mit der DDR verbunden hatte, deutlich wider. In der »Rede« auf einer Festveranstaltung zum 15. Jahrestag der DDR in Potsdam, Oktober 1964 (WA 4, 54–58) heißt es: »Wir, die wir intensiver über unsere Geschichte nachdenken, als das in Deutschland früher üblich war, behaupten nicht, nach diesen fünfzehn Jahren am Ziel zu sein. [...] Aber wir können sagen: In diesem Teil Deutschlands, der vor zwanzig Jahren noch von Faschisten beherrscht [...] wurde, ist der Grund gelegt zu einem vernünftigen Zusammenleben der Menschen« (ebd., 57). In ihrem Diskussionsbeitrag zu einem internationalen Kolloquium im Dezember 1965 (»Notwendiges Streitgespräch«; ebd., 76–86), das Anfang Dezember 1964 in Berlin stattfand, verteidigt Wolf zugleich den

DDR-Staat und besonders die Literatur der DDR, die »von ihrem Wesen her direkt an die sozialistische Gesellschaft gebunden« sei und insofern eine »Vervollkommnung des Menschlichen« impliziere (ebd., 83). Eine erste Wende zeichnete sich in den Redebeiträgen Wolfs kurz vor und während des berühmten 11. Plenums des Zentralkomitees der DDR im Jahre 1965 ab (vgl. zum Kulturplenum ausführlicher Kap. II.B.13). Anzuführen ist hier etwa der Diskussionsbeitrag zur zweiten Bitterfelder Konferenz 1964 (ebd., 42–53); hier tat Wolf ihre Bedenken gegenüber einer die Realität verschleiernden Realismusauffassung kund: »Es sollte ruhig mal einer über das Abweichende schreiben« (ebd., 51).

Der protokollierte Text ihrer auf Einladung Ulbrichts verfassten Rede an ausgewählte Autoren am 25.12.1965 (Christa-Wolf-Archiv, AdK, Signatur 273) wiederum zeugt von einer Offensive gegen die Attacke von Ulbricht, der – nach Magenau – »die Unmoral der Jugend als Produkt schlechter DDR-Literatur bezeichnet hatte« (Magenau 2002, 176). Wolf konstatierte »eine Leere, in die unsere mangelnde geistige offensive Anziehungskraft Teile der Jugend geführt hat, durch die Hohlräume entstanden sind, in die jetzt selbstverständlich fremde, feindliche Ideologien eindringen«. Zugleich plädierte sie im Umgang mit den Westdeutschen für eine offene Dialogbereitschaft und bekundete, dass sie den Standpunkt, alles besser zu wissen, wenn sie im Westen wäre, nicht einnehmen können: »Wenn ich nicht in der DDR gelebt hätte, sondern in Westdeutschland, dann weiß ich nicht, ob ich heute Sozialist wäre« (zit. n. Magenau 2002, 176). Das waren, an Ulbricht adressiert, mutige Worte. In der Rede auf dem 11. Plenum (WA 4, 113–126), das am 15.12.1965 begann, setzte sich Wolf für das »freie Verhältnis zum Stoff« (ebd., 122) ein; man dürfe nicht zurückfallen »auf den Begriff des Typischen, den wir schon mal hatten und der dazu geführt hat, daß die Kunst überhaupt nur noch Typen schafft« (ebd., 124). Der Auftritt Wolfs hatte zur Folge, dass sie von der Kandidatenliste des Zentralkomitees gestrichen wurde. Nach ihrer Rede, die in der Diskussion weitestgehend ignoriert wurde, verließ Wolf den Raum und geriet in der Folge in eine »sehr lange, tiefe Depression, in einem klinischen Sinn« (zit. n. Magenau 2002, 186). Trotz ihrer krisenhaften Stimmung ließ sie aber auch nach dem 11. Plenum nicht davon ab, sich öffentlich für ihre Meinung stark zu machen; zu nennen ist hier etwa der VII. Schriftstellerkongress der DDR 1973 (WA 4, 451–455) – in diesem Redebeitrag machte die Autorin auf die »unerledigten Punkte« und »Tabus« in unserer Gesellschaft aufmerksam, die auch eine Gefahr für die Entwicklung der Literatur seien (vgl. ebd., 454). Des Weiteren zeugen auch ihr Beitrag auf dem internationalen Friedensforum des Schriftstellerverbandes der DDR im Mai 1987 (WA 12, 29–33) und ihre »Rede auf der Berliner Bezirksversammlung des Schriftstellerverbandes der DDR« im März 1988 (ebd., 113–119) von einem ungebrochenen gesellschaftspolitischen Engagement der Zeit. In der Rede auf dem Friedensforum setzte sich Wolf für eine »radikale, mit Kühnheit und Konsequenz betriebene Friedenspolitik« ein, deren erster Schritt die Abrüstung sei. Auf der Berliner Bezirksversammlung im Jahre 1987 wiederum plädierte die Autorin für einen Dialog mit Kollegen aus dem Westen, für die Analyse der Ursachen für das Weggehen ebendieser, für eine kritische Bestandsaufnahme des Druckgenehmigungsverfahrens der DDR sowie für eine Hinwendung des Verbandes v. a. zu den jungen, zukunftsweisenden Schriftstellerinnen und Schriftstellern des Landes (vgl. ebd., 118 f.).

Die wichtigsten politischen Reden der Wendezeit sind in dem von Wolf selbst zusammengestellten Sammelband *Reden im Herbst* (Berlin/Weimar 1990) zu finden (vgl. zu den *Reden im Herbst* ausführlicher Kap. II.H.39): 1) »Überlegungen zum 1. September 1939 – Rede in der Westberliner Akademie der Künste«, Berlin (August 1989); 2) »Wider den Schlaf der Vernunft« – Wolf hielt diese Rede am 28.10.1989 in der Erlöserkirche im Rahmen der gleichnamigen Veranstaltung von Berliner Schriftsteller/innen und Künstler/innen; 3) »Sprache der Wende« – Rede auf dem Alexanderplatz – Wolf hielt diese Rede bei der Demonstration am 4.11.1989 in Berlin; 4) »Heine, die Zensur und wir« – Rede auf dem Außerordentlichen Schriftstellerkongress der DDR in Berlin am 3.3.1990. Diese Reden stellen signifikante Zeitzeugnisse dar; aus ihnen sprechen die Atemlosigkeit und die Aufregung, die durch das Grunderlebnis einer revolutionären Bewegung unter den Deutschen ausgelöst wurde (vgl. Hilzinger in: WA 12, 770).

Seit den 1990er Jahren hielt Wolf kaum mehr dezidiert politische Reden – abgesehen von wenigen Beiträgen, wie beispielsweise die Rede auf dem Kongress der Redenschreiber in Berlin, die unter dem Titel »Rede, daß wir dich sehen. Versuch zu dem gegebenen Thema ›Reden ist Führung‹« veröffentlicht wurde (Wolf 2012, 57–71), in der es v. a. um politisch motivierte Reden ging, die von (Nicht-)Politikern stammen und die in ihrem Leben eine große Rolle gespielt haben. Dies hängt v. a. mit ihren desillusionierenden

Erfahrungen der Wendezeit und der Stasi-Akten-Geschichte zusammen. Die Autorin hatte sich immer auch als eine Vertreterin des DDR-Staates gesehen und bis zuletzt an eine Alternative zur Bundesrepublik geglaubt. Nun gab es den östlichen Staat Deutschlands, und mit ihm auch v. a. die postulierten Zuhörer/innen, nicht mehr. Wenn die Wolfschen Redebeiträge nach den 1990er Jahren gesellschaftspolitisch ambitioniert waren, dann blickte die Autorin zumeist, wie bei einer Veranstaltung am 8.12.1991 im Deutschen Theater Berlin (»Der Gastfreund«, WA 12, 380–383) – der Beitrag musste verlesen werden, da die Autorin aus Krankheitsgründen nicht anwesend sein konnte – kritisch in die Zukunft: »[D]ies könnte der Anfang von noch größerem Unheil sein« (ebd., 382). Hier wird v. a. das »Haß- und Gewaltpotential« unter Jugendlichen angeprangert, das Gefahr liefe, sich noch stärker mit »menschenfeindlichen Ideologien« zu verbinden (ebd.). In ihrer Rede »Abschied von Phantomen. Zur Sache: Deutschland« am 27.2.1994 im Rahmen der von der Bertelsmann-Buch-AG veranstalteten Reihe »Zur Sache: Deutschland« in der Staatsoper Dresden (ebd., 507–534) kommentierte Wolf rückblickend die Ereignisse der Wendezeit und stellte die Hoffnung auf eine wirkliche Annäherung beider deutscher Staaten in den Fokus der Aufmerksamkeit: »Ich finde, es ist an der Zeit, im Osten wie im Westen Deutschlands von dem Phantom Abschied zu nehmen, welches das je andere und damit auch das eigene Land lange für uns waren« (ebd., 532). Die Rede ist motiviert aus der Forderung eines notwendigen Dialogs, Offenheit, einer Bereitschaft Verantwortung zu übernehmen und vernünftig in die Zukunft zu blicken (vgl. Hilzinger in: WA 12, 779).

46.3 Preisreden

Als eine der bedeutendsten deutschsprachigen Nachkriegsschriftstellerinnen erhielt Wolf über zwanzig Preise renommierter Verleihungsträger, zu denen nicht durchgängig veröffentlichte Danksagungen vorliegen: den Kunstpreis der Stadt Halle (1961), den Heinrich-Mann-Preis (1963), den Nationalpreis der DDR 3. Klasse (1964), den Wilhelm-Raabe-Preis (1972, abgelehnt), den Theodor-Fontane-Preis (1972), den Literaturpreis der Freien Hansestadt Bremen (1978), den Georg Büchner-Preis (1980), den Franz-Nabl-Preises (1983), den Schiller-Gedächtnispreis (1983), den Österreichischen Staatspreises für Europäische Literatur (1985), den Geschwister-Scholl-Preis (1987), den Nationalpreis 1. Klasse der DDR (1987), den Preis der Buchmesse Bordeaux für ausländische Literatur (1997), den Samuel-Bogumil-Linde-Preis (1999), den Elisabeth-Langgässer-Literaturpreis (1999), den Nelly-Sachs-Preis (1999), den Deutschen Bücherpreis (2002), den Hermann-Sinsheimer-Preis (2005), den Thomas-Mann-Preis (2010) und den Uwe-Johnson-Preis (2010).

Die in der Werkausgabe von Hilzinger veröffentlichten Preisreden Wolfs lassen insgesamt zwei klare Linien erkennen: Einerseits hat die Schriftstellerin Preisreden gehalten, die dezidiert die jeweilige Autorinstanz, die dem Preis seinen Namen gegeben hat, in den Fokus des Interesses rücken, ohne dabei ausführlicher auf das eigene literarische Schreiben einzugehen. Zu nennen sind hier etwa die kurze Dankrede zum Fontane-Preis am 22.12.1972 in Potsdam (WA 4, 378–379), die ausführlichere Rede anlässlich des Langgässer-Preises am 29.5.1999 in Alzey (WA 12, 663–686), die Rede zum Johnson-Preises am 24.9.2010 in Neubrandenburg (Wolf 2012, 26–36) oder die Dankesworte zum Mann-Preis am 24.10.2010 in Lübeck (ebd., 13–25). Andererseits stehen besonders in Wolfs Preisverleihungen der 1970er und 1980er Jahre auch die eigene literarische Schreibarbeit sowie – damit verbunden – aktuelle gesellschaftspolitische Themenkomplexe im Mittelpunkt des Interesses.

»Die Vergangenheit ist nicht vergangen. An sie zu rühren, weckt Schmerz, Scham, Schuldgefühle« (WA 12, 104) – dieser Satz aus der Geschwister-Scholl-Preisrede (1987) kennzeichnet nicht nur einen zentralen Grundgedanken ihres literarischen Gesamtwerks, sondern steht auch häufig im Fokus ihrer Dankreden. Der Autorin geht es in vielen ihrer Preisreden um die »untergründigen Verflechtungen« (WA 8, 186) von Leben und Schreiben, Sprechen und Schweigen, Verantwortung und Schuld, Vergangenheit und Gegenwart. Sonja Hilzinger spricht im Hinblick auf letzteres von »Kristallisationspunkte[n]«, in denen Vergangenes und Aktuelles aufeinanderstoßen mit unverminderter Wucht« (Hilzinger in: WA 12, 775).

Nachdem Wolf im Jahre 1972 den Wilhelm-Raabe-Preis abgelehnt und eine Auszeichnung der Bayerischen Akademie der Schönen Künste stillschweigend zurückgewiesen hatte, war der »Literaturpreis der Stadt Bremen« für das Buch *Kindheitsmuster* am 26.1.1978 – die Dankesrede wurde unter dem Titel »Ein Satz. Bremer Rede« in den vierten Band der Münchener Werkausgabe aufgenommen – die erste westdeutsche Auszeichnung, die sie akzeptierte: »ein Politikum« (Magenau 2002, 304). Möglichen Schwierigkeiten wirkte die Autorin von vorneherein entgegen, indem sie Kurt Hager informierte und Einwände vorsorglich zu entkräften versuchte. »Ich habe mich vergewissert«, schrieb Wolf, »daß dieser Preis an deutschsprachige Autoren, nicht nur an solche aus der Bundesrepublik, verliehen wird [...], daß er von einer unabhängigen Jury jeweils für ein Buch vergeben wird – in meinem Fall für *Kindheitsmuster* – und daß unter den Preisträgern der letzten Jahre keiner ist, der mir geraten erscheinen ließe, den Preis abzulehnen wie zwei andere in früheren Jahren. Ich habe daraufhin den Preis angenommen« (zit. n. ebd.). Hager hatte keinerlei Einwände zu verzeichnen und verhalf dem Ehepaar Wolf zu den erwünschten Visa.

In dem Redebeitrag kommen dennoch, dargestellt auf einer sprachlichen Ebene, die ratlose Stimmung und ihre Unsicherheit bezüglich der Preisverleihung an eine DDR-Schriftstellerin deutlich zum Ausdruck (vgl. Magenau 2002, 303.). Selbst der einfache Satz »Ich danke Ihnen« gerät für die Autorin zur prekären Angelegenheit, denn überall lauern »Risse« und »Brüche« (WA 8, 130). Nach diversen Abschweifungen schafft Wolf eine Verknüpfung zur aktuellen Lage der Zweiteilung Deutschlands, die nur vermittelt zum Vorschein kommt: Haben die Ost- und Westdeutschen eine gemeinsame Sprache, um ihre Wirklichkeit auszudrücken? Kann die DDR-Literatur auch für die westdeutsche Leserschaft ansprechend sein und verstanden werden? Welche gemeinsamen Bezugspunkte gibt es? Wie sollen die Kinder, die in beiden deutschen Staaten aufwachsen und wie miteinander reden? In welcher Sprache? (vgl. ebd., 136; vgl. auch Magenau 2002, 304 f.). Die Preisrede führt über Umwege – Wolf zitiert an mehreren Stellen aus einem ostdeutschen Grammatiklehrbuch – zu der sprachkritischen Reflexion, dass es gerade die »unausgesprochenen Sätze« seien, nach denen man bislang »nicht dringlich genug gefragt« (WA 8, 136) hätte. Hier wird das Bedeutungspotential des Romans *Kindheitsmuster* ausgelotet, der sich dieser Aufgabe stellt.

Spätestens mit ihrer berühmten Büchner-Preisrede in Darmstadt am 16.9.1980, verliehen von der Deutschen Akademie für Sprache und Dichtung für den Roman *Störfall. Nachrichten eines Tages*, war Wolf »als gesamtdeutsche Dichterin sanktioniert« (Magenau 2002, 323). Die Annahme des bedeutendsten Literaturpreises im deutschen Sprachraum – der Redetext wurde in der Werkausgabe unter dem Titel »Von Büchner reden. Darmstädter Rede« (WA 8, 186–201) veröffentlicht – hatte die Autorin mit der Staatsführung der DDR vorher abgestimmt. Sie habe sich gründlich darüber informiert, »daß mit der Verleihung keine politischen Zweideutigkeiten verbunden sein werden, denen ich mich selbst nicht aussetzen würde«, teilte sie im Juni 1980 Kurt Hager mit (zit. n. Magenau 2002, 323). Wolf arbeitete mehrere Monate an der Preisrede und bekundete in ihren Dankesworten, die »Schwierigkeit [...] heute und hier zu reden« (WA 8, 186). In der Rede avanciert ihr ursprüngliches Vorhaben, einen Text aus Büchner-Zitaten zu montieren, welche die Zeitgenossenschaft des Autors akzentuieren, zu einer Verschränkung von Geschichte und Gegenwart bzw. zu einem Gang durch die Geschichte, der mit einer Vorausdeutung auf die Wissenschafts- und Technikkritik der 1980er Jahre endet (vgl. ebd., 187 f.). Vor dem Hintergrund der nuklearen Aufrüstung stellt sich für Wolf die Frage nach der Verantwortung der schreibenden Autorinstanz mit unaufschiebbarer Dringlichkeit. Die Sprachen von Politik, Wissenschaft und Literatur seien, so konstatiert es die Rednerin, unrettbar weit voneinander entfernt, und gerade die Literatur, die doch der Realität der Menschen am nächsten komme, müsse sich der Aufgabe stellen, die anderen beiden Sprachen in sich aufzunehmen, sie für sich zu verwenden, »um sichern zu helfen den Bestand des Irdischen« (ebd., 200).

Nach Jörg Magenau stellt die Preisrede in der Werkchronik »eine Art Scharnier« (Magenau 2002, 328) dar, besonders aufgrund des Satzes, mit dem Wolf zur Autorin der Friedensbewegung in Ost und West avancierte: »Literatur heute muß Friedensforschung sein« (WA 8, 199). Zwei zentrale Themen, die Wolf zu dieser Zeit beschäftigten, treffen in der Rede aufeinander: die Friedenspolitik und die Rolle der Frau in der Gesellschaft. Wolf äußert sich kritisch zu den sogenannten Emanzipationserfolgen, die nur darin bestehen würden, dass die Frauen sich an die männlich dominierte Gesellschaft anpassen (s. Kap. II.E.28). Sie spricht von Büchners »Zitadelle der Vernunft« (WA 8, 191) als einer Männerbastion, der die Frauen ungeschützt gegenüberstünden: Wer sich entscheide, in die Zitadelle einzutreten, unterliege damit auch ihren Gesetzen (vgl. ebd.). Die Figur der Rosetta aus Büchners Stück *Leonce und Lena* avanciert in den Dankesworten zum Dreh- und Angelpunkt für Wolfs exemplarische Betrachtung von Frauen-Bildern in der Literatur männlicher Autoren: Sie bleiben außerhalb der »Zitadelle« des Patriarchats ausgeschlossen und schutzlos, lassen sich um ihre Geschichte bringen und sind Objekte männlicher Projektionen und Ängste (vgl. Hilzinger in: WA 8, 478).

Die kurze Dankesrede zur Verleihung des Franz-Nabl-Preises am 8.3.1983 – eines Literaturpreises, der seit 1974 jedes zweite Jahr von der Stadt Graz verliehen wird – wurde unter dem Titel »Netzwerk« (WA 8, 293–295) publiziert. Wolf geht in der Danksagung v. a. auf den besonderen geographischen Bezugspunkt des Preises ein und stellt die Bedeutung der Stadt Graz auf der »Landkarte der Literatur« (ebd., 293) heraus. Graz sei ein »Knotenpunkt« für die Erinnerungen von Schriftstellern (vgl. ebd.). Die Rede wird, wie auch viele weitere Dankesworte Wolfs, für eigene Stellungnahmen im Hinblick auf die Wirkungspostulate von Literatur genutzt. So lässt es sich die Autorin in ihrem Redetext nicht nehmen, auf die Funktion von Literatur in der heutigen Zeit Bezug zu nehmen: Literarisches Schreiben sollte ihrer Ansicht nach helfen, »die destruktiven Mechanismen aufzudecken, die in uns wirksam sind, und die Freiheit zu einem unverstellten, produktiven Umgang miteinander mit hervorzubringen« (ebd., 295).

Die längere »Rede auf Schiller« (WA 8, 379–395) anlässlich des Schiller-Gedächtnispreises des Landes Baden Württemberg im November 1983 nimmt ihren Ausgangspunkt vom Leben und Werk des Autors und rekurriert immer wieder in Zitaten und daran anknüpfenden Überlegungen auf das Motiv des Risses der Zeit, das die Lebensgeschichte wie einige der Figuren Schillers prägte. Im Zentrum steht die (zunächst regionale) Verbindung zu Wolfs schwäbischem Freund Frieder Schlotterbeck. Gemeinsamer Bezugspunkt ist der Satz, dass die Besten in den »Riß der Zeit« (ebd., 393) springen müssen. Auf diese Weise entsteht eine Verbindung zwischen Schillers Rebellion gegen den Landesfürsten, die ihm Festungshaft einbrachte, und Schlotterdecks Widerstand gegen das NS-Regime. Auch die kommunistische Bewegung, sagt Wolf erklärend, habe sich ihre »Götzen geschaffen« und sei »gezeichnet durch die Geschichte der Deutschen, deren Produkt sie ja ist« (ebd., 392 f.). Deshalb sei sie »anfällig zu Zeiten für irrationale Handlungen« (ebd., 393).

In Wolfs »Wiener Rede« anlässlich der Verleihung des Österreichischen Staatspreises für Europäische Literatur am 11.3.1985 (WA 8, 436–438) beschäftigt sich die Autorin, und das erinnert an die »Bremer Rede«, auf einer sprachlichen Ebene mit den die Preisbezeichnung charakterisierenden Wörtern »Staat«, »europäisch« und »Literatur« (ebd., 436). Schreiben sei für sie eine »Dauer-Auseinandersetzung mit jenen Bindungen«, die auch v. a. durch die drei genannten Wörter gekennzeichnet seien. Gleichsam akzentuiert Wolf auch in dieser Rede wieder die Bedeutung von Literatur, die ein »Instrument zur Öffnung unbewußter Bereiche« (ebd., 438) und »der Weg zu dem Depot des Verbotenen, von früh an Ausgesonderten, nicht Zugelassenen, Verdrängten« (ebd., 438) sei. Der Redetext dieses Preises konnte nur in einer von der Verfasserin revidierten Form gedruckt werden. In den Akten, die Druckgenehmigung der zweibändigen Ausgabe *Die Dimension des Autors. Aufsätze, Gespräche, Reden 1959–1985* betreffend, finden sich mehrfach Einwände von Seiten der Zensurbehörde gegen »die problematischen Auffassungen Christa Wolfs, die auch Grundpositionen des marxistischen Geschichtsverständnisses berühren, [...] sich im Grunde durch alle ihre jüngeren Beiträge hindurchziehen (Ministerium für Kultur; vgl. ausführlicher Hilzinger in: WA 8, 498).

Im November 1987 nahm Wolf den Geschwister-Scholl-Preis für ihr Werk *Störfall. Nachrichten eines Tages* entgegen. Sechs Jahre später, im Jahre 1993, scheiterte ein Vorstoß der CSU-Fraktion im Münchener Stadtrat, nach der Publikation von Wolfs »Selbst-Auskunft« zu ihrem IM-Vorgang ihr den Preis abzuerkennen, an den Mehrheitsverhältnissen im Stadtrat sowie am Einspruch des Verbandes Bayerischer Verlage und Buchhandlungen (vgl. Hilzinger in: WA 12, 784). In der »Dankrede für den Geschwister-Scholl-Preis« (WA 12, 103–110) im November 1987 fragte Wolf nach dem Verhältnis ihrer nachgeborenen Generation zum deutschen Faschismus und danach, warum sich keine historische Distanz zu dieser Etappe der deutschen Geschichte einstellen will: »Das Unheil dieser zwölf Jahre hat sich nicht von uns entfernt; es ist, als rücke es immer noch näher« (ebd., 103). Die Autorin spricht, und damit schlägt sie eine Brücke zu aktuellen Zeitbezügen, ebenso von der Trauer um die Opfer des nationalsozialistischen Terrors wie vom Zorn auf »heutige[] Formen von Zerstörungswut und Menschenverachtung«, die ihr »übermächtig erscheinen« (ebd.) und gegen die sie anzuschreiben versucht. Wolf entwickelt in ihrer Dankesrede eine normative Idealvorstellung von einer Schriftstellerinstanz, die vor den »destruktiven Tendenzen in unserer Zivilisation« nicht die Augen verschließt, sondern »schreibend, andere, produktive Bedürfnisse entwickeln helfen kann, die nur in einem unabhängigen, kritisch denkenden und verantwortlich handelnden Menschen entstehen« (ebd., 108). Nach einer kritischen Analyse ihrer eigenen Generation, der Wolf eine »tiefe Verunsicherung, die Verführbarkeit durch Macht, den Hang zu Schwarz-Weiß-Denken« (ebd., 104) bescheinigt, fragt sich die Autorin in gesellschaftskritischer Manier, ob es wirklich gelungen sei, die Identifikation »großer Teile des deutschen Volkes mit dem Nationalsozialismus« wirklich aufzulösen, oder ob nicht die Gefahr bestehe, dass sie auf Teile der jungen Generation überspringe (vgl. ebd., 106). Ihrer Ansicht nach hätten sich die DDR-Bürger bislang der notwendigen Auseinandersetzung mit der Vergangenheit entziehen können, indem diese an den anderen deutschen Staat delegiert worden sei (vgl. ebd., 107).

Auch in ihren »Dankesworte[n] zur Verleihung Samuel-Bogumil-Linde-Preises« (WA 12, 687–693) am 15.10.1999 – ein Literaturpreis, der von den Städten Thorn (Toruń) und Göttingen im Jahre 1996 gestiftet wurde und den Wolf gemeinsam mit dem polnischen Autor Ryszard Kapuściński erhielt – schafft Wolf eine Verbindung zwischen den Erinnerungen an ihre polnische Heimat, der problematischen Beziehung zwischen Deutschland und Polen nach dem Zweiten Weltkrieg und der auf einer gesellschaftskritischen Analyse bestehenden Forderung nach einer »tätige[n] Humanität in der Gegenwart« und der »Übernahme von Verantwortung für unsere Geschichte« (ebd., 692). Wolf nutzt ihre Redezeit für eine kritische Bestandsaufnahme der Beziehung zu den polnischen Nachbarn und zu einem Appell, unseren Nachbarvölkern als »verläßliche Partner« (ebd., 690) zu begegnen, damit sie nicht fürchten müssen, »als Projektionsfläche für unsere Minderwertigkeits- oder Überwertigkeitsgefühle herhalten zu müssen« (ebd.). Die Schriftstellerin lässt es sich überdies nicht nehmen, am Ende ihrer Dankesrede diejenigen Gruppen von (jungen) Menschen zu kritisieren, die sich rechtsradikalen Ideologien oder Ausländerhass verschrieben haben (vgl. ebd., 692).

In ihrer Rede anlässlich der Verleihung des Nelly-Sachs-Preises der Stadt Dortmund, den sie im November 1999 erhielt (WA 12, 694–706), rekurriert Wolf auf die zentrale Bedeutung, die der jüdischen Nobelpreisträgerin Nelly Sachs innerhalb der Lyrik zum Holocaust zukommt. An mehreren Stellen zitiert sie aus Gedichten der Schriftstellerin, deren Verse für Wolf als »unmittelbarer Abdruck eines Leids« gelten, »das nie vergehen wird« (ebd., 696). Sachs habe es mit ihren Holocaust-Gedichten geschafft, das ›Unsagbare‹ auszusprechen; sie habe »die Kraft und den Mut« gefunden, »das Nicht-mehr-Sagbare doch in die Sprache zu holen« (ebd., 700). Sachs wird von Wolf als eine vom Schmerz zerrissene Autorin beschrieben, die ihr Schreiben als Überlebensmaßnahme benötigte (vgl. ebd., 702); sie litt ihrer Ansicht nach sicherlich auch deshalb so stark, weil sie erkannt habe, dass die Welt schlimm und die »Leidensgeschichte der Erde« (ebd., 704) noch nicht zu Ende sei: »Den totalen unüberbrückbaren Gegensatz zwischen Auschwitz und unserer Zeit, das absolut Andere – es gibt sie [sic] nicht. Wenn wir es uns glauben machen, betrügen wir uns selbst« (ebd., 703 f.). Auch in dieser Rede versteht es Wolf geschickt, die Zeit von Nelly Sachs auf die gegenwärtigen »Risse in unserer Zivilisation« (ebd., 699) zu übertragen. So zieht sich durch die gesamte Dankesrede leitmotivartig die kritische Frage: »Was ist heute menschlich? Worauf beziehen wir heutzutage das Wort ›human‹? Für welche Inhalte ist es uns unverzichtbar geblieben oder geworden?« (ebd., 695).

Die umfangreiche Dankesrede zum Elisabeth-Langgässer-Literaturpreis am 25.9.1999 ist im zwölften Band der Werkausgabe (WA 12, 663–686) unter dem Titel »Ein Versuch über Nachbarschaft und Unvereinbarkeit. Anmerkungen zu Elisabeth Langgässer« veröffentlicht worden. Seit 1988 werden deutschsprachige Autoren ausgezeichnet, deren Werk sich durch ihren sprachlichen Ausdruck würdig in die Nachfolge Elisabeth Langgässers einreihen soll. Der Redetext hat die Lebensgeschichte der katholischen Schriftstellerin zum Inhalt, die 1936 als »Halbjüdin« aus der Reichsschrifttumskammer ausgeschlossen wurde und deren Tochter Cornelia Edvardson die Konzentrationslager Theresienstadt und Auschwitz überlebte. Parallelen sieht Wolf insbesondere im Lebenslauf der für sie so wichtigen Autorin Anna Seghers, die ausführlich darlegt werden (vgl. WA 12, 666–679) – dabei wird nicht versäumt, auch die »ambivalente Stimmung zwischen Autoren der ›äußeren‹ Emigration und solchen, die sich zur ›inneren‹ Emigration zählen konnten« (ebd., 669) aufzudecken. Wolf erzählt u. a., wie sie Langgässer im Jahre 1947 auf einem Schriftstellerkongress getroffen hatte (auf dem auch Seghers anwesend war) und erinnert sich an die »Aura der Fremdheit« (ebd., 685), die Langgässer für sie umgab: »Ich bin auf keine Siegerin gestoßen, wie ich schon länger weiß, daß auch die Seghers keine Siegerin war; in beiden Leben sehe ich tragische Züge« (ebd., 686).

Am 24.9.2010 wurde der Autorin im Neubrandenburger Schauspielhaus für ihren letzten Roman *Stadt der Engel oder The Overcoat of Dr. Freud* der Uwe-Johnson-Preis verliehen; ein Literaturpreis, mit dem deutschsprachige Autorinnen und Autoren gefördert werden sollen, »in deren Schaffen sich Bezugspunkte zu Johnsons Poetik finden und die in ihren Texten ebenso unbestechlich und jenseits der ›einfachen Wahrheiten‹ heute deutsche Vergangenheit, Gegenwart und Zukunft in den Blick bekommen« (Gansel 2010, 4). In Wolfs Dankesworten – der festliche Anlass wurde durch die Uwe-Johnson-Tage der Mecklenburgischen Literaturgesellschaft e. V. und den Nordkurier begleitet und erhielt damit einen dezidert fachwissenschaftlichen Kontext – stehen ihre Erinnerungen an die Begegnungen mit dem Schriftsteller, der die Familie Wolf in Mecklenburg wiederholt besucht hatte, im Vordergrund. Die Autorin beschreibt das Leben Johnsons, dem oftmals in der Forschung ein literarischer Werkdialog mit Wolf nachgesagt wird, als »tief widersprüchlich[]« und seine Person als »unbeugsam«, »eigenwillig« (Wolf 2012, 36) und auf das Recht auf seine eigene Haltung bedacht. Dennoch seien, aufgrund der »unlösbare[n] Verzahnung« der Biographie mit den äußeren Zeitumständen, »Nachdenklichkeit« und »Verständnissuche« (ebd.) die Haltungen, mit denen man sich seinem Leben annähern müsse. Über die Jahre hinweg habe die Autorin eine »bewegte, teilnehmende, trauernde Verbundenheit« (ebd.) mit dem Schriftsteller verbunden.

Am 24.10.2010 erhielt Wolf als erste Preisträgerin den neugeschaffenen »Thomas-Mann-Preis der Hansestadt Lübeck und der Bayerischen Akademie der Schönen Künste« für ihr Lebenswerk. In ihren Dankesworten stellt Wolf ihre Erinnerungen an den deutschen Emigranten Thomas Mann in den Fokus. 1992 lebte die Autorin für ein Dreivierteljahr nahe bei dem Ort, an dem 1933 *Doktor Faustus* entstand, in Pacific Palisades. In einer Art »Erinnerungsstrom« (Wolf 2012, 22) geraten in ihrer Rede verschiedene »Zeitschollen aus verschiedenen Schichten« (ebd., 18) in Bewegung und verschieben sich gegenseitig: 1) die Zeitebene der erneuten Wolfschen Lektüre des *Doktor Faustus* 1993 in Kalifornien, 2) die Zeit Thomas Manns in den USA (1939–1942), 3) die Zeitebene des *Faustus*-Romans, die ihrerseits das erste Viertel des 20. Jahrhunderts umfasst, 4) die Zeitebene der Tagebücher Thomas Manns, sowie 5) die Jetzt-Zeit ihrer Dankesworte. Auch diese Preisrede führt letztlich zu der für die Autorin so wichtigen Frage, inwiefern das Trauma der Zeit des Dritten Reiches das Erleben und Agieren ihrer Generation in der späteren Lebenszeit mit geprägt hat (vgl. ebd., 22).

Abgesehen von den Reden aus Anlass der zahlreichen Literaturpreise hielt die Autorin Dankesreden zu weiteren ihr verliehenen Auszeichnungen. Am 12.9.1990 nahm die Autorin in Paris den Titel »Officier des arts et des lettres« (vgl. WA 12, 268–270) an. Den Auftritt im Ausland, wo ihr Ansehen ungebrochen war (s. Kap. IV.51), nutzte Wolf für eine Bemerkung, welche »die erlittenen Wunden« der Zeit des deutsch-deutschen Literaturstreits lediglich anzudeuten vermochte (vgl. Magenau 2002, 412 f.): »Wenn aber die Literatur streitbar sein kann und, wie ich finde, sein soll, so wird der Literaturbetrieb zuzeiten mörderisch, seine Protagonisten halten sich nicht immer an das Gebot der Fairneß und kämpfen mit präparierten Waffen: die Literatur als Kriegsschauplatz« (WA 12, 269). Des Weiteren wurden Wolf ebenfalls mehrere Ehrendoktorwürden verliehen (vgl. hierzu v. a. die »Zwischenrede. Rede zur Verleihung der Ehrendoktorwürde der Universität Hildesheim«, 1990 [WA 12, 227–232] und »O Dichtung, herrlich, streng und sanft. Begegnungen mit Spanien und seiner Literatur. Rede aus Anlass der Verleihung der Ehrendoktorwürde der Universidad Complutense de Madrid«, 2010 [Wolf 2012, 120–124]). Die Rede an der Universität Hildesheim nutzte Wolf, um auf die aktuellen Ereignisse der »Wiedervereinigung« zu rekurrieren und die »Probleme wenigstens an[zu]deuten, in die ich und, wie ich weiß, auch andere in der DDR sich heute gestellt sehen« (WA 12, 228). Viele seien desorientiert, würden in Depressionen versinken, denn innerhalb weniger Wochen wären vor ihren Augen die Chancen für einen »neuen Ansatz zu einer alternativen Gesellschaft« (ebd., 229) verschwunden. Wolf appelliert an eine ernsthafte Verständigung beider Staaten; »alte Fremdheiten« müssten allmählich aufgelöst und die Entstehung neuer Entfremdungsgefühle vermieden (vgl. ebd., 232) werden. Nicht zuletzt sei es die Aufgabe der Literatur, »die Menschen in den neuen Verhältnissen [zu] begleiten« (ebd.). Die Rede aus Anlass der Verleihung der Ehrendoktorwürde der Madrider Universität musste Wolf in Berlin halten (die spanische Botschaft hatte für diesen Anlass die Gastgeberrolle übernommen), da sie sich aufgrund der Folgen einer Operation eine Auslandsreise nicht zutraute (vgl. Wolf 2012, 120). Die Zeit nutzte Wolf, um auf eine Reihe von spanischen Autor/innen und Künstler/innen zu rekurrieren, die für sie von großer Bedeutung waren und immer noch sind: Mercè Rodoreda, Ana María Matute, Mario Vargas Llosa, Vicente Aleixandre oder Rafael Alberti u. v. m. Die Rede ist – wie viele ihrer Vorträge und Reden seit den 1990er Jahren – nicht dezidiert politisch markiert und spiegelt damit auch v. a. Wolfs zunehmende Desillusionierung gegenüber der Wirkungsmöglichkeit politischer motivierter Beiträge wider.

Literatur

Dahn, Daniela: Gespräch mit Christa Wolf. Ohne Titel. Juli/Oktober 1990. In: Christa-Wolf-Archiv. Akademie der Künste. Berlin, Signatur 260.

Diesing, Antje: *Erzählen als identitätsbildender Prozess in Christa Wolfs »Nachdenken über Christa T.« und »Kindheitsmuster«*. Frankfurt a. M. 2010.
Dröscher, Barbara: *Subjektive Authentizität. Zur Poetik Christa Wolfs zwischen 1964 und 1975*. Würzburg 1993.
Gansel, Carsten/Schumacher, Lutz (Hg.): *Dokumentation zum Uwe-Johnson-Preis 2010*. Hg. im Auftrag des Nordkurier und der Mecklenburgischen Literaturgesellschaft.
Hilzinger, Sonja: *Christa Wolf. Leben – Werk – Wirkung*. Frankfurt a. M. 2007.
Kopka, Fritz-Jochen: »Margarete in Santa Monica«. Gespräch mit Christa Wolf. In: Hermann Vinke (Hg.): *Akteneinsicht Christa Wolf. Zerrspiegel und Dialog. Eine Dokumentation*. Hamburg ²1993, 163–167.
Krause, Tilmann: »Sind Sie noch eine Leitfigur, Frau Wolf?« Christa Wolf über Medea, Sündenböcke, Zerstörungslust, Wahrnehmungsblockaden, die Krise unserer Zivilisation. In: *Der Tagesspiegel*, 29.4.1996.
Löffler, Sigrid: »Ich will authentisch erzählen«. Gespräch mit Christa Wolf zum 70. Geburtstag. In: *Die Zeit*, 18.3.1999; www.zeit.de/1999/12/199912.interview_christ.xml (7.3.2014).
Lücke, Detlev/Magenau, Jörg: »Ich bin eine Figur, auf die man vieles projizieren kann«. Gespräch mit Christa Wolf. In: *Der Freitag*, 18.3.1994.
Magenau, Jörg: *Christa Wolf. Eine Biographie*. 2. Aufl. Berlin 2002.
Simon, Jana: *Sei dennoch unverzagt. Gespräche mit meinen Großeltern Christa und Gerhard Wolf*. Berlin 2013.
Skare, Roswitha: *Christa Wolfs »Was bleibt«. Kontext – Paratext – Text*. Berlin 2008.
Struzyk, Brigitte: Gespräch mit Christa Wolf. Ohne Titel. März 1990. In: Christa-Wolf-Archiv. Akademie der Künste. Berlin, Signatur 257.
Widmann, Arno: »Nehmt euch in Acht«. Interview mit Christa Wolf. In: *Frankfurter Rundschau*, 11.7.2008.
Wolf, Christa: *Reden im Herbst*. Berlin/Weimar 1990.
Wolf, Christa: *Rede, daß ich dich sehe. Essays, Reden, Gespräche*. Berlin 2012.

Nadine J. Schmidt

47 Tagebücher: »Ein Tag im Jahr« (2003), »Ein Tag im Jahr im neuen Jahrhundert« (2013), »Moskauer Tagebücher« (2014)

Nicht um private Tagebücher geht es, sondern um jene tagebuchartigen Aufzeichnungen, die 2003 unter dem Titel *Ein Tag im Jahr. 1960–2000* von Christa Wolf selbst als Buch veröffentlicht und 2014 von Gerhard Wolf aus dem Nachlass unter dem Titel *Ein Tag im Jahr im neuen Jahrhundert. 2001–2011* ergänzt wurden. Ein kurzer Seitenblick gilt abschließend den *Moskauer Tagebücher[n]*, einer ebenfalls aus dem Nachlass edierten Sammlung von Tagebuch-Notizen über zehn Russlandreisen Christa Wolfs zwischen 1957 und 1989.

Den Anstoß zum mehr als ein halbes Jahrhundert lang durchgehaltenen Projekt, jedes Jahr Ereignisse, Erlebnisse, Gedanken, Gefühle eines einzelnen Tages schriftlich festzuhalten, gab eine Aktion der Moskauer Zeitung *Iswestija*, die 1960 die Schriftsteller der Welt aufrief, ihren persönlichen 27. September möglichst genau zu beschreiben. Die Zeitung griff damit ein Projekt auf, das Maxim Gorki 1935 initiiert hatte (*Ein Tag der Welt*), das aber später wieder in Vergessenheit geraten war. Der *Iswestija*-Aufruf stieß damals auf große Resonanz, Christa Wolf aber war vermutlich die einzige, die diese Idee kontinuierlich weiterpflegte. Von wenigen Ausnahmen abgesehen (bei Krankheiten oder Reisen wurde der ›Tag‹ mitunter später nachgetragen), hat sie 52 Jahre lang getreulich protokolliert, was sich am 27. September ereignete:

> »Ich notierte – oft am gleichen Tag beginnend, meistens noch bis in die nächsten Tage hinein, – was ich an jenem Tag erlebt, gedacht, gefühlt hatte, Erinnerungen, Assoziationen – aber auch die Zeitereignisse, die mich in Bann hielten, politische Vorgänge, die mich betrafen, den Zustand des Landes, in dem ich bis 1989 Anteil nehmend lebte, und [...] die Phänomene des Zusammenbruchs der DDR und die des Übergangs in eine andere Gesellschaft, einen anderen Staat.« (ETJ, 6)

Die Aufzeichnungen wurden so »auch ein Beleg für meine Entwicklung. Der Versuchung, frühere Fehlurteile, ungerechte Einschätzungen aus heutiger Sicht zu korrigieren, mußte ich widerstehen« (ETJ, 7). Widerstanden hat Christa Wolf auch dem gelegentlich aufkeimenden Wunsch, das Ganze zu beenden. Am dreißigsten Jahrestags des Projekts, am 27. September 1990, notierte sie: »Bin versucht, dieses Projekt abzubrechen, aus einer tiefer sitzenden Hemmung heraus als aus der gewöhnlichen Unlust« (ETJ, 453). Kurze Zeit später konstatiert sie dann allerdings, dass es »eigentlich [...] schade [wäre], diese Protokoll-Serie [...] jetzt einfach aufzugeben« (ETJ, 453). Ein Motiv weiterzumachen ist, was sie »Berufspflicht« nennt; sie meint damit, »wenigstens weiter Protokoll zu führen, die Trägheit zu überwinden« (ebd.). Der Gedanke an eine Veröffentlichung spielte keine Rolle. Separat publiziert wurden zunächst nur das erste Protokoll (Wolf 1974) und – im Kontext von Christa Wolfs öffentlicher Selbstreflexion während der Krisen und Verwerfungen beim Zusammenwachsen der beiden deutschen Staaten – die Texte *Woserin, Freitag, den 27. September 1991* (Wolf 1994, 93–114), *Santa Monica, Sonntag, den 27. September 1992* (Wolf 1994, 232–247), *Berlin, Montag, der 27. September 1993* (Wolf 1994, 281–298). Erst später entschloss sie sich, vielleicht angeregt durch das symbolische Datum der Jahrtausendwende, die Texte als Buch zu veröffentlichen.

Im Vorwort zu *Ein Tag im Jahr* sucht Christa Wolf nach Erklärungen für ihre Ausdauer. »Nicht alle Gründe dafür sind mir bewußt, einige kann ich nennen: Als erstes meinen Horror vor dem Vergessen« (ETJ, 5). Das Buch ist also Teil ihres groß angelegten Erinnerungsprojekts. »Vergänglichkeit und Vergeblichkeit als Zwillingsschwestern des Vergessens: Immer wieder wurde [...] ich mit dieser unheimlichen Erscheinung konfrontiert. Gegen diesen unaufhaltsamen Verlust von Dasein wollte ich anschreiben« (ETJ, 6).

> »Diese Tagebuchblätter unterscheiden sich deutlich von meinem übrigen Tagebuch, nicht nur in ihrer Struktur, auch inhaltlich und durch stärkere thematische Gebundenheit und Begrenztheit. Aber auch sie waren nicht zur Veröffentlichung bestimmt, wie etwa jene anderen Texte es von vornherein waren, die den Ablauf eines Tages zum Anlaß für ein Prosastück nehmen: ›Juninachmittag‹, ›Störfall‹, ›Was bleibt‹, ›Wüstenfahrt‹ – Beweisstücke für meine Faszination von dem erzählerischen Potential in beinahe jedem beliebigen Tag.« (ETJ, 7)

Das Anschreiben gegen das Vergessen (»pur, authentisch, frei von künstlerischen Absichten«) wurde zu einer »Übung gegen Realitätsblindheit«, verbunden mit der Hoffnung, »punktuell, in regelmäßigen Abständen« erhobene »Befund[e]« würden im Laufe der Jahre »eine Art Diagnose ergeben: Ausdruck meiner Lust, Verhältnisse, Menschen, in erster Linie aber mich selbst zu durchschauen« (ETJ, 6). An anderer Stelle notiert sie allerdings zweifelnd, »daß dieser ganze beobachtete Tag ja unter das Heisenbergsche Gesetz von der Unschärferelation fällt: Er wird deformiert durch meinen unausgesetzten Blick auf ihn. Er verläuft nicht, wie er sonst verlaufen würde. Er gewinnt und verliert durch Bewußtheit« (ETJ, 254). Solche Überlegungen zur Funktion dieser Notizen wiederholen sich regelmäßig. Der Jahre später aufkommende Gedanke, den Tag nicht von seinem Ende her aufzuschreiben, sondern mit zu stenografieren, »ohne zu wissen, was kommt«, wird allerdings wieder verworfen: »dann kann man [...] keine Zentren schaffen, keine Schwerpunkte setzen, selbst die Reflektionen geraten dann dünner« (ETJ, 552 f.).

Der Entschluss, »diese Aufzeichnungen zu publizieren, in denen das ›Ich‹ kein Kunst-Ich ist, sich ungeschützt darstellt und ausliefert – auch jenen Blicken, die nicht von Verständnis und Sympathie geleitet sind« (ETJ, 7), dieser Entschluss mag nach den verletzenden Erfahrungen in den 1990er Jahren (Stasidebatte, ›Literaturstreit‹) leichter gefallen sein. Zeigten doch gerade die Feuilletondebatten, initiiert von Journalisten, die Christa Wolf wenige Jahre zuvor noch als eine herausragende Repräsentantin der DDR-Literatur gelobt hatten, wie kurz die Halbwertszeit intellektueller Haltungen und Standpunkte in den sog. Qualitätszeitungen war. Christa Wolf selbst gibt folgende Begründung: »Von einem bestimmten Zeitpunkt an, der nachträglich nicht mehr zu benennen ist, beginnt man, sich selbst historisch zu sehen« (ebd.). Mit der Veröffentlichung ihrer Aufzeichnungen zum 27. September ging eine neue Offenheit in den nun auch wieder entstehenden literarischen Texten einher. In *Leibhaftig* oder in *Stadt der Engel* gibt die Autorin mehr von sich preis, als beispielsweise in *Störfall* oder *Sommerstück* und selbst in *Kindheitsmuster*. Offenbar ist mit dem Alter die Scheu geringer geworden, beim Schreiben – bildlich gesprochen – den Gegnern und Kritikern die entblößte Kehle darzubieten.

Fragen nach der narratologischen Einordnung von *Ein Tag im Jahr* (vgl. Koch 2012) erscheinen sekundär angesichts der Qualitäten eines Buches, in dem sich eine Serie von Gelegenheitstexten zu einem Ganzen gruppiert, das eine zentrale Stelle in Christa Wolfs Gesamtwerk einnimmt. Es ist kein Arbeitstagebuch (dazu enthält es zu vieles, was nichts mit schriftstellerischer Arbeit zu tun hat) und keine Bekenntnisschrift (dazu taugt es mit der Fixierung auf einen einzigen Tag im Jahr nicht) – aber es ist ein wichtiger Schlüssel zum Verständnis von Christa Wolfs Werk und ihrer Poetik. Selbst von nachgeborenen Lesern, die mangels Zeitgenossenschaft Schwierigkeiten haben, Bücher wie *Der geteilte Himmel* zu verstehen, kann es mit Gewinn gelesen werden. Das scheinbar Zufällige dieser Texte fügt sich harmonisch in ein Schreibkonzept, das die Autorin einst – an anderer Stelle, abstrakter – als »subjektive Authentizität« charakterisiert hatte (vgl. WA 4, 401–437). Dieses Konzept wird hier mit Leben gefüllt und beweist, dass es nicht nur zum diskreten Widerstand gegen die Kulturpolitik des real existierenden Sozialismus taugte, sondern auch zur ästhetischen Auseinandersetzung mit dem Alltag in einer neuen oder – je nach Standpunkt – alten Gesellschaft (s. Kap. II.B.16).

Selbstverständlich erlauben die Aufzeichnungen auch Einblicke in das Privatleben der Autorin. Fast zwangsläufig dadurch, dass die Tochter Tinka am 28. September 1956 geboren wurde, Christa Wolf am 27. September also oft mit Geburtstagsvorbereitungen befasst war. Die Tages-Notizen belegen zudem plausibel, was man als Leser der literarischen Texte ahnt: eine nachgerade symbiotische (Arbeits-)Beziehung zwischen Christa und Gerhard Wolf. So heißt es beispielsweise über ein Gespräch beim gemeinsamen Essen: »[W]ieder finden wir, wie vorteilhaft es ist, ein Erlebnis miteinander zu teilen, es bekommt noch eine Dimension, mehr Dichte, und sogar unsere oft unterschiedliche Beurteilung von Leuten, über die wir früher erbittert streiten konnten, lassen wir nun gelten, um sie – was wir erst lange Zeit später bemerken – allmählich in die eigene Sicht mit einfließen zu lassen« (ETJ, 513 f.). Dennoch befriedigt das Buch weder Voyeurs- noch andere Sensationsgelüste. Das – vor allem von ihren letzten Büchern genährte – Bild einer Autorin, die sich dem Schreiben mit Leib und Seele, mit Haut und Haaren ergeben hat und so immer wieder auch sich selbst ausliefern muss (den Lesern, den Zensoren, den Kritikern), gewinnt hier besonders deutliche Konturen. *Ein Tag im Jahr* ist ein vieldimensionales Buch: Christa Wolf-Biographie in Einzellieferungen, diskursive Darstellung ihrer Poetik, exemplarische Kulturgeschichte der DDR sowie Einführung und Kommentar zum literarischen Werk. An Beispielen aus verschiedenen Themenbereichen soll das im Folgenden illustriert werden.

Poetologische Reflexionen

Ein durchgängiges Thema ist das Nachdenken über die eigene Schreibtätigkeit. 1964 wird notiert: »Und was habe ich in dieser Woche geschrieben? Einen offenen Brief für die *Prawda*. Diese Tagebuchnotizen.

[…] Ein Artikel für die ›Sowjetfrau‹, Das alles ist unmöglich« (ETJ, 72). Noch resignierter 1965 (im Dezember nachgetragen):

»Der 27. September verging, ohne daß ich ihn protokolliert hätte. Ich hatte Migräne, fühlte mich schlaff, krank, nicht arbeitsfähig, lag herum, ließ die Dinge schleifen […]. Anscheinend hatte ich nicht die Lust oder nicht die Kraft, mein anwachsendes Gefühl, ›daß die Partie verloren ist‹, auch noch schriftlich zu fixieren« (ETJ, 73).

Zum »11. Plenum des ZK am 15. Dezember [ging] ich mit bangen Gefühlen […]. Danach setzt am 20. Dezember mein Tagebuch wieder ein […]. Vielleicht ist das Tagebuch in nächster Zeit […] die einzige Kunstform, in der man noch ehrlich bleiben, in der man die sonst überall nötig oder unvermeidlich werdenden Kompromisse vermeiden kann. Das Plenum hat entschieden: Die Realität wird abgeschafft.« (ebd.)

Ohne es zu wissen, stellt sich Christa Wolf so in jene europäischen Schreibtraditionen, in denen »Tagebücher als Werk […] zu einem Charakteristikum der Literatur des 20. Jahrhunderts« wurden (Wuthenow 1994, 395). Ein Jahr später wird die politische Niederlage als persönliches Versagen gedeutet: »[I]ch frage mich, inwieweit die Schwierigkeiten dieses Jahres nicht einfach meine ganz persönlichen Schwierigkeiten sind, eines zu kleinen Talents, eines zu großen Ehrgeizes, eines zu schwächlichen, halbherzigen Lebens, aus dem eben nicht mehr herauszuholen ist« (ETJ, 83). Die Fortsetzung des Eintrags transformiert dann allerdings die Selbstzweifel wieder in den kulturpolitischen Jargon der Zeit: »Mir ist klar, daß man die jetzige Situation literarisch nur bewältigen kann bei großer Reife und mit einem starken Talent. Das hab ich nicht. Ich war bis jetzt auf eine andere Art von Literatur eingestellt. Das Bewußtsein von der Notwendigkeit dieser Umstellung macht mir zusätzliche Probleme, das sind die Probleme der letzten Zeit« (ETJ, 90). Überlegungen zum eigenen Rangplatz in der Literaturgeschichte klingen – fast ein bisschen naiv – so: »Proust hat das besser gemacht als wir es könnten, oder Thomas Mann ... Man steigt ganz gerne mal auf diese Gipfel, aber es sind fixierte Endpunkte, man muß wieder herunter. Man kann da nicht anknüpfen, es ist keine Basis. Man muß die Fragen der Individualität für die neue Klasse, die zur Macht gekommen ist, ganz neu stellen« (ebd.). Hinter den Floskeln aber scheint das zentrale Thema auf: die Rolle des Subjekts in der sozialistischen Gesellschaft.

Selbstzweifel begleiten Christa Wolfs Arbeit über Jahre. 1967 konstatiert sie, »daß der Zweifel an meinem Beruf immer nur für Stunden wegzudrücken ist« (ETJ, 102). Ihr Mann versucht zunächst zu trösten (»bei Frauen sei dieser Komplex, nicht zureichend zu sein, anscheinend besonders schwer zu überwinden. Mit dem Talent wachse auch die Sensibilität«), hält ihr dann aber, als sie das Gespräch nicht fortsetzen möchte, vor: »Du denkst dann immer, kein anderer könnte das verstehen […] und flüchtest dich in die Isolierung« (ETJ, 110). Es ist sicher nicht spekulativ, die zahlreichen Erkrankungen Christa Wolfs in Krisen und nach politischen Konflikten auch als psychosomatische Folge solcher Fluchttendenzen zu deuten. Bei Anaïs Nin entdeckt sie »Bemerkungen darüber«, daß eine schöpferisch tätige Frau »viel stärker von Schuldgefühlen geplagt wird als ein Mann« (ETJ, 186). Zugleich erkennt sie: »Das Grund-Motiv meines Schreibens, mit mir selbst ins Reine zu kommen, setzt sich rigoros durch, ich kann und darf es nicht ignorieren, so oft es mir auch als meine Grund-Schwäche erscheint: ›Subjektivismus‹« (ETJ, 188 f.).

Bemerkenswert ist der wiederholt konstatierte Zusammenhang zwischen Textsorte und politischer Krise (die immer auch als persönliche Niederlage erfahren wird). Der schon nach dem 11. Plenum 1965 aufkeimende Gedanke, nur noch im Tagebuch könne man ehrlich bleiben, wird nach der Biermann-Ausbürgerung wieder aufgegriffen. 1980 notiert Christa Wolf, dass sie

> »vor vier Jahren begriffen habe: Unsere Lage ist aussichtslos; daß ich dieses Wissen seitdem weniger in Prosa als in Essays zu verarbeiten suchte; daß vielleicht mein Körper in aller Stille seinen Weg gesucht hat, diese Aussichtslosigkeit, dieses Erwürgtwerden, auszudrücken; daß dieser Verdacht aber ebensogut ein unzulässiger Mystizismus sein kann; daß Krankheit, gerade *diese* Krankheit, nicht als Metapher genommen werden soll und darf (obwohl die Frage nach den psychosomatischen Faktoren einer jeden Krankheit bleibt).« (ETJ, 272)

Das Ausweichen in Genres am Rande des literarischen Feldes wird aus dem subjektiven Befinden begründet, etwaige Kritik fast trotzig mit einer rhetorischen Frage zurück gewiesen: »Wieso soll nun das […] *nicht* Literatur sein? […] *Muß* denn dieses Fiction-Element, die Verschiebung ins Nicht-Ich, die sogenannte Verallgemeinerung dabei sein, um etwas Geschriebenes zu Literatur zu machen? Habe ich nicht gerade in dem Bettina-Essay die Bedeutung der Unbedeutendheit, der Formverweigerung – die ja auch eine Verweigerung ist, zu verfälschen – für mich selbst entdeckt?« (ETJ, 282 f.). Selbstzweifel dann allerdings auch hier: Ist »diese Flut unliterarischen, autobiografischen Schreibens das Anzeichen dafür, daß ich mich den verfälschenden Formen zu entziehen suche? – Dabei kann es einfach bloß Unvermögen sein« (ETJ, 283). Jahre später, nach dem Zusammenbruch der DDR, notiert sie zur Lesung einer Kollegin: »[I]ch beneide die Autorin. Wann werde ich, oder werde ich überhaupt je noch einmal ein Buch über eine ferne erfundene Figur schreiben können; ich selbst bin die Protagonistin […], bin ausgesetzt, habe mich ausgesetzt« (ETJ, 524).

Konsequenterweise hatte Christa Wolf nach der Wende zunächst auf die Veröffentlichung literarischer Texte verzichtet und versucht, sich in Essays, Reden, Briefen und Tagebuchnotizen über ihre Rolle in der entstehenden neuen Gesellschaft klar zu werden. Wie schonungslos und radikal sie die eigene Abwicklung als DDR-Autorin betrieb, dokumentiert die 1994 erschienene Textsammlung *Auf dem Weg nach Tabou*. Selbst die entstand nicht ohne Zweifel und Bedenken. Im September 1993 notiert sie dazu: »[I]ch weiß doch noch gar nicht, ob ich dieses Bändchen wirklich will, ob ich die fremden Augen auf meinem Geschriebenen überhaupt will, ob ich es wirklich aushalten will, bis jetzt ist doch alles ein Spiel, ein Versuchsballon, alles ist offen […]. Das sei doch jedesmal so bei mir, sagt Gerd, anscheinend brauche ich diesen Selbstbetrug« (ETJ, 513). Schließlich wird, wie schon öfter, die Skepsis gegenüber der eigenen Schreibtätigkeit mit Pragmatismus konterkariert. Bei der Planung der Buchausgabe von *Ein Tag im Jahr*, neun Jahre danach, ist das nicht anders. Mit dem Ehemann diskutiert sie einen möglichen Titel (»Zeitachsen«) und die Gestaltung des Schutzumschlags, dann notiert sie: »Ich hege im stillen weiter Zweifel daran, ob ich dieses Buch herausgeben soll, ich sehe schon die abschätzige und empörte Kritik, aber nun mache ich das Manuskript erst mal druckfertig, […] dann sehen wir weiter« (ETJ2, 36).

Im letzten Lebensjahrzehnt werden die Einträge über Selbstzweifel, das Schreiben betreffend, seltener. Kommentare zur Politik, aber auch Notizen zum Alltag – der immer stärker durch Krankheiten geprägt ist – nehmen breiten Raum ein. Selbstquälerisches Nachsinnen über den Beruf scheint einer neuen Gelassenheit gewichen zu sein, die nicht frei ist von Resignation, aber doch auch Erleichterung signalisiert. Der letzte vollständige Eintrag vom 27. September 2010 (aus dem Jahr 2011 gibt es nur noch Stichwörter) endet so: »Mir fällt nichts ein. Ich wäre nicht untröstlich, wenn ich nicht mehr schreiben würde« (ETJ2, 151). Christa Wolfs Haltung zu ihrem Beruf blieb zeitlebens ambivalent. Sie ist unzufrieden oder sogar unglücklich, wenn sie nicht schreiben kann und permanent verzweifelt über eigene (und auch fremde) Erwartungen an das Geschriebene. Schon 1967 notiert sie: »Als ich mich wieder an den Schreibtisch setze, denke ich, daß so das alltägliche Glück aussieht und mehr nicht zu erwarten ist. Das macht nichts, wenn nur nicht die Angst vor den Verletzungen wäre« (ETJ, 106).

Reflexion der eigenen literarischen Arbeit

Neben den wiederkehrenden grundsätzlichen Zweifeln spielt in den Jahresnotizen die konkrete Reflexion der eigenen literarischen Arbeit eine große Rolle, die auch für die Interpretation einzelner Werke von Bedeutung ist. Im ersten Eintrag von 1960 nehmen die Erfahrungen im Waggonwerk, die später in die Erzählung *Der geteilte Himmel* einflossen, breiten Raum ein. Bemerkenswert in diesem Zusammenhang ist ein Gespräch mit dem Ehemann, der von seiner Lektüre der Lenin-Briefe an Gorki berichtet:

> »Wir kommen auf die Rolle der Erfahrung beim Schreiben und auf die Verantwortung, die man für den *Inhalt* seiner Erfahrung hat: Ob es einem aber freisteht, beliebige, vielleicht vom sozialen Standpunkt wünschenswerte Erfahrungen zu machen, für die man durch Herkunft und Charakterstruktur ungeeignet ist? Kennenlernen kann man vieles, natürlich. Aber *erfahren*? – Es gibt einen Disput über den Plan zu meiner neuen Erzählung. Gerd dringt auf die weitere Verwandlung des bisher zu äußerlichen Plans in einen, der mir gemäß wäre. Oder ob ich eine Reportage machen wolle? Dann [...] könnte ich sofort loslegen. Leichte Verstimmung meinerseits, wie immer geleugnet, wenn ich in Wirklichkeit spüre, daß ›was Wahres dran ist‹.« (ETJ, 12)

Christa Wolfs Zweifel, ob sie überhaupt in der Lage sei, ernsthafte *Erfahrungen* in der Arbeitswelt zu machen, erinnern an Franz Fühmanns einige Jahre später in einem »Brief an den Minister für Kultur« formulierte These, man müsse »als Arbeitssuchender und nicht als Schriftsteller in einen Betrieb gehen«, um die dortige Realität zu verstehen; dies – so Fühmann – sei zumindest »unser Schicht- und Generationsproblem« (Fühmann 1993, 10). Offenbar hatten gerade jene Autoren, die den ›Bitterfelder Weg‹ ernst nahmen (Fühmann begann sogar eine Ausbildung zum Schweißer), grundsätzliche Bedenken gegen dieses Konzept.

1961 arbeitet Christa Wolf immer noch an der Erzählung, die später als *Der geteilte Himmel* publiziert wurde, und sinniert über »die Metamorphosen der Titel: ›Entdeckungen‹, ›Begegnung‹› ›Zur Zeit der Trennung‹, vielleicht noch nicht endgültig« und über das Genre: »eine Brigadegeschichte [...] wie es jetzt viele gibt«; »eine enge Geschichte, mit Reportagezügen, zweckgebunden, Gebrauchsliteratur, konstruiert, vordergründig, provinziell« (ETJ, 33). Das waren »Zwischenstufe[n] zu der Erkenntnis, daß ich die Liebesgeschichte des Mädchens Rita Seidel schreiben muß. Eine Geschichte mit unglücklichem Ausgang durch die unselige Spaltung Deutschlands« (ETJ, 33 f.). Christa Wolf legt Wert auf die Feststellung: »Diese Konzeption hatte ich angefangen zu verwirklichen vor dem 13. August. Ich mußte sie nicht verändern. Daß Manfred jetzt gar nicht mehr weggehen *könnte*, ist kein Argument: Ihre Liebe ist vorher zerbrochen, nicht dadurch, daß er weggeht. Allerdings hat die Trennung jetzt etwas Endgültiges und schneidet noch tiefer ein« (ETJ, 34; s. Kap. II.A.12).

Auf eine von der SED-Zeitung *Freiheit* in Halle vom Zaun gebrochene Debatte über das schließlich 1963 erschienene Buch, dem man unter anderem ›dekadente Lebenshaltung‹ vorwarf, reagiert sie – offenbar gestärkt durch die Rückendeckung von Kulturfunktionären – fast gelassen, wenngleich im Duktus parteiinterner Debatten: »[D]iese Diskussion offen zu führen, halte ich noch für zu früh. So bewegt sie sich auf einer Scheinebene: Ich bin gezwungen, die menschlichen Gemeinheiten zurückzuweisen, und kann mich auf die Sache verhältnismäßig wenig einlassen« (ETJ, 56). »Andererseits: Sie kommen nicht durch. Das Buch wird (trotz heftiger Gegenstimmen) im Jugendkommuniqué genannt. Eine Menge Leute, auch leitende Genossen, bleiben bei ihrer Meinung« (ETJ, 59). Christa Wolf sieht allerdings auch schon die Gefahren solcher Kompromissbereitschaft, von der sie sich später in einem schmerzhaften Prozess gelöst hat: »Das Unangenehmste an diesen unbegründeten plötzlichen Attacken gegen ein Buch oder gegen eine Person ist: Der Prozeß der Selbstkritik wird abgebremst. Man macht sich steif. Man hört gieriger auf Lob als vorher. Man nimmt es ernster. – Das darf mir auf keinen Fall passieren!« (ebd.). Die Erzählung war letztlich sehr erfolgreich – auch außerhalb der DDR –, nur die Autorin blieb selbstkritisch und notierte einige Jahre später: »Als ich in den letzten Tagen Korrekturen für eine Nachauflage [...] lesen mußte, kamen mir manchmal die Tränen über die ungebrochene Welthaltung, die das noch ausstrahlt« (ETJ, 156; s. Kap. II.B.15).

Zunächst ging es aber um *Nachdenken über Christa T.* 1966 wird ein Gespräch mit dem Ehemann über die »Möglichkeit eines solchen Romans« rekapituliert: »Keine konventionelle Form, Zeitmaterial mit verarbeiten, nicht alles um eine Figur herum zwingen, die sechziger Jahre nehmen, Berlin, das alte Neue und das neue Alte; daß die Menschen kaum verstehen, was mit ihnen eigentlich geschieht, die Kräfte zeigen, die das wirklich treiben – aber was sind das für Kräfte? Die ökonomischen?« (ETJ, 98 f.). Aber dann gibt es da dieses unerreichte, unerreichbare Vorbild, das gelegentlich beinahe als Über-Ich fungiert; und es gibt den grundsätzlichen »Unterschied im Denken der Generation von Anna Seghers und unserer Generation [...]: Dort die klassische Klarheit, allerdings auch Starre, hier die bewegte, ungeklärte Unruhe. [...] Mir wurde bewußt, daß die Anna meine ›Christa T.‹-Geschichte rundheraus ablehnen müßte« (ETJ, 98). Andererseits ist gerade dieses Buch von größter Bedeutung für Christa Wolf, denn es geht um die »[d]ie Übertragung der eigenen Probleme auf eine dritte Person« (ETJ, 103).

Noch wichtiger ist allerdings ein Projekt, das schon 1964 in einem Arbeitsplan als »Mein Buch über 1945« (ETJ, 70) auftaucht, später gelegentlich als »[d]as ›große‹ Buch« (ETJ, 142) firmiert, 1970 schließlich »Eine Kindheit in Deutschland. Oder auch: Ein Nachruf auf Lebende« heißen soll (ETJ, 154; vgl. NaL). Mit diesem Projekt quält sich die Autorin über viele Jahre. »Das Kindheitsbuch« sollte keinesfalls chronologisch Erinnerungen nachzeichnen. »Vielleicht so: Der Treck in der ersten Hälfte 1945, dahinein die Kindheit einblenden, die sich auf dieser Flucht eigentlich erst enthüllt. Technisches, immer wieder beim Prosaschreiben auftretendes Problem: Wie die einander überlagernden Schichten, aus denen ›Wirklichkeit‹ besteht, in die lineare Schreibweise hinüberretten?« (ETJ, 139). 1972 gibt es zwar den endgültigen Titel, aber immer noch keinen Anfang:

»Der Bogen zur 1. Seite von ›Kindheitsmuster‹ ist von gestern her noch eingespannt, aber ich muß doch wieder neu anfangen. Ich schreibe gut 1 ½ Seiten, die ich mal stehenlassen will, ohne zu wissen, ob mir das was helfen wird. Denn wochenlang kann ich ja nicht an jeder Seite des Manuskripts arbeiten, wie bei diesem Anfang. Ich bin vorübergehend besser gestimmt, weil mir die Zusammenstellung von ein paar zumeist vorher angefertigten Sätzen zu gelingen scheint, aber was das Ganze betrifft, bin und bleibe ich trost- und hoffnungslos.« (ETJ, 165 f.)

1973, bei der Arbeit am 8. Kapitel (dem zentralen Kapitel über den Krieg) stellt Christa Wolf fest: »Ich nähere mich nun bedenklich dem Kernpunkt der Selbstanalyse« (ETJ, 170). Zwei Jahre später wieder die Klage, »daß es mit dem neuen Buch so schleppend vorangeht und ich insgeheim immer damit rechne, nicht mehr schreiben zu können« (ETJ, 197). Einen Grund für die »Hemmung beim Schreiben gerade dieses Buches« sieht sie in ihrem »Bestreben [...], möglichst niemanden zu verletzen – durch einen kalten, lieblosen Blick« (ETJ, 200).

1976, in dem Jahr, in dem der Liedermacher Wolf Biermann ausgebürgert wurde, ist das Buch schließlich erschienen. Im folgenden Jahr aber konstatiert Christa Wolf resigniert: »›Kindheitsmuster‹ könnte ich nicht noch einmal schreiben, es fehlte mir die Kühnheit dazu. Man hat sie mir ausgetrieben, denke ich« (ETJ, 219). Vier Jahre später reflektiert sie über ihre »Scheu vor der literarischen Auseinandersetzung mit jenen Phänomenen, die wir, falsch und unzureichend, unter dem Sammelnamen ›Stalinzeit‹ zusammenfassen« (ETJ, 296) und gesteht, »Angst davor [zu haben], noch einmal, wie in ›Kindheitsmuster‹, an meine eigenen Irrtümer herangehn, ihnen auf den Grund gehen zu müssen« (ETJ, 297). Mit dem Dilemma zwischen dieser Angst und ihrem Willen zur Wahrheit musste Christa Wolf weiterhin leben. Spätestens mit *Kindheitsmuster* hatte sie ihr Schreiben derart ins eigene Leben verflochten, dass es mitunter für sie selbst nur schwer auszuhalten war (s. Kap. II.D). Erst in ihrem letzten Buch *Stadt der Engel* wagte sie sich noch radikaler daran, historische Wahrheiten rücksichtslos auszusprechen – rücksichtslos vor allem gegen sich selbst. Der Anspruch, kompromisslos ehrlich zu sein und trotzdem niemanden zu verletzen, klingt wie die Quadratur des Kreises. Er erklärt, warum selbst Debatten über ihre Texte oft somatische Folgen für die Autorin hatten.

Im Erscheinungsjahr von *Kindheitsmuster* (1976) hatte sie bereits mit der Arbeit an *Sommerstück* begonnen (s. Kap. II.E.30). Allerdings schien dieser Text »kaum Aussicht [zu haben], von mir zur Veröffentlichung freigegeben zu werden, [...] weil das Geschriebene dem Gelebten zu nahe ist, zu viele Leute sich wiedererkennen, verletzt sein würden, Klatsch sich bilden könnte. [...] – Wieder einmal sehe ich voraus, daß mir nur noch aus verschiedenen Gründen undruckbare Stoffe zutreiben, und doch ist die Diktion in ›Sommerstück‹ eigenartigerweise so, als wollte ich die Geschichte veröffentlichen: nicht wie ein Tagebuch, nicht wie diese Aufzeichnungen hier, die auch schon zwischen dem Zwang zum Privat-Diskreten und Öffentlich-Undiskreten oszillieren« (ETJ, 206). Sieben Jahre später arbeitet sie immer noch an diesem Text, erwägt zwischenzeitlich, ein Theaterstück daraus zu machen, bleibt aber doch bei der Prosaversion, weil »ich im Stück die Personen härter sehen würde« (ETJ, 329). 1988 notiert sie: »Meine Angst vor dem Erscheinen des Buches und seinen Folgen nächstes Jahr« (ETJ, 424); 1989, zum 60. Geburtstag der Autorin, erscheint es schließlich. Über Gründe für die Veröffentlichung kann nur spekuliert werden. Auf jeden Fall bildete *Sommerstück* das ab, was im Jahr des endgültigen Niedergangs der DDR von den Hoffnungen noch blieb: einen ins Private verlagerten Utopierest (vgl. Magenau 2002, 365 f.).

Eine nicht minder wichtige, allerdings ganz andere, Rolle spielte in der Arbeit der 1980er Jahre *Kassandra* (s. Kap. II.F.34). 1980 wird das Projekt zum ersten Mal erwähnt – interessanterweise im Kontext eines Gesprächs über »bleibende Leistungen« der DDR-Literatur (vgl. ETJ, 279 f.). Ein Jahr später dann der Hinweis, dass das »tiefere Eindringen« in Kassandras Zeit, »in *ihre* soziale und geografische Lage, *ihr* mögliches Bewußtsein und das gleichzeitig […] fortschreitende Wachsen der Gefahr, in der wir selber sind *und* meine Bewegung auf neue Literatur-Muster zu […] die Einsicht [hervor brachte], daß eine Erzählung, wie auch immer angelegt, dem Vorhaben nicht gerecht würde« (ETJ, 295 f.). Die bekannten Selbstzweifel werden bei *Kassandra* nicht aus der eigenen Person oder dem mangelnden Talent begründet, sondern aus dem Stoff – und in der Folge eher rational angegangen. »Ich schreibe ziemlich schnell, unscharf […], noch entwerfend, nicht wirklich treffend. Ich umkreise die wirkliche Gestalt des Textes und weiß das auch. Daß ich es weiß, ist zugleich beunruhigend und läßt hoffen: Ich werde mich wahrscheinlich nicht zu früh zufrieden geben, wenn ich auch jetzt noch nicht sehe, auf welche Weise sich die Schwierigkeit auflösen könnte, in der ich jetzt bin« (ETJ, 319). Diese Haltung erlaubt der Autorin später einen beinahe gelassenen Umgang mit der Tatsache, dass das Buch 1983 in der DDR nur mit Streichungen erscheinen kann. Dass die Gelassenheit möglicherweise zusammenhängt mit der wachsenden Rolle, die feministische Theorien in Christa Wolfs Denken spielen, signalisiert eine Bemerkung zur bevorstehenden *Kassandra*-Veröffentlichung: »[I]ch äußerte die Vermutung, daß es einen ziemlichen Aufruhr geben werde, ich würde jetzt schon bemerken, wie verletzt manche Männer sich durch dieses Buch fühlten« (ETJ, 344).

Diese Haltung gewinnt in den folgenden Jahren an Bedeutung und prägt die Arbeit an *Medea*, »auf die alle meine Gedankenketten, wenn ich ihnen die Freiheit lasse, zulaufen« (ETJ, 504). Daraus resultiert – nur scheinbar paradox – eine Erweiterung der Perspektive vom privaten und politischen Alltag auf die Geschichte – und damit eine Verallgemeinerung der Fragestellungen. Im Nibelungenstoff entdeckt Christa Wolf »Probleme […], die immer mehr zu Kernproblemen meiner Auseinandersetzung mit dem Medea-Stoff werden: ›Das Faszinosum des Nibelungenliedes in der Rezeptionsgeschichte der Neuzeit war sein Umgang mit dem Leiden‹« (ETJ, 540). Das ist kein individuelles, privates Leiden mehr, sondern eine historische, gesellschaftliche Erfahrung, die schreibend bewältigt werden kann. Die individuellen Leiden, die Krankheiten nehmen in den 1990er Jahren zu, werden aber in den Aufzeichnungen nun meist getrennt von der literarischen Arbeit, gewissermaßen privat festgehalten. Spätestens seit der Wende, aber auch schon zuvor lässt sich eine wachsende Differenzierung von privater Existenz und öffentlicher Funktion feststellen.

Die partielle Ablösung von einer jahrzehntelang internalisierten Schriftstellerrolle (in der sich Ästhetik, Moral, Subjektivität und Historie vermischt hatten) ist ein mühsamer, mitunter auch schmerzhafter Prozess. Er gipfelt in Christa Wolfs letztem Buch *Stadt der Engel*, in dem sich zwar noch einmal Privates und Politisches vermischen (s. Kap. II.H.43). In einer Weise allerdings, die es der Autorin erlaubt, gelassener – d. h. auch weniger streng gegen sich selbst – damit umzugehen. Dazu trug sicher bei, dass Christa Wolfs letzte Lebensjahre geprägt waren durch Krankheiten, was sich auch in Jahreseintragungen widerspiegelt. Schon 1988, nach einem lebensbedrohlichen Blinddarmdurchbruch (der in *Leibhaftig* thematisiert wird), notierte sie, es sei ihre »feste Überzeugung, daß nach dieser existenziellen Bedrohung die anderen Probleme mir nicht mehr so nahe auf den Leib rücken würden« (ETJ, 427). Über den »Krankheitssommer« 2008 heißt es dann entschieden: »An Arbeit habe ich die ganze Zeit über nicht gedacht, obwohl mein Stadt-der-Engel-Manuskript sich vor mir auftürmt wie ein unübersteigbarer Berg. Ich schrieb nicht eine einzige Zeile […]. Vieles ließ mich gleichgültig. Das einzige, was mich interessierte, war alles, was meine Familie betraf. Mir wurde bewußt: Dies ist der feste, dauerhafte Bestandteil meines Lebens – erst danach kommt alles, was mit meiner Arbeit zusammenhängt« (ETJ2, 128). Mit solchen Einsichten einer geht eine ungewohnte Milde gegenüber den eigenen Büchern *Leibhaftig* und *Nachdenken über Christa T.*: »Ich las die Texte wie zum erstenmal, erinnerte mich nicht, daß ich sie geschrieben hatte, und fand sie zu meinem Erstaunen ›nicht schlecht‹. Eigentlich, dachte ich, habe ich doch alles gesagt, was ich zu sagen hatte. Könnte ich mein ›Werk‹ nicht als abgeschlossen betrachten? Muß ich mich noch an diese Schwerarbeit mit ›Stadt der Engel‹ heranmachen?« (ETJ2, 128 f.). Sie hat es dann doch getan, aber ihre Reaktion auf die ersten Kritiken nach Erscheinen des Buches bleibt seltsam zurückhaltend: 2010 erwähnt sie beiläufig Arno Widmanns »schrecklich verunglückte[] Rezension zu ›Stadt der Engel‹ (die er als ›Liebeserklärung‹ verstanden wissen wollte)« (ETJ2, 147). Im Zentrum der Aufzeichnungen stehen jetzt meist Gedanken zu politischen Ereignissen (sie hört sehr viel Radio) und über Lektüreerfahrungen.

Lektüreerfahrungen

Ein kursorischer Blick auf die in *Ein Tag im Jahr* erwähnten Autoren und Bücher ist auch aufschlussreich für die Entwicklung von Christa Wolfs poetischem Selbstverständnis.

Sie hat außerordentlich viel gelesen, ihre Bibliothek, die 2015 der Humboldt-Universität zu Berlin übergeben wurde, ist sicher eine Fundgrube für weitere Forschungen. Begleitet wird die Lektüre zunächst häufig von poetologischen Reflexionen – im Selbstgespräch, in Gesprächen mit Kollegen und Freunden, vor allem aber im Austausch mit dem Ehemann. Manches wird parallel gelesen oder sogar gemeinsam (das Vorlesen spielt eine wichtige Rolle im Zusammenleben der beiden), anderes kontrastiv – gesprochen wird über alles. Daneben gibt es aber auch Hinweise auf identifikatorische, mitunter fast distanzlose Lektüre. Die Bandbreite der Themen, Stoffe und Autoren ist eindrucksvoll. Einige Beispiele:

1960 mündet Gerhard Wolfs Lektüre von Lenins *Briefen an Maxim Gorki* in ein Gespräch über »Kunst und Revolution, Politik und Kunst, Ideologie und Literatur« und in die Frage nach der angemessenen Form für die literarische Umsetzung von Christa Wolfs Erfahrungen im Waggonbauwerk (vgl. ETJ, 11 f.). Einig ist man sich, dass nach nur kurzen Erfahrungen in der Arbeitswelt die Perspektive der Arbeiter bestenfalls simuliert werden kann. Louis Aragons *Karwoche* gibt 1961 »technische Anregungen [...], um mich von dem Zwang der Prosa-Konstruktion aus dem 19. Jahrhundert zu entfernen, die bei uns als realistisch gilt, und mir mehr Freiheit dem Stoff gegenüber nehmen zu können« (ETJ, 35 f.). Offensichtlich hat Christa Wolf schon sehr früh begonnen, die Grenzen des Sozialistischen Realismus auszuloten, um sie zu überschreiten. Vorbehalte hatte sie allerdings gegen ein modernes Schreiben, das ihren humanistischen Wertvorstellungen zuwider lief – beispielsweise in Fritz Rudolf Fries' Roman *Der Weg nach Oobliadooh*: »In ›Obliadooh‹ [sic] ist alles schon gewesen. Das Wort ›Humanismus‹ wird nicht mehr in den Mund genommen, man trauert auch nicht mehr darum. Sind die nun ›weiter‹ als wir?« (ETJ, 130). »Ich muß es akzeptieren, das gibt es, offenbar, aber es ist mir fremd« (ebd.). Ethik und Ästhetik sind für Christa Wolf untrennbar miteinander verbunden.

Auch unterhaltende Literatur gehört zum Lektürepensum. 1968 – nach einem längerem Klinik-Aufenthalt, bei dem das »Tagebuchschreiben nicht [gelingt]« – rekapituliert sie ihre Krankenhaus-Lektüren (Döblin, viel Fontane, Carl Zuckmayers Autobiographie, Regis Debrais' Reflexionen über Revolution, Musil, Max Frisch) – und liest zuhause Colette (vgl. ETJ, 111). Darüber wird im gleichen Ton geschrieben wie über die Mühen des Lesens von Musils *Mann ohne Eigenschaften* (vgl. ETJ, 113), die abendliche Lektüre eines Krimis (1970; vgl. ETJ, 134) oder die von Joseph Roths *Radetzkymarsch* (1972; vgl. ETJ, 168).

Oft wird Gelesenes konkret auf die eigene Situation bezogen.1974 etwa gibt das *Tagebuch der Anaïs Nin* Anlass, über die eigene Psyche nachzudenken: »Ihr Fall ist vollkommen ungleich dem meinen, sie litt unter dem Zwang, sich für andere Menschen [...] vollkommen verausgaben zu müssen. Ich leide wohl unter einer Abhängigkeit vom Wohlwollen und von der Sympathie anderer, eine Folge meiner Kindheit, der Abhängigkeit von Autoritäten« (ETJ, 183). Ein assoziativer Vergleich von Oscar Wildes *Bildnis des Dorian Gray* mit Büchners *Leonce und Lena* mündet in Überlegungen zum »Unterschied von moralisch sein, als Autor, und moralisieren. Dem muß nachgegangen werden« (ETJ, 233). Hinter solchen Gedanken scheint auch die Selbstkritik einer Autorin auf, die wie kaum eine andere permanent ihre moralische Haltung behauptete. Hoffnungen, in Strindbergs Stück *Gläubiger* »etwas über die Behinderungen einer schöpferischen Frau zu erfahren« werden enttäuscht. Die Psychologie des Stückes »[kommt] mir vordergründig und unglaubwürdig vor [...], aber sie ist ja wohl auch nur zusammengeklittert, um Personen-Vehikel zu erschaffen, die des Autors Angst vor dem ›Weibe‹ artikulieren könnten« (ETJ, 355).

1982 wird ein von Hans Peter Dürr herausgegebener Sammelband über den *Wissenschaftler und das Irrationale* für die Arbeit an *Kassandra* wichtig. »Dieses Buch bringt […] eine ganze Menge von Einzelheiten über Schamanen- und Orakeltechnik, zumeist auf Afrika bezogen: Aber grundlegend anders können derartige Rituale im frühgeschichtlichen Griechenland auch nicht abgelaufen sein« (ETJ, 313). Neun Jahre später rekapituliert sie ein Gespräch mit diesem Autor, das in der Hoffnung gipfelte: »Einmal werden Wissenschaft und Poesie vielleicht wieder zusammengehen« (ETJ, 485). Dass und auf welche Weise Medizin, Wissenschaft und Dichtung produktiv miteinander verbunden werden können, hatte sie bei Charlotte Wolff gesehen; mit dieser – unter anderem auf Chirologie spezialisierten – jüdischen Ärztin und Psychologin führte sie seit Frühjahr 1983 einen Briefwechsel (s. Kap. III.44.6).

1987 gibt es einen Hinweis auf die Tagebücher von Virginia Woolf: »[Ich] war eigenartig berührt von mancher Ähnlichkeit in den Empfindungen« (ETJ, 413). Sie hat die Tagebücher wohl in der Originalsprache gelesen, da eine deutsche Ausgabe erst ab 1990 verfügbar war. Die Virginia Woolf-Referenz erhärtet die durch Textvergleiche belegbare Vermutung, die englische Autorin habe bei der im selben Jahr vorgenommenen Überarbeitung von *Sommerstück* eine wichtige Rolle gespielt (vgl. Krauss 1997). Bei Thomas Wolfe, Salinger oder Joseph Conrad (Autoren, »die auch nahe an ihrem eigenen Lebensmaterial geblieben sind«) sucht Christa Wolf Argumente gegen Günter de Bruyns Vorwurf, sie habe in *Sommerstück* »nahestehende Menschen ›als Material‹ benutzt«; Joseph Conrad beneidet sie um »die Objektivität seiner dennoch subjektiv gefärbten Darstellung« (ETJ, 421 f.).

Im Wendejahr 1990 gibt es zunächst das Bedürfnis nach Ablenkung »mit Lektüre, die so weit wie möglich von unseren Problemen entfernt sein sollte. ›Montauk‹ von Max Frisch, ein Buch, das bei jedem neuen Lesen besser wird, oder lese ich dieses sehr persönliche Buch intensiver, weil ich weiß, daß Max Frisch sterben wird, nicht irgendwann, sondern sehr bald?« (ETJ, 460). Christa Wolf war auf eine distanzierte Art mit Max Frisch befreundet (s. Kap. III.44.5). An seinem Werk bewunderte sie die gelungene Verknüpfung von subjektiver Weltsicht mit modernem Erzählen, ihn selbst empfand sie wohl gelegentlich auch als Konkurrenten. Zwei Jahre später ist dann der Wunsch, die neuen gesellschaftlichen Verhältnisse verstehen zu wollen, wieder stärker, als das Bedürfnis nach Ablenkung, und die kommunitaristischen Thesen des amerikanischen Soziologen Amitai Etzioni werden mit Interesse und Wohlwollen zur Kenntnis genommen (vgl. ETJ, 502).

2008, in einem Jahr mit mehreren Krankenhausaufenthalten, liest sie »den ›Zauberberg‹ ebenso wie den Newcomer Uwe Tellkamp mit dem ›Turm‹, den ich überbewertet fand« (ETJ2, 129). Daneben spielt der Fernsehkonsum eine immer größere Rolle – mit zwiespältigem Gefühl: »Ich sah jeden Abend fast bis Mitternacht fern. Ich hatte das deutliche Gefühl, daß ich die Zeit ungenutzt verstreichen ließ und daß dies ein Vergehen war. Teilweise war diese ›Faulheit‹ oder Trägheit schon länger vor meinem Krankenhausaufenthalt ausgebrochen, und sie hält auch jetzt noch an, ist also grundsätzlicherer Natur: eine Hemmung gegen ›das Schreiben‹, die sich zusammensetzt aus der Einsicht in die Vergeblichkeit dieses Tuns und aus Zweifel in meine eigene Fähigkeit, diese neue Herausforderung noch zu meistern« (ebd.). Auch im Alter bleibt Christa Wolf jener protestantischen Pflichtethik verhaftet, die den schmerzhaft-kritischen Blick auf sich selbst schärft und sie zugleich immer wieder zum Weiterschreiben zwingt.

Schriftstellerkollegen in Ost und West

Die Auseinandersetzung mit (damals noch) lebenden Schriftstellerkollegen und -kolleginnen spielt eine besondere Rolle. An erster Stelle zu nennen ist Anna Seghers – bewundert, mitunter gefürchtet, manchmal nicht verstanden und schließlich bedauert (s. Kap. III.44.1). Ein Schlüsselerlebnis in der langjährigen Beziehung der beiden war Anna Seghers Reaktion auf Christa Wolfs Rede beim 11. Plenum des Zentralkomitees im Dezember 1965 (s. Kap. II.B.13). Sie »sagt: ›Es gab schon Schlimmeres. Unter Stalin wurden die Leute an die Wand gestellt – jetzt nicht mehr. Ist das vielleicht kein Fortschritt? Im übrigen geht es vorbei. Oder es bleibt so, dann muß man sich auch darauf einstellen‹« (ETJ, 73 f.). Dann überredet sie Christa Wolf zum Besuch des Pergamon-Museums und bemerkt bei der Betrachtung einer hermaphroditischen Götterstatue: »›Siehst du, die haben mehr Krach gehabt als wir, und sowas Schönes ist rausgekommen‹« (ETJ, 75). Anna Seghers ist – neben Gerhard Wolf – zweifelsohne die wichtigste Bezugsperson in literarischen Fragen. Bei der Arbeit an *Nachdenken über Christa T.* gerät sie zeitweise zu einer imaginären Kontrollinstanz, die allerdings immer wieder durch ihren Pragmatismus irritiert. Auf Christa Wolfs Bitte, die übersandten Druckfahnen des Buches lieber nicht zu lesen, »schrieb sie ein bißchen pikiert, ich müsse ihr schon erlauben, daß sie es nun doch lese. Und sie könne nie und nie verstehen, warum mir etwas so ins Herz gehe, was man über meine Sachen sagt. Es sei doch nur für den Kopf bestimmt« (ETJ, 112).

Mehrfach reflektiert wird die Konkurrenz mit westdeutschen Autoren. 1980, in einem Gespräch über das, was von der DDR-Literatur bleibe, fallen die Namen von Lyrikern und Dramatikern (»Bobrowski, Müller, Braun, Mickel, Sarah [Kirsch], vielleicht Kunert«; ETJ, 279 f.). Bei der Suche nach Prosaautoren kommt das Gespräch ins Stocken. »Gab diese Realität für Prosaisten nicht genügend her? Hat sie zur Provinzialität gezwungen? Macht sich die fatale Bindung an ideologische Begrenzung in der Prosa besonders fatal bemerkbar? Wir suchten Gegennamen zu Böll, Grass, Arno Schmidt, selbst Lenz und Koeppen, Johnson, Andersch – fanden keine außer Seghers – die frühere – und eben wieder Bobrowski. Fries, nun gut. Strittmatter in seinem achtenswerten dritten ›Wundertäter‹: doch provinziell. […] Die anderen […] bringen Probleme zutage, erschaffen aber auch keine neue poetische Landschaft« (ETJ, 280). Der im Blick auf das eigene Schreiben regelmäßig aufkommende Gedanke, literarischen Maßstäben nicht zu genügen, wird hier auf die gesamte DDR-Literaturszene übertragen. Wie wichtig gerade Heinrich Böll für Christa Wolf war, klingt bei anderer Gelegenheit an – während eines Besuchs in Köln anlässlich der Trauerfeier für Böll: »Ich denke […] an die alten Frauen, die ich ›desorientiert‹ gesehen habe – meine Mutter, Anna Seghers […]. A. S. – Mutterfigur, Böll – Vaterfigur, denke ich, selbst überrascht. Beide nun tot« (ETJ, 376). Offensichtlich fühlte sich Christa Wolf gegenüber diesen literarischen Autoritäten lebenslang als Nachwuchsautorin.

In anderer Weise wichtig ist die Beziehung zu Max Frisch, der auch geschätzt, zugleich aber als Widersacher und Konkurrent empfunden wird (s. Kap. III.44.5). 1986, fünf Jahre vor Frischs Tod, besucht sie den schon von Krankheit Gezeichneten in seiner luxuriösen Züricher Wohnung und stellt fest, »daß dieser berühmte und wohlhabende Mann im Grunde nicht weiß, wie und wo er leben soll, zwar ist er unverkennbar Schweizer, doch seine Heimatlosigkeit ist evident« (ETJ, 401 f.). Man spricht über »Resignation«, Frisch betont, »daß Einsicht in die wahren Zustände ja nicht ›Resignation‹ bedeuten müsse, daß er allerdings das Niederschmetternde dieser Einsicht nicht verhehlen

wolle« (ETJ, 402). Man erinnert sich an einen gemeinsamen Abend 1974, bei den Johnsons in Westberlin (vgl. Frisch 2014, 161 f.) und an Uwe Johnsons Vorwürfe, weil die Wolfs immer noch in der DDR lebten, »wo ein Schriftsteller einfach nicht die Wahrheit sagen könne.« Wolf berichtet, dass Frisch den Gedanken aufgreift: »Das sei ja die Crux bei ›Kindheitsmuster‹ gewesen, daß ich bestimmte kritische Punkte der Gegenwart ausgespart habe, weil ich gewußt hätte, daß ich damit zu Hause Schwierigkeiten bekommen hätte. Ich sage nicht viel dazu« (ETJ, 403). Später spricht Frisch über aufgegebene Schreibpläne und über seine Kritik an *Kassandra*. Vieles bleibt unausgesprochen, aber unversehens »hatte [der Abend] einen Riß. Neid, Aggressivität auch von dieser Seite hatte ich wohl nicht erwartet, mir wurde erneut bewußt, daß ich einer Reihe von Kollegen ein Ärgernis bin, Frisch gehört nicht dazu, sein Ärger ist partiell. […] Ich würde ihn am nächsten Tag nochmal anrufen, sagte ich. Tu das, sagte er. Ich tat nicht, das bedaure ich heute« (ETJ, 408).

1994 berichtet Christa Wolf von einem Gespräch mit Christoph Hein (mit dem sie in den turbulenten Wendemonaten politisch zusammengearbeitet hatte). Es geht um die bevorstehende Bundestagswahl, und man ist sich einig, dass es eine Illusion sei zu glauben, »daß irgend ein öffentlich abgegebener Appell irgendeines Schriftstellers etwas ändert« (ETJ, 537). Nach den Erfahrungen der letzten Jahre war das eine realistische Einschätzung. Wie wenig intellektuelles Bemühen die Machtverhältnisse beeinflussen konnte, hatte man schon bei der letzten DDR-Wahl im März 1990 erfahren; die Bürgerbewegung, die die Wende initiiert hatte, erhielt nur wenige Prozent der Stimmen. Und mittlerweile hatten Wolf und Hein begriffen, dass es die privilegierte Rolle, die sie als Schriftsteller in der DDR hatten, nicht mehr gab.

Politische Reflexionen des Alltags

Ein durchgängiges Thema in den Jahrestag-Notizen sind Überlegungen zum Alltag in der DDR und zur politischen Lage. Christa Wolf hörte regelmäßig Radio, las Zeitungen und tauschte sich darüber mit ihrem Mann und mit Freunden aus. Schon 1961 fragt sie: »Wie lange […] können wir uns noch mit Brechts Spruch trösten: ›Die wir den Boden bereiten wollten für Freundlichkeit, konnten selber nicht freundlich sein‹? Wenn aber die Freundlichkeit schwände, was hätte denn all diese unerhörte Anstrengung in diesem Land für einen Sinn?« (ETJ, 35). Die Wolfs versuchten zumindest, Anstrengung mit Freundlichkeit zu verbinden: Schreibend setzten sie sich für den Sozialismus ein, handelnd unterstützten sie viele, die Hilfe brauchten (oft junge Autoren).

Zum Preis, den man für den Aufbau des Sozialismus zahlen musste, gehörte auch die Teilung. Nach dem Bau der Mauer 1961 hatte man sogar »eine gewisse Erleichterung gespürt […]. Jetzt, wo es von außen keine Einmischung mehr gebe, werde man endlich Tacheles miteinander reden, sagte man in der Leitung. Jetzt werde man auch wieder offen Kritik üben können« (ETJ, 46). Aber Christa Wolf warnte schon damals davor, »die vielleicht auf anderen Gebieten notwendige, uns aufgezwungene Autarkie auch auf die Kultur auszudehnen« (ETJ, 44). Dass »Westdeutschland im Lauf der Jahrzehnte für uns ein Land werden [könnte], wie Österreich es für uns ist«, das wäre für sie ein »schrecklicher, ungeheuer schmerzhafter Prozeß« (ebd.). Folglich irritierte sie die Ansicht eines Studenten, »Westdeutschland [sei] ein Land wie jedes andere – wie Frankreich oder Italien – nur, daß dort Deutsch gesprochen wird« (ETJ, 60). 1966 bemüht sie sich, den Schießbefehl an der Grenze zu verstehen und formuliert ihr Dilemma so: »[D]aß wir immer noch und immer wieder hart sein müssen, daß wir uns selbst dabei verändern, daß unsere Ziele sich mit den Methoden verändern, die wir anwenden müssen, um ihnen näher zu kommen oder um überhaupt nur bestehen zu bleiben. Es ist bitter, gerade das den nächsten Generationen überlassen zu sollen« (ETJ, 86). Der Kommentar zum Einmarsch der Truppen des Warschauer Paktes in der CSSR 1968 bleibt eher vage »Gemeinsam ist uns das Bestreben, sich nicht vollkommen ins Abseits drängen zu lassen« (ETJ, 119). Allerdings war ihr schon 1965, nach dem 11. Plenum, klar geworden: »[E]in Vorhang ist hinter mir gefallen. Ein Zurück in das Land vor diesem Vorhang, ein harmloses Land, gibt es nicht mehr« (ETJ, 81). Zugleich notierte sie damals: »Wegzugehen – nein so weit bin ich auch in Gedanken noch nicht. […] Die Wände um uns rücken enger zusammen. Doch in der Tiefe, zeigt sich, ist viel Raum« (ebd.).

Weggehen oder ausharren? – diese Frage stellt sich in den folgenden Jahrzehnten immer häufiger. 1983 klingt sie so: »Sollen die Kinder und Kindeskinder das nun ihr Leben lang aushalten? Festgenagelt werden auf mucksmäuschenstill sein, um ja nicht in irgendeinen Verdacht zu geraten? Und wie lange lebe ich noch, um sie zu schützen?« (ETJ, 329). Der Gedanke an einen ›Umzug‹ wird in der Familie konkret diskutiert und verworfen. Ein Jahr später spricht Christa Wolf – unter Verweis auf die zahllosen Briefe, die sie aus der Bevölkerung erhält – von der »Pflicht, in diesem Land zu bleiben und de[m] Zwiespalt, der in dieser Entscheidung liegt […]. So […] werden mir immer häufiger vertrauensvoll unlösbare Probleme vorgetragen (und alle diese Briefe sind geöffnet worden, ehe sie mich erreichten). Immer häufiger habe ich das Gefühl, da steht jemand vor mir, dem ich nicht helfen kann […]. Immer stärker scheint auch die Abwehr gegen den Anspruch zu werden, den solche Menschen an mich stellen« (ETJ, 358). Dennoch beantwortet Christa Wolf die Briefe. Gelegentlich interveniert sie bei den Parteioberen, aber eigentlich will sie »mit denen nichts mehr zu tun haben, nicht einmal als Intervent für andere. Andererseits ist die Möglichkeit für solche erfolgreichen Interventionen einer der Gründe dafür, daß ich hierbleibe und mir sagen kann: Ich werde gebraucht« (ETJ, 325). Mit dieser Haltung kollidiert das wachsende Bedürfnis, sich aus der Öffentlichkeit zurückzuziehen. Schon 1976 – nach der Biermann-Ausbürgerung und einer von der Kritikerin Annemarie Auer inszenierten Polemik gegen *Kindheitsmuster* – spricht sie von einer »alles andere zurückdrängende[n] Sehnsucht nach Ruhe. Nach einem Winkel, in dem man mich einfach leben ließe, ohne Verdächtigung, ohne Beschimpfung, ohne den Zwang, mich andauernd vor anderen und vor mir verteidigen zu müssen dafür, daß ich so bin […]. Dies niederzuschreiben, kostet Überwindung wegen der bodenlosen Naivität und Unerfüllbarkeit eines solchen Wunsches« (ETJ, 223). Zumindest zeitweise ließ er sich während der Sommer-Aufenthalte in Mecklenburg (in Meteln bzw. Woserin) realisieren: »Wenn wir dies nicht gehabt hätten, hätten wir es in der DDR nicht ausgehalten (aber auch dann: Was wäre die Alternative gewesen!)« (ETJ, 297 f.).

Hin- und hergerissen zwischen ihrem permanenten Bemühen, politische Probleme individuell zu lösen und dem Wissen um die Aussichtslosigkeit solchen Tuns, hatte sie schon 1973 notiert: »Man wirft sich seine Feigheit vor und weiß zugleich, daß Kühnheit nichts nützen würde. Man fühlt, daß man sich wieder auf ein Feld begibt, auf dem man nur verlieren kann – im schlimmsten Fall sich selbst« (ETJ, 184). Sie bewundert Menschen, die sich für ihr politisches Engagement »wissentlich körperlicher Gewalt aussetzen. Ich könnte das nicht. Flüchtig der Gedanke, daß ich mich davon loskaufe – demnächst wieder mit dem Geld der Preise, die mir leider bevorstehen, das ich verteilen werde« (ETJ, 410). Tatsächlich haben Christa und Gerhard Wolf junge DDR-Autorinnen und Autoren regelmäßig auch finanziell unterstützt.

In den Monaten der sog. Wende 1989/1990 trauert sie denn keineswegs – wie ihr das gelegentlich unterstellt wurde – über das Ende dieses Staates, mit dem sie schon lange abgeschlossen hatte. Sie bedauert allerdings den Verlust der Hoffnung auf das, was ihrer Ansicht nach daraus hätte noch werden können. Im Frühjahr 1990 arbeitet sie mit anderen Mitgliedern des Zentralen Runden Tischs am Entwurf einer neuen DDR-Verfassung. Christa Wolf hat eine Präambel dafür geschrieben, die den Vergleich mit berühmten historischen Vorbildern bürgerlich-liberaler Traditionen nicht scheuen muss. Nach der herben Niederlage der Bürgerbewegung bei der Volkskammerwahl notiert sie: »Soviel Energie wie in diesem Jahr ist in der deutschen Geschichte wohl noch nie an Unmögliches gewendet worden. Verschwendet? Ich weiß doch nicht. Es gibt wohl ein physikalisches Grundgesetz, nach dem Energie nicht verloren gehen kann. Ob dies auch auf seelische Energie zutrifft?« (ETJ, 469).

Diskretion im Privaten

In ihren letzten beiden Lebensjahrzehnten hat Christa Wolf nicht resigniert, ist auch nicht unpolitisch geworden, aber in den Aufzeichnungen der 1990er Jahre und vor allem in den aus dem Nachlass herausgegebenen Notizen aus dem »neuen Jahrhundert« spielt Privates eine größere Rolle, ausgelöst sicher auch durch sich häufende Krankheiten. Bekannt ist das besondere Verhältnis zu Ehemann Gerhard und auch die Rolle, die die Mutter in Christa Wolfs Lebens spielte; beides wird eher diskret behandelt. So heißt es 1968: »Über den Tod meiner Mutter [...] werde ich nichts schreiben, da ist eine Sperre, die ich nicht durchbrechen will« (ETJ, 111). Und 1988 antwortet sie auf eine Kritik von Max Frisch an der Rolle ihres Mannes in den *Kassandra*-Vorlesungen: »Ich sagte, was Gerd betreffe, unser Verhältnis zueinander, sei ich so scheu, daß ich ihn nicht in einem Buch darstellen wolle« (ETJ, 408).

Die Töchter – und später die Enkelkinder – kommen regelmäßig vor in den Aufzeichnungen, und auch über sich selbst schreibt Christa Wolf erstaunlich freimütig. Krankheiten, Schlafstörungen, Ängste, Schmerzen werden offen, aber nicht wehleidig, protokolliert. Auch Schwächen, die nicht ins Bild von der strengen Moralistin passen, werden nicht unterschlagen: beispielsweise der im Alter zunehmende Fernsehkonsum; 1996 ist von »Fernsehausschweifungen« die Rede, »die ich [...] genieße, auch wenn ich danach immer einen reuigen Kater verspüre« (ETJ, 559). Beim Duschen, beim Frühstück, bei allen möglichen Verrichtungen im Haushalt läuft das Radio – »Das Wort ›radiosüchtig‹ fällt mir ein« (ETJ, 305). Wein, Wodka, Cognac sind kein Tabu, und wir erfahren, dass Autofahren nicht ihre Stärke ist: »An meiner Fahrtechnik merke ich, daß ich müde werde, mehrmals hupt man mich an, zeigt mir den Vogel, da nichts passiert, bleibe ich ganz gelassen« (ETJ, 213).

Das Thema ›Alter‹ kehrt in zahllosen Variationen wieder – schon 1978 schreibt sie: »Altern, kein abstraktes Wort mehr, tägliche Erfahrung« (ETJ, 235). In diesem Kontext dann unversehens die fast intime Frage, »ob eigentlich auch mein Körper, so wie mein Geist, sein volles, reiches Leben gehabt hat, ob ›ich‹ ihm nicht etwas schuldig blieb in meiner Einseitigkeit. [...] Was bedeutet es, daß ich, obwohl niemals ›schön‹ gewesen, obwohl der Mängel meiner Figur immer bewußt, obwohl selten von anderen Männern begehrt, als Frau keinen Minderwertigkeitskomplex habe?« (ETJ, 235 f.). Hier wird deutlich: die Selbstzweifel der Autorin dürfen nicht mit mangelndem Selbstbewusstsein der Person gleichgesetzt werden. Christa Wolf hatte durchaus eine hohe Meinung von sich, die sich in harscher Strenge andern gegenüber äußern konnte, aber auch in mildem Spott. Nachdem sie sich mit der Verlegerin des Suhrkamp-Verlags angefreundet hatte, nutzte diese den Jahrestag zu einem strategischen Telefonat. In den Aufzeichnungen klingt das so: »Während ich weiter am Schreibtisch sitze, ruft Ulla Berkéwicz an [...]. Sie wolle den 27. September nicht verstreichen lassen, ohne mich angerufen zu haben. Sie will also rein in den Text« (ETJ2, 78).

Wiederkehrende Themen der späten Jahresnotizen sind die Angst vor Krebs, die realen Krankheiten mit Schlaflosigkeit und Schmerzen und nicht zuletzt Gedanken über den Tod: »Das Licht ausmachen ist immer ein erleichternder Moment. Wieder ist ein Tag vorbei ohne persönliche Katastrophen. Wir leben noch. Wir leben. Immer nehme ich mir vor, jeden Tag, jede Stunde dieses Lebens ohne Vorbehalt anzunehmen, und immer unterfüttert der Gedanke an den Tod fast jede Stunde. Und das Wissen, wie schmal der Zeitraum wird, der mir, der uns noch gegeben ist. Die Horrorvorstellung, allein leben zu müssen« (ETJ2, 143). Anrührend die allerletzten Eintragungen vom September 2011, ein paar Stichwörter zur Tagespolitik, vor allem aber Notizen zum Gesundheitszustand – im Faksimile der Handschrift wiedergegeben: »Nun schon über zwei Wochen dieses Leben zwischen Bett und Sessel ... Dazwischen irre Schmerzen, die jetzt durch stärkere Schmerzpflaster etwas gedopt sind. Schwere Zweifel, wie es weiter gehen soll« (ETJ2, 152).

Gelegentlich finden sich in den Aufzeichnungen Traumprotokolle, die zwischen öffentlichen und privaten Themen changieren: 1967 ein Traum vom Besuch in der Stadt der Kindheit: »Ein Mädchen [...], das dauernd in unserem Zimmer auftauchte [...] und Wasser, das die Warthe sein sollte. [...] Ich saß an einem einfachen viereckigen Holztisch und sollte lesen [...]. Ich hatte ein kleines Büchlein vor mir [...] in polnischer Sprache« (ETJ 102). 1973 erinnert sie sich an einen Alptraum, in dem die Tochter Tinka als junge Erwachsene »die Züge eines geistig schwer geschädigten Kindes« hat (ETJ, 169). Oder 1970 der Traum, »halb widerstrebend, in den Westen geschleust« zu werden; dort dann »[e]in großes leeres Zimmer, eine unfreundliche mißtrauische Wirtin, ich bin sehr alleine, wie ich's mir immer gedacht hatte, und soll nun also ein großes Buch schreiben« (ETJ, 138 f.).

Schreibweise/Genre

Trotz Übereinstimmungen mit dem Schreibgestus von *Stadt der Engel* (vgl. Koch 2012, 156) ist *Ein Tag im Jahr* keine Autofiktion. Das Buch ist zwar nicht frei von Inszenierung und Stilisierung, weist aber zahlreiche Merkmale herkömmlicher Tagebuchliteratur auf: Nähe zum erinnerten Geschehen, Identität von Autorin und Erzählerin, »kaum geregelte Diskontinuität der Augenblickserfahrung« (Wuthenow 1994, 393). Jochen Vogt schlägt als Gattungsbezeichnung »öffentliches Tagebuch« vor und vergleicht Christa Wolfs Text mit Günter Grass' *Mein Jahrhundert* (Vogt 2014, 345 f.). Wie Grass versuche Christa Wolf »retrospektiv persönliches Erleben und öffentliche Rolle bzw. historische Situation zusammenzubringen« (ebd., 346). Auch Friedrich Dieckmann hebt diesen Aspekt hervor, wenn er schreibt bei Christa Wolf werde »Innenansicht [...] wie von selbst zur Weltbeschreibung« (Dieckmann 2004, 262). Auf eine Gattungsbezeichnung verzichtet er, begnügt sich stattdessen mit dem Zitieren »schöner Stellen« (ebd., 269) und der Beschreibung von Merkmalen eines Textes, »dessen sanfte Eindringlichkeit und prätensionslose Genauigkeit man den Stil dieser Autorin nennen müsste, wenn der Begriff nicht einen Formvorsatz implizierte, den ihre Diktion just unterläuft« (ebd., 261).

Ein Tag im Jahr steht in einer literarischen Tradition, die sich im 20. Jahrhundert heraus gebildet hat: das »für ein Publikum geführte Journal« (Wuthenow 1994, 394). »Damit verändert sich der Charakter des Tagebuchs; eine neue Instanz tritt in die Diaristik, [...] eine Art von Zensur, die zur Stilisierung, andersgearteten Selektionen führen muß« (ebd., 395).

Als zeitgenössische Texte, in denen sich auf vergleichbare Weise Privates und Öffentliches zu einer subjektiven Zeitdiagnose von gesellschaftlicher Repräsentanz fügt, könnte man vielleicht noch Max Frischs Tagebücher nennen – vor allem das unlängst nach Ablauf einer zwanzigjährigen Sperrfrist in Auszügen publizierte *Berliner Journal* (2014) – oder Hans Magnus Enzensbergers *Tumult* (2014). Von beiden unterscheiden sich Christa Wolfs Jahrestage allerdings durch ihre aus der selbstauferlegten Aufzeichnungspflicht resultierende Regelmäßigkeit. Frisch und Enzensberger haben Ereignisse durch willkürliche Schreibentscheidungen gewichtet.

Für eine inhaltliche Auseinandersetzung mit *Ein Tag im Jahr* scheint die differenzierte gattungsmäßige Einordnung weder notwendig noch hilfreich. Das Buch entzieht sich, wie auch andere Texte der Autorin, einer eindeutigen Kategorisierung, aber gerade darin liegt seine spezifische Qualität. Als Besonderheit anzumerken ist noch, dass *Ein Tag im Jahr* (Luchterhand 2003) um 20 Fotocollagen in schwarz-weiß ergänzt wurde – sie stammen von Martin Hoffmann, dem Schwiegersohn von Christa Wolf. Auf diese Weise wird der Text nachträglich und aus einem anderen Medium kommentiert (vgl. Kuhn 2014). In der Taschenbuchausgabe (Suhrkamp 2008) fehlt dieser Dialog (s. Kap. IV.53); auch in *Ein Tag im Jahr im neuen Jahrhundert* (2013) wird er nicht fortgesetzt; stattdessen werden 8 Seiten Faksimiles des handschriftlichen Eintrags vom 27. September 2008 abgedruckt (ETJ2; 118–125).

»Moskauer Tagebücher« (2014)

Drei Jahre nach dem Tod seiner Frau stellte Gerhard Wolf unter dem Titel *Moskauer Tagebücher. Wer wir sind und wer wir waren* eine Sammlung von *Reisetagebücher[n], Texte[n], Briefe[n], Dokumente[n]* zusammen. Zwischen 1957 und 1989 hatte Christa Wolf insgesamt zehn Mal Moskau und die Sowjetunion besucht. Unterwegs notierte sie ihre Eindrücke – mal beiläufig und flüchtig, mal detailliert. Diese Notizen waren – wie das private Tagebuch – wirklich nicht zur Veröffentlichung bestimmt. Sie sind erkennbar weniger durchgearbeitet als *Ein Tag im Jahr*. Für die Publikation hat Wolf eine neunzigseitige Auswahl der Tagebuchnotizen ergänzt mit seinen eigenen Kommentaren, aber auch mit Briefen von und an Christa Wolf aus jener Zeit, mit Zitaten aus dem Roman *Stadt der Engel*, mit korrespondierenden Tagebucheinträgen von Brigitte Reimann und Max Frisch und mit Erinnerungen an die russischen Freunde Efim Etkind und Lew Kopelew.

Posthum ist so noch einmal ein typisches Christa Wolf-Buch entstanden, das die Entwicklung (und Veränderung) ihres Verhältnisses zur Sowjetunion widerspiegelt: von der naiven Begeisterung für das sozialistische Bruderland – »Ein großer Ernst, der an den Sinn des Fleißes glaubt, herrscht überall« (MTb, 14) – bis zum illusionslosen Blick auf die Mangelgesellschaft der 1980er Jahre. Eine Ironie der Geschichte: Während im Oktober 1989 die Menschen in Berlin und Leipzig auf die Straße gingen, entspann sich auf einem Empfang der DDR-Botschaft in Moskau zwischen Christa Wolf und ihrem Kulturminister Hans-Joachim Hoffmann folgender Dialog: »H.: […] Schreib!. Ich: Was soll ich schreiben, Pamphlete oder Bücher. H.: Beides« (MTb, 221).

Wer sich für biographische Pikanterien interessiert, mag die Enthüllung goutieren, dass die in der der *Moskauer Novelle* geschilderte Liebesgeschichte durchaus autobiographische Bezüge hatte: Es gab eine ›platonische Affäre‹ mit einem Übersetzer (vgl. MTb, 27 f.; s. Kap. II.A.11). Wichtiger allerdings sind die Facetten, mit denen auch dieses Buch das Bild von einer Autorin anreichert, die sich zeitlebens abgearbeitet hat an ihrem – sozialistischen oder auch idealistischen – Traum von einer menschlicheren Zukunft.

Literatur

Dieckmann, Friedrich: »In der Tiefe, zeigt sich, ist viel Raum«. Christa Wolfs Jahrestage. In: *Sinn und Form* 56 (2004), H. 2, 258–270.
Enzensberger, Hans Magnus: *Tumult*. Berlin 2014.
Frisch, Max: *Aus dem Berliner Journal*. Hg. v. Thomas Strässle. Berlin 2014.
Fühmann, Franz: Brief an den Minister für Kultur [1964]. In: Franz Fühmann: *Essays, Gespräche, Aufsätze 1964–1981*. WA 6. Rostock 1993, 7–16.
Koch, Lennart: »Ein unendlicher Strickstrumpf«. Vergleich autobiografischer Merkmale in *Ein Tag im Jahr* und *Stadt der Engel oder The Overcoat of Dr. Freud*. In: *Text + Kritik*. Heft 46: *Christa Wolf*. 5. Aufl. (neu) München 2012, 154–170.
Krauss, Hannes: Rückzug in die Moderne. Christa Wolf und Virginia Woolf. In: Robert Atkins u. Martin Kane (Hg.): *Retrospect and Review. Aspects of the Literature of the GDR 1976–1990*. Amsterdam/Atlanta 1997, 164–175.
Kuhn, Anna K.: Christa Wolfs »Ein Tag im Jahr« – Das Tagebuch als Alltagsgeschichte. In: Carsten Gansel (Hg.): *Christa Wolf – im Strom der Erinnerung*. Göttingen 2014, 165–183.
Magenau, Jörg: *Christa Wolf. Eine Biographie*. Berlin 2002.
Vogt, Jochen: Was nicht in den Büchern steht. Christa Wolf zum 75. Geburtstag [2004]. In: Ders.: *Erinnerung, Schuld und Neubeginn. Deutsche Literatur im Schatten von Weltkrieg und Holocaust*. Bern 2014, 339–350.
Wolf, Christa: Dienstag, der 27. September 1960. In: *Neue Deutsche Literatur* 22 (1974), H. 7, 11–22.
Wolf, Christa: *Auf dem Weg nach Tabou. Texte 1990–1994*. Köln 1994 (die meisten Texte später in WA 12).
Wuthenow, Ralph-Rainer: Moderne europäische Diaristik. In: Hans Joachim Piechotta, Ralph-Rainer Wuthenow u. Sabine Rothemann (Hg.): *Die literarische Moderne in Europa, Bd. 3*. Opladen 1994, 393–407.

Hannes Krauss

48 Christa und Gerhard Wolf: Eine lebenslange Partnerschaft

Gelebte Zeit

Mehr als sechzig Jahre lebten Christa und Gerhard Wolf zusammen, umgeben von einer großen Familie und einem weitverzweigten Freundeskreis. Ihre Liebe ermöglichte beiden jenes »Zu-sich-selber-Kommen« als »die Erfüllung aller der Möglichkeiten, wie sie dem Menschen gegeben sind« (Becher 1986, 116), wovon *Nachdenken über Christa T.* erzählt. Das »Wir«, das sie im Laufe der Jahrzehnte lebten, stand in den Anfangsjahren ihrer Beziehung, die auch die ersten Jahre der Deutschen Demokratischen Republik waren, im Zeichen des vom Antifaschismus geprägten Sozialismus. Die Ernüchterung, die nicht ausbleiben konnte, setzte bei Gerhard Wolf früher und gründlicher ein, während Christa Wolf sich immer wieder von bestimmten Anlässen zu Veränderungshoffnungen verleiten ließ. Über wechselnde Zeiten hindurch bewahrten sie ihre enge Bindung. Christa Wolf, die von Anfang an immer geschrieben hat, wurde auch – vor allem in ihren Tagebuchaufzeichnungen – zur Chronistin ihrer beider gemeinsamer Erinnerung (s. Kap. III.47).

Sie haben, was sie erlebten, von seltenen Ausnahmen abgesehen, gemeinsam erlebt, besprochen und bewertet, sie standen in fortgesetztem Dialog miteinander und haben die Arbeit des und der jeweils anderen aufmerksam, kritisch und inspirierend begleitet. Sie haben ein Modell der anderen Art in ihrer Liebes- und Arbeitsbeziehung entwickelt, das ihnen beiden nahezu frei von herkömmlichen Rollenbildern die Erfüllung ihrer jeweils individuellen Möglichkeiten erlaubte und ein exklusives Wir etablierte, das im freundschaftlichen Austausch wie im gesellschaftlichen Engagement Impulse aufnahm und gab. Christa und Gerhard Wolf haben, als Einzelne und gemeinsam, die kulturellen Entwicklungen ihrer Zeit aktiv mitgestaltet und unübersehbar geprägt, sie haben sich in einem fortgesetzten Dialog miteinander befunden, in dem auch andere Stimmen willkommen waren. An dieser Stelle sollen die ersten Jahrzehnte dieser Beziehung ausführlicher beleuchtet werden als die späteren, weil sie in ihrer Dynamik deutlichere Veränderungen für das gemeinsame Leben bewirkten und bisher kaum in ihrem Kontext beschrieben wurden (vgl. vertiefend Hilzinger 2014).

Kindheit und Jugend in Bad Frankenhausen am Kyffhäuser und in Landsberg an der Warthe

Gerhard und Christa Wolf, 1928 bzw. 1929 geboren, gehören derselben Generation an, die als Kinder und Jugendliche im nationalsozialistischen Deutschland aufwuchs. Ihre Väter waren in beiden Kriegen Soldaten, ihre Eltern waren im Dritten Reich Mitläufer, keine überzeugten Nazis. Beide haben früh existenzielle Verluste erlitten: Mit zehn Jahren verlor Gerhard seine Mutter, unmittelbar danach wurde der Vater zur Wehrmacht eingezogen; während der Kriegsjahre lebten Gerhard und sein Bruder getrennt bei verschiedenen Verwandten in Thüringen. Als knapp Sechzehnjährige verlor Christa durch die Flucht im Januar 1945 aus Landsberg an der Warthe ihre Heimat; der Vater kehrte im Herbst 1947 aus sowjetischer Kriegsgefangenschaft zurück. Von Sprachlosigkeit begleitete Entfremdung in der Familie war für Gerhard wie für Christa Wolf eine prägende Erfahrung in Kindheit und Jugend. In ihrer eigenen Familie und auch in ihrem Freundeskreis wurden wohl auch deshalb Zugehörigkeit und Verbundenheit zu wesentlichen gemeinsamen Werten. Vor allem für Christa Wolf spielte nach Heimatverlust und zahlreichen Umzügen die Bindung an die mecklenburgische Landschaft, wo sie sich seit den 1970er Jahren Rückzugsorte geschaffen hatten, eine wichtige Rolle. Bedeutsam für die Entwicklung beider ist auch die frühe Faszination durch Literatur, Lesen, Lieder und – vor allem bei Gerhard Wolf – durch bildende Kunst. Er engagierte sich während seiner Zeit als Oberschulhelfer im Kulturbund. Während Gerhard Wolf dazu neigte, Konfliktsituationen intellektuell und äußerlich distanziert zu bewältigen, zeigte sich bei Christa Wolf schon früh und lebenslang ein ganz anderes Muster. In Überforderungs- und in Konfliktsituationen reagierte sie mit starken körperlichen und psychischen Symptomen und wurde krank.

Studienjahre und Rundfunkarbeit in Jena, Leipzig und Berlin

Im Oktober 1949 sind sich Gerhard Wolf und Christa Ihlenfeld auf der Mensatreppe der Jenenser Universität erstmals persönlich begegnet. Das war auch der Gründungsmonat der Deutschen Demokratischen Republik. Ihrer beider Hoffnungen und Engagement richteten sich nach Kindheit und Jugend im nationalsozialistischen Deutschland, nach Krieg und Flucht auf das Versprechen einer von Menschlichkeit und Gerechtigkeit geprägten Gesellschaft, die mitzugestalten sie bereit waren. Obwohl sie von Charakter und Temperament her verschieden waren, entwickelten sie ein gemeinsames Lebensmodell, dessen zunächst auffälligste Eigenschaft die Synchronität ist. Beide verabschiedeten sich schon früh vom ursprünglichen Berufswunsch Lehrer. Gerhard, der bereits als Oberschulhelfer, also eine Art Neulehrer, gearbeitet hatte, merkte bald, dass ihn die Kulturarbeit, die er im Kulturbund kennenlernte, stärker anzog. Christa nahm nach einem Praktikum in einem Heim für schwer erziehbare Kinder Abstand vom Lehrerberuf. Ihrer beider Studienfächer Germanistik und Geschichte liefen auf verschiedene mögliche Berufstätigkeiten von der Literaturkritik bis zur Dramaturgie hinaus. Zu den prägenden Erfahrungen der Studienzeit in Jena gehörte die Begegnung mit remigrierten Hochschullehrern wie Albert Malte Wagner, Edith Braemer und Gerhard Scholz. Braemer z. B. war eine Expertin des Sturm und Drang und der Weimarer Klassik und vermittelte ihren Studierenden, Literatur aus dem Kontext und den Widersprüchen ihrer Zeit heraus zu verstehen (s. Kap. II.A.8). Durch ihre damaligen Lehrer lernten sie die Schriften des marxistischen Philosophen und Literaturtheoretikers Georg Lukács kennen und wurden zu überzeugten Lukácsianern (was sie später revidierten).

Die Familiengründung – im Sommer 1951 fand die Hochzeit statt, im Januar 1952 wurde die Tochter Annette geboren – verlangte dem jungen Paar eine Entscheidung ab, denn einer von beiden musste nun Geld verdienen. Da Gerhard Wolf bereits eine Berufsausbildung und durch seine Kulturbundtätigkeit vielerlei Kontakte und Einblicke in den Kulturbetrieb hatte, war es naheliegend, dass *er* nach einer Anstellung suchte, um zunächst für den Familienunterhalt aufzukommen. Er fand eine Stelle als Redakteur beim Mitteldeutschen Rundfunk in Leipzig, wo u. a. Heinz Zöger sein Vorgesetzter war und er den Dichter Georg Maurer kennenlernte. Christa Wolf wechselte zum Wintersemester 1951/52 an die Leipziger Universität, wo damals u. a. Ernst Bloch und Hans Mayer lehrten, bei dem sie ihre Examensarbeit über Fallada schrieb. Lektüren und Theaterbesuche brachten Christa und Gerhard Wolf in Auseinandersetzung vor allem mit zeitgenössischer Literatur, auch westdeutscher. Noch während des Studiums schrieb Christa Wolf Rezensionen, und Gerhard Wolf band ihre Kritiken von Anfang an in seine Rundfunkarbeit ein; er schrieb sog. Musik-und-Dichtung-Sendungen. Bereits Ende 1952 bekam er das Angebot einer festen Stelle beim Deutschlandsender in Berlin. Wieder trafen sie eine gemeinsame Entscheidung für diese Perspektive. Nach ihrem Studienabschluss im Sommer 1953 bewarb sich Christa Wolf als wissenschaftliche Mitarbeiterin beim Schriftstellerverband in Berlin und erhielt die Stelle. Mit Mitte zwanzig standen die jungen Eltern am Anfang einer vielversprechenden Karriere: Gerhard Wolf beim Rundfunk, wo er innerhalb weniger Jahre aufstieg zum Leiter der Kulturpolitik, Christa Wolf beim Schriftstellerverband, wo sie als wissenschaftliche Mitarbeiterin und als Redakteurin der *neuen deutschen literatur* arbeitete und als Kritikerin Aufmerksamkeit auf sich zog (s. Kap. II.A.9). Nun ermöglichte sie ihrem Mann, an der Humboldt-Universität sein Studium abzuschließen, seine Abschlussarbeit schrieb er über Fürnberg.

Ernüchternde Erfahrungen und die Konsequenzen

Ihrer beider politische Loyalität erfuhr 1956 eine deutliche Irritation, ausgehend von den Offenlegungen über die stalinistischen Verbrechen beim XX. Parteitag der KPdSU, die in den sozialistischen Ländern zu Liberalisierungstendenzen und zu Reformbestrebungen führten – aber schon im Herbst 1956 war diese Tauwetterphase zu Ende, ausgelöst durch die antisowjetischen Erhebungen in Ungarn, und in der DDR begannen Schauprozesse gegen sozialistische Reformer wie Walter Janka, Wolfgang Harich, Heinz Zöger und Gustav Just. Eine Folge dieser Repressionen war auch der verstärkte politische Druck in den verschiedenen Kulturinstitutionen wie etwa auch dem Rundfunk, was Gerhard Wolf massiv zu spüren bekam. Hinzu kam die ebenfalls ernüchternde Erfahrung, dass nur sehr wenige von den Remigranten, mit denen das Ehepaar Umgang hatte und die sie wertschätzten, mit ihnen, den eine Generation Jüngeren, offen über die stalinistischen Repressionen im Exil und danach gesprochen hatten. Der Sozialismus, für den sich die während der NS-Zeit Aufgewachsenen vorbehaltlos engagierten, hatte eine Geschichte des Terrors und der Verfolgung hinter sich, die ihnen verschwiegen worden war von denen, die sie für ihre Wunscheltern hielten. Die Freundschaften hingegen, die Gerhard und Christa Wolf mit Louis und Lotte Fürnberg, die 1954 aus Prag, wo stalinistische Säuberungen sie als jüdische Kommunisten und sogenannte Westemigranten bedrohten, nach Weimar kamen, mit Änne und Frieder Schlotterbeck, Antifaschisten, die in DDR-Haftanstalten einsaßen, mit Jeanne und Kurt Stern, Freunden von Anna Seghers seit der Emigration in

Frankreich, und mit Walter Janka verbanden, ermöglichten ihnen, Einblicke in die Geschichte der kommunistischen Partei zu gewinnen, die kein Geschichtsbuch vermitteln konnte, und dies beförderte ihre politische Ernüchterung.

In der zweiten Hälfte der 1950er Jahre kam, z. T. durch die oben beschriebene politisch und persönlich motivierte Ernüchterung, z. T. durch Belastungen im unmittelbaren Arbeitsumfeld und durch zunehmende Überforderungsgefühle vor allem bei Christa Wolf, Schritt für Schritt eine daraus motivierte Veränderung im Leben der Wolfs in Gang. Sie zogen sich beide nach und nach aus den Institutionen, in denen die Freiräume immer enger wurden, zurück und wählten die Freiberuflichkeit, was ihnen natürlich auch einen flexibleren familiären Alltag ermöglichte, denn 1956 war die zweite Tochter, Katrin, geboren worden. Gerhard Wolf war schon früh mit dem Prager Dichter Louis Fürnberg in Kontakt gekommen, und daraus hatte sich eine für beide Wolfs folgenreiche Freundschaft entwickelt. Nach Fürnbergs frühem Tod 1957 gab Gerhard Wolf gemeinsam mit Lotte Fürnberg die Werkausgabe heraus und schrieb über Fürnbergs Werk und Leben. Diese langfristige Arbeitsperspektive erleichterte die Entscheidung für die Freiberuflichkeit. Hinzu kam, dass Gerhard Wolf, der sich einen Namen als Lyrik-Fachmann gemacht hatte, als Außenlektor für den Mitteldeutschen Verlag zu arbeiten begann (an die dreißig Jahre lang). Dort betreute er u. a. die Lyriker der später so genannten Sächsischen Dichterschule wie Volker Braun, Karl Mickel, Rainer Kirsch, Sarah Kirsch (woraus sich im Laufe der Jahre familiäre Freundschaften entwickelten) und gab wegweisende Lyrik-Anthologien (u. a. *Bekanntschaft mit uns selbst*, *Sonnenpferde und Astronauten*) heraus. Als Außenlektorin stieg auch Christa Wolf ein, beide arbeiten aber auch als Herausgeber für andere Verlage und veröffentlichten Kritiken, Gerhard Wolf im Laufe der Jahre auch mehrere literaturwissenschaftliche Bücher. Nach Jena, Leipzig und Berlin zogen die Wolfs 1959 nach Halle, dem Sitz des Mitteldeutschen Verlags, inspiriert durch den Bitterfelder Weg.

Neue Wege gehen

Die Tatsache, dass fast alle der Remigranten, vor allem die aus dem Moskauer Exil zurückgekehrten, das, was sie erlebt hatten, so weit verdrängten, dass sie weiterhin an die sozialistische Idee glauben konnten, hat Christa und Gerhard Wolf nachhaltig beschäftigt. Sie mussten nach der Distanzierung von ihren eigenen Eltern erneut eine Distanzierung von den »Wahleltern« auf sich nehmen, eine weitere Desillusionierung verarbeiten. Dabei zeigte sich, dass nur wenige vertrauenswürdige Freunde blieben, und vor allem, dass sie beide sich vorrangig aufeinander verlassen konnten. Bei Gerhard Wolf führte diese Erfahrung früher als für seine Frau zu einer Ernüchterung, die seinen Rückzug aus parteipolitischen Zusammenhängen zur Folge hatte. Dieselbe Erfahrung stärkte Christa Wolfs Motivation, zu ihrer eigenen Wahrnehmung zu stehen, ihrer eigenen Wahrhaftigkeit verpflichtet zu sein – und das konnte sie nur als Autorin. Auf diesem schwierigen Weg zur eigenen Autorschaft erhielt sie nicht nur die Unterstützung ihres Mannes, sondern auch von Louis Fürnberg, der ihr Talent erkannte und ihr Selbstvertrauen stärkte. Schon Mitte der 1950er Jahre hatte Christa Wolf begonnen, den biographischen Wendepunkt in ihrem Leben erzählerisch zu umkreisen, Material zu sammeln, Strukturen und Stimmen auszuprobieren. Aufgrund der Erfahrungen mit dem Verdrängen und Verschweigen der älteren Kommunistengeneration spürte sie ganz deutlich, wie wichtig es war, sich selbst zu kennen, sich auf die Spur zu kommen und offen und öffentlich darüber zu reflektieren und wahrheitsgemäß darüber zu berichten – auch wenn es noch dauern sollte, bis sie ihre spezifische Erzählhaltung der subjektiven Authentizität (s. Kap. II.B.16) entwickeln sollte.

In Halle wurde Christa Wolf zur Autorin, hier schrieb sie *Moskauer Novelle* und *Der geteilte Himmel*, und von Anfang an war Gerhard Wolf ihr Gesprächspartner und Lektor. Diese enge Zusammenarbeit mit ihrem Mann, der ihr ein ebenso kritisch-fordernder wie einfühlsam-fördernder Lektor war, zog sich durch ihr weiteres gemeinsames Leben. Aber ihre Zusammenarbeit erhielt noch weitere Facetten. Fast anderthalb Jahrzehnte lang entwickelten sie gemeinsam Filmszenarien, zunächst aus den beiden ersten Prosatexten Christa Wolfs, danach anhand anderer Stoffe. Diese Projekte scheiterten jedoch alle – bis auf den in Zusammenarbeit mit dem Regisseur Konrad Wolf realisierten Film *Der geteilte Himmel*, der zu einem DEFA-Klassiker wurde – an kulturpolitischen Hindernissen (s. Kap. IV.52). Gerhard Wolf arbeitete noch eine Zeitlang als Dramaturg für Konrad Wolf, und Christa Wolf war am Drehbuch zu der Verfilmung des Seghers-Romans *Die Toten bleiben jung* beteiligt. Als Autorin erlebte sie, von der ersten Veröffentlichung an, bei jedem neuen Buch immer wieder sowohl Angriffe als auch Auszeichnungen. Mit Christa Wolfs Erfolg als Autorin – inzwischen lebten sie in Kleinmachnow – veränderte sich die Wahrnehmung beider Wolfs in der Öffentlichkeit: Während Gerhard Wolf Bücher über Lyrik und Lyriker, über bildende Kunst und Künstler publizierte und als Lyrikvermittler und -förderer sozusagen im Stillen wirkte, stand Christa Wolf verstärkt sowohl im Fokus der Altherrenriege der Partei als auch ihrer wachsenden Leserschaft, die sie zunehmend auch jenseits der Grenzen der DDR fand.

Bewegte Zeiten

Die Jahre in Kleinmachnow waren für Christa und Gerhard Wolf in mehrfacher Hinsicht eine sehr produktive Zeit. Sie knüpften neue, sich gerade auch in Krisenzeiten bewährende Freundschaften, und sie entwickelten in Auseinandersetzung mit politischen Konfliktsituationen – mit dem 11. Plenum des ZK der SED Ende 1965 und der Biermann-Ausbürgerung und deren Folgen Ende 1976 – synchrone Schreibstrategien. In ihrer Doppelbiographie zeigt Hilzinger an einigen Beispielen, wie Gerhard Wolfs Erfahrungen mit Literatur und mit bildender Kunst von Christa Wolf in ihrer Prosa integriert und/oder weiterentwickelt wurden. Hier soll die Korrespondenz zwischen Christa Wolfs *Nachdenken über Christa T.* und Gerhard Wolfs *Beschreibung eines Zimmers. 15 Kapitel über Johannes Bobrowski* aufgegriffen werden.

Christa Wolfs Emanzipation von der ideologisierten Sicht auf die Welt geschah über das Vertrauen in ihre eigene Wahrnehmung dessen, was Realität ist, und ihre daraus entwickelte subjektive Schreibweise. Ein wichtiger Impuls in diese Richtung war von Johannes Bobrowskis Art, eine Erzählung zu beginnen, und den Gesprächen mit Gerhard Wolf darüber ausgegangen. Gerhard Wolfs Kontakte zu Bobrowski, der im Sommer 1965 gestorben war, hatten sich durch die Gutachten, die er zu dessen Prosaveröffentlichungen schrieb, intensiviert. So kam es, dass Christa Wolf Gefallen gefunden hatte an Bobrowskis »Mittenhineinspringen« in eine Geschichte und im Sommer 1965 in wenigen Wochen *Juninachmittag* schrieb. In diesem kleinen Prosatext mischte sie Beobachtungen und Reflexionen und integrierte sie im subjektiven Bewusstseinsstrom, sie brach mit der traditionellen Fabel und gestaltete die Vision eines Gartens als Ort natürlichen Wachstums unter latenter Bedrohung.

Der historische Kontext für diese Emanzipation, für dieses Neu-Ansetzen war die Zeit nach dem 11. Plenum Ende 1965 (s. Kap. II.B.13). Sich anzupassen, sich den Einengungen der künstlerischen Gestaltung zu fügen, die dort verordnet wurden, kam weder für Christa noch für Gerhard Wolf in Frage. Sie begannen gemeinsam darüber nachzudenken, welche Spielräume und welche Einwirkungsmöglichkeiten sie in ihrer literarischen Arbeit noch besaßen und wie sie diese nutzen konnten. Das Faszinierende an den künstlerischen Lösungen, die sie aus derartigen Konfliktkonstellationen zu entwickeln vermochten, ist die Synchronität einerseits und die klar individuelle Prägung der Stoffe und Schreibweisen andererseits. So fanden sie, ihrem jeweiligen Naturell entsprechend, mehr und mehr zu ihrer jeweils subjektiven Art zu schreiben, indem sie die Selbstbehauptung gegen ideologisch-normative Vorgaben inhaltlich und stilistisch ins Zentrum stellten. Der Widerstand gegen den Zwang zur Anpassung, der Mut, »ich« zu sagen, der dialogische Austausch und die Sehnsucht nach Selbstverwirklichung prägen in diesem Sinn *Nachdenken über Christa T.* ebenso wie *Beschreibung eines Zimmers*. Beides sind Texte, die sich eindeutigen Genrezuordnungen verweigern, sind subjektive Mischformen, die eben gerade dadurch dem Sujet wie der Persönlichkeit der Schreibenden gerecht zu werden vermögen.

Die Auseinandersetzung mit Bobrowskis lyrischem und Prosawerk entwickelte sich für Gerhard Wolf zu einem Katalysator für die ihm gemäße Schreibart nach den Kritiken und germanistischen Arbeiten der vorangegangenen Jahre. *Beschreibung eines Zimmers. 15 Kapitel über Johannes Bobrowski* (bereits Wolfs zweites Buch über den Autor nach der 1967 verfassten Monographie) konnte nach einigen Schwierigkeiten mit der Zensur schließlich 1971 erscheinen. Dazwischen aber lag der Einmarsch der Warschauer-Pakt-Staaten in Prag im August 1968. Die Wolfs standen, nicht zuletzt durch ihre Freundschaften zu Franci Faktorová und Eduard Goldstücker, der Prager Bewegung nahe, und erlebten die militärische Intervention als eine weitere schmerzhafte politische Ernüchterung. Unter diesem Eindruck schrieb Gerhard Wolf *Der arme Hölderlin* (1972), eine Collage aus authentischen Texten in der Tradition von Bobrowskis Erzählung *Boehlendorff*. Er stellte den jungen Hölderlin in eine Gruppe Gleichgesinnter, zu Sinclair, Boehlendorff, Emmerich, die in die süddeutschen Erhebungen gegen die französischen Besatzer verstrickt waren. Mit der Französischen Revolution waren die Ideen von Freiheit, Gleichheit, Brüderlichkeit in die Welt gekommen, und wenige Jahre später ließ Napoleon die von ebendiesen Freiheitsideen inspirierten Aufstände in den besetzten Gebieten im Verbund mit reaktionären deutschen Kräften vor Ort niederschlagen. Hölderlin und einige seiner Freunde zerbrachen an dieser Misere – tiefste Desillusionierung am historischen Modell. (Ein Jahrzehnt später, nach der Ausbürgerung Wolf Biermanns, werden sich Christa und Gerhard Wolf dem *Gesprächsraum Romantik* zuwenden; s. Kap. II.E.28)

Gerhard Wolfs intensive Beschäftigung mit Lyrik und Prosa Bobrowskis und mit deren Grundthema, seinen Zeitgenossen Landschaft und Menschen Osteuropas nahezubringen, vor allem aber die Schuld der Deutschen gegenüber diesen Völkern zu benennen, zog sich durch die 1960er Jahre. Christa Wolf fand den Zugang zu Bobrowski eher über seine Prosa; sie fand vor allem das Realismusverständnis des Kollegen inspirierend, das er in ein Erzählverfahren umsetzte, dessen Modernität in seinem Bekenntnis zum Subjektiven bestand. Am Beispiel einer Passage aus dem Roman *Litauische Claviere* beschrieb Gerhard Wolf dieses Neuartige. Realistische Prosa begnüge sich nicht mit objektiven Fakten wie Landschaften oder Geschichte. Dichtung entstehe erst, wenn der Autor hinzutrete, seine subjektiv geprägte Vergegenwärtigung des Stoffes die Zeitgenossen berühre und an die Stelle von Fabel und Konflikt die intensive innere Auseinandersetzung und Reflexion trete. Ganz ähnliche Überlegungen wird man auch in »Lesen und Schreiben« finden, dem Essay, in dem Christa Wolf ihre neue Art zu schreiben reflektierte. Er entstand nach den Schreiberfahrungen mit *Juninachmittag* und *Nachdenken über Christa T.* Nicht nur die Entstehungsgeschichte dieser beiden Bücher des Autorenpaares, sondern auch Schreibhaltung und Schreibweise entsprechen einander: Beide schreiben aus dem Motiv des Widerstands gegen das Vergessen heraus, und im Zentrum steht jeweils die Beziehung zwischen dem nachdenkenden, nachfolgenden, nachfragenden und nachtrauernden schreibenden Ich und dem Du, der Freundin, dem Dichter, die der Tod zwar aus der Welt der Lebenden reißen konnte, aber nicht aus ihrer Erinnerung. Nahezu synchron verliefen übrigens auch die schwierigen Publikationsgeschichten beider Bücher. Christa wie Gerhard Wolf mussten sich mit ähnlichen Widerständen auseinandersetzen und ließen sich aus ähnlichen Motiven heraus auf Kompromisse ein, um ihr Buch als ganzes zu retten. Beide schrieben jeweils ein neues Kapitel hinzu, um die Vorbehalte der Gutachter zu entschärfen, was in beiden Fällen gelang.

Netzwerk von Freundschaften

Christa und Gerhard Wolfs enge Bindung war und blieb nicht nur eingebettet in den familiären Kontext. Zu den Besonderheiten ihrer Lebens- und Arbeitsbeziehung, dieses fortgesetzten Dialoges gehörte, dass darin auch andere Stimmen willkommen waren. Einige wichtige Verbindungen sollen hier erwähnt werden (vgl. vertiefend Hilzinger 2014).

An erster Stelle sind Louis und Lotte Fürnberg zu nennen. Für Gerhard Wolf, der von Rilke herkam, war die lebenslange Beschäftigung mit dem Werk Fürnbergs prägend, etwa wie bei Christa Wolf mit Seghers. In den wenigen Jahren bis zu Fürnbergs Tod 1957 entwickelte sich eine enge familiäre Freundschaft. Wolfs erlebten Fürnbergs, die als jüdische Kommunisten aus Prag fliehen konnten, während fast alle ihre Familienmitglieder von den Nazis ermordet wurden, als offen und freundlich im Umgang mit ihnen als jungen Deutschen. Die großbürgerliche Bildung, das antifaschistische Engagement, die politischen Erfahrungen der Fürnbergs sowie das literarische Werk Louis Fürnbergs eröffneten Gerhard und Christa Wolf bis dahin unbekannte Welten. Und sie erhielten in offenen Gesprächen mit Fürnbergs Einblicke in die antisemitischen stalinistischen Repressionen auch noch nach Stalins Tod in den Volksrepubliken. Fürnbergs vermittelten ihnen auch ihre Faszination für die menschlichen Möglichkeiten der sozialistischen Idee. Für Christa Wolf wurde Louis Fürnberg vor allem wichtig durch seine fortgesetzte Ermutigung an sie, zu schreiben.

Der Auftrag, nach Louis Fürnbergs Tod gemeinsam mit seiner Witwe die Werkausgabe zu gestalten, ermöglichte Gerhard Wolf nach 1957 den Einstieg in die Freiberuflichkeit. Bei seinen Branchereisen nach Prag lernte er unter anderen die Redakteurin und Auschwitz-Überlebende Franci Faktorová kennen, die ebenfalls zu einer Familienfreundin der Wolfs und später die Schwiegermutter ihrer älteren Tochter wurde. Durch Franci Faktorová, mit der sie durch häufige Besuche und Briefe in Kontakt blieben, waren Wolfs nah an den Entwicklungen des Prager Frühlings, mit denen sie sympathisierten. Die Niederschlagung dieses reformsozialistischen Aufbruchs im August 1968 traf sie hart.

Bereits während seiner Rundfunkzeit hat Gerhard Wolf Texte von Stephan Hermlin gesendet, er veröffentlichte einige Essays über dessen Lyrik, die Hermlin zu der Aussage bewogen, er habe in der DDR »noch keinen so guten Kritiker gehabt« wie Gerhard Wolf. Hermlins 1947 entstandenes Gedicht »Die Zeit der Wunder« begegnete Wolfs zu einer Zeit, als sie so alt waren wie Hermlin damals, als er es schrieb, nämlich etwa dreißig. Dadurch erhielt es für beide Wolfs eine symbolische Bedeutung für das eigene Leben, in dem sich zunehmend (politische) Ernüchterung bemerkbar machte. Dafür stand von dieser Zeit an in nahezu allen Werken Christa Wolfs seit *Der geteilte Himmel* die Gedichtzeile »Die Zeit der Wunder ist vorbei«. Nicht nur schätzten beide Hermlins Gedichte, sondern die Gespräche und Begegnungen mit dem älteren Kollegen waren darüber hinaus auch prägend für ihre politische Sozialisation.

Dies war auch ein wichtiger Aspekt in der Freundschaft mit Änne und Frieder Schlotterbeck, die in den frühen 1960er Jahren begann. Beide Schlotterbecks waren während der Nazi-Zeit im antifaschistischen Widerstand bzw. im Zuchthaus und in Konzentrationslagern und in den 1950er Jahren in DDR-Gefängnissen inhaftiert wegen ihrer Kontakte zu Noel Field. (Field hatte während des Krieges ein amerikanisches Flüchtlingshilfswerk in der Schweiz geleitet, das vielen Antifaschisten die Flucht nach Übersee ermöglichte und so ihr Leben rettete; in den Schauprozessen gegen Westemigranten in Prag, Budapest und Berlin spielte Field als angeblicher US-Agent eine Rolle und wurde in Ungarn verurteilt.) Von diesen beiden früh desillusionierten Kommunisten lernten Christa und Gerhard Wolf, was sie aus keinem Geschichtsbuch hätten erfahren können – und das in einer Atmosphäre der Gelassenheit und Lebensfreude.

Nach dem frühen Tod ihrer Freundin Christa Tabbert-Gebauer schloss Christa Wolf Freundschaft mit der einige Jahre jüngeren Kollegin Brigitte Reimann. Trotz der sehr unterschiedlichen Lebensentwürfe und Temperamente der beiden Frauen entwickelte sich in dem Jahrzehnt bis zu Reimanns Tod (1973) eine intensive, in Briefen dokumentierte Freundschaft, die sehr persönliche Begegnungen einschloss (s. Kap. III.44.3). Beide nahmen Anteil am Leben und Schreiben der anderen, öffneten sich einem freimütigen gegenseitigen Austausch und kommentierten die Schreibprojekte der jeweils anderen kritisch und ermutigend. Auch Maxie Wander, die Autorin des Protokollbandes *Guten Morgen, du Schöne*, eine Freundin Christa Wolfs aus der Kleinmachnower Zeit, starb bereits 1977. Im selben Jahr verließ eine andere enge Freundin beider Wolfs, die Lyrikerin Sarah Kirsch, die DDR, und seitdem setzte eine Entfremdung zwischen ihnen ein, die schließlich vonseiten Kirschs in eine offene Feindschaft mündete.

Die Bedeutung dieser hier explizit genannten und auch anderer Freundschaften beider Wolfs lagen auf der einen Seite vor allem darin, durch die mitgeteilten und diskutierten politischen Erfahrungen und Reflexionen die eigene Wahrnehmung der politischen Entwicklung zu stärken und die Ernüchterung über die Möglichkeiten des Sozialismus in der DDR voranzutreiben. Somit trugen die Gespräche mit den Freunden auch dazu bei, dass die kritische Schreibhaltung Christa Wolfs gestärkt, dass ihr Blick auf die gesellschaftliche Stagnation gelenkt wurde und sie ihre Schreibperspektive auf das Potenzial von Selbsterforschung und Selbstreflexion des Einzelnen richtete. Auf der anderen Seite boten diese Freundschaften im zunehmend konflikthafteren Leben in der DDR Rückhalt und Vertrauen und trugen so auch dazu bei, dass Wolfs im Lande blieben.

Gehen oder bleiben

Die Ausbürgerung Biermanns Ende 1976 und die folgenden Repressionen veränderten die DDR (s. Kap. II.E.27). Für Christa und Gerhard Wolf stellte sich die Frage »gehen oder bleiben wir?« von nun an immer wieder. Sie erlebten, dass Freunde das Land verließen, und lernten, mit den Verlusten zu leben. Sie blieben in der DDR (und hatten dort ihr Refugium auf dem Land in Mecklenburg) und ließen sie zugleich hinter sich beim Aufbruch in den Gesprächsraum Romantik – Christa Wolf mit *Kein Ort. Nirgends*, Gerhard Wolf mit der Herausgabe des *Märkischen Dichtergartens* gemeinsam mit Günter de Bruyn – und in die Mythen der Griechen (*Kassandra, Medea*). Mit *Kindheitsmuster*, das Ende 1976 erschien, hatte Christa Wolf ihr Lebensthema, das Weiterwirken der Vergangenheit in der Gegenwart, am Beispiel der eigenen Biographie gestaltet. Bis heute gilt dieses Buch vor allem im Ausland als eines der bedeutendsten Werke der deutschsprachigen Nachkriegsliteratur (s. Kap. IV.51). Stärker als zuvor zog Christa Wolf sich nach 1976 aus der offiziellen DDR-Öffentlichkeit zurück, aber nicht aus dem Kontakt mit ihren Leser/innen. Wolfs zogen das Landleben vor. Gerhard Wolf, weiterhin engagiert als Herausgeber von Lyrikbänden und als Sammler von Werken bildender Künstler, die, wie z. B. Carlfriedrich Claus, jenseits der offiziellen DDR-Kunstszene arbeiteten, unterstützte seit den späten 1970er Jahren junge Protestkünstler aus der Prenzlauer-Berg-Szene, die auf neue und provokante Art mit Sprache arbeiteten, oft zusammen mit jungen Graphikern (s. Kap. IV.53).

Mitte der 1980er Jahre kündigten sich in der Sowjetunion politische Veränderungen an. Die Wolfs lebten in Berlin, als die DDR zusammenbrach und die friedliche Revolution für kurze Zeit eine andere DDR zu ermöglichen schien. Die Synchronität der Entwicklung schien nun für eine Weile unterbrochen. Während Gerhard Wolf sich nach vorne orientierte und sich mit Unterstützung seiner Frau seinen Lebenstraum, die Gründung des Verlages Janus press, den er bis 2013 führte, verwirklichte, wandte sich Christa Wolf der untergegangenen DDR zu, in ihrem gesellschaftlichen Engagement wie als Autorin. In Gestalt ihres Gesprächskreises, den sie seit 1989 führte, schuf sie ein wichtiges Forum für einen offenen informellen Austausch auch zwischen Menschen aus Ost und West. Der Literaturstreit und die Stasi-Debatte verletzten und irritierten sie zutiefst, sie suchte nach einem neuen Selbstverständnis als Autorin, sie brauchte Abstand und ging für ein Dreivierteljahr ins kalifornische Santa Monica – dies war die einzige längere Trennung der beiden. 1994 erhielten beide Wolfs für ihre Verdienste um das kulturelle Leben in Berlin die Rahel Varnhagen van Ense-Medaille. Die folgenden gemeinsamen Jahre waren geprägt von einer verstärkten Hinwendung zu Familie und Freunden und von den Krankheiten Christa Wolfs.

Malerfreunde

Gerhard Wolf hatte von Jugend an ein lebhaftes Interesse für moderne, vor allem zeitgenössische und nichtkonforme bildende Kunst entwickelt, das er im Laufe der Jahre verfeinerte und erweiterte. Seit den 1970er Jahren haben Wolfs Künstler, die keinen Zugang zu Galerien, Museen und dem staatlichen Kunsthandel hatte, durch Ankäufe unterstützt. Die erste große Ausstellung der über die Jahre eher unsystematisch gesammelten oder von Malerfreunden geschenkten Werke fand 1995 im Tucholsky-Museum in Schloss Rheinsberg statt; es folgten seitdem weitere Ausstellungen, u. a. auch in der von Gerhard Wolf 1997 mitgegründeten Galerie Forum Amalienpark. Zu einigen der Künstler, denen Wolfs begegneten, entwickelten sich im Laufe der Jahre Freundschaften.

Die Beziehungen Gerhard wie Christa Wolfs zu bildenden Künstlern entstanden oft durch subjektive Vorlieben oder Zufälle. Beide folgten dem gleichermaßen starken Interesse an Person und Werk, es interessierte sie die Einheit von künstlerischer Produktion und deren lebensgeschichtlicher Verwurzelung. In ihren Essays über bildende Kunst überwiegt das Dialogische die Konfrontation der unterschiedlichen ästhetischen Wahrnehmungsweisen von Literatur und bildender Kunst. Synthese, Integration als Prinzip: das zeigt sich auch bei den Malerbüchern, den von Wort- und Bildkünstlern gestalteten Büchern, die beiden am Herzen liegen (s. Kap. IV.53). Was Gerhard Wolf als Lektor, Herausgeber und später als Verleger anstrebte, war der »fruchtbare Austausch«, »dieses Miteinander von Farbe, Form und Sprache«, das den frühen Expressionismus prägte.

Bei seiner Arbeit für den Mitteldeutschen Verlag lernte Gerhard Wolf auch Willi Sitte kennen, der damals des ›Modernismus‹ bezichtigt wurde. Seine Blätter gefielen Wolfs, und sie nahmen für die erste Auflage des *Geteilten Himmel* Zeichnungen von Sitte auf – nicht als Illustrationen, sondern als Korrespondenz zu Tendenz und Stimmung des Buches. Dieser Ansatz zieht sich durchgängig durch die Zusammenarbeit der Wolfs mit bildenden Künstlern. Auch ein Umschlagentwurf mit Kleinschreibung kam von Sitte. Gerhard Wolf kommentierte später, sie wollten damals »diesen platten, illustrativen Realismus aufreißen, und Sitte war für uns jemand, der sich auch in diesem Prozeß befand« (Böthig 1996, 9). Wie in der literarischen und der Filmarbeit ging es ihnen auch hier um alternative ästhetische Entwürfe zu einem engen und ideologisch geprägten Realismusbegriff.

Für Wolfs Verständnis der bildenden Kunst waren die Gespräche mit dem remigrierten Lyriker Georg Maurer fruchtbar; er öffnete ihre Augen für den Expressionismus und die Moderne. In Halle lebte auch Albert Ebert, ein ironisch-naiver Maler. Zugang zu ihm fand Gerhard Wolf während seiner Arbeiten über Johannes Bobrowski, der u. a. Bilder Eberts besaß. Der Autodidakt Ebert malte sehr kleine Formate, oft Alltagsszenen, von Humor durchsetzt. Bildhauer wie Fritz Cremer oder Wieland Förster schätzten ihn wegen seiner naiven Verfremdung. Nach Gerhard Wolfs Buch über Ebert entstand eines über die russische Avantgardistin Elena Liessner-Blomberg, die seit den 1920er Jahren in Berlin lebte und die in Kleinmachnow eine Nachbarin der Wolfs war.

Als Lektor für den Mitteldeutschen Verlag gelang es Gerhard Wolf immer wieder, neben den jungen Lyrikern, deren erste Bücher er herausbrachte, Graphiker zu finden, die in ihren Blättern ähnliches ausdrückten, so dass Texte und Bilder im Buch in produktivem Austausch standen; es ging ihm dabei nicht um Illustratives, sondern um eine künstlerische Entsprechung im Zugriff auf Realität. Später, in der Prenzlauer-Berg-Szene der 1980er Jahre, waren diese Passungen zwischen Wort- und Bild-Künstlern allerdings deutlicher ausgeprägt. Noch in der Kleinmachnower Zeit entstand, vermittelt durch die Freundschaften Wolfs zu Franz Fühmann und Erich Arendt, eine enge Beziehung zu dem Bildhauer und Autor Fritz Cremer. Über Hans Marquardt, den Verlagsleiter von Reclam Leipzig, lernten Wolfs Gerhard Altenbourg kennen. Ein von Marquardt initiiertes Buchprojekt mit Graphiken von Altenbourg und lyrischen Texten, das Gerhard Wolf edieren sollte, kam leider nicht zustande. Die Künstler, die Wolfs kennen- und schätzen lernten, befanden sich mit ihren ästhetischen Positionen überwiegend jenseits des offiziellen Mainstream in der DDR. Wolfs waren nicht im eigentlichen Sinne Sammler, denen am konsequenten Aufbau einer repräsentativen Sammlung gelegen war, sondern sie kauften Künstlern Bilder ab, deren Art zu arbeiten sie mochten, sie erhielten Bilder als Geschenke von befreundeten Künstlern, und später oft Blätter, die durch die Prosa Christa Wolfs inspiriert waren. Auf diese Weise kam eine sehr subjektive Sammlung zustande von Werken bildender Künstler, mit denen Gerhard und Christa Wolf freundschaftlich verbunden waren.

Dies traf in besonderer Weise auf Carlfriedrich Claus zu, den sie Anfang der 1970er Jahre kennenlernten. Dieser heute international anerkannte Ausnahmekünstler, der in seiner Klause in Annaberg lebte, ein Autodidakt mit philosophischem Hintergrund, brachte in seinen Blättern auf faszinierend vielschichtige Weise Wort und Bild zusammen. Gerhard Wolf hat mehrere Essays über seine Arbeiten geschrieben und bereitet den umfangreichen Briefwechsel für eine Edition vor. Durch Claus lernten Wolfs die Künstler der Chemnitzer Gruppe »Clara Mosch«, darunter Michael Morgner und Thomas Ranft, kennen. Ähnlich wie Maurer war auch der ebenfalls remigrierte Lyriker Erich Arendt, der nach Huchels Weggang dessen Haus in Wilhelmshorst bewohnte, ein begeisterter Vermittler der Kunst der Moderne. Gerhard Wolf brachte Gedichtbände Arendts mit Graphiken verschiedener Künstler heraus. Arendt bezog sich in seiner Dichtung vielfach auf Werke bildender Kunst – während es bei Christa Wolf genau umgekehrt war: zahlreiche bildende Künstlerinnen und Künstler schufen, angeregt durch ihre Prosa – insbesondere *Kassandra* und *Medea* – eigene Werke. Die Freundschaft zu der in Spanien geborenen Künstlerin Nuria Quevedo ist über deren Arbeiten zu *Kassandra* entstanden, die wiederum durch Hans Marquardt angeregt wurden. Der Kontakt zwischen den beiden Frauen, die beide am 18. März Geburtstag haben, war über Kurt und Jeanne Stern entstanden, Freunde sowohl von Wolfs als auch von Nuria Quevedo und ihrem Mann, dem Dokumentarfilmer Karlheinz Mund. Christa Wolf besuchte die Malerin und Graphikerin in ihrem Atelier und schrieb, wie auch Gerhard Wolf, Essays über ihre Bilder.

1987 gab es auf Initiative der Moritzburg in Halle eine Ausstellung zum Thema *Kassandra,* und aus diesem Projekt ergaben sich für Christa Wolf Beziehungen v. a. zu Malerinnen, zum Beispiel die enge Freundschaft zu Angela Hampel. Im Unterschied zu ihrem Mann, meint Christa Wolf, fehle ihr oft die Zeit, »solche über die Arbeit entstandenen Kontakte gerade mit Malerinnen intensiv genug zu pflegen« (Böthig 1996, 46). Die ästhetischen Ansätze und Perspektiven der Künstlerinnen und Künstler waren für sie dennoch von Bedeutung. So faszinierten sie die Blätter von Carlfriedrich Claus, weil sie in ihrer engen Verbindung von Wort und Bild die »Grenzen des Sagbaren« (KM, 594) erweiterten; an den Bildern Nuria Quevedos fesselte sie die Strenge, die Unbedingtheit ihrer »Haltung, nicht anders zu können« (Böthig 1996, 46). Meistens waren es einzelne Bilder, die sie anzogen, oft Stadtlandschaften. Begegnungen mit Otl Aicher, dessen Schrift *rotis* Gerhard Wolf für seinen Verlag Janus press übernahm, wirkten auf Christa Wolf »wie eine Spritze von Ermutigung« (ebd., 48), seine radikaldemokratische Haltung sprach ihr aus der Seele. Aicher und seine Frau Inge Aicher-Scholl hatten Wolfs anlässlich der Verleihung des Geschwister-Scholl-Preises für *Störfall* kennengelernt, gegenseitige Besuche im Allgäu bzw. in Mecklenburg folgten.

Unter den Malern, denen Wolfs im Umfeld ihrer Mecklenburger Häuser, zuerst in Meteln, dann in Woserin begegneten, war Hartwig Hamer, dessen Radierungen und Aquarelle die Weite der mecklenburgischen Landschaft mit sparsamen, fast abstrakt wirkenden Strichen wiedergeben. Die Graphiken Hamers zu *Sommerstück* hatten Wolfs von ihm erbeten wegen der Übereinstimmungen in der Haltung.

Bereits Ende der 1970er Jahre entwickelte Gerhard Wolf Kontakte zu den Malern und Autoren der Prenzlauer-Berg-Szene (darunter auch Jan Faktor, Sohn der Prager Freundin und späterer Schwiegersohn) – das war, nach den Lyrikern der »Sächsischen Dichterschule«, eine neue Generation von Aussteigern, die ganz anders – spielerisch, experimentell, provozierend – dachten und arbeiteten als ihre eher intellektuell und traditionalistisch orientierten Vorgänger. Im Aufbau-Verlag gab Gerhard Wolf in den 1980er Jahren dann in der Reihe »Außer der Reihe« mehrere Künstlerbücher heraus, und solchen Büchern auch nach dem Umbruch von 1989 weiterhin zu Öffentlichkeit zu verhelfen, war mit ein Motiv für die Gründung des Verlags Janus press 1990. Martin Hoffmann, Graphiker und Buchgestalter und Schwiegersohn von Wolfs, war von Anfang an in die Arbeit einbezogen.

Im Zusammenhang mit der Wertschätzung beider Wolfs für die bildende Kunst ist hier noch auf einen weiteren Aspekt zu verweisen, auf die Performances, die Lesungen Christa Wolfs mit Musikimprovisationen und mit Overhead-Malerei von Helge Leiberg zusammenbringen. Geht man nun noch einen Schritt weiter und bezieht andere mediale Formen ein – die Bearbeitungen von Texten Christa Wolfs für die Bühne oder den Hörfunk, die Gerhard Wolf besorgte (s. Kap. IV.52) – kommt man dem ›Gesamtkunstwerk‹ immer näher. Die hier in diesem kurzen Überblick erwähnten bildenden Künstler sind nur einzelne Beispiele für die enge Verbindung Christa und Gerhard Wolfs mit der zeitgenössischen bildenden Kunst in der DDR und auch in Westdeutschland. Der offene Horizont, verschiedene Perspektiven der Wahrnehmung und des Ausdrucks und ein lebendiger Austausch, getragen von Neugier, Respekt und Freundschaft, prägen diese Beziehungen zwischen Künstlern des Wortes und des Bildes.

Gemeinsame Arbeit, gemeinsame Erinnerungen

Die Zusammenarbeit zwischen Christa und Gerhard Wolf geht über die Zusammenarbeit zwischen Autorin und Lektor weit hinaus, aber sie schließt eben auch diese spezifische Form der gemeinsamen Arbeit am Stoff, am Text, am Titel ein und ebenso die Veränderungen am Text, um die Druckgenehmigung zu erhalten. Gerhard Wolf hat zum Beispiel mehrere Titel ›gefunden‹, so den Untertitel »Unwahrscheinliche Geschichten« für den Band mit den Erzählungen *Unter den Linden*, *Neue Lebensansichten eines Katers* und *Selbstversuch*, oder *Ein Tag im Jahr* für den ersten Band der Aufzeichnungen vom 27. September aus den Jahren 1960 bis 2000. Hingegen sind *Nachdenken über Christa T.* und *Kein Ort. Nirgends* von Christa Wolf gefundene Titel. Anders als etwa bei Anna Seghers und ihrem Mann Johann-Lorenz Schmidt, dessen schriftliche Kommentare und Änderungsvorschläge man in den Manuskripten oder Typoskripten Seghers' nachvollziehen kann, gibt es keine schriftlichen Zeugnisse von Gerhard Wolfs Lektoratsarbeit in den Texten seiner Frau, denn Wolfs bevorzugten das Gespräch über die jeweilige Textfassung, über die Gestaltung der Figuren, die Entwicklung der Geschichte. Dabei nahm Christa Wolf die unterstützende Begleitung ihres Mannes beim Schreiben zwar oft als kritisch oder gar harsch wahr, aber immer war sie sich dessen gewiss, dass es ihm schließlich gelänge, sie in dem zu bestärken, was sie selbst wollte, worum es ihr wirklich ging. Aufgrund dieser Vertrauensbasis war es ihr auch möglich, frühere Fassungen und Konzeptionen zu verwerfen und völlig neu anzusetzen. Während Christa Wolf zunächst den Stoff, die Konfliktkonstellation oder die Erfahrungsdimension mit sich herumtrug, bis sie erzählbare Konturen annahmen, begleitete Gerhard Wolf dann den Schreibprozess, bereicherte ihn durch Anregungen, Kritik und Nachfragen und trieb dadurch seine Frau immer erkennbarer für sie zu der in ihren Augen stimmigen Gestaltung. Je nach Schreibprojekt dauerte dieser Prozess länger oder kürzer, aber zu umgehen war er nicht. Erst als Christa Wolf an ihrem letzten großen Werk *Stadt der Engel* arbeitete, war sie oft so erschöpft, dass sie auf die Änderungswünsche ihres Mannes nicht immer einging, diese Anstrengungen wurden ihr fast schon zu viel.

Diese spezifische Art der Arbeitsteilung zwischen Autorin und Lektor lässt sich auch an den Tagebuchaufzeichnungen Christa Wolfs zeigen. Sie führte verschiedene Arten von Kalendern, Notizbüchern, Tagebüchern, Reiseberichten, Arbeitsheften, die jeweils einer anderen inneren Organisation verpflichtet waren, unterschiedliche Mischungen von Berichten und Reflexionen enthielten. Gerhard Wolf hat aus allen diesen verschiedenen lebensgeschichtlichen Quellen Chroniken erstellt und auf diese Weise Daten und Fakten ihrer beider Biographien strukturiert und dokumentiert. Er hat zeitlebens niemals Tagebuch geführt, im Unterschied zu seiner Frau, der es schließlich zukam, in ihren Tagebüchern nicht nur die eigenen, sondern auch die geteilten Erfahrungen zu gemeinsamen Erinnerungen zu verdichten. Aber dies ist nicht nur in den Tagebüchern der Fall, die inzwischen in drei Bänden veröffentlicht sind (s. Kap. III.47), sondern das gemeinsame Leben zieht sich auch als deutliche Spur durch Christa Wolfs Prosatexte spätestens seit *Juninachmittag* und wird besonders deutlich etwa in *Sommerstück* (1989) oder *Leibhaftig* (2002). Gerade in den beiden letztgenannten Werken verdichtet und verfremdet Christa Wolf die Lebensbeziehung zu ihrem Mann auch in mythische Konstellationen. In *Sommerstück* erinnern die beiden Eichen mit dem ineinandergeschlungenen Astwerk, die von der Erzählerfigur Ellen als jeweils weiblicher bzw. männlicher Baum identifiziert werden, an die Geschichte von Philemon und Baucis aus Ovids *Metamorphosen*. Am Ende ihres Lebens gewährten die Götter dem in tiefer Liebe verbundenen Paar, gleichzeitig zu sterben, damit sie sich nie mehr trennen müssen, und verwandelten sie in zwei Bäume, eine Eiche und eine Linde. In

Sommerstück sind es nun zwei Eichen, Bäume vom selben Holz. Und in *Leibhaftig*, der Rettungsgeschichte nach einer Krankheit auf den Tod, verdankt die Kranke die Entscheidung für das Leben auch dem Gefährten, der sie wie Orpheus seine Geliebte dem Hades entreißen möchte, was ihm auch gelingt. Nicht zuletzt sprechen auch die Dialoge in *Stadt der Engel*, die am Telefon zwischen Berlin und Santa Monica über den Ozean hinweg geführt werden, von der Rettung aus Verzweiflung und Not durch die Liebe.

Literatur

Becher, Johannes R.: *Der Aufstand im Menschen*. Hg. v. Ilse Siebert. Berlin/Weimar ²1986.
Böthig, Peter (Hg.): *Christa Wolf, Gerhard Wolf. Unsere Freunde, die Maler. Bilder, Essays, Dokumente*. Berlin ²1996.
Böthig, Peter (Hg.): *Die Poesie hat immer recht. Gerhard Wolf – Autor – Herausgeber – Verleger. Ein Almanach zum 70. Geburtstag*. Berlin 1998.
Böthig, Peter (Hg.): *Christa Wolf. Eine Biographie in Bildern und Texten*. München 2004.
Dieckmann, Friedrich (Hg.): *Stimmen der Freunde. Gerhard Wolf zum 85. Geburtstag*. Berlin 2013.
Gansel, Carsten (Hg. unter Mitarbeit von Sonja Klocke): *Christa Wolf – Im Strom der Erinnerung*. Göttingen 2014 (darin v. a. die Beiträge von Peter Braun, Anna K. Kuhn, Aija Sakova-Merivee, Franziska Bomski und Tanja Walenski).
Hilzinger, Sonja: *Christa Wolf. BasisBiographie*. Frankfurt a. M. 2007.
Hilzinger, Sonja: *Christa und Gerhard Wolf. Gemeinsam gelebte Zeit*. Berlin 2014.
Simon, Jana: *Sei dennoch unverzagt. Gespräche mit meinen Großeltern Christa und Gerhard Wolf*. Berlin 2013.
Wolf, Christa/Wolf, Gerhard: *Malerfreunde. Leben mit Bildern. Essays. Reden*. Halle 2010.

Sonja Hilzinger

IV Rezeption

49 Das ›Leseland DDR‹ und die Autorin Christa Wolf

In einer 2009 erschienenen Publikation der Bundeszentrale für politische Bildung zum Thema ›Leseland DDR‹ erinnert der Berliner Verleger und Publizist Christoph Links daran, dass es sich bei dem Begriff um eine Selbstzuschreibung handelt, für die es neben empirischen Belegen (Links nennt das Leseverhalten, die Zahl der ge- und verkauften Bücher und die Nutzung von Bibliotheken als Kriterien) auch sehr menschliche Gründe gab, die die Literatur in den eingemauerten Verhältnissen des Landes zum Weltersatz werden ließ (Links 2009, 32). Dass die Literatur in der DDR eine besondere Rolle in der Öffentlichkeit spielte, ist eine allgemein verbreitete Ansicht, ein Mythos, kann man mit Roland Barthes sagen.

Der Begriff ›Leseland DDR‹ wurde von Klaus Höpcke geprägt und geht auf den Titel eines Buches mit Literaturkritiken zurück, das er 1982 im Mitteldeutschen Verlag in Halle veröffentlichte: *Probe auf das Leben. Literatur in einem Leseland*. Höpcke hatte lange Jahre beim *Neuen Deutschland*, der wichtigsten Tageszeitung der DDR, die von der Regierungspartei SED herausgegeben wurde, als Literaturredakteur gearbeitet und war ab 1973 Leiter der Hauptverwaltung Verlage und Buchhandel und stellvertretender Minister für Kultur. Es mag paradox erscheinen, aber die Betrachtung der Rezeption von Literatur in der DDR muss bei dieser Hauptverwaltung (HV) beginnen, in der sich entschied, ob und in welcher Auflage ein Buch erscheinen konnte. Christine Horn, bis 1990 in dieser Behörde zuständig für die DDR-Gegenwartsliteratur, hat deren Funktion als »staatliche Literaturaufsicht« beschrieben, die viele gesellschaftliche Aufgaben vertrat, »die durchaus auch den Charakter von Pflege und Förderung von Kultur und Kunst hatte« und »damit ja auch die erfolgreiche sozialistische Entwicklung demonstrier[en] und unterstütz[en]« sollte (Horn 2014, 17; vgl. Lokatis 2009, 24). Staatliche Literaturaufsicht wird, ihrer Meinung nach, der Funktion der HV eher gerecht als der Begriff Zensur.

Horn nennt Fakten, mit denen sich das ›Leseland DDR‹ genauer erfassen lässt: Es gab 78 Verlage, 22 davon waren belletristische Verlage, jährlich erschienen 6.000 Buchtitel, davon 2.000 belletristische und etwa 500 Titel, die der DDR-Gegenwartsliteratur zuzuordnen waren. Insgesamt handelte es sich bei den 500 Titeln um ca. 200 Erst- und 300 Nachauflagen. Aus heutiger Sicht bemerkenswert ist der Umfang der Auflagen: Lyrikdebüts erschienen in einer Auflage von 2.000 bis 4.000 Exemplaren, für andere Debüts wurden 8.000 bis 10.000 Exemplare kalkuliert, und die Bücher bekannter und gefragter Autoren wurden in Auflagen von 40-, 60- oder 80.000 Exemplaren gedruckt. Eine Auflage von 95.000 Exemplaren wird von ihr als besonders hoch bezeichnet. Horn konstatiert, dass diese Mengen im Falle Christa Wolfs »bei weitem nicht der Nachfrage entsprach[en], aber innerhalb der materiellen Möglichkeiten des Verlages schon eine hohe Auflage« darstellten (Horn 2014, 18). Was sie nicht sagt, was sich aber relativ leicht aus den Druckgenehmigungsverfahren der Behörde entnehmen lässt, ist die Tatsache, dass die Behörde in Fällen, in denen man sich nicht sicher war, wie die Publikation aufgenommen werden würde – man denke an Christa Wolfs *Nachdenken über Christa T.* oder ihren ersten Essayband *Lesen und Schreiben* im Aufbau-Verlag – zunächst Auflagen von 5.000 bis 10.000 Exemplaren genehmigte. Dass bei der Genehmigung ideologische Motive eine Rolle spielten, wird von Horn mit einem Hinweis auf Stefan Heym bestätigt, dessen Bücher, wenn sie überhaupt verlegt wurden, mit höchstens 10- oder 20.000 Exemplaren erschienen. »Das ›Leseland‹ war ein Bücher-Auslese-Land«, bringt Frauke Meyer-Gosau diese Literaturpraxis auf den Punkt und weist auf einen weiteren Aspekt hin: Literatur stellte eine »Ersatzöffentlichkeit« dar (Meyer-Gosau 2009, 13), denn Literatur zu lesen, bedeutete in der DDR zunächst einmal, dass man an bestimmten gesellschaftlichen Themen interessiert war. Alle anderen Fragen über Literatur waren diesem Interesse untergeordnet und standen somit in der Rezeption auch nicht im Vordergrund. Aktuellere literaturwissenschaftliche Studien diskutieren dieses Thema aus der soziologischen Perspektive Luhmanns oder Bourdieus, die Literatur als Kommunikationssystem oder soziales Feld auffassen und es mit der Frage nach ihrer Autonomie verbinden (vgl. Wölfel 2005; Joch 2006).

In dieser Hinsicht kommt den Literaturkritiken, die Klaus Höpcke als stellvertretender Minister für Kultur veröffentlichte, eine andere, wenn auch von ihm nicht klar umrissene Bedeutung zu. In dem knappen Vorwort zu dem eingangs erwähnten Band wird aber zumindest der Zusammenhang, den man in der DDR zwischen der literarischen und der gesellschaftlichen Realität sah, auf die knappe Formulierung »Literatur [...] als Probe für das Leben« gebracht (Höpcke 1982, 9). Dass es ihm dabei auch um die Bedingungen ging, die die Rezeption von Literatur betreffen, geht aus dem nachfolgenden Band Höpckes hervor, den er 1985 unter dem Titel *Chancen der Literatur. Werte des Lebens und unsere Bücher* veröffentlichte.

Marktwirtschaftliche Kalkulationen, wie sie Christine Horn rückblickend formulierte, haben in Höpckes Überlegungen keinen Platz, was nicht heißt, dass die Kulturpolitik der DDR ihr ideologisches Programm nicht daran orientierte. So bewilligte zum Beispiel das Ministerium für Kultur trotz der Probleme, die man mit der Erzählung *Nachdenken über Christa T.* hatte, für das Jahr 1969 eine zweite Auflage von noch einmal 10.000 Exemplaren, von der nahezu die Hälfte für den Luchterhand Verlag vorgesehen war (vgl. Druckgenehmigungsverfahren für den Mitteldeutschen Verlag 1968, Bundesarchiv Berlin, DR 1/2169b). Ähnliche Motive sind zu erkennen, wenn der von der Akademie der Künste herausgegebenen Literaturzeitschrift *Sinn und Form* 1976 eine höhere Auflage gewährt wurde – nicht um das Interesse der Leser im eigenen Land zu befriedigen, sondern um der Abonnementsnachfrage aus dem westlichen Ausland gerecht zu werden und damit begehrte Devisen zu erwirtschaften (Braun 2004, 103). Die geringen Auflagen literarischer Fachzeitschriften und die, andererseits, vergleichsweise begrenzten Literaturkritiken in den Tageszeitungen sind zwei Aspekte, die ebenfalls zu berücksichtigen sind, wenn man sich mit der Wirkung literarischer Werke in der DDR auseinandersetzt.

49.1 Publikationsgeschichte – Druckgenehmigungsverfahren

Die Rezeption von Christa Wolfs Werken in der DDR beginnt im Grunde vor ihrer Veröffentlichung mit einer Behörde, genauer: mit der dem Ministerium für Kultur unterstellten Hauptverwaltung Verlage und Buchhandel und den von ihr erteilten Druckgenehmigungsverfahren. Diese Anträge, die für jede Publikation gestellt werden mussten, sind größtenteils erhalten geblieben und werden im Bundesarchiv in Berlin aufbewahrt. Sie zeigen, wie langwierig der Weg zur Publikation der meisten von Christa Wolfs Büchern war. In einigen Fällen ist die Publikationsgeschichte dokumentiert: Angela Drescher, ehemalige Lektorin Christa Wolfs im Aufbau-Verlag, hat am Beispiel von *Nachdenken über Christa T.* die Publikations- und Rezeptionsgeschichte des Buches nachgezeichnet (Drescher 1991a). Für *Kassandra* wurde das Druckgenehmigungsverfahren, das nicht im Bundesarchiv erhalten ist, von Hans Altenhein rekonstruiert (Altenhein 1998). Außerdem bietet Sonja Hilzinger in ihren Bemerkungen zur Entstehungsgeschichte einzelner Bücher in der von ihr herausgegebenen Werkausgabe (WA) viele Anhaltspunkte.

Zu den Druckgenehmigungsanträgen, die von den Verlagen eingereicht wurden, gehörten ein Verlagsgutachten und wenigstens ein Außengutachten, das von der Hauptverwaltung bei einigen festen Gutachtern, Lektoren, Redakteuren von Literaturzeitschriften oder Literaturwissenschaftlern in Auftrag gegeben wurde. Das Außengutachten zu *Kassandra* schrieb beispielsweise Karin Hirdina, das zu dem Erzählband *Unter den Linden. Drei unwahrscheinliche Geschichten* kamen von Hans Kaufmann – beide sind Kultur- bzw. Literaturwissenschaftler, die sich auch an anderer Stelle zu Christa Wolfs Werken äußerten. So entstand Kaufmanns Gutachten etwa zeitgleich mit dem Interview, das er mit Christa Wolf zu *Lesen und Schreiben* führte und seiner Betrachtung »Zum poetischen Prinzip Christa Wolfs« in den *Weimarer Beiträgen* (WB 20/6 (1974), 113–125). Die Gutachten zu *Nachdenken über Christa T.* und *Kindheitsmuster* wurden von Meta Borst, einer der festen Außengutachterinnen der HV geschrieben. Es kam auch vor – *Till Eulenspiegel* ist dafür ein Beispiel –, dass das Außengutachten, das in diesem Fall Wolfgang Heise verfasste, später als Nachwort in die Buchveröffentlichung (*Till Eulenspiegel* erschien 1972 im Aufbau-Verlag) aufgenommen wurde. In Fällen, bei denen die Veröffentlichung als schwierig eingeschätzt wurde, gab es weitere Verlags- und Außengutachten. Die Publikation der Erzählung *Kleiner Ausflug nach H.*, die in der DDR erstmals 1989 nach dem dritten Antrag auf Druckgenehmigung veröffentlicht wurde, bietet dazu eine eigene Geschichte, die noch genauer aufgearbeitet werden muss und die letztlich dazu führte, dass die Erzählung bisher kaum von der Öffentlichkeit wahrgenommen wurde (vgl. Sonja Hilzingers Anmerkungen in WA 3, 594–597).

Immer wieder wird darauf hingewiesen, dass eine Publikation selten direkt verboten wurde (vgl. Lokatis

2009, 24; Horn 2014, 25). Die Autoren kamen nicht in direkten Kontakt mit der Behörde. Es handelt sich eher um Eingriffe, die, als Empfehlungen ausgesprochen und über die Verlage vermittelt, Autoren dazu brachten, dort Änderungen an eingereichten Manuskripten vorzunehmen, wo Gutachter Schwierigkeiten für die Veröffentlichung sahen – es betraf wohlgemerkt lektorierte und druckfertige Manuskripte. Wie sich diese Lenkung im Einzelnen vollzog und aus welchen Kriterien sich die Kritiken ergaben, ist aus dem Aktenmaterial schwer zu erschließen. Christine Horn nennt Erfahrungswerte als Beurteilungsgrundlage und erwähnt den Bezug zur kulturpolitischen Leitlinie, die bei der Beurteilung eines Manuskripts auf dessen literarischen Wert allerdings nur sehr bedingt geholfen haben dürfte: »Die Diskussionen und Ergebnisse des XI. Plenums [des ZK der SED 1965, das zu dem sogenannten ›Kahlschlag‹ in der Kulturpolitik führte; Y. D.] waren Fixpunkte, die man beim Lesen eines Manuskripts im Kopf hatte« (Horn 2014, 25). Dass Horn im Rückblick und im zeitlichen Abstand von beinahe 50 Jahren ausgerechnet an dieses Plenum erinnert, zeigt wie einschneidend es für die Kulturpolitik der DDR war. Nur hin und wieder ist die gelenkte Rezeption in den Dokumenten erkennbar, etwa wenn sich im Druckverfahren zu *Kindheitsmuster* der Hinweis der Gutachterin Meta Borst findet, dass sie noch einmal Rücksprache mit der Lektorin Sigrid Töpelmann im Aufbau-Verlag nehmen will, um einen Gesamt-Eindruck vom Manuskript zu erhalten.

Für den rezeptionsästhetischen Ansatz bleibt festzuhalten, dass diese Gutachten eine Form literarischer Steuerung darstellen, die maßgeblich und in einem sehr frühen Stadium der Veröffentlichung Einfluss auf die Wahrnehmung der Werke Christa Wolfs in der DDR hatten. Und noch etwas ist festzuhalten: Eine reine leserorientierte und textbezogene Rezeption fand nicht statt, sondern die Erzählungen wurden immer auf ihren gesellschaftspolitischen Kontext bezogen gelesen. Letzteres ist unbedingt zu beachten, wenn man sich aus heutiger Sicht mit der Aufnahme von Christa Wolfs Werk in der DDR beschäftigen will. Es stellt den heutigen Leser auch vor ein Dilemma, denn dieser Kontext zwingt eine Perspektive auf, die sich nur schwer mit anderen (neueren) Lesungen der Texte in Zusammenhang bringen lässt. Die Literaturwissenschaft wird in diesem Fall zur Geschichtswissenschaft, die sich bemüht, dem heutigen Leser Vergangenes verständlich zu machen und andererseits versucht, Anschluss an aktuelle Forschungsfragen zu bieten. In diesem Kapitel kann eine solche Aktualisierung am ehesten über die Bestimmung der Autorposition gelingen, da sie in der Rezeption von Christa Wolfs Werk in der DDR eindeutig im Vordergrund stand.

49.2 Forschungslage zur Rezeptionsgeschichte

In der Sekundärliteratur zum Werk Christa Wolfs gibt es eine nicht mehr überschaubare Anzahl von Beiträgen zur Rezeptionsgeschichte, die sich einer verallgemeinernden Darstellung entziehen, weil der inhaltliche Fokus eher kontext- als werkbestimmt ist. Einen guten Einstieg in das Forschungsfeld bietet Sonja Hilzinger in der von ihr herausgegebenen Werkausgabe (WA). Außerdem ist die von Henk de Wild zusammengestellte Bibliographie der Sekundärliteratur in ihrer Systematik eine wertvolle Materialquelle, in der auch Rezensionen in den Tages- und Wochenzeitungen der DDR erfasst wurden (de Wild 1995). Es fällt auf, dass in der DDR im Vergleich zur Bundesrepublik nur wenige Rezensionen zum Werk Christa Wolfs in Zeitungen erschienen (vgl. de Wild 1995). Das mag daran liegen, dass Rezensionen in der Regel von kulturpolitischen Entscheidungsträgern in Auftrag gegeben wurden, kann aber auch damit erklärt werden, dass die Diskussion über Literatur bewusst auf einen kleinen und damit kontrollierbaren Kreis von ›Literaturschaffenden‹ begrenzt war. In dieser Hinsicht bemerkenswert ist, dass sich ab den 1970er Jahren zu den meisten Erzählungen Christa Wolfs in den führenden Literaturzeitschriften, die in sehr kleiner Auflage erschienen, Beiträge mit kontroversen Positionen finden lassen. Das heißt, dass sich die Rezeption in der DDR im Wesentlichen auf die Beiträge in *Sinn und Form* (*SuF*), *Weimarer Beiträge* (*WB*) und *neue deutsche literatur* (*ndl*) beschränkt (Ausnahmen eingeschlossen). *Sinn und Form* wurde von der Akademie der Künste herausgegeben, die *neue deutsche literatur* vom Schriftstellerverband der DDR und die *Weimarer Beiträge* galten als die Fachzeitschrift für Literaturwissenschaftler. Hinzu kommen in sporadischer Folge und mit größerer Publikumswirkung Rezensionen in der Tageszeitung *Neues Deutschland*, den Wochenzeitungen *Der Sonntag* und *Die Wochenpost* sowie der ebenfalls wöchentlich erscheinenden Zeitschrift *Die Weltbühne*. Bemerkenswert ist ebenfalls, dass in dem kleinen Kreis der Literaturzeitschriften die Diskussionen der westdeutschen Feuilletons aufgegriffen und kommentiert werden (vgl. z. B. die Beiträge von Ursula Püschel zu *Kein Ort. Nir-*

gends und den Vorlesungen zu *Kassandra* in *ndl* 27/7 (1979), 134–139; *ndl* 32/8 (1984), 222–248).

Außerdem gibt es einige Dokumentationen und Studien zu einzelnen Veröffentlichungen, durch die sich der Forschungsbereich weiter erschließen und abgrenzen lässt. Ein frühes Beispiel für die literaturwissenschaftliche Beschäftigung mit der Rezeption der Werke Christa Wolfs in der DDR wurde von Martin Reso bereits in den 1960er Jahren zusammengestellt (s. Kap. II.A.12). Es dokumentiert zugleich, wie die Literaturrezeption im ›Leseland DDR‹ gelenkt wurde, denn das Buch ist mehr als nur eine Sammlung literaturkritischer Beiträge. Es gibt Einblick in die damaligen kulturpolitischen Positionen des Landes und will dem Leser Orientierung bei der Beurteilung »sozialistischer Gegenwartsliteratur« bieten, so dass er »angesichts der neuen Etappe der Kulturrevolution«, in der man sich damals in der DDR zu befinden meinte, besser »den derzeit erreichten Stand des ästhetisch-kritischen Vermögens der sich formierenden Literaturgesellschaft« – hier greift Reso auf einen Begriff des ersten Kulturministers der DDR, Johannes R. Becher, zurück – einschätzen könne (Reso 1965, 8). Der Band bietet in chronologischer Folge eine Auswahl von Rezensionen, Rundfunkbeiträgen und Preisreden, die einen Überblick vermitteln, wie die Erzählung *Der geteilte Himmel* damals rezipiert wurde. Bemerkenswert ist, dass auch einige wenige Kritiken aus westlicher Perspektive aufgenommen sind, allerdings nur um »die Hilflosigkeit und einschichtige Betrachtungsweise hochgepriesener ›freiheitlicher‹ Kritik« zu zeigen (ebd., 9). Diese Beiträge geben zwar keineswegs ein objektives Bild der westdeutschen Literaturkritiken wieder, sie werden aber als eigenständige Texte abgedruckt, so dass der Leser sich selbst einen Eindruck von ihrem Inhalt verschaffen kann. Weitaus häufiger, und die Methode wendet Reso in seinem Nachwort an, reagieren DDR-Kritiker in ihren Rezensionen durch indirekte Zitate oder Andeutungen auf Beiträge in westlichen Medien, die aber, das sollte man sich vergegenwärtigen, für die meisten Leser/innen in der DDR nicht zugänglich waren. Dass die DDR-Literaturkritik sich dennoch darauf bezieht und sich von dieser Rezeption dezidiert abgrenzt, zeigt im Grunde wie stark Produktion und Rezeption von Literatur in den beiden deutschen Staaten aufeinander bezogen waren. Im Falle Christa Wolfs ist diese, im doppelten Sinn des Wortes, geteilte Literaturrezeption besonders auffallend, da, von einigen Ausnahmen abgesehen, alle ihre Bücher parallel in der DDR und der Bundesrepublik erschienen und selbst der Druck von Büchern, die für den westdeutschen Markt bestimmt waren, über DDR-Verlage lief (vgl. das Druckgenehmigungsverfahren zu *Nachdenken über Christa T.* sowie das zu *Kein Ort. Nirgends* im Bundesarchiv Berlin, Akten des Ministeriums für Kultur). Einen ersten Ansatz zu einer vergleichende Rezeptionsanalyse legte Katharina von Ankum für die 1960er und 1970er Jahre vor (Ankum 1992).

Die Darstellung der verschiedenen Meinungsäußerungen, die durch Resos Nachwort kommentiert wird, dient letztlich dazu, Einigkeit in der Beurteilung der damaligen DDR-Gegenwartsliteratur zu erzielen und den normativen Anspruch, den die Kulturpolitik an sie richtete, für Leser, Kritiker und Schriftsteller nachvollziehbar zu machen. Resos Nachwort schließt an die kulturpolitischen Vorgaben der II. Bitterfelder Konferenz 1964 an (s. Kap. II.A.10), die sich die Bildung des sozialistischen Bewusstseins und der sozialistischen Persönlichkeit zum Ziel stellte, und bezieht sich explizit auf den dortigen Diskussionsbeitrag Walter Ulbrichts, in dem der damalige Staatsratsvorsitzende die Schaffung einer »sozialistischen Nationalliteratur« propagierte. Aus heutiger Sicht ist Resos Beitrag deshalb mehr ein Zeugnis ostdeutscher Kulturpolitik, als dass er dem Leser hilft, sich die literarische Qualität der Erzählung zu erschließen. Außerdem ist er für lange Zeit das einzige Unternehmen dieser Art. Bei den nachfolgenden Erzählungen (*Juninachmittag* und *Nachdenken über Christa T.*) war diese Lenkung der Rezeption schon nicht mehr möglich, weil sich die Interessen von Kulturpolitik und Schriftstellern, wie etwa die kulturpolitische Kahlschlag-Sitzung der SED-Führung im Winter 1965 zeigte, mittlerweile zu stark unterschieden. Außerdem entwickelte Christa Wolf in dieser Zeit das für sie typische Schreibverfahren, das in seiner essayistischen Art mehr und mehr ihre Poetik bestimmen sollte und die Reflexion über die eigene Arbeit in den literarischen Text oder die ihn begleitenden Schriften einfließen lässt (s. Kap. III.45). Die Autorin greift damit stärker in das Leseverständnis ihrer Texte ein und gibt – mehr oder weniger erfolgreich – der öffentlichen Diskussion über ihre Werke bereits eine bestimmte Richtung vor.

Der Weg, den Christa Wolf mit dieser poetologischen Lösung einschlug, lässt sich in literatursoziologischer Perspektive aus dem gesellschaftlichen Kontext und der Position, die sie als Schriftstellerin in der DDR einnahm, erklären. Christa Wolf wurde sehr jung Mitglied der SED, war in den 1960er Jahren kurzzeitig selbst Kandidatin des Zentralkomitees der SED, dem höchsten Gremium der Partei, und hatte damit, auch nach ihrem Rückzug aus politischen Ämtern, einen sehr direkten Zugang zu den (kultur-) politischen Entscheidungsträgern in der DDR. Daraus ergab sich für sie eine ambivalente Situation: Sie war mit ihrer gesellschaftlichen Position in die kulturpolitischen Entscheidungsprozesse des Landes eingebunden, suchte allerdings gleichzeitig die größtmögliche Autonomie als freischaffende Schriftstellerin. Angela Drescher führt dieses spannungsreiche Verhältnis in ihrer Dokumentation zu *Nachdenken über Christa T.* auf einen Satz zurück, mit dem Christa Wolf die Schilderung von Problemen mit kulturpolitischen Entscheidungsträgern kommentierte: »Man kannte sich ja.« Drescher fügt hinzu, dass man sich diesen Satz merken solle und kommentiert seine trügerische Plausibilität, die dem heutigen Leser zwar eine Ahnung der Komplexität des gesellschaftlichen Netzwerks der Autorin vermittelt, aber wenig Anhaltspunkte für die Rekonstruktion inhaltlicher Argumente liefert (Drescher 1991a, 11 f.). Das Dilemma dieser gesellschaftlichen Position wird von Lokatis an anderer Stelle mit der Feststellung kommentiert, dass »Zensurentscheidungen im Alltag oft Verhandlungssache waren, weil ideologisch-politische mit künstlerisch-ästhetischen und wirtschaftlichen Gesichtspunkten austariert werden mussten« (Lokatis 2014, 12). Im Fall von *Nachdenken über Christa T.* gingen die Verhandlungen selbst so weit, dass Christa Wolf den verantwortlichen Mitarbeiter der Hauptverwaltung, Eberhard Günther, zur Aussprache zu sich nach Hause einlud. Er hatte das Druckgenehmigungsverfahren für die Erzählung in erster Instanz abgelehnt. Christa Wolf vertrat den Standpunkt, dass man eine solche Entscheidung unter Genossen – beide waren Mitglied der SED – klären können müsse (vgl. Drescher 1991a, 10 f.; Magenau 2002, 200).

Angela Dreschers Dokumentation zu *Nachdenken über Christa T.* rekonstruiert mit der Erfahrung ihrer langjährigen Lektorentätigkeit im Aufbau-Verlag beispielhaft die verschiedenen gesellschaftlichen Ebenen, die in der DDR die Publikation eines Buches erschweren konnten und zugleich vorab den Rezeptionsprozess lenkten und bietet damit einen sehr guten Einblick in die Komplexität dieser Materie. Die Dokumentation wurde nach der politischen Wende in der DDR veröffentlicht und fällt in die Zeit der unmittelbaren Aufarbeitung der SED-Diktatur, in der sich auch der deutsch-deutsche Literaturstreit (s. Kap. II.H.40) an Christa Wolfs Erzählung *Was bleibt* (1990) entzündete. Desto merkwürdiger ist es im Nachhinein, dass sie damals kaum beachtet wurde. *Nachdenken über Christa T.* entstand im Umfeld des Jahres 1965, also in der Zeit, die als ›kultureller Kahlschlag‹, den das XI. Plenum des ZK der SED auslöste, in die Literaturgeschichte eingegangen ist (s. Kap. II.B.13). In jenen Jahren begann die systematische Überwachung von Christa und Gerhard Wolf durch die Staatssicherheit, die im Zusammenhang mit ihrem Auftreten als Autorin steht. Die Publikationsgeschichte zur Erzählung gibt einen guten Einblick in die Schwierigkeiten, die man als Autor in der DDR gewärtigen musste, wenn man unabhängig von der kulturpolitischen Erwartungshaltung, die der Literatur des Sozialistischen Realismus galt, seinen eigenen Ausdruck suchte: Christa Wolf hatte das Manuskript der Erzählung im März 1967 beim Mitteldeutschen Verlag eingereicht. Das Druckgenehmigungsverfahren war mit einer Auflage von 10.000 Exemplaren im April 1968 erteilt worden. Ungefähr zeitgleich wurde in *Sinn und Form* unter dem Titel »Verwandlungen« ein Auszug aus der Erzählung publiziert (*SuF* 19/2 (1968), 409–428). Dann aber verzögerten sich der Druck und die Auslieferung aus ungeklärten Gründen. Das Buch war in der DDR nicht im Buchhandel zu haben, weshalb es keine breite gesellschaftliche Aufnahme mit entsprechender öffentlicher Wirkung geben konnte. Angela Drescher sucht die Ursachen in der politischen Situation, die sich durch den Prager Frühling auch in der DDR verschärft hatte. Tatsache ist, dass Max Walter Schulz, der damalige Vizepräsident des Schriftstellerverbandes, in seinem Eröffnungsreferat auf dem 6. Schriftstellerkongress im Mai 1969 die Erzählung als Beispiel für eine Literatur der »Innerlichkeit« kritisierte und Christa Wolf die falsche politische Haltung vorwarf. Nun waren zu diesem Zeitpunkt bereits die ersten Rezensionen zu der Erzählung in *Sinn und Form* (*SuF* 20/1 (1969), 251–261) und in der *neuen deutschen literatur* (*ndl* 17/4 (1969), 174–185) erschienen. Sie waren verhalten positiv und betonten die Bedeutung, die die Erzählung für die gesellschaftliche Diskussion haben könne. Hermann Kähler konzentrierte sich in seiner Rezension in *SuF* auf die Vorstellung eines autonomen Individuums, die sich nur begrenzt mit der Auffassung der sozialen Funktion, die der Mensch in der sozialistischen Gesellschaft einnehmen solle, vereinbaren ließe. Seine Kritik ist nachvollziehbar: Die Darstellung einer sterbenskranken Frau passte nicht in das offizielle Bild vom ›schöpferisch tätigen Menschen‹, der sich in die Gesellschaft einbringen soll. Gleichwohl betont Kähler, dass es eine »sozialistische Pflicht« sei, über den Mitmenschen nachzudenken, und unterstreicht damit die Notwendigkeit der Auseinandersetzung mit diesem Stoff (vgl. Kähler, in: Drescher 1991a, 69). Genau dort hakte Horst Haase mit seiner Rezension in *ndl* ein: Das Nachdenken über die eigene Entwicklung, die Bestimmung des Menschen, sei wesentlich für die Erzählung, die damit »die Dialektik zwischen dem Gesellschaftlichen und dem Individuellen« aufgreife (Haase, in: Drescher 1991a, 80). Für beide problematisch dagegen ist der ›discours‹, die Art und Weise der Darstellung. Das ist bemerkenswert, denn es sind frühe Beispiele, auf welche Schwierigkeiten Wolfs Autorpoetik, die sich in dieser Zeit herausbildete, in der DDR stieß: Christa Wolf habe, so Kähler, eine »Elegie« geschrieben, die durch ihre Erzählperspektive verunsichere. Man sei geneigt, von einer dokumentarischen Darstellung auszugehen, in der das fiktive Erzähler-Ich mit der Autorin zusammenfalle. Haase diskutiert seinerseits die »allzu schwache Distanz der Erzählerin von ihrer Heldin«, die mit einer »Reduzierung sachlich-objektiven Denkens einhergeht« (Haase, in: Drescher 1991a, 81) und zu einer Gegenüberstellung von Kunst auf der einen und Wissenschaft und Technik auf der anderen Seite führe. Haase drückte sich vorsichtig aus, warnte vor einer zu schematischen Sicht und deutete das Verhältnis als komplementäres, in dem die Kunst eine klare Funktion einnimmt: »[Sie] muß sich der wissenschaftlich-technischen Sphäre annehmen, muß sie künstlerisch bewältigen und nicht voller Argwohn von sich weisen« (Haase, in: Drescher 1991a, 83). Seine Wahrnehmung traf (im Rückblick betrachtet), genau wie die von ihm formulierte gesellschaftliche Aufgabe, die er der Literatur damit zuwies, einen Punkt, der zu einer Konstante in Christa Wolfs Werk wurde und ihre Poetik entscheidend prägte.

Der Wert von Dreschers Dokumentation erklärt sich aus den verschiedenen Perspektiven, die die zusammengetragenen Dokumente auf den gesellschaftspolitischen Kontext ermöglichen. Sie helfen die nötigen Hintergründe, die bei der Publikation der Erzählung mitgedacht werden müssen, zu verstehen. Im Zentrum der Auseinandersetzung steht die Autorin und es ist genau dieser Fokus auf die Person, der sich in der Folge in der Autorpoetik Christa Wolfs niederschlägt. Nachvollziehbar ist das an dem mit Hans Kaufmann geführten Gespräch, das 1974 unter dem Titel »Subjektive Authentizität« in den *Weimarer Beiträgen* erschien (*WB* 20/6 (1974), 90–112; WA 4, 401–437). Ausgangspunkt des Gesprächs ist der 1972 im Aufbau-Verlag in einem Band mit verschiedenen Reden und Aufsätzen veröffentlichte Essay »Lesen und Schreiben«, der dem Buch seinen Namen gab. Ursprünglich war die Veröffentlichung für den Mitteldeutschen Verlag gedacht, bei dem *Der geteilte Himmel* und *Nachdenken über Christa T.* erschienen waren, allerdings hatte dessen Verlagsleiter Heinz Sachs nach den Schwierigkeiten mit der letztgenannten Erzählung von der Publikation abgesehen. Sachs sah sich zuletzt zu einer öffentlichen Stellungnahme im *Neuen Deutschland* gezwungen, die unter dem Titel »Verleger sein heißt ideologisch kämpfen« erschienen war (vgl. Drescher 1991a, 16 f.).

In dem Gespräch mit Hans Kaufmann erläutert Christa Wolf, was sie zu dieser Reflexion über das eigene Schreiben, die sich aus der Arbeit an *Nachdenken über Christa T.* ergab, motivierte. Zentrale Begriffe sind dabei die eigene Erfahrung, die »ein hohes Maß an Subjektivität« voraussetzt und »ein Subjekt, das bereit ist, sich seinem Stoff [...] so rückhaltlos [...] wie möglich zu stellen« (WA 4, 409). Damit wird eine Arbeitsweise begründet, die mit dem Begriff ›subjektive Authentizität‹ umschrieben wird. Wolf weiß sich nach wie vor dem Realismus verpflichtet, womit sich für sie die Vorstellung einer bestehenden Realität verbindet, mit der sich der Schriftsteller so »wahrhaft« wie möglich auseinandersetzen muss, denn: »Wahrhaftigkeit muß vorausgesetzt werden, ohne sie gibt es überhaupt keine Literatur« (WA 4, 410). Mit diesem Verlangen nach Authentizität in der Darstellung verbindet sich also auch eine moralische Verantwortung, bei der der Autor mit dem ›als-ob‹ der Fiktion bricht und dem Leser in aller Offenheit begegnen will:

> »Von mir und allein für mich spreche ich, wenn ich bekenne, daß in jener Art zu schreiben ein Element von Unredlichkeit mir aufstieß und mich zunehmend störte: die fatale Möglichkeit des Autors eben, sich hinter seinem ›Material‹, seinem ›Thema‹, ›Stoff‹, ›Werk‹ zu verschanzen; ein Objekt aus ihm – dem Werk – zu machen, mit dem er nach Belieben umspringen kann (wodurch er auch mit seinen Lesern als [sic!] mit Objekten umspringt).« (WA 4, 408)

Christa Wolfs Äußerung lässt sich als Reaktion auf die stereotypen kulturpolitischen Vorgaben verstehen. Anstatt diese Vorgaben infrage zu stellen, umgeht sie die Konfrontation und setzt mit ihrer Kritik bei der Position des Autors ein. Die Vorstellung, sich nicht mit ganzer Person in das eigene Werk einzubringen und andererseits aber vom Leser zu erwarten, er solle sich einem individuellen Wandlungsprozess aussetzen, empfand sie als »Unredlichkeit« (WA 4, 408). Das Argument war plausibel, förderte allerdings die

Kritik, denn nach der in der DDR vertretenen Ideologie hatte der Einzelne seine Belange hinter die der Gemeinschaft zurückzustellen und mit dem Rückzug auf sich selbst und die eigene Wahrnehmung geriet Christa Wolf in den Verdacht des »schrankenlosen Subjektivismus« (WA 4, 411). Es ist kein Zufall, dass das Thema im Gespräch mit Hans Kaufmann aufgegriffen wird. Es bot ihr Gelegenheit, sich argumentativ und öffentlich gegen diesen Vorwurf zu verteidigen. Sie tat dies unter Berufung auf Schriftsteller, die zur Gründungsgeneration der DDR gehören und von ihr in die literarische Tradition des »eingreifenden Denkens« gestellt werden: Anna Seghers und Bertolt Brecht. Über diese Generation wird die Frage nach der Darstellung von Realität im Gespräch auf die Auseinandersetzung mit dem Nationalsozialismus (in der DDR offiziell als Faschismus bezeichnet) gebracht – Christa Wolf arbeitete zu dem Zeitpunkt, als das Gespräch stattfand, bereits an *Kindheitsmuster*. Kaufmann will wissen, ob die Bearbeitung dieses historischen Themas nicht einem individuellen Interesse geschuldet sei. Wolf weist den Gedanken zurück und spricht von der elementaren gesellschaftlichen Bedeutung, und auch das ist bemerkenswert: dass das Bestehen auf der eigenen, individuellen Erfahrung die gesellschaftliche Relevanz ihrer Arbeit begründet. Dieser Punkt spielt wegen der problematischen Dialektik zwischen Individuum und Gesellschaft bei der Rezeption aller nachfolgenden Erzählungen und Romane Christa Wolfs eine Rolle.

Als Christa Wolf das Gespräch mit Kaufmann führte, hatte sie das Drehbuch zu *Till Eulenspiegel* (1972), das sie gemeinsam mit Gerhard Wolf schrieb, abgeschlossen und hatte außerdem den Erzählband *Unter den Linden. Drei unwahrscheinliche Geschichten* (1974) publiziert. Beide Projekte sind Versuche, sich der Gegenwart mit den Mitteln des Humors zu nähern. Im Falle Till Eulenspiegels ist es »der Narr (als Rolle, als Funktion) im Räderwerk der Geschichte« (WA 4, 424), der sie interessierte. Die *Unwahrscheinlichen Geschichten* greifen Muster der Satire und der Groteske auf, denn in beiden Projekten geht es schließlich auch um Formen gesellschaftlicher Kritik. Dieses kritische Potential wurde in der DDR sehr wohl wahrgenommen. Helmut Hirsch sprach in seiner Rezension in der *neuen deutschen literatur* von einer radikalen ideologiekritischen Position, die diese von Brecht inspirierte Interpretation Till Eulenspiegels ausmache (*ndl* 22/8 (1974), 136–139). Wolfgang Heise wies in seinem Gutachten ebenfalls auf diese Schärfe der Kritik hin, die sich mit dem spezifischen Humor verband, der den Narren als einen von der Gesellschaft Ausgeschlossenen sieht, dessen Spott beißender und treffender sei als es »die Kritik von einem etablierten Standort« jemals vermag (Heise 1973, 217–223; hier zit. n. WA 3, 570). Diese Lesart ist durchaus im Filmszenarium angelegt und zeigt, wie der historische Stoff von Christa und Gerhard Wolf und ihren Kritikern auf die Aktualität der Situation bezogen wurde.

Der Erzählband *Unter den Linden* besteht aus einem Zyklus von Geschichten, der Ende der 1960er Jahren entstand und zu dem *Unter den Linden*, *Neue Lebensansichten eines Katers*, *Kleiner Ausflug nach H.* und *Selbstversuch* sowie zwei Entwürfe gehören, die die Titel *Käfer unter sich* und *Die dicke Frau* tragen. *Selbstversuch* war damals die wohl bekannteste Geschichte aus diesem Band, was sich damit erklären lässt, dass sie zunächst in *Sinn und Form* (SuF 25/2 (1973), 301–323) und danach noch in der Anthologie *Blitz aus heiterem Himmel* erschien, die von Edith Anderson, einer in der DDR lebenden amerikanischen Literaturwissenschaftlerin, 1974 im Hinstorff-Verlag herausgegeben wurde. Von ihr stammte die Idee, die Vorstellung vom Geschlechtertausch literarisch zu bearbeiten. Die Anthologie wurde ausführlich von den Literaturwissenschaftlern Sigrid Damm und Jürgen Engler in den *Weimarer Beiträgen* besprochen (*WB* 21/7 (1975), 37–69), die in *Selbstversuch* den wichtigsten Beitrag der Anthologie sehen (s. Kap. II.C.20). Sie gehen allerdings kaum auf die satirische Form ein, sondern greifen die Frage nach der Gleichberechtigung von Frau und Mann vor dem sozialistischen Hintergrund auf. Der Ansatz war damals für die feministische Literaturkritik in der Bundesrepublik und den USA besonders reizvoll, die ihn explizit mit der Emanzipation der Frau in Verbindung brachten. So gesehen kann die Anthologie als sozialistischer Beitrag zum Thema verstanden werden, wofür auch der abschließende Essay sprechen dürfte, den die Schriftstellerin und Literaturkritikerin Annemarie Auer verfasste. Damm und Engler betonen in ihrer Besprechung, dass Auer in ihrem Essay der Nachweis gelinge, die »These von der angeblichen Ungleichheit der Geschlechter und [die] daraus erwachsenden Herrschaftsansprüche« (*WB* 21/7 (1975), 62) als ein Problem der Klassengesellschaft aufzuzeigen. Karl Marx zufolge ist der Kapitalismus die letzte dieser gesellschaftlichen Formen, woraus sich schließen lässt, dass in einer Gesellschaft wie der der DDR, in der die sozialen Klassen angeblich abgeschafft worden waren, sich das Problem der Geschlechterhierarchie überhaupt nicht in dieser Weise stelle. Umso bemerkenswerter ist, wie die beiden Kritiker in den *Weimarer Beiträgen* darauf eingehen. Sie sehen die Emanzipation der Frau nicht als ein eigenes Thema, sondern diskutieren es »als Nachdenken über Liebe und Partnerschaft, Ehe und Familie« (*WB* 21/7 (1975), 39), das in der sozialistischen Literatur, wie sie an Beispielen zu zeigen versuchen, in unterschiedlicher Weise aufgegriffen werde. Die literarische Tradition, an die ihrer Meinung nach Christa Wolf mit *Selbstversuch* anknüpft, sei jene deutsche Literatur seit der deutschen Klassik, in der »die Frau als Vertreterin und Bewahrerin der Humanität« (*WB* 21/7 (1975), 46) gesehen wird. Ein anderer Aspekt des Traditionsbezugs wird in der Rezension thematisiert, die Hans-Georg Werner 1976 in den *Weimarer Beiträgen* (*WB* 22/4 (1976), 36–64) publizierte. Bei ihm ist es die Phantastik der deutschen Romantik, die sich über Wolfs Beschäftigung mit dem Werk Ingeborg Bachmanns mit einer Erzählhaltung trifft, die er Franz Kafka zuschreibt. Immerhin scheut er sich nicht davor zu behaupten, dass ihr »erzählerischer Ansatz [...] romantischer Herkunft« (*WB* 22/4 (1976), 46) sei.

In der DDR stand nicht jeder Rückgriff auf die literarische Tradition im Einklang mit den ideologischen Vorgaben der Kulturpolitik. Schwierig, wenn auch nicht eindeutig von der klassischen Tradition abzugrenzen, war an der Romantik die Bedeutung, die der Selbstentwicklung des Individuums eingeräumt wurde. Wie die Romantik wollte auch der Sozialismus ein eigenes Ideal vom Menschen umsetzen. Der Sozialismus geht von der Änderung der gesellschaftlichen Strukturen aus, um so andere Voraussetzung für die Entwicklung des Individuums zu schaffen. Die Romantiker vertrauten dagegen auf den Einzelnen und die Erweiterung seines Bewusstseins und hofften, damit letztlich auch die Gesellschaft zu beeinflussen. Liminale und transzendente Erfahrungen, die man beim Überschreiten der Grenze zwischen Traum und Wirklichkeit bzw. zwischen Phantasie und Realität machen kann, gehörten für sie zu den Mitteln, mit denen die bestehende Ordnung in Frage gestellt werden konnte. Genau auf diesen Zusammenhang zielt Werner, allerdings mit dem Unterschied, dass für Christa Wolf »das Subjektiv-Humane«, wie er diesen Themenkomplex nennt, ein »Produkt des Sozialismus« sei (*WB* 22/4 (1976), 47). Erneut bewegt sich die Rezeption um das Problem der Individualität. Sie wird von Werner in einen spezifischen literaturhistorischen Bezug gestellt und soll in ihrem humanistischen Anspruch gleichzeitig sozialistisch sein. Der Widerspruch, der sich darin zeigt, sei typisch für Wolfs Erzählungen, denn bedingt durch die Erzählhaltung, würde das Individuum der Gesellschaft als Abstraktum gegenüberstehen. Die Gesellschaft erscheint Werner als fremder bzw. entfremdeter Raum, in dem Selbstverwirklichung nicht bzw. nur in der Rückbesinnung auf sich und im Widerstand gegen die Gesellschaft möglich ist. Damit sei dieses Selbst »sogar der Gefahr ausgesetzt, in konservativem Sinne mißverstanden und mißbraucht zu werden« (*WB* 22/4 (1976), 61). Wie sehr Werner sich auch anstrengt, die Erzählungen in ihrer literarischen Qualität trotz oder gerade wegen ihrer intertextuellen Bezüge zu würdigen, es bleibt ein allgemeiner Verdacht an der richtigen ideologisch-politischen Position der Autorin hängen. Werner deutet ihn nicht, weist aber darauf hin.

Der Band *Unter den Linden* erschien ohne die Erzählung *Kleiner Ausflug nach H.*, die der Verlag bereits beim Antrag auf Druckgenehmigung weggelassen hatte, weil man zuviele Schwierigkeiten erwartete und dadurch nicht die Publikation der anderen Geschichte gefährden wollte. Wie Recht die damalige Lektorin Sigrid Töpelmann mit dieser Einschätzung hatte, zeigt das Druckgenehmigungsverfahren zu dem 1984 eingereichten Band *Erzählungen*, in dem der Verlag die Geschichte aufnehmen wollte. Die Hauptverwaltung zog vier Gutachter hinzu, die sich schließlich den Rat von Klaus Höpcke erbaten. Angela Drescher, die eines der Verlagsgutachten schrieb, wies auf den besonderen Verfremdungseffekt der Erzählung hin. Es sei eine »Literatursatire«, die als Allegorie auf die literarischen Verhältnisse einer inzwischen überwundenen kulturpolitischen Periode in der DDR zu lesen sei (gemeint ist, auch das geht aus dem Gutachten hervor, die Zeit nach dem Erscheinen von *Christa T.*). Mit H., so Drescher in dem Gutachten, sei Heldenstadt gemeint – ein Hinweis auf die stereotypen Protagonisten, die in dieser Zeit als literarisches Ideal propagiert wurden. Dass sich die Gutachter der HV an ihren obersten Verantwortlichen wandten, zeigte bereits, dass das kritische Potential dieser Erzählung der Realität doch näher kam, als die Lektorin meinte (Druckgenehmigungsverfahren für den Aufbau-Verlag 1985, Bundesarchiv Berlin, DR 1/2133a). Die Druckgenehmigung wurde schließlich für alle anderen Erzählungen gewährt, *Kleiner Ausflug nach H.* erschien dahingegen erst 1989 in der DDR (vgl. Hilzingers Kommentar in WA 3, 593–597).

Im Gespräch mit Kaufmann bemerkte Christa Wolf, dass es im Grunde egal sei, welches Genres sich ein Autor bediene, wichtig an der Auseinandersetzung mit dem Stoff sei die in ihm vertretene zeithistorische Bedeutung und seine Aktualität für die eigene Gegenwart: »Ein historischer Stoff, der für mich nicht während der Arbeit einen Zeitbezug hätte, würde mich langweilen« (WA 4, 425). Nun stellte sich die Genrefrage in ihrem weiteren Werk immer wieder und immer auch im Hinblick auf die Auseinandersetzung mit der von ihr angestrebten Authentizität, aber humoristische Formen wie in den Geschichten, die zum Erzählzyklus von *Unter den Linden* gehören, griff sie in dieser Weise später nicht wieder auf. Warum, das ist nicht eindeutig zu beantworten, könnte aber ohne weiteres mit genau dem Gefühl von »Unredlichkeit« dem Leser gegenüber, zu tun haben, das im Gespräch mit Kaufmann zur Sprache kam. In dem Gutachten, das Kaufmann zu *Unter den Linden* für die Hauptverwaltung verfasste, hatte er auf das künstlerische Wagnis hingewiesen, dass die Satire als literarische Form darstelle (Druckgenehmigungsverfahren für den Aufbau-Verlag 1974, Bundesarchiv Berlin, DR 1/2105a). Sein Urteil verträgt sich nicht recht mit der Bedeutung, die Wolfgang Heise dem Spott des Wolfschen Till Eulenspiegels zuerkennt. Es bleibt die Frage, warum Christa Wolf es bei diesen Experimenten beließ, während sie die thematische Auseinandersetzung – zu denken ist an das Außenseitermotiv, die Geschlechterfrage, die Frage nach der gesellschaftlichen Entwicklung im historischen Prozess sowie ihre Kritik an einem zu einseitigen Rationalismus in der Wissenschaft –, die mit *Unter den Linden* ebenso wie in *Till Eulenspiegel* angelegt war, weiter verfolgte.

Für diese Übersicht über die Rezeptionsgeschichte in der DDR, die sich an der Frage orientiert, welche Werke besonders rezipiert wurden, sind außer den schon erwähnten Dokumentationen die 1975/1976 stattfindende Debatte um *Kindheitsmuster* in *Sinn und Form* und die Debatte um *Kassandra*, die 1983/1984 zum Teil in *Sinn und Form*, zum Teil in *neue deutsche literatur* geführt wurde, zu nennen. Rezensionen zu den anderen Werken lassen sich auf die dort angesprochenen Positionen beziehen. Das schließt nicht aus, dass dadurch thematische Zusammenhänge, die sich durch die Betrachtung einzelner Beiträge ergeben, unberücksichtigt bleiben. Im Vordergrund dieser Darstellung stehen die Themen, die sich im Rückblick auf die Rezensionen leicht als roter Faden im Werk Christa Wolfs erkennen lassen. Zu denken ist an die immer wieder hergestellten intertextuellen Bezüge, durch die sich Christa Wolfs Werk in die literarische Tradition einordnen lässt, obwohl das wegen des wiederholt betonten gesellschaftlichen Bezugs so nicht geschehen ist. Zu denken ist auch an die seit *Selbstversuch* vielfach thematisierte Geschlechterfrage, im Gespräch mit Hans Kaufmann als »Befreiung der Frau« eingeführt, die in den Rezensionen in unterschiedlicher Weise, stets aber im Hinblick auf den gesellschaftlichen Diskurs in der DDR diskutiert wurde, sowie an die dort ebenfalls schon angelegte Kritik an Wissenschaft und technischem Fortschritt, die später in der Rezeption der Erzählung *Störfall* spezifischer und im Hinblick auf die Atomenergie diskutiert wurde (vgl. Drescher 1991b).

Die Rezeption von *Störfall* zeigt außerdem ein anderes Muster der Rezeption, weil die Erzählung zunächst außerhalb der literarischen Zeitschriften in Medien mit breiterer Leserwirkung besprochen wird und außerdem, weil das Buch zum Auslöser für eine Diskussion in der von der Akademie der Wissenschaften in Berlin herausgegeben Zeitschrift *spectrum* wurde, an der sich vor allem Naturwissenschaftler, Mediziner und Ingenieure beteiligten, die den Nutzen der Atomkraft für die DDR diskutierten (vgl. Drescher 1991b). Christa Wolf schrieb das Vorwort zur Dokumentation dieser Beiträge; ihre Rolle dort als Künstlerin unter Wissenschaftlern und Technikern wartet noch auf eine eingehendere Analyse.

Die Darstellung der Rezeption zu *Was bleibt* führt über den historischen Rahmen der DDR mit ihrer spezifischen, oben geschilderten Öffentlichkeit hinaus und fällt unter das Kapitel ›Literaturstreit‹ (s. Kap. II.H.40). Im Folgenden werden die Diskussionen um *Kindheitsmuster* und *Kassandra* als exemplarische Beispiele der Rezeption in der DDR behandelt, weil sich an ihnen der langsame Wandel der literarästhetischen Urteile in der Kritik zeigen lässt und man außerdem eine tatsächlich leserorientierte Rezeption an beide Werke anschließen könnte, die sich auf die Leserbriefe an die Autorin stützt. Die Briefe sind nicht publiziert, sind aber, was *Kindheitsmuster* betrifft, als zum Druck vorgesehenes Typoskript bearbeitet worden und bieten sich als ein interessantes Forschungsprojekt für die Rezeptionsforschung an.

49.3 Rezeption von »Kindheitsmuster«

Die Rezeption von *Kindheitsmuster* begann in der Literaturzeitschrift *Sinn und Form* mit dem Abdruck von Auszügen mitgeschnittener Diskussionen, die im Anschluss an zwei Lesungen stattfanden, die Christa Wolf aus dem Manuskript von *Kindheitsmuster* in der Akademie der Künste (AdK) in Berlin im Oktober und Dezember 1975 gehalten hatte (*SuF* 28/4 (1976),

861–888). Zuvor war in *Sinn und Form* der Auszug aus dem Manuskript erschienen – es handelt sich um das 8. Kapitel –, den die Autorin in der AdK vorgetragen hatte (*SuF* 28/2 (1976), 339–363).

Die Beiträge der Diskussion zeigen, dass man zum einen den Bezug zur Gegenwart sucht, zum anderen allerdings auch die Behandlung der (eigenen) nationalsozialistischen Vergangenheit begrüßte, denn bewältigt, so der Konsens, sei das Thema keineswegs. Auch die gewählte Form war ein Diskussionsthema, das sich an der Frage entzündete, warum Christa Wolf keinen traditionellen Roman geschrieben habe und von der Autorin mit ihrer Suche nach einem Erzählmuster beantwortet wird, in dem die Beschäftigung mit der Geschichte ihren Gegenwartsbezug findet. Als sie daraufhin Zustimmung aus dem Publikum hört, bekräftigt sie ihre gesellschaftliche Position als Autorin in der DDR, in dem sie von ihrer persönlichen Betroffenheit und Verbundenheit mit diesem (»unserem«) Land spricht und auf die Bedeutung hinweist, die der »Bewußtheit der eigenen Rolle in diesem Prozeß« (*SuF* 28/4 (1976), 866) – gemeint ist die gesellschaftliche Entwicklung in der DDR wie in der Welt – zukommt. Das ist insoweit ein wichtiger Punkt, als Annemarie Auer in ihrer Kritik zum Buch, die im Frühjahr 1976 unter dem Titel »Gegenerinnerung« erschien (*SuF* 29/4 (1977), 847–878), die Autorin und ihr Erinnerungsprojekt genau wegen dieser Position und dem damit zusammenhängenden Selbstverständnis attackierte. Auers Kritik ist nicht frei von Polemik und beginnt in einem ironischen Stil, der die Leser im Ungewissen über ihre Meinung zu Wolfs Buch lässt. Man könnte diesen Beginn auch als Hilflosigkeit der Kritikerin deuten, die nicht weiß, wie sie dem Buch gerecht werden soll, weil ihr Kriterien fehlen, mit denen sie urteilen könnte. In diese Richtung weist die von ihr zu Beginn gestellte Frage: »Was eigentlich ist mir sympathisch an Büchern, oder was unsympathisch?« (*SuF* 29/4 (1977), 847). Die Frage ist im Grunde eine rhetorische, denn es ist schon deutlich, dass Auer dem Buch sehr skeptisch gegenübersteht. Ihre Haltung ergibt sich nicht aus dem literarischen Urteil, sondern aus dem von ihr mit Überzeugung vertretenen Antifaschismus und ist mithin ideologisch motiviert. Auer zweifelt am repräsentativen Wert der von Christa Wolf beschriebenen Erfahrungswelt im Nationalsozialismus, die sie nicht für generationstypisch hält und auf die Frage zurückbringt: »War denn dazumal jedermann Nazi? [...] Ist wirklich die Wandelgeneration die exemplarische, die das Entscheidende über unser Volk und seine ›Lebensmuster‹ auszusagen hat« (*SuF* 29/4 (1977), 856)?

Die Diskussion in der Akademie der Künste zeigt dagegen, dass Wolf offensichtlich den richtigen Nerv beim Publikum traf und die an sie gerichteten Leserbriefe bestätigen diesen Eindruck.

Die von Auer daraufhin entwickelte Analyse zeigt zumindest ihr Bemühen, der Aufgabe der Literaturkritikerin gerecht zu werden: Sie benennt »Rubriken«, unter denen sie ihre Leseeindrücke sammelt und schließt daran »Fixpunkte« an, die das betreffende literarische Werk offensichtlich in spezifischer Weise kennzeichnen. Allerdings kommt sie im Falle Christa Wolfs zu dem Urteil, dass ihr Werk von einer »Art Ich-Faszination« (*SuF* 29/4 (1977), 855) geprägt sei und dann macht sie den Fehler, Erzählerin und Autorin gleichzustellen und lässt ihren Unmut über dieses »Insich-Hineinstarren« (*SuF* 29/4 (1977), 852) an der Autorin aus, der sie machtgeschützte Innerlichkeit und Elitebewusstsein vorwirft. Gleichwohl nennt sie *Kindheitsmuster* ein wichtiges Buch, denn es ziele auf die bis dahin nicht geklärte Frage, wie der Faschismus von innen aussah. Dass Christa Wolf sich mit *Kindheitsmuster* dieser Frage stellte, zeige ihren Instinkt für aktuelle Themen. Literarisch spannender – radikaler – und vom Klassenstandpunkt eindeutiger sei allerdings, so Auer, Peter Weiss' *Ästhetik des Widerstands*, die in der DDR allerdings zu diesem Zeitpunkt noch nicht zu kaufen war; das Werk erschien erst 1983. Bemerkenswert an der von Auer ausgelösten Diskussion in *Sinn und Form* ist auch das Vorwort des damaligen Chefredakteurs Wilhelm Girnus. Er äußert sich kaum zu Christa Wolfs Buch, setzt sich dafür aber um so vehementer mit der Behandlung nationalsozialistischer Themen in den westlichen Medien auseinander, wofür ihm die Dokumentation *Hitler – eine Karriere* von Joachim C. Fest und Christian Herrendoerfer einen Anlass bot.

In der Folge veröffentlichte *Sinn und Form* Briefe, die die Redaktion von Wolfgang Hegewald, Stephan Hermlin, Helmut Richter, Dieter Schiller und Leonore Krenzlin empfing (*SuF* 29/6 (1977), 1311–1322). Zum Teil handelte es sich bei den Genannten um mit Christa Wolf befreundete Autor/innen, es erschienen aber auch Reaktionen, die Annemarie Auers Position begrüßten. Zu Letzteren gehört zum Beispiel Leonore Krenzlin, die kritisierte, dass Christa Wolf ihr eigenes Leben so exemplarisch behandle. Sie sah in der inneren Perspektive der Erzählerin »eine Entleerung des Persönlichkeitsbegriffs«, die zur »absolute[n] Repräsentanz« neige (*SuF* 29/6 (1977), 1322). Helmut Richter bedankte sich bei Auer für die Souveränität ihrer Darstellung und hoffte, dass Christa Wolf erkennen möge, in welcher Gefahr sich ihr Talent befinde. Das mag vage klingen, zielt aber auf eine Bestätigung der Kritik am mangelndem gesellschaftlichen Bewusstsein, das Auer Wolf vorwarf. Demgegenüber forderte Wolfgang Hegewald klare Beurteilungskriterien, die in der Literatur selbst zu suchen seien, während Stephan Hermlin Auers Rolle als Kritikerin hinterfragt. Er wie auch das mit der Autorin befreundete Paar Jeanne und Fritz Stern sahen die Kritik als einen persönlichen Angriff auf die Person Christa Wolfs. Der angedeutete Konflikt zeigt, dass die Befürworter der Position Annemarie Auers die gesellschaftliche Position und daraus resultierende Aufgabe des Schriftstellers im Sozialismus vor Augen hatten, während die Kritiker Auers von einer individuellen literarischen Position ausgingen. Im Grunde zielte die Diskussion auf die Bedeutung, die der Literatur in der DDR als öffentliches Medium zukam und zeigt, dass sich schrittweise eine Umdeutung vollzog, die die Vorstellung von »Literatur als Ersatzöffentlichkeit« in je unterschiedlicher Weise interpretierte. Deutlicher noch lässt sich das an der Diskussion um *Kassandra* in den 1980er Jahren zeigen.

Beim Vergleich der verschiedenen Beiträge entsteht ein relativ heterogenes Bild, das den »Grundtenor« (Gerd Krieger) eines besprochenen Buches an dem gesellschaftlichen Standpunkt des Autors und seinem Wert für den gesamtgesellschaftlichen Prozess in der DDR maß. Das entsprach der kulturpolitischen Vorstellung der SED, dass die Literatur (wie die Kunst überhaupt) das ideologische Instrument sei, durch das die Partei ihren totalen Herrschaftsanspruch ideologisch begründen kann. Literatur sollte sich durch Parteilichkeit und Volksverbundenheit auszeichnen, womit ästhetischer Eigensinn und Individualität in der Themenwahl sich immer einer höheren gesellschaftlichen ›Objektivität‹ unterzuordnen hatten. Aus dieser Perspektive wird verständlich, was es hieß, die Rolle des gesellschaftlichen Außenseiters (*Nachdenken über Christa T.*) oder das Tabu der eigenen nationalsozialistischen Vergangenheit (*Kindheitsmuster*) zur Sprache zu bringen.

Die Kontroverse, die mit der kulturpolitischen Kursänderung zusammenhing, die sich zu diesem Zeitpunkt in der Redaktion der Zeitschrift vollzog (vgl. Braun 2004, 105), zeigt im Rückblick exemplarisch, wie die Fixierung des Schriftstellers auf seine gesellschaftliche Verantwortung als Person über die Rezeption seiner Werke erfolgte. Es gab in der DDR Autor/innen, die sich diesem Anspruch entzogen und hinter ihr Werk zurücktraten. Bei Christa Wolf war es umgekehrt; sie nutzte die Literatur immer mehr als Ersatzöffentlichkeit für gesellschaftliche Kontroversen und bezog dabei – das zeigt die Rezeption um die Erzählungen *Kassandra* und *Störfall* – immer eindeutiger als Person Position. In der heutigen Forschungsdiskussion kann man diese Absicht – mit der gebotenen Berücksichtigung des politischen und historischen Kontextes – unter dem Begriff der schriftstellerischen Selbstinszenierung verfolgen (vgl. John-Wenndorf 2014).

Die Art der Literaturkritik, wie sie in der Kontroverse in *Sinn und Form* geführt wurde, lässt kaum erahnen, wie das Buch tatsächlich vom Publikum aufgenommen wurde. Sonja Hilzinger weist in der Werkausgabe auf ein Manuskriptkonvolut mit Leserbriefen zu *Kindheitsmuster* hin, die der Aufbau-Verlag zur Publikation vorgesehen hatte, die letztlich aber nicht erschienen. Die Materialsammlung enthält annähernd 100 Briefe, die nach dem Geburtsjahrgang des Schreibers sortiert sind und so die Erfahrungen und Reaktionen von Leser/innen erfassen, die zwischen 1901 und 1960 geboren wurden. Die Anerkennung für *Kindheitsmuster* ist durchweg sehr hoch und zeigt, auf wie viel Resonanz das Thema und die Art seiner Behandlung bei den Leser/innen stieß. Viele verbinden ihre Lektüre mit eigenen Erinnerungen an den Nationalsozialismus oder, bei den jüngeren Leser/innen, mit Reflexionen über eigene Erfahrungen im Umgang mit dem Thema. Gleichwohl, und das verweist neuerlich auf den Aspekt der Ersatzöffentlichkeit, handelt es sich bei diesen Briefen um eine private Form der Kommunikation, in der nur zu oft das Fehlen einer tatsächlich öffentlichen Debatte beklagt wird.

In den publizierten Kritiken ging es, wie erwähnt, um den gesellschaftlichen Standpunkt. Die eigenen Beurteilungskriterien wurden dabei zunächst kaum reflektiert und die Diskussion entzündet sich – das zeigen die Reaktionen auf Annemarie Auers Kritik – an genau diesen diffusen Urteilsbegründungen. Das änderte sich zu Beginn der 1980er Jahre, als die literaturwissenschaftliche Germanistik in der DDR begann, sich mit rezeptionsästhetischen Ansätzen auseinanderzusetzen (vgl. Krieger 1985). Beispielhaft für diese Entwicklung ist das 1980 in den *Weimarer Beiträgen* erschienene Heft zu diesem Thema (*WB* 26/10 (1980)). Von diesem Zeitpunkt an werden die Rezensionen werkbezogener, versucht man die Beurteilungsmaßstäbe klarer zu formulieren und sind bei sowohl Autoren wie Kritikern individuelle Positionen verhandelbar. Ein gutes Beispiel für diese Entwicklung bietet in diesem Kontext Gerd Kriegers Artikel »Ein Buch im Streit der Meinungen. Eine Untersuchung literaturkritischer Reaktionen zu Christa Wolfs *Kindheitsmuster*«, der 1985 in den *Weimarer Beiträgen* erschien (*WB* 31/1(1985), 56–75). Krieger stellt eingangs fest, dass nur selten »Methoden literarästhetischer Erkenntnisfindung« festgelegt würden und ergänzt:

> »Die meisten Kritiken enthalten Informationen zu äußeren Werkvorgängen, zum Ideengehalt und zu gestalterischen Details. Diese Elemente werden in unterschiedlicher Gewichtung und Reihenfolge dargestellt. Aber es wird weder erkennbar, weshalb welche Elemente dargestellt werden, noch, auf welche Weise der Rezensent zu ihrer Erkenntnis kam.« (*WB* 31/1 (1985), 59)

Krieger versucht den Grundtenor als objektives Bewertungskriterium herauszuarbeiten und stellt dazu einen Vergleich von vier ausgewählten ausführlichen Rezensionen zu *Kindheitsmuster* an, die er auf drei Aspekte hin analysiert: 1) Aussagen der Kritik, in denen sich die subjektive Haltung des Rezensenten zum behandelten Werk widerspiegeln, 2) die in der Kritik dokumentierten Methoden der literaturkritischen Erschließung des Werkes und 3) die durch sprachlich-stilistische Art der Darstellung gewonnenen Erkenntnisse. Sein Fazit ist ernüchternd und stellt den Wert dieser Rezensionen insgesamt in Frage: »Die Darstellungen von Lektüreeindrücken in Rezensionen haben im allgemeinen einen stark bekenntnishaften Charakter und damit einen subjektiv-emotionalen Aussagekern« (*WB* 31/1 (1985), 73).

49.4 Rezeption von »Kassandra«

Die Debatte, die parallel zu Kriegers Untersuchung in der Literaturzeitschrift *Weimarer Beiträge* unter dem Titel »Für und Wider« zu *Kassandra* und den Vorlesungen zur Erzählung geführt wurde (*WB* 30/8 (1984), 1353–1381), verdeutlicht, dass Kriegers Position nicht dem gesamten Spektrum der Literaturkritik entsprach und sich bei einer Schriftstellerin, die den autobiographischen Ansatz zum Ausgangspunkt ihrer Poetik wählte, die Diskussion leicht an der bekannten autorbezogenen Kritik orientierte. An der Debatte beteiligten sich Sigrid Bock, Karin Hirdina, Ursula Heukenkamp, Therese Hörnigk, Siegfried Rönisch und Hans-Georg Werner. Ihre Beiträge konzentrieren sich auf das Erleben und die Wahrnehmung der literarischen Figur, die als alter ego Christa Wolfs verstanden wurde. So fragt Sigrid Bock z. B.: »Will Christa Wolf nachholen, was Kassandra versagt blieb? Ich lese die Erzählung so« (*WB* 30/8 (1984, 1357). Karin Hirdina stellt fest, dass es sich um eine ernste, unbequeme Prosa handle, bei der sich die Autorin einbringe und die den ganzen Einsatz des Lesers fordere. Gleichzeitig gibt es aber dezidierte Kritik am Text, die argumentativ anders fundiert ist, und Versuche, objektivere literaturästhetische Kriterien geltend zu machen (vgl. Therese Hörnigks Beitrag in *WB* 30/8 (1984), 1368–1372). Siegfried Rönisch, damals Chefredakteur der *ndl*, bemängelt an der Rezeption, dass es weder der Literaturkritik noch der Literaturwissenschaft gelungen sei, eine überzeugende Analyse und Wertung von Christa Wolfs Werk einzubringen, und stellt fest, dass die Auseinandersetzung bisher eher zufällig gewesen sei. Das ist eine ziemlich starke Kritik an der eigenen Zunft.

Worauf zielte die Debatte, deren Beiträge, die unter dem programmatischen Titel »Für und Wider« stehen und sich zum Teil auch widersprechen, für eine Debatte im eigentlichen Sinn aber zu gut aufeinander abgestimmt sind? Ihr Wert lag in der Wortmeldung als solche, denn damit setzte sich die werkbezogene Rezeption von Christa Wolf in der DDR-Literaturwissenschaft durch, auch wenn die genaueren Analysekriterien noch offen waren und viel mit »Hilfswörtern« (Ursula Püschel) gearbeitet wurde. Im Einzelnen ergab sich nicht viel Neues in der Analyse ihrer Werke. Die besondere Schwierigkeit beispielsweise, die Rönisch in den verschiedenen Erzählebenen von Ich-Erzählerin und literarischer Figur sah, die so ineinander »verzahnt« seien, dass die »Selbstdeutung der Kassandra« in die »Selbstdeutung Christa Wolfs« (*WB* 30/8 (1984), 1374) übergine, hatte Sigrid Bock bereits bei ihrer Besprechung von *Kindheitsmuster* festgestellt (vgl. *WB* 23/9 (1977), 102–130). In ähnlicher Weise äußerte sich Hans Kaufmann in seiner Interpretation der Erzählung *Kassandra*:

> »Diese Objektivierung der Zentralfigur schließt indessen nicht aus – das könnte die wesentliche Kunstleistung der Erzählung sein –, daß die Kassandragestalt in beträchtlichem Maß Selbstdarstellung der Autorin ist. Ch. Wolf arbeitet hier ohne Zweifel auch gewichtige und anders nicht aussprechbare Erfahrungen ihres Lebens ab.« (*Sinn und Form* 36/3 (1984), 653–663, hier 657)

Schwierig an dieser subjektbezogenen Perspektive bei der Literarisierung historischer oder mythischer Gestalten ist die moderne Konzeption vom Individuum, die in keinem der Beiträge zur Diskussion gestellt wird. Dieser Punkt zeigte sich bereits in Christa Wolfs Behandlung der historischen Personen Heinrich von Kleist und Karoline von Günderrode. Das Konzept der »subjektiven Authentizität« (s. Kap. II.B.16) ist an ein autonomes Ich gebunden, das eine klare Vorstellung von sich selbst hat. Diese Idee entwickelt sich allerdings erst Ende des 18. Jahrhunderts in der Philosophie des deutschen Idealismus und findet in der deutschen Romantik die literarischen Vorläufer, die Wolf geprägt haben (vgl. Delhey 2013). Wolf selbst macht diesen Bezug in einem Gespräch mit Frauke Meyer-Gosau klar, der unter dem Titel »Projektionsraum Romantik« in der DDR in dem von Christa und Gerhard Wolf herausgegebenen Band *Ins Ungebundene gehet eine Sehnsucht. Gesprächsraum Romantik* (1985) erschien (s. Kap. II.E.28). Sie weist auf ihre marxistisch geprägte Perspektive der Literaturgeschichte hin und erinnert an den Briefwechsel zwischen Anna Seghers und Georg Lukács aus den Jahren 1938/1939. Der für sie wichtige Bezug ergab sich aus Seghers' Vorstellung einer in ihrer Selbstverwirklichung gescheiterten Generation von Schriftstellern, denen sich »die Zeit selbst […] entgegengestellt« habe (WA 8, 236–255, hier: 239). Der Begriff Romantik, so merkt Wolf noch an, habe für sie keine Relevanz gehabt. Der Begriff vielleicht nicht, aber eben die Schriftsteller. Im Verlagsgutachten zur Druckgenehmigung sieht die Lektorin Angela Drescher die Bedeutung des Bandes in seiner Neubewertung dieser Periode. Wolf griff den von Seghers' formulierten Widerspruch zwischen gesellschaftlichem Anspruch und individuellem Ausdruck auf und machte ihn für das eigene Schaffen produktiv. Neuere Studien sehen selbst in Wolfs Bearbeitung antiker Stoffe den Einfluss der deutschen Romantiker (vgl. Karabegowa 2011). Festzuhalten ist: In der literaturwissenschaftlichen Rezeption von *Kassandra* in der DDR verschob sich der Fokus von einer autor- auf eine werkbezogene Analyse. Gleichzeitig kamen aber auch kritische Töne auf, die Zweifel an der Darstellung des mythischen Stoffs und an der von der Autorin in den Vorlesungen favorisierten historischen Perspektive äußerten.

Ungewöhnlich scharf liest sich zum Beispiel die Kritik, die Wilhelm Girnus in *Sinn und Form* schrieb (*SuF* 35/2 (1983), 439–447) und die Christa Wolf zu einer Gegendarstellung veranlasste (*SuF* 35/4 (1983), 863–866). Es ist allerdings alles andere als ein »wutschäumender Verriss« (Magenau 2002, 337). Girnus beginnt die Auseinandersetzung als passionierter Altphilologe, der die von Wolf benutzten Übersetzungen kritisiert. Seine philologisch fundierte Kritik lässt sich am konkretesten an Sapphos Mitternachtgedicht und Wolfs Behauptung, Apoll sei von wölfischer Herkunft, festmachen. Daraus leitet er ab, Wolfs »Umgang mit der griechischen Mythologie« zeige »Züge sehr persönlicher Willkür und Mißachtung gesicherter Forschungsergebnisse« (*SuF* 35/2 (1983), 442). Der zweite Punkt seiner Kritik bezieht sich auf Wolfs Perspektive auf die Geschichte, die von ihr nicht als Klassen- sondern als Geschlechterkampf dargestellt werde. Hier spricht Girnus als Kommunist und seine Kritik verliert sich schließlich in einer Polemik über die richtige politische Gesinnung. Der eigentlich spannende Punkt seiner Kritik liegt aber in dem Vorwurf der Freiheit, mit der sich Christa Wolf den antiken Stoff angeeignet habe und ihrer Reaktion auf diesen Vorwurf, denn sie beruft sich nicht auf ihr Recht als Schriftstellerin, die Phantasie walten zu lassen, sondern versucht, ihr Vorgehen zu rechtfertigen.

In ihrer unter dem Titel »Zur Information« erschienenen Reaktion nennt Christa Wolf die von ihr benutzte Literatur und versucht argumentativ die Behauptung zu untermauern, Apoll sei ein Gott mit doppelter Natur gewesen. Unter anderen nennt sie Karl Kerényi und Thomas Mann als Gewährsmänner. Girnus' Polemik auf den falsch verstandenen Klassenkampf wird von ihr mit einem Zitat aus *Der Ursprung der Familie, des Privateigentums und des Staates* von Friedrich Engels beantwortet, was ein relativ schwaches Argument ist und Girnus Angriffsfläche zu einer weiteren Kritik bot (vgl. *SuF* 35/5 (1983), 1096–1105). In dieser Entgegnung bestätigt er nochmals seinen Zweifel an der Objektivität ihrer Aussagen. Christa Wolf beriefe sich auf Meinungen anderer, so Girnus, und damit zielt er auf den unterschiedlichen Geltungsanspruch von Literatur einerseits und wissenschaftlicher Erkenntnis andererseits. In diesem Sinn ist es durchaus konsequent, wenn Girnus auch Thomas Mann in dieser Angelegenheit für »inkompetent« hält. Diese Diskussion läuft auf die Frage hinaus, was Christa Wolf mit der Suche nach dem Ursprung der Mythen erreichen will, also worauf ihr Geschichtsprojekt gerichtet ist. Für den Kommunisten Girnus ist das eine politische Frage. Im Rekurs auf das Engels-Zitat führt er aus, dass es nicht zuerst um die Ungleichheit der Geschlechter ging, aus der sich unterschiedliche Klassen ergaben, sondern dass die Entwicklung des Privateigentums die Grundlage des Klassenunterschieds bildete. Erst danach konnte die Frau Eigentum des Mannes werden. Ihn störte, dass die Autorin »ausgerechnet vor einem Zuhörerkreis in der Bundesrepublik [die Vorlesungen zu *Kassandra* waren als Poetik-Vorlesung in Frankfurt am Main konzipiert; Y. D.] öffentlich das Kausalitätsprinzip (wenn – dann), diese Säule wissenschaftlicher Welterkenntnis in Frage stellt[e]« (*SuF* 35/5 (1983), 1102). Der Erwiderung von Girnus gehen einige Zuschriften von Lesern voran (*SuF* 35/5 (1983), 1078–1096), die Girnus' Kritik deutlich abschwächen, seine Art und Weise des Urteilens als zu grundsätzlich bemängeln, Christa Wolf in Schutz nehmen und sich vor allem für die Aktualität ihres Anliegens aussprechen. Diese Zuschriften hinterlassen einen zwiespältigen Eindruck, weil sie einen sehr großen Abstand in der Rezeption der Erzählung zwischen dem Chefredakteur der Zeitschrift und ihren Lesern zeigen. Trotzdem ist bei allen Beiträgen zu spüren, dass *Kassandra* vor dem Hintergrund des Wettrüstens zwischen den Weltmächten USA und Sowjetunion gelesen wurde, denn die Angst vor einer nuklearen Katastrophe wird in ihnen greifbar.

Dieser soziopolitische Hintergrund prägt auch die Auseinandersetzung mit *Störfall*. Wie fruchtbar Christa Wolfs Beitrag als Schriftstellerin in der Diskussion mit Wissenschaftlern war, muss noch aufgearbeitet werden. Fragt man nach den zentralen Aspekten bzw. Kritikpunkten in der Rezeption von Christa Wolfs Werk in der DDR, dann ist zunächst das von ihr entwickelte Schreibverfahren der ›subjektiven Authentizität‹ hervorzuheben. Christa Wolf, auch darüber herrscht Einigkeit, ist darin stark von Anna Seghers beeinflusst. Die Orientierung auf die subjektive Wahrnehmung wird allerdings in gesamtgesellschaftlicher Hinsicht überaus kontrovers gesehen. Die starke Fokussierung auf die eigene Gedankenwelt der jeweiligen literarischen Figur oder der Ich-Erzählerin wird zudem als ausgeprägte Einsamkeit gedeutet, mit der sich sehr oft die Problematik des Außenseiters verbindet.

Im Allgemeinen positiv beurteilt wird der Rückgriff auf das kulturelle Erbe, denn er passte in das Konzept der Bildung einer sozialistischen Nationalliteratur, was vor allem die literaturhistorischen Bezüge auf deutschsprachige Prätexte erklärt. Besondere gesellschaftliche Bedeutung erlangte ihr mit *Kindheitsmuster* eingeschlagenes Erinnerungsprojekt. Es fand sehr viel Anerkennung und Zustimmung und zeigt, gerade wenn man die scharfe Kritik Annemarie Auers dagegensetzt, wie groß zur damaligen Zeit das Bedürfnis in der DDR war, sich mit der eigenen Vergangenheit und der deutschen Geschichte vor 1945 zu beschäftigen und damit dem offiziell vertretenen Mythos vom Antifaschismus (Antonia Grunenberg) nicht blind zu vertrauen. Christa Wolfs Rezeption der antiken Klassik teilte dagegen die Lager deutlicher; bei der produktiven Vergegenwärtigung und Entmythologisierung des Kassandra-Stoffes reagierten vor allem die Kritikerinnen sehr wohlwollend, während bei der Rezeption der antiken Quellen erhebliche Defizite in der Aufarbeitung des Materials bemängelt wurden. Zusammenfassend ist festzuhalten, dass Christa Wolfs Werk sehr stark autorbezogen rezipiert wurde – im positiven wie im negativen Sinne. Ihr generell offener Umgang mit Genrekonventionen bedarf demgegenüber noch einer vertiefenden Auseinandersetzung.

Literatur

Altenhein, Hans: Christa Wolfs »Kassandra«. Eine Fallgeschichte. In: *Leipziger Jahrbuch zur Buchgeschichte* 8 (1998), 275–294.

Ankum, Katharina von: *Die Rezeption von Christa Wolf in Ost und West. Von »Moskauer Novelle« bis »Selbstversuch«.* Amsterdam, Atlanta (GA) 1992.

Braun, Matthias: *Die Literaturzeitschrift »Sinn und Form«. Ein ungeliebtes Aushängeschild der SED-Kulturpolitik.* Bremen 2004 (Wissenschaftliche Reihe der Bundesbeauftragten für die Unterlagen des Staatssicherheitsdienstes der ehemaligen DDR. Hg. v. der Abteilung Bildung und Forschung, Bd. 26).

Bundesarchiv Berlin, Akte des Ministeriums für Kultur. Teil 3: HV Verlage und Buchhandel, Druckgenehmigungsvorgänge, Druckgenehmigungsvorgänge zu Publikationen von Verlagen in der DDR 1947–1991, Mitteldeutschen Verlag 1968, DR 1/2169b: Druckgenehmigungsverfahren für Christa Wolf: *Nachdenken über Christa T.*

Bundesarchiv Berlin, Akte des Ministeriums für Kultur. Teil 3: HV Verlage und Buchhandel, Druckgenehmigungsvorgänge, Druckgenehmigungsvorgänge zu Publikationen von Verlagen in der DDR 1947–1991, Aufbau-Verlag 1974, Bundesarchiv Berlin, DR 1/2105a: Druckgenehmigungsverfahren für Christa Wolf: *Unter den Linden. 3 unwahrscheinliche Geschichten.*

Bundesarchiv Berlin, Akte des Ministeriums für Kultur. Teil 3: HV Verlage und Buchhandel, Druckgenehmigungsvorgänge, Druckgenehmigungsvorgänge zu Publikationen von Verlagen in der DDR 1947–1991, Aufbau-Verlag 1979, DR 1/2117a: Druckgenehmigungsverfahren für Christa Wolf: *Kein Ort. Nirgends.*

Bundesarchiv Berlin, Akte des Ministeriums für Kultur. Teil 3: HV Verlage und Buchhandel, Druckgenehmigungsvorgänge, Druckgenehmigungsvorgänge zu Publikationen von Verlagen in der DDR 1947–1991, Aufbau-Verlag 1985, DR 1/2133a, Druckgenehmigungsverfahren für Christa Wolf: *Erzählungen.*

Damm, Sigrid/Engler, Jürgen: Notate des Zwiespalts und Allegorien der Vollendung. In: *Weimarer Beiträge* 21 (1975), H. 7, 37–69.

Delhey, Yvonne: »Auch die wahrsten Briefe sind meiner Ansicht nach nur Leichen« – Die Briefe der Karoline von Günderrode. In: Ingo Breuer, Katarzyna Jastál u. Paweł

Zarychta (Hg.): *Gesprächspiele und Ideenmagazine. Heinrich von Kleist und die Briefkultur um 1800*. Köln 2013, 269–279.
De Wild, Henk: *Bibliographie der Sekundärliteratur zu Christa Wolf*. Frankfurt a. M. 1995.
Drescher, Angela (Hg.): *Dokumentation zu »Nachdenken über Christa T.«*. Hamburg/Zürich 1991a.
Drescher, Angela (Hg.): *Verblendung. Disput über einen Störfall. Eingeleitet von Christa Wolf*. Berlin/Weimar 1991b.
Meyer-Gosau, Frauke: Leseland? Legoland? Lummerland? Kummerland! In: *Aus Politik und Zeitgeschichte: Leseland DDR* (APUZ 11/2009), 9–14.
Heise, Wolfgang: Nachbemerkung. In: Christa und Gerhard Wolf: *Till Eulenspiegel. Ein Filmszenarium*. Berlin/Weimar 1972, 217–223.
Höpcke, Klaus: *Probe für das Leben. Literatur in einem Leseland*. Halle/Leipzig 1982.
Horn, Christine: Staatliche Literaturaufsicht, Themenplan und Druckgenehmigungsverfahren: »Seinerzeit dachten wir an Schadensbegrenzung« – Innenansichten einer Sektorleiterin. In: Siegfried Lokatis, Theresia Rost u. Grit Steuer (Hg.): *Vom Autor zur Zensurakte. Abenteuer im Leseland DDR*. Halle 2014, 17–32.
Joch, Markus: Zwei Staaten, zwei Räume, ein Feld. Die Positionsnahmen im deutsch-deutschen Literaturstreit. In: Ingrid Gilcher-Holtey (Hg.): *Zwischen den Fronten. Positionskämpfe europäischer Intellektueller im 20. Jahrhundert*. Berlin 2006, 363–377.
John-Wenndorf, Carolin: *Der öffentliche Autor. Über die Selbstinszenierung von Schriftstellern*. Bielefeld 2014.
Karabegowa, Helena: Die Rezeption der Romantik in der DDR und im Werk von Christa Wolf. In: Sabine Fischer-Kania u. Daniel Schäf (Hg.): *Sprache und Literatur im Spannungsfeld von Politik und Ästhetik. Christa Wolf zum 80. Geburtstag*. München 2011, 20–29.
Krieger, Gerd: *Literaturkritik und Wertung: theoretische und praktische Aspekte von Wertungen in der Literaturkritik, untersucht an ausgewählten Rezensionen zu Prosawerken der DDR-Literatur 1975–1980*. Leipzig 1985.
Links, Christoph: Was blieb vom Leseland DDR? In: *Aus Politik und Zeitgeschichte: Leseland DDR* (APUZ 11/2009), 32–38.
Lokatis, Siegfried/Rost, Theresia/Steuer, Grit (Hg.): *Vom Autor zur Zensurakte. Abenteuer im Leseland DDR*. Halle 2014.
Lokatis, Siegfried: Die Hauptverwaltung des Leselandes. In: *Aus Politik und Zeitgeschichte: Leseland DDR* (APUZ 11/2009), 23–31.
Magenau, Jörg: *Christa Wolf. Eine Biographie*. München 2002.
Reso, Martin: *Der geteilte Himmel und seine Kritiker*. Halle 1965.
Werner, Hans-Georg: Zum Traditionsbezug der Erzählungen in Christa Wolfs »Unter den Linden«. In: *Weimarer Beiträge* 22 (1976), H. 4, 36–64.
Wölfel, Ute: *Literarisches Feld DDR. Bedingungen und Formen literarischer Produktion in der DDR*. Würzburg 2005.

Yvonne Delhey

50 Der Blick des Westens

»Der Blick des Westens« benennt eine politische Konstellation: ›Der Westen‹ steht hier für die politisch westlich orientierte Bundesrepublik und eine Perspektive auf Christa Wolf, die von der Konstellation des ›Ost-West-Konflikts‹ zutiefst geprägt war. Nachdem die literaturwissenschaftliche Beschäftigung mit Christa Wolf in den Kapiteln zu den jeweiligen Werken mit berücksichtigt ist, liegt der Fokus in diesem Beitrag auf dem nicht-akademischen Blick auf die Autorin, wie er vor allem im Feuilleton öffentlich wirksam formuliert wurde. Wenn ›der Westen‹ dabei als Synekdoche für die Bundesrepublik verwendet wird, greift das einen Topos des betrachteten Diskurses auf: Westdeutsche Kritiker sprachen oft in der Rolle des ›westlichen‹ Beobachters, der die ›andere Seite‹ in den Blick nahm. Wie in vielen anderen diskursiven Formationen erschien ›der Westen‹ zugleich als Repräsentant ›des Normalen‹ und ›der Norm‹, dessen ›Anderes‹ entsprechend normativ als Abweichung be- und verurteilt wurde. Dabei schwangen oft verallgemeinernde Gegensatzkonstruktionen eines unterentwickelten, repressiven ›Ostens‹ im Gegensatz zum modernen, demokratischen ›Westen‹ mit. Solche Perspektiven prägten auch noch die Reaktionen auf Christa Wolf nach der Wende. Nun war es der nahezu universal gewordene ›Westen‹ eines kapitalistischen Liberalismus, aus dessen Warte den neueren Werken der Autorin eine Bedeutung innerhalb dieser ›westlichen‹ Gegenwart attestiert oder abgesprochen wurde. Mit besonderer Vehemenz wurde diese Debatte unmittelbar nach der Wende im sog. Literaturstreit geführt (s. Kap. II.H.40), auf den viele nachfolgende Reaktionen noch Bezug nahmen. Solche Kontinuitäten, aber auch Brüche und Gegenpositionen werden im Folgenden anhand repräsentativer Beispiele nachgezeichnet.

Zum Thema der Literaturwissenschaft wurde die Rezeption von Christa Wolfs Werk in Westdeutschland insbesondere nach dem Literaturstreit (vgl. Ankum 1992; Papenfuß 1998; Hartinger 2008). Den polemischen Wertungen und Umwertungen der Autorin in dieser Feuilleton-Debatte, wo unter anderem diskutiert wurde, ob es in der bisherigen Rezeption zu einer politisch motivierten Überschätzung der Autorin gekommen war, wird dabei eine fundierte Analyse der Rezeption entgegengesetzt (vgl. Papenfuß 1998, 11). Hartinger warnt allerdings zu Recht vor einer Überbewertung des Literaturstreits innerhalb der Rezeptionsgeschichte von Wolfs Werken (vgl. Hartinger 2008, 174), da dort, wie oft festgestellt worden ist, weniger die Autorin als eine ganze Gesellschaft im Fokus stand. Zugleich gilt für die Rezeption von Christa Wolf nahezu durchgängig, dass sie als ›DDR-Autorin‹ betrachtet wurde, nicht etwa primär als eine deutschsprachige Autorin oder eine Autorin der Weltliteratur: Der Zusammenhang zwischen gesellschaftlich-politischem Kontext und literarischem Werk wurde wesentlich stärker in den Vordergrund gerückt als etwa bei der Beurteilung von Autor/innen aus der Bundesrepublik. Deren Haltung zum eigenen politischen System wird bis heute nur dann diskutiert, wenn sie selbst explizit Stellung beziehen – ›der Westen‹ ist ansonsten selbstverständlicher Hintergrund, während ›der Osten‹ immer wieder kritische Stellungnahmen von Schriftsteller/innen und ihren Rezensent/innen abzuverlangen schien. Damit wurde der westdeutsche Diskurs sozusagen zum Spiegelbild des offiziellen Diskurses in der DDR, wo die Frage nach dem Verhältnis der Schriftsteller zu ihrem Staat unter umgekehrten Vorzeichen im Mittelpunkt stand.

Wenig überraschend durchzieht die Rezeption Wolfs im Westen, sieht man von stärker links orientierten Publikationen ab, eine DDR-kritische und antisozialistische Tendenz, in die Wolf jeweils eingeordnet wird – entweder als gleichgesinnte Kritikerin oder als abgelehnte Befürworterin des anderen Systems. Daneben ist in der Rezeption in der BRD aber auch eine Strategie der Entpolitisierung der Werke Wolfs erkennbar. Diese Tendenzen, die Festlegung der Autorin auf eine politische Haltung gegenüber der DDR und der Versuch, ihr literarisches Schaffen jenseits politischer Kontexte zu sehen, trugen zu unterschiedlichen Konstruktionen der Autorin Wolf bei, in denen auf verschiedene Weise die öffentliche politisch-moralische Instanz im Vordergrund stand oder die Autorin ästhetisch als mehr oder weniger hochwertig beurteilter Literatur. Wie im Feuilleton üblich, war der Bezug auf die Persönlichkeit der Autorin dabei stets präsent, so sind etwa viele der Rezensionen ihrer Werke mit einer Porträtfotografie illustriert, so dass die Bindung zwischen Person und Werk auch visuell betont wird. Fragen nach der ›Integrität‹ oder ›Glaubwürdigkeit‹ Christa Wolfs standen oft im Fokus. Das Feuilleton zeigte sich so vom literaturtheoretisch proklamierten ›Tod des Autors‹ wenig erschüttert und verwechselte sogar bisweilen Autorin und Erzählerfiguren. Doch es entspricht auch Wolfs eigener Betonung der ›subjektiven Authentizität‹ im Schreiben, die Anwesenheit des Autors im Werk zu akzentuieren. Im Folgenden wird die diskursive Etablierung der Autorin Christa Wolf immer wieder in den Blick genommen, obwohl die Rezeption einzelner Werke, anlässlich deren Erscheinen sie im Feuilleton der Bundesrepublik besonders präsent war, im Zentrum steht.

50.1 Auskunft über das Leben jenseits der Mauer: »Der geteilte Himmel«

Das erste Werk Christa Wolfs, das größere Aufmerksamkeit in der Bundesrepublik erregte, lieferte schon durch seinen Titel ein Stichwort für die Thematisierung der Teilung Deutschlands, das bis heute Verwendung findet. *Der geteilte Himmel*, im Westen 1964 erschienen, wurde in den Feuilletons der größeren Zeitungen überwiegend nicht positiv rezensiert und fand dennoch viel Aufmerksamkeit (s. Kap. II.A.12). Dies lag vor allem daran, dass der Roman als eine Informationsquelle über das Leben in der DDR gelesen wurde, deren Abweichung von der strikten Parteilinie gewürdigt wurde. Zugleich wurde er als ein Kommentar ›von der anderen Seite‹ zu Teilung und Mauerbau verstanden und war als ein Blick auf den Westen, dessen negative Tendenz allerdings kritisiert wurde, von Interesse. Auch die Beurteilung der ästhetischen Form des Werkes stand im Kontext politischer Fragen. Es wurde als eine Erweiterung der Möglichkeiten der DDR-Literatur gesehen, da es nicht den strikten Vorgaben des Sozialistischen Realismus entsprach und in der DDR dennoch Anerkennung fand. Die Frage nach der Aufnahme eines Buches in der DDR war häufig Thema der westdeutschen Rezensionen und die jeweilige offizielle Rezeption der Werke wurde als Indikator der momentanen Kulturpolitik der SED gewertet (vgl. Ankum 1992, 86).

Die Tatsache, dass Wolf in *Der geteilte Himmel* den Alltag in der DDR durchaus kritisch schildert und Probleme zur Sprache bringt, wurde von den Rezensenten oft als ein umso bedenklicheres Zeichen der Anhängerschaft der Intellektuellen in der DDR an ihren Staat gewertet, einer Anhängerschaft also, die offenbar trotz der Kritik an bestehenden Unzulänglichkeiten aufrecht erhalten wurde. Die Darstellung der Missstände und ihrer Konsequenzen für das Leben der Einzelnen wurde zunächst als berechtigte, ungewöhnlich offene Kritik anerkannt, die jedoch schließlich in einen irrationalen Glauben umschlage, wenn sie sich mit einer grundsätzlichen Befürwortung des Sozialismus verbinde und mit der Hoffnung, dass die Zustände in der DDR verbessert werden könnten. Mehr oder weniger explizit ausgesprochen liegt solchen Wertungen, wie sie etwa in Rezensionen in der

Welt, *FAZ* und *Zeit* zum Tragen kamen, die Annahme zugrunde, dass eine vernünftige politische Haltung nur die dominante des Westens sein könne, was die grundsätzliche Ablehnung des sozialistischen Staates bedeutet. Auffällig ist die religiöse Metaphorik, die immer wieder gebraucht wurde, um im Gegensatz dazu die Anhängerschaft an die DDR und ihre ideologischen Grundlagen zu kennzeichnen. In der *Zeit* führte Peter Hamm dabei sogar den auch noch falsch zitierten Marx gegen Wolf ins Feld: »Mehr Irrationalismus, mehr ›Opium fürs Volk‹ läßt sich kaum denken« (Hamm 1964). Die Vorstellung von einer besseren Zukunft in der DDR, auch wenn sie durch Kritik und Reform herbeigeführt werden soll, wurde demnach als von oben eingesetzte, falsche Hoffnung gebrandmarkt und als letztlich blinde Anhängerschaft an das bestehende System gedeutet. Wolf wurde mit ihrem Roman dabei meist nicht so sehr als eine aktive »Propagandistin« dargestellt, sondern eher als ein »Opfer der Propaganda« (Papenfuß 1998, 63) bzw. als Mitläuferin, nicht als Vordenkerin. Nachdem eine positive Haltung zur DDR als rein emotionale Bindung und ›blinder Glaube‹ charakterisiert und nur die Kritik an der DDR als rational und reflektiert betrachtet wurde, konnte Wolfs Auseinandersetzung mit dem Sozialismus entsprechend abgetan und die Autorin eines erfolgreichen wie auch differenzierten Romans als ein passives ›Opfer‹ ideologischer Beeinflussung präsentiert werden. In der Zeit nach der Wende wurde ihr dann wesentlich mehr Verantwortung für ihr Verhalten zugeschrieben, allerdings bestand der Vorwurf einer passiven Anpassung in der Kritik an Wolf weiterhin.

Die zitierte Rezension stellt in diesem Kontext insofern eine Ausnahme dar, als Hamm die Kritik an der Haltung zur DDR zu einer generellen Kritik an einer Affirmation des Bestehenden ausweitet, die sich auch auf die bundesrepublikanische Gesellschaft bezieht. Hamm spricht von einem ›Wir‹, das die politischen Blöcke transzendiert – solche Verbindungen zwischen Ost und West finden sich in der Rezeption späterer Werke Wolfs dann häufiger: »Doch das bloße Weiterleben erforderte jenen makabren Opportunismus, der das einzige zu sein scheint, was heute noch alle Welt verbindet, und der blind stets das bejaht, was gerade ist, also das, was uns allmählich vernichtet« (Hamm 1964). Dass er Wolfs Perspektive auf eine bessere sozialistische Gesellschaft nicht als Grundlage für die Kritik am Bestehenden in West und Ost in Betracht zieht, macht Hamm deutlich; dem stellt er keinen anderen möglichen Ansatzpunkt der Kritik entgegen.

Offenbar wird dem angeprangerten, »naiven« »Glauben« (ebd.) an eine sozialistische Lösung bestehender Probleme die einfache Feststellung der drohenden Vernichtung vorgezogen. Durch eine solch umfassende, scheinbar besonders radikale Kritik werden konkrete politische Aussagen, außer der generalisierten Ablehnung des DDR-Sozialismus, letztlich vermieden – eine Strategie, die als durchaus typisch für das bundesrepublikanische Feuilleton insgesamt gelten kann.

Die Rezeption Christa Wolfs in Westdeutschland war auch davon geprägt, dass immer wieder Autoren und Autorinnen, die aus der DDR in den Westen geflohen waren, zu Wort kamen, so dass ein spezifischer Blick vom Westen zurück in das ehemals eigene Land entstand. Als Reaktion auf *Der geteilte Himmel* kann ein *Spiegel*-Beitrag von Christa Reinig hervorgehoben werden, der teilweise als erzählender Text gestaltet ist, in dem – in umgekehrter Blickrichtung zu der bei Wolf – ein BRD-Bürger in den Osten geht und seine Eindrücke schildert. Dabei kommt die dichotomische Konstruktion von West und Ost in ungewöhnlicher Deutlichkeit und Überzeichnung zum Tragen. Reinigs Text blieb nicht unwidersprochen (vgl. Hartinger 2008, 188 f.) und ist dennoch ein Hinweis auf Vorstellungen, die den westlichen Diskurs über den Osten unterschwellig prägten. Die Autorin verwendet ein klischeehaftes Negativbild von ›Asien‹ im 19. Jahrhundert, verstanden als »Zaren-Rußland« und allgemein als »die asiatischen Großreiche im Stadium der Agonie und des Verfalls« (Reinig 1965, 70), um die Zustände in der DDR zu charakterisieren: »Und das allerdings heißt: Faulheit, Schmutz, Korruption« (ebd.). Neben dem stereotypen Konstrukt in der Tradition des westlichen Blicks auf den ›Orient‹ findet sich hier ein weiteres diskursives Muster in der negativen Rezeption Wolfs und der darin zum Ausdruck kommenden Sicht auf die DDR: eine Form der Ironie, die gerade vom Sozialismus überwundene oder abgelehnte Phänomene verwendet, um diesen zu charakterisieren – bei Reinig das zaristische Russland, oft auch, wie bei Hamm, die Religion und schließlich der Nationalsozialismus. Dieser weitere Topos der DDR-Kritik benutzt offensichtlich den schwerwiegendsten Negativvergleich, den der bundesrepublikanische Diskurs aufbieten kann. Bezüglich der Beurteilung von *Der geteilte Himmel* stand bei der Parallelsetzung von DDR und NS-Staat vor allem das Thema der Propaganda im Vordergrund (vgl. Hartinger 2008, 189).

Trotz dieser zum Teil massiven Kritik wurde als positives Moment im Urteil über *Der geteilte Himmel* vor allem die differenzierte Schilderung des DDR-Alltags gesehen, daneben eine Ausweitung von Erzähltechniken und eine Plot-Struktur, die von den Schemata des Sozialistischen Realismus abweichen, sowie die Darstellung von Figuren, die nicht dem typisierten, sozialistischen Helden entsprechen, sondern individuell gezeichnet sind. In der Auseinandersetzung mit der ästhetischen Qualität des Romans ist ein weiteres Muster des Ost-West-Diskurses zu erkennen, das etwa Papenfuß in ihrer Zusammenfassung der Rezeption ebenfalls wiedergibt: Diejenigen literarischen Mittel, die in einem positiven Sinn als ›modern‹ charakterisiert werden, gelten zugleich als ›westlich‹ (vgl. Papenfuß 1998, 54). Gemeint sind damit vor allem Erzähltechniken der Darstellung von Bewusstseinsvorgängen und betonter Perspektivität. Dass es für diese selbstverständlich – etwa in der russischsprachigen Literatur – auch eine ›östliche‹ Tradition gibt, wird in der Ost-West-Rhetorik des Kalten Krieges ebenso ausgeblendet wie die Frage nach einer Beziehung zwischen ›Moderne‹ und Sozialismus.

Der geteilte Himmel wurde schließlich insofern in der Bundesrepublik kanonisiert, als er zur Schul-Lektüre avancierte (vgl. Ankum 1992, 87–90). Wenn der Roman hier auch meist primär als eine landeskundliche Auskunft über die DDR gelesen wurde und wird, ist er – trotz der beschriebenen, in der Presse vorgebrachten Einwände – seit dem Ende der 1960er Jahre für die angeleitete Lektüre junger Menschen als geeignet befunden worden.

50.2 Mehr als ›nur‹ DDR-Literatur: »Nachdenken über Christa T.«

Nachdenken über Christa T. war das Werk, mit dessen Rezeption Christa Wolf im Feuilleton der Bundesrepublik als eine ernstzunehmende Autorin etabliert wurde (s. Kap. II.B.15). Das zeigt sich etwa darin, dass die ästhetischen Verfahren des Romans in den Kontext der ›westlichen‹ Literaturgeschichte eingeordnet und seine Themen als von systemübergreifendem Interesse diskutiert wurden. Oft wurde eine positive Entwicklung der Autorin von *Der geteilte Himmel* zu *Nachdenken über Christa T.* hervorgehoben. Zugleich stand auch die Rezeption dieses zweiten in Westdeutschland breit wahrgenommenen Textes von Wolf wieder unter den politischen Vorzeichen des Verhältnisses zwischen den beiden deutschen Staaten. Viele der Rezensionen in der Bundesrepublik berichteten zunächst über die problematische Veröffentlichungsgeschichte des Romans und über seine Rezeption in der DDR und nahmen diese zum Anlass zu erläutern, inwiefern Wolfs Text dort auf Widerspruch stoßen musste. Dabei wurden insbesondere die Darstellung des Verhältnisses von Einzelnem und Gesellschaft sowie die Bedeutung des ›Rückzugs ins Private‹ im Roman erörtert.

Die zum Teil aufeinander Bezug nehmenden Reaktionen auf Wolfs *Nachdenken über Christa T.* in West- und Ostdeutschland können sowohl exemplarisch für »die Probleme der neueren DDR-Literatur« als auch für »die Probleme der Rezeption von DDR-Literatur in der Bundesrepublik« (Behn 1978, 22) betrachtet werden, wie Manfred Behn in einem von ihm herausgegebenen Sammelband erklärt, der schon neun Jahre nach dem Erscheinen des Romans dessen Wirkungsgeschichte dokumentierte und reflektierte. 1991 erschien eine weitere Dokumentation (Drescher 1991), die auch bisher unveröffentlichtes Material aus der DDR publik machte und so im Kontext des Literaturstreits als ein Beleg für die kritische Stellung Wolfs zum sozialistischen Staat verwendet werden konnte (vgl. Schreiber 1991). Dem BRD-Feuilleton kann in Bezug auf *Nachdenken über Christa T.* ideologische Einseitigkeit und eine Verwendung der Rezeption des literarischen Textes im Dienst einer von vornherein feststehenden Verurteilung des anderen deutschen Staates vorgeworfen werden, wovon sich die etwas später einsetzende literaturwissenschaftliche Auseinandersetzung mit *Nachdenken über Christa T.* positiv abhebt (vgl. Behn 1978, 20). Aber auch in Teilen des Feuilletons gab es eine kritische Selbstreflexion auf die eigenen Rezeptionsmuster und den Versuch, jenseits der beiden dominanten politischen Lager eine Analyse des Romans zu bieten, die sich stärker auf das literarische Werk einlässt (vgl. Papenfuß 1998, 83 f.). Eine Berücksichtigung seiner politischen Koordinaten blieb dabei von zentraler Bedeutung, auch in den literaturwissenschaftlichen Arbeiten (vgl. Ankum 1992, 126–128). Im Kontext von *Nachdenken über Christa T.* werden verschiedene ›westliche‹ Positionen gegenüber Wolfs politischen Ansichten deutlich, die auch noch jenseits des Kalten Krieges zu finden sind: Neben der Kritik an ihrer sozialistischen Grundhaltung gibt es die Strategie, diese in den Hintergrund zu drängen. Auf der anderen Seite steht eine Auseinandersetzung mit Wolfs politischen Ideen im Kontext eines ›utopischen Sozialismus‹, die in der linken Germanistik der 1970er Jahre begann (vgl. ebd.).

Für die zeitgenössische Rezeption war sowohl in der Bundesrepublik als auch für die Debatte um den Roman in der DDR eine Rezension von Marcel Reich-

Ranicki besonders einflussreich. Diese ist zugleich eine Würdigung der ästhetischen Qualität des Textes und eine politische Stellungnahme. Letztere gipfelt in den viel zitierten Sätzen: »Christa T. stirbt an Leukämie, aber sie leidet an der DDR. Was bleibt, ist Kapitulation: Rückzug in einen windstillen Winkel des Arbeiter- und Bauernstaates, Flucht in den Alltag der Ehefrau und Mutter« (Reich-Ranicki 1969). Insgesamt ist Reich-Ranickis Analyse differenzierter als dieses sentenzhafte Resümee und seine provokative Wirkung – die Rezension wurde in der DDR zum Argument gegen den Roman und auch im Westen oft auf das Schlagwort vom ›Leiden an der DDR‹ reduziert. Reich-Ranicki betont jedoch, dass Wolf sich nicht resignativ einer »neuen Innerlichkeit« (ebd.) und dem Rückzug aus der Gesellschaft überhaupt verschreibe, sondern in der Tradition der Empfindsamkeit Individualität und Gefühl gegen einen übertriebenen Rationalismus stelle. Dies allerdings bezieht Reich-Ranicki wiederum deutlich auf die zeitgenössische Situation in der DDR. Insgesamt musste das westdeutsche Lob für die Darstellung des Scheiterns von politischen Hoffnungen in der DDR-Literatur wie ein Triumph über den anderen deutschen Staat wirken.

In deutlicher Abgrenzung davon hoben einige Rezensenten hervor, dass die in *Nachdenken über Christa T.* angestellten Reflexionen über das Gelingen bzw. Scheitern individueller Lebensentwürfe innerhalb der herrschenden Gesellschaftssysteme in Ost und West gleichermaßen relevant seien (vgl. Papenfuß 1998, 83–85). Konservative Vereinnahmungsversuche des Romans hingegen lasen ihn als Bestätigung der gängigen, liberalen Gegensatzkonstruktion von Individualität und Sozialismus und rückten den dargestellten Abschied von der gesellschaftlichen Teilhabe am sozialistischen Staat ins Zentrum. In seiner Rezension in der *Welt* hielt Günter Zehm dementsprechend Wolfs Text, zusammen mit weiteren Beispielen der DDR-Literatur, der politisierten »Agitpropkunst« (Zehm 1969) der 1968er Jahre im Westen entgegen. Daneben gab es nun auch im BRD-Feuilleton eine linksgerichtete Kritik an Wolf, die sich zustimmend auf Sichtweisen aus der DDR bezog und etwa den Rückgriff auf bürgerliche Vorstellungen von Privatheit negativ beurteilte (vgl. Hartinger 2008, 207).

Die Diskussion kreiste immer wieder um die Darstellung der privaten Sphäre, die Frage nach dem Verhältnis des Textes zu der traditionellen Zuordnung dieser Sphäre zum weiblichen Geschlecht aber wurde erst in der Literaturwissenschaft der 1980er Jahre näher betrachtet (vgl. Ankum 1992, 135). Einige Rezensenten in den 1960er Jahren wendeten gar selbst ein klischeehaftes Verständnis von Weiblichkeit auf den Text an. Dabei blendet etwa Günter Zehm die komplexe Erzählstruktur des Romans gänzlich aus, um behaupten zu können: »Ihr [Wolfs; K. S.] Buch ist geprägt von der vollkommenen Identität zwischen Autor und Werk, von einer rührenden und gleichzeitig raffinierten Naivität, wie sie vielleicht nur schreibende Frauen zustande bringen« (Zehm 1969). Die autobiographische Dimension des Textes wurde auch sonst häufig akzentuiert, oft um damit eine Lesart des Romans als Ausdruck der Resignation der bekannten sozialistischen Autorin zu stützen (vgl. Behn 1978, 18).

Andere Rezensenten erörterten die Frage nach Nähe oder Distanz der Autorin wie auch der Erzählerin zu der Figur Christa T. differenzierter und würdigten die vielschichtige, bewusste Gestaltung dieses Verhältnisses. Die erzählerische Komplexität des Romans wurde in Abgrenzung zum Sozialistischen Realismus auch in diesem Kontext bisweilen pauschal als Annäherung an die ›westliche‹ Literatur dargestellt (vgl. Papenfuß 1998, 87). So schoben sich symbolische Aufteilungen in ›Ost‹ und ›West‹ und politische Gegensätze im vergröberten Zuschnitt der Blockkonfrontation immer wieder vor eine Analyse der Ästhetik und der politischen Fragestellungen des Romans, besonders wenn dieser als direkte Selbstaussprache und Bekenntnis zum resignativen, antipolitischen Rückzug aus gesellschaftlichen Zusammenhängen gedeutet wurde. Gleichzeitig ist die Diskussion um *Nachdenken über Christa T.* ein erhellendes Dokument deutschdeutscher Geschichte und Kulturpolitik und stellt – mit ihrem überwiegend positiven Tenor im bundesrepublikanischen Feuilleton – den Beginn der Präsenz von Christa Wolf als einer im Westen etablierten Autorin der deutschen Literatur dar.

50.3 »Kindheitsmuster«: Muss die DDR-Autorin vom Stalinismus sprechen, wenn sie vom Faschismus spricht?

In der Rezeption Wolfs in Westdeutschland markiert die Debatte um *Kindheitsmuster* einen besonderen Einschnitt (s. Kap. II.D.26). Die Resonanz auf Wolfs literarische Annäherung an eine Kindheit in der Zeit des Nationalsozialismus war sehr groß: Nicht nur in den Feuilletons der bekannteren Zeitungen, sondern auch in sehr vielen regionalen Tageszeitungen erschienen Rezensionen des Werkes. Dabei überwog in den größeren Zeitungen eine kritische Einschätzung des Textes, sowohl aus stilistischen wie auch aus politischen und moralischen Gründen, während in der regionalen Presse positive Rezensionen im Gegensatz dazu den Topos von Christa Wolf als »moralische[m] Gewissen, als Mahnerin für Humanität« (Papenfuß 1998, 105) zu entwickeln begannen. Bei der Kritik an Wolf spielte wieder eine – diesmal negative – Rezension von Reich-Ranicki eine wichtige Rolle. Strittig war insgesamt auf der inhaltlichen Ebene weniger die Darstellung der nationalsozialistischen Vergangenheit als die von Wolf hergestellten – bzw. gerade die von ihr nicht explizit hergestellten – Bezüge zur Gegenwart. Diese hob etwa Hans Mayer, Wolfs ehemaliger Germanistik-Professor, der seit 1963 in Westdeutschland lebte, in seiner Rezension im *Spiegel* hervor. Daneben wurde das Werk auch aus ästhetischen Gründen kritisiert, ausführlich in einer Besprechung von Fritz J. Raddatz in der *Zeit*, die von anderen Rezensenten allerdings auch ablehnend aufgegriffen wurde.

Viele Kritiker legten ihre positive Einschätzung von *Nachdenken über Christa T.* als Maßstab an den neuen Text an und bekundeten enttäuscht, dass *Kindheitsmuster* hinter das Niveau des vorherigen Romans zurückfalle. Während die selbstreflexive Erzählweise des ›Nachdenkens‹ positiv aufgenommen worden war, wurde nun ein »Übermaß an reflektierender Essayistik« (Mayer 1977, 185) konstatiert. Außerdem wurde der Autorin im Gegensatz zu der als schonungslos kritisch verstandenen Haltung im *Christa T.*-Roman vorgeworfen, dass sie ihren »Mut« in *Kindheitsmuster* nicht so sehr zum Aussprechen der Wahrheit einsetze als vielmehr zu deren »Verschweigen« (ebd., 188). Dies bezieht sich weniger auf die nationalsozialistische Vergangenheit, deren Darstellung bei etlichen Kritikern auf erstaunlich geringes Interesse stieß, als auf die Gegenwart der DDR und deren Bezug zum Stalinismus. Das Thema des Nationalsozialismus, so etwa Marcel Reich-Ranicki, habe in der BRD »von seiner unmittelbaren Brisanz […] einiges eingebüßt«, in der DDR sei dies anders, da die Vergangenheit dort bislang nur »retuschiert« präsent sei (Reich-Ranicki 1977). Diese Einschätzung der gelungenen bundesrepublikanischen ›Vergangenheitsbewältigung‹ ist – nicht nur angesichts der vielen kontroversen Debatten über den Umgang mit der NS-Vergangenheit in Deutschland bis heute – als einseitige Abgrenzung vom Nachbarstaat erkennbar. Doch mehrere Rezensenten teilten die Meinung, dass Wolfs selbstreflexive Darstellung einer Kindheit im Nationalsozialismus für die westdeutschen Leser nichts Neues bzw. nichts von allgemeinem Interesse biete (vgl. ebd.).

Diese – wie auch spätere literaturwissenschaftliche Analysen belegen – undifferenzierte Sicht auf Wolfs Auseinandersetzung mit dem Alltag im nationalsozialistischen Staat sowie mit dem Prozess des Erinnerns blieb auch im Feuilleton nicht unwidersprochen (vgl. Hartinger 2008, 224 f.). Sie ist mit dem einseitigen Fokus vieler Rezensenten auf die Frage nach der Verknüpfung zur aktuellen Situation in der DDR erklärbar. Während westlichen Autor/innen selten nahegelegt wurde, Parallelen zwischen Nationalsozialismus und Kapitalismus deutlicher herauszuarbeiten, waren die Erwartungen an die DDR-Autorin klar: Wenn ein Bezug zur Gegenwart hergestellt wurde, dann mussten totalitäre Tendenzen in den sozialistischen Staaten und die stalinistischen Verbrechen zur Sprache kommen. Vergleiche, die sich später auch im bundesrepublikanischen Diskurs als höchst umstritten erweisen würden – so in der als ›Historikerstreit‹ bekannt gewordenen Debatte in den 1980er Jahren –, wurden von Wolf wie selbstverständlich eingefordert. Obwohl sie in *Kindheitsmuster* explizit auf Schwierigkeiten des aufrichtigen Sprechens in einem Kontext der Unaufrichtigkeit reflektiert und eigene Verdrängungsmechanismen und gegenwärtige Interessen bei der Sicht auf die Vergangenheit offenlegt, was manche Kritiker auch betonen, erscheint die Parallele zwischen NS-Diktatur und DDR-Staat in manchen Rezensionen wie eine einfache Tatsache, die nur ausgesprochen werden müsste (vgl. Reich-Ranicki 1977). Andere verteidigten Wolf gegen den Anspruch, allzu deutlich Position gegen den Stalinismus zu beziehen, vor allem mit dem Verweis auf die Situation der Schriftsteller in der DDR (vgl. Werth 1977).

Wolfs Erkundung des Alltags im Nationalsozialismus wurde durchaus als eine Kritik an Macht- und Anpassungsstrukturen in der eigenen Gesellschaft wahrgenommen. Die Abweichung des Romans von der offiziellen Linie des Gedächtnisses an den Faschismus in der DDR wurde auch positiv vermerkt: Wolf distanziere sich vor allem davon, heroische antifaschistische Widerstandskämpfer darzustellen (vgl. Reich-Ranicki 1977). Gleichzeitig aber wurden Wolfs erzählerische Reflexionen auf Probleme und Ängste bei der Konfrontation mit der eigenen Vergangenheit und deren aktuellem Fortwirken aufgegriffen, um daraus ein Bild der Autorin zu konstruieren, das im Kontext von Wolfs Verhältnis zur DDR noch häufig beschworen werden würde: das der allzu ›Ängstlichen‹ (vgl. ebd.). Das explizite Ansprechen von Tabus und »Selbstzensur« (ebd.) durch die Erzählerstimme im Roman wurde – obwohl sie im Sinne der rhetorischen Figur der Paralipse die Tabuisierung zumindest partiell aufhebt – damit gegen die Autorin gewendet. Dieses Argumentationsmuster, das Wolfs selbstkritische Hinweise auf Schwierigkeiten sowie Verdrängungs- und Anpassungsmechanismen aufgreift und bestätigt, findet sich ebenfalls immer wieder in den Reaktionen auf ihre Texte.

Ein weiterer Strang der Kritik an *Kindheitsmuster* war stärker auf ästhetische Kriterien bezogen. Auch hierbei wurde der Bezug zur Gegenwart des Schreibens kritisch betrachtet. Hans Mayer etwa verband die politisch-moralische Kritik an der Einseitigkeit der Gegenwartsbezüge im Roman – »Vietnam und Chile, aber nicht Prag und Budapest und Aufstände in Polen und und« (Mayer 1977, 188) – mit einer Ablehnung der drei Erzählebenen als literarisch nicht überzeugendem Gestaltungsmittel, das die »Kraft der epischen Mitteilung« (ebd.) schwäche. Ähnlich argumentierte Fritz J. Raddatz, der den Maßstab eines »Kunstganzen« anlegte, das durch die selbstreflexiven und erläuternden Kommentare in Wolfs Roman »zerstört« werde (Raddatz 1977). Auch in diesem Kontext taucht das Attribut ›ängstlich‹ auf, hier bezüglich des aus Sicht des Rezensenten mangelnden Vertrauens der Autorin auf die unmittelbare Wirkung narrativ gestalteter Szenen und Figuren. Solche normativen, an einem klassischen Begriff des Kunstwerks und einer Vorstellung des geschlossenen epischen Erzählens wie auch der eines ›mutigen‹, autonomen Künstlers orientierten ästhetischen Vorgaben werden in diesen Rezensionen zugrunde gelegt, als seien sie allgemein anerkannte Beurteilungskriterien. Diese sind jedoch gerade bezüglich der erzählerischen Gestaltung von Erinnerungsprozessen sowie der Darstellung des Zusammenhangs zwischen Alltag und Verbrechen im Nationalsozialismus immer wieder kontrovers diskutiert worden. Auch zu *Kindheitsmuster* gab es Rezensionen, die den zitierten Einschätzungen widersprachen, so betonte etwa eine Besprechung des Romans in der *Neuen Zürcher Zeitung* seine gelingende Verbindung von Reflexion und »literarische[m] Können« (Hg. 1977) und die überhaupt »nur mittelbar, nur gebrochen« (ebd.) mögliche Repräsentation von Vergangenem. Die in formaler wie inhaltlicher Hinsicht positive Einschätzung aus der Schweiz kann mit einer größeren Distanz zu der die Auseinandersetzung mit dem Roman in Westdeutschland weitgehend prägenden Frage nach der Kritik an den totalitären Tendenzen des DDR-Regimes zusammenhängen. Diese Rezeption von *Kindheitsmuster* in Westdeutschland ist auch als antisozialistische Gegenreaktion zu lobenden Stimmen im Osten

lesbar (s. Kap. IV.49). Dennoch fanden sich, wie erwähnt, auch in der BRD positive Rezensionen, vor allem in der regionalen Presse. Diese bezogen sich auf den Umgang der Autorin mit der NS-Zeit und hoben ihre moralische Leistung bei der ›Aufarbeitung‹ der gemeinsamen deutschen Vergangenheit hervor (vgl. Papenfuß 1998, 103 f.). Eine solche Konstruktion von Christa Wolf als gesamtdeutscher moralischer Instanz war nun ein weiterer Topos im bundesrepublikanischen Feuilleton.

50.4 DDR- und Zivilisationskritik: »Kein Ort. Nirgends«, Büchner-Preis-Rede, Frankfurter Poetik-Vorlesungen und »Kassandra«

Ende der 1970er Jahre wurde eine Sicht auf Christa Wolf als Autorin, die Themen von allgemeiner Relevanz anspricht, in der westdeutschen Betrachtung ihrer Werke gegenüber dem früheren Interesse an ihren Texten als Auskunft über die Lage in der DDR zunehmend wichtiger (vgl. Papenfuß 1998, 115 f.). Die Frage nach einer kritischen Haltung der Autorin zu ihrem Staat wurde nun ebenfalls nicht mehr so drängend gestellt, obwohl ihre Mitgliedschaft in der SED weiterhin öfter negativ Erwähnung fand. Wolfs Texte mit ihrer Hinwendung zu historisch entfernteren Stoffen wie auch ihr Fokus auf eine Kritik an technologischer Entwicklung und instrumenteller Vernunft, die als generelle Zivilisationskritik verstanden werden kann, beförderten eine Rezeption jenseits des politischen Kontexts der DDR. Die Unterscheidung zwischen DDR-spezifischen Themen und solchen von ›gesamtdeutscher‹ bzw. allgemeiner Relevanz war jedoch wiederum vom westlichen Diskurs bestimmt: Warum sind die Auseinandersetzung mit technologischen Entwicklungen oder die Frage nach der Emanzipation der Frau allgemeinere Themen als Wolfs fortgesetzte Auseinandersetzung mit der Möglichkeit sozialistischer Utopien? Eine solche Zuordnung basiert auf der Vorannahme, dass der Sozialismus – nicht nur in seiner ›real existierenden‹ Form, sondern auch als Idee – für den Westen nur ein Objekt distanzierter Betrachtung sein kann, nicht Teil einer allgemeinen Reflexion auf Möglichkeiten menschlichen Zusammenlebens.

In den Reaktionen auf *Kein Ort. Nirgends* lassen sich Fortsetzungen einiger der bisher identifizierten Rezeptionsstränge finden, wobei der Text im Allgemeinen eher kritisch aufgenommen wurde. Es wurde etwa wieder ein Mangel an ›Erzählen‹ konstatiert, das diesmal durch die Fülle des historischen Materials überlagert werde (vgl. Michaelis 1979). Rolf Michaelis kritisierte die intertextuelle Gestaltung der Erzählung als stilistisch nicht gelungen: »Die Zitate kommen in bleiernen Konjunktiven daher, wie sie keine Schulfunksendung mehr wagt« (ebd.). Dieser vernichtende Vergleich kann in eine Sicht auf Wolf als allzu belehrende Autorin eingeordnet werden, die schon in Reaktionen auf *Kindheitsmuster* zu finden war. Dennoch setzte Michaelis den Maßstab hoch an, wenn er von einer »sonst so stilsicheren Dichterin« (ebd.) sprach. Auch das ist ein Muster der Wolf-Rezeption: Es wurde immer wieder ein Scheitern der eigentlich talentierten Autorin beklagt. Im Gegensatz zu mehreren anderen Rezensenten (vgl. Papenfuß 1998, 112) hob Michaelis zugleich den aktuellen Bezug von *Kein Ort. Nirgends* zur Situation in der DDR nach der Biermann-Ausbürgerung hervor und befand trotz seiner Kritik: »Hier begegnen einander Christa Wolf und die DDR, eine Dichterin und ein Staat, eine Verteidigerin von Poesie und Phantasie und die Zementierer der Macht des *status quo*. Das gibt dem Buch den schneidenden Ton und Wirkungsmacht über staatliche Grenzen hinweg« (Michaelis 1979). Der politische Kontext wurde so vor allem über eine autobiographische Lesart ins Spiel gebracht.

Auch Marcel Reich-Ranicki stellte den Text in den Zusammenhang der Problematik des Umgangs mit Schriftsteller/innen in der DDR. In einem Artikel in der *FAZ* reagierte er auf eine von dem DDR-Germanisten Klaus Jarmatz vorgebrachte Kritik an *Kein Ort. Nirgends*. In der Ablehnung von dessen Einschätzung bezog sich Reich-Ranicki nur indirekt auf Wolfs Text selbst. Er akzentuierte, die Lesart aus der DDR ironisch umkehrend, die Rolle von »Moral« und »Menschlichkeit« in Wolfs Schreiben (Reich-Ranicki 1980), erwähnte aber auch die Tatsache, dass Wolf »seit rund dreißig Jahren Kommunistin ist« (ebd.), primär um sie gegen den Kritiker aus der DDR ins Feld zu führen. Dies bildet zugleich einen Gegensatz zu einer simplen westlichen Vereinnahmung Wolfs. In anderen Rezensionen standen die Themen einer allgemeineren Gesellschafts- bzw. Zivilisationskritik wie auch der weiblichen Emanzipation im Vordergrund, wodurch die Relevanz des Textes für beide deutsche Staaten hervorgehoben wurde, auch wenn die Besprechungen deswegen nicht unbedingt zu einem positiven Gesamturteil über die Erzählung kamen (vgl. Papenfuß 1998, 112–114). Insgesamt wurde *Kein Ort. Nirgends* breit rezipiert und Wolf weiterhin, selbst noch in der Kritik an ihrem Werk, als eine ernstzunehmende deutschsprachige Autorin etabliert, die über ihr eigenes Land hinaus wirken kann.

Als solche wurde sie 1980 auch durch die Verleihung des Büchner-Preises anerkannt. Obwohl oft erwähnt wurde, dass ein Mitglied der SED geehrt werde, wurde die Wahl der Preisträgerin generell positiv kommentiert. In der *Frankfurter Rundschau* nutzte Wilfried F. Schoeller seinen Bericht darüber, um noch einmal auf die BRD-Kritik an *Kindheitsmuster* zurückzukommen und den Roman gegen die Reduktion auf die Frage nach seinem Verhältnis zum Stalinismus zu verteidigen. Er wandte sich dabei auch gegen das moralische Ansinnen an die DDR-Autorin, sich von der SED zu distanzieren, das »von den gleichen Leuten, die zu den Berufsverboten im eigenen Land tiefsinnig schweigen,« vorgebracht werde (Schoeller 1980). Schoeller erörterte so die Rolle des Feuilletons und weitete die Diskussion um den ›Mut‹ zur Gesellschaftskritik auf die Bundesrepublik aus.

Von konservativer Seite wurde besonders die Tatsache, dass Wolf in ihrer Büchner-Preis-Rede Verbindungen zwischen Ost- und Westdeutschland akzentuierte, zustimmend aufgegriffen, insbesondere die Verknüpfung ihrer Kritik an der nuklearen Hochrüstung mit der ›Liebe‹ zum eigenen Land. So schrieb etwa Josef Quack in der *FAZ* Wolfs Rede paraphrasierend: »Davon soll Literatur reden. Sie sollte Friedensforschung sein gerade in den beiden Ländern an der Elbe, die bei einem Atomkrieg als erste ausgelöscht würden. Die Literatur sollte der Gegenbeweis dafür sein, daß die Länder von ihren Bewohnern nicht genug geliebt werden. Sie sollte so etwas wie Heimat sein« (Quack 1980). Auf diese Weise konnte die Rolle Christa Wolfs als moralische Instanz, die beide deutschen Länder verbindet, innerhalb eines (kultur-)nationalistischen Diskurses in Westdeutschland konstruiert werden. Mit Wolfs Auffassung von Literatur als »Friedensforschung« wurde zugleich ein Konzept engagierter Literatur positiv aufgenommen. Eine solche Sicht auf die gesellschaftskritische Rolle der Kunst wurde knapp zehn Jahre später, während des Literaturstreits, grundsätzlich in Frage gestellt.

In den 1980er Jahren aber bestätigte sich Wolfs Position als öffentliche Intellektuelle, deren Ansichten im Westen – vor allem im Rahmen der Friedens- und Frauenbewegung – großen Anklang fanden, zum Beispiel in dem Publikumsandrang zu den Frankfurter Poetik-Vorlesungen. In diesem Zusammenhang, wie auch bei der Schilderung von Lesungen Wolfs, wurde die Atmosphäre nun oft mit religiösen Veranstaltungen verglichen und die ernsthafte, moralisch aufgeladene Begeisterung für die Autorin etwa als »innige Anbetungsbereitschaft« (Magenau 2013, 338) beschrieben. Symbolisch steht dafür eine bekannt gewordene Fotografie, die Wolf zeigt, wie sie im Hörsaal der Frankfurter Universität an den gedrängt sitzenden, zu ihr aufblickenden Studenten vorbei zum Rednerpult geht.

Gleichzeitig mit den Frankfurter Vorlesungen, die in der BRD unter dem Titel *Voraussetzungen einer Erzählung: Kassandra* veröffentlicht wurden, wurde 1983 auch die Erzählung *Kassandra* publiziert. Beide Texte wurden, wie es Wolfs Vorstellungen entsprach, zusammen rezipiert, in sehr vielen regionalen und überregionalen Zeitungen rezensiert und dabei vorwiegend als Auseinandersetzung mit dringlichen Problemen der Gegenwart gelesen (s. Kap. II.F.33). Besonders der *Voraussetzungen*-Band wurde oft positiv bewertet. Die Reflexion auf ›Angst‹ – in anderen Kontexten, wie erwähnt, gegen Wolf verwendet – erschien nun als ein Ausdruck zeitgenössischer Befindlichkeit, im Osten wie im Westen, und als legitime Motivation des Protests gegen die atomare Aufrüstung. Auch Wolfs feministischer Ansatz erfuhr positive Resonanz, wurde aber auch kritisch diskutiert. Reinhard Baumgart etwa erkennt die Suche nach einem spezifisch ›weiblichen‹ Schreiben *ex negativo* an, wenn er erklärt, dass die Erzählung diesem gerade nicht entspreche, indem Kassandra in ›erhabenem‹ Ton als »Heldin« (Baumgart 1983, 210) präsentiert werde. Rundum begeistert rezensierte die zusammengehörigen Texte, *Kassandra* und *Voraussetzungen einer Erzählung*, Fritz J. Raddatz. Er verband ein Lob der ästhetischen Gestaltung mit der emphatischen Betonung der »Wichtigkeit« der Texte (Raddatz 1983) entsprechend Wolfs Auffassung von Literatur als ›Sinngebung‹. Die Autorin und ihre Figur der Mahnerin Kassandra wurden dabei in eins gesetzt. Hier, wie auch in vielen anderen Besprechungen trat der Aspekt einer DDR-Kritik, die in *Kassandra* durchaus gesehen werden kann, zugunsten der Fokussierung auf die moralisch begründete Zivilisationskritik in den Hintergrund (vgl. Papenfuß 1998, 122 f.). Allerdings wurde etwa in der *FAZ* dokumentiert, welche Streichungen in der DDR-Ausgabe vorgenommen wurden (vgl. Magenau 2013, 342), und so auf den kulturpolitischen Kontext des Werkes verwiesen.

Ironisch ablehnende Besprechungen von *Kassandra* finden sich in linksgerichteten Publikationen: Hier wird etwa die literarische ›Sinngebung‹ zum Interpretationsangebot für »Deutschlehrer« (Diederichsen 1983). Der Text fordere demnach eine bildungsbürgerliche Deutungslust heraus, seine Aufladung mit literarischen Bezügen und das entsprechende Rezeptionsverhalten überlagerten jedoch seinen kritischen Ansatz, der dadurch vage und letztlich wirkungslos sei. Die Eignung von Wolfs Texten zur Schullektüre, zu der auch *Kassandra* in Westdeutschland wurde, kann somit ambivalent beurteilt werden: Die Zugehörigkeit zum Bildungskanon bedeutet – ästhetische und moralische – Hochwertigkeit oder – politische – Harmlosigkeit.

50.5 »Störfall«: Engagierte Literatur systemübergreifend?

Wolfs Auseinandersetzung mit der Reaktorkatastrophe in Tschernobyl, die nur ein Jahr nach dem Unfall erschien, traf auf große Resonanz (s. Kap. II.G.38). Ihre Hinwendung zu dem aktuellen und brisanten Thema wurde generell positiv gesehen – in München wurde ihr für *Störfall* 1987 der Geschwister-Scholl-Preis verliehen –, doch im Einzelnen traf den Text auch harsche Kritik.

Die Verbindung zwischen der Autorin und der von ihr reflektierten Problematik verdichtet sich in einer Fotomontage, die einige Zeitungen abdruckten: Christa Wolf in einer mahnenden Pose vor dem Bild des zerstörten Reaktors in Tschernobyl. Die Illustration verdeutlicht, wie sehr Wolf als eine Kommentatorin zeitgenössischer Wirklichkeit gesehen wurde, die sich und ihre Leser direkt mit Missständen konfrontiert – sie ist nun eine moralische Instanz, die sich unmittelbar mit den schmutzigen und gefährlichen Niederungen von technologischer Entwicklung und Umweltbedrohung auseinandersetzt. Die gesellschaftskritischen Intentionen des literarischen Textes wurden in den Besprechungen von *Störfall* grundsätzlich anerkennend hervorgehoben. Die Bedeutsamkeit, die Wolf dabei zugeschrieben wurde, zeigt sich in einer häufig hergestellten Verbindung: *Störfall* und eine zur gleichen Zeit publizierte Rede Gorbatschows wurden zusammen genannt – die Schriftstellerin und der Politiker erschienen vergleichbar. In diesem Kontext wurde Wolfs Rolle innerhalb der DDR wieder stärker betont, besonders ihre Reflexion auf ein allgemeines Scheitern von Utopien wurde als Abwendung vom Sozialismus gedeutet. Zugleich erwähnten viele die systemübergreifende Relevanz der Umweltprobleme, wodurch die »Konfrontation Kapitalismus – Sozialismus […] obsolet« werde, so Herbert Rosendorfer in seiner Laudatio zur Verleihung des Geschwister-Scholl-Preises an Wolf (Rosendorfer 1987).

In negativen Einschätzungen von *Störfall* aber wurde Wolf im Gegensatz dazu auf eine Kontinuität des ideologischen Denkens festgelegt, die ebenfalls mit ihrer Stellung zum Sozialismus in Zusammenhang gebracht wurde. So konstruierte Uwe Wittstock eine Linie von Wolfs frühen Rezensionen, wo sie in einer einfachen Dichotomie »zwischen guten Sozialisten und bösen Kapitalisten« unterschieden habe, zu ihrer feministischen Auffassung, die »alle rationalistischen und zerstörerischen Neigungen der einen, die humanen, lebenserhaltenden der anderen Seite« zuordnete (Wittstock 1987). Als verbindendes Moment zwischen Wolfs sozialistischer Überzeugung und ihrem Feminismus – in der DDR als Gegensatz aufgefasst (vgl. Papenfuß 1998, 120) – erscheinen bei dem westdeutschen Kritiker »die manichäerhaften Züge« (Wittstock 1987) von Wolfs Denken. Während die Erkundung der Möglichkeiten eines weiblichen Gegenentwurfs zur patriarchalischen Gesellschaft in *Kassandra* noch als differenziert beurteilt wurde, wirkte die Gestaltung der Opposition von männlichem und weiblichem Prinzip in *Störfall* generell weniger überzeugend (vgl. Papenfuß 1998, 128). Der Vorwurf der Vagheit von Wolfs Zeitkritik wurde nun von mehreren Rezensenten formuliert, die eine Tendenz zur »Mystifikation« (ebd.) feststellten. Neben das positiv besetzte Bild der systemübergreifenden moralischen Instanz trat ein negativeres Bild der ›raunenden‹ Mahnerin, deren Ansichten letztlich nicht zu einer Lösung der angesprochenen Probleme beitragen.

Mit einer harschen Kritik von Marcel Reich-Ranicki an Wolfs Laudatio auf Thomas Brasch, anlässlich der Verleihung des Kleist-Preises 1987, begann zugleich auch die Infragestellung der moralischen Integrität der Autorin vor dem Hintergrund ihrer Rolle als »gesamtdeutsche[r] Mahnerin vom Dienst« (Reich-Ranicki 1987) – Themen, die nach der Wende im Literaturstreit (s. Kap. II.H.40) ausführlich debattiert wurden. Reich-Ranicki wertete auch Wolfs Fähigkeiten als Schriftstellerin in einem Bild ab, das mehrere Topoi der Ablehnung der DDR-Autorin bündelt. Es spielt auf die wirtschaftliche Situation in der DDR an, wertet die Kultur des Landes im Allgemeinen ab, betont den ökonomischen Aspekt von Literatur, was sich implizit gegen Wolfs moralischen Anspruch richtet, und unterstellt ihrem Schreiben nicht nur mangelnde Qualität, sondern auch mangelnde Echtheit: »Daß [...] Christa Wolf in der DDR ein hohes Ansehen genießt [...], ist nicht verwunderlich: Wo es an Wolle und Seide fehlt, da lassen sich auch mit Baumwolle und Kunstseide gute Geschäfte machen« (Reich-Ranicki 1987). Schon hier wurde die Auseinandersetzung um die Bewertung von Wolfs Werken polemisch – von Reich-Ranicki im Untertitel explizit so benannt – und zu einer Verurteilung von Wolfs gesamter Persönlichkeit und Biographie. Die Abwendung von der Autorin als moralischer Instanz wurde dabei selbst – mit verallgemeinernden und vagen Aussagen über Wolfs Charakter und Verhalten – moralisch begründet. Zugleich stellte Reich-Ranicki die Kritik an der Bewunderung für Wolf in der Bundesrepublik in den Kontext eines generellen Urteils über kulturelle Traditionen in Deutschland, in denen »das Getragene und das Weihevolle, [...] erhabene Klischees und erbauliche Banalitäten« eher als »Charme und Scharfsinn« (ebd.) einen Platz hätten: Christa Wolf und ihr Publikum in der BRD wurden damit repräsentativ für eine nun kritisch bewertete deutsche Kultur.

50.6 »Was bleibt«, »Auf dem Weg nach Tabou« und »Medea. Stimmen«: Literaturstreit und darüber hinaus

In der Rezeption von *Was bleibt*, dem ersten Text von Wolf, der nach der Wende publiziert wurde und der zum Auslöser der Feuilleton-Debatte wurde, die als Literaturstreit bezeichnet wird, war ein ›westlicher‹ Blick dominant. Wolf wurde wieder zur Repräsentantin der DDR und die Auseinandersetzung mit ihrem Werk war oft zugleich eine allgemeine Abrechnung mit dem sozialistischen Staat. Während des sich politisch gerade vollziehenden ›Beitritts‹ zur Bundesrepublik wurde im Feuilleton so eine kulturelle Herabsetzung der DDR vorgenommen. Darüber hinaus wurden linke Positionen generell in Frage gestellt. Diese Diskussion stand im Kontext eines – westdeutschen – Versuchs, im Zuge der Wiedervereinigung ein neues gesamtdeutsches Nationalbewusstsein zu etablieren, das zusammen mit dem ›real existierenden Sozialismus‹ auch andere linke Traditionen hinter sich lassen sollte. Christa Wolf war zum Bezugspunkt für eine Debatte um allgemeine Themen geworden. Der Literaturstreit wird hier nur knapp in Zusammenhang mit der westdeutschen Rezeption der Autorin behandelt (ausführlich s. Kap. II.H.40).

In den 1980er Jahren zum »Kult« (Magenau 2013, 338) geworden, konnte Wolf nun als eine repräsentative Figur symbolisch gestürzt werden. Zum einen ging es dabei um den Umgang mit der inzwischen

Vergangenheit gewordenen DDR und die Frage nach der ›Schuld‹ der Intellektuellen, gerade derer, die wie Wolf Kritik an ihrem Staat geübt hatten und ihn dennoch nicht verließen, deren Position also nicht ganz eindeutig erschien (vgl. Hartinger 2008, 268). Zum anderen wurde mit der Diskussion über engagierte Literatur und ihre Rezeption eine linksgerichtete, gesellschaftskritische Haltung in Ost und West revidiert. Christa Wolf war dabei oft nur in einem verallgemeinernden Verständnis Thema und erst in den Gegenreaktionen einer Verteidigung der Autorin wurde genauer auf ihre Werke und auch ihre Biographie eingegangen. In der Debatte über *Was bleibt* – ein Text, der schon 1979 entstanden war – wurde Wolfs explizite Reflexion auf Erfahrungen von Hilflosigkeit und Angst, hier vor allem gegenüber der staatlichen Überwachung, neuerlich gegen die Autorin gewendet. Die Erzählerfigur wurde einmal mehr mit Wolf gleichgesetzt, so dass der Text dann wie eine Selbststilisierung Wolfs als Opfer der Staatsmacht erscheinen konnte. Die komplexe erzählerische Gestaltung von *Was bleibt* wurde dabei weitgehend ignoriert oder abwertend beurteilt: Die Kritik an Wolfs eingreifender Ästhetik selbst verengte den Text so auf eine autobiographische, direkt moralisch-politische Lesart. Als ähnlich widersprüchlich erweist sich die Verbindung zwischen dem Vorwurf an Wolf, sie hätte stärker gegen den DDR-Staat Position beziehen sollen, und der Absage an die Rolle des Schriftstellers als öffentlichem, politisch engagiertem Intellektuellen überhaupt, die im Verlauf des Streits immer wieder zu finden ist (s. Kap. II.H.40 und s. Kap. I.6).

Wie Monika Papenfuß herausgearbeitet hat, stellten viele der Positionen im Literaturstreit keineswegs die neuen Herangehensweisen an die vorher ›überschätzte‹ Autorin dar, als die sie sich gerne ausgaben, sondern setzten vielmehr Argumentationsmuster der Rezeption von Wolfs Werken im Westen Deutschlands fort (vgl. Papenfuß 1998, 170 f.). So wurde etwa der Vergleich zwischen DDR und Nationalsozialismus wieder bemüht, wenn Frank Schirrmacher die »Dienstverpflichtung der Intellektuellen« in beiden Systemen in Beziehung setzte (Schirrmacher 1990). Dieser Vergleich ist die Extremform der Kontinuität einer Rezeptionslinie, die Christa Wolf als DDR-Autorin auf die Frage nach ihrer Haltung zu ›ihrem‹ Staat festlegte. In der Diskussion um *Was bleibt* wurde daneben mit der Kritik an der Rolle der öffentlichen Intellektuellen die im Westen entstandene positive Sicht auf Wolf als gesamtdeutsche moralische Instanz demontiert. Diese war jedoch auch vorher nicht unumstritten, so dass der Literaturstreit auch hier keinen fundamentalen Bruch markierte – jedenfalls nicht innerhalb des bundesrepublikanischen Feuilletons. Indem die gesamte Diskussion vorrangig von Protagonisten mit einem westdeutschen Hintergrund ausgetragen wurde, wurde die Debatte um das Gedächtnis an die DDR westlich dominiert und zu einem Teil des allgemein vollzogenen Bruchs mit der DDR-Kultur nach der Wende. Die Legitimität eines solch einseitigen Blicks wurde jedoch im Feuilleton auch in Frage gestellt, besonders in der Diskussion um den Umgang mit den Stasi-Akten zu Christa Wolf. Insgesamt fielen die Urteile bezüglich Wolfs kurzer Phase der Stasi-Mitarbeit, die 1993 anlässlich der Veröffentlichung von »Auskunft« diskutiert wurde, milder aus als die in der vorher geführten Debatte. Dies zeigt noch einmal, dass die Vehemenz des Literaturstreits im westdeutschen Feuilleton weniger auf die konkrete Situation der Intellektuellen in der DDR und die direkte Beteiligung am staatlichen Apparat bezogen war als allgemein auf linke Positionen, die West und Ost verbanden, und die nun als Charakteristikum der ›Nachkriegszeit‹ dargestellt wurden (vgl. Hartinger 2008, 273). Dass diese Sichtweisen jedoch in Westdeutschland auch früher nicht die dominante Position hatten, die ihnen von ihren Kritikern nun zugeschrieben wurde, kann unter anderem die hier skizzierte, keineswegs immer positive Rezeption von Christa Wolf – gerade in Hinblick auf ihre sozialistischen Positionen – belegen.

Auch die nach dem Literaturstreit publizierten Werke trafen auf zum Teil harsche Ablehnung. In seiner Rezension von *Auf dem Weg nach Tabou. Texte 1990–1994* war es noch einmal Marcel Reich-Ranicki, der viele Topoi der Kritik an Wolf zusammenbrachte und dabei auch den Gender-Subtext der Debatte um die Autorin als öffentliche Intellektuelle deutlich aussprach. In seiner Einschätzung von Wolfs bekannter Rede auf dem Alexanderplatz am 4. November 1989 nimmt er ihre Aufforderung »Also träumen wir mit hellwacher Vernunft« als Beispiel eines naiven Politikverständnisses, das aus Wolf – im Titel schon als »Tante« und »Mutter« apostrophiert – »nicht etwa das Bild der deutschen Frau, sondern deren Karikatur und Parodie« (Reich-Ranicki 1994) werden lasse. Genau diese »Karikatur« einer weiblichen politischen Intellektuellen wird von Reich-Ranicki selbst weiter ausgemalt, wenn er Wolfs utopisches Denken und den Versuch, Emotionen und Politik zu verbinden, wieder mit einer angeblichen »Angst« (ebd.) und Autoritätshörigkeit der Autorin in Zusammenhang bringt. Es ist eine solche »Parodie« der weiblichen – passiven, emotionalen und unrealistischen – sozialistischen Intellektuellen, die mit Wolf in den 1990er Jahren abgeurteilt wurde. Damit endete der seltene Fall, dass einer Frau und Sozialistin in der Bundesrepublik die Rolle einer öffentlichen Intellektuellen zuerkannt worden war – immerhin nicht ganz ohne Widerspruch, etwa gegen Reich-Ranickis scharfes Urteil (vgl. Hartinger 2008, 276).

In der Rezeption von *Medea. Stimmen* wurde das Ende des politischen Engagements als Wolfs eigene Haltung aufgefasst, wenn hervorgehoben wurde, dass sie sich, wie Jürgen Krätzer zusammenfasst, nun endlich »von den Utopien verabschiedet« habe (Krätzer 1997, 51). Die Rezeption der Autorin stellt sich nun oft als eine Einordnung ihrer Werke, auch der aktuellen, ins kulturelle Gedächtnis dar, so dass Wolfs Positionen eher als der Vergangenheit zugehörig betrachtet werden, als dass sie auf die Gegenwart bezogen diskutiert würden. Mit *Medea* blieb Wolf für viele die ›DDR-Autorin‹, die in der Tradition der DDR-Literatur unter den Bedingungen der Zensur aktuelle Themen durch den Rückgriff auf historisches Material verschlüsselt behandle. Andere wiesen allerdings darauf hin, dass die literarische Bearbeitung mythologischer Stoffe in einer wesentlich breiteren Tradition steht, und würdigten die komplexe Umdeutung des Medea-Mythos bei Wolf, die nicht in einer allegorischen Darstellung aktueller Zustände aufgehe. Einigkeit herrschte jedoch weitgehend in dem Urteil, dass die Medea-Figur in Wolfs Umdeutung allzu positiv geraten sei. Bei Wolf ist Medea ein Opfer übler Nachrede und keine Mörderin, wobei sich diese Auffassung – wie einige Rezensenten hervorhoben – zum Teil auf Überlieferungen vor der einflussreichen Bearbeitung durch Euripides stützen kann. Wolfs intertextuelle Bezugnahme auf den Medea-Mythos lässt sich sowohl als feministische Relektüre einer patriarchal geprägten Tradierung lesen als auch als autobiographische Referenz auf die Situation der Autorin nach der Wende (s. Kap. II.F.35). In beiden Lesarten wurde Wolf Einseitigkeit vorgeworfen und der ganze Text wurde als eine allzu einfache Konstruktion von Gut-Böse-Oppositionen, sowohl zwischen Matriarchat und Patriarchat als auch zwischen Ost und West, abgeurteilt. Andere Kritiker zeigten jedoch auf, wie der Text eindeutige Entgegensetzungen unterläuft und durch seine erzählerische Gestaltung und Vielschichtigkeit verschiedene Interpretationsmöglichkeiten anbietet.

Wolf wurde mit *Medea* insgesamt, trotz aller Kritik, wieder als Autorin mit beachtlichen literarischen Fähigkeiten betrachtet. Sie wurde nun ganz selbstverständlich dem etablierten Kanon der deutschen Literatur zugerechnet – als ›DDR-Autorin‹ und auch als ›gesamtdeutsche‹ Autorin. Als solche wurde sie etwa politisch reklamiert, wenn im Kontext der Verleihung des Nelly-Sachs-Preises 1999 erklärt wurde, dass sie stets auch um Versöhnung zwischen den beiden deutschen Staaten bemüht gewesen sei: eine Akzentsetzung, die Wolfs bis 1989 aufrechterhaltenes Engagement für eine sozialistische Alternative in der DDR und ihre Kritik an der Wiedervereinigung in den Hintergrund drängt. 2003 bei der Rezeption von *Ein Tag im Jahr* verband sich die ästhetische Wertschätzung mit einem Lob dafür, dass Wolf nicht mehr vorwiegend als gesellschaftskritische Autorin auftrete. So könnte man sagen, dass der Literaturstreit und die Verurteilung Christa Wolfs damit endeten, dass die Autorin selbst der dominanten – und der ›westlichen‹ – Seite des Streits, der Ablehnung engagierter Literatur und linker Utopien sowie dem bundesrepublikanisch geprägten ›Gesamtdeutschland‹, zugeschlagen wurde.

50.7 Christa Wolf goes West: »Stadt der Engel oder The Overcoat of Dr. Freud«

Fast alle Rezensenten von *Stadt der Engel oder The Overcoat of Dr. Freud* erwähnten, dass man aus dem autobiographischen Roman erfährt, dass Wolf sich während ihres dargestellten Aufenthalts in den USA im Fernsehen gern *Star Trek* ansah. Diese angesichts des Bildes von Christa Wolf als einer stets ernsthaften und an Hochkultur und klassischen Mythen orientierten Autorin überraschende Vorliebe steht symbolisch für ihre Ankunft im kapitalistischen Westen von Pop- und Medienkultur und kann zugleich auf einen heiteren und spielerischen Umgang mit positiven Zukunftsvisionen verweisen: Das *Star Trek*-Schauen macht sie »uns […] sympathisch« (März 2010), wie Ursula März in einem Radiobeitrag zu *Stadt der Engel* erklärte, ein ›Wir‹ suggerierend, das für eine westlich geprägte, jüngere Leserschaft steht. Korrespondierend mit dieser Assoziation von Christa Wolf und amerikanischer Unterhaltungskultur beschrieben viele Rezensenten eine neue Leichtigkeit in Wolfs Ton, Elemente von Komik und Selbstironie und bezeichneten den Text als Ganzen als ›unterhaltsam‹ – ein Attribut, das auf Wolfs Werke selten angewendet wurde. Zugleich waren auch die Rezensionen selbst nun unaufgeregter und weniger polemisch. Zwanzig Jahre nach der Wende schienen Wolf und die Kämpfe, für die sie stand, Geschichte geworden zu sein. Von ihrem ›Alterswerk‹ ist demnach nicht nur aufgrund ihres Lebensalters die Rede, sondern im Sinne eines resümierenden, abschließenden Rückblicks auf das eigene Leben. Als Zentrum des Textes wurde Wolfs Auseinandersetzung mit ihrer Stasi-Täterakte identifiziert, auf die sich auch das Interesse der Rezensenten konzentrierte, so dass die DDR-Zeit nach wie vor im Fokus der Aufmerksamkeit stand (s. Kap. II.H.43).

Ein Beleg dafür, dass der Publikation von Wolfs neuem Werk große Bedeutung zugemessen wurde, ist die Tatsache, dass *Stadt der Engel* entgegen sonstiger Praktiken in vielen Zeitungen schon vor seinem Erscheinen rezensiert wurde. Viele Rezensenten beurteilten Wolfs Erkundung der eigenen Vergangenheit sowie ihrer späteren Verdrängung der Tätigkeit als ›IM‹ im Sinne einer »bohrenden Selbstbefragung« (Kämmerlings 2010) als gelungen. Die Lektüre wurde dabei nicht unbedingt als eine einfache beschrieben, sondern sie verlange dem Leser »Geduld« (Jessen 2010) ab, die aufzubringen sich aber lohne. Arno Widmann in der *Frankfurter Rundschau* beschreibt das Werk sogar in einem positiven Sinn als »ungenießbar« (Widmann 2010): Im Gegensatz zu den erwähnten Rezensionen, die dem Text eine Leichtigkeit konstatierten, erschien er Widmann »gegen den Genuss geschrieben« (ebd.). Wolfs »Suche« oder vielmehr ihre »Flucht vor der Wahrheit« (ebd.) wurde von ihm als eine eigene Form von Wahrheit gesehen. So wurden die Selbstreflexionen Wolfs auf die Schwierigkeiten des Erinnerns, die etwa auch schon *Kindheitsmuster* prägten – ein Text, mit dem *Stadt der Engel* oft verglichen wurde – nun nicht mehr gegen die Autorin gewendet, sondern als besondere Form der Annäherung an die Vergangenheit gewürdigt.

In vielen Rezensionen waren ästhetische Urteile mit inhaltlichen eng verbunden. So verwendete Jens Jessen den Begriff der »Nüchternheit« (Jessen 2010), der sowohl den Stil von *Stadt der Engel* als auch Wolfs Herangehensweise an die Erkenntnisse aus der Stasi-Täterakte charakterisieren kann. Jessen, der den Text zunächst nicht unkritisch darstellt, kommt am Ende zu einem Plädoyer für Wolf, indem er geradezu pathetisch »Gerechtigkeit für Christa Wolf« (ebd.) fordert. Er begründet dies mit dem Nachlassen des Pathos auf Seiten der Autorin und mit ihrem im Text dargestellten »Abstieg von den Eiseshöhen der sozialistischen Tugend«, dem »Ende der Selbstgerechtigkeit« (ebd.). So bezieht er sich noch einmal auf das Bild von Wolf als moralischer Instanz und auch überzeugter Sozialistin, um festzustellen, dass die Autorin sich dieser Rolle nun entziehe. Auch in der Rezeption von *Stadt der Engel* wurde demnach eine Abkehr von politischen Utopien lobend hervorgehoben. Wolf wurde so in den dominanten Konsens einer politischen Haltung ›des Westens‹ eingeordnet, die zwar kritisch gegenüber Einzelphänomenen ist, insgesamt jedoch nicht auf radikale Veränderung dringt. Wolfs Reise in den geographischen Westen wurde als eine dementsprechende Läuterung, oder besser, Lockerung gedeutet: »Unter der kalifornischen Sonne, angesichts des weiten pazifischen Ozeans wird Christa Wolf demütig, sanft und weich, und dies nicht als neue Prätention« (Jessen 2010). Einmal mehr wurden so Annahmen über Wolfs Charakter ins Zentrum gerückt, nun mit einem generell positiven Tenor, der die früheren scharfen Verurteilungen zu revidieren suchte.

Wolfs Erkundungen utopischer Möglichkeiten sowie ethischer Fragen an jeden Einzelnen wurden anerkannt, aber meist vor allem für eine Einschätzung der Persönlichkeit der Autorin genutzt. Wichtig war nun insbesondere ihr Beitrag zu einer ›nüchternen‹ Aufarbeitung der DDR-Vergangenheit. Bezüglich der kulturellen und politischen Situation der Gegenwart kann man aus den Rezensionen nahezu den Eindruck gewinnen, den Antje Rávic Strubel als eine Beschreibung der Nachwendezeit von Christa Wolf zitiert: »Der Druck, sich positionieren und äußern zu müssen, sei einer totalen Leere gewichen« (Strubel 2013). Strubel rezensierte hier das Buch »*Sei dennoch unverzagt*« von Jana Simon, die 2013 publizierten Gespräche der Enkelin Christa Wolfs mit ihren Großeltern, die symptomatisch für einen aktuellen Fokus auf private Familiengedächtnisse und die Suche nach der eigenen Herkunft, die nur ansatzweise in eine breitere Gesellschaftsanalyse oder gar -kritik eingebunden wird, stehen. Und doch kann die Beschäftigung mit Christa Wolf auch in diesem Zusammenhang, wie etwa für Antje Rávic Strubel in der zitierten Rezension, zum Anlass dienen, die verbreitete Entpolitisierung und Entradikalisierung, auch der Reflexionen auf das eigene Ich, zu hinterfragen. Die Erinnerung an die Kämpfe der Zeit des Kalten Krieges und an Wolfs stets erneute Bezugnahme auf aktuelles Zeitgeschehen, ihre unermüdliche Reflexion auf sich selbst im gesellschaftlichen Zusammenhang und ihre fortgesetzte Suche nach politischen Utopien kann noch heute als Anstoß wirken, den hegemonialen »Blick des Westens« zu unterlaufen. Wenn das ›Ende des Sozialismus‹ als ein Ende ideologischen Denkens proklamiert und gefeiert wird, kann dem sowohl die Analyse der ideologischen Verfasstheit der ›westlichen‹ Positionen als auch das Gedächtnis an die Erkundung alternativer Möglichkeiten produktiv bzw. subversiv entgegengestellt werden.

Literatur

Ankum, Katharina von: *Die Rezeption von Christa Wolf in Ost und West. Von »Moskauer Novelle« bis »Selbstversuch«*. Amsterdam/Atlanta, GA 1992.
Baumgart, Reinhard: Ein Marmorengel ohne Schmerz. In: *Der Spiegel* 37 (1983), H. 14, 208–210.
Behn, Manfred (Hg.): *Wirkungsgeschichte von Christa Wolfs »Nachdenken über Christa T.«*. Königstein/Ts. 1978.
Diederichsen, Diedrich: Kassandra und Blixa Bargeld. In: *Die Tageszeitung*, 10.6.1983.
Drescher, Angela (Hg.): *Dokumentation zu Christa Wolf »Nachdenken über Christa T.«*. Hamburg/Zürich 1991.
Hamm, Peter: Der Blick in die westdeutsche Ferne. Zwei DDR-Autorinnen beschreiben Republikflüchtlinge und solche, die es werden wollen. In: *Die Zeit*, 27.3.1964.
Hartinger, Walfried: *Wechselseitige Wahrnehmung. Heiner Müller und Christa Wolf in der deutschen Kritik – in Ost und West*. Leipzig 2008.
Hg.: Gültiges Zeugnis. Christa Wolf: »Kindheitsmuster«. In: *Neue Zürcher Zeitung*, 1.4.1977.
Jessen, Jens: Reise ans Ende der Tugend. In: *Die Zeit*, 17.6.2010.
Kämmerlings, Richard: Mein Schutzengel nimmt es mit jedem Raumschiff auf. In: *Frankfurter Allgemeine Zeitung*, 18.6.2010.
Krätzer, Jürgen: Das Kassandra-Syndrom. Medea Stimmen und Gegenstimmen: Christa Wolfs »Medea« im Spiegel der Literaturkritik. In: *Die Horen* 42 (1997), H. 2, 48–59.
Magenau, Jörg: *Christa Wolf. Eine Biographie*. Reinbek bei Hamburg 2013. Überarb. u. erw. Neuausgabe.
März, Ursula: Selbstsuche unter der Sonne Kaliforniens. Buch der Woche: Christa Wolf: »Stadt der Engel oder The Overcoat of Dr. Freud«, *Deutschlandfunk*, 20.6.2010; www.deutschlandfunk.de/selbstsuche-unter-der-sonne-kaliforniens.700.de.html?dram:article_id= 84615 (2.12.2015).
Mayer, Hans: Der Mut zur Unaufrichtigkeit. In: *Der Spiegel* 31 (1977), H. 16, 185–190.
Michaelis, Rolf: Eine andre Art von Tod. In: *Die Zeit*, 16.3.1979.
Papenfuß, Monika: *Die Literaturkritik zu Christa Wolfs Werk im Feuilleton. Eine kritische Studie vor dem Hintergrund des Literaturstreits um den Text »Was bleibt«*. Berlin 1998.
Quack, Josef: Finstere Erfahrungen. Zur Verleihung des Büchner-Preises an Christa Wolf. In: *Frankfurter Allgemeine Zeitung*, 18.10.1980.
Raddatz, Fritz J.: Christa Wolf über ein Kapitel deutscher Geschichte. Wo habt ihr bloß alle gelebt. In: *Die Zeit*, 4.3.1977.
Raddatz, Fritz J.: Das Gedächtnis – eine andere Form des Sehens. In: *Die Zeit*, 25.3.1983.
Reich-Ranicki, Marcel: Christa Wolfs unruhige Elegie »Nachdenken über Christa T.« – ein höchst bemerkenswerter DDR-Roman. In: *Die Zeit*, 23.5.1969.
Reich-Ranicki, Marcel: Christa Wolfs trauriger Zettelkasten. Zu ihrem Buch »Kindheitsmuster«. In: *Frankfurter Allgemeine Zeitung*, 19.3.1977.
Reich-Ranicki, Marcel: Angeklagt. Eine Attacke gegen Christa Wolf im »Neuen Deutschland«. In: *Frankfurter Allgemeine Zeitung*, 27.5.1980.
Reich-Ranicki, Marcel: Macht Verfolgung kreativ? Polemische Anmerkungen aus aktuellem Anlaß: Christa Wolf und Thomas Brasch. In: *Frankfurter Allgemeine Zeitung*, 12.11.1987.
Reich-Ranicki, Marcel: Tante Christa, Mutter Wolfen. In: *Der Spiegel* 48 (1994), H. 14, 194–197.
Reinig, Christa: Der ungeteilte Hades. In: *Der Spiegel* 19 (1965), H. 3, 70 f.
Rosendorfer, Herbert: Laudatio (1987); www.geschwister-scholl-preis.de/preistraeger_1980–1989/1987/laudatio_rosendorfer.php (28.8.2014).
Schirrmacher, Frank: Dem Druck des härteren, strengeren Lebens standhalten. In: *Frankfurter Allgemeine Zeitung*, 2.6.1990.
Schoeller, Wilfried F.: Büchners Stunde. Für Christa Wolf. In: *Frankfurter Rundschau*, 16.10.1980.
Schreiber, Mathias: Bonjour Christesse. In: *Der Spiegel* 45 (1991), H. 44, 285–292.
Strubel, Antje Rávic: Revolution? Wie kommt ihr denn darauf? In: *Frankfurter Allgemeine Zeitung*, 15.11.2013.
Werth, Wolfgang: »Wie sind wir so geworden …?« Zu Christa Wolfs neuem Buch »Kindheitsmuster«. In: *Süddeutsche Zeitung*, 5./6.3.1977.
Widmann, Arno: Wahrheit und Wahn. In: *Frankfurter Rundschau*, 14.6.2010.
Wittstock, Uwe: Christa Wolf und der fremde, unbekannte Gott. In: *Frankfurter Allgemeine Zeitung*, 14.4.1987
Zehm, Günter: Rückzug ins private Glück im Winkel. In: *Die Welt*, 3.7.1969.

Kathrin Schödel

51 Internationale Rezeption

51.1 Rezeption in Italien

Christa Wolfs Werk gilt heute als ein bedeutender Bestandteil des literarischen deutschen Kanons in Italien. Ende der 1960er Jahre begannen sowohl die kritische als auch die produktionsästhetische Rezeption. Die Gründe sind darin zu sehen, dass die Autorin – die zunehmend als internationale Schriftstellerin Anerkennung erfuhr – ausgehend von ihren zeitgebundenen Erfahrungen die ganze Nachkriegsepoche zur Sprache brachte. An Wolfs programmatischen autobiographischen Schreibstil knüpfte die italienische Frauenliteratur seit den 1970er Jahren – unter anderem in Gestalt von Fabrizia Ramondino und Dacia Maraini – an. Der italienische Titel des Romans *Der geteilte Himmel* (*Il cielo diviso*, übers. v. Maria Teresa Mandalari, 1983) wird als fester historiographischer Begriff für die Zeit zwischen 1945 und 1989 in Bezug auf die beiden deutschen Staaten – *gli anni del cielo diviso* – verwendet.

Die Entwicklung der Wahrnehmung Christa Wolfs in Italien ist mit dem besonderen Bezug Italiens zur deutschen Kultur in der Nachkriegszeit verbunden. In den ersten beiden Nachkriegsjahrzehnten interessierte sich die italienische Öffentlichkeit für den Protestgestus der neuen deutschen Literatur nach 1945. Es gab zunächst eine Fülle von Brecht-Übersetzungen und gleich danach den großen Erfolg der Frankfurter Schule mit einer Begeisterung für einzelne Autoren wie Bloch, Adorno oder Benjamin, die bis heute spürbar ist. Der Bezug auf Brecht – später auch auf Günter Grass – zeigt, dass das italienische Publikum eine Neigung zum politischen Engagement hatte und hat. Das betrifft auch die DDR-Literatur, denn die italienische Bildungselite blickte von Anfang an mit einem kritisch-empathischen Blick nach Osten. Kritisch registrierte die italienische Intelligenz die Zensurmaßnahmen des Apparates (Cambi 2009). Die Empathie entsprang dem Bewusstsein, dass es sich um den Versuch handelte, eine neue Gesellschaft von glaubwürdigen Menschen aufzubauen, die sich mit dem Faschismus auseinandergesetzt hatte, denn viele Autoren waren aus dem Exil bewusst nach Ost-Deutschland zurückgekehrt. Neben diesen Rückkehrern wie Anna Seghers und Arnold Zweig las man in Italien zunächst vor allem die Lyrik von Autoren wie Johannes Bobrowski, Günter Kunert, Peter Huchel und Reiner Kunze.

Der große Erfolg von Christa Wolf setzte in den 1970er Jahren ein. Ihre italienische Bibliographie ist sehr umfangreich und es stellt sich die Frage: Was wäre die deutsche Literatur des 20. Jahrhunderts ohne ihre Stimme geworden (vgl. Calabrese 2010)? Wichtig ist es, daran zu erinnern, dass als erstes Buch *Nachdenken über Christa T.* (*Riflessioni su Christa T.*, übers. v. Amina Pandolfi, 1973) auf Italienisch erschien, und erst danach *Der geteilte Himmel*. Die Verlagspolitik folgte somit einer anderen Chronologie als die Historie. Das hat mit der kulturellen Stimmung Ende der 1960er Jahre zu tun. Die ›Neue Subjektivität‹ führte zu jener Identitätssuche, die durch Bechers *esergo* im Roman *Nachdenken über Christa T.* Ausdruck fand: »Man selbst, ganz stark man selbst werden« (NCT, 147).

Dieses Bedürfnis, durch individuelles Handeln das radikal Neue zu schaffen, führte auch in Italien zu einer Reflexion über weibliche Identität und Differenz. Die Frauenbewegung bestimmte mehr und mehr den sowohl individuellen als auch philosophischen Horizont. Dabei übte die deutschsprachige Frauenliteratur – besonders die aus der DDR – einen Einfluss auf die feministische Forschung und auf die italienische soziale Bewegung selbst aus (vgl. *Cieli divisi*, 1981). In diesem Kontext fand die beachtliche Rezeption von Christa Wolf in Italien statt, die zunächst auf Germanisten und linke Intellektuelle beschränkt war. Dabei zeigte sich das Problem, dass die literarische Konstruktion von *Nachdenken über Christa T.* mit ihrer Anspielung auf die damalige interne Lage der DDR zu stark chiffriert, also für eine breite Öffentlichkeit nicht zu entschlüsseln, war. Erst mit *Kassandra* (*Cassandra*, 1983) hat die Autorin in Italien, durch die Stimme ihrer Übersetzerin Anita Raja, ein großes Publikum erreicht.

Dieser Erfolg ermunterte den Verlag Est/Ovest noch 1983 den *Geteilten Himmel* zu drucken, dessen Übersetzung schon seit längerem dank Maria Teresa Mandalari vorlag. Inzwischen sind dreißig Jahre vergangen und *Der geteilte Himmel* gehört zur Lektüre des germanistischen Kanons. In der Tat enthält der Roman eine Typologie von Figuren, die leicht aktualisierbar ist. Das wusste auch die Autorin: Nach der Wende auf der Turiner Buchmesse 1997 gefragt, was der Protagonist Manfred im nun vereinigten Deutschland sein könne, antwortete sie: »Vielleicht ein Universitätsprofessor, der nach der Wende an eine ostdeutsche Universität kommt, um dort in einer Kommission seine ostdeutschen Kollegen zu evaluieren, d. h. zu überprüfen, ob sie dort bleiben können, oder nicht – in den meisten Fällen nicht« (Interview mit Anna Chiarloni 1997, in: Schiavoni 1998, 34)

Wie jüngste Studien zeigen, hängt die Identifikation des hiesigen Publikums nicht zuletzt von den aktuellen politischen, sozialen und ökonomischen Kontexten ab. Viele junge Leser und Leserinnen haben noch einen Großvater, dem Meternagel aus dem Roman ähnlich, oder einen Vater, der dem Druck der Leistungsnormen ausgesetzt, vielleicht schon entlassen worden ist. In der Tat, wenn man in *Nachdenken über Christa T.* von jenen »Hopp-Hopp-Menschen« (NCT, 63) liest, die das Leben am Rhythmus der Produktion messen, da hat man plötzlich die heutige italienische, wenn nicht die europäische Lage mit ihrem einseitigen Fortschrittsdenken vor Augen.

Abrechnung mit patriarchalen Herrschaftsstrukturen

Christa Wolfs Untersuchungen zum Prozesscharakter des Denkens und sein Verhältnis zur Sprache interessieren die italienische Germanistik ebenso wie die hiesigen *writing schools*. Die Analyse der komplexen Erzählstrukturen, die Formen des Zweifels und die gleitenden Übergänge in temporalen und pronominalen Variationen werden als Schreibübung für junge Literaten verwendet. Die Figur der Christa T., einer Frau, die instinktiv erst mit dem Körper und dann mit dem Hirn reagiert, wurde von Anfang an in Italien eher als Verwandte der späteren Leni Pfeiffer aus Heinrich Bölls Roman *Gruppenbild mit Dame* (1971) wahrgenommen, denn als eine Protagonistin der sozialistischen Literatur. Immer wieder wird betont, dass das, was Christa T. daran hindere, sich der neuen sozialen Ordnung anzupassen, eine Art fast biologischer Treue dem eigenen individuellen Ausdrucksbedürfnis gegenüber sei. Die Leserperspektive hängt also mehr von einer Ästhetik des Humanen als von einer politischen Analyse der DDR ab. Damit verbunden ist ein weiteres Charakteristikum, das als positiv in der späten italienischen Rezeption von *Nachdenken über Christa T.* wahrgenommen wird: die Gestaltung des privaten Raums, der häuslichen Umgebung als Ort der Freundlichkeit und somit eines vom Politischen unterschiedenen Alltags.

In den 1970er Jahren ging es auch in Italien um eine Abrechnung mit patriarchalen Kultur, deren Herrschaftsmechanismen einer kritischen Untersuchung unterzogen wurden. Bezeichnend ist in diesem Zusammenhang der Erfolg von *Selbstversuch* (*Autoesperimento*, 1986, übers. v. Anita Raja), einer Erzählung, die umgehend in den schon von der Frauenbewegung vorbereiteten italienischen Diskurs Aufnahme fand. Zahllos waren die sog. Selbstbewusstseinsgruppen, die sich damals mit diesem Text – neben Virginia Woolfs *A Room of One's Own* (1929) – beschäftigt haben. Besonders Wolfs Analyse des binären Sprachcodes – männlich und weiblich, außenstehend und teilnehmend oder referierend und fühlend – wurde in mehreren wissenschaftlichen Arbeiten fokussiert. Ihr Publikum ist seither stetig gewachsen und es sind zahlreiche Lesekreise entstanden. Weiterhin stieg die Zahl der wissenschaftlichen Auseinandersetzungen sowohl mit ihrem »Mythologem einer kollektiven Individualität« (Gargano 1985) als auch mit ihrer »Sprache der Festung« (Raja 1988), wie die Online-Bibliographie beweist (vgl. www.germanistica.it/progetti/wolf.asp).

Ein Element von Christa Wolfs Erfolg in Italien beruht auf der Dissonanz zur männlichen Welt, die auf einer marxistischen Perspektive beruht. Soziologisch hat diese Lektüre ein interessantes Phänomen hervorgebracht, da in den 1970er Jahren – es sind auch die Jahre der italienischen Familienrechtsreform – die Arbeiter/innen in Italien das Recht hatten, 150 bezahlte Arbeitsstunden für ihre Weiterbildung zu nutzen. Viele Frauen – nicht nur Beamtinnen oder Angestellte, sondern auch Arbeiterinnen aus dem Industriebereich – entschieden sich für eine Frauenlesegruppe und *Selbstversuch* wurde einer der meist diskutierten Texte dieser Kreise. Man identifizierte sich also mit der Figur der Frau, die »zickzack läuft wie eine falsch programmierte kybernetische Maus« (SV, 112). Emanzipierte Frauen und Intellektuelle, die bessere Existenzbedingungen hatten, begannen sich zunehmend zu fragen, welchen psychischen Preis sie wohl bezahlen müssen, um in der männlichen Zitadelle der Macht – im Palast, würde Kassandra sagen – stumm und mimetisch vertreten zu sein.

Erinnerungsmuster an nahe und ferne Vergangenheiten

In Italien hat die antifaschistische Literatur immer eine große Resonanz gehabt. *Kindheitsmuster* (*Trama d'infanzia*, 1992, übers. v. Anita Raja) weckte daher das Interesse der italienischen Historiker. Dieses galt insbesondere der Analyse jener Modelle, die der Roman komplementär zur Diktatur aufzeigt: die Paralyse der Neugier, das instinktive Vermeiden heikler Begriffe – wie Jude, Kommunist, anormal, steril –, deren Verdrängung man auch in Italien gelernt hatte. In diesem Sinne wurde das Buch als intellektuelle Suche rezipiert, als Vermittlungsinstanz zwischen Generationen, die anfingen, über ihre eigene Kindheit nachzudenken und sich fragten: Was befähigt Menschen unter Diktaturen zu leben? Wie in Deutschland begannen auch in Italien junge Erwachsene, teilweise zum ersten Mal, mit ihren Eltern über den Alltag im Faschismus ins Gespräch zu kommen: Ein Gang in die Unterwelt, teilweise ins Unbewusste oder ins Verdrängte der Familiengeschichten, hat mit diesem Buch auch in Italien begonnen.

Von Italien aus gesehen, bedeutete das Jahr 1976 mit der Ausbürgerung des populären Liedermachers und Schriftstellers Wolf Biermann eine einschneidende Zäsur, nach der jede Identifikation der DDR-Intellektuellen mit ihrer Gesellschaft fragwürdig erschien. Erschüttert hörte das italienische Publikum von Christa Wolfs Fragen nach einem Weggehen oder Dableiben in diesem Land, das ihr zunehmend das Schreiben erschwerte. Am Beginn der 1980er Jahre spürten die Italiener wie die meisten Europäer die Verschärfung der Konfrontation zwischen Ost und West durch die Aufstellung von Mittelstreckenraketen in beiden deutschen Staaten. Es war die Hochphase des Kalten Krieges. Diese Spannung fanden die Leser auch in der Erzählung *Kassandra* wieder. Als das Buch erschien, herrschte eine gewisse Skepsis, wer diesen mythologisch inspirierten Text verstehen würde. Solche Vorbehalte erwiesen sich als unnötig. In Italien wurde der Roman schlagartig zu einem pazifistischen Vademecum (vgl. Di Rosa 2012), zu einem Kultbuch unter jungen Leuten und noch heute stößt man auf Frauenclubs, Reisebüros, Fotoateliers, Läden oder Theatergruppen, die ›Kassandra‹ heißen. 1990 bekam Christa Wolf den begehrten »Premio Mondello per la Letteratura«. Die Anzahl der verkauften Exemplare von *Kassandra* zwischen 2002 und 2012 beträgt 30.000 Exemplare, für Italien keine geringe Zahl; Einaudi etwa verkaufte nur 10.500 Bücher von Grass' *Ein weites Feld* (1995).

Der ungewöhnliche Erfolg von *Kassandra* beruht auf der kritischen Revision der abendländischen Kultur, die auf einer Glorifizierung der heroischen Tat gründet – auf einem Kult des gewalttätigen Handelns – und darum unmenschlich und selbstentfremdend ist. Deshalb fasziniert die Abgeschiedenheit der weiblichen Welt, die am Fluss Skamander die Entwicklung der Utopie einer allgemeinen Menschlichkeit erlaubt, wie sie in *Kassandra* entworfen wird. Lobend erwähnt die Kritik außerdem gewisse Passagen, wie die Beschreibung der mythologischen Landschaft (vgl. Zanasi 2003). Immer noch ist das junge Publikum von den antiken Ritualen in den Höhlen, vom verbotenen Kult der Kybele angezogen, also von einer in der Natur versunkenen Prähistorie, die eine neue – andere – Art der Zusammengehörigkeit verbalisiert. Dies sind Motive, die auch von Theatergruppen aufgenommen wurden, etwa der rhythmische Tanz der Frauen, die sich in zuckenden Spiralbewegungen in eine Empathie mit dem organischen Prozess versetzten, in dem der Körper die Funktion des Bedeutungsträgers einer präverbalen Sprache besitzt. *Verso Cassandra* heißt ein Theaterzyklus, der in Mailand am Farneto Teatro Elisabetta Vergani mit dem Regisseur Maurizio Schmidt seit 1991 weiterbearbeitet wird. Der Erfolg solcher Projekte hängt auch damit zusammen, dass es sich um eine weibliche Figur handelt, die in die italienische Kultur eingebettet ist. Kassandras Worte – »Ich bleibe zurück. Der Schmerz soll uns an uns erinnern« (KA, 156) – verbinden sich mit denen anderer Autorinnen des existenziellen Denkens, mit einer Poetik der Sehnsucht, die dem italienischen Leser bekannt ist, erwähnt seien nur Ingeborg Bachmann und Simone Weil.

Bedrohungsszenarien und die Jahre nach 1989

Natur und Umwelt haben in Italien keine große Relevanz. Aber *Störfall. Nachrichten eines Tages* (*Guasto. Notizie di un giorno*, übers. v. Anita Raja 1987) fiel gerade in die Zeit der italienischen Diskussion um Tschernobyl. Dazu kommt, dass 1982 ein Störfall im Atomkraftwerk von Sessa Aurunca nördlich von Neapel passiert war. Im November 1987 kam es zu einem Volksentscheid, in dem 80 % der Italiener die Kernenergie ablehnten. Das ist der zeithistorische Kontext, in dem Christa Wolfs Text ein entsprechend sensibilisiertes Publikum fand. Außerdem gibt es wichtige Reaktionen von Philosophen und Naturwissenschaftlern zu diesem Buch (vgl. Cherchi 1987). Nach dem Mauerfall 1989 wurde *Sommerstück* (*Recita estiva*, übers. v. Anita Raja 1989) trotz seiner sofortigen Übersetzung kaum wahrgenommen. Das Gefühl psychischer Erschöpfung, das die Protagonistin begleitet, wurde von den Rezensenten als schmerzhaftes Erbe einer ganzen Generation gelesen.

Noch radikaler als in diesem Roman ist in *Was bleibt* Wolfs Empfindung einer verlorenen Lebenschance zu spüren. Die italienische Literaturkritik betonte die historische Wahrhaftigkeit und die subjektive Aufrichtigkeit des Buchs – ganz im Gegenteil zu einem großen Teil des westdeutschen Feuilletons, das begierig darauf war, die gesamte östliche Intelligenz zu diskreditieren, von der nichts bleiben durfte. Westdeutschland reaktivierte die ideologisierende Gleichsetzung von Nationalsozialismus und real existierendem Sozialismus. In Italien wurde die Lage anders beurteilt. Wohl sah man, dass eine Generation, die ihr ganzes Leben lang für eine solidarische Gesellschaft gekämpft hatte, nach 1989 eine ideologische Niederlage erlebte, und Wolfs politische Ernüchterung war der Desillusionierung der italienischen Linken sehr ähnlich. Von der innerdeutschen Polemik – als deutschdeutscher Literaturstreit (s. Kap. I.6 und s. Kap. II.H.40) in die Kulturgeschichte eingegangen – blieb das italienische Publikum praktisch aber unberührt. Wolfs Leserschaft empfand es als ungerecht, dass eine Autorin, die jahrelang als Stimme der Freiheit in einem unfreien Land gefeiert wurde, nun, nach dessen Befreiung, dem Vorwurf ausgesetzt wurde, zu wenig freiheitlich gewesen zu sein. Daher wurde *Medea* (*Medea*, 1996, übers. v. Anita Raja) in Italien kaum als Selbstverteidigung der Autorin rezipiert, sondern vielmehr als eine Anklage gegen jede Form mystifizierender Geschichtsschreibung – auch gegen jene, die die Jahre der Wende betrifft. Außerdem schien sich die »Barbarin aus dem Osten« – so eine Formulierung in Wolfs Brief an Heide Göttner-Abendroth 1992 – über den engen Horizont einer innerdeutschen Kontroverse zu erheben. Eine gewisse Rolle spielt auch die Tatsache, dass die Autorin die italienische Philosophin Adriana Cavarero *expressis verbis* zitiert (vgl. ME, 215). Medea wurde zum Gegenstand kultureller Identifikation und zu einer Verbindung mit der europäischen Aktualität. Wie viele Rezensent/innen bemerkt haben, prangert die Barbarin nicht nur den männlichen Blick in Mythologie und Geschichte an, sondern ihre Geschichte fällt auch mit der Zersplitterung des gerade hoffnungsvoll vereinigten Europas zusammen, eingeleitet von jenen blutigen Nationalismen, die am Beginn der 1990er Jahre auf dem Territorium des ehemaligen Jugoslawien entflammten.

Auffallend ist die Anzahl der italienischen Theaterinszenierungen des Romans. In der Tat ist *Medea* ein Text, der mit seinen vielen Stimmen ständig variiert und aktualisiert werden kann. Dazu einige Beispiele: In einer neapolitanischen Aufführung tritt Akamas, der Hofastronom, der die Verbrechen des Palastes geheim hält, als Moderator einer Fernsehshow in der nicht zu Ende gehenden Ära Berlusconis auf. Andernorts steht Medea für das Unbehagen vieler Frauen, die nach 1989 mit der neuen Einwanderung aus Afrika nach Italien kamen (so etwa 1997 in Neapel, wo Cloris Brosca am Istituto Suor Orsola Benincasa die Protagonistin spielte).

Gleichzeitig wird mit der Thematisierung der Teilhabe der Frauen an der Maschinerie männlicher Gewalttaten insbesondere ein süditalienisches Publikum angesprochen. Durch die Figuren von Agameda und Glauke tritt auf der Szene leicht zutage, was in Italien *omertà* heißt: die Schweigepflicht, die bis zum Selbstmord einiger sizilianischer Frauen führte. Der Roman wird in Italien als ein Buch gelesen, das von vielen Problemen der eigenen Gesellschaft spricht, wie z. B. dem Mord an Kindern. Eine *Medea*-Aufführung in Palermo 1997 am Cantieri Culturali della Ziza (Regie: Renato Carpentieri; Barbara Valmorin als Protagonistin) zeigte jene Schule in Syracus, die mehrfach in Brand gesteckt wurde, weil die Schüler dort mit ihrem Lehrer Antimafia-Aktionen durchgeführt hatten. Am Teatro Quirino in Rom wurde 1999 für Wolfs Roman von Daniele D'Angelo sogar komponiert: *Musica per Medea* (Aufführung unter der Regie von Walter Le Moli mit Elisabetta Pozzi als Protagonistin und Dramaturgin). Dank des großen Erfolges wurde das Stück im Jahr 2000 über die ganze Saison gespielt (vgl. Rubino 2000). Nach 2001 sind etwa zehn Aufführungen von Wolfs *Medea* im Internet zu finden, zuletzt die von Paola Scoppettuolo und der Compagnia Aleph (Villa Imperiale Pausilypon, Neapel 2012).

Die Öffnung der Stasi-Archive 1993 und die damit verbundene Auseinandersetzung im wiedervereinten Deutschland haben die Wolf-Rezeption in Italien kaum berührt. 1997 wurde der Autorin die *Laurea honoris causa* in Turin verliehen. Dennoch veröffentlichte der *Corriere della sera* am nächsten Tag einen Artikel, der implizit auch die Turiner Universität diffamierte: »Christa Wolf si può laureare ad honorem un'ex spia?« – Darf man einer Ex-Spionin den Doktortitel verleihen? (Conti 1997). Doch die akademische Welt wertete den Artikel als presseüblichen Wirbel. Unter anderen verteidigte Dacia Maraini die deutsche Autorin leidenschaftlich gegen Victor Zavlasky, der Christa Wolf mit einer Pinochet-Spionin vergleichen wollte. Für ihre Leserschaft war das absurd und im Ganzen taten diese Polemiken Wolfs Beliebtheit keinen Abbruch.

In den ersten Rezensionen zu dem autobiographischen Roman *Stadt der Engel oder The Overcoat of Dr. Freud* (*La città degli angeli*, übers. v. Anita Raja 2011) wird darauf hingewiesen, wie sich Christa Wolfs Stil im Kontakt mit einer anderen Umwelt entwickelt hat. Man hebt die erzählerische Rolle des jüdischen Freundes hervor, mit dem sie Gedanken und Fragen über Leben und Tod teilen kann.

Zu Christa Wolfs Tod hat ihr die fast gleichaltrige Rossana Rossanda eine Art Porträt gewidmet. Darin spricht sie auch von *Stadt der Engel*:

»Kalifornien, wo Christa wohnte, ist voller Menschen, Exilanten und Nicht-Exilanten, freundlich, fair, ohne große Neugier, aber sie fühlten sich gezwungen, Christa Fragen zu stellen: Wie war es möglich gewesen, ein Deutscher zu sein? Vor 1945? Und danach, in der DDR? Und dazu Mitglied der SED zu sein...? Für die netten Kalifornier eine unvorstellbare Welt. Der einzige, der Christa dort versteht, ist ihr jüdischer Freund. Wir als Europäer könnten sie vielleicht verstehen, wenn wir uns nicht weigerten, die Vergangenheit neu zu überdenken. Es ist die Überzeugung, die Christa nie aufgegeben hat, dass das Recht auf einen Arbeitsplatz, eine Wohnung, einen Platz in der Schule bis hinauf zur Hochschule und der Krankenversicherung zu den Menschenrechten gehört. Heute ist das nicht mehr so. Es war nur eine kurzzeitige Illusion, zwischen 1988 und 1989, dass ihr Land die Rechte von vorher bewahren und gleichzeitig die Demokratie erhalten könne. Die *Freiheit*, wie ihr jüdischer Freund sagt, Freiheit – ein immenses Wort.« (Rossanda 2011; Übersetzung von A. Ch.)

Von anderen Rezensenten wird betont, wie die Autorin die sozialen Widersprüche zwischen dem Glanz Hollywoods und der Welt der Obdachlosen luzide fokussiert (Forte 2011). Der Roman sei gleichzeitig die Seelenautobiographie einer Kommunistin und eine Rekonstruktion des literarischen Exilkontextes der Hitlerjahre (Sorge 2011). Im Ganzen ist sich die Kritik einig: Durch den letzten Roman gewann die italienische Leserschaft einen nachhaltigen Eindruck von der Art, wie Christa Wolf komplizierte gesellschaftliche Prozesse in Bilder zu übersetzen verstand, wie man Literatur auch als eine Suche verstehen muss, die durch Mut und Leiden, durch Vertrauen und Abschied führt.

Literatur

Cambi, Fabrizio: 1945–1968: il contributo della letteratura al progetto socialista. In: Michele Sisto (Hg.): *L'invenzione del futuro.Breve storia letteraria della DDR*, Milano 2009, 87–88.
Calabrese, Rita: Cosa sarebbe il secolo senza di lei: Christa Wolf e Anna Seghers. In: Anna Fattori u. Leonardo Tofi (Hg.): *Fidus Achates. L'amicizia nella cultura europea: studi in onore di Lia Secci*. Perugia 2010, 417–432.
Cherchi, Grazia: Vampiri e fantasmi Che paura poveri uomini. In: *L'Unità*, 9.9.1987.
Chiarloni, Anna: *Christa Wolf*. Torino 1988.
Chiarloni, Anna: Besprechung zu »Recita estiva«. In: *L'Indice*, Anno VI, 1989, H. 9, 19.
Chiarloni, Anna: *Nel cuore dell'Europa. Conversazioni con Christa Wolf*. Roma 1992.
Chiarloni, Anna: Christa Wolf al Salone del Libro di Torino, 24.3.1997. Conversazione. In: Giulio Schiavoni (Hg.): *Prospettive su Christa Wolf. Dalle sponde del mito*. Milano 1998, 33–58.
Chiarloni, Anna: Für eine Anamnese der Gegenwart. Zu Christa Wolfs »Stadt der Engel«. In: *Text + Kritik*. Heft 46: *Christa Wolf*. 5. Aufl.(neu) München 2012, 191–200.
Chiarloni, Anna/Gargano, Antonella/Kaufmann, Eva/Perretta, Vanda/Secci, Lia/Wolter, Christine: Cieli divisi. Le scrittrici della Germania Orientale. In: *donnawomanfemme* (neue dwf), Quaderni di studi internazionali sulla donna, Heft 18 (1981). [Die Zeitschrift enthält einen Teil der Beiträge, die 1981 an der Universität Perugia vorgetragen wurden. Es handelte sich um die erste italienische Tagung über DDR-Schriftstellerinnen. Sie wurde von Lia Secci organisiert.]
Conti, Paolo: Si puo' laureare ad honorem una ex spia? In: *Corriere della sera*, 27.5.1997, 29. [Dazu Anna Chiarlonis Antwort in derselben Zeitung, *Discussioni*. Dopo la laurea honoris causa alla scrittrice della ex Ddr, l'Università di Torino risponde alle critiche, 4.6.1997.]
Di Rosa, Valentina: Christa Wolf. In: *Il Mulino* 5 (2012), 912–919.
Forte, Luigi: Christa Wolf. Cassandra comunista. La scrittrice tedesca è morta ieri a Berlino. Aveva 82 anni. Fu la voce del dissenso della Ddr, ma ebbe rapporti (presto interrotti) con la Stasi. In: *La Stampa*, 2.12.2011.
Gargano, Antonella: Il mitologema della individualità collettiva nella scrittura di Christa Wolf. In: AION, Anno 28 (1985), 423–443.
Germanistica.net. Pagine di letteratura tedesca e comparata. www.germanistica.net [Bibliographie zu Christa Wolf in Italien; Stand 17.12.2014].
Raja, Anita: *Postfazione a Christa Wolf*. »*Sotto i tigli*«. Roma 1986, 161–169.
Raja, Anita: Christa Wolf: die Sprache der Festung. In: Anna Chiarloni, Gemma Sartori u. Fabrizio Cambi (Hg.): *Die Literatur der DDR 1976–1986. Akten der internationalen Konferenz*. Pisa 1988, 131–141.
Rossanda, Rossana: Cultura e pensiero – Pagine vissute nella trama allesita per una casa comune. In: *allestita*, 3.12.2011.
Rubino, Margherita: *La Medea di Christa Wolf*. In: Margherita Rubino u. Chiara Degregori (Hg.): *Medea contemporanea*. Genova 2000.
Sorge, Paola: La sfida di Christa Wolf al fantasma della Stasi. In: *La Repubblica*, 20.11.2011.
Zanasi, Giusi: La Medea di Christa Wolf. In: Eleonora Chiavetta (Hg.): *Thieves of Languages. Ladre di linguaggi. Il mito nell'immaginario femminile*. Palermo 2003.

Anna Chiarloni

51.2 Rezeption in Frankreich

Bereits ein Jahr nach der DDR-Ausgabe des *Geteilten Himmels*, 1964 also, erschien die erste französische Übersetzung des Romans unter dem Titel *Le Ciel par-*

tagé bei EFR (Éditeurs français réunis), dem Literatur-Verlag der Französischen Kommunistischen Partei. Anlässlich dieser Veröffentlichung gewährte Christa Wolf Jean Tailleur ein langes Interview in *Les Lettres françaises*, einer von Aragon geleiteten kulturellen Wochenzeitung der Kommunistischen Partei, deren Leserschaft aber weit über die Kreise dieser Partei hinausging. Der Germanist und Literaturkritiker Tailleur stellte in seiner Einführung fest, dass dieses Buch den Aufbruch einer neuen Schriftstellergeneration in der DDR kennzeichnet. In der Monatszeitschrift *Europe* von Januar 1965 rezensierte Marcelle Venturini das Buch: »Ein Roman leistet manchmal zehn oder zwanzig Mal mehr, um eine Situation klarzumachen, als lange politische Erklärungen. Dies ist der Fall des Buches von Christa Wolf, von dem wir hoffen, dass es von einem breiten französischen Publikum gelesen wird.« (Alle Übersetzungen der nachfolgenden Zitate aus den französischen Zeitschriften und Zeitungen stammen von Alain Lance.)

Im Frühjahr 1972 erschien unter dem Titel *Christa T.* beim Verlag Le Seuil ein zweites Buch, *Nachdenken über Christa T.*, in der Übersetzung der engagierten Feministin Marie-Simone Rollin (s. Kap. II.B.15). Warum wollte der renommierte Verlag der linkskatholischen Tradition, in dessen Programm Autoren wie Böll, Weiss, Grass und Bachmann zu finden sind, dieses Buch veröffentlichen? Abgesehen von der Qualität des Werkes spielten vermutlich auch außerliterarische Motivationen eine Rolle, nämlich die Behinderungen und Kritiken, die seine Veröffentlichung in der DDR begleitet hatten – ein Hauch von Dissens also. Charakteristisch dafür ist die Besprechung von Nicole Casanova in der Monatszeitschrift *Esprit* vom Januar 1973, wo man folgenden Satz lesen kann: »Das ist ein Werk, das uns wie ein festgenommener, an den Ellenbogen gehaltener Missetäter entgegen kommt.« Aber die Rezensentin erwähnte zum Glück nicht nur die politischen Umstände der Veröffentlichung, sondern betonte den literarischen Wert des Buches: »ein Meisterwerk mit zahlreichen Reizen. Ein pathetisches Abenteuer der Intelligenz [...] ein Roman, so konkret und lebendig wie ein Baum.«

In den *Lettres françaises* erschien Anfang Mai 1972 eine lange, aufmerksame, lobende Besprechung von *Christa T.* Der Rezensent war der Romancier und Literaturkritiker André Wurmser, ein langjähriges Mitglied der KPF. In Anspielung auf die kritischen Äußerungen, die das Erscheinen des Buches in der DDR begleitet hatten, bemerkte er, andere »hätten in dem Buch ein Wiederaufkommen des Individualismus gesehen, wo es doch um eine Verteidigung der Persönlichkeit geht«. Im Sommer 1973 (ein paar Monate nach der diplomatischen Anerkennung der DDR durch die französische Regierung) erschien eine Doppelnummer der französischen Monatszeitschrift *Europe*, die der Literatur und der Kunst aus der DDR gewidmet war. Die Auswahl der Texte erfolgte in Zusammenarbeit mit dem DDR-Schriftstellerverband. Unter den zwölf Prosa-Autoren ist Christa Wolf mit einem Porträt des Forschers Hans Stubbe vertreten.

Nach *Christa T.* verging fast ein Jahrzehnt, bevor ein neues Buch von Christa Wolf in Frankreich erschien. Aber in seinem Sammelband von Essays zur Gegenwartsliteratur *Littératures du dépaysement* (EFR, 1979) widmete der Germanist und Literaturkritiker Claude Prévost Christa Wolf, insbesondere dem Roman *Kindheitsmuster*, zwölf enthusiastische Seiten, obwohl dieses Buch erst acht Jahre später in französischer Übersetzung erscheinen konnte. Erst mit *Kein Ort. Nirgends* zeigte das französische Verlagswesen erneutes Interesse an der Autorin. Die Übersetzung von Alain Lance erschien im Herbst 1981 in der von Nicole Casanova geleiteten Reihe La bibliothèque allemande, wo außer Theodor Fontane, Walter Benjamin und Wolfgang Koeppen vor allem Gegenwartsautoren der neuen Generation von 1970/80 vorgestellt wurden: Werner Herzog, Hans Christoph Buch, Jürgen Theobaldy, Herbert Achternbusch, Bernward Vesper, Peter Schneider und nur zwei DDR-Autoren: Thomas Brasch, der übrigens bereits im Jahr 1976 in die Bundesrepublik übergesiedelt war, und Christa Wolf. Auf *Aucun lieu. Nulle part* reagierte die französische Literaturkritik sehr positiv, oft sogar begeistert. »Ein von Intelligenz und Scharfsinn hervorstechender Text« schrieb Patrick Thévenon in *L'Express*, und Gérard Cornillet urteilte in *Europe*: »Ein schönes Buch, eines von denen, die nicht in Vergessenheit geraten oder von Moderichtungen ausgewischt werden. Es zeigt, bei welcher Beherrschung der Sprache und des Stils und bei welchem ›Können an psychologischer Sezierung‹ diese große Romanschriftstellerin der DDR angelangt ist«.

Im Dezember 1982, als Nicole Bary, die damals eine Buchhandlung für deutsche Literatur führte, Christa Wolf zu einer Lesung nach Paris einlud, traf die Autorin Studenten und Professoren der Germanistik an der Universität Paris VIII. Am 17. Dezember hielt sie auch einen Vortrag im Pariser ITEM (Institut des textes et manuscrits modernes). Sie stellte dem Institut, das sich mit Textgenetik beschäftigt, 33 Entwürfe des Anfangs von *Kindheitsmuster* zur Verfügung. Eine Untersuchung dieser Entwürfe von Catherine Viollet erschien 1985 in Frankreich und 1990 im Band *Christa Wolf, Ein Arbeitsbuch* im Luchterhand Literaturverlag in deutscher Sprache. Louis Hay, der Gründer dieses Instituts, veröffentlichte 2002 beim Pariser Verlag José Corti unter dem Titel *La littérature des écrivains, questions de critique génétique* Essays, darunter ein besonderes Kapitel über die »33 Anfänge« von *Kindheitsmuster*.

Als *Kassandra* 1983 erschien, schrieb der elsässische Schriftsteller Alfred Kern für den Verlag Gallimard ein lobendes Gutachten (»Christa Wolf erreicht hier die hohe Kunst in der Tradition eines Hölderlin«) und empfahl das Buch zur Übersetzung. Leider blieb sein Rat erfolglos. Obwohl kurz danach andere bedeutende französische Verlage ihr Interesse für *Kassandra* geäußert hatten, bekam ein kleiner, aber anspruchsvoller neu gegründeter Verlag, Alinéa, die französische Lizenz, dessen deutsche Reihe Alain Lance anvertraut wurde. Christa Wolf befürwortete die Wahl eines kleinen und auf Qualität bedachten Verlagshauses, das sich persönlich für ihr Werk einsetzen wollte. Die Verlegerin Diane Kolnikoff bot Lance die Übersetzung des Buches an und verpflichtete sich, weitere Titel von Christa Wolf zu veröffentlichen. Sie hielt ihr Versprechen, indem sie in den folgenden Jahren außer *Kassandra* sechs weitere Titel veröffentlichte und *Kein Ort. Nirgends* neu auflegte. Während der knapp zehnjährigen Existenz dieses Verlages erschienen in seiner deutschen Reihe u. a. Bücher von Ernst Weiss, Franz Fühmann und Christoph Hein, *Das Mausoleum* von Hans Magnus Enzensberger und eine Neuauflage von Anna Seghers' *Transit*.

Für die Übersetzung von *Kassandra* (samt *Voraussetzungen*) war ein Stipendium beim Centre National du Livre (Nationales Zentrum für die Förderung von Buch und Literatur) bewilligt worden. In sechs Monaten, von der Lehrpflicht befreit, begann Alain Lance die regelmäßige Übersetzungszusammenarbeit mit seiner Frau Renate Lance-Otterbein, die eigentlich mit *Kein Ort. Nirgends* angefangen hatte. Seitdem haben sie gemeinsam zehn Bücher von Christa Wolf übersetzt. *Cassandre* erschien im März 1985. Genau in jenem Jahr stand das Werk auf dem Programm für die akademische Lehramtsprüfung der französischen Germanistik, der Agrégation, einem universitären Wettbewerb. Christa und Gerhard Wolf kamen Anfang des Frühjahrs nach Frankreich. Sie las in der Universität von Aix en Provence und dann im DDR-Kulturzentrum von Paris vor Hunderten von Zuhörern.

Cassandre wurde im französischen Feuilleton sehr gut besprochen. »Ein Buch, das Klugheit ausstrahlt« unterstrich Philippe Boyer in *Le Matin*. »Wunderbare, unvergessliche Kassandra« urteilte Claude Glayman in *La Quinzaine Littéraire* und Jean Guégan bezeugte in der Zeitschrift *L'Alphée*: »Sollte jemand dieses Jahr nur ein einziges Buch lesen, dann muss es *Cassandre* sein. Das sage ich ohne zu zögern.« Im Buchhandel wurde der Titel zu einem beachtlichen Verkaufserfolg für einen kleinen Verlag; schon zwei Jahre später war eine Neuauflage notwendig. Innerhalb von sechs Jahren wurden ca. 7.000 Exemplare verkauft.

Die französische Fassung von *Kassandra* wurde in zwei verschiedenen Bearbeitungen auf die Bühne gebracht: 1989 von Michèle Foucher in Colmar und 1995 von Michèle Fabien in Brüssel. Aber vor allem hat das Werk den Schweizer Komponisten Michael Jarrell dazu angeregt, eine beeindruckende »Sprechoper« zu komponieren, die im Februar 1994 im Pariser Musiktheater Châtelet uraufgeführt wurde. Peter Konwitschny inszenierte dieses »Monodrame musical«, das Ensemble Intercontemporain spielte die Musik und die Schauspielerin Marthe Keller trug den französischen Text vor. Einige Jahre nach diesem Erfolg wurde das Werk mehrmals in Paris wiederaufgeführt (2006 im Theater Ateliers Berthier mit Astrid Baas als Kassandra und 2011 in der Cité de la Musique mit Fanny Ardant).

Da Alain Lance von 1985 bis 1994 französische Kulturinstitute in der Bundesrepublik leitete – eine zeitraubende Beschäftigung –, vertraute er anderen Kolleg/innen die Übersetzungsarbeit an: Ghislain Riccardi für *Kindheitsmuster, Störfall* und *Was bleibt*; Yasmin Hoffmann, Maryvonne Litaize, Marie-Ange Roy und Lucien Haag für *Juninachmittag, Blickwechsel, Selbstversuch, Unter den Linden, Neue Lebensansichten eines Katers, Kleiner Ausflug nach H.* und *Sommerstück*. Alle Titel wurden bei Alinéa veröffentlicht und von der französischen Literaturkritik gut aufgenommen. In der katholischen Zeitung *La Croix* begrüßte Cella Minart beim Erscheinen von *Trame d'enfance* (*Kindheitsmuster*) »die große Christa Wolf« und betonte: »nur eine große, eine immense Autorin kann diesen Werdegang plastisch vermitteln, und von seiner Notwendigkeit überzeugen.« Und im Feuilleton von damals hohem Niveau des konservativen *Figaro* lobte der Kritiker Michel Nuridsany »eine außerordentlich freie und kluge Zusammenstellung von Fragmenten, die, indem sie zusammenpassen oder absichtlich auseinanderdriften, das komplexe Gewebe eines Lebens bilden«. 1987, im Erscheinungsjahr von *Trame d'enfance*, kam in *L'Oeil de la lettre*, einer Publikation der französischen Buchhändler, ein Panorama der deutschsprachigen Literatur in französischer Übersetzung heraus. Christa Wolf war unter den 20 von 300 vorgestellten Autoren, denen eine ganze Seite gewidmet wurde. Nach der friedlichen Revolution im Herbst 1989 wurden die letzten Titel bei Alinéa veröffentlicht: *Ce qui reste* (*Was bleibt*) und *Scènes d'été* (*Sommerstück*).

Die Kampagne einiger deutscher Feuilletonisten gegen Christa Wolf im Sommer 1990 stieß in Frankreich meist auf Unverständnis. Als *Le Monde* vom 3. August 1990 einen Bericht über die Polemik in Deutschland veröffentlichte, wendete sich der französische Schriftsteller Baptiste-Marrey empört an die Literaturredaktion der Zeitung: »So darf denn ein x-beliebiger Jemand einen der größten Autoren dieses Jahrhunderts anklagen [...]. Die in französischer Sprache verfügbaren Bücher von Christa Wolf habe ich fast alle gelesen. Das wundervolle *Kein Ort. Nirgends* oder die so komplexe, vielschichtige, tiefgehende *Kassandra*. Hat man seit 20 Jahren etwas Wahreres und Größeres über die Frau in den Mythen und in der Gesellschaft gelesen?« Jean-Michel Palmier, ein Kenner der deutschen Literatur und Philosophie, schrieb in *Libération*: »Es ist doch kaum zu fassen, dass man eine Person angreift, die wirklich mutig war.« Und in der *Quinzaine Littéraire* besprach einer der besten Schriftsteller der neuen Generation, François Bon, die Übersetzungen von *Was bleibt* und von *Sommerstück* mit Respekt und Bewunderung.

Darüber hinaus drückte sich im September 1990 in zahlreichen Initiativen die Sympathie der französischen Öffentlichkeit gegenüber Christa Wolf aus. Am 11. September wurde die Autorin vom Département Seine Saint Denis eingeladen. Im großen Saal der Stadtbibliothek von Pantin, einem Vorort von Paris, moderierte der Literaturkritiker Claude Prévost ein Gespräch mit Christa und Gerhard Wolf, dem zahlreiche bedeutende französische Autoren beiwohnten, um der Autorin ihre Solidarität zu beweisen. Am Tag danach wurde sie im Kulturministerium von Jack Lang mit dem Orden »Officier des Arts et Lettres« ausgezeichnet. In ihrer Dankesrede sagte sie: »Seit ich in Frankreich bin, habe ich so viel Entgegenkommen, Freundschaftlichkeit, Interesse und Solidarität erfahren, von Menschen, die mich nicht alle jetzt hören können, denen ich aber doch sagen möchte, daß mich diese Atmosphäre sehr bewegt hat« (Wolf 1990, 149).

Trotz einiger Bucherfolge musste Anfang der 1990er Jahre der Verlag Alinéa Konkurs anmelden. Das machte die Suche nach einer neuen Lösung für die französische Ausgabe der Werke Christa Wolfs notwendig. Es wurde eine Doppellösung gefunden: Die neuen Titel sollten bei Fayard erscheinen. Bei Editions Stock, in der Reihe La Bibliothèque cosmopolite, wurden die bei Alinéa veröffentlichten Titel neu aufgelegt. Der Verlag Fayard hat fünf neue Titel gebracht: *Auf dem Weg nach Tabou* (1996), *Hierzulande. Andernorts* (2000), *Medea* (2001), *Leibhaftig* (2003) und *Ein Tag im Jahr* (2006).

Mitte der 1990er Jahre konnten Alain Lance und Renate Lance-Otterbein die gemeinsame Übersetzungsarbeit wieder aufnehmen. *Medea* (1997) erfreute sich einer sehr guten Presseresonanz. Im Magazin *Options* schrieb Michel Besnier:

»Dem Genie Christa Wolfs gelingt es, das, was wir von Medea wussten, in eine offizielle Fassung zu verwandeln, der Medea zum Opfer gefallen ist und wir mit ihr. Das Buch erlangt eine wirklich universelle Dimension. Da wird das ewige Fremden-Problem dargestellt, das Problem des politischen Flüchtlings, seine Verletzlichkeit, seine komplexen Beziehungen sowohl zu seinen Gastgebern als auch zu seinen Leidensgenossen. [...] Christa Wolf zog aus Medeas Leiden die höchste Einsicht in die Beschaffenheit der Macht, die Beziehung zur individuellen und kollektiven Vergangenheit, die Beziehung zwischen den verschiedenen Kulturen und Menschen«.

In der Monatszeitschrift *Etudes* fand Guy Petitdemange das Buch »spannend, sehr intelligent. Wir wussten es und hier wird es wieder offenbar, dass Christa Wolf unter den Literaten aller Sprachen einer der größten Namen der zeitgenössischen Literatur ist.« Und Michèle Gazier, eine Romanschriftstellerin, die als Literaturkritikerin die Arbeit von Christa Wolf immer aufmerksam verfolgte, schrieb in *Télérama*: »Es auf eine Lesart als militante Feministin zu reduzieren, wäre jedoch Verrat an diesem schönen Buch. Die größten Texte stellen keine Thesen auf, sondern hinterfragen. Ein wunderbares Buch, dessen französische Übersetzung es uns ermöglicht, die Poesie, Finesse, Kraft und das gewisse Etwas, das Meisterwerke ausmacht, zu erfassen.«

Ein paar Jahre später, im Jahr 2000, als *Ici même, autre part*, die Übersetzung von *Hierzulande. Andernorts* bei Fayard erschien, kamen Christa und Gerhard Wolf wieder nach Paris, wo am 15. Mai die Performance *Medea* im Théâtre National de la Colline aufgeführt wurde. Christa Wolf las, Helge Leiberg improvisierte graphische Formen mit musikalischer Interpunktion von Lothar Fiedler und Tina Wrase.

Im Frühjahr 2003 erschien bei Fayard *Le Corps même* (*Leibhaftig*). Auch dieses Buch wurde vom Feuilleton gut aufgenommen: »Indem Singular und Plural miteinander verbunden werden, erreicht diese Erzählung in einem seltenen Grad das Universelle«, schrieb Françoise Delorme in *Le Passe-muraille*. Auch die Besprechungen von Christine Lecerf in *La Quinzaine littéraire*, von Pierre Deshusses in *Le Monde*, von Tiphaine Samoyault in *Les Inrockuptibles* waren besonders aufmerksam, feinfühlig und voller Bewunderung. Sie setzten sich deutlich ab von Jean-Paul Picaper, dem Korrespondenten des *Figaro* in Berlin, der im Februar 2002 nach der Veröffentlichung von *Leibhaftig* in Deutschland unter dem Titel »Christa Wolf prüft ihr Gewissen« Folgendes schrieb: »Vierzig Jahre ideologische Entziehung […] ist die Zeit, die Christa Wolf, 73, brauchte, um das Kapitel ostdeutsches kommunistisches Regime abzuschließen. Aber die umstrittenste Literatin des wiedervereinigten Deutschland pflegt das mentale Wiederkäuen, dieses deutsche Grübeln, das Zeit im Leben einnimmt […].«

Im Mai 2003 wurde Christa Wolf für zwei wichtige Veranstaltungen nach Paris eingeladen: erst im großen Auditorium der Nationalbibliothek und eine Woche später im Heinrich-Heine-Haus, wo Danièle Sallenave, Schriftstellerin und Mitglied der Französischen Akademie, die Lesung moderierte. Es war der letzte Aufenthalt Christa Wolfs in Frankreich. Späteren Einladungen (wie zum Beispiel als Ehrengast für die Eröffnungsrede der Assises Internationales du Roman in Lyon) konnte sie aus Zeit- oder Gesundheitsgründen nicht Folge leisten. Im Februar des gleichen Jahres 2003 fand die Uraufführung der Oper *Medea* von Michèle Reverdy an der Nationalen Oper von Lyon statt (Libretto von Kai Stefan Fritsch und Bernard Banoun nach *Medea. Stimmen*; Regie: Raoul Ruiz).

Als 2006 *Un jour dans l'année* (*Ein Tag im Jahr*, übersetzt von Alain Lance und Renate Lance-Otterbein) erschien, besprach der Dichter und Spezialist Pierre Garnier das Buch in *Les Lettres françaises* und bezeichnete Christa Wolf als »eine Zeugin von der Statur einer Anna Seghers oder eines Bertolt Brecht«. Nicht übergangen werden darf das Fazit der Besprechung von Christophe Kantcheff in der Wochenzeitung *Politis*. Da heißt es: »Im amerikanischen Exil sagte Thomas Mann: ›Wo ich bin, da ist Deutschland.‹ Wo Christa Wolf ist, da ist die Menschheit.« Im Französischen bedeutet das Wort »humanité« sowohl Menschheit als auch Menschlichkeit.

Im gleichen Jahr 2006 brachte der Verlag des femmes den Briefwechsel von Christa Wolf und Charlotte Wolff, *Ja, unsere Kreise berühren sich*, in der Übersetzung von Nicole Casanova heraus: *Oui, nos cercles se touchent. Correspondance avec Charlotte Wolff*. Außerdem hat der Verlag Stock das Übersetzerduo Lance und Lance-Otterbein gebeten, eine neue Übersetzung des *Geteilten Himmel* zu erstellen, die mit dem Titel *Le Ciel divisé* 2011 erschien. Als das lang erwartete Buch *Stadt der Engel* bei Suhrkamp herauskam, erwarb Le Seuil die französischen Rechte. *Ville des anges* erschien neun Monate nach dem Tod von Christa Wolf. 25 Besprechungen erschienen in Frankreich, Belgien, Luxemburg und der Schweiz, alle positiv, oft begeistert. »Ein wunderschöner Blumenstrauß auf dem Grab der DDR«, schrieb Bruno Frappat in der christlichen Tageszeitung *La Croix*. Für François Eychart in den *Lettres françaises* wirft das Buch »schonungslos Fragen auf. Das macht es unentbehrlich für alle, die die Welt verändern wollen.« Und bei Jean-Claude Lebrun in *L'Humanité* ist die Rede von »rücksichtsloser, spannender, aus dem Vollen geschöpfter Reflexion. […] Christa Wolf hört nie auf, zu stören.«

Im Laufe der fünf vergangenen Jahrzehnte genoss Christa Wolfs Werk in Frankreich zunehmende Aufmerksamkeit des literarischen Feuilletons, vorrangig in der linken Presse, aber nicht ausschließlich. Die Auflagenhöhen sind je nach Titel unterschiedlich und liegen durchschnittlich zwischen 2.000 und 6.000. Mit 12.000 verkauften Exemplaren ist *Cassandre* über die Jahre hin der größte Erfolg. Dank der deutsch-französischen Fernsehanstalt ARTE konnten die französischen Fernsehzuschauer zwei gute Dokumentarfilme sehen: vor allem *Ein Tag, ein Jahr, ein Leben* (2004), von Gabriele Conrad und Gabriele Denecke. Und 2011 hat Mazarine Pingeot ebenso für ARTE in ihrem Film über deutsche Autoren Christa Wolf zu Wort kommen lassen. Es war wohl eine ihrer letzten Aufnahmen. Nach dem Tod der Autorin sind, nach *Ville des anges*, drei weitere Titel von ihr in Frankreich erschienen: *August* (2014), *Mon nouveau siècle. Un Jour dans L'année 2001–2011* (2014) und *Lire, écrire, vivre* (2015), alle von Alain Lance und Renate Lance-Otterbein übersetzt.

Mehrere Radiosendungen des öffentlichen Kultursenders *France Culture* haben das Werk von Christa Wolf vorgestellt. Zweimal wurde die Sendung *Une vie, une oeuvre*, Christa Wolf gewidmet: 2000 eine Produktion von Lionel Richard und 2013 eine von Christine Lecerf. Im Jahr 2009 zum 80. Geburtstag von Christa Wolf erstellte Anne-Brigitte Kern eine Textauswahl sowie eine Hörspielbearbeitung von *Medea* ebenfalls für France-Culture.

Mehrere Zeitschriften der Germanistik (wie die *Cahiers d'Etudes Germaniques, Allemagne d'Aujourd-hui* oder *Germanica*) haben sich mit Christa Wolfs Werk beschäftigt. Für die letzten Jahre müssen die beiden Jahrbücher von 2009 und besonders von 2012 des von Nicole Bary herausgegebenen Jahrbuchs *Litterall* mit Beiträgen von Christa Wolf sowie deutschen und französischen Autoren erwähnt werden. Im April 2011 widmete die Monatszeitschrift *Europe* dem Werk Christa Wolfs mehr als 100 Seiten, darunter Texte der Autorin selbst sowie Text von zahlreichen französischen und deutschen Schriftstellern. Bereits 1997 bekam Christa Wolf gemeinsam mit den Übersetzern Alain Lance und Renate Lance-Otterbein den Preis für ausländische Literatur der Stadt Bordeaux, der »die Beförderung humanistischer Verbindungen zwischen den Völkern« würdigt.

Seit Mitte der 1980er Jahre haben sich in den französischen Universitäten mehrere Germanisten oder Komparatisten mit dem Werk von Christa Wolf beschäftigt. Ihre Bücher lieferten den Stoff zu zahlreichen Dissertation und Beiträgen in Kolloquien (vgl. Schnell 2003; Racine 2003; Pastor Rocha 2009). Martine Schnell, eine Germanistin aus Mülhausen, die über Christa Wolf promovierte, gibt viele Informationen zur französischen Rezeption der Autorin auf ihrer Webseite (www.les-cahiers-christa-wolf.overblog.com). Was aber zum Schluss hervorgehoben werden muss, ist das Interesse und die Bewunderung, die Christa Wolf und ihr Werk unter vielen französischen Autorinnen und Autoren genießt. Da sind Namen zu nennen wie Cécile Wajsbrot, Marie Goudot, François Bon, François Salvaing, Bernard Noël, Mazarine Pingeot, Michel Host, Dominique Dussidour, Annie Ernaux, Bernard Chambaz, Yves Boudier und andere. Auf die eine oder andere Art haben all diese Schriftsteller/innen das Werk rezipiert, besprochen und bekannt gemacht. Stellvertretend sollen zwei zitiert werden, zunächst die bereits erwähnte Danièle Sallenave: »Ich bewundere, ich liebe das Werk von Christa Wolf aus einem wesentlichen Grund, der sich in einem einfachen Satz ausdrücken lässt: weil sich bei ihr der Faden des Bewusstseins mit dem Faden des Schreibens überlagert.« Und schließlich soll der Romancier und Essayist Pierre Bergounioux zu Wort kommen:

»Obwohl [Christa Wolf] im Nationalsozialismus aufgewachsen ist, hat sie mit vollem Verstand und ganzem Herz ergründet, was der Sozialismus an Hoffnung beinhaltete. Und sie hat am eigenen Leib seine Unvereinbarkeit mit den Ansprüchen des Geistes, mit den Anforderungen an Genauigkeit und Echtheit von wahrer Literatur erfahren. Sie hat dem etwas hinzugefügt, was die Männer zugunsten der Frauen aufgegeben haben; Nachsicht und Großmut, einen scharfen Sinn für das Wirtschaften, für Einzelheiten, für Häuslichkeit, Gärten, Kinder und nicht zuletzt die feste Entschlossenheit, von der Faulkner sagte, dass ›daneben der spartanischste Mann auf immer ein jammerndes Kind bleiben werde‹.«

Literatur

Bergounioux, Pierre: ohne Titel. In: *Litterall,* Nr. 17, 2009, 11–17.
Besnier, Michel: Médée et Antigone, deux femmes modernes. In: *Options*, Nr. 337, November 1997, 27.
Bon, François: Une très étrange lumière. In: *La Quinzaine Littéraire*, Nr. 563, 1.10.1990, 9–10.
Boyer, Philippe: Captivante. Captive. In: *Le Matin*, 23.4.1985, 25.
Casanova, Nicole: Librairie du mois. Christa Wolf: Christa T. In: *Esprit*, Januar 1973, 245–247.
Cornillet, Gérard: Notes de lecture. Christa Wolf: Aucun lieu. Nulle part, traduit par Alain Lance. In: *Europe* Nr. 635, 1.3.1982, 250.
Delorme, Françoise: L'espoir de guérir de l'espoir In: *Le Passe-Muraille*, Nr. 57, Juni 2003, 9.
Deshusses, Pierre: La blessure libératrice de Christa Wolf; Dans une Allemagne de l'Est en bout de course, peu avant la chute du mur, l'auteur livre un récit qui mêle poésie et onirisme. Une auscultation, au plus profond, de ce qui fait la trame d'un individu enfin libéré de ses démons. In: *Le Monde*, 18.7.2003, 3.
Eychart, François: La vie entravée. Ville des anges est un des plus grands livres de Christa Wolf. In: *Les Lettres françaises*, Nr. 98, 8.11.2012, VII.
Frappat, Bruno: Le pays qui n'existait plus. Le testament d'une grande figure de vaincue que seule la littérature aura sauvée. In: *La Croix*, 9.1.2013, 14–15.
Garnier, Pierre: Quarante années de RDA. In: *Les Lettres Françaises*, Nr. 25, April 2006, 7.
Gazier, Michèle: Le mythe de la sorcière. In: *Télérama*, Nr. 2494, November1997, 42.
Glaymann, Claude: Christa Wolf: les prémices et le récit. In: *La Quinzaine littéraire*, Nr. 661, 1.1.1995, 22:
Guégan, Jean: Christa Wolf: Cassandre In: *l'Alphée, cahier de littérature*, Nr. 15, Oktober 1985, 104–106.
Hammer, Jean-Pierre: Le roman-parabole de Christa Wolf. In: *La Quinzaine littéraire*, Nr. 443, 1.7.1985, 12.
Hay, Louis: *La littérature des écrivains, questions de critique génétique*. Paris 2002.
Imatte, Emmanuel: Polémique autour de Christa Wolf. In: *Le Monde*, 3.8.1990.
Kantcheff, Christophe: Journal d'humanité. In: *Politis*, 16.2.2006, 23.
Lebrun, Jean-Claude: Christa Wolf. Ce qui reste. In: *L'Humanité*, 22.11.2012, 23.
Lecerf, Christine: Fin de partie. In: *La Quinzaine Littéraire*, Nr. 860, 1.9.2003, 10.

Minart, Cella: Christa Wolf, la grande. In: *La Croix*, 19.9.1987, 13.
Nuridsany, Michel: Christa Wolf: la vérité jusqu'au sang. In: *Le Figaro*, 19.10.1987.
Palmier, Jean-Michel: Les moustaches du lion. In: *Libération*, 20.9.1990.
Pastor Rocha, Silvia: *Le roman contemporain en Europe (José Saramago, Christa Wolf, Vassilis Alexakis)*. Université de la Sorbonne Nouvelle, Paris 2009.
Petitdemange, Guy: Christa Wolf – Médée. In: *Etudes*, Oktober 1997, 414.
Picaper, Jean: Christa Wolf fait son examen de conscience. In: *Le Figaro*, 28.2.2002, 2.
Racine, Romain: *Le mythe littéraire de Cassandre. Vingt apparitions de la prophétesse troyenne*. Université Paris Sorbonne 2003.
Sallenave, Danièle: Douleur et vérite. In: *Litterall*, Nr. 17, 2009, 31–32.
Samoyault, Tiphaine: Un été 80. In: *Les Inrockuptibles*, Nr. 390, Mai 2003, 76.
Schnell, Martine: *Lecture plurielle de l'œuvre de Christa Wolf*. Université de haute-Alsace 2003.
Tailleur, Jean: Christa Wolf, Jeune romancière de la R. D. A. Entretien. In: *Les Lettres françaises*, 8.10.1964.
Thévenon, Patrick: Amours de deux errants. In: *L'Express*, Nr. 1588, Dezember 1981, 67.
Venturini, Marcelle: Le ciel partagé. In: *Europe* Nr. 429/430, Januar/Februar 1965, 373 f.
Wurmser, André: Une saison sur la terre. In: *Les Lettres françaises*, 3.5.1972, 8.
Wolf, Christa: Dankrede zur Verleihung des Titels »Officier des Arts et Lettres«. In: *Neue deutsche Literatur* 38 (1990), 148–150.

Alain Lance

51.3 Rezeption in Polen

Im Mai 1955 wurde Christa Wolf vom Schriftstellerverband der DDR als Reisebegleiterin zweier polnischer Schriftsteller, Maria Dąbrowska und Mieczysław Jastrun, nach Weimar geschickt. Ein Jahr später erschien die Reiseskizze von Maria Dąbrowska, in der Christa Wolf als »junge, überaus einnehmende Person und eine hoffnungsvolle Literaturkritikerin« (Diersch/Orłowski 1983, 260) erwähnt wird. So beginnt die Rezeption Christa Wolfs in Polen. Die Person der Schriftstellerin und ihre Haltung gegenüber der DDR wird in Polen erneut nach 1989 im Kontext der Stasi-Debatte nach der Veröffentlichung von *Was bleibt* und *Stadt der Engel oder The Overcoat of Dr. Freud* zum Thema.

Die Rezeption Christa Wolfs wurde hauptsächlich von der polnischen Germanistik angeregt, die im Wesentlichen die medialen Ausführungen zum Werk und zur Person Christa Wolfs in den Fokus rückte. Herausgeber von Bibliographien, wie Angela Drescher und Henk de Wild, berücksichtigen auch die polnische Rezeption bis 1989 und darüber hinaus. Ein gesteigertes Interesse der polnischen Germanistik am Schaffen Christa Wolfs ist besonders in den 1970er und 1980er Jahren festzustellen, wobei die Rezeption ihres Werks stark mit der Posener Germanistik und Wydawnictwo Poznańskie (Posener Verlag) verbunden bleibt.

Der Erstling Christa Wolfs (*Moskauer Novelle*) wurde in Polen nicht übersetzt, sondern nur von Edyta Połczyńska in einer Novellen-Anthologie für Posener Germanistikstudenten nachgedruckt. Besondere Aufmerksamkeit schenkte man drei Werken: *Niebo podzielone/Der geteilte Himmel* (1966 u. 1980), *Rozmyślania nad Christą T./Nachdenken über Christa T.* (1974 u. 1986; mit einem einflussreichen Nachwort des Germanisten Hubert Orłowski) und *Wzorce dzieciństwa/Kindheitsmuster* (1981 im Warschauer Verlag Czytelnik ohne Vor- und Nachwort gedruckt). Über den *Geteilten Himmel* schreibt damals Jan Koprowski und kontrastiert die Symbolik des Himmels der Liebe mit der der Erde der Politik. Janusz Termer (in der Zeitschrift *Miesięcznik Literacki*, 1967) und Witold Nawrocki (in der Monatsschrift zu humanistischen Neuerscheinungen *Nowe Książki*, 1967) kritisieren einen eher einseitigen Schluss und eine künstliche Motivation des Handelns der Hauptfigur. Hubert Orłowski untersucht in seinem Nachwort Ähnlichkeiten zwischen den Hauptgestalten in *Der geteilte Himmel* und *Nachdenken über Christa T*. und resümiert zum zweiten Werk, dass die Autorin sich »eines zweisträngigen autothematischen Handlungsstrangs« bediene und »den unruhigen Menschen, den Menschen, der mit sich selbst kämpft« (Diersch/Orłowski 1983, 486 f.) akzeptiere. Folglich ist für Orłowski das Schreiben eine Art Therapie oder Autotherapie sowohl für die Figur als auch für die Erzählerin. Die Außenseiter-Gestalt Christa T. wird auch als authentischere Heldin in der DDR-Literatur von Zbigniew Światłowski gelobt (vgl. Światłowski 1979). Alle drei Werke rezipiert man in Polen als Ausdruck der Generationenerfahrungen zur Zeit des Faschismus und in der Aufbauphase des Sozialismus in der DDR.

1976 folgen dann im Verlag Wydawnictwo Poznańskie Erzählungen unter dem Titel *Kota Maksymiliana nowe poglądy na życie/Neue Lebensansichten eines Katers* in der Übersetzung u. a. von dem Posener Germanisten Stefan H. Kaszyński. Der Band enthält u. a. *Unter den Linden*, *Selbstversuch*, *Blickwechsel* und *Juninachmittag*. 1982 kommt im selben Verlag *Ni miejsca na ziemi/Kein Ort. Nirgends* heraus. In beiden Fällen werden die Zusammenhänge der Texte mit der deutschen Klassik und Romantik und ihrer Rezeption in der DDR für den polnischen Leser nicht erklärt. Hingegen werden in dieser Zeit (1978–1982) Bände zur Geschichte der DDR-Literatur in Posener und Warschauer Verlagen (Wydawnictwo Poznańskie, Czytelnik) herausgegeben, und zwar unter der wissenschaftlichen Leitung und eingeleitet von Hubert Orłowski: *Historie bez tytułu. Współczesna proza Niemieckiej Republiki Demokratycznej* (Geschichten ohne Titel. Gegenwartsprosa aus der DDR, Poznań 1978), *Antologia opowiadań pisarzy Niemieckiej Republiki Demokratycznej* (Anthologie der Erzählungen der DDR-Schriftsteller, Poznań 1980), *Eseistyka literacka Niemieckiej Republiki Demokratycznej* (Literarische Essayistik der DDR, Warszawa 1980), *Współczesna literatura NRD* (Gegenwartsliteratur aus der DDR, Poznań 1982). Diese Sammlungen waren speziell an polnische Leser gerichtet und berücksichtigten das Schaffen Christa Wolfs. 1983 gab Hubert Orłowski unter Mitarbeit von Manfred Diersch eine wichtige Auswahl polnischer Literaturkritik zur DDR-Literatur (darunter auch zum Werk Christa Wolfs) für den Mitteldeutschen Verlag Halle/Leipzig heraus.

Nachdem 24 Jahre lang kein Buch von Christa Wolf in einem polnischen Verlag erschienen war, kam 2006 bei Wydawnictwo Poznańskie *Aż do trzewi/Leibhaftig* heraus, in der Übersetzung von Sławomir Błaut, der die meisten Bücher Christa Wolfs sowie das Werk von Günter Grass in Polen übersetzte. Auch hier wurde allerdings die Möglichkeit versäumt, den polnischen Leser über Entstehung und Kontexte des Buches zu informieren (vgl. Szewczyk 2013, 132 f.). In der Zeit von 1973 bis 1995 erscheinen ca. 20 Übersetzungen von Auszügen aus folgenden Werken: *Selbstversuch* (1974), *Juninachmittag* (1974), *Nachdenken über Christa T.* (1974), *Till Eulenspiegel* (1974), *Neue Lebensansichten eines Katers* (1976, 1978), *Kindheitsmuster* (1977, 1979, 1991, 1995), *Lesen und Schreiben* (1980), *Blickwechsel* (1980), *Kassandra* (1984, 1985), *Störfall* (1987, 1989), *Kleiner Ausflug nach H.* (1989), *Was bleibt* (1991). *Kassandra* wurde 1985 in der Zeitschrift *Literatura na Świecie* (Nr. 4, 3–28) veröffentlicht und am 22. Januar 1991 im Warschauer Teatr Studio in der Übersetzung von Sławomir Błaut, in der Regie von Krzysztof Bukowski und Leszek Mądzik als »angewandte Avantgarde« (d. h. visuelle, plastische Theaterform) uraufgeführt. Neun positive Rezensionen erschienen in verschiedenen Theater- und Literaturzeitschriften. *Kassandra* wurde später nochmals als Theaterstück adaptiert: Am 21. September 2012 inszenierte Piotr Wojewódzki den Roman im Teatr na Bielanach (Warschau) für zwei Personen und war selbst einer der Akteure. Die Titelfigur wurde als warnende Frau auf mythischer und zeitgenössischer Ebene gezeigt.

Anlässlich ihres Besuches 2002 in Wrocław und Poznań führte Hubert Orłowski mit Christa Wolf ein Interview, das in *Orbis Linguarum* (auf deutsch 2002) und übersetzt in *Przegląd Zachodni* (der Zeitschrift des Westinstituts Poznań, 2003) veröffentlicht wurde. Die meisten Auszüge aus dem Werk Christa Wolfs erschienen in Literaturzeitschriften wie *Nurt*, *Literatura na Świecie*, *Odra*, *Kultura*, *Kamena* und der überregionalen Wochenzeitschrift *Polityka* sowie in Anthologien von DDR-Literatur, die von den Germanisten Wilhelm Szewczyk, Hubert Orłowski, Stefan H. Kaszyński und Czesław Karolak herausgegeben und mit einem Vorwort versehen wurden. Auch andere Übersetzungen stammten meist von Germanisten, die sich zum Teil auch wissenschaftlich mit Wolfs Texten befassten: Stefan H. Kaszyński, Halina Ludorowska, Leszek Żyliński und Maria Krysztofiak-Kaszyńska. Diese Aufzählung macht die starke Einbindung der Verlagstätigkeiten an den Germanistischen Instituten, hauptsächlich der Universität Poznań und der Universität Wrocław (wo sich vor allem Norbert Honsza engagierte) deutlich. Was gelesen und zum Teil wie gelesen wurde, bestimmten seit 1974 vor allem Wissenschaftler aus Poznań mit der Unterstützung des Posener Verlages Wydawnictwo Poznańskie.

Nach 1989 versuchte die polnische Germanistik, neben der politisch motivierten, eher in der Presse stattfindenden Bewertung von Person und Werk Christa Wolfs eine neue wissenschaftliche Beschäftigung mit ihrem Werk zu etablieren. Das Thema Heimat wurde aufgenommen und Christa Wolfs möglicherweise enge Verbindung zu ihrem Geburtsort Landsberg untersucht. Dazu zählen verschiedene Texte in polnischer und deutscher Sprache von Krystyna Kamińska, Mieczysław Miszkin, Paweł Wolski, Urszula Prymus, Ewa Hendryk, Gizela Kurpanik-Malinowska und Norbert Honsza. Ein zweiter Themenkreis betrifft Texte einer genderorientierten Forschung, als deren Protagonisten insbesondere Joanna Ławnikowska-Koper, Elżbieta Dzikowska und Jan Bekasiński zu erwähnen sind. Während nach 1989 nur fünf Rezensionen sowie das letzte, autorisierte Interview mit der Schriftstellerin (2002, mit Hubert Orłowski) erschienen, betrug die Anzahl der Forschungsbeiträge bis 2013 ca. 51 Artikel in polnischer

Sprache und 69 in deutscher Sprache (vgl. die Bibliographie von Michał Skop 2013).

Komparatistische Ansätze in polnischen literaturkritischen Studien über Christa Wolf (z. B. von Emilia Kledzik) entstehen erst seit zehn Jahren (vgl. Szewczyk 2013, 127). Insgesamt zeigt sich die polnische germanistische Forschung zu Christa Wolf relativ breit thematisch angelegt; außer den oben erwähnten Fragestellungen spielen die Themenkreise Mythos, Traum, moderne Welt, Politik, Umwelt, deutsche Romantik, Toleranz, kommunistische Ideologie und realer Sozialismus eine Rolle.

2010 entbrannte eine zweite journalistische Debatte um die politische Haltung und das Werk Christa Wolfs. Die Übersetzung eines ursprünglich deutschen Textes von Joachim Trenkner, ständiger Mitarbeiter der Zeitschrift *Tygodnik Powszechny*, unter dem Titel »Die Provokation in der *Stadt der Engel*. Eine unehrliche Beichte von Christa Wolf« präsentiert die Autorin als eine »angepasste ängstliche Opportunistin, die sich noch heute nach ›ihrem‹ DDR-Staat sehne, dessen Zusammenbruch beweine und ihre Fehler aus dem Bewusstsein verdränge« (Szewczyk 2013, 125), und der mit deutsch-deutschen Befindlichkeiten nicht vertraute Leser muss dies wohl so akzeptieren, wie es ihm dargeboten wird. Der Deutschlandkenner Adam Krzemiński, Publizist der Wochenzeitschrift *Polityka*, lobt hingegen das letzte Werk Christa Wolfs und hebt die polnischen Akzente im Leben und Werk Wolfs hervor. Zu dieser Debatte ist anzumerken, dass sich im Unterschied zur ersten von 1991/92 kein Wissenschaftler an ihr beteiligt hat (vgl. Norbert Honsza: *Kolaborantka Christa Wolf*/Die Kollaborantin Christa Wolf, 1992).

Seit 1992 sind auf dem polnischen Wissenschaftsmarkt vier Bücher in deutscher Sprache erschienen, die sich dem Werk Christa Wolfs widmen: 1992 die Monographie *Christa Wolfs Konzeption einer modernen Prosa* von Jan Bekasiński; im selben Jahr der Sammelband *Die unzumutbare Wahrheit. Zum Schaffen von Christa Wolf*, herausgegeben von Norbert Honsza mit Beiträgen von polnischen und deutschen Wissenschaftlern, und schließlich *Christa Wolf. Zur Rezeptionsgeschichte ihrer Werke* von Gizela Kurpanik-Malinowska (1992, zugl. Diss., Universität Wrocław; vgl. auch Monika Posor: *Die ethische und ästhetische Problematik in Christa Wolfs Prosa*. Diss., Universität Toruń 1975). 1996 publizierte Halina Ludorowska *Christa Wolf. Das Leben im Tagebuch* und 2013 erschien in polnischer Sprache eine weitere Monographie von Halina Ludorowska: *Näher der Vollendung. Das Spätwerk Christa Wolfs*. Ludorowska wendet sich in diesem Buch an polnische Leser und berücksichtigt dabei die eher bruchstückhafte Kenntnis des Werks in der polnischen Öffentlichkeit wie auch der Hintergründe der Pressekampagne gegen Person und Werk Christa Wolfs.

Seit dem Tod Christa Wolfs 2011 zeichnet sich in der Presse wieder ein neues Bild der Schriftstellerin ab. Große Zeitungen wie *Gazeta Wyborcza*, *Rzeczpospolita*, die Wochenzeitschrift *Uważam Rze* und regionale Blätter in Gorzów Wlkp. und Zielona Góra brachten Artikel zum Tod von Christa Wolf. Das neue Bild basiert auf einer Zusammenführung von unterschiedlichen Aspekten der polnischen wissenschaftlichen und journalistischen Rezeption. Man betont, dass Christa Wolf im heutigen Gorzów Wielkopolski geboren wurde und in der Stadt besonders verehrt wird. Sie sei eine der wichtigsten Repräsentantinnen der DDR-Literatur und habe sich kritisch über die Regierung geäußert, obgleich sie an das Fortbestehen einer reformierten DDR glaubte. Die Medien bemühen sich um ein ausgewogeneres Bild, beispielsweise in einem Artikel der *Gazeta Wyborcza* von Piotr Buras, einem Deutschland-Experten, der auch die wissenschaftliche Auseinandersetzung berücksichtigt.

Nach 2011 gibt es Tendenzen zu abschließenden Urteilen zum Gesamtwerk einschließlich des Spätwerks von Christa Wolf. Die polnischen Germanisten beteiligen sich auch an komparatistischen internationalen Sammelbänden, die auf einer Re-Lektüre fußen und die internationale Rezeption von Christa Wolf darlegen (vgl. Ludorowska 2014). Das jüngste Beispiel dafür liefert das wissenschaftliche Kolloquium aus Anlass des 85. Geburtstages von Christa Wolf, veranstaltet vom Institut für deutsche Literatur der HU Berlin und der Internationalen Christa-Wolf-Gesellschaft zusammen mit dem Internationalen Christa-Wolf-Zentrum für deutsche und polnische Gegenwartsliteratur und -kultur (Poznań/Gießen); zur polnischen Rezeption gab es einen Vortrag von Monika Wolting (2015).

2013 erschien unter der Herausgeberschaft von Joanna Ławnikowska-Koper ein Band unter dem Titel *Christa Wolfs Œuvre. Rückblick, Einblick, Ausblick*, der acht polnische wissenschaftliche Abhandlungen zu Werk, Person, Rezeption und Zeitgeschichte versammelt . Es zeigt sich, dass die politischen Ereignisse, die im Leben der Schriftstellerin im Rahmen einer »geschlossenen Gesellschaft« (Carsten Gansel) eine Bedeutung hatten, nun auch einen deutlichen Kontext bei der Erforschung ihres Werkes bilden.

Literatur
Dąbrowska, Maria: Die Begegnung in Weimar. [*Szkice z podróży*, Warszawa 1956]. In: Manfred Diersch u. Hubert Orłowski (Hg.): *Annäherung und Distanz. DDR-Literatur in der polnischen Literaturkritik*. Halle/Leipzig 1983, 259–274; übers. von Hans-Christian Trepte.
Diersch, Manfred/Orłowski, Hubert (Hg.): *Annäherung und Distanz. DDR-Literatur in der polnischen Literaturkritik*. Halle/Leipzig 1983.
Drescher, Angela (Hg.): *Christa Wolf. Ein Arbeitsbuch. Studien – Dokumente – Bibliographie*. Berlin/Weimar 1989.
Gansel, Carsten (Hg.): *Christa Wolf – Im Strom der Erinnerung*. Göttingen 2014.
Hörnigk, Therese/Gansel, Carsten (Hg.): *Zwischen Moskauer Novelle und Stadt der Engel. Neue Perspektiven auf das Lebenswerk von Christa Wolf*. Berlin 2015.
Honsza, Norbert (Hg.): *Die unzumutbare Wahrheit. Zum Schaffen von Christa Wolf*. Wrocław 1994.
Kledzik, Emilia: Wielkopolski Słownik Pisarek [Großpolnisches Schriftstellerinnenwörterbuch], Christa Wolf. www.pisarki.wikia.com/wiki/Wolf_Christa (14.11.2013).
Kurpanik-Malinowska, Gizela: *Christa Wolf. Zur Rezeptionsgeschichte ihrer Werke*. Katowice 1992.
Lasowy-Pudło, Magdalena: Recepcja twórczości Christy Wolf [Zur Rezeption des Schaffens von Christa Wolf]. In: Dies.: *Recepcja literatury NRD w Polsce w latach 1949–1990* [Rezeption der DDR-Literatur in Polen 1949–1990]. Wrocław 2010 (296–314, mit Teilbibliographie bis 1990; zugl. Diss. Universität Wrocław 2009).
Ludorowska, Halina: *Christa Wolf. Das Leben im Tagebuch*. Lublin 1996.
Ludorowska, Halina: *Adieu, NRD! Biografie pisarzy z perspektywy postenerdowskiej* [Adieu, DDR! Schriftstellerbiographien aus der Post-DDR-Perspektive]. Lublin 2009.
Ludorowska, Halina: *Bliżej pełni. Późna twórczość Christy Wolf (1990–2010)* [Näher der Vollendung. Christa Wolfs Spätwerk (1990–2010)]. Lublin 2013.
Ludorowska, Halina: Wendepunkte und Selbstvergewisserung in Christa Wolfs »Mit anderem Blick«. In: Carsten Gansel (Hg.): *Christa Wolf – Im Strom der Erinnerung*. Göttingen 2014, 185–196.
Ławnikowska-Koper, Joanna (Hg.): *Christa Wolfs Œuvre. Rückblick – Einblick – Ausblick*. Częstochowa 2013.
Orłowski, Hubert: Posłowie [Nachwort]. In: Christa Wolf: *Rozmyślania nad Christą T.* [Nachdenken über Christa T.], übers. von Teresa Jętkiewicz. Poznań 1974, 149–154.
Orłowski, Hubert: Christa Wolf im Gespräch mit Hubert Orłowski (Wrocław 3.10.2002). In: *Orbis Linguarum* 2002, Nr. 21, 21–39.
Posor, Monika: Die Rezeption Christa Wolfs in Polen. *Acta Universitatis Lodzensis*, Serie 1 54 (1980), 191–197 [erfasst den Stand bis 1975].
Semka, Piotr: *Ostatnia obywatelka NRD* [Die letzte Staatsbürgerin der DDR]. In: *Uważam Rze* 47 (2011), 69–71.
Skop, Michał: Bibliografie zur Rezeption von Christa Wolfs Werken in Polen (1989–2012). In: Joanna Ławnikowska-Koper (Hg.): *Christa Wolfs Œuvre. Rückblick – Einblick – Ausblick*. Częstochowa 2013, 165–188.
Światłowski, Zbigniew: Moralność i historia. Proza Christy Wolf [Die Moral und Geschichte. Prosa Christa Wolfs]. In: *Miesięcznik Literacki* 10 (1979), 63–69.
Światłowski, Zbigniew: Christa Wolfs Umgang mit Kulturtraditionen. Aspekte ihres literarischen Schaffens. *Weimarer Beiträge* 36 (1990), H. 1, 158–172.
Szewczyk, Grażyna Barbara: Christa Wolf im Spiegel der polnischen Presse nach 1989. Zur polnischen Übersetzung der Erzählung »Leibhaftig«. In: Joanna Ławnikowska-Koper (Hg.): *Christa Wolfs Œuvre Rückblick – Einblick – Ausblick*. Częstochowa 2013, 123–135.
Wolting, Monika: »Zukunft? Das ist das gründlich Andere« – Zu Aspekten der Rezeptionsgeschichte von Christa Wolf in Polen. In: Therese Hörnigk u. Carsten Gansel (Hg.): *Zwischen Moskauer Novelle und Stadt der Engel. Neue Perspektiven auf das Lebenswerk von Christa Wolf*. Berlin 2015, 151–170.
Wild, Henk de: *Bibliographie der Sekundärliteratur zu Christa Wolf*. Frankfurt a. M. u. a. 1995.
Żyliński, Leszek: Was blieb vom ersten Literaturstreit im vereinten Deutschland? In: Grzegorz Jaśkiewicz u. Jan Wolski (Hg.): *Literatura lekturą i doświadczeniem próbowana, czyli Zbigniewa Światłowskiego germanistyka promotejska*. Rzeszów 2013, 235–251.

Halina Ludorowska

51.4 Rezeption in den USA

Christa Wolf ist in der Rezeptionsgeschichte deutschsprachiger Literatur in den USA ein außergewöhnlicher und gleichzeitig exemplarischer Fall. Unter den Schriftsteller/innen, die nach 1945 hervortraten, erreichte sie bei weitem die größte Sichtbarkeit im englischsprachigen Raum. Auch bei ihr lässt sich die US-Rezeption nicht so leicht abgrenzen von einer generell anglo-amerikanischen. Außerdem ist in der literaturwissenschaftlichen Forschung keine eindeutige Abgrenzung zur deutschen Germanistik möglich.

Rezeption in der US-Öffentlichkeit

Die meisten Leser/innen der USA lassen sich nur durch Übersetzungen erreichen und nur die werden – wenn überhaupt – in den einflussreichen Medien besprochen; diese öffentliche Rezeption ist im weiteren gemeint, denn Verkaufszahlen liegen nicht vor. Farrar, Straus & Giroux, Christa Wolfs Hauptverlag in den USA und einer der wenigen großen Verlage, die überhaupt deutschsprachige Literatur in Übersetzung herausbringen, gibt keine Auskünfte darüber, außer dass *Kassandra* Wolfs meistverkauftes Buch ist. Auf den US-amerikanischen Bestsellerlisten finden sich selten Übersetzungen; darin liegt die erste und wohl größte

Hürde für die Rezeption deutschsprachiger Autor/innen: Nur ein sehr geringer Prozentsatz der Jahresproduktion ausländischer Bücher werden übersetzt und in den USA veröffentlicht (zwischen 2 und 3 Prozent; vgl. Venuti 2002, 12 f.). Im Verhältnis zu anderen Sprachen – außer Spanisch – ist der deutsche Anteil sogar relativ groß (vgl. Bruckner 1983). Für diese etwas bessere Stellung lassen sich viele Gründe anführen, so u. a. die Bemühungen deutscher, österreichischer und schweizerischer Kulturinstitutionen. Letztlich aber ist die Resonanz deutschsprachiger Literatur in den USA gering.

Vor diesem Hintergrund ist die starke Rezeption von Christa Wolf bemerkenswert. Fast alles von ihr (außer *Sommerstück* sowie einigen Reden und Essays) wurde ins Englische übersetzt, manchmal in akademischen Zeitschriften, bei Universitätsverlagen oder in kleineren Häusern, meist aber bei dem angesehenen Verlag Farrar, Straus & Giroux, der auch dafür sorgte, dass bei ihm erschienene Bücher Wolfs von den relevanten Zeitungen und Zeitschriften wahrgenommen wurden, so u. a. von der einflussreichen *New York Times* und dem *Book Review* der Sonntagsbeilage, dem *New York Review of Books,* sowie von Zeitschriften wie The *Nation, The New Yorker,* und *Women's Review of Books.* Dazu kamen das *Times Literary Supplement* oder der *Guardian*, britische Zeitschriften, die manche US-amerikanischen Leser/innen ebenfalls konsultieren. Unter den Schriftstellern nach 1945 fanden nur Heinrich Böll und Günter Grass eine annähernd starke Resonanz. Doch Christa Wolf besaß mit ihren Texten und ihrer Biographie jene Deutschland und seine komplexe Zeitgeschichte repräsentierende Brisanz und eine weibliche Perspektive, die ihr noch größere Aufmerksamkeit einbrachten. US-amerikanische Feminist/innen hoben sie auf ihr Banner und Schriftstellerinnen wie Mary Gordon und Marilyn French schrieben positive Rezensionen. Die Aktivistin und Autorin Grace Paley wurde zur Freundin, führte ein Interview mit Christa Wolf und schrieb ein enthusiastisches Vorwort für *The Author's Dimension* (1993). Außerdem verfasste die kanadische Schriftstellerin Margaret Atwood ein Vorwort für *Medea. A Modern Retelling* (1998).

Christa Wolf wurde sehr früh für englischsprachige Leser/innen zugänglich. *Der geteilte Himmel* erschien schon 1965 als *Divided Heaven* in der Übersetzung von Joan Becker, allerdings bei dem Ost-Berliner Verlag Seven Seas, der Literatur aus der DDR im englischsprachigen Ausland verbreiten sollte. Nur *The Nation* (13.2.1967) brachte eine Kritik, die von einem »müden Traditionalismus« in Stil und Struktur sprach. Die Auslassungen und Änderungen der Übersetzung, die die subtileren Aspekte der Erzählung verschliffen, waren wohl mitbestimmend für diesen negativen Eindruck. Trotzdem wurde das Buch von Adler's Foreign Books in New York übernommen, in den folgenden Jahren wiederholt aufgelegt und 1976 von dem US-amerikanischen Germanisten Jack Zipes mit einer Einleitung und Bibliographie versehen. Noch heute ist *Der geteilte Himmel,* auf Deutsch und Englisch, das in US-Bibliotheken meistvertretene Buch von Christa Wolf. Der Text entwickelte sich zur Schul- und College-Lektüre, in der man Auskunft über die Verhältnisse im östlichen Deutschland suchte (s. Kap. IV.49). Die 1969 beginnende Détente hatte das Interesse an Stimmen von der anderen Seite des Eisernen Vorhangs geweckt (vgl. Mitgang 1978).

Mit *Nachdenken über Christa T.* gewann die öffentliche Rezeption von Christa Wolf dann ihre Eigendynamik. *The Quest for Christa T.* (übers. v. Christopher Middleton) erschien 1970 als erstes von Wolfs Büchern bei Farrar, Straus & Giroux und machte Wolf in breiteren Kreisen bekannt. Man sah sie nun als Schriftstellerin, die auf literarisch anspruchsvolle Weise menschliche und insbesondere weibliche Bestrebungen ansprach, die sich keineswegs auf die DDR beschränkten, deren Artikulation da aber auf massive Vorbehalte stieß. Bereits mehr als ein Jahr vorher hatte die *New York Times* auf das Buch und dessen Schwierigkeiten in der DDR aufmerksam gemacht und auf den Wunsch der Hauptfigur, »ein ganzer Mensch« zu werden hingewiesen (»East Germans Denounce Novel on Woman's Travail«, 3.6.1969, 40). Auch die Rezensenten der Übersetzung betonten die breite Relevanz des, wie sie meinten, »gänzlich apolitischen« Buches und lobten seine ästhetischen Qualitäten, seine »leise Brillanz«, die König Ulbricht nicht dulden konnte (vgl. Pawel 1971). Wolfs Sonderstellung zeichnete sich ab. Man reklamierte sie nicht als Dissidentin, sondern als Schriftstellerin, die Phantasie zeigte und forderte. Ihre Utopie eines besseren Lebens, die einer weiblichen Perspektive entsprang und mit einer subjektiv-suchenden, nachdenklichen Erzählhaltung verbunden war, sprach viele Leser/innen an.

Von nun an erschienen fast alle Bücher Wolfs in den USA, eine autorisierte Auswahl der Aufsätze und Essays allerdings erst 1993. Schlüsselinterpretationen der politischen Dimension ihrer Werke interessierten in den USA nicht. Meist waren die Rezensionen von Sympathie getragen, wobei formale und allgemein menschliche Aspekte betont wurden (vgl. Fries 1992, 172 f.). Am wenigsten Resonanz fand *Leibhaftig* (*In the Flesh,* 2005, übers. v. John S. Barrett). Auch mit *Kein Ort. Nirgends* (*No Place on Earth,* 1982, übers. v. Jan van Heurck) wussten manche Kritiker/innen wenig anzufangen. Am positivsten besprochen wurden *Kindheitsmuster* (*A Model Childhood,* 1980, übers. v. Ursula Molinaro, *Patterns of Childhood,* 1984, übers. v. Hedwig Rappolt), das als Aufarbeitung einer Nazikindheit gelesen wurde, und *Störfall. Nachrichten eines Tages* (*Accident. A Day's News,* 1989, übers. v. Jan van Heurck), wo die ökologische Perspektive zusammen mit Wolfs Sprache auf positiven Widerhall stieß.

Bei *Kassandra* (*Cassandra. A Novel and Four Essays,* 1984, übers. v. Jan van Heurck) gab es in der *New York Times* zwei Rezensionen: Eine positive von Christopher Lehmann-Haupt, die die fiktionalen und essayistischen Aspekte des Buches herausstellte (*NYT,* 31.7.1984), und eine vernichtende, in der die Altphilologin Mary Lefkowitz Wolf willkürlich selektive Forschung und Verfälschung der Antike vorwarf (*NYT Book Review,* 9.9.1984, 20). In dieser Kontroverse gab es viele entrüstete Leserstimmen zu Lefkowitz, von denen die *New York Times* aber nur eine abdruckte (*NYT Book Review* 7.10.1984, 43). Eine einfühlsame feministische Kritik erschien im *Women's Review of Books* (Trojan Woman, II/3 (1984), 13 f.). Sie stammte von der seit ihrem Roman *The Women's Room* (1977) berühmten US-Autorin Marilyn French, die schon *No Place on Earth* verständnisvoller gelesen hatte als andere; sie nannte und lobte auch die bisher erschienenen Bücher Wolfs. Diese Rezension markiert einen Höhepunkt der positiven Aufnahme Wolfs in der feministischen Öffentlichkeit der USA. *Medea. Stimmen* (*Medea. A Modern Retelling,* 1998, übers. v. John Cullen) erregte erneut die Gemüter, wurde aber insgesamt weniger gut aufgenommen, trotz des Vorworts von Margaret Atwood, für das vermutlich die Verlegerin, diesmal Nan A. Talese bei Doubleday, mitverantwortlich war. Wolfs Umgang mit antiken Mythen blieb umstritten.

Die Angriffe im sog. Literaturstreit (s. Kap. II.H.40; vgl. Anz 1991) und Wolfs Stasimitarbeit wurden in den US durchaus wahrgenommen, aber mit der Distanz der Außenstehenden. Man sah Wolf nun zwar wieder mehr im Kontext deutscher Probleme und Entwicklungen, was die Autorin und ihre letzten Werke aber neuerlich interessant machte. Doch trotz oder gerade wegen ihrer ›blind spots‹ begegnete man Wolf bei aller Kritik – wie z. B. in einem für das *New York Review of Books* charakteristischen Überblicksartikel von Ian Buruma (1990) – ohne die Parteilichkeit und gelegentliche Böswilligkeit, mit denen sie nach der Vereinigung in Deutschland konfrontiert wurde. Für 1992/93 lud man sie zum vierten Mal in die USA ein, diesmal nicht an eine Universität, sondern an das Getty Center for the Arts and Humanities in Santa Monica bei Los Angeles, wo sie ein Jahr in äußerer Ruhe verbringen konnte.

Zur selben Zeit erschienen das Buch *Was bleibt* zusammen mit anderen Erzählungen in *What Remains and Other Stories* (1993) und die von Alexander Stephan herausgegebene Sammlung *The Author's Dimension: Selected Essays.* Die zeitliche Distanz und die Einbettung von *Was bleibt* in andere Texte Wolfs förderten eine unpolemische Lesart des in Deutschland so umstrittenen Texts. Beide Bücher wurden auf der Titelseite des *Book Review* der *New York Times* von dem Germanisten Peter Demetz und von dem Journalismusprofessor Todd Gitlin ausführlich besprochen. Sie sind keineswegs unkritisch, behandeln aber die Autorin und die vorliegenden Texte mit Respekt. Demetz teilte weder die sozialistischen Träume Wolfs noch die Begeisterung vieler akademischen Kolleg/innen, beurteilte aber einzelne Texte positiv und fand auch manche der nach dem Fall der Mauer entstandenen Reden und Essays »erstaunlich treffend in ihrer Analyse der politischen Situation« (Demetz 1993, 19). Todd Gitlin wiederum hielt die fiktionalen Texte für besser als die politischen (vgl. Gitlin 1993, 27).

Anlässlich von Christa Wolfs Tod im Dezember 2011 gab es in den USA gehaltvolle Nachrufe. Wenn dabei auch kleine Fehler unterliefen, z. B. beim Todestag oder dem Geburtsort, die schnell korrigiert wurden, so erwiesen sich die Autor/innen durchaus als Kenner der deutschen Verhältnisse und der Stellung Christa Wolfs (z. B. Sally McGrane im *New Yorker,* 13.12.2011). Es ging ihnen darum, für US-amerikanische Leser/innen die Bedeutung der Autorin als wichtige oder wichtigste, letztlich gesamtdeutsche Schriftstellerin zu umreißen. Ihre autobiographisch gefärbten, postmodernen Texte behandelten Themen, die viele weit über Deutschland hinaus interessierten und berührten, u. a. weil sie exemplarischen deutschen Erfahrungen der letzten, so einschneidenden 1980er Jahre entsprängen und vor allem weil sie eine weibliche Perspektive einnähmen. Wolfs problematische Zeitzeugenschaft und ihr literarischer Umgang damit wurden hervorgehoben. Ihre kurzfristige Stasimitarbeit und ihre politische Ambivalenz zwischen Dissidenz und Treue zur DDR kamen zur Sprache, man hielt sich jedoch mit Urteilen zurück. Generell sah man Christa Wolf mit mehr Sympathie als die deutschen Medien anlässlich ihres Todes (vgl. Klocke 2014).

Die Veröffentlichungen und Besprechungen von Christa Wolfs Werken in den USA hörten mit ihrem Tod nicht auf. *Die Stadt der Engel* erschien 2013 als *City of Angels or The Overcoat of Dr. Freud* (übers. v. Damio Searls). Im selben Jahr brachte man in Kanada auch eine lange überfällige Neu-Übersetzung von *Der geteilte Himmel* unter dem Titel *They Divided the Sky* heraus. Aber nur für *City of Angels* liegen größere Rezensionen vor, so von Todd Gitlin, in der *New Republic* (7.3.2013) und von Joshua Hammer im *Book Review* der *New York Times* (22.2.2013). »Dissidentin oder Informantin? Das trübe Gedächtnis von Christa Wolf« ist zwar der provokante Titel Gitlins, beide Rezensenten präsentieren dieses Spätwerk aber als subtil und fesselnd.

Das Ansehen und die Aufmerksamkeit, die Wolf selbst nach den westdeutschen Angriffen auf sie in den USA genoss, mag geholfen haben, dass man ihr auch in Deutschland mit mehr Gelassenheit zu begegnen begann (Fries 1992, 174; Summers 2012, 183 f.), obwohl anlässlich ihres Todes noch einmal Polemik durchbrach. Schon die DDR konnte das, was man ›soft power‹ nennt, nicht übersehen, ebenso wenig wie die neue Bundesrepublik Wolfs Erfolge in den USA außer Acht ließ. Die transatlantische ›Übersetzung‹ hatte eine andere Autorfunktion für Wolf geschaffen, die die Kontexte im Land der Rezeption reflektierte und das Individuelle und Ästhetische gegenüber dem Politischen hervorhob (vgl. Summers 2012). Die politisch-moralischen Ansprüche und Erwartungen, die man im geteilten und vereinten Deutschland an die Autorin stellte, waren deshalb nicht relevant. Das Besondere von Wolfs politischer Stellung und die Debatten um ihre Rezeption und Rolle nach der Vereinigung in Deutschland machten sie andererseits aber zusätzlich interessant in einem Land, in dem die Produzent/innen von *belles lettres* selten eine politische Rolle spielen oder spielen wollen. Zu Beginn und vor allem gegen Ende ihrer schriftstellerischen Laufbahn sah man in Wolf neben ihrer künstlerischen Leistung auch die immer wieder scheiternden Versuche einer Frau und Autorin, sich schreibend an der Geschichte ihres Landes und an Geschichte überhaupt zu beteiligen.

Rezeption in der Forschung

Entscheidend für die akademische Rezeption, die den Kanon bestimmt und verändert, war eine äußerst intensive, gelegentlich begeisterte Beschäftigung mit Christa Wolf. Im universitären Bereich sind Übersetzungen nur für die Lehre in englischsprachigen Seminaren mit breiter interkultureller Thematik relevant und für Lehrende, die selbst sonst nicht verfügbare Texte übersetzten. Einen Anfang machten Jeanette Clausen (Übersetzung), Helen Fehervary und Sara Lennox (Introdction) mit der für Feminist/innen so wichtigen Erzählung *Selbstversuch* (*Self-Experiment: Appendix to a Report*) in *New German Critique* (1978, Nr. 3, 109–131), der führenden, links stehenden US-Zeitschrift für deutsche Kultur im 20. und 21. Jahrhundert. Diese Veröffentlichung ist exemplarisch für die Vernetzung von Feminismus und DDR-Studien in der US-amerikanischen Germanistik, in der Christa Wolf ›groß‹ wurde (vgl. u. a. Fries 1992; Bathrick 1990; Bammer 1990).

Zusammen mit dem von Peter Uwe Hohendahl und Patricia Herminghouse herausgegebenen Band *Literatur und Literaturtheorie in der DDR*, machte *New German Critique* mit seiner zweiten – der DDR – gewidmeten Nummer den Anfang für eine bald »beachtliche DDR Forschung« in den USA (Scheitler 2003, 91). Sie sprach eine neue Generation von Lehrenden an und leitete einen Paradigmenwechsel ein. Aus der Distanz der USA war es leichter, den Alleinvertretungsanspruch der BRD zur Seite zu schieben und die DDR als eigenständiges Land zu studieren, das ebenfalls deutsche Gegenwartskultur vertrat. Man las die in der DDR entstehende Literatur als Neuentdeckung, die im historischen, sozio-ökonomischen und politischen Kontext des Landes zu verstehen war und daher inter- und multidisziplinäre Herangehensweisen erforderte, die in der damaligen Germanistik der USA selten waren.

Seit den 1970er Jahren gab es eigens der DDR gewidmete Konferenzen und Organe wie das New Hampshire Symposium und seine Tagungsbände, *Studies in GDR Culture and Society*, und das *GDR Bulletin*. Die DDR-Studien flossen aber auch in die Bemühungen der 1983 gegründeten German Studies Association ein, die allgemein interdisziplinäre Herangehensweisen und breit konzipierte *German Studies* fördertern. Bis zu einem gewissen Grad übernahm man also Perspektiven, die die DDR-Forschung von Anfang an verwendet hatte, gab aber deren enge sozialgeschichtliche Kontextualisierung auf und wendete viele unterschiedliche Diskurse und Methoden an, u. a. die des Feminismus, der kulturellen Anthropologie, des Postkolonialismus und des New Historicism. In diesen breiten Zusammenhängen sahen US-amerikanische Forscher/innen wie Patricia Herminghouse auch nach dem Ende der DDR Möglichkeiten, das Land, seine Geschichte und vor allem die Literatur weiterzustudieren und dabei selbstkritisch eigene Fehleinschätzungen zu korrigieren, wie z. B. die Projektion persönlicher und sozialer Hoffnungen auf die DDR (u. a. Herminghouse 1993; Fries 1992).

Noch ehe sich die DDR Forschung an US-Universitäten einen, wenn auch kleinen, Platz erringen konnte, hatten feministische Studien begonnen, sich auf breiterer Ebene zu etablieren. In diesen Zusammenhängen entdeckten Germanist/innen die neuen Autorinnen der DDR. Women in German, ihr 1974 gegründeter Verband, lud DDR-Autorinnen wie Irmtraud Morgner, Helga Schütz und Helga Königsdorf zu seinen jährlichen Tagungen ein. Im eigenen Selbstverständnis waren die Autorinnen der DDR, auch Wolf, zwar noch lange keine Feministinnen, weil sie sich im Sozialismus aufgehoben sahen und keine feministische Theorie zu entwickeln brauchten. Aus US-amerikanischer Perspektive hatten sie es aber praktisch viel weiter gebracht als Frauen im Westen, was Gleichberechtigung und weibliches Selbstbewusstsein betraf, und vertraten von dieser Warte aus, oft mit Phantasie und Humor, größere Ansprüche an ihre Gesellschaft.

Christa Wolf wurde zuerst in diesen Kontexten rezipiert, nahm aber schnell eine Sonderstellung ein, nicht nur weil sie eine der Ersten war und Erfolg in Ost wie West hatte, sondern weil sie ›Frauenthemen‹ wie die Ungleichheit der Geschlechter mit einer grundsätzlichen Kritik am orthodoxen Marxismus und seiner Instrumentalisierung des Menschen verband. Damit stand sie in der Tradition Blochs (vgl. Huyssen 1975). Für marxistisch orientierte Feministinnen verkörperte etwa *Selbstversuch* eine produktive Verbindung zwischen utopischem Marxismus, kritischer Theorie und gelebter weiblicher Erfahrung (vgl. Lennox/Fehervary 1978). Sie vertraten die Ansicht, dass Wolf die patriarchalischen Ursprünge und Aspekte des orthodoxen Marxismus durch ihr Erzählen konkretisierte und einen ›dritten Weg‹ andeutete, der sowohl dem ›Ich‹ des bürgerlichen Feminismus als dem ›Wir‹ einer historischen Gemeinschaft gerecht wurde.

Ähnliches galt auch für die »kulturellen Feministinnen«, wie man die große Gruppe genannt hat (Bammer 1990, 20), die von den 1970er bis in die 1980er Jahre die US-amerikanischen Diskurse bestimmten. Bald nach Huyssens Analyse von *Nachdenken über Christa T.* schrieb Myra Love aus dieser Perspektive über dasselbe bahnbrechende Buch Wolfs: Man dürfe es nicht nur im sozialen und philosophischen Kontext der DDR lesen, sondern müsse es auch in dem des Patriarchats sehen. In Form und Narration zeige *Christa T.*, was die radikale US-Feministin Mary Daly »revolutionary participation« der Frau an der Geschichte nenne (Love 1979).

Anna Kuhns *Christa Wolf's Utopian Vision. From Marxism to Feminism* (1988), eines der ersten englischsprachigen Bücher zu Christa Wolf, brachte die De- und Re-Kontextualisierung der Autorin auf den Punkt, indem sie die bis dahin erschienenen Werke als eine Entwicklung las, in deren Verlauf die DDR-Zusammenhänge in den Hintergrund und die feministischen in den Vordergrund traten. »Kultureller Feminismus« basiert auf der Annahme, dass sich Frauen auf irgendeine grundlegende Weise von Männern unterscheiden, ein Unterschied, der in erster Linie kulturgeschichtlich und nicht biologisch bestimmt ist. Christa Wolfs Texte – neben *Selbstversuch* insbesondere *Kassandra* und *Nachdenken über Christa T.* – wurden nun vielfach als ›Identifikationsliteratur‹ gelesen, d. h. eine Literatur, die besser und tiefschürfender artikulierte, was man als Frau bereits fühlte und erfahren hatte. Christa Wolfs grundsätzliche, schon im Ansatz zivilisationskritische Frage, ob Frauen mit ihrem ›Eintritt in die Geschichte‹ genau so weitermachen wollten wie die Männer bisher, fand hier ein breites Echo.

Anna Kuhn war es auch, die nach den Angriffen auf Christa Wolf in einem Brief an die Autorin den Satz wiederholte, den Helga Königsdorf 1990 bei ihrem Besuch auf der Women in German-Tagung geäußert hatte: »Eine Königin köpfen ist einfacher als einen König köpfen« (Kuhn 1989). Christa Wolf war in den Kreisen der US-amerikanischen German Studies tatsächlich eine Art Königin geworden, deren ›Köpfung‹ in Westdeutschland US-amerikanische Dozent/innen zu dem ungewöhnlichen Schritt eines Protestbriefes an *Die Zeit* (3.8.1990) veranlasste, der u. a. die Selbstgerechtigkeit der westdeutschen männlichen Kritik in den Mittelpunkt der Auseinandersetzung stellte. Er signalisierte außerdem transatlantische Unterschiede in der Sicht auf eine Autorin, bei deren Einschätzung und Interpretation man bislang zusammengearbeitet hatte. So stammte z. B. die erste kleine Monographie über Wolf von Alexander Stephan, einem in den US lehrenden Wissenschaftler. Sie erschien jedoch bei C. H. Beck in München in deutscher Sprache, wo sie zwischen 1976 und 1991 immer wieder überarbeitet und neu aufgelegt wurde und in US-Bibliotheken das meistverbreitete Buch über Christa Wolf ist. Das Engagement für sie und ihr Werk war unter US-amerikanischen Akademiker/innen allerdings fast immer ein persönlicheres und Wolf bediente dieses Bedürfnis für

Wissenschaftler/innen, die sich in den späteren 1970er Jahren zu etablieren suchten und neue Wege gehen wollten.

So stieg in den späten 1970er und in den 1980er Jahren die Beschäftigung mit Christa Wolf unter US-amerikanischen Forscher/innen rapide an. Neben unterschiedlichen feministischen Interpretationen wurden verschiedenste methodische und thematische Ansätze entwickelt (vgl. u. a. *Responses to Christa Wolf*), z. B. literaturpsychologische, ökologische und solche, die die Sprachproblematik bei Wolf, ihre Beziehung zur antiken Literatur oder zu Autorinnen wie Seghers, Bachmann und Woolf oder auch ihre Rezeption der deutschen Romantik untersuchten. Was im akademischen Bereich weniger interessierte, waren politische Analysen. Nachdem in allen einschlägigen Fachzeitschriften der USA und in Sammelbänden breit zu Wolf publiziert worden war, folgten Ende der 1980er Jahre auch Bücher auf Englisch. Gleich nach Anna Kuhn traten 1989 Ann Herrmann mit *The Dialogic and Difference. »An/Other Woman« in Virginia Woolf and Christa Wolf* (New York) und Marilyn Fries mit *Responses to Christa Wolf. Critical Essays* (Detroit) hervor. Herrmann, die im Fachbereich Englisch und *Women's Studies* arbeitete, konnte zeigen, dass Christa Wolf auch außerhalb der *German Studies* von Interesse war und durchaus neben Virginia Woolf Bestand hat. Fries wiederum bemühte sich, mit einer längeren Einführung und einer Zusammenstellung von Aufsätzen meist renommierter US-Germanist/innen ein breites Spektrum unterschiedlicher kritischer Ansätze vorzustellen, die im Fachbereich Deutsch entwickelt worden waren. Auf Englisch sollten sie darüber hinausgehend breiteren Kreisen zugänglich sein und die deutsche Autorin als allgemein wichtige, künstlerisch und intellektuell anspruchsvolle, postmoderne Schriftstellerin bekannt machen. Weitere Studien in englischer Sprache folgten nach der Vereinigung Deutschlands, so Myra Norma Love (1991), Margit Resch (1997) und Gail Finney (1999). Keines dieser Bücher weist den politischen und persönlichen Fehlern, die man Wolf seither vorwarf, große Bedeutung zu.

Die Zahl der an US-Universitäten eingereichten Dissertationen zu Christa Wolf ist beachtlich, sie stieg von einer im Jahre 1973 (zu *Nachdenken über Christa T.*) auf sechs und sieben in den Jahren 1992 und 1993. Insgesamt waren es nach Proquest bisher um die 107. Freilich konzentrierten sich die meisten Arbeiten nicht ausschließlich auf Christa Wolf, sondern untersuchten Schwerpunkte wie z. B. Umweltfragen, Umgang mit Mythen, Erinnern, literarische Intellektuelle, Mutter-Tochter Beziehungen, Androgynität oder Selbstmord. Christa Wolf ›passte‹ in viele Diskurse und brachte sich selbst in viele ein, da sie äußerst offen für Anregungen war und dialogisch arbeitete. Früh schloss sie sich an ihr Vorbild Anna Seghers an und suchte etwas von deren perspektivischer Weite und Weltläufigkeit zu erreichen, indem sie u. a. deutsche Romantikerinnen und Autoren wie Büchner für sich entdeckte und westliche Schriftsteller/innen, hauptsächlich Frauen wie Ingeborg Bachmann, doch gelegentlich auch Männer wie Max Frisch, in ihre Texte einarbeitete. Sie konnte außerdem relativ früh reisen und in den USA eigene Beziehungen aufbauen, so etwa zu Grace Paley und zu Helen Fehervary (vgl. Fehervary 1982). Von ihnen erhielt sie Impulse, die ihr halfen, sich in der Wahl von Themen und Erzählstrategien zeitbezogen weiterzuentwickeln, wobei sie Fiktion und Essayistik so verflocht, dass sie selbst Lesarten für ihre Texte suggerierte und Zitate zu Interpretationsansätzen lieferte.

Zur Zeit der Vereinigung Deutschlands erreichte die Beschäftigung mit Christa Wolf einen Höhepunkt, denn zu den vielen Fachvertretern, die sich mit ihrem immer noch weiter wachsenden Werk auseinandersetzten, kamen nun auch diejenigen, die Wolf verteidigten und/oder die westdeutschen Angriffe auf sie in größeren Zusammenhängen analysierten (u. a. Brockmann 1992). Außerdem gab es Rückblicke, die die eigene Begeisterung kritisch sahen, vor allem wenn sie die DDR tangierte (vgl. Fries 1992; Herminghouse 1993). Doch im Großen und Ganzen blieben die US-Wissenschaftler/innen Christa Wolf treu. Anlässlich ihres Todes riefen Mitglieder der German Studies Association unter der Rubrik »Remembering Christa Wolf« zu Beiträgen auf, die ihrer gedenken und neue Parameter für die Forschung abstecken sollten. Interessanterweise wählten die US-amerikanischen Veranstalter/innen zwei Beiträge aus Übersee zur Veröffentlichung im *German Studies Review*. Beide Essays vermieden Polemik und verfolgten die Verbindung zwischen autobiographischer Erfahrung sowie deren essayistischer und fiktionaler Thematisierung in Wolfs Gesamtwerk. Einer konzentrierte sich auf »Fremdheitserfahrungen als Konstante« (Colombo 2013), der andere auf »Aufrichtigkeit« (Kanz 2013), beide aber sahen in »Angst« ein das ganze Werk treibendes Element. Vielleicht war die Wahl gerade dieser Aufsätze ein Versuch, Christa Wolf endgültig aus den tagespolitischen deutschen Debatten zu lösen und auf internationaler Ebene neue Wege zu weisen, die aber persönliche und historische Erfahrung nicht ausschlossen.

Dem impliziten Ruf nach mehr und innovativer Forschung zu Christa Wolf folgte die German Studies Association selbst allerdings bis heute nicht. Auf den Lehrplänen von US-amerikanischen Universitäten ist Christa Wolf mittlerweile in den Hintergrund getreten; häufiger lassen sich ihre Texte in breiter angelegten Lehrveranstaltungen finden. Das betrifft auch Artikel und Bücher über sie.

Es ist ruhiger um Christa Wolf geworden. Jüngere Forscher/innen sehen sie distanzierter und kritischer, nehmen sie aber als bedeutende Autorin ernst. Ihr umfangreiches und vielstimmiges Werk liegt momentan nicht im Trend, sollte aber zukünftig in ein internationales Diskussionsfeld gestellt werden. Wer allerdings von einer »bisher starren Kontextualisierung« Christa Wolfs redet, »die in der Autorin immer nur die DDR-Schriftstellerin sah und von ihren Büchern vornehmlich Auskünfte über die DDR erwartete« (Scheitler 2003, 101), verkennt die komplexe Rezeption Christa Wolfs und die Dynamik anglo-amerikanischer und transatlantischer Interaktionen in den *German Studies* der USA völlig. Gerade Christa Wolf bot und bietet produktive Möglichkeiten zum wissenschaftlichen Dialog und zu Perspektiven, die außerhalb der deutsch-deutschen nationalen Diskurse ablaufen, andererseits aber steht ihr Werk aus US-amerikanischer Sicht auch für Deutschland und seine Literatur in der zweiten Hälfte des 20. und des frühen 21. Jahrhunderts.

Literatur:

Anz, Thomas: *Es geht nicht um Christa Wolf. Der Literaturstreit im vereinten Deutschland*. Frankfurt a. M. 1991.

Bammer, Angelika: The American Feminist Reception of GDR Literature (With a Glance at West Germany. In: *GDR Bulletin* 16 (1990), H. 2, 18–24.

Bathrick, David: Productive Mis-Reading: GDR Literature in the USA. In: *GDR Bulletin* 16 (1990), H. 2, 1–6.

Brockmann, Stephen: The Politics of German Literature. In: *Monatshefte* 84 (1992), H. 1, 46–58.

Bruckner, D. J. R.: From the German. In: *The New York Times*, 27.2.1983, BR 47.

Buruma, Ian: There's No Place Like Heimat. In: *New York Review of Books*, 20.12.1990.

Colombo, Daniela: Fremdheitserfahrungen als Konstante. In: *German Studies Review* 36 (2013), H. 2, 365–372.

Demetz, Peter: The High Cost of a Dream. In: *The New York Times Book Review*, 4.4.1993, 18 f.

Fehervary, Helen: Christa Wolf's Prose. A Landscape of Masks. In: *New German Critique* 1982, Nr. 27, 57–87.

Finney, Gail: *Christa Wolf*. New York 1999.

Fries, Marilyn Sibley: Christa Wolfs Ort in Amerika. In: Ute Brandes (Hg.): *Schriftstellerinnen der DDR aus amerikanischer Sicht*. Berlin u. a. 1992, 169–182.

Fries, Marilyn Sibley (Hg.): *Responses to Christa Wolf. Critical Essays*. Detroit 1989.

Gitlin, Todd: »I Did Not Imagine That I Lived in Truth«. In: *The New York Times Book Review*, 4.4.1993, 1 u. 27.

Gitlin, Todd: Dissident or Informant? The Murky Memory of Christa Wolf. In: *New Republic*, 7.3.2013.

Hammer, Joshua: The Lives of Others. »City of Angels« by Christa Wolf. In: *The New York Times Book Review*, 22.2.2013.

Herminghouse, Patricia: New Contexts for GDR Literature. In: Friederike Eigler u. Peter C. Pfeiffer (Hg.): *Cultural Transformations in the New Germany*. Columbia, SC 1993.

Herrmann, Anne: *The Dialogic and Difference. »An/Other Woman« in Virginia Woolf and Christa Wolf*. New York 1989.

Hohendahl, Peter Uwe/Herminghouse, Patricia (Hg.): *Literatur und Literaturtheorie in der DDR*. Frankfurt a. M. 1976.

Huyssen, Andreas: Auf den Spuren Ernst Blochs. Nachdenken über Christa T. In: Reinhold Grimm u. Jost Hermand (Hg.): *Basis* 5. Frankfurt 1975, 100–116.

Kanz, Christine: To be Recognized Again: Christa Wolf's Paradigm of Sincerity. In: *German Studies Review* 36 (2013), H. 2, 373–379.

Klocke, Sonja E.: The Triumph of the Obituary. In: *German Studies Review* 37 (2014), H. 2, 317–336.

Kuhn, Anna: *Christa Wolf's Utopian Vision. From Marxism to Feminism*. Cambridge 1988.

Kuhn, Anna: »Offener Brief an Christa Wolf«. In: Drescher, Angela (Hg.): *Christa Wolf. Ein Arbeitsbuch*. Berlin/Weimar 1989, 245–251.

Lennox, Sara/Fehervary, Helen: Introduction. In: *New German Critique* 1978, Nr. 13, 109 f.

Love, Myra: Christa Wolf and Feminism: Breaking the Patriarchal Connection. In: *New German Critique* 1979, Nr. 16, 31–53.

Love, Myra Norma: *Christa Wolf and the Conscience of History*. New York 1991.

Mitgang, Herbert: East Germans Publish in U. S. In: *The New York Times*, 11.5.1978, C15.

Pawel, Ernst: The Quest for Christa T. In: *The New York Times*, 31.1.1971, BR 7.

Resch, Margit: *Understanding Christa Wolf. Returning Home to a Foreign Land*. Columbia, S. C. 1997.

Scheitler, Irmgard: Christa Wolf lesen. Rezeption einer deutschen Schriftstellerin in der Alten und der Neuen Welt. In: Volker Wehdeking u. Anne-Marie Corbin (Hg.): *Deutschsprachige Erzählprosa seit 1990 im europäischen Kontext*. Trier 2003, 91–105.

Summers, Caroline: Translating the Author-Function: the (re)narration of Christa Wolf. In: *New Voices in Translation Studies* 8 (2012), 170–187.

Venuti, Lawrence: *The Translator's Invisiblility. A History of Translation*. London/New York 2002.

Christiane Zehl Romero

52 Rezeption in Film und Fernsehen, im Hörspiel und auf der Bühne

Christa Wolfs künstlerischem Schaffen in Film, Fernsehen, Hörspiel und Theater wird neben ihrem viel rezipierten literarischen Werk oftmals zu Unrecht eine untergeordnete Rolle zugewiesen. Ab Mitte der 1960er Jahre wurden vor allem ihre Filme im Feuilleton von Filmwissenschaftler/innen und Kulturschaffenden der DDR vielfach rezipiert und kontrovers diskutiert. Im Zuge der politischen Situation nach dem ›kulturellen Kahlschlag‹ durch das 11. Plenum des ZK der SED fiel zudem ein nicht zu missachtender Teil ihres filmischen Schaffens der Zensur zum Opfer. Demgegenüber wurden auf nationalen und internationalen Bühnen Christa Wolfs Texte schon früh auf ganz unterschiedliche Weise adaptiert; einige Inszenierungen lösten dabei ein breites Medienecho aus. Die anhaltenden Bühnenadaptionen tragen somit zur weiteren Popularisierung von Christa Wolfs Werk bei. Ihre Hörspiele wurden im Gegensatz dazu im Feuilleton zwar weniger zahlreich rezipiert, dafür jedoch weitgehend positiv besprochen.

52.1 Film und Fernsehen

Der geteilte Himmel unter der Regie von Konrad Wolf in Zusammenarbeit mit Christa und Gerhard Wolf war einer der meist diskutierten DEFA-Filme der 1960er Jahre. Trotz der kontroversen Debatten um Wolfs 1963 veröffentlichten gleichnamigen Roman (s. Kap. II.A.12) wurde die Verfilmung bewilligt und feierte 1964 Premiere. In den ostdeutschen Besprechungen wurde positiv hervorgehoben, dass im Film »mehrere aktive Charaktere in hartem Ringen die politisch-moralische Richtigkeit und Kraft der sozialistischen Menschengemeinschaft« bewiesen und der Sozialistische Realismus, mit dem der Film das Leben in der DDR wiedergebe, gelungen sei (Karl 1964). Zum anderen wurde jedoch der Eindruck von Passivität kritisiert, den Renate Blume in der Hauptrolle der Protagonistin Rita Seidel erwecke, was Kritikern zufolge an der Übertragung der epischen Gestaltungsprinzipien der Romanvorlage auf die Kunstform Film lag. Die schnellen Szenenwechsel und die komplizierte Montage der verschiedenen Zeitebenen erschwerten sowohl den Rezensenten als auch dem Publikum zufolge das Verständnis des Films (vgl. z. B. Stenzel 1964). Dem Vorwurf der Episierung und der Kritik, Konrad Wolf folge in seinem Film nicht den sozialistisch-realistischen Vorgaben, trat Karl in seiner ausführlichen Besprechung jedoch vehement entgegen (vgl. Karl 1964). Die DDR-Kritik betrachtete den Film dementsprechend trotz Kritik an der ästhetischen filmischen Umsetzung als ideologiekonform und als Fürsprache für den Sozialismus.

Auch in der westdeutschen Kritik wurde der Film fast zwei Jahre später trotz des Motivs der Republikflucht als eindeutig kommunistischer Film bewertet, der überzeugend belege, dass sich in der DDR ein »Sonderbewußtsein gebildet« habe (vgl. Sethe 1966). Während des 11. Plenums des ZK im Dezember 1965 wurden unter anderem DEFA-Regisseure hart angegriffen (s. Kap. II.B.13). Als Folge der harten Kritik an ihren Arbeiten wurden einige Filme verboten, die der Partei zufolge antisozialistische Tendenzen aufwiesen. Den Folgen des ›kulturellen Kahlschlags‹ fiel schließlich auch *Der geteilte Himmel* zum Opfer, dessen Zulassung aufgrund der Thematik der Republikflucht letztlich nicht weiter verlängert wurde. 2009 wurde der Film dann in die Filmedition Suhrkamp aufgenommen und erneut im Feuilleton rezipiert. Kritiker hoben die ungewöhnlichen sprachlichen und bildmetaphorischen Gestaltungsmittel des Filmes hervor, die besonders die Gefühle der Protagonisten überzeugend darstellten. Christa Wolf gelinge es in ihrem Film, das Erleben von Zeit- und DDR-Geschichte filmisch darzustellen.

Kurt Barthels geplanter Debütfilm *Fräulein Schmetterling* (1966), für den Christa und Gerhard Wolf zusammen mit dem Regisseur das Drehbuch schrieben, war einer der zwölf Filme, der der strengen Zensur in Folge des 11. Plenums des ZK zum Opfer fiel, noch bevor er aufgeführt werden konnte. Im Februar 1966 wurde der Film Vertretern der Kulturabteilung des ZK der SED vorgeführt, woraufhin dieser als regimekritisch verurteilt wurde. Im Film werden die siebzehnjährige Helena und ihre kleine Schwester Asta vom Jugendamt aufgenommen, nachdem ihr Vater ums Leben gekommen ist. Die beiden Mädchen wollen sich auf dem Weg des Erwachsenwerdens jedoch nicht den Vorschriften des Staates beugen. Helena bekommt vom Amt einige Lehrstellen vermittelt, doch nach Arbeitsversuchen als Verkäuferin und Schaffnerin beschließt sie, den ungewöhnlichen Beruf eines Clowns zu ergreifen. Obwohl das Autorenteam im Dezember 1965 noch versuchte, mögliche kritische Punkte durch einen von Manfred Krug gesprochenen Kommentar auszuräumen, kritisierten die Vertreter des ZK der SED, dass kein klarer Klassenstandpunkt eingenommen werde und stattdessen bürgerlich-philosophische Ansichten vertreten würden (vgl. Schenk 2005a, 22 f.). Darüber hinaus wurde den Autoren vorgeworfen, im Film nicht das neue sozialistische Berlin zu zeigen, sondern das heruntergekommene Nachkriegsberlin wie die Altbauwohnung der Mädchen. Es wurden zudem die Szenen kritisiert, die – mit versteckter Kamera gedreht – Passanten zeigten, die sich im Modegeschäft »Exquisit« in der Karl-Marx-Allee sehnsüchtig die Auslagen anschauten (vgl. Schenk 2005b). Auch die Traumszenen im Film mögen dem Regisseur zufolge ein Grund gewesen sein, warum die Parteivertreter nicht die Zielstrebigkeit eines idealen sozialistischen Lebenslaufs repräsentiert sahen. Eine Rohschnittfassung des Films gilt heute als verschollen, doch der Filmwissenschaftler Ralf Schenk rekonstruierte im Auftrag der DEFA-Stiftung und des Bundesfilmarchivs mit dem überlieferten Material eine dokumentarische Version des Films, weshalb dieser 2005 in abgewandelter Fassung doch noch aufgeführt wurde. Als besonders eindrucksvoll an dieser Version des Films wurden die Bilder beurteilt, die zur selben Zeit den Berliner Neuaufbau und Zerfall zeigten.

Die Toten bleiben jung (1968) unter der Regie von Joachim Kunert und einem Szenarium von Christa Wolf war die dritte Verfilmung eines Romans der Schriftstellerin Anna Seghers, die selbst maßgeblich an der Verfilmung beteiligt war. Bereits zwei Jahre vor der Premiere hatte Seghers von Rolf Schneider im Auftrag der DEFA einen Entwurf zur Verfilmung des Romans erhalten. Obwohl Schneider vorschlug, die allgemeine Struktur des Romans zu erhalten und sich nur wenig von Seghers Romanvorlage entfernte, war Seghers mit dieser Version unzufrieden und nur begrenzt bereit, den Filmschaffenden bei der filmischen Umsetzung freie Hand zu lassen. Aufgrund der daher eher schwierigen Zusammenarbeit mit der Autorin zog sich Rolf Schneider aus dem Projekt zurück, woraufhin Christa Wolf als Autorin in das Projekt miteingebunden wurde (vgl. Wallace 1996). Nach der Uraufführung des Films im November 1968 in Berlin reagierten sowohl die Rezensenten als auch das Publikum kontrovers auf die Nähe des Films zur Romanvorlage. Teilweise wurden die Ähnlichkeit des Films zum Roman und der epische Stil positiv hervorgehoben; andere Rezensenten kritisierten jedoch gerade diese Nähe zur Buchvorlage als mangelhafte Adaption im filmischen Medium, das andere Darstellungsweisen fordere als die literarische Umsetzung, und erklärten den Film daher für gescheitert (vgl. Kersten 1968). Lobend wurde vom Publikum in der DDR hervorgehoben, dass der Film die eigene Geschichte und den Klassenkampf zwischen Proletariat und Großbürgertum sehr gut darstelle, wobei die schnellen Schauplatzwechsel und Zeitsprünge den Zuschauern zufolge das Verständnis erschwerten. Während eines Forums zum Film erklärte Joachim Kunert auf die Frage, ob der Film nicht in mehreren Teilen hätte gedreht werden können, dass das Team mit Absicht die »kontrapunktische Erzählweise als Mittel der Provokation« gewählt habe (ADN 1969).

Durch den Führungswechsel an der SED-Spitze entspannte sich die politische Situation der DDR Anfang der 1970er Jahre etwas (s. Kap. II.C.17). Die Eulenspiegel-Rezeption erfuhr in diesem Zeitraum ein Wiederaufleben (vgl. Verheyen 2004, 59–64). In diesem Kontext entstand auch Christa und Gerhard Wolfs *Till Eulenspiegel. Erzählung für den Film* (1972). Westdeutschen Kritikern zufolge konnte die zweitlig konzipierte Filmerzählung als versteckte Systemkritik interpretiert werden. So schrieb Wolfgang Werth, dass sich eindeutige Parallelen zur DDR der Gegenwart nicht verstecken ließen (vgl. Werth 1974). Anderen bundesrepublikanischen Rezensenten zufolge konnte die Filmerzählung jedoch auch als Vorbild für den sozialistischen Helden gedeutet werden. In ostdeutschen Kritiken – und zudem von offizieller Seite des Staates – wurde die Erzählung vor allem positiv beurteilt, da die Figur des Till Eulenspiegel in Zusammenhang mit dem Bauernkrieg die Funktion der Stimme des rebellischen Volkes symbolisiere und somit durch die Erzählung Traditionspflege der sozialistischen Kultur betrieben werde (vgl. Verheyen 2004, 96–99). Aufgrund dieser positiven Beurteilung wurde sie schließlich zur Veröffentlichung als Buch zugelassen.

Der auf der Filmerzählung basierende Film sollte gemeinsam mit dem DEFA-Dramaturgen Dieter Wolf unter der Regie von Rainer Simon gedreht werden. Während der Produktion des zweiteilig geplanten Filmprojekts traten jedoch finanzielle Probleme auf und Differenzen bezüglich der inhaltlichen Konzeption konnten nicht geklärt werden. Daraufhin beendeten die Wolfs offiziell ihre Mitarbeit. Inoffiziell waren von Seiten des Staates zudem Kritikpunkte an dem von ihnen entworfenen Szenarium laut geworden, welches Till Eulenspiegel nicht als den positiven Volkshelden darstellen würde. Dies führte letztlich zu einer Nichtzulassung der zweiteiligen Filmversion und einer einteiligen Neukonzeption durch den Regisseur Rainer Simon, die nach einigen Diskussionen und Änderungsanweisungen von Vertretern des Staates 1975 doch noch Premiere feiern durfte. Die eigenständige neue Version des Drehbuches basierte sowohl auf der Vorlage der Filmerzählung von Christa und Gerhard Wolf als auch auf dem ursprünglichen Volksbuch. Den Anweisungen der Staatssicherheit folgend wurde der Film restriktiv verliehen und in den einschlägigen Tageszeitungen teilweise äußerst negativ besprochen (vgl. Verheyen 2004, 142–144). So kritisierte H. Knietzsch beispielsweise, dass der Film der ursprünglichen Vorlage der Wolfs nicht gerecht werde und an Realismus einbüße (vgl. Knietzsch 1975). Beim Publikum war der Film jedoch ein großer Erfolg.

Im Jahr vor der Wende inszenierte der Regisseur Peter Vogel die erste Fernsehverfilmung einer Erzählung von Christa Wolf. *Selbstversuch* (s. Kap. II.C.20) wurde im Januar 1990 im DDR-Fernsehen uraufgeführt und knapp drei Monate später im ZDF ausgestrahlt. Positiv hervorgehoben wurde im *Neuen Deutschland* von Volker Müller wie auch in der westdeutschen Kritik die ausgezeichnete schauspielerische Leistung der Brecht-Tochter Johanna Schall in der Rolle der Protagonistin. Müller bemängelte jedoch die »optischen Spielereien bzw. Arrangements, die die Phantasie des Zuschauers nicht unbedingt fördern«. Trotz der dramaturgischen Mängel und den »›medaillonhaft‹ vorgeführten Episoden«, die ihm zufolge den Spannungsaufbau des Filmes behinderten, beurteilte er den Film nicht zuletzt aufgrund der Thematik als sehenswert und hob dabei besonders die sprachlichen Qualitäten der Dialoge hervor (vgl. Müller 1990). Anderen Rezensenten zufolge war besonders die spezielle Verbindung von Komik und Ernst zu loben. In der westdeutschen Kritik wurde unter anderem die thematische Verbindung zur DDR betont (vgl. Ahrends 1990) und bisweilen der Vorwurf einer etwas veralteten Thematik vorgebracht; der Text war 1974 entstanden. Nur wenige Rezensionen gingen auf Wolfs Kritik an der im Sozialismus behaupteten, aber nicht gelebten Gleichheit der Geschlechter ein. Als negativ wurde erachtet, dass der Film zu konstruiert wirke, um der Handlung eine gewisse Wahrscheinlichkeit zu verleihen. Zudem banalisiere der Film das Thema der Geschlechtsumwandlung für wirklich Betroffene auf schmerzhafte Weise (vgl. Hieber 1990). Wolf gehe nicht über die Darstellung herkömmlicher Stereotype und Vorurteile hinaus, hieß es. Im Jahr 2009 wurde der Film *Selbstversuch* gemeinsam mit der Verfilmung von Christa Wolfs Erzählung *Der geteilte Himmel* in die Filmedition Suhrkamp aufgenommen.

52.2 Hörspiele

Eine Auswahl an Wolfs Texten wurde zudem als Hörspiel umgesetzt. Die Inszenierungen fürs Radio wurden vergleichsweise wenig im Feuilleton besprochen und nur selten in der Wolf-Rezeption erwähnt. Christa Wolf inszenierte 1982 gemeinsam mit ihrem Mann unter der Regie von Ernst Wendt ihr erstes Hörspiel aus dem Prosatext *Kein Ort. Nirgends*, das im WDR in der Reihe »Schon gestern war heute« gesendet wurde. Das Hörspiel wurde von Kritikern im Gegensatz zu den kontroversen Besprechungen des Prosatextes äußerst positiv bewertet. Die Hörspielfassung hebe den Bezug zur Gegenwart deutlicher hervor und der komplexen Struktur des literarischen Textes sei in diesem Medium einfacher zu folgen; so sei diese Kunstform dem Text angemessener als die literarische. Schachtsiek-Freitag bemerkte: »Müheloser als in der Prosafassung sind die unterschiedlichen Textebenen […] jetzt auseinanderzuhalten und in ihrer strukturellen Einheit zu erkennen« (Schachtsiek-Freitag 1982).

Wolfs erstem Radiohörspiel folgten 1985 und 1987 Hörspielfassungen der Erzählung *Kassandra*, wovon die erste ebenfalls unter der Regie von Ernst Wendt produziert wurde. Auch diese Hörspieladaption wurde als gelungen betrachtet, da den einzelnen Strängen einfacher gefolgt werden könne als in der Prosaform; die Stimme der Kassandra büße jedoch besonders in den Momenten des Hasses etwas an Ausdruckskraft ein. Das Hörspiel *Störfall* nach dem Text von Christa Wolf, inszeniert unter der Regie von Götz Fritsch im Jahr 1988, wurde ebenfalls als gelungen erachtet, da die Inszenierung des viel diskutierten Themas des Reaktorunfalls in Tschernobyl die Problematik noch einmal akustisch eindrucksvoll vermittelte (vgl. Kaindistorfer 1988).

Auch die Hörspiele *Medea – Stimmen* (1997) im NDR und *Im Stein* im Deutschlandradio (1999), beide inszeniert von Jörg Jannings mit Corinna Harfouch in der Hauptrolle, fanden positiven Anklang. Das »gelegentlich etwas turbulente Hörspiel« *Medea*, »todernst und schwer«, werde durch die »durchaus moderne Interpretation« der Medea durch die Schauspielerin Harfouch bereichert (vgl. Krug 1997). Matthias Schümann bemängelte am Hörspiel *Im Stein*, dass es unter der Nähe zum literarischen Text leide. Jannings habe die Sinnlichkeit des Textes zwar sehr gut aufgenommen und führe zudem die Ironie des Textes durch die Besetzung des Krankenhauspersonals mit Kammersängern auf eine weitere Ebene, das Hörspiel sei jedoch durch die »Textlastigkeit des

Stücks [...] ein äußerst anstrengende[s] Erlebnis« (Schümann 1999).

52.3 Adaptionen für die Bühne

Christa Wolfs Romane und Erzählungen wurden auf zahlreichen Bühnen im In- und Ausland adaptiert. Aufgrund der Fülle an Inszenierungen kann die Rezeption im Theater an dieser Stelle jedoch nur schlaglichtartig beleuchtet werden. Wohl einer der am zahlreichsten adaptierten Texte von Christa Wolf ist die 1983 veröffentlichte Erzählung *Kassandra*. Auch an österreichischen und Schweizer Theaterhäusern wurde das Werk mehrfach für die Bühne inszeniert, wie beispielsweise Ende 1989 am Linzer Landestheater unter der Regie von Dagny-Elisabeth Schüler und Mitte der 1990er Jahre in einer Adaption durch Gian Gianotti in Basel. Während die Linzer Umsetzung in der Presse vornehmlich positiven Anklang fand, löste die Bearbeitung durch Gianotti aufgrund mangelhafter Ausdrucksstärke im Feuilleton eine eher negative Resonanz aus.

Die Umsetzung des literarischen Textes als Monodrama durch den Schweizer Komponisten Michael Jarrell, die Anfang 1994 am Pariser Châtelet-Theater uraufgeführt wurde, wurde mehrfach in der überregionalen Presse besprochen. Die für eine Stunde konzipierte Fassung mit dem Titel *Cassandre* unter der Regie von Peter Konwitschny wurde eher kontrovers beurteilt. Während die schauspielerischen Leistungen der Schweizer Schauspielerin Marthe Keller und die szenische Inszenierung durch den Regisseur gut ankamen, wurde Jarrells Musik unterschiedlich bewertet. So bemerkte Claus Spahn in der *Zeit*, dass die elektronisch verstärkte musikalische Untermalung »geradezu distanziert-antidramatisch« geraten sei und sich teilweise »auf ein mechanisches, wie erstarrt ablaufendes Rhythmusgefüge zurück[ziehe]«. Kritisiert wurde die musikalische Umsetzung durch das Ensemble InterContemporain unter der Leitung des Amerikaners David Robertson, das die Musik manchmal etwas »matt und konturenlos« gestaltet habe (Spahn 1994). 1996 wurde Jarrells Vertonung unter der Regie von Christoph Marthaler mit Anne Bennent in der Hauptrolle in Wien in deutscher Fassung aufgeführt. Besonders die Leistung der Schauspielerin Bennent und des Ensemble Modern unter Jonathan Nott machten die Inszenierung zu einem Erfolg; es folgten mehrere Aufführungen in dieser Besetzung auch in Deutschland.

Eine weitere musiktheatralische Vertonung von Christa Wolfs *Kassandra* wurde unter dem Titel *Cassandra Complex* im Jahr 2000 vom Komponisten Gerhard Stäbler – basierend auf einem Libretto von Hanns-Werner Heister – am Wiesbadener Staatstheater inszeniert. Besonders positiv wurden im Feuilleton durchweg die Gesangskünste der beiden Kassandra-Stimmen im Alt und Sopran beurteilt. Auch das Orchester unter der Leitung von Toshiyuki Kamioka wurde als zuverlässig und intensiv bewertet. Als weniger gelungen galt jedoch die Führung der Solostimmen, die »in mancher, zudem weitintervallig gezackter Überemphase nicht selten stereotyp« wirkten. G. Koch betonte, dass der Gesang der etwas zu textlastigen Umsetzung in drei Akten das Verständnis teilweise beeinträchtige (vgl. Koch 2000).

Auch weiterhin wurde und wird Wolfs Erzählung immer noch vielfach am Theater umgesetzt, wie 2003 in der Adaption von Daniela Kranz und Jenke Nordalm mit Babett Arens in der Hauptrolle am Schauspiel Frankfurt, oder 2013 in einer »verstörenden Kontrafaktur« (Bischoff 2013) am Hessischen Staatstheater Wiesbaden unter dem Titel *Kassandra. Sehen*. In der *Frankfurter Allgemeinen Zeitung* wurde diese Inszenierung als überraschend unpolitisch beurteilt, ohne »vordergründige[] Verweise auf aktuelle Konflikte, keine Indienstnahme für eine bestimmte Haltung, ja nicht einmal eine Fokussierung auf den Krieg der Geschlechter [...], der bei Christa Wolf eine so zentrale Rolle spielt«. Die Inszenierung drücke Matthias Bischoff zufolge aufgrund der teilweise sinnfreien Aneinanderreihung von Wörtern eher eine »allumfassende Text- und Sprachskepsis« aus (Bischoff 2013).

Bereits kurz nach Erscheinen der Neuinterpretation des antiken Mythos wurde Wolfs Roman *Medea. Stimmen* (1996) auf den Schauspielbühnen interpretiert. 1997 hatten im Kasino des Burgtheaters in Wien und am Schauspiel Leipzig zwei Inszenierungen Premiere. Die Leipziger Inszenierung unter der Regie des Intendanten Wolfgang Engel fand vornehmlich positiven Anklang; besonders die schauspielerische Leistung von Susanne Stein als Medea wurde in der überregionalen Kritik lobend hervorgehoben. Obwohl nicht gänzlich überzeugt, bespricht Daniel Hoffmann den Aspekt der »behutsame[n]« Inszenierung durch Engel in *Der Freitag* positiv, da dieser »sich nicht auf billige Allegorisierungen, auf eine allzu gleichnishafte Interpretation des Textes einlasse«; es ließen sich zwar Parallelen zu den beiden deutschen Staaten ziehen, diese Interpretation übergine jedoch »die vielen Zwischentöne, die dieses Werk auszeichne[te]n«. Kritisiert wird von Hoffmann allerdings der Einsatz der Puppen, die der Inszenierung keinen Mehrwert verliehen, und die Umsetzung der inneren Stimmen, die »zu Monologen geronnen« seien (vgl. Hoffmann 1997). Die Inszenierung von Vera Sturm in Wien wurde weniger gut angenommen. Mattheiss' Vergleich der beiden Inszenierungen zufolge habe Sturm das Überzeitliche von Christa Wolfs Roman auf das bürgerliche Zeitalter und die Geschlechterthematik reduziert. So zeige Therese Affolter in der Rolle der Medea als Ehegattin des leitenden Angestellten Jason von Anfang an »die Geschichte einer Besiegten« (Mattheiss 1997). Im Gegensatz dazu gelinge es der Inszenierung durch Engel und der Schauspielerin Susanne Stein sehr gut, unter Verzicht auf Plakatives die zeitlose Thematik zu dramatisieren (vgl. ebd.). Im Jahr 2000 inszenierte Regisseur Reinhard Hinzpeter am Philanthropin in Frankfurt Wolfs Roman mit Dagmar Casse in der Hauptrolle. Das mit Stacheldraht gestaltete Bühnenbild lege sich Claudia Schülke zufolge auf keine Gesellschaft fest und halte »ebenso Distanz zu der Sehnsucht nach der guten alten Zeit wie zu einem naiven Fortschrittsglauben, redet weder dem Feminismus noch einer Verharmlosung der Titelfigur das Wort. Sie [die Inszenierung; K. D.] registriert die Abgrenzungsversuche, die eine moderne Gesellschaft noch immer mit dem Territorialverhalten der Steinzeithorde verbindet, und untersucht das Konfliktpotential zwischen fremder und heimischer Kultur« (Schülke 2000). Beeindruckend seien der *Frankfurter Rundschau* zufolge Dagmar Casses schauspielerische Leistungen, die gekonnt verschiedene Rollen einnehme. Trotzdem habe die Inszenierung »etwas Missionarisches« und »verstärkt noch den Schwarz-weiß-Kontrast« des Romans (vgl. Baier 2000).

In den Jahren 2002 und 2003 wurden zwei Opernfassungen des Romans von Christa Wolf arrangiert. Gemeinsam mit ihrem Mann und dem Komponisten Georg Katzer verfasste Wolf ein Libretto für das chorische Oratorium *Medea in Korinth* mit dem Berliner Sinfonie-Orchester und der Berliner Singakademie unter der Regie von Achim Zimmermann. Die Inszenierung erfuhr aufgrund der hohen Qualität des Orchesters und Chores eine äußerst positive Resonanz (vgl. Markowski 2000). In der 2003 in Lyon aufgeführten Oper *Medée* ging die Komponistin Michèle Reverdy über die von Wolf konzipierte leidende Figur der Medea hinaus und versetzte sie stattdessen explizit in eine Opferrolle. Der äußerst positiven Bewertung der Leistungen des Orchesters und des Gesangs von Françoise Masset setzte Koch als Kritikpunkt lediglich die Textfülle entgegen, die bisweilen etwas langatmig und dadurch eintönig geraten sei (vgl. Koch 2003).

Auch Wolfs Filmerzählung *Till Eulenspiegel* (1972) wurde dramaturgisch umgesetzt. Eine Inszenierung unter der Regie von Alexander May wurde 1982 am Staatstheater Hannover aufgeführt. Die Inszenierung litt jedoch unter den vielen schnellen Szenenwechseln und Bühnenbildern, die Laages zufolge Hektik in die Aufführung brachten und den Zuschauer durch die vielen Umbauten ermüdeten (vgl. Laages 1982). 1983 adaptierte Christa Wolf die Filmerzählung für die Regie von Dieter Steinke am Eisenacher Landestheater. Die Umsetzung wurde jedoch ebenfalls als weniger gelungen rezipiert, da der Kritik zufolge sowohl der Dramatisierung als auch der Inszenierung Substanz fehle. Auch die textlastige Rolle des Till Eulenspiegel wurde von Martin Nimz offenbar »ohne sonderlichen Witz und Charme« gespielt (vgl. Menchén 1983, 49). Eine weitere Umsetzung am Schauspiel Chemnitz im Jahr 1996 wurde aufgrund der Fülle an Effekten ebenfalls weniger gut aufgenommen. Dem Regisseur Martin Nimz gelang es in dem vierstündigen Stück scheinbar nicht, »gesellschaftliche Ordnungen und ihre Funktionsträger ›fest‹ zu machen« und er habe den Zuschauer damit im Leeren gelassen. Dies lag nicht zuletzt an der kaum gekürzten Übertragung der Textin die Bühnenfassung (vgl. Funke 1996).

Wolfs Erzählung *Kein Ort. Nirgends* (1979) wurde 1990 von Therese und Frank Hörnigk dramatisiert und in einer Gemeinschaftsproduktion unter der Regie von Carsten Ludwig am Berliner Hebbel-Theater aufgeführt. Innerhalb und außerhalb eines auf der Bühne aufgebauten Glaskubus agierten die Schauspielerin Angelika Waller und der Schauspieler Friedrich Wilhelm Junge in mehreren Rollen. Am Anfang und Ende des Stücks wurde die Stimme Christa Wolfs vom Tonband eingespielt. Doch H. Schneider beurteilte die Dramatisierung als wenig mehr als eine Hörspielfassung und die Leistung der Darsteller teilweise als nichtssagend (vgl. Schneider 1991). Auch in anderen Rezensionen wurde die Inszenierung als höhepunktloser Dialog bewertet; die Dramatisierung habe bei der Kürzung zu viel weggelassen, um die Vielschichtigkeit der Erzählung adäquat wiedergeben zu können. Die Opernfassung von *Kein Ort. Nirgends* von Anno Schreier nach einem Libretto von Christian Martin Fuchs (2006) wurde dagegen – nicht zuletzt durch die im Zuschauerraum agierenden Protagonisten – als kurzweiliger beschrieben. Obwohl Schreiers Oper mitunter etwas an Radikalität im Aufbegehren von Kleist und Günderrode einbüße, sei dem Komponisten eine Musik gelungen, die »Auseinandersetzungen und Leichtigkeit widerspiegelt und vor allem verständlich ist« (Honsack 2006).

Ende 1999 hatte die Uraufführung des Stückes *Der geteilte Himmel* nach einer eng an Wolfs Romanvorlage gehaltenen Bearbeitung durch die Dramaturgin Odette Bereska Premiere in Berlin. Die Schauspieler des carrousel-Theaters führten unter der Regie von Axel Richter vor dem Hintergrund von Claude Monets Mohnblumen-Bild ein Maskenspiel auf, das von den Medien unterschiedlich aufgenommen wurde. Richters Inszenierung sei zu unpolitisch geraten, urteilte I. Bazinger (vgl. Bazinger 1999). K. Pfützner dagegen stellte fest, dass gerade die dargestellte historische Distanz der Thematik Gegenwärtigkeit verleihe, und daher Raum für das eigene Urteil der Zuschauer lasse (vgl. Pfützner 1999). Eine weitere Inszenierung des Textes durch Sebastian Hartmann an der Berliner Volksbühne im Jahr 2001 wurde von den Rezensenten einstimmig schlecht besprochen. Hartmanns Umsetzung des Romans wurde aufgrund der scheinbar beliebigen Mischung an Gestaltungsmethoden als gescheitert beurteilt. Sowohl die Einblendungen der Szenen aus Konrad Wolfs Film aus dem Jahr 1964 als auch die tänzerischen Einlagen der Hauptdarstellerin Cordelia Wege wurden als willkürliche Gestaltungsmittel ohne inhaltliche Stringenz betrachtet (vgl. Laudenbach 2001). Die textuelle Umsetzung von Wolfs Romanvorlage scheint ebenfalls misslungen, denn »so sinnfrei ist wohl selten zuvor ein Text ›dekonstruiert‹ […], jeder Kohärenz beraubt worden« (Mast 2001). Die 2013 am Staatsschauspiel Dresden aufgeführte Inszenierung von *Der geteilte Himmel* durch den Regisseur Tilman Köhler löste dagegen ein äußerst positives Medienecho aus. Köhler stellte die Figur der Rita in drei Zeiten dar. Die Art der dramaturgischen Umsetzung wurde als äußerst sensibel beurteilt, denn Köhler nehme »das Ringen seiner Figuren ernst […], ohne sie moralische Urteile fällen zu lassen« (Pilz 2013). In respektvollem Umgang mit dem Text und der DDR-Geschichte sei es dem Regisseur gelungen, die Thematik in die Gegenwart zu versetzen (vgl. Lange 2013).

Literatur
ADN: Eigenes Erleben. Foren zum Film »Die Toten bleiben jung«. In: *Neues Deutschland*, 2.2.1969.
Ahrends, Martin: Der Neue Mann. In: *Die Zeit*, 11.5.1990.
Baier, Jutta: Die Übermenschin. In: *Frankfurter Rundschau*, 7.6.2000.
Bazinger, Irene: Die Utopie auf dem Blütenteppich. In: *Berliner Zeitung*, 21.12.1999.
Bischoff, Matthias: Getanzte Sprachskepsis in der Dunkelkammer. In: *Frankfurter Allgemeine Zeitung*, 14.1.2013.
Funke, Christoph: Ein Schelm geht durch die Welt. In: *Tagesspiegel*, 5.6.1996.
Hieber, Jochen: Auf dem Männerplaneten. In: *Frankfurter Allgemeine Zeitung*, 15.5.1990.
Hoffmann, Daniel: Lauschangriff. In: *Der Freitag*, 4.7.1997.
Honsack, Daniel: Fratzenhafte Bedrohlichkeit. In: *Neues Deutschland*, 30.9.2006.
Kaindistorfer, Günter: Der Kopfhörer. In: *Arbeiter Zeitung*, 2.5.1988.
Karl, Günter: Experiment im Streitgespräch. In: *Neues Deutschland*, 5.9.1964.
Kersten, Heinz: Ein Menschenleben zwischen Revolution und Krieg. In: *Der Tagesspiegel*, 15.12.1968.
Koch, Gerhard R.: Der Trojanische Krieg, näher geholt und fern gerückt. In: *Frankfurter Allgemeine Zeitung*, 2.5.2000.
Koch, Gerhard R.: Mitleid muß das Muttermonster tragen. In: *Frankfurter Allgemeine Zeitung*, 27.1.2003.
Knietzsch, Horst: Deftiges Sittenbild des Mittelalters. In: *Neues Deutschland*, 4.6.1975.
Krug, Hans-Jürgen: Freitag im Funk. Medea – Stimmen. In: *Frankfurter Rundschau*, 27./28.3.1997.
Laages, Michael: Ein Narr, der glanzvoll scheitert. In: *Süddeutsche Zeitung*, 15.4.1982.
Lange, Joachim: Auf der Suche nach den verlorenen Illusionen. In: *die tageszeitung*, 23.1.2013.
Laudenbach, Peter: Wege in die Produktion. »Der geteilte Himmel«: der berühmte Mauer-Roman als Theaterspektakel an der Berliner Volksbühne. In: *Der Tagesspiegel*, 24.11.2001.
Markowski, Liesel: Antike Zeitgenossin. In: *Neues Deutschland*, 9.9.2000.
Mast, Rudolf: Auf einer kriegsgefährdeten Erde. In: *Der Freitag*, 30.11.2001.
Mattheiss, Uwe: Verzieh' dich, schöne fremde Frau! In: *Süddeutsche Zeitung*, 2.7.1997.
Menchén, Georg: Pilgerfahrt nach Wahrheit. »Till Eulenspiegel« in Eisenach uraufgeführt. In: *Theater der Zeit* 38 (1983), H. 8, 49.
Müller, Volker: Phantastisches Verwandlungsspiel als Plädoyer für das Menschliche. In: *Neues Deutschland*, 23.1.1990.
Pfützner, Klaus: Mohnblumen für die Hoheit. In: *Neues Deutschland*, 28.12.1999.
Pilz, Dirk: Luftballon, sprich! In: *Frankfurter Rundschau*, 21.1.2013.
Schachtsiek-Freitag, Norbert: Gestern auf der Suche nach der Welt von heute. In: *Deutsches Allgemeines Sonntagsblatt*, 7.3.1982.
Schenk, Ralf (a): Träume in Berlin. In: *Neues Deutschland*, 16.6.2005.
Schenk, Ralf (b): Premiere nach 40 Jahren. Der DEFA-Film »Fräulein Schmetterling«. In: *film-dienst* 58 (2005), H. 13, 22–24.
Schneider, Helmut: Der Dichter und die Heimat. In: *Salzburger Nachrichten*, 5.6.1991.
Schülke, Claudia: Flüchtling, Fremde, Opfer. In: *Frankfurter Allgemeine Sonntagszeitung*, 4.6.2000.
Schümann, Matthias: Der Name der Narkose. In: *Frankfurter Allgemeine Zeitung*, 16.12.1999.

Sethe, Paul: Deutschlands geteilter Himmel. Gedanken zu einem Ostfilm. In: *Die Zeit*, 4.2.1966.

Spahn, Claus: Strom der Wörter, Dickicht der Gedanken: Michael Jarrells Kassandra-Oper in Paris. In: *Berliner Zeitung*, 16.2.1994.

Stenzel, Ulrich: Große Gestalten unserer Zeit. In: *Neues Deutschland*, 11.11.1964.

Verheyen, Bettina: *Till Eulenspiegel: Revolutionär, Aufklärer, Außenseiter. Zur Eulenspiegel-Rezeption in der DDR.* Frankfurt a. M. 2004.

Wallace, Ian: ›Andere Lösung Quatsch‹ – Anna Seghers und der Film »Die Toten bleiben jung«. In: *Argonautenschiff* 5 (1996), 74–86.

Werth, Wolfgang: Der Narr als Systemkritiker. In: *Süddeutsche Zeitung*, 3.3.1974.

Katrin Dautel

53 Dialog mit Künstlerinnen und Künstlern

Im *Almanach zum 70. Geburtstag für Gerhard Wolf* schreibt Christa Wolf über ihren Mann: »Er hat mich, vor vielen Jahren, in die bildende Kunst eingeführt, mir die Augen für Malerei geöffnet« (zit. n. Böthig 1998, 146). Christa Wolf hat sich nur sporadisch mit anderen Künsten als der Literatur auseinandergesetzt. In der Forschung blieb dieser intermediale Aspekt weitgehend unberücksichtigt; deshalb hier eine erste Bestandsaufnahme.

Zur Zusammenarbeit mit Künstler/innen kam es 1) bei der Cover- und Buchgestaltung, 2) beim Kassandra- und beim Medea-Projekt sowie 3) bei der Ausstellung *Unsere Freunde, die Maler* (1995), deren Katalog als Grundlage für diesen Bereich dient, denn hier sind neben einer großen Anzahl von Kunstwerken auch die wichtigsten Essays der Wolfs zusammengefasst. Eine Besonderheit stellen 4) die Künstler- und Graphikbücher dar; die Zusammenarbeit mit Helga Schröder, Günther Uecker und anderen sowie die Graphikedition zum 65. Geburtstag von Christa Wolf, die in Gerhard Wolfs Janus press erschienen. Der Dialog mit den Künstler/innen bezeugt außerdem die enge und produktive Zusammenarbeit von Christa und Gerhard Wolf, der schreibt:

> »Wir sind im eigentlichen Sinne allerdings nie Sammler gewesen, was ich heute natürlich bedaure. Man hätte vieles auch als Zeitzeugnis sorgsamer dokumentieren können. Meist haben sich die Kontakte ergeben, wenn man von einer bestimmten Arbeit fasziniert war. Es ist aber nicht immer eine enge Beziehung daraus entstanden.« (G. Wolf, in: Böthig 1996, 36)

Die Wolfs unterstützten junge Künstler, z. B. die Dresdner Maler oder die Jungen vom Prenzlauer Berg, und als Gegengabe bekamen sie Proben aus deren Werkstatt (vgl. Böthig 1996, 47). Die Sammlung von Bildern und Graphiken befindet sich im Privatbesitz von Gerhard Wolf; Teile daraus wurden in der Ausstellung *Unsere Freunde, die Maler* 1995 in der Kurt Tucholsky Gedenkstätte Schloss Rheinsberg und später auch an anderen Orten gezeigt, zuletzt unter dem Titel *Wortwelten/Bildwelten* 2012 in Jena (vgl. Braun 2014, 53 f.). Das gemeinsame Interesse der Wolfs an bildender Kunst verdeutlicht weiterhin der letzte Essayband *Rede, daß ich dich sehe* (2012), in dem viele der Essays von Christa Wolf über befreundete

Künstler wieder abgedruckt sind, die bereits in dem Band *Malerfreunde. Leben mit Bildern* (2010) erschienen waren, hier ergänzt um farbige Drucke. Zusammen mit den Beiträgen von Gerhard Wolf ergibt sich so ein »filigranes Netz aus Korrespondenzen und Resonanzen« (Braun 2014, 54; vgl. Hilzinger 2014, 244–250 u. 259–261).

53.1 Cover- und Buchgestaltung

Zu einer ersten Zusammenarbeit mit einem Künstler kam es bereits in den 1960er Jahren. Willi Sitte, damals des ›Modernismus‹ bezichtigt, lieferte acht Zeichnungen für die erste Ausgabe des *Geteilten Himmel* (Mitteldeutscher Verlag, Halle 1963).

> »Sie waren nicht als Illustrationen gedacht, sondern wir haben Zeichnungen gewählt, die uns dem Geist nach paßten zur Tendenz und zur Stimmung des Buches. Wobei einige, wie das unbekleidete Paar, damals als anstößig empfunden wurden. Auch ein Umschlagentwurf mit Kleinschreibung kam von Willi Sitte. Wir wollten damals diesen platten, illustrativen Realismus aufreißen, und Sitte war für uns jemand, der sich auch in diesem Prozeß befand. Erst später kam seine Hinwendung zum Demonstrativen und Monumentalen.« (G. Wolf, in: Böthig 1996, 9)

Der im Katalog zum Teil abgedruckte Briefwechsel zwischen Christa Wolf und Willi Sitte enthält programmatische Äußerungen zum künstlerischen Selbstverständnis. Im Januar 1963 schreibt sie an Sitte: »Im Augenblick sieht man sich von so vielen Mißverständnissen umgeben, daß man fast die Diskussion scheut und nur durch seine Arbeit sprechen möchte« (Wolf, in: Böthig 1996, 12).

Die Wolfs suchten nach Unkonventionellem. So wurde etwa Harald Metzkes beauftragt, für den Erzählband *Unter den Linden* (Aufbau-Verlag, Berlin u. Weimar 1973) farbige Zeichnungen anzufertigen. »Wenn er da auf das Brandenburger Tor einen Kater malte, der mit einem Bleistift im Mund Handstand machte, fiel das in dieser verhärteten Zeit schon aus dem Rahmen« (G. Wolf, in: Böthig 1996, 36). Mit Metzkes gab es nur diese Kooperation, anders als mit Carlfriedrich Claus, einem von der Avantgarde geprägten Künstler mit einem ganz eigenwilligen, unverwechselbaren Stil. Mit ihm hielt Gerhard Wolf über Jahre engen Kontakt und publizierte seine Sprachblätter in der Janus press (1991, 1993, 1996, 1999, 2000). Eine seiner Farbradierungen ziert das Cover von Christa Wolfs Buch *Fortgesetzter Versuch. Aufsätze, Gespräche, Essays* (Reclam Leipzig 1979) und verweist auf die enge Korrespondenz zwischen bildender Kunst und Literatur, was später auch Christa Wolfs Essay zu Claus belegt (vgl. Wolf/Wolf 2010, 7 f.). Und Gerhard Wolf erläutert: »Die eigene Form der Graphik- und Malerbücher der späten 70er und 80er Jahre interessierte mich besonders, weil ich das nur vom frühen Expressionismus kannte, daß zwei Kunstsparten aus der Situation heraus zusammenarbeiten mußten, konnten, wollten« (G. Wolf, in: Böthig 1996, 67). In seinem 1990/91 gegründeten Verlag hat Gerhard Wolf vieles davon realisiert.

Mit dem Graphiker und Buchgestalter Martin Hoffmann gab es bereits seit Gerhard Wolfs Zeit beim Aufbau-Verlag enge Kontakte. Zu *Kassandra* (1983) und zu *Störfall* (1987), später auch zu *Ein Tag im Jahr* (2003) hat er aussagekräftige Covers entworfen. »Bei dem Buch *Gesprächsraum Romantik* stellte er ein Caspar David Friedrich-Bild in den Hintergrund, und man sieht es durch ein geöffnetes Fenster von heute. Das ist sein typisches Fenster- und Türen-Prinzip, das ein Bild in mehreren räumlichen Dimensionen erfaßt, Einblicke und perspektivische Durchblicke erlaubt« (G. Wolf, in: Böthig 1996, 75). In ihrem Essay »Gang durch Martin Hoffmanns Räume« (1996, in: *Hierzulande Andernorts*; WA 12, 568–573) beschreibt Christa Wolf ihre Affinität zu seinen Bildern, »weil manche von ihnen Traumbildern ähneln, mit ihrer Vortäuschung der wirklichsten Wirklichkeit, die sich wie beiläufig zum Alptraum steigert« (WA 12, 570). Während sie seine Bilder als eine »Chronik der laufenden Ereignisse« (ebd., 571) betrachtet – und als solche werden Fotocollagen von Martin Hoffmann auch später in der Publikation *Ein Tag im Jahr* (2003) mit aufgenommen –, sieht Peter Böthig in der bunt zusammengewürfelten Sammlung der Wolfs eher einen »subjektive[n] Spaziergang durch die Geschichte der Kunst in der DDR«, weil »es eher Außenseiter-Figuren sind, die euch beschäftigten, sehr unterschiedliche natürlich, von Ebert, Liessner-Blomberg bis zu Claus und dem ›Prenzlauer Berg‹« (Böthig 1996, 79).

Hartwig Hamer, um noch ein weiteres Beispiel unter einer Vielzahl möglicher zu nennen, liefert Radierungen zum Roman *Sommerstück* (1989). Wir hatten sie, schreibt Gerhard Wolf »eigens von ihm erbeten, da wir Übereinstimmungen sahen, ohne daß er sich konkret auf den Text bezog. Es gab einen bestimmten norddeutschen Stil, der sich aus den Traditionen der niederdeutschen Malerei speiste« (G. Wolf, in: Böthig 1996, 54). Auch für die Graphikmappe zum 65. Geburtstag von Christa Wolf (Format 60 × 54 cm, 50 Exemplare) wird Hamer neben 18 anderen Künstlern ein Blatt beisteuern; sie kommentieren Christa Wolfs Werk auf je eigene Weise. Um Illustrationen ging es nicht, sondern um einen Dialog, eine zwei- und mehrstimmige Auseinandersetzung. Dieses Forschungsdesiderat muss noch aufgearbeitet werden.

53.2 Kassandra- und Medea-Projekt

Kassandra (1983) löste in Ost und West ein breites Echo aus, nicht nur in der Presse, sondern auch unter den Künstler/innen. Irmgard Fleming hatte die Frankfurter Poetik-Vorlesungen Wolfs besucht und war begeistert (vgl. Böthig 1996, 58), Therese Eisermann hatte den Roman gelesen und als Dank eine Radierung geschickt (vgl. ebd., 60). Christa Wolf kommentiert folgendermaßen: »daß Maler und Malerinnen nicht nur aus der DDR, auch aus der Bundesrepublik, Österreich, Frankreich und Italien, angeregt durch den Text den Impuls aufnehmen, und sich ihr Antike-Bild neu schuffen« (Wolf, in: Böthig 1996, 58). In der *Kassandra*-Ausstellung in der Moritzburg in Halle 1987 konnten gar nicht alle Arbeiten gezeigt werden. Zu sehen waren Bilder und Skulpturen von 22 Künstler/innen. Durch diese Kooperation sind viele Freundschaften entstanden, u. a. zu Nuria Quevedo und zu Angela Hampel. Von ihr stammt das Plakat zur Ausstellung, das Kassandra als junge Punkerin zeigt (vgl. Böthig 1996, 63) – für die Wolfs eine überraschende Sicht (vgl. ebd., 46). Christa Wolf rückblickend: »Ja, so konnte eine junge heutige Kassandra sein: antiklassisch, herausfordernd, keck, zornig, alles andere als schicksalsergeben. Aber nicht schicksallos« (Wolf 2012, 140). Weiterhin zu sehen waren Kohlezeichnungen von Nuria Quevedo (*Paar*; *Vergewaltigung*; *Kampfszene*). Dieser aus Katalonien stammenden Künstlerin fühlt sich Christa Wolf besonders nahe verbunden, weil »alle ihre vielen Arbeiten zur Literatur keine Illustrationen sind«, sondern ihr »eine tiefe archaische Schicht der Figur [Kassandra] gezeigt haben« (Wolf/Wolf 2010, 129). Quevedos Suche nach einer anderen Geschichte des Weiblichen, diese unbeirrbare Wahrheitssuche beeindruckte Christa Wolf (vgl. WA 12, 502 f.).

Gerhard Wolf resümierend: »Das Echo zu *Kassandra* in der Bildenden Kunst könnte eine eigene Ausstellung füllen, allein die Buchumschläge. Da kam vieles zusammen: die generelle Bedrohung, das Aufkommen feministischer Sichtweisen. Man konnte das an einer modellhaften Figur darstellen, nicht am breiten Fresko. Mit solchen Figuren sind sofort Signale gegeben, aus denen sich etwas entwickeln läßt« (G. Wolf, in: Böthig 1996, 63). Ähnliches galt später auch für *Medea* (1996).

Im FrauenMuseum in Bonn fand Anfang 1997 ein *Medea*-Ausstellungs- und Lesungs-Projekt statt, zu dem ein Begleitband erschien, der u. a. die künstlerischen Arbeiten dokumentiert. Günther Uecker lieferte zwölf Radierungen, denen von ihm und den Wolfs gemeinsam ausgewählte Texte zugeordnet sind (vgl. Hochgeschurz 1998, 145–158). Diese in Grautönen gehaltenen Bilder bleiben skizzenhaft abstrakt. Anders die junge Künstlerin Andrea Simon, in deren Farblithographien Medea ein Gesicht erhält (vgl. ebd., 172–174). Die Dresdner Künstlerin Angela Hampel realisierte in Bonn ein Medea-Raum-Projekt mit 63 Zeichnungen (Format 30 × 21 cm), figürlich ausdrucksstarke Blätter in der ihr eigenen Handschrift (vgl. ebd., 159–163). Die Bremer Künstlerin Helga Schröder wiederum zeigte Objekte: »Medea – Das Meer«, zwei Schriftblöcke sowie farbige Buch- und Schriftrollenobjekte (vgl. ebd., 178–181), und Gerda Lepke schließlich gestaltete ein Offsethanddruckbuch »Zeichnungen zu Medea« und fünf expressive Aquarelle, die in der Bonner Kunstausstellung zu sehen waren.

In der Janus press erschien unter dem Titel *Medea altera* (1998) eine Graphikmappe mit Arbeiten von Angela Hampel, Martin Hoffmann, Joachim John, Helge Leiberg, Gerda Lepke, Anette Peuker-Krisper, Nuria Quevedo, Helga Schröder und Günther Uecker (vgl. Hochgeschurz 1998, 135–144). Hoffmanns Offsetdruck nach der Collage »Draußen, hinter dem Riß« (ebd., 137) wurde als Cover ausgewählt für den Band *Christa Wolf Medea. Voraussetzungen zu einem Text. Mythos und Bild* (1998). Uecker konnte außerdem noch eine eigene Medea-Mappe mit zwölf Radierungen in Gerhard Wolfs Verlag realisieren. Vielfalt und Intensität der Auseinandersetzung mit der »fremden Frau aus dem Osten« – Hampel visualisiert sie diesmal blutverschmiert mit einer Schlange um den Hals – sprechen für die Nachhaltigkeit der Rezeption, die Wolf einer rechtfertigenden Relektüre unterzogen hatte.

Eine Besonderheit stellen Frank Reineckes Zeichnungen dar, die am Schauspielhaus Leipzig 1997 während der Proben zu einer *Medea*-Inszenierung von Wolfgang Engel entstanden sind (vgl. Hochgeschurz 1998, 182–184). Wie vielen anderen Künstlern geht es Reinecke nicht um Illustration, sondern um die Übersetzung in ein anderes Medium als eigenen künstlerischen Kommentar. Transposition, Veränderung war schon für Christa Wolf ein wichtiges Motiv ihrer Auseinandersetzung mit der geschmähten Frauenfigur der Antike. Mit ihrem vielstimmigen Roman *Medea* hat sie die Diskussion um eine andere Medea angestoßen. In diesem Zusammenhang zu erwähnen ist ferner das multimediale Overheadprojekt zu Medea, das 1997 in Leipzig und später auch an anderen Orten aufgeführt wurde, zu dem Helge Leiberg die Bilder beisteuerte (vgl. Braun 2014, 70).

53.3 Unsere Freunde, die Maler

Wiederholt setzte sich Christa Wolf in ihren Essays mit befreundeten Künstlern auseinander. Für den Katalog zu Günther Ueckers Ausstellung »Aufbruch« (Erker Galerie St. Gallen 1992) schrieb sie den Text *Nagelprobe*. Es ist ein dezidiert subjektiver Zugang zum Werk des Künstlers, der vor allem mit einem Material arbeitet, mit Nägeln. Wolf begegnet Uecker, indem sie von ihrem eigenen Terrain ausgeht. Sie schlägt Wortbedeutungen nach (Näglein als alte Bezeichnung für Nelke), befragt einschlägige Redewendungen (Nägel mit Köpfen machen; den Nagel auf den Kopf treffen; etwas ist nicht niet- und nagelfest) und stellt mit Blick auf Ueckers Arbeiten sprachspielerische ›Fehllektüren‹ an: »Nagelbürsten, Nagelbretter, Nagelbäume, Nagelwald« (Wolf, in: Böthig 1996, 216). Wolf führt keine Analyse oder Einordnung durch – das soll bzw. muss den Kunsthistorikern vorbehalten bleiben –, sondern sie geht assoziativ vor, u. d. h. künstlerisch produktiv erprobt sie Begegnungen. »Es gehörte ja, entsinne ich mich, die Nageltonne, in der die böse Frau den Abhang hinuntergerollt wird, in den Fluß hinein, zu meinen frühesten Schreckensvorstellungen, nicht wahr, das Märchen weiß ich nicht mehr« (ebd., 215). Märchen als eine geteilte Erfahrung stehen am Anfang der Auseinandersetzung, die im Weiteren dann aktualisierend kritisch verfährt. Postkoloniale Töne (»weiß wie Schnee, rot wie Blut und schwarz wie Ebenholz aus den Kolonien«; ebd.) werden verbunden mit Überlegungen zu Nagelexerzitien und Nagelmagie (vgl. ebd., 216), was Bezüge herstellt zum ans Kreuz genagelten Christus. Der »pädagogische[] Tiefsinn des Nagels« (ebd., 218) in ironischer Manier mit Verweis auf Wilhelm Busch vorgetragen, wird konterkariert durch Foltermethoden und den wiederholten Hinweis auf die »Nagelprobe, damit die Wahrheit, nichts als die Wahrheit, endlich aus ihr [der als Hexe verfolgten Frau; C. H.] herausgetrieben wird, Tropfen für Tropfen« (ebd., 215). Überraschend beendet Wolf ihren Essay mit einer genauen Bildlektüre von Lucas Cranachs *Melancholie*, auf dem sie ein junges Mädchen entdeckt, das »mit einem Messerchen, in dem das einzige Nägelchen auf diesem Bild steckt, an einem Stöckchen herumschnitzt« (ebd., 218). Als Warnung gebraucht, gibt der Nagel Christa Wolf Hoffnung, eine blutige Vergangenheit zurücklassen zu können – ganz im Sinne Ernst Blochs, der gegen das vermeintlich bessere Wissen (unsere ›vernagelte‹ Weltanschauung) festhält an der Möglichkeit der Veränderung, wie sie sich in utopischen Phantasien ausdrückt, trotz der Gefahr der Bestrafung in die Nageltonne gesteckt zu werden. Christa Wolf bekennt:

> »Leute, die genau das tun, was sie müssen. Dieses Absolute an ihrem Leben und an ihrer Arbeit ist es, das mich, vom Menschlichen her, aber auch vom Politischen, am meisten beeindruckt hat; abgesehen vom künstlerischen Genuß, den ich an ihren Arbeiten habe. Und das hat mich dann vielleicht auch auf unbewußte Weise beeinflußt.« (Wolf, in: Böthig 1996, 53)

Die aktuelle gesellschaftspolitische Dimension ist Christa Wolf auch in ihrem Essay »Im Gespräch getroffen – otl aicher« (1992/93) wichtig. Der Graphiker, Designer und Schriftsteller Otl Aicher imponierte ihr, weil er von Freiheit und Selbstbestimmung nicht nur redete, sondern sie tatsächlich im Arbeitsalltag umsetzte (in der sog. »autonomen republik rotis«). Im Mittelpunkt ihrer Gespräche 1988/89 stand die Frage: »Wie wir, konkrete Menschen in bestimmten Verhältnissen, menschengemäß leben könnten« (WA 12, 406). Diese Hoffnungen »auf eine deutsche demokratische Republik« (ebd., 412) hätten sich mittlerweile zerschlagen. Die deutsche Einheit werde exekutiert (»durchgeführt«), der »Zusammenbruch der DDR« heute euphemistisch »Wende« genannt (ebd., 414). Was aber bleibe von den vertrauten Gesprächen? Die (utopische) Erfahrung deutsch-deutscher Begegnungen einer anderen Art, die von Übereinstimmung geprägt seien. Mit Rekurs auf den Widerstand der Geschwister Scholl im Zweiten Weltkrieg bezeichnete Otl Aicher dies einmal als »das ›andere‹ Deutschland« (ebd., 408) – eine pointierte Redeweise, die in ähnlicher, nun zukunftsweisender Form wieder aufgenommen wurde, als das Deutsche Hygienemuseum in Dresden eine Ausstellung zeigte mit dem Titel »Das neue Deutschland. Von Migration und Vielfalt« (2014). Otl Aichers Bekenntnis »das, was man tut, ergibt den sinn« (WA 12, 404) trifft Christa Wolfs Selbstverständnis. Und dass diese Zeit noch kommen müsse, daran glaubte sie auch weiterhin. Glauben ist ja nur ein anderes Wort für Hoffnung – vor allem im christlichen Kontext. Für Christa Wolf äußert sich Hoffnung insbesondere in den Bereichen Kunst und Musik.

Das belegt ihre »Musikalische Meditation«, die Christa Wolf für das Schweizer Fernsehen verfasste anlässlich der Ausstrahlung von Joseph Haydns Paukenmesse (*Missa in Tempore Belli*) von 1776. Dies ist Wolfs einzige essayistische Auseinandersetzung mit Musik; in ihren Romanen hingegen, insbesondere in *Stadt der Engel*, spielt das Singen eine wichtige Rolle. In ihren Reflexionen geht es ihr weniger um die Komposition – die Musik wird lediglich unter dem Aspekt der Wirkung thematisiert –, als vielmehr um die Vertonung des Glaubensbekenntnisses, also um einen Text, der im Essay lateinisch und deutsch wiedergegeben wird. Wolf stellt Haydns *Messe in Kriegszeiten* in den Kontext »aufklärerischer Gedanken über Europa« (WA 12, 639). Sie bezieht sich dabei auf Thomas Paines Schrift *Das Zeitalter der Vernunft*, Kants Entwurf *Zum ewigen Frieden* und Schillers *Briefe zur ästhetischen Erziehung*. Für die Gegenwart hingegen konstatiert sie einen Verlust an Hoffnung. Gegen diese kulturpessimistische, zeitkritische Diagnose bietet sie sodann Alltagserfahrungen der jüngeren Vergangenheit auf; z. B. die Wiedererrichtung eines Gedenksteins zur Erinnerung an die Deportation Berliner Juden in die Vernichtungslager der Nationalsozialisten (vgl. ebd., 644). Wolfs künstlerisch inszenierter Dialog mit dem christlichen Glaubensbekenntnis, das mit der »Bitte um Frieden«, dem *Dona nobis pacem* (ebd., 651) endet, geht eine Kritik am Patriarchat (dem eingeborenen Sohn) voraus, die – anknüpfend an ihre mythologischen Studien zu Kassandra und Medea – zeigt, »wie dünn die Decke der Zivilisation ist. Sie reißt an vielen Enden. Angst, Gier, Rücksichtslosigkeit der Männergesellschaft kommen nackt hervor, die Frauen werden wieder an den Rand gedrängt, die haßvollen perversen Gewalttaten gegen sie nehmen zu« (ebd., 650). Die Musik, vor allem das Singen, vermag dem etwas entgegen zu setzen; von der Forschung wurde dieser Aspekt noch nicht untersucht.

53.4 Künstler- und Graphikbücher

Es gibt einige wenige Graphikbücher, die Christa Wolfs enge Kooperation mit Künstlern belegen: *Was nicht in den Tagebüchern steht* (1995, einmalige limitierte Auflage in 360 Exemplaren bei Janus press), ein Leporello mit Bildern von Helga Schröder, zu dem Wolf Texte lieferte. *Wüstenfahrt* (Janus press 1999, Din A 4 im Querformat) enthält 13 Materialbilder von Günther Uecker zu einer Auskopplung aus *Stadt der Engel* (vgl. Braun 2014, 63–66). Eine weitere Gemeinschaftsarbeit mit Uecker erschien 2010 in der Edition Cornelius mit dem Titel *Störfall/Aschebilder* als späte Reaktion auf die Reaktorkatastrophe in Tschernobyl (vgl. Braun 2012). Im Künstlerbuch *Im Stein. Christa Wolf – Helge Leiberg* (Burgart Presse Rudolstadt u. Edition Balance Gotha, 1998) stehen sich Text und Bild gleichberechtigt gegenüber, »sind untrennbar miteinander verwoben. [...] Dieses Prinzip einer vollständigen Durchdringung von Bild und Text vertieft sich in einer betrachtenden Lektüre und lesenden Betrachtung des Buches« (Braun 2014, 67); demgegenüber wird in dem Erzählband *Mit anderem Blick* (2005) Wolfs Text allein präsentiert. Dass Text und Bild so eng zusammengehören, erschwert die Rezeption. Künstlerbücher sind ein sowohl von der Literaturwissenschaft als auch von der Kunstgeschichte vernachlässigtes Genre; das hat mit der Zugänglichkeit zu tun und mit dem Stellenwert dieser multiplen Kunst, die als kleine und Gebrauchsform eingestuft wird. Dass Christa Wolf sich gerade darauf eingelassen hat, unterstreicht ihre eigene Auffassung, die Kunst im Leben zu verankern; so etwa bei *Assoziationen in Blau* mit kolorierten Kaltnadelradierungen von Gerda Lepke (Janus press 2003). Zum 70. Geburtstag von Christa Wolf am 20. März 1999 gab es eine Performance mit Livemusik und Noise-Painting am Overheadprojektor in der Akademie der Künste Berlin. Diese künstlerische Form der Präsentation gab es mit Christa Wolf bzw. mit ihren Werken häufiger (vgl. Wolf 2010).

Für das *Zeit-Magazin der 100 Bilder* am 25.9.1987 steuerte Christa Wolf einen Text zu einem Kykladen-Idol aus der Antikensammlung der Staatlichen Museen zu Berlin bei, der ihre projektive, auf Selbstverständigung ausgerichtete Lektüre eines Kunstwerks gut veranschaulicht. »Dieses Urbild, dessen Wesentliches hervorgetrieben ist, fordert mich heraus, mein Wesentliches zu suchen, mich ihm zu stellen« (Wolf, in: Böthig 1996, 204). Die »Rätselfrau von den Kykladen« (so der Titel der Erstveröffentlichung) verkörpert für Wolf »Ein Modell einer anderen Art« (so der spätere Titel des Essays), das Umgang und Bedeutung der Kunst für die Autorin charakterisiert: »ein Aufblitzen von Wiedererkennen. Konfrontation. Freudige Zuneigung. Fremdheit. Am seltsamsten: eine Unterströmung von Trauer. Eine Empfindung: Die will was von dir. Wie sieht die dich denn an?« (ebd.). Wolfs Text ist auch zu verstehen als ein transmediales Lektüremodell, das eine Verständigung über lange Zeiträume hinweg durch Empathie und Aufgeschlossenheit gestattet bzw. erhofft. Nicht zuletzt die Kunst eröffnet für die Schriftstellerin diese Art von Dialog. Diese erschließende Funktion, eine in ihrer spielerisch leichten Art produktive Korrespondenz von Malen und Schreiben, stellt Peter Braun heraus:

> »Der Einbezug der bildenden Kunst ist geeignet, das Werk Christa Wolfs aus dem starren und erstarrten Rezeptionsmuster ›DDR-Literatur‹ zu befreien. Statt historischer, (kultur-)politischer, mentalitätsgeschichtlicher und moralischer Fragen streicht der Kontext der bildenden Kunst und mithin die intermediale Vernetzung der Texte Wolfs deren Bezug zur ästhetischen Moderne und ihren Verfahren heraus. [...] Es ist also geradezu folgerichtig, dass in dem Maße, in dem sich Wolfs Schreiben für moderne Erzählweisen öffnet, auch die Interaktion mit den anderen Künsten an Bedeutung gewinnt.« (Braun 2014, 53)

Literatur
Böthig, Peter (Hg.): *Die Poesie hat immer recht. Gerhard Wolf – Autor, Herausgeber, Verleger. Almanach zum 70. Geburtstag*. Berlin 1998.
Böthig, Peter (Hg.): *Unsere Freunde, die Maler. Bilder, Essays, Dokumente*. 2. durchgesehene Aufl. Berlin 1996.
Braun, Peter: Der strahlende Himmel. Christa Wolfs »Störfall« wiedergelesen. In: *Text + Kritik*. Heft 46: *Christa Wolf*. 5. Aufl. (neu) München 2012, 72–86.
Braun, Peter: Malen und Schreiben – Christa Wolf und die bildende Kunst. In: Carsten Gansel (Hg.): *Christa Wolf – Im Strom der Erinnerung*. Göttingen 2014, 51–71.
Ezil, Özkan/Staupe, Gisela (Hg.): *Das neue Deutschland. Von Migration und Vielfalt*. Konstanz 2014.
Hilzinger, Sonja: *Christa und Gerhard Wolf. Gemeinsam gelebte Zeit*. Berlin 2014.
Hochgeschurz, Marianne (Hg.): *Christa Wolfs Medea. Voraussetzungen zu einem Text. Mythos und Bild*. Berlin 1998.
Kassandra. Studio-Ausstellung in der Staatlichen Galerie Moritzburg. Halle 1995.
Wolf, Christa: *Mit anderem Blick*. Erzählungen. Berlin 2005.
Wolf, Christa: *Kassandra – Lesung und Performance in Neuhardenberg vom 20. Juni 2010*. Hg. v. Zeitzeugen TV. Berlin 2010.
Wolf, Christa: *Rede, daß ich dich sehe. Essays, Reden, Gespräche*. Berlin 2012.
Wolf, Christa/Leiberg, Helge: *Im Stein*. Rudelstadt u. Gotha 2005.
Wolf, Christa/Lepke, Gerda: *Assoziationen in Blau*. Berlin 2003.
Wolf, Christa/Schröder, Helga: *Was nicht in den Tagebüchern steht*. Berlin 1995.
Wolf, Christa/Uecker, Günther: *Wüstenfahrt*. Berlin 1999.
Wolf, Christa/Uecker, Günther: *Störfall/Aschebilder*. Halle 2010.
Wolf, Christa/Wolf, Gerhard: *Malerfreunde. Leben mit Bildern. Essays, Reden* (Edition Cornelius, hg. v. Manfred Jendryschik u. Reinhardt O. Cornelius-Hahn). Halle 2010.

Carola Hilmes

54 Nachrufe und Gedenkreden

Die Texte, die im Zusammenhang mit dem Tod Christa Wolfs entstanden sind, lassen sich in mehrere größere Gruppen einteilen: eigentliche Nachrufe, begleitende Texte, Todesmitteilungen, Berichte zum Begräbnis sowie Grab- und Gedenkreden, wobei hier von diesen Gruppen nur die schriftlich (im Printmedium oder online) ausgeführten Beachtung finden können. Da im Falle Christa Wolfs die Besonderheit vorliegt, dass die Grabreden und die in der Gedenkveranstaltung der Akademie der Künste gehaltenen Gedenkreden publiziert wurden, sollen sie im folgenden Überblick mit berücksichtigt werden.

54.1 Tendenzen und Besonderheiten der Nachrufe

Die Textsorte Nachruf (vgl. Bogner 2002) hat die Funktion, das Andenken an eine verstorbene Person zu stiften, woraus sich die Ausrichtung auf eine öffentliche Rezeptionssituation ergibt. Die klassische Strukturierung in Klage, Lob und Trost ist ebenso wie einige Topoi bis heute erhalten geblieben, was sich zum Beispiel in Schlussfloskeln über die Unsterblichkeit des geschaffenen Werks ausdrücken kann; die Klage ist in den Anteil nehmenden Ton des Nachrufautors eingeflossen, das Lob in den grundsätzlich würdigenden Charakter der Gattung.

Mit den heute geltenden Konventionen des Nachrufs befasst sich eine umfassende Studie von Stefan Brunn, wonach als journalistischer Nachruf »jedes biographische Portrait, das anlässlich des Todesfalls veröffentlicht wird« (Brunn 1999, 61), gilt; er ist zumeist würdigenden Charakters. Zu seinen Bestandteilen gehören die fast immer chronologische Schilderung der Biographie der Verstorbenen, und zwar dem Anspruch nach vollständig, also von der Geburt bis zum Tod und alle Rollen der öffentlichen Erscheinung beachtend. Üblicherweise steht dabei das Werk der verstorbenen Person im Vordergrund; Angaben über die Physis, Charaktereigenschaften oder Details aus der Privatsphäre sind selten. Brunn konstatiert eine große Ähnlichkeit der Nachrufbiographien mit anderen Textsorten wie Lebensläufen und Zeugnissen sowie anderen Gedenkreden, was sich in der Wortwahl (das gesellschaftliche Leistungsideal widerspiegelnd) und der Auswahl der aufgeführten Ereignisse niederschlägt, die scheinbar kausal zum Erfolg der nunmehr berühmten Persönlichkeit führen. Daher spielen die Erfolgsmomente wie Preise und andere Ehrungen eine herausgehobene Rolle, wobei der Tonfall zwar teilnehmend, aber nicht emotional gehalten ist.

Eine besondere Bedeutung hat die ethische Regel »De mortuis nihil nisi bene«, das mit dem journalistischen Auftrag der Wahrheitsvermittlung unter Umständen im Widerspruch steht, wenn Verfehlungen der verstorbenen Person aufgedeckt werden sollen. Daher legt sich der Pressecodex darauf fest, Kritik am Verstorbenen zuzulassen, sofern sie keine unbegründeten Beschuldigungen enthält, sensationalistisch, anteilnahmslos oder karikierend berichtet. Insofern die ethischen Normen aber stark wirken, hat das zur Folge, dass zwar keine eigentlichen Lügen präsentiert, jedoch verschiedene Verhüllungstechniken eingesetzt werden wie Verschweigen, Relativieren von Negativem, Suggestion, Manipulation, Beschönigen oder das bloße Nennen von Schwachpunkten. Schwere und Zeitpunkt der Verfehlung spielen eine Rolle, aber auch, wie stark diese mit der öffentlichen Rolle der Persönlichkeit verbunden sind.

Betrachtet man nun die Texte, die anlässlich des Todes von Christa Wolf veröffentlicht wurden, so fällt sofort ihre große Anzahl und Länge ins Auge, die auf Wolfs Bedeutung in der Wahrnehmung des Feuilletons verweisen. Üblicherweise publiziert eine Zeitung oder Zeitschrift aufgrund der Einmaligkeit des Anlasses lediglich einen Nachruf, der oft nur eine Spalte umfasst; sie werden »nur höchst selten durch komplementäre Darstellungsformen« (Brunn 1999, 137) ergänzt. Für Wolf hingegen werden pro Zeitung oder Zeitschrift bis zu drei Texte gedruckt, wobei zumeist einer den tatsächlichen Titel »Nachruf« trägt; *Welt online* allerdings hat zwei explizit so benannte Nachrufe. In den relevanten überregionalen Zeitungen nehmen die Texte eine ganze Seite, bei *Zeit*, *Spiegel*, *FR* und *taz* sogar mehrere Seiten ein. Eine weitere Auffälligkeit ist inhaltlicher Natur: Obwohl die Nachrufe einen Großteil der erzählerischen Texte Wolfs aufführen, wird diese fast durchgängig nur als politische Person dargestellt, indem das politische Verhalten Wolfs breit diskutiert, eine Einordnung ihres Werks in die neuere Literaturgeschichte jedoch höchstens floskelhaft (»die bedeutendste…«) vorgenommen wird.

Fast alle Nachrufe folgen dem Schema: würdigende Einleitung – chronologischer Lebensabriss – etwas ausführlicher dargestellter Schwerpunkt – Abschluss in Form der eigentlichen Todesnachricht oder eines würdigenden Schlusssatzes. Die Daten, die von den meisten Autoren aus Wolfs Biographie ausgewählt werden, sind weniger an ihrer schriftstellerischen Entwicklung orientiert, als dass sie politisch konnotierte Ereignisse auflisten: die BDM-Mitgliedschaft, den SED-Eintritt, die Rede auf dem 11. Plenum des ZK der SED 1965 und die Protestunterzeichnung nach der Ausbürgerung Wolf Biermanns 1976 als Beispiel für die DDR-kritische Haltung Wolfs, dagegen als Hinweis auf die Treue zur Utopie des Sozialismus die Rede am 4. November 1989. Fast immer explizit werden der »deutsch-deutsche Literaturstreit« und die IM-Tätigkeit Wolfs genannt, zumeist in Relativierung durch die eigene Observation Wolfs durch die Staatssicherheit. Mit Ausnahme des *Spiegels* wirken alle Darstellungen als um Gerechtigkeit bemüht; einige versuchen die Ausfälligkeiten des Literaturstreits nachträglich zu erklären oder verurteilen sie (s. Kap. II.H.40). Der Grundsatz, postmortale Angriffe zu vermeiden, wird damit gewahrt; die vom Feuilleton als kritisch verstandenen Punkte werden allerdings weder verschwiegen noch auch nur verschleiert, sondern in den Kontext der »Selbsterforschung« (V. Müller 2011, 20) der Autorin gestellt.

In diese biographischen Abrisse werden dann die Werke eingebettet, zuweilen auch daraus erklärt. Der Betonung einer moralischen Vorbildfunktion Wolfs stehen nur wenige Floskeln zu ihrer Bedeutung als Autorin gegenüber (»wohl die größte literarische Begabung, die das sozialistische Teil-Deutschland nach 1945 hervorgebracht hat«; Krause 2011), was in der Skala möglicher Superlative die zweite oder dritte Stelle einnimmt und in individuell abgewandelter Form auch in der *taz* und der *Zeit* zu finden ist. Was den eigentlichen Höhepunkt einer schriftstellerischen »Karriere« ausmachen sollte (vgl. Brunn 1999, 139), die Verleihung von Preisen und Auszeichnungen, findet in den Nachrufen überhaupt keine Beachtung (einzige Ausnahme: die Nationalpreise der DDR im *Spiegel* sowie einige Nobelpreis-Spekulationen), obwohl Wolf vor wie nach 1989 Ehrungen auch aus dem westlichen Teil Deutschlands erhielt, wie den Büchnerpreis 1980 oder die Ehrendoktorwürde der Universität Hildesheim 1990, um nur zwei der über zwanzig Auszeichnungen zu nennen (s. Kap. III.46). Dies korrespondiert mit dem Befund der Wahrnehmung Wolfs vor allem als einer Figur des politischen Lebens, der ihre schriftstellerischen Leistungen nachgeordnet werden.

Von den analysierten zwölf Nachrufen nennen elf *Kassandra* und zehn *Kein Ort. Nirgends*, wobei letzterer als bester Text bezeichnet wird (*Spiegel*, Begleittexte). *Kassandra* wird fast immer, wenn näher darauf eingegangen wird, als feministischer Text wahrgenommen, nur die *Welt* ordnet ihn der Friedensbewegung zu und nur die *FAZ* erkennt den Zusammenhang mit der Situation der DDR. Meist (achtmal) wird im selben Zusammenhang auf *Störfall* hingewiesen und dieser Text in den Kontext der Anti-Atom-Bewegung eingebettet. Neunmal wird *Was bleibt* aufgeführt, freilich nicht hinsichtlich seiner literarischen Qualität, sondern als Auslöser des Literaturstreits. Als weitere bekannte Werke werden *Der geteilte Himmel*, *Nachdenken über Christa T.* und *Stadt der Engel* jeweils neunmal erwähnt. Weniger wahrgenommen werden hingegen *Leibhaftig* (siebenmal), *Kindheitsmuster* und *Moskauer Novelle* (je fünfmal). Nur vereinzelt erwähnt werden schließlich *Ein Tag im Jahr*, *Sommerstück* und die Essays.

54.2 Einzelbetrachtungen

Die Schriftstellerin Ingeborg Harms geht in der *Frankfurter Allgemeinen Zeitung* auf *Kassandra* ein, setzt Ost-Berlin und Troja sowie den »Westen« und das »Lager der Griechen« gleich, weniger direkt auch Wolf und Kassandra. Harms sieht Wolfs Interpretationen geschichtlicher Figuren »an der Seite von widerspenstigen Klassik-Regisseuren wie Ernst Wendt, Claus Peymann und Hans Neuenfels« (Harms 2011). Wolfs Verhältnis zur DDR deutet sie dahingehend, dass Wolf »die Qual der existentiellen Komplizenschaft [brauchte], um tiefer in sich zu schürfen«, eine neue Sprache zu finden. Von hier aus ließe sich dann auch die Verbindung zum Feminismus herstellen, mit dem in Harms' Blick auf Wolf Aporien auf einem anderen Wege aufgelöst werden könnten, der »nach innen und in der Zeit zurück führte« (zu *Kassandra*). So sieht Harms ein Hauptmoment von Wolfs Texten in der »Möglichkeitswelt, in der ›die Zeit aus dem Gleis springt‹ und die Utopie eine wenn auch wehe Gestalt annimmt«. Obwohl der politische Aspekt nicht vernachlässigt wird, betrachtet ihn Harms in der ins Literarische verwandelten Gestalt der Utopie und blickt demzufolge vom Künstlerischen aus auf Wolfs Werk, dessen enge Verknüpfung mit der Zeitgeschichte also nicht plump direkt, sondern in der Anverwandlung durch den Schreibprozess gesehen wird.

Die *Frankfurter Rundschau* ehrt Wolf mit einem Nachruf des Literaturwissenschaftlers Volker Müller. Sein Artikel führt über Wolfs Poetik zu ihrer politischen Haltung, indem er Volker Brauns Laudatio zu

Wolfs 80. Geburtstag zitiert, dass sich die Autorin »mit jedem Text [...] weiter treibt in die Probleme der Gattung, und es noch immer Selbsterforschung ist« (V. Müller 2011, 20). Erst in diese Poetik der Selbsterforschung sind die biographischen Daten eingebettet, die dann auf das politische Verhalten Wolfs fokussiert sind, das Müller freilich als früh »an den Widersprüchen der Gesellschaft orientiert« (ebd.) herausstellt und zum Werk zurückführt: »Von Buch zu Buch sind die Schritte ihrer Emanzipation ablesbar« (ebd.). Diese arbeitet Müller nun nicht nur inhaltlich heraus, sondern verweist darauf, dass Wolf rigoros »mit dem Formenkanon des ›sozialistischen Realismus‹« brach (ebd., 21) und »offene, reflexiv rückerinnernde Erzähltechniken« entwickelte, die »einen originären Beitrag für modernes Schreiben leisteten« (ebd.). Schließlich hält er die »Beschreibung eines Tages oder Tages-Abschnitts« als »im Strukturrahmen wiederkehrend« (ebd.) fest. Von dieser Fokussierung auf poetologische Aspekte des Werks ausgehend können die darunterliegenden biographischen und zeitgeschichtlichen Fakten als Wurzeln verstanden werden, die sich in »drei großen Kollisionen mit Macht oder Medien« in der Darstellung konzentrieren: das 11. Plenum des ZK der SED 1965, die Biermann-Ausbürgerung 1976, der Literaturstreit 1990. Die jeweils darauf folgenden Werke begreift Müller als ein Herausarbeiten aus den von ihnen hervorgerufenen Lebenskrisen.

Iris Radisch in der *Zeit* referiert nach einem konventionellen Lebensabriss Wolfs Rezeption und ihre Poetik als Grundlage »ihres unglaublichen Erfolgs [...v]or allem bei den Frauen«. Wolfs Poetik charakterisiert die Literaturkritikerin mit Wolfs eigenem Begriff der subjektiven Authentizität und als schonungslose Selbstbefragung; als Besonderheit für die damalige Zeit hebt sie die »weibliche Stimme« hervor, den »Anwendungsfall des weiblichen, nicht zerstörerischen, nicht angeberischen Existierens«, das Schreiben als »Lebensmitschrift«, als Sehnsucht nach der Überwindung der Einsamkeit des modernen Individuums (Radisch 2011, 67).

Gänzlich aus dem Rahmen fällt Volker Hages explizit so benannter Nachruf im *Spiegel*, und zwar wegen seiner unterschwellig negativen Darstellung Wolfs. Die Beschreibung ihrer Person als »freundliche alte, leicht füllige Dame« (Hage 2011, 138) erscheint unpassend, auch wenn dem Ausdruck später die »Repräsentantin ihres Landes« und die »Vorzeigeautorin der DDR« (ebd.) entgegengesetzt und Wolf künstlerisch als »Artistin der kleinen autobiographischen Form« (ebd.) bezeichnet wird. Davon abgesehen ist die Leserlenkung des Beitrags stark negativ, indem er einerseits die politische Haltung der Autorin ins Lächerliche zieht (»bewahrte bis zuletzt eine resignierte Anhänglichkeit an die Träume vom guten Sozialismus«; ebd.) und andererseits ihre Person als überheblich zeichnet (»Im Jahr 1990 [...] gab es wieder einmal eine Abfuhr bei der Frage nach einem Interview«; ebd., 139). Durch geschickte Montage der Aussagen muss außerdem der Eindruck gekränkter Eitelkeit Wolfs entstehen, wenn zwei Sätze später der Verriss einer ihrer Werke erwähnt wird. Dem Literaturkritiker Hage gelingt es nicht, von Wolfs Person abzusehen und ihr Werk, unbeeindruckt von seinen negativen persönlichen Erfahrungen, gerecht zu würdigen (»Sie konnte abweisend und unnahbar sein, besonders westlichen Journalisten gegenüber. Ich selbst habe das mehrfach erfahren müssen«; ebd., 138).

54.3 Gedenkreden

Selbstverständlich ist diese Redegattung oft mit Würdigungen und Erinnerungen der Redner verbunden, in deren Mittelpunkt die Person der Autorin steht. Die Poetizität vieler der gehaltenen Reden verbietet den Versuch einer verallgemeinernden Zusammenfassung einzelner Texte. Die Tendenz der Gedenkreden geht dahin, allgemein das Bedeutende von Wolfs Werk nicht nur für die DDR, sondern für Deutschland insgesamt herauszustellen, die Moralität Wolfs zu verdeutlichen, die sie umso mehr von den Angreifern unterscheidet, und Hintergründe für den Literaturstreit bloßzulegen. Volker Braun resümiert in seiner *Totenrede*: »Sie hat der deutschen Literatur wie wenige Würde und Weltbewußtsein gegeben« (in: *Wohin sind wir unterwegs?*, 13). Er hält fest, dass gerade Wolf Ausgangspunkt von Debatten war; dass man ihr das Verbleiben in der DDR vorwarf, obwohl der »selbstgewisse Westen« keine Alternative für sie war, weil beide Staaten keinen »Gemeinsinn« übten (ebd., 13). Jana Simon, Christa Wolfs Enkelin, bemerkt das »überernste Bild, das in der Öffentlichkeit von [ihr] gezeichnet wurde« (ebd., 16) und setzt ihre privaten Erfahrungen dagegen. Als herausragende Eigenschaft Wolfs hält sie »Anständigkeit« fest (ebd., 17).

In einigen Reden wird Wolfs Stellung in der neueren deutschen Literatur thematisiert. Nele Hertling als Vertreterin der Akademie der Künste erinnert an die Zusammenführung beider Akademien und fragt in diesem Zusammenhang: »Eine künstlerische und politische Doppelexistenz unter dem geteilten Himmel dieser Stadt? Wohl eher ein Bindeglied zwischen den beiden [...] Akademien. Denn Christa Wolf läßt sich nicht in eine Ost- und eine Westschriftstellerin teilen« (in: *Wohin sind wir unterwegs?*, 25). Wolf sei »moralische Instanz der DDR-Leserschaft und zugleich [...] Identifikationsfigur einer großen Zahl westdeutscher Leserinnen und Leser« gewesen, obwohl man sie »anders [las] in Ost und West, weil die politischen Kontexte unterschiedlicher nicht sein konnten« (ebd.). Klaus Wowereit stimmt dem zu: »Auch für ihr Publikum war sie eine gesamtdeutsche Autorin« (ebd., 28), die den »Autonomieanspruch der Kunst wie des Individuums gegenüber Herrschaftsansprüchen von Staat und Partei« verteidigte (ebd.). Christoph Hein charakterisiert Wolfs Werk und seine Rezeption auch aus ästhetischer Perspektive: »Sie hat einen neuen Ton in die deutsche Literatur gebracht, sie hat sich eingemischt, ihre Arbeiten waren und sind erstaunlich wirksam. Und sie wurde geliebt, mehr noch, sie wurde verehrt« (ebd., 48). Friedrich Schorlemmer schließlich erinnert an einen anderen Aspekt von Wolfs Werk: »Sie war eine große und großartige Briefschreiberin« (ebd., 39) und zitiert einige Auszüge von Briefen an ihn.

Alain Lance, Wolfs Übersetzer ins Französische, beschreibt Wolfs Rezeption in Frankreich: »Von der französischen Presse wurde sie schnell als die größte Schriftstellerin, erst der DDR, dann der deutschen Sprache erkannt. Später als immenses Talent der Weltliteratur« (in: *Wohin sind wir unterwegs?*, 60). Im Folgenden nennt er eine Anzahl französischer Schriftsteller und Musiker, die »von ihren Werken inspiriert« wurden (ebd., 61). Ergänzt werden diese Einschätzungen von Anita Raja, der Übersetzerin ins Italienische. Das italienische Publikum schätze an den Werken, dass sie »dem Prinzip ›das Private ist das Politische‹ eine hohe literarische Form gaben«, weil sie statt der linearen Erzählweise eine neue Struktur ermöglichten, »daß sich die Schwierigkeit, ›ich‹ zu sagen, in ein mehrschichtiges Schreiben, eine ›Grammatik der vielfachen, gleichzeitigen Bezüge‹ übertragen ließ«, dass die Hintergründe der Geschichte miterzählt wurden und schließlich Utopie und Sinnsuche »nicht aufzugeben sei« (ebd., 63 f.).

Mit dem Literaturstreit setzen sich Ulla Berkéwicz, Daniela Dahn und besonders nachdrücklich Günter Grass auseinander. Letzterer berührt noch einmal das aggressive Vorgehen der Journalisten: »Es war, als wollte man eine öffentliche Hinrichtung zelebrieren« (in: *Wohin sind wir unterwegs?*, 76). Er wirft ihnen vor allem ihre Angriffe aus einer ungefährdeten Position heraus vor: »Welch Ausmaß heuchlerischer Entrüstung aus den Federn von Journalisten, die keiner staatlichen Zensur ausgesetzt waren und die dennoch beflissen und opportunistisch den Zeitgeist bedienten« (ebd., 77) und konstatiert das Ausbleiben ihrer Stimmen nach Wolfs Tod, um Wolf an »Mut zum Selbstzweifel« (ebd.) gleichzukommen. Ihre Werke kennzeichnet er als in ideologisch verhärteter Zeit »Grenzen überwindende Bücher [...], die von Dauer sind« (ebd.).

Literatur

Bahr, Egon/Fehervary, Helen/Dahn, Daniela/Hensel, Jana/Thierse, Wolfgang/Wenzel: Jetzt können wir uns treffen. Nachruf. Am 1. Dezember ist die Jahrhundertschriftstellerin in Berlin gestorben. Sechs Erinnerungen. In: *Der Freitag*, 8.12.2011, 13.

bas: Christa Wolf, die große Autorin der DDR ist tot. In: *Die Welt*, 1.12.2011; www.welt.de/kultur/literarischewelt/article13745009/Christa-Wolf-die-grosse-Autorin-der-DDR-ist-tot.html (8.12.2015).

Bogner, Ralf Georg: Der Nachruf als literarische Gattung. Möglichkeiten und Grenzen einer Definition. In: Franz Simmler (Hg.): *Textsorten deutscher Prosa vom 12./13. bis 18. Jahrhundert und ihre Merkmale. Akten zum Internationalen Kongreß in Berlin, 20. bis 22. September 1999.* Berlin u. a. 2002, 39–51.

Brunn, Stefan: *Abschieds-Journalismus. Die Nachrufkultur der Massenmedien.* Münster 1999.

Dotzauer, Gregor: Christa Wolf – Irrtum als Weg. In: *Der Tagesspiegel*, 1.12.2011; www.tagesspiegel.de/kultur/nachruf-christa-wolf-irrtum-als-weg/5910588.html (8.12.2015).

Graff, Bernd: Zum Tod von Christa Wolf – eine Sozialistin, die im Sozialismus aneckte. In: *Süddeutsche Zeitung*, 5.12.2011; www.sueddeutsche.de/kultur/zum-tod-von-christa-wolf-eine-sozialistin-die-im-sozialismus-aneckte-1.1224104 (8.12.2015).

Gutschke, Irmtraud: Süchtig nach Aufrichtigkeit. Zum Tode von Christa Wolf. In: *Neues Deutschland*, 2.12.2011, 3.

Hage, Volker: Nachruf. Mater Dolorosa der DDR. Zum Tod der Schriftstellerin Christa Wolf (1929–2011). In: *Der Spiegel*, 5.12.2011, 138 f.

Harms, Ingeborg: Schwäche wusste sie in Stärke zu verwandeln. Literatur war für sie der Passierschein in eine Möglichkeitswelt, in der die Zeit aus dem Gleis springt und die Utopie Gestalt annimmt [...]. In: *Frankfurter Allgemeine Zeitung*, 2.12.2011, 33.

Kahl, Volker: »Die Leute, die in hundert Jahren leben werden...«. Das Archiv von Christa Wolf. In: Sabine Wolf (Hg.): *Das Archiv von Christa Wolf.* (Publikation begleitend zur Ausstellung »Wie man es erzählen kann, so ist es nicht gewesen« (14. März – 2. Mai 2004) in der Akademie der Künste, Berlin anlässlich des 75. Geburtstages von Christa Wolf.) Berlin 2004, 17–21.

Krause, Tilman: Die Leibhaftige. Hier wurde die radikale Selbstbefragung Form: Mit Christa Wolf starb die einzige

Schriftstellerin von Weltrang, die das sozialistische Deutschland hervorgebracht hat. In: *Die Welt*, 2.12.2011, 23.

Meyer-Gosau, Frauke: Geschichten erzählen, aus der Geschichte lernen. Nachruf. In: *TAZ. Die Tageszeitung*, 2.12.2011, 12.

Müller, Lothar: Ins Ungebundene gehet eine Sehnsucht. Christa Wolf war keine Staatsdichterin, sondern die Vertreterin eines kleinen Wunschlandes, in dem Dichtung, Pädagogik und Friedfertigkeit herrschen sollten. In: *Süddeutsche Zeitung*, 2.12.2011, 13.

Müller, Volker: »In der Tiefe, zeigt sich, ist viel Raum«. Ein Leben lang hat Christa Wolf sich selbst befragt – als Mensch und als Schriftstellerin […]. In: *Frankfurter Rundschau*, 2.12.2011, 20 f.

Radisch, Iris: Ein deutsches Leben. Zum Tod von Christa Wolf, der berühmtesten und umstrittensten Schriftstellerin der deutschen Nachkriegsliteratur. In: *Die Zeit*, 8.12.2011, 67.

Wohin sind wir unterwegs? Zum Gedenken an Christa Wolf. Berlin 2012.

Caroline Köhler

55 Posthume Veröffentlichungen und Nachlass, Christa-Wolf-Gesellschaft

Seit Christa Wolfs Tod sind noch einige Publikationen erschienen. Dabei handelt es sich teils um neue bzw. Einzelausgaben bereits bekannter Texte, teils um Veröffentlichungen aus dem Nachlass. Zur ersten Gruppe zählen: *Der geteilte Himmel* (hg. u. kommentiert von Sonja Hilzinger, Berlin 2012), *Unter den Linden* (Illustrierte Einzelausgabe, Insel Verlag 2012), *August. Erzählungen* (hg. von Gerhard Wolf, Berlin 2014), *Kein Ort. Nirgends* (Berlin 2014), *Der geteilte Himmel* (Berlin 2014). Zur zweiten Gruppe gehört der Band *Rede, daß ich dich sehe. Essays, Reden, Gespräche* (Berlin 2012). Er enthält, thematisch bzw. nach Genres geordnet, Texte aus den Jahren 2000 bis 2011. Darunter sind Nachträge zu Themen der Vergangenheit (z. B. zum 11. Plenum der SED) ebenso zu finden wie Beiträge zur unmittelbaren Gegenwart (z. B. Würdigungen von Volker Braun oder Günter Grass angesichts der Angriffe besonders auf Letzteren). Obwohl Wolf sich nicht direkt in Tagespolitik einmischt, kommentiert sie doch kritisch, besonders in den Interviews, gesellschaftliche Entwicklungen der Gegenwart. Darüber hinaus ist eine Abteilung den Künstlern gewidmet, mit denen Wolf in Kontakt stand (Carlfriedrich Claus, Nuria Quevedo u. a.), ergänzt von Illustrationen zu Wolfs Werken oder ihr gewidmeten Blättern.

Die kleine Erzählung *August* (Berlin 2012), eine Geburtstagsgabe für Gerhard Wolf, handelt von einem Jungen, der nach der Flucht als Waise in einem Krankenhaus für Tbc-Kranke strandet. Im Text wird eine Technik wiederaufgegriffen, die Wolf auch in anderen Werken verwendet hat: In die zeitliche und räumliche Bewegung einer heterodiegetisch dargestellten Figur in der Gegenwart werden (hier chronologisch geordnete) Erinnerungen aus einer etwas weniger als sechzig Jahre zurückliegenden Vergangenheit eingeflochten.

Auch nach der Publikation von *Ein Tag im Jahr* (2003) setzte Christa Wolf ihre Aufzeichnungen des jeweiligen 27. Septembers bis in ihr Todesjahr fort (s. Kap. III.47). Da sie jedoch die Druckvorbereitungen nicht bis ins letzte Jahr abschließen konnte, wurde der Band *Ein Tag im Jahr im neuen Jahrhundert* (Berlin 2013) von Gerhard Wolf aus dem Nachlass vervollständigt.

Der aus dem Frühjahr 1971 stammende Text *Nachruf auf Lebende. Die Flucht* (hg. von Gerhard Wolf,

Berlin 2014) ist eine frühe, für die Endfassung von *Kindheitsmuster* verworfene Variante, die sich in einigen entscheidenden Aspekten von dieser unterscheidet (s. Kap. II.D). Auch hier findet sich die Verschränkung zweier Zeitebenen, jedoch blickt das erzählende Ich bereits auf ein zeitlich weit zurückliegendes (zum Erzählzeitpunkt fünfzehnjähriges) erlebendes Ich zurück, in dessen Erleben dann nochmals weiter in der Vergangenheit situierte Erinnerungen eingebunden sind. Die einzelnen Erinnerungspunkte werden durch räumliche Elemente ausgelöst, was sie von einer Chronologie befreit.

Der Band *Moskauer Tagebücher. Wer wir sind und wer wir waren* (hg. von Gerhard Wolf unter Mitarbeit von Tanja Walenski, Berlin 2014) umfasst Tagebuchauszüge Wolfs über ihre Reisen in die Sowjetunion, wobei vier der zehn Eintragungen mit ein bis zwei Druckseiten recht kurz ausfallen (s. Kap. III.47). Die Ergänzung dieser Texte durch Schriftstücke anderer Autoren kann daher das entstehende Bild abrunden; als besonders aufschlussreich ist hier die Gegenüberstellung mit den Tagebucheintragungen Max Frischs hervorzuheben. Die Kommentare Gerhard Wolfs liefern wichtige Informationen zum Verständnis der Texte.

Der Nachlass von Christa Wolf wurde bereits 2004, anlässlich ihres 75. Geburtstages, der Stiftung Archiv der Akademie der Künste übergeben und wird seitdem von Sabine Wolf betreut. Laut Volker Kahl sind darin »Materialsammlungen, Vorarbeiten, einzelne Entwurfsfassungen bis hin zum druckreifen Typoskript in seltener Vollständigkeit und Geschlossenheit erhalten« (Kahl 2004, 18), die zum damaligen Zeitpunkt »schätzungsweise 20.000 Blatt« (ebd., 19) umfassten. Des Weiteren enthält das Archiv Wolfs Korrespondenz mit zahlreichen Persönlichkeiten, und zwar »sowohl die eingegangenen Briefe als auch Entwürfe oder Durchschläge ihrer eigenen Briefe, insgesamt etwa 25.000 Blatt« (ebd.) sowie Tagebücher und Taschenkalender, die allerdings zum jetzigen Zeitpunkt noch nicht öffentlich zugänglich sind. Seit 2004 sind weitere 20 Regalmeter an Archivmaterial hinzugekommen, wobei der Zufluss mit Sicherheit damit noch nicht zu Ende ist. Die Übernahme der Bibliothek von Christa Wolf durch die Humboldt-Universität Berlin erfolgte im Sommer 2015.

Ende 2013 wurde die Christa-Wolf-Gesellschaft (CWG) gegründet, die sich die Erforschung und Verbreitung von Wolfs Werk zum Ziel setzt. In der ersten Mitgliederversammlung im Oktober 2014 wurden Therese Hörnigk als Vorstandsvorsitzende und Gerhard Wolf als Stellvertreter gewählt. Zu Ehrenmitgliedern der Gesellschaft wurden Egon Bahr und Günter Grass ernannt (vgl. christa-wolf-gesellschaft.de/). Aus dem Kolloquium zum 85. Geburtstag von Christa Wolf, das im April 2014 an der Humboldt Universität in Berlin stattfand, ist der erste Band der neuen Schriftenreihe *Perspektiven* der Christa-Wolf-Gesellschaft entstanden, die im Verlag für Berlin-Brandenburg erscheint: *Zwischen Moskauer Novelle und Stadt der Engel* (hg. von Therese Hörnigk u. Carsten Gansel). Von den vielen Aktivitäten der CWG ist die Einweihung eines Christa-Wolf-Denkmals – »Nellys Bank«, die Figur aus *Kindheitsmuster* – im Oktober 2015 in Gorzów Wielkopolski, dem Geburtsort der Autorin, zu nennen sowie die Kooperation mit dem Internationalen Christa Wolf-Zentrum, das die deutsch-polnische Gegenwartsliteratur und -kultur erforscht (vgl. christa-wolfzentrum.nesti.net/). Neben der Herausgabe von Briefwechseln, so mit Lew Kopelew (Tanja Walenski) und Max Frisch (Carsten Gansel) plant die CWG für 2016 anlässlich des 5. Todestages der Autorin eine Themenwoche unter dem Titel »Begegnungen mit Christa Wolf« sowie eine weitere Ausstellung »Malerfreunde – Leben mit Bildern« im Tucholsky Literatur-Museum Schloss Rheinsberg, die das Verhältnis der Autorin zur bildenden Kunst präsentieren wird.

Literatur

Hörnigk, Therese/Gansel, Carsten (Hg.): *Zwischen Moskauer Novelle und Stadt der Engel. Neue Perspektiven auf das Lebenswerk von Christa Wolf*. Berlin 2015.

Kahl, Volker: »Die Leute, die in hundert Jahren leben werden…«. Das Archiv von Christa Wolf. In: Sabine Wolf (Hg.): *Das Archiv von Christa Wolf*. (Publikation begleitend zur Ausstellung »Wie man es erzählen kann, so ist es nicht gewesen« (14. März – 2. Mai 2004) in der Akademie der Künste, Berlin anlässlich des 75. Geburtstages von Christa Wolf.) Berlin 2004, 17–21.

Caroline Köhler

V Anhang

Zeittafel

1929 18. März: geboren in Landsberg an der Warthe (heute: Gorzów Wielkopolski in Polen) als Tochter des Kaufmanns Otto Ihlenfeld und seiner Frau, einer gelernten Buchhalterin
1939–45 Besuch der Oberschule in Landsberg
1945 Januar: Umsiedlung mit Mutter, Bruder und Familie nach Mecklenburg
1945–46 Schreibkraft beim Bürgermeister von Gammelin (bei Schwerin)
1946 Oberschule in Schwerin
Aufenthalt im Lungensanatorium Kalkhorst (bei Boltenhagen)
1947 Umzug der Familie nach Bad Frankenhausen (Kyffhäuser)
1949 Abitur an der Oberschule in Bad Frankenhausen
Eintritt in die SED
1949 Beginn des Studiums der Germanistik in Jena
1951 28. Juli: Heirat mit Gerhard Wolf
September: Wechsel an die Universität Leipzig
1952 Januar: Geburt der Tochter Annette
1953 Staatsexamen und Diplomarbeit bei Hans Mayer über *Probleme des Realismus im Werk Hans Falladas* an der Universität Leipzig
Umzug nach Berlin-Karlshorst
1953–55 Wissenschaftliche Mitarbeiterin beim Deutschen Schriftstellerverband
1955–77 Mitglied des Vorstandes des Deutschen Schriftstellerverbandes (seit 1973 Schriftstellerverband der DDR)
1956 Cheflektorin des Verlages Neues Leben
September: Geburt der Tochter Katrin (»Tinka«)
1958–59 Redakteurin der Zeitschrift *neue deutsche literatur*
Kontaktaufnahme durch das Ministerium für Staatssicherheit (bis 1962 wird Christa Wolf als »GI« geführt)
1959 Umzug nach Halle/Saale
1959–62 Freiberufliche Lektoratsarbeit für den Mitteldeutschen Verlag Halle
1960–61 Studienaufenthalt im VEB Waggonbau Ammendorf (bei Halle)
Leitung eines Zirkels schreibender Arbeiter
1961 *Moskauer Novelle*, Halle: Mitteldeutscher Verlag
Mai: Reise nach Prag
Juni: Kunstpreis der Stadt Halle
Arbeit mit Konrad Wolf am Drehbuch *Moskauer Novelle* (Film wurde nicht realisiert)
1962 August: Umzug nach Kleinmachnow (bei Potsdam), seitdem freischaffende Autorin
November/Dezember: Vorabdruck *Der geteilte Himmel* in der Zeitschrift *forum*
1963 *Der geteilte Himmel*, Halle: Mitteldeutscher Verlag
Januar: Schriftstellertagung in Prag
April: Heinrich-Mann-Preis der Akademie der Künste der DDR
Herbst: Literaturdiskussion der Hallenser SED-Zeitung *Freiheit* mit ideologischen Angriffen gegen Christa Wolf und ihr Buch *Der geteilte Himmel*
September: Lesereise durch die DDR
Oktober: Reise mit Brigitte Reimann nach Moskau
1963–67 Kandidatin des Zentralkomitees der SED (vom VI. bis zum VII. Parteitag)
1964 März: Reise in die Bundesrepublik Deutschland
April: Rede auf der 2. Bitterfelder Konferenz
Juni: Reise nach Ungarn mit Franz Fühmann
September: Premiere des DEFA-Films *Der geteilte Himmel* (Regie: Konrad Wolf)
Oktober: Nationalpreis III. Klasse für Kunst und Literatur der DDR
1965 Aufnahme in das P. E. N.-Zentrum der DDR
Mai: Internationales Schriftstellertreffen (Weimar), P. E. N.-Kongress in Bled (Jugoslawien)
Dezember: Diskussionsbeitrag auf dem 11. Plenum des ZK der SED
Überwachungen des Ehepaars Wolf durch das Ministerium für Staatssicherheit von 1965 bis 1989

1966 Juli/August: Reise nach Prag und in die Beskiden
Oktober/November: Reise in die Sowjetunion, nach Moskau und Gagra (Georgien)
1967 *Juninachmittag*, Berlin: Aufbau-Verlag
Nach dem Rohschnitt wird die Weiterarbeit an dem Film *Fräulein Schmetterling* verboten
1968 *Nachdenken über Christa T.*, Halle: Mitteldeutscher Verlag
Juni/Juli: Reise in die Sowjetunion zu einem Kolloquium zum 100. Geburtstag von Maxim Gorki (erste Begegnung mit Max Frisch)
November: Premiere des Films *Die Toten bleiben jung*, nach Anna Seghers mit Drehbuch von Christa Wolf
1969 Februar: Ministerium für Staatssicherheit legt »Operativen Vorgang Doppelzüngler« an
März: Lesereise nach Schweden
1970 Mai: Lesereise in der Bundesrepublik Deutschland
Juli: Reise nach Moskau und Leningrad: Begegnungen mit Efim Etkind, Lew Kopelew, Lew Ginsburg, Juri Trifonow und Wladimir Tendrajakow
Oktober: Reise nach Warna (Bulgarien)
1971 Juli: Reise nach Gorzów Wielkopolski (Landsberg an der Warthe)
August/September: Reise nach Paris, Treffen mit Stephan Hermlin
1972 *Lesen und Schreiben. Aufsätze und Betrachtungen*, Berlin: Aufbau-Verlag
Till Eulenspiegel. Erzählung für den Film (mit Gerhard Wolf), Berlin: Aufbau-Verlag
Juni: Reise nach Prag
August: Lesereise durch das Braunkohlenrevier um Hoyerswerda
November: P. E. N.-Tagung (West-Berlin)
Theodor-Fontane-Preis des Bezirks Potsdam
1973 April/Mai: Tagung des Internationalen P. E. N. (Stockholm)
1974 *Unter den Linden. Drei unwahrscheinliche Geschichten*, Berlin: Aufbau-Verlag
Herausgabe: Anna Seghers. *Glauben an Irdisches. Essays aus vier Jahrzehnten*, Leipzig: Reclam
März bis Mai: Writer in Residence am Oberlin-College (Ohio, USA)
Oktober: Lesereise zur Buchmesse in Frankfurt am Main
Aufnahme in die Akademie der Künste der DDR
1975 DEFA-Film *Till Eulenspiegel* nach Motiven der Filmerzählung (Regie: Rainer Simon)
Erwerb des Sommerhauses in Neu-Meteln (Mecklenburg)
März: Reise nach Prag
Oktober: Lesereise in der Schweiz, Begegnung mit Max Frisch
1976 *Kindheitsmuster*, Berlin: Aufbau-Verlag
März: Umzug nach Berlin in die Friedrichstraße
November: Ausbürgerung von Wolf Biermann aus der DDR, Christa und Gerhard Wolf sind Mitverfasser der Protesterklärung, Unterzeichnung des »Offenen Briefes« und Unterschriftensammlung, Ausschluss Gerhard Wolfs aus der SED
1977 Februar: SED-Parteistrafe: Strenge Rüge
Februar/März: Ungarn-Reise
August: Austritt aus dem Vorstand des Schriftstellerverbandes
Oktober: Steirischer Herbst zum Thema »Weibliches Schreiben« (Graz)
1978 Januar: Literaturpreis der Freien Hansestadt Bremen
April/Mai: Gastvorlesungen an den Universitäten Edinburgh, Birmingham, Swansea und London
Mai/Juni: P. E. N.-Kongress (Stockholm)
September: Reise nach Warschau
1979 *Kein Ort. Nirgends*, Berlin: Aufbau-Verlag
Fortgesetzter Versuch. Aufsätze, Gespräche, Essays, Leipzig: Reclam
Herausgabe: Karoline von Günderrode. *Der Schatten eines Traumes. Gedichte, Prosa, Briefe, Zeugnisse von Zeitgenossen*, Berlin: Der Morgen
Juni: Protest beim P. E. N.-Zentrum der DDR und Schriftstellerverband gegen offizielle Verleumdungen von Stefan Heym und den Ausschluss von neun Kollegen aus dem Schriftstellerverband
Mai, Oktober, November: Lesereisen in der Bundesrepublik
Oktober: Aufnahme in die Deutsche Akademie für Sprache und Dichtung Darmstadt
1980 März/April: Reise durch Griechenland und Kreta
September: P. E. N.-Kongress (Kopenhagen)
Oktober: Georg-Büchner-Preis der Deutschen Akademie für Sprache und Dichtung Darmstadt
Lesereisen in der Bundesrepublik Deutschland
1981 Kontakte mit den Autor/innen und Künstler/innen der »Prenzlauer Berg-Szene«
Oktober: Reise in die Bundesrepublik Deutschland zur Frankfurter Buchmesse
Aufnahme in die Akademie der Künste Berlin-West
Dezember: Lesungen und Verlagsverhandlungen in Moskau
»Berliner Begegnung zur Friedensförderung«

1982 Mai: Haager Treffen für den Frieden
Mai/Juni: Poetik-Vorlesungen an der Johann Wolfgang Goethe-Universität in Frankfurt am Main
Dezember: Lesereise nach Paris und Tours
1983 *Kassandra. Vier Vorlesungen. Eine Erzählung,* Berlin: Aufbau-Verlag
Kassandra. Erzählung, Darmstadt: Luchterhand
Mai/Juni: Reise in die USA, Ehrendoktorwürde der Ohio-State-University (Columbus, Ohio, USA) mit Gastprofessur
Juli: Wohnhaus in Neu-Meteln brennt ab
November: Friedrich-Schiller-Gedächtnispreis des Landes Baden-Württemberg
1984 März, April, Juni: Lesereisen in Österreich, Italien und der Bundesrepublik Deutschland
Juni: Erwerb des Hauses in Woserin in Mecklenburg
Franz-Nabl-Preis der Stadt Graz
Aufnahme in die Europäische Akademie der Künste und Wissenschaften Paris
1985 *Ins Ungebundene gehet eine Sehnsucht. Gesprächsraum Romantik,* Berlin: Aufbau-Verlag (mit Gerhard Wolf)
März/April: Lesereisen in Österreich und Frankreich
März: Österreichischer Staatspreis für Europäische Literatur
Mai: Ehrendoktorwürde der Universität Hamburg
Juli und September: Reisen zur Beerdigung und Gedenkfeier für Heinrich Böll (Köln)
Honorary Fellow der Modern Language Association of America
1986 *Die Dimension des Autors. Essays und Aufsätze, Reden und Gespräche 1959–1985 in zwei Bänden,* Berlin: Aufbau-Verlag
November: Lesereise nach Barcelona
Reise nach Griechenland, Insel Paros und Delphi
Mitglied der Freien Akademie der Künste (Hamburg)
1987 *Störfall. Nachrichten eines Tages,* Berlin: Aufbau-Verlag
Mai: Internationales Schriftstellertreffen »Berlin – Ort des Friedens«
Juni: Reise nach Moskau und nach Litauen
Oktober: Christa Wolf vergibt in Frankfurt/Main den Kleist-Preis an Thomas Brasch
November: Geschwister-Scholl-Preis der Stadt München
Oktober/Dezember: Gastprofessur für ein Schreibseminar an der Eidgenössischen Technischen Hochschule Zürich
Nationalpreis I. Klasse für Kunst und Literatur der DDR
»Kassandra«-Kunstausstellung in Halle

1988 *Ansprachen,* Darmstadt: Luchterhand
Umzug nach Berlin-Pankow
Mai: Reisen nach Tübingen und Rotis im Allgäu (zu Otl Aicher)
Juni: Schwere Erkrankung, mehrere Operationen
1989 *Sommerstück,* Berlin: Aufbau-Verlag
März: Tagung des P. E. N.-Zentrums der DDR, Forderung nach einer Resolution gegen die Inhaftierung Václav Havels
Juni: Austritt aus der SED
8. Oktober: Deutschlandweit gesendetes Radio-Interview mit Gerhard Rein zur aktuellen Lage in der DDR
4. November: Rede auf der von Berliner Kulturschaffenden initiierten großen Kundgebung (»Sprache der Wende«)
ab November: Mitglied der Kommission zur Untersuchung der Polizei-Übergriffe am 7. und 8. Oktober in Berlin
November: Eine Diskussion zu *Störfall* in der Akademie der Künste führt zur Bildung des »Gesprächskreises Christa Wolf«
Dezember: Mitverfasserin des Aufrufs »Für unser Land«
1990 *Reden im Herbst,* Berlin: Aufbau-Verlag
Im Dialog, Frankfurt a. M.: Luchterhand
Angepasst oder mündig. Briefe an Christa Wolf im Herbst 1989, Frankfurt a. M.: Luchterhand
Was bleibt, Berlin: Aufbau-Verlag (Veröffentlichung löst den »deutsch-deutschen Literaturstreit« und die medienwirksame Diskussion um die politische Glaubwürdigkeit und den literarischen Rang Christa Wolfs aus)
Januar und April: Ehrendoktorate der Universität Hildesheim und der Freien Universität Brüssel
September: Verleihung des Ordens »Officier des Arts et des Lettres« in Paris und des Premio Mondello in Palermo (Sizilien)
Oktober: Reise nach Gorzów Wielkopolski (Landsberg an der Warthe)
Mit Gerhard Wolf Gründung des Verlages: Gerhard Wolf Janus press GmbH
1991 Juni: Reise nach Zürich zum Begräbnis von Max Frisch
Juni: Honorary Member of the American Academy of Arts and Letters
Oktober: Reise in die Schweiz
1992 Mai: Erich Fried-Ehrung in Wien mit Verleihung des Erich-Fried-Preises an Paul Parin
Mai: Lesereise nach London
Juli: Reise in die Bretagne

1992–93 Einsicht in die MfS-Überwachungsakten
September–Juli: Scholar am Getty-Center in Santa Monica
1993 *Akteneinsicht Christa Wolf*, Hamburg: Luchterhand
Sei gegrüßt und lebe. Eine Freundschaft in Briefen und Tagebüchern 1964–1973, Berlin: Aufbau-Verlag (mit Brigitte Reimann)
März: Austritt aus den Akademien der Künste Berlin-Ost und -West
Juli: Gastdozentur in Hanover (Vermont, USA)
Frühere Kontakte zum Ministerium für Staatssicherheit werden bekannt, heftige Auseinandersetzungen in der deutschen Presse als Folge
1994 *Auf dem Weg nach Tabou*, Köln: Kiepenheuer & Witsch
Januar: Verleihung der Rahel Varnhagen van Ense-Medaille des Landes Berlin an Christa und Gerhard Wolf
Oktober: Aufnahme in die Akademie der Künste Berlin-Brandenburg
1995 *Was nicht in den Tagebüchern steht*, Berlin: Gerhard Wolf Janus press (mit Farblithographien von Helga Schröder)
Monsieur – wir finden uns wieder. Briefe 1968–1984, Berlin: Aufbau-Verlag (mit Franz Führmann)
Unsere Freunde, die Maler. Bilder, Essays, Dokumente, Berlin: Gerhard Wolf Janus press (mit Gerhard Wolf)
Mai: Reise nach Kraków und Gdansk (mit Günter Grass)
August: Ausstellung »Unsere Freunde, die Maler« in der Kurt Tucholsky Gedenkstätte in Rheinsberg
1996 *Medea. Stimmen*, München: Luchterhand
1997 Februar: Ausstellung »Künstlerinnen zu Medea« im Frauenmuseum Bonn
April, Juni, Juli: *Medea*-Lesung in Prag; Performances in Leipzig und Verbier (Schweiz)
Mai/Juni: Ehrendoktor der Universität Turin; Aufenthalt in der Toscana
Juni: Premieren der *Medea*-Theaterfassungen vom Wiener Burgtheater und vom Schauspielhaus Leipzig
Juni: Trauerfeiern für Franci Faktorová (Prag) und Lew Kopelew (Köln)
Oktober: Lesung bei der Soiree zum 70. Geburtstag von Günter Grass im Hamburger Schauspielhaus
1998 *Im Stein*, Rudolstadt: Burgart Presse und Gotha (mit Radierungen und Steindr. von Helge Leiberg)

1999 *Hierzulande Andernorts. Erzählungen und andere Texte 1994–1998*, München: Luchterhand
Wüstenfahrt, Berlin: Gerhard Wolf Janus Press (mit 12 Holztafeln von Günther Uecker)
Mai: Elisabeth-Langgässer-Preis der Stadt Alzey
September: Lesung in Kreisau/Krzyzowa (Polen)
Oktober: Bogumil-Linde-Preis der Partnerstädte Göttingen und Torun
Dezember: Nelly-Sachs-Preis der Stadt Dortmund
2000 Mai/Juni: *Medea*-Performances in Paris, Lyon und Toulouse, Aufenthalt in La Napoule an der Cote d'Azur
Oktober: Lesereise nach Süddeutschland
November: Hommage zum 100. Geburtstag von Anna Seghers in der Akademie der Künste Berlin
2001 Mai: Trauerfeier für Hans Mayer auf dem Dorotheenstädtischen Friedhof Berlin
November: Debatte von Schriftstellern mit Bundeskanzler Gerhard Schröder zum Krieg in Afghanistan
2002 *Leibhaftig. Erzählung*, München: Luchterhand
Januar: Lesung *27. September 2001* im Bundeskanzleramt – mit Emine Özdamar und Günter Grass
März: Verleihung des Bücherpreises für das Gesamtwerk durch Günter Grass auf der Leipziger Buchmesse
September: Uraufführung des Oratoriums *Medea in Korinth* von Georg Katzer
Oktober: Lesung in Wrocław (Polen)
Dezember: Buchpremiere des Künstlerbuches *Assoziationen in Blau* von Christa Wolf und Gerda Lepke
Dezember: Plakette der Freien Akademie der Künste in Hamburg
2003 *Ein Tag im Jahr 1960–2000*, München: Luchterhand (mit 20 Collagen von Martin Hoffmann)
Herr Wolf erwartet Gäste und bereitet für sie ein Essen vor, Berlin: Gerhard Wolf Janus press
Das dicht besetzte Leben. Briefe, Gespräche und Essays, Berlin: Aufbau-Taschenbuch-Verlag (mit Anna Seghers)
Januar: Treffen von Intellektuellen mit Bundeskanzler Gerhard Schröder zum Irak-Krieg
Mai: Lesereise nach Paris und der Île de Ré
August: »Dichterin zu Gast« bei den Salzburger Festspielen
2004 *Ja, unsere Kreise berühren sich. Briefe*, München: Luchterhand (mit Charlotte Wolff)
März: Feiern zum 75. Geburtstag auf der Leipziger Buchmesse
2005 Hermann-Sinsheimer-Preis der Stadt Freinsheim

Lesungen u. a. in Dresden, Marbach und Neuhardenberg
2006 *Der Worte Adernetz. Essays und Reden*, Frankfurt a. M.: Suhrkamp
September: Reise nach Winkel am Rhein
2007 Juli: Rede auf dem Kongress der internationalen Psychoanalytischen Vereinigung
2010 *Stadt der Engel oder The Overcoat of Dr. Freud*, Berlin: Suhrkamp
Ehrung mit dem Thomas-Mann-Preis der Hansestadt Lübeck und der Bayerischen Akademie der Schönen Künste, dem Uwe Johnson-Preis in Neubrandenburg und dem Hörspielpreis »Hörkules«

2011 1. Dezember: in Berlin verstorben
2012 *August. Erzählungen*, Berlin: Suhrkamp
Rede, daß ich dich sehe: Essays, Reden, Gespräche, Berlin: Suhrkamp
2013 *Ein Tag im Jahr im neuen Jahrhundert. 2001–2011*, Berlin: Suhrkamp (Hg. Gerhard Wolf)
Jahresende: Gründung der »Christa Wolf Gesellschaft«
2014 *Moskauer Tagebücher. Wer wir sind und was wir waren*, Berlin: Suhrkamp
25. April: Erster offizieller Auftritt der »Christa Wolf Gesellschaft«

Maria Gregor

Werke und Siglen

Christa Wolf: *Werkausgabe in 12 Bänden.* Herausgegeben, kommentiert und mit einem Nachwort versehen von Sonja Hilzinger. München: Luchterhand 1999–2001.
Bd. 1: *Der geteilte Himmel. Erzählung.* München 1999.
Bd. 2: *Nachdenken über Christa T.* München 1999.
Bd. 3: *Erzählungen 1960–1980.* München 1999.
Bd. 4: *Essays, Gespräche, Reden, Briefe 1959–1974.* München 1999.
Bd. 5: *Kindheitsmuster.* München 2000.
Bd. 6: *Kein Ort. Nirgends./Der Schatten eines Traums. Karoline von Günderrode – ein Entwurf./Nun ja! Das nächste Leben geht aber heute an. Ein Brief über die Bettine.* München 2000.
Bd. 7: *Kassandra. Voraussetzungen einer Erzählung.* München 2000.
Bd. 8: *Essays, Gespräche, Reden, Briefe 1975–1986.* München 2000.
Bd. 9: *Störfall. Nachrichten eines Tages./Verblendung. Disput über einen Störfall.* München 2001.
Bd. 10: *Sommerstück/Was bleibt.* München 2001.
Bd. 11: *Medea. Stimmen. Roman/Voraussetzungen zu einem Text.* München 2001.
Bd. 12: *Essays, Gespräche, Reden, Briefe 1987–2000.* München 2001.

Außerhalb der Werkausgabe
Auf dem Weg nach Tabou. Texte 1990–1994. Köln: Kiepenheuer & Witsch 1994.
Hierzulande Andernorts. Erzählungen und andere Texte 1994–1998. München: Luchterhand 1999.
Leibhaftig. Erzählung. München: Luchterhand 2002.
Ein Tag im Jahr. 1960–2000. München: Luchterhand 2003.
Mit anderem Blick. Erzählungen. Frankfurt a. M.: Suhrkamp 2005.
Der Worte Adernetz. Essays und Reden. Frankfurt a. M.: Suhrkamp 2006.
Die Lust, gekannt zu sein. Erzählungen 1960–1980. Frankfurt a. M.: Suhrkamp 2008.
Stadt der Engel oder The Overcoat of Dr. Freud. Berlin: Suhrkamp 2010.
Rede, daß ich dich sehe. Essays, Reden, Gespräche. Berlin: Suhrkamp 2012.
August. Erzählung. Berlin: Suhrkamp 2012.
Ein Tag im Jahr im neuen Jahrhundert. 2001–2011. Berlin: Suhrkamp 2013.
Nachruf auf Lebende. Die Flucht. Mit einem Nachwort von Gerhard Wolf. Berlin: Suhrkamp 2014.
Moskauer Tagebücher. Wer wir sind und wer wir waren. Reisetagebücher, Texte, Briefe, Dokumente 1957–1989. Hg. von Gerhard Wolf unter Mitarbeit von Tanja Walenski. Berlin: Suhrkamp 2014.

Briefwechsel
Christa Wolf/Franz Fühmann: *Monsieur – wir finden uns wieder. Briefe 1968–1984.* Hg. von Angela Drescher. Berlin: Aufbau 1995.
Christa Wolf/Brigitte Reimann: *Sei gegrüßt und lebe. Eine Freundschaft in Briefen 1964–1973.* Hg. von Angela Drescher. Berlin: Aufbau 1993.
Christa Wolf/Anna Seghers: *Das dicht besetzte Leben. Briefe, Gespräche und Essays.* Hg. von Angela Drescher. Berlin: Aufbau 2003.
Christa Wolf/Charlotte Wolff: *Ja, unsere Kreise berühren sich. Briefe.* München: Luchterhand 2004.

Siglen
BvA Nun ja! Das nächste Leben geht aber heute an: Bettina von Arnim
ETJ Ein Tag im Jahr
ETJ2 Ein Tag im Jahr im neuen Jahrhundert
FPV Frankfurter Poetik-Vorlesungen
GH Der geteilte Himmel
JN Juninachmittag
KA Kassandra
KM Kindheitsmuster
KON Kein Ort. Nirgends
KvG Der Schatten eines Traumes: Karoline von Günderrode
Lh Leibhaftig
ME Medea. Stimmen
MN Moskauer Novelle
MTb Moskauer Tagebücher
NaL Nachruf auf Lebende. Die Flucht
NCT Nachdenken über Christa T.
SdE Stadt der Engel oder The Overcoat of Dr. Freud
SSt Sommerstück
StF Störfall. Nachrichten eines Tages
SV Selbstversuch
WA Werkausgabe
Wb Was bleibt

Auswahlbibliographie

Ahbe, Thomas: *Ostalgie. Zum Umgang mit der DDR-Vergangenheit in den 1990er Jahren*. Erfurt 2005.

Amberger, Alexander: *Bahro – Harich – Havemann. Marxistische Systemkritik und politische Utopie in der DDR*. Paderborn 2014.

Ankum, Katharina von: Christa Wolfs Poetik des Alltags: Von »Juninachmittag« bis »Was bleibt«. In: Ute Brandes (Hg.): *Zwischen gestern und morgen. Schriftstellerinnen der DDR aus amerikanischer Sicht*. Berlin u. a. 1992, 183–198.

Ankum, Katharina von: *Die Rezeption von Christa Wolf in Ost und West. Von »Moskauer Novelle« bis »Selbstversuch«*. (Amsterdamer Publikationen zu Sprache und Literatur. Bd. 98). Amsterdam 1992.

Anz, Thomas (Hg.): *»Es geht nicht um Christa Wolf«. Der Literaturstreit im vereinten Deutschland*. Erw. Neuausgabe. Frankfurt a. M. 1995.

Auer, Annemarie: Geglückte Versuche. Christa Wolf: Lesen und Schreiben – Aufsätze und Betrachtungen. In: *Neue deutsche Literatur* 21 (1973), 118–125.

Bachmann, Bert: *Der Wandel der politischen Kultur in der ehemaligen DDR*. Berlin/Wiesbaden 1993.

Bathrick, David: Die Intellektuellen und die Macht. Die Repräsentanz des Schriftstellers in der DDR. In: Sven Hanuschek, Therese Hörnigk u. Christine Malende (Hg.): *Schriftsteller als Intellektuelle. Politik und Literatur im Kalten Krieg*. Tübingen 2000, 235–248.

Bathrick, David: Productive Mis-Reading: GDR Literature in the USA. In: *GDR Bulletin* 16 (1990), H. 2, 1–6.

Behn, Manfred (Hg.): *Wirkungsgeschichte von Christa Wolfs »Nachdenken über Christa T.«*. Königstein/Ts. 1978.

Berbig, Roland (Hg.): *Stille Post. Inoffizielle Schriftstellerkontakte zwischen West und Ost; von Christa Wolf über Günter Grass bis Wolf Biermann*. Berlin 2005.

Beyer, Martin: *Das System der Verkennung. Christa Wolfs Arbeit am Medea-Mythos*. Würzburg 2007.

Böthig, Peter: *Grammatik einer Landschaft. Literatur aus der DDR in den 80er Jahren*. Berlin 1997.

Böthig, Peter (Hg.): *Christa Wolf. Eine Biographie in Bildern und Texten*. München 2004.

Brandes, Ute: Das Zitat als Beleg. Christa Wolf, Kein Ort. Nirgends. In: Dies.: *Zitat und Montage in der neueren DDR Prosa*. Frankfurt a. M./New York/Bern 1984, 61–100.

Braunbeck, Helga: *Autorschaft und Subjektgenese. Christa Wolfs »Kein Ort. Nirgends«*. Wien 1992.

Chiarloni, Anna: *Christa Wolf*. Torino 1988.

Chotjewitz-Häfner, Renate/Gansel, Carsten/Kalckhoff, Andreas (Hg.): *Die Biermann-Ausbürgerung und die Schriftsteller. Ein deutsch-deutscher Fall. Protokoll der ersten Tagung der Geschichtskommission des Verbandes der Deutschen Schriftsteller (VS) Berlin*. Köln 1994.

Deiritz, Karl/Krauss, Hannes (Hg.): *Der deutsch-deutsche Literaturstreit oder »Freunde, es spricht sich schlecht mit gebundener Zunge«. Analysen und Materialien*. Hamburg/Zürich 1991.

Dieckmann, Friedrich (Hg.): *Stimmen der Freunde. Gerhard Wolf zum 85. Geburtstag*. Berlin 2013.

Dieckmann, Friedrich: »In der Tiefe, zeigt sich, ist viel Raum«. Christa Wolfs Jahrestage. In: *Sinn und Form* 56 (2004), H. 2, 258–270.

Diersch, Manfred/Hartinger, Walfried (Hg.): *Literatur und Geschichtsbewußtsein. Entwicklungstendenzen der DDR-Literatur in den sechziger und siebziger Jahren*. Berlin/Weimar 1976.

Diersch, Manfred/Orłowski, Hubert (Hg.): *Annäherung und Distanz. DDR-Literatur in der polnischen Literaturkritik*. Halle/Leipzig 1983.

Diesing, Antje: *Erzählen als identitätsbildender Prozess in Christa Wolfs »Nachdenken über Christa T.« und »Kindheitsmuster«*. Frankfurt a. M. 2010.

Dietrich, Kerstin: *»DDR-Literatur« im Spiegel der deutsch-deutschen Literaturdebatte. »DDR-Autorinnen« neu bewertet*. Frankfurt a. M. 1998.

Diskussion mit Christa Wolf. In: *Sinn und Form* 28 (1976), H. 6, 861–888.

Drescher, Angela (Hg.): *Christa Wolf. Ein Arbeitsbuch. Studien – Dokumente – Bibliographie*. Berlin/Weimar 1989.

Drescher, Angela (Hg.): *Dokumentation zu Christa Wolf: »Nachdenken über Christa T.«*. München 1991.

Drescher, Angela (Hg.): *Verblendung. Disput über einen Störfall. Eingeleitet von Christa Wolf*. Berlin/Weimar 1991.

Dröscher, Barbara: *Subjektive Authentizität. Zur Poetik Christa Wolfs zwischen 1964 und 1975*. Würzburg 1993.

Eickenrodt, Sabine: *Ein lebendiges Kunstwerk? Untersuchungen zum poetischen Ausdruck in den Prosastücken Christa Wolfs*. Würzburg 1992.

Emmerich, Wolfgang: *Die andere deutsche Literatur. Aufsätze zur Literatur aus der DDR*. Opladen 1994.

Emmerich, Wolfgang: *Kleine Literaturgeschichte der DDR*. Erw. Neuausgabe. Leipzig 1996.

Epple, Thomas: *Der Aufstieg der Untergangsseherin Kassandra. Zum Wandel ihrer Interpretation vom 18. Jahrhundert bis zur Gegenwart*. Würzburg 1993.

Fehervary, Helen: Christa Wolf's Prose. A Landscape of Masks. In: *New German Critique* 1982, Nr. 27, 57–87.

Finney, Gail: *Christa Wolf*. New York 1999.

Firsching, Annette: *Kontinuität und Wandel im Werk von Christa Wolf.* Würzburg 1996.
Gansel, Carsten (Hg.): *Christa Wolf – Im Strom der Erinnerung.* Göttingen 2014.
Gilcher-Holtey, Ingrid (Hg.): *Zwischen den Fronten. Positionskämpfe europäischer Intellektueller im 20. Jahrhundert.* Berlin 2006.
Gnüg, Hiltrud/Möhrmann, Renate (Hg.): *Frauen – Literatur – Geschichte. Schreibende Frauen vom Mittelalter bis zur Gegenwart.* Frankfurt a. M. 1989.
Göbel-Uotila, Marketta: *Medea. Ikone des Fremden und des Anderen in der europäischen Literatur des 20. Jahrhunderts. Am Beispiel von Hans Henny Jahnn, Jean Anouilh und Christa Wolf.* Hildesheim/Zürich/New York 2005.
Götze, Clemens: *Geschlecht und Gesellschaft in der zeitgenössischen Literatur – Zu Frauenbildern bei Christa Wolf und Markus Hille.* München/Ravensburg 2007.
Grass, Günter: *Deutscher Lastenausgleich. Wider das dumpfe Einheitsgebot; Reden und Gespräche.* Frankfurt a. M. 1990.
Gruner, Petra (Hg.): *Angepasst oder mündig? Brief an Christa Wolf im Herbst 1989.* Frankfurt a. M. 1990.
Haines, Brigid: The reader, the writer, her narrator and their text(s): Intertextuality in Christa Wolf's *Störfall*. In: Ian Wallace (Hg.): *Christa Wolf in Perspective.* Amsterdam/Atlanta, GA 1994, 157–172.
Haines, Brigid/Littler, Margaret: *Contemporary Women's Writing in German. Changing the Subject.* Oxford 2004.
Ham, Hee-Jeong: *Schreiben als Selbstthematisierung. Eine Analyse der gegenwartsbezogenen Themenwandlung in Christa Wolfs »Kindheitsmuster«, »Kein Ort. Nirgends« und »Kassandra«.* Stuttgart 2004.
Ham, Suok: *Zum Bild der Künstlerin in literarischen Biographien. Christa Wolfs »Kein Ort. Nirgends«, Ginka Steinwachs‹ »George Sand« und Elfriede Jelineks »Clara S.«.* Würzburg 2008.
Hansen, Gisela: *Christliches Erbe in der DDR-Literatur. Bibelrezeption und Verwendung religiöser Sprache im Werk Erwin Strittmatters und in ausgewählten Texten Christa Wolfs.* Frankfurt a. M./Berlin u. a. 1995.
Hartinger, Walfried: *Wechselseitige Wahrnehmung. Heiner Müller und Christa Wolf in der deutschen Kritik – in Ost und West.* Hg. v. Christel Hartinger u. Roland Opitz. Leipzig 2008.
Heise, Wolfgang: Nachbemerkung. In: Christa und Gerhard Wolf: *Erzählung für den Film.* Berlin/Weimar 1973, 217–223.
Herrmann, Anne: *The Dialogic and Difference. »An/Other Woman« in Virginia Woolf and Christa Wolf.* New York 1989.
Hilzinger, Sonja: *Christa Wolf.* Stuttgart 1986.
Hilzinger, Sonja: »Wenn es keine Zukunft mehr gibt, ist das Vergangene umsonst gewesen.« Anna Seghers und die beiden deutschen Diktaturen. In: Günther Rüther (Hg.): *Literatur in der Diktatur. Schreiben im Nationalsozialismus und DDR-Sozialismus.* Paderborn 1997, 195–214.
Hilzinger, Sonja: Fortgesetzter Versuch. Christa Wolf und Anna Seghers. In: *Argonautenschiff. Jahrbuch der Anna-Seghers-Gesellschaft* 14 (2005), 60–77.
Hilzinger, Sonja: *Christa und Gerhard Wolf. Gemeinsam gelebte Zeit.* Berlin 2014.
Hochgeschurz, Marianne (Hg.): *Christa Wolfs Medea. Voraussetzungen zu einem Text.* München 2000.
Honsza, Norbert (Hg.): *Die unzumutbare Wahrheit. Zum Schaffen von Christa Wolf.* Wrocław 1994.
Höpcke, Klaus: *Probe für das Leben. Literatur in einem Leseland.* Halle/Leipzig 1982.
Hörnigk, Therese: *Christa Wolf.* Berlin 1989.
Hörnigk, Therese (Hg.): *Sich aussetzen. Das Wort ergreifen. Texte und Bilder zum 80. Geburtstag von Christa Wolf.* Göttingen 2009.
Hörnigk, Therese/Gansel, Carsten (Hg.): *Zwischen Moskauer Novelle und Stadt der Engel. Neue Perspektiven auf das Lebenswerk von Christa Wolf.* Berlin 2015.
Jäger, Andrea: *Schriftsteller aus der DDR. Ausbürgerungen und Übersiedlungen von 1961 bis 1989.* Bd. 2. Frankfurt a. M./Berlin/Bern u. a. 1995.
Jäger, Manfred: *Sozialliteraten. Funktion und Selbstverständnis der Schriftsteller in der DDR.* 2. Aufl. Opladen 1975.
Kaufmann, Eva: DDR-Schriftstellerinnen, die Widersprüche und die Utopie. In: *Women in German Yearbook* 7 (1991), 109–120.
Kaufmann, Hans: Zu Christa Wolfs poetischem Prinzip. In: *Weimarer Beiträge* 20 (1974), H. 6, 113–125.
Kaufmann, Hans (Hg.): *Tendenzen und Beispiele: zur DDR-Literatur in den siebziger Jahren.* Leipzig 1981.
Krätzer, Jürgen: Das Kassandra-Syndrom. Medea Stimmen und Gegenstimmen: Christa Wolfs »Medea« im Spiegel der Literaturkritik. In: *Die Horen* 42 (1997), H. 2, 48–59.
Krauss, Hannes: Rückzug in die Moderne. Christa Wolf und Virginia Woolf. In: Robert Atkins u. Martin Kane (Hg.): *Retrospect and Review. Aspects of the Literature of the GDR 1976–1990.* Amsterdam/Atlanta 1997, 164–175.
Kuhn, Anna K.: *Christa Wolfs' Utopian Vision. From Marxism to Feminism.* Cambridge 1988.
Löffler, Katrin: *Systemumbruch und Lebensgeschichte. Identitätskonstruktion in autobiografischen Texten ostdeutscher Autoren.* Leipzig 2015.
Lokatis, Siegfried/Rost, Theresia/Steuer, Grit (Hg.): *Vom Autor zur Zensurakte. Abenteuer im Leseland DDR.* Halle 2014.
Love, Myra: Christa Wolf and Feminism: Breaking the Patriarchal Connection. In: *New German Critique* 1979, Nr. 16, 31–53.
Ludorowska, Halina: *Christa Wolf. Das Leben im Tagebuch.* Lublin 1996.
Ławnikowska-Koper, Joanna (Hg.): *Christa Wolfs Œuvre. Rückblick – Einblick – Ausblick.* Częstochowa 2013.
Magenau, Jörg: *Christa Wolf. Eine Biographie.* Überarb. u. erw. Neuausg. Reinbek bei Hamburg 2013.
Mauser, Wolfram (Hg.): *Erinnerte Zukunft – 11 Studien zum Werk Christa Wolfs.* Würzburg 1985
Münz-Koenen, Inge (Hg.): *Werke und Wirkungen. DDR Literatur in der Diskussion.* Leipzig 1987.
Ondoa, Hyacinthe: *Literatur und politische Imagination. Zur Konstruktion der ostdeutschen Identität in der DDR-Erzählliteratur vor und nach der Wende.* Leipzig 2005.
Opitz, Michael/Hofmann, Michael (Hg.): *Metzler Lexikon DDR-Literatur.* Stuttgart/Weimar 2009, Stichwort »Frauenliteratur«, 98–101.

Papenfuß, Monika: *Die Literaturkritik zu Christa Wolfs Werk im Feuilleton. Eine kritische Studie vor dem Hintergrund des Literaturstreits um den Text »Was bleibt«.* Berlin 1998.
Paul, Georgina: *Perspectives on Gender in Post-1945 German Literature.* Rochester, NY 2009.
Raja, Anita: Christa Wolf: die Sprache der Festung. In: Anna Chiarloni, Gemma Sartori u. Fabrizio Cambi (Hg.): *Die Literatur der DDR 1976–1986. Akten der internationalen Konferenz.* Pisa 1988, 131–141.
Resch, Margit: *Understanding Christa Wolf. Returning Home to a Foreign Land.* Columbia 1997.
Reso, Martin: *Der geteilte Himmel und seine Kritiker.* Halle 1965.
Ruch, Hermann: »Es geht nicht um Christa Wolf« – Der deutsche Literaturstreit 1990/91. In: *Mitteilungen des Deutschen Germanistenverbandes* 47 (2000), H. 4, 396–422.
Sauer, Klaus (Hg.): *Christa Wolf. Materialienbuch.* Darmstadt/Neuwied 1979; neue, überarb. Ausgabe 1983.
Schmaus, Marion: *Die poetische Konstruktion des Selbst. Grenzgänge zwischen Frühromantik und Moderne – Novalis, Bachmann, Christa Wolf, Foucault.* Tübingen 2000.
Schmidt, Nadine J.: *Konstruktionen literarischer Authentizität in autobiographischen Erzähltexten.* Göttingen 2014.
Schmitz-Köster, Dorothee: *Trobadora und Kassandra und ...: Weibliches Schreiben in der DDR.* Köln 1989.
Schnell, Martine: *»Jetzt sind wir dran was jetzt geschieht geschieht uns.« Christa Wolf im Spannungsfeld ihrer Vorgängerinnen und Zeitgenossen des 19. und 20. Jahrhunderts.* Stuttgart 2004.
Simon, Jana: *Sei dennoch unverzagt. Gespräche mit meinen Großeltern Christa und Gerhard Wolf.* Berlin 2013.
Skare, Roswitha: *Christa Wolfs »Was bleibt«. Kontext – Paratext – Text.* Berlin 2008.
Stephan, Alexander: *Christa Wolf.* München 1976.
Stiftung Archiv der Akademie der Künste. Das Archiv von Christa Wolf. Kulturstiftung der Länder. Land Brandenburg. Stiftung Deutsche Klassenlotterie Berlin (Hg.). Katalog zur Ausstellung anlässlich des 75. Geburtstages von Christa Wolf, konzipiert von Sabine Wolf. Berlin 2004.
Tate, Dennis: *Shifting Perspectives. East German Autobiographical Narratives before and after the End of the GDR.* Rochester/New York 2007, 1–15.
Text + Kritik. Heft 46: *Christa Wolf.* 3. Aufl. (erw.) München 1985.
Text + Kritik. Heft 46: *Christa Wolf.* 4. Aufl. (neu). München 1994.
Text + Kritik. Heft 46: *Christa Wolf.* 5. Aufl. (neu). München 2012.
Text + Kritik. Heft 6: *Ingeborg Bachmann.* 5. Aufl. (neu). München 1995.
Text + Kritik. Sonderband: *Literatur der DDR: Rückblicke.* Hg. v. Heinz Ludwig Arnold. München 1991.
Theml, Katharina: *Fortgesetzter Versuch. Zu einer Poetik des Essays in der Gegenwartsliteratur am Beispiel von Texten Christa Wolfs.* Frankfurt a. M. 2003.
Vanhelleputte, Michel (Hg.): *Christa Wolf in feministischer Sicht.* Frankfurt a. M./Bern 1992.
Verheyen, Bettina: *Till Eulenspiegel: Revolutionär, Aufklärer, Außenseiter. Zur Eulenspiegel-Rezeption in der DDR.* Frankfurt a. M. 2004.
Vinke, Hermann: *Aktensicht Christa Wolf. Zerrspiegel und Dialog. Eine Dokumentation.* Hamburg 1993.
Walenski, Tanja: *Christa Wolf und Sowjetrussland 1945–1991.* Frankfurt a. M. 1999.
Wallace, Ian (Hg.): *Christa Wolf in Perspective.* Amsterdam u. a. 1994.
Walter, Joachim/Biermann, Wolf/de Bruyn, Günter/Fuchs, Jürgen/Hein, Christoph/Kunert, Günter/Loest, Erich/Schädlich, Hans-Joachim/Wolf, Christa (Hg.): *Protokoll eines Tribunals. Die Ausschlüsse aus dem DDR-Schriftstellerverband 1979.* Reinbek bei Hamburg 1999.
Welzel, Klaus: *Utopieverlust – die deutsche Einheit im Spiegel ostdeutscher Autoren.* Würzburg 1998.
Werner, Hans-Georg: Romantische Traditionen in epischen Werken der neueren DDR-Literatur. Franz Fühmann und Christa Wolf. In: *Zeitschrift für Germanistik* 1 (1980), H. 4, 398–416.
Wichmann, Brigitte: *From Sex-Role Identification toward Androgyny. A Study of Major Works of Simone de Beauvoir, Doris Lessing, and Christa Wolf.* Diss. Purdue University 1978.
Wild, Henk de: *Bibliographie der Sekundärliteratur zu Christa Wolf.* Frankfurt a. M. 1995.
Wittek, Bernd: *Der Literaturstreit im sich vereinigenden Deutschland. Eine Analyse des Streits um Christa Wolf und die deutsch-deutsche Gegenwartsliteratur in Zeitungen und Zeitschriften.* Marburg 1997.
Wohin sind wir unterwegs? Zum Gedenken an Christa Wolf. Berlin 2012.
Wolf, Christa/Wolf, Gerhard: *Malerfreunde. Leben mit Bildern. Essays, Reden* (Edition Cornelius, hg. von Jendryschik u. Reinhardt O. Cornelius-Hahn). Halle 2010.
Wolf, Christa/Wolf, Gerhard: *Unsere Freunde, die Maler. Bilder, Essays, Dokumente.* Hg. v. Peter Böthig. Berlin 1995.
Wölfel, Ute: *Literarisches Feld DDR. Bedingungen und Formen literarischer Produktion in der DDR.* Würzburg 2005.

Jana Wilhelm

Autorinnen und Autoren

Maria Brosig, Dr., Lehrbeauftragte am Institut für Germanistik der Universität Potsdam (III.44.3: *Briefwechsel mit Brigitte Reimann*).

Anna Chiarloni, Prof. emerita für Deutsche Literatur, Facoltà di Lettere, Università di Torino (IV.51.1: *Rezeption in Italien*).

Birgit Dahlke, PD Dr. am Institut für deutsche Literatur der Humboldt-Universität Berlin und Leiterin der Arbeitsstelle »Christa und Gerhard Wolf« an der HU (II.D.21–26: *Schreiben wider das Vergessen – »Kindheitsmuster« (1976), exemplarisch*).

Katrin Dautel, M. A., Dozentin für Germanistik an der University of Malta (IV.52: *Rezeption in Film und Fernsehen, im Hörspiel und auf der Bühne*).

Yvonne Delhey, Dr., Dozentin am Institut für Deutsche Sprache und Kultur an der Radboud Universiteit Nijmegen (IV.49: *Das ›Leseland DDR‹ und die Autorin Christa Wolf*).

Carsten Gansel, Prof. Dr. für Neuere Deutsche Literatur und Germanistische Literatur- und Mediendidaktik an der Justus-Liebig-Universität Gießen (III.44.5: *Briefwechsel mit Max Frisch*).

Carola Hilmes, apl. Prof. Dr. am Institut für deutsche Literatur und ihre Didaktik der Goethe-Universität Frankfurt a. M. und Gastprofessorin am German Department der University of Malta (III.44.6: *Briefwechsel mit Charlotte Wolff*; IV.53: *Dialog mit Künstlerinnen und Künstlern*).

Sonja Hilzinger, PD Dr., Autorin, Lektorin und Beraterin in Berlin [www.sonjahilzinger.de] (III.44.1: *Briefwechsel mit Anna Seghers*; III.48: *Christa und Gerhard Wolf: Eine lebenslange Partnerschaft*).

Therese Hörnigk, Dr., Literaturwissenschaftlerin, 1972–1990 Akademie der Wissenschaften der DDR, 1998–2007 Leitung des Literaturforums im Brecht-Haus, Vorsitzende der internationalen Christa Wolf-Gesellschaft (II.B.13–16: *Die poetische Kraft des Nachdenkens*).

Caroline Köhler, Dr., Lehrkraft für besondere Aufgaben am Institut für Germanistik der Universität Leipzig und Wissenschaftliche Mitarbeiterin an der Sächsischen Akademie der Wissenschaften bei dem Projekt »Edition des Briefwechsels von Johann Christoph Gottsched« (III.44.2: *Briefwechsel mit Franz Fühmann*; IV.54: *Nachrufe und Gedenkreden*; IV.55: *Posthume Veröffentlichungen und Nachlass, Christa-Wolf-Gesellschaft*).

Hannes Krauss, Prof. h. c. (DVGGU Chabarowsk), Dr., Akad. Rat i. R. der Universität Duisburg-Essen (III.47: *Tagebücher: »Ein Tag im Jahr« (2003), »Ein Tag im Jahr im neuen Jahrhundert« (2013), »Moskauer Tagebücher« (2014)*).

Alain Lance, Lyriker und Übersetzer, ehemaliger Direktor des *Maison des écrivains* in Paris (IV.51.2: *Rezeption in Frankreich*).

Halina Ludorowska, Prof. Dr., Univ.-Professorin, Lehrstuhl für Deutschsprachige Gegenwartsliteratur und Komparatistik der Maria-Curie-Skłodowska-Universität Lublin/Polen (IV.51.3: *Rezeption in Polen*).

Katrin Löffler, Dr. habil., Projektmitarbeiterin an der Akademie der Wissenschaften zu Göttingen (II.H.39–43: *Demontagen und Bleibendes*).

Ilse Nagelschmidt, Prof. Dr. am Institut für Germanistik und Direktorin des Zentrums für Frauen- und Geschlechterforschung der Universität Leipzig (I.1–7: *Von der Zeitgenossenschaft zur Zeitzeugenschaft: Christa Wolf in Zeit- und Generationszusammenhängen*; II.A.8–12: *Zwischen Dogmen und Aufbruch*, Mitautorin).

Carola Opitz-Wiemers, Literaturwissenschaftlerin und Literaturkritikerin, Dozentin am IES Berlin (II.F.31–35: *Weibliche Deutung des Mythos – Zivilisationskritik*).

Kathrin Sandhöfer, Doktorandin am Institut für Neuere Deutsche Literatur an der Albert-Ludwigs-Universität Freiburg und Wissenschaftliche Koordinatorin des Integrierten Graduiertenkollegs im SFB 1015 »Muße. Konzepte, Räume, Figuren« in Freiburg (III.44.4: *Briefwechsel mit Günter Grass*).

Nadine J. Schmidt, Dr., Wissenschaftliche Mitarbeiterin am Institut für Germanistik an der Universität

Osnabrück, Bereich Literaturdidaktik (III.46: *Interviews, Vorträge, (Preis-)Reden*).

Kathrin Schödel, Dr., Dozentin für Germanistik an der University of Malta (IV.50: *Der Blick des Westens*).

Hannelore Scholz, Prof. Dr., 1977–2006 Literaturwissenschaftlerin an der Humboldt Universität zu Berlin, zahlreiche Gastprofessuren in den USA, Japan, VR Polen und Bulgarien (II.E.27–30: *Projektionsraum Romantik*).

Martine Schnell, Dr., freiberufliche Übersetzerin und Forscherin am europäischen Institut für Sprachen und Literatur an der Université de Haute Alsace Mulhouse (II.A.8–12: *Zwischen Dogmen und Aufbruch*, Mitautorin).

Carmen Ulrich, PD Dr., Literaturwissenschaftlerin mit Lehrauftrag an der Ludwig-Maximillians-Universität München, 2010–2015 DAAD-Lektorin an der University of Dehli, seit 2015 an der Bergischen Universität Wuppertal (II.C.17–20: *Bekenntnis zu weiblichen Lebens-, Erfahrungs- und Traditionslinien*).

Katharina Theml, Dr., Lektorin, Büro Z, Wiesbaden (III.45: *Essays*).

Loreto Vilar, Prof. Dr. Titular für Deutsche Literatur, Facultat de Filologia, Universitat de Barcelona (II.G.36–38: *Fortschritt und Fortschrittsgläubigkeit*).

Christiane Zehl Romero, Tübingen Professor of German, Goldthwaite Professor of Rhetoric und Director of the German Program der Tufts University in Medford, MA (IV.51.4: *Rezeption in den USA*).

Personenregister

A
Abusch, Alexander 19, 69, 106
Achberger, Karen 168
Achternbusch, Herbert 355
Adenauer, Konrad 70
Adorno, Theodor W. 35, 167, 191, 203, 252, 350
Aicher, Otl 46, 317, 379
Aicher-Scholl, Inge 46, 317
Aischylos 173, 180
Aitmatow, Tschingis 76
Alberti, Rafael 295
Altenbourg, Gerhard 317
Altenhein, Hans 323
Amberger, Alexander 154
Andersch, Alfred 5, 26, 305
Anderson, Edith 117, 328
Anderson, Sascha 32
Andreas-Friedrich, Ruth 136
Ankum, Katharina von 73, 80–81, 325
Anouilh, Jean 184
Anz, Thomas 222
Apitz, Bruno 68
Aragon, Louis 117, 160, 303
Arendt, Erich 316–317
Arendt, Hannah 200
Aristoteles 171
Arndt, Erich 144
Arnim, Achim von 148–149
Arnim, Bettina von 22, 24, 33, 39, 43, 109–112, 143, 148–151, 156, 158, 167, 169, 252, 255, 269, 277–280
Artmann, Gerhard 32
Atwood, Margaret 364–365
Auer, Annemarie 117, 139, 258, 276, 306, 328, 331–332, 335

B
Babel, Isaak 17
Bachmann, Ingeborg 2, 33–34, 87, 93, 95, 100, 107–109, 112–114, 116, 125, 151, 172, 174–176, 179, 187, 189, 191, 235, 273, 352, 355, 368
Bahr, Egon 387
Bahro, Rudolf 58, 154
Baierl, Helmut 19
Bammer, Angelika 168

Bamm, Peter 3
Baptiste-Marrey 357
Barlach, Ernst 26–27
Barthel, Kurt 19, 55, 65, 370
Barthes, Roland 274, 277
Bartsch, Kurt 32, 158
Bary, Nicole 355, 359
Bathrick, David 11
Baumgart, Reinhard 344
Bazinger, Irene 375
Beauvoir, Simone de 168
Becher, Johannes R. 9–10, 17, 21, 85, 90, 159, 231, 350
Becker, Jurek 21, 30–32, 106, 134, 144–145, 158, 164, 267
Behn, Manfred 339
Beinssen-Hesse, Silke 81
Bekasiński, Jan 361–362
Benjamin, Dora 269
Benjamin, Walter 98, 165, 236, 355
Benn, Gottfried 17
Bennholdt-Thomsen, Anke 179
Bereska, Odette 375
Berger, Bruno 272
Bergounioux, Pierre 359
Berkéwicz, Ulla 51, 116, 307, 385
Besnier, Michel 357
Beyer, Frank 47
Beyer, Susanne 284–285
Bhabha, Homi K. 51
Biermann, Wolf 5, 19–20, 25–26, 30, 48, 58, 86, 105, 123, 139, 143–144, 146, 150, 157–159, 164, 219, 238, 241, 251, 254, 267, 280, 288, 299, 301, 306, 313–315, 352, 383
Bischoff, Matthias 373
Bisky, Lothar 46
Bloch, Ernst 9, 14, 21, 35, 58, 69, 76, 95, 107, 153–154, 198, 200, 225–226, 232, 311, 350, 367, 379
Blume, Renate 370
Bobrowski, Johannes 9, 16, 28, 42, 73, 94, 117, 134, 147, 160, 305, 313–314, 316, 350
Bock, Sigrid 139, 333
Boehlendorff, Casimir Ulrich 147, 149, 313
Bogdal, Klaus-Michael 281

Böll, Heinrich 5, 16, 81, 93, 116, 140, 197, 226, 288, 305, 351, 355, 364
Bon, François 357, 359
Borchert, Wolfgang 4–5
Börne, Ludwig 237
Borneman, Ernest 35
Borst, Meta 323–324
Böthig, Peter 11, 377
Böttiger, Helmut 144, 154, 159
Boudier, Yves 359
Bourdieu, Pierre 322
Boyer, Philippe 356
Braemer, Edith 8, 311
Brandes, Ute 151
Brandt, Willy 103
Brandys, Kazimierz 132, 139
Brasch, Thomas 25, 30–31, 51, 117, 164, 196–197, 288, 345, 355
Brauneck, Helga 151
Bräunig, Werner 16, 19–20, 69, 86
Braun, Peter 381
Braun, Volker 5, 9, 12, 24–26, 30, 50–51, 54, 58, 75, 86, 100, 103–104, 144, 149, 164, 166, 197, 221, 226, 228, 288, 305, 312, 384, 386
Brecht, Bertolt 9–10, 13–14, 17, 26, 54, 58, 64, 68, 93, 97, 100, 115, 168, 171, 195, 202, 204, 220, 231, 237, 289, 328, 350, 358
Bredel, Willi 55, 72
Brentano, Clemens 151
Bresch, Carsten 202
Breschnew, Leonid Iljitsch 102
Bressau, Fritz 247
Brězan, Jurij 195
Broad, William J. 208
Broch, Hermann 17
Brosca, Cloris 353
Brunn, Stefan 382
Bruns, Marianne 68
Brussig, Thomas 54
Bruyn, Günter de 2, 5, 9, 14, 23, 26, 30–31, 33, 52, 86, 117, 147–149, 158–159, 288, 304, 315
Buch, Hans Christoph 355
Büchner, Georg 34, 36, 58, 99, 104, 107, 109–110, 147, 164, 167, 169–170, 303, 368

Büchner, Karl Georg 275, 292
Buckendahl, Uwe 17
Bülow, Eduard von 151
Buras, Piotr 362
Bürger, Gottfried August 107, 109, 147
Burmeister, Brigitte 37, 51, 54, 197
Busch, Ernst 58
Bush, George 166, 198
Butler, Judith 270

C

Carow, Heiner 25
Carpentieri, Renato 353
Casanova, Nicole 355, 358
Cato 187, 189
Cavarero, Adriana 187, 190, 353
Chambaz, Bernard 359
Chruschtschow, Nikita 18
Cibulka, Hanns 196, 211
Cixous, Hélène 42, 170, 200
Claudius, Eduard 14, 65, 68
Claus, Carlfriedrich 315, 317, 377
Clausen, Jeanette 366
Colette 303
Conrad, Gabriele 284, 358
Conrad, Joseph 209, 304
Cornillet, Gérard 355
Courths-Mahler, Hedwig 66
Cramer, Sibylle 177
Cremer, Fritz 20, 58, 144, 316
Creuzer, Friedrich 278–279
Czechowski, Heinz 158

D

Dąbrowska, Maria 360
Dahlke, Birgit 39
Dahn, Daniela 37, 197, 284, 287, 385
Damm, Sigrid 37, 119, 197, 328
Danz, Tamara 47
Debrais, Regis 303
Deleuze, Gilles 281
Delorme, Françoise 358
Demetz, Peter 365
Denecke, Gabriele 358
Deshusses, Pierre 358
Dessau, Paul 10
Dieckmann, Friedrich 215, 308
Diersch, Manfred 361
Dilthey, Wilhelm 147
Dimitroff, Georgi 7
Djacenko, Boris 136
Döblin, Alfred 17, 81, 84, 303
Domin, Hilde 206
Dos Passos, John 17
Dostojewski, Fjodor Michailowitsch 247
Dötsch, Walter 69
Drescher, Angela 80, 246, 252–254, 323, 326, 329, 334, 360
Drescher, Renate 37, 197

Droste-Hülshoff, Annette von 107–108
Dürr, Hans Peter 304
Dussidour, Dominique 359
Dzikowska, Elżbieta 361

E

Ebersbach, Volker 147
Ebert, Albert 316
Eccles, John C. 202
Edvardson, Cornelia 294
Ehrenburg, Ilja 76
Eickenrodts, Sabine 272
Eisermann, Therese 378
Eisler, Hanns 58, 93
Emmerich, Wolfgang 2–4, 12, 18, 31, 118, 149, 281, 313
Endler, Adolf 32, 158
Endler, Jürgen 119
Engel, Wolfgang 373
Engels, Friedrich 66, 165, 175, 181, 334
Engler, Jürgen 328
Enzensberger, Hans Magnus 2, 267, 308, 356
Erb, Elke 116, 158
Erhard, Ludwig 70
Ernaux, Annie 359
Erwin, Thomas 32, 254
Etkind, Efim 224, 228, 309
Etzioni, Amitai 304
Euripides 179, 183–185, 187–191
Exner, Richard 272
Eychart, François 358

F

Faber, Elmar 13–14
Fabien, Michèle 356
Faktor, Jan 45, 317
Faktorová, Franci 19, 313–314
Fallada, Hans 65
Fallersleben, August Heinrich Hoffmann von 204
Fassbinder, Rainer Werner 115
Faulkner, William 17, 139
Faust, Siegmar 25
Fedin, Konstantin 17
Fehervary, Helen 366, 368
Feldenkrais, Moshé P. 202
Fest, Joachim C. 331
Feuerbach, Ludwig 38
Field, Noel 315
Finger, Evelyn 58, 284, 286
Finney, Gail 368
Firsching, Annette 157–158, 161
Flaubert, Gustave 274
Fleißer, Marieluise 33, 107, 109, 115, 175
Fleming, Irmgard 378
Fleming, Paul 237
Földényi, Laszlo 277
Fontane, Theodor 81, 274, 303, 355

Förster, Wieland 316
Foucault, Michel 281, 283
Foucher, Michèle 356
Frappat, Bruno 358
French, Marilyn 364–365
Freud, Sigmund 22, 92, 131, 175, 241
Fried, Erich 195, 197, 215, 288
Frieden, Sandra 151
Friedländer, Vera 2
Fries, Fritz Rudolf 26, 86, 303, 305
Fries, Marilyn 368
Frisch, Max 42, 50, 84, 87, 93, 123, 126, 137, 208, 266–268, 304–305, 307–309, 368, 387
Fritsch, Götz 196, 372
Fröhlich, Paul 19
Fröhlich, Ursula 41
Fuchs, Christian Martin 374
Fuchs, Jürgen 30, 32, 145, 164
Fühmann, Franz 5–6, 10, 12–13, 16–18, 26–27, 30, 38, 44, 58, 68, 96, 100, 103–104, 107, 131, 134, 139, 144, 149, 158, 166, 183, 197, 252–256, 272, 288, 300, 316, 356
Funke, Christoph 73
Fürnberg, Lotte 311–312, 314
Fürnberg, Louis 19, 55, 67–68, 231, 311–312, 314

G

Gagarin, Juri 78, 195
Gansel, Carsten 22, 51, 58, 81, 362
Garnier, Pierre 358
Gaus, Günter 12–13, 20, 25, 284, 287
Gazier, Michèle 357
Gebauer, Christa 68
Geipel, Ines 11
Genette, Gérard 186
Genscher, Hans-Dietrich 45
Gerhardt, Marlis 196
Gerstner, Daniela 37
Gianotti, Gian 373
Girard, René 187, 189
Girnus, Wilhelm 177, 195, 208, 331, 334–335
Gitlin, Todd 365–366
Glayman, Claude 356
Globke, Hans 70
Gloger, Gotthold 117
Goethe, Johann Wolfgang von 25, 71, 97, 103, 109, 147, 151–152, 176, 196, 202, 208, 210, 235, 237, 274, 278, 289
Gogol, Nikolai 106
Goldstücker, Eduard 19, 313
Gollin, Annegret 32
Gorbatschow, Michail 44–45, 137, 159, 194, 214
Gorbatschow, Michail Sergejewitsch 268, 344
Gordon, Mary 364

Personenregister

Gorki, Maxim 113, 161, 266, 296, 300, 303
Görlich, Günter 2, 5
Gosse, Peter 86
Gotsche, Otto 68, 72
Göttner-Abendroth, Heide 170, 184–185, 353
Goudot, Marie 359
Goya, Francisco de 207
Grabbe, Christian Dietrich 24
Grass, Günter 2, 5, 16, 25, 42, 48, 222, 224, 228, 261–265, 267, 305, 308, 350, 352, 355, 361, 364, 385–387
Grass, Ute 264
Grauert, Wilhelm 182
Greiner, Ulrich 222
Greulich, Emil Rudolf 65
Grimm, Jacob 204, 211
Grimm, Wilhelm 204, 211
Guégan, Jean 356
Gugisch, Peter 73
Guillaume, Günter 103
Günderrode, Karoline von 22, 24, 33, 39–40, 43, 98, 107–112, 114, 116, 143, 146–153, 155–156, 158–159, 167, 169–171, 187, 251–252, 269–270, 277–280, 334, 375
Günther, Eberhard 326

H

Haas, Gerhard 272
Haase, Horst 327
Habermas, Jürgen 2, 52, 228
Hacks, Peter 19, 30, 149
Hage, Volker 222, 284–285, 384
Hagelstein, Peter 208–209
Hagen, Nina 54
Hager, Kurt 18, 103–104, 164, 292
Ham, Suok 40
Hamer, Hartwig 317, 377
Hamm, Peter 338
Hammer, Joshua 366
Hampel, Angela 117, 317, 378
Hansen, Gisela 77
Harich, Wolfgang 9, 25, 65, 154, 311
Harms, Ingeborg 383
Hartinger, Walfried 80–81
Hartmann, Sebastian 375
Hausmann, Reinhild 198
Havel, Václav 197, 215
Havemann, Robert 145, 154
Hay, Louis 356
Hayden, Joseph 380
Haym, Rudolf 147
Hebbel, Friedrich 211
Hegewald, Wolfgang 32, 139, 331–332
Heidegger, Martin 167, 269
Heiduczek, Werner 2, 5, 136
Hein, Christoph 46, 54, 158–159, 192, 215, 221, 305, 356

Heine, Christian Johann Heinrich 290
Heine, Heinrich 148–149, 237
Heise, Wolfgang 22, 24, 58, 323, 328, 330
Heister, Hanns-Werner 373
Helmecke, Monika 139
Helm, Johannes 157
Hemingway, Ernest 17, 136
Hendryk, Ewa 361
Hennecke, Adolf 65
Hensel, Jana 54
Herminghouse, Patricia 168, 366
Hermlin, Stephan 9, 30, 41, 48, 85, 104, 139, 144–145, 147, 149, 166, 203, 205, 211, 221, 262, 314, 331–332
Herrendoerfer, Christian 331
Herrmann, Ann 368
Hertling, Nele 384
Hertzsch, Klaus-Peter 51
Herzog, Werner 355
Hessel, Franz 269
Hessel, Helen 269
Heukenkamp, Ursula 136, 333
Heym, Stefan 25, 32, 46, 48, 86, 103, 134, 144, 158–159, 197, 215, 221, 254–255, 322
Hilbig, Wolfgang 32, 54
Hild, August 68
Hildesheimer, Wolfgang 93, 168
Hilzinger, Sonja 6, 22, 68, 70–71, 73, 111, 147, 158, 162, 182, 197, 284, 288, 291, 323–324, 332
Hinzpeter, Reinhard 374
Hirdina, Karin 323, 333
Hirsch, Helmut 328
Hirschfeld, Magnus 269
Hitler, Adolf 105
Hochmuth, Arno 19
Hoffmann, Daniel 373–374
Hoffmann, Ernst Theodor Amadeus 106, 118, 255
Hoffmann, Joachim 309
Hoffmann, Martin 317, 377–378
Hofmannsthal, Hugo von 252
Hohendahl, Peter Uwe 366
Holdenried, Michaela 28
Hölderlin, Friedrich 24, 39, 58, 104, 107, 109, 147–149, 151, 167, 170, 313
Homer 166–167, 173, 183
Honecker, Erich 19, 24–25, 45, 102–104, 144–145, 158, 288
Honsza, Norbert 361
Höntsch, Ursula 29
Höpcke, Klaus 48, 322, 329
Horaz 171
Horkheimer, Max 35, 191
Horn, Christine 322–324
Hörnigk, Frank 374
Hörnigk, Therese 2, 23, 64, 67, 70, 73, 75–76, 80–81, 146, 157, 199, 201, 284, 286, 333, 374, 387

Host, Michel 359
Huch, Ricarda 168
Huchel, Peter 20, 73, 103, 317, 350
Huffzky, Karin 38
Husserl, Edmund 269
Huxley, Aldous 269

I

Ihlenfeld, Herta 2
Ihlenfeld, Horst 197
Ihlenfeld, Otto 2, 197
Inber, Vera 87
Irigaray, Luce 42
Irrlitz, Gerd 154

J

Jäger, Andrea 31
Jäger, Manfred 272
Jähn, Sigmund 54
Jakobs, Karl-Heinz 30, 32, 73, 106, 117, 158
Janka, Charlotte 14
Janka, Walter 9, 14, 24, 46, 65, 145, 311–312
Jannings, Jörg 372
Jarmatz, Klaus 343
Jarrell, Michael 356, 373
Jaruzelski, Wojciech 198
Jastrun, Mieczysław 360
Jean Paul 104
Jens, Inge 268
Jens, Walter 38, 48, 222, 268
Jentzsch, Bernd 25
Jesenskaja, Milena 260
Jessen, Jens 348
John, Joachim 378
Johnson, Uwe 13–14, 21, 26, 81, 93, 132, 267, 294–295, 305
Joho, Wolfgang 19
Joyce, James 17, 84, 92
Jurgensen, Manfred 73, 80
Just, Gustav 311

K

Kafka, Franz 17, 19, 106, 260, 329
Kähler, Hermann 326–327
Kahl, Volker 387
Kamińska, Krystyna 361
Kammann, Petra 52
Kamper, Dietmar 187, 190
Kant, Hermann 2, 5, 30, 42, 54, 106, 139, 232
Kant, Immanuel 254, 380
Kantcheff, Christophe 358
Kantorowicz, Alfred 14
Kapuscinski, Ryszard 294
Karolak, Czesław 361
Karsch, Anna Louisa 33
Kasakow, Juri 87
Kaszyński, Stefan H. 360–361

Katzer, Georg 374
Kaufmann, Eva 109, 167–168, 199
Kaufmann, Hans 21, 31, 39, 109–110, 120, 146, 152, 167, 199, 273, 285, 323, 327–330, 333
Keller, Gottfried 274
Kempowski, Walter 2
Kerényi, Karl 175, 334
Kern, Alfred 356
Kern, Anne-Brigitte 358
Kirsch, Rainer 25, 75, 158, 312
Kirsch, Sarah 9, 28, 30–31, 75, 103, 117–118, 144–145, 157, 160, 164, 168, 174, 197, 254, 305, 312, 315
Kirsten, Ralf 26
Kirsten, Wulf 158
Kledzik, Emilia 362
Kleist, Ewald von 33
Kleist, Heinrich von 24, 39–40, 64, 104, 107–109, 111, 115, 117, 143, 147–153, 155–156, 159, 167, 170, 174, 187, 251, 375
Klemperer, Victor 7
Klier, Freya 32
Klix, Friedhart 202
Klocke, Sonja 80–81
Knietzsch, Horst 372
Koch,Gerhard R. 373
Koch, Hans 18, 232
Koelbl, Herlinde 286
Koeppen, Wolfgang 305, 355
Kohl, Helmut 47
Köhler, Tilman 375
Kohlhaase, Wolfgang 139
Kolbe, Uwe 32
Kolnikoff, Diane 356
Königsdorf, Helga 37, 50, 54, 103, 197, 367
Konwitschny, Peter 356, 373
Kopelew, Lew 55, 123, 140, 222, 288, 309, 387
Kopka, Fritz-Jochen 50, 284, 287
Koprowski, Jan 360
Korte, Hermann 81
Koschel, Christine 179
Kranz, Daniel 373
Krätzer, Jürgen 347
Krause, Tilmann 284
Krauß, Angela 22
Krauss, Werner 147
Krawczyk, Stephan 32
Krenz, Egon 46
Krenzlin, Leonore 331
Krieger, Gerd 332–333
Kristeva, Julia 42, 52, 170
Kroetz, Franz Xaver 115
Krug, Manfred 144–145
Krysztofiak-Kaszyńska, Maria 361
Krzemiński, Adam 147, 286, 362
Kuhn, Anna 367–368

Kunert, Günter 20, 32, 86, 104, 144, 147, 151, 158, 164, 195, 208, 267, 305, 350
Kunert, Joachim 371
Kunze, Reiner 28, 105, 144, 164, 350
Kurella, Alfred 14–15, 18–19, 72, 80
Kurpanik-Malinowska, Gizela 361–362

L

Laabs, Joochen 37
Laages, Michael 374
Lamberz, Werner 145
Lance, Alain 24, 355–359, 385
Lance-Otterbein, Renate 24, 356–359
Lange, Marianne 19
Lange-Müller, Katja 32, 191
Langgässer, Elisabeth 116, 294
La Roche, Sophie 97
Lasker-Schüler, Else 269
Lasset, Félix 20
Lebrun, Jean-Claude 358
Lecerf, Christine 358
Lechner, Alfred 134
Lefkowitz, Mary 365
Lehmann-Haupt, Christopher 365
Leiberg, Helge 318, 357, 378–380
Lejeune, Philippe 6
Le Moli, Walter 353
Lenin, Wladimir Iljitsch 66, 303
Lenk, Elisabeth 186
Lennox, Sara 168, 366
Lenz, Jakob Michael Reinhold 64, 107, 109, 147, 170
Lenz, Siegfried 2, 16, 305
Lepke, Gerda 378, 380
Lewald, Fanny 33
Liebmann, Irina 32
Liessner-Blomberg, Elena 316
Limbach, Jutta 54
Lindner, Bernd 5
Links, Christoph 322
Lipsius, Justus 237
Llosa, Mario Vargas 295
Loest, Erich 2, 9, 32, 158
Löffler, Katrin 5
Löffler, Sigrid 284, 286
Lokatis, Siegfried 68, 326
Lorence, Kito 158
Lorenz, Konrad 203, 206
Love, Myra 367–368
Lucas, George 208
Lücke, Detlev 284
Ludorowska, Halina 361–362
Ludwig, Carsten 374
Luhmann, Niklas 322
Lukács, Georg 8, 10, 64, 69, 99–100, 105, 107, 147, 198, 249, 251, 278, 285, 311, 334
Lunkewitz, Bernd F. 177
Luther, Martin 220

Luxemburg, Rosa 232
Ławnikowska-Koper, Joanna 361–362

M

Magenau, Jörg 33, 140, 143, 198–199, 242, 253, 284, 287, 292
Mailer, Norman 136
Majakowski, Wladimir 17
Mandalari, Maria Teresa 350
Mann, Thomas 17, 97, 171, 175, 234, 237, 295, 298, 334, 358
Mannheim, Karl 3
Maraini, Dacia 350, 353
Maron, Monika 32, 69, 195
Marquardt, Hans 316–317
Marthaler, Christoph 373
Martin, Biddy 168
Marx, Karl 22, 35, 44, 65–66, 107, 139, 144, 328, 338
März, Ursula 347
Matt, Peter von 157
Mattenklott, Gert 111
Mattheiss, Uwe 374
Matthies, Frank-Wolf 31–32, 254, 256
Matute, Ana María 295
Maurer, Georg 9, 311, 316–317
Mauser, Helmtrud 168
May, Alexander 374
Mayer, Hans 8–13, 64–65, 107, 147, 288, 311, 341–342
McPherson, Karin 258, 260
Meckel, Christoph 140
Mehnert, Elke 119
Merten, Joseph 39
Metscher, Thomas 153
Metzkes, Harald 377
Meyer-Gosau, Frauke 40, 143, 152, 158, 169, 197, 322, 334
Michaelis, Rolf 343
Mickel, Karl 75, 305, 312
Minart, Cella 356
Miszkin, Mieczysław 361
Mitscherlich, Alexander 216
Mitscherlich, Margarete 131, 216
Mittenzwei, Werner 10, 13, 31
Modrow, Hans 47
Moog, Christa 32
Morgner, Irmtraud 13, 21, 26, 38–39, 86, 103–104, 109, 118, 145, 167–168, 195, 367
Morgner, Michael 317
Morus, Thomas 225
Mühe, Ulrich 46
Müller, Heiner 2, 5, 20, 25, 32, 51, 67, 86, 103, 107, 144, 164, 166, 191, 215, 221, 280, 305
Müller-Stahl, Armin 145
Müller, Volker 372, 383–384
Mumford, Lewis 175
Mund, Karlheinz 317

Mundstock, Karl 10
Muschg, Alfred 165
Musil, Robert 17, 92, 303
Muthesius, Sibylle 37

N

Nagelschmidt, Ilse 108
Napoleon, Bonaparte 153
Nawrocki, Wotold 360
Negt, Oskar 261
Nehring, Alfried 287
Neruda, Pablo 138, 251
Neumann, Gert 25, 259
Neutra, Richard 241
Neutsch, Erik 26, 30, 76, 147
Nicolaow, Carola 157
Nicolaow, Thomas 157
Nikolajewa, Galina 76
Nimz, Martin 374
Nin, Anaïs 299, 303
Noël, Bernard 359
Noll, Dieter 2
Noll, Hans (Chaim) 32
Nordalm, Jenke 373
Novak, Helga M. 20, 191
Novalis (Georg Philipp Friedrich von Hardenberg) 250
Nowotny, Joachim 13
Nuridsany, Michel 356

O

Ondoa, Hyacinthe 53, 75
Opitz-Wiemers, Carola 252
Orłowski, Hubert 360–361
Orwell, George 234
Owetschkin, Valentin 76

P

Paine, Thomas 380
Paley, Grace 364, 368
Palmier, Jean-Michel 357
Pandolfi, Amina 350
Pannach, Gerulf 32
Papenfuß, Monika 339, 346
Parin, Paul 225, 288
Pasternak, Boris 84
Pausewang, Gudrun 196
Penfield, Wilder 209
Petitdemange, Guy 357
Peuker-Krisper, Anette 378
Pfeiffer, Leni 351
Pfützner, Klaus 375
Picaper, Jean-Paul 358
Piehler, Hannelore 34
Pindar 173
Pingeot, Mazarine 358–359
Pirskawetz, Lia 195
Plath, Sylvia 168
Platon 182, 187–188
Plavius, Heinz 118

Plenzdorf, Ulrich 13, 25–26, 30–31, 54, 103, 158
Plinius 185
Poche, Klaus 32, 158
Poppe, Ulrike 47
Pozzi, Elisabetta 353
Prévost, Claude 355, 357
Proust, Marcel 17, 176, 298
Prymus, Urszula 361
Püschel, Ursula 333

Q

Quack, Josef 343
Quevedo, Nuria 117, 288, 317, 378

R

Raabe, Wilhelm 195
Raddatz, Fritz J. 177, 215, 341–342, 344
Radisch, Iris 384
Radvanyi, Laszlo 247
Raja, Anita 350, 352–353, 385
Ramondino, Fabrizia 350
Ranft, Thomas 317
Ranke-Graves, Robert 179–180, 185
Rathenow, Lutz 32, 254
Reichart, Elisabeth 150
Reich-Ranicki, Marcel 264, 340–341, 343, 345–346
Reimann, Brigitte 8, 13, 15, 21, 37–38, 104, 109, 145, 168, 257, 261, 278, 309, 315
Rein, Gerhard 284, 287
Reinecke, Frank 378
Reinig, Christa 20, 338
Reinowski, Werner 66, 68
Remarque, Erich Maria 237, 274
Renn, Ludwig 139
Resch, Margit 368
Reso, Martin 80–81, 325
Reverdy, Michèle 358, 374
Richard, Lionel 358
Richter, Axel 375
Richter, Hans 139
Richter, Helmut 331
Rilke, Rainer Maria 17, 314
Robbe-Grillet, Alain 100
Rodoreda, Mercé 295
Röhner, Eberhard 22
Rönisch, Siegfried 333
Rosendorfer, Herbert 344
Rosenlöcher, Thomas 54
Rossanda, Rossana 353
Roth, Joseph 303
Rüdel, Walter 115

S

Sachs, Heinz 327
Sachs, Nelly 35, 116, 289, 294
Sagan, Carl 203, 206

Salinger, Jerome David 25, 304
Sallenave, Danièle 358–359
Sallmann, Michael 32
Salomon, Horst 69
Salvaing, François 359
Samoyault, Tiphaine 358
Sappho 182, 334
Sartre, Jean-Paul 17
Savigny, Carl von 278–279
Schabowski, Günter 47
Schachtsiek-Freitag, Norbert 140, 372
Schädlich, Hans Joachim 13, 25, 30–31, 164
Schaeffer, Philipp 247
Schall, Johanna 372
Scheer, Regina 141
Schelsky, Helmut 4
Schenk, Ralf 371
Schiller, Dieter 331
Schiller, Johann Christoph Friedrich von 181, 202, 204–206, 211–212, 293, 380
Schirrmacher, Frank 222, 346
Schlegel, Friedrich 106, 110
Schleiermacher, Friedrich 43
Schlenstedt, Dieter 31
Schlesinger, Klaus 106, 158
Schlich, Jutta 111
Schlotterbeck, Änne 14, 240, 249, 311, 315
Schlotterbeck, Friedrich (Fritz, Frieder) 14, 34, 44, 249, 293, 311, 315
Schmidt, Arno 305
Schmidt, Johann-Lorenz 318
Schmidt, Maurizio 352
Schneider, Helmut 374
Schneider, Peter 355
Schneider, Rolf 106, 117, 144, 158, 164, 371
Schnell, Martine 67, 359
Schoeller, Wilfried F. 114, 286, 343
Scholl, Hans 46
Scholl, Sophie 46
Scholochow, Michail 17
Scholz, Gerhard 8, 64, 311
Scholz, Hannelore 2
Schorlemmer, Friedrich 47, 385
Schreier, Anno 374
Schreiter, Helfried 32
Schröder, Gerhard 264
Schröder, Helga 158, 376, 378, 380
Schubart, Christian Friedrich Daniel 203
Schubert, Dieter 31–32, 158
Schubert, Helga 103, 145, 157, 160–161
Schüler, Dagny-Elisabeth 373
Schülke, Claudia 374
Schulz, Max Walter 19, 22–23, 326
Schümann, Matthias 372
Schütz, Helga 29, 37, 103, 197, 367

Schwab, Günther 195
Scoppettuolo, Paola 353
Seghers, Anna (Netty Reiling) 3, 10, 15, 19–21, 23, 28, 30, 43–44, 58, 65, 67–68, 74, 85, 87, 94, 99, 106–107, 109, 111, 116, 129, 147, 170, 197–198, 228, 238, 246–251, 270, 277–278, 288, 294, 301, 304–305, 311–312, 314, 318, 328, 334–335, 350, 356, 358, 368, 371
Seiler, Lutz 141
Selbmann, Fritz 22
Seneca 183, 187–188, 191
Seyppel, Joachim 32, 158
Shakespeare, William 181
Sheffield, John 207
Simon, Annette 7, 12, 45
Simon, Jana 2, 58, 64, 66, 78, 126, 288, 348, 384
Simon, Rainer 24, 371
Simonow, Konstantin 3, 126
Sinclair, Upton 149, 313
Sitte, Willi 70, 80, 316, 377
Skop, Michal 362
Sokrates 179
Sontag, Susan 165, 227
Sophokles 183
Spahn, Klaus 373
Sparschuh, Jens 54
Sperr, Martin 115
Stade, Martin 158
Staiger, Emil 180
Stalin, Josef 64, 314
Stäudlin, Gotthold Friedrich 149
Steenhuis, Aafke 158, 160, 200, 217
Steinke, Dieter 374
Stendhal (Marie-Henri Beyle) 176, 274
Stephan, Alexander 67, 73, 80–81, 177, 271, 365, 367
Stern, Carola 3, 7
Stern, Fritz 332
Stern, Jeanne 14, 19, 65, 86, 139, 249, 311, 317, 332
Stern, Kurt 14, 19, 65, 86, 139, 249, 311, 317
Steshenski, Wladimir 73, 233
Stesichoros 181
Stockinger, Ludwig 11
Stolpe, Manfred 48
Storm, Theodor 97, 274
Stötzer, Gabriele 220
Strauß, Botho 141
Strindberg, August 303
Strittmatter, Erwin 5, 10, 66, 68, 76, 136, 305
Strubel, Antje Rávic 348
Struzyk, Brigitte 37, 147, 197, 284, 387
Stubbe, Hans 97, 355
Sturm, Vera 374
Światłowski, Zbigniew 360

Szewczyk, Wilhelm 361

T
Tabbert, Christa 14, 21–22, 68, 90, 249, 315
Tailleur, Jean 355
Tate, Dennis 6, 17
Teller, Jürgen 58
Tellkamp, Uwe 304
Tempelhof, Lissy 80
Termer, Janusz 360
Tetzner, Gerti 37, 109, 145, 197
Theml, Katharina 272
Theobaldy, Jürgen 355
Thévenon, Patrick 355
Tolstoi, Lew Nikolajewitsch 176, 249, 274
Töpelmann, Sigrid 324, 329
Träger, Claus 147
Trakl, Georg 100
Trenkner, Joachim 362
Tschechow, Anton Pawlowitsch 161

U
Uecker, Günther 376, 378, 380
Ulbricht, Walter 9, 15–16, 19, 24, 102, 290
Unseld, Siegfried 116
Urner, Barbara 210

V
Varnhagen, Rahel 316
Venturini, Marcelle 355
Vergani, Elisabetta 352
Vergil 173, 181
Vesper, Bernward 140, 355
Viertel, Martin 69
Vinke, Hermann 261
Viollet, Catherine 140, 355
Vogel, Jochen 118
Vogel, Peter 372
Vogt, Jochen 308

W
Wagner, Albert Malte 311
Wagner, Bernd 32
Wajsbrot, Cécile 359
Walenski, Tanja 66, 73, 387
Walser, Martin 2, 42
Walther, Joachim 11, 13, 38, 67, 158, 285
Wander, Fred 14, 28, 126, 134, 257
Wander, Maxie 14, 36–38, 43, 103, 145, 157–158, 160, 165, 167–168, 199, 315
Wassermann, Jakob 139
Waterstradt, Berta 240
Wedding, Alex 65
Wegner, Bettina 32
Weidenbaum, Inge von 179
Weigel, Sigrid 28, 114, 182

Weil, Simone 352
Weisenborn, Günther 136, 266
Weiss, Cornelius 11
Weiss, Ernst 356
Weiss, Peter 20, 42, 149, 331, 355
Weizsäcker, Richard von 54
Welk, Ehm 66
Welzer, Harald 133
Wendland, Günter 215
Wendt, Ernst 372
Werner, Hans-Georg 151, 329, 333
Werth, Wolfgang 371
Widmann, Arno 303, 348
Wild, Henk de 324, 360
Wilde, Oscar 303
Wilder, Thornton 17
Witt, Katharina 54
Wittek, Bernd 281
Wittgenstein, Ludwig 113
Wittstock, Uwe 49, 177, 345
Wohmann, Gabriele 196
Wolf, Annette 6, 8
Wolf, Dieter 24, 371
Wolf, Gerhard 2, 7–9, 14, 19, 23–28, 30, 32–33, 37, 44, 58, 68–70, 74, 80, 87, 125, 128, 144–149, 157, 164, 171, 173, 224, 230, 247–251, 264, 266–268, 287–288, 296, 298, 303–304, 307–308, 310–318, 326, 328, 334, 356–357, 370–372, 376–378
Wolf, Konrad 14–15, 19–20, 70, 80, 86–87, 166, 312, 370, 375
Wolf, Markus 46
Wolf, Sabine 387
Wolf, Tinka 6, 8, 29–30
Wolfe, Thomas 304
Wolff, Charlotte 197, 210, 253, 269–270, 288, 304, 358
Wolski, Pawel 361
Wolting, Monika 362
Woolf, Virginia 33, 109, 168, 269, 304, 351, 368
Wowereit, Klaus 385
Wurmser, André 355

Z
Zavlasky, Victor 353
Zehm, Günter 340
Zeier, Hans 202
Zeplin, Rosemarie 37, 197
Zieger, Ulrich 32
Zimmermann, Achim 374
Zimmermann, Brigitte 41
Zinner, Hedda 52
Zipes, Jack 364
Zipser, Richard A. 36, 199, 285–286
Zöger, Heinz 311
Zuckmayer, Carl 303
Zweig, Arnold 68, 350
Zwerenz, Gerhard 14

MIX
Papier aus verantwortungsvollen Quellen
Paper from responsible sources
FSC® C105338

If you have any concerns about our products,
you can contact us on
ProductSafety@springernature.com

In case Publisher is established outside the EU,
the EU authorized representative is:
Springer Nature Customer Service Center GmbH
Europaplatz 3, 69115 Heidelberg, Germany

Printed by Libri Plureos GmbH
in Hamburg, Germany